JN241014

市街地建築物法から建築基準法まで

日本近代建築法制の100年

編集：日本近代建築法制100年史編集委員会

100-Year History
of Building Legislation in Japan
- from "Urban Building Law"
to "Building Standard Law"

都市計画法・建築基準法制定100周年記念事業

1. Bricks, when well burnt resist frost & fire and if properly laid in good mortar, form a strong and very durable house.
Good Yedo Bricks should be of a strong red color, and must not soften or change color when wet.
2. Mortar, for brickwork is of the greatest importance. It is made of one part by measure of fresh stone lime & three parts of sharp river sand. The lime is measured before it is wet, as it increases much in volume when slaked & so does not give the correct proportion.
3. The sand & lime must be thoroughly well mixed & used immediately.
4. If the lime does not become hot when wet it must be
5. Sea sand cann
mortar.
6. Walls are built of
-wise (as shewn
Fig 1 shows a wall
section of the foot
Fig 2 shows a wa
thick, with its footing
Fig 3 shows a wa
a section of its foo

Fig 4. shows a front view of all plain walls the mode of laying bricks.
The "Headers" or end bricks of each alternate course of brick must be exactly over each other as shewn at A.A.A. and in order to do so a small piece of brick must be built in at the corners as shewn at B.B.B.
8. No joint must be over ·04 ft thick; but thinner if possible.
9. The joints between two courses must be perfectly straight & even.
10. All bricks must be soaked in water before they are used, otherwise the mortar will not adhere.

T. J. Waters.
Surveyor General.
Yedo.

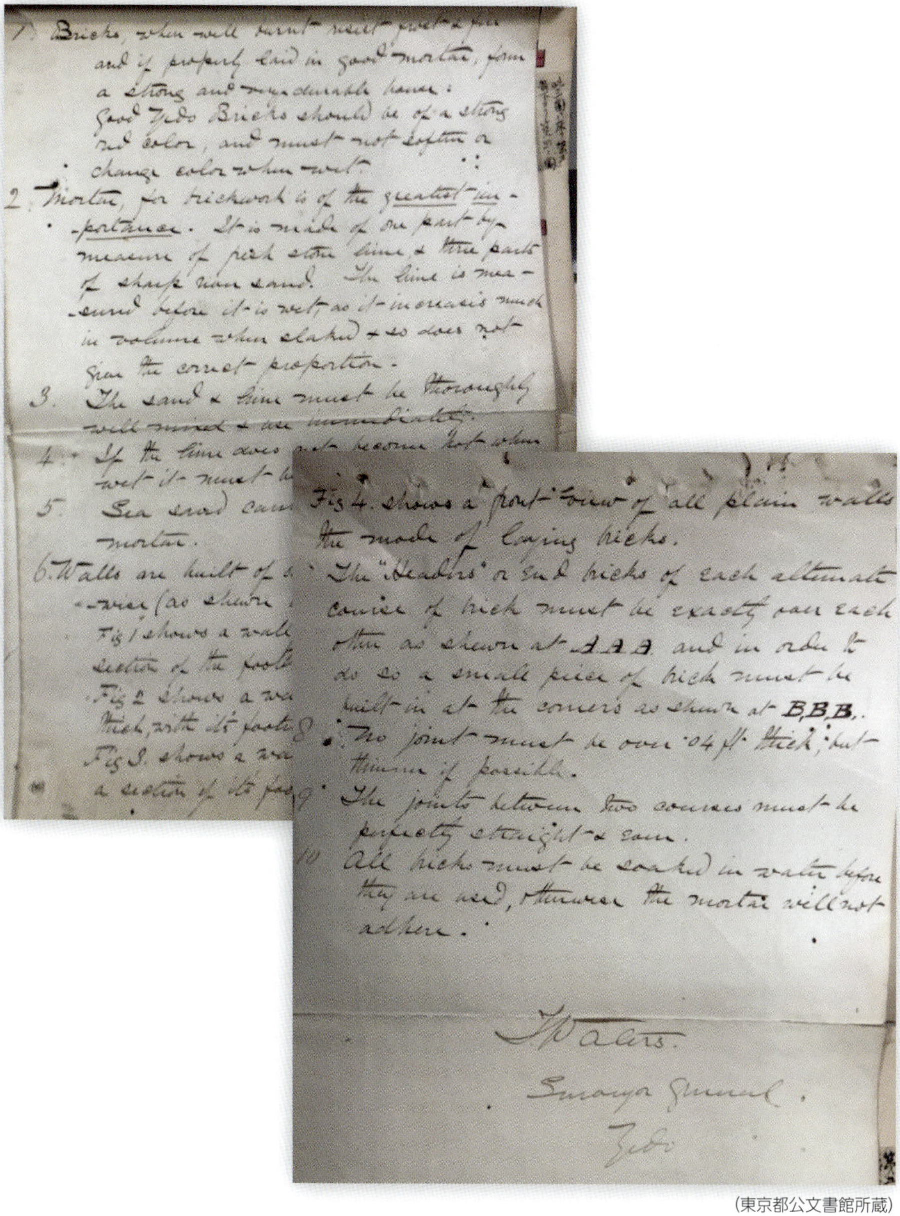

（東京都公文書館所蔵）

口絵1　銀座煉瓦街計画における「煉瓦石建築規則デーウヲトルス原文」（1872年）

1872（明治5）年の東京銀座一帯の大火の後、都市の不燃化・近代化を図るために煉瓦造建築を主体とした復興事業が行われた。その際に英国人建築家ウォートルスによる建築規則が定められた。上図はその原文であり、末尾に署名がなされている。**DVD** 1-1-2①

口絵2

1919年（大正8年）4月4日都市計画法及び市街地建築物法が公布された。法制定に尽力した関係者集合写真。(同年2月20日後藤新平男爵邸)

当時、後藤新平は前年9月に外務大臣退任、翌年12月に東京市長就任。池田宏は内務省都市計画課長。笠原敏郎は内務省都市計画課技師。佐野利器は東京帝国大学教授。内田祥三は東京帝国大学助教授。後藤新平男爵(前列中央)を囲んで。

前列左より藤原俊雄、近藤虎五郎、桐島像一、後藤男爵、堀田貢、佐竹三吾、池田宏

後列左より山田博愛、阿南常一、内野仙一、佐野利器、渡辺鋳蔵、内田祥三、吉村哲三、笠原敏郎

口絵3

1920年（大正9年）12月の市街地建築物法施行を控えた6大都市の第1回建築監督官会議の関係者集合
写真。（同年10月26日）

東京帝国大学建築学科教授陣と卒業生の建築監督官等が一堂に会する。

前列左より竹内六蔵、内田祥三、中村達太郎、曾禰達蔵、佐野利器、池田実、津田敏雄

中列左より置塩章、井尻良雄

後列左より伊部貞吉、森田慶一、柳沢彰、中沢誠一郎、中西甚作、

三人おいて田中大作、野田俊彦、水野源三郎

口絵4　日本橋白木屋百貨店火災（1932（昭和7年））

1932年末に相次いだ火災（この火災と深川大富アパート火災）と1934年の室戸台風による小学校校舎の倒壊が契機となり、1936年、学校、共同住宅、百貨店及び自動車車庫を対象とする「特殊建築物規則」が公布、実施された。

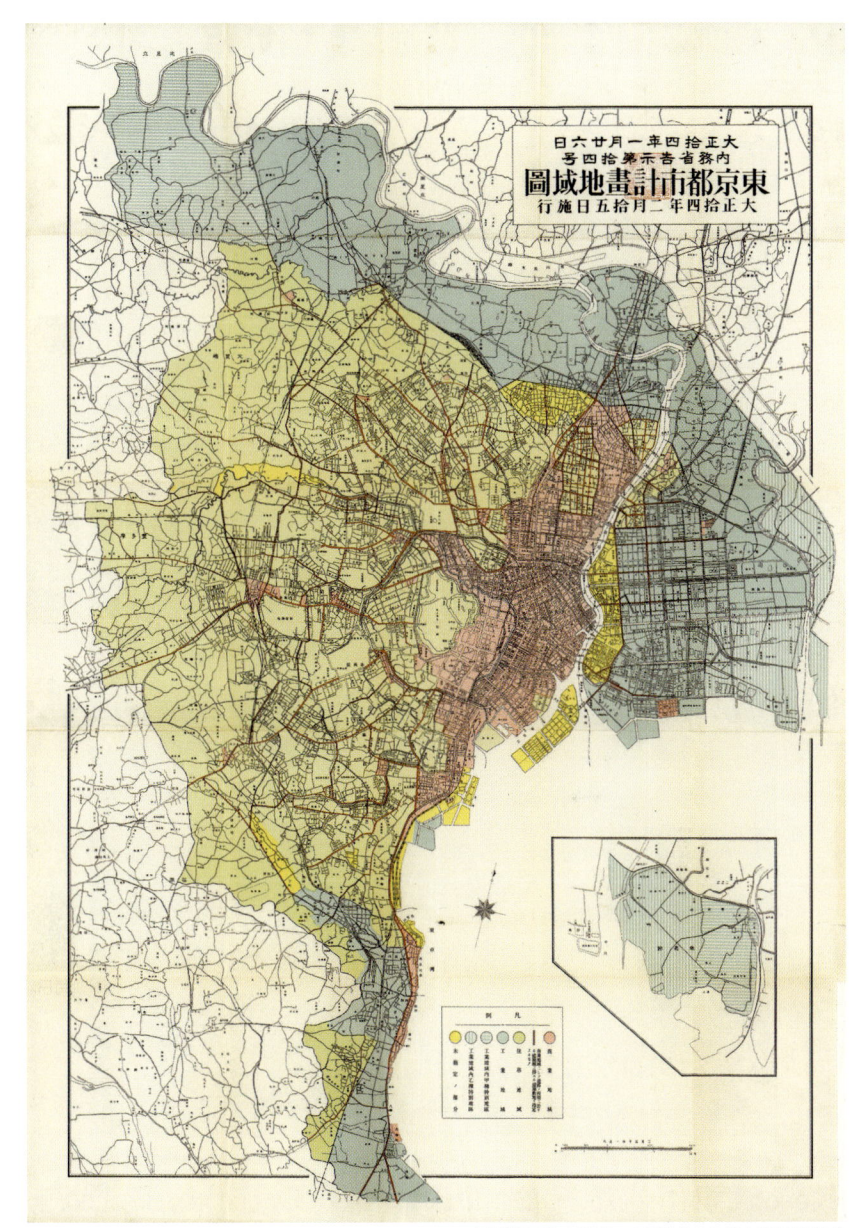

口絵5　東京都市計画地域図（大正14年1月26日 内務省告示第14号 1925（大正14）年2月15日施行）
東京ではこの時初めて地域（商業地域、工業地域、住居地域）及び工業地域内特別地区が東京都市計画区域内の市街地建築物法適用区域に指定された。

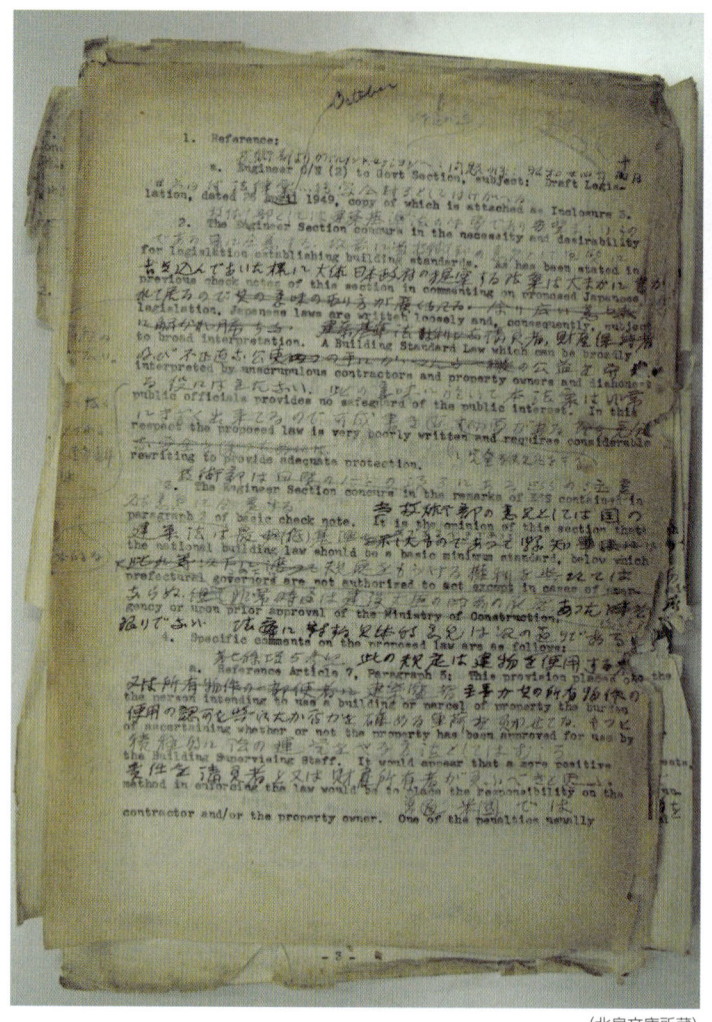

口絵6　GHQ文書（1949（昭和24）年10月26日付建築基準法草案に対するGHQ技術部からGHQ民生局へのコメント）**DVD** 3-2-1文書1

GHQ内部の英文文書を建設省住宅局建築指導課において入手し、日本語訳作業を行ったと思われ、手書きのメモが書き込まれている。この日本語訳を清書した文書 **DVD** 3-2-1文書2、このコメントに即した日本側からの回答を記載した文書（1950（昭和25）年1月10日）**DVD** 3-2-1文書5も、北畠文庫に所蔵されている。

(写真提供：公益財団法人
日本住宅・木材技術センター)

口絵7　木造3階建て共同住宅の火災実験（2時間26分経過時）

1996（平成8）年3月に建築研究所で行われた木造3階建て共同住宅の実大火災実験。

建築基準法の防火規定の主要な改正では、従来から、実大火災実験を行うことにより安全性を確認し、
技術基準に反映させてきた。

(写真提供：大阪市)

口絵8　御堂筋沿道建築物のまちなみ誘導

大阪では市街地建築物法の制定以前から先進的な建築規則が施行されており、今日までの長期にわたる
建築行政の努力の積み重ねが多くの成果をもたらしている。御堂筋沿道は、日本を代表する美しい都市
の風景である。

日本近代建築法制の100年　年表

西暦	1870	1871	1872	1873	1874	1875	1876	1877	1878	1879	1880	1881	1882	1883	1884	1885	1886	1887	1888	1889	1890	1891	1892	1893	1894	1895	1896	1897	1898	1899	1900	1901	1902
和暦	明治3	4	5	6	7	8	9	10	11	12	13	14	15	16	17	18	19	20	21	22	23	24	25	26	27	28	29	30	31	32	33	34	35

近代国家へ

社会・経済・災害など

- 銀座一帯大火（明治5・1872）
- 新橋〜横浜間の鉄道開業（明治5・1872）
- 富岡製糸場操業開始（明治5・1872）
- 内務省「東京市区改正審議会」設置（明治18・1885）
- 造家学会設立（1897年「建築学会」と改称、現（一社）日本建築学会）（明治19・1886）
- 勅令「東京市区改正条例」公布（明治21・1888）
- **大日本帝国憲法 公布**（明治22・1889）
- 濃尾地震（明治24・1891）
- 文部省「震災予防調査会」設置（明治25・1892）
- 日清戦争（〜1895年）（明治27・1894）
- 汚物掃除法、下水道法 公布（明治33・1900）
- 八幡製鐵所操業開始（明治34・1901）

建築法制

- 大阪府「道路経界令」公布（明治4・1871）
- 東京府「煉化家屋建築ノ御趣意」公布、「煉化石建築規則」（銀座煉瓦街計画）（明治5・1872）
- 京都府「町並一間引下令」公布（明治5・1872）
- 神奈川県「家作建方条目」公布（明治5・1872）
- 東京府「庇地制限令」公布（明治5・1872）
- 東京府・警視庁「防火線路並三屋上制限規則」公布（明治14・1881）
- 大阪府、神奈川県、兵庫県他「長屋建築規則」等 公布（明治19・1886）
- 東京府「長屋建築制限規則」案 注:不成立（明治20・1887）
- 広島県令「呉港家屋建築制限法」公布（明治21・1888）
- 東京市区改正委員会「東京市建築条例案」起草（明治22・1889）
- 富山県令「建物制限規則」公布（明治27・1894）

年表（1903年〜1925年）

西暦	元号（年）
1903	明治36
1904	明治37
1905	明治38
1906	明治39
1907	明治40
1908	明治41
1909	明治42
1910	明治43
1911	明治44
1912	明治45／大正元
1913	大正2
1914	大正3
1915	大正4
1916	大正5
1917	大正6
1918	大正7
1919	大正8
1920	大正9
1921	大正10
1922	大正11
1923	大正12
1924	大正13
1925	大正14

大正デモクラシー（1913〜1922頃）

社会・一般の出来事

- 日露戦争（〜1905年）
- ペスト大流行（1905〜09年で死者1768人）
- 北の大火（大阪市）
- 第一次世界大戦（〜1918年）
- 日本建築士会設立（現（一社）日本建築協会）
- 関西建築協会設立（現（公社）日本建築家協会）
- 都市研究会設立（現（公財）都市計画協会）
- 関東大震災
- 帝都復興院設置
- 帝都復興院廃止、内務省復興局設置
- （財）同潤会設立

市街地建築物法

- 東京市長（尾崎行雄）建築学会に「東京市内家屋建築に関する条例案」編纂依頼
- 警視庁令「長屋構造制限」公布
- 大阪府令「大阪府建築取締規則」公布
- 兵庫県令「兵庫県建築取締規則」公布
- 「家屋耐震構造論」（佐野利器）
- 建築学会「東京市建築条例案」を東京市長（阪谷芳郎）へ提出
- 建築学会、日本建築士会、関西建築協会、都市協会が4会連名で「建築法令制定に関する意見書」提出
- 都市計画法 公布
- 市街地建築物法 公布
- 市街地建築物法 施行（適用区域は東京市、京都市、大阪市、横浜市、神戸市、名古屋市）
- 市街地建築物法 公布
- 市街地建築物法第十四条ノ規定ニ依ル特殊建築物耐火構造規則 公布
- 市街地建築物法施行令 改正（震災被害を踏まえた構造別高さ制限の強化 等）
- 市街地建築物法施行規則 改正（震災被害を踏まえた水平震度の導入 等）

西暦	1926	1927	1928	1929	**1930**	1931	1932	1933	1934	1935	1936	1937	1938	1939	**1940**	1941	1942	1943	1944
和暦	15 / 昭和元	2	3	4	5	6	7	8	9	10	11	12	13	14	15	16	17	18	19

戦 時 体 制 へ ＞ 太 平 洋 戦 争

社会・経済・災害など

- 1927 昭和金融恐慌
- 1927 北丹後地震
- 1929 世界大恐慌
- 1931 満州事変
- 1932 日本橋白木屋百貨店火災
- 1933 昭和三陸地震
- 1934 函館大火
- 1934 室戸台風
- 1936 建築学会「都市防空に関する調査委員会」設置
- 1937 日中戦争
- 1938 国家総動員法 公布
- 1939 内務省防空研究所設置
- 1941 内務省防空局設置
- 1941 太平洋戦争
- 1943 鳥取地震
- 1943 内務省防空局廃止、防空総本部設置
- 1944 東南海地震

市 街 地 建 築 物 法

建 築 法 制

- 1930 市街地建築物法施行令等 改正施行
- 1931 市街地建築物法 改正／適用区域の大臣指定 等
- 1936 特殊建築物規則 公布
- 1937 防空法 公布
- 1937 鉄鋼工作物築造許可規則 公布
- 1938 市街地建築物法 改正／用途地域制の強化整備 等
- 1938 防空建築規則 公布
- 1939 木造建築物建築統制規則 公布
- 1940 防空法 改正／防火改修強制、工場等分散、防空空地
- 1941 防火改修規則 公布
- 1941 工作物築造統制規則 公布
- 1942 防空法 改正／分散疎開、非常用物資配給
- 1943 戦時行政特例法に基づく市街地建築物法の主要規定停止
- 1943 都市疎開実施要綱

年	1945	1946	1947	1948	1949	1950	1951	1952	1953	1954	1955	1956	1957	1958	1959	1960
昭和	20	21	22	23	24	25	26	27	28	29	30	31	32	33	34	35

時代区分

戦後復興期　　　　　　　　　　　　　高度経済成長期

社会・災害等の出来事

- 三河地震
- 第2次世界大戦終戦
- 内務省防空総本部廃止
- 日本国憲法 公布
- 南海地震
- 飯田大火
- 福井地震
- 第1次能代大火
- 朝鮮戦争
- 住宅金融公庫設立（現〔独〕住宅金融支援機構）
- 大原劇場火災（北海道）
- 公営住宅法 公布
- 鳥取大火
- 日本建築士会連合会設立
- 高度経済成長期（〜1973年）、神武景気（〜1957年）
- 洞爺丸台風、岩内大火
- 聖母の園養老院火災（横浜市）
- 昭和新潟大火
- 日本住宅公団設立
- 第2次能代大火、大館大火、魚津大火
- 経済白書「もはや戦後ではない」
- （社）建築業協会設立（現〔一社〕日本建設業連合会）
- 伊勢湾台風
- 岩戸景気（〜1961年）
- チリ地震津波

建築法規等

建築基準法

- 都市計画法及び同法施行令戦時特例 改正
- 市街地建築物法の適用に関する法律 施行
- 特殊建築物に関する命令 施行　力に関する命令、警視庁令、北海道庁令及び府県令の効
- 消防法 公布
- 屋外広告物法 公布
- **建築基準法 公布**
- 建築士法 公布
- 建築基準法 改正
- 建築士法・建築促進法 改正
- 耐火建築促進法 公布
- 建築基準法 改正／耐火建築物の建築促進 等
- 建築基準法 改正／耐火建築物の建築促進、一団地の総合的設計関係 等
- 駐車場法 公布
- 建築基準法 改正／防火地域、特殊建築物等に係る制限強化、定期報告・検査制度 等

西暦	1961	1962	1963	1964	1965	1966	1967	1968	1969	**1970**	1971	1972	1973	1974	1975	1976
和暦	36	37	38	39	40	41	42	43	44	45	46	47	48	49	50	51

社会・経済・災害など

高度経済成長期

- 区分所有法（建物の区分所有等に関する法律）公布（1962）
- 全国建築士事務所連合会設立（現（一社）日本建築士事務所協会連合会）（1962）
- 新潟地震（1964）
- 東京オリンピック（1964）
- 地方住宅供給公社法 公布（1965）
- 住宅建設計画法 公布（1966）
- 菊富士ホテル火災（群馬県）（1966）
- 人口1億人突破（1967）
- いざなぎ景気（〜1970年）
- 池之坊満月城火災（神戸市）（1968）
- 1968年十勝沖地震（1968）
- GNP世界2位（1968）
- 磐光ホテル火災（福島県）（1969）
- 日本万国博覧会（大阪万博）（1970）
- 高齢化社会（高齢化率7.1%／国勢調査）（1970）
- 沖縄の復帰（1972）
- 千日デパートビル火災（大阪市）（1972）
- 最高裁判所「日照権侵害の判断基準」（受忍限度論）（1972）
- 第1次オイルショック（〜1974年）（1973）
- 大洋デパート火災（熊本市）（1973）
- 酒田大火（1976）

建築法制

建築基準法

- 防災建築街区造成法 公布（耐火建築促進法 廃止）（1961）
- 宅地造成等規制法 公布（1961）
- 建築基準法 改正／特定街区制度 等（1961）
- 建築基準法 改正（容積地区制度、高さ31m超の内装制限 等）（1963）
- （財）日本建築センター設立（1964）
- 都市計画法 公布（1968）
- 都市再開発法 公布（防災建築街区造成法等 廃止）（1969）
- 建築基準法施行令 改正（耐震基準強化、防災設備基準 等）（1970）
- 建築基準法 改正／執行体制、特殊建築物制限強化、用途地域整備と容積率全面適用、総合設計制度 等（1970）
- 建設省「建築技術審査委員会」設置（1971）
- 文化財保護法等 改正／伝統的建造物群保存地区制度（1975）
- 建築基準法 改正／特殊建築物制限強化、日影規制 等（1975）

時代区分年表（1977年〜1991年）

西暦	和暦	経済・社会の動き	建築・都市関連法令
1977	昭和52		新耐震設計法（案）公表
1978	53	第2次オイルショック（～1980年）／1978年宮城県沖地震	
1979	54	ゴールデン街第1ビル爆発火災（静岡市）	省エネ法（エネルギーの使用の合理化に関する法律）公布
1980	55	川治プリンスホテル火災（栃木県）／住宅・都市整備公団設立／第二次臨時行政調査会設置／国連 国際障害者年	建築基準法施行令 改正／新耐震設計法 等
1981	56		都市計画法・建築基準法 改正／地区計画制度 等
1982	57	ホテルニュージャパン火災（東京都）	
1983	58	昭和58年日本海中部地震	浄化槽法 公布
1984	59		建築士法・建築基準法 改正／執行体制の整備合理化 等
1985	60	MOSS協議（～1986年）／プラザ合意	
1986	61	大東館火災（静岡県）／前川リポート（国際協調のための経済構造調整研究会報告書）／バブル景気（～1991年）	
1987	62	国連 国際居住年／昭青会松寿園火災（東京都）／国土利用計画法 改正（監視区域制度）／ブラックマンデー	集落地域整備法 公布／集落地区計画制度／建築基準法 改正／木造制限合理化・容積率制限・高さ制限合理化 等
1988	63	大都市地域における優良宅地開発の促進に関する緊急措置法 公布	都市再開発法・建築基準法 改正／再開発地区計画制度
1989	64／平成元	消費税導入（3%）／宅鉄法（大都市地域における宅地開発及び鉄道整備の一体的推進に関する特別措置法）公布／マルタ会談（冷戦の終結）／土地基本法 公布	道路法等 改正／立体道路制度
1990	2	大都市法（大都市における住宅地等の供給の促進に関する特別措置法）改正	都市計画法・建築基準法 改正／用途別容積型地区計画・住宅地高度利用地区計画制度 等
1991	3		

期間区分：安定成長期／バブル景気

西暦	1992	1993	1994	1995	1996	1997	1998	1999	2000	2001	2002	2003
和暦	4	5	6	7	8	9	10	11	12	13	14	15

社会・経済・災害など

バブル崩壊後

- 1992：世界遺産条約批准
- 1993：（社）住宅生産団体連合会設立
- 1993：平成5年北海道南西沖地震
- 1995：阪神・淡路大震災
- 1995：高齢社会（高齢化率14.6%）／国勢調査
- 1996：消費税引上げ（3%→5%）
- 1997：COP3「京都議定書」採択
- 1999：地方分権一括法（地方分権の推進を図るための関係法律の整備等に関する法律）公布／機関委任事務の自治事務への変更
- 1999：都市基盤整備公団設立
- 2000：新宿歌舞伎町ビル火災

建築法制

建築基準法

- 1992：都市計画法・建築基準法 改正（木造基準（準耐火、木三共）、用途地域見直し、伝統建築物の建築規制見直し 等）
- 1993：建築基準法 改正（容積規制の合理化 等）
- 1994：ハートビル法（高齢者、身体障害者等が円滑に利用できる特定建築物の建築の促進に関する法律）公布
- 1995：都市再開発法・建築基準法 改正（形態規制の合理化、街並み誘導型地区計画制度 等）
- 1995：耐震改修促進法（建築物の耐震改修の促進に関する法律）公布
- 1996：密集法（密集市街地における防災街区の整備の促進に関する法律）公布／防災街区整備地区計画制度
- 1997：都市計画法・建築基準法 改正（高層住居誘導地区制度、共同住宅に係る容積限合理化 等）
- 1998：建築基準法 改正（確認・検査の民間開放、技術的基準の性能規定化 等）
- 1998：まちづくり三法（都市計画法 改正、大店立地法（大規模小売店舗立地法）、中心市街地活性化法（中心市街地における市街地の整備改善及び商業等の活性化の一体的推進に関する法律）公布
- 1999：住宅品質確保法（住宅の品質確保の促進等に関する法律）公布
- 2000：土砂災害防止法（土砂災害警戒区域等における土砂災害防止対策の推進に関する法律）公布
- 2000：都市計画法・建築基準法 改正（線引き制度見直し、準都市計画区域制度 等）
- 2001：都市再生特別措置法 公布
- 2002：都市計画法・建築基準法 改正（形態規制の合理化、地区計画制度の整理統合、シックハウス対策 等）
- 2002：ハートビル法 改正／特定特別建築物への利用円滑化基準適合義務付け

西暦	2004	2005	2006	2007	2008	2009	2010	2011	2012	2013	2014	2015	2016	2017	2018
平成	16	17	18	19	20	21	22	23	24	25	26	27	28	29	30

バブル崩壊後

- 2004（16）：（独）都市再生機構設立
- 2005（17）：構造計算書偽装問題公表
- 2006（18）：住生活基本法 公布
- 2007（19）：平成19年新潟県中越沖地震
- 2008（20）：リーマンショック
- 2009（21）：超高齢社会（高齢化率23.0%／国勢調査）
- 2011（23）：東日本大震災
- 2013（25）：消費税引上げ（5%→8%）
- 2014（26）：国連SDGs（持続可能な開発目標）採択
- 2016（28）：平成28年熊本地震
- 2018（30）：平成30年北海道胆振東部地震

建築基準法

- 2004（16）：建築基準法 改正／既存建築物の勧告・是正命令制度、既存不適格建築物の制限合理化 等
- 2005（17）：景観法 公布
- 2006（18）：まちづくり三法 改正
- 2006（18）：建築基準法 改正／構造計算適合性判定制度、確認・検査業務の厳格化 等
- 2006（18）：バリアフリー新法（高齢者、障害者等の移動等の円滑化の促進に関する法律）公布
- 2008（20）：歴史まちづくり法（地域における歴史的風致の維持及び向上に関する法律／歴史的風致維持向上地区計画制度）
- 2008（20）：長期優良住宅法（長期優良住宅の普及の促進に関する法律）公布
- 2011（23）：津波防災地域づくりに関する法律 公布
- 2013（25）：耐震改修促進法 改正／耐震診断の一部義務付け
- 2014（26）：建築基準法 改正／構造判定制度の見直し、特殊建築物に係る構造制限の見直し 等
- 2015（27）：建築物省エネ法（建築物のエネルギー消費性能の向上に関する法律）公布
- 2017（29）：都市計画法・建築基準法 改正／田園住居地域制度
- 2018（30）：建築基準法 改正／建築物・市街地の安全性確保、用途変更に係る規制の合理化、構造制限の合理化 等

は じ め に

　本書は、1919年に市街地建築物法及び都市計画法が制定されてから100年を迎えるのを記念して行われる諸事業の一環として、我が国の近代建築法制の100年間の歩みをまとめたものである。本書のもととなったのは、一般財団法人日本建築センター発行の機関誌「ビルデイングレター」に2017年4月から2018年12月まで21回にわたって連載されたものであるが、書籍として一冊にまとめるにあたり最新の情報に基づく追加や記述の重複の整理などを行うとともに、各号に掲載された資料についてはスペースの関係から記述の都合上必要なものを除き付属DVDに収めることとした。さらに連載の段階では掲載できなかった資料についても、追加を行った。

　本書は4つの部分からなっている。第1章及び第3章では市街地建築物法の制定に到るまでの経過と制定・施行の経緯、数次の改正や第二次世界大戦に伴う執行停止、そして建築基準法制定以降、数次の改正を経て現在に到るまでの流れをまとめた。これらは建設省及び国土交通省などにおいて建築行政に携わった経験者からなる「日本近代建築法制100年史編集委員会」のメンバーが分担して調査執筆に当たった。

　第2章では、これらの法制度の確立に当たって日本建築学会の果たした役割の大きさに鑑み、その内容について同学会法制委員会の皆様に執筆を依頼した。同委員会（加藤仁美委員長）では日本近代建築法制100周年記念活動支援小委員会（有田智一主査）を設置して検討に当たられ、3篇の貴重な論文をご執筆いただいた。

　第4章は、建築基準法制定以来の歴史をいくつかの大きなテーマにより、それぞれ法律改正や運用に実際に関わった経験者に執筆いただいた。ここで取り上げたテーマは、建築基準法全体を網羅するものではないが、建築基準法が過去のどのような社会環境の中で現在の姿に到ったのか、読み取ることができるものと考えている。

　第5章は、現場における法執行の実情を伝えるべく、市街地建築物法の施行当初の適用区域であった東京都（当時は東京市）、横浜市、名古屋市、京都市、

大阪市、神戸市の6市について、それぞれ関係地方公共団体の関係者に執筆をお願いした。市街地建築物法の施行は各府県庁警察部（東京においては警視庁）が行っており、現行の行政体制とは不連続であることから、資料等の面で執筆には困難が多くあったとのことである。執筆に当たられた関係者に特に感謝申し上げたい。

　本書、特に建築基準法制定当時以前についての記述に当たっては、出来る限り原資料や当事者の残した記録に依拠することを心掛けた。それが可能であったのも当時の関係者が多くの資料や回顧談などの記録を残してきたからである。このような資料は、その旧蔵者ごとに各方面に所蔵されており、それらの概要についてもまとめて資料編として付属DVDに収録した。

　市街地建築物法と建築基準法は形式的には別の法律（建築基準法は市街地建築物法の改正ではなく新法として制定された。）であることから、これらを近代建築法制として一貫してまとめたものは少なかったように思われる。また、建築基準法制定以来の社会の変化や建築技術の進歩は著しく、それに応えるため建築基準法関係法制度にも幾多の改正が加えられてきたが、特に近年はその背景や経緯などについてまとめる機会は少なかったように思われる。本書が多少なりともこれらの欠を補うことができ、建築法制に関する研究、さらには今後の建築法制の発展に寄与出来れば望外の幸せである。勿論、本書の内容にはそれぞれの執筆者の個人的見解も含まれてはいるが、同時代史としての価値は損なわれるものではないと考えている。

　終わりに、本書に貴重な原稿をお寄せいただいた執筆者の方々、資料をご提供いただいた方々、本書の作成に支援をいただいた国土交通省住宅局の皆さん、そして本書の作成に参画してくれた編集委員会の皆さんと事務局を務めていただいた一般財団法人日本建築センターの今村芳恵さん、塚田市朗さん、島田和明さん、井手幸人さん、林隆之さん、堀江和浩さん、野中るみ子さんに感謝申し上げます。

日本近代建築法制100年史編集委員会　委員長　佐々木　宏

目 次

第1章 市街地建築物法の歴史

第2章 市街地建築物法・建築基準法と建築学会

第3章 建築基準法の制定とその後の経緯

第4章 建築基準法の展開

第5章 建築行政の現場から

参考資料

第1章

市街地建築物法の歴史

1-1 市街地建築物法以前の法制度

日本の総合的な建築法制の始まりは1919（大正8）年に制定された市街地建築物法であるが、それ以前にも、わが国には諸々の建築物に関する法令が存在していた。古く遡れば、大宝令・延喜式等の中に相隣関係や階級による家屋の格式を規定したものが散見され、江戸時代には格式の制限と奢侈の禁止を目的とするものが多く、防火を目的とするものも発布されていたという（内務省「都市計画要鑑第1巻」1921年）。しかし、近代的な法制度となったのは、日本が近代国家としての歩みを始めた明治に入ってからであろう。

明治初期から大正中期までの建築関連法令は、3つの時期に大別できる。①明治初期には個別目的の初歩的な建築規則が一部地域に始まり、②明治中期には体系的な長屋建築規則等が各地に普及し、③明治後期・大正初期には総合的な建築規則への移行がみられた。このほかに、東京建築条例案等のように、必要性があって再三検討されたが成立しなかったものもあった。こうした個別・地域別の建築法令群の実践の上に、都市計画上の内容を加えて、市街地建築物法に至ることになる。（p.30資料 **DVD** 1-1-1）

本節では、日本社会の変革と建築活動の発展という視点から、明治初年以降、市街地建築物法制定までの建築関係法制度の概略を紹介する。なお、記述に当たり章末掲載の参考文献に拠った箇所については、本文中に（　）書で明記した。

1 明治初期 1868年～1885年頃

明治初期は、近代国家にふさわしい都市形成が求められた時期であった。文明開化、富国強兵、殖産興業がスローガンとなり、帝都の形成や開港都市の整備が課題となった。東京、大阪などの主要都市では、主として市街地の防火対策や道路空間の確保等のための個別の規則が、府県布達等という形で定められた。また、横浜などの開港都市では急成長に対応した先駆的な建築規則が定められていた。

(1) 主要都市における防火対策等の建築規則

主要都市、特に東京では、江戸の頃に引き続き、しばしば大火に見舞われたため、防火対策は重要課題であった。そのため、①焼失地区の再建のための建築規則（銀座煉瓦街計画等）と、②一般地区の大火予防のための建築規制（東京防火令等）が定められた。

・銀座煉瓦街計画の建築規則

1872（明治5）年2月の銀座一帯大火からの再建に当たり、防火対策と帝都形成を図るため、有名な銀座煉瓦街計画が同年3月には決定された。計画は道路拡幅と煉瓦建築を主な内容とし、英国人建築家ウォートルスによる「煉化石建築規則」（1872年 **DVD** 1-1-2、口絵1）が定められた。その内容は①全家屋の煉瓦造化（石造を含む）、②道幅に応じた規模（15間・10間道路では、3階建、高さ30－40尺、奥行5間、壁厚二枚積など）、③連屋化（街区ごとの連棟形式）、④歩廊設置（店頭に屋根付の連続空間を提供）、⑤様式の統一（実際上はジョージアン・スタイルを採用）の5項目で、前2項目が強制事項、後3項目は指導目標であった。これは事業における建設基準的な性格のものと考えられるが、官築に限らず自築を含めた全建築物に図面検査が適用されたことか

ら、実質的には建築規則としての役割を有していた。

この結果、1879年時点で銀座地区では全建物延床面積の51%が煉瓦造・石造、15%が蔵造となり、これは当時としては相当の高率と考えられる。事業としては空家発生や収支赤字の面から失敗と評されることが多いが、建築規則を設けることによって建物不燃化と文明開化の街並みが実現し、銀座が一等商業地に成長する要因となった効果は大きいと言える。(以上、参考文献4による)

なお、同時期に政府から事業に関する意見を求められた英国人測量技師マコビーンは、一般的な建築規則としての「造家令」を制定すべきであると一歩進んだ提言をし、参考資料として1856年香港造家令の写しを提出、さらに数日後には「東京府下の市街及び家屋造作の儀に付至当の定則」(全文20条)を提案したという。これは実現には至らなかったが、東京における体系的な建築規則案の最初のものと言われている。(以上、参考文献10による)

・東京防火令 (防火線路並ニ屋上制限規則)

銀座煉瓦街計画以後、1873年から1881年にかけての大火の跡地計画 (神田橋本町他) においては、煉瓦街の整備事業は行われなくなったが、主として防火対策に関する建築制限が設けられた。そして、1881 (明治14) 年2月には「東京防火令」として知られる警視総監・東京府知事連名の東京府布達「防火線路並ニ屋上制限規則」(全9条、**DVD** 1-1-3) が定められ、焼失地区に限らず広く一般市街地に適用する大火予防のための建築規制が実施された。

具体的には当時の都心三区 (日本橋・京橋・神田) 内の主要道路・運河沿いに22本の防火路線を指定し、そこに建つ建物を煉化石造・土蔵・石造の三構造に限るとした。また、都心四区 (日本橋・京橋・神田・麹町) 内ではあらゆる家屋の屋根を不燃材料で葺くこととした。しかも、これら

は新築建物だけでなく、既存建物に対しても内容に応じて1〜3年以内に適合するように改造すべきとしている。さらには、新築・改造時の事前届出、落成検査を義務付け、違反に対する改造命令、一定期限後の取り壊し、代執行の規定まで設けられている。きわめて画期的な内容である。

この布達は警視総監・東京府知事の連名であるが、執行に当たり東京府は届出窓口となるとともに防火建築委員局を設けて推進に当たった。この結果、最長改修期限の1884年時点で、防火路線内の改造対象建物1,697棟のうち約80%が改造又は取壊しを終え (前述の三構造のうち土蔵になったのが大半だったという)、屋上制限については対象建物30,001棟の41%が処理を済ませている。既存建物をも対象とした規制としてはかなり高い実行率であり、その後、都心三区の市街地大火発生は大きく減少している。(以上、参考文献4による)

なお、防火制限等に関する建築規則は、東京のほか、大阪府、神奈川県、愛知県等でもそれぞれ異なる布達が出されていた。

・庇地制限令等と道路空間確保

わが国の道路は狭隘である上に、道路上に庇が掛け出されたり建物が張り出したりしていることも多く、明治初期には道路空間の確保が課題であった。早くも1870 (明治3) 年頃から多数の規則が出されているが、道路と建物の関係について明確化するための代表的な建築規則として、東京府「庇地制限令」(1874年)、京都府「町並一間引下令」(1872年)、大阪府「道路経界令」(1871年) の布達が出された。道路と建物の境界について、東京では下水際より三尺の後退等 (従前状況や建物用途によって異なる)、京都では現状より一間の後退、大阪では本来の道路幅 (東西道路4間3分、南北道路3間3分) まで後退すべきとしている。これらは、市街地建築物法の建築線制度の先駆的内容とも考えられる。しかしながら現実には施行は難航したようで、その後「街路取締規則」

の制定と前後して、東京では1881年に、京都では1882年に廃止されてしまったが、大阪では存続し、1917（大正6）年には道路を占用している建物の移転費用の一部を市が負担する「路幅整理」事業を開始して1940年頃までかけて本来の道路幅員を回復した。（以上、参考文献2による）

(2) 開港都市における建築規則

開港都市では、早くも幕末から外国人居留地に適用された諸規則（多くは「条約」の形をとっている）の中に建築関連事項がみられるが、明治以降の都市の急成長に伴って、一般市街地に対する建築規制が必要となってきた。特に横浜においては数多くの神奈川県布達が出され、なかには宅地造成、用途規則に関するものや総合化されたものもあって注目される。

・外国人居留地の地所規則

開港都市については、外国との取極・条約という形で外国人居留地に関する諸規則が定められたが、特に「横浜地所規則」（1860年米英蘭三国間取極）と「長崎地所規則」（1860年英米仏等八ケ国との条約）には建築規制に関する事項が含まれていた。ここでは、①可燃性建築物禁止、②人命財産に危険あるいは健康に有害な営業禁止、③危険物取扱い貯留所の立地制限、④公道上の張出し制限等が規定されている。（以上、参考文献9による）

・神奈川県家作建方条目

一般市街地については、急成長しつつある開港都市・横浜では、早くも1868（明治元）年に「家屋堅牢構造」に関する神奈川県布達が出され、その後1877年までに57件もの布達が出されている。その中で、特に1873（明治6）年の神奈川県布達「家作建方条目」（全11条、**DVD**1-1-4）は、防火とともに衛生、敷地、手続き規定等も有する総合的な内容を持ち、近代建築法制の萌芽とも言えるものであった。具体的には、防火については家屋構造を煉瓦造・石造・塗家・土蔵造とし、板

屋根等を禁止し、浴場・旅館・料理屋等のかまど・煙突等を石造・煉瓦造に制限した。衛生については便所と井戸の分離、下水の埋込み等を定めている。長屋については裏長屋を原則禁止し、床高は2尺以上とした。また、敷地から道路等への突出を制限した。適用区域は当時の横浜市街地で、中間検査、完了検査、不具合箇所の是正についても定めている。

他の神奈川県布達の多くは個別事項を規定したものであり、初期には大火防止と市街地整備のための防火建築、屋根不燃、道路突出制限、敷地の盛土等に関するものが多かったが、後年には土砂災害防止のための宅地造成規制や、危険防止のための石油貯蔵・動力使用建築物の立地制限に発展し、近隣同意の規定も設けられるなど、都市計画的な内容を含んだものとなっていった。なお、これらの主管は一般行政部門であった。（以上、参考文献8による）

2 明治中期 1886年〜1893年頃

明治中期になると、日本社会の近代化が軌道に乗って主要都市の成長が始まり、一方で市街地大火防止に加え、伝染病予防対策が社会的要請となった。このため、大阪はじめ国内主要都市を対象として、府県令等という形で、それ以前よりも体系化された長屋建築規則等が相次いで定められた。しかし、東京では長屋建築規則、次いで総合的な建築条例案が検討されたが、結局制定されず、市街地形成に問題を残すことになった。

(1) 主要都市における長屋建築規則等の制定

この時期には、全国各地で一連の長屋建築規則、家屋建築規則等が定められた。その始まりは、1886（明治19）年の大阪府長屋建築規則であり、続いて同年中に神奈川県、兵庫県、長崎県、滋賀県で制定され、翌1887年に長崎県、山口県、

群馬県、広島県、富山県、1888年に静岡県、1889年に福岡県、1890年の京都府まで、合計12府県で13件の規則が定められている（**表1**）。

これらは形式も内容も一様ではないが、多くに共通していることは、全国主要都市において長屋又は家屋等を広く対象とし、敷地条件（接道・通路・空地等）、建物構造（戸数、屋根防火、床高、天井高、開口部等）、衛生設備（井戸・台所、便所、排水等）について規定し、手続関係（工事届出・認可、竣工検査・使用認可、命令罰則等）も備えていることである。特に伝染病の流行を背景として衛生関係の項目が充実しているが、全体として、それまでの個別項目に関する布達等に比べて体系化が進んでいると言える。

・大阪府長屋建築規則

一連の規則の最初に定められた大阪府布達「長屋建築規則」（**DVD**1-1-5、1886年5月制定・同年中3回改正）は、全17条からなる初の本格的な建築規則であろう。すなわち、①特殊な建築物でなく市街地の多数を占める建築物を対象とし、②営業制限のようなものでなく建築物の物的条件を規定し、③事前申請・竣工検査等の手続きが確立され、④建物構造形態に加えて敷地条件や衛生条件

を含めた総合的な内容となっているからである（参考文献6）。

具体的には、大坂・堺・奈良（当時は大阪府下）市街とその人家接続町村を適用地域とし、長屋の新設・改造・増設を対象とし、事前に所定書式で所轄警察署へ願い出て着工許可を受け、落成後には検査の上で使用認可を要すると定め、罰則や改造命令・居住禁止命令等も規定されている。さらに、既存建物における不衛生居住に対する立退き命令等も設けられており、住居法的な性格も有していた。規制の内容は、1棟の戸数5戸以内、隣家との間隔3尺以上、敷地は溝石上1寸5分以上、窓は2方向以上に床面積の1／5以上、通路幅6尺以上、裏長屋には路次口が必要、便所は2戸に1か所以上で井戸からの距離1丈2尺以上、床下壁に空気窓が必要、床高1尺5寸以上、下水小溝は幅6寸以上で勾配1／100以上など、多岐の項目について具体的数値が規定されている。なお、屋根材料の不燃化など防火関係についての規定はここには見当たらない。

・呉港家屋建築制限法

一連の規則は、大阪、京都等の主要都市に加え、横浜、横須賀、神戸、呉、下関、門司、佐世

表1　明治中期の長屋建築規則等の一覧

制定年月日	番　号	名称・条文数	主な対象都市
1886（明治19）年5月14日	大阪府甲第75号	「長屋建築規則」全21条	大阪、堺、奈良
1886（明治19）年6月26日	神奈川県甲第65号	「長屋建築規則」全16条	横浜、横須賀
1886（明治19）年8月26日	兵庫県令第15号	「長屋裏屋建築規則」全18条	神戸
1886（明治19）年9月26日	長崎県令第27号	「長屋建築規則」全14条	長崎
1886（明治19）年12月22日	滋賀県令第52号	「家屋建築規則」全23条	大津、八幡、彦根、長浜
1887（明治20）年3月16日	長崎県令第29号	「佐世保市街家屋建築規則」全11条	佐世保
1887（明治20）年4月2日	山口県令第54号	「長屋建築規則」全7条	山口、下関
1887（明治20）年4月22日	群馬県令第57号	「長屋建築規則」全12条	前橋、高崎ほか
1887（明治20）年5月7日	広島県令乙第9号	「呉港家屋建築制限法」全13条	呉
1887（明治20）年6月7日	富山県令第70号	「家屋建築規則」全14条	（市街地）
1888（明治21）年12月	静岡県令第74号	「静岡市街家屋建築規程」全5条	静岡
1889（明治22）年6月25日	福岡県令第74号	「門司市街地家屋建築規則」全10条	門司
1890（明治23）年3月14日	京都府令第27号	「長屋建築規則」全4条（細目多数）	京都

出典：赤﨑弘平「市街地整備のための建築のルールの地方的展開」1996年（p.19）及び田中祥夫「明治前期における建築法制に関する研究」1991年（p.c11－c38）より作成。

保、長崎といった貿易港及び軍港のある重要港湾都市を対象として制定されている。これら都市は成長が著しく、また伝染病流行のおそれが大きかったためと考えられる。1887（明治20）年の広島県令「呉港家屋建築制限法」は、軍港都市として急成長しつつある呉において、市街地の乱開発に対処するために制定された。内容としては、敷地高は満潮面より4尺以上、床高1尺8寸以上、防火構造、屋根不燃、下水便所の衛生等の規定に加えて、別紙図面を有し、地域を2分して防火や衛生に関する制限内容を変えるゾーニング的な手法をとり、道路・通路の幅員基準（道路12尺、通路6尺）を設けているなど、都市計画的な視点が注目される（参考文献7他）。

(2) 長屋建築規則等の実績と効果

・長屋建築規則の施行実績

これら長屋建築規則等の施行実績について、3府県（大阪、神奈川、兵庫）では部分的に記録が残されている。大阪府では、制定後7年間（1886-92年）で新築・増改築の着工許可16,104戸（うち増改築2,561戸、16％）、改造命令8,411戸、合計24,515戸である。これは、施行区域全戸数約12万戸（1892年）の約20％であり、かなりの実績と言える。また、増改築と改造命令の合計は10,972戸となり、新築も含めた全体戸数の約45％に当たることから、既存家屋対策が推進されているとわかる。なお、落成検査後の使用認可は新築・増改築では着工許可の81％と高率であるが、改造命令では30％にとどまっており、既存建築対策の難しさがうかがえる。

神奈川県（横浜及び横須賀）では、制定翌年（1887年）の着工許可838戸（うち新築708戸、84％）であり、当時の施行区域全戸数の2.8％に当たる。使用認可は着工許可の94％以上と非常に高率である。なお、制定初年（1886年）には着工不許可33件、使用不認可19件の処分を出して

いる。さらに、記録が残る7年間（1889-92年、1894-96年）の違反処分者は合計108人（年平均15人）、その後の7年間（1905-11年）では合計240人（年平均34人）と相当数に上っており、建築規制の施行に当たっての苦労がしのばれる。

兵庫県（神戸）では、制定翌年から6年間（1887-92年）で建築許可8,835戸（うち新築8,385戸、95％）である。これは当時の施行区域全戸数の約25％に当たる高率であり、都市の成長ぶりがうかがえる。兵庫県では長屋のほか裏屋と5坪未満の表屋も対象にしているが、内訳は長屋5,994戸、裏屋2,763戸、表屋78戸であった。なお、制定4年後の1890（明治23）年6月に、執行権限を兵庫県（警察部門）から神戸市（1889年市制施行）へ移管している。（以上、参考文献8による）

・長屋建築規則成立の背景と意義

これら長屋建築規則等が成立した背景としては、都市の急成長や大火の発生に加えて伝染病の流行が大きかったと考えられている。1879年と1886年にはコレラ流行による死者数が10万人を超え、公衆衛生上の観点からも住居の環境水準を改善することが重要課題とされた。その後、死者数は大幅減少に向かう。また、行政面としては、この時期までに府県体制が整えられ、府県の下での行政警察制度が確立していたことも大きい。

一連の長屋建築規則等の成立の意義については、次の5点が指摘されている（参考文献8）。

① 長屋建築規則等の制定によって、全国各地において近代的な建築法制がスタートした。

② 明治10年代を主とする衛生行政による建築法制化への取り組みの貴重な成果である。

③ 長屋等の野放し建築が防止され、庶民の住居水準確保とコレラ対策に貢献した。

④ 大阪府・神奈川県における長屋建築規則施行で現場検査を重視する姿勢が見られた。

⑤ 神戸市が兵庫県長屋裏屋建築規則を執行し、

都市自治体による建築規制の先駆例となった。

・東京府長屋建築規則案の不成立

なお、東京においては、1887 (明治20) 年に東京府が「長屋建築規則案」を作成し警視庁に協議したが、警視庁は「衛生上に害を与うるは独り長屋の構造のみにも無く、かつ府下の情況を商量するに現今これを施行するは時期尚早の憾有」と回答して不調に終わった (参考文献8)。他府県と異なり、東京では東京府と警視庁の二元行政 (警視庁は内務省直属) となっていたことも影響したと思われる。その後、東京市区改正条例の制定を受けて、1889 (明治22) 年には総合的な東京市建築条例案が東京市区改正委員会に提案され、数年間検討されるが、こちらも成立に至っていない。1907 (明治40) 年に至ってようやく警視庁「長屋構造制限」が制定されたが、その間の都市の成長に伴う建築活動の大きさを考えるといかにも遅すぎる対応であり、市街地形成や居住水準に大きな問題を残したと言える (参考文献7)。

3 明治後期・大正前期 1894年〜1918年頃

明治後期から大正半ばに市街地建築物法が制定されるまでの間、引き続き地方ごとに建築規則が定められた。内容としては、屋根防火、危険物対策等の個別目的のものが多いが、長屋等に限らず建築物全般に対する総合的な規定を有するものも登場した。都市化の進展が本格化し、防火防災、伝染病予防、道路確保、市街地形成等の社会問題に総合的に対処する必要性が高まったこと、大規模複雑な建築物も増えてきたことなどによると考えられる。その代表的なものは、1909 (明治42) 年の大阪府建築取締規則である。しかしながら、建築規則が定められていない主要都市もあり、また地域ごとに目的・内容がそれぞれある程度異なっていた。

(1) 全国各地での建築規則等の展開

この時期には、依然として地方令としての建築関連規則が各地で制定されていった。その特徴は次のとおりである (参考文献6)。

① 衛生施設関係の諸規則の制定が行われなくなったこと。これは、1900 (明治33) 年の汚物清掃法、下水道法という国の法律が制定されたためと考えられる。

② 伝染病のうちペスト対策としての建築ルールが登場したこと。明治30年代にはコレラに代わりペストが大流行した (1905 − 09年に死者1,768人)。そこで、ペスト伝染を媒介するネズミの侵入等を防ぐ手段が求められ、輸入物資を扱う倉庫等を対象に、東京・大阪・神奈川・兵庫・愛知で規則が制定された。

③ 依然として続く市街地大火の発生に対応して、防火関係規定を専門とする規則が多数出現したこと。煙突取締関係の規則や、屋根材料の不燃化を義務付けた規則であり、フェーン現象等による大火災の発生に悩む地方にも及んでいる (新潟、岩手、福島等)。

④ 製造場取締規則が多く制定されたこと。危険物の取締りについては、石油とマッチに関する国の法律が制定されていたが、工場一般に関するものはなく、各地方での取締りが必要となった。この中には、用途地域制とのリンクはないが、住家等との距離を許可条件としているものもあり、初歩的な立地制限規定が姿を現している。

⑤ 建築取締規則において一層成熟し充実したものが出現したこと。総合的な内容の建築取締規則が12府県で制定された (以下(2)で詳述)。

なお、こうして地方の建築規則発布の例は増加した半面、当時の経済的条件から社会的受け入れに困難な場面もあったと指摘されている (参考文献6)。

以上のように、明治初期・中期も含め、総合的

表2 明治初期から大正中期までの建築関連法令の制定状況（目的別の時期・件数等）

名称・対象	長屋家屋建築	井戸・下水溝等	防火・屋上・煙突等	倉庫等	製造場等	計
目　的	総合的規制	伝染病予防（衛生）	市街地大火の防止	伝染病予防（防鼠）	火気危険物立地規制等	
明治初期　1868−1885年（明01−18）	3	19	4	−	9	35
明治中期　1886−1993年（明19−26）	12	33	1	−	28	74
明治後期大正前期　1894−1918年（明27−大07）	13	7	20	5	14	59
合　計	28	59	25	5	51	168

1) 上表は、赤崎弘平「市街地整備のための建築のルールの地方的展開」1996年（p.19−22）の一覧表（p.30以降掲載の資料）に掲げられたものをもとに、年代別に集計したものである。
2) ただし、この一覧表は1983年11月現在存在判明のものを掲載しており、明治初期については代表的なもののみ掲載されていることに注意を要する。
3) 集計に当たり、道路取締に関するものは一部のみ掲載されているので省いた。また、付表1に追加したもの（1888年静岡県令第74号）を含めた。なお、明治初期のものは便宜的に名称等により分類した。

な建築規則のほかに、井戸下水溝等に関する規則、屋上制限に関する規則、煙突取締に関する規則、倉庫等の取締に関する規則、製造場の取締に関する規則などが、各地方の府県令等として多数定められた。これらは、一連の長屋建築規則や建築取締規則の類が定められていない地域でも制定されている（**表2**及び**資料**（p.30））。

⑵　総合的な建築取締規則の制定

　明治後期の一般建築物を対象とした建築規則は、1894（明治27）年の富山県建物制限規則をはじめ、香川県、富山県、三重県、東京府（警視庁）、秋田県、大分県、山口県、大阪府、静岡県、青森県、兵庫県、沖縄県において、1913（大正2）年までに12府県で13件が制定された（**表3**）。このうち、富山・山口・大阪・兵庫では、明治中期制定の長屋建築規則等を廃止して、新しく前進した内容のものを制定している。これらの中で注目すべきものは、総合的な内容を備えた1909（明治42）年の大阪府建築取締規則と、それに準じた内容を持つ1912（明治45）年の兵庫県建築取締規則である。

　なお、明治中期には制定が見送られていた東京

においても、1907（明治40）年に警視庁「長屋構造制限」がようやく制定されたが、対象建築物はなお長屋に限られていた。一方で、明治中期の東京市区改正委員会における東京市建築条例案の検討に続き、1906（明治39）年に東京市の委嘱を受けた建築学会が総力を挙げて6年余の精力的な作業の末、全238条よりなる総合的な内容の東京市建築条例案（1913年）を起草した。こちらも成立には至っていないが、検討プロセスと成果からは市街地建築物法に向けての貴重な知見の蓄積が得られたことであろう。

・大阪府建築取締規則

　すでに先進的な長屋建築規則を有していた大阪府では、長屋のみならず広く一般建築に適用する規則が必要であるとして検討を進めていたが、1909（明治42）年7月に発生した「北の大火」（被災地面積121ha、焼失戸数11,365戸）を契機として、急きょ手続きを早めて翌8月に大阪府令「建築取締規則」（**DVD**1-1-6）が発せられた。条文は全88条に及び、大阪府長屋建築規則の全17条に比べて格段に充実している。構成は、第1章：総則（全14条）、第2章：構造設備（全49条）、第3章申請手続（全14条）、第4章：罰則（全5条）、

表3　明治後期・大正前期の建築取締規則等の一覧

制定年月日	番　号	名　称
1894（明治27）年10月４日	富山県令第54号	「建物制限規則」
1897（明治30）年７月25日	香川県令第74号	「家屋建築規則」
1898（明治31）年９月30日	富山県令第57号	「市街地家屋建築規則」
1901（明治34）年５月	三重県令第45号	「神宮宮域及神苑地付近屋舎制限令」
1907（明治40）年１月29日	警視庁令第３号	「長屋構造規則」
1907（明治40）年10月29日	秋田県令第65号	「建物構造制限規則」
1908（明治41）年４月６日	大分県令第23号	「建設物取締規則」
1908（明治41）年10月６日	山口県令第61号	「建造物制限規則」
1909（明治42）年８月18日	大阪府令第74号	「建築取締規則」
1909（明治42）年10月８日	静岡県令第53号	「家屋建築規程」
1910（明治43）年５月17日	青森県令第29号	「青森市建築取締規則」
1912（明治45）年１月31日	兵庫県令第２号	「建築取締規則」
1913（大正２）年	沖縄県令第13号	「家屋建造物取締規則」

出典：赤﨑弘平「市街地整備のための建築のルールの地方的展開」1996年（p.19）より。

付則（全５条）となっており、中心をなす第２章：構造設備の内容は、敷地関係、軒高及び外部構造、内部構造、階段関係、屋根の構造材料、煙突の構造材料、衛生設備、長屋関係の８項目を含むなど、総合的体系的な内容を備えていることがわかる。特筆すべきは、道路からの壁面後退（１尺５寸）、斜線制限的な考え方による軒高制限（道路幅の２倍以内）、防鼠材料の使用、天井高（７尺以上）、階段の必要箇所数・幅員・蹴上踏面寸法等が新たに規定されたことである。また、低地区域では土地の地揚高さ指定の制度も設けられた。長屋関係では、通路幅を拡大（６尺以上から９尺以上へ）するなど、従来の規則を受け継ぎさらに詳細化されている。さらに、手続き関係については、申請時の提出書類及び図面の種類形式等を詳細に規定しており、罰則規定もより具体的になっている。

これらの規定は、建築物単体の衛生や防火、安全に係る諸条件を確保するだけでなく、建築物が集積したときに必要な諸条件も確保するかなり成熟したものとなっており（参考文献９）、都市化の進展に対応して将来の市街地形成に遺恨がないような建築行為を求める要素を含んでいる。こう

した進んだ地方建築規則の実践や東京での総合的検討の成果が、その後の市街地建築物法を用意したと言えよう。

4　まとめ

以上のように、わが国の近代建築法制は、各地方の個別的な建築規則として始まり、それがさまざまに発展し、市街地建築物法に至ったことがわかる。要約すると以下のとおりである。

・明治以降、日本社会が近代化する過程で、建築法制が必要とされた。近代法治国家になり、都市化の進展、欧米建築技術の導入がなされた時期であり、従来とは異なる問題課題が発生し、形式・内容ともに新たな規範が求められた。

・建築法制は、まず部分的な内容の建築規則が地域を限って定められ、次第に内容の総合化と各地での制定が進み、充実していった。すなわち、単一項目に関する府県布達から始まり、次第に体系的内容の府県令となって発展し、全国共通の総合的な国の法律を準備した。

・建築規則の内容は、社会的な要請に応じ、初期

には防火対策、道路確保等であったが、伝染病予防の衛生対策が加わり、さらには危険物対策等のための建物用途による立地規制も見られるようになった。また、目的が同じ規則であっても、地域によってそれぞれ内容が異なっていた。

・建築規則が定められた地域は、大都市から主要都市・港湾都市に拡大していった。特に大阪では、総合的な内容を持つ先進的な規則が定められた。しかし、全国主要都市すべてで定められたわけではなかった。特に東京では、特定目的の防火関係規則等は定められたものの、長屋関係規則の制定が著しく遅れ、総合的な建築関係規則は制定に至っていない。

・行政の執行体制は主として府県警察部局が担当し、具体的な手続き規定に基づき、事前申請・図面審査・工事許可・落成検査等が実施されていた。

以上の状況について、市街地建築物法の提案理由書には、「市街地に於ける建築物に関しては現に府県令等に依り区々に規定する所あるも此等諸規定は不備不統一にして市街地近時の発展に適応せさるを以て統一せる根本法規を制定するの必要あり」と記載されている。

明治初年以来の建築規則の諸々の実践を経て、1919（大正8）年の市街地建築物法制定により、総合的な内容を持つ全国共通の建築法令が成立した。また、行政組織面でも建築部門が充実し、全国会議等も催されて施行体制が整えられた。これによって、近代国家における社会的規範としての建築法制が確立されたのである。

資料 「明治初期から大正中期までの建築関連法令の制定状況（一覧表）」 DVD 1-1-1

① 明治初年期の建築関係府県布達

② 長屋家屋建築の取締に関する令規

③ 井戸下水溝厠圊等の取締に関する令規

④ 屋上制限に関する令規

⑤ 煙突取締に関して令規

⑥ 倉庫等の取締に関する令規

⑦ 製造場の取締に関する令規

⑧ 街路取締に関する令規

① 明治初年期の代表的な建築関係府県布達
（制定順）

制定年月日	布達等番号	布達名称
1870年1月27日	東京布達	「防火上家屋建築制限」
1872年2月13日	大阪府布達第47号	「建築修繕ノ節届出ノ件」
1872年1月27日	大阪府布達第21号	「焼失跡並ニ新築ニ関スル件」
1872年4月24日	神奈川県布達第30号	「横浜市街家屋可成丈煉化石ヲ以テ建築スヘキ事」
1873年1月	愛知県告諭	「家屋築営新造ノ向ハ煉化石造ニ可致事」
1873年7月18日	神奈川県布達	「家作建方条目」
1881年2月25日	東京布達甲第27号	「防火線路屋上制限規則」

② 長屋家屋建築の取締に関する令規
(1983年11月現在存在判明のもの/制定順)

制定年月日	令規番号	令規名称
[A:明治前半期制定の令規]		
1886年5月14日	大阪府甲第75号	「長屋建築規則」
1886年6月26日	神奈川県甲第65号	「長屋建築規則」
1886年8月26日	兵庫県令第15号	「長屋裏屋建築規則」
1886年9月26日	長崎県令第27号	「長屋建築規則」
1886年12月22日	滋賀県令甲第52号	「長屋建築規則」
1887年3月16日	長崎県令第29号	「佐世保市街家屋建築規則」
1887年4月2日	山口県令第54号	「長屋建築規則」
1887年4月22日	群馬県令第57号	「長屋建築規則」
1887年5月7日	広島県令乙第9号	「呉港家屋建築制限法」
1887年6月7日	富山県令第70号	「家屋建築規則」
1889年6月25日	福岡県令第74号	「門司市街地家屋建築規則」
1890年3月14日	京都府令第27号	「長屋建築規則」
[B:明治後半期(一部大正期を含む)制定の令規]		
1894年10月4日	富山県令第54号	「建物制限規則」
1897年7月25日	香川県令第71号	「家屋建築規則」
1898年9月30日	富山県令第57号	「市街地家屋建築規則」
1901年5月	三重県令第45号	「神宮宮城及神苑地附近屋舎制限令」
1907年1月29日	警視庁令第3号	「長屋構造規則」
1907年10月29日	秋田県令第65号	「建物構造制限規則」
1908年4月6日	大分県令第23号	「建設物取締規則」
1908年10月6日	山口県令第61号	「建造物制限規則」
1909年8月18日	大阪府令第74号	「建築取締規則」
1909年10月8日	静岡県令第53号	「家屋建築規程」
1910年5月17日	青森県令第29号	「青森市建築取締規則」
1912年1月31日	兵庫県令第2号	「建築取締規則」
1913年	沖縄県令第13号	「家屋建造物取締規則」

③ 井戸下水溝厠圊等に取締に関する令規
(1983年11月現在存在判明のもの/制定順)

制定年月日	令規等番号	令規等名称
1872年7月18日	福島県乙第12号	「飲料水取締規則」
1878年1月25日	滋賀県丙第7号	「便所下水芥溜ノ構造改良並不潔物掃除ノ事」
1878年3月28日	山梨県甲第74号	「街路其他掃除規則」
1879年5月15日	熊本県甲第128号	「市街掃除取扱概則」
1880年5月7日	福岡県甲第43号	「清潔法」
1880年7月15日	福岡県第95号布達	「街路便所設置規則」
1880年11月22日	兵庫県甲第175号	「飲料水取締規則」
1880年11月24日	兵庫県甲第176号	「下水溝構造規則」
1881年3月15日	山梨県甲第35号	「掃除規則」
1881年5月	香川県	「飲料水取締規則」
1882年7月12日	根室縣第36号布達	「飲料水取締規則」
1882年8月14日	岩手県令甲第24号	「厠圊構造並糞尿汲取規則」
1883年6月11日	函館縣甲第28号布達	「函館区内糞尿溜場ヲ定ム」
1883年6月26日	埼玉県甲第73号	「市街厠圊構造規則」
1883年7月	山形県乙第42号	「飲料水取締規則」
1883年10月13日	札幌縣甲第54号布達	「市街々路掃除併街頭便所構造規則」
1884年	鳥取県甲第17号	「道路厠圊構造規則」
1885年6月18日	沖縄県布達甲第49号	「人家稠密ノ地ニ於テ居宅竝井戸築造セントスルトキハ許可ヲ得ヘキ件」
1885年11月10日	徳島県	「市街塵芥掃除規則、溝渠浚泄規則」
1886年4月	島根県令第46号	「道路掃除及溝渠下水厠圊捨場取締規則」
1886年5月11日	長野県甲第71号	「道路及市街掃除取締規則」
1886年5月21日	富山県甲第47号	「塵芥取締規則」
1886年5月21日	富山県甲第48号	「溝渠取締規則」
1886年5月21日	富山県甲第49号	「街路便所取締規則」
1886年7月10日	大阪府令甲第112号	「井水取締規則」
1886年12月	熊本県訓令第73号	「汚水流通厠圊芥溜改造法」

制定年月日	令規等番号	令規等名称
1887年 1 月27日	長野県令第14号	「下水溝厠圊芥溜改修手続」
1887年 2 月 8 日	埼玉県訓令第35号	「下水溝構造法、厠圊構造法、芥溜構造法」
1887年 3 月29日	新潟県令甲第61号	「下水厠圊芥溜構造規則」
1887年 4 月13日	山口県令第62号	「汚物掃除規則」
1887年 4 月16日	三重県令第42号	「溝渠下水ノ排泄厠圊塵捨場等ノ掃除修理方」
1877年 4 月20日	神奈川県令第22号	「市街清潔規則」
1887年 4 月25日	鹿児島県令第49号	「下水溝厠圊芥溜改造修理及清潔法実施手続」
1887年 4 月29日	石川県令第78号	「市街清潔法」
1887年 4 月29日	石川県令第79号	「村落清潔法」
1887年 4 月	山形県訓甲第21号	「清浄法施行規則」
1887年 4 月	警視庁令第 6 号	「厠圊芥溜下水処理取締規則」
1887年 5 月30日	佐賀県令第79号	「街路便所取締規則」
1887年 6 月15日	青森県令第52号	「宅地内下水溝厠圊芥溜構造規則」
1887年 6 月16日	宮城県令第55号	「厠圊芥溜下水取締規則」
1887年 6 月24日	熊本県令第50号	「熊本市街便所構造規則」
1887年 7 月 6 日	広島県令甲第65号	「厠圊芥溜下水取締規則」
1887年 7 月	高知県令第161号	「便所肥料溜並肥料運搬規則」
1887年 9 月14日	佐賀県令第128号	「下水路下水溝下水溜厠圊芥溜規則」
1887年11月 1 日	宮崎県令第77号	「下水溝厠圊塵溜構造規則」
1887年12月17日	徳島県	「屎尿汲み取り並び共同便所構造規則」
1877年	和歌山県令第89号	「井戸溝渠厠圊芥溜取締規則」
1887年	島根県令第88号	「飲用井泉取締規則」
1888年 5 月	奈良県令第73号	「厠圊芥溜下水取締規則」
1889年 4 月22日	群馬県令第61号	「下水溝芥溜厠圊構造取締規則」
1889年 5 月 2 日	福島県甲第59号	「清潔法施行方」

制定年月日	令規等番号	令規等名称
1890年 3 月14日	京都府令第28号	「井戸便所下水構造規則」
1895年 3 月15日	徳島県令第20号	「清潔法規程」
1896年 4 月11日	愛媛県令第36号	「清潔法施行規程」
1896年 5 月 1 日	静岡県令第45号	「市町村清潔規則」
1899年 4 月15日	北海道庁令第34号	「厠圊下水芥溜取締規則」
1899年	鳥取県令第55号	「芥溜取締規則」
1904年 4 月29日	香川県令第23号	「便所設置規則」
1905年 2 月14日	愛媛県令第11号	「屎尿汲取運搬取締規則」

④ 屋上制限に関する令規
（1983年11月現在存在判明のもの/制定順）

制定年月日	令規番号	令規名称
1897年 5 月29日	警視庁令第27号	「八王寺町屋上制限」
1902年 4 月	和歌山県令第50号	「建物屋上ノ覆葺制限」
1904年 3 月19日	岩手県令	「屋上制限」
1904年 6 月 5 日	北海道庁令第77号	「函館区、小樽区、札幌区及之ニ連檐接續スル地ニ於ケル家屋其他ノ建物ノ新築改築増築スルトキハ不燃質ヲ以テ屋上ヲ覆葺スヘキ件」
1906年 1 月	福島県令第 2 号	「屋上制限規則」
1906年 6 月25日	群馬県令第25号	「屋上制限規則」
1907年 4 月 2 日	栃木県令第24号	「屋上覆葺規則」
1907年 5 月 6 日	山梨県令第36号	「屋上制限規則」
1907年 7 月	茨城県令第53号	「屋上制限規則」
1907年 5 月	警視庁令第29号	「屋上制限ニ関スル件」
1908年 4 月	新潟県令第31号	「屋上制限規則」
1912年 5 月24日	長野県令第23号	「屋上制限規則」
1919年10月 9 日	岐阜県令第45号	「屋上制限規則」
1920年 9 月28日	静岡県令第61号	「屋上制限規程」
1922年10月28日	北海道令第166号	「屋上制限規則」
1922年	島根県令第29号	「屋上制限規則」

⑤ 煙突取締に関する令規
（1983年11月現在存在判明のもの/制定順）

制定年月日	令規番号	令規名称
1893年12月24日	静岡県令第73号	「煆炉及び煙筒取締規則」
1897年 5 月14日	和歌山県令第51号	「煙突火竈取締規則」
1898年 5 月17日	広島県令第32号	「煙突取締規則」
1900年 3 月28日	福島県令第30号	「煙筒取締規則」
1900年 7 月28日	栃木県令第63号	「煙突取締規則」
1901年 5 月17日	群馬県令第41号	「煙筒取締規則」
1902年10月 7 日	埼玉県令第65号	「烟筒取締規則」
1905年 5 月10日	岡山県令第41号	「煙突取締規則」
1912年 1 月24日	北海道庁令第 3 号	「煙突取締規則」
1921年 9 月27日	沖縄県令第41号	「煙突取締規則」
1927年 2 月 4 日	熊本県令第 8 号	「煙筒取締規則」

⑥ 倉庫等の取締に関する令規
（1983年11月現在存在判明のもの/制定順）

制定年月日	令規番号	令規名称
1905年 4 月	警視庁令第40号	「倉庫及び納屋取締規則」
1906年 3 月 6 日	神奈川県令第14号	「倉庫取締規則」
1906年 3 月15日	兵庫県令第 7 号	「倉庫取締規則」
1908年 7 月 6 日	大阪府令第78号	「倉庫、納屋、其ノ他建物取締規則」
1917年 8 月24日	愛知県令第59号	「倉庫納屋防鼠設備規則」

⑦ 製造場等の取締に関する令規
（1983年11月現在存在判明のもの/制定順）

制定年月日	令規番号	令規名称
[A：一般製造場の取締に関する令規]		
1878年12月17日	福岡県布達甲第244号	「蒸気及ヒ水車器械瓦焼牧畜営業規則」
1878年 9 月13日	長崎県布達甲第107号	「火薬製造場取締方法」
1881年12月 7 日	長崎県布達第179号	「火薬取締規則」
1883年12月	山形県乙第83号	「火工場取締規則」
1883年 1 月17日	福岡県布達第 3 号	「蒸気器械及ヒ煙筒火竈取締規則」
1888年12月12日	静岡県令第75号	「火工場取締規則」
1888年 5 月29日	愛知県令第40号	「火工場取締規則」
1888年12月	広島県令乙第32号	「工業場取締規則」
1888年	香川県令第 8 号	「製造場設置又ハ改造願書の件」
1889年	（東京）警察令第31号	「鍛冶鋳物及鋳掛工場取締規則」
1889年 7 月18日	熊本県令第40号	「火爐蒸気機関設置出願ノ件」
1891年	（東京）警察令第17号	「麦面包焼場及甘藷焼気規則」
1891年	奈良県令第49号	「火工場取締規則」
1894年10月11日	北海道庁令第58号	「火工場取締規則」
1894年12月 8 日	沖縄県令第51号	「火薬取締規則」
1894年	高知県令第24号	「製造場取締規則」
1896年	大阪府令第21号	「製造場取締規則」
1898年 5 月14日	広島県令甲第31号	「工業場取締規則」
1898年	奈良県令第45号	「製造場取締規則」
1899年11月23日	熊本県令第65号	「火薬取締規則」
1901年	徳島県令	「製造所取締規則」
1902年 1 月17日	埼玉県令第 6 号	「工場取締規則」
1907年	徳島県令	「工場取締規則」
1908年	高知県令第33号	「工場取締規則」
1918年 3 月 9 日	北海道庁令第31号	「工場取締規則」
[B：烟火製造場の取締に関する令規]		
1883年 8 月 1 日	福岡県令第59号	「煙火取締規則」

制定年月日	令規番号	令規名称
1884年6月	山形県乙第60号	「烟火製造及販売取締規則」
1884年	栃木県布達乙第156号	「煙火取締規則」
1885年	滋賀県令第45号	「烟火取締規則」
1887年	(東京)警察令第12号	「烟火取締規則」
1887年	香川県令甲第36号	「烟火製造販売并ニ打揚取締規則」
1887年	高知県令第95号	「烟火製造並販売規則」
1888年	愛媛県令第36号	「烟火製造販売并ニ打揚取締規則」
1889年7月23日	大阪府令第56号	「烟火取締規則」
1890年	鳥取県令第97号	「烟火取締規則」
1891年11月16日	宮崎県令第69号	「煙火製造販売及打揚取締規則」
1892年	徳島県令	「烟火取締規則」
1893年11月	福島県令第87号	「烟火取締規則」
1893年	三重県令第96号	「烟火取締規則」
1894年4月13日	北海道庁令第19号	「烟火及導火線取締規則」
1896年	大阪府令第45号	「烟火取締規則」
1900年7月10日	福岡県令第56号	「煙火取締規則」
1912年	高知県令第30号	「煙火緩燃導火線及玩具用普通火工品取締規則」
1918年2月27日	北海道庁令第24号	「煙火取締規則」
[C：黄燐摺附木製造場の取締に関する令規]		
1890年	大阪府令第62号	「黄燐摺附木製造取締規則」
1890年	奈良県令第73号	「黄燐摺附木製造取締規則」
1890年	熊本県令第46号	「黄燐製摺附木製造取締規則」
1890年	宮崎県令第65号	「黄燐摺附木製造取締規則」
1890年	島根県令第60号	「黄燐摺附木製造取締規則」
1891年	三重県令第25号	「黄燐摺附木製造取締規則」
1892年12月20日	北海道令第49号	「摺附木製造所取締規則」

⑧ 街路取締に関する令規
［1886年の内務省による「街路取締規則標準」（明治19年6月14日内務省訓令第7号）の前と後のもので2県のみ例示］

制定年月日	令規番号	令規名称
1884年9月17日	青森県甲第94号	「道路取締規則」
1887年5月6日	青森県令第45号	「街路取締規則」
1885年3月14日	岩手県令第16号	「街路取締規則」
1887年6月21日	岩手県令第36号	「街路取締規則」

出典：赤﨑弘平「市街地整備のための建築のルールの地方的展開」1996年(p.19－22)

1-2 市街地建築物法制定への道

1919（大正8）年3月に都市計画法と市街地建築物法の二法案が国会を通過し、4月5日公布された。

明治以降さまざまな府県において建築規制のための規則が制定され、運用されてきた。これらの知見、経験の蓄積に加えて、1913（大正2）年の東京市建築条例案の作成以降、建築学会において建築取締の規定が精力的に作成され、この動きが市街地建築物法における建築規制－施行令、施行規則の制定につながっていった。

一方、「都市計画」については、1888（明治21）年の東京市区改正条例（政府の定めた勅令）にルーツをもとめることができるが、「都市計画」という用語が文献に現れるのは1913（大正2）年あたりからである。

建築学会では1916（大正5）年に、「建築条例実行委員会」を設置し、政府に対する建築条例制定の動きを加速させた。1917（大正6）年には、関西建築協会の片岡安理事長が都市建築法制について建築学会等の在京の学協会に提案し、これが、学協会4団体による政府に対する都市建築条例制定のための意見書の提出につながった。ここから一気に法制化の動きが加速し、政府においても1918（大正7）年3月に都市計画調査会の設置を決定し、短時間のうちに、冒頭に記したように二法案の成立につながっていった。

本節では、学協会の動きを主として、主要な人物にも焦点をあてながら、市街地建築物法が施行されるまでの道筋をまとめることとする。

1 東京市区改正条例と建築条例制定の動き

(1) 東京市区改正条例

1888（明治21）年8月に東京市区改正条例が勅令として公布された。その目的は、「東京市区の営業衛生防火及び通運等永久の利便を図るため」とされている。条例の内容は、市区改正の設計及び事業を議定するための市区改正委員会の規定に加え事業のための資金に関するものが大部分を占めている。ここで注目すべきは、同年に成立した東京市区改正委員会において、建築条例の制定を企画し、1889（明治22）年10月の委員会で調査委員会を設け、建築条例制定に向けて動き始めたことである。委員長の芳川顕正は同委員会で、「建築条例は市区改正の設計中最も肝要にしてその関係重大」と発言している。同委員会の議事録[1]によると、既に妻木頼黄に嘱託し、建築条例の原案が脱稿していたことがわかる。

妻木頼黄（つまきよりなか　1859（安政6）年～1916（大正5）年）は、数多くの官庁建築を手がけた我が国建築草創期の建築家の一人で、工部大学校造家学科でコンドルに師事し、後に渡米し米国コーネル大学を卒業した。官庁集中計画の一環としてドイツ留学し1888（明治21）年に帰国、翌年に建築条例案作成のため市区改正取調嘱託となった。大蔵省等で官庁建築の設計建設に当たり、東京府庁、横浜正金銀行本店等の作品を残した。1905（明治38）年から建築学会副会長。

内田祥三は、市区改正に関して、建築学会の回顧座談会で次のように述べている。「市区改正の初めの計画は、道路のことばかりを考えているの

ではなくて、鉄道、軌道、港湾、上下水道は勿論、家屋の建築取締、市場、墓地から劇場、取引所などにまで及んだ本当の都市計画を実施しようとした。これが後になり、市区改正というのは道を広げるとかあつらえるということだけになってしまった。」[2]

(2) 東京市建築条例案（妻木案）

妻木による東京市建築条例案については長らくその所在が不明であったが、石田頼房らにより建築学会図書室の妻木頼黄寄贈図書の中より見出された。その中で最終に近い原稿と思われるものが、明治27年12月3日と書込みのあるもので、20章、153条からなる大部のものである[3]。本条例案については、家並線、高さ、空地、各種構造、採光・通気等の規定から公館（寺院、会場、劇場、学校、病院、料理店等）、工業用建物、浴場等の特殊建築物に及んでおり、体系だった建築全般に及ぶ法令案として、当時の他の建築規則等をはるかに凌駕する内容と言っても過言ではない。

本案は結果成案に至らなかったが、明治中期の市区改正条例の制定に関わり、建築規制について法制化が考えられていたことは重要である。

東京市区改正条例は政府としての動きであるが、これ以降、大正に入ってからの都市計画法制の動きに至るまで、政府としては建築規制に関する法制化の動きはない。

2 東京市建築条例案の作成と建築学会の活動

(1) 東京市建築条例案（建築学会案）

1906（明治39）年に東京市長尾崎行雄は建築学会に東京市内家屋建築条例案編纂の依頼をした。

建築学会（現在の「一般社団法人日本建築学会」）は、1886（明治19）年に「造家学会」として創立され、その後、1897（明治30）年に建築学会と改称されている。1899（明治32）年の時点で会員1,000名を達成している。同学会の会誌として「建築雑誌」が1887（明治20）年に創刊されており、これにより当時の活動の状況がよくわかる。

東京市からの依頼を受けて、建築学会では「東京市建築条例案起稿委員会」を設置し、曾禰達蔵委員長、中村達太郎副委員長、佐野利器等委員全12名をもって活動を開始した。欧米の建築条例等の寄送を各国大使館、領事館に依頼し、諸外国17国40都市の建築条例、消防規則、衛生規則等を蒐集翻訳分析する等十数回にわたる会合を経て、1913（大正2）年6月に東京市建築条例案を東京市長阪谷芳郎に提出した。同条例は6編、28章、238条からなるもので、その内容は、用語の定義に始まり、適用区域、許認可の方法、建築線、高さ制限、空地規制、衛生・採光等規制、構造・設備規制等と建築規制全般にわたっている。

東京市ではこれに対して報酬として金5,000円を支払ったものの、この条例の実施に至らなかった。当時、東京府の府庁所在地が東京市であり、警視庁は東京府の警察を管轄する内務省の地方官庁であった。大阪など他都市では、建築規制を所管する警察は警察部として府県内部の組織であり、このあたりが、大阪などの都市で建築規制の条例が既に制定されていたのに、東京では制定されなかった要因であるかもしれない。更に、当時制定されていた建築規制に係る条令等はすべてが府県の条令であり、市が制定したものが見当たらないことから、東京市主体での建築条令策定はそもそも困難であったのかもしれない。

ここで、以後の法制定に向けて重要な役割を果たす建築界の3名を挙げておく。

佐野利器（さのとしかた　1880（明治13）年〜1956（昭和31）年）は、「家屋耐震構造論」で日本の建築構造学の基礎を築いた者として名高いが、当時東京帝国大学助教授、建築学会でも枢要なメンバーであり、法制定当時副会長。都市問題に関する造詣も深く、池田宏らとともに都市研究会理

事を務め、また、政府の都市計画調査会の委員として都市計画法及び市街地建築物法案作成、制定に携わった。後、帝都復興院において後藤新平総裁のもとで理事・建築局長。

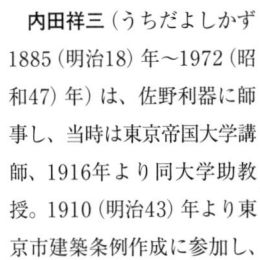

内田祥三（うちだよしかず 1885（明治18）年〜1972（昭和47）年）は、佐野利器に師事し、当時は東京帝国大学講師、1916年より同大学助教授。1910（明治43）年より東京市建築条例作成に参加し、

建築学会における建築規則検討の中心的人物であった。政府の都市計画調査会においては、内務省都市計画課の嘱託として重要な役割を果たした。当時の資料は内田文庫として保管され、本書においても重要な文献となっている。以後、東京帝国大学教授を経て、1943（昭和18）年には同大学総長。

笠原敏郎（かさはらとしろう 1882（明治15）年〜1969（昭和44）年）は、東京帝国大学工科大学建築学科を卒業後、技師として陸軍省に勤務し、1917（大正6）年技師として警視庁入行。建築学会に

おいて内田とともに建築規則検討の中心的人物であり、1918（大正7）年には内務省技師として都市計画課に勤務。本人言によれば、内田らの下で建築規則作成の下働き的役割を果たしという。後、内務省都市計画局第二技術課長、復興局建築部長等を歴任。

（写真出典：日本大学高等工学校建築科第一回卒業記念アルバム1922（大正11）年3月）

⑵　建築条例法制化に向けての動き

　建築学会では、東京市建築条例案が実施に至らなかったものの、1915（大正4）年に建築法制に関して建築法規委員会を常置委員会として設置し、3月に第1回を開催した。委員長は中村達太郎、主査が内田祥三で実質的に内田が主宰した。特殊建築物に関する取締規則を編纂することを方針とし、毎月数回集まり、各国の法規を比較し、倉庫規則、病院規則等々の規則案を検討していった。メンバーは内田祥三、笠原敏郎、後藤慶二、野田俊彦ら。同年12月には、東京市倉庫建築取締規則案、東京市病院建築取締規則案を議了し報告した。これらの規則案は、学会内に設置された建築法規審議委員会において審議され、学会としての成案とされていった。1918（大正7）年には東京市学校建築取締規則案が作成されている。

　1915（大正4）年末に、岡田信一郎が建築学会に「建築条例実施に関する意見書」を提出し、この建議に基づき同年12月に建築条例実施に関する意見書調査委員会が開催された。同委員会は翌1916（大正5）年1月の建築学会通常総会で建築条例実行委員会と改称され、委員長は中村達太郎、幹事を岡田信一郎とし、佐野利器他12名の委員であった[4]。同年12月に開催された実行委員会で、議会への建築条例実施の請願について及び警視庁へ建築技師を配置する件について決議された[5]。議会への請願については、国会の解散により難しくなり、一方、警視庁に建築技師を配置する件については、1917（大正6）年4月に笠原敏郎が陸軍省より警視庁に入り、成果を得た。これは、佐野利器が同じ山形出身の警視総監岡田文次に建築警察の必要性を説き、岡田が応じたことによる[6]。

　更に、岡田警視総監と佐野利器との話し合いで、東京の建築規則をつくるため警視庁で警察命令としてできるだけのことをしてみようということになり、笠原敏郎を警視庁技師としてその任に

充てた。建築学会の東京市建築条例案から警察命令としてできるものを抜き出す作業であり、佐野、内田、笠原で毎日のように集まり、4章134条の警視庁の建築取締規則案を完成させた[7]。佐野の言によればこの作業は無報酬のボランティアであったという[8]。内田祥三文庫に1918年8月30日付の草案（4章、131条）が残る。

建築学会の東京市建築条例案、警視庁建築取締規則案が、市街地建築物法施行令、施行規則の基になったという記述は多くの文献にあり、本節でも「附1　市街地建築物法に先立つ総合的な建築規制の変遷について」（p.46）でそのことを検証している。

（p.46）

3　都市計画に向けての動き

(1)　大阪〜関西建築協会の創立

大阪府では1886（明治19）年に大阪府長屋建築規則（大阪府第75号布達）が制定され、1909（明治42）年には大阪府建築取締規則（大阪府令第74号）が制定された。本規則は明治期建築法令の到達点ともいわれるが、当時東京では建築学会により東京市建築条例案の検討が続いており、大阪府の規則制定において建築学会の活動が参考にされた可能性も考えられるが、規則制定に携わった大阪府技師の池田実が大阪府令建築取締規則講話として語った中では、建築学会案との関連には触れられていない[9]。

一方、市区改正条例の対象が東京だけであったことから、大阪では、市区改正に向けた動きが起こり、1911（明治44）年には大阪市会が市長に市区改正の建議を行うなどの活動があった。1914（大正3）年には、東京高等商業学校（現在の一橋大学）教授から大阪市助役に関一が就任し、以後関が中心となり大阪の都市計画調査が進められていく。1917（大正6）年4月に大阪市に関を委員長として「都市改良計画調査会」が設置された。

調査会では街路計画が最も重要な課題とされたものの、緊急調査事項には、商業、工業及び住宅地区の決定、建築条例の制定も含まれていた[10]。

このような状況下、1916（大正5）年12月に建築家の片岡安が「現代都市之研究」を刊行し、翌1917（大正6）年3月に、関西建築協会を設立し、理事長となった。

関西建築協会は、現在の「一般社団法人日本建築協会」で、当時片岡安の主唱のもと、関西在住の建築技術者が相集い、関西の建築家を大同団結することをもって創立された。1918（大正7）年1月に「日本建築協会」と改称されている。

関西建築協会の会誌である「関西建築協会雑誌」には創刊以来毎号「都市と建築」という記事が記載され、建築条例の制定について論を展開するとともに、東京の市区改正が街路の局部拡幅にのみ終始し、現在の混乱不統一を醸成している等相当辛口の政府批判を展開している。これも、首府から離れた大阪だからこそというべきものであろうか。なお、協会名の改称後、日本建築協会雑誌となったが、法公布後の1919（大正8）年8月から11月にわたり4回に分けて、内務省都市計画課長池田宏による「都市計画に関する法制」という論文が掲載されている。

片岡安（かたおかやすし　1876（明治9）年〜1946（昭和21）年）は、1897（明治30）年に東京帝国大学工科大学造家学科を卒業、大阪で第三十四銀行技師として働き、1905（明治38）年には辰野金吾と共同の辰野片岡建築事務所を開設した。大阪を中心として建築家としてまた関西建築協会の理事長として活躍した。著作である「現代都市之研究」は、豊富な海外事例に基づく大著であり、都市研究関係書籍としては他を抜きんでたものであったといえる。1918年1月、関西建築協会の名のもとに「都市建築法令調査会設

置に関する建議」を作成し、建築学会、日本建築士会に働きかけ、学協会四団体による政府への意見書の提出に至らしめた。後、政府の都市計画調査会の委員として法制定に大きな役割を果たした。

（写真出典：(一社)日本建築協会HP）

(2)　東京～建築学会の活動

ここで、東京、特に建築学会での都市計画に対する状況を記しておく。1913（大正2）年に土屋純一による「タウンプランニングに就て」という論説が建築雑誌に掲載され、土屋は都市配置計画ということばを使ってヨーロッパの状況を述べている。建築学会では同年12月に常置委員会の規定が設けられ、その第四部に都市計画（タウンプランニング）という文字が現れる。しかし、活動した様子は見られない。翌1914（大正3）年の建築学会大会で佐野利器は「現代欧米建築の趨勢」と題して講演を行っているが[11]、その中で商業区域、住居区域ということばを用いて都市の発達について述べているものの、この他には目立ったものは見られない。

1917（大正6）年6月の建築学会大会では、次年度の大会における宿題（テーマ）が「都市計画」と決定され、続く晩餐会でも中條精一郎、片岡安、岡田信一郎らが立って、都市計画の必要性について論じた。この頃には、東京すなわち建築学会でも「都市計画」が大きなテーマとなりつつあったことがわかる。

翌1918（大正7）年4月27、28日に「都市計画」をテーマとした建築学会大会が開催された。講演者及び演題は以下のようである。内務大臣及び東京市長も講演の場に立っている。

開会の辞　佐野利器（建築学会副会長）
社会問題と都市　久留弘文（陸軍技師　正員）
都市計画の心理的基礎　今和次郎（早稲田大学助教授　特別員）
輓近都市計画の趨勢　松田松韻（東京高等工業学校教授　正員）
都市の住居問題　佐藤功一（早稲田大学教授　正員）
都市計画と工業地区　笠原敏郎（警視庁技師　正員）
台北の市区改正に就て　野村一郎（建築士　正員）
都市計画と建築法規　内田祥三（東京帝国大学工科大学助教授　正員）
我が国都市計画の将来　片岡安（関西建築協会理事長　正員）
都市計画に就て　藤原俊雄（都市協会幹事　東京市参事会員）
都市の膨張と都市計画　水野錬太郎（内務大臣　法学博士）
都市問題　田尻稲太郎（東京市長法学博士　子爵）
閉会の辞　曾禰達蔵（建築学会会長）

講演会後の晩餐会には、内務次官小橋一太、内務省地方局長添田敬一郎、内務省土木局長堀田貢、内務省土木局書記官池田宏、警視庁衛生部長栗本庸勝などが出席し、都市計画に関する意見を述べたという[12]。

講演では、内務大臣の講演タイトルにもあるように「都市の膨張」への対応ということが度々述べられている。東京市の人口を見ると、明治初期に60万人程度、明治中期には120〜30万人で安定していたものが、明治30年代から増加に転じ、大正7年には230万人を超えている。このような人口増加に伴いまた、市区改正条例の限界という観点からも、「都市計画」に対する意識が急速に高まったものと思われる。

また、本講演は政府の都市計画調査会の議論開始に先立って開催されたものだが、特に用途地域制について、後の都市計画調査会における法案作成の重要な役割を担う内田祥三、笠原敏郎の2人から、「この制度を用ひざる為の弊態の著しいこ

とは現在の東京市の状態をみれば最も明瞭なること」（内田）、「都市計画の根本的問題となるべきものがある、それは即ち住宅地区商業地区工業地区制定の問題である」（笠原）といった発言があり、水野内務大臣も「今まで普通の住宅地帯であった所に工場が頻りに建って是が為に衛生上の問題、警察上の問題、種々の問題が起こって」と問題提起していることから[13]、用途地域規制の必要性について共通の認識があったことがうかがわれる。

⑶ 都市研究会

1917（大正6）年10月都市研究会が発足した。現在の（公財）都市計画協会の前身とされる。もともと阿南常一という新聞関係者が中心となっていたようであるが、1919（大正8）年より、会長を後藤新平内務大臣、副会長を水野錬太郎内務次官、内田嘉吉逓信次官、理事を池田宏内務省河港課長、佐野利器（東京帝国大学教授）などとして、官の色彩が非常に濃い組織となった。1918（大正7）年4月より機関誌として「都市公論」を刊行、都市計画に関する講演会を開催している。「都市公論」では法制定に先立ち、内田祥三による「都市計画と建築法規」と題する論文を掲載等している[14]ことから、当時の都市計画法制をリーディングして行くような位置にあったのではないかと想像される。なお、後藤新平は内務大臣退任以後も当協会会長にとどまり、都市に関する施策に影響を残したといわれる。

4 都市建築法制定に向けての学協会の動き

⑴ 調査会設置の建議

1917（大正6）年末、関西建築協会理事長片岡安は、建築法令に関する調査会の設置を内閣に建議する件で、建築学会、日本建築士会に照会をかけた。これに対して、日本建築士会は総会に諮りこれを是認し、建築学会は翌1918（大正7）年1月25日に建築条例実行委員会に付議し、これに同意しさらに都市協会の加盟を求めた。結果、四会（建築学会、日本建築士会、関西建築協会、都市協会）が連合して、建築法令実施に関する調査会設置を政府に建議する件が決定された[15]。

同年1月31日、佐野利器、岡田信一郎（建築学会）、長野宇平治、清水仁三郎（日本建築士会）、片岡安（関西建築協会）、藤原俊雄（都市協会）の各団体の協議委員が集まり協議を行い、片岡が起草した意見書案に多少の修正を加え、印刷して政府、議会、報道機関へ配布することを決めた[16]。

同年2月6日、塚本靖（建築学会副会長）、長野宇平治（日本建築士会会長）、片岡安（関西建築協会理事長）、藤原俊雄（都市協会幹事）と清水仁三郎が、内閣総理大臣（病気中の為代理竹屋春光秘書官）、後藤新平内務大臣、大島健一陸軍大臣を歴訪し、意見書を提出した。同日、各団体の協議委員は政友会幹事長衆議院議員横田千之助、政友会の東京選出衆議院議員磯部尚に協力を依頼。また貴族院・衆議院の各議員に意見書を配布した[17]。意見書本文は、別記（p.45）のとおり。

その後、各団体代表者が内務大臣の諮問を受け、建築条令調査会設置の急務を力説する機会もあり、また、同年3月の衆議院議会において、磯部尚議員が都市建築法令実施に関する質問演説を行い内務次官が答弁するなど[18]、学協会の動きは政府、議会に受け止められた。同3月には、京都・大阪等に東京市区改正条例を準用する法律案が議会を通過するとともに、5月には都市計画調査の追加予算が成立し、学協会の要請は成果を得た。

日本建築士会については、1914（大正3）年辰野金吾、長野宇平治、中條精一郎ら建築家12名が集まり、「建築士懇話会」を開催し、これが母体となって、1917（大正6）年1月29日に長野宇平治を会長として日本建築士会が創立された。建築士の業務遂行上の枢軸となることを旨とし、また、会則には、建築条例の制定の遂行がうたわれ

ている。現在の（公社）日本建築家協会の前身である。

都市協会については、幹事役藤原俊雄としてこの時に名前が出てくるほかは、その組織、活動については定かでない。片岡安の言によると、都市協会が内務省関係者などを集めて講演会を行っていたといい、片岡自身も1917年春頃に声をかけられて、後藤内務大臣や鉄道院総裁の前で講演をしたという[19]。前述した都市研究会に発展した可能性もある。

⑵ 都市計画調査会～２法の成立

1918（大正７）年４月に後藤内務大臣が外務大臣に転じ、後任として内務次官の水野錬太郎が就任した。４月27、28日には先にも述べた「都市計画」をテーマとした建築学会大会が開催され、就任直後の水野内務大臣も講演を行っている。

同年５月には内務省に都市計画課が設置され、池田宏が課長となり、笠原敏郎が技師として就任した。また、内田祥三が嘱託として建築法令の起草にあたることとなった。政府の都市計画調査会は、同年６月に委員24名が任命され、建築分野からは佐野利器と片岡安が委員となり、矢橋賢吉と藤原俊雄が臨時委員に任命された。同年７月から開催された都市計画調査会では委員の片岡安、佐野利器、岡田文次警視総監を特別委員として建築法案の制定に関する調査を委嘱した。この三者と都市計画課が法案の作成を行い、同年12月の調査会にて可決された[20]。

時を同じくして、建築学会では1918（大正７）年７月に常置委員会の中に分科として都市計画を置くことを決定し、建築条例実行委員会を都市計画実行委員会と改めた。都市計画委員会は幹事を内田祥三が務め、佐野利器、岡田信一郎、笠原敏郎ら19名の委員であった。委員の下に、第一部　交通及衛生、第二部　地域、公園、公館其他公共的施設、第三部　建築法規、第四部　住居の４部会が置かれ、本格的に議論が始まった[21]。こ

れまで独立した委員会として活動してきた建築法規が都市計画委員会の中に組み入れらたことは興味深い。なお、都市計画法、市街地建築物法成立後の1919（大正８）年末には、第一部と第二部が統合され都市計画委員会となり、第三部、第四部を分離しそれぞれ建築法規委員会、住宅問題委員会と改組された[22]。

両法案は1919（大正８）年３月より国会審議が始まり、同月中に両院で議了、翌４月に公布された。

1919（大正８）年４月の建築学会大会（テーマは「都市と住宅」）で内務省都市計画課長池田宏は講演者の一人として「住宅問題に関する法制」と題して講演を行ったが、冒頭、都市計画法及び市街地建築物法が議会を通過したことに対して、学会の援助が大きかったことを謝している[23]。

池田宏（いけだひろし　1881（明治14）年～1939（昭和14）年）は、1905（明治38）年に京都帝国大学法科法律学科を卒業、内務省に出仕し、1911（明治44）年に本省土木局道路課長となる。その後、1914（大正３）年から1918（大正７）年まで東京市区改正委員会の幹事を務めた。1918（大正７）年に新たに設けられた内務省都市計画課の初代課長となり、都市計画調査会を運営し、都市計画法を起草した。以後、後藤新平が東京市長に就任するに当たり、東京市助役に転出。関東大震災後は後藤とともに復興計画・事業に尽力した。その後、京都府知事、神奈川県知事を歴任。多くの論文、記述がありそれらは、死後1940（昭和15）年に有志により「池田宏都市論集」として刊行された。

（写真出典：池田宏都市論集／近代日本人の肖像／国立国会図書館HP）

法の公布〜施行令、施行規則の制定

(1) 市街地建築物法の構成

1919（大正8）年4月5日都市計画法と同時に市街地建築物法が公布された。市街地建築物法（以下「法」という）は目的規定がなく、法第1条から第6条までが用途地域の規定である。用途地域はこれまでの建築規制条令等には全く現れてなく、ここで初めて登場した。この他、地域地区に係る規定は、法第13条の防火地区、法第15条の美観地区の規定がある。これらの地域・地区は都市計画法第10条の規定により、その指定、変更は都市計画の施設としてなすこととされている。建築物の具体的用途制限は法第5条で勅令に委任されている。法第7条から第10条までが建築線に係る規定、法第11条が敷地内の空地に係る規定である。空地に関する具体的規定はやはり勅令に委任されている。この他、勅令への委任規定は、法第18条の補償関係、法第23条の適用区域、法第24条の建築工事中の建築物への法の準用、法第25条の法の適用除外、法第26条の道路の計画に係る規定がある。これらについて市街地建築物法施行令が定められることとなる。

建築物の構造、設備、衛生、保安等に関しては、法第12条で主務大臣の規定に委任されている。この他、法第13条で防火構造について、法第14条で特殊建築物の位置、構造設備等について、第15条で美観地区内の建築物の構造設備等について、第16条で工事執行について主務大臣の規定に委任されている。これらについて市街地建築物法施行規則が定められることとなる。

(2) 施行令、施行規則の制定

市街地建築物法の施行令と施行規則等の公布等の時期は以下のとおりである。

1920（大正9）年

9月29日　法施行令公布

11月17日　適用区域を定める勅令公布（東京市、京都市、大阪市、横浜市、神戸市、名古屋市）

11月29日　法施行規則公布

12月1日　法施行細則が地方庁令として公布（六大都市、一部を除く）

同　　　法施行

法公布後の施行令との施行規則の策定についてそのプロセスが定かでない。施行令の用途制限、施行規則の構造、設備等規定は高度に専門的であり、内務省の内部作業として作り得たとは考えにくい。

曾禰達蔵建築学会長の言として、「内務省都市計画課長池田宏氏が官規の許す範囲において非公式に数回にわたり市街地建築物法及その付帯命令に関して、建築学会の意見を諮問し、学会として特別委員会を設け12日にわたり討議し答えた」という旨の記述が残っている[24]。また、内田祥三は講演会において、「この法規の原案ができ、内務省都市計画課の意見も十分まとまりません内に、当時の都市計画課池田宏氏は先ず非公式にこれに対する建築学会の意見を問われました。当時の役員会は即ちこれに応ぜんがために建築法規に関する調査委員会を組織せられたのであります。この委員長は曾禰会長自ら委員長となられ、委員としては大熊、大澤、片岡、葛西、佐野、櫻井、塚本、長野、中村、矢橋、横川の諸博士、池田、岡田、田邊、竹内、中條、内藤、野村、福田、松井、山下の諸君に笠原君と私とが加わりましたもので建築に関する官民の技術家、学者、請負人中の重なる人々を網羅しました頗る有力なものであります」と述べている[25]。

建築学会では、1919（大正8）年7月に建築法規に関する調査委員会を設置し、委員長を曾禰達蔵建築学会長、幹事を笠原敏郎とし全23名（後1名追加）の委員で発足した。市街地建築物法施行令と施行規則の原案作成について、笠原敏郎と内

田祥三に依頼した。以後同年7月、8月に9回の委員会を開催し、8月に市街地建築物法施行令案及び施行規則案として報告された。これは、内務省都市計画課長からの諮問に対応したとされる[26]。

建築学会案がそのまま内務省の施行令案、施行規則案となったかは定かではないが、いずれにしても、内田、笠原の両名が建築学会の法規委員会の枢要なメンバーであり、かつ、内田は都市計画課嘱託、笠原は都市計画課技師と学会、政府双方の立場を持っており、実質的にこの二人が中心となって作成作業を行ったと考えてよいのではないか。用途制限については、検討段階の資料を見出すことができず、施行令に突然現れたという感が強いが、内田は「地域制というのがまずドイツにでき、それからアメリカでもできた。それを参考にして、笠原君と僕とで原案を作った。」という主旨のことを言っている[27]。一方、施行規則については、1918（大正7）年8月頃にできた警視庁建築取締規則案を持って、当時警視庁技師であった笠原敏郎が内務省に入ることになったという記述があり[28]、建築学会の東京市建築条例案以来の建築規制の蓄積をベースに施行規則案が作られていったものと推測される。東京市建築条例案について、内田は、「市街地建築物法施行規則の基をなしている。これがあったので大部の施行規則も短時日の間に作成できた」と述べている[29]。法令、規則と建築学会の規則案等との関係については、「附1　市街地建築物法に先立つ総合的な建築規制の変遷について」(p.46) も参照されたい。

(3)　建築学会の法令講演会

1920（大正9）年12月1日に市街地建築物法が施行となった。それを期して建築学会では市街地建築物法特別講演会を12月1日から4日まで4日間開催し、内田祥三らによる施行令、施行規則、府県において制定された施行細則まで含めた総合的な内容説明がなされた。聴講者約300名[30]。

緒言		内田祥三
第一	総論	同上
第二	用途地域	同上
第三	建築線	同上
第四	建築物の高	竹内六蔵
第五	建築敷地内の空地	同上
第六	一般構造設備	野田俊彦
第七	構造強度	伊部貞吉
第八	防火地域	竹内六蔵
第九	美観地区	同上
第十	工事執行	同上
第十一	処分、補償、除外例、適用区域其他	内田祥三
第十二	結論	同上
	質疑応答	内田、竹内、野田、伊部

講演の内容は実質的に法令、規則の条文の逐条解説と言ってよいものであり、政府の担うべき役割を建築学会が担っていたともいえる。

6　まとめ

明治から大正へ年号がかわる当時、東京を中心として都市が拡大を続け、都市内のインフラの不十分、無秩序な郊外化などの都市に関する多くの問題が顕在化した。このような時代背景の中、都市計画に係る法制は時代の要請となっていたものと思われる。その法制化への直接の引き金は、本節で述べた経緯からもわかるように、学協会四団体による意見書であった。しかし、意見書では、都市の発展、防備のためと言ってはいるものの、その主眼とするところは建築規制、建築条例の制定であり、従来の建築界の活動の延長線であった。

意見書の提出が1917（大正6）年2月、その後4月の建築学会大会で翌年度のテーマを「都市計

画」とすることが決定、翌1918（大正7）年7月には建築学会内に都市計画常置委員会が設置され、建築学会としても「都市計画」に舵を切っていることがみてとれる。内田祥三が講演等で「建築条例の制定は市民の利益を増進する所以なり」と強調していることからも、建築規制をすることは権利の侵害との意識がまだ一般には強く、「都市計画とは市民の安寧を進め、其健全なる発達を促して市民の幸福をもたらすところの計画をいうのであります。」[31] ということを同時にいうことによって、つまり都市計画の中の建築規制であることで一般の抵抗感を払しょくしていこうとしたのではないか。

　一方政府、内務省においては、要望書を受けて都市計画課を新たに設置し、都市計画調査会を発足させたように、当初から「都市計画」を前面に出しており、この段階で「建築」ということばは後退している。1918（大正7）年の建築学会大会で水野内務大臣が、「日本におきましては都市計画と云う言葉それ自体が新しい言葉なのであります」[32] と述べており、この「都市計画」という新しい名のもとに政府内務省と建築学会、関西建築協会など建築界が力をあわせて都市計画法、市街地建築物法の成立にいたらしめたということができよう。なお、次のような見解もあることを付記しておく。「池田ら内務官僚は「市区改正」の限界を乗り越えるために、当時の都市ムード・戦後ムードに乗ったかたちで、抜本的な制度改革を図ろうとしたのではないか？それが結果的には「都市計画」となったのではないだろうか？」[33]

　また、片岡安は後年この時を振り返って、「これは（法制定の運動）は恐らく建築家の団体がやるべきことではなくもっと社会問題であり政治問題であったと思うが、建築家の運動によって一挙に奏功したことは吾々建築家の大きな社会奉仕であったであろう。」と述べている[34]。

　最後に、本節を振り返って、私見ではあるが、

法の制定に欠くことのできなかった人物の名をあげておきたい。一人は当時東京帝国大学助教授の内田祥三。内田なくして膨大な技術基準としての建築規制の体系化、法制化が成し遂げられたとは考えにくい。もちろん、内田の師であり建築学会副会長でもあった佐野利器と内田と共にいた笠原敏郎の名前も忘れることはできない。次の一人は内務省都市計画局長池田宏。東京市区改正委員会の幹事を務めこの面での造詣の深かった池田なくしては都市計画法・市街地建築物法が法制としてまとまることはなかったのではないか。内田祥三は池田について、「二法律は全く池田君の手によって成文となった。吾々国民として池田君に深く感謝しておかなければならない」と述べている[35]。もう一人は、関西建築協会の片岡安。当時としては際立って「都市」に対する見識の高かった片岡の大阪からの強い押しがなければ、法制は相当に遅れていたのではないか。内田祥三は片岡安を評して次のように語っている。「私は、この片岡さんと云う方は、現代のこの日本の都市計画に就いて最大の功労者だと思います。(中略) 此の両法制定の直接の原因を為したのは大正6年の暮当時の関西建築協会の会長であられた片岡博士が建築学会に対して法律制定の運動を起こそうということを申し込まれたのに起因するのであります。」[36]

　本節の最後に内務大臣後藤新平についても触れておかなければならないであろう。後藤は内務省衛生局から官僚人生を始め、明治15年から20年ころには、衛生の観点から府県における長屋規則等の建築条令化を進めていく衛生局としての業務にかかわっており、早くから「建築規則」には知見があったものと思われる[37]。1917（大正6）年2月6日の建築四団体の意見書提出のときには、「君たちのように理想を説くのは困るぞ」などと述べているものの[38]、その後2月23日に4団体の代表を呼んで、意見書の趣旨が採用された旨伝えるなど[39]、法令制定に向かう建築界に対して、

一定の理解を示しており、後藤新平がトップにいたからこそ学民の意向を受けての法制定が実現したということができるのではないか。後藤は法案が議会に提案される以前の1918（大正7）年4月に内務大臣から外務大臣に転じているが、その直前の同年3月に調査会設置の予算を提案しており、まさに法制定に向けてのレールを敷いたということができよう。

　本節により都市計画法、市街地建築物法の制定、施行にいたる当時の動きを、特に学協会に視点を向けて描こうと試みた。資料が十分でなく必ずしも正確を期すことができなかった部分もあるが、ご示唆をいただければ幸いである（「市街地建築物法に至る年表」**DVD** 1-2-1）。

別記　四団体の意見書

意見書

我国の重要都市に對し速やかに建築法令の布かれんことを望み其制度に関する調査會を設置するの急要なるを認め下記各會聯合の決議を齎らし茲に之を建議す

願くは清鑑を垂れさせられ御採納あらんことを切望の至りに勝へず

　　大正七年二月

　　　建築學會會長　　工學博士　　辰野金吾

　　　日本建築士會會長　工學博士　　長野宇平治

　　　関西建築協會理事長　　片岡安

　　　都市協會幹事　　藤原俊雄

内閣総理大臣伯爵　　寺内正毅殿

　　理　　由

我國の大都市は今や封建鎖國の時代より一躍して、世界的文明と接觸すべき機運に達し、其施設に於いて改竄を要すべきもの甚だ多く、明治弐拾壱年の勅令による東京市區改正条例の如きも其一端に着手する準備なりしや明かなり。然るに市區改正の事業も東京を除きては他の大都市に及ばざるが如き現時の状態は畢竟都市改良問題の閑却されたるを證するものなり。現時文明國の都市として其改良施設を考慮すべき問題は一にして足らずと雖も、市區改正と建築条例の制定とを以て其根本となすべきは敢て呶呶を要せず。然るに我國の都市は帝都の中央に於ても未だ建築統一の法規なきの状態にして、若し此儘に放棄せんか、之を現状に觀、之を将来に稽ふるに到底文明國の都市として進展し得べからず。殊に今後當然被るべき都市大火の厄災、震災の大破壊を慮るに、其惨状は蓋し容易ならざるものあるべし。況して将来戦時に於ける都市襲撃に對する防備の急要は國防上欠くべからざるものあるに於てをや。此次欧州の大戦乱には都市破壊を以て其戦略の一とし盛に之を實行しつつあるを聞く。此點に関しては我國都市の建築の抵抗力殆ど絶無なるを考ふる時は、我國重要都市の改造は焦眉の急務なるを感ぜざるを得ず。彼欧米の各都市は已に古きは百年以前より新しきも數十年以来厳正なる建築法規を以て其建築を制限し、以て都市の健全なる發展を計らざるなし。然るに独り我國は之を各個人の放縦に任せ何らの制限を加ふるなく、其外觀に於ては統一を欠き、市民の安寧公衆の衛生を保するなく、災害防備の實質に於ては不完全を極め、空中攻撃に對しては全く抵抗力なし。吾人は何故に斯かる非科學的の都市に甘んじて益々世界文明の大勢に遠ざからんとするや、憂國の士は到底之を容るることを得ざるべし。吾人は之を欧米の都市建築の過去に鑑み、現時の科學應用旺盛の傾向に稽へ、更に将来我國都市の發展に思ひ臻る時到底現在の秩序なき不統一を持續すべき時期にあらざるを感ずるや切ならざるを得ず。今や我國は世界的強國の一として宇内に雄飛せんとするに際し、國内の重要都市進展の方針を定むる能はずんば之れ百年の計を誤るものにあらずや。是れ吾人が速やかに我國

重要都市建築条例を布かれんことを望み、其制定準備の爲め調査會設置の急要なるを唱うる所以なり。

調査會に対する希望
内閣若くは内務大臣直屬の機關たらしめ、各省代表、衛生局長、土木局長、警視總監、各重要都市の市長、市會代表者衛生工學家及若干の建築學家を以て委員會を組織すること

附 1
市街地建築物法に先立つ総合的な建築規制の変遷について

本章で取り上げた建築規制（条例、法令、未制定のものを含む）について、条文を比較し、規定がどのように変化してきたか、主要なものを整理した。対象とする規定類は以下である。

なお、笠原敏郎は、市街地建築物法制定の回顧談（「新都市」第3巻第4号（1949年4月）P8〜10　都市計画協会）の中で、市街地建築物法以前の総合的法規として以下の①から④をあげている。また、内田祥三らの言から、④警視庁建築取締規則案は③東京市建築条例案をベースとしており、また、③、④があったことで市街地建築物法の施行令、施行規則が短時間でできたとのことであり、これらが相互に関連していることがわかる。

① 東京市建築条例案　1894（明治27）年12月　以後「M27妻木案」
② 大阪府建築取締規則　1909（明治42）年8月　以後「M42大阪府令」
③ 東京市建築條令案　1913（大正2）年5月　以後「T2建築学会案」
④ 警視庁建築取締規則草案　1918（大正7）年　以後「T7警視庁案」
⑤ 市街地建築物法　1919（大正8）年4月　以後「T8法」
⑥ 市街地建築物法施行令　1920（大正9）年9月　以後「T9法施行令」
⑦ 市街地建築物法施行規則　1920（大正9）年11月　以後「T9法施行規則」

1）構成

全体の構成は、概ね、定義、適用区域、許認可等の手続き、高さ・空地等に係る規定、構造・設備等に係る規定となっている。各規定の内容を表に示す。

2）定義

M42大阪府令より用語の定義が冒頭に記載されている。T7警視庁案では耐火構造、防火戸などほぼT9法施行規則と同様のものとなっている。しかし、「建築物」については、T7警視庁案までは定義があるものの、T8法には定義されていない。

3）用途規制

T8法において初めて導入された。地域の指定という法制が都市計画とあいまって現実性を帯びたものと考えられる。

4）建築線

M27妻木案から「家並線」という規定があり、以後の建築線につながっていく。主として建築線からの突出が規制されている。ただし、M42大阪府令にはないことと、またT7警視庁案にも規定されていない。

5）接道

T8法以前の規定では必ずしも明確でない。T8法において、建築線に接することとする規定が明確にされた。

6）高さ制限
・絶対高さ

M27妻木案より絶対高さ制限が規定されている、限度高さは、M27妻木案では軒高50尺、それを引き継いでT2建築学会案でも50尺とされたが、特別の場合には100尺まで緩和された。T7警視庁案ではさらに軒高120尺までとされたが、T9法施行令では最高高さで100尺

とされた。

・構造別

　構造別の高さ制限も規定され、例えば木造では、M42大阪府令では軒高35尺以下、T7警視庁案では軒高36尺以下とされ、この規模感はT9施行令でも36尺以下と引き継がれた。

・道路との関係

　建築物の面する道路との関係においての高さ制限は、当初M42大阪府令では前面道路幅員の2倍以下、T2建築学会案では道路幅の1.5倍以下とされた。一方、T2建築学会案では、前面道路との関係においていわゆる斜線制限が導入され、斜線の傾きは1.5とされた。T7警視庁案では2.0とされ、T9法施行令では、住居地域内で1.25、その他の地域内で1.5とされ、現在の建築基準法の規定につながる内容となった。

7）空地（建蔽率）

　敷地に対する空地の割合（あるいは建築部分の割合）は、M27妻木案より規定され、1/5以上（建蔽率とすると4/5以内）という値が、T7警視庁案まで続く。T9法施行令では、これを受けつつも用途地域により詳細化され、建築部分の割合として住居地域内6/10以下、商業地域内8/10以下、その他の地域7/10以下と、これも現行建築基準法のレベルの規制値となった。なお、M42大阪府令では空地の割合として1/4以上とされている。

8）採光

　採光面積を室面積の割合として規定することは、M42大阪府令よりある。割合の数値は、M42大阪府令で1/5、T2建築学会案で1/12、T7警視庁案で1/6、T9法施行規則で1/10と変遷している。

9）構造

・構造方法

　近代的な建築技術の導入、進歩に伴い、規定も急速に深化している。M27妻木案ではもっ

ぱら木造、煉瓦造等であったものが、T2建築学会案より鉄筋コンクリート造、鉄骨造が規定され、T9法施行規則に向けて詳細化されていく。

・強度計算

　T2建築学会案より強度計算（いわゆる構造計算）の規定が登場し、T7警視庁案、T9法施行規則と精緻化していく。外力として風圧がT2建築学会案、T7警視庁案には定められているが、T9法施行規則において落ちている。なお、地震力に関しては、当時既に佐野利器によるいわゆる震度法が提案されていたが、法令として規定化されるには至っていない。

10）防耐火

・地区等

　既に1881（明治14）年の東京防火令（「防火路線並に屋上制限規制」）において防火路線が指定されており、M27妻木案では、東京府庁で定めた線路としている。T2建築学会案では防火区域、準防火区域、防火線路、準防火線路として具体の地名で指定しており、T7警視庁案では甲種、乙種の防火線路の指定だけとなった。T8法で防火地区が都市計画の施設として定められることとなり、T9法施行規則で防火地区は甲種、乙種とすると規定された。

・耐火構造等

　「耐火構造」という用語が使われたのはT2建築学会案からで、T7警視庁案に引き継がれた。T7警視庁案から定義の条文で耐火構造が定められたことに加え、甲種、乙種防火戸の用語が現れた。これらは、概ねそのままT9法施行規則に引き継がれた。

11）美観等

　T2建築学会案では、建築物の塗色制限等が規定され、美観の維持に対する姿勢がみられるところ、T8法で美観地区が導入された。

12) 設計者の資格

　M27妻木案では、建築の届書には工事を監督する建築師の印を要すとされ、T2建築学会案では図面等に建築技師の署名が必要とされ、T7警視庁案では建築の願書に建築設計者の住所氏名の記載を要すとされた。このように、設計者資格について明示する等の意識がみられたが、T8法及びT9法施行規則ではこのような設計者に係る記述はない。ただし、各府県の法施行細則では、届書に記載すべき事項として、建築工事管理者と並んで設計者の住所氏名が必要とされている。

13) まとめ

　上記各案を一覧として見てみると、ほぼT7警視庁案がT9法施行令とT9法施行規則の所要の部分に引き継がれていることが見て取れる。技術的基準について見れば、新たに付け加わったのは用途制限と補償の規定くらいであり、内田らのいう、建築学会案そしてそれを展開した警視庁案があったからこそ法の具体的規制が短時間でできたということが理解できる（「建築規則の比較」**DVD**1-2-2）。

附　2
市街地建築物法施行細則について

1. 市街地建築物法令規則における府県令等への付加規定

　市街地建築物法施行令、施行規則で、行政官庁あるいは地方長官に規定の制定を認めている条文は、以下があげられる。

> 施　行　令：第1条〜第3条（用途制限）、第4条（高さ制限）、第10条（高さ制限（斜線））、第11条（高さの最低限度）、第12条（高さの算定不算入）、第14条（角地等の建蔽率緩和）
>
> 施行規則：第1条第17号、18号（防火戸の構造）、第8条（地盤面、床高）、第10条（下水管等の材料）、第14条（井戸の位置、構造）、第19条（採光に有効な開口部面積）、第23条（防鼠設備）、第26条（階段の構造）、第28条（屋上工作物）、第31条（防火壁のある建築物の屋上突出物）、第39条、第40条（煙突）、第41条（汽缶、風呂釜）、第47条（構造強度）、第127条（準耐火構造）、第138条（美観地区内の建築制限）、第143条第3号（認可を要する建築物）、第144条（軽微なもので届出を要しない建築物）、第149条（認可申請、届出等）

　これらの規定に基づき市街地建築物法施行細則が府県令（東京府は警視庁令）として公布された。

2. 市街地建築物法施行細則の概要

　施行日は、市街地建築物法施行の1920年12月1日であるが、大阪府及び兵庫県は大正10年1月1日としている。

　規定内容は、認可申請に係る手続き関係が大部分であり、特に市街地建築物法施行規則第143条第3号に基づく地方長官の指定する認可対象建築物について、各府県令等で異なったものとなっている。

　大阪府令、兵庫県令では実体規定についても定めている。大阪府では用途制限、高さ制限、下水道、井戸、階段等の構造についても規定を定めている。兵庫県は、敷地関係、長屋等について規定を定めている。長屋については、定義を含め特別の規定としている。また、京都府令だけ水平風圧力の規定を定めている。これについては、附1で述べたように施行規則では規定化されなかったが、施行規則第47条で構造強度に関し地方長官の付加規定を認めており、これに基づき規定され

たものと考えられる。

　いずれにしても、市街地建築物法令規則の制定により、全国統一した建築制限を定めた一方、各地域に応じた制限の付加等を認めており、特に建築取締規則の制定に関して先進的であった大阪府、兵庫県では積極的に府県独自の規定を定めたものと考えられる（「6府県で公布された市街地建築物法施行細則の条文」 **DVD** 1-2-3）。

表 建築規則の比較（市街地建築物法、同施行令、同施行規則とそれ以前の条例等）

	定義	用途規制	建築線	接道	高さ制限	高さ制限（構造別）	斜線制限
妻木頼黄 東京市建築条令案 1894(明治27)年	—	—	家並線（第21条） 家並線に沿うこと 家並線外への突出制限	道路に面しない場合には幅6尺以上の通路を設ける（第22条）	軒高50尺以下（第34条） 面する道路の幅以下	—	—
大阪府 建築取締規則 1909(明治42)年	建築物（第1条）、住家（第2条）、公衆用建物（第3条）、倉庫類建物（第4条）、道路（第5条）、防火材料（第10条）等	—	—	—	軒高は道路幅員の2倍以下（第20条）	木造は軒高35尺以下（第20条） 木造は三層以下（第21条）	—
建築学会 東京市建築条令案 1913(大正2)年	建築物等、階、耐火材料等、建物高さ、変更、修繕等（第4条第1号〜第33号）	—	建築局による公定建築線の指示（第24条） 建築線外への突出禁止（第39条） 突出禁止の例外（第40条〜第47条）	—	前面道路幅員の1.5倍以下 50尺以下、特別の場合100尺まで（第25条）	—	係数1.5（第28条）
警視庁 建築取締規則案 1918(大正7)年	第1章 建築物（第1条）、道路（第2条）、住家（第3条）、長屋（第4条）、外壁（第5条）不燃材料（第6条）、耐火構造等（第7条）、甲種防火戸等（第8条）、防火壁（第9条）、大修繕（第10条）等	—	—	—	軒高120尺以下、棟高150尺以下（第18条）	木造は3階以下、軒高36尺以下、棟高50尺以下（第19条） 煉瓦造及び石造は棟高50尺以下、棟高65尺以下（第19条）	係数2.0（第20条）
市街地建築物法 1919(大正8)年	—	住居地域、商業地域、工業地域の指定と各用途地域における用途制限の勅令への委任（第1条〜第6条）	建築線（第7条〜第10条） 建築線の指定 建築線からの突出の制限	敷地が建築線に接すること（第8条）	勅令への委任（第11条）	同左	同左
市街地建築物法 施行令 1920(大正9)年	高さ、軒高（第6条） 建築面積、敷地の面積（第15条）	住居地域内の建築制限（第1条） 商業地域内の建築制限（第2条） 工業地域内の建築制限（第3条）	—	—	住居地域は65尺以下、それ以外の地域では100尺まで（第4条） 最低限度規制（第11条）	煉瓦造・石造は高さ65尺以下、軒高50尺以下 木造は高さ50尺以下、軒高36尺以下、階数3以下 木骨煉瓦造・木骨石造は高さ36尺以下、軒高26尺以下（第5条）	住居地域内係数1.25、その他の地域1.5（第7条）
市街地建築物法 施行規則 1920(大正9)年	居室、地階、屋階、床高、階高、天井高、外壁、間壁、界壁、不燃材料、耐水材料、石造、耐火構造、甲種乙種防火戸、大修繕、大変更等（第1条）	—	建築線からの突出の例外（第4条〜6条）	—	—	—	—

空地	採光・通気	構造	防耐火	防火地域	設計者の資格等	その他
1/5以上の空地(第32条)	外気に通気する窓(第56条)	木造及土蔵造(第11章 第66条〜第73条) 煉瓦及石造屋(第12章 第74条〜第100条)	—	東京府庁において定めた線路(第31条) 石造、煉瓦造、不燃質物造とする	建築の届書には、工事を監督する担当、監督する建築師の連印を要す(第6条)	危険家屋の取壊し命令
建坪の1/4以上の余地(第19条)	採光面積は床面積の1/5以上(第30条) 各室に換気口(第32条)	床高1尺5寸以上(第34条) 天井高7尺以上(第35条) 階段(第38条〜第40条) 木造長屋(第62条)	軒、庇を防火材料でつくる(第45条)	—	—	—
建坪は敷地の4/5以内(第206条)	開口面積(第205条) 採光の要件(第207条、208条)	木造(第3編第2章第1節第92条〜100条) 木骨構造(第2章第2節 第101条〜105条) 土蔵造(第2章第3節 第106条〜110条) 煉瓦造及石造(第3章 第111条〜130条) コンクリート造及鉄筋コンクリート造(第4章 第131条〜133条) 鉄骨造(第5章 第134条〜140条) 強弱計算標準(重量、荷重、応力強度、風圧等)(第141条〜148条)	耐火構造・準耐火構造(第4条) 防火区域・線路内の建物の制限(第4編第4章 第181条〜187条) 準防火区域・線路内の建物の制限(第4編第5章 第188条〜191条) 通劃壁(第4編第7章 第195条〜201条)	防火区域の指定(具体の地名による)(第178条) 準防火区域の指定(同上)(第179条) 防火線路の指定(同上)(第178条) 準防火線路の指定(同上)(第179条)	図面、仕様書及び構造強弱計算書に建築技師の署名の必要(第9条) ※建築技師 建築局の試験または認定を経た者(第4条)	建物の塗色制限(第49条、50条) 危険建物に対する命令(第6編第3章 第231条〜235条)
建坪は敷地坪数の4/5以内(第37条)	採光面積は室面積の1/6以上(第42条)(換気のための)の窓面積は室面積の1/24以上(第43条)	木造床の高さは1尺5寸以上(第40条) 天井高は7尺以上(第41条) 階段の構造(第45条) 木造(第70条〜73条) 煉瓦造及び石造(第74条〜第89条) 鉄骨造(第90条〜95条) 鉄筋「コンクリート」造(第96条〜103条) (独立)煙突の構造(第104条〜107条) 構造強度計算標準(重量、許容強度、荷重、風圧、地盤強度、強度計算)(第108条〜123条)	耐火構造・準耐火構造(第7条) 甲種・乙種防火戸(第8条) 屋根不燃(第47条) 防火壁の設置(第48条) 防火線路に面する家屋の構造、不燃材料の使用等(第57条〜第65条)	防火線路(甲種、乙種)の指定(具体の道路の範囲による)(第56条)	建築の願書に建築設計者の住所氏名の記載を要す(第125条)	長屋の規定(第46条)
同左	主務大臣の規則への委任(第12条)	主務大臣の規則への委任(第12条)	主務大臣の規則への委任(第13条)	防火地区の指定(第13条) 都市計画の施設として指定	—	美観地区(第15条) 保安上危険と認める建築物の除却、改築等(第17条)
建築面積の敷地面積に対する割合 住居地域内6/10以下 商業地域内8/10以下 その他の地域7/10以下(第14条)	—	—	—	—	—	補償(第17条〜19条) 補償審査会(第21条〜24条)
—	採光面積は室面積の1/10以上(第19条) 採光面積に係る要件(第19条) 換気のための開放可能な面積は室面積の1/20以上	居室の床高は1尺5寸以上(第17条) 居室の天井高は7尺以上(第18条) 階段の構造(第25条) 木造建築及木骨構造(第48条〜57条) 石構造、煉瓦構造及「コンクリート」構造(第58条〜81条) 鋼構造及鉄骨構造(第82条〜87条) 鉄筋「コンクリート」構造(第88条〜94条) 独立煙突の構造(第95条〜100条) 強度計算(重量、許容応力度、荷重、強度計算等)(第101条〜117条)	耐火構造(壁体、床、屋根、柱、階段)、甲種・乙種防火戸(第1条)、屋根不燃(第27条) 防火壁の設置(第29条) 防火壁の構造(第30条〜32条) 高65尺、軒高50尺超の建築物は耐火構造(第43条) 防火地区内の建築制限(第119条〜135条)	防火地区は甲種、乙種(第118条)	(建築設計者という用語は出てこない)	美観地区内の建築制限(第136条〜142条)

1-3 都市計画法と市街地建築物法の成立

1919（大正8）年に制定された市街地建築物法と都市計画法は姉妹法と言われた[1]。帝国議会に政府が提出した両法案は一括審議されて無修正で成立し、都市計画法は大正8年4月5日法律第36号、市街地建築物法は大正8年4月5日法律第37号と、法律番号が連続した法律として同日に公布されたものである。それでは、なぜ、両法は姉妹法と言われるようになったのか、これを2つの法律としたのはなぜなのか、両法の関係や役割分担はどのように考えられたのか。また、市街地建築物法という名称は、いつ、どのように決まったのか。この節では、両法制定の前年に設置された都市計画調査会における議論や、内閣法制局における法案審査の経緯を中心に、両法の成立に至る過程を示すことにする。

1 都市計画課と都市計画調査会の設置までの経緯

市街地建築物法の制定以前にも、一部の都市や地域における建築関係法令は存在していた。その内容については前節までに詳述したとおりであるが、あらためて経緯を整理すると次のように説明できる（1921年に内務省都市計画局が編集発行した「都市計畫要鑑　第一巻」「市街地建築物法の発布及び其の適用」の一部を引用[2]（現代文に改め、一部説明を補足した））。

1881（明治14）年2月に防火線路及屋上制限が制定され、1889（明治22）年には東京市区改正委員会が妻木頼黄に依嘱して東京市に施行すべき建築条例案を作成し、委員会の特別委員にその調査を依嘱した（成案を見るに至らず）。1906（明治39）年、尾崎行雄東京市長は東京市建築条例案の起稿を建築学会に委嘱した。建築学会ではまず欧米17か国40都市の建築物に関する規定を収集分類して参考資料とし、立案着手から6年半経った1913（大正2）年6月にようやく脱稿して、6編28章238条よりなる東京市建築条例案を市長に提出した。

一方、大阪府では1909（明治42）年に大阪府建築取締規則が公布され、兵庫県では1912（明治45）年に兵庫縣建築取締規則が公布されている。このほか各府県において府県令をもって特殊営業の用に供する建築物（工場、劇場、旅館等）に対しては種々の制限が設けられたが、一般建築物に対しては、一部の府県において屋上制限、長屋の構造制限をするものがある程度であり[3]、都市の合理的建設を目的とする一般的規定が存在するものではなかった。

このように大正時代初期は、都市の合理的発達に最も必要な統一的建築法規がいまだ存在しない状況であり、統一的立案については内務省において相当考慮しつつあったが、時代の趨勢は民間においてもまた建築法規の必要を感知し、これに対する世論が喚起されてきた。1918（大正7）年2月、建築学会、日本建築士会、関西建築協会、都市協会の4団体は、建築物は都市構成の重大なる要素にして不健全なる建築物の激増は都市の能率を害し保安を脅かし衛生に保健に不断の危害加えつつある所以を詳述し、速やかな建築物に対する法規の制定を当局大臣及び衆参両院に陳情した。このような世論を受けて、後藤新平内務大臣は、一般建築物に対する法規の制定のみならず広く都市の安寧を維持し福利を増進することに関し調査を行うことを決し、これに要する費用を1918年

の春、追加予算として帝国議会に提出した。議会の協賛を経て、1918年5月、内務大臣官房に都市計画課が設置され、同時に都市計画調査会が設置された。そこで、都市計画法と建築法の両法を調査立案することになったのである。

2　都市計画調査会における法案の調査審議の経緯

　都市計画調査会官制（大正7年5月勅令第154号）により、「都市計画調査会ハ内務大臣ノ監督ニ属シ都市ノ衛生、警察、経済、交通其ノ他都市計画上必要ナル事項ヲ調査審議ス」（第1条）と定められ、調査会の会長は内務大臣とし、委員（24人以内）及び臨時委員は、関係各庁高等官、市の公職にある者及び学識経験者の中より任命された。調査会の会長・委員・臨時委員・幹事は**資料1**のとおりであり、各省庁の次官級、東京府知事・東京市長、医学・衛生・法律・土木・建築の学識経験者などである。都市計画・建築法規の実現に向けた活動の中心メンバーの中からは、建築家の佐野利器・片岡安、大阪市助役（のち大阪市長）の關一らが調査会の委員となった。

　調査会は、1918年7月8日に第1回会議が開催され、12月24日までに本会議が計4回開催されている。第1回と第2回（7月10日）は「調査要綱に関する件」を議題とし、その間の7月9日には調査要綱特別委員会を開催して審議し、10日の調査会で決定している。その後、都市計画法案と建築法案の制定に関する調査のための特別委員会が別々に開催され、そこにそれぞれの法案の原案が示されており、各特別委員会で検討を重ね修正されたものが、12月7日の調査会（第3回）に両法案として提示された。その後、同日の午後からは、それまでの特別委員とは別の委員で構成する「両法案特別委員会」を計7回開催し、前の特別委員は説明者側となって、審議が進められた（12月7、9、11、13、17、20、23日に開催）。そし

て12月24日の調査会（第4回）で都市計画法案及び建築法案が決議され、都市計画調査会は終了した。

資料1　都市計画調査会委員等名簿

			特別委員会
会長	内務大臣（前任）法学博士	水野　錬太郎	
	内務大臣（後任）	床次　竹二郎	
委員	鉄道院副総裁（前任）	長谷川　謹介	
	鉄道院副総裁（後任）工学博士	石丸　重美	
	内匠頭	馬場　三郎	
	内務次官	小橋　一太	要綱
	内務省地方局長	添田　敬一郎	都計
	内務省警保局長（前任）	永田　秀次郎	
	内務省警保局長（後任）	川村　竹治	
	内務省土木局長	堀田　貢	要綱・都計
	内務省衛生局長	杉山　四五郎	要綱・両法
	大蔵次官（前任）	市来　乙彦	
	大蔵次官（後任）	神野　勝之助	両法
	陸軍次官（前任）	山田　隆一	
	陸軍次官（後任）	山梨　半造	
	海軍次官	栃内　曾次郎	
	文部次官（前任）	田所　美治	
	文部次官（後任）	南　弘	
	農商務次官（前任）	上山　満之進	
	農商務次官（後任）	犬塚　勝太郎	
	逓信次官（前任）	内田　嘉吉	要綱（委員長）
	逓信次官（後任）	中西　清一	両法（委員長）
	警視総監（前任）	岡田　文次	建築
	警視総監（後任）	岡　喜七郎	
	東京府知事法学博士	井上　友一	要綱・都計
	東京市長法学博士	田尻　稲次郎	
	医学博士	緒方　正規	
	工学博士	中島　鋭治	両法
	工学博士	近藤　虎五郎	
	法学博士	關　一	要綱・都計
	法学博士	松岡　均平	
	工学博士	佐野　利器	要綱・建築
	（東京商工会議所会頭）	藤山　雷太	要綱・両法
	（関西建築協理事長）	片岡　安	要綱・建築
臨時委員	医学博士	北里　柴三郎	
	臨時議院建築局技師	矢橋　賢吉	両法
	法学博士	渡邊　鉄蔵	要綱・都計
	（都市協会幹事）	藤原　俊雄	両法
幹事	内務省大臣官房都市計画課長	池田　宏	
	内務省大臣官房都市計画課	吉村　哲三	

注）　官報、職員録、都市計画調査委員会議事速記録・特別委員会会議録により作成。役職のカッコ書きは説明上加えたもの。
　　　特別委員会の欄には、所属した特別委員会を記載（要綱：調査要綱、建築：建築法案、都計：都市計画法案、両法：両法案。建築法案特別委員会と都市計画法案特別委員会は都市計画調査委員会議事速記録（備考）に記載された指名委員、調査要綱特別委員会と両法案特別委員会は特別委員会会議録に記載された出席者）。

表1　市街地建築物法案の調査審議の経緯

年月日	事項	法案等
1918（大正7）年		
7月8日	都市計画調査会①	調査要綱（原案）
7月9日	調査要綱特別委員会	
7月10日	都市計画調査会②	調査要綱（決定）
8月1日	建築法案特別委員会①	建築法規立案参考事項
8月2日	建築法案特別委員会②	
8月15日		建築法第一草案
9月3日	建築法案特別委員会③	建築法第二回草案
9月4日	建築法案特別委員会④	建築法案（第三回草案）
9月13日		建築法案（第四回）
10月14日	建築法案特別委員会⑤	
10月29日		建築法案（第五回）
12月7日	都市計画調査会③	
12月7日	両法案特別委員会①	
12月9日	両法案特別委員会②	
12月11日	両法案特別委員会③	
12月13日	両法案特別委員会④	
12月17日	両法案特別委員会⑤	
12月20日	両法案特別委員会⑥	
12月23日	両法案特別委員会⑦	
12月24日	都市計画調査会④	建築法案（6）
1919（大正8）年		
1月16日	都市計画法案及建築法案制定ノ件申請	建築法案（7） 建築法案（8）
2月4日		建築法案（9）
2月6日		市街地建築物法案(10)
2月20日		市街地建築物法案(11)
2月25日		市街地建築物法案(12)
	閣議決定	
3月6日	帝国議会法案提出	
3月8日	衆議院本会議	
3月10日	衆議院委員会①	
3月11日	衆議院委員会②	
3月12日	衆議院委員会③	
3月13日	衆議院委員会④	
3月15日	衆議院委員会⑤	
3月15日	衆議院本会議（可決）・貴族院へ送付	
3月17日	貴族院本会議	
3月19日	貴族院特別委員会①	
3月20日	貴族院特別委員会②	
3月24日	貴族院特別委員会③	
3月26日	貴族院本会議（可決）	
4月4日	天皇による裁可	
4月5日	公布（大正8年法律第37号）	

注）　建築法案(6)以降は公文書館所蔵資料に回数の記載はないが、変遷がわかるように番号を付した。

なお、東京都公文書館所蔵の内田祥三関係資料には、この過程の法案・草案が保存されており、内田祥三の手書きと思われるメモや日付もある。建築法草案は1918年8月から、都市計画法案は1918年9月以降のものが帝国議会に提出された

最終案まで時系列に整理されている。この所蔵資料（**DVD**1-3-1～1-3-30）と都市計画調査会議事速記録・特別委員会議録から、各段階における法案とその修正過程を検証した（**表1**）。

（1）都市計画調査会第1回～第2回（1918年7月）

　1918年7月8日、水野錬太郎内務大臣を会長とする都市計画調査会の第1回会議が開催された。水野内務大臣は、冒頭の挨拶で、「都市の発展は近来すこぶる急激でありまして、いわゆる都市集中とも申しますか、人口も非常に増えてくる（中略）このままに自然の膨脹にまかせます時には、将来極めて不健全、不適当な発達をなすかというおそれがあるのであります。（中略）今日大都市の状況を見ましても、多少市区改正等をいたしたところもありますが、また未だその緒についておらぬところもあるのでありますから、実は今日都市計画というものを定めるのは、むしろ遅きに失しているという感はあるのであります。けれどもこれは、いずれの時か決行しなければならぬことでありますから、このたび内務省におきまして、これに関する必要な費用を要求致しまして、現にこの調査を始めるに至った次第なのであります。」と調査会設置の背景を述べている。また、「外国などで言う『シティー・プランニング』というような意味で（中略）この調査会の名称を附したわけなのであります」と、都市計画という言葉自体が極めて新しい言葉であることを説明している。7月8日の会議では、議事規則の制定の後、都市計画に関する調査要綱が附議された。同会は特別委員に附託し、翌7月9日の特別委員会で調査要綱に関する件が審議され、その修正のとおり7月10日の都市計画調査会第2回会議で決定した（**資料2**）。

都市及其の附近町村にして社会上及経済上一体を構成すべき地域に対し交通、衛生、警察、経済等の見地より永遠に亘り公共の安寧を維持し福利を増進すべき各種の施設に関する重要なる計画を確立するを以て都市計画の要旨とす其の調査要綱左の如し

第一　計画地域を予定すること

　　各都市及附近町村の状勢に鑑み都市計画を実行すべき地域を予定し且大体に於て住居地域、商業地域、工業地域其の他の地域を区別し将来の施設に対し拠るべき基準を設くるを要す

第二　交通組織を整備すること

　　道路、軌道、鉄道、運河、河川及港湾等水陸交通に関する諸般の調査を遂げ完全なる交通組織を整備するを要す

第三　建築に関する制限を設くること

　　街路の系統及地域の種類等に応じ各種建設物をして一定の制限に依らしむるを要す

第四　公共的施設を完備すること

　　上下水道、学校、図書館、公園、広場、市場、屠場、墓地、火葬場等各種都市経営上重要なる施設に関し都市発達の趨勢に対応するの規模計画及其の配置に付企画するを要す

第五　路上工作物及地下埋設物の整理方針を定むること

　　街路交通上の障害を除去し各種工作物の効用を保全する為電柱、鉄管其の他各種工作物の整理方針を定むるを要す

第六　都市計画に関する法制及財源を調査すること

　　本案を実行する為必要なる諸般の法制及之が財源を調査するを要す

なお、7月8日に示された調査要綱の原案では、第一は「予定地域を決定すること　各都市の状勢に鑑み都市計画を実行すべき予定地域を決定し適当に住居地帯、商業地帯、工業地帯其の他の地帯区別を明らかにし将来の施設に対し拠るべき基準を設けざるべからず」となっていたが、佐野利器委員から「ここで『地帯』と言ってしまうと、やはり地帯という言葉を基本にするようになります（中略）なるべく何れか適当な文字をここで使われることを希望致しますが、そうしますと私はこの文字は『地域』と使われる方が、他に差し障りがなくてよいかと思っております」と発言があり、「地帯」を「地域」とすることに決したほか、9日の特別委員会では各委員から多くの意見が出され、それによって原案が修正されている。

7月10日の調査会（第2回）では、「都市計画法、都市建築法、市場に関する件右3件は速やかに本会へ御諮問あらんことを希望す」という決議もあわせて決定された。この会議で水野内務大臣は「都市計画法というような案をお手許に廻してあるのでありますが、これは実は極めて未定稿であります。いまだ内務省においても十分なる意見の決定しているものではない」と説明しており、この時点で都市計画法の草案が出来ていたことがわかるが、一方、「建築に関する法規も度々出来たことはあるのでありますけれども、これは極めていろいろな方面にわたっておりますので、いまだ確定案が出来ておらない」と発言している。

会議の最後に、水野会長から、今後、特別委員を選任して原案の作成にご意見、ご助力を願うとの説明があり、7月24日に、岡田文次、片岡安、佐野利器に対し、調査要綱第三及び建築法案の制定に関する調査のための特別委員として指名がなされ、また、井上友一、堀田貢、渡邊鐵藏、添田敬一郎、關一に対し、都市計画法案の制定に関する調査のための特別委員として指名がなされた。

1918年7月におけるこれらの記録から明らかなように、この時点で、都市計画法と建築法という2つの法案が準備され、それを2つの特別委員

会で別々に調査審議する手順になっていたことがわかる。

建築法案の基礎となった東京市建築条例案は、明治の時代から立案検討してきた経緯があり、統一的建築法規を制定することの必要性は共通認識になっていたと思われる。一方、市区改正については、1888（明治21）年に東京市区改正条例が公布され、その制定以来、道路、橋梁、公園等の整備が進められてきたが、都市の急激な膨脹に伴い、交通の支障や上下水道の未整備などの問題から都市計画の樹立は急を要するものとなり、1918年4月には東京市区改正条例及び附属法令を京都、大阪、横浜、神戸、名古屋の5大都市に準用する法律が制定されている。このようなそれぞれの経緯によって、2つの法律の原案がそれぞれ作成され、都市計画調査会での調査審議が並行して進められていくこととなる。

ただし、海外の制度を参考にした住居地域・商業地域・工業地域のゾーニング制度については、調査要綱の第一に明記され重要なテーマとなったが、これは市区改正条例や建築条例案にはなかった新しい仕組みであり、この規定を都市計画法におくのか建築法におくのかということについては、この時点ではまだ方針が決まっていなかったのかもしれない。

(2) 建築法草案から建築法案へ
（1918年8〜11月）

この次の都市計画調査会（第3回）が開催されたのは、同年12月7日である。それまでの間は、都市計画法及び建築法のそれぞれの特別委員会において、法案の検討が進められている。8月1日、建築法案の第1回特別委員会が開催され、岡田文次警視総監、片岡安、佐野利器の両工学博士の特別委員3人全員が出席した。その会議に示されたのは、ま

だ建築法案ではなく、法案の要綱に相当する「建築法規立案参考事項」[4]というものである（**DVD**1-3-1)。第1回特別委員会ではこの建築法規立案参考事項が修正され、翌8月2日の第2回特別委員会で、建築法案（草案）の内容を検討したのではないかと思われる[5]。この審議を踏まえ作成されたと思われる建築法第一草案には、8月15日の日付があり、特別委員会第一読会終了と手書きされている（**写真1 DVD**1-3-2)。

この建築法第一草案から市街地建築物法案として帝国議会に提出されるまでの約半年の間に10種類以上の草案・法案が作成されているが、この第一草案の時点で市街地建築物法として成立した内容のほとんどは盛り込まれている。地域に関する規定が第1条から定められており、住宅地域、工業地域、商業地域のほか、特種の地域を定めることができるとなっている。商業地域内では住居を主たる目的とするものは建築できないとなっており、これは第二回草案で削除されたが、住宅地域と商業地域は当該用途地域内に建築できない建築物の用途（禁止用途）を定め、工業地域は工業地域でなければ建築できない建築物の用途を定める（すなわち未指定地における禁止用途となる）という用途制限の仕組みは、そのままの形で市街

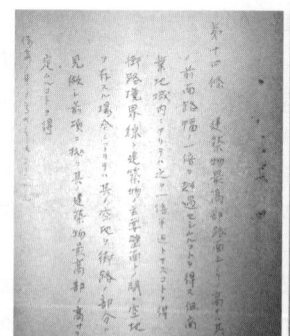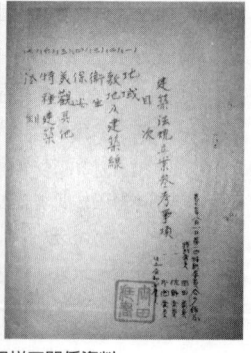

写真1　東京都公文書館所蔵 内田祥三関係資料
(右) 建築法規立案参考事項の目次 (大正7年8月1日第1回特別委員会にて修正と書かれたもの)
(左) 建築法第一草案 (大正7年8月15日) の一部

地建築物法となった[6]。一方、建築物の高さや建坪制限（建蔽率）などは具体的な数値が書かれており、申請手続の規定（第55条）もあるなど、この方が現代の建築基準法に近いように感じられる部分もあるが、第一草案からの修正の過程で、法律で一律あるいは固定的に定めると支障が生じるなどの理由によって、勅令（市街地建築物法施行令）や省令（市街地建築物法施行規則）に移行したものが多い。

9月3、4日第3回特別委員会と記された第二回草案（**DVD**1-3-3）では、第1条から第6条に、建築物、道路、建築物の高さ、木骨煉瓦造、建築面積、建築工事の定義が加えられた。また、地域は、住居地域、工業地域、商業地域、混合地域の4種を「建築地域」とし、防火区域、軟弱区域、低地区域、美観区域の4種を「建築区域」として、これらを指定することができるとされたが、第三回草案（9月4日特別委員会終了時点。**DVD**1-3-4）以降では混合地域は削除されている。

衛生、保安に関しては、第一草案では第24条から第37条までであり、第24条が居室の窓等、第25条が便所、第32条が構造耐力、第34条が防火地域、第35条が出入口・階段・防火壁・煙突・暖炉・避難装置・消火装置・避雷針等の構造設備、第36条が仮設建築物というように規定が細分化されていたが、第二回草案では「家屋ノ地盤、建築物ノ出入口、階段、窓、床、天井、防火壁、煙突、暖炉、避難装置、防火装置、避雷針、並ニ浴室、便所、汚物溜、下水ノ位置、構造、設備ニ関スル規定ハ勅令ヲ以テ之ヲ定ム」とまとめられ（防火区域は地域に移動し、構造耐力は独立した条で存続）、第四回建築法案（9月13日。10月14日特別委員会用とも記されている。**DVD**1-3-5）では構造耐力の規定も含め一条にまとめられて「建築物ノ出入口、階段、窓、床、天井、防火壁、煙突、暖爐、避難装置、防火装置、避雷針並浴室、便所、汚物溜、下水ノ位置、構造、設備及強

度計算ニ関スル規定ハ命令ヲ以テ之ヲ定ム」となった。

一方、道路と建築物との関係に関する規定は、第一草案では「家並線」という名称を用いており、第8条のとおり、建築物の主要壁面は家並線と一致することを原則とし、それより後退して建築する場合は地方長官の認可が必要としている。また、軒、庇、出窓、建築物の基礎等は街路線より突出してもよいとしている。それが第三回草案では「建築線」に変わり、建築物は建築線より突出してはならないとの表現に改められて「一致することを原則」との規定は消えている。ただ、この時点ではまだ、蛇腹、軒、庇、基礎の類は道路境界線を超過してもよいこととされていた。

このほか、第一草案では、第39条に区画整理の規定もあった。これは第二回草案の段階で削除され、都市計画法案にまとめられたが、建築敷地を整序する区画整理を建築法に規定しようと考えていたことは興味深い。内田祥三[7]は後に、次のように述懐している。「区画整理ね、あれは全くわれわれが始めたものです。その証拠として区画整理というのは、最初ぼくらが3つの方法を設けてやったのです。つまりちょっとした火災があって焼けた。そのあと早急に、あしたにも仮普請をしなければならないという時に直ぐやる区画整理、それには建築線の指定ということでやろう。これはいまできなくなっちゃって残念だと思うが。もう1つは都市計画法でやる、都市計画事業としてやる強制的土地区画整理で、これは都市計画法でやる。もう1つはやはり都市計画法の規定の中で組合を作ってやる自発的な土地区画整理、そういうふうに3つあった。一番最初にやったのは、大正9年12月29日牛込区早稲田鶴巻町に火事があって、土地面積約2,600坪に達する部分2,30軒の家を焼いた、当時伊部貞吉君が警視庁に居られたので私が竹内課長と相談して区画整理をやったらどうかと相談した、伊部君は即日焼跡地

で関係地主等と相談した結果、焼跡地にあった幅6間の計画道路と共に2間と9尺の建築線指定による道路延長計209間、面積538坪の道路を定めた、これは市街地建築物法が施行されてから1か月たたないうちのことであった。」

都市計画法案については、確認できた最初のものは9月6日の日付があり、27条の条文(第27条は附則)となっている。これはこの日開催された特別委員会に示されたものと思われるが、この案では、第3条に「主務大臣ハ前條ノ區域ニ對シ住居地域、商業地域及工業地域ヲ指定スルコトヲ得」と書かれている。9月13日以降の案では、都市計画事業に関する規定の後の条へ繰り下げられるが、翌年2月に法制局審査で修正されるまで、都市計画法案と建築法案の両方に住居地域、商業地域及工業地域の規定が設けられていた。

(3) 都市計画調査会第3回～第4回
(1918年12月)

1918年12月7日に開催された都市計画調査会の第3回会議に提案された両法案は、都市計画法案が31条(第28条以下は附則)、建築法案が37条(第33条以下は附則)である。この建築法案は、東京都公文書館資料の第五回建築法案(第五回は手書き。10月29日と日付もメモされている。**DVD** 1-3-6)と内容が一致し、第一草案から大幅に内容が修正・簡素化されたものとなっている。一方、都市計画法案は9月6日案から建築法案ほど大きく変更されてはいないが、地域に関する規定は第13条で「都市計畫事業ノ執行區域内ニ住居地域商業地域及工業地域ヲ指定シ其ノ地域内ニ於ケル制限ヲ爲スコトヲ得」と書かれ、この時点では、地域内における建築物の用途制限についても、都市計画法で行うことを想定していたふしがある。第五回建築法案の第5条「内務大臣ハ本法ヲ施行スル區域内ニ住居地域、工業地域及商業地域ヲ指定スルコトヲ得」のところには、「計画法ト

両方出ルトキハ建築法ノ方ヨリトル」と手書きのメモが残されている。12月7日の第3回会議では池田宏都市計画課長が次のように説明している。「建築法と都市計画法と互いに重複しているようなところがあります。(中略)この両法案とも特別委員の方々は素より、我々におきましても是非とも速やかに成立を希望するわけでありますが、あるいは場合によりまして一案は通過しても一案は通過を致し得ない、あるいは審議の余地なくして会期を終わるというような場合があるでありましょうと考えましたので、どちらが出しましてもこの必要なることだけは是非とも相当の措置をとることができる途を開いておきたいという趣旨よりいたしまして、両方に重複を顧みずして規定したわけであります。」これに対して、同日以降に開催された両法案特別委員会や12月24日の都市計画調査会(第4回)でいろいろと意見が出され、建築法案ではなく都市計画法案に定めるのが当然ではないかとの意見もみられたが、第4回会議では、両法案特別委員会の中西清一委員長が「東京大阪その他の六大都市の如きは(中略)無論両法とも行われることと思いますが、市の状況によっては一方だけを独立して行うというような必要がありはしないか」と発言し、さらに、「私はこの修正案の説明に兼ねて、建築法案に書いた方がよかろうという理由を申し上げたいと思います。(中略)住居地域、商業地域、工業地域と3つのものを綺麗に分けて、そうしてその中でどういうものを建ててはならぬというような完全な状態は、おそらく都市計画法の行われるところでなければないかもしれませんが、私はある市なり町なりの状態によっては、少なくとも工場地域くらいを指定するという必要は今後ありはせぬかと思うのであります。(中略)必ずしも都市計画法の行われぬところでは、地域の指定は絶無であるという断定は甚だ危険ではないかと思うのであります。」と説明した。両法案特別委員会委員長としてのこの説

明は、事務局の見解を踏まえたものだったのだろう。これ以降は一貫して、両法の適用区域が異なることが説明され、それによって両法の役割分担も決まっていくことになる（12月24日の第4回会議に示された建築法案は **DVD** 1-3-7）。

単体規定については、第3回会議に提案された建築法案（第五回建築法案）第27条では「建築物ノ基礎、壁体、柱、床、屋根、出入口、階段、窓、天井、防火壁、煙突、暖爐、避難装置、防火装置、避雷針並浴室、便所、汚物溜、下水ノ位置、構造、設備及強度計算ニ関スル規定ハ命令ヲ以テ之ヲ定ム」となっているが、12月24日の都市計画調査会（第4回）に示された案では、「内務大臣ハ建築物各部ノ構造設備及建築敷地ニ関シ保安上又ハ衛生上必要ナル規定ヲ設クルコトヲ得」となり、さらに簡素化されて最終案に近い形となった。

建築線に関しては、第3回会議に提案された建築法案第11条で「建築物ハ建築線ヨリ突出セシムルコトヲ得ス」としつつ、同条第2項で「建築物ノ蛇腹、軒、庇ノ類ハ最下端道路面上十尺以上、基礎ハ最上端道路面下四尺以上ニ在ル場合ニ限リ命令ノ定ムル處ニ依リ之ヲ建築線ヨリ突出セシムルコトヲ得但シ道路境界線ヨリ一尺五寸ヲ超過セシムルコトヲ得ス」となっており、この時点では軒、庇、出窓、基礎の類は道路境界線より1尺5寸まで飛び出してもよいこととされている。これに対し、12月17日の両法案特別委員会では、道路境界線より飛び出すことについて賛否両論の意見が交わされた。建築物の壁面を建築線に一致させて揃えるためには超過を許容することが必要などという賛成意見と、道路にそういうものが出ては電柱などはその1尺5寸の外へ建てなければならないことになるので認めるべきでないなどという反対意見があり、結果として、12月24日の都市計画調査会に示された案では、同条文は「建築線カ道路境界線ヨリ後退シテ指定セラレタルトキハ建

築物ノ前面突出部及基礎ハ命令ノ定ムル處ニ依リ道路境界線ヲ超過セサル範囲ニ於テ之ヲ建築線ヨリ突出セシムルコトヲ得」と、超過を認めない形に改められた。

12月24日の都市計画調査会では、提案された両法案について一部の修正を求めたほかは了承し、両法案を審議した都市計画調査会はこれで終了する。

笠原敏郎[8]は後に、当時の経緯を次のように述懐している。「大正7年5月内務省に都市計画課が設置され、これと同時に設けられた都市計画調査会の要求で、計画課では調査会の特別委員と協力して原案を作成し、これを調査会に提出したのが同年12月であり（中略）原案作成に参画せられた調査会側の特別委員は、当時の警視総監岡田文次氏、片岡安、佐野利器の両工学博士、計画課側では、主として課長の池田宏氏、嘱託の内田祥三工学博士であって、私は事務官の吉村哲三氏等と共に、その下働きをして居った。（中略）こんな複雑な内容をもつ重要法案が、こんな短期日にまとまったのは、立案に参画せられた方々に、充分の造形と理解があったからだと思う。」

「建築物法案には、一般建築物各個の質の向上を目的とする、いわゆる構造設備関係の規定と共に、用途及び形態地域制、道路及び建築線関係、防火地区及び美観地区の規定等、当時まで欧米において創案せられた都市計画的規定の主要項目はほとんど余すところなく取り入れられて居った。その規定の仕方の適否は別として、ともかくも項目としては全面的に採択されたことは、我が国建築法規発達過程における一大飛躍であり、また当時としては、外国の建築法規においても、一系体の法令に、こんなに総合的構成をもったものは少なかったであろう。」

「建築物各箇体の質の向上を目的とする規定の方面は、参考となる外国都市の条例も多く、また我が国でも（中略）幾度か立案せられたものが

あったから、これらを再検討して増補改正して行けば、比較的まとまりが楽であったが、建築物の集団関係の統制を目的とする、都市計画的規定の方は、(中略)我が国ではほとんど初めての事であり、これを如何に我が国都市の実情に適応するように規定していくかということは、ずいぶん困難な、また冒険性も含まれた仕事であった。」

「当時米国で盛んに研究され出して居った地域制の定め方が、我が国には即応しているように思われるので、だいたいこちらを参考とされたものだが、その頃はまだ、本格的に制定されたのは1916年のニューヨーク市のものだけであったので、同市の建築地域制度調査委員会の報告書などは虎の子の様にして読まれたもので、正式公布の同市地域設定図などはまだ入手できなかったくらいであった。」

「建築線関係の規定の方はだいたい街路及建築線法（プロイセン建築線法）を手本にしたもので、規定は比較的簡単であるが、実際の運用については、相当の困難がはじめから予想されていた。当時の市街地の実況は、至るところの路地、横丁の類が多く、それが狭隘乱雑で、建築物法で認める道路幅の最小限を9尺に定めたことなどは、相当の英断のつもりであった。」

3　内閣法制局審査から議会提出へ

都市計画調査会が終了し、年が明けた1919（大正8）年1月16日、床次竹二郎内務大臣から原敬内閣総理大臣に、「都市計画法案及建築法案制定ノ件申請」（閣議請議）が提出された（**DVD**1-3-8〜1-3-9）。この時点ではまだ「建築法」という名称であり、都市計画法案にも「都市計畫區域内ニ住居地域、商業地域若ハ工業地域ヲ設ケ……」と用途地域の名称が明記されている。これから法制局の法案審査の段階となるが、これ以降、両法案が帝国議会に提出されるまでの間に修正された点も

多い。なお、この時期における両法案の修正の経緯は、国立公文書館所蔵の公文類聚と東京都公文書館所蔵の内田祥三関係資料を照合して、その過程を検証した。

都市計画法案は、都市計画調査会での審議でも国庫補助などの規定が議論となったが、それでも調査会で決議された12月24日時点の都市計画法案には、一部修正した上で国庫補助の規定が盛り込まれていた。ところが、帝国議会への法案提出直前に第10条〜第12条が削除され、第13条以下が繰り上げられた。1919年2月25日の日付のある原議書には、大蔵省から修正・削除の意見があったことに触れつつ、内務省提案のごとく閣議決定相成りしかるべき、と書かれているが、結局、閣議決定の最終段階でこの3条は削除された。大蔵省が最後まで強く反対したことがわかる（**写真2、資料3**）。

一方、建築法案には、他省庁からの意見によって修正された形跡は見られないが、法制局における審査の過程で、法案の名称変更という大きな修正が加えられた。2月4日の日付が記された法案ではまだ建築法案となっている（**DVD**1-3-10）が、「2月6日法制局にて決定せるもの」と記された法案では、市街地建築物法案に名称が変わっている（**DVD**1-3-11）。なお、「市街地」という言葉も内務省案の段階では使用されておらず、「本法施行ノ区域及期日ハ勅令ヲ以テ之ヲ定ム」と書かれていたのみである。都市計画法と建築法の適用区域は異なると説明してきた中で、法制的な観点から、第一草案第56条の「本法ハ都市計画施行地域内ニ之ヲ施行ス」に代わる言葉が必要となったのではないかと推測される。そこで、「本法ノ適用区域ハ勅令ヲ以テ指定スル市、区其ノ他ノ市街地トス」という規定が加えられ、それが法案の名称にもなったのではないかと思われる。笠原敏郎[9]は次のように述懐している。「市街地建築物法という名称は、初めの都市計画調査会の原案で

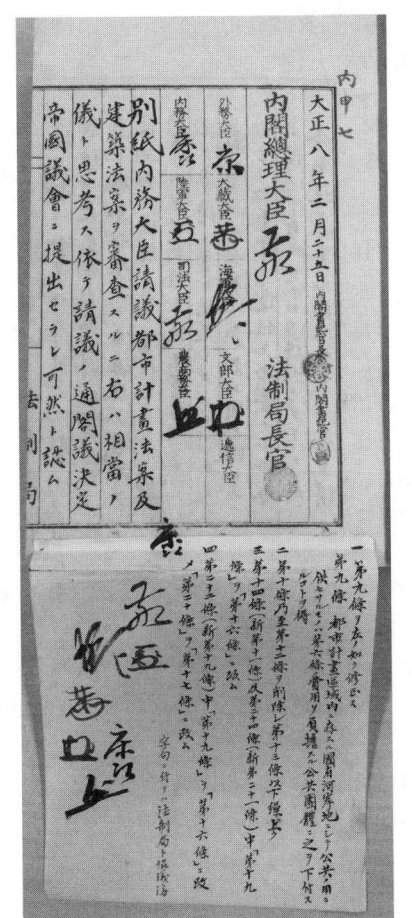

写真2　国立公文書館所蔵　公文類聚　内務大臣請議都市計画法案及建築法案の閣議決定の原議書

第十條　主務大臣ノ特ニ指定スル都市計畫事業ノ執行ニ對シテハ國庫ヨリ之ニ要スル費用ノ一部ヲ補助スルコトヲ得

第十一條　主務大臣必要ト認ムルトキハ公共團體ヲシテ都市計畫ノ爲特別會計ヲ設ケシムルコトヲ得

第十二條　公共團體ハ都市計畫ノ爲特別會計ヲ設ケル場合ニ限リ都市計畫事業ノ執行ニ要スル費用ノ爲公債ヲ募集スルコトヲ得

推測される。こうして出来上がった市街地建築物法案は、建築法第一草案から条文は大きく変化したが、第一草案と同様に地域に関する規定からはじまるものとなった。この法案審査の過程で、都市計画法案にあった「住居地域、商業地域及工業地域ヲ設ケ」という表記は削除され、「市街地建築物法ニ依ル地域又ハ地区」と書き改められた。これまでの説明のとおり、都市計画法を適用しない地域でも市街地建築物法を適用することがあり得るとすると、市街地建築物法に用途地域の規定を置くことが合理的であり、都市計画区域内では「都市計画ノ施設トシテ之ヲ爲スヘシ」と都市計画の手続によることを明記することで、両法の規定が重複することが回避できる。このような法制的な判断によって、条文の記述が整理されたと考えるのが妥当であろう（2月20日法制局修正決定の市街地建築物法案は **DVD** 1-3-12）。

4　　帝国議会における審議

都市計画法案と市街地建築物法案が閣議決定され、1919（大正8）年3月6日、第41回帝国議会に両法案が提出された（**DVD** 1-3-13）。市街地建築物法案の提案理由は、次のとおり述べられている。

「市街地ニ於ケル建築物ニ關シテハ現ニ府縣令

は、建築法というのであったが、市街地に限って適用するのであり、その内容も建築物の在り方に関する規定であるという法制局側の意見でそう決まったと記憶する」。

このほか、法制局審査では内務省案の時点ではあった建築物の定義「第一條　本法ニ於テ建築物ト称スルハ家屋及之ニ附属スル建造物ヲ謂フ」が削除され、道路の定義は第26条に移動している。内務省案では建築物を定義したことにならず、定義をおく意味がないと判断されたのではないかと

等ニ依リ區々ニ規定スル所アルモ是等諸規定ハ不備不統一ニシテ市街地近時ノ發展ニ適應セサルヲ以テ統一セル根本法規ヲ制定スルノ必要アリ是レ本案ヲ提出スル所以ナリ」

　また衆議院本会議において3月8日に行われた内務大臣による提案説明では、経緯も含めて次のように説明されている。（以下、国会図書館帝国議会会議録検索システム／帝国議事会議事録 http://teikokugikai-i.ndl.go.jp/ からの引用については現代仮名遣いに修正）

　「この市街地建築物法案は、都市計畫法案と相まって、始めて都市計画の実を挙げ得る次第でございます。この法案におきましては、住居、商業又は工業の地域を設定する事に関する規定を致しました。なお道路と建築との関係、建築物の高さ若しくは構造等に関する規定を致しました。今日の時代に応じて都市の計画を実行いたしたいつもりであります。市区改正条例を発布せらるる際に当たりましても政府当局におきましては、同時に建築に関する制度をも立てたいという希望もあった趣でありましたが、その当時民度いまだ進まざるものあり、そのままになっておりましたが、爾来この建築に関する事、あるいは屋上制限なり、若しくは衛生上有害なる建築に対する取締等なる、断片的に地方の警察令を以て取締規則を設けてありまする今日の実況でございますが、民度の進みまして、段々規模の広大なる建築物の建築せらるる今日に当たりましては、これらの取締規則のみを以て十分なりと申すことは出来ませぬ。それ故にこの法案を設定いたしまして都市計畫法案と相まって、都市の改良事業の便利を図りたい趣意でございます。」

　以下、帝国議会における審議経過は次のとおりである。なお、審議は同時に提出された都市計畫法案とともに一括して行われた。

1919（大正8）年

3月6日	政府より提出
3月8日	衆議院本会議において床次竹二郎内務大臣より提案説明 質疑の後、議長指名による27名の委員に付託[10]
3月10日	第1回会議　委員長に小山温議員を選出後、質疑
3月11日	第2回会議　質疑
3月12日	第3回会議　質疑
3月13日	第4回会議　質疑
3月15日	第5回会議　質疑、可決
3月15日	衆議院本会議において可決
3月17日	貴族院本会議において床次竹二郎内務大臣より提案説明 質疑の後、議長指名による15名の委員に付託
3月19日	第1回会議　松木宗隆委員長の議長により床次竹二郎内務大臣より提案説明の後、質疑
3月20日	第2回会議　質疑
3月24日	第3回会議　質疑、可決
3月26日	貴族院本会議において可決

　このように委員による審議は多数回に及び、審議時間も累計衆議院11時間5分、貴族院2時間51分、合計13時間56分にわたる質疑が行われたが、都市計畫法案と一括して質疑が行われたこともあって、市街地建築物法の内容に踏み込んだ詳細な質疑はあまり多くはない。その中から特徴的なものをいくつか紹介することとする。なお、貴族院においては逐条審議（5条程度ずつ審議）が行われているところからその項目も併せて紹介する。

　まず、衆議院においては、用途地域に関する根拠規定を市街地建築物法に置いた理由が何人かの議員により取り上げられ、政府からは以下のよう

に都市計画法を施行しないようなところ或いは将来都市計画法を適用するような可能性のあるところにおいても用途地域を指定することを想定して市街地建築物法に規定したとの答弁がなされている。

「…之を市街地建築物法の方に入れましたという訳は、市街地におきましては今日さしたる市街地と思えないようなところにおきましても、或いは工業の発達等のために非常にその土地が繁栄致しまして、結局幾許ならずして都市計画法を施行しなければならないような重要な都市になることがありまするのは、往々にして見受けるところであります。それで是より或いはそういう場合も段々にあるのであろうと考えます。そこで都市計画法を今日においては施行の必要を認めませぬが、近き将来において都市計画法を施行するというような必要のあるところがありますれば、その所におきましても相当の将来の計画を立てまして、その計画に基づきまして進んでいく秩序ある発展をいたして行くことにしますると、乱れましてから後に大騒ぎをして都市計画をするということもなくなる訳でありまして、極めて適当なる用意と思いますので、都市計画法を施行しないようなところでも、或いは近く都市計画法を施行することもあるべく見えるような、例えば人口の密集の程度から推しましても、その都市計画法を施行しまする都市が第一級の都市でありまするならば、第二級くらいに当たるような都市にも必要でありますれば、適当な計画を考えまして、その計画のもとに進んで行かしたいという趣旨で、市街地建築物法の方を規定した訳であります。」（3月10日第1回委員会における高木正年委員の質問に対する池田宏都市計画課長の答弁）

このように、都市計画調査会の最終回（第4回）における説明と同様の説明がなされている。都市計画法第10条は「都市計畫區域内ニ於テ市街地建築物法ニ依ル地域又ハ地區ノ指定、變更又ハ

廢止ヲ爲ストキハ都市計畫ノ施設トシテ之ヲ爲スヘシ」と定められており、都市計画区域外であればこの条文は適用されないこととなるが、市街地建築物法第1条「主務大臣ハ本法ヲ適用スル區域内ニ住居地域、商業地域又ハ工業地域ヲ指定スルコトヲ得」に基づいて、用途地域を指定することは制度上は可能であり、そのような運用も想定されていたということである。

また、もう一つ現代にも通ずる論点として既存不適格建築物への対応についての議論と市街地建築物法と民法との関係についての議論を紹介することとする。これは3月12日第3回委員会における横山勝太郎議員（所属政党は憲政会、弁護士で後に東京弁護士会長を務めた）の質問と池田宏都市計画課長の答弁である。

横山勝太郎議員「…この法案が通過いたしましたならばこれが現実に市民の上に、即ち大都市の住民の上に効果を及ぼしてくる時期です。…例えば…（防火地区の指定によって）現在の木造の日本家屋の所有者から申せば非常なる迷惑が及んでくる。公共的には利益であるけれども個人の財産権から言えば非常なる迷惑を及ぼすこと申すまでもない。即ち防火の設備については不燃質の物質を以て構造せなければならぬというような勅令ができることと考えますが、そういうことは凡そ何時ごろから出来るかということを承っておきたいのであります。」

池田都市計画課長「幸いにして両院のご協賛を得ますれば、なるべく早くこの法規は施行するように致したいと思います。…ただいまお尋ねのごとき点につきましては、これはもとより十分考慮しなければならぬ点であります。故に建築物法第18条中に規定を設けまして『行政官廳ハ相當ノ期間ヲ指定シ其ノ建築物ニ付前條ニ掲クル必要ナル措置ヲ命スルコトヲ得』ということにしておきました。結局ご懸念になりご質問になるような相当の期間を如何にするかという問題だろうと思いま

すが、このことにつきましては十分に考慮をいたしまして、今まで警察令を以て、例えば屋上制限の如きものを施行する時分にも必ず相当の期間をつけて、その相当の期間だけは猶予をいたし、相当の期間までに完了せしむる。それについては民度その他のことを十分に斟酌して、無理のないようにしておったのであります。そのようにやはり今回もその点は十分に考慮して適当なる期間を行政庁において指定することができるように致したいと思います。」

横山勝太郎議員「ただ今のお話の如く即時に実行することはしない、又実行することはよろしくないと思います。しかしながら現下の大都市、殊に東京市の如き木造家屋を多く持っておる地域から申しますれば、これは寸時も早く実行していただきたい法律である。

ところが借地法案との関係を考慮致しますれば甚だ心配に堪えないものがある。ご承知の如く借地法の制定によって借地人の権利が的確に保障せらるるにあらざれば借地人は本案の如き法律の適用によって不燃質の材料を以て家屋の建築若しくは構造をするということは困難であります。むしろ不能であります。…一面においてはこの法律を運用すべき基礎法とも言うべき借地法は貴族院に停滞して通過の見込みはございませぬ。さすれば少なくとも13条は死文徒法となります。この点につきていかなるお考えでございますか。…」

池田都市計画課長「借地法案の運命につきましては私はあずかり知りませぬが、必ずや適当なる解決の時期があろうと信じております。で借地法は法として関係なしに都市の保安上から考え衛生上から考えまして、建築物に対しまして相当の規定を設け、そうして多数市民の財産生命を保護致しますことは極めて必要であると考えますので、借地法案の運命如何に拘わらずこの法規の成立を希望致し、その法規によりまして施行の際にはお話のありましたことにつきましても十分の考慮を

いたし、都市の保安衛生上の必要とを考えまして、適当に施行いたすように致したいと考えております。」

（途中略）

横山勝太郎議員「その次にはこの市街地建築物法第11条と民法との関係であります。第11条はご承知のとおり地方の状況、地域及び地区の種別、土地の状態、建築物の構造と、この四項を斟酌して勅令を以て必要なる規定を設けらるるのでありましょうが、…高さについては無論この法案に賛成致しますが、この空地に関して当局のご意見に対して申してみたいのですが、…この建築物法の11条と最も関係のあるのは民法の234条であります。これには『建物ヲ築造スルニハ彊界線ヨリ一尺五寸以上ノ距離ヲ存スルコトヲ要ス』とあり、…民法以外にかくの如き法規をつくるという二重の立法をなす必要はないと思います。…これはかえって民法の規定を主として運用するによってむしろ適当ではないかと思います。…故にこの点について当局の意見を承りたいのは、この建築物法第11条の法文によって先刻申しましたる民法の209条、210条、221条とこの234条、235条の如く普通私法の変更をなさんとする必要が那辺にあるか。…それからこの規定は都鄙を通じて適用のある事項でありまするけれども、殊にこの大都市においては、一尺五寸とか三尺とかの距離を要するということは民法の規定においてはこれを習慣に一任しておりますけれども、むしろこれは強硬法規として実行する必要があるとまで私は考えております。かくの如き次第でありまするからして…即ち11条の如き二重の立法を為すの必要は私はなしと認めまするが、その点に関するご意見を承りたいと存じます。」

池田都市計画課長「建築物法の第11条なり或いは第13条等の規定は、これはただいまもお話がありました如くに民法の特別規定として働かせたいというつもりであります。その必要なることは

これは家屋に対しまして光線の射入をよくする或いは空気の流通をよくする、又人口の過度の密集を防圧する——程度は固より問題でありますが、或いは災害時におきまする消防であるとか非難であるとかいうことのために備えるということは、これは都市の如く量のすこぶる多い、又質においても非常なる程度になっておりまする建築物を有するところにおきましては、ただ今の点よりしまして十分に考慮を致さなければならぬことであります。

　…それらの関係より致しまして民法の規定に拘わらず特別の規定を致した訳であります。ただ今のご質問にはございませぬでしたがそういうような次第でありますから、此の13条の防火地区内におきましても例えば建物の部分をなす防火壁の如きものは民法の規定に拘わらず土地の境界線に接しましてこれを設けることが出来るというような規定も設けました。防火壁の奨励を致し、且つ又防火地域内における火災予防上の措置をとり、都市の保安上の必要に応ぜしめ、一面におきましては或いは民法の規定によりまして隣地との間に三尺ずつ区間をとらなければならぬというような規定、…この都市の利用を妨げるというようなことも非常に多いわけであります。そういうような利用もある程度におきましてはなるべくさせまして都市の経済上の用意にも備えたいというような考えから致しましてかくの如き規定を設けたのでありますが、…」

　これらの横山勝太郎議員の質問のうち、最初に掲げた不適格建築物に対する対応の問題は、質問中にもあるとおり借地法案の成立が地主からの反対によって見通せないことを背景にしたものであるが、一方では法18条による既存不適格建築物に対する是正措置が相当広範に行われることを想定しての質問であると考えられる。法案の検討過程においてこの点がどのように考えられていたかは検討を要するが、法18条やここに定められた

補償に関する施行令の一連の規定（施行令全体30条のうち8条を占める）を考えると、ある程度の意志があったものと受け止められる。

　衆議院においてはこの他に行政施設のための用途地域を規定に設けるべきこと、遊郭や娯楽施設などの配置の方針、建築物の範囲（展望台、銅像、広告塔などへの適用）、さらには労働者階級のための住宅の整備方針などが取り上げられた。

　続いて貴族院においては、用途地域の根拠規定を市街地建築物法に置いた理由について衆議院と同様の質疑が行われたほか、逐条審議において以下の点が取り上げられた。

・「住居の安寧」の意義
・建築物の用途制限と営業・職業の制限の関係
・用途地域の広がりの単位
・用途の既存不適格建築物についての増築等への対応方針
・12条「敷地」の意義
・建築物と建築線の位置関係
・耐久的建築物を推奨するための税優遇の可能性
・官営施設（高架鉄道など）に対する公平な適用
・17条に基づく命令に従わなかった場合の行政執行
・適用区域（23条）と都市計画法の適用区域の関係
・「区」、「市街地」（23条）の意義

5　市街地建築物法の施行

　このようにして市街地建築物法は議会を通過したのち、4月4日天皇の裁可を受け、4月5日に法律第37號として公布された。都市計画法も同様に法律第36號として公布された。市街地建築物法では25条により適用地域を、附則により施行期日をそれぞれ勅令により定めることとされていることから、1920（大正9）年11月18日に次の勅令が公布された。

勅令第539号「市街地建築物法施行期日ノ件」

勅令第540号「市街地建築物法適用区域ノ件」

これらの勅令により、施行は1920年12月1日、適用区域は

① 市街地建築物法ハ東京市、京都市、大阪市、横濱市、神戸市及名古屋市ニ之ヲ適用ス

② 内務大臣ハ前項ニ掲クル市ノ外ニ亙ル區域ニシテ都市計畫區域タルモノ又ハ一部ノ區域ニ市街地建築物法ヲ適用スルコトヲ得

③ 前項ノ規定ニ依リ市街地建築物法ヲ適用スル區域ハ内務大臣之ヲ告示ス

とされた。このように施行当初の適用区域は6大都市の市内のみであったが、これは都市計画法の施行当初の適用区域の市と同一である。

また、これに先立って1920年9月30日に勅令第438号により市街地建築物法施行令が、1920年11月9日に内務省令第37号として市街地建築物法施行規則が公布され、同年12月1日より施行されることとなった。

6 まとめ

　市街地建築物法は、建築法として原案が作成され、その名前のとおり、建築物に関する統一的基本法としてつくられた法律であった。その一方で、都市の健全なる発展を促し、その不秩序な膨張を防止するという都市計画の目的も併せ持ち、都市計画法と相まって都市計画を実現する制度であると考えられた。このため、都市計画法と建築法という内容の大きく異なる2つの法案が都市計画調査会で同時に審議され、その決議を経て法制局審査、帝国議会における法案審議から成立まで、両法は一括して扱われた。その結果として、都市計画法と市街地建築物法は、法律番号が連続した法律として同日に公布され、姉妹法と言われるようになった。都市計画法は大都市を対象として都市計画の権限・手続、都市計画委員会制度、

土地区画整理、収用など、都市計画を総合的・永続的に実行する制度とし、一方、市街地建築物法は具体的に都市建築物のあり方を規定し、中小の都市の市街地にも広く適用する制度として考えられたのである。

　「地域」（用途地域）という新たな仕組みを導入し、それは都市計画の基本的制度としても位置付けられたため、両法の役割分担に疑問が呈されたこともあり、片方の法律が不成立でも地域の導入の途を開きたいと説明した時期もあったが、単体規定・集団規定・手続規定をもつ基本法としての建築法規の制定という方針は一貫していたように思われる。立案に参画した関係者の理解によって、こうして市街地建築物法は成立したが、なかでも、内田祥三、笠原敏郎の両氏の先進的な思想と尽力によって、地域制や建築線制度なども取り入れた総合的な内容の建築法規が実現したのであろう[11]。しかし、法律の実際の運用については当初から困難が予想されており、市街地建築物法の適用区域は法制定時の考え方のようには拡がらなかった（次節参照）。

　市街地建築物法は次のように要約できる。

① 都市計画法が適用される大都市のほか、都市計画法の適用のない中小の市町村の市街地にも適用することを想定してつくられた。

② 都市の健全で秩序ある発展を促すことを目的とし、都市計画法と相まって都市計画を実現するものと考えられた。

③ 単体規定・集団規定・手続規定を有し、都市建築物に関する統一的基本法としてつくられた。

④ 地域制を導入し、ゾーニングと建築物の用途制限を可能にした。

⑤ 建築線の制度を導入し、建築線の指定による区画整理や道路整備も可能な制度であった。

⑥ 先進的、総合的な建築法規であったが、実際の適用については困難な面も予想されていた。池田宏[12]は市街地建築物法について、次のよ

うに説明している。「市街地建築物法といふのは（中略）各地の警察法規に散在して居る種々の建築制限に関する規定の総体で其の今日の時勢に足らざるを補充した統一的根本法であります、その目的精神とする所は市町村をして将来最も秩序あり健全なる発展を遂げしめむとする都市計画の完成にあります」。

また、内田祥三[13]も、建築物法の精神として、「都市は建築物の集団である。又建築物が一団となつて集つて居る所が即ち都市であると云ふことも出来るのでありますからして、都市の発達を企つるには先づ目を建築物に致さなければならないのは勿論のことであります。（中略）其の目的とする所は都市の健全なる發達を促し、其の不秩序なる膨脹を防止するといふ二大事項の遂行に外ならないのであります。」と説明している。

このように、市街地建築物法は都市計画の目的精神を併せ持った制度であったが、都市計画法が適用されない地域において市街地建築物法のみが適用された事例は結果的にごく一部にとどまった。市街地建築物法の施行から30年後にできた建築基準法では、単体規定の全国適用が実現した一方、集団規定は都市計画区域内に限り適用されることになった[14]。市街地建築物法の立案時における議論は、今日の建築基準法と都市計画法の構成や運用にも引き継がれているということなのかもしれない。（東京都公文書館所蔵内田祥三関係資料「市街地建築物法草案」の写真データは **DVD** 1-3-14〜1-3-30に掲載）

謝辞

本節の作成に当たっては、越澤明北海道大学名誉教授、山崎篤男元内閣法制局第2部参事官に有益な助言をいただきました。記して謝意を表します。

都市計画法と市街地建築物法の公布日について

　法律の公布とは、成立した法律を一般に周知させる目的で、国民が知ることのできる状態に置くことをいい、官報に掲載されることによって行われる。この官報掲載による法律の公布という扱いは、現在は法的根拠が存在せず、慣例によるとされているが、当時は「公式令」（明治40年勅令第6号）に、法令の公布は官報をもってすることが明文で規定されていた（公式令は新憲法の施行と同時に廃止された）。帝国議会の協賛を経た都市計画法と市街地建築物法は、大正8年4月4日に天皇の裁可を受け、4月5日の官報に掲載されており、したがって両法の公布日は大正8年4月5日ということになる（公布の裁可の日である4月4日を公布日と記した書物も見られるが、官報掲載日を公布日とするのが適当である）。また、勅令である市街地建築物法施行令は、大正9年9月29日に天皇の裁可を受け、9月30日の官報に掲載されたので、公布日は大正9年9月30日となる。大日本帝国憲法下では、法律や勅令は天皇によって制定・公布されるものであり、官報には、「朕帝國議會ノ協賛ヲ經タル○○法ヲ裁可シ茲ニ之ヲ公布セシム」という上諭（天皇の裁可を示す文章）が冒頭にあり、官報発行日と異なる上諭の日付が記載されていたが、天皇による裁可のない省令等は官報発行日の日付が記載されていた。なお、現在では、官報に「○○法をここに公布する。」という公布文が記載されており、この日付は公布日（官報掲載日）となっている。

1-4 市街地建築物法の構成と適用の経過

1 市街地建築物法の構成

　市街地建築物法は1919（大正8）年制定され、1920（大正9）年12月1日に施行された。制定時の市街地建築物法は条文数26、附則1条からなるシンプルな法律であった（**表1**。ちなみに建築基準法は1950（昭和25）年制定時において本文102条、7項からなる附則、及び三つの別表から構成されていた）。また、法律に基づく具体的な技術基準は政令（勅令）である同法施行令及び主務大臣の定める同法施行規則等に規定されているが、現行の建築基準法の体系とは異なり、法律には規制の根拠のみを定め、具体的な内容は施行令、施行規則等に委ねられている。即ち、大雑把に整理すると、法律および施行令で定められる内容は、現行では法律の段階で定められる内容に相当し、施行規則に定められる内容は現行の施行令の段階で定められるレベルに相当するということができる。

　まず法律の内容を整理すると以下のとおりである（なお、以下においては現行の法規やその解説において一般的に用いられている用語を用いており、当時の用語とは異なる部分がある）。
（市街地建築物法は巻末の参考資料と **DVD**1-4-1に掲載）

> 1－6条　用途地域と用途の制限に関する規定
> 7－10条　建築線及び建築線と建築物又は敷地の関係に関する規定
> 11条　高さ、敷地内空地に関する規定
> 12条　構造、設備、敷地に関する規定

> 13条　防火地区に関する規定
> 14条　特殊建築物の位置、構造、設備、敷地に関する規定
> 15条　美観地区に関する規定
> 16条　工事に関する規定
> 17条　危険・有害な建築物及び違反建築物に対する除却等の命令
> 18条　既存不適格建築物に対する除却等の命令と補償
> 19－20条　違反者に対する罰則
> 21－22条　処分に対する不服の訴願、行政裁判所に対する出訴
> 23条　適用区域
> 24条　工事中等の建築物、工作物に対する準用
> 25条　規定の一部または全部の不適用
> 26条　道路の定義
> 附則　施行日

2 市街地建築物法の施行

　市街地建築物法は議会を通過したのち、4月4日天皇の裁可を受け、4月5日法律第37号として公布された。都市計画法も同様に法律第36号として公布された。時にこれに副署したのは、原敬総理大臣、床次竹二郎内務大臣であった。

　市街地建築物法25条では適用地域を、また施行期日については附則において、それぞれ勅令により定めることとされていることから、1920（大正9）年11月18日に次の勅令が公布された。

　勅令第539号「市街地建築物法施行期日ノ件」
DVD1-4-2

表1　市街地建築物法改正経過 `DVD`1-4-4

条番号	項番号	公布 施行	大正8年法律第37号 1919（大8）/4/5 1920（大9）/12/1	昭和9年法律第46号 1934（昭9）/4/7 1935（昭10）/2/1	昭和13年法律第29号 1938（昭13）/3/28 1939（昭14）/2/1	昭和22年法律第223号 1947（昭22）/12/22 1948（昭23）/1/1
1		住居地域、商業地域、工業地域の指定	→	→	→	→
2	①	住居地域内の制限	→	→	→	→
	②	住居専用地区の指定と制限			追加	→
3		商業地域内の制限	→	→	→	→
4	①	工業地域内の制限	→	→	→	→
	②	工業地域内特別地区の指定	→	→	→	→
	③	工業専用地区の指定と制限			追加	→
5		住居地域、商業地域、工業地域内の制限用途	→	→	形式改正	→
6		用途の変更等に対する適用	→	→	→	→
7		建築線	→	建築線の位置を道路敷地から道路幅の境界に変更	→	→
8		建築線への接続義務	→	建築線への接続義務から道路敷地への接続義務への変更	→	→
9		建築線内の建築制限	→	建築線内への突出禁止の例外を地下のみに限定	→	→
10		建築線に面する壁面の位置の指定	→	指定要件を市街の体裁上の必要から計画上の必要に変更	→	→
11	①	高さ、空地の制限	→	→	→	→
	②	高度地区、空地地区の指定と制限			追加	→
12		構造、設備、敷地に関する制限	→	→	防空上の観点の追加	→
13	①	防火地区の指定、制限	→	→	→	→
	②	防火地区内における防火壁の位置	→	→	→	→
14		特殊建築物の位置、構造、設備、敷地に関する制限	→	→	→	→
15		美観地区の指定、制限	→	→	→	→
16		建築工事に関する規定	→	→	→	→
17		危険建築物等に対する除却等の命令	→	→	→	→
18	①	既存不適格建築物に対する除却等の命令	→	→	→	→
	②	命令に伴う損失補償	→	→	→	→
	③	補償金額に関する訴訟	→	→	→	→
19		違反建築物に対する罰則	→	→	→	→
20	①	未成年者等の場合の罰則の対象	→	→	→	→
	②	営業に伴う違反の場合の罰則の対象				民法改正に伴う改正
	③	法人に対する罰則の適用	→	→	→	→
21	①	処分に対する不服の訴願	→	→	→	→
	②	行政裁判所への出訴の場合	→	→	→	→
22		行政裁判所への出訴	→	→	→	→
23	①	適用区域（市、区、その他の市街地を政令に依り指定）	→	適用範囲を主務大臣が指定した市街地に変更	→	→
	②	適用区域（①項で指定された市街地の外にわたる区域の政令による指定）	→	政令指定から主務大臣指定に変更	→	→
24		工事中等の建築物、工作物への適用	→	→	→	→
25		適用しない建築物	→	→	→	→
26	①	道路の定義（幅員の最低）	→	→	幅員の最低の引き上げ	→
	②	道路の定義（新設等の計画のある道路）	→	→	幅員の最低の引き上げに伴うみなし道路の追加	

勅令第540号「市街地建築物法適用區域ノ件」**DVD**1-4-3

（以下、「適用区域勅令」）

これらの勅令により、施行は1920年12月1日、適用区域は

① 市街地建築物法ハ東京市、京都市、大阪市、横濱市、神戸市及名古屋市ニ之ヲ適用ス
② 内務大臣ハ前項ニ掲クル市ノ外ニ亘ル區域ニシテ都市計畫區域タルモノノ全部又ハ一部ノ區域ニ市街地建築物法ヲ適用スルコトヲ得
③ 前項ノ規定ニ依リ市街地建築物法ヲ適用スル區域ハ内務大臣之ヲ告示ス

とされた。このように施行当初の適用区域は6大都市の市内のみであったが、これは都市計画法の施行当初の適用区域の市と同一である（その後の適用区域の拡大については、後述する）。

また、これに先立って1920年9月30日に勅令第438号により市街地建築物法施行令が、1920年11月9日に内務省令第37号として市街地建築物法施行規則が公布され、法律と同様同年12月1日より施行されることとなった。

3　市街地建築物法施行令及び施行規則

次に同法施行令、施行規則の構成を示す。施行令は当初本則30条、附則1条からなっており、その内容は次のとおりであった。

（施行令は巻末の参考資料2と**DVD**1-4-5、施行令改正経過は**DVD**1-4-6に掲載）

1条　住居地域内の禁止用途
2条　商業地域内の禁止用途
3条　工業地域以外の地域の禁止用途
4－6条　地域及び構造による高さ制限
7－10条　道路斜線制限

11条　指定道路に面する建築物の最低高さ制限
12－13条　屋上突出物等に関する高さ制限の特例
14－15条　建蔽率の制限
16条　敷地の定義
17－20条　法18条に基づく既存不適格建築物に係る補償の対象等
21－24条　補償審査会に関する規定
25－26条　工事中の建築物に対する法18条の特例等
27条　文化財建築物に対する不適用
28条　道路内建築物に対する道路斜線制限等の不適用
29条　仮設建築物に関する特例
30条　新設等の計画のある道路の特例
附則　施行日

施行規則については、本文149条、附則2条からなっており、その項目は以下のとおりであった。

（施行規則は**DVD**1-4-7、施行規則改正経過は**DVD**1-4-8に掲載）

第1章　通則
　1－2条　定義等
　3条　維持保全
第2章　建築物の突出部
　4－5条　建築線からの突出（法9条但書き）
　6条　装飾塔などの高さ不算入（令4－8条）
第3章　建築物の構造設備
第1節　一般構造設備
　7－8条　敷地の高さ
　9条　敷地の排水設備等
　10－14条　下水溝、便所、井戸等の位置、材料、構造等
　15－16条　土壌に接する壁、地盤面下の床の材料等

4　特殊建築物耐火構造規則の制定と概要

1923（大正12）年6月1日、「市街地建築物法第十四条ノ規定ニ依ル特殊建築物耐火構造規則」が内務省令として定められた。これはその名称通り法第14条に「主務大臣ハ学校、集會場、劇場、旅館、工場、倉庫、病院、市場、屠場、火葬場其ノ他命令ヲ以テ指定スル特殊建築物ノ位置、構造、設備又ハ敷地ニ關シ必要ナル規定ヲ設クルコトヲ得」とあるのを承けて制定されたものであり、本則6条、附則2条からなる簡単なものであった。その項目は以下のとおりであった。

1条　一定の特殊建築物についての主要構造部の耐火構造の義務付け

2条　一定の特殊建築物についての外壁の耐火構造の義務付け

3条　一定の特殊建築物についての外壁の耐火

　　　　構造又は準耐火構造の義務付け

4条　一部の用途が特殊建築物の場合

5条　仮設的建築物

6条　用途の変更等の場合

附則　東京府の特例、施行日

　以上のようにこの規則は特殊建築物の主要構造部の一部の耐火構造等についてのみ定めたものであり、避難設備や各部分の構造などの制限については1936（昭和11）年9月11日に制定された特殊建築物規則を待つこととなった。

5　市街地建築物法適用区域の拡大と緩和規定

　前述のように市街地建築物法の適用区域は当初（1920（大正9）年12月1日）、六大市とその周辺の都市計画区域で内務大臣が指定した区域とされた。この内務大臣による指定は1922（大正11）年5月4日内務省告示107号により東京都市計画区域内の荏原郡品川町等が指定されたのを皮切りに順次神戸市、京都市、大阪市、名古屋市の周辺町村の一部が指定されていった。

　一方、都市計画法の適用都市は六大市以外にも順次拡大されていったが、そこに市街地建築物法の全規定を適用することの困難性、必要性に鑑み、1924年に同法施行令に第31条が追加され、主務大臣の指定する区域では同令第4条から16条の規定は適用されないこととなった。即ちこの指定区域においては用途地域内の用途制限、市街地建築物法本体に規定されている建築線関係の規定、そして補償関係の規定のみが適用され、それ以外の高さや建蔽率などは不適用とされたのである。さらに同法施行規則についても1924（大正13）年12月17日、下記の1条が追加され、同様に内務大臣の指定する区域では大半の規定の適用が除外され、建築線からの突出に関する規定（4〜5条）、屋根不燃の規定（27条第1項）と防火

地区に関する規定（118条〜135条）、特殊建築物や防火地区内の建築行為についての認可の申請（143条）などのみが適用されることとなった。（特殊建築物や防火地区外の建築行為についての届け出義務も適用除外とされた）。これに加えて1923（大正12）年6月1日制定された特殊建築物耐火構造規則についても第7条が加えられ、施行令31条により内務大臣が指定した区域についての適用除外が定められた。このような緩和規定が設けられた理由については、政令改正の際の閣議請議に付された改正理由に次のように記されている。

　「東京、京都、大阪、横濱、神戸及名古屋ノ六大都市ニ對シテハ大正九年一月一日より都市計畫法ヲ、同年十二月一日ヨリ市街地建築物法ヲ適用セラレタリ今ヤ都市計畫法ハ更ニ大正十二年七月一日以降前記六大都市ノ外二十六都市ニ對シテモ亦適用セラルルコトトナリタルニ拘ラス市街地建築物法ニ至リテハ建築監督官ノ増員其ノ他之カ適用ニ要スル經費ヲ求ムルコトハ財政ノ緊縮ヲ要スルノ際甚タ困難ナル事情アリ　爲メニ之ヲ二十六都市其ノ他ノ地ニ對シテハ其ノ適用ヲ見ルコトヲ得スシテ今日ニ及ヘリ　元來市街地建築物法カ都市計畫法ト相俟テ都市構築ノ完成ヲ期スルニ缺クヘカラサルハ論ヲ俟タスト雖モ今前記諸都市ヲ採リテ六大都市ト比較スルニ其ノ市勢、民度共ニ遥カニ低ク諸般ノ事情ヨリ觀察シテ今遽カニ現行市街地建築物法施行令ノ適用ヲ以テ之ニ臨ムハ嚴ニ過クルノ嫌アリ　以上ノ事情ヲ斟酌シテ茲ニ市街地建築物法施行令ニ改正ヲ加ヘ六大都市以外ノ都市其ノ他ノ市街地ニ對シテハ同令中地域、建築線及補償ニ關スル規定ノミヲ適用シテ建築物ノ高及空地面積ニ關スル規定ハ之ヲ適用セサルコトトシ以テ之等ニ對スル市街地建築物法ノ適用ヲ可能ナラシムルト共ニ其ノ實際運用上ノ緩和ヲ期セムトスルモノナリ」

即ち、都市計畫法の適用都市の拡大に対して、その実現を図るために重要な役割を有する市街地建築物法の施行のための執行体制の整備が遅れていること、一方では六大都市以外では高さなどの制限の必要性がそれほどではないことなどを考慮して、とにかく用途地域の実現と道路敷地の確保を図ることとしたものである。

また、この緩和規定は1926（大正15）年の適用都市拡大に当たって初めて適用されたが、その際内務省で作成された「市街地建築物法適用都市指定ニ關スル件」と題する文書にはこの間の経緯について下記のようにより明確に述べられている。

「一　中小都市ニ市街地建築物法ヲ適用セサルヘカラサル理由

現在都市計畫法ハ六大都市ノ外四十一ノ中小都市ニ適用セラル　之等中小都市ニ於テハ其ノ都市計畫區域モ既ニ多クハ決定シタルヲ以テ更ニ進ンテ都市計畫ヲ決定セサルヘカラス　是ニ於テ中小都市ノ都市計畫ハ都市計畫法第三條ニ依リ之ヲ「都市計畫」トシテ決定スヘキカ或ハ「都市計畫事業」トシテ決定スヘキカノ問題ヲ生ス　今中小都市ノ財政状態ヲ見ルニ其ノ施設ヲ「都市計畫事業」トシテ決定スルニ足ル財源ノ餘裕ヲ見出スコト難ク各都市ノ都市計畫特別税モ年額二〇〇、〇〇〇圓ヲ超ユルモノ稀ナルノミナラス財政ノ緊縮ヲ要スルニ際シ起債ヲ認ムルコトモ能ハサルヲ以テ勢ヒ多數ノ都市ニ於テハ之ヲ單ニ「都市計畫」トシテ決定スルニ止メサルヘカラス各都市ヲ通シテ最初ニ決定セサルヘカラサルモノハ街路網計畫及地域制度ナリトス　而シテ街路網計畫ヲ「都市計畫」トシテ決定シタル場合ニ都市計畫法ニ於テハ之ヲ保護スル規定ナク市街地建築物法ヲ適用スルニ依リテ初メテ此ノ計畫道路ノ境界線カ建築線トナリ建築線ヨリ突出シタル建築物ハ原則トシテ之ヲ建築シ得サルコトトナル　又地域制度ハ街路網計畫ト相（一字不明）連スルモノナルモ

市街地建築物法第一條ニ依リ指定スルモノナルヲ以テ之亦市街地建築物法ノ適用ヲ受クルコトヲ要スルモノナリ

　二　緩和規定ノ内容（略）

　三　緩和規定ニ依ル建築工事取締（略）」

このようにして市街地建築物法の適用対象都市は大きく拡大されることとなり、まず1926年勅令第154号による改正では、札幌市など41の市が一斉に追加されて適用区域とされ、また適用区域勅令に第4項が追加されて第1項に掲げる市やその周辺以外についても同法の適用が始められた。このうち第1項による41市は既に都市計畫法が適用されており、その指定理由は勅令改正案閣議請議に付された改正理由に「…都市構築ノ完備ヲ期セムトセハ都市計畫法ト市街地建築物法トハ両者相俟テ之ヲ適用セサルヘカラサルヲ以テ都市計畫法ヲ適用セラルル都市全部ニ對シ市街地建築物法ヲ適用セムトスル所以ナリ」とされていた。また、第4項には

④　第一項ニ掲ル外市街地建築物法ハ茨城縣新治郡土浦町及其ノ外ニ亘ル區域ニシテ内務大臣ノ告示スルモノニ之ヲ適用ス

として初めて都市計画区域外に同法が適用されることとなった。

次に1932（昭和7）年、市街地建築物法施行規則改正によって施行規則第149条の2に以下のとおり第2項が追加され、両者の中間となる緩和規定の適用ができることになった（市街地建築物法第十四條ノ規定ニ依ル特殊建築物耐火構造規則も同様に改正）。

（改正前）

第百四十九條ノ二　第六條乃至第二十六條、第二十七條第二項、第二十八條乃至第百十七條、第

（改正後）

このとおり、改正前の施行規則第149条の2は「施行令第31条の規定により内務大臣の指定する区域に之を適用せず」となっていたが、改正後は、施行令第31条の指定の有無にかかわらず「内務大臣の指定する区域に之を適用せず」となり、また、同条第2項の追加により一部を適用することもできるようになった。この改正によって、以下の5通りの適用がされるようになったのである[1]。

(1)　地域、建築線、屋根及び防火地区に関する規定を適用するもの（施行令第31条及び施行規則第149条の2第1項により内務大臣の指定する区域）

(2)　地域、建築線、屋根、防火地区、建築物の高さ及び建築物の敷地内の空地に関する規定を適用するもの（施行令第31条の指定をせず、施行規則第149条の2第1項による内務大臣の指定のみをする区域）

(3)　地域、建築線、屋根及び防火地区に関する規定のほか、建築物の種類又は地区を指定して「建築物の構造設備及び美観地区に関する規定」の全部又は一部を適用するもの（施行令第

31条及び施行規則第149条の2第1項による指定をするもので、施行規則第149条の2第2項により除外した条項の一部を復活適用するもの）

(4)　地域、建築線、屋根、防火地区、建築物の高さ及び建築物の敷地内の空地に関する規定に関する規定のほか、建築物の種類又は地区を指定して「建築物の構造設備及び美観地区に関する規定」の全部又は一部を適用するもの（施行令第31条の指定をせず、施行規則第149条の2第1項による指定をするもので、施行規則第149条の2第2項により除外した条項の一部を復活適用するもの）

(5)　市街地建築物法、同施行令、同施行規則及び特殊建築物耐火構造規則の全部を適用するもの（緩和規定を適用しないもの）

菱田厚介[2]は、市街地建築物法施行規則の改正に関する講演で、この(2)について「だいたいにおきまして外国の地域条例、あるいは地帯条例に相当するものを働かせようという程度のものであります。」と説明し、(3)(4)については「建築物の構造等に関する事柄を適用するけれども、しかしここに書いてあるような面倒な詳しいことは全部はやらない、一部だけやろう、例えば木造以外の建築物の構造強度に関することだけをやろうとか（中略）何らか地方に適切なものだけを拾ってやるということを考えたのであります。」と説明している。

以上のような緩和規定の経緯のもと、適用区域勅令は頻繁に改正されて適用地域が拡大し、昭和9年の法改正により適用地域が勅令による指定から主務大臣（内務大臣）による指定に変更される直前の状態を復元すると以下のとおりとなっていた。

横濱市、神戸市、名古屋市、札幌市、函館市、小樽市、堺市、尼崎市、長崎市、佐世保市、新潟市、長岡市、津市、豊橋市、岡崎市、一宮市、静岡市、濱松市、清水市、岐阜市、大垣市、長野市、松本市、仙臺市、金澤市、富山市、高岡市、岡山市、廣島市、呉市、下関市、和歌山市、高松市、丸龜市、高知市、福岡市、門司市、小倉市、若松市（福岡縣）、大牟田市、八幡市、大分市、熊本市、鹿児島市、西宮市、戸畑市、松江市、旭川市、八王子市、岸和田市、横須賀市、川崎市、姫路市、明石市、前橋市、高崎市、水戸市、宇都宮市、足利市、奈良市、宇治山田市、四日市市、沼津市、甲府市、大津市、上田市、福島市、郡山市、盛岡市、秋田市、福井市、尾道市、徳島市、松山市、今治市、久留米市、別府市、宮崎市、室蘭市、若松市（福島縣）、山形市、鶴岡市、鳥取市、米子市、倉敷市、福山市、宇部市、佐賀市、都城市、青森市、津山市、釧路市、千葉市、瀬戸市、山口市、中津市、弘前市、八戸市、平塚市、宇和島市、唐津市、川越市、延岡市、帯廣市、飯塚市、北海道余市町（大字畚部村、沖村、山道村ヲ除ク）、茨城縣土浦町、静岡縣三島町（大場川以東ヲ除ク）、静岡縣大宮町、岩手縣釜石町大字釜石、石川縣小松町、石川縣山中町及石川縣大聖寺町ニ之ヲ適用ス

② 内務大臣ハ前項ニ掲クル適用區域ノ外ニ亘ル區域ニシテ都市計畫區域タルモノノ全部又ハ一部ノ區域ニ市街地建築物法ヲ適用スルコトヲ得

③ 前項ノ規定ニ依リ市街地建築物法ヲ適用スル區域ハ内務大臣之ヲ告示ス

④ 第一項及第二項ノ規定ニ依ル適用區域ノ外市街地建築物法ハ宮城縣氣仙沼町、宮城縣鹽竈町、岐阜縣船津町ノ一部（大字船津、朝浦、東町）、静岡縣伊東町、徳島縣小松島町ノ一部（大字小松島、日開野、前原、江田、中田、中郷）、徳島縣撫養町（木津ヲ除ク）、神奈川縣鎌倉町、神奈川縣逗子町、神奈川縣茅ヶ崎町ノ一部（字菱沼、小和田、茅ヶ崎、矢畑、濱之郷、下町屋、今宿、中島、柳島、松尾）、神奈川縣藤澤町（大字大庭、稲荷（大字鵠沼地内ノ飛地ヲ含マズ）ヲ除ク）、神奈川縣大磯町、神奈川縣腰越町、香川縣坂出町、長崎縣小濱町温泉名（字龍ノ馬場、泊石ヲ除ク）、秋田縣能代港町、福岡縣後藤寺町大字奈良、福岡縣伊田町大字伊田、新潟縣糸魚川町（大字寺嶋、一之宮、蓮臺寺ヲ除ク）、兵庫縣良元村及兵庫縣小濱村川面竝ニ其ノ外ニ亘ル區域ニシテ内務大臣ノ告示スルモノニ之ヲ適用ス

続いて1934（昭和9）年の法改正により適用区域は主務大臣が定めることとされ、さらに適用都市の拡大が続けられることとなった（適用都市の拡大は建築基準法の施行に伴って市街地建築物法が廃止される直前の1950年（昭和25）年10月24日建設省告示1124号により兵庫県洲本市と千葉県内の流山町を始めとする32町（それぞれの区域の全部または一部）の指定まで続けられた）。

このようにして適用都市の指定当初は、多くの場合に規定の適用除外の措置が講じられた。一方では当初適用除外の対象とされた地域について削除されることにより市街地建築物法全体が適用されるようになったケースも多くあった。そして1939（昭和14）年に施行令31条が削除され、法適用地域では全部の規定が適用されることとなったが、施行規則149条の2の規定は存置され、それに基づく緩和は引き続き行われた。この際の政令改正の理由には以下のように機械的な理由をあげるにとどめている。

「第四條乃至第十四条ノ三ノ規定（建築物ノ高及敷地内空地ニ關スル規定）ハ本條ノ規定ニ依リ本法適用區域中内務大臣ノ指定スル區域ニ之ヲ適

用セザルコトトナリ居レルモ、右ノ規定ハ市民ノ
保健並ニ防空、防火ノ要求ニ鑑ミ益々其ノ重要性
ヲ加ヘ地域及建築線ニ關スル規定ト同様中小都市
ニ對シテモ原則上（地域指定ナキ場合ニハ第四
條、第七條、第十四條等ノ規定ノ適用ナシ）之ヲ
適用スルコトト改ムル必要アリト認メタルヲ以テ
本條ヲ削除シタリ」

ただし、ここで防空上の観点が述べられている
点は1938（昭和13）年の法改正において法第13
条に防空上の観点が加えられたことと軌を一にす
るものであり、当時の情勢を反映したものと考え
られる。また、1924（大正13）年に第31条が追加
されたときに挙げられた執行体制の不足が、この
頃までにはある程度解消されてきたことも指摘す
ることが出来よう。

また、1947（昭和22）年12月23日、次のように
「市街地建築物法の適用に関する法律」が公布さ
れ、特殊建築物に関しては所在地に拘わらず特殊
建築物規則などの多くの規定が適用されることと
された。（1948（昭和23）年1月1日施行）
（特殊建築物の規定の全国適用については、3-2-1
⑵に詳述されている）

市街地建築物法の適用に関する法律（昭和22年法律第228号）

市街地建築物法（第一條乃至第六條、第十條乃
至第十三條、第十五條、第二十二條及び第二十三
條の規定を除く。）は、当分の間、学校、集会場、
劇場その他の同法第十四條に掲げる特殊建築物に
ついては、同法第二十三條に規定する同法適用区
域外の区域にも、これを適用する。

これをもって、建築基準法による全国に適用さ
れる単体規定と都市計画区域に適用される集団規
定という体系に大きく踏み出したものということ
ができよう。

6 適用都市拡大と適用の実態

1938（昭和13）年3月及び1942（昭和17）年
4月時点の市街地建築物法及び都市計画法適用市
町村一覧を参考に示す（建築年鑑　昭和13年版
DVD 1-4-9、昭和17年版 **DVD** 1-4-10）。この表に
は、両法の適用年月日とともに、市街地建築物法
の適用範囲が分類表示[3]されており、地方の実情
に応じて、それぞれの都市における緩和規定の範
囲が定められていたことがわかる。

市街地建築物法の適用都市・適用区域の拡大に
伴って、法令の適用区域や、建築物の用途の制限
の適用区域はどのように扱われたのであろうか。
この点について1933（昭和8）年に発行された
「高等建築学第25巻　建築法規」では、例えば、
法適用区域を決定した後で行政区域が変更になっ
た場合は、「法令の適用については種々議論のあ
るところであるが現在の行政実例としては、行政
区域の変動に伴って法令適用の区域も異動するも
のとして扱っている」と説明されている。一方、
建築物の用途の制限については、市街地建築物法
の適用区域内に、工業地域に包括されていない用
途に供する建築物が許容される「未指定地」と、
用途的には全く自由で何ら制限を受けない「無指
定地」が存在した。無指定地となる場所を具体的
に示すと、

⑴　市街地建築物法の適用はあるが未だ地域の指
　　定がない都市の全部
⑵　地域指定後、法適用区域が拡張された部分
　　ⅰ　市域拡張等により自然に法適用区域が拡
　　　　大した場合その拡大部分
　　ⅱ　法第23条第2項により法適用区域を拡
　　　　張した場合その拡大部分
⑶　地域指定に当たり特に地域的効果を課しない
　　目的のため当初より除外して考慮された部分
　　とされ、「これらの土地については従来から

種々議論のあったところで、未指定・無指定と分かつとも法令の解釈上よりは一律に未指定地となり、その間差別を設くること不可能なりとする論者もあるが、未指定地と称するとも法令の建前よりは立派な一地域の内容を備えて、（中略）住、商、工の3地域の指定に対し反射的指定行為ありしものと見ることができる。この点上記の無指定地と全く相違ある」と説明されている。

例えば東京の場合、市街地建築物法の施行当時の東京市は15区（麹町・神田・日本橋・京橋・芝・麻布・赤坂・四谷・牛込・小石川・本郷・下谷・浅草・本所・深川区）であり、法律の施行と同時に市街地建築物法が適用されたのは、この区域であった。一方、東京都市計画区域は1922（大正11）年4月24日に決定され、その区域は、当時の交通手段で東京駅から1時間の範囲、半径約16キロメートルの範囲が指定された。

この東京都市計画区域内の町村には市街地建築物法が順次適用され、1922年5月4日内務省告示第107号では荏原郡品川町、豊多摩郡渋谷町等（8月1日より適用）、1923（大正12）年7月28日内務省告示第247号では荏原郡大森町、北豊島郡板橋町等（11月1日より適用）、1928（昭和3）年2月21日内務省告示第33号では荏原郡蒲田町、豊多摩郡杉並町等（4月1日より適用）と、段階的に適用都市が拡がっていった。1932（昭和7）年10月、従来の15区に隣接する5郡82町村が東京市と合併し、20区（品川・目黒・荏原・大森・蒲田・世田谷・杉並・豊島・滝野川・荒川・王子・板橋・向島・城東・葛飾・足立・淀橋・中野・渋谷・江戸川区）が新たに設置された。これにより、東京市35区の全域に市街地建築物法が適用されることとなるが、法適用区域が拡大しても用途地域が指定されない地域が存在し、建築物の用途の制限がない無指定地となっている。地域図を見ると、未指定地は色が塗られて用途地域の一種のように扱われる一方、無指定地は着色され

ておらず、このように実態としては未指定地と無指定地が明確に区別されていた（1933（昭和8）年1月時点の地域図は **DVD** 1-4-11。この時点では千歳村・砧村は世田谷区に編入される前であり、市街地建築物法施行区域境界の外となっている）。

一方、市街地建築物法の施行以前から各地方に存在していた建築取締規則等と市街地建築物法の関係については、1931（昭和6）年の施行令等の改正施行に際し、各地方の建築取締規則等を全部破棄することが本省より命ぜられた。例えば、1909（明治42）年に制定された大阪府の建築取締規則はその中で最も完備したものであり、市街地建築物法令の制定にあたって盛り込まれなかった条項の中にも大阪の建築物向上のため役立ってきたものが多かった。大阪府では、特に必要なものは施行細則に繰り入れて、施行に支障がないように措置しており、その中には、壁面後退や道路幅確保、特殊建築物の階段規定などの先進的な内容も含まれていた。また、市街地建築物法の適用対象区域や適用対象建築物が限られるため、大阪府建築取締規則も必要な改正を行って府下全域を対象として存続していた。こうした独自の建築行政の歩みを持つ大阪では、その後も法改正を先取りするような規定を施行細則に取り入れるなど先進的な取り組みを続けていたが、建築取締規則については1942（昭和17）年の改正で実質的に効力がなくなるに至った[4]。

7　適用区域勅令第4項による指定の経過

上述のように適用区域勅令第4項による指定は都市計画区域でないところに市街地建築物法が適用されるものであり、適用に当たっては対象区域を個別に勅令に加える必要があった。そのため、勅令改正に当たっては個別に必要性の検討がなされ、その指定理由が示されている（具体的には勅

令改正のための閣議請議の文書に改正理由として記載されている）。

最初の例は最初の勅令第4項指定である茨城県土浦町の場合（1925（大正14）年）である。ここでは理由として急激な人口増加に伴う無秩序な市街地の形成の防止が次のように挙げられている。

「都市計畫法ノ適用ナキ都市ニ對シテモ市街地建築物法ヲ適用シテ其ノ不秩序ナル發展ヲ整理豫防スルノ必要ヲ認メ特ニ其ノ適用ノ急ヲ認ムル土浦町及之ニ隣接スル市街地ニ之ヲ適用セムトスルモノナリ」

また、根拠として同町の人口増加率が最近10年間で12.6%、最近5年間で20.3%であるとの資料が添付されている（当該資料には手書きで「霞ヶ浦海軍航空隊　千七百人」とのメモがあり、大正11年創設の同航空隊に伴う市街地拡大がきっかけとなっていることをうかがわせる）。

第二の例として1927（昭和2）年1月に加えられた沼津市の場合は、その指定理由として大火後の復興事業の円滑な実施に必要とし、次のように述べられている。

「沼津市ハ去ル十二月十一日ノ大火災ニ依リ同市三枚橋、上土、城内、本地内ニ於ケル全半燒戸數七百八十二戸ニ達シ燒失面積約五萬坪ニ及ヘリ就テハ此ノ機ヲ逸セス市街地建築物法ヲ適用シ差當リ建築線ノ指定ニ依リ復興事業ノ完成ニ資スルハ勿論一面目下請議中ニ係ル都市計畫法ノ適用ト相俟ツテ市街地建築物ノ統制ヲ期セムトスル所以ナリ」

同様の例として2016（平成28）年12月に大火に見舞われた糸魚川市について、やはり火災を契機として昭和8年勅令第25号により第4項の指定が行われているので、その際の指定理由を掲げることとする。

「新潟縣糸魚川町ハ日本海ニ面シ古來北陸道ノ要衝トシテ知ラレタルモ日本海ヨリノ烈風ニ因リ一度火ヲ失セムカ忽大大火トナルコト多ク明治三十八年、同四十四年、昭和三年ニハ何レモ大火災ニ罹レリ　昭和七年十二月二十一日更ニ大火災ヲ惹起シ其ノ中心部ヲ燒失セルニ鑑ミ市街地建築物法ヲ適用シ以テ道路ノ擴築等災後ノ復興ニ資スルト共ニ其ノ建築物ノ統制ニ備ヘムトス…」

これらに続いて昭和8年勅令第310号による神奈川県腰越町、兵庫県良元村、小浜村（一部）、徳島県撫養町（一部）に到るまでに累計で30の市町村が指定されたが、そのうち10市町村は大火、地震などの災害を契機にしたものであり、特殊なケースである京都府伏見市を除く19市町村は無秩序な市街地形成を防止する観点から適用された（京都府伏見市は京都都市計畫区域の一部（伏見町）として勅令第2項に基づき1924（大正13）年に指定されたが、1929（昭和4）年伏見市として市制が施行されるに伴い独立して第4項の指定がなされ、その後1931（昭和6）年に京都市と合併したために第4項から削除された。なお、1934（昭和9）年、勅令による指定から主務大臣の指定に改正されて以降は指定理由などの記載された文書が明らかでない）。そして1934年、適用区域勅令が廃止され主務大臣による指定とされるまでには、伏見市を除くこれら29の市町村のうち9市町村は都市計画法の適用に伴い順次第1項による指定に移行していったのである。

DVD 1-4-12「市街地建築物法関係法令等年表（その1）」、**DVD** 1-4-13「市街地建築物法関係法令等年表（その2）」、**DVD** 1-4-14「特殊建築物に関する東京都令、警視廳令、北海道廳令及び府、縣令の効力に関する命令（昭和二十三年総理廳令第二号）」、**DVD** 1-4-15「市街地建築物法第四條第二項ノ規定ニ依ル工業地域内特別地區規則（大正十二年内務省令第二十三號）」、**DVD** 1-4-16「官報『市街地建築物法・都市計畫法』関係掲載事項一覧」

1-5 関東大震災と市街地建築物法

1923（大正12）年9月1日11時58分、相模湾を震源とするM7.9の地震が東京、横浜など南関東一帯を襲った。この地震による被害は東京、神奈川などで全壊家屋128,266棟、火災による全焼447,128棟、死者・行方不明者合わせて約10万5千人とされ、近代日本が経験した初めての大災害であった。時の政府にとって被災地の復興は単なる復興ではなく、明治以来の夢であった「帝都」にふさわしい都市「東京」を建設することが課題とされた。9月6日の閣議において後藤新平内務大臣が提唱した「帝都復興ノ議」には次のように記されている。

「東京ハ帝国ノ首都ニシテ国家政治ノ中心、国民文化ノ淵源タリ従ツテ其ノ復興ハ啻ニ一都市ノ形態回復ノ問題ニ非ズシテ実ニ帝国ノ発展国民生活改善ノ根基ヲ形成スルニ在リサレハ今次ノ震災ハ帝都ヲ化シテ焦土ト成シ其ノ惨害言フニ忍ヒサルモノアリト雖モ理想的帝都建設ノ為真ニ絶好ノ機会ナリ」

これが後藤の所謂大風呂敷の始まりであり、その後多くの反対にあって復興事業の規模や組織などについて後藤の目論見からは大きく後退したことは広く知られているとおりである。しかしながら縮小されたとはいえ、復興のための予算は、国の予算のみでも

a　国が直接施行する土地区画整理、街路、
　　橋梁、大公園などの事業　　　346百万円
b　府県市の事業への貸し付け　　　67百万円
c　府県市の事業への補助　　　　　140百万円
d　防火地区内建築補助（後述）　　20百万円
e　東京市、横浜市の発行する市債の利子補給
　　　　　　　　　　　　　　　　21百万円

の合計約5億9,600万円（ちなみに大正13年度の国の一般会計予算の歳出は17億円余り）の大事業であり、上述の後藤のような認識は多くの関係者の思いだったのではないかと推察される。市街地建築物法についても同様の認識から法律、そしてこれに従った建築の普及を一気に進めようとしたことは想像に難くない。そのために、後述するような耐火建築に対する助成や法律・技術の普及啓発（建築補導）など多くの努力が傾けられることとなった。しかし、市街地建築物法の施行（1920（大正9）年12月1日）からはわずかに2年9か月を経たのみであり、その実施や社会の対応もいまだ整っていないのが実態であった。例えば東京市、横浜市においては防火地区の指定（1922（大正11）年8月1日）[1]は行われていたものの、用途地域については未だ指定されず、指定が行われたのは震災から1年半後の1925（大正14）年1月26日（**口絵5**）（横浜市は8月1日）であった。（用途地域の指定については震災直前の1923（大正12）年8月（横浜市については7月）に都市計画地方委員会の議決を終え、手続きを進めていたところに震災が発生したため、一時中断し、その後復興計画との調整を経て修正がなされたものである）。特に被災地における応急対策として実施された市街地建築物法の特例措置（「バラック令」）をめぐる動きは当時の雰囲気を伝えるものとして興味深いものがあり、以下、助成制度、普及啓発活動、執行のための組織などとともに詳述することとする。

また、第二には震災の経験を踏まえての技術基準の改正が行われたが、これは現在までつながる建築基準体系の枠組みを確立したものでもあり、

その後の我が国の建築技術、建築基準に大きな影響を及ぼしたものでもあるので、これについても述べることとする。

1 被災地における特例の制定・施行

大震災直後の1923（大正12）年9月16日に「東京府及神奈川縣ノ市街地建築物法適用區域内ニ於ケル假設建築物等ニ關スル件」（大正十二年勅令第四百十四号、**DVD**1-5-1、1-5-2）が公布・施行された。これは被災地における緊急の必要に応じるための建築物については市街地建築物法の規定を適用することが困難であることから、一定の区域、種類、構造の建築物について期限を限って同法の一部を不適用とするもので、市街地建築物法第二十五条に「本法ノ全部又ハ一部ノ適用ヲ必要トセサル建築物ハ勅令ヲ以テ之ヲ定ム」とあるのに基づくもので、その内容から通称「バラック令」2）と呼ばれていた。その内容は次のとおりである。

まず、対象となる地域と建築物の範囲は、①東京府、神奈川県の火災による被災地内の仮設建築物及び②東京府、神奈川県のそれ以外の地域における被災者の救護・避難のための応急建築物や復旧のために食料・衛生資材・建築材料などを一時貯蔵するための建築物であり、ともに二階建て以下に限られた。そして、これらの建築物は1924（大正13）年2月末までに建築に着手し、大正17年（1928（昭和3）年）8月末までに除却することが要件とされた。また、これによって不適用とされる規定は市街地建築物法については主務大臣が定める構造、設備等の基準（13条）以外のすべての基準、そして、13条に基づき定められていた同法施行規則についてもすべての基準と建築に当たっての手続き関係の規定であった。従って、結果的には当時設けられていた技術的基準はすべて不適用とされたことになる。但し、これらの建築物であっても地方長官（警視総監、神奈川県知事）が保安、衛生上必要な措置を命ずることができることとされており、いくつかの警視庁令と神奈川県令（**DVD**1-5-3〜1-5-6、1-5-8〜1-5-10）が定められたが、その内容は屋根不燃及び衛生状態の悪化による伝染病の予防のための便所の構造など簡素なものであった。また、このうち警視庁令第53号では貸座敷営業指定地における外壁後退を定めているが、これは従来から遊郭として定められた地域には特に乙種防火地区が指定されていたことを踏まえ、最小限の環境確保のために設定されたものと考えられる。

2 特例による建築物の着手期限の延長とその後の経緯

上述のように特例の適用は1924（大正13）年2月末までに建築に着手し1928（大正17＝昭和3）年8月末までに除却するものに限られていたが、復興事業の遅延や社会経済情勢からこの期限についてはいずれも延長を余儀なくされることとなった。まず、着手期限については、当初定められた期限直前の1924年2月18日に上記勅令の改正が公布され、1924年8月末まで半年間の延期がされた。さらに延期後の期限直前の1924年8月23日には新たな勅令が公布され、土地区画整理の施行区域内について換地処分又は換地処分認可の日まで延長されることとなった。

この換地処分の日までの延長は、即ち換地処分以降の建築は法令に適合する本建築とすることが必要となることから、換地処分が進むにつれて更なる延長を求める声が大きくなってきた。1929（昭和4）年2月には衆議院、貴族院議長あてに次のような内容の請願（請願者は東京市大震大火地区民柴田和一郎外33,983名）が提出された。

■ **請願の要旨**（「帝都復興事業誌　建築編」161ページに掲げる要旨を要約）

a　「バラック」建築の着手期限を換地処分認可の告示後も相当期間延長すること

b　その理由は、1920（大正9）年大恐慌や区画整理による出費などによる経済の疲弊、本建築の強制により営業・生活の本拠を奪われること、防火地区における地上権の狭小さや地主の同意を得ることの困難性、建築資金の増大

c　現実に困難を生ずる場合としては、既存の「バラック」を改築、修繕しようとする場合や既存の「バラック」が火災で焼失した場合や不可抗力で倒壊した場合、区画整理による換地が空地の場合

　続いて3月11日には矢野鉉吉衆議院議員外14人の議員から「東京府及神奈川縣に於ケル震災ノ爲土地區劃整理ヲ施行セル地區内ノ假設建築着手期限延長ニ關スル法律案」が提出されるに至った。その内容は次のとおりである。

> 「東京府及神奈川縣に於ケル震災ノ爲土地區劃整理ヲ施行セル地區内ノ假設建築着手期限延長ニ關スル法律案」
> 　東京府及神奈川縣ノ市街地建築物法適用區域内ニシテ大正十二年九月ノ震災ニ罹リタル爲土地區劃整理ヲ施行シタル地區内ニ限リ假設建築着手期限ヲ左ノ如ク之ヲ變更ス
> 　一　劇場、集會場、旅館、工場其ノ他ノ特殊建築物ニシテ内務大臣ノ命令ヲ以テ指定スルモノニ付テハ昭和八年八月末日迄
> 　二　前號ノ規定ニ依ルモノヲ除ク建築ニ付テハ昭和十三年八月末迄

　一方、このような動きに対し建築学会などからは期限の延長に反対の意見書が提出されるなど各方面を巻き込んでの議論となった。

　まず、3月15日に開かれた衆議院請願委員会で請願についての審議が行われた。その審議を抄出すると次のようなものであった。

（岡田委員長）第十三、本建築着手猶予に関する件、文書表六百八号、紹介議員は頼母木君でありますが、政府においても相当反対がありましょうから…

（堀切善次郎政府委員（復興局長官））この請願のご趣旨に対しまして、甚だ遺憾ではありますが、帝都の公安上並びに復興の完成上反対の意見を持っております。民力の休養ということに対しては、予算を以ちまして相当これが工事に努めておりますから、この請願が採択されては、焼け残った区域に対しまして甚だ権衡を得ないことになるのであります。そういう意味から致しまして反対の意見を政府としては持っておるのであります。この請願はご採択になりませぬように希望致します。

（山下委員）どうぞ政府参考送付にお願いいたします。

（大田信治郎議員）私は紹介議員の一人と致しまして一言申し上げたいと思います。この請願書には既に三万三千九百八十三名の調印を致しまして、提出されておる次第であります。東京市における所の大震火災に依り居住民が疲弊困憊を致しておることは、私がここに喋々申し上げる必要はないと思います。そこで、現在の財政状態を以て防火地区の規則を遵奉して、これに耐え得る建築をすることは、到底市民の堪え得る所でありませぬ。当局として新しき帝都の、所謂復興の速成をご希望になることはご尤もでありますけれども、居住民の立場から致しますれば、到底この規則に適応すべく本建築を致すことは、財政上許さざることは申すまでもない次第でありますから、政府におかせられては、何卒この趣旨を諒とせられて、また、居住民の困難の事情をよくご諒察下さいましてこれが延期、所謂本建築着手の期を相当ご猶予あらんことをお願いを致すという、この請願はご採択あらん

ことを希望致します。

（飯村委員）本案につきましては、只今政府のご意見、一面から見ますれば甚だご尤ではありまするが、本案は政党政派の別なく本院に提出されているのであります。この点から見まして、一応ご尤ではありますが、ご採択のほどをお願いいたします。

（磯部尚君）私もこの請願の裏書きを致します。是非ご採択をお願い致します。

（岡田委員長）よく復興局と請願者との間に協調すべく、その意味において採択してご異議ありませぬか。

　　〔「異議なしと呼ぶ者あり」〕

（岡田委員長）それでは採択に決しました。

続いて4月23日、「六大都市ニ關スル法律案外一件委員會」において上記法律案の審議が行われた。審議は休憩を挟んで午前、午後にわたり、また審議の中で委員長が述べているように休憩中には委員長と内務省側との話し合いも持たれたようである。以下に議事録の主要部分を抄出する。

（小久江委員による提案理由の説明）

（堀切善治郎政府委員（復興局長官））本案に対しまして政府の所見を申し上げます。第一この法律案は法律を以て命令に委任された事柄でありまして、…その委任に基づきまして勅令と省令が出ております。…それをこの法律案は法律を以て勅令省令に委任されております事柄を、また、法律に引き取って規定するという内容になります。その形式の点から申し上げまして、これは如何であろうかと思います。それからそれは法律論として差し支えないと致しましても、第二段にこの内容につきまして申しますれば、一言にして言えば、東京の震災地のみにつきまして少し緩やかすぎる、他の大阪その他の都市地に対しての権衡が如何あろうかと思うのであります。震災後

殊に防火地区内におきましては東京の市民の間に経済上非常に困難のあることは今申し述べられたとおりでありまして、…洵に同情すべき状態になっておるように思います。それらの点から致しまして、震災の直後には市街地建築物法によらない所謂「バラック」で差し支えないということになりまして、…区画整理が済みましたならば、即ち換地処分の告示又は換地処分認可の告示のありました後は、常態に還って市街地建築物法の適用するという建前になっているのでありますが、この法律案はそれを尚5年乃至10年市街地建築物法によらないで「バラック」でどういう建物でも差し支えないということを規定しようという内容になるのであります。そういうような震災後の東京市民、横浜市民の財政上の窮乏に対しまして市街地建築物法の規定を適用するという点から、政府におきましては…大阪その他の都市には全く例のない建築補助金を支出しているのであります。…もう一つこの東京、横浜に対しまして政府として特別の考慮を致しておりますのは、復興建築会社を設立させまして、これに対して国の方から6千万円を限度として低利資金を融通致しまして…焼けた区域に対しての防火建築をするものに対して色々の方法を講じさせているのであります。…その他、昨年の議会におきましては、借地権の関係を具合よく致しますために、「防火地区内ノ借地権ニ關スル法律」の協賛をいただきまして公布されてあります。…これらの方法を以て市民の経済上非常なる困難をきたしている点は救われて、相殺せられているのではないかと考えております。そうして一方防火地区という制度は…非常に重要な制度でありまして、…大震災の被害も大震災自体よりは、その後の火災による被害が非常に多いのでありますから、何とかしてこの火災を防

止し、或いはこれが広がることを防ぐ方法を講じなくてはならぬのであります。それが即ち防火地区の制度でありまして…。

（高木益太郎委員）…復興局長官は本建築につきて一坪50円の補助があればよろしいではないかという説でありますが、…一坪50円くらいの補助で以て本建築が出来るようならば何も心配するところはないのであります。…

（井本常作委員）（修正案提出）

…

（横山勝太郎委員）…決して市民の経済状態というものは旧に復しておらぬのみならず、一般経済界の不景気に連れて益々困難な状態に陥っているという次第であります。…市民が困る点は借地問題に関する紛争が起こってくることです。即ち地主が「バラック」という程度の建物ならば、今日これを改築し、また火災その他の原因によってこれをさらに建築せねばならぬという場合に承認することができます。…防火地区内に堅牢な建物を建て、即ち不燃質の建物を建て、また、その他の場所に堅牢な建物を建てなければならぬということであるならば、地主がこれを承認しない。…また、ようやくこれが纏まらんとすれば多額の権利金をとる、それから地代の値上げを迫るということになってきて、実際上如何ともすることができないという事実がある。…それから敷地の減少の点につきましては…小さな借地であるがゆえにこの法令による減少がもう殆ど元の用を為すことができる程度の建築が出来ない。…それから補助金のことである。なるほど2千万円というものがあるかもしれませぬが、これは実に今日の建築資金の状態に照らしてみて余り効果のないものである。…それから建築会社の問題に至ってはこれは殆ど生殺与奪の権利を建築会社にとられる。殆ど市民はこの会社に関係することを非

常な恐怖の観念を持って接しているのですから、これも当局がお考えになっているような緩和の方法にはならぬと思います。…なお、最後にこれは法律論として一向差支えがないのですが、…命令を法律を以て変更するということは国法学の上においては差し支えはありませぬ。…形式上の理由の如きはあまり多くを論ずる必要はないと思うのでありますが、ご意見を承っておきます。

（堀切政府委員）市民の経済状態の復興に関して如何に考えるかという点につきましては、これは私どもも十分復興しているとは考えませぬ。それがために「バラック」を認めなければならないとは考えていないのであります。…防火地区外につきましては、経済上の差というものは殆どない状態でありますし、防火地区内の建物につきましては補助会社等の働きによりまして出来るだけの援助を政府と致しましてはやっているのであります。借地権の関係…につきましては、昨年議会の協賛を得まして、「防火地区内借地権ノ処理法」を出しまして、なるべく円滑に運用されんことを期している次第であります。…法律の形式論と致しまして、私は穏当を欠くだろうということを申し上げましたが、法律問題として命令事項を法律を以て規定することは違法であると考えている訳ではありません。…

（横山勝太郎委員）…もしこれがこの委員会を通過して、また本会を通過した場合に復興局長官始め政府当局は、これに対してどういう態度をとられるかということが、最も不安に堪えない。…貴族院に行って…ただ同意せぬという程度でお置きになりますか、積極的に大いに反対を試みるという程度にまで行かれるか、多少でも東京市民に対して同情を表せられるならば、そういう態度は止めてもらいたい。…

（堀切政府委員）ご希望として承っておきます。

（田崎委員長）…採決いたします前に一寸申し上げておきますが、私先ほど休憩後政府当局に交渉してまいりました。大臣には面会は出来ません。そこで次官やその他の方にお目にかかって、復興局長官もこの法律案にはどうしても同意できないが、補助金を増やしてなるべく緩和することに委員会の方の同意を得たい。こういうご希望であります。…

（横山勝太郎委員）補助金をご増加になるというのは、どういう意味ですか。２千万円をもっと増やすのですか。

（堀切政府委員）…只今のは最高坪当たり50円になっております。それを上げることは考慮の余地があると思いますが、総額２千万円を増加することは…望みがなかろうと思います。…

以上のような質疑の後、この法案は委員会で一部修正の上可決し、３月25日の本会議においては先の請願を採択するとともに、この法案も可決したのである。しかし、この日は既に議会会期末であり、法案は貴族院に回付されることなく終わることとなった。

その後、補助金の単価の増額は実施されることはなかったが、1929年10月23日付で復興局長官より警視総監及び神奈川県知事あて通知「市街地建築物法施行規則第百三十五條ノ二ノ取扱ニ關スル件」（ **DVD** 1-5-7）が出され実質的な緩和の途が開かれることとなった。これによれば、特殊建築物耐火構造規則に掲げる特殊建築物を除いて、換地処分以降に火災等により滅失したり、換地処分以降引き続き空地であった敷地における２階建以下で坪単価100円以下の建築物については、1930（昭和５）年末（その後昭和６年末まで延長）までに建築に着手し竣工後５年以内に除却するものに限り、市街地建築物法施行規則第135条の２（大正11年に加えられた条文である。）の規定を適用し、同規則119条から135条までの規定、即ち防火地区内の構造制限に関する規定と異なる扱いを許容することとした。これについては、当時の記録（「帝都復興事業誌」）においては通牒が発せられたという事実のみが述べられ、その背景や上述のような経緯との関連については触れられていないところである。しかし、ここに掲げられた「火災により滅失したり、換地処分以後空地であった場合」といった要件は、先に議会に提出された請願において困難を生じる場合の例として挙げられたものと同趣旨であること、さらに次に示す1931（昭和６）年の議論から見て、已むを得ざる妥協的措置としてこのような取り扱いの道を開いたと推察できるが、「帝都復興事業誌」の記述には担当者の忸怩たる思いが感じられるところである。その後、同様の法律制定の動きは1931（昭和６）年にも再び起こった。この時提出された法案もまた1929年に衆議院で可決されたものと同様であり、２月21日提出の後、３月24日、「河川法中改正法律案外十件委員会」において審議が行われた。政府委員（一宮房次郎内務参事官）の発言（質問に対する答弁ではなく、委員長の求めによって政府の意見を述べたもの）では、「…防火地域以外の区画整理の行われたる所においては…必ずしも猶予期間を延長するの必要なしと考えておるのであります。防火地域内の本建築におきましては、建築助成会社或いは低利資金を融通するとか種々なる方法を以て本建築の助成に努めておるのでありますけれども、経済界の不況が相当深刻になっておりまして…相当同情すべきものがあると思うのであります。従って政府におきましてもこれら防火地域の本建築に対しましては昭和六年の十二月までは、火災又は不可抗力によって破壊されたる場合、又は従前から空地のままにあったところに対しましては、本建築の建設を猶予して仮建築を許すことになっているのであります。…本案の如く昭和八年の八月末日迄、あ

るいは昭和十三年の八月末日迄延期するということは、今にわかに同意致しがたいのであります。さらに本年の年末にまいりまして、経済界の事情を見てそれを延長するや否やにつきては考慮致したいと思うのであります。」

と述べている。そして、今回もこの法案は衆議院で可決されたが、貴族院には送られずに終わることとなった[3]。ここに見るように前記の通牒による取り扱いを前面に出しているところから見て、実質的にこの法案（そして1929年に衆議院で可決された法案）に代わる措置として位置づけているものと考えられるとともに、ある程度の運用の実態もあったと推察されるが、その詳細やその後については明らかではない。

このように、この問題は、市街地建築物法施行から日も浅い中で発生した関東大震災を契機に、多くの市民が同法の存在を直接意識することに伴って起こったものであり、同法あるいは建築法制の定着過程における行政の認識と一般社会の受け止めの様を示すものと言うことができよう。

3 除却期限の延長

「バラック令」に基づき建築された「バラック」は震災後3年で、東京では区画整理施行地区内に約21万棟、施行地区外に約3万棟の合計約24万棟、横浜では同じく1万9千棟と4万4千棟の合計約6万3千棟に達し、当初の除却期限と定められた1928（大正17＝昭和3）年8月末までにこれを除却するのは到底現実的ではないとの判断から、その延長が行われることとなった。

まず、1927（昭和2）年3月22日「大正十二年勅令第四百十四號ノ建築物ノ除却期限ニ關スル件」（昭和二年勅令第三十三號、**DVD** 1-5-2）が公布・施行された。この中では内務大臣の指定する特殊建築物（定員500人以上の劇場等や定員750人以上の集会場等など一定規模以上のもののほか

一定の危険物の製造等を行う建築物が指定された）については、5年間延長して1933（昭和8）年8月末まで、甲種防火地区内（甲種防火地区の内外にわたるものを含む）については、10年間延長して1938（昭和13）年8月末まで、それぞれの除却期限を延長するとともに、それ以外のものについては当初の期限から5年以内（1933年8月末まで）に内務大臣の定める構造設備を有するものとして認定を受ければ無期限に存置することを認めることとなった。また、内務大臣の定める構造設備を有するものとして認定を受ける基準は市街地建築物法施行規則第三章の規定とされ、即ち施行規則の構造設備の基準に適合させれば用途地域などの制限には適合していなくても除却しなくてもよいという内容である。

しかしながら、実際にはこの期限までにも除却は進まず、特殊建築物及び防火地区内建築物それぞれの除却期限直前になって再度の延長が行われることとなった。即ち特殊建築物については、1933年7月5日に期限がさらに3年間延長されて1936（昭和11）年8月末までとされた。この再延長の際の理由として、期限延長の対象となる特殊建築物についての資料が付されている。これによれば、1933年4月末に東京府においては795棟、延べ43,514坪、神奈川県においては31棟、延べ3,449坪が対象となるとし、一方では直近五年間に改築又は廃止されたものは東京府では93棟、しかも毎年2～3倍の勢いで増加しつつあるので3年間の延長を行えば十分であるとしていた。また、防火地区内の建築物については、1938年7月16日に9年間再延長して1947（昭和22）年8月末までとされ、その際の説明資料によれば、1937（昭和12）年10月末の状況として甲種防火地区内に残存する仮設建築物が東京府で20,391棟、神奈川県では2,087棟に達するとしている。しかも、社会全体が戦時体制に入りつつある中で一般の建築資金や鋼材のような重要な耐火

建築材料は節減する必要があることも重要な理由にあげられている。なお、ここで期限を1947年8月末としたのは、次に述べる防火地区建築補助が昭和22年度まで継続することとされたのと合わせたものとされている。そして結果的には戦災によってこれらの「バラック」は一掃され、終戦後の市街地建築物法から建築基準法への議論に入っていくこととなったのである。

4 建築補導、助成、執行体制の整備

　以上のように震災特例の実施には、当時の経済水準、復興計画の実施などとの関連のもとに幾多の困難を伴うものであった。特に震災発生が市街地建築物法施行から3年弱しか経過しておらず、一般の技術水準や社会の理解なども不十分な段階であった。しかし、一方においては、これを機に市街地建築物法の浸透を図りたいとの願いがあったであろうことも前述のとおりである。ここで資料によりながら、市街地建築物法の普及を図るための活動（「建築補導」と呼ばれていた）、助成制度、執行体制などについて、それらの実績も含めて実際の運用を探ってみたい。

(1)　「建築補導」

　市街地建築物法は、その施行当初からその趣旨の徹底や技術基準の普及、申請の手続きの円滑化などに多くの力が注がれてきたが、復興に伴う新築等の急増を承け、それまでとは比べ物にならないほどの努力がなされた。このための当局の支出は大正12～13年度の2か年で6万8,800円余りとされ、建築関係者向けの「復興建築講習会」、「都市建築講習会」、「防火建築講習会」（いずれも2～3週間にわたる講習会で合計9回、受講者総数約2,500人）、一般向けの「建築講演会」（東京、横浜で7回、参加者5,700人）が開催された外、小冊子である「復興建築叢書」（第1号「どんな構造の建

物がよいか」から第17号「共同建築の話」まで[4]）が7万部作製、配布されるなどした。「復興建築叢書」の各号の表題は次のとおりであり、内容も一般向けからかなり専門的なものに亘るとともに、執筆も復興局で作成したものや学識者による講演録など多彩であった。

第1号「どんな構造の家がよいか」

第2号「新市街建築の美に付て」（第1回建築講演会（大正13年3月22日）における工学博士伊東忠太の講演）

第3号「帝都の今昔」（第2回建築講演会（大正13年4月26日）における工学博士塚本靖の講演）

第4号「コンクリート及鉄筋コンクリートに関する米国連合委員会最終報告」

第5号「鉄筋コンクリートの住家」

第6号「実費報酬加算式施行契約に就て」（第6回建築講演会（大正13年9月13日）における工学士山下壽郎の講演）

第7号「都市計画に関する英国法制及行政」（菊池慎三復興局書記官編）

第8号「建築線指定による都市計画の実行」

第9号「家庭の電燈、電熱及電力」

第10号「将来の都市と建築」「横浜の復興と建築」（それぞれ第6回建築講演会（大正13年9月13日）における片岡安工学博士の講演、第7回建築講演会（大正13年9月27日）における工学士高松政雄の講演）

第11号「鉄筋コンクリートの理論」（第3回建築講演会（大正13年5月22日（注　「帝都復興事業誌」建築編p.176によれば講演会の開催日は5月23日））における工学博士内田祥三の講演）

第12号「東京都市計画の基本問題——住居、商業及工業地域」（武部六藏復興局書記官述）

第13号「防火建築の話」（第5回復興建築講習会（大正13年11月）における工学士尾崎久助の講演）

第14号「事務所建築」(工学士石原信之)

第15号「木造の建物」

第16号「都市計画小話」(復興局技師玉置豊次郎述)

第17号「共同建築の話」(法学士市來鐵郎)

(2) 助成制度

震災から1年弱を経過した1924 (大正13) 年8月2日、「防火地区建築補助規則」(大正十三年内務省令第十九號) が制定、施行された (神奈川県については9月1日施行)。これは火災による被災地のうち甲種防火地区内の建築物について、その用途、構造等により一坪当たり20〜50円の補助金を交付するとするもので、その補助金の総額は大正13年度から大正17年度 (昭和3年) の5年間で2,000万円とされた (1924年の議会で可決された国の復興予算の総額は5億7,343万8,849円)。また、この金額の根拠として挙げられている資料によれば、当時の建築費として木造200円／坪、耐火建築300円／坪と想定してその差額の1/3程度を補助するものとし、全体では延べ約60万坪を対象とするとしていた。

都市における建築物の耐火化は市街地建築物法の大きな眼目であった。時の政府は関東大震災の被害を目の当たりにしてその必要性を強く認識したであろうことは想像に難くなく、建築費の補助という新たな仕組みを実現することとなった。しかし、当時の経済状況 (第一次世界大戦後の戦後恐慌 (1920 (大正9) 年)、金融恐慌 (1927 (昭和2) 年)、昭和恐慌 (1930 (昭和5) 年) の時代であった) など厳しい状況のもとで、その進捗は目論見から大きくはずれた。

その実施結果を掲げると、**表1**のように交付を決定したものは1931 (昭和6) 年2月までに989件、金額にして950万円余りにとどまり、結果として補助の期間は昭和13年度まで10年間、そして最終的には1947 (昭和22) 年まで延長される

 こととなった。

表1　防火地区建築補助の実績

	件数	坪数	金額(円)
大正13年度	2	2,225	42,434.25
大正14年度	19	6,959	252,650.66
大正15年、昭和元年度	42	9,452	435,957.60
昭和2年度	192	39,559	1,786,221.47
昭和3年度	320	58,702	2,724,063.16
昭和4年度	319	78,035	3,335,486.18
昭和5年度(2月まで)	95	21,848	973,825.00
累計	989	216,780	9,550,628.32

耐火化促進のための助成として設けられたもう一つの仕組みとして復興建築助成株式会社がある。この会社の事業は震災による焼失区域において、申し込みを受けて耐火建築を建築して割賦販売を行うこと及び耐火建築の建築資金融資であり、その資金は東京、横浜両市から6,000万円の貸し付けを受けるものとされた。同会社は1925 (大正14) 年12月に設立され、昭和5年末時点において731件、延べ坪13万8,028坪、貸し付け (割賦販売を含む) 予定総額3,751万4,700円の事業を行っている。

5 復興に伴う市街地建築物法の執行体制

最後に、復興のための市街地建築物法の執行体制を取り上げる。最初に中央省庁における組織について述べることとする。

震災から1か月も経過しない9月27日、「帝都復興院官制」(大正十二年勅令第425号) が公布施行され、同29日には総裁以下の主要職員が任命された。これによれば、「帝都復興院ハ内閣総理大臣ノ管理ニ属シ東京及横濱ニ於ケル都市計畫、都市計畫事業ノ執行及市街地建築物法ノ施行其ノ他復興ニ關スル事務ヲ掌ル」(第一條) とされ、総裁官房と計畫、土地整理、建築、土木、物資供給、經理の6局が置かれた。建築局は「市街地建築物法ノ施行其ノ他建築ニ關スル事務ヲ掌ル」こととされ、庶務課、技術課、営繕課の3課が設けられた。また、計畫局第二技術課の所掌として

「地域地區ニ關スル事務」が定められた。帝都復興院総裁は内務大臣であった後藤新平が兼務し、建築局長には東京帝国大学教授であった佐野利器が東大との兼任で充てられている。

このようにして帝都復興院が発足したが、その設立経緯などから組織の在り方そのものについての異論が噴出し、議会において同院に係る予算が全額削除されるなどの事態も生じたことから、設置から5か月を経た1924（大正13）年2月23日に廃止の已むなきに至り、これに代えて内務省に外局として復興局が置かれることになった（大正13年勅令第26号「復興局官制」）。復興局の所掌は、「復興局ハ内務大臣ノ管理ニ属シ東京及横濱ニ於ケル都市計畫事業ノ執行、市街地建築物法ノ施行及都市計畫上建築改善ニ關スル事務ヲ掌ル」（第一條）とされ、長官官房の外、整地、土木、建築、経理の4部が設けられた。このうち建築部は「市街地建築物法ノ施行竝都市計畫上建築技術、建築改善及公園ニ關スル事務ヲ掌ル」こととし、庶務課、技術課、公園課の3課の体制であった。

復興局発足時の建築部の陣容[5]は、

建築部長心得兼技術課長　笠原敏郎

庶務課長　武部六藏

公園課長　折下吉延

であり、また技術課には次の13名の技師が配属された。

井上禧之助　清野信雄　竹内六藏　佐藤茂助　北澤五郎　柳澤彰　伊部貞吉　菱田厚介　尾崎久助　志知勇次　中村寛　小林隆徳　加藤得三郎

（その後、笠原は正式に建築部長となり、佐藤茂助が技術課長に昇任している[6]）。

その後、事業の進捗とともに1930（昭和5）年3月27日、復興局は廃止され、復興事務局が設置された。復興事務局の所掌は復興局と同一であったが、部制から課制へと縮小され、建築課が設けられた。

当初の建築課長は復興局建築局技術課長であった佐藤茂助がそのまま就任した。復興事務局も事業の終息とともにさらに縮小され、1931（昭和6）年には庶務課、経理課の2課となって、佐藤は庶務課技師とされ、1932（昭和7）年3月31日の廃止を迎えた。

このように東京、横浜における市街地建築物法施行の事務は帝都復興院、復興局、復興事務局の所掌とされていたわけであるが、本来の市街地建築物法施行の事務はどのようになっていたのであろうか。これについて明確に述べた記録は見当たらないが、組織規模は復興局が圧倒的に大きく、少なくとも1924年7月には復興局建築部技術課の技師であった柳澤彰、伊部貞吉の二人が都市計画局第二技術課の技師を兼ねているなど人事的にも関係が深いこと、また、この間の市街地建築物法施行令、同法施行規則の改正の多くの項目が震災に起因するものであったことを考えると、形式的には都市計画局の所掌であっても実質的には復興局が中心となっていたものと推測される。

次に警視庁、神奈川県庁における執行体制の拡充について述べることとする。震災前におけるそれぞれの建築監督職員の定員は、警視庁が建築監督官3名、建築監督官補19名、神奈川県庁が監督官1名、監督官補6名であったが、被災した建築物の再建や上述の特例に伴う手続きなど業務が急増することとなった。具体的には、1922（大正11）年に、申請件数10,408件、届出件数13,453件であったものが、1923（大正12）年には申請25,749件、届出17,141件と急増し、さらに1924年は5月末までに申請、届出併せて22,112件に上る状況であった。このため、建築監督に当たる職員定員の増加が図られ、1924年8月から警視庁については監督官8名、監督官補63名、神奈川県については監督官2名、監督官補12名が増置されることとなった（これらの経緯及びその後については1-8に詳述されている）。

6 関東大震災を踏まえた技術基準の改正：耐震基準の導入・強化[7]

関東大震災は、市街地建築物法施行後最初の大災害として、その技術基準にも大きな影響を及ぼした。震災の被害状況については、非常に詳細な技術的調査が行われており、特に煉瓦造、鉄骨造、鉄筋コンクリート造による大規模な建築物については個々の設計と被害状況にわたる細密な検討がなされている。この結果に、当時最新の知見を加えて、震災から10か月後の1924（大正13）年7月1日、同法施行令及び施行規則の改正が施行された（施行令は6月10日公布の勅令第152号、施行規則は6月12日公布の内務省令第15号）が、その大きなポイントは耐震性への強いコミットであるということができよう。改正前の基準は大火の防止に強い関心があり、また先進諸国に劣らない市街地を作ることを目指して、具体の建築物においても、また、基準の面においても非地震国の技術を受け継いだものであった。

しかし、震災の被害を踏まえ、例えば明治以来近代化の象徴として導入、普及が図られてきた煉瓦造に対する信頼は大きく崩れ、煉瓦造の設計基準には多岐にわたる強化がなされた。そして、それ以後煉瓦造建築物はほとんど姿を消すことになったのである。また、木造建築についても被害に関する大規模な科学的調査をもとに耐震性向上のための基準強化が行われた。そしてこの改正において特筆すべきであるのは、強度計算において地震力が位置づけられたことである。これらの構造基準の改正は、佐野利器による「家屋耐震構造論」(1914（大正3）年)、そして佐野の弟子である内藤多仲の研究とそれを適用した建築物（日本興業銀行ビルなど）の実績を踏まえたものであった。即ち、この改正こそが、現在の建築基準法単体規定の衛生、防火、耐震という枠組みの原点であるということができる。

その改正概要をまとめると以下のとおりである。

施行令については改正された条文は3条、追加された条文が1条であるが、そのうち震災被害と直接関係するのは構造による高さ制限（第5条）である。これは木造、煉瓦造等の構造毎に高さの最高限度を定めたもので、改正前と改正後を比較すると表2のようにいずれの構造も最高限度が引き下げられている。この改正理由には、「煉瓦造、石造建築物ハ昨年ノ震災ニ際シ甚シク不良ノ成績ヲ示シ又木造建築物ハ其ノ高サ高キニ従ヒ火災ノ延焼ヲ助長シタリ由テ煉瓦造、石造及木造建築物ノ高ノ制限ヲ低下シ以テ災害防止ノ實ヲ挙ケムトスルニ由ル」とあり、煉瓦造、石造については構造上の問題、木造については延焼防止の観点からの改正であったことが述べられている。

表2　関東大震災後の構造別高さ制限の強化

	改正前	改正後
煉瓦造 石造	高さ65尺 軒高50尺	高さ42尺 軒高30尺
木骨煉瓦造 木骨石造	高さ36尺 軒高26尺	高さ25尺 軒高15尺
木造	高さ50尺 軒高38尺 階数3以下	高さ42尺 軒高30尺

施行規則の改正は、全体で改正38条、追加8条に及ぶ大規模なものであり、そのうち震災の被害を踏まえたものは38か条に及ぶ。そのうち現在にもつながる特に重要と考えられるものを二つ挙げておく。

(1) 木造建築物の柱の小径、筋交い等に関する規定の強化

木造建築物の柱の小径については53条に規定されており、階に応じて主要な横架材間の長さとの比率で最小限が定められているが、その最小限が引き上げられた。また、55条には木造等における筋交いの設置に関して規定されているが、改正前は「三階建木造建物又ハ平家建ニ非サル木骨石造若ハ木骨煉瓦造建物ノ壁體ニハ適當ナル筋違ヲ

使用スヘシ」とされ、その範囲は狭いものであった。これが改正により「建物ニハ適當ニ筋違又ハ方杖ヲ設クヘシ」となり、構造、高さ等によらず筋交い及び方杖を適当に配置することとされた。当時、一般の木造建築物において筋交いがどの程度設けられていたか実態は明らかではないが、この規定がその後の筋交いの一般化、そして地震被害の軽減に果たした役割は大きなものがあったと考えられる。また、86条の2、86条の3が追加され、鉄造、鉄骨造についても筋交いなどによる補強が規定された。

(2) 水平震度に関する規定の新設

改正により101条の2が追加され、「強度計算ニ於ケル地震ノ水平震度ハ之ヲ〇・一以上ト爲スヘシ但シ地方長官建築物ノ種類又ハ土地ノ状況ニ依リ其ノ増加ヲ命シ又ハ其ノ低下ヲ許可スルコトヲ得」と定められた。改正前の規定では地震力については特段の定めがなかったが、震災に際して地震力を考慮した設計の効果が認識され、この改正が行われた。即ち、この規定は「耐震設計」を初めて義務付けたものであり、世界的に見ても先進的なものとして高く評価されるものである。

1-6 日伊の耐震構造計算の導入期

建築基準、建築規制制度の主要な目的の一つは、建物の安全性の確保である。世界有数の地震国である日本では、当然のことながら地震に対する安全性の確保がその一つとなっている。日本では、1919（大正8）年の市街地建築物法制定の4年後に関東大震災が発生し、それを契機として耐震構造計算が同法に取り入れられたことが広く知られている。本節では、それを中心に、その基礎となった研究や実践を含めて耐震構造に焦点を当てた概観をする。併せて、ちょうど同時期に度重なる甚大な地震被害を受けて、耐震規定、耐震構造計算の政府基準への導入を行ったイタリアの取り組みを紹介する。（**表1**は、その主要事項を年表に整理したもの）

1 日本における耐震構造、構造計算の導入

明治維新以降、国をあげての、西欧の近代文明、近代技術の導入の取り組みの中で、レンガ造、鉄筋コンクリート造、鉄骨造など、従来、日本に無かった建築技術の導入が図られた。それに合わせて、構造解析、構造計算などの技術も導入され、その後、日本独自の発展をしている。それらは、技術基準に纏められ、建築規制制度はその普及の一翼を担った。

(1) 市街地建築物法以前の状況

① 府県レベルの建築法令の制定、施行

1888（明治21）年東京市区改正条例の制定を受けて、同法に基づく市区改正計画の検討のため東京市区改正委員会が設置された。同委員会では、鉄道、上下水道などについて検討されたほ

か、建築条例の制定についても検討が行われた。その成果が、複数の案に纏められた。妻木頼黄が中心となって纏めた、複数の通称「東京市建築条例妻木案」（明治20年代）である。その後、建築学会（1886（明治19）年の設立当初は、「造家学会」）において東京における建築条例制定の必要性が認識され、その働きかけによる社会的な認識の高まりを背景として、建築学会は、1906（明治39）年には東京市長尾崎行雄から条例案作成の依頼を受けた。同学会は、欧米都市の建築条例の収集、分析（17か国40都市を対象）を含めた精力的な策定作業により、条例案（通称、「東京市建築条例学会案」）を作成し、1913（大正2）年に東京市長（阪谷芳郎）に提出した。これらには、建物の高さ制限、部材の接合、壁長、壁厚、積載荷重、構造計算など、耐震性に関係する規定が盛り込まれていた[1]。残念ながら、これらの条例案は法制化されなかったが、後の市街地建築物法の施行規則の策定に生かされた。

一方、東京以外については、多くの府県において建築条例が制定、施行された（明治末までに約20）。それらの多くは、防火、伝染病予防を主目的としたものであったが、大阪府や兵庫県のように総合的な内容ものには、建物高さ、土台・基礎、煙突の構造など耐震性に関連する事項が含まれていた。

② 地震学、地震工学の発展と耐震設計の発案

明治維新後、政府は海外から多くの研究者、技術者を招いて、西欧技術の吸収に努めた。そんな中、1880（明治13）年に横浜地震（M＝5.5）が発生し、これらの外国人を驚かせた。この地震を契機として、J. Milne、J.A. Ewingを中心に、同年、

表1 日本とイタリアにおける主要な被害地震とその対応状況

| 時期 | 日本 | | イタリア |
	地震とその対応	建築基準、構造基準	地震とその対応（勅令など）
1800年まで			1783年カラブリア地震（犠牲者約3万人） 建築規制の実施（敷地選定、構造タイプ等）
1801–1900年	1880年横浜地震 日本地震学会設立 1891年濃尾地震（犠牲者約7,000人） 1892年震災予防調査会設立	1888年東京市区改正条例 東京市建築条例妻木案	1859年ノルシア地震 建築規制の実施（建物高さ、材料品質等） 1883年イスキア地震（犠牲者約2,000人） 建築規制の見直し
1901–1910年	1906年サンフランシスコ地震（犠牲者約3000人）＊）	東京市建築条例学会案 1906年東京市長より学会へ作成依頼 欧米17か国40都市の建築条例の調査（1908年メッシーナ地震被害、1883年イスキア地震による建築規制の概要の把握など）	1908年メッシーナ地震（犠牲者約8万人） 詳細な調査報告書（水平震度の提案など） 1909年勅令193号（高さ制限、水平、鉛直方向の地震力の考慮など）
1911–1920年	地震学、地震防災対策の体系的な取組み	1913年建築条例学会案の東京市長への提出（壁長、壁厚、荷重、構造計算など） 1914年 佐野利器「家屋耐震構造論」 1919年市街地建築物法 74条の構造関係規定（鉛直方向の構造計算など）	1915年アヴェッツァーノ地震（犠牲者約3万人） 1915年勅令573号（地震力規定の導入。1階：1／8、2階：1／6、鉛直方向：1／2） 1916年アルト・アドリアチーコ地震 1916年勅令1526号（内容は1915年勅令に類似）
1920年以降	1923年関東大震災	1924年市街地建築物法の大幅改正 耐震構造計算の導入（水平震度：0.1）	

＊公式発表では犠牲者は約500人。同時多発の火災が3日間燃え続け、被害を拡大した。

日本地震学会が設立され、地震に対する科学的な調査研究が開始された。

1891（明治24）年には濃尾地震（M＝8.0）が発生し、死者7,273人、全壊14万棟という甚大な被害を引き起こした。この被害建物の中には、在来工法の木造建物に加えて、耐震性を考慮していないレンガ造建築も多く含まれていた。この地震により耐震構造への関心が高まり、耐震工法についての研究が進展する契機となった。翌年には、震災予防調査会が設立され、本格的な地震対策の研究が始まった。この時、建築分野の技術者、研究者が調査研究に取り組んだことが[2]、その後、世

界に類を見ない、建築分野が構造等の工学分野も
カバーするという日本独自の状況を生み出すこと
となる[3]。

③　佐野利器による家屋耐震構造論

　1906（明治39）年アメリカ・サンフランシス
コで大規模な地震が発生した（M＝8.2）。この被
害調査に、東京大学から、中村達太郎と佐野利器
が渡米した。佐野利器は、1905（明治38）年から
東京大学で鉄筋コンクリート構造と鉄骨構造の講
義を行っていた。その頃から、佐野や内田祥三、
内藤多仲などにより建築構造についての理論的研
究が体系的に進められ、構造計算の方法も急速に
進歩した。こうした状況下、佐野利器はこれらを
集大成する形で、1914（大正3）年に「家屋耐震
構造論」をまとめた[4]。この論文の内容の多く
が、その後の市街地建築物法施行規則の構造関係
規定に盛り込まれている。その内容は以下で概説
するが、有名な点は「水平震度」という概念を提
案し、自重に応じた水平力を構造計算に盛り込む
ことであった。この計算方法が、法令（市街地建
築物法）に取り入れられるのは、後述のとおり関
東大震災後の1924（大正13）年であるが、それ
以前から、内藤多仲による設計（1921年／大正
10年日本興業銀行、大阪高島屋呉服店、1922年
／大正11年東京歌舞伎座）に取り入れられ、当時
東京市の建築規制を行っていた警視庁が、1921年
茨城県南部地震（M＝7.1）や1922年工事中の鉄
筋コンクリート造建物の積雪による倒壊を受けて
作成した内規に盛り込むという形で実務において
使われるようになっていた[1]。

　佐野利器による家屋耐震構造論は、以下の構成
による総合的、包括的な論文であり、当時の蓄積
の集大成と言える。前述の「水平震度」は、地震
による加速度について、重力加速度に対する比を
水平震度と定義したものである（「第1章緒論第
1節震度」。それ以前は、加速度の値で表示）。同
論文では、それを用いてその当時の地震の水平震

表2　家屋耐震構造論の中の地震の強さの「水平震度」による表示

地震名	地名	水平震度
東京地震 （明治27年／1894年）	本所、深川	0.1
同	本郷台	0.04
濃尾地震 （明治24年／1891年）	岐阜、大垣	0.3
同	名古屋	0.25-0.3
江州地震 （明治42年／1909年）	尊勝寺村	0.4
同	長浜	0.2
米国加州地震 （明治39年／1906年）	桑港下町	0.25
同	上ノ手	0.1

度を**表2**のとおり説明している。また、この値を
用いて、第2章以降、種々の部材における地震力
の影響を、数式を用いて論じている。この場合、
適用すべき水平震度については、「例エバ東京ノ
本所、深川等ニ於テハ安政ノ地震ニ鑑ミテ少クモ
0.3ノ水平震度ヲ豫期スベク山ノ手硬質ノ地ニ於
テモ0.15以上ヲ豫期スベキガ如シ、大阪ノ如ク軟
弱ニシテ而シテ大震ノ歴史ヲ有スル土地ハ水平震
度0.35以上ヲ豫期スベク、名古屋ノ如キモ0.3以
下ヲ豫期スルコト望マシカラズ、而シテ垂直震度
ハ多クノ場合ニ於テ水平震度ヨリハ遙カニ小ナリ
故ニ其ノ地ガ震原地（又ハ上）タル恐アル場合ノ
外ハ水平震度ノ1／3乃至1／2或ハ其ノ以下ニ
豫期シ得ベシ。」としている。

　そして、「第1章第2節單體ニ對スル震力ノ作
用」において、歪むことが少ない単純な物体は、
地面と運動をともにするので、地面と同量の震度
が作用するとしてよいとしている。続く「第3節
構造彈性ニ依ル震度増減　第1項震度ノ増大」で
は、振動による変位の影響から、最大加速度は増
大することを説明し、その程度は2倍以上となる
場合もあるとしている。続いて、「同節第2項震
力ノ減少」では、建物の剛柔について論じ、柔の
場合（建物の固有周期（論文中では「自己振期」）
が地震より長い場合）には、建物の揺れの大きさ

は小さくなると説明し、柔構造が地震に対して有利となる場合があり、五重塔はその好例であるとしている。また、加速度の大きさが高さ方向により異なり、上層の方が幾分大きいとしている。

その後の章では、レンガ造、鉄骨造、鉄筋コンクリート造、木造の各構造について、被害事例の解説、地震力がかかった場合の力学的な解析、部材などの設計事例、曲げ、せん断のそれぞれに対する補強方法などについて、多くの図や数式を使いながら詳細な説明を行っている（**図1**）。その範囲は多岐にわたり、材料の特性、施工や、コスト、経済性についても詳しく論じられている。水平力を受けた際の変位の検討に多くの紙面を割き、それを規定する剛性（論文中では「剛度」）についても詳しく論じている。

家屋耐震構造論の成果として、市街地建築物法への「水平震度」の導入が有名であるため、地盤震動＝建物応答値として、構造設計を行うという考えが当時の知見と思われがちだが、同論文には、建物の固有周期による応答や、高さ方向の震度の違い、建物の特性として強度のみでなく靱性や剛性も考慮されているなど[5]、今日の耐震設計の基本的な知見は既にかなり盛り込まれていることが分かる。

家屋耐震構造論の構成（震災豫防調査會報告第83號（甲）（乙））[6]

(2)　市街地建築物法への耐震構造計算の導入

①　当初の法令

制定当初の市街地建築物法法令にも、耐震関係の規定が盛り込まれている。法律第12条では、「主務大臣ハ建築物ノ構造、設備又ハ敷地ニ關シ、衛生上又ハ保安上必要ナル規定ヲ設クルコトヲ得」と規定され、これを受けて施行規則には74条の構造関係の規定が設けられた。その構成、概要は以下のとおり。構造計算では、固定荷重と積載荷重との鉛直方向のみが定められた。これらの多くは、東京市建築条例学会案などのそれまでの蓄積が基礎となっている。

第3章　建築物の構造設備
第2節　構造強度
第1　総則（44-47条）
第2　木構造及び木骨構造（48-57条）
第3　石造、煉瓦構造及びコンクリート構造（58-81条）
第4　鉄構造及び鉄骨構造（82-87条）
第5　鉄筋コンクリート構造（88-94条）
第6　独立煙突（95-100条）
第7　強度計算（101-117条）

②　関東大震災後の改訂

1923年の関東大震災では、多くの建物が倒壊し、それに伴う同時多発の火災により、死者・行

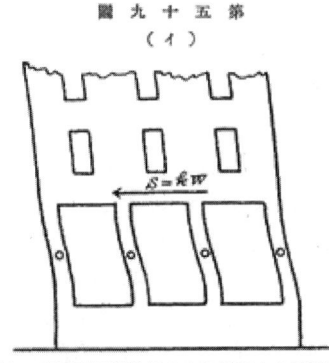

図1　家屋耐震構造論の中の地震力Sの説明図
kが水平震度、Wが自重。

方不明10万人を超える大惨事となった。木造、煉瓦造に加えて、被害率は低いものの鉄筋コンクリート造、鉄骨造も被害を被った。これを受けて、それぞれの構造についての調査検討が行われ、市街地建築物法の施行規則の大幅な改正が、1924年に行われた。その中の第3章第2節の「強度計算」に、地震力規定の新設と水平震度を0.1以上とすることが盛り込まれた。

前述のとおり、家屋耐震構造論では、水平震度は0.3程度を考えるべきとされていた。その際の経緯を、当時、内務省で規則改正に関与した北沢五郎の述懐[7]から以下のように整理できる。

大学教授現職のままで、復興院の建築局長となった佐野利器からの指示で、北沢は震度0.1以上という条文を書いた。その考え方は、東京下町の関東大震災による最大加速度が水平震度で0.3程度であったことから、当時、構造計算に用いられていた材料の許容強度（概ね3割程度）を用いれば、破壊一歩手前とすることができると考えておられたと忖度する。

2 イタリアの耐震基準

(1) イタリアの地震被害と建築規制の流れ

イタリアでは、日本と同様に、度々地震による甚大な被害を被り、建築物についての耐震基準の整備を積み重ねてきている（**表1**）。ここでは、その動きを概観する。

1783年に南部のカラブリア（Calabria）で発生した地震（M＝7.2）は、約3万人の犠牲者と甚大な被害をもたらした。これを受けて、シチリア州の2つの地方政府は、再建のための地区の選定基準と、新たに建設される建物の構造タイプとディテール設計を主な内容とする規定を採用した。この2つのガイドラインは、その後地震が発生した地域においても継承された。その後も、被害地震は続き、1859年中部ノルシア（Norcia）の地震後

には、パパル州（Papal）で、建物高さや材料の品質などに関する厳しい基準が定められた。さらに、1883年にはイスキア島（Ischia）の地震により2,000名の人命が失われ、建築規制の見直しが行われた。このように、イタリアでは被害地震を経験するたびに、主要な被害の原因である建物の被害を低減するための規制が積み重ねられてきた。

(2) 1908年メッシーナ地震とその後の動き

こうした中でも、1908年12月28日のメッシーナ地震（Messina）（M＝7.1）は大きな契機となった。シチリア島とイタリア半島南端のカラブリア地方を襲った地震は、津波も引き起こし、8万人の犠牲者を生み出した。この事態に対して、政府は被災者の支援を行うとともに、被災地の復興のための法令を制定した。その中で、政府は被災地の復興の際の技術的、公衆衛生的規制を定めることとされた。これを受けて、地質学委員会（Geological Committee）が再建の適地の選定のため、工学委員会（Engineering Committee）が、修復、再建、新規建築に関する強制規制を検討、提案するために設置された。委員会は、驚異的な速さで精力的に調査を進め、1909年3月24日には、最終の報告会を行っている。

工学委員会からの報告では、地盤面の振動と建物に作用する地震力、等価の水平、垂直方向の力、水平力への抵抗の必要性などが記述されている。この報告の中には、水平方向の地震力について、同一建物内の異なった階に設置された同一の加速度計の計測結果が含まれており、それにより、上階の方が加速度が大きいことが確認されたことが記述されている。このことを受け、地震学者によるイタリアで起こりうる最大地震動についての想定を踏まえて、震度（地震力／重力加速度）は、1階では1/12、それより上階では1/8とすべきとしている。一方、鉛直方向に

ついては、衝撃的な作用（impact phenomenon）となる、スラブと屋根構造の剛性を確保する必要があるという観点から、かなりの安全率を見込んで1/2とされた。また、当時、最も広く採用されていた組積造（masonry buildings）について、補強方法や工学的特性からのタイプ分け（ordinary、framed、confinedの3タイプ）について記述されている。また耐震性確保の基本的な方針として、①しっかりした接合の重要性、②脆弱な材料の禁止、③震度と慣性力との関係、④建物全体の重心をできるだけ低くする、⑤適切な建物高さなどが記述されている。興味深いトピックして、全体報告会において、Angelo Reycend教授が、建設予定の学校の基礎について、固定する方法と分離する方法（base isolation）を提案したとのことである。分離は、地盤から建物へのインパクトを減ずるためで、具体的には、①地盤と建物基礎との間に砂の層を設置、②建物の柱を、砂を満たした空洞に設置、③建物を球体によって支えるという3つの方法が示された。今日の免震構造に近いアイデアであったと思われる。しかしながら、この案は委員会の支持が得られず採用はされなかった。

報告書には、地震力を考慮した構造計算の方法が3つの事例（①2階建て2スパンの木造剛節接合軸組の兵舎、②2階建て2スパンのブレース付の鉄筋コンクリート造、③1階建て1スパンで壁などのない教会、劇場のような建物）を使って説明されている。それぞれの事例について、段階を追った計算プロセスが図と数式を使って説明されている。事例①の兵舎（**図2**）の説明では、水平力の算定、載荷点の水平力、柱の固定端のモーメント、接点のモーメント、柱の設計、梁の設計というように、構造設計の段階を踏んだ説明がされている。また、報告書のアネックスとして、基準（code）の案が付けられている。

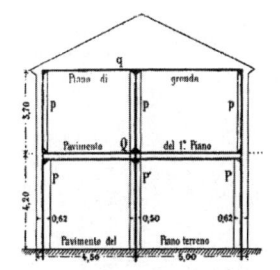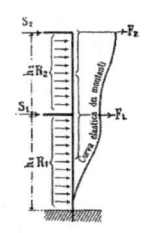

図2　構造計算の事例の説明のための図
（2階建て2スパンの木造剛節接合軸組の兵舎）
出典（メッシーナ地震後に設置された工学委員会の報告書）

(3)　法令化の動き[8]

①　1909年4月18日勅令193号（1908年12月28日と1909年4月15日勅令に列記されたそれ以前の地震による被災地における、修復、再建、新規建設についての技術的公衆衛生的の強制基準を定める勅令）

この勅令は、前節のメッシーナ地震の被害調査の報告を受けて発出されたものである。対象地域は、1908年メッシーナ地震とそれに先行する地震の被災地とされている（**図3**）。構成は、下記のとおりで、前文と2条の条文及び技術的公衆衛生的基準（6章47条）により構成されている。

*①　1909年勅令193号の構成
前文
第1条：対象地域
第2条：施行、行政手続き
技術的公衆衛生的基準
第1章（第1－24条）新規建設
第2章（第25－27条）再建
第3章（第28－36条）修復
第4章（第37－38条）公衆衛生規則
第5章（第39－46条）罰則
第6章（第47条）経過措置

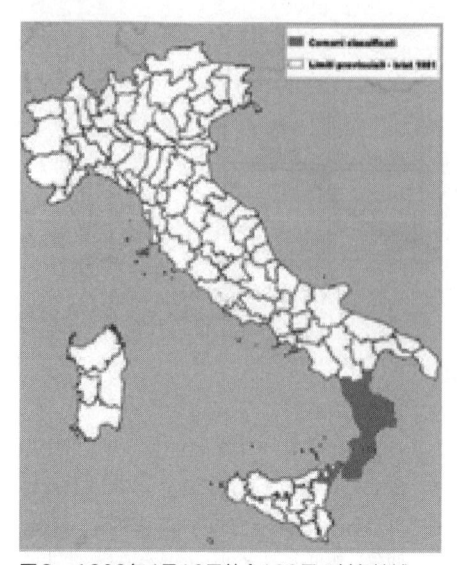

図3　1909年4月18日勅令193号の対象地域
（出典：国立地球物理学火山研究所）

このうち、主要な内容は以下のとおりである。この勅令は地震被災後の規制を目的とするものであり、構造安全性に関する内容が多くなっている。このうち、耐震構造計算については、第24条に、地震動による鉛直方向及び水平方向の力を考慮するとされているが、報告書に記載されているような具体的な構造計算の震度については記載されていない。

〈1909年勅令193号の主要な内容〉

- 建設不適地での建設の禁止：湿地、地すべり地域、急傾斜地、異なる地盤特性の境界地での建設の禁止（第1条）
- 建物高さ制限：通常、軒高10m以下で、地上2階、地下1階まで（第2条）。重要建物（ホテル、学校、病院、兵舎、監獄等）以外の場合、特例許可により16mまで可能（第3条）。
- 構造タイプ：木造、鉄骨、鉄筋コンクリート、補強組積造で構造全体が一体性を持つもの。建物の重心はできるだけ低くする（第7条）。通常の組積造は、1階建は可（第8条）。

- 各部の仕様規定：床、壁、キャンティレバー、材料などの仕様規定（第11 - 18条）
- 接道条件：町の中心部での道路巾は原則として10m以上（第22条）。
- 構造安定性と耐力に関するチェック：①地震動による効果を考慮した自重の割り増し、②地震力による直交2方向の水平力の考慮（第24条）。
- 罰則：この基準に違反した場合、£.10 - 1000（イタリア・リラ）の罰金。最悪の場合、6か月間の投獄。建築主以外に、現場監督、元請け業者、下請け業者が処罰の対象（第39条）。

② 1915年4月29日勅令573号（1915年1月13日の地震による被災地における建築活動において遵守すべき技術的公衆衛生的の強制基準を定める勅令）

1915年にもイタリアは、地震による甚大な被害を被った。1月13日に発生した、アヴェッツァーノ地震（Avezzano）（M＝6.7）である。犠牲者は3万人以上に上った。この勅令も、1909年勅令と同様に地震の被災地を対象としている。内容は、下記のとおりで、前文と3条の条文及び技術的公衆衛生的基準（6章57条）により構成されており、構成も内容も1909年勅令にかなり似ている。

大きく変わっているのは、構造安全性のチェックの際の地震力を考慮した計算方法である。1909年勅令では、地震による力を考慮するとされていたが、震度についての記載がなかった。この勅令では、水平方向について、1階は1/8、2階は1/6、鉛直方向は、自重の50%増しと具体的な数値が記載されている（第26条。水平方向は、メッシーナ地震の調査報告より大きな値となっている）。また、通常の組積造については、地上2階建て高さ7mのものまでは一定の要件を満たせば可とされ、規制が緩和されている（第9、10

条）。さらに、基礎に関する規定が追加されている（第5条）。なお、罰則関係では、罰金が2倍に増額され、処罰の手続きが詳細に定められており（裁判所の関与、刑法との関係など。条文数は、前回の9条から14条に増大）、1909年勅令の執行の経験からの教訓と思われ、興味深い。

＊1915年勅令573号の構成
前文
第1条：対象地域
第2−3条：施行、行政手続き
技術的公衆衛生的基準
第1章（第1−26条）新規建設
第2章（第27−29条）再建
第3章（第30−38条）修復
第4章（第39−40条）公衆衛生規則
第5章（第41−54条）罰則、行為、記録
第6章（第55−57条）経過措置

③ 1916年11月5日勅令1526号

さらに、1916年に起こったアルト・アドリアチーコ地震（Alto Adriatico）を受け、同年11月5日にも類似の構成、内容の勅令が出された。内容的には、先行の勅令とほとんど同じであるが、通常の組積造についての制限が緩和されている（一定の条件を満たす場合、地下1階、地上2階（高さ8m）まで許容）。

3　まとめ

日本、イタリアの耐震構造計算規定の法令化の前後についての概観を行った。いずれも、関東大震災、メッシーナ地震という大災害を契機として法令化が行われ、そのことが注目されがちであるが、その背景には長年にわたる蓄積があることが分かる。また、法令の規定内容は、建物応答を考慮しないなど単純なものとなっていることから、

当時の知見もそのレベルと思いがちであるが、日本、イタリアともに地盤面振動に対する建物の応答を認識していたことも分かる。両国ともほぼ同時期に、同様の考え方の法令を制定しているが、今回調べた範囲での、相互の状況把握は、次のようなものであり、耐震構造計算についての直接的な情報交流は確認できていない。下記からは、当時の学術分野での国際交流の状況が伺い知れて興味深い。

〈日本、イタリアの相互の情報、知見の把握状況〉
・建築学会による東京市建築条例案作成のための欧米諸都市の建築条例の収集、分析（17か国40都市を対象）は、集団規定に関するものが多く、入手できた資料では、構造関係では、ロンドン、ニューヨーク、ベルリン、ウィーンのみ（第九章建築物ノ構造設備）、また、イタリアに関する調査対象都市は、ローマとベネチアとなっている[9]。なお、この調査は、建築法規に関する調査として行われたものであり、前述のイタリアはいずれも被災地における復興の基準の勅令であることから、調査対象とはなりにくい状況であったと思われる。その中で、本節で紹介したイタリアの勅令のうち、1883年のイスキア島地震による1891年勅令については、危険区域の指定と建築制限についての規定（一般的な耐震構造に関する規定）が、第六章軟地區域で紹介されている[10]。
・家屋耐震構造論の中に、メッシーナ地震についての記述がある。「…、明治四十二年ノ伊太利地震ノ時、メッシーナ市ノ全家屋ハ粉砕セラレタルニ四個ノ鐵筋コンクリート造家屋ハ殆ド全ク無害ナリキト稱セラレタリ…」「…、然レモ余ハ詳ニ其ノ状態ヲ知ラズ、…」となっており、被害状況の概況把握に留まっている（第五章鐵筋コンクリート造家屋　第一節震災ノ経験）。
・イタリアにおけるメッシーナ地震後の動きの中

で記述されている海外との関係では、報告書の検討に当たって委員が、Japanese Seismic CommitteeのChairmanであるProfessor Omori（震災予防調査会会長であった大森房吉と思われる）の論文を基礎としたこと、1906年サンフランシスコ地震の調査を行ったアメリカの委員会の報告（一定の風圧に耐えられれば地震力にも耐えられるという説）に対して批判したことが、参考文献5に記載されている。

日本では、横浜地震、濃尾地震、関東大震災などの地震を受けて、耐震構造の研究が精力的に行われた。一方、イタリアでも同様に被害地震を繰り返し受ける中、1700年代という早い時期から建築規制に取組み、1906年メッシーナ地震の頃には建物の高さによる地震力の違い（建物の応答）を想定して、異なる階に地震計を設置する観測体制

を作り、その成果により高さにより異なる水平地震力の提案を含む詳細な報告を地震後3か月以内で行っているなど、当時、既に相当の知見の蓄積があったと思われる。これらの取り組みの実像は、いずれも、現在の耐震技術は多くの先人の長年の努力の蓄積の上に成り立っていることを改めて認識させるものである。

謝辞

本節をまとめるにあたり、北海道大学石山祐二名誉教授、日本女子大学平田京子教授、福山市立大学岡辺重雄教授、東京大学小谷俊介名誉教授、国立研究開発法人建築研究所犬飼瑞郎上席研究員、Agostino Goretti氏より、貴重な資料と助言をいただいた。また、イタリア語資料について、信州大学遠藤洋平助教にご教示をいただいた。ここに記して謝意を表する。

1-7 市街地建築物法施行の体制とその歴史

本節は、市街地建築物法の施行体制とその変遷を中心にまとめたものである。施行体制の構築・整備に関わった主な人物や組織（内務省・地方公共団体等）に焦点を当てて、関係する文献、回顧録等をもとに構成している。当時の状況の臨場感に配慮して、参考文献等のなかの具体的な回想や証言をそのまま引用した箇所が少なくない。

また、施行体制の整備に当たっては、それまでの建築行政の取組みや新制度の成立に誰がどのように尽力したのかが大きな影響を与えているので、市街地建築物法制定以前の状況や制定に至る経緯についても必要な範囲でふれている。

1 市街地建築物法制定以前

(1) 建築規制の先進地であった大阪府

大阪府は、1886（明治19）年に、長屋建築の取締りを行う「大阪府長屋建築規則」を制定した。さらに、対象を一般建築物に拡大した「大阪府建築取締規則」を1909（明治42）年に制定している。これは、建築物に関する防火対策、衛生条件の改善を目的として近代的な建築規則を全国に先駆けて制定した画期的なものである。

この規則においては、特殊建築物を大阪府の認可対象とするとともに、一般的な建築物は警察署への届出を必要とする手続きが定められた。全国に先駆けて、建築物全般の取締りを警察が行う「建築警察」がスタートした。

大阪府では、建築規則の執行に当たる部署として、大阪府警察部保全課に建築係が組織された。建築係の体制は、10人足らずの組織であった[1]。なお、大阪府ではこのような建築規則の執行の実績を重ね体制が整っていたため、後の市街地建築物法の執行に当たっても大きな支障なく対応できた。(1921（大正10）年第2回建築監督官会議で大阪府は次のような意見を提出している。「大阪では10数年前から警察規則で建築物の取締りをしていた関係上、今回の市街地建築物法が実施されても障害となる事項はない」[2])

大阪府の建築規則制定の中心となったのは、大阪府警察部技師の池田実であった。池田は「当時の欧米都市における一般建築を対象とした取締規則の内容について研究していた。池田は大阪でも同様の規則制定が必要であると考え草案を作成していた」[3]。

池田実は、1877（明治10）年福島生まれ、1904（明治37）年東京帝国大学建築学科卒業後ただちに大阪警察部技師を拝命している[4]。市街地建築物法が制定される以前の時代に、帝大の新卒学士である池田が大阪府に着任したことは珍しく、建築規則の制定を担う優秀な人材として求められたことが窺える。

「池田にとって大阪は、失意の都落ちの場所ではなかった。大学を出るさい大阪行きを打診する教授の中村達太郎に、答えを軒並み渋った同級生たちにとってはそうだったが、池田はそうではなかった。「東京の空気が嫌いで東京を逃げたい」と思う中の僥倖、渡りに船の申し出だった。」[5]

池田自身は次のように語っている。「私が大学を出ます時に、中村先生から大阪で建築行政をやるんだが、お前行かぬかと言われました我々の同級生からは誰も大阪へ行こうとは言わぬ、その余り籤が私に回った、ところが私は東京の空気が嫌いで何とかして東京を逃げたいと思っており

ましたから、(中略) 早速やって来た訳でありま
す。」[1]

　池田が大阪によばれたのは、当時の大阪府警察
部長の池上四郎が「建築行政の重要性を認められ
て、どうしても建築の法規を作らなければ可かぬ
と言われたのが因で、そのために私 (池田) が参
りますと、早速それをやれと言うことでありまし
た。それで連夜の如く起草を始め」[1]たという背
景があった。(池上四郎は1900年から13年間大阪
府警察部長を務め、その後大阪市長に就任した。
また、池上四郎は秋篠宮妃殿下の曽祖父にあたる
人物である。池上は東京高等商業学校 (現一橋大
学) 教授であった都市計画の専門家の関一を大阪
市助役として招聘したが、後に関一は内務省都市
計画調査会メンバーとして都市計画法、市街地建
築物法の制定にも関与している。関一は1923年、
池上四郎の後任の大阪市長となった)。

　池田実は次のようにも述懐している。「或時で
したが内田博士は大阪の建築取締規則は市街地建
築物法の羅馬法なりと言われて、大変賞讃を博し
て面目を施したこともありました」[1]

⑵　東京の動向

　大阪府に続いて、その３年後の1912 (明治45)
年には兵庫県においても建築取締規則が制定され
ている。

　一方、東京では、このような規則制定には到ら
なかった。このため、「市街地建築物法施行以前
の東京府では、大阪、神戸に比べ市街地の狭い路
地や建築物の混乱した状況が問題視されていた。
例えば、後に警視庁建築監督官となる竹内六蔵
は、同法施行以前の東京では「特殊用途に供する
もの及び長屋建の如きもののみを取締るばかり
で、其の他の一般民家に対しては全然何の干渉も
なかった」ために、「都市としての東京が、大阪等
に比して、殊に目立って悪い」と、市街地の一般
建築物全般を対象とする建築規制を制定していた

大阪、兵庫と東京との差異について指摘してい
る。」[3] (竹内六蔵「建築監督官としての任務」建
築と社会1920)

　東京では、建築学会において建築条例の検討が
進められていた。その中心的なメンバーは、佐野
利器、内田祥三、笠原敏郎の３人である。佐野は
山形県出身で、1903 (明治36) 年東京帝国大学建
築学科卒、同年建築学科講師、1906 (明治39) 年
から助教授に就任している。内田と笠原はともに
1907 (明治40) 年東京帝国大学建築学科卒の同期
生である。佐野は両名の４年先輩にあたるが、２
人の在学中すでに教官となっており指導者である
とともに、就職先を指示 (推薦) するなど人事面
でも管理者的な存在であった (佐野利器は後年、
関東大震災後に設置された帝都復興院の理事・建
築局長に東京帝国大学教授兼務で就任、その後震
災復興を進めるため請われて東京市の建築局長を
約２年間兼務するなど、東京の建築行政とは縁が
深い人物である)。

　建築条例案の検討は進んでいたが、以下の内
田、佐野の記述にあるとおり、結局、警視庁の規
則としては実現せず、笠原敏郎が１年で警視庁か
ら内務省へ異動し、市街地建築物法へと引き継が
れることになる。当時の佐野、内田の役職につい
ては、佐野は1918 (大正７) 年に東京帝国大学の
助教授から教授になり、内田は1916 (大正５) 年
に同じく講師から助教授に就任している。

　「明治39 (1906) 年11月、尾崎 (東京) 市長の
依頼により、建築学会に、東京市建築条例案起稿
委員会が設けられたが、(佐野) 先生はその委員の
１人としてその「結構」に関する部分を起稿し
た。この条例案は幾多の推敲を経て、大正２
(1913) 年６月に至って脱稿、阪谷市長に提出さ
れたが、当時の東京市では制度上これを実行に移
すことができなかったので、建築学会では何とか
してこれが実施の機運をつくろうという訳で、建
築条例実行委員会を設けてその実現に努力するこ

とになったのであった。大正5 (1916) 年佐野先生は当時の警視総監岡田文次氏と懇談の結果、岡田氏もできるだけのことはやってみようということになり、当時陸軍技師であった笠原敏郎君が警視庁技師に転じてその衝に当ることとなった。それで、建築学会でできた建築条例案の中から警察命令としてやって行ける部分を抜き出し、これに多少の補修を加えることとなり、毎日のように、佐野先生と笠原君と私とが集って案をつくり、半年ばかりで、4章134条からなる警視庁建築取締規則案ができたのだが、当時はすでに内務省で法律としてこれを取りあつかう案が進行する機運にあったものだから、笠原君がこの案をもって内務省に転ずることとなったのであった。」(内田祥三「佐野先生をおもう」[6])

「大正5年頃だったと思うが米沢出身の岡田文次と言う人が警視総監となった。此の人に私は建築警察の必要を説き、技師を置くよう進言したら岡田氏は直ちに賛成して技師の推薦を頼まれた。そこで陸軍に居た笠原氏を推薦した。警視庁技師となって笠原氏は建築取締規則の原案をつくり、それを内田氏と私と3人で毎週1回集ってその審議をした。之は約1年続いたが、全くみんなが無報酬でやったことだ。」(佐野利器「述懐」[6])

岡田文次は、1898 (明治31) 年東京帝国大学法科卒の内務官僚。1916 (大正5) 年から大正7年まで警視総監を務める。その後貴族院議員。

また、当時の東京の状況について、1923 (大正12) 年に東京帝国大学建築学科を卒業し内務省都市計画東京地方委員会に入った玉置豊次郎は次のように述べている。「大阪で建築取締規則がいち早く公布されたので、東京も負けてはならないと、偉い人が雁首を揃えて数年に渉って案を練ったが遂に日の目を見るに至らず、大正八年の市街地建築物法という国の法律におんぶされることになった」[7]。

市街地建築物法施行以前、警視庁の建築規制を担当する専門組織はなく、笠原敏郎は警視庁保安部工場課に配属されている[8]。

2 市街地建築物法の制定と施行体制

(1) 内務省都市計画課の誕生

1918 (大正7) 年5月、内務省大臣官房に都市計画課が設置された。

「内田祥三によれば、当時都市計画課が内務省大臣官房に置かれた背景には、都市計画行政に関連を持つ既存部局、すなわち衛生行政を所管する衛生局と、警察行政を所管する警保局との間での対立が存在していたとされる。内田は後年の談話において、都市計画課の新設につき「どこに作ろうかというのが非常に問題だったのです。(中略)結局後藤 (新平) さんの裁決を求めて、中央の大臣官房においてしようというので大臣官房都市計画課ができて、そこで都市計画調査委員会を主管するようになったわけです。」と述べている。」[3]
(内田祥三談話速記録[5]東京大学史紀要2005)

都市計画課設置とその後の法施行に至る経緯について、強力にはたらきかけを行った佐野利器は次のように述べている。

「大正6 (1917) 年だったと思うが、片岡安氏が大阪で関西建築協会をつくり会長となった。親分肌の面白い男だった。都市計画法と建築物法制定の請願運動を起そうではないかと提唱したのは此の人である。(中略) 片岡氏の提唱に基づいて関西建築協会、建築学会 (私 (佐野利器) は当時副会長であった)、都市研究会 (注:藤原俊雄、池田宏、佐野利器等がメンバー) の3会共同で2法制定につき政府と議会とに運動を開始した。3会の代表として片岡、藤原、私の3人が各省大臣をぐるぐる説き廻った。当時内務大臣は後藤新平さん、次官は水野錬太郎氏で参事官には同志たる池田宏氏がいた。

さすがは後藤さんで我々の話を聞くや直ちに之

に賛成して呉れた。そして議会開会中だったのですぐに水野次官に命じて追加予算を出させ、先ず調査機関をつくることにした。内務省内部では池田宏氏が勿論働いて呉れた。建築学会は都市計画や建築物法の宣伝に大に努めた。7年に内務省に都市計画調査会（注：同時に都市計画課）が出来た。建築家では片岡氏と私とが委員となった。（中略）半年程かかって都市計画法と市街地建築物法の案が出来た。之は極めて短かい法律である。そして大体は施行令以下で定めようという構想である。この原案の作成は主として池田氏を中心に行われた。氏は非常な功労者と言わねばならぬ。

（中略）上記の2つの法律は翌8年に簡単に国会を通過したが色々の準備やら施行令、施行規則が出来ない為に実施はおくれた。（中略）以前から市区改正条令というものはあったが、東京市以外には施行されていなかった。それで残り5大都市に先ず以て市区改正条令を施行しようということになって、急に市区改正の委員会を作った。処が5大都市のどの委員会にも私と池田氏とは委員として這入って居たので我々は各都市で1遍ずつは都市計画の宣伝演説をやるようなことになった。その間に都市計画法の施行令や何かが出来、6大都市に新に都市計画地方委員会も設けられ、中央委員会が置かれ、地方で出来た案を中央で審議、承認する事となったが私は初の中央委員として任命されたのは9年7月である。同じ頃建築物法の施行令や施行規則が出来た。この立案には主として内田氏、笠原氏が当った。私は間接の関係であった。かくして都市計画法、市街地建築物法が施行される事となり、各地方に技師がおかれた。」（佐野利器「述懐」[6]）

片岡安は東京帝国大学建築学科卒業（1897（明治30）年）で佐野の先輩に当る。

内務省大臣官房都市計画課の初代課長には、佐野に功労者といわれている池田宏が就任した。池田宏は1905（明治38）年京都帝国大学法律科卒の内務官僚で、就任時36歳であった。

また、上述のように佐野利器、内田祥三とともに警視庁建築取締規則の原案作成を行っていた笠原敏郎が、都市計画課の建築担当の技師として警視庁技師との兼務で着任した。笠原は35歳であった。

池田宏は、都市計画課長就任時には内務監察官の官位（局長級）で勅任官2等年俸3700円であった。笠原敏郎は、奏任官4等4級であった。笠原は4年後に内務省の組織改正に伴い、都市計画局第二技術課長に就任しており、奏任官3等2級年俸4100円となった。ちなみに局長は勅任官2等年俸5200円であった（1921（大正10）年の内務省勅任官、奏任官の年俸と判任官の月俸は**表1**、**表2**参照）。

表1　内務省　職官表（抄）勅任官・奏任官（大正10年職員録）

年俸額

		大臣	次官	局長	内務監察官	参事官	内務事務官	技師
勅任	親任	8000						
	1等		6500					
	2等			5200		1級 5200 2級 4800		1級 6000 2級 5500 3級 5200 4級 4800
奏任	3等							
	4等				1級 4500 2級 4100 3級 3800 4級 3400 5級 3100 6級 2700		7級 2400 8級 2000 9級 1800 10級 1600 11級 1400 12級 1200	
	5等							
	6等							
	7等							
	8等							
	9等							

表2　内務省　職官表（抄）判任官（大正10年職員録）

月俸額

都市計画中央委員会		判任			
		1等	2等	3等	4等
	書記　技手	特俸　至 200 1級　160 2級　135	3級 115 4級 100 5級 85 95以下 85以上	6級 75 7級 65 8級 55 85未満 55以上	9級 50 10級 45 11級 40 55未満

　内務省都市計画課の技術雇員として笠原の部下であった亀井幸次郎は次のように述懐している。内務省都市計画課は、「ここには当時帝大出の秀才である法学士・工学士がどしどし採用され従って課内は常に新鮮な新時代を背負ってたつといった理想に燃えたムードがただよっていた」[8]

　また、笠原について亀井は「（笠原）先生を「石橋をたたいて渡らない男」というのが一般的評価であった。先生は、終始一貫、清廉潔白型で廉恥を重んじる教育者であった。従って公平無私で派手なことは好まない地味な内輪で、外面的には消極形と誤解されやすいところがあった」[8]「口数は少ないが常に冷徹な科学者的態度を失わず、近寄り難い威厳を備えていた。」[8]と評している。

　笠原は、関東大震災後、内務省都市計画局から復興局へ移り建築部長（勅任官2等）を務めた。復興局在任中から日本大学工学部建築学科の教授となり、復興局退官後は研究者の道を歩んだ。（ちなみに、日本大学工学部長は佐野利器で、師弟の密接なつながりが窺える）亀井の述懐にあるように、笠原は研究者的資質に富んでいたものと思われる（**口絵2**参照）。

(2)　市街地建築物法施行に至る経緯

　1919（大正8）年4月4日に都市計画法とともに市街地建築物法が公布された。笠原はその翌年（1920年）4月から次の年（1921年）6月までの1年2カ月にわたって欧米都市の視察調査に出張している。

　この間の経緯について、亀井は次のように述べ

ている。

　「（笠原）先生はこの法律（市街地建築物法）が国会を通過したのを機会に、吉村（哲三）事務官および大阪からの直木倫太郎博士等と共に第一回の国際住宅並びに都市計画会議への出席をかねて、欧米の都市計画視察の旅に出た。この間内田先生はその留守居をあずかったのである。」[8]

　笠原敏郎が海外出張で不在となるなか、当時、東京帝国大学助教授であった内田祥三が内務省嘱託を兼務し、市街地建築物法の施行に必要となる施行規則の作成・調整に尽力した。当時を回顧した座談会で内田と1923（大正12）年第二代の内務省都市計画局長となった長岡隆一郎（1908年東京帝国大学法律学科卒。後に、警視総監、貴族院議員。）は次のように話している。

「内田祥三：市街地建築物法は大正8（1919）年に公布されましたが、施行令の方がなかなか公布の運びにならず、その為にはじめは大正9（1920）年4月1日から施行の予定でしたが、やっと12月に施行されるということになったのであります。

　それは施行令が内閣に行ったまま停っていたのです。（中略）施行規則が内務省の参事官会議にかかった時分は丁度笠原、吉村の両君が洋行中であったので、私と野田君とがその説明に当ったのですが、慣れないことなので非常に苦しみました。

長岡隆一郎：市街地建築物法の難航については、閣議全体の空気は、自分の家を自分で建てるに国家の干渉は不要であるとのことであったのであります。その当時内田先生は内務省の嘱託として、洋行中の笠原さんに代って事務をとって居られたのです。その時の鉄道大臣元田肇氏が反対されたので、首相の原敬氏は「それじゃあ、元田君、君一つ書きなおしてくれないか。」というと、「そいつあこまる。」といわれたので、原さんは「それではまあやらせて

見るか。」といわれて、決ったのだということです。当時、前田都市計画課長と内田嘱託が説明に行って計らずも大臣と昼食を共にしたということがあったのであります。」[9]

上記の話に登場する吉村哲三は、1911（明治44）年東京帝国大学政治学科卒の内務官僚。当時、内務省都市計画課事務官。後に出身地の鳥取市長等を歴任した。

野田俊彦は、1915（大正4）年東京帝国大学建築学科卒、内田祥三の斡旋で1920（大正9）年陸軍を退職し内務省入省し、都市計画地方委員会技師となり、1924（大正13）年には笠原の後任の第2代都市計画局第二技術課長に就く。その後、1926（大正15）年警視庁建築課長を務めた。

また、前田多門は、1909年東京帝国大学法律学科卒の内務官僚で、1920（大正9）年初代都市計画課長の池田宏が社会局長に栄転した後任の2代目の都市計画課長である。後年、東京市長に就任した後藤新平のもとで、池田宏とともに東京市助役を務めた。その後、貴族院議員、文部大臣に就任している。

上記のように、内田祥三は市街地建築物法の施行に向けた施行規則等の法制度の整備に当たって、実質的な責任者の役割を果たしている。内田はこれに先立ち、同様に1916（大正5）年外務省嘱託となり、中国済南の日本領事館の設計業務に携わる経験もしている。研究者としての職務と行政政策・実務の業務の双方に余人をもって代えられない大きな貢献をしたことがわかる。東京帝国大学の本務についても、後年、佐野利器が東大を去った後に、建築学科を立て直し強力なリーダーシップのもと多くの優秀な門下生を育成した。

東大教授を務めた建築史学者の村松貞次郎は、内田を「建築法規の番人」と評して、次のように述べている。

「市街地建築物法、都市計画法の二法は、戦後昭和25年に建築基準法が制定されるまで、日本の建築を法的に規定する基本法であった。いわば建築の昭和史を貫く太い線であった。内田祥三は、その法とともにこの歴史を歩んだ巨人である。彼は、あるいは、この二法の番人だったかもしれない。」[10]

「「自分ははじめ鉄筋コンクリートをやっていた。建築法規や都市計画のこともやった。ついでわが国の建築災害の最大なものとして火災の勉強もした。なんでも屋だ。浅く広くやった。」と内田は話してくれた。たぶんに謙遜した表現だが、建築学未分化時代の東大建築学科の土台骨を支えるためには、当然「なんでも屋」でいなければならなかったのであろう。」[10]

内田はその後、1921（大正10）年35歳で東京帝国大学教授となり、1935（昭和10）年からは2期4年にわたり日本建築学会会長を務めている（間に1期2年佐野利器会長をはさむ。なお、佐野は1929（昭和4）年から都合3期6年会長を務めた。1937（昭和12）年が3期目）。さらに、1941（昭和16）年東京帝国大学工学部長、1943（昭和18）年には東京帝国大学第14代総長に就任し、終戦後の1945（昭和20）年12月まで総長の重責を全うした[11]。また、1951（昭和26）年には創設された日本都市計画学会の初代会長となり、1954（昭和29）年まで務めている。なお、日本都市計画学会の第2代会長は笠原敏郎で、法制定に尽力した2人が初期の都市計画学会長を相次いで務めたことは興味深い（笠原敏郎は、日本建築学会でも佐野利器会長時代に3年、内田祥三会長時代に1年、副会長を務めた）。内田は最晩年の1972（昭和47）年文化勲章を受章した。

(3) 施行体制～建築監督官の設置

市街地建築物法を施行するため、建築監督官等の体制整備が行われた。福沢真一は以下のようにまとめている。

「1920（大正9）年9月の勅令第387号によっ

て警視庁官制および地方官官制が改正され、市街地建築物法の実施官庁となる警視庁および各府県の警察部に、新たに「建築監督官」および「建築監督官補」が置かれることとなった。まず、東京の警視庁については「建築監督官ヲ置キ、理事官又ハ技師ヲ以テ之ニ充ツ」（警視庁官制第16条ノ3）として、その職務を「警視総監ノ命ヲ承ケ、市街地建築物法施行ニ関スル事務ヲ掌ル」と規定されていた。また建築監督官補については「属又ハ技手ヲ以テ之ニ充ツ。建築監督官補ハ上官ノ命ヲ承ケ、市街地建築物法施行ニ関スル事務ニ従事ス」（第23条ノ3）と規定していた。各府県警察部についても同様に「東京府ヲ除クノ外、各府県ニ建築監督官ヲ置クコトヲ得」（地方官官制第18条ノ3）、また「各府県ニ建築監督官補ヲ置クコトヲ得」（同第25条ノ3）とされ、その職務内容についても警視庁と同様に規定されていた。

以上のように、市街地建築物法の施行に伴いその実施官庁となった警視庁および各府県警察部に

は、理事官または技師である建築監督官と、それを補佐する属または技手である建築監督官補が置かれることとなった。これに伴い、警視庁および各府県警察部には「建築課」などが新設されることとなった。」[3]

市街地建築物法が適用される6大都市の建築監督官には、すべて東京帝国大学建築学科卒業の佐野、内田の後輩、弟子たちが配置された（大阪の池田実は佐野の1年後輩）。組織体制の整備に伴い、帝大出の若手を中心とする建築技師が執行を担う責任者となった。

1921（大正10）年の建築監督会議資料の6大都市の職員数定員表をみると、東京（警視庁）118名、大阪32名、京都11名、神戸（兵庫）30名、横浜（神奈川）14名、名古屋（愛知）18名となっていた（**表3**）。

警視庁建築課は100名を超える組織規模となっているが、前年の発足時には技師2名、技手17名、雇員4名の計23名であった。（**口絵3**参照）

表3　6大都市定員表（現在の職員数）

	東京			京都			大阪			神戸			横浜			名古屋		
	国	府	計	国	府	計	国	府	計	国	県	計	国	県	計	国	県	計
技師	3	7	10	1	1	2	2	2	4	2		2	1	1	2	1		1
属	3		3	1(2)		1(2)	1		1			0	1		1			
技手	11	74	85	2(3)	4(6)	6(9)	4	11	15	6	15(5)	21(11)	2	4	6	3	7	10
警部									0	1		1				1		1
警部補									0		1	1						
巡査部長		1	1					2	2	1		1					1	1
巡査		2	2					3	3	1	1	2						
雇	5		5					2	2				1	2	3			1
書記		11	11					1	1	1		1					2	2
工夫	1		1											1	1			
給仕						1			2			1		1	1		1	1
小使								1	1			0						
計	22	96	118	6	5	11	11	21	32	12	18	30	6	8	14	7	11	18

（　）定員数
出典：第2回建築監督会議資料（1921.10）東京公文書館　内田祥三文庫

① 警視庁

警視庁には、1918（大正7）年竹内六蔵が着任している（この年は笠原敏郎が警視庁から内務省へ異動した年である）。竹内は1909年東京帝国大学建築学科卒で、「母校の東大教授である佐野利器の推薦により、技師として勤めていた東京電灯株式会社から警視庁に迎えられた。」[12]

1920（大正9）年警視庁保安部に建築課が設置され、建築監督官の竹内六蔵が課長に就任した。このとき竹内は40歳であった（竹内は笠原の帝大2年後輩になるが、年齢は2歳年長であった）。竹内の後輩の伊部貞吉（1916年東京帝国大学建築学科卒。後に1938（昭和13）年から1期2年日本建築学会副会長）も建築監督官となった。このとき、竹内は5等4級、伊部は6等8級の官位であった。竹内は翌年4等4級に昇格している。なお、竹内は後年官職を退き、鹿島建設副社長を務め鹿島の建築を育て上げた功労者となった[13]。

市街地建築物法の施行に当たって、警視庁では、認可申請に時間を要し手続きが面倒であるという指摘に対応して、「申請書及び届出書を不動文字に入れた用紙を印刷して各警察署で無料配布すること」や「警視庁内に建築相談係を設け申請書の提出及び訂正に関して一般の相談に応ずるとともに各警察署に1人ずつの技手を配置すること」[2]など丁寧な執行が工夫された。

当時の警視庁建築課の仕事の様子について、1923（大正12）年東京帝国大学建築学科を卒業し警視庁建築課に入った石井桂（後に警視庁建築課長、参議院議員。1953（昭和28）年から2年間日本建築学会会長）は、次のように述べている。

「私が初めて東京の建築行政にタッチしたのは大正12年4月16日である。大正9年に施行された市街地建築物法に基づいて、建築監督官補（月給一円）警察技師（百円）の辞令を警視庁官房主事の正力松太郎氏から手渡されたのは、帝劇のとなりの赤煉瓦造りの警視庁であった。（中略）

建築課の事務官は百数十名で、竹内六蔵氏が初代課長として日石ビルの二階に陣取っていた。」[14]

また、当時の住宅便所の汲取り口の現場検査について苦労話を述べている。

「私の希望は強度計算係りであったが、こと志と違い、築地警察署詰の技手として、警官と席を並べ、建築係の認許可の下審査と現場の検査とがその仕事であった。これは時の課長竹内氏が「仕事は新兵から仕上げてゆく」方針に従ったものである。

（中略）大学を出て何か偉くなったような気持ちで、スマートなスタイルで銀座を散歩する位に考えていた私を、これはまあ何と惨酷な仕事が待っていたことかと今更ながら警視庁勤務を悔んだことであった。」[15]

② 大阪府

「大阪では前述のように明治期に建築取締規則が制定されており、同規則関連事務は大阪府警察部保安課の建築係が担当していたが、1920（大正9）年12月の市街地建築物法施行に先立ち、同年10月にこの建築係が建築課として独立した。この建築課の初代課長は、（中略）かつて建築取締規則の制定に貢献し、その後内務部で臨時建築課長を務めていた池田実であった。」[3]

池田実は、警察部建築課長就任時は43歳であった。また、同じく建築監督官として、中西甚作（1916年東京帝国大学建築学科卒。警視庁の伊部貞吉と帝大同期。後に福岡県警察部建築課長）が就任した。池田は3等2級、中西は6等7級であった。

前述のように、1921（大正10）年の建築監督官会議で、「大阪では10数年前から警察規則で建築物の取締りをしていた関係上、今回の市街地建築物法が実施されても障害となる事項はない」[2]と報告されている。

③ 京都府

京都府は1920（大正9）年9月に警察部に建築監督課が設置された。建築監督官・技師の課長は、1914年東京帝国大学建築学科卒の井尻良雄であった。井尻は6等7級の官位であった。

1921（大正10）年の建築監督官会議では、「京都の大工は届書、申請書を自分で書けない程度のものが多かったため（法の執行に当たって）相当の支障が生じた。」「各警察署に建築研究会を設けて講習会も開いてその結果はきわめて良好である。」と報告されている。

④ 兵庫県

兵庫県は当初、警察部に建築課は設置されず、課の設置は1922（大正11）年に行われた。建築監督官には、県の内務部営繕課長の置塩章（1910年東京帝国大学建築学科卒。竹内六蔵の1年後輩にあたる）と若手の内務官僚である菱田厚介（1918年東京帝国大学建築学科卒。後に初代建築課長）が任命された。置塩は内務省都市計画地方委員会技師との兼務で4等9級、菱田は7等9級の官位であった。

1921（大正10）年の建築監督官会議で、「大阪と同様十数年前から警察で建築取締りをしていた関係上、大きな故障はない」[2]と報告されているが、あわせて申請書、届書の作成を行う代書業の弊害に対して「法律の実施に当たる職員の充実に大きな関係があるので、一日も早く増員を得てこの弊を除きたい」[2]としている。

⑤ 神奈川県

神奈川県も課の設置はなく、警察部保全課に所属する田中大作が初代の建築監督官となった。田中は1915年東京帝国大学建築学科卒、その後1925年に警視庁技師に異動し、1928年には第3代の警視庁建築課長に就任した。建築監督官の田中の官位は6等8級であった。

建築課は1925年に設置され、初代課長には鳥井信（1916年東京帝国大学建築学科卒。伊部貞吉、中西甚作と同期）が警視庁から異動し就任した[16]。

1921（大正10）年の建築監督官会議で、申請書、届書の手続の煩瑣について「土木建築業組合で不動文字を印刷した届書、申請書を作成して実費で建築主に配布することとしている。また、法律の施行に当たる人数が少ないことが原因なので、人員の増加が最善の方法と思う。」[2]と報告されている。

⑥ 愛知県

愛知県警察部に建築課が置かれたのは1921（大正10）年8月で、建築監督官の課長は津田敏雄である。津田は1909年東京帝国大学建築学科卒で、警視庁の竹内六蔵と同期。後に第2代大阪府建築課長となった。津田は4等4級であった。

津田は、建築課の体制について当時、知事や警察部長らの関係者が議論したときの回想を次のように述べている。

「小幡内務部長が「津田君、今度の建築物法というのは難しい法律だね我々は一寸見ても分らぬが、矢張り技術家でないと分らぬな。これはどうも技術家でやる仕事ですよ。」と言われた。（中略）あの時は内務省から予算を出された技師が1人技手が1人ですか、それに愛知県技手が3人雇員が何人か、というのですから仕事が出来る筈がない、私が初め予算として出したのは40人ぐらいです。」[1]津田の話に登場する愛知県内務部長の小幡豊治は、1905年東京帝国大学法律学科卒の司法官僚。笠原敏郎が警視庁に入り保安部工場課の所属となったときの警視庁保安部長であった。後に愛知県知事、新潟県知事等を歴任。

3 　施行体制の充実と変遷

(1) 内務省

内務省大臣官房都市計画課は、1922（大正11）年5月に都市計画局に格上げされた。組織改正に伴い、市街地建築物法を所管する部署として都市

計画局第二技術課が設置された。前述のように、初代の第二技術課長には笠原敏郎が就任した。就任時、笠原は39歳であった。

翌年の9月1日に起きた関東大震災を受けて内閣に帝都復興院ができた。帝都復興院の理事・建築局長に佐野利器が東京帝国大学教授の兼務で就任した。笠原はこの建築局で技術課長を兼任、後年内務省復興局建築部長を務めた。これに伴い1924（大正13）年には第二技術課長には、2代目として野田俊彦が就任した[17]。

大規模な組織の復興局の設置（1924（大正13）年2月）に伴い、同年12月に都市計画局は再び大臣官房都市計画課となった。

その後、1937（昭和12）年10月に都市計画課は内務省計画局に編入され、1939（昭和14）年7月に市街地建築物法の所管部署として再び第二技術課が計画局に置かれた。このとき課長に就任したのは、中澤誠一郎（1920年東京帝国大学建築科卒。内務省入省。1932年には大阪府警察部建築課長（3代目）を務めた。1945（昭和20）年から1期2年日本建築学会副会長。）であった。

戦時色を強める時代背景のもと、市街地建築物法を所管する部署は、内務省の防空局施設課（1941（昭和16）年9月〜）、同建築課（1943（昭和18）年1月〜）と移っていった。1943（昭和18）年12月には、戦時行政特例法により、市街地建築物法令のうち防火及び空地確保に関する規定以外は全面的に施行停止となった。（都市計画課の行政組織の変遷については**表4**参照）

1936（昭和11）年に、市街地建築物法等の建築行政に従事する者を会員として設立された建築行政協会の会員数をみると[5]、昭和10年代前半の内務省の会員数は25人程度で、昭和10年代後半のその他の中央省庁を合わせたものでは50人前後の数字で推移している。（**表5**参照）

表4　内務省都市計画関連所管組織の変遷

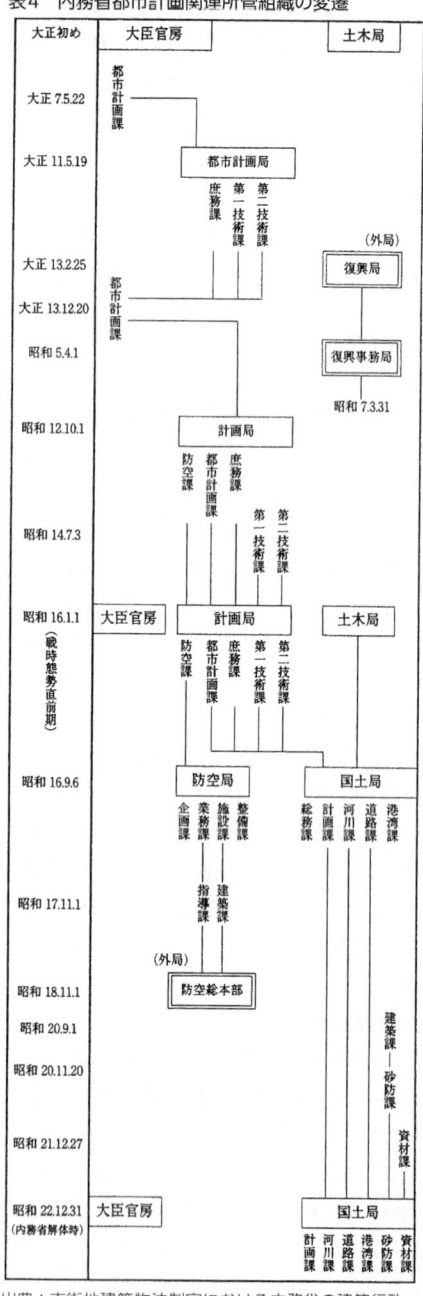

出典：市街地建築物法制定における内務省の建築行政・都市計画上の市街地建築物法に関する研究　その1　三藤和輝、片野博、井上朝雄　日本建築学会九州支部研究報告2008.3

表5　建築行政協会会員数（府県別）

(人)

西暦	1937	1939	1941	1942	1943	1944
和暦	S12	S14	S16	S17	S18	S19
正員						
内務省	25	24	53*1	50*1	53*1	49*1
北海道	20	17	15	16	17	14
青森	1	3	1	1	9	5
岩手	2	2	4	4	4	4
宮城	2	2	2	2	12	10
秋田	1	3	3	2	1	1
山形	2	2	1	1	1	1
福島	2	2	2	2	4	3
茨城	2	6	5	5	5	5
栃木	—	2	3	3	4	3
群馬	—	5	5	6	5	5
埼玉	—	1	4	7	7	6
千葉	—	1	4	5	6	6
東京	193	210	196	184	178	203
神奈川	42	41	38	35	32	31
新潟	3	4	8	11	8	6
富山	3	3	6	18	25	20
石川	4	14	17	19	19	19
福井	—	2	2	1	1	1
山梨	2	3	6	5	18	25
長野	2	2	5	4	2	3
岐阜	2	3	5	4	5	8
静岡	13	11	19	18	14	13
愛知	57	56	54	54	50	59
三重	3	4	5	9	10	10
滋賀	2	3	2	3	3	3
京都	30	34	42	40	36	35
大阪	107	115	116	120	110	97
兵庫	51	51	58	55	44	41

西暦	1937	1939	1941	1942	1943	1944
和暦	S12	S14	S16	S17	S18	S19
奈良	—	2	3	4	4	3
和歌山	4	5	13	14	13	13
鳥取	1	2	5	5	5	4
島根	2	2	4	6	13	12
岡山	3	3	2	2	3	3
広島	3	9	11	12	11	12
山口	2	8	9	11	9	9
徳島	1	2	3	3	4	2
香川	9	10	8	6	6	6
愛媛	—	2	2	4	10	18
高知	—	1	1	1	1	1
福岡	23	30	35	36	35	36
佐賀	1	2	2	2	1	1
長崎	5	4	12	15	15	13
熊本	2	4	7	7	7	6
大分	3	3	3	3	3	3
宮崎	1	2	4	6	6	5
鹿児島	—	1	3	4	3	2
沖縄	—	1	1	1	1	1
台湾	—	—	4	5	4	4
朝鮮	—	—	36	36	44	48
関東州	—	—	4	7	7	5
満州	—	—	17	15	19*2	18*2
中華	—	—	7	4	—	—
蒙古	—	—	—	2	—	—
正員計	632	719	877	895	907	912
賛助員計	86	158	0	0	42	45
合計	718	877	877	895	949	957

＊1：内務省＋その他中央官庁　＊2：満州その他
出典：各年次の「建築行政」より速水清孝氏作成（速水清孝「建築家と建築士」2011、東京大学出版会）

(2)　警視庁・地方庁の整備

　1928（昭和3）年4月24日勅令第71号により地方建築職員制が公布された。これは従来の国費による建築監督官、同官補のほか、地方費をもって事務職員の建築書記と技術職員の建築技師、建築技手を置くことができるという措置である。

　具体的には、「建築書記　専任37人以内　判任官待遇、建築技師　専任46人以内　奏任官待遇、建築技手　専任376人以内　判任官待遇」と規定され、「前項職員の道庁、警視庁及各府県の定員は内務大臣之を定む」とされた。

　この勅令は、1935（昭和10）年3月27日勅令第29号により改正され、定員の拡大が図られた。建築書記は37人から45人へ、建築技師は46人から65人へ、建築技手は376人から480人へそれぞれ改正された。

　後述のように、市街地建築物法の適用区域拡大にあわせて各地方での体制整備を可能とする措置である。

①　警視庁建築課

　警視庁建築課の職員の推移を調査した速水清孝によると、建築課は「創設当初こそわずかに技師2、技手17、雇員4名に過ぎなかったものが、建築物法適用の範囲拡大と防火地区の指定は増員

表6 警視庁建築課の職員配置

各年末現在 （人）

西暦	和暦	計	技師*	技手	属	建築技師	建築技手	警部補	警察技師	警察技手	地方警察技手	警察主事補	巡査部長	巡査	建築書記	地方警察書記	書記	雇員
1920	T9	63	1	32	–	–	–	–	–	22	–	–	–	–	–	–	5	3
1921	10	156	1	66	2	–	–	–	–	68	–	–	–	3	–	–	9	7
1922	11	267	7	107	3	–	–	–	–	118	–	–	–	2	–	–	23	7
1923	12	229	3	3	3	–	–	–	17	174	–	–	–	1	–	–	19	7
1924	13	269	6	29	8	–	–	–	13	140	–	–	–	5	–	–	16	52
1925	14	291	10	45	7	–	–	1	16	130	–	–	–	5	–	–	18	59
1926	15	292	10	47	8	–	–	1	16	137	–	–	–	5	–	–	16	51
1927	S2	284	10	44	8	–	–	1	15	131	–	–	2	3	–	–	17	53
1928	3	279	10	32	6	3	35	1	14	115	–	–	1	3	–	–	15	44
1929	4	135	8	16	6	3	13	1	8	36	–	–	1	3	7	–	6	27
1930	5	120	8	16	6	5	11	1	6	34	–	–	1	3	7	2	4	16
1931	6	114	7	12	6	8	11	1	3	35	–	–	1	3	7	3	3	14
1932	7	115	6	13	5	9	15	1	2	32	–	–	1	3	8	2	2	16
1933	8	110	6	12	5	10	19	1	1	5	23	–	1	3	8	0	2	14
1934	9	105	6	10	5	8	21	1	0	5	22	–	1	3	8	2	2	11
1935	10	105	3	7	5	8	26	1	1	3	20	2	1	3	7	2	6	10
1936	11	116	4	7	3	10	31	1	0	1	21	4	1	3	8	7	2	13
1937	12	121	8	2	3	11	35	1	1	1	22	4	1	3	9	2	2	15

＊：1926年以降は課長1を含む
出典：各年次の「警視庁統計書」より速水清孝氏作成（速水清孝「建築家と建築士」2011、東京大学出版会）

を促し、早くも翌年、警視庁の最大課となる。さらに震災復興で増え、一時は、続く衛生部医務課（176名）を遥かに離し300に迫る大所帯となった。」[5]

警視庁建築課組織の増員については、当時の課長竹内六蔵が次のように述べている。

「当初建築課の人員125人でありましたのを、大正11年の適用区域拡張と防火地区施行を好機としまして、115人という多数の増員予算を府会に提案しましたが、幸い之が通過したので、大勢の技術者を急速に集めることとなりましたが、それは当時甚だ困難なことでありまして、新聞に建築技術者募集の広告までして、充実に努めたからであります。その結果課員240人という大所帯となり、当時赤煉瓦造の警視庁の事務室も狭隘を告げ、附近の有楽館の2階に借り室をして引き移り、年に3万円近くの室料を払った程であります。」[18]

また、速水は「しかし、復興の先行きが見えたということか、1929年には一気に半数以下（135

名）となる。以後、不況下の経費削減を理由に反対のある中、復興局から移った北沢五郎（建築課長）が、建築行政の振興には職場に新風を注ぐことが不可欠と新人の採用を続けるも、全体としてはむしろ減り、また、地方建築職員制の改正（昭和10年勅令第29号）で技師・技手の全国的な増員があるも、均せばさしたる増にはならず、およそ120名弱のままとなる。」[5]と述べている（表6参照）。

1929（昭和4）年から1936（昭和11）年まで警視庁建築課長を務めた北沢五郎について、当時の部下であった伊藤憲太郎は次のように述べている（北沢五郎は1916（大正5）年東京帝国大学建築学科卒、警視庁の第4代建築課長。佐野利器の四天王といわれた愛弟子[12]。伊部貞吉、中西甚作、鳥井信と帝大同期。1942（昭和17）年から1期2年日本建築学会副会長）。

「先生（北沢五郎）は当時の警視庁建築課を改革しようという強い意図を持ってその地位につかれたようで、それには人材の養成が必要であるとい

うことから、先生ご在籍の七年間は年々大学専門学校の新卒業生を数名ずつ採用され、その数は三十名にも及んでいたと思う。」[19]

また、1936（昭和11）年警視庁建築課長に北沢五郎の後任として38歳で就任した石井桂は次のように述べている。

「当時建築のお巡りさんのポストの最上は内務省都市計画課の主任技師であり、次のポストは六大都市すなわち、東京、神奈川、愛知、京都、大阪、兵庫の各府県の建築課長であった。」[15]

② 大阪府警察部建築課

警視庁建築課と並んで大阪府警察部建築課は組織規模が大きく、市街地建築物法の執行の2大拠点となっていた。

「大阪都市計画区域の決定、防火地区の指定など大正10年代には、法の運用範囲が明確になるにつれ、課員も増加、建築線係や強度計算や電気機械類を担当する特務係も新設されるなど、大正末期には百名を超える大所帯になっている。(中略)

初代池田課長は1924（大正13）年12月に退職、二代目課長に愛知県建築課長津田敏雄が赴任し、代わって主任の中澤誠一郎技師が愛知県建築課長に転出したが、後に三代目課長として再度来阪している。(中略)

第二次大阪市域拡張、用途地域の指定など業務も増し1929（昭和4）年頃には地域を担当する方面係が13となり、課員数も130名に達している。内務省職制の関係で市街地建築物法を取り扱う地方職員の業務については、地方建築職員制が制定され（昭和3年4月24日勅令第71号）、例えば1937（昭和12）年4月現在の大阪府では地方職員が定員100名のところ80名と若干の欠員があるものの、他の職員制による事務職員21名技術職員26名を加えて合計127名になっている。昭和になってから課員数はあまり増減がなく、1941（昭和16）年頃でもほぼ同数で推移している。」[4]

大阪府の建築課は組織規模が大きいだけでなく、若手職員が研究を深めて業務に取り組める雰囲気があった。1932（昭和7）年に第3代の大阪府警察部建築課長に就任した中澤誠一郎（上述のように1939（昭和14）年に内務省第二技術課長に異動するまでの7年間、建築課長を務めた）の時代の課員であった稗田治は次のように回想している（稗田は後の大阪府初代建築部指導課長（昭和23～30年）、建設省住宅局長）。

「私は、昭和8（1933）年に大学（東京帝国大学建築学科）を卒業して、その年母校の営繕課につとめ、その翌年、大阪府警察部建築課に採用されることになり、8月10日に「任大阪府技手」の辞令を頂戴した。(略)当時、同課には、夫々特色を持ち、個性に富んだ若い仲間が大ぜいいて、まことに、多士済々の感があった。大学は必ずしも同一ではないが、卒業年次が昭和8年の者も、後から加わった私を入れて、計7名となった。まもなく、昭和8年卒業年次の仲間を中心として、木曜会という親睦会が誕生した。一緒に食べたり飲んだりというだけのものではなく、時には、課長を始め、建築行政の先輩の方々にも出席いただいて、定められたテーマについて、レクチャーをきき、或いは論議を交わすという一種の勉強会であった。」[5]（稗田治「村井君の思い出」建築行政1974）

なお、稗田が帝大卒業後、大学の営繕課に勤務した背景には、内田祥三教授の教育方針があった。

「この（安田講堂）工事途中の1923（大正12）年7月から内田（祥三）は東大営繕課長事務取扱いを兼ねることになり、つぎつぎと（東京帝国大学建築学科を）卒業する俊秀を営繕課に引きとめて、彼一流のきびしいインターン教育を本格化したのである。」[10]

③ 愛知県警察部建築課

上記の中澤誠一郎は、創設時の愛知県建築課に

所属しており、当時の状況を次のように述べている。

「建築課創立の当時は課員も極めて僅少でありましたが、漸次その事務の内容も増加して参り必要に応じて増員されて行ったのであります。

ことに大正14（1925）年11月（中略）所謂名古屋都市計画区域全部に対して法が拡張施行せらる事になり、又大正15（1926）年10月1日から豊橋市、岡崎市及び一宮市に所謂緩和法の施行を見る事になったため、急激に課員も増加して現在（注：1927（昭和2）年）は97名となり庁舎も一室に収容できなくなったため、大正15（1926）年11月には現在の所（議事堂前）に別庁舎を新築して漸く収まって居るような訳であります。

課の内部は技術部と庶務部とに大別し、技術部では更に方面事務と特殊事務とに分け、方面は市部並郡部を何れも六方面に分ち、特殊事務は計算並に建築線の二を設け、庶務に於いては一般の庶務に当っているのであります。」[20]

④ 地方都市への拡大

大正末期以降、都市計画法と市街地建築物法の適用区域が拡大されていく状況について、渡辺俊一は次のように記述している。

「当初、都市計画法の適用を受けたのは6大都市のみであったが、大正12年には新たに札幌をはじめとする25都市が適用を受け、大正末に適用都市数は49に上った。その後も法の適用を望む都市が増えたため、昭和8年、政府は、市はむろんのこと町村についても適用が可能となるよう都市計画法を改正した（昭和8年3月30日法律第22号）。これは当初の「大都市のみの都市計画」から「中小都市をも含む都市計画」への性格の変化とみることができよう。

しかし、中小都市では都市計画法の適用は望むが市街地建築物法の適用は望まない、という傾向が強かった。そこで大正13年12月、市街地建築物法の規則のうち、集団規定として必要不可欠の項目（用途地域・建築線・防火地区・屋上防火制限）以外の規定は適用しないでもすむように施行令・施行規則が改正された（大正13年12月15日勅令第304号。大正13年12月17日内務省令第30号）。これは「緩和法の適用」とよばれた。」[21]

1924（大正13）年の勅令第304号は、市街地建築物法施行令について第31条を新設し、当該条項で第4条から第16条の適用除外を措置したものである。除外区域は内務大臣の指定によるものとしている。

このような都市計画法の適用拡大とあいまって、市街地建築物法の適用区域も順次勅令改正により拡大された。1926（大正15）年の勅令改正では、札幌市をはじめ42市町が適用区域として指定され当初の6都市とあわせて48市町となった。新たに適用された道県数は21となった。（新たに適用区域となったのは、北海道札幌市、函館市、小樽市、大阪府堺市、兵庫県尼崎市、長崎県長崎市、佐世保市、新潟県新潟市、長岡市、三重県津市、愛知県豊橋市、岡崎市、一宮市、静岡県静岡市、浜松市、清水市、岐阜県岐阜市、大垣市、長野県長野市、松本市、宮城県仙台市、石川県金沢市、富山県富山市、高岡市、岡山県岡山市、広島県広島市、呉市、山口県下関市、和歌山県和歌山市、香川県高松市、丸亀市、高知県高知市、福岡県福岡市、門司市、小倉市、若松市、大牟田市、八幡市、大分県大分市、熊本県熊本市、鹿児島県鹿児島市、茨城県土浦町）

大正末期に市街地建築物法の適用拡大の対象となった道県の警察部の組織について、昭和初期（1928（昭和3）年7月現在の職員録）の状況をみると、専門の課（建築課）が設置されているのは福岡県（建築課長は技師の中西甚作）のみで、技師クラスの担当者を置いているのは北海道、広島県のみである。岐阜県、石川県、富山県では、建築の技師でなく警察部の警視が保安課長と建築監督官を兼ねている。その他の県では、技手クラ

スが建築監督官補として1〜3人置かれている程度であり、地方部での業務は質量とも限られたものであったことが推察される。

6大都市以外で警察部に建築課が置かれた福岡県の状況については、片野博が次のように整理している。上記の1926（大正15）年の勅令改正により福岡市等の県内6市が市街地建築物法の対象となったことを受けて「福岡県では大正15年9月1日に（警察部に）新たに市街地建築物法の運用を事務とする建築課が誕生した。（中略）県職員録を資料とし昭和2年版では、課長1名、警察技師2名、警察技手として4名の名前があり、この時点では県庁内のみの組織であった。昭和3年版になると、県庁内の組織と、実際の指導を現地で行う警察署所属の吏員が登場し、小倉署、福岡署、若松署、門司署に担当者が置かれ、昭和4年になると、久留米署、箱崎署（現福岡市内）、大牟田署、同8年には後藤寺署、同9年には飯塚署、同10年には直方署の担当者が建築課の中に加えられるなど（職員の配置が行われた）。（中略）また、建築課に所属する技術職員の動きは、昭和2年から同11年まで逐次人員増が行われ、昭和2年の7人から、同11年には18人となった。」[22] なお、初代建築課長の中西甚作は1941（昭和16）年までの16年間にわたり課長を務めた[22]。

全国的な動きとしては、昭和に入って毎年のように勅令による適用区域の拡大が措置された。1934（昭和9）年に適用区域を定める勅令（市街地建築物法施行令附則）が廃止され、以降は主務大臣が市街地建築物法に基づき適用区域を指定する制度となった。

一方、1933（昭和8）年の都市計画法改正により同法が全国すべての市で適用されることになった。

例えば、山口県宇部市は、1928（昭和3）年9月に都市計画法が、続いて11月には市街地建築物法が相次いで適用されることになった[23]。

前出の1936（昭和11）年に設立された建築行政協会の会員数の昭和10年代の推移をみると[5]、東京が200人弱、大阪が100人強と大所帯となっており、これに続き当初から市街地建築物法が適用されていた神奈川、愛知、京都、兵庫が30〜50人規模であった。一方、地方では福岡、北海道が20〜30人規模であったものの、10人未満の県が25あり、執行体制は依然として大都市中心に整備されていたことが窺える。（**表5**参照）

その後、「建築警察」事務は、警察事務の増大・負担増に伴い1943（昭和18）年に府県地方部へと事務移管されることとなる[23]。

1-8 昭和初期の市街地建築物法

市街地建築物法は1920（大正9）年12月1日から6大都市に施行されたが、それから2年9か月後の1923（大正12）年9月1日に関東大震災が発生した。このため、その被害を踏まえて、同法施行令及び施行規則が1924（大正13）年6月に改正されたのをはじめ、大正時代にも関係法令（勅令・省令）の制定・改正は頻繁に行われた。時代が昭和に変わり、法施行から年月が経過する間に市街地建築物法の適用区域は次第に拡がっていくが[1]、地方都市では、緩和規定によって市街地建築物法の一部の規定のみを適用する都市が多数となっていった。こうした中で、市街地建築物法令全般を大改正することが計画され、1931（昭和6）年に勅令・省令の大幅な改正が実施された。そして、市街地建築物法が初めて法律改正されたのは1934（昭和9）年であり、次の1938（昭和13）年改正では、時代の情勢から防空的見地を加えた改正が行われた。一方、この間に白木屋百貨店火災や室戸台風などの大災害が相次ぎ発生したことから、1936（昭和11）年には特殊建築物の新たな規則が定められた。

本節では、このような昭和初期の市街地建築物法について、1934年及び1938年の法改正、1931年の施行令等改正、1936年の特殊建築物規則の制定の経緯と要旨を示すとともに、戦時体制となる前の昭和時代における市街地建築物法の適用の実態を明らかにすることにする。

1 1931（昭和6）年 市街地建築物法施行令等改正

1929（昭和4）年頃、内務省において、市街地建築物法令全般にわたって改正を実施することが計画され、復興局、社会局、警視庁及び帝国大学等が参画した協議会において、改正を要する条項やいかに改正すべきかについて審議研究が行われた。その結果、法律には手をつけず、勅令（市街地建築物法施行令）と内務省令（市街地建築物法施行規則ほか）を改正することに決定し、改正案の審議・修正を繰り返して、1931（昭和6）年にようやく成案が出来上がった。そこで内務省では、さらにこの改正案について全国の法令施行責任者と協議をするため、同年4月1、2日に市街地建築物法主任官会議を開催した。そこで出された多くの質問や意見を受けて内務省でさらに検討が加えられ、法制局の審査を経て、市街地建築物法施行令が1931（昭和6）年12月24日に公布、市街地建築物法施行規則及び市街地建築物法第十四條ノ規定ニ依ル特殊建築物耐火構造規則（**DVD**1-8-1）が1932（昭和7）年1月12日に公布されて、いずれも2月1日より施行されることとなった。

この改正の要旨は次のとおりである[2]。第一には、元来厳に規定されすぎているものあるいは時代の趨勢に合わせる必要が生じてきたものについて緩和したことである。用途地域における用途制限を寛大にし、従前の規定では工場のみについて働いていた「ただし書」を本文に移した。住居地域の場合、施行令第1条本文に「但シ第一號乃至第四號ニ該当スル建築物ニシテ行政官廳住居ノ安寧ヲ害スル虞ナシト認ムルモノ又ハ公益上已ムヲ得ズト認ムルモノハ此ノ限ニ在ラズ」とただし書が加えられ、商業地域（第2条）、工業地域（第3条）も同様に改正された。これによって、工場の規模によるただし書適用だけではなく、業務として指定された工場や工場以外の用途の建築物にも

ただし書の適用が広められた。また工場の職工の人数による制限は削除され、原動機の馬力数による制限は緩和された。菱田厚介[3]は「馬力数が2でありましたものを3に緩和した、これが今回改正の相当重要な点であります。(中略)家内工業的な工場、あるいは住宅に近接していたいような小工場などは将来だいたいにおいて不自由なく住居地域内に経営ができようかと思われます。ただし、その結果現在指定になっております住居地域が大いに悪くなりはしないかどうか、第二の住居地域をつくらねばならぬことになりはしないかどうか、それらは相当考えねばならぬ事柄が起こってくるかもしれません」と講演し、その予言のとおり、後年の法改正で住居専用地区が設けられることになる。また、用途不適格建築物の過渡期の取扱いを規定する施行令第3条の2については、従前の規定を緩和し、再築や拡張敷地部分における増築等もできるように改められた。また、建築の認可申請及び届出を要するものの種類を減少し、手続の簡易化が実現された。時代の趨勢に順応させるため、路面交通上支障のない範囲で道路面上及び路面下を占用する建築物の種類を拡大した。また、構造強度に関する条項については、建築材料、建築構造学並びに施工の進歩に順応するための改正が行われた。

　一方、新しい事柄として追加されたのが、区域を指定しその区域内の建築物の高さの最低限度又は最高限度を定めることができる規定(施行令第11条)と、区域内の建築敷地に存する空地の最小限度を定めることができる規定(施行令第14条の2)である。改正前の施行令第11条は「行政官廳ハ命令ヲ以テ特ニ道路ヲ指定シ之ニ面スル建築物ノ高ノ最低限度ヲ定ムルコトヲ得」と規定されていたが、改正後は「行政官廳ハ土地ノ状況ニ依リ特ニ必要ト認ムルトキハ区域ヲ指定シ其ノ区域内ニ於ケル建築物ノ高ノ最低限度又ハ最高限度ヲ定ムルコトヲ得」となり、面的な区域を指定する方

法に変更されるとともに高さの最高限度も定められるようになった。菱田厚介[4]はこの改正について「これは外国流に申しますと、空地地区、あるいは高度地区というようなものに当たるかと思われます」と説明している。そのとおり、1938年法改正では、これらの規定は法律に移行して(法第11条第2項)、高度地区、空地地区として都市計画に定める制度に改められることになるが、1931(昭和6)年施行令改正の時点では決定権限は地方長官に付与されており、施行令第14条の3の規定により、都市計画区域内でこれらの区域を定める場合は、都市計画委員会の議に付すべきこととされていた。玉置豊次郎[2]は「この新制度は今回の改正中唯一の収穫である。緩和することが(中略)進歩と言い得るか否かについては相当疑義があるが、それに反してこの規定は確実に一段の進歩である。」と解説しつつ、「はたして施行者の側においていかほどまでに施行し得るかはかなり疑問であり、従来の例によれば場合によっては全く死文に帰せないとも保し難い種類に属する」とも記しているが、市街地建築物法令の規定により指定する地区としてスタートしたこの両制度は、高度地区は現代に広く活用される地域地区となり、空地地区は容積率制度の普及の原点となった。

　このほか、施行上の必要より努めて法規の統一化や単一化がはかられた。度量衡法の改正によってすべての単位を書き換えることが必然となり、とりあえず施行令のみは全部メートル法に換算れることとなった。しかし法律が改正されないために換算しがたいもの又はその他事情があるもの等があり、一部は従前の単位のままで残された。玉置豊次郎[2]は「(施行令)第四条、第五条、第七条、第八条及び第十五条の一部は度量衡法改正に基づく必然の改正にすぎないものであって説明するまでもない。そして換算方法も当を得たものと言われている」と説明しているが、菱田厚介[3]

は「ただ少々問題になると思いまするのは、従来建築物の高さの制限としまして100尺という数字がありました。これをメートルに改めました結果、これを31メートルといたしましたから102尺3寸まで認めることになりました。そのほかはあまりぎりぎりの数字ではありませぬから、恐らく問題になることはなかろうと思います。」と講演しており、ラウンド・ナンバー[4]であった100尺制限がきりのよい数字ではなくなってしまったことに違和感を感じていたのかもしれない。

2　1934（昭和9）年 市街地建築物法改正

用途地域の問題や、高さと空地の問題、構造制限の問題については、これまでに数回の改正がされてきた一方、建築線の制度については、法律の中に規定されているため、1934（昭和9）年に市街地建築物法が改正されるまで手がつけられずにいたが、市街地建築物法の適用都市の拡大とともに、建築線制度に重点をおいて適用されるものも多くなり、生じていた不都合に対応するため、建築線制度の改正を中心とする初めての法改正が行われたものである。

第65回帝国議会に提出された市街地建築物法中改正法律案は次のとおりである。

市街地建築物法中改正法律案
市街地建築物法中左ノ通改正ス
第七條中「道路敷地」ヲ「道路幅」ニ改ム
第八條　建築物ハ其ノ敷地ガ命令ノ定ムル所ニ依リ道路敷地ニ接スルニ非ザレバ之ヲ建築スルコトヲ得ズ但シ特別ノ事由アル場合ニ於テ行政官廳ノ許可ヲ受ケタルトキハ此ノ限ニ在ラズ
第九條　建築物ハ建築線ヨリ突出シテ之ヲ建築スルコトヲ得ズ但シ建築物ノ地盤面下ニ在ル部分ハ此ノ限ニ在ラズ

第十條中「市街ノ體裁上」ヲ「市街ノ計畫上」ニ改ム
第二十三條　本法適用ノ區域ハ主務大臣ノ指定スル市街地トス
特別ノ必要アル場合ニ於テハ主務大臣ハ前項ノ市街地ノ外ニ亙リ本法適用ノ區域ヲ指定スルコトヲ得
第二十六條第一項ヲ左ノ如ク改ム
本法ニ於テ道路ト稱スルハ幅員四メートル以上ノモノ及幅員二・七メートル以上ニシテ土地ノ状況ニ依リ行政官廳ノ認定シタルモノヲ謂フ
附則（略）

この改正案は、貴族院で第26条第1項の改正が削除され、第7条～第10条及び第23条の改正法が成立した（1934（昭和9）年4月7日公布、1935（昭和10）年2月1日施行）。第26条第1項の改正の削除の経緯は後述するが、この法改正の概要は次のとおりである[5]。

第7条は、法文上は「道路敷地」が「道路幅」に改められたに過ぎないが、同条のただし書の「但シ特別ノ事由アルトキハ行政官廳ハ別ニ建築線ヲ指定スルコトヲ得」の運用が大きく変えられることになった。従来、建築線には、道路用地を確保するための指定と、道路に沿う建築物を後退させることを目的にする指定の2つがあったが、後者の場合は建築線の制度から引き離して、第10条の「壁面の位置の指定」に一緒に規定することとなり、そこで第10条の「市街ノ體裁上」が「市街ノ計畫上」に改められて、建築物を後退させることを目的にする場合は壁面線が指定されるようになった。また第8条は、従来は「建築線ニ接セシムルコトヲ要ス」となっていたが、建築線が指定されるということは必ずしも同時に道路ができるという前提ではなく、このため、建築線が指定されて家が建っても、道路はできないでそのままに

なっているものがあり、衛生上、また保安上甚だ不適当と思われる不良住宅地区ができているため、建築物はその敷地が道路敷地に接しなければ建築することができないという規定に改められた。また第23条は、法適用区域の指定の手続について、勅令で指定することになっていたものが主務大臣が指定することに改められ、事務の簡捷が図られることになった。

法改正に伴う省令改正では、後退建築線がなくなることによって従前の市街地建築物法施行規則第4条の規定が不要となり[6]、施行規則第4条には次のとおり、現代の法規につながる新たな規定が導入された。

帝国議会に提出された市街地建築物法中改正法律案では、このほかに第26条第1項「本法ニ於テ道路ト稱スルハ幅員九尺以上ノモノヲ謂フ」を「本法ニ於テ道路ト稱スルハ幅員四メートル以上ノモノ及幅員二・七メートル以上ニシテ土地ノ状況ニ依リ行政官廳ノ認定シタルモノヲ謂フ」に改めることも予定されていた。この法律案は貴族院で先に審議され、1934（昭和9）年2月22日の特別委員会で、冒頭に、齋藤隆夫内務政務次官と飯沼一省都市計画課長から改正内容の説明があったが、最初に質問に立った大森佳一男爵は、「改正の事項は非常に重要な事項であります（中略）したがってこれは都市計画法における都市計画委員会に重要な事項として大臣が御諮問になるような必要があるものではないか」と質し、6日間の特別委員会の審議では、都市計画委員会に諮っていないことや、道路の幅員を見直すことへの反対意

見が多く出された。道路の幅員の見直しは、「土地及び建築関係の市民の経済負担というものは非常な影響をこうむるものじゃないか」「交通関係において道路が拡がって行かなければならぬということは私も考えております、これは市街地建築物法の規定によってこれを要求するのは私は無理だろうと思う、都市計画法関係の筋において、この道路の幅をなるべく拡めていくということが必要なことであります」等の意見が出され、3月16日の特別委員会では改正法律案の第26条削除の動議が可決されて、第26条は改正されないこととなった。

---

3 1936（昭和11）年
特殊建築物規則の制定

1932（昭和7）年12月16日午前9時18分頃、歳末大売出中の日本橋白木屋百貨店4階玩具売場から火災が発生した。開店時間後間もない早朝であったため入店客は少なかったが（出火当時4階以上には約700名の人がいた）、鉄骨鉄筋コンクリート造地下2階、地上8階建総延坪10,395坪の建物の4階から7階まで2時間半にわたって延焼して約4,000坪を焼失し、火災による死者が1名、墜落による死者が13名、傷者が67名という惨事となった（「昭和7年12月16日火災に依る白木屋百貨店の災害について」より）（口絵4）。

また、同年12月23日午前1時頃、東京市深川区の大富市場で火災が発生した。大富市場の建物は木造2階建（屋階建附）、建築面積100坪、延床面積243坪、1階が店舗（一部住宅）、2階・屋階が住宅の店舗兼住宅であり、2階の住宅の居室より出火して約40分間に同市場を全焼しさらに隣接建物に延焼して、全焼3棟、半焼9棟、死者23名、重傷者3名の惨事となった（「深川大富アパート及市場火災実況に就て」より）。

建築学会では、1933（昭和8）年2月、山本達雄内務大臣に対し、百貨店の如く多数の顧客を集

める建築に必要な防火施設を具体的に示して建議し、4月には、内務省都市計画課長宛てに、百貨店及びアパートの防火施設などについて法令制定に関する意見書を提出した。その内容は、各取締規則の内容を箇条書きに列挙して提案したものであり、同年6月29日には、警視庁において百貨店建築規則、アパート建築規則が公布された。当時の警視庁建築課長の北沢五郎[7]は講演で、特殊建築物の規則は市街地建築物法第14条により内務省令で出すことに決まっていると述べつつ、内務省ではまだ立案中のため「警察命令で一日も早くこれを出す必要を認めて早く出した」と、市街地建築物法に基づかずに警察命令として急いで出した理由を説明している。その後、1934（昭和9）年9月21日の室戸台風により小学校校舎の倒壊で多数の犠牲者を出した大惨事から、小学校建築も何とかしなければならないということになり[8]、これらをあわせて、1936（昭和11）年9月11日、学校、共同住宅、百貨店及び自動車車庫の4つの建築物を対象とする「特殊建築物規則」（内務省令第31号）が公布され、同年10月1日より施行された（**DVD**1-8-2）。

内田祥三[8]は、特殊建築物規則の公布に当たって開催された建築学会の講演会で、会長として開会の辞を次のとおり述べている。「元来この特殊建築物に対しまする規則は市街地建築物法の立案の当時におきましてすでに問題になっていたのでありまして、我々はできるならば建築物法の施行と同時に特殊建築物に対しても相当の規則が整って一緒に実施せられるということを希望しておったのでありますが、いろいろの事由のためにさようには参らなかったのであります。」

特殊建築物規則が定められる以前は、市街地建築物法第十四條ノ規定ニ依ル特殊建築物耐火構造規則（大正12年6月1日内務省令第15号）だけが適用されており、これは7条からなる比較的簡素な規則で、①主要構造部を耐火構造としなければ

ならない建築物、②外壁を耐火構造としなければならない建築物、③外壁を耐火構造又は準耐火構造としなければならない建築物の3種類を規定するだけであり、建築物内部の避難や火災の拡大防止に関する規定はなかった。

これに対し、特殊建築物規則では、避難階段、非常口、防火区画、階段や廊下の幅員など、56条からなる詳細な規定が設けられた。避難階段は屋内避難階段、準屋内避難階段、屋外避難階段の3種類とし、屋内避難階段の構造は、屋内との連絡は露台（バルコニー）又は外気に開放する附室を設けること、階段室及び附室は耐火構造の壁体でこれを囲むことなど、種類ごとに階段の構造設備の規定が定められた。また、小学校における児童の常用に供する階段及び踊場の有効幅員は1.4m以上、蹴上は16cm以下、学校における生徒の常用に供する廊下の有効幅員は片廊下の場合1.8m以上、中廊下の場合2.3m以上、共同住宅の住戸又は住室の床面積の合計100m²以上の階に設ける常用の共用廊下の有効幅員は片廊下の場合1.2m以上、中廊下の場合1.5m以上と規定されるなど、現代の建築法規に引き継がれたものが多くある。

4　1938（昭和13）年 市街地建築物法改正

市街地建築物法の2回目の法改正が実施されたのは1938（昭和13）年である。第73回帝国議会に提出された市街地建築物法中改正法律案は、現行法では土地利用の適正を図り、建築物の用途を統制する上で不十分な点があるのみならず、交通、防空及び保健衛生の見地からも改正の必要を認めた、と提案理由が説明された。改正法律案は次のとおりである。

市街地建築物法中改正法律案
市街地建築物法中左ノ通改正ス

第二條ニ左ノ一項ヲ加フ

　主務大臣必要ト認ムルトキハ住居地域内ニ住居専用地區ヲ指定シ其ノ地區内ニ於ケル住宅以外ノ建築物ノ建築ノ禁止又ハ制限ニ關シ必要ナル規定ヲ設クルコトヲ得

第四條ニ左ノ一項ヲ加フ

　主務大臣必要ト認ムルトキハ工業地域内ニ工業専用地區ヲ指定シ其ノ地區内ニ於ケル工場、倉庫其ノ他之ニ準ズベキモノ以外ノ建築物ノ建築ノ禁止又ハ制限ニ關シ必要ナル規定ヲ設クルコトヲ得

第五條中「前三條」ヲ「第二條第一項、第三條及前條第一項」ニ改ム

第十一條ニ左ノ一項ヲ加フ

　主務大臣必要ト認ムルトキハ高度地區ヲ指定シ其ノ地區内ニ於ケル建築物ニ付高ノ最低限度若ハ最高限度ヲ定メ又ハ空地地區ヲ指定シ其ノ地區内ニ於ケル建築物ニ付床面積ノ敷地面積ニ對スル割合及敷地ノ彊界線ヨリノ距離ノ限度ヲ定ムルコトヲ得

第十二條中「衛生上又ハ保安上」ヲ「衛生上、保安上又ハ防空上」ニ改ム

第二十六條中「幅員九尺」ヲ「幅員四メートル」ニ改メ同條第二項ヲ左ノ如ク改ム

　幅員四メートル未満二・七メートル以上ノ道路及道路ノ新設又ハ變更ノ計畫アル場合ニ於ケル其ノ計畫ノ道路ハ勅令ノ定ムル所ニ依リ之ヲ道路ト看做ス

　　附則（略）

　この法改正は1938（昭和13）年3月28日に公布され、市街地建築物法施行令及び施行規則の改正とともに、1939（昭和14）年2月1日に施行された。法令を通じたこの改正の要点は、①用途地域制の強化整備、②建築物の密度並びに道路幅に関する規定の強化、であり、同年4月に施行された防空建築規則とあわせて、都市計画及び都市防空に関する事項を主とした改正が行われたものである。この法令改正の概要は次のとおりである[9]（防空建築規則以降の戦時下の法令については次節に掲載）。

　用途地域制に関する改正としては、住居専用地区と工業専用地区が新たに設けられた。従来の規定では、店舗、飲食店の類はいずれの地域においても建築が許容されており、どこにでも商店街ができる可能性がある。一般に個々の店舗については直接住居の安寧を害するものとは言い難いが、集合連担し商店街が形成されて人車の交通が輻輳すると住宅地としての環境を阻害することになる[10]ということで、別に住居専用地区の制度が設けられた（法第2条第2項、規則第3条の2）。また、工業地域は用途上無制限の地域であり、市街地の大半を占める住宅、店舗の類の建築が放任されているため、大規模の工場の用地取得が困難となるなど著しく工業地域の機能を減殺し、一方、工場と住宅、学校等との近接によって保安上、衛生上の障害が生じる[11]ということから、工業専用地区の制度が設けられた（法第4条第3項、規則第3条の7）。また、施行令第1条、第2条、第3条の指定建築物の種類を整理し、概して商業地域及び未指定地域内における用途制限が緩和された。また、従来、各地域内における既存不適格建築物は期限付きで拡張や用途変更を認められており、その期限は当初10年、その後15年に延期されていたが、6大都市でその期限が近くなり、不適格工場の移転は極めて困難と考えられることから、この期限を撤廃する一方、敷地の拡張は認めないこととなった（施行令第3条の2）。

　建築物の密度並びに道路幅に関する規定については、都市における保安上、衛生上、交通上きわめて重要なものであるが、従来の規定では都市計画上不十分、不徹底であるといった現状に加えて、都市防空上、木造家屋を主体とする都市において家屋の分散疎開の必要性が重視される状況に

至ったことから、これらの関係規定が全般的に強化されることになった。工業地域及び未指定地域内における建蔽率の最高限度が7/10から6/10に改められて住居地域と同列となり、高度地区と空地地区は都市計画の施設として内務大臣が決定するものに改められた。高度地区の内容は従来のままであるが、空地地区の制限内容は、床面積の敷地面積に対する割合と敷地境界線よりの距離の限度を規定し、建築物の分散疎開の目的に適格に沿うものに改められた。空地地区における床面積は「内務大臣ノ定ムル所ニ依リ屋階及地階ヲ除キタル部分又ハ第一階ノ部分ニ付之ヲ算ス」(施行規則第6条の2) と定められ、延べ面積と建築面積の2種類があった。菱田厚介[12]は「将来の大都市等に設定さるべき空地地区は延坪を基本としたものと考えております。」と講演し、「従来はただ一階の面積だけでありますから逃げ場があったのです。例えば100坪の土地に60坪しか家は建たなかったけれども、しかしそれじゃ困るという家はこれを総二階にする手がございました。空地地区の中におきましては、将来そういう逃げ場がございません」と、この改正で初めて導入された容積率制限について説明している。なお、空地地区の具体的な制限は指定の都度その地区について定められるものであるが、空地地区種別決定標準が

表1 空地地区種別決定標準

空地地区	床面積の敷地面積に対する割合	建物の外壁面より敷地境界に至る距離	
		一般壁面の場合	第2階以上の階の北向壁面の場合
2割空地地区	2/10	1.5米	3.5米
3割空地地区	3/10	1.5	3.5
4割空地地区	4/10	1.0	2.0
5割空地地区	5/10	1.0	2.0
6割空地地区	6/10	―	―
7割空地地区	7/10	―	―
北向壁面とは東北乃至西北の方位に面する壁面を謂ふ			

地方長官宛て通牒された (表1)。

道路幅の最小限度9尺を4mに改めたのは1934年改正案で修正削除された条項の復活とも言えるが、改正理由としては、一般交通並びに防空防火に関する防衛消防上幅員が不十分であり、加えて保健衛生上の必要もあるためと説明された。

その他の改正として、施行令第31条の緩和規定が廃止され、中小都市においても、市民の保健並びに防空防火上の必要により差別的取扱いをすることは適当でないとして、建築物の高さ及び敷地内空地に関する施行令の規定が適用されることとなった。

1-9 戦時下の市街地建築物法

1937（昭和12）年盧溝橋事件に端を発して日中戦争が始まり、以後、戦時統制化の様相を強めていく。同年4月には防空法が制定され、法の下での防空行政が始まった。「防空」の概念は建築規制にもおよび、1938（昭和13）年3月には市街地建築物法が改正され、第12条に「防空上」の文言が追加された。これに基づき、防空建築規則が制定されたが、防空＝都市防火の観点から木造建物主体の都市構造に対する懸念の声は建築界から強く、防空法の第一次改正（1941（昭和16）年11月）では「防空」の定義に「防火」等が加えられた。対米開戦後の1942（昭和17）年4月には日本本土は初めての空襲を経験し、防空法の第二次改正（1943（昭和18）年10月）ではさらに「分散疎開」等が加えられた。そして建築統制が強まる中、1943（昭和18）年12月には戦時行政特例法に基づき市街地建築物法の主要な規定が停止された。このような戦時体制下、市街地建築物法を初めとする建築規制とそれに関わる建築行政がどのように変質し、その役割を変えていったかを追う。

1 戦時体制と建築界の動向

(1) 都市防空に向けた論説等

1918（大正7）年2月に建築4団体より建築都市法制を求める意見書が提出され、これを契機として都市計画法、市街地建築物法の制定に向けて大きく動き出したのであるが、この意見書の中で既に戦時に対する都市建築の対応を求める声が上げられていた。

「将来戦時に於ける都市襲撃に対する防備の急要は国防上欠くべからざるものあるに於いてをや。此次欧州の大戦乱には都市破壊を以て其戦略の一とし盛に之を実行しつつあるを聞く。此点に関しては我国都市の建築の抵抗力殆ど絶無なるを考ふる時は、我国重要都市の改造は焦眉の急務なるを感ぜざるを得ず。」

第一次世界大戦（1914〜1918年）では、ドイツによるロンドン爆撃が行われており、市街地建築物法制定当時はまだその記憶が生々しく、特に建築関係者にとっては、木造を主体とする日本の都市構造に大きな懸念を抱いたものと思われる。以後の建築界の「防空」に関する動向を、建築学会の建築雑誌の論説を中心として見てみることにする。

1930（昭和5）年に古宇田實による「軍縮会議と都市建築」と題する講演があり、1933（昭和8）年8月には当時建築学会長の佐野利器が「防空と建築」と題するJOAK（NHK東京）ラジオ放送を行っている。その中で佐野は、焼夷弾によりわずか1機の飛行機により帝都は焦熱地獄と化すであろうと述べ、木造家屋の集団という我国の都市構造の危険性を問うている。そして、最も緊要なる問題は、防火地区を拡張し耐火構造の建設を促進すべきこと、そのための財政支援、保護、奨励を進めるべきと述べている[1]。同年11月には建築学会主催の防空問題懇談会が開催され、冒頭、佐野建築学会会長は、「都市防空ということに関しては十分我々においても研究するところあって、我々の専門において誤りなきを期し、国家のお役に立つべきことは、その道に依って努べきであると考える」と述べている。懇談会の講演者は以下のような者で、軍人による爆弾の威力の説明会の

様相を呈していた[2]。

　防空の急務について

　　東京警備司令部参謀長陸軍少将　　大谷龜藏

　都市防空について

　　参謀本部陸軍砲兵大尉　　　　　山口武三郎

　都市防空と建築について

　　陸軍技術本部部員陸軍工兵大尉　　木原友二

　1935（昭和10）年11月の講演会で、大阪府建築課の中澤誠一郎は建築サイドの視点で空襲による被害と対応策について総合的に論じている。すなわち、第一点として、爆弾、焼夷弾、毒ガス弾に対し建築物がそれ自身で耐えうる構造設備を見出すこと。第二点として、燈火管制、偽装遮蔽のための対応を考えること。第三点として、空襲に際しての避難、防護の方法を考えることとしている。以後の建築に係る規制は概ねこの視点に沿って進んでいったといえる[3]。

(2)　都市防空に関する調査委員会

　これ以降、建築に係る「防空」の観点からの講演、論説等は年を追って増えていく（「建築雑誌における戦時下関係報文（1930年より1944年）」**DVD** 1-9-1）。その中でも特筆すべきは、建築学会に設けられた「都市防空に関する調査委員会」による調査検討であろう。同委員会については、1936（昭和11）年夏に、当時の陸軍城本部長であった佐竹保次郎陸軍中将が建築学会会長の内田祥三に対して都市防空の重大性に鑑み調査機関の設置を働きかけ、その結果同年12月に建築学会内に委員会設立が決定されたものである。委員長を内田祥三、監事を田邊平學として、当初、焼夷弾を対象とした研究からスタートした。1937（昭和12）年6月には、4つの小委員会、第一小委員会（小学校における避難所設備（後、避難所設備、後、防護室研究））、第二小委員会（工場における燈火管制設備（後、工場防空施設研究））、第三小委員会（偽装関係（後、偽装研究））、第四小委員

会（防火設備関係（後、防火研究））が設けられ、調査検討の分担が定められた。

　その後、焼夷弾パンフレット小委員会、木造外周防火案作成小委員会、第5小委員会（防空対策普及宣伝計画）、第6小委員会（都市防空計画に関する研究）、第7小委員会（密集街区罹災復興計画研究）、防火改修急速実施方策特別委員会、建築疎開に関する特別委員会等次々と検討体制が強化され活動を広げていった。以下に当委員会で作成され報告された研究等の成果をあげる。

1937（昭和12）年7月	木造平屋建家屋の火事温度
1938（同　13）年2月	焼夷弾の作用と其の対策
1938（同　13）年4月	都市対空偽装の一般論
1938（同　13）年11月	防空対策普及宣伝事業の実施（都市防空防火講演会の各地での実施等）
1938（同　13）年11月	火災実験（木造2階建家屋延焼度実験）：内務省（計画局）との共同実施
1939（同　14）年6月	防火改修パンフレット成案
1939（同　14）年11月	焼夷弾パンフレット成案
1940（同　15）年9月	自家用簡易防空壕及待避所の築造要領
1940（同　15）年9月	都市小学校の防空施設とその利用法
1940（同　15）年9月～	工場防空要綱（各項を順次公表）
1941（同　16）年9月	都市防空緊急施設要綱多層建築物各部の安全度比較の一例
1942（同　17）年2月	都市防空緊急対策要綱案
1943（同　18）年1月	木造密集街区における復興計画作成要綱案成案
1943（同　18）年4月	防火改修促進に関する方策成案→3月31日に方

策具申書を内閣総理大臣
各国務大臣初め県警機関
に提出

1943（同　18）年４月　建築物疎開急施方策成案
1943（同　18）年７月　焼夷弾の作用とその対策
　　　　　　　　（以上　建築学会　建築雑誌より）

　これらの活動と同時並行的に建築学会では建築法規に関する委員会において、防空建築関係規則要綱案を作成し、1938（昭和13）年９月８日付で、建築学会会長佐野利器より「市街地建築物法令中に追加すべき防空建築関係規則要綱案」として内務大臣に建議書が提出された。同年３月に市街地建築物法が改正されており、建築学会として同法施行令に対する意見として提出したものと思われるが、この内容は後述する市街地建築物法に基づく防空建築規則のベースとなった。またこの直後の同年９月21日にはやはり会長名で内務大臣に「重要都市における既存木造家屋の防火補修強制に関する建議」が提出された。防火改修の強制化は1938（昭和13）年の防空建築規則制定時には採用されず、後、1941（昭和16）年の防空法に基づく防火改修規則により実現した。

2　防空法と防空建築規則

　1937（昭和12）年４月に防空法が公布され、軍の行う軍防空に対し民の行う民防空について法制化された。翌1938（昭和13）年には、市街地建築物法が改正され条文上「防空」が加えられた。これに基づき、翌1939（昭和14）年２月に防空建築規則が制定されたことにより、建築規制に「防空」ということが明確に位置付けられた。以後、戦時体制の進展により1942（昭和17）年３月には防空建築規則が改正され、あわせて防空法に基づく防火改修規則が制定された。

　以下、防空法を始めとして、建築規制に係る法令の制定改正について年代順に説明する（「防空法と関連法令」 **DVD** 1-9-2〜1-9-7）。

(1)　防空法の制定

　防空法は1937（昭和12）年４月２日公布、同年10月１日より施行された。法案審議における貴族院議員での河原田稼吉内務大臣の提案理由説明より一部趣旨を示す。

　「近年航空機が著しく発達し、一旦他国と干戈を交える敵機の来襲に備え空襲の危険を防止し被害を軽減することが極めて肝要である。そのため、防空計画を定めそれに基づき訓練を行いまた必要な設備、資材の整備をなすことの必要から防空に関する法規を制定する必要を認めた。法案の内容については、第一に防空の意義を明らかにし、第二に防空計画の設定について定め、第三として特定の者に防空計画遂行に必要な義務に服すること定めた。」（以下略）[4]

　防空の定義として、第１条で防空は陸海軍以外の者が行う燈火管制、消防、防毒、避難、救護とこれらに関し必要となる監視、通信警報をいうとされた。

　防空法制定に関しては、1936（昭和11）年夏に陸海軍省より内務省に対し、防空に関する基本法をつくり、国民に必要な防空上の義務を負わすよう正式に要請がなされた。内務省としては、準備不足の感があったものの、さしあたり地方局がとりまとめ役となり防空法案及び行政組織の検討にあたることになった[5]。法の制定後の1937（昭和12）年10月に、内務省は防空、都市計画を主管する計画局（都市計画課、防空課、庶務課）を設置した。これは空襲による都市災害の防除は基本的に都市計画と関係があるという考え方による[6]。重要府県にも防空課が誕生し、技師13名、技手21名の技術官が選任され、そのうち、建築出身者が技師８名、技手４名を占め「新分野の開拓を見た」とされた[7]。1939（昭和14）年７月に計画局の組織は拡大され、都市計画課、防空課、

第一技術課、第二技術課、庶務課の5課体制となった。

この間の内務省の組織改編の経緯をたどると、都市計画局（庶務課、第一技術課、第二技術課）が、関東大震災後1924（大正13）年2月に復興局が設置された後、同年12月に廃止され、都市計画課が大臣官房に設置された。1932（昭和7）年3月に復興事務局が廃止された後、上記した様に1937（昭和12）年10月に計画局が新設され、更に1939（昭和14）年に組織が拡充され、従前の都市計画局のように第一技術課、第二技術課を含む体制となった[8]。

(2) 市街地建築物法の改正

1938（昭和13）年3月28日に市街地建築物法が改正され、1939（昭和14）年2月1日より施行された。改正内容は、以下の4点である。

① 用途地域に住居専用地区、工業専用地区の導入（第2条、第4条）

② 高度地区、空地地区制度の創設（第11条）

③ 技術的基準について規則への委任条項に「防空」の文言を追加（第12条）

④ 「道路」の幅員を9尺から4メートルに変更（第26条）

貴族院での末次信正内務大臣の趣旨説明では、現行法においては土地利用の適性を図り建築物の用途を統制する上で不十分であり、交通、防空及び保健衛生、特に防空的見地より改正の必要を認めたと述べている[9]。続いて松村光麿内務省計画局長から要旨以下のような説明がなされた。

「第11条の空地地区の制度については、防空の観点からは空地をたくさん確保することが非常に必要であること、加えて第12条で防空的に必要な設備を命じ得ることとした。これについては、大きなビルには地下に防護室を設ける、木造の建築物に防火的な制限を行うなどが考えられる。第26条の道路の幅員については、9尺では消防ポンプが入ることができない、また空襲のことを考えれば、焼夷弾が投下された時には、狭い幅員の道路を将来とも存続させることは危険を増大させる。」

また、第26条の4メートルへの幅員改正については、更に以下の説明がなされた。

「最近の火災の状況につきまして、帝国大学、陸軍省、内務省が協力して各種の実験を行い、一軒の家が火事になった場合、大体5メート離れれば輻射熱による延焼が防げることがわかってきた。家が道路に直面することもないだろうから道路幅員を4メートルとすれば大体家の間隔が5メートル位になるであろうと考えた」[10]。

道路幅員の改正は1934（昭和9）年の法改正時にも提案されたが、貴族院において削除された経緯がある。13年改正で再度政府が提案したわけであるが、今回は時勢の変化から「防空」を前面に掲げての法案審議であり、特段の反対もなく議決された。なお、この間の経緯等は、橋本幸曜の「建築基準法最低道路幅員規定における4m規定の由来に関する研究」に詳細が記述されている[11]。

1938（昭和13）年5月に内務省に防空専門委員会が開設され、一般、土木緑地、建築、燈火管制、通信警報、消防、防毒救護の7部門の体制が整えられた。建築部門は委員11名で、防空建築指導要領、防空建築規則等に関し審議が行われ、以後の防空建築規則の制定につながっていった[12]。

(3) 防空建築規則の制定

改正市街地建築物法第12条に基づき建築防空規則が1939（昭和14）年2月17日に公布され、同年4月1日より施行された。内務技師の菱田厚介が同年4月に行った建築学会の講演より、その趣旨、概要を紹介する[13]。

第一点として、焼夷弾攻撃に対して同時多発性

の火災を原則に考えなければならないこと。そのため、敷地境界と近い部分は緩慢燃焼的な外部仕上げとするものとしたこと

　第二点として、爆弾とガス弾への対応として、建物全体を爆弾に対する防護構造とすることは難しいので、屋根を耐弾構造とすることに加え、建物の一部に防護の施設を設けるものとしたこと

　第三点として、空襲に対する偽装に係る問題で、爆撃目標となるような特別の施設について偽装の対応を求めたこと

が挙げられている。具体の条文では、

① 目的として、建築物の構造、設備又は敷地に関し防空上必要となる事項を定めた。（第1条）

② 適用対象区域として、内務大臣の指定する区域とした。（第2条）

③ 定義として、「耐火木材」、「耐弾構造」、「防護扉」を定めた。（第3条）

　　耐火木材：耐火液を注入した木材で内務大臣の定める規格に適合するもの

　　耐弾構造：鉄筋コンクリート造の屋根版、床版で厚さ40cm以上のもの等

　　防護扉　：鉄製で一定の厚さを有し防毒上有効なもの等

④ 木造建物について、隣地境界線または道路中心線より一定の距離にある部分についての防耐火に係る構造を定めた。（第4条）

⑤ 上記の他、長屋、準防火壁の構造、木造建物の開口部について規定を設けた。（第6条から第8条）

⑥ 一定の規模以上の鉄筋コンクリート造の建物について、耐弾構造とするものとするとともに防護室等を設けるものとした。（第9条、第10条）

⑦ 木造、鉄造の建物について、耐弾効力を有する防護の施設を設けるもの等とした。（第11条）

⑧ 防護室、準防護室の構造設備を規定した。

（第14条、第15条）

⑨ 偽装の為の建築物の形態、色彩等について、地方長官が必要な命令を出せるものとした。（第18条）

⑩ 一定の規模以上の石油タンクについて原則として地下に設けるものとした。（第19条）

　本規則は同年4月に東京市に適用されたことを始めとして、8月には大阪市他17都市に適用された。なお、前記したが、建築学会の「防空建築関係規則要綱案」において、本規則の概ねのベースが形成されている。

　防空建築規則は新築を対象としたものであり、既存建物の防火対策については、1939（昭和14）年度予算に既存木造家屋の防火改修補助費として100万円が計上され、防空建築規則の適用都市において防火改修が国庫補助のもとに行われることになった。同年4月には、国民防空の中央機関として大日本防空協会が設立され、同会において東京市他6市に防空模範街区の建設を援助することになった[14]。防火改修模範街区については、警視庁保安部建築課による記録があり、それによると、東京市神田区金沢町の1街区（163坪）の木造2階建て12棟15戸を対象として、大日本防空協会及び東京市より工事費補助を得て、警視庁建築課において設計監督、株式会社清水組の施工により事業実施され1939（昭和14）年夏に完成をみた。改修仕様までわかる貴重な記録である[15]。防火改修の実績は定かではないが、建築年鑑1941（昭和16）年版では、「既存木造家屋の防火改修事業にも力が注がれ次第に一般の理解を深めて来た。この普及徹底の為には本年も防空協会の援助の下に各地で防空模範街区が完成され、東京、横浜、名古屋を初め10数都市において火災実験が行われ、また講演会も盛んに開催された。」とある[16]。

　なお、この間、1939（昭和14）年7月3日に内務省に防空研究所が設置され、内務省の職員録に

依れば、1940（昭和15）年2月1日時点では建築出身の菱田厚介が所長に就いている。

⑷　防空法の改正（第一次改正）

　防空法が1941（昭和16）年11月25日に改正公布され同年12月20日より施行された。改正内容については広範に渡るが、1．防火改修の強制、2．工場その他の特殊建築物の分散、3．防空空地の設定が主なものである。この改正に関して当時東京帝国大学教授で前建築学会長の内田祥三は講演の中で「軍方面における実験や研究が然らしめたものであるが、そこにはこの方面における専門の建築家諸君の研究が与って力あることとで、建築界はかかる方面においてもその職域奉公を全うしている」と述べている[17]。

　特に建築との関係においては、防空の定義に偽装、防火、防弾、応急復旧が追加され、特に「防火」に関しては、地方長官が防火改修を命じる根拠規定とあわせて費用負担について規定が置かれた。原則所有者負担であるが、市町村による一部（2/3）補助、更に市町村補助に対する国庫補助（1/2）が規定されている。以下内務省防空局施設課長の中澤誠一郎の講演録より概要を紹介する[18]。

① 防空の定義に「防火」等を加えた。（第1条改正）

② 木造建物の防火改修の根拠規定を置いた。（第5条の2追加）
　第1項で、地方長官は区域を指定し、防火改修を命じることができるものとし、第2項で、防火改修の範囲、程度、方法を命令に委任した。

③ 市町村長による防火改修の代施行の規定を置いた。（第5条の3追加）

④ 防火改修の費用は建物所有者の負担とする旨の規定を置いた。（第15条改正）

⑤ 防火改修に係る費用について市町村による補助の規定を置いた。（第16条改正）

⑥ 市町村による補助金に対する国庫補助の規定を置いた。（第17条改正）

　この改正に先立つ同年9月に内務省の組織改正が行われた。1941（昭和16）年9月5日付で計画局と土木局が廃止、防空局と国土局が新設された。国土局は土木局を受け継ぎ、都市計画が加えられた。防空局は企画課、業務課、施設課、整備課の4課体制に加えて防空研究所をもって構成された。（後の1942（昭和17）年11月に、業務課は指導課に、施設課は建築課に名称変更）施設課（後の建築課）は、建築行政の基本法律である市街地建築物法を所掌し、都道府県警察部内の建築事務主管課を監督するものであって、その行政の一環として防火・防弾等の防空業務の実施に当たったとされる[19]。この段階で、都市計画行政と同じ部局にあった市街地建築物法の施行を中心とした建築行政が防空行政の下に組み入れられることになった。

　防空局設置以前の計画局当時には、第二技術課長は建築出身者であったようで、先の中澤誠一郎も課長を務めており（1941（昭和16）年8月15日時点）、防空局設置後は中澤は施設課長となっている。（1942（昭和17）年7月1日時点）、中澤は菱田（前出）の後任として防空研究所の所長も務めている。

　なお、内務省の組織については、後述の「附内務省の組織変遷（建築関係）」で記している。

⑸　防空建築規則の改正

　防空建築規則が1942（昭和17）年2月27日に改正公布され、同年4月1日より施行された。改正の内容については、前記の中澤誠一郎の講演記録から概要を記す[18]。

　防空建築規則は大別すると、1．木造建物に対する防火構造の規定、2．一定の規模以上の建物や特殊建築に対する人命の防護に関する規定、

3．偽装に関する規定、4．石油タンクに関する防護の規定となる。今回改正では、1の木造建物に対する防火構造と2の人命防護の規定については相当の改正を行い、3の偽装と4の石油タンクの規定についてそのままとした。

具体的に見ていくと、

① 用語の定義（第3条改正）

耐火木材を甲種・乙種に区分し、防弾扉と防護壁を新たに加えた。

② 木造の防火構造の規定（第4條改正）

ア　外壁、軒、庇等を構成するものとして、耐火木材、石綿版、金属板について厳しくし、マグネシヤセメント板、木毛セメント板等を新たに加えた。（第1項第1号改正）

イ　窓、出入口を構成するものとして、耐火木材、石綿版、金属板について厳しくし、マグネシヤセメント板、網入りガラスを新たに加えた。（第1項第2号改正）

以上は、当初規則制定以降の実験の成果を徴したものという。

③ 門、塀に係る規定（第4条の2追加）

門、塀等について、木造の防火構造に準じるとする旨の規定を新たに設けた。

④ 大規模な木造建物に係る規定（第5条の2追加）

床面積600m²超かつ軒高5m超の木造建物について、ア）外壁、軒、庇等、イ）主要な間壁、ウ）小屋裏・天井裏、エ）廊下、オ）木造天井について所要の構造規定を新たに設けた。

⑤ 木材の腐食に係る規定（第5条の3追加）

主要な構造用木材の腐食に係る規定を新たに設けた。

⑥ 瓦葺き屋根に係る規定（第5条の4追加）

飛び火被害の防止のため、瓦葺き屋根に係る規定を新たに設けた。

⑦ 木造建物の開口部等の制限（第8条改正）

延焼防止のため、隣地境界線に面する開口部の制限を厳しくした。

⑧ 防火庫に係る規定（第8条の2追加）

火災時に荷物を持って逃げることをなくすために、木造建物の地下収納庫の規定を新たに設けた。

⑨ 防護室を要する建物に係る規定（第10条から第13条改正）

防護室を要する建物の要件を厳しくした。（第10条、第13条）また、空地で代替することを不可とした。（第11条）

⑩ 防護室の構造設備に係る規定（第14条改正）

ア　周壁について、耐弾効力の観点から規制を強化した。（第4号改正）

イ　出入口について、防弾効力の観点から防護壁を設けるものとした。（第5号改正）

ウ　外壁開口部に設ける防弾扉ついて、制限を厳しくした。（第6号改正）

⑪ 重要な工場等に係る規定（第17条の2追加）

重要な工場、事業場についての規制を強化した。（地方長官により耐弾効力の大きい構造とすることを可とした）

⑫ 燈火管制に係る規定（第17条の3追加）

燈火管制に係る規制を強化した。（地方長官により開口部の隠蔽等の措置を可とした）

⑬ 適用区域に係る規定（第21条追加）

従来第2条で適用区域については、内務大臣の指定する区域としていたが、今回第2条を削除し、新たに第21条を追加し、原則として市街地建築物法の適用区域に本規則が適用されるものとされた。ただし、第4条から第12条、第16条及び第17条は内務大臣の指定する区域ついては適用しないものとされた（この場合、適用される条文は、重要な工場等に係る制限、燈火管制に係る制限、建物の偽装に係る制限、石油タンクに係る制限等となる）。

当時（1942（昭和17）年3月末時点）市街地建築物法適用区域は、全国で178市、233町、132村

の合計543市町村であり、このうち旧規則第2条により内務大臣が指定した区域として防空建築規則が適用されている区域が、38市、9町、28村であった。附則によりこれらの既適用区域以外の区域は第21条の内務大臣が指定する区域と見なして本規則の限定適用の対象とされた[19]。

(6) 防火改修規則の制定

改正防空法第5条の2の規定に基づき防火改修規則が防空建築規則の改正と同時期、1942（昭和17）年3月27日に公布され同年4月1日より施行された。その内容について前記の中澤の講演録より概要を紹介する。技術的基準は基本的に防空建築規則を準用しているが、特に、一般の木造建物についてはブロック単位で改修するものとされている点が注目される。

① 対象区域（第1条）

改正防空建築規則第21条と連動し、同規則の適用のある区域を対象区域とした。

② 防火改修の対象木造建築物（第2条）

防空法第5条の2の規定により地方長官が防火改修を命じることのできる木造建築物を定めた。第1号で大規模の建物、第2号でその他の一般の建物とした。

③ 防空建築規則の準用（第3条）

防火改修について防空建築規則の木造の防火構造等に係る規定（第3条、第4条、第5条、第5条の2、第5条の3）を準用するものとした。なお、第4条から第7条では、防空建築規則準用における地方長官による特例的規定を置いている。

④ ブロック改修（第9条）

第2条第2号の一般木造について、その防火改修はブロック（街廊）毎に行うものとした。

⑤ 費用負担（第10条）

費用負担の詳細について規定した。

⑥ 設計の認可（第11条、12条）

防火改修の設計について期限を定め地方長官の認可を受けるものとした。さらに市町村長が代施行する場合においても設計について地方長官の認可を受けるものとした。

⑦ 竣功の届出（第13条）

防火改修工事の竣工時には地方長官に届出るものとした。

⑧ 地方長官による基準の付加

内務大臣の認可を受け、地方長官が別の規定を定めることできるものとした。

本規則による防火改修の実績については資料を見出すことができなかったが、規則施行後、米軍による本土空襲が始まっており、防火改修というよりは後に述べる建物疎開の方に重点が移って行ったのではないかと思われる。

(7) 防空法の改正（第二次改正）

1943（昭和18）年10月31日に防空法が再度改正され、第1条の防空の定義に、分散疎開、非常用物資の配給等が加えられた。

分散疎開については、主務大臣は防空上建築物の分散疎開を図る必要のある時は一定の区域を指定し、その区域内における建築を禁止し、または、その区域内に存する建築物の除却、改築等を命じることができるものとされた。（第5条の5、第5条の6）

この法改正と並行して、内務省は防空行政には組織全体であたるべきとして、同年11月に防空局を廃止して、内務大臣を長とする防空総本部を設置した。防空総本部の業務としてまずとられた措置は疎開であった。疎開には広い意味では、建物疎開と人の疎開の二つを含むが、最初に取り上げられたのは前者であった。建物疎開は前記した防空法を根拠として建築物の除却等をするものであるが、これについては次項で詳述する。

3　建築統制と市街地建築物法の停止

　1943（昭和18）年12月に市街地建築物法の一部規定の適用が停止された。ここでは、その背景として戦時体制が強化される中での建築統制、そして建物疎開についても概要を説明する。

(1)　建築統制

　防空法の制定が1937（昭和12）年4月であるが、同年10月には鉄鋼工作物築造許可規則（1937（昭和12）年10月11日商工省令第24号）が制定され、鉄筋コンクリート造、鉄骨を有する鉄筋コンクリート造、鉄骨造または鉄造の工作物（建築物を含む）については、商工大臣の指定する工作物及び使用する鉄鋼が50トン以下の工作物を除き、地方長官の許可を受けるものとされた。資材統制はその後も、銅、鉛、亜鉛等の金属、更にはゴムに及び、資材という点から建築に対する制限は厳しさを増していった（「戦時関連法令」**DVD**1-9-8）。木材も例外でなく、1939（昭和14）年11月には木造建物建築統制規則（1939（昭和14）年11月8日商工省令第67号）が制定され、100m²以上の住宅は地方長官の許可制となった。これには木材を小規模住宅に振り向け少しでも住宅難の解消を図る意図もあったようである[20]。戦争が厳しさを増す1943（昭和18）年4月には、鉄鋼工作物築造許可規則及び木造建物建築統制規則が廃止され、代わって物資統制令に基づく工作物築造統制規則（1943（昭和18）年4月1日商工省令第17号）が制定され、鉄鋼の使用が原則禁止された。住宅も例外でなく、原則50m²以下とされた。これによる建築行政界への波紋は大なるものがあり、「建築行政部門はどこへ行く」といった声が巷間喧伝されたという[21]。

　この間の建築竣功面積は、1937（昭和12）年の約2,400万m²をピークとして、以後急激に減少し、1944（昭和19）年では約700万m²と1/3以下となった。（以上の数値は市街地建築物法適用区域におけるもの）[22]当時の建築統計については、戦時下通年的に統計データとして把握するに至っていないが、1937〜1940（昭和12〜15）年の六大都市における竣工データを建築学会建築年報より記載する。（**表1**）なお、1941（昭和16）年については建築年報において記載がない。

　表に見るように、1937（昭和12）年以降わずか3年で竣功棟数が半分近くに落ち込んでいる。特にRC造の減少がはなはだしく、それに代わって、其の他構造（煉瓦造、石造、コンクリート造、土蔵造、木造煉瓦造及び木骨石造等を含む）が激増していることが目立つ。

(2)　建物疎開

　「建物疎開」とは、当時防空局建築課技師であった小宮賢一によると、いわば密集市街地内における空地造成事業であり、都市防衛強化のために脆弱な建物を計画的に除却して空地を造ることを目的とするもので、防空法（第5条の5第2項）に基づき主務大臣が空地（疎開空地）を指定し、その中の建物を一種の公共事業として除却していくものである[23]。

　政府は、防空法改正後の1943（昭和18）年12月に都市疎開実施要綱を決定し、実施する区域と方法を定めた。当面実施する区域を京浜地域（東京都区部、横浜市、川崎市）、阪神地域（大阪市、神戸市、尼崎市）、名古屋地域（名古屋市）、北九州地域（門司市、小倉市、戸畑市、若松市、八幡市）とし、方法は人員疎開、施設疎開、建物疎開とした。

　疎開空地の指定は、関係都府県において立案し内務大臣が指定、官報告示された。疎開空地は以下の三種に分類される。

　重要施設疎開空地：軍需工場等の施設の周囲に
　　　　　　　　　　空地を設け、施設への延焼

表1　六大都市（東京市、京都市、大阪市、横浜市、神戸市、名古屋市）竣功建築物※

	総棟数	延べ面積（千m²）	RC・SRC	S	W	その他
昭和12年	110,722	11,173	1,187	499	9,482	5,470
昭和13年（S12比%）	84,827 （77）	9,302 （83）	1,060 （89）	471 （94）	7,765 （82）	7,379 （135）
昭和14年（S12比%）	77,418 （70）	8,148 （73）	490 （41）	385 （77）	7,249 （76）	15,508 （284）
昭和15年（S12比%）	64,241 （58）	6,751 （60）	224 （19）	184 （37）	6,394 （66）	39,967 （731）

※建物竣功には、新築、増築、改築等を含む　　　　　　　　RC：鉄筋コンクリート造　SRC：鉄骨鉄筋コンクリート造
　建築学会建築年報昭和13年版〜16年版より作成　　　　S：鉄骨造　W：木造

　　　　　　　　　　　を防ぐ

交通施設疎開空地：主要駅、重要街路に広場式
　　　　　　　　　の空地を設け、交通の緩和
　　　　　　　　　等を図る

疎開小空地　　　：密集度の高い市街地に小面
　　　　　　　　　積の空地を散在させ、密度
　　　　　　　　　を下げる

　疎開空地における建物除却は、基本的に都府県事業とし実施された。除却すべき建物所有者等に対して防空法第5条の6の規定により地方長官が除却等を命じることができるが、実際は都府県が一旦買収して一括して除却命令を発するという方法であった[24]。

　内務省防空総本部発足後、まずとられた措置が建物疎開であり、事業の実施のため土木や建築の技師が多数従前の防空局や東京都地方委員等から移動し、建物疎開の計画策定に中心的役割を果したという[25]。

　制度は整備されたものの、建物疎開事業は遅々として進まず、政府は1945（昭和20）年1月に空襲対策緊急強化要綱を閣議決定し、疎開事業の強化を図った。これにより東京では10万5千戸の取壊しを追加実施することが決定されたが、実施に踏み切れないうちに、同年3月10日の大空襲に見舞われた。内務省防空研究所はその後3月24日に防空技術懇談会を開催し、防空総本部、東京都、国土局などから建築、疎開、防空、土木、消防、警備、通信等に係る技師を集めて大空

襲と防空について技術的観点からの意見交換を行った。その場では、大阪、名古屋での空襲と比較しつつ、100メートル幅員の空地帯でも強風下飛び火で延焼した、疎開はある程度効果があったがなお不十分であった、防火改修がこのような大火ではだめであった、耐火建物の問題は窓にある等の意見が交わされた[26]。

　「疎開」という用語は、越沢明によるとドイツ語の「Auflockerung」という防空都市計画の専門用語を内務省技師の北村徳太郎と小栗忠七が訳した造語とされている[27]。

(3)　市街地建築物法の停止

　1943（昭和18）年12月に戦時行政特例法の規定に基づき市街地建築物法及び同法施行令の特例（勅令第942号）が定められ、法と施行令の一部規定（以下に示す）の適用が停止された。

市街地建築物法
　第2条第1項　住居地域の用途規制
　第3条　商業地域の用途規制
　第4条第1項　工業地域の用途規制
同法施行令
　第1条〜第3条　各用途地域内の禁止用途
　第4条〜第6条　地域及び構造による高さ制限
　第7条〜第10条　道路斜線制限
　第12条、第13条　屋上突出物等に関する高さ
　　　　　　　　　制限の特例

以上のように主として用途制限と形態制限に関する規定の適用が停止された。市街地建築物法の規定停止については、勅令であり議会議事録等がないことからここに至る政府見解は定かではないが、当時内務技師であった伊東五郎は用途地域規制の停止について、「言うまでもなく法令の制限による障碍を徹底的に排除して、一刻を争う軍需関係等の建設を敏速にするために実施されたもの」と述べている[28]。なお、都市計画法令についても同年勅令第941号により、都市計画、都市計画事業等について認可の規定が停止されている。

一方で、内務省防空総本部建築課は「建築指導要領」を策定し、1944（昭和19）年2月に各地方庁に行政指針として通達した。冒頭総則において、「建築物は建築関係諸法令に依るの外、可及的に本指導要領に依ること」と記されている。以下に、項目を記す[29]。

第1　総則

第2　敷地

第3　建築物の配置

第4　平面計画

第5　構造設備

第6　構造強度

用途制限については、戦時特例により適用が停止されたが、総則の4として「市街地建築物法に依る地域の指定ありたる場合は、戦力増強上又は公益上已むを得ざる場合の外、地域制限に準拠すること」としている。こういった点で、飯塚正三は「軍部の戦時特例に抗して、市街地建築物法の灯を守り続けようとした内務省井上建築課長（防空総本部施設局建築課長井上信二）などの、ささやかな努力の軌跡をそこにみることができる。」と記しているが[30]、まさにそういうところではないかと思われる。

4　まとめ

防空行政を担った防空総本部は1945（昭和20）年8月31日をもって廃止された。停止中の市街地建築物法は昭和21年3月19日公布の都市計画法及同法施行令戦時特例の改正において、法は全条文が復活したことにより、用途制限も復活し、施行令の高さ関係規定等だけが引き続き停止とされた。

ここで、やはり気になることは、戦時下という特別の状況で制定された様々な建築関係規定が建築行政として蓄積となったか、また、次代の建築基準法に何らかの形で受け継がれたかということである。

防空という言葉自体、建築サイドではほとんど防火という観点で語られてきている。当時東京帝国大学教授の濱田稔は次のように記している。「過ぐる昭和8年、内田教授（内田祥三東京帝国大学教授）の発意により木造家屋防火を以て緊急研究事項となし、実大の家屋を焼いて火災の本質を求めた研究は、防空防火の国家的要望から、一層重要性を増し引き続きいろいろの事柄に進展し今日に至っている。」そして、防空建築規則の防火規定について木造建築の簡易防火構造という方式が設定されたことが木造都市の危険性を救うものとして重要であるとしている[31]。「防火構造」という用語は防空建築規則の中では使われていないが、当時規則制定に関わった中澤も講演の中で「木造建物に対する防火構造の規定」と述べているように、用語としては定着しつつあったものと思われる。

防空建築規則第4条が木造の「防火構造」に係る規定であるが、そこでは規定の適用条件として、「隣地境界線又は道路の中心線より水平距離3m未満の位置にある部分について」その構造を

規定している。また、地盤面より4mを超える部分については、「隣地境界線又は道路の中心線より水平距離5m未満の位置にあるものについて」適用としている。更に、同一敷地内にある木造建物については、外壁間の中心線を以て隣地境界線とみなすと規定されている。(但し、建築面積600m²以下の建物については適用除外) これは現在の建築基準法の「延焼のおそれのある部分」[32]に引き継がれており、木造建物の延焼防止を主要な目的とした規定が法制化された意義は相当に大きいものと考えられる。

このような観点も踏まえて、防空建築規則等の諸規定が戦後の建築基準法における諸規定にどのように受け継がれ、また影響を与えたかについては、更なる検証を待ちたい。

DVDに「防空法関連法令」として以下を収録。

・防空法 (一部、第一次改正、第二次改正を含む) **DVD**1-9-2

・防空法施行令 (一部) **DVD**1-9-3

・昭和13年市街地建築物法改正 (一部) **DVD**1-9-4

・防空建築規則 **DVD**1-9-5

・防火改修規則 **DVD**1-9-6

・市街地建築物法及同法施行令戦時特例 **DVD**1-9-7

附　内務省の組織変遷 (建築関係)

表2に市街地建築物法制定以後終戦までの内務省の建築関係の組織の変遷を示す。

1918 (大正7) 年5月に大臣官房に都市計画が新設され、同課が事務局となり都市計画法及び市街地建築物法の制定に至った。1922 (大正11) 年5月には都市計画局が新設され、第二技術課長には建築出身者が就くこととなった。1923 (大正12) 年の関東大震災後、復興局が置かれたこともあり、都市計画局は廃止され、都市計画課は従前のように大臣官房に戻った。1937 (昭和12) 年10月に計画局が新設され、第二技術課長には再び建築出身者が就くこととなった、この段階までは、防空行政が新たに組み入れられたものの、都市計画行政と建築行政は都市計画課あるいは都市計画局のもとにあった。

しかし、1941 (昭和16) 年9月の組織改編で、計画局と土木局が廃止され新たに防空局と国土局が新設されたことにより、都市計画行政は土木系の国土局に、建築行政は防空局へと分かれ、以後建築行政は防空行政のもとで、防空関係の業務と市街地建築物法関係の業務に関わることになる。防空局施設課長 (後、建築課長) には建築出身者が就き、また、防空研究所長にも菱田、中澤の建築出身者が就いている。

表 2　内務省の組織変遷（建築関係、防空関係）　　　　　　　　　　　　　　（T：大正　S：昭和）

法　令　等	組　織	備　考
【大正】 T8.4.5 都市計画法、市街地建築物法公布	T7.5.22 大臣官房に都市計画課新設 T11.5.19 都市計画局新設 　庶務課、第一技術課、第二技術課 T13.2.25 復興局設置 T13.12.20 都市計画局廃止 都市計画課は大臣官房に移行	T12.7.1現在 都市計画局第二技術課長　笠原敏郎 T12.9.1 関東大震災 T13.7.1現在 復興局建築部長　笠原敏郎 都市計画局第二技術課長　野田俊彦
【昭和】 S12.4.2 防空法公布 S13.3.28 市街地建築物法改正公布 （防空関係） S14.2.17 防空建築規則公布 S16.11.25 防空法改正（第一次） S17.2.27 防空建築規則改正公布 S17.3.27 防火改修規則公布 S18.10.31 防空法改正（第二次）	S5.4.1 復興事務局廃止 S12.10.1 計画局新設 　庶務課、都市計画課、防空課 S14.7.3 計画局に第一技術課、第二技術課設置 防空研究所新設 S16.9.6 計画局、土木局廃止 防空局新設 企画課、業務課、施設課、整備課 国土局新設 　総務課、計画課、河川課、道路課、港湾課 S17.11.1 防空局課名変更 　業務課→指導課、施設課→建築課 S18.11.1 防空局廃止 防空総本部新設 S20.8.31 防空総本部廃止	 S15.2.1現在 計画局第二技術課長　中澤誠一郎 同技師　伊東五郎 防空研究所長　菱田厚介 同技師　小宮賢一 S16.12.16 日米開戦 S17.7.1現在 防空局施設課長　中澤誠一郎 同技師　伊東五郎、小宮賢一 防空研究所長　菱田厚介 S18.7.1現在 防空局建築課長　井上新二 同技師　伊東五郎、小宮賢一 防空研究所長　中澤誠一郎 S20.8.15 終戦

注：
1）組織については内務省史、備考欄の人事については内務省人事総覧をもとにして作成した。
2）備考欄の人事関係は、本節に名前を挙げた者を主として記載した。同欄の日付は職員録の日付であり発令日ではない。また、同書の記録は昭和18年7月1日が最後である。

＜補注・出典＞

1-2

1) 東京市区改正委員会議事録第37号　1889（明治22）10月9日

2) 建築学会　建築雑誌617号「建築学会創立50周年記念回顧座談会（第2回）」p.132　1936.10

3) 石田頼房「日本建築学会図書室所蔵妻木文庫中の建築法規関係資料」総合都市研究第19号　1983

4) 建築学会　建築雑誌350号　p.48、66　1915.12

5) 建築学会　建築雑誌362号　p.87　1917.1

6) 佐野博士追想録　p.19　1957.11

7) 建築学会　建築雑誌617号「建築学会創立50周年記念回顧座談会（第2回）」P133　1936.10

8) 佐野博士追想録　p.19　1957.11

9) 岬利太郎　大阪府令建築取締規則註釈：附・大阪府令建築取締規則講話速記録図書　1909

10) 松浦茂樹「直木倫太郎と帝都復興事業　―大阪都市計画事業から東京震災復興事業へ」国際地域学研究　15号　p.203　2012.3

11) 建築学会　建築雑誌331号　p.357　1914.7

12) 建築学会　建築雑誌386号　p.68　1919.2

13) 建築学会　建築雑誌378号　p.33、45、70　1918.4

14) 都市公論　大正7年10月号　pp.15-25

15) 建築学会　建築雑誌374号　p.78　1918.2

16) 関西建築協会雑誌　第1輯第4号　p.125　1918.2

17) 建築学会　建築雑誌374号　p.78「建築条令実行委員会報告」1918.2、関西建築雑誌第1輯第4号　p.125「都市建築法令調査会設置に関する建議案」1918.2

18) 建築学会　建築雑誌386号　p.76　1919.2

19) 建築学会　建築雑誌617号「建築学会創立50周年記念回顧座談会（第2回）」p.129　1936.10

20) 建築学会　建築雑誌411号　p.16　1921.1

21) 建築学会　建築雑誌380号　pp.1-9　1918.8

22) 建築学会　建築雑誌397号　p.4　1920.1

23) 建築学会　建築雑誌388号　p.185　1919.4

24) 建築学会　建築雑誌399号　p.24　1920.3

25) 建築学会　建築雑誌414号　p.199　1921.4

26) 建築学会　建築雑誌395号　p.494　1919.11

27) 建築学会　建築雑誌888号「座談会・都市と建築とその法規をめぐる諸問題」p.437　1960.8

28) 同上

29) 建築学会　建築雑誌617号「建築学会創立50周年記念回顧座談会（第2回）」p.132　1936.10

30) 建築学会　建築雑誌411号～414号「市街地建築物法及其の附帯命令の梗概」1921.1～4

31) 建築学会　建築雑誌378号　都市計画に関する講演「都市計画と建築法規」p.33　1918.6

32) 同上「都市の膨張と都市計画」p.62

33) 渡辺俊一「日本近代都市計画の成立期：研究の課題と成果」土木学会論文集 No464　p.8　1993.4

34) 建築学会　建築雑誌617号「建築学会創立50周年記念回顧座談会（第2回）」p.130　1936.10

35) 同上　p.131

36) 同上　p.130

37) 田中祥夫「明治前期における建築法制に関する研究―長屋・家屋建築規制の成立過程―」

4-4　衛生局による建築法制の推進　pp.147－159　1991.3　学位論文

38) 建築学会　建築雑誌617号「建築学会創立50周年記念回顧座談会（第2回）」p.134　1936.10

39) 関西建築協会　関西建築雑誌　第1輯第5号「都市建築法令調査会設置に関する建議に就き当局の態度と吾人の希望」p.52　1918.3

1-3

1) 笠原敏郎（1949）は、都市計画法と市街地建築物法について、「両法案は、都市建設上、車の両輪の如きものであるとか、姉妹法であるとか云はれ、事実そのとおりではあるけれども、この両法の内容を較べてみると、計画法令では都市計画の立案そのものについては、その権限、手続等を規定することを主眼として居り、立案の内容は大体、計画委員会と主管行政機関に、委かせてあるのに対して、建築物法令では、ずっと計画そのもの領域に踏み込んで、具体的に都市建築物の在り方を規定して居ることは、著しい特徴の相違である。」と述懐している。

2) この経緯は建築物に関する法規の必要性の観点から書かれており、都市計画の観点から見た経緯については、「都市計畫要鑑第1巻　第1編總説　第1章都市計畫の沿革　第2節都市計画法の発布」のほか、越澤明（2017）「日本都市計画史　上巻」に詳しくまとめられている。

3) 内務省都市計畫局（1921）「都市計畫要鑑第1巻　第1編總説　第1章都市計畫の沿革　第3節市街地建築物法の発布及其の適用」には「屋上制限、長屋の構造制限をなせるものあるのみにして」と書かれている。

4) 東京都公文書館所蔵内田祥三関係資料「市街地建築物法草案」の綴の中にある「建築法案立案参考事項」は2つあり、それぞれ「大正7年7月25日」、「大正7年8月1日第一回特別委員会にて修正」と記されている。ガリ版の原紙は同一であるが、「大正7年8月1日第一回特別委員会にて修正」と記されたものには朱書きで追加・修正された箇所があり「（五）美観其ノ他　一～三の審査」を「規定」にそれぞれ修正、「六　紀念的建築物に関する規定」を追加、（六）特殊建築　一　各特種建築物ニ関スル特種ノ規定に「ヲ　貸座敷　待合　料理店」を追加、「（七）官廳所轄建築物に対する規定」を追加し「（七）法制」を「（八）法制」に修正、そのほか鉛筆による修正やメモ書きもある。この朱書きの入った資料が特別委員会に示されたことも考えられる。

5) 東京都公文書館所蔵の内田祥三関係資料の中に「大正7年8月2日第二回特別委員会　佐野委員、片岡委員」と記された箇所があり、建築法案綱要として、法案（草案）の骨子が印刷され、詳細な規定の内容は鉛筆で書かれた資料が保存されている。この特別委員会で、佐野、片岡、内田の3人で法案（草案）の内容を協議したのではないかと思われる。

6) 市街地建築物法では、住居地域、商業地域、

工業地域の三用途地域であり、これら用途地域の指定によって結果的に用途制限が発生することとなるその他の地域は「未指定地」と呼ばれたが、市街地建築物法の適用はあっても用途地域が指定されていない都市など、用途制限のない地域は「無指定地」と呼ばれた。

7）　内田祥三（1960）

8）、9）　笠原敏郎（1949）

10）　現行のような常設の委員会ではなく、その都度審議に当たる議員を選出し、付託していた。

11）　内田祥三（1960）は、当時の経緯について次のように述懐している。「学会でやり始めたじぶんには、地域制というのはまだなかった。それでぼくらが関係するようになってから地域制というのがまずドイツにできた。それからアメリカでもやった。それを参考にして、笠原君と僕とで原案をでっち上げたのです。」

12）　池田宏（1920）

13）　内田祥三（1921）

14）　現行の制度では、都市計画区域及び準都市計画区域内以外の区域内において、条例で建築物の敷地又は構造に関して必要な制限を定めることができる規定（建築基準法第68条の9）があり、また、文化財保護法に基づく条例によって定める伝統的建造物群保存地区（文化財保護法第143条）という例もあるが、適用事例は多くない。

1-4

1）　菱田厚介・本田次郎「高等建築学第25巻　建築法規」1933

2）　菱田厚介「市街地建築物法施行規則の改正に就て」1932

3）　昭和13年版建築年鑑「市街地建築物法又は都市計画法適用市町村一覧」の適用種別と、緩和規定の5通りの説明との対応関係は(1)=最緩和（其の他）、(2)=＊印、(3)=○印、(4)=◎印、(5)=△印、昭和17年版建築年鑑「市街地建築物法及都市計画法適用市町村一覧」との対応関係は(2)=△印、(4)=◎・○印、(5)=●印である。

4）　大阪建築法制100周年記念誌編集委員会「建築のルール・大阪100年の歩み」1988

1-5

1）　東京市、横浜市における防火地区は、大正11年8月1日内務省告示第192号及び193号により指定されたが、震災の被害を踏まえて大正14年、東京市については4月2日内務省告示第62号、横浜市については8月11日同第36号により新たな指定がなされた。これによる指定面積は下表のとおりであるが、横浜市においては「復興施設の計画を斟酌」（「帝都復興事業誌　建築編」）するなどにより、路線式指定に重点が置かれた結果、指定面積は縮小している。なお、集団指定は町丁目を列記して指定するもの、路線式指定は区間と幅（両市では建築線から6間）を指定するものである。

東京市

		大正11年	大正14年
甲種防火地区	集団指定	532千坪	1,151千坪
	路線式指定	39区間155千坪	42区間434千坪
乙種防火地区	集団指定	62千坪	62千坪
	路線式指定	35区間272千坪	12区間113千坪
総計		1,121千坪（市域の4.6%）	1,761千坪（市域の7.4%）

横浜市

		大正11年	大正14年
甲種防火地区	集団指定	183千坪	138千坪
	路線式指定	3区間16千坪	11区間51千坪
乙種防火地区	集団指定	−	−
	路線式指定	4区間13千坪	−
総計		212千坪（市域の1.8%）	189千坪（市域の1.7%）

2）　「バラック」が粗末な小家屋を指す言葉として我が国で一般的になったのは関東大震災後に廃材などを用いて建築された家屋を「バラック」と呼んで以来とされている。（「世界大百科事典」平凡社）

3）　「帝都復興事業誌　建築編」では「審議未了となった」と記されているが、議会議事録によれば本文に述べたとおり衆議院では可決されている。

4）　「帝都復興事業誌　建築編」では16号までとされているが、国立国会図書館には本文記載のとおり17号まで収蔵されている。

5）　大正13年3月1日付官報記載の2月28日付辞令による。

6）　「職員録」（大正13年10月1日）記載の7月1日現在の名簿による。なお、佐藤茂助の技術課長就任は6月25日付である。

7）　本節の記述は参考文献7. 中、大橋（1993）によるところが大きい。

1-6

1）　その内容は、参考文献4. に詳述されている。

2）　東京大学の前身である工部大学校の教授を務めたイギリス人建築家ジョサイア・コンドルも濃尾地震の被害調査を行い、その後、その知見を活かした耐震性に配慮した設計を行っている。

3）　日本以外のほとんどの国では、建築家は計画、設計を行い、構造等の工学分野は工学技術者（英語では civil engineer。橋梁などの土木構造物のみでなく、建築物の構造設計も行う。）が行う。教育においても、建築学部では原則的に工学を教えることは無い。

4）　この論文により、佐野利器は翌1915年に学位を得た。この論文は、1916年には、震災予防調査会報告83号として印刷、公表された。本報告は、この報告によっている。なお、佐野は1909（明治44）年2月より洋行しているが、参考文献4. によればこの論文の内容は渡航以前にできていたとされる。

5）　「第七章結論耐震構造要梗　第一總説」の各構造種別共通の主要ポイントの第5項目として、「材料及ビ構造ハナルベク各所一様ニシテ均一剛度ヲ有シ且ツ大ナル強度ト粘靱性ト

ヲ有スルヲ可トシノ其ノ剛度モ亦一般ニ大ナルヲ可トス。」と記述されている。粘靱性については、1906年サンフランシスコ地震による金門公園内のストロー湖内人工島の鉄筋コンクリート造2層造の望楼が、地盤変動で甚大な被害を生じ、柱が20度傾いたにも拘わらず倒壊を免れていることを紹介し、鉄筋コンクリート造においてこの点が大変優れていることを強調している。例えば、「粘靱性ノ大ナルコト、煉瓦造、石造等ニ於テハ亀裂ハ即チ破壊ナリ、破壊ハ直ニ崩潰墜落ノ前提ナリ、…、鐵筋コンクリート構造ニアリテハ然ラズ、鐵筋コンクリートノ梁ヲ折ルトキ、脆カラズ、切レ斷タルヽコト甚ダ稀ナリ、…、折レテ而シテ猶ホ幾分ノ荷重ヲ荷ヒ得ベク、之ヲ切リ離サント欲セバ更ニ少カラザル張力ヲ加ヘザルベカラズ即チ甚ダ鋼ノ性質ニ近キナリ、…、更ニ破壊力強大ニシテ家屋ハ大ニ傾斜スルコトアルモ尚ホ直ニ倒潰ヲ豫期スルコトヲ要セズ、即チ人命ニ危害ヲ與フルコト最モ少ナシトナスベシ、…」(第五章鐵筋コンクリート造家屋　第二節鐵筋コンクリート造家屋ノ耐震強度　第1項材質ノ價値)など、現在の大規模地震時の耐震構造の考え方と同様の考え方が示されている。

6) 全体ページ数は、カウントされていない写真ページを除いて282ページ。なお、複数の章にわたるページがあるため、各章のページ数の合計は、これに一致しない。

7) 震度談、「建築学体系一五巻」月報(昭和32年9月)

8) 参考文献5、6.と、イタリア語の参考文献7、8.の翻訳ソフトによる英語版に基づき執筆。法令の名称は、いずれも、イタリア語でRegio Decreto（英語ではRoyal Decree）で、国王の名の下に、閣僚会議議長（the president of the Council of Ministers）の大臣名で発出されているので、勅令と訳した。なお、第2条には、「議会（parliament）に提示する（present）ことにより法律となる（converted into law）」と記述されている。

9) 欧米ニ於ケル建築法規ノ摘要（参考文献9.)の章立ては、
第一章　建築物ノ使用目的ニ依ル地域制度、
第二章　建築線及建築物ト建築線トノ關係、
第三章　建築物ノ高、
第四章　建築敷地内ノ餘地、
第五章　防火區域、
第六章　軟地區域、
第七章　濕潤區域、
第八章　美觀體裁、
第九章　建築物ノ構造設備
となっており、各章の中に調査を行った都市ごとに規定の翻訳が記載されている。各章の記述内容は、対象都市数も章ごとに異なり（1−10都市程度）、対象となる都市も異なっている。

10) 第6章の全文を紹介する。
第六章軟地區域
欧米諸都市ノ建築法規ニハ伊太利「イスキヤ」島建築条例ニ於ケル外特ニ耐震構造ニ關スル

規定ヲ設ケタルモノアラサルカ如シ
「イスキヤ」島建築條例ハ一八九一年六月一日勅令ヲ以テ一八八三年七月二十日ノ震災ニ依テ損害ヲ被リタル「イスキヤ」島諸郡ニ施行セシモノニシテ其ノ第一條乃至第八條ニハ一般的ニ耐震構造ニ關スル規定ヲ設ケ第九條ニハ「雜沓ノ中心附近ナルカ爲メ又ハ地質ノ關係上或ハ大傾斜ノ故ヲ以テ地震ノ際ニ顔ハ危險ノ虞アル地區ハ之ヲ危險區域トナス」コトヲ規定シ第十條ニハ其區域ヲ指示シ更ニ第十一條ニハ危險區域内ニ於ケル建築物構造ノ制限ヲ規定ス

1-7

1) 建築行政協会　建築行政「座談会建築行政の初期」1941
2) 内田祥三文庫　東京都公文書館　建築監督官会議資料1921
3) 福沢真一「近代日本における建築規制・都市計画行政の形成と展開」慶応義塾大学出版会2007
4) 大阪建築法制100周年記念誌編集委員会「建築のルール・大阪100年の歩み」大阪府建築士会1988
5) 速水清孝「建築家と建築士」東京大学出版会2011
6) 佐野博士追想録編集委員会「佐野博士追想録」1957
7) 玉置豊次郎「大阪建設史夜話」大阪都市協会1980
8) 建築学会　建築雑誌　亀井幸次郎「笠原先生と私」1969
9) 都市計画協会 新都市「市街地建築物法回顧座談会」1949.6
10) 村松貞次郎「日本建築家山脈」鹿島出版会1965
11) 松下清夫「内田先生の略歴と業績」内田祥三先生作品集　鹿島研究所出版会1969
12) 石川孝重・平田京子「建築構造法令とそれにかかわった人々」鉄鋼技術1991
13) 鹿島建設「鹿島建設の歩み：人が事業であった頃」1989
14) 石井桂「建築家の歩いた道」室町書房1954
15) 石井桂「随想建築のお巡りさん」建設綜合資料社1961
16) 佐藤嘉明「神奈川県庁本庁舎と大正・昭和初期の神奈川営繕技術者に関する建築史的研究」2006
17) 宇於崎勝也「都市計画家笠原敏郎博士について」土木史研究講演集2005
18) 建築学会　建築雑誌　建築学会創立50周年記念号「昭和11年座談会」1936.10
19) 伊藤憲太郎「北沢五郎先生を憶う」建築雑誌建築学会　1964
20) 中澤誠一郎「名古屋に於ける建築瞥観（上）」都市創作1927.2
21) 渡辺俊一「『都市計画』の誕生」柏書房1993
22) 片野博「地方自治体（福岡県）の建築関係組織の実態／明治・大正・昭和初期」日本建築学会計画系論文集1996
23) 福沢真一「昭和戦前期における「建築警察」

と都市計画行政の連携」慶応義塾大学法学研究会2009

1-8

1) 菱田厚介 (1928) は、市街地建築物法の施行から満7年の経過について、「当時は大分目新しいものとして、しかし一面には随分やかましいというので、方々でかなり問題にされたものであった。むしろある地方では天下の悪法だといって批難を浴びせたものすらあった。それが年月の経つ間に段々沈静化して行って、今日ではあまりやかましくいうものもないようである。」と記している。

2) 玉置豊次郎 (1932)「市街地建築物法施行令改正に就いて」

3) 菱田厚介 (1932)「市街地建築物法令の改正に就て」

4) 内田祥三 (1953) は、市街地建築物法制定時に100尺という高さ制限を定めた理由について、当時東京で100尺を超過する建物は2つしかなかったことや欧州諸国の都市における制限内容などを総合して考えたと振り返り、「100という数字が極めて簡単なるラウンド・ナンバーであることから、この100という数に定めるという説が次第に有力になって来た」と当時の経緯を説明している。

5) 玉置豊次郎 (1935)「市街地建築物法令並に関係命令の改正に就て」

6) 従前の施行規則第4条は以下のとおり、後退建築線における蛇腹、軒、小塔、出窓等の前面突出部の規定が定められていた。「市街地建築物法第九條但書ノ建築物ノ前面突出部ハ地方長官特ニ指定スル場合ニ於イテ1左ノ範圍内ニ於テ建築線ヨリ突出セシムルコトヲ得但シ特ニ地方長官ノ許可ヲ受ケタル場合ノ外前面建築線間ノ距離ノ二十分ノ一ヲ超過スルコトヲ得ス　一━二　(略)」

7) 北沢五郎「百貨店、アパート建築規則及高層建築物の防火避難設備に關する法規の制定に就いて」1933

8) 内田祥三「特殊建築物規則の公布に當りて」建築学会　建築雑誌.618号、P.1096～1097 1936

9) 伊東五郎「市街地建築物法令改正の要旨」1939

10) 伊東五郎「市街地建築物法令改正の要旨」(1939) より。「一般に店舗の類は其の個々のものに付ては直接住居の安寧を害するものと云ひ難いのであるが通例集合連担し本舗街を作ることに依り、人車の往来を輻輳せしめる等の結果住宅地としての環境を阻害する事になる。」

11) 伊東五郎「市街地建築物法令改正の要旨」(1939) より。「市街地の大半を占める住宅、店舗の類の建築が放任されている。之が為、工業地域内に於て位置、施設、地盤等の関係上特に重要な工場適地と認められる土地が屢々此等の建築物に依つて専有建蔽せられ、従つて大面積の工場敷地獲得を困難ならしめ地価の騰貴を促す等の結果、著しく工業地域の機能を減殺し一方工場と住宅学校等特に静

謐を必要とする建築物との近接に因つて生ずる保安、衛生上の障害も亦往々物議の種となる。」

12) 菱田厚介 (1939) は、「将来の大都市等に設定さるべき空地地区は延坪を基本としたものと考えています。ただ、特殊の地方におきまして (中略) 非常に雪の多いために (中略) 庭の中に空地をとりたいというような要求が起こります場合は、従来の建坪主義の空地地区を採ることもまた適当と考えられます」と説明している。

1-9

1) 建築学会　建築雑誌628号　佐野利器「防空と建築」1933.9

2) 建築学会　建築雑誌583号「防空問題懇談会」1934.4

3) 建築学会　建築雑誌610号　中澤誠一郎「都市の防空と建築」1936.3

4) 昭和12年3月29日官報　第70回帝国議会貴族院議事速記録第26号

5) 内務省史第3巻　p.490　大霞会編　1971

6) 内務省史第3巻　pp.491～492　大霞会編 1971

7) 建築学会　建築年鑑　昭和13年版　p.47

8) 内務省史第3巻「内務省及び地方庁の機構の変遷」pp.742-744　大霞会編　1971

9) 第73回帝国議会貴族院市街地建築物法改正案特別委員会議事速記録第1号　1938 (昭和13)年3月4日

10) 同上

11) 橋本幸曜　2004年度　東京大学都市工学専攻修士論文梗概

12) 建築学会　建築年鑑　昭和14年版　p.40

13) 建築学会　建築雑誌650号　菱田厚介「建築法令改正に就て」1939.5

14) 建築学会　建築年鑑　昭和15年版　p.23

15) 建築学会　建築雑誌668号　警視庁建築課「東京市における防火改修模範街区造成について」1940.2

16) 建築学会　建築年鑑　昭和16年版

17) 建築学会　建築雑誌688号　内田祥三「都市防空調査委員会調査事項と法令に就て」1942.7

18) 建築学会　建築雑誌688号　中澤誠一郎「改正防空建築規則と防火改修規則に就て」1942.7

19) 内務省史第3巻 p.509

20) 稲垣栄三 「日本の近代建築 [その成立過程] (下)　14建築の統制　国土の再編」p.338

21) 建築学会　建築雑誌700号　亀井幸次郎「建築行政部門への要望」1943.7

22) 20) に同　p.330

23) 建物疎開事業の実施方法　小宮賢一　公園緑地　1944.6

24) 同上

25) 川口朋子　建物疎開と都市防災「非戦災都市」京都の船中・戦後　p.94、95　京都大学学術出版会2014

26) 昭和20年3月24日防空技術懇談会概要　防空研究所

27) 越沢明 「東京の都市計画」p.184　岩波書店 1991

28) 建築学会　建築雑誌709号　伊東五郎「都市計畫法令の戰時特例と戰時都市計畫の運営に就いて」1944.5

29) 建築学会　建築雑誌709号　鳥居捨藏「建築指導要領に就て」1944

30) 飯塚正三「戰時下の建築行政」東京都建築士事務所協会　コア東京　1989.12

31) 建築学会　建築雑誌688号　濱田稔「防火試験の結果と防空建築規則」1942.7

32) 建築基準法第2条第6号　延焼のおそれのある部分
隣地境界線、道路中心線又は同一の敷地内の2以上の建築物（延べ面積の合計が500m²以内の建築物は、一の建築物とみなす）相互の外壁間の中心線から、1階にあっては3m以下、2階にあっては5m以下の距離にある建築物の部分をいう。（以下略）

＜参考文献＞

1-1

1. 片倉健雄「市街地建築物法制定までの建築法制の系譜」(日本建築学会/建築関係法令の研究10) 1981

2. 東京都立大学　総合都市研究第12号　石田頼房・池田孝之「建築線制度に関する研究・その3〜明治初年の庇地制限について〜」1981

3. 大河原春雄「建築法規の変遷とその背景〜明治から現在まで〜」鹿島出版会1982

4. 藤森照信「明治の東京計画」岩波書店1982

5. 斎藤和夫「明治期建築規制関係地方令規が期待した住宅建築の環境条件に関する研究」住宅建築研究所報　新住宅普及会1986

6. 大阪建築法制100周年記念誌編集委員会「建築のルール・大阪100年の歩み」大阪府建築士会1988

7. 石田頼房「日本近代都市計画の百年」自治体研究社1987

8. 田中祥夫「明治前期における建築法制に関する研究—長屋・家屋建築規制の成立過程—」博士論文1991

9. 赤﨑弘平「市街地整備のための建築のルールの地方的展開」博士論文1996

10. 石田頼房「森鴎外の都市論とその時代」日本経済評論社1999

1-3

1. 都市研究会　都市公論 no.3 - 8　池田宏「都市計畫と建築警察」pp.2-29　1920

2. 印刷局「職員録」p.92　1919

3. 建築学会　建築雑誌411号　内田祥三「市街地建築物法及其の附帯命令の梗概」pp.15-27 1921

4. 建築学会　建築雑誌888号　内田祥三「座談会・都市と建築とその法規をめぐる諸問題　わが国の建築法規の歴史」pp.435-447　1960

5. 新都市 no.3 - 4　笠原敏郎「市街地建築物制定について」pp.8-10　1949

6. 官報「敍任及辭令」大正7年7月1日　pp.17-18

7. 国立公文書館所蔵「都市計画法・市街地建築物法ヲ定ム」公文類聚第四十三編　大正八年　巻二

8. 越澤明「上巻総論　我が国都市計画の歩み　日本都市計画史　上巻」2017

9. 第41回帝国議会　衆議院議事速記録第21号　大正8年3月8日官報（号外）大正8年3月9日　(国会図書館帝国議会会議録検索システム)

10. 「第41回帝国議会衆議院都市計画法外一件委員会議録」1919（国会図書館帝国議会会議録検索システム）

11. 「第41回帝国議会貴族院都市計画法外一件特別委員会議事速記録」1919（国会図書館帝国議会会議録検索システム）

12. 東京都公文書館所蔵　内田祥三関係資料「市街地建築物法草案」

13. 東京都公文書館所蔵　内田祥三関係資料「都市計画法案」

14. 内務大臣官房都市計画課「都市計画調査委員会議事速記録　附特別委員会会議録」1919

15. 内務省都市計畫局「都市計畫要鑑第1巻　第1

編總説」pp.1-8　1921
16. 参議院法制局 HP
17. 内閣法制局 HP

1-4

1. 官報：国会図書館デジタルコレクションによる
検索システム
閣議請議等法令の作成過程に関する資料：国立
公文書館デジタルアーカイブによる検索システ
ム
2. 建築学会　建築雑誌554号　菱田厚介「市街地
建築物法施行規則の改正に就いて」1932
3. 菱田厚介・本田次郎「高等建築学第25巻　建築
法規」1933
4. 日本都市年鑑1（昭和6年用）～12（昭和18年
用）、東京市政調査会
5. 建築学会編「建築年鑑　昭和13年版～昭和17年
版」
6. 内務省都市計畫局「都市計畫要鑑　第1巻第1
編總説」pp.11-15　1921
7. 内務省都市計畫局「都市計畫要鑑　第2巻第1
編總説　第2章關係法規　第2節市街地建築物
法及同附屬法規」pp.30-48　1927

1-5

1. 復興局編「帝都復興事業概観」1928
2. 復興事務局「帝都復興事業誌　緒言・組織及
法制編」1931
3. 復興事務局「帝都復興事業誌　建築編・公園
編」1931
4. 復興局「大正十二年關東大地震震害調査報告
第三巻　橋梁・建築物之部」1927
5. 復興局「復興建築叢書」第1号～第17号　1920
6. 大蔵省印刷局「職員録」1924
（以上の文献及び帝国議会議事録、官報は国会図書
館デジタルアーカイブによる）
7. 大橋雄二「日本建築構造基準変遷史」日本建築
センター　1993

1-6

1. 大橋雄二「日本建築構造基準変遷史」日本建築
センター　1993
2. 佐野利器「家屋耐震構造論」震災予防調査会報
告83号　1916
3. 石山祐二「耐震規定と構造動力学」三和書籍
2008
4. 平田京子「社会的要求を反映した目標耐震安全
性レベルの評価に関する研究」日本女子大学博
士学位論文　2002.3
5. Giuseppe Oliveto, Review of the Italian
Seismic Code Released after the 1908
Messina Earthquake, 2004、Passive Control
Symposium 2004 at Tokyo Institute of
Technology
6. A. Fralleone, A.G. Pizza, G. Di Pasquale,
Relevant change to the Italian Seismic Code
from 1909 to 1975
7. Regio Decreto 18 aprile 1909 n.193、イタリア
1909年4月18日勅令193号
8. Regio Decreto Legge 29 aprile 1915 n. 573, イ
タリア1915年4月29日勅令573号

9. 欧米ニ於ケル建築法規ノ摘要、内務大臣官房都
市計畫課 1918（大正7）年11月21日

1-8

1. 建築と社会 no.22-3　伊東五郎「市街地建築
物法令改正の要旨」pp.1-8　1939
2. 建築学会　建築雑誌618号　内田祥三「特殊建
築物規則の公布に當りて」pp.1096-1097　1936
3. 建築行政協会　建築行政 no.3-6　内田祥三
「建築物の高さを制限する規定について(1)」
pp.14-23、30-31　1953
4. 大阪建築法制100周年記念誌編集委員会「建築
のルール・大阪100年の歩み」pp.57、64-65
1988
5. 建築学会　建築雑誌574号　大脇直succeed・中川伊
平「深川大富アパート及び市場火災実況に就て」
pp.141-152　1933
6. 建築学会　建築雑誌574号　北沢五郎「百貨店、
アパート建築規則及高層建築物の防火避難設備
に關する法規の制定に就いて」
pp.1145-1168　1933
7. 国立公文書館 HP
8. 第65回帝国議会貴族院市街地建築物法中改正法
律案特別委員会議事速記録　1934
9. 第73回帝国議会貴族院市街地建築物法中改正法
律案特別委員会議事速記録　1938
10. 建築と社会 no.15-5　玉置豊次郎「市街地建
築物法施行令改正に就いて」P117　1932
11. 建築と社会 no.18-4　玉置豊次郎「市街地建
築物法令並に関係命令の改正に就て」pp.85-91
1935
12. 東京消防庁 HP
13. 都市公論 no.11-1　菱田厚介「建築法規雑観」
pp.13-37　1928
14. 建築学会　建築雑誌554号　菱田厚介「市街地
建築物法令の改正に就て」pp.235-246　1932
15. 建築学会　建築雑誌554号　菱田厚介「市街地
建築物法施行規則の改正に就て」
pp.267-276　1932
16. 建築学会　建築雑誌618号　菱田厚介「特殊建
築物規則に就て」pp.1098-1107　1936
17. 建築学会　建築雑誌650号　菱田厚介「建築法
令改正に就て」pp.647-653　1938
18. 菱田厚介・本田次郎「高等建築学第25巻　建築
法規」1933
19. 建築学会　建築雑誌574号　松本錄succeed・水原旭
・池口凌ほか「昭和7年12月16日火災に依る白
木屋百貨店の災害について」pp.93-122　1933

第2章

市街地建築物法・建築基準法と建築学会

2-1 建築学会が果たしてきた役割

日本近代建築法制100年史編集委員会では、近代建築法制に関し日本建築学会が果たしてきた役割について本書に含めることを企画した。

これをうけて、日本建築学会では、常置委員会である建築法制委員会の下に、日本近代建築法制100周年記念活動支援小委員会を2017年4月に設置した。

本小委員会では、主に学会史や内田祥三資料（東京都公文書館蔵）、笠原文庫（日本大学所蔵）などの資料の状況等をあらためて確認するとともに、日本近代建築法制100年史編集委員会関係者とも協議しながら、建築学会が市街地建築物法及び建築基準法の制定・運用等に対して果たしてきた役割について議論を行い、法制度史研究の実績を有する研究者に資料のとりまとめを依頼した。その成果として、市街地建築物法を中心とした日本近代建築法制の成立過程、建築基準法制定時の施行令の策定過程、及び市街地建築物法時代の構造規定、の3つのテーマを中心に建築学会が果たした役割について、本章（第2章）に執筆することとなった。

本学会による建築法制に対する支援活動の母体となってきたのは、学会内に設置されてきた建築法制関連の委員会である。**表1**に日本建築学会におけるこれまでの建築法制関連委員会組織の系譜を示す。後に詳述するように、建築学会による建築法制関連の支援活動は、主に大正時代から昭和30年代末までと昭和40年代以降で質が大きく変化した。前期は、市街地建築物法及び建築基準法双方の制定の中心人物であった内田祥三及び笠原敏郎の2名のリーダシップの下で、学会組織をプラットフォームとした建築法制への支援体制が築かれていたことが窺われる。

建築学会がこの時期に建築法制分野に対して果たしてきた役割について、その概要をまとめるとすれば、主に①法制度の制定・改正等の支援、②法制度の普及活動、及び③全国各地の現場における法制度の運用実態の情報収集等、の3点が指摘できよう。

①は、建築法制に係る基準策定に関連して、行政からの諮問・依頼等をうけて、新たな法制度案の提案あるいは法改正時の修正意見等の提出等をまとめ答申するケース、関係機関に意見書を提出し、あるいは建議・提言等を実施したケースが該当する。

特に市街地建築物法制定前には、建築学会は関西建築協会、日本建築士会、都市協会と4会連名で「建築法令制定に関する意見書」を国（内閣総理大臣・内務大臣・陸軍大臣）に提出して法制化の検討を促したのみならず、学会関係者が内務省に設置された都市計画調査委員会に参画して法案検討作業を行うなど、学会は近代建築法制の確立段階において大きな影響力を有していた。

②は、新たな法制度の普及のために、解説書等の出版や講習会等の開催等の役割を学会が担っていたことを示す。③は、各種の災害後の現地調査、地方支部組織等からの法令案への意見提示、運用実態の情報共有等がある。

以上の観点についての具体的詳細は本章の内容をご覧頂くとして、総じて、本学会が市街地建築物法制定時及び建築基準法制定時の施行令の内容検討等を中心に果たしてきた役割は極めて大きなものであった。1951年には、建築学会の創立以来の建築行政への貢献、また建築基準法及び建築士

法の制定に際しての協力、そして公布後の普及等への尽力などに対して、建築大臣より感謝状が贈られている（「日本建築学会120年略史」）。

建築法制に対する建築学会の支援活動のあり方は、昭和40年頃に大きく転換期を迎えた。このことが、当時の建築法規調査委員会（相談役：内田祥三・笠原敏郎、委員長：稗田治、幹事：太田泰男・前岡幹夫）の活動報告に記述されている。（内田祥三、笠原敏郎、稗田治、太田泰男、前岡幹夫「建築法規調査委員会（委員会研究）」（建築雑誌978号p.679, 1967.03））長文となるが関連個所を以下に引用する。

「建設省においては若干の下記のごとき行政機構の変更や41年度の予算要求に対する方針の開陳があったので、これに対する学会および本委員会の立場等について検討を行なった。」とあり、この中に建築審議会の設置、日本建築センターの整備が掲げられている。

これに続いて、「建築基準法をはじめとする建築行政全般に関する法律制度の基本的事項は今後建設省が主宰する建築審議会が調査検討し、建設大臣に答申することになった。もちろん建築審議会委員には本学会会員も多数参画している。従って、法規の改正等について従前のごとく本学会に直接諮問するようなことはなくなることになった。問題となっている建築基準法の改正、建築士法の改正等はいずれも建築審議会の答申をまって建設省が行なうことになった。よって、本委員会としては建設省および建築審議会と十分連絡をとりながら、学術的視野から必要とする調査研究を独自に行なうことと決定した。」とある。

建設省に建築審議会が設置されたのは1965年9月1日、財団法人日本建築センターの設立認可は同年8月7日である（「建設省五十年史」）。こ

こに示されている通り、建築学会は従前までは建設省からの諮問を直接うけ建築法制に係る調査検討を行ってきた。しかし、1965年（昭和40年）以降は、前述した①～③の内容に関する活動は、新たに設置された建築審議会及び日本建築センターによって担われることとなった。

この昭和40年の転換期以降の建築法制と建築学会の関係はどのように変化してきたのだろうか。「日本建築学会120年略史」では、「法律と学会」に関して、1）建築雑誌（学会機関誌）では1980年代半ば以降も、建築法制に関わる特集が多数企画されてきたこと、2）常置委員会での継続的活動がこうした活動を支えてきたこと、3）更に各種の特別研究会等が設置され様々な提言活動がなされてきたこと、4）しかし、現在の学会はかつてのような「選ばれた団体」としての特権的な地位を占めていない、等を指摘している。

このうち、1）の点については表2、2）については前述した表1、3）については表3の内容をそれぞれ参照されたい。特に、建築雑誌における建築法制関連の特集には、建設省住宅局建築指導課長等の管理職経験者（内藤亮一、小宮賢一、前川喜寛、救仁郷斉、蓑原敬ら）が参画してきた。常置委員会である建築法制委員会においても、建設省住宅局を中心とした建築行政経験を有する多くの関係者（十亀彬、松本光平、柳沢厚、杉山義孝）が中心的役割を担い、建築法制に係る調査研究活動、学会大会の研究協議会や各種のシンポジウムの開催、調査成果の出版、建築法規用教材の編集発行等の取り組みを継続してきた。

このような建築行政と学会との間の様々な人的交流が、今日に至るまで建築法制分野に係る知見共有や議論等の場の創出に寄与してきたといえよう。

表1　日本建築学会　建築法制関連委員会の系譜 (委員会名、委員長名及び設置期間を示す)

- ・1906年(明治39)11月「東京市建築条例起草委員会」(曾禰達蔵)
- ・1915年(大正4)12月：建築条例実行委員会(後に都市計画実行委員会)(中村達太郎)
- ・1916年(大正5)5月：建築法規審議委員会(中村達太郎：内田祥三幹事)
- ・1919年(大正8)7月：「建築法規に関する調査」委員会(曾禰達蔵)
- ・1926年(大正15)6月「建築法規改正に関する調査特別委員会」(内田祥三)
- ・1931年(昭和6)3月「建築法規改正案に関する調査委員会」(佐野利器)
- ・1933年(昭和8)1月「建築法規に関する委員会」(内田祥三〜佐野利器〜内田祥三)
- ・1950年(昭和25)8月「建築基準法に関する調査委員会」(笠原敏郎)
- ・1953年(昭和28)7月「建築法規調査委員会」(笠原敏郎(昭和37年頃迄)〜稗田治)
- ・1969年(昭和44)1月「建築法制委員会」(小宮賢一〜市川清志)
- ・1984-89年度「建築法制委員会」(矢吹茂郎)
- ・1990-93年度「建築法制委員会」(宍道恒信)
- ・1994-96年度「建築法制委員会」(峰政克義)
- ・1997-00年度「建築法制委員会」(十亀　彬)
- ・2001-04年度「建築法制委員会」(稲垣道子)
- ・2005-08年度「建築法制委員会」(松本光平)
- ・2009-10年度「建築法制委員会」(柳沢　厚)
- ・2011-12年度「建築法制委員会」(赤﨑弘平)
- ・2013-16年度「建築法制委員会」(杉山義孝)
- ・2017-18年度「建築法制委員会」(加藤仁美)

(注：「建築學會五十年略史」、「日本建築学会100年略史」及び日本建築学会事業グループ長小野寺篤氏による提供情報に基づく。なお建築法制関連の内容に関して近年設置されてきた特別研究委員会等については表3に示す)

表2　「建築雑誌」における建築法制・建築行政関連特集関係 (年・月と特集名を示す)

1960-08	都市と建築とその法規をめぐる諸問題
1967-12	主集 都市計画の転換期と法制
1969-05	新都市計画法・建築基準法改正をめぐる問題
1969-09	主集 法と建築
1980-08	建築関係法規に何を望むか
1983-12	基準法と消防法
1986-03	改過自新：建築行政の100年
1988-10	建築法規
1992-12	建築基準法の再構成に向けて
1998-02	性能規定と構造設計：建築基準法改正の中で
1998-11	改正建築基準法と今後の建築生産
2000-11	建設省の50年
2004-01	学会は法律の立案・運用にいかにかかわってきたか
2004-12	建築基準法 最低基準の意味
2005-11	法律に対処するための枠組み造り
2009-11	「市民の視点」で考える建築裁判
2019-06	建築法制100周年

表3　特別研究委員会及び特別調査委員会の系譜 (建築法制に係る内容のものを抜粋)

●特別研究委員会(委員長：設置期間)
・建築教育と資格制度(近江栄：1991.9〜1994.3)
・超々高層(伊藤滋:1994.4〜1997.3)
・超々高層(船越徹：1997.4〜2000.3)
・建築基準法・都市計画法の望ましいあり方に向けた提言(高見沢邦郎：2003.4〜2005.3)
・長寿命建築構造の評価と提案(田村和夫：2008.4〜2010.3)
・容積制限における防火避難施設･設備等の位置づけに関する検討(田中哮義:2009.4〜2011.3)
・持続可能な都市住宅地を実現する建築社会システムのあり方に関する研究(森本信明:2010.4〜2012.3)
・災害対応型建築社会システム(安藤正雄:2012.4〜2014.3)
・縮小社会における都市・建築の在り方検討(田村誠邦:2018.4〜2020.3)
●特別調査委員会(委員長：設置期間)
・資格・教育・法律等社会システム検討特別調査委員会(仙田満：2005.11〜2007.3)
・建築にかかわる社会規範・法規範特別調査委員会(神田順：2007.8〜2009.3)
・建築にかかわる社会システム戦略の検討特別調査委員会(南一誠：2010.4〜2013.3)

<table>
<tr><td>**2-2**</td><td># 日本近代建築法制の成立と建築学会</td></tr>
</table>

　建築の統制は古来より必要に応じて個別的な用途に関するものや屋根の不燃化など部分的なものは存在した。しかし、明治期以降、建築の高度化、都市化の進展にともない、包括的な建築法規が必要になり、ついには1919（大正8）年、市街地建築物法が制定された。同法は様々な改正を経て、第2次大戦後1950（昭和25）年に建築基準法となり、今日に至っている。

　本節は、市街地建築物法の制定と運用の過程において、建築学会[1]が果たした役割について取り上げる。市街地建築物法の制定は、直接的には1918（大正7）年に内務省が設置した「都市計画調査会」による審議によるものであり、同調査会の設置は建築家、片岡安が始めた法整備の請願運動によるところも大きいが、一方、建築学会が明治期以来続けてきた建築法規の編纂運動の取組が基盤となっていたと言われている。

　本節は、日本建築学会編『日本建築学会百年史』（1972）を底本に、参考文献等により適宜内容を補強したものである。

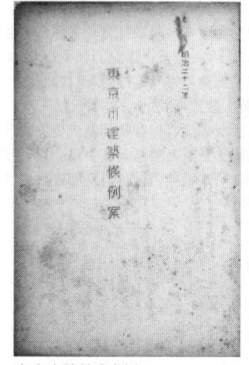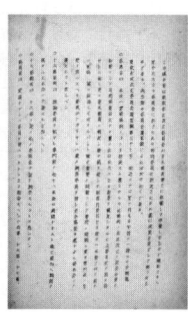

東京市建築条例案
出所：北畠文庫　（国研）建築研究所所蔵

　1　明治期における建築法制の胎動

⑴　市区改正委員会と妻木案

　建築学会創立以前になるが、1884（明治17）年11月東京府知事芳川顕正の内務卿宛建議により、翌1885（明治18）年1月内務省に「東京市区改正審議会」が設置された。江戸時代の都市を引き継いだ東京では、都市基盤整備の遅れや都市の不燃化が課題となっており、総合的な都市計画が必要と考えた東京府の立案した壮大な市区改正計画（市区改正の根本方針案（東京府案））を審議する

ためである。このとき芳川は市区改正と併せて建築条例の制定を企図していた。

　芳川は建築条例原案の起草を山口半六に依頼したが、山口は公務多忙を理由にこれを辞退したために、代って妻木頼黄がこれを引き受けた。山口と妻木は共に造家学会創立者に名を連ねている。

　芳川は、妻木案を1889（明治22）年10月、東京市区改正委員会（1888（明治21）年8月設置）に対して、「東京市建築条例案」[2]として提出している。会議では専門家により検討することを決めたが、そのための会議は開かれずじまいであった。市区改正事業自体、財政上の制約などから進展せず、この建築条例案はついに陽の目を見ずに終わった。

　建築学会の前身である造家学会の設立前後のことである。妻木はその創立者のひとりであったが、造家学会そのものが関与した形跡はない。創立当初の造家学会には、積極的に外部に働き掛ける態勢はなく、また学会の会員間にあってはこのことに関する関心は一般に薄かったと思われている。

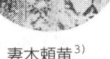
妻木頼黄[3]

横河民輔[3]

(2) 横河民輔の提言

建築法制への理解がほぼなかった状況にあって、学会の若手から建築規制の必要性が提起された。建築学会9代会長となる横河民輔は帝国大学を卒業したばかりの1890（明治23）年、学会誌『建築雑誌』41号の論説欄に「建築条例ニ付キテ会員諸君ニ謀ル」の一文を寄せている。彼はこのなかで「…本会ハ本邦唯一ノ建築者大集合体ナリ建築師組合ノ代表者タルヲ得ベシ幾十年ノ経験ニ富ミタル会員多ク学理ニ精通ナル人ニ乏シカラスト信スレバ其編纂サレタル条例ノ発布前ニ於テ本会ニ下付サレ会員諸君ノ意見ヲ諮詢サレン事ヲ誓願スル事ハ敢テ出過キタルノ挙ナラサラン否寧口諸君ガ建築ニ対スルノ義務ナルヲ信スルナリ…」と訴えている。

この呼び掛けに会員の反応はほとんどなく、わずかに準員森正忠が、横河の意見に全面的な賛成の意を表しているにすぎない（「建築条例ニ就キ横河君ノ説ヲ賛成シ併セテ卑見ヲ陳述ス」『建築雑誌』44号）。森は、諮詢の請願は本会の義務と

して行うべきであるとし、さらにもし万一諮詢がなされないときは、会として独自に調査を行うべきであると主張している。

横河は翌1891（明治24）年9月、再び建築条例について『建築雑誌』に寄稿した（「建築条例ニ就キ再言シ現行建築ノ制限ニ及ブ」『建築雑誌』57号）。しかし学会内では、何らの反応はなく建築条例に関する討議を行った形跡は記録に残っていない。一般論として建築条例に造家学会が関与すべきであるとするのは正論であるが、実情は未だ混沌としており、学会が積極的に行動するほどには、状況が切迫していなかったようである。

(3) 劇場建築制限案

明治前期の段階では、未だ包括的な建築指導行政を展開するうえでの諸準備が整うに至らなかったが、現実に建築物の安全、とりわけ防火を目的とした建築上の制限は、警視庁による取締行政のなかで、個々の施設・用途に応じて逐次行われていた。

その際に造家学会は意見を求められることがあった。事柄の性格上、建築規制に関する決定手続きは公にできず、したがって学会誌にも目立った記事はないが、たとえば劇場取締規則改正の検討を内密に警視庁から依頼があった事実がある。造家学会役員会議事録に、1895（明治28）年9月警視庁からの諮問について、学会としてこれを臨時正員会で審議することとしたとの記録が残されている。

辰野金吾[3]

曾禰達蔵[3]

渡邊洪基[3]

諮問された原案の内容は主として劇場各部の構造についての規定で、使用材料の品質・寸法に至るまでかなり細かい規定が盛られていて、いわば設計基準に当たるものであった。

臨時正員会は正員・特別員合わせて26名、警視庁から4名の傍聴員が参加して開かれたが、審議の結果、原案に不備が多く、改めて7名の委員（片山東熊、辰野金吾、妻木頼黄、曾禰達蔵、横河民輔、中村達太郎、桜井小太郎）を選んで、新たに案を起草することとした。

成案は1895（明治28）年11月11日の役員会の議を経て、11月14日に会長渡邊洪基の名で警視総監園田安賢あて提出されている。

渡邊会長は1895（明治28）年の年次会長報告のなかでこのことに触れ「…此諮問を本会の名誉として…今後益々此類の諮問に応じて以て大に自他を益することを望まんとす」（『建築雑誌』111号）と述べている。建築学会が建築物に関する専門家集団として、法制整備の役割があることを自他共に認識することとなったのである。

2 東京市建築条例案とその実現への模索

(1) 建築条例草案の顛末

先に東京府知事芳川顕正が、妻木案をもとに提案した東京市建築条例案は、その後「市区改正委員会」に設けられた「建築条例調査会」において、主に内務官僚が中心になって調査研究が進められた。1895（明治28）年頃にはその調査も一応終わるが、諸般の状況から未だ制定、発布の段階には至らなかった。

全ての建築物を対象に統一的な基準を設けること自体、近代的都市形成がようやく緒に付いたばかりの当時のわが国の実状においてははなはだ困難な事業であった。前述のごとく、防災上特に制限を要する建築物に対して、個別的な取締規則を順次制定するのが精一杯であった。

建築学会においては、基礎的な研究や啓発活動に留まっている。山下啓次郎は1899（明治32）年に「市街家屋統制」（『建築雑誌』155号）という演説をし、妻木頼黄は1904（明治37）年に「建築と法律との関係について」（『建築雑誌』216号）という講演を行い、また後に7代会長となる中村達太郎は翌1905（明治38）年、論説「欧米建築条例の比較」（『建築雑誌』216〜220号）を寄せている。

(2) 尾崎東京市市長より条例案起稿の依頼

しかし一方、次第に膨張する大都市において、総合的な建築条例のないままに、家屋の無秩序な建設が進みつつあった。

1906（明治39）年11月、東京市長尾崎行雄は深くこの点を憂い、本格的な建築条例の制定を決意し、「東京市内家屋建築に関する条例案」編纂を建築学会（辰野金吾会長）に依頼した。依頼から編纂の過程は、建築学会（1913（大正2）年）「東京市建築条例案起稿顛末」[4]に詳しい。以下、要点を紹介する。

まず、依頼文では近代化を背景とした都市の膨脹、様々な都市施設の機能の行き詰まりに対して、建築、都市計画の観点から法制の必要性が述べられている。

会長辰野金吾は直ちに委員会に諮り、「東京市が全般を挙げてその調査を本会に依頼してきたこと」を名誉とし、また「本会の地位が社会的に重きを為して来た事を自覚」して、進んでこれを応諾することに決した。同月17日、12名よりなる「東京建築条例案起稿委員会」が設置された。委員会は委員長に曾禰達蔵、副委員長に中村達太郎を選任したあと、編纂方針を検討の末、年末に至り、全文を12章に構成すること、委員長・副委員長を除く委員10名が起稿作業を分担することを定めた。12名の委員名およびそれぞれの起稿分担項目は以下のとおりである。

委員長	曾禰達蔵	
副委員長	中村達太郎	
委員	長野宇平治	総則および材料
委員	矢橋賢吉	道路および道路に面する建物
委員	佐野利器	結構
委員	三橋史郎	防火
委員	保岡勝也	衛生
委員	志賀重列	危険建物
委員	山口孝吉	改築変更など
委員	岡本鎫太郎	除外例および附則
委員	山下啓次郎	工事・進行など
委員	福岡常次郎	裏店長屋など

翌1907（明治40）年4月には、各委員から第1回目の原案が委員長のもとに提出された。

佐野利器[3]　　　　内田祥三[5]

(3) 外国諸都市の建築条例収集

起稿委員会は発足にあたり、参考資料として外国の建築条例・消防規則・衛生規則などを詳細に研究する必要を認め、その収集方を会長に申し出た。

辰野会長はこれを受け、17か国[6]40都市おける条例・規則類について、在地の日本公館あて書状を送り、資料の送付を懇請した。

英・仏・独・伊・露および英領は比較的容易に入手できたが、その他の国は郵便の遅れもあり、1909（明治42）年6月にようやくすべての資料の到着をみた。

それぞれの資料は到着しだい、正副両委員長の

もとで、しかるべき会員に委嘱して翻訳、分類、編集を行ったが、その数は実に238冊の多きに達した。

整理された外国の条例関係資料は、随時委員の参考に供せられ、起稿者はこれを参照しつつ、原案に対し、必要な修正を加えていった。

1910（明治43）年5月、各起稿委員の最終的な修正案が出揃ったので、これを印刷に付し、第2回東京市建築条例案と名付けた。

(4) 東京市建築条例案の完成

ここまでは各起稿委員がそれぞれ独自に立案したものを集めたに過ぎなかった。したがって条項の重複、語辞の不一致、条文の長短など、不統一な面が多く、これを統一する必要があった。

委員会はこの調整を正副委員長に一任し、かつ具体的な作業については、これを正員内田祥三に委託することにした。当時新進気鋭の工学士であった内田祥三は、これを端緒に市街地建築物法の制定に深くかかわることになる。内田は14期16期の2期にわたり建築学会会長を務めた。

正副委員長と内田嘱託員の3人によって、約1年半の歳月をかけ、1911（明治44）年11月ようやく統一案がまとまった。

その後は、まずこの統一案を起稿委員会として検討、1912（明治45）年3月委員会として慎重に審議し、1913（大正2）年5月20日の臨時役員会において議了、ここに6年有半に及ぶ大事業も遂に完了をみた。

「東京市建築条例案起稿顛末」によれば、この最終的な審議過程に限っても、会合した回数は統一案作成に41回、起稿委員会最終案作成に8回、そして役員会における検討が81回に及んだ。

決定案は「東京市建築条例案」とし、起稿顛末その他外国諸都市の条例など、参考資料を添えて、6月14日阪谷芳郎東京市長に提出された。これに対して阪谷市長より謝意とともに金5千円

が報酬として寄贈されたという。

なお起稿顛末には、調査・起稿・審議の経緯などに加えて、今後条例制定において追加検討すべき事項をいくつか挙げている。その第一は特別建築物の条例を追加制定すべきこと、第二は衛生条例・消防条例を同じく追加制定すべきことである。また第三に防火地域の画定方法にふれ、最終的に一案に絞れず、当面、防火区域案と防火路線案の２案とした理由と、それぞれの案の長短を説明している。

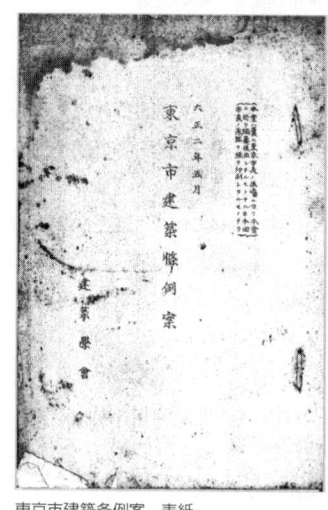

東京市建築条例案　表紙
出所：内田祥三資料　東京都公文書館所蔵

(5) 学会独自の検討の深化

東京市建築条例案は、予想外の歳月を要し、また市長が代わった事等により実施されることはなかった。都市の健全なる発展の必要性に関する社会の認識が未だ充分でなかったことが根本にあるが、明治期からの国家財政の窮迫が、引き続く軍備拡張によってさらに深刻の度を増していたために、行政面で大きな財政上の負担になるという理由から先送りされたのである。

一方、建築学会では、この東京市建築条例案を実施に繋げたいとの気運が盛り上がった。

1913（大正２）年12月、建築学会は臨時総会を開いて「建築に関する事項を調査研究する為に常置委員会を設く」ことを決し、中村達太郎を委員等として５つの部門を設け、本格的な調査を為すことにした。法規は常置委員会第５部会（以降、建築法規委員会という）が担当することになり、建築条例案の実現が模索された。

参考　常置委員会の構成
第１部　建築美術・古建築保存・東洋建築・建築史・建築文学等
第２部　建築衛生・災害防止・建築構造・鉄骨構造・鉄筋コンクリート構造・建築材料等
第３部　建築教育・建築趣味普及等
第４部　意匠設計・住宅建築・都市計画・建築競技等
第５部　仕様・予算数量・報酬規定・建築法制等

「建築法規委員会」は主査を置かなかったが、内田祥三が実質の主査となり、笠原敏郎、吉田享二、田中実、福田重義、後藤慶二が委員として、野田俊彦が臨時委員として参画した。それぞれ市街地建築物法時代に重要な役割を担うこととなる。建築法規委員会の当初の主旨は、東京市建築条例案が実施に移された場合に、積み残し課題とされた各種の特種建築物についての基準原案を学会の自主研究として作成することであった。取り上げた種類は当初14種にのぼったが、案として完成をみたのは、倉庫・病院・学校・旅館の四種である。

さて、常置委員会は1923（大正12）年に廃止されるまで10年間に渡り活動するが、活動が活発な部会では発展的分解作用を起こしていくつかの単独委員会が発生した。建築法制に関する委員会はその一種である。

中村達太郎[3]

笠原敏郎[3]

「建築法規審議委員会」（中村達太郎委員長、内田祥三幹事）は、1916（大正 5）年 6 月に設置され、建築法規委員会が作成した特殊建築規則案の検討を行い、翌年 1 月までに倉庫・病院・学校・旅館の四種の「特殊建築物取締規則」が建築学会による成案となっていった。

「建築法規審議委員会」の委員構成は、中村達太郎（委員長）、内田祥三幹事、中條精一郎、山下敬次郎、佐野利器、笠原敏郎、吉田享二、田中実、福田重義、後藤慶二、野田俊彦、田辺淳吉、田村鎮、桜井小太郎である。

また「建築条例実行委員会」（中村委員長、岡田信一郎幹事）は、1915（大正 4）年末に岡田信一郎が提出した「建築条例実施に関する意見書」に端を発するもので、同年12月に設置され、後に都市計画実行委員会と改称（大正 7 年臨時）して市街地建築物法制定後の1919（大正 8）年12月まで活動を続けた。

「建築条例実行委員会」の委員構成は中村達太郎（委員長）、岡田信一郎（幹事）、中條精一郎、山下敬次郎、佐野利器、大江新太郎、田島穧造、塚本靖、長野宇平治、中村伝治、矢橋賢吉、藤原俊雄、古宇田実、佐藤功一、滋賀重列、清水仁三郎である。

⑹ 警視庁への働き掛け

経済活動の活発化に伴い、全国的に人口の都市集中が進んだ結果、建築条例はすでに、東京のみ

ならず主要都市のすべてにおいて必要な状況にあった。東京市のための「条例案」を基に、全国の市街地一般を対象とした「法律」を定める動きにつながっていく。

建築条例実行委員会は各府県庁における建築取締の実態調査を行うことを決議し、また国会へ建築条例の実施を誓願すること、警視庁に建築技師を置くよう働きかけることを決定した。佐野利器が警視総監岡田文次に対して、建築警察の必要を説き、さらに技師を置くよう進言すると、岡田は直ちに賛成し、技師の推薦を頼んだという（『佐野利器先生追想録』）。その後、陸軍の技師であった笠原敏郎が警視庁技師に任命（1917（大正 6）年）され、佐野利器、笠原敏郎、内田祥三の三者で東京市建築条例案のうち警視庁令で実施できそうな部分を補強して、約半年の検討の後、1918（大正 7）年に警視庁の「建築取締規則案」を完成させた。なお、佐野利器は1903（明治36）年東京帝国大学建築学科卒業後、同年建築学科講師、1906（明治39）年に同助教授に就任しており、内田、笠原（両名とも1907（明治40）年東京帝国大学建築学科卒業）の 4 年先輩である。先の「東京市建築条例案」では、海外とは異なる木造建築の構造（「結構」と称した）規定を纏めている。

3 市街地建築物法の制定過程

⑴ 四会連合の「都市建築法令調査会設置に関する建議」

さらに、建築条例実行委員会は行政当局との交渉をはじめとして各方面に働きかけ、世論の醸成に努めるとともに、政党に対しても強く立法の必要性を訴えた。

まず、片岡安らが始めた関西建築協会の建議運動要請を承け、関係学協会を糾合して、政府に対し速やかに法律を制定するよう建議することとした。すなわち、関西建築協会、日本建築士会、都

市協会と建築学会が共に「建築条例実施に関する調査会」を設け四会連合の意見書「都市建築法令調査会設置に関する建議」（1918（大正7）年2月6日）を、総理大臣・内務大臣・陸軍大臣に対し提出、また貴衆両院議員にも全員にこれを配布した。建築学会会長辰野金吾、日本建築士会会長長野宇平治、関西建築協会理事長片岡安、都市協会幹事藤原俊雄から、内閣総理大臣寺内正毅、内務大臣後藤新平、陸軍大臣大島健一郎宛である。

本文には「我国の重要都市に対し速やかに建築法令の布かれんことを望み其制度に関する調査会を設置するの急要なるを認め下記各会連合の決議を齎らし茲に之を建議す」とある。また本文に加えて、建議に至った理由を詳細に述べ、最後に調査会の構成について希望を付している。現状の問題を「我国は之を各個人の放縦に任せ何らの制限を加ふることなく、其外観に於ては統一を欠き、市民の安寧公衆の衛生を保するなく、災害防備の実質に於ては不完全を極め、空中攻撃に対しては全く抵抗力なし」と評し、その後の震災、戦災に警鐘を唱えていた。

(2) 都市計画調査委員会の設置

幸いに上記の四会連合の建議は多くの識者の賛同を得た。佐野利器は当時を述懐し、「内務大臣は後藤新平さん、次官は水野錬太郎氏で参事官には同志たる池田宏氏がいた。さすがは後藤さんで我々の話を聞くや直ちに之に賛成してくれた。そして、議会開会中だったのですぐ水野次官に命じて追加予算を出させ、先ず調査機関をつくることにした。内務省内部には池田宏氏が無論働いてくれた。建築学会は都市計画や建築物法の宣伝に大に努めた」と残している（『佐野利器先生追想録』）。建築学会は1918（大正7）年通常大会のテーマを「都市計画」とし、4月27日、28日に東京美術学校講堂において講演を行った（建築学会編『都市計画講演』（1918））。開会の辞は副会長佐野利器、閉会の辞は会長曾禰達蔵で、笠原、片岡、藤原、岡田、福田、池田などが講演を行う中で、内田は「都市計画と建築法規」（『建築雑誌』378号）と題する講演をおこなっている。

また衆議院における質疑にも取り上げられた。すなわち磯辺尚議員が、1918（大正7）年3月12日第40回帝国議会における「東京市制に関する質問」のなかで、重要都市建築法の制定を急務として、政府の所見を求めたのに対し、内務大臣に代って水野錬太郎次官が答弁に立ち、建築法の必要なることを認め、すでに内務省においても草案を用意していること、また準備のため十分な調査を必要とするので調査会の設置を希望することなどを明らかにした。

建築法制定はようやく実現の方向に進みはじめた。なお、立法準備が始まったことにより、先述の警視庁令の検討は打ち切りとなり、笠原敏郎はその案をもって内務省に異動した。

1918（大正7）年5月、内務省に「都市計画調査委員会」が設置され法案の審議が始まった。同調査委員会には建築学会正員片岡安・佐野利器・矢橋賢吉が委員に任命された。また、内田祥三は嘱託委員として、笠原敏郎は内務省技師として市街地建築物法の検討に加わった。

調査会の審議は1918（大正7）年12月24日に議了、翌25日から始まった第41回帝国議会での審議に移っていった。法案は法制局での検討を経て、1919（大正8）年3月6日衆議院に政府提案、委員会の審議を経て15日可決、貴族院も同月26日に可決、ついに市街地建築物法は1919（大正8）年4月5日公布された（大正8年法律第37号）。

この間にも、建築学会ではこの流れに応じるため、1918（大正7）年の臨時役員会で、「都市計画常置委員会」を設置し、建築法規委員会は「建築法規部会」へ、建築条例実行委員会は臨時総会で「都市計画実行委員会」へと名称を変更した。常置委員会は、1919（大正8）年2月には、四会連

名で「都市計画法並に建築法令制定に関する陳情書」を出し、法制化を促した。

こうして都市計画法・市街地建築物法の成立に至る最終段階は思いの外に順調であった。しかしその背景に、間接的には造家学会が設立された1886（明治19）年以来30年余の間の、また直接的には1906（明治39）年以来12年余の間の、建築学会が続けてきた努力があったことはいうまでもない。建築条例の検討作業はそのまま市街地建築物法令として活用されたわけではないが、建築法体系の整備において有力な基礎資料となったことは疑いない。

4　法体系の整備に向けた取組

(1) 施行令・施行規則の整備

かくして懸案の建築法制はようやく実現を見たが、このことに関する建築学会の仕事はまだ終わったわけではなかった。

法律の施行に伴い必要な諸命令（施行令・施行規則等）の規定は実質的に重要な意味をもつ。

建築学会は市街地建築物法の施行[7]が間近であると考え1919（大正8）年7月の役員会で「建築法規に関する調査委員会」（曾禰達蔵委員長）を設け、市街地建築物法施行令と施行規則の案を作成した。

一方、1919（大正8）年9月には、内務省都市計画課長から原案を付して諮問があった。建築学会はこれら両案を比較研究し多少の意見を述べ、両案の一致を期した結果、1920（大正9）年9月に施行令の公布（勅令438号）、同年11月に施行規則の公布（内務省令37号）を実現した。

内田祥三は、後に「市街地建築物法の施行令、施行規則とその内容は建築学会案と大きな変りはありません。ただ学会でやり始めたじぶんには、地域制というのはまだなかった。それでぼくらが関係するようになってから地域制というのがまず

ドイツにできた。それからアメリカでもやった。それを参考にして、笠原君と僕とで原案をでっち上げたのです」と回顧している（「座談会・都市と建築とその法規をめぐる諸問題」（『建築雑誌』888号）。

(2) 市街地建築物法の普及

さらに、市街地建築物法の施行が近いとみた建築学会は、学会員に対し積極的に普及促進を図る。

内田祥三は、市街地建築物法成立前に、建築雑誌に論文「都市計画と建築法規」（『建築雑誌』378号）を寄せており、また「建築法案要領乃都市計画法案要領」（『建築雑誌』385号）が掲載された。

また、公布後には、「市街地建築物法特別講演会」を1920（大正9）年12月1日から4日に東京丸の内東京海上ビルディングにて開催した。内田祥三と、竹内六蔵（警視庁）、野田俊彦（内務省）、伊部貞吉（警視庁）が講師となり、「法の精神及條令の理解」の講演がなされた。聴講者は300人を数えた。なお、同時に祝賀会も開かれたという。笠原敏郎の名が見えないのは、英国に向け都市計画及び住宅会議に列席のため外遊していたためという。

詳細は、建築雑誌において伝えられている。構成は以下のとおりである。

緒言、第一総論、第二用途地域、第三建築線（以上を内田が担当）、第四建築物の高、第五建築敷地内の空地（以上、竹内が担当）、第六一般構造設備（野田が担当）、第七構造強度（伊部が担当）、第八防火地域、第九美観地域、第十工事執行（以上、竹内が担当）、第十一処分、補償、除外例、適用区域其他、第十二結論（以上、内田が担当）

（内田祥三、竹内六蔵、野田俊彦、伊部貞吉「市街地建築物法及其の附帯命令の梗概」『建築雑誌』411、412、414号）。

学会は、講演会や講習会等を盛んに開催した。

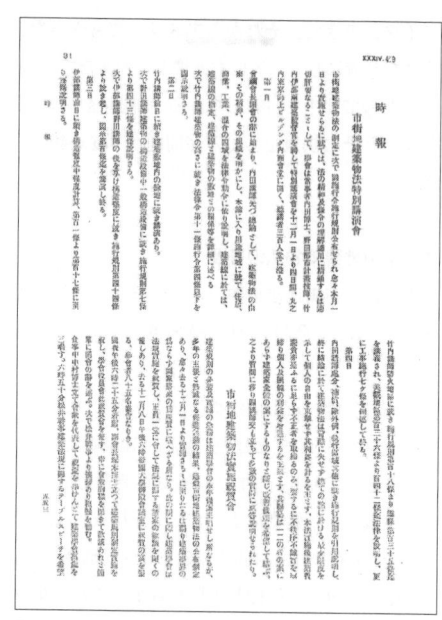

「市街地建築物法特別講演会」を伝える建築雑誌記事[8]
（『建築雑誌』409号1920（大正9）年12月）

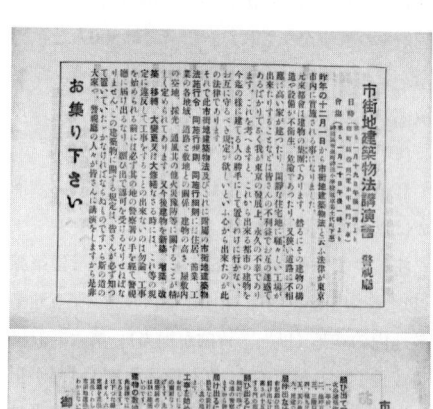
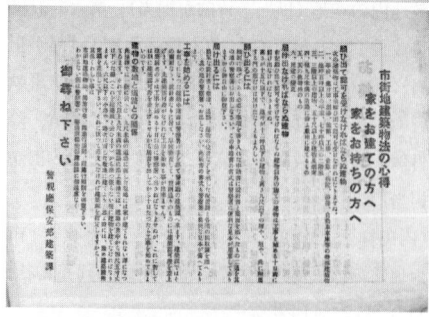

警視庁主催の市街地建築物法講演会ちらし
出所：内田祥三文庫　東京都公文書館所蔵

<table>
</table>

5　法制の運用改善への支援

(1)　法令の初期不良への改善提案

　建築学会は、市街地建築物法の制定に深く関与したことで、施行後も法規制の完全を期するため、運用や改正に絶えず協力を続けることとなった。学会は常時建築法規関係の活動調査を継続し、随時行政当局に対して必要な提言を行った。

　まずは、1921（大正10）年4月「防火地区及び建築物の高さの最低限度に関する意見書」を総理大臣、陸軍大臣および内務大臣に対して提出した。主旨は第一に防火地区の指定を速やかに行うこと、第二は建築物の高さに最低限を設けるということである。

　前者は、市街地建築物法が防火地区に建つ建築物について規定しながら、防火地区の指定がなされておらず、法の目的が達せられていないことを指摘したものである。

　後者は都市計画的な見地から、主要な道路に面する地域に関しては、建物の高さの最低限度を定めるべきであるという提案である。

(2)　震災復興に際して

　1923（大正12）年の関東大震災は、建築法令の整備に携わる者に、数々の貴重な教訓を与えたことはいうまでもない。震災後の復興に当たって、この貴重な経験を生かすべく、市街地建築物法及び関連法規の改正が検討された。

　建築学会は、震災復興の重要性に鑑み、1923（大正12）年11月に「時局に関する特別委員会」（横河民輔委員長）を設置して、復興対策を検討し、各方面に必要な提言を行った。

　建築関係法令については、最重要課題として「耐火建築の強制と助長」および「区画整理の施行」をあげ、1923（大正12）年11月20日帝都復興院総裁に対して、このことについて建議を行うととも

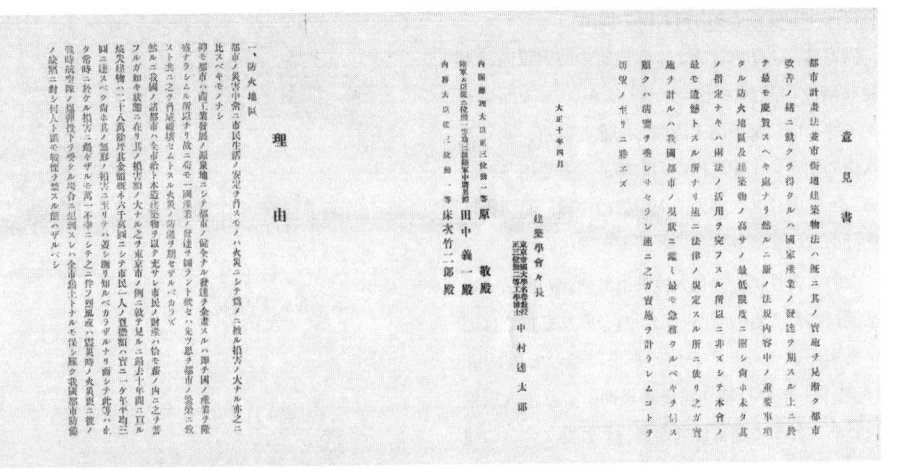

防火地区及び建築物の高さの最低限度に関する意見書（1921（大正10）年4月）
出所：内田祥三資料　東京都公文書館所蔵

に、翌1924（大正13）年3月建築物の構造に関する諸規定の改正を主眼とする「市街地建築物施行令及同施行規則改正要綱」を作成、内務大臣及び関係当局へ法改正を建議した。耐震設計に必要な地震力の計算に震度の概念を提案しており、1924（大正13）年の市街地建築物法施行規則改正に組み込まれた。世界最初の耐震設計法規とされる。

(3) 法令改正の支援

また、当局の側も、建築関係法令の改正に当たっては必ず建築学会の意見を徴する慣例で、学会はその都度調査のための委員会を設けて検討し、必要な修正意見を提出した。

たとえば1931（昭和6）年3月、「市街地建築物法施行令の改正に関する諮問」に対して、修正意見を内務省都市計画課長に回答している。工場の増設許可条件を緩和する改正に対して反対の意見を述べたものである。

(4) 百貨店の防火

1932（昭和7）年12月に発生した東京日本橋白木屋の火災（**口絵4**）は、大規模百貨店の火災時の避難・消火などについて、特別な措置の必要

を認識させるものであった。

建築学会ではたまたま、同年9月に「時局に関する委員会」（佐野利器委員長）を設け、防火防空建築促進を課題にした小委員会を設けて検討を始めたところであった。ただちに実地調査を行うとともに、この種の災害に対する法規上の検討を重ね、翌1932（昭和7）年12月に「百貨店の防火施

百貨店の防火施設に関する建議（1932（昭和7）年12月）[9]（『建築雑誌』566号）

設に関する建議」を内務大臣へ提出した。

　内容は、①防火区画、②階段室の防火設備、③避難階段の設置、④エレベーター、エスカレーター等の開口部の防火設備、⑤窓の構造、⑥天井吹抜の制限、⑦売場通路の取締、⑧避難用具の設備、⑨消火栓其の他の消火設備の整備、⑩引火性物品の取締他であった。

　なおこの件は、内務大臣都市計画課の非公式な諮問に答えるものであった。ちなみに東京では翌年警視庁により、その他の都市においては1936（昭和11）年9月特殊建築物規則により、大規模百貨店に対する建築規則が実施された。今日の建築基準法の基本的な規制内容につながっている。

(5)　災害への対応

　都市火災、風水害など不時の災害発生に際しては、建築学会はそのつど、迅速な調査活動を展開し、かつその結果に基づく対策の提言を関係方面に行うことを常とした。

　1934（昭和9）年にはたまたま2件、この種の大災害が発生した。3月21日の函館大火と9月21日の室戸台風である。函館の焼失家屋は2万6,000戸、室戸台風による全壊・流出家屋は4万戸を数えた。

　函館大火に対しては、5名の会員を派遣して調査に当たるとともに、「建築法規に関する委員会」（内田祥三委員長）を常置的に設け復興に当たっての対策を検討した。

　当時函館市には、市街地建築物法の適用が一部に止まり、建物の規模、構造、設備に関してはほとんど規制がない状況であったから、復興に当たり建築関係法令の完全なる適用がもちろん最重要事項であった。

　これにあわせて土地区画整理の断行と防火地区の制定、さらに耐火建築の助成などが緊急の施策として必要と判断された。

　これら検討の結果、5月1日「函館市の復興方

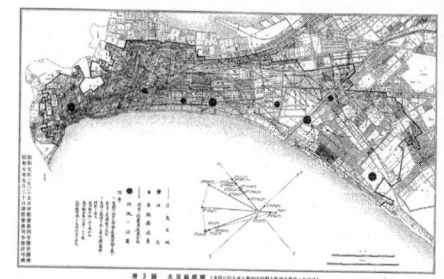

函館大火延焼図（『建築雑誌』586号）[10]

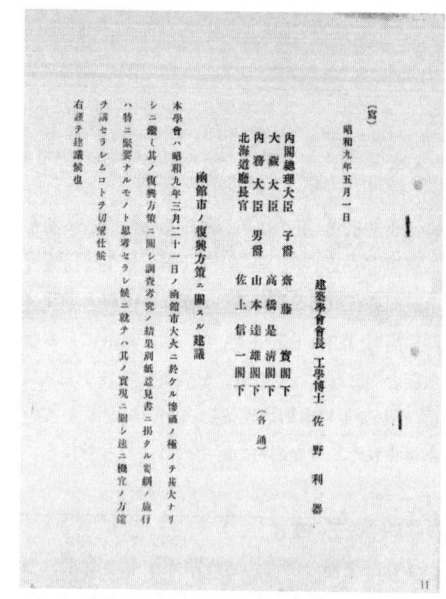

函館市の復興方策に関する建議（1934（昭和9）年5月）
出所：内田祥三資料　東京都公文書館所蔵

策に関する建議」を総理大臣、大蔵大臣、北海道庁長官に対し提出している。

　なお、「建築法規に関する委員会」は、法規改正のための調査や政府の諮問に対応し、現在の「建築法制委員会」の原型と言われている。

　一方、室戸台風による関西地方の災害については、10月に新たに「関西地方風水害対策委員会」および「木造規準調査委員会」（内田祥三委員長）を設置して実地調査と対策の検討に当たった。この結果は、10月23日「小学校々舎其他重要建築物の取締に関する建議」にまとめられ、総理、内

務、大蔵、文部の各大臣に提出された。

この台風による災害のうち、小学校校舎の倒壊によるそれが最も重大であるとの判断によるものであった。

(6) 荷重および許容応力度に関する改正建議

市街地建築物法施行規則中、強度計算に際して採用すべき荷重の大きさと、材料の許容応力度については、同法の施行後相当の期間が経過したにも関わらず当初のままであった。

この間強度計算方法の進歩、材料の品質向上、あるいは工法技術の発達には目覚ましいものがあった。そこで建築学会では1935（昭和10）年春から、より合理的な設計が可能なように規定を改正すべきであるという判断に基づき「建築法規に関する委員会」に小委員会を設け、関係当局の技師とも非公式に相談しながら検討を進めた。

約2年にわたる慎重かつ熱心な検討作業の結果、ようやく成案を得て1937（昭和12）年5月内務大臣に対して「建築法規改正に関する建議」として提案され、これを受けて同年6月施行規則改正が実現した。

建議から規則改正までわずかに1か月を要したのみである。このときの改正は、ほとんど学会主導で進められた。構造強度に関する規定に関する判断は、建築学会に全面的に委ねられたことが推測される。

6 建築基準法への関係性の継承

(1) 施行令原案の作成

市街地建築物法の制定、施行さらには運用時に培われた建築行政と建築学会の関係は、第二次大戦後の建築基準法の時代になっても引き継がれた。

1950（昭和25）年5月建築基準法が国会で成立、市街地建築物法は廃止され、建築指導行政は戦後の新段階に入った。主務官庁も戦前の内務省はすでに廃止されており、建築関係の行政は建設省に一元化されていた。

建築基準法の成立を受けて、早急に関係の法令を編む必要があったが、建設省住宅局はこの原案作成を建築学会に依頼してきた。建築学会と建築

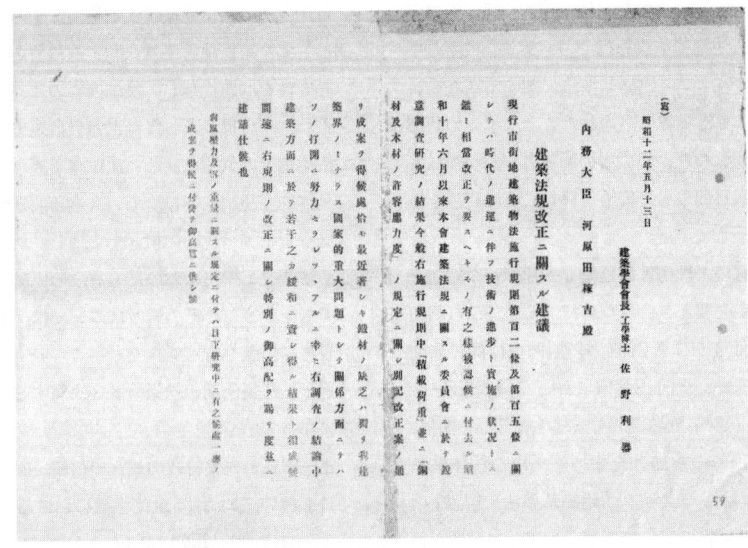

建築法規改正に関する建議（1937（昭和12）年5月）
出所：内田祥三資料　東京都公文書館所蔵

指導行政との関わりは、戦前の市街地建築物法に
おけるそれが戦後にも引き継がれたといってよい。

　8月中旬までという短い期限で依頼を承けた建
築学会は、ただちに「建築基準法に関する調査委員
会」（笠原敏郎委員長、大村己代治幹事）を設置し
た。構造、防火、都市計画、計画設備、現場・危
険防止の5つの小委員会を設けた。また。各支部
にもそれぞれ調査機関を設けて検討することを依
頼、さらに衛生工業協会など関係団体にも協力を
求めて、短期間に結論を得るべく体制を組んだ。

　約2か月の調査期間中、このために開かれた会
合は実に延べ44回を数えたが、8月10日ようや
く成案を得て建設省に提出、施行令は同年11月
の公布をみた。

(2)　建築法令の普及支援

　建築基準法の初期の解説書は、建築学会が総力
をあげて施行令を検討した縁により、建築学から
出版された。建設省住宅局編「建築基準法令解
説」(1950)、「建築基準法施行令；建築基準法施
行規則」(1950) や同「建築基準法関係法令集」
(1950) である。「建築基準法令解説」は、その序
において、建築基準法施行令の原案調査に際して
建築学会が前述の「建築基準法に関する調査委員
会」を設けて建設省に協力したこと、学会の切な
る要望を容れられ、建設省の関係者が劇務裡にも
拘わらず数日間にして書き上げたことに謝意を惜
しまないとしている。

　出版を急いだ理由は、建築界へ速やかな周知を
図ることが必要とされたためである。1950 (昭和
25) 年11月10日より22日の短期間内に関係諸団
体との共催で、全国13都市において「建築新法令
講演会」(『建築雑誌』769号・本会記事) を開催、
延べ12,000名の参加者を集め、新たな法体系の
普及に努めた。また先の「建築基準法令解説」の
出版理由は同書に、この講演会の来聴の機会が得
られなかった建築技術者にも法令に対する理解を

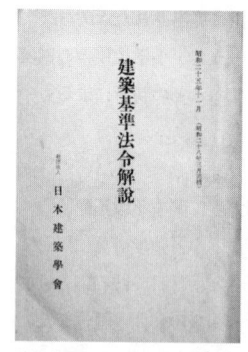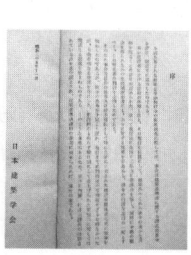

建築基準法令解説　表紙[11]

容易にし、法令の円滑な施行の一助とすべく企画
したとと記されている。

　その後も、学術・技術上の進展に伴って、技術
基準を政令として追加する必要が生じたつど、
「建築基準法に関する調査委員会」[12] 等において
施行令改正案が作成され、諮問に答えるかたちで
建設省・国交省に提出されている。

7　まとめ

　以上のように、建築学会は建築法制の専門家集
団として、市街地建築物法制定過程前から、法制
の必要性を問題提起し、法制内容の基礎的な研鑽
を重ね、その機にあっては、意見書要望書を出し
て法律制定の気運を高め、法律案を提示し、さら
に具体的な規制内容につていも実務的知見に基づ
き施行令や施行規則の検討を支援し、加えて運用
面や法令改正検討においても官学の協働で取り組
んできた。また、その普及については、講演会や
解説書の出版を行ってきた。

　近年、建築法制の効果検証等に関する研究は盛
んになっている。

　建築学会と建築行政の相互の信頼、協働関係は
今日も続いている (「建築学会における市街地建
築物法関連年表」 **DVD** 2-2-1)。

2-3 建築基準法制定時の施行令の策定過程と建築学会

建築法制に対する建築学会[1]の役割として、前節で市街地建築物法制定から建築基準法制定までの概略を示した。ここでは、学会有識者が市街地建築物法制定後、直接的に建築法に意見する機会は限られつつも、技術発展に伴う法改正の支援や普及活動等が展開されたこと、加えて、学会が制度の運用にあたって、施行令（政令）・施行規則（省令）の検討を任されていたことに触れた。この施行令・施行規則の策定・改正支援は、内務省・建設省が主に検討を進めた「法」という枠組みを、具体の基準や指針として学識・有識者が補い、具体化させるための「令」として示す意味合いがあり、建築法制を動かす両輪の役割とされてきた。

こうした関係は建築基準法制定時にも同様で、建築基準法検討において「…細かなことは政令（検討）に譲る…」[2]とされながらも、建設省内では「…法律の作業に追われて、政令に対する準備はできていなかった」[3]ため、建築学会が建築基準法施行令案を作成することとなった。この建築基準法施行令案の検討は、法の趣旨が大きく変更された中で、短期間に新たな時代の建築基準を示す必要があった。また、全国一律に建築技術としての基準を示すことから、市街地建築物法において施行規則で定めていた範囲を建築基準法の施行令に設定し直す意味もあった。そのため建築に関する基準をどこまで示すのか、施行令でどのような記述とするのか、建築学会としても手探りの中での検討となった[4]。

本節では、この建築基準法施行令の検討体制と内容を整理することで、日本の建築法制において大きな転換点であった建築基準法制定時の「基準」策定の実態と建築学会の役割について見ていきたい。

1 建築基準法施行令検討の概略

1950（昭和25）年5月24日、建築基準法が制定された。半年後の建築基準法施行に向け、新たな法の施行令を制定する必要がある中、建設省住宅局は施行令案の検討を戦前からの慣例に倣い建築学会に依頼した。依頼を受けた建築学会は、早急に「建築基準法に関する委員会」を設置し、施行令案の検討体制を整えた。同年6月16日に第一回本委員会を開くに至り、この第一回本委員会では、吉田享二建築学会会長の挨拶とともに、伊東五郎建設省住宅局長より「政令原案としての…援助」が求められ、短い検討期間において本委員会と建設省が直接処理することで、施行令案を作成することが確認されている[5]。

「建築基準法に関する委員会」本委員会委員長に笠原敏郎、幹事に大村巳代治が就き、この他の委員と各支部長を加えた本委員会が全体の取りまとめと修正意見等を行うこととされている。実際に施行令案を作成したのは、その下に設置された小委員会で、この小委員会は、第一小委員会［構造］（主査：二見秀雄）、第二小委員会［防火］（主査：浜田稔）、第三小委員会［都市計画］（主査：島田藤）、第四小委員会［計画設備］（主査：松田軍平）、第五小委員会［現場・危害防止］（主査：小笹徳蔵）の5つの分野が設置された。これは、建築基準法において、「…政令（省令）で定める」と示された項目から設定されたものと考えられる（**表1**）[6]。それぞれの小委員会には、幹事として

建設省技官も参加しており、学会の検討と中央の調整が実施しやすい体制が整えられた[7]。

検討期間は1950（昭和25）年11月の建築基準法施行に合わせるため、同6月21日から同7月15日までの期間に小委員会による原案作成、本委員会・支部委員の意見を受けて同7月18日から同7月25日の期間に修正、同7月26日から同7月31日の期間で建設省による原案の整理・修正、同年8月印刷という極めて短期集中での予定が立てられた。実際には、学会による建築基準法施行令案の整理は8月上旬までずれ込み、同8月10日に建設省住宅局長に対して建築基準法施行令案（其の一）の答申を行っている。この答申の後に住宅局による法文整理が進められ、1950（昭和25）年11月16日の建築基準法施行令の公布に至った（検討プロセスと関連資料は「建築基準法施行令の検討過程概略と関係資料」**DVD**2-3-1参照）。

表1　建築基準法中で政令・省令で定めるとした事項と検討体制

建築基準法条文	見出し	命令の別	分科(小委員会)	所轄課	命令の規定内容	市街地建築物法令等参照条文
二条七号	用語の定義	政令	防火	防災	耐火構造の性能	規則一条十三〜十六 臨防二条一
二条八号	用語の定義	政令	防火	防災	防火構造の性能	規則百二十八条 臨防二条二
五条六項	建築主事の資格検定	政令	−	指導	手続き及び基準等	
六条五項	確認手数料	政令	−	指導	100m²以上の建築物の手数料の範囲	(地方自治法二百二十二条)
六条六項	確認通知書・申請書	省令	−	指導	様式の形式規定	規則百四十九条に基き府県の条例
七条五項	検査及び使用承認	省令	−	指導	工事完了の届出書検査済の様式	
十一条三項	補償金額に不服のある場合	政令	−	指導	不服のある場合の手続	法十八条 令十八〜二十四条
十五条四項	届出及び統計	省令	−	防災	建築統計の作成及び手続	(統計法による)
二十七条六号	危険物貯蔵又は処理場	政令	防火	防災	危険物の数量による危険度	(危険物取締規則) (警視庁令五十号)
二十八条一項	居室の採光	政令	衛生(設備)	指導	学校・病院・診療所・寄宿舎・下宿	(労働安全衛生規則) 特建十二条二
三十五条	特殊建築物の技術的基準	政令	防火	防災	避難施設・消火設備等	特建規則の殆ど全ての規定 臨防十五条
三十六条	構造・防火・衛生に関する技術的基準	政令	構造	防災	構造及び構造計算方法	規則四十八〜百十五条
		政令	衛生(設備)	指導	居室の有効採光面積の算定	規則十九条二項以下
		政令	衛生(設備)	指導	天井及び床の高さ	規則七十八条
		政令	衛生(設備)	指導	床の防湿方法	規則十五条・十六条又は四十六条
		政令	構造	防災	階段の構造	規則二十五条・二十六条
		政令	衛生(設備)	指導	便所の構造	規則二十三条・十四条
		政令	防火	防災	防火壁・防火区画・消火設備・避難設備の設置及び構造	規則二十八条・二十九条二項・三十条・四十二条、臨防十二条
		政令	衛生(設備)	指導	給水・排水、その他の配管工法	規則十条
		政令	防火	防災	煙突の構造	規則三十三〜四十一条、九十五〜百条 臨防十三条・十四条
		政令	構造	防災	昇降機の構造	
三十七条	材料の品質	省令	−	指導	日本工業規格の指定	規則四十四条
五十一条	用途地域・専用地区内の既存建築物の制限緩和	政令	都市	指導	不適格建築物の増・改・再築又は用途変更	令三条ノ二 規則三条ノ八
五十八条三項	道路幅と高さ	政令	都市	指導	敷地と道路の種々な場合	令七〜十条
六十四条	開口部の防火戸	政令	構造	防災	防火戸の構造	規則一条十七号
八十七条二項	用途変更に対するこの法律の適用	政令	−	指導	用途変更の類似性の規定	
八十八条一項	工作物への準用	政令	−	防災	指定すべき工作物の種類	令二十六条ノ二
八十九条一項	確認の表示	省令	現場	防災	表示様式	−
九十条	工事現場の危害防止	政令	現場	防災	防止措置の技術的基準	−
九十二条	面積・高さ等の算定	政令	−	指導	算定方法の規定	令六条・十二条・十三条・十五条 規則一条三〜六号・二一号

（出典）　建築指導課「建築基準法中政令及び省令で定める事項」1950（昭和25）年6月15日

2 建築基準法施行令の 検討体制

建築学会に設置された「建築基準法に関する委員会」の体制を詳しく見れば、委員・専門委員を合わせて80余名にのぼり、学会を挙げての大編成による検討であった（**表2**）。委員構成を見ると、市街地建築物法制定や運用に直接携わった内田祥三、笠原敏郎、北沢五郎、戦前より建築士法制定運動に尽力した中村傳二、石原信之、山下寿郎、元大蔵省営繕技監の下元連ら重鎮とも言うべき世代と、彼らを師（あるいは先駆者）と仰いできた次の世代の研究者や建築家らによる世代重層的な体制を構築し、原案作成に当たったことがわかる。

具体的には、本委員会委員長の笠原（1907年東京帝国大卒。以下、特記のない限り東京帝国大学卒を示す）を筆頭に、内田（1907年卒）、中村（1904年卒）、山下（1912年卒）、石原（1914年卒）、下元（1914年卒）、北沢（1916年卒）らの重鎮世代が複数の小委員会に参画し、検討に横断的に関与している。各小委員会の主査には、その次世代にあたる40代後半〜50代の二見秀雄（1925年卒）、浜田稔（1925年卒）、島田藤（1918年卒）、松田軍平（1923年コーネル大学卒）らが任に当たっている。このうち二見、浜田はまさに佐野利器と内田の直弟子の関係にある。また各小委員会の専門委員のメンバーには、さらに次の世代の研究者が顔を揃えているところが興味深い。官公庁関係委員には、石井桂（東京都建築局長）、大村巳代治（建設省管理局営繕部長）、田中徳治（文部省教育施設部長）、藤田金一郎（建設省建築研究所所長）らベテランが名を連ねている。

小委員会ごとに詳細に見ていこう。第一小委員会［構造］主査の二見は、佐野のもとで建築工学を学び、矩形骨組（ラーメン）構造が専門である。これに、二見の同期で、臨時日本標準規格532号

「建築物ノ荷重」同533号「建築物強度計算ノ基本」（1944年）、日本建築規格・建築3001号（JES3001）（1948年）の制定に参画した武藤清（1925年卒）が加わり、佐野とともに耐震構造学の基礎を築いた内藤多仲（1910年卒）、二見の後輩でのちにシェル構造の第一人者となる坪井善勝（1932年卒）が支える体制となっている。他の小委員会と比べて委員数が13名と多いが、検討事項が一般構造、構造強度（各構造別）、構造計算と多岐にわたったからであろう。

第二小委員会［防火］主査の浜田は、内田の指導のもとで木造家屋火災実験（1933年）をはじめとした各種火災実験、函館大火調査報告（1934年）、都市防空に関する研究（防火、防空、消火）、臨時防火建築規則（1948年）の立案に携わっている。防火基準の作成に、これら一連の防火研究の知見が不可欠であったことを物語る。また委員の菱田厚介（1918年卒）は、帝都復興院技師、内務省計画局技師を経て、戦時中は内務省防空研究所初代所長（1939〜1942年）を務めた人物である。

第三小委員会［都市計画］主査の島田は、島藤建設㈱（1874年創業の大工棟梁系建築施工会社、1987年戸田建設㈱と合併）2代目社長である。建設業界では学究・教育肌をもつ異色の経営者と言われ、戦前には学会等でアメリカ諸都市の視察報告会（1936年）を行い、日本大学や東京大学でも教鞭をとり、建築学会副会長（1943〜44年）も務めた。戦後には関東土木建築統制組合理事長として、連合国軍最高司令官総司令部（GHQ）と建設業界との折衝役も担った。なお、委員には都市計画学の創始期に頭角を現してきた高山英華（1934年卒）が参画しているのが注目される。

第四小委員会［計画設備］主査の松田は、コーネル大学卒でアメリカの建築設計事務所の勤務経験もある。戦後にはGHQと設計事務所団体（日本建築設計監理統制組合）との折衝役を担い、

表2 「建築基準法に関する委員会」委員構成

◎委員長	笠原敏郎		◎幹事	大村巳代治	
◎委員	伊東五郎	石井 桂	石原信之	内田祥三	小笹徳蔵
	太田和夫	北沢五郎	古茂田甲午郎	佐藤 鑑	佐藤武夫
	島田 藤	下元 連	田中徳治	高山英華	竹山謙三郎
	坪井善勝	戸田利兵衛	内藤多仲	中田亮吉	中村傳治
	浜田 稔	菱田厚介	平山 嵩	二見秀雄	藤田金一郎
	松田軍平	武藤 清	山下寿郎		
◎支部長	[北海道] 落藤藤吉		[東北] 鈴木 甫		[関東] 関野 克
	[東海] 石原 厳		[北陸] 吉田宏彦		[近畿] 森田慶一
	[中国] 安東忠士		[四国] 千々岩助太郎		[九州] 宮脇晴美

○第一小委員会 [構造]

主査:	二見秀雄	幹事: 松下清夫、村井 進（長沢 誠）			
（委員）	内田祥三	太田和夫	北沢五郎	下元 連	坪井善勝
	内藤多仲	中村傳治	二見秀雄	武藤 清	
	石井 桂（都・杉山武彦）		大村巳代治（建営・野平 忠）		
	田中徳治（文・菅野 誠）		藤田金一郎（建研・久田俊彦）		
（専門委員）	織本道三郎	梅村 魁	加藤六美	狩野春一	河野輝夫
	谷口 忠	筒井助幸	鶴田 明	橋本文夫	平野忠雄
	松下清夫	村井 進	木原 旭	南 和夫	米山泰作

○第二小委員会（防火）

主査:	浜田 稔	幹事: 森 徹、村井 進（太田泰男）			
（委員）	内田祥三	下元 連	中村傳治	浜田 稔	菱田厚介
	石井 桂（都・堀内享一）		田中徳治（文・中尾竜彦）		
	大村巳代治（建営・吉田辰夫）		藤田金一郎（建研・碓井憲一）		
（専門委員）	今津政雄	岩間 旭	木子清忠	久米権九郎	清水 一
	長沼 □	村井 進	森 徹	横山不学	芦浦義雄

○第三小委員会（都市計画）

主査:	島田 藤	幹事: 高山英華、内藤亮一（小宮賢一）			
（委員）	石原信之	太田和夫	北沢五郎	島田 藤	高山英華
	山下寿郎				
	石井 桂（都・大河原春雄）		大村巳代治（建営・小場晴夫）		
	田中徳治（文・地引友次）				
（専門委員）	伊藤 甫	市川清志	楠瀬正太郎	内藤亮一	南雲義治
	秀島 乾	平田重雄			

○第四小委員会（計画設備）

主査:	松田軍平	幹事: 佐藤 鑑、内藤亮一（田中武雄）、村井 進（岡田 健）			
（委員）	石原信之	佐藤武夫	平山 嵩	松田軍平	佐藤 鑑
	石井 桂（都・川崎重敏、丹野敬三）		太田和夫（国鉄・片山隆三）		
	大村巳代治（建営・枇杷坂実）		田中徳治（文・大串不二夫）		
	中田亮吉（郵電・小坂秀雄）				
（専門委員）	小川健比子	黒崎幹男	小木曽定彰	桜井省吾	清水 一
	内藤亮一	村井 進	矢野美三雄（東消）		

○第五小委員会（現場・危害防止）

主査:	小笹徳蔵	幹事: 久良知丑二郎、村井 進（堀江 諭）			
（委員）	小笹徳蔵	島田 藤	古茂田甲午郎	戸田利兵衛	山下寿郎
	石井 桂（都・池原眞三郎）		大村巳代治（建営・小島新吾）		
	田中 徳治（文・青江㐂一）				
（専門委員）	大内次男	久良知丑二郎	斉藤次郎（安全研）	桜井良雄	高木 進
	永井久雄	野口三郎（労働）	村井 進	森 宣明（東消）	

（出典）「建築基準法に関する委員会編成」1950年6月19日
※1 委員名簿は時期によって専門委員の多少の異動があるが、ここでは、第1回本委員会時の名簿を示している。
※2 委員、幹事、専門委員など重複記載があるが、資料のまま用い、□は未記載の箇所を示している。
※3 幹事の（ ）は建設省住宅局の担当を示し、小委員会の（ ）内は所属官公庁の所属と部内連絡委員を示している。

1948（昭和23）年から日本建築士会会長も務めた。委員には、同じく建築家で音響工学の第一人者の佐藤武夫（1924年早稲田大学卒）、建築環境工学（建築計画原論、建築衛生学）の創始期を主導した平山嵩（1926年卒）、佐藤鑑（1929年卒）が参画している。さらに官公庁関係委員として太田和夫（日本国有鉄道）、中田亮吉（郵政省・電気通信省）も加わり、鉄道や電気通信施設等の設備技術の動向も含め、広く検討を試みようとした意欲が窺える。

第五小委員会［現場・危害防止］では、清水建設㈱副社長の小笹徳蔵（1913年名古屋高等工業学校卒）を主査に、㈱戸田組（現・戸田建設㈱）2代目社長の戸田利兵衛（1913年卒）、前出の島田ら建設業界代表者とともに、旧東京市建設局時代の復興小学校建築で知られ、当時、全国建設業協会事務局長を務めていた古茂田甲午郎（1919年卒）が参画している。

このように学会における大学、民間、官公庁の研究者・建築家・技術者らのまさに総力をかけた検討体制であった（「建築基準法に関する委員会」委員略歴 **DVD** 2-3-2）。

3 建築基準法施行令小委員会案の内容

小委員会による集中的な検討が進められ、第一案にあたる「建築基準法施行令小委員会案」（以下、小委員会案と略す）が1950（昭和25）年7月17日に開催された第二回本委員会に提出されている（**写真1**）。この小委員会案は「第一章 構造強度」「第二章 防火」「第三章 高さに関する規定」「第四章 設備」「第五章 工事現場の危害防止」と、小委員会の構成に応じた5つの章と、「第六章 確認申請」の全6章で構成されている（**表3左**）。

この第六章に関しては、確認申請手数料と確認申請書等各種様式の案を示したもので、学会委員

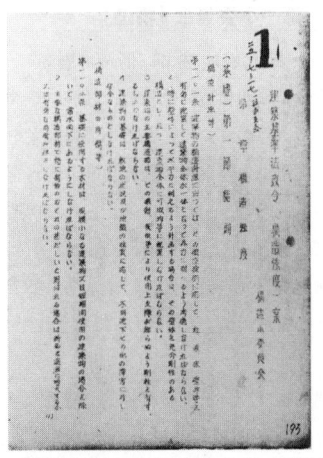

写真1　建築基準法政令（構造強度）案　構造小委員会
出所：内田祥三資料　東京都公文書館所蔵

でなく建設省住宅局建築指導課が原案作成したものである（第六章については補論にて考察を進める）。

表1からもわかるように、建築学会が施行令案の検討を進めるにあたり、大きな対応項目となったのは建築基準法第三十六条に記された

> 建築物の安全上必要な構造方法及び構造計算の方法、居室の採光面積、天井及び床の高さ、床の防湿方法、階段及び便所の構造、防火壁、防火区画、消火設備及び避雷設備の設置及び構造、給水、排水その他の配管設備の工法並びに煙突及び昇降機の構造に関して、この章の規定を実施し、又は補足するために安全上、防火上及び衛生上必要な技術的基準は政令で定める

であり、この他、建築基準法が政令に譲るとした項目を中心に検討しつつも、小委員会では、それを超えた議論と、基準提案がなされている。以下、各小委員会案の検討内容と特徴を整理していく。

3 1 第一小委員会［構造］

第一小委員会は、総則（構造計画等）、木造および木骨造、組積造、鉄骨造、鉄筋コンクリート造、構造計算の6つの構成で小委員会案を検討しており、市街地建築物法施行規則の内容を引き継ぎつつも、当時、一般的に考えられる構造種別に対して、体系的な項目整理を進めようとしている。構造委員会の検討は、建築基準法第三十六条に加え、第二十条（構造耐力）に示された

> 1. 建築物は、自重、積載荷重、積雪、風圧、土圧及び水圧並びに地震その他の振動及び衝撃に対して安全な構造でなければならない
> 2. 第六条第一項第二号又は第三号に掲げる建築物に関する設計図書の作成にあたっては、構造計算にとって、その構造が安全であることを確かめなければならない

に対応することも重要であると捉えられた。これにより、各種構造と構造計算に対する基準作成が進められることとなった。

まず、構造計画に関しては、階段・張壁・煙突の構造に触れており、踊場の幅や煙突の構造など、基準値を示しつつ、具体的な規格に触れてい

る。これら構造計画は建築物の一般的形状を規定するものでもあり、後の過程で「一般構造」として、設備を含めた建築物の基礎的な規格・基準として整理がなされていく。

これに続いて、各構造別の事項が示される。小委員会案は、建築基準法で示されなかった適用範囲を構造毎に明確にしつつ、木造では柱、土台の形状、骨組み材料防腐措置など9条が示され、組積造では組積用モルタルによる充填、壁長、開口上部の補強基準、出窓の補強など12条が整理された。鉄骨造では接合の範囲、鉄骨柱の細長比基準など7条、鉄筋コンクリート造では、材料、調合、コンクリートの打ち方、柱の構造など8条がまとめられている[8]。この中で、新たな規定となったのは、木造建築物には耐震耐風のために、一定割合の壁、その他の軸組を配置する規定を設けたこと、鉄骨造に全溶接を認めたことなどがあげられる。こうした点は従来の基準から修正が必要な項目として有識者に認識されていたものと考えられる。この他、接合部の材料の規定を検討し、木造柱の小径について荷重に応じた基準が示されるなど、一部で具体的な規定検討が試みられている。

各構造別の事項で、適用範囲が示されているよ

表3　建築基準法施行令検討における章立ての変遷

市街地建築物法施行規則 1948（昭和23）年 1月1日		建築基準法施行令案 （建築学会小委員会案） 1950（昭和25）年 7月7日		建築基準法施行令案答申 【其ノ一】（建築学会案） 1950（昭和25）年 8月10日		建築基準法施行令案 （建設省住宅局案） 1950（昭和25）年 9月9日		建築基準法施行令案 1950（昭和25）年 9月27日		建築基準法施行令 1950（昭和25）年 11月16日	
第一章	通則	第一章	構造強度	第一章	総則	第一章	総則	第一章	総則	第一章	総則
第二章	建築物の突出部	第二章	防火	第二章	一般構造	第二章	一般構造及び敷地内の排水設備	第二章	一般構造	第二章	一般構造
第三章	建築物の構造設備	第三章	高さに関する規定	第三章	構造強度	第三章	構造強度	第三章	構造強度	第三章	構造強度
第一節	一般構造設備	第四章	計画設備	第四章	防火	第四章	耐火構造・防火構造・防火区画等	第四章	耐火構造・防火構造・防火区画等	第四章	耐火構造・防火構造・防火区画等
第二節	構造強度										
第四章	防火地区	第五章	工事現場の危害防止	第五章	用途地域	第五章	避難施設	第五章	避難施設	第五章	避難施設
第五章	美観地区	第六章	確認申請	第六章	建築物の高さ	第六章	用途地域	第六章	用途地域	第六章	用途地域
第六章	工事執行			第七章	建築設備	第七章	建築物の高さ	第七章	建築物の高さ	第七章	建築物の高さ
				第八章	工事現場の危害防止	第八章	雑則	第八章	雑則	第八章	雑則
				第九章	雑則						

うに、建築基準法第二十条により要求される構造安全性確保に対しては、各構造別に構造計算の要・不要の範囲を明確にし、構造計算が不要な建物の場合は、各構造別の構造方法基準で安全性を確保することとし、構造計算が必要な建物の場合は構造方法と構造計算の基準を組み合わせて適用する構成とした。こうした構成自体は市街地建築法施行規則も同様であったが、構造計算に対して、小委員会は、新しい方式として定着しつつあった日本建築規格・建築3001号（JES3001）の基準を取り入れることとした。これにより、長期・短期別の許容応力度の設定が取り入れられ、これに応じた材料安全率などが設定されることとなった[9]。

以上のように、従前の施行令・施行規則を踏襲することを基本とした構造種別の項目と、戦後の新機軸となりつつあった構造計算方法を統合する形で小委員会案の作成が進められた。既存のノウハウ整理を進めた特質か、第一小委員会の検討作業は、他の小委員会に比べ早期に第一案が完成している。

3　2　第二小委員会［防火］

防火についても、市街地建築物法施行規則と1948（昭和23）年の臨時防火建築規則を参考資料として検討がはじめられたが、そもそも、建築基準法において、防火地域・準防火地域以外の建物でも大規模木造建物や公共的な建物における防火制限が厳しいものとされるなど、防火に関する基準は法において大きな変更がなされていた[10]。こうした前提条件があったが、第二小委員会の面々は、建築基準法の最低基準では十分ではないと考え、施行令においても、さらに防火性能を高める基準が必要との認識から検討が進められている。

具体的な検討過程として、建築基準法において施行令で示すとされた耐火性能、防火性能、防火壁等の技術基準を明確に示すこと、建物内における

危険物の数量限度など、関係規定の整理を行うことが優先的に進められ、避難施設の基準、開口部の構造などの細部規定は、やや検討が遅れて進んだ。

検討過程の案に比べ、簡略的な整理がなされた小委員会案は、全13条で提出されている[11]。ここでは、従来の防火建築規則の構成を下地として、耐火構造・防火構造の定義がまとめられているが、耐火壁について『厚さ12cm以上の鉄筋コンクリート造をはじめとして、厚さに応じて無筋コンクリート、ブロック、レンガ、石造を指定できる基準』としているように、耐火構造・防火構造、これに続く防火戸の構造等については、市街地建築物法時よりも詳細に構造・基準を記述しており、その防火性能も求める基準が高い。戦中の木造防火壁の規定や、資材の状況から緩和されていた防火戸の性能についても改められており、この検討を機に、明確な規定を設けるとともに、基準を刷新し、建築物の防火性能を向上させる意気込みが窺える案となっている。

同様に柱、床、梁、階段と建物詳細部における防火基準・規格も具体的な設定が試みられており、建物に付帯する煙突、壁付きの暖炉、木造建築の防火壁、外壁の開口部においては、設置位置・規模、材料等の細かな数値基準も示そうとしている。このほか、防火区画の対象基準を広げること、避難施設として避難通路や消火用の道路についても具体的な基準を設定することが含まれた案が提出された。

3　3　第三小委員会［都市計画］

第三小委員会は所謂、集団規定に関わる項目を検討することとなったが、従来、市街地建築物法施行令では、住居・商業地域の禁止用途、工業地域の許容用途を示し、市街地建築物法施行規則の中で、「第二章　建築物の突出部」として壁面線・建築線、高さに関する事項と「第四章　防火地

区」「第五章　美観地区」という地域地区制度として位置付けられる追加項目が含まれていた。建築基準法が建築線制度を道路位置指定として変更したことから、実質的には高さに関する規定と用途地域（地域地区）に対しての補足事項が小委員会案として提出されている[12]。

　高さに関する規定を見れば、角地の高さ制限、前面道路に公園・広場・川・海が接する場合や道路面に高低差がある場合の規定を示すこととし、前面道路の最大幅員および、道路中心線からの水平距離を基準とした制限の区域設定を明確化することで、高さ制限の複雑な敷地において、一律基準で制限がなされないように配慮がなされた。このほか、基本として市街地建築物法時の内容を整理し直したものとなっており、建築物の面積・高さ・階数の算定方法を加えたものが本委員会に提出されている。

　一方、用途地域（地域地区）については、建築基準法が示した住居・商業・工業といった用途地域の大枠ではなく、新しく設定された特別用途地区について具体的な区分・活用検討がなされている。まず、小委員会において、建築基準法制定による用途地域等の変更点が中央より説明され、建築基準法の運用に当たって別に開かれた、都市局と各府県との建築技術者会議では、法改正に対応する配慮点として①区分のない未指定地における新たな地域指定の必要性、②工業地域の分類や工場制限方法の変化への対応、③防火関係の地区・区域の検討、④特殊建築物の位置許可制への配慮が必要であることが提示されたことが報告され、これを前提に、再検討の総括的方針として「…戦災都市土地利用計画設定標準に準拠する他…」地域性の徹底、実情に適合させるための修正、各地域地区の総合的運用、手続きについて広く検討する必要があると意見されている[13]。また、建築基準法による用途地域の区分別案として専門委員の南雲義治から東京都建築局指導課がまとめた考え

が説明されている[14]。ここでは、特別用途地区について明文化が想定されている文教地区、消費観興地区、公館地区、医療地区などについては建築基準法の範囲ではない面があるとして、基本の用途地域となる住居・商業・工業の区分を再検討する必要性が発言されている。市街地建築物法運用からくる実情として、それまで混合用途だった地域制を純粋用途として転換することは難しいと考え、基本地域と専用地区の中間的な意味合いを持たせる区分の創出を目指し、これを特別用途地区内に特別住居地区、特別準工業地区、特別工業地区として設定することで、建築基準法の欠陥を補おうとするアイデアが示された。このように、用途地域制の根本的な区分を議論する機会が持たれている。

　このほかの小委員会資料でも、港湾地区、厚生地区といった一例の提示[15]、東京都建築局指導課から生活環境地区[16]、軽工業地区といった区分例が示されるなど、特別用途地区の区分を議論しつつも、ここに建築基準法で実現されなかったゾーニングを広く示すための提案が続いた。整理された小委員会案を見ても、特別用途地区の種類として、特別工業地区、特別準工業地区、業務中心地区、特別商業地区、慰楽地区、特別住居地区、文化地区、文教地区、医療地区がまとめられており、用途地域及び専用地区の純粋・混合用途をつなぐ区分の創出と、特色を示す地区の明記を行う必要性が報告されている。以上のように、第三小委員会は建築基準法制定時に集団規定について十分な検討がされなかった課題点について、施行令検討を時機と捉え検討が行われたのである。

3　4　第四小委員会［計画設備］

　第四小委員会は最も活発に施行令案を検討した委員会であった。第三十六条、建築基準法で政令にて定めるとした第二十八条一項のほかにも、第三十二条から三十五条など、設備関係で具体的基

準を検討すべき項目は多く、その一方、市街地建築物法では建築設備の具体基準について施行令・施行規則で示されていた項目は限定的で、条例が対応していたものも少なくなかった。

こうした背景の中、小委員会案では、設備項目を①居室の採光、②階段及び踊場、③消火設備、④建物敷地内衛生施設、⑤煙突・換気設備[17]、⑥給排水設備、⑦ガス設備、⑧避雷設備、⑨昇降機の9項目に分けて検討が進められており、各設備の材料・寸法・性能基準を網羅的に提案することが試みられている。これは、新たな基準作成を行うにあたり、考えうる基準を整理しようとしたと捉えるべきであろう。検討段階においても、市街地建築物法施行規則のほか、興行場法施行条例、公衆浴場法施行条例、旅館業法施行条例など、地方の条例基準を集め、具体的な運用検討から施行令を形づくろうとしている。

小委員会案を見れば、まず、居室の採光に対して学校、病院、寄宿舎や劇場の基準を規定することが求められたこともあり、それぞれの特殊建築物の採光条件を検討し、規定を詳しくすることが試みられている。加えて、有効採光面積の算定を住居地域、商業地域、その他と分類しているように、集団規定に合わせた基準を示している点も特徴的である。特殊建築物の状況に合わせた規定作成は階段及び踊り場についても見られ、小学校や劇場、病院等の特殊建築物の基準を整理し、階段の設置数、踊り場の設置位置や、手すりの設置等も示されている。こうした建築物の基本的な規定内容については第一小委員会でも検討がなされているが、構造分野の検討では一般住宅を念頭に置いており、設備面からは特殊建築物に対する検討を行うというように、視点の異なる議論が進められている。

この他、消火設備では日本工業規格、消防庁が勧告する規格、地方公共団体等が従来適用していた規格で建設大臣の承認があるもの、学術団体が制定したもので建設大臣が認めるもの、など規格に含みをもたせながらも、スプリンクラーの設置範囲、屋内消火栓や消火用配管の基準、火災通報設備の設置基準など、当時考えられる基準を整理し、衛生・居住環境に大きな影響を与える衛生設備（主として便所など）については便槽の構造、設置基準の明確化を進めている。

その他の設備項目においても具体的な設備規格の検討や設置範囲、構造との関係項目等がまとめられており、第四小委員会の案は、短期間に技術基準の集約化が進められた。

３５　第五小委員会［現場・危害防止］

第五小委員会は建設行為を行う上で必要となる現場管理と危害防止措置について検討を行っている。市街地建築物法施行規則でも「工事執行」については項目が設けられているが、ここでは、工事の届出など事務的な要件を示したのみで、建築基準法第九十条

> 1. 建築物の建築、修繕、模様替又は除却のための工事の施工者は、当該工事の施行に伴う地盤の崩落、建築物又は工事用の工作物の倒壊等による危害を防止するために必要な措置を講じなければならない
> 2. 前項の措置の技術的基準は、政令で定める

が求めた、危害防止措置の技術的基準は市街地建築物法時には示されていなかった[18]。

小委員会案では、建設を進める上で必要となる、①仮囲、②道路上工作物、③根伐山留工事、④ケーソン工事、⑤杭打機・デリック・昇降機の危害防止、⑥材料集積及び積下ろし、⑦足場、⑧工事中の建築物、⑨落下物の防止、⑩建築物の除却、⑪火災の防止、⑫工事現場への立入禁止の12項目を整理している[19]。検討資料によれば、当時の労働安全衛生規則、道路交通取締規則、

Uniform Building Cord、消防法、火失予防条例（東京都）を抜粋、再構成することで小委員会案の作成が進められている。小委員会案の内容を見ても、杭打やぐらの規定がないこと、昇降機については都道府県の条例において規定がなされているなど、建設技術や全国一律基準を示す際に配慮が必要な事項を示した状態で小委員会案の完成をみている。第五委員会においては、研究的な意味合いを含み、検討が進められたと見るべきであろう。

4　建築基準法施行令案に対する支部意見

　小委員会案が作成され、これをたたき台として、各支部委員会による意見を反映させた修正作業が行われている。支部委員会からの意見は、「○○取締規則」や各種条例など、従来、運用されていた特殊建築物等に関する地方令が建築物の構造・設備に関する基準を含んでいたため、全国一律の基準を設定する際に、配慮を行う意味があった[20]。また、小委員会案で関係している項目については、支部意見等を受けつつ、複数の小委員会が合同で修正検討を行う機会も持たれた。例えば、避難施設については、建築設備を担当した第四小委員会と防火の第二小委員会が合同の検討機会を設け、双方からの基準提案から規定の模索がなされている。こうした合同検討については両小委員会に参加していた大村巳代治、石井桂、田中徳治らの役割が大きかったものと考えられる。

　具体的に各支部から寄せられた要望・意見を整理すれば、要望・意見は大きく分けて２つの点に寄せられている。１点目は構造・防火の規定をはじめとして、「地方的差異を…考慮願いたい」（中国支部）、ないし、「…政令で…地方條例で…できるよう考慮して頂きたい」（北海道支部）という意見である。これには、地域性への配慮とともに、従来の取締規則や条例の運用を行いたいとの意向

が含まれている。構造については、1948（昭和23）年に示された日本建築規格・建築3001号（JES3001）に沿った構造計算が十分に広がっていないことから、市街地建築物法施行規則に即した構造計算がなされても良いのではないか、との地方判断もあったのであろう[21]。また、防火規則や建築設備などにおいて、従来の基準よりも過度に厳しい項目と捉えられたものと推察される[22]。

　２点目は、反対に建築基準法の施行令であることから、建築に関する具体的基準を学会中央に明確に示して欲しいとの意見である。これは安全・衛生面に要望が多く出されており、積極的な検討を行っていた計画設備（第四）小委員会への修正願いがやや多くなっている。中でも消火設備や衛生設備については、細部にわたって基準を示して欲しいとの意見が寄せられた[23]。

　以上のような支部意見が小委員会案に提出され、一概には言えないが、分野に応じて異なる修正対応を必要とした。構造・防火（第一、第二小委員会）に対しては、一部で地域性に配慮した基準設定を可能とすることも含め、技術基準が適切かどうかを再検討することとなり、計画設備（第四　小委員会）では、全国一律の基準作成を継続対応することが求められた。

　こうした意見・要望に対して、本委員会・小委員会は修正案を作成している。この過程で、給排水設備などの施行令案作成において衛生工業協会の協力がなされており、建築学会のみならず、外部組織を加えての基準検討が試みられた。本委員会・小委員会における修正作業の段階では、支部の第二次修正意見や都道府県からの意見も寄せられ[24]、その内容は極めて詳細な文言修正から、建築材料の追加、設備基準に対する修正まで、第一次意見以上に多くの項目が寄せられている。意見集約・修正作業は当初の予定よりも長く設けられ、学会としての施行令の完成は８月までずれ込んだ。見方を変えれば、全国的な建築基準を短

期間で策定する中において、建築学会が地方からの意見を十分に取り入れ、反映させることが重要と考えていたとも言える。また、学会が関係団体を含めた「建築」に関する全国的な基準検討を行える唯一の機関であったことを裏付ける過程とも言えよう。

<table>
<tr><td>**5**</td><td>建築学会による
建築基準法施行令案答申</td></tr>
</table>

支部や一部の都道府県からの意見も受け、度重なる修正の後、建築学会の成案とされた施行令案は、1950（昭和25）年8月10日「建築基準法政令案答申（其の一）」（以下、答申案略す）として建設省に提出された（**写真2**）。この答申案の目次には、それまで示されていなかった「第一章　総則」「第九章　雑則」を加え、その他の章については小委員会案を踏襲しつつ、市街地建築物法施行規則に即して、構造・設備などのうち建築の一般的な形状に関するものを「第二章　一般構造」として整理し直し、「第三章　構造強度」と区分されている。これらは本委員会や各小委員会に横断的に加わっていた重鎮クラスの面々が整理を先導したと考えられ、検討の体制から得られた対応とも

いえる。この他、「第五章　用途地域」を追加した全9章からなる施行令案の目次が提出されている（**表3中央**）。しかしながら、実際の条文内容はこの章立てとは異なっていた。条文には「第七章　建築設備」と「第八章　現場工事の危害防止」の内容が含まれておらず、「第二章第四節　避難通路」についても条文としては提出しているが、答申には含めないものとされているのである（**表4**）。これは、施行令検討の時間があまりにも短かったため、建築学会として正式な案としての完成形に至らず除外されたためで、成案として十分に検討がなされていない内容は（其の二）以降で改めて答申する予定としたことによる[25]。結論から言えば、建築基準法施行令完成までに追加の答申はなされず、提出されなかった内容は一部を除

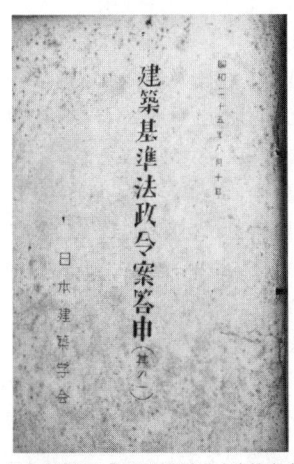

写真2　日本建築学会『建築基準法政令案答申（其の一）』
出所：北畠文庫（国研）建築研究所所蔵

表4　建築基準法施行令学会案の構成と答申項目

	第一章 総則		第七章　建築設備
○	第一節　用語の定義		第一節　換気設備
○	第二節　資格の検定		第二節　消火設備
○	第三節　補償		第三節　避雷設備
○	第四節　手数料		第四節　給排水設備
	第二章　一般構造		第五節　暖冷房設備及び煙突
○	第一節　採光		第六節　ガス設備
○	第二節　床の高さ・天井の高さ及防湿		第七節　昇降機
○	第三節　階段		第八章　工事現場の危害防止
	第四節　避難通路		第一節　仮囲
○	第五節　便所		第二節　道路上工作物
	第三節　構造強度		第三節　根伐山留工事
○	第一節　総則		第四節　ケーソン工事
○	第二節　木造及び木骨造		第五節　杭打機・デリック・昇降機の危害防止
○	第三節　組積造		第六節　材料集積及び積下ろし
○	第四節　鉄骨造		第七節　足場
○	第五節　鉄筋コンクリート造		第八節　工事中の建築物
○	第六節　雑則		第九節　落下物の防止
○	第七節　構造計算		第十節　建築物の除却
○	第四章　防火		第十一節　火災の防止
○	第五章　用途地域		第十二節　工事現場への立入禁止
○	第六章　建築物の高さ	○	第九章　雑則

（出典）　日本建築学会『建築基準法政令案答申（其ノ一）』
　　　　　1950（昭和25）年8月10日
※○がついているものが答申された項目を示している

いて1958（昭和33）年の施行令改正まで持ち越されることとなった[26]。

建設省から学会の検討に加わっていた小宮賢一の回想によれば、「建築基準法に関する委員会」の示した基準は、最終的に①旧法令にある基準は、特に支障がない限り採用する。②新規に採用する基準は、学会の定説になっているものに限る。③基準は最低限度のものに限り、多少とも指導的な意味を持つものは採らない。④自由裁量の余地のある曖昧な表現は避ける。との４つの判断基準を設けたという[27]。このため、答申案の内容は保守的になったともされ、新たに基準を設定する必要性のあった分野については定説となる最低基準を整理する検討時間が短すぎたのであった。

小委員会案からの変更点を確認すれば、用語の定義において、学校・病院・マーケットなど多数の建築用途の具体的な定義を示すことからはじめられるように、「第一章　総則」で細部の規定・明確な用語の位置付けが目指されている。また、各章の小委員会案をブラッシュアップし、基準の整理・明確な図版での解説を含めて、運用上の基準としての明快さが高まっている。その一方で、「第三章　構造強度」で、JES3001を学会の定説として採用しつつも、従来の構造計算方法についても認めることとし、接合部の部材等、基準を明確化する記載が省かれている箇所もある。「第四章　防火」においても、支部の意見を受けてか、防火壁の厚さなど、小委員会案よりも基準を下げた案が提出され、「第五章　用途地域」「第六章　建築物の高さ」では、建築基準法の規定内容を整理し、条例による運用の範囲を記述するなど、法において政令が示すとした補足の意味合いのみの整理がなされている。すなわち、積極的な検討が影を潜め、従来の基準から一部を修正した範囲にとどまる内容も少なくない状態に学会の提案は変更されたのである。

6　建設省住宅局による建築基準法施行令整理と制定

建築学会による答申の後、建設省住宅局による法文化作業が開始される。住宅局による施行令の整理は管見の限り、1950（昭和25）年９月９日に一度まとめられたものがあり（以下、住宅局案と略す）、同９月27日には再整理したものが残されている。この９月27日案は細かな文言の修正を除いて、最終的な建築基準法施行令と同様のものとなっている。

当初の予定よりも検討が延びたこともあり、住宅局案は、答申（其の一）として提出され範囲の中での整理を基本とした。また、文面としての変更は大きなものだったが、ほとんど建築学会の示した技術基準を引き継ぐものであった。

住宅局案の章立てを見れば、答申されなかった工事現場の危害防止の内容を外し、建築設備の一部を含めた一般構造を「第二章　一般構造及び敷地内の排水設備」とするとともに、「第四章　耐火構造・防火構造・防火区画等」と名称を改め、これに「第五章　避難施設」が加えられている。避難通路に関しては、学会での検討が不十分であり、答申として位置付けられていなかったが、「一般構造」内に一応の案が作成されていたことから、住宅局案を整理する中で、施行令内に加えられることとなったのだろう。一般構造内に、排水設備を明確に示していることからみても、住宅局は建築学会の答申において抜け落ちる可能性があった計画設備の項目に対して、施行令として示す必要のあるものを一般構造として、可能な範囲で施行令に加える修正を行っている[28]。

その後、住宅局案を関連部局内で整理・調整する中で、曖昧な規定の削除、法文としての文言修正と細かな規定の追加、重複記述や他の法律・条例等との調整がなされ、最終案は建築学会の提示した基準を踏襲しつつも、答申案よりもやや簡

素化したものとなった。こうして、全8章143条からなる建築基準法施行令が完成し、同年11月16日に公布に至ったのである[29]。

最後に、最も一般的な建築基準である「第二章一般構造」を例に、市街地建築物法時の規定と建築基準法施行令が示した規定を比較し、建築学会の検討により、どのような変化があったのか確認しておきたい（**表5**）（基準変更の大要は「建築基準法施行令制定に伴う基準変化の概略」 **DVD** 2-3-3）を参照）。

ここでは、大きく14項目で変更がなされている。建築面積、突出部の限度については水平断面積を水平投影面積による考えに変更し、実体的な面積計算へと修正しつつ、突出部の規定は厳しくなっている。採光や天井に関する規定は、多様な建築用途に対して基準が設定されるように修正がなされており、これは階数・階段などの規定についても同様である。一般構造で最も大きく変更されたのは汚物処理など便所に関係する項目であった。これは建築学会の計画設備において検討した

表5　建築基準法施行令における基準変更【一般構造】

項目	市街地建築物法関係法令	建築基準法施行令
建築面積	水平断面積中最大なるものによる	水平投影面による
建築物の高さに算出しない装飾梯子の屋上突出部の限度	最大面積の合計が当該建築物の建築面積の1／10以内で高さ制限の1／5以内	水平投影面積の合計が当該建築物の面積の1／8以内で高さ12m以内
階数	屋階及地階を除く	中二階を除く
採光に有効な部分の面積の床面積に対する比	学校の教室　1／5 その他の居室　1／10	中小学校の教室　1／5 病院診療所の病室　1／7 寄宿舎・下宿の寝室　1／7 住居の居室　1／7 その他の居室　1／10
採光に必要な有効面積算定比率	なし	用途地域内の指定のない区域　2／10
天井の高さ	2.12m	(イ)　一般　2.1m (ロ)　床面積50m²以上の教室　3m (ハ)　客席の床面積200m²を超える劇場等　4m
床下換気孔の大きさ	地方長官の認定	壁の長さ5m以内ごとに300cm²
階段及び踊場の幅	小学校　1.4m その他　0.75m	小学校・中学校・百貨店・劇場等　1.4m 直上階の居室の床面積200m²を超える地上階　1.2m 居室の床面積100m²を超える地階　1.2m 住宅・その他　0.75m
階段の蹴上／踏面	小学校　16／25 その他多人数使用　18／26 一般　23／15	小学校　16／25 中学校・百貨店・劇場等　18／25 直上階の居室の床面積200m²を超える地上階　20／24 居室の床面積100m²を超える地階　20／24 住宅　23／15 その他　22／21
踊場の位置	小学校　3m以内毎に その他　4.5m以内毎に	小学校・中学校・百貨店・劇場　3m以内毎に その他　4m以内毎に
直段階の踏み幅	小学校　1.2m	1.2m
傾斜路	なし	勾配　1／8
汚物処理槽	地方長官の認定	1．小便器からの汚水管、便器及びその上口の周囲は耐水材料で作り、浸透質の耐水材料で造る場合においては、防水モルタル塗その他これに類する有効な防水の措置を講じて漏水しない構造とすること 2．便所の床下は、耐水材料で他の部分と区画すること 3．汲取口は、直接道路に面しないようにし、その下端を地盤面上10cm以上とし、且つ、これに密閉することができる蓋をとりつけること 4．汲取口の前方及び左右それぞれ30cmまでの部分の地盤面はコンクリート、その他これらに類する材料でおおうこと
特殊建築物及び特定区域内の便所	なし	都市計画区域における学校、病院等の便所及び公衆便所は 1．不浸透質の便器を設けること 2．小便器から便槽まで不浸透質の汚水管で連絡すること 3．水洗便所以外の便所の窓、その他換気のための開口部にはハエを防ぐための金網を張ること

（出典）「建築基準法施行令と現行法法令との比較対照表」1952(昭和27)年10月
※この他、改良便所の構造、汲取便所の構造など、設備については新たな基準が設けられた箇所がある。

ものが一部反映されたもので、従来示されてこなかった素材・構造・設置位置など具体的な基準が新たに規定されている。このように、一般構造に反映された変更点を見ただけでも、建築学会の検討は、基準を適用する範囲の設定、具体的な技術基準への修正、新たな規定項目の追加と、詳細な検討が行われたことが確認できる。

7　まとめ

ここまで、建築法制の転換点となる建築基準法制定の後に展開された、建築基準法施行令の検討過程を紹介してきた。この施行令の検討過程は、「基準」法としてスタートする際の最初の建築技術の指針を模索する作業であり、こうした役割を建築学会が担った。検討の体制は戦前から建築学の構築を進めてきた重鎮クラスが分野をまたぎ調整を行いつつ、各分野の大学、民間、官公庁の研究者・建築家・技術者が総力をあげて取り組む作業となった。支部に対しても同様で、全国統一的な建築基準を示すことに直面し、建築学会の体系的な体制を基礎とした検討がなくてはならなかった。

建築基準法施行令は、検討の時間が少なく、計画設備については必要に迫られた一部の基準のみ反映され、現場工事・危害防止の内容は先送りされるなど、建築学会・住宅局の思い描く完成とはならなかった。また、戦前の施行規則や条例を引き継ぐ基準も少なくなく、結果論として消極的な基準づくりに止まった。しかしながら、短時間の濃縮された検討機会において、構造において戦後の新基準を適用に向かわせたこと、防火において規定強化が進められたこと、都市計画において不足を議論する機会となったこと、建築設備・建設工事の技術基準について網羅的な議論がなされたことは、戦後の「建築」のあり方を議論する時間として貴重な機会であったといえよう。

斯くして、法を成り立たせる施行令が完成し、建築基準法は走り出したのである。

<table>
<tr><td>補論</td><td>建築確認手数料及び
確認申請書等各種様式の
検討過程</td></tr>
</table>

本節3項の冒頭で記したとおり、1950（昭和25）年7月17日開催の建築学会「建築基準法に関する委員会」第二回本委員会では、第一章から第五章までの各小委員会案に加えて、「第六章　確認申請」として、建築確認手数料案と確認申請書等各種様式案の2点が提出されている。

施行令における「総則」（用語の定義、建築主事の資格検定、建築確認手数料、損失補償）及び「雑則」、施行規則における各種様式は、建設省住宅局建築指導課が原案作成を行っているが、建築確認手数料と建築申請書等各種様式（確認申請書・通知書、工事完了届、検査済証など）は、その定める内容によって建築主・建築士・建築施工業者などの法利用者に直接的に影響を与えるものであり、特に学会委員の意見を聴取すべきと考え、本委員会に提出されたものと思われる。

そこで、「補論」では、この2点の検討過程に焦点を当て考察を行う。

補1．建築申請手数料

建築基準法制定当時、第三次吉田茂内閣の最重要課題として行政機構改革と行政事務簡素化が掲げられており、建築指導課としては、戦後の建築統制を通じて各都道府県に整備された建築行政組織をいかに維持していくか、その財政的な裏付けをどうするかが問題とされた。建築確認は、従来の建築認可と比べ、「手続簡素化になり、同時に手数料も取れる」[30] 制度として考案されたものであり、その手数料水準をどの程度に設定するかは建築指導課としても重大な関心ごとであったと思われる。

一方、市街地建築物法での建築認可手数料は、

施行令、施行規則に定めはなく、都道府県の手数料徴収規則によってそれぞれ規定されていた。これを全国統一の制度として、施行令（政令）によって手数料を定めるにあたり、全国各地の建築関係者の意向の確認はそれこそ必要不可欠であった。そこで、学会委員及び支部長らが参加する本委員会に提出されたのであろう。

本委員会提出前の建築指導課内における初期の案では、料金設定を下限300円（又は100円）、上限3,000円とし、延べ面積区分を5ないし6段階程度に分けた案がみられる。「少しでも五百円とる（三十平米）」というメモ書きも残され、小規模な建築物からもできるだけ多く徴収したい意向がみてとれる。その一方で当初は、建築士が設計した建築物に関しては手数料を軽減する提案もなされていたようである[31]。

第二回本委員会（7月17日）では、こうした指導課内の初期案のうち、建築士が設計した建築物への軽減措置は削除されたものの、ほぼ原案どおり下限300円（延べ面積50m²未満）、上限3,000円（同1,000m²以上）とし、面積区分を5段階に分けた案が提出されている（表6）。

答申案（8月10日）では、延べ面積100m²以下までは本委員会に提出された案と同様だが、100m²〜1,000m²間については基本額に50m²増ごとに金額加算する案に替えられている。面積の刻みを極端に詳細化することで面積区分は計22段階となり、手数料徴収の実務が煩雑となることが予測されるため、およそ現実的な提案とは思われない。この間の検討経過に関する記録は残されていないが、従来の案では面積区分がやや大まかであった（特に300m²〜1,000m²未満の間は同一金額の2,000円である）ことから、答申案としては、より段階的な面積区分の設定を試行するためのモデル案として提示したものと推測される。

住宅局案（9月9日）では、おそらくこの答申案を参考にして面積区分が改められたのであろう。下限500円（延べ面積100m²以下）、上限3,000円（同1,000m²超）、面積区分は7段階へと増やされている。9月27日の施行令案では、さらに下限200円（同20m²以下）が加えられて面積区分は8段階となり、この案に従い、施行令が制定されるに至っている。

日本建築学会編『建築基準法令解説』[32]によると、確認申請手数料は「従来の手数料と殆んど同様の額である」と記されている（表7：前川文庫に残されていた山口県の建築認可手数料を参照）。ただし、従来の建築認可の対象は、特殊建築物や

表6　確認申請手数料における検討の変遷

建築基準法施行令案 （第六章の中で政令案として提示） 1950（昭和25）年 7月17日		建築基準法施行令案答申 【其ノ一】 1950（昭和25）年 8月10日		建築基準法施行令案 （住宅局案） 1950（昭和25）年 9月9日		建築基準法施行令案 1950（昭和25）年 9月27日		建築基準法施行令 1950（昭和25）年 11月16日	
延べ面積									
50m²未満	300円	50m²以下	300円	100m²以下	500円	20m²以下	200円	20m²以内	200円
50〜100m²未満	500円	50〜100m²以下	500円			100m²以下	500円	20〜100m²以内	500円
100〜300m²未満	1,000円	100〜600m²以下 基本額500円に100m²より50m²又はその端数を増すごとに150円を加える金額		100〜200m²以下	700円	100〜200m²以下	700円	100〜200m²以内	700円
300〜1,000m²未満	2,000円	600〜1,000m²以下 基本額2,000円に600m²より50m²又はその端数を増すごとに100円を加える金額		200〜300m²以下 300〜500m²以下 500〜700m²以下 700〜1,000m²以下	1,000円 1,500円 2,000円 2,500円	200〜300m²以下 300〜500m²以下 500〜700m²以下 700〜1,000m²以下	1,000円 1,500円 2,000円 2,500円	200〜300m²以内 300〜500m²以内 500〜700m²以内 700〜1,000m²以内	1,000円 1,500円 2,000円 2,500円
1,000m²以上	3,000円	但し、3,000円をこえる場合は3,000円とする		1,000m²超	3,000円	1,000m²超	3,000円	1,000m²超	3,000円

（出典）　建設省建築指導課の初期案は、『建築基準法政令省令草案綴　建築指導課　福本技官』（前川文庫所蔵）に所収

表7　山口県の確認認可手数料（1949（昭和24）年当時）

山口県手数料徴収規則による建築認可手数料表（昭和24年山口県規則第42号）
＜専用住宅＞ 　30坪未満400円、30〜100坪未満800円、100〜500坪未満1,600円、500坪以上2,400円 ＜その他の建築物＞ 　30坪未満500円、30〜100坪未満1,000円、100〜500坪未満2,000円、500坪以上3,000円

（出典）　山口県建築部建築課編『建築関係法令の要点（昭和24年10月改訂）』1949年

木造以外の建築物などに限られていたが、建築基準法の確認申請の対象は、特殊建築物や一定規模以上の建築物のほか、都市計画区域内の建築物（第四号建築物）が加わっており、対象件数は大幅に増加したことが推測される。また、同解説には「従来は認可手数料であり、認可の際、納入することになっていたが、法では申請手数料であるから、手数料は申請の際納入し、万一不備の点があって確認にならなかった場合でも、返却はされない」とも記されている。手数料収入の増収を狙い、細かく知恵を巡らせていたことを窺わせる。

補2.　確認申請書等各種様式

　市街地建築物法では、建築認可申請・届出などの建築手続の様式は都道府県の施行細則でそれぞれ規定されていたが、建築基準法では確認申請書などの各種様式を施行規則（省令）として全国統一の様式として定めることとなった。当時の建設省内において「国民が住宅難にあえいでいる今日、都市でも住宅の建設は一切自由にして促進を図るべき」、「建築物法などは天下の悪法だ、といわんばかりの空気」[33]であった中で、建築手続の検討過程においてもできるだけ手続を簡素化する方向へ腐心した形跡がみられる。

　建築指導課内の初期案では、確認申請書類に添付を要する図面に、特殊建築物等（法第六条第一項第一号から第三号の建築物）の場合は主要部詳細図、電気配線図、給排水配管図なども想定されていた。市街地建築物法の施行細則では建築認可の対象建築物に上記図面を求める例もみられ、当

初はこれに倣ったものと思われる。なお、都市計画区域内の建築物（第四号建築物）には、附近見取図、配置図、各階平面図のほか立面図、断面図も必要とされている（表8）。

　第二回本委員会（7月17日）に提出された案では、上記のような詳細な図面は削除され、添付を要するものは基本的な図面類に絞られている。第四号建築物では附近見取図、配置図、各階平面図の3点のみとされている。建築申請書の様式はB5版2枚とし、確認通知書はこの様式の第1項の空欄に「この申請を確認する」と記載し、建築主事の氏名の記載と押印をしてこれに代えるとしている。また、適合しない場合等の通知書はB5版1枚、工事完了届、検査済証はB6版1枚で提案されている。

　実際に制定された施行規則では、確認申請書に添付する図書について、第一号建築物、第二号及び第三号建築物、第四号建築物ごとに再整理されており、第二号及び第三号建築物に構造計算書の添付が追加された以外は、第二回本委員会に提出された案から大きく変更されていない。一方、確認申請書の様式はB5版正本・副本1枚ずつで、確認通知書は副本の確認通知欄に所要の記載・押印をしたものとなった。また、適合しないことを認めた旨の通知書、工事完了届、検査済証は「用紙はがき」となり小型化されている。施行令、施行規則公布後の小宮による解説でも、「従来よりも簡単であって例えば確認申請書は住宅等の一般建築物ではB5版1枚の申請書に附近見取図、配置図、平面図を添えたものの正副二通であり、工

事完了届はハガキとなっている」[34]と、建築手続が市街地建築物法よりも簡単になったことを殊更に強調している。手続簡素化が当時の至上命題であったとともに、それを広く建築関係者に告知することがいかに重要であったかを物語っている。

表8　確認申請書等各種様式における検討の変遷

建設省建築指導課の初期案 1950(昭和25)年7月中旬ごろ	建築基準法施行令案 (第六章の中で省令案として提示) 1950(昭和25)年7月17日	建築基準法施行規則 1950(昭和25)年11月16日
○確認申請書(第一号書式) ・添付する計画図面 一　法六条第一項第一号から第三号の建築物 　(イ)　附近見取図 　(ロ)　配置図 　(ハ)　各階平面図 　(ニ)　立面図 　(ホ)　基礎伏図 　(ヘ)　床伏図 　(ト)　小屋伏図 　(チ)　軸組図 　(リ)　断面図 　(ヌ)　主要部詳細図 　(ル)　電気配線図 　(ヲ)　給排水配管図 　(ワ)　構造計算書 二　第四号の建築物は(イ)(ロ)(ハ)(ニ)(リ) ・設計図書を建築士が設計する場合は、(イ)(ロ)(ハ)の図書以外は省略できる	○確認申請書(第一号書式) 　　　　　　　　　【B5版2枚】 ・添付する計画図面 一　法六条第一項第一号から第三号の建築物 　(イ)　附近見取図 　(ロ)　配置図 　(ハ)　各階平面図 　(ニ)　立面図 　(ホ)　断面図 　(ヘ)　基礎伏図 　(ト)　各階床伏図 　(チ)　小屋伏図 　(リ)　軸組図 二　第四号の建築物は(イ)(ロ)(ハ) ・建築物の設計を建築士が行った場合においては、計画図書の添付は(イ)(ロ)(ハ)のみとすることができる	○建築物の確認申請書(第一号様式) 　　　　　　　　　【B5版正・副】 ・第四号の建築物は(い)項、第一号の建築物は(い)(ろ)項、第二号及び第三号の建築物は(い)(ろ)(は)項に掲げる図書を添付 　(い)　附近見取図 　　　　配置図 　　　　各階平面図 　(ろ)　二面以上の立面図 　　　　二面以上の断面図 　(は)　基礎伏図 　　　　各階床伏図 　　　　小屋伏図 　　　　構造詳細図 　　　　構造計算書 ・建築士の作成した設計図書によるものである場合においては、特定行政庁は、規則で、(は)に掲げる図書の全部又は一部を添えることを要しない旨を規定することができる
○確認通知書(第二号書式) 確認申請書の第三十一項に記載してこれに代える ○適合しない場合等の通知書(第三号書式)	○確認通知書(第二号書式) 確認申請書の第一項に記載してこれに代える ○適合しない場合等の通知書(第三号書式)　　　　　　　　　【B5版1枚】	○確認通知書 確認申請書の副本の確認通知欄に所要の記載をしたものとする ○適合しないことを認めた旨の通知書(第二号様式)　　　　　　【用紙はがき】 ○適合するかどうか決定することができない旨の通知書(第三号様式) 　　　　　　　　　【用紙はがき】
○工事完了届(第四号書式) ○検査済証(第五号書式) ○工事現場の確認表示(第六号書式)	○工事完了届(第四号書式)【B6版1枚】 ○検査済証(第五号書式)【B6版1枚】 ○工事現場の確認表示(第六号書式) 　　　　　【縦25cm以上×横30cm以上】	○工事完了届(第五号様式)【用紙はがき】 ○検査済証(第六号様式)　【用紙はがき】 ○工事現場の確認表示(第十号書式) 　　　　　【縦25cm以上×横35cm以上】

(出典)　建設省建築指導課の初期案は、『建築基準法政令省令草案綴　建築指導課　福本技官』(前川文庫所蔵)に所収

2-4 市街地建築物法の構造規定と建築学会

1 明治から大正までの構造規定における耐震安全性に対する歴史的展望

　自然災害である地震現象に技術・法令で対抗する時代が始まったのは、明治時代に入ってからであった。これらの新しい動きを指導したのは、当時の明治政府が雇い入れた「お雇い外国人教師」が主であった。これまで長い時間をかけて培われてきた自然に逆らわない日本の文化は、彼らの登場によって大きく変わることになった。日本は勤勉さと柔軟な受け入れ姿勢に基づき、お雇い外国人教師や留学などを通じて急速に新しい学問体系を吸収し、近代的な法令体系の下に構造設計手法を構築していく。

　このとき耐震構造・地震工学の歴史のきっかけとなったのは、1891（明治24）年の濃尾地震である。この地震後、文部省に設置された震災予防調査会は、1894（明治27）年に発生した庄内地震の調査をもとに、1895（明治28）年地震復興家屋構造の指針として『木造耐震家屋構造要領』を始めとする4つの木構造案を発表した[1]。これらの要領にまとめられたものは、主に部材等の水平抵抗力を高めることを目的とした、力学的合理性を有する次のような構法的な改良項目であった[2]。特にこれまで法隆寺以来、日本にほとんどなかった斜材を使用したトラスの有効性を認め始めている。

　1）基礎構造に注意し、柱脚の固定によって一体性を確保すること

　2）筋違、方杖、火打などの斜材を用いて、架構をトラス化し、水平抵抗力を与えること

　3）部材の切欠きをできるだけ少なくして、緊

結金物により一体化すること

　この時代は、各構造種別に対する構法的な仕様規定による耐震安全性の確保が開始され、構造計算に立脚した設計体系への転換が図られた時期であったといえる。わが国初の建築法令である市街地建築物法の誕生までの経緯を、その母体となった3つの建築条例案からまとめる。市街地建築物法と3条例案の年代・影響を図1にまとめた。

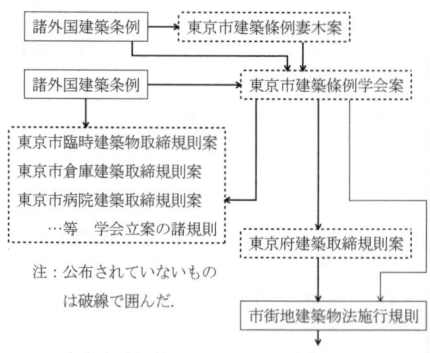

注：公布されていないものは破線で囲んだ．

図1　東京市建築條例案から市街地建築物法に至る流れ

2 東京市建築條例妻木案が市街地建築物法成立に果たした役割

2　1　条例制定の目的と立案者

　現在のような科学技術に基礎を置く構造規定が公布されたのは、市街地建築物法が最初である。しかしその法律の発端は、明治中期の東京市建築條例案にまで遡ることができる。東京市区改正委員会で検討されたこの案は、東京市建築條例妻木案と呼ばれる。この案は成案にならず放置されたが、市街地建築物法にその一部が受け継がれた。

表1 東京市建築條例妻木案の現存資料の分類

分類	No	名称(下段は同内容の案)	条文数	条　文　構　成
別案	①	東京建築規則草按*1	97	第一章 総則〜第九章 罰則
		東京建築規則*2		
初期案	②	東京家屋建築條例 妻木稿	110 105+罰則 5	章　立　て　な　し
中期案	③	東京家屋建築條例	105 100+罰則 5	第一章建築認可及検査, 第一章, 第二章 構造法, 罰則
	④	東京家屋建築條例 調査会第一次会決議	91 86+罰則 5	建築認可及検査, 第一章, 第二章, 罰則. 条文番号無記入
後期案	⑤	東京市家屋建築條例*3 妻木稿	159 154+罰則 5	第一章 総則〜第六章 雑則, 罰則. さらに建物の用途別に規定
		東京家屋建築條例		
	⑥	東京市建築條例	189+? 189+罰則 ?	第一章 総則〜第19章 雑則. 最後欠落. 用途別に章を設定
	⑦	東京市建築條例 明治廿七年十二月三日	153	第一章 総則〜第二十章 罰則

注：*1 本文中の題名は、「東京建築規則草按」.
　　*2 本文中の題名は、「東京建築規則」.
　　*3 本文中の題名は、「東京家屋建築條例」.

妻木案は条文に関する詳細な資料が残されておらず、立案の経緯や現存資料の各條例案の順序も定かでない。東京市建築條例妻木案 (以降「妻木案」と略す) の関係資料は、日本建築学会妻木文庫および東京都公文書館の内田祥三資料中に**表1**に示す、7種類の草案が所蔵されている[3]。各案に対する年代決定を参考にしながら案の順序を推定し[4]、この表に基づき考察を行う。立案年代は明治20年代で、年代の推定から中期案が1890〜1891 (明治23〜24) 年と考えられており、最終案の日付が明治27年となっている。これらを用いて、耐震性能に関する規定の成立過程をみていく。

2 2 当時の状況と学問の諸相

この条例案の立案時に収集された海外条例が残されているが、伯林 (ベルリン) での建築取締が最も早く1834 (天保5) 年である[2][5]。妻木文庫中の佛國建築規則類纂にも1672 (寛文12) 年の条例等かなり古いものが記載されている。少なくとも海外では、日本よりもはるかに法令制定が早く、その体系も整っていた。

当時の学問を支えた工部大学校は、まず1871 (明治4) 年に設けられた工部寮工学校が創始であり、工部大学校を経て、後年東京大学工学部になる。明治初期、工部省時代の建築学の高等教育

機関は工部大学校ただ一校で、明治時代を通じてほとんど唯一の大学教育の場であった[2]。ここでは材料強弱学 (Strength of Materials) や、家屋構造 (Building Construction) の講義が行われ、1879〜1880 (明治12〜13) 年頃すでに強度試験から構造計算までが教えられていた[6]。

また建築雑誌には、**表2**に示すように構造に関する記事が早くから掲載されている。その他当時出版された単行本には、『建築學階梯』[7]、『造家必携』[8]等があり、前者は構造全般について詳しく、床材の大きさ (根太、小梁の断面寸法) や、鋳鉄梁の断壊量の算出式 (梁中央の荷重・耐力)、材料の性質 (材料強度) が記されており、後者は基礎構造について記されている。基礎的であるにしても、算出式がないわけではなかった。これに対し妻木案には、算出式が1つもなく、これは妻木文庫中の外国条例の形態と同様である。

また、煉瓦・石造の建物の施工に際し、すでに杭打試験等が行われていた。当時は、基礎に対しきわめて慎重な態度をとっていたようである[2][9]。さらに、煉瓦造には早くから鉄材が使われており、梁材としてI型ビームが使用されていた[2]。

東京市区改正委員会で建築条例案は作成されたが、その作成は、内務省技師であった妻木頼黄に嘱託された。その成案の調査委員として市区改正委員から選出された7名と、その他の専門家によって、条文の調査検討作業が行われた[10]。

妻木案の調査検討の進め方については、当時の建築雑誌に興味ある論説がいくつか掲載されている。まず、横河が条例審議に建築学会の参加が必要だと述べ、条例審議の進め方について、その秘密主義への批判を2度にわたり述べている。「條例ニ就キテハ…口ニスル人モ稀ナル…今日モ果シテ

編纂中ニアルカ審査中ニアルカヲ知ル能ハズ」[11] とも述べている。またコンドル[12] や森[13] らも条例制定の際に建築学会を関与させるよう述べているが、取り入れられなかったようである。建築条例の審議は、学会とは距離をおいて進められたといえよう。

立案者および関与した者を特定することから妻木案の構造規定の特徴をとらえてみると、専門委員の中で少なくとも辰野金吾、妻木頼黄、石黒五十二、谷口直定の4名は構造規定に何らかの形で関与した可能性が高い。辰野は、震災予防調査会で木造家屋の耐震化を研究するなど、耐震に詳しい人物であった。谷口は機械工学（応用化学）が専門である。機械を使用する製造場（工場）の規定に関係した可能性があり、その他の構造規定に関与したとも考えられる。石黒は土木が専門である。

一方、立案者である妻木は土木関係の仕事（神戸・横浜築港等）を行い[14]、築港工事用材料のコンクリート調査（1893（明治26）年）も行っている[15]。また、アメリカのロハルトソン（R.H.ロバートソンと思われる）の事務所で働いていた時、当時のアメリカの最先端の技術である鉄骨造を見ており、鉄骨に関する知識をもっていたと推察される[15]。

2　3　構造規定の特徴

妻木案には鉄骨に関する規定がいくつか存在することから、妻木がアメリカで得た知識が活かされたことが考えられる。例えば、「鉄製ノ柱梁等

表2　妻木案作成時期の世相

和　　暦	立案関連	学会関連	世　相
明治19		・造家学会（後の建築学会）を設立	
明治20. 2		・建築雑誌 第2巻「杭打地形ノ話」において杭上保持力に関する諸算式掲載	
明治20. 9.10		・文部省の依頼により、地震動と建築法との関係取調委員設置を決議（学会最初の委員会活動）	
明治21〜		・『建築學階梯（上中下巻）』（中村達太郎著）出版 数式解法の記述がある	
明治21. 8.16	・東京市区改正条例公布		
明治21.10	・妻木頼黄ドイツから帰国		
明治21.11	・妻木頼黄東京地方裁判所新営工事の建築主任を命じられる		
明治22. 1	・妻木頼黄東京府庁舎建築工事を嘱託される		
明治22. 2.11			・大日本帝国憲法発布
明治22.10. 9	・東京市区改正委員会に「東京市建築条例案」（妻木頼黄立案）を上提し、建築条例調査委員7名を選定		
明治22.10.28	・始て東京家屋建築条例起草の会議（森の日記による）		
明治23. 4.21			・民法（財産篇等）公布
明治23. 始め		・海軍省建築（コンドル設計）にI型錬鉄梁、生子鉄板による防火床が使用される、起工	
明治23. 5,8	・横河、森の建築条例への意見が建築雑誌に掲載される		
明治24. 9	・横河の建築条例への意見が建築雑誌に掲載される		
明治24.10.28			・濃尾大地震。欧米式建築技術批判のきっかけとなる
明治25		・震災予防調査会を設置	
明治27		・震災予防調査会：震災復興建築指針の立案にかかる	
明治27			・秀英舎印刷工場（最初の鉄骨建築）（若山鉉吉設計）
明治27. 6.20			・東京大地震。世界最初の激震記録
明治27. 8			・日清戦争（〜明治28年3月）
明治27. 8.29	・調査会議の重要人物である森 林太郎出征		
明治27. 9.22	・妻木頼黄、広島仮議院の新築工事嘱託され広島へ出張		
明治27.10.14	・広島仮議院新築工事竣工		
明治27.10.15			・第7回帝国議会（臨時）広島に召集
明治27.12. 3	・「東京市建築条例」案（妻木文庫中では最終的な案）の日付		
明治28			・この頃から鉄筋コンクリート法日本に紹介される
明治28. 3		・震災予防調査会：木造耐震家屋構造要領が建築雑誌に掲載される	
明治39.11. 5		・建築学会：東京市の依頼により東京市建築条例起稿委員会を設置	

注：大火は数が多いため、ここでは省略した.

ハ調査局ノ検査済ニアラサレハ之ヲ用ユルヲ得ス」（初期案②−33条）や、「鉄製柱其他物ニシテ重量ヲ支持セル物料ハ仕様書中ニ其支持スル柱梁ノ強力斤量ノ成算ヲ署入スヘシ」（②−35条）という規定がある。後者の35条規定は、鉄骨造の構造計算規定と考えられるが、その計算精度などの詳細は不明である。またこの規定は後の案には存在しない。

当時建築としての鉄骨造はまだ登場しておらず、土木構造物としての鉄製橋が1876（明治9）年頃から造られていた。1894（明治27）年に日本

最初の鉄骨構造建築である秀英舎印刷工場（3階建）が建設されるが[2]、妻木案の立案は明治20年代であり、1890（明治23）年頃が中期案であったことを考慮すれば、鉄骨造が本格的に導入される以前に先駆的に規定が作られていたことになる。

また、妻木案に規定されている構造規定の構造種別は、木造、煉瓦・石造、土蔵造である。また建築物（学校、劇場など）、工場などの規定もあった。鉄筋コンクリート造は土木分野でセメントが用いられ始めていた程度で、外国の文献などを通じて紹介されていたものの[2]、まだ導入されていなかったことから、条文にはならなかった。妻木案は初期案②において、木造の規定を対象としていない[16]ので、木造の耐震性に関する規定はほとんどない。

2　4　耐震安全性の確保

妻木案の条文数は190条弱と少ないが、条文の中には、構造計算書および構造図面の提出に関するものが一時的にみられた。全般的に構造計算を仕様規定として定める規定構成ではなく、煉瓦・石造の構法に関わる規定が多いのが妻木案の特徴である。全般的に木造の規定がほとんどないことからみても、明治期に新しく導入された構法のみを対象にしていたようにもみえる。したがって、この時代のレベルは構造計算の詳細を定めず、構法については仕様規定を定めることで、耐震安全性レベルを確保しようとしたといえる。その背景には、木造は構造計算を前提にしておらず、煉瓦・石造は多くの建築ができたため細かく規制し、鉄骨造については設計できる技術者の数が多くなかったことから[2]、計算書および図面の提出だけを定めたことが推察される。

また妻木案には石灰々泥の材料混合比を定めた規定があるが、材料強度を数値で定めた規定はない。しかし、積載荷重についてのみ数値で規定し

表3　妻木案と外国条例との条文比較

い	妻木案	（初期案②-60条） 従来存在セル隔壁ニテ當時ノ建築法ニ随テ建設セルモノニテ尚ホ堅牢ニシテ用ユルニ足ルヘキ物ハ皆家屋ニ使用スルヲ得ヘシ然レトモ此古壁ノ上ニ煉化ヲ積立シ襖ヲ構造スルニ當リテハ調査局ヘ届出本則ニ従ヒ壁厚ヲ増加スヘシ
	チカゴ	（1877年条例-13条） 従来存在セル隔壁ニテ当時ノ建築法ニ随テ建設セルモノニテ尚堅牢ニシテ用フルニ足ルヘキモノハ皆家屋建築ニ使用スルヲ得ヘシ然レトモ此古壁ノ上ニ煉瓦ヲ積起シテ楼ヲ構造スルニハ其高サニ随ヒ前十一条ニ掲出セル牆壁表中営業用家屋ノ間仕切壁ト全一ノ厚サヲ以テ築造セサルヘカラス…（後略）
ろ	妻木案	（初期案②-68条） 家屋ハ溝ヲ備ヘ雨樋ヲ金属ニテ造リ家根ヨリ堅樋ヲ以テ雨水ヲ下水渠ニ注入セシメ以テ墻壁及ヒ基礎ノ損害ヲ豫防スヘシ特ニ雨水ノ路傍ニ溢レサル様注意スヘシ
	チカゴ	（1877年条例-25条） 后来ノ建築ニ係ル家屋ハ總テ雨樋ヲ金属ニテ造リ家根ヨリ雨水ヲ下水渠ニ注入セシメ以テ牆壁及ヒ基礎ノ損害ヲ豫防スヘシ特ニ雨水ノ路傍ニ溢レサル様雨樋ヨリ能ク下水渠ニ注入スルヲ要スヘシ
は	妻木案	（初期案②-55条） 止ムヲ得サシテ梁ヲ横貫シ瓦斯飲泉及ヒ温室器管ヲ通過セルトキ其梁ヲ二寸以上切込ムヲ得ス
	チカゴ	（1877年条例-47条） 家屋内ニ管類（溜管ナドヲ云フ）ヲ引用スルタメ梁桁根太掛等ノ側面ヲ切リ欠クモノハ其深サ二寸ヲ超ユベカラズ又小口ヨリ切通ストキ長サ三尺ニ超ユベカラズ
に	妻木案	（初期案②-24条） 基礎ハ少クモ地盤ヨリ三尺ヲ下リ堅牢ニ造ルヘシ若シ地質粗悪ナルトキハ杭打ノ方法ヲ施スヘシ
	白義國	（ベルギー）-30条 地形ヲ築クニ必要ナル溝ハ善良ナル地質ニ至ルマテ深ク掘上クルヲ要シ若シ其地質粗悪ナルトキハ杭ヲ打込等ノ方法ヲ用ユヘシ

ている。すなわち、「住居用建物、演説堂及多人数集合スル建物、大斤ノ荷物等ヲ貯藏スル場所等」に対し、各々75斤/尺^2（490kg/m^2）、120斤/尺^2（784kg/m^2）、150斤/尺^2（980kg/m^2）を支持する牀を築造するというものである。ただし、外国条例や妻木文庫およびそれ以外の書物も含めて、今のところこの規定の値を裏付ける根拠はみつかっておらず、立案途中でこの規定自体が削除された。

この時代の欧米ではすでに、最小仕事の定理（1858（安政5）年）や、仮想仕事法による不静定構造の一般解法（1864（文久4／元治元）年）等が知られており、連続梁や単純な形のラーメンに対しては、これらの諸定理の応用で解析ができるという状態にあった[2]。

また妻木案の構造規定と米国シカゴ市建築条例（原典ではチカゴ）とを比較すると、**表3**のように3種類の構造規定でほぼ一致する部分があり、

この条例を参考とした可能性が示唆される。他にも部分的な類似、あるいは内容や語句の類似が多くみられる[17)18)]。また妻木文庫中の伯林條例（ベルリン条例）には、構造規定中に特徴あるものが存在する。これは、「各材料中ニ固有存在スル所謂強力（或ハ耐力）ノ全力ヲ使用セスシテ幾何カ其餘力ヲ存セシメ以テ之ヲ使用セサル可ラス…（後略）」という条文で、現在の許容応力度や安全率の概念に近い精神規定である。しかし妻木案には取り入れられていない。

2 5 耐震に関する提言の影響

妻木案の立案中である1891（明治24）年に濃尾地震が起きている。この地震は煉瓦・石造の建物に大きな被害を与え、煉瓦・石造の耐震化という1つの転機をもたらした。

この地震の後に起こった煉瓦・石造への批判に対し、それらに耐震処置を施すことでかなり改善されるとコンドル[12)]や渡邊[19)]、瀧[20)]、伊東[21)]らが述べている。彼らの述べた耐震処置に関する主な提言をまとめると、次のようになる。

1) 間仕切壁、燧、間柱、筋違等を設置する
2) 建物の形状や組み方を考え、一体化して振動するようにする
3) モルタルの配合や質、煉瓦石の積み方で耐震性を確保する
4) 柱梁の取り付け方を考える（建登せ柱、梁の切り欠き、接ぎ手など）
5) 鉄梁、金物（鉄材）を十分使用する
6) 壁厚を大きくする

これらと妻木案とを比較した結果が**表4**である。濃尾地震以降に作成された妻木案（広く考えて中期案④から後期案⑦）の中で、新たに加えられたり、修正されたりした構造規定で、これらの提言と直接結びつくものはなかった。

しかし、表のように、提言に対応するもののいくつかを、すでに初期案②で規定していた。初期案②は、妻木の手によるものである。また下記にあるように、妻木は鉄骨造に関する知識をもっていたはずであるが、鉄筋コンクリート造、鉄骨造が、単独の構造形式として、当時まだ本格的には導入されていなかったこともあり、規定の中心にはなっていなかった。そのため、初期案②において、煉瓦・石造に関する構法規定を中心にして耐震化を図っている。

妻木の耐震化への造詣の深さは、彼が設計した建物の中にも認められる。1888（明治21）年に妻木がドイツから帰国してまもなく実施設計した、東京府庁舎や東京地方裁判所において、「組積造建築に緊繋用の鉄材を多く用いて耐震性を与えようとする独特の方法が使われていた」[15)]という事実がある。「基礎工事にも力を入れて」[15)]いたと

表4　耐震に関する提言と妻木案との比較

部 位	耐 震 に 関 す る 提 言 の 主 な 内 容	対応する妻木案の条文
地　　質	土質はまじり気なしの粘土質，砂利，砂がよい	②-24
地　　形	杭打，地業，コンクリート地業に注意する	
形　　状	建物の形は長方形がよく，高低凹凸がなく揃っている形がよい	
小屋組	一体化して振動するように	②-83
壁　　体	間仕切壁を入れる．その接続は堅固に	③-15
壁　　厚	壁厚を厚くする	
柱　　間	6尺以内に1本立て，筋違・間柱を入れる	
柱	建登せ柱がよい	
梁　　受	迫持の上に直に布置しない	
梁　　床	帯鉄，ボルト，梁挟，燧梁の使用	②-34
	鋼鉄梁を組み合わせ，鉄板を張る	
迫　　持	地中階にあり地平線より上にないこと(外国条例)	⑤-72
迫　　持	セメントモルタル等の接ぎが必要	②-59
突出物	軽く作る．できるだけ突出を少なくする	
軒蛇腹	接ぎ，合口を入れる．モルタルの廻り方に注意する	
繋　　ぎ	連絡を欠いたり，強さに乏しいものはよくない	②-22，②-28，②-31
繋　　ぎ	良質な鉄やセメントで丈夫に作る	②-30，②-83
材　　料	モルタルの粘着力・質が高い，煉瓦石の吸水等が大切	②-21，②-26，②-80

注：文献(5, 12, 15, 19, 33, 34)から作成。
条文番号は、前案と同じ規定内容である場合は省略した。

も記されている。また、1894（明治27）年の帝国議会広島仮議院工事にも、これは本工事開始から14日間という驚異的な日数で建設された木造建物であるが、「ジョイントを鉄製の金物で強化することを心がけ、大量の金具を緊急につくらせた」[15]というエピソードがあり、妻木の考え方を如実に表している。この他、大仏殿の修理に鉄骨を入れたのも彼である[15]など、妻木のもつ「材料と構造についての判断力のたしかさ」[15]を物語る事実は複数存在する。妻木がこれらの工事に使用した手法をまとめ直すと、次のようである[15]。

1) 煉瓦壁を強化するための緊結用の帯鉄を使用

2) 窓アーチなどに鉄製のタイ・バーを使用し横開を防ぐ

3) 垂直方向への鉄筋の部分的使用

4) ジョイントを鉄製の金物で強化

妻木案に適用されたものには、2)、4）に関連するものとして「出入口及窓ノ上ニハ鉄梁ヲ架シ頭壁ノ貫量ヲ支持セルコトヲ得ベシ其形ハ工ニシテ二筒ヲ平行線ニ据付「ホルト」ニテ結搆スヘシ」（②－34条）がある。また、「製造所及舞踊場ノ如キ多人数集合シ家屋響動ヲ生スル建物ニ用ユル梁材ハ少ナクモ五寸壁内ニ差入並フルカ又ハ繋物ヲ以テ壁ト梁トヲ堅牢ニ結着スヘシ又根太貫ト雖トモ六本毎ニ繋鉄物ヲ以テ煉壁ト結着スヘシ」（②－83条）も鉄材についての規定である。

3）の手法については、条文中にそのまま適用されている例はみつからないが、「鉄製ノ柱梁等ハ調査局ノ検査済ニアラサレハ之ヲ用ユルヲ得ス」（②－33条）で鉄製の柱梁を使用する場合を示している。また検査を義務づけることはかなり高度な規定であり、より良質な建築を目指していたと考えられる。

これらを考え合わせると、濃尾地震という具体的な事例が起こる前から、妻木は煉瓦・石造建物の耐震規定をある程度取り入れていると考えることができる。

2 6 学会案に対する影響

妻木案は成立が見送られることになったが、次に続く法令、すなわち1906（明治39）年から起稿された東京市建築條例学会案に参考資料として提供された。鉄骨造を日本で初めて提案したのは、妻木の時代ではなく銀座煉瓦街計画に遡る。英人技師R.H.ブラントンが、この計画に対する意見書中で、鋳鉄柱やコンクリートの利用を強く主張していた[22]。この時、この意見が受け入れられていれば、おそらく日本の建築構造に大きな影響を与えていたであろう。それ以後鉄骨造が盛んとなり、妻木案が鉄骨の規定を多く盛り込む可能性もあった。しかしこの意見は採用されず、ウォートルスの煉瓦造計画が採用された。この銀座煉瓦街計画は、構造種別それぞれの盛衰を決定する岐路の1つであったと考えられる。妻木案が煉瓦・石造を中心にすえたきっかけは、この時にあったともいえよう。

3 東京市建築條例学会案における構造規定の特徴

3 1 立案のきっかけと経緯

東京市建築條例妻木案（明治20年代）の次に建築条例制定の気運が高まったのは、明治30年代も終わりの頃であった。この時建築学会において立案され、市街地建築物法に多大な影響を及ぼした東京市建築條例学会案は、近代的構造規定の原点ともいうべき存在である。

1906（明治39）年東京市長尾崎行雄は、建築学会に建築条例作成を依頼した。これが東京市建築條例学会案（以降、学会案と略す）である。この時東京市長は、建物の美観、衛生、経済性、防火性、そして耐震性を満たす建築家としての理想的条例を作成するよう要望した[23]。

これに応えた建築学会は6年半の歳月をかけて238条からなる条例案と、参考資料としてその途中案4案および諸外国条例資料16種を東京市に提出した。特に、17国40都市に依頼し収集した外国条例の翻訳およびその分類編纂、それらと立案した条項との比較検討に要した時間は膨大である。

しかしこの時すでに市長は交代しており、東京市の行政制度上の問題[24]から「其後ノ成行ニツキテハ再来杳トシテ聞ク所ナク有耶無耶ノ間ニ埋没」[25]してしまう。これをそのままにすべきでないとする学会は新たな動きを展開し、学会案から「警察命令としてやつて行ける部分を抜き出し、尚多少これに補修を加えることとなり、毎日のように佐野先生と笠原君と私とが集つて案をつくり、半歳ばかりかかつて4章134条から成る警視庁の建築取締規則が出來上つた。」[24]（ここで佐野先生とは佐野利器、私とは内田祥三である）これが東京府建築取締規則案である。しかし、この東京府建築取締規則案も、すでに内務省でこれを法律として取り扱う案が進行していたため、立案者笠原敏郎が警視庁案をもって内務省に入り、警視庁では実施されずに終わる[24]。そして、内務省で作成されたのが市街地建築物法である。市街地建築物法は、法律が1919（大正8）年4月5日公布、施行令（現行の法律レベルに相当）が大正9年9月29日、施行規則（現行の施行令レベルに相当）もその後すぐに公布

（大正9年11月9日）される。

このように物法が短期間で公布された理由について、内田は次のように述べている。「これ（注：東京市建築條例学会案のこと）があつたからこそあの大部の施行規則を相当の自信をもつて短時日の間に作成することが出來たのである。」[24]

これら一連の建築条例案にみられる耐震安全性の確保方法について概観する。

東京市建築條例学会案立案に当たり、学会はまず起稿委員会を構成する12名の委員を選出し、その長を定めた。これらの審議状況を**表5**に示

表5　学会案の審議状況

年　月　日	審　議　内　容	世相，行政，その他
明治37.11. 6		・台湾地震.
明治39. 4.18		・サンフランシスコ地震.（中村達太郎，佐野利器震害調査に赴く.）
明治39.11. 5	・12名の起稿委員選定.	
明治39.11.17	・東京市建築條例起稿委員会と名付ける．特別委員・委員長選定．外国条例蒐集決議，17国40都市に依頼.	
明治39.11.22	・綱領名称12を選定，各綱領を1章とし計12章とする原案を立てる.	
明治39.12. 6	・第2回全委員会：条例案の脱稿期限約1年，条例案の提出期限（M40.3.30），各章の起稿分担，参考条例配布等決議.	
明治40. 3. 7	・翻訳，提出期限延期，外国条例の抜粋編集翻訳依頼.	
明治40. 3.27	・第3回全委員会：翻訳（英文のものを抜粋編纂,他必要なものを抜粋編纂），道路築造條規の立案辞退等決議.	
明治40. 3.27頃	・英国諸都市同殖民地及独国及伊国の条例到着.	
明治40. 4.26	・第1部主査委員会（構造）：分担打合せ.	
明治40. 4.30迄	・外国条例（倫敦，巴里，伯林，市俄古，羅馬），妻木案を参考として原案を作成し，委員長に原案条例案を提出.	
明治40. 7.17	・第4回全委員会：諸条例の翻訳分類編纂の急成方法を議す．分類編纂の一部でも完結する．各国への問い合わせ.	
明治42. 6.11	・マニラ市改正法規全集1部の到着が外国条例の最後.	
明治43. 5	・集まった改正条項を第2回東京市建築條例案と名付ける.	
明治43. 6. 2	・第6回全委員会：条例原案の説明及質疑応答．条例完成は明治43年11月中，語辞の不一致条文の長短統一を決議．正副委員長に一任し，調査主務を内田祥三に嘱託.	
明治43. 6. 4	・特別委員会1：1. 道路条例，衛生条例は別にあるものと仮定　2.本条例は法律として公布する　3. 特別構造の建築規則は警視庁ではなく東京市で定める　等を決議.	
明治44. 2		・佐野利器ドイツ留学.
明治44.11.29	・最後の全会合（第41回）を終え仮に統一案と称す.	
明治44.12.13	・第7回全委員会：案の修正は明治45年3月中に終了すること等決議．後8回の委員会を経，統一案を鍛錬修正して可決．これを第3回東京市建築條例案と名付ける.	
明治45. 1.15	・第8回全委員会：条文の修正等について審議（第1編）	
↓	↓	
明治45. 2.21	・第13回全委員会：条文の修正等について審議（第5編）	
明治45. 3.29	・第15回全委員会：報告書を添え，会長に第3回案を提出.	
大正 2. 3. 5	・本会議議了．第4回東京市建築條例案（統一案を数えると第5回案）と名付ける.	
大正 2. 5.20	・条例案脱稿報告．参考書類添附提出を可決して終結.	
大正 3. 4		・佐野利器ドイツ留学から帰朝.

注：「全委員会」とは，「東京市建築條例案起稿委員会」のこと．

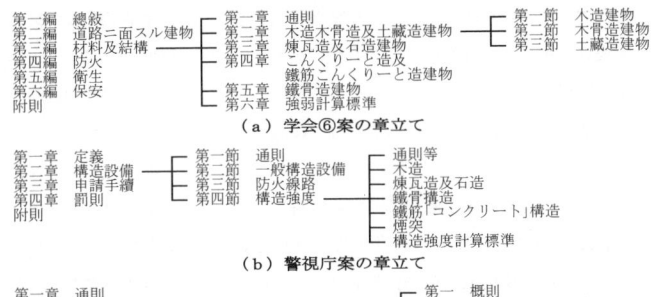

（a）学会⑥案の章立て

（b）警視庁案の章立て

（c）物法施行規則の章立て

図2　各条例における構造規定の条文構成

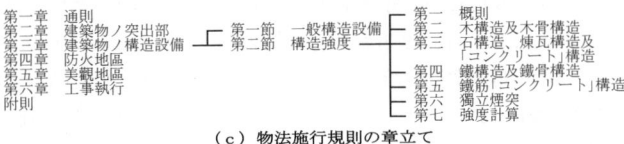

す。第1回案は12章からなり、その各章を委員が1人ずつ分担して起稿した。構造分野に関わる規定は、①案では主に「第二章道路及道路ニ面スル建築物并ニ道路ニ於ケル設備」（矢橋賢吉担当）、「第三章ノ甲　敷地及基礎」・「第三章ノ乙　材料」（長野宇平治担当）、「第四章　結構」（佐野利器担当）、「第九章工事進行」（山下啓次郎担当）の4章である。結構は構造を意味しており、この章には現代に引き継がれる構造規定が登場している。条文構成を**図2**にまとめた[26]。

学会案関連資料は、日本建築学会および東京都公文書館、東京市政調査会市政専門図書館の3か所に所蔵され、最終案は当時の出版物にも掲載されている[27]。現存する建築学会所蔵の資料および東京都公文書館の資料等から各段階の案の名称を**表6**にまとめた。以降文中では各案をこの**表6**の番号にしたがって呼ぶ。また、学会案参考資料として収集された諸外国条例は17国40都市にも上り、このなかから重要な条例が選ばれ、翻訳された。しかし、東京市に提出された際の学会案関係資料目録[23][28]にはその名がみられるが、現在その所在が明らかでないものがあるため、本論文では、現在保存されている

表6　諸条例・条例案資料の資料概要

番号	草　　案　　名　　称	日　付	所蔵	備　　考
①	第一回　東京市建築條例草案	明治40.　4.30	学	書き込みなし
②-1	第二回　東京市建築條例草案	明治43.5下旬	学	書き込みなし
②-2	東京市建築條例草案		都	②-1の修正版。外国条例・数値計算を書込み
③	第二回　東京市建築條例草案	明治44.11.29	都	原案条文番号、外国条例名を記載。確認用か
④-1	統一案　東京市建築條例草案	明治44.11.29	学	明治44.11.9決定
④-2	第二回　東京市建築條例草案	明治44.11.29	都	④-1案の修正
⑤-1	第三回　東京市建築條例草案	明治45.　3.14	都	同じ印刷物に異なった修正を行ったもの
⑤-2	第三回　東京市建築條例草案	明治45.　3.14	都	
⑤-3	第四回　東京市建築條例草案	明治45.　3.14	学	
⑥	東京市建築條例案	大正　2.　5.20 大正　2.　5. 大正　2.　5	学 都 市	⑤-3案の清書で東京市へ提出されたものと考えられる
ア	東京府建築取締規則		都	修正・無修正が各1冊
イ	「秘」東京府建築取締規則草案	大正6.9.19受	都	書き込みが少々
ウ	建築取締規則草案	大正7	都	内容修正ほとんどなし
A	建築法第廿八條ニヨル敕令案	大正7頃		施行令案中にある草案
B	市街地建築物法施行規則	大正　8.　6.15	都	書き込み多数
C	市街地建築物法施行規則案	大正　8.　7.14	都	建築学会審議
D	市街地建築物法施行規則案	大正8		書き込みほとんどなし
E	市街地建築物法施行規則案	大正　8.11頃	都	課内　第一読会用
		大正　9.11.　9		建築雑誌 409号を使用

注：所蔵の項で「学」は建築学会，「都」は東京都公文書館，「市」は市政専門図書館を示す．⑤-3案の「四」は第三回の「三」が塗りつぶされているのか，「四」と書かれているのか判読が困難だが，⑥案の表紙から「四」と決定した．

翻訳書およびこれらの出版物中にみられる外国条例の翻訳に基づいて考察を行う。

次に東京府建築取締規則案は諸書にその名が記されており、東京都公文書館の内田祥三資料中に3種類の案と付属の1資料[25]が所蔵されている。しかし、これですべてであるか否かは定かでない。このうち2案には年の記載がある。加えて条文の修正状況から、最も古いと思われる案をア案

とし、古いものから順にア、イ、ウ案とした。これを表6に示す。以降文中では、警視庁ア案というように略称する。

市街地建築物法における構造規定は主に施行規則（文中では「物法規則」と略す）中に存在する。またこの施行規則の成立過程に関する資料も、都公文書館内田祥三資料中に数点が所蔵されている。ここでは、市街地建築物法施行規則案（以降「物法規則案」と略す）関連資料および公布時の施行規則における構造規定を対象とする。物法規則案の分類も表6による。

なお文中では、条文との関連が深い3つの外国条例を、次のように略称する。

1911年　「倫敦市鐵筋混凝土建築取締規定草案」[29]　→ロンドンRC規定草案

1899年制定　「紐克市建築條例」[30]　→ニューヨーク條例

1911年制定　紐育市「鐵筋混凝土建築條例」[31]　→ニューヨークRC條例

3 2　学問・技術の様相

明治初期に外国からとり入れられた煉瓦造・石造建築を中心とする流れは相変わらず存在したが、明治30年代以降の学問分野は、鉄筋コンクリート造（以降「RC」と略す）・鉄骨造といった新構造技術に関する論文や耐震に関する論文が本格的に掲載され始めた時期である。特に、1905（明治38）年から建築雑誌に連載された「建築構造強弱學」[32]（佐野利器）、同じく1906（明治39）年からの「鐵骨構造建築學」[33]（日比忠彦）の影響は大きく、理論的にも裏付けのある技術として次第にとり入れられていった。

その他震災予防調査会の研究成果等はすでに発表されており、海外の震害報告にも重要な意見が述べられている。RC造の研究状況については、導入当初から関心が高かったが、外国のRC梁算定式の紹介[34]等が多く、わが国独自の研究は三橋

による「鉄網コンクリート」の発明[35]等が目だつ程度である。その後大正時代に入ると、コンクリート強度や鉄筋の腐食の研究等、日本の研究面での自立が始まっている。

鉄骨造に関しては、「最初工場建築に、しかも建築家ならざるエンジニヤによってプラント移植的な形で導入されたものが多かったので、その建築構造理論の立場からの研究や検討はほとんど見られなかった」[6]とされる。したがって、前述の日比の連載が最もまとまった論文であり、ここでは弾性解析や断面算定法等が述べられ、座屈公式も紹介されている[36]。

木造・煉瓦造・石造については、その耐震性能や性質を知るための実験や研究が行われた[37]。佐野は、実験によって煉瓦壁の抗張強度等を明確にするなど[38]、ここでも中心的役割を果たしている。この他、名著とされる三橋の『和洋改良大建築學』[39]もこの頃出版された。この書籍の中には構造設計は記載されていなかった。

一方技術面では、木造建築に図式力学が導入され、トラス構造が新しい木造建築技術として、同業間でのイニシアティブをとる重要なテーマ[2]であると思われた。また、木造建築技術に影響を及ぼしたもう1つは震災予防調査会である。切り欠きを避けるための金物の使用や、トラスの奨励、建物の一体化などを図り、木造建物の耐震化を推進した。

RC造は、1903（明治36）年に土木技術者により京都の琵琶湖疏水運河に橋が架けられ[2]、その歴史の第1ページを飾っている。本格的なRC造建築は、1911（明治44）年に三井物産横浜支店一号館で実現された[2]。

鉄骨造は煉瓦造と相まって徐々に浸透し、1902（明治35）年には三井銀行本店（横河民輔設計）の竣工において本格化する。しかしそれは煉瓦壁の内部に鉄骨を埋め込むもので、「煉瓦の壁はいぜんとして重要な構造上の役割を果たして」おり、

「鉄骨は屋根と床の垂直荷重を支えているに過ぎない」[2] ものであった。鉄骨で柱梁を組み立て、それらに荷重を負担させることで外壁を薄くできるという鉄骨造の特質を活かした建築は、佐野利器設計の日本橋丸善書店（1909（明治42）年）が最初である[2]。

3　3　欧米と日本における学問の発展状況

当時日本が海外の学問や法体系を導入中であったことから、これらの条例における算出式規定は、諸外国における学問の発展状況と密接に関連している。そこで物法規則公布時に至るまでを中心に、海外の構造力学、材料力学、物理学・数学、技術、世相に関する諸状況を概括する[40~49]。

まず、現在我々が用いている構造力学上の諸々の発見は、西洋ではすでに1600年代からなされている。しかし、実際の構造技術とこれらの学問とが結び付くまでには、まだ長い時間を要した。その後、1678年のフックの法則を基にする弾性体の力学がベルヌーイ一家、オイラーらにより次第に発展し、1794年のエコール・ポリテクニクの創立で設計のための基本力学が構築され、この学校の卒業生・教師を主体として構造力学が展開されることになる。さらに、19世紀前半には静力学、動力学ともほぼ基本理論ができ上がっている[40]。警視庁案、物法規則が作成されたのは、たわみ角法・塑性解析法等が発表された後のことである。

また、材料力学では、その始まりとされるガリレオ・ガリレイの『新科学対話』が1638年に発行されている。日本では1906（明治39）年頃に佐野により断面の性質等に関する理論が建築雑誌上に紹介される[50]。

技術面では、鉄筋コンクリートについて、1824年アスプディンのポルトランドセメントの特許取得により、セメント工業化への道が開かれたが、コンクリートだけでは引張強度が不足し、単独で曲げ材に利用することができなかった[51]。その後、モニエが1867年にモニエ式鉄筋コンクリートを考案し、RC普及の基礎をつくった。鉄の長い歴史からみれば、RC技術はかなり新しい技術といえる。このため、RCに関する力学の発展も遅れをとったが、1886年にケェネンにより断面計算理論が発表され、発展する。日本では、佐野や内田が梁、スラブに関する西洋の計算方法の紹介を行っている[52]。佐野は特にこれらに改良を加え、計算上の簡式などを提案している[53]。

一方、鉄は歴史が古く、また蒸気機関等の発明により製鋼法も飛躍的に進歩した。鉄骨造に関する当時の日本における研究は、特に柱の座屈に関するものが多い。しかし、大部分が西洋の学問の紹介であった。

このほか、明治時代の日本では壁に関する研究が少なく、ほとんど論文がみられない。床版については、1811年頃にラグランジュにより微分方程式が見いだされている。日本では、1911（明治44）年内田により様々なスラブにおける曲げモーメント算定式が紹介されている[52]。

3　4　東京市建築條例学会案における耐震規定の特徴

「結構」の章における構造規定は、佐野利器の立案である。彼は、「私は木造の部の原案をつくられた。之には参つた。つまり外国の条令は参考とならないので困つたのだ。色々考えて案を立てると中村先生は大体賛成して呉れたが、曾禰さんは慎重で中々通して呉れないので全く弱つた。」[54] と当時のことを述べている。最終案に近づくと、他の人々が主に語句の定義や修正、条文自体の削除を行っているが、佐野の起稿した構造規定は、学会案構造規定全体の骨子になっている。

その他、当時彼の門下にいた内田祥三は、途中から嘱託員として学会案条文の調査検討にかかわっており、構造規定にも影響を及ぼしている。内田は佐野の作成した構造規定に沿って、起稿委員会委員長曾禰達蔵や副委員長中村達太郎の下

表7　木造・木骨造・土蔵造規定の主要内容と参考資料

規　定　内　容	その規定が存在した資料番号 ①②②③④④⑤⑤⑤⑥アイウABCDE物 -1-2　　-1-2-1-2-3　　規		参考とされた 外国条例や提唱
木造は土台敷構造にする. 柱下部は土台・脚固で緊結			要梗, 木要領
土台は柱と同寸以上の角材で			
建物の土台・敷桁の隅角には鏨材を使用			要梗, 木要領
土台と床面の距離あるものは柱・束を脚固・脚掦で緊結			要梗, 木要領
堀立て柱は禁止. ただし防腐方法を施したものは許可			
上下横架材距離に対する柱の小径の割合, 階を下るごとに増加			ニューヨーク, ボストン ワシントン
柱の欠き取りは1/3まで. 止むを得ぬ場合鉄具を附加			(要梗)
主要な柱は土台より建登せとする			要梗, 木要領
柱は上下に大きな柄を有してはならない			(要梗)
柱梁等主要構材の継手・接合はボルト等適当な方法で堅固に緊着する			ニューヨーク, サンフランシスコ 要梗, 木要領
大梁と小梁との接合部にはボルト等適当な鉄具を附加			要梗
小屋組相互は筋違・梁挾・挾梁で互いに連結する			要梗
構材の継手は沿板(添鉄)・ボルトを用いて結束			要梗
筋違を壁体に配布する			要梗
小屋裏・天井上・床下が木造の時は換気孔を設ける			
構造用木材で煉瓦・石材に接する面には防腐料を塗る			
木造階段桁の両端は堅固な梁材に固定する			
石, 煉瓦, コンクリート束で外壁の土台を支える木造は許可要			
木骨造の木部と煉瓦・石材との同一基礎を禁止			
煉瓦・石材の張壁は木部に適当な方法で緊結			(要梗)
埋込煉瓦・石材は木骨間に堅固に積み入れ			(要梗)
土蔵造の壁土の厚さは柱外各所3寸以上とする			
鉢巻等の突出は平壁表面より5寸以内に			
土付けの時期			

注：「要梗」は「家屋耐震構造要梗」(佐野利器)の略.「(要梗)」は要梗では直接言及していないが, その内容が条文に関連すると思われるもの.「木要領」は「木造耐震家屋構造要領」の略.「物規」は「市街地建築物法施行規則」の略. 構造計算に伴う数値・算出式規定は除外.

で、実際に条文調査を行った。内田は、学会案以降の法令を中心的にとりまとめている。

各法令の構造規定の条文構成は前掲**図2**にまとめた。特に荷重効果に関する規定については、検討中内田らにより地震力および風圧力が一度は考慮されているが、条文中には取り入れられていない[55]。強度性能および変形性能に関わる規定についても同様で、条文にはなく、また立案思想も特に示されていない。したがって、耐震性能は構造種別ごとに構法を定める仕様規定においてのみ確保された。

3 5　木造・木骨造・土蔵造規定における耐震性の確保

木造に関する構造規定が体系的に整備されたのは学会案が最初である。木造・木骨造・土蔵造規定における条文の変遷と、何を参考として作られたのかを**表7**にまとめた。規定内容は「木造耐震家屋構造要領」[56]や「家屋耐震構造要梗」[57]と類似するものが多い。「木造耐震家屋構造要領」は辰野金吾の原案をもとに震災予防調査会が提唱したもので、佐野もこの組織にかかわっていた。また「家屋耐震構造要梗」は、佐野が自身の学位論文を基に著したもので、震災予防調査会の成果に加え、外国条例にもないような耐震に関する独自の提唱が行われている。

以上、木造規定の大部分を占める耐震規定について述べたが、その他木材の耐久性（防腐）に関する規定も存在する。佐野は学会案木造規定中に、基礎と土台との緊結や接合部の剛接化による建物の一体化、建て登せ柱（現在の通し柱）・トラスの利用、ボルト・金物の使用等の規定を盛り込んだ。

また彼は固有周期が地震の周期よりも遙かに大きい場合は柔構造がよいということをすでに気づ

表8 条文内容が緩和された変遷例

資料	条文	条　文　内　容
学会①	2節7条	平坪壱間ニ対シ幅三寸以上厚五分以上ノ筋違一本以上又ハ径五分以上ノ筋違ボルト一本以上ヲ壁体ニ配布設置スベシ
学会③	102条	壁面一坪ニツキ幅三寸以上厚五分以上ノ筋違木一本以上又ハ之ニ相当スル効力ヲ有スル筋違木[木]ヲ壁体ニ配布スベシ 〔純日本風ザ其他ノ〕木造建物ニ於テ筋違木ヲ使用スルコト不便ナル場合ニハ適當ナル貫又ぼーるトノ類ヲ以テ柱ヲ堅固ニ緊結セシムベシ
学会⑤-3	99条	壁面一坪ニツキ幅三寸以上厚五分以上ノ筋違木一本以上又ハ之ニ相當スル効力ヲ有スル筋違木ヲ壁体ニ配布スベシ 純日本風其他ノ木造建物ニ於テ筋違木ヲ使用スル〔ニ〕不便ナ〔ラサル〕〔時〕場合ニハ適當ナル方法ヲ以テ柱ヲ堅固ニ緊結セシムベシ
物法規則案B	59条	木造[及木骨造]三階建[建物]家屋ノ壁体ニハ適當ナル筋違ヲ用フベシ
物法規則案E	59条	〔三階建〕木造及〔三階建以上ノ平家ニアラサル〕木骨造三階建建物ノ壁体ニハ適當ナル筋違ヲ用フベシ
物法規則	55条	三階建木造建物又ハ平家建ニ非サル木骨石造若ハ木骨煉瓦造建物ノ壁體ニハ適當ナル筋違ヲ使用スベシ
物法規則改正	改正55条	建物ニハ適當ニ筋違又ハ方杖ヲ設クベシ

注：＝＝線は手書きで削除された部分、〔 〕内は書き加えられた部分を示す。内容にあまり変更のない修正は略した。

いていたが、剛構造の方が経済的に不合理ではあるが、安心できると考えていた[58]。その他この文献では、彼が鉄骨造の高層への適応・RCの中低層への適応を早くから見抜いていることも興味深い。

また座屈荷重算出式規定に関連して、柱の小径規定が学会①案で創設されている。外国ではすでに1/30がその限度と考えられ、外国条例（ニューヨーク條例）にも規定がある[59]。

柱の欠き取りの限度や筋違の設置、建て登せ柱の設置に関する規定も、学会案から創設される。佐野は木造家屋は建て登せ柱が原則であると考えていた[59]。この規定は学会案のみで、以降の条例では削除される。

一方筋違に関する規定は、警視庁案を除く学会案と物法規則（案）に存在する。表8に示したように、学会案ではすべての建物に設置するのが原則で、筋違の設置が不便な木造建物には他の適当な緊結方法をとるように規定しているが、物法規則では3階建木造または2階建以上の木骨煉瓦・石造の場合にのみ筋違を設置するという緩和措置がとられた。したがってこの規定は関東大震災後の改正で、すべての建物に筋違または方杖の設置

が義務づけられるという結果を招くことになる。つまり、佐野はサンフランシスコ地震の被害状況を直接見ており、その直後に立案した学会案には厳しい規定を盛り込んだが、災害に遭わぬまま時が流れて規定が緩和され、関東大震災の被害に鑑み、再び規定が強化されたと推測される。

また、物法で燧材設置規定が創設されるが、方杖の設置規定は学会案から物法に至るまで存在しない。方杖の規定が存在しない理由として、佐野の次のような意見が影響した可能性がある。「「方杖」を附けるのは宜しいが附けたならば柱を餘ほど大きくせぬければならぬ…此事は夢々等閑にならぬ事と思ひます。」[59]と結んでいる。つまり、方杖をつけるとかえって耐震的にならない場合もあることを例証している。

また、木骨造規定に関しては、木造規定と同様堅固に緊結することを意図した耐震規定が多い。土蔵造の規定は、東京市建築條例妻木案（文中では妻木案と略す）と関連が深いが、より詳細な規定になった。しかし、学会案以降にはどれも受け継がれていない。

3　6　煉瓦造・石造規定における耐震性の確保

前述の「家屋耐震構造要梗」[57]に類似し、耐震性を考慮したと考えられる規定は、煉瓦造・石造においてもかなり数がある。表9に主要な規定を抜き出してまとめたが、煉瓦造・石造に関する規定はRC造や鉄骨造よりも規定数が多い。RC造や鉄骨造がまだ主流になっておらず、当時の主要建築物はやはり歴史・経験ともに豊富な煉瓦造・石造であったことが影響していよう。

煉瓦造に関する学会案の規定中で特徴的なものは、壁長の制限規定や、壁体の竪壁溝の深さ制限

表9 煉瓦造・石造規定の主要内容と参考資料

規定内容	その規定が存在する資料番号	参考とされた外国条例や提唱
壁厚	←→	要梗
その階の床と上階の床・屋根がRC造または控壁・臥梁等の補強方法を施す時の壁厚減少	←→	要梗
壁長の定義	←→	
上層より下層の壁厚を大きくする	←→	
壁長の制限	←→	要梗
間仕切壁厚は壁厚規定から3(4)寸減ずることができる	←→	
地階の壁厚は第一階の壁厚に3寸以上増加	←→	
開孔幅の総和が壁長の1/2(3/5)を超える壁は厚さ増加	←→	ニューヨーク, ロンドン
壁厚がその階の高さの1/15(1/14)未満の時の壁厚の増加	←→	ロンドン
虚壁(二重壁)築造. 一方の壁を他方に緊結	←→	
壁体の竪壁溝による壁厚. 横壁溝の深さ・長さ制限	←→	ニューヨーク, ロンドン
壁体の開孔間の垂直距離・開孔と壁頂との垂直距離. ただしRCか鉄骨の臥梁で補強すれば例外とする	←→	要梗
石造建物の壁厚	←→	
張付石材は適当な方法（鉄物）で壁体に緊結する	←→	ニューヨーク, 要梗
張付石・瓦等は壁厚に算入しない	←→	ニューヨーク
隅角・蛇腹・窓入口脇等の石は鉄物で壁体に緊結する	←→	
跳出壁, 跳出検側等は壁面より3尺以上の突出を禁止	←→	ロンドン, 要梗
煉瓦・石造/RC間仕切壁は階下に堅牢な支承壁体がなければ築造を禁止. 軽量鉄骨造, 耐火床上のRC壁は許可	←→	
胴蛇腹石, 煉瓦・石造軒蛇腹石の突出制限	←→	要梗
壁体は各部均等に積上り, 差を抑える	←→	ロンドン
階下に煉瓦・石材・RC壁を築き階上にこれらを築くのは禁止. 相当の耐力ある鉄骨に依るものは許可する	←→	
張間5尺以上の開孔上に架す石・煉瓦迫持の迫高	←→	
切妻壁はボルト等で小屋組に緊結	←→	要梗
敷桁下端より高2尺以上の煉瓦・石材小壁の築造は禁止	←→	
屋上煉瓦煙突の屋上突出は3(2)尺以内に. 鉄骨は例外	←→	
小屋梁下には4寸角以上の敷桁が必要. 敷桁は6尺間以内で長さ2尺以上のボルトで壁体に固着する	←→	
床梁は梁幅以上の長さで壁体に支持されること	←→	
石・煉瓦等で築造する壁体はモルタルを用いて積み建てる	←→	ニューヨーク, ロンドン, ワシントン, 要梗
石・煉瓦の腰積のある建物は土台敷構造に, 土台に緊結	←→	
上階を木造とする石・煉瓦・RC造等の壁厚は軒高を壁高として算定	←→	

注：「要梗」は「家屋耐震構造要梗」(佐野利器) の略. 「物規」は「市街地建築物法施行規則」の略. 構造計算に伴う算出式・数値規定は除外.

である。これらは現行法にも残っている。壁長による区分方式は、ロンドンやニューヨーク条例で用いられており、これらを参考にしたと考えられる。他にも煉瓦造・石造規定の参考となったのは両条例のものが多い。一方、壁長制限規定は、当時の外国の法規にはない[60]と述べられている。この規定は佐野が長い壁は危険であり、長さ40尺を超える煉瓦壁を耐震的にするのは困難である[57]と述べていることに影響を受けた可能性が高い。また壁長の定義は、4名の案から田邊淳吉の案が採用されて学会案で規定されるが、現行法に類似

したものは警視庁案から現れる。

そのほか壁体の竪壁溝深さや横壁溝深さの規定は、現行法と同じ数値である「深さを1/3以下にする」等が、学会③案からすでに規定されている。横壁溝は現在その長さが3m以内と規定されているが、学会案では9尺 (2.7m) である。

また木造規定のほとんどに佐野が直接関与していたのに対し、煉瓦造・石造規定では佐野のいない間に作成された規定も多い。特に佐野が海外留学でいない間の③案から追加されたものが少なくないことは表9からも明らかである。この③案を

作成したのは、主に曾禰達蔵、中村達太郎、内田祥三と考えられ、彼らの意見は煉瓦造・石造規定に大きく影響していることが分かる。

　学会案にはなく警視庁案で追加された条項は、佐野が関わるため、「家屋耐震構造要梗」[57]の条項と一致するものが存在する。特にRC臥梁の導入は、佐野が提案したものである。このRCの臥梁設置が義務づけられたのは大正13年の物法規則改正時であるが、すでに臥梁による補強は、警視庁案から規定されている。条文では、「煉瓦造壁体ニ於テ開孔間ノ垂直距離及開孔上端ト壁上端トノ垂直距離ハ二尺以上トナスヘシ但鐵骨若クハ鐵筋コンクリートノ臥梁ヲ以テ之ヲ補強スルトキハ此限ニアラス」(警視庁ア案93条、本条は書き込みによる修正があるため修正後の条文を記した)となっている。この規定の根拠は、家屋には不測の不平均荷重が、基礎には不測の不平均沈下が起こる場合がある。これらによる壁体の亀裂には、建物を水平に補強することがある程度効果的である[61]と述べた佐野の意見が有力である。この警視庁ア案93条の開孔と壁頂間の距離を2尺以上にさせる規定も、このような荷重に対する補強の一環として、壁の耐力に期待する意図をもつものと推察される。ただし、臥梁による補強の義務づけは、警視庁案当時はまだ規定になってはいない。佐野は臥梁設置をこれからは必要条件としたい[61]と提案しているが、一般には浸透していなかったようである。

3　7　鉄筋コンクリート造規定における耐震性の確保

　当時の状況をみてもRC造はまだ普及したとはいいがたかった。したがって、表10に示すように、学会案ではRCの仮枠の取り外し時期やつき固め等、RC施工上の規定が多くなっている。かぶり厚や主筋の本数、鉄筋の定着、および剪断補強筋等の規定にみられるRC造の力学的・構造学的発展に伴った規定は、警視庁案から設けられる。また、1911 (明治44) 年発行の文献[62]ではコンクリートの付着力等がすでに述べられているが、付着に関する条文も学会案にはなく、警視庁案において初めて「應滑強度」として規定される。

　RC造規定では、学会案から物法規則にまで通

表10　鉄筋コンクリート造規定の主要内容と参考資料

規　定　内　容	その規定が存在する資料番号 ①②②③④④⑤⑤⑥アイウABCDE物 -1-2　-1-2-1-2-3　　　　　規	参考とされた外国条例や提唱
壁体構造用コンクリートはセメントコンクリートで造る	←→	
連続した壁体は全長に渡り高低なく水平に撞き固める	←→	プロシア
仮枠は強固にする．壁体用仮枠取り外し時期	←→	プロシア
開き口・折力を受ける箇所の仮枠の取り外し時期	←→	
(鉄筋)コンクリート梁・床仮枠取り外し時期	←→	
鉄筋コンクリート床，屋根等横架材上の仮構を取除くのに先立ち下階の主要仮構の除去をしてはならない	←－－－→	プロシア
一回の撞き固めは高さ1尺以内に	←→	ドイツ
鉄筋コンクリート床等架設には強弱計算書を提出	←－－－→	ベルリン
無筋コンクリート床の張間制限	←－→	
鉄筋コンクリート床梁の張間制限を超えると計算書必要	←－→	
鉄筋コンクリートの主筋本数，繋筋の中心距離，柱の小径制限	←－→	
鉄筋コンクリート床・床梁用鉄筋1本の断面積は半平方吋以内	←－→	
ＲＣ梁・版の応剪力度がＲＣ許容応剪強度を超過する場合の応剪鉄筋の配置間隔，繋筋の配置	←－→	
コンクリート床の支えとして使用する鉄板の厚さは3厘以上	←→	
綱筋の表面は純セメント・セメントモルタルで被覆する	←－→	ドイツ
版・梁・柱・基礎の主筋に対するコンクリートの被覆厚	←－→	
鉄筋は両端を他の構造部に繋結又は曲げて適当にコンクリート中に碇着	←－→	

注：「物規」は「市街地建築物法施行規則」の略．構造計算に伴う算出式・数値規定は除外．

表11 鉄骨造規定の主要内容と参考資料

規 定 内 容	その規定が存在する資料番号 ①②②③④④⑤⑤⑤⑥アイウABCDE物 -1-2 -1-2-1-2-3 規	参考とされた 外国条例や提唱
柱下は厚さ5(6)寸以上の火成岩礎石を設置する		
鋼柱・錬鉄柱は底鉄を使用し，基礎に緊結		ニューヨーク，ロンドン
鋳鉄柱根にはボルト4本以上で靴金物を付すこと		
柱据付けのボルト本数．底板を礎石に通し基礎に結束		要梗
鋳鉄柱の継ぎ足し		
鋼柱・錬鉄柱の継手は柱と同等以上の強さの添板を用い柱の全応力を伝達できる数のリベットで結束		ニューヨーク 要梗
鋼・錬鉄柱梁の接合はリベット締めとする		ニューヨーク，要梗
リベット・ボルトの中心間距離の最小限，中心と材端との距離の最小限		
鉄骨を囲繞して壁体を築くことは禁止		要梗
帳壁は鉄骨と連結すること		ニューヨーク
帳壁の厚は認可を得なければ1尺以上		
長さ10尺以上の鋳鉄床梁を架してはならない		
床梁は支点以外で接ぎ足し禁止．例外は計算書が必要		
鉄材は全て強弱計算標準に適合するものとする		ニューヨーク

注：「要梗」は「家屋耐震構造要梗」（佐野利器）の略．「物規」は「市街地建築物法施行規則」の略．構造計算に伴う算出式・数値規定は除外．

して受け継がれたものはなく、物法規則の規定はすべて警視庁案の規定から受け継がれている。RC造の構造設計全体にかかわる規定としては、「鉄筋コンクリート床ヲ造ラントスルモノハ出願ノ際材力計算書ヲ沿ユベシ」（①−1章−10条）というものが学会①案から存在し、材力計算書の提出が義務づけられている。

3 8 鉄骨造規定における耐震性の確保

学会案には、**表11**に示すように継手等の接合部、帳壁、梁の長さ制限等に関する規定があり、接合部に対してのものや、基礎との連結に関しての規定が、鉄骨造規定のなかでは多い。外国条例では、ニューヨーク條例をかなり参考にしている。学会案立案と同時期に「鐵骨構造建築學」[33]（日比忠彦）が建築雑誌に連載され、かなり詳細に鉄骨の構造設計理論が述べられている。この論文では、鉄骨造に偏心荷重が作用する場合の応力の算出等にまで言及しているが、これらについての条文は存在しない。

また**表11**に示した規定の他に、学会案から物法規則に至るまで、防火区域内の建物には鉄骨の耐火被覆を義務づける規定が存在したが、これは構造の章ではなく、防火の章で規定されている。構造規定の立案者である佐野は、自ら設計した日本橋丸善の建物の構造設計において、当時の建物の装飾重視の考え方や工事予算の関係から鉄骨の耐火被覆を怠ったため[54]、関東大震災で起こった火災によりこの建物を崩壊に至らしめた。このことは佐野のみならず、構造学者達にとって大きな教訓となった。

3 9 算出式規定における耐震性の確保

学会案構造規定の特徴の1つとして、算出式や数値規定の導入があげられる。規定された算出式の種類を**表12**に示す。かなりの算出式が学会案の検討中に削除される。警視庁案は学会最終案の大筋を引き継いでいるが、学会案で削除された式も復活させ、新たにRCの座屈荷重式や、連梁とスラブに関する曲げモーメント計算法等を加えている。物法規則案では新たに雙筋のRC梁の算定式が加わるが公布時までに削除され、その他は警視庁案の式を修正、あるいは学会案の式を復活させている。

表12　構造種別ごとの算出式規定状況

算　出　式		学会案	警視庁案	物法規則案	物法規則
杭上ノ安全荷重算定式 【杭の許容荷重算出式】	木材				
	鉄材	△	○	○	○
	RC				
抗壓長柱安全荷重算定式 【長柱の弾性座屈荷重算出式】	木材				
	鉄材	○	○	○	○
	RC	−	○	○	○
梁材安全曲率算定式 【梁の許容曲げ応力度算出式】	木材				
	鉄材				
	RC				
張力(壓力)ト折力トカ併スル場合ニ於ケル合同應力度(壓力)強度算定式 【組合せ応力が作用する場合の応力度】	木材			○	○
	鉄材	△	○	○	○
	RC	−		−	−
折力ヲ受クル鉄筋「コンクリート」梁材ノ中軸位置算定式 【曲げを受けるRC梁の中立軸算出式】	木材				
	鉄材				
	RC			○	○
鉄筋「コンクリート」單筋矩形梁又ハ版内ニ中軸ヲ有スル單筋丁梁ノ安全曲率 【RC長方形梁、T形梁の許容曲げ応力度】	木材				
	鉄材				
	RC	△		○	○
鉄筋「コンクリート」雙筋矩形梁若ハ版内ニ中軸ヲ有スル雙筋丁梁ノ許容曲率 【RC長方形梁、T形梁の許容曲げ応力度】	木材				
	鉄材				
	RC			△	
鉄筋「コンクリート」單筋梁若ハ梁ナラサルラップ若梁ノ正負曲能率計算法 【RC連梁・スラブ曲げモーメント略算法】	木材				
	鉄材				
	RC				
鉄筋「コンクリート」版両張間ノ等布分賦荷重算定式 【RC各辺への等分布荷重の分配】	木材				
	鉄材				
	RC				

注：条文中にあるものには○。学会案の立案途中で削除されるものは△．
　　算定式の項は当時の表現、【　】内は現代の表現に直したもの．

たとえば応曲材の曲げモーメントを求める基本的公式規定が存在した。この算出式は、学会①案から物法規則に至るまで変わらない。また、①～②－2案では曲能率を「折力率」と呼んでおり、これはBending Momentの翻訳の違いによるものと思われる。同様に、式中の断面率 (S) は、現在の断面係数 (Section Modulus) の訳が異なったものである。

また応曲材の許容曲げモーメント算出式規定の他に、学会①案からRC梁の許容曲げモーメントを求める算出式規定が設けられる。具体的には中軸比、弾率比、許容曲能率の3点が規定されており、これを**表13**に示す。これら3点すべてが、⑤－2案でいったん削除されるが、弾率比は警視庁案から、他は物法規則案から復活し、物法規則に至る。

算出式規定については、学会案、警視庁案、物法規則の密接な関係が明らかになった。学会案からあるいは警視庁案から規定された算出式は、内容は変化するが、すべて物法規則に受け継がれる。つまり物法規則の算出式規定は、学会案と警視庁案とを合わせたものと表現できる。

これらの算出式がどのような意図の下に規定されたのかについて調査してみると、物法規則構造規定の目的について、立案者内田が次のように述べている。「構造強度に關する規定は…なるべく設計の自由を拘束しない様になつて居るのであります。各種の算式の如きも略定論のあるもの丈けを規定の中に入れるに止まつて居るのでありまして且設計に當つては必ずしも規定中にある算式を用ひて計算しなければならないといふのではなく出来上つた結果が此の規定にある最小限度以上になつて居れば少しも差し支へないのであります…この法規は低級技術者に對して構造の規準を與へたものであつて、これが爲めに著しい便利を受けるので、今迄はどうしてよいか分らなかつたこともこの法規に依て大體の見當がつくといふことになるのであります」[63]。

したがって、当時の規定は性能規定に近い意味合いをもっており、算出式を特に指定しないやり方であったことが分かる。

また物法規則で新たに作られた式はなく、学会案と警視庁案とに存在した算出式と同じ式が物法規則に存在する。各条例の立案者も共通している。これらから、学会案や警視庁案における算出式規定が物法規則の主旨とほとんど同じであることが分かる。

構造種別ごとに算出式規定の特徴をみれば、木造は条文数が少なく単純なことが特徴である。木材の座屈荷重算出式は存在するが、柱の小径規定によっても柱の最小径は定まる。

鉄骨造についても同様で、ごく基本的なことがらのみ規定されている。外国においてすでに実績

表13 鉄筋コンクリート梁許容曲げモーメント算出式規定の変遷

条例	弾率比	中軸比算出式 / 曲能率算出式		
学会案①	式中で 10	$(イ)=\sqrt{100(ロ)^2+20(ロ)(ハ)}-10(ロ)$	(イ)上端ヨリ中軸迄/距離 (ロ)コンクリート単位幅ニ対スル鉄筋断面積/割合 (ハ)上端ヨリ鉄筋重心迄/距離 (ニ)ハ(ハ)ト(イ)ノ差	
		折力率＝（鉄筋ノ適用応張力）×$\{\dfrac{(イ)^3}{30(ニ)}+(ロ)×(ニ)\}$		
		折力率＝（コンクリートノ適用応張力）×$\{\dfrac{(イ)^2}{3}+\dfrac{10×(ロ)×(ニ)^2}{(イ)}\}$ ↓ （コンクリートノ適用応圧力の誤りかと思われる）		
学会案②-1・-2	10	$(イ)=\sqrt{\dfrac{100(ロ)^2}{(ホ)}+\dfrac{20(ロ)(ハ)}{(ホ)}}-\dfrac{10(ロ)}{(ホ)}$	(イ) 梁上端ヨリ中軸迄/距離 (ロ) 應張鉄筋断面積/和 (ハ) 梁上端ヨリ應張鉄筋重心ト/距離 (ニ) (ハ)ト(イ)ト/差 (ホ) 梁幅	
		（折力率）＝（鉄筋/適用應張力）×$\{\dfrac{(イ)^3}{30(ニ)}+(ロ)(ニ)\}$		
		（折力率）＝（コンクリート/適用應壓力）×$\{\dfrac{(イ)^2}{3}+\dfrac{10×(ロ)×(ニ)^2}{(イ)}\}$		
学会案③～④-1 ↓ ④-2～⑤ -1	③～④-1 10 ④-2～ ⑤-1 15	$x=\sqrt{\dfrac{m^2A^2}{b^2}+\dfrac{2mAq}{b}}-\dfrac{mA}{b}$ f_t 鉄筋/安全應力強度 （一平方吋ニ付㭁） f_c コンクリート/安全應壓ク強度 （一平方吋ニ付㭁） q 梁上端ト應張鉄筋重心ト/距離 （吋） $M\le\dfrac{Af_t}{3}(3q-x)$	M 安全弯曲率 （吋㭁） A 應張鉄筋断面積/和（平方吋） m 鉄筋/弾性係数トコンクリート/弾性係数ト/比 x 梁上端ト中軸ト/距離（吋） b 梁幅 （吋） $M\le\dfrac{bf_cx}{6}(3q-x)$	
警視庁案	15	—		
物法規則案C↓E・物法規則	15 (B案も15)	M 曲能率 n_1 中軸比（梁/應壓端ヨリ中軸迄/距離ト梁/有効丈ト/比） $n_1=\dfrac{15}{m}(\sqrt{1+\dfrac{2m}{15}}-1)$ f_c コンクリートニ対スル應壓力度 f_t 鐵筋ニ対スル應張力度 m 對筋比 m_c 應壓鉄筋/對壓比 b 梁/幅 m_t 應張鉄筋/對壓比 d 梁/有効丈 i_1 梁/應壓端ヨリ應壓鉄筋/中心迄/距離ト梁/有効丈ト/比 （物法規則C案にのみ存在する雙筋の中軸比算出式） $n_1=\sqrt{225(\dfrac{1}{m_c}+\dfrac{1}{m_t})^2+30(\dfrac{1}{m_c}+\dfrac{1}{m_t})}-15(\dfrac{1}{m_c}+\dfrac{1}{m_t})$ $M=\dfrac{n_1(3-n_1)}{6}f_cbd^2$　$M=\dfrac{3-n_1}{3m}f_tbd^2$ （物法規則C～D案にのみ存在する雙筋の曲能率算出式） $M=\dfrac{1}{n_1}[\dfrac{n_1^3}{3}+\dfrac{15(n_1-i_1)^2}{m_c}+\dfrac{15(1-n_1)^2}{m_t}]f_cbd^2$ $M=\dfrac{1}{1-n_1}[\dfrac{n_1^3}{45}+\dfrac{(n_1-i_1)^2}{m_c}+\dfrac{(1-n_1)^2}{m_t}]f_tbd^2$		

在する。これにはニューヨークRC条例、ロンドンRC規定草案等が学会案・警視庁案立案中に日本に紹介され、その翻訳を担当したのが立案関係者であったことが大いに影響している。この点からいえば、物法規則公布時までは建築技術者ひいては建築学会の意向が条文中に最も取り入れられやすかったと考えられる。つまり、佐野利器や内田祥三を始めとする人々の意向により、算出式規定の方向が定められたといっても過言ではない。またごく少数の人間によって構造規定が作られてきたことが分かる。

最後にもうひとつの特徴が浮かび上がる。各条例が外国条例の条文を参考にしながらも、修正を加えて条文に取り入れることで、外国条例の流れから発した別の流れを新たに形成し始めたことである。

たとえば当時における最新の知識が詳細に規定されているニューヨークRC条例や、ロンドンRC規定草案が日本に紹介され、学会案に続く警視庁案等はそれらの算出式を取り込む形になっている。しかしこの時そのまま条文を引用するのではなく、修正を加えていることは連梁・連版の曲能率計算法規定等からも明らかである。したがって、わが国独自の規定が生まれようとしていた。一方水平力に対する精密な解析手法は当時にはなく、算出式規定では直接耐震

があった鉄骨造だが、鉄骨造のみに対応する算出式は座屈荷重算出式以外に規定されていない。それだけ技術者の裁量に委ねられていたとも解釈できる。また、鉄骨造に対して興味がうすかった学会の趨勢[2]に影響された可能性もある。

　対照的にRC造については算出式が最も多く存

安全性を確認できるものはなかったと推測される。

3 10 数値規定における耐震性の確保

妻木案では壁厚と積載荷重に関する数値規定が断片的に存在したに過ぎなかったが、学会案では原則として許容応力度設計法に則って、材料の最低限の強度を絶対値として規定している。現在のような長期・短期荷重による2段階方式はまだ行われていない。

構造計算にかかわる数値規定は、材料強度規定および種々の荷重値規定等が主である。

まず材料強度は、その材料の種類ごとに圧縮、引張、剪断、曲げに対する最低限材料がもつべき強度値が定められている。この材料強度規定は学会案、警視庁案、物法規則の法令ごとに分類や数値、単位が異なる。特にその違いが顕著な木材の場合を表14にまとめた。また学会案は案ごとに単位が違うため、数字が同じであっても、換算すると案ごとに値が異なる点が特徴的である。警視庁案は学会案とは異なる単位系を使用し、物法規則案中ではメートル法に変化する。その他の材料強度規定として、石類、煉瓦積、コンクリート、鋼材が規定されている。

例えば圧縮に対する許容応力度では、コンクリートは容積調合比の違いにより3種類に分けられている（**表15**）。学会案ではこれらのコンクリートについて、圧縮および曲げ応力度しか規定していないが、引張、剪断に対する許容応力度も規定した

他法令が存在する。また学会案では鋼材が鋼、鋳鋼、錬鉄、鋳鉄の4種類に分かれているが、警視庁案および物法規則では鋼が軟鋼に変わり、鋳鋼が削除されている。

材料強度規定の他には積載荷重、材料の重量、地耐力、柱の小径（有効細長比）規定等が主な数値規定である。

積載荷重値規定は、学会案で「活荷重」と呼ばれたのに対し、警視庁案・物法規則（案）では「動荷重」と呼ばれている。その他、「…活荷重ハ大梁ニ對シテ其二割以内ヲ減スルコトヲ得」（学会③案149条）等の内容をもつ、積載荷重の低減規定も存在する。この荷重の低減は、当時すでにBirkmireやFreitagらが主張しており、佐野も常

表14　各法令の材料強度値に関する分類状況の比較

資料名	分類	応圧強度	応張強度	応剪強度	応曲強度	単位
学会案　①	松材及ビ之ニ類スルモノ	*800	1200	張/10,張/3	1200	斤/寸²
学会案　②-1,-2	松材及ビ之ニ類スルモノ	1000	1200	張/10,張/3	1200	斤/寸²
学会案③~⑤-2	松材及ビ之ニ類スルモノ	700	800	張/10,張/3	800	听/吋²
学会案⑤-2~⑥	松材及米松	700	800		800	听/吋²
警視庁案ア~ウ	日本松	1300	1300		1300	听/吋²
物規則案　B	松	70.0	70.0	7.0	70.0	瓩/糎²
物規則案C~E	松	75.0	75.0	7.0	75.0	瓩/糎²
物法施行規則	松	75.0	75.0	7.5	75.0	瓩/糎²
学会案　①	桧材及ビ之ニ類スルモノ	*700	1000	張/10,張/3	1000	斤/寸²
	杉材及ビ之ニ類スルモノ	*600	900	張/10,張/3	900	斤/寸²
学会案　②-1,-2	杉材桧材及ビ之ニ類スルモノ	800	900	張/10,張/3	1000	斤/寸²
学会案③~⑤-2	杉材、桧材及之ニ類スルモノ	550	700	張/10,張/3	700	听/吋²
学会案⑤-3~⑥	桧材及欟材	550	700		700	听/吋²
	杉材	500	650		650	听/吋²
警視庁案ア~ウ	桧、欟、［米松］	1200	1200		1200	听/寸²
	杉	1000			1000	听/寸²
物規則案　B	桧、欟、米松	60.0	60.0	6.0	60.0	瓩/糎²
	杉、北海道松ノ類	45.0	45.0	4.5	45.0	瓩/糎²
物規則案C~E	桧、欟、米松	65.0	65.0	6.5	65.0	瓩/糎²
	杉、北海道松ノ類	50.0	50.0	5.0	50.0	瓩/糎²
物法施行規則	桧,欟,「オレゴンパイン」	65.0	65.0	6.5	65.0	瓩/糎²
	杉、北海道松ノ類	50.0	50.0	5.0	50.0	瓩/糎²
学会案　①	欟材及ビ之ニ類スルモノ	*1200	1500	張/10,張/3	1500	斤/寸²
学会案　②-1,-2	欟材及ビ之ニ類スルモノ	1300	1500	張/10,張/3	1500	斤/寸²
学会案③~⑤-1	欟材及之ニ類スルモノ	900	1000	張/10,張/3	1000	听/吋²
学会案⑤-2~⑥	欟材及栗材	900	1000		1000	听/吋²
警視庁案ア~ウ	欟、栗	1600	(1600)		1600	听/寸²
物規則案　B	欟、栗	85.0	85.0	8.5	85.0	瓩/糎²
物規則案C~E	欟、栗	90.0	90.0	9.0	90.0	瓩/糎²
物法施行規則	欟、栗	90.0	90.0	9.0	90.0	瓩/糎²

注：応剪強度の項は左から繊維方向、繊維の直角方向の値を並べて記す．［ ］内はア案のみ存在するもの、（ ）はイウ案のみ存在するもの．「張」は「応張強度」の略．学会②-2案、⑤-2案の書き込みによる修正は本表では略す．*は斤/吋²の単位になっているもの．「物規則案」は「物法規則案」の略．A案は条文はあるが数値表が欠けているため表には入れない．

表15 許容応圧力度規定値の変遷

材料	資料番号	東京市建築條例學會案 ①	②-1, ②-2	③～⑤-2	⑤-3～⑥	警視庁案 ア～ウ	市街地建築物法施行規則案 B	C～E	市街地建築物法施行規則	ニューヨーク市建築條例
松&日本松&米松	原本	800斤/吋²	1000斤/吋²	700斤/吋²	700斤/吋²	1300斤/寸²	70.0瓲/糎²	75.0瓲/糎²	75.0瓲/糎²	800斤/吋²等
	lb/in²	1058	694 (929)	700	700	913	996	1067	1060	800等
	kg/cm²	74.4	49.4 (65.3)	49.2	49.2	64.2	70.0	75.0	75.0	56.2等
桧&欟, 米松&オレゴンパイン	原本	700斤/吋²	800斤/吋²	550斤/吋²	550斤/吋²	1200斤/寸²	60.0瓲/糎²	65.0瓲/糎²	65.0瓲/糎²	—
	lb/in²	926	555 (744)	550	550	843	853	925	920	—
	kg/cm²	65.1	39.5 (52.3)	38.7	38.7	59.3	60.0	65.0	65.0	—
杉&北海道松	原本	600斤/吋²	800斤/吋²	550斤/吋²	500斤/吋²	1000斤/寸²	45.0瓲/糎²	50.0瓲/糎²	50.0瓲/糎²	—
	lb/in²	794	555 (744)	550	500	703	640	711	710	—
	kg/cm²	55.8	39.5 (52.3)	38.7	35.2	49.4	45.0	50.0	50.0	—
欟&栗	原本	1200斤/吋²	1300斤/吋²	900斤/吋²	900斤/吋²	1600斤/寸²	85.0瓲/糎²	90.0瓲/糎²	90.0瓲/糎²	1000斤/吋²等
	lb/in²	1587	902 (1208)	900	900	1124	1209	1280	1280	1000 等
	kg/cm²	111.6	64.2 (84.9)	63.3	63.3	79.0	85.0	90.0	90.0	70.3等
花崗岩	原本	2000斤/吋²	2000斤/吋²	1500斤/吋²	1500斤/吋²	2200斤/寸²	100.0瓲/糎²	110.0瓲/糎²	110.0瓲/糎²	1000～2400
	lb/in²	2646	1388 (1859)	1500	1500	1546	1422	1565	1560	1000～2400
	kg/cm²	186.0	98.8 (130.7)	105.5	105.5	108.7	100.0	110.0	110.0	70.3～168.8
凝灰岩 / 砂岩	原本	200～500斤/吋²	200～500斤/寸²	200～400斤/吋²	200～400斤/吋²					400～1600斤/吋²
	lb/in²	265～661	139～347 (186～465)	200～400	200～400					400～1600
	kg/cm²	18.6～46.5	9.9～24.7 (13.1～32.7)	14.1～28.1	14.1～28.1					28.1～112.5
安山岩&硬質安山岩	原本	600～1200斤/吋²	600～1200斤/寸²	400～1000斤/吋²	400～1000斤/吋²	1600斤/寸²	75.0瓲/糎²	80.0瓲/糎²	80.0瓲/糎²	
	lb/in²	794～1587斤/吋²	416～833 (558～1115)	400～1000	400～1000	1124	1067	1138	1140	
	kg/cm²	55.8～111.6	29.6～59.3 (39.2～78.4)	28.1～70.3	28.1～70.3	79.0	75.0	80.0	80.0	
煉瓦積 セメントモルタル入 [石灰モルタル]	原本	300斤/吋² [200斤/吋²]	200～400斤/吋²	150～300斤/吋²	150～300斤/吋²	450斤/寸²	20.0瓲/糎²	22.0瓲/糎²	22.0瓲/糎²	208斤/吋²等
[石灰入セメントモルタル]	lb/in²	397 [265]	139～278 (186～372)	150～300	150～300	316	284	313	312	208 等
	kg/cm²	27.9 [18.6]	9.9～19.8 (13.1～26.1)	10.5～21.1	10.5～21.1	22.2	20.0	22.0	22.0	14.6等
コンクリート セメント1:砂1 :砂利2 / *は砂利3	原本	*600斤/吋²	700斤/寸²	400～600斤/吋²	400～600斤/吋²	—	—	—	—	—
	lb/in²	*794	486 (651)	400～600	400～600	—	—	—	—	—
	kg/cm²	*55.8	34.6 (45.7)	28.1～42.2	28.1～42.2	—	—	—	—	—
コンクリート セメント1:砂2 :砂利4 / *は砂利5	原本	*500斤/吋²	550斤/寸²	300～500斤/吋²	300～500斤/吋²	860斤/寸²	45瓲/糎²	45.0瓲/糎²	45.0瓲/糎²	%230斤/吋² [$125斤/吋²]
	lb/in²	*661	382 (511)	300～500	300～500	604	640	640	640	%230 $125 等
	kg/cm²	*46.5	27.2 (35.9)	21.1～35.2	21.1～35.2	42.5	45.0	45.0	45.0	%16.2 $8.8等
コンクリート セメント1:砂3 :砂利6 / *は砂利7	原本	*400斤/吋²	450斤/寸²	200～400斤/吋²	200～400斤/吋²	600斤/寸²	30瓲/糎²	30.0瓲/糎²	30.0瓲/糎²	—
	lb/in²	*529	312 (418)	200～400	200～400	422	427	427	426	—
	kg/cm²	*37.2	22.2 (29.4)	14.1～28.1	14.1～28.1	29.6	30.0	30.0	30.0	—
鋼&軟鋼	原本	16000斤/吋²	15000斤/吋²	15000斤/吋²	16000斤/吋²	16000斤/寸²	1150瓲/糎²	1150.0瓲/糎²	1150.0瓲/糎²	16000斤/吋²
	lb/in²	16000	15000	15000	16000	16000	16356	16356	16400	16000
	kg/cm²	1125.0	1054.7	1054.7	1125.0	1125.0	1150.0	1150.0	1150.0	1125.0
鋳鋼	原本	16000斤/吋²	15000斤/吋²	15000斤/吋²	16000斤/吋²	—	—	—	—	16000斤/吋²
	lb/in²	16000	15000	15000	16000	—	—	—	—	16000
	kg/cm²	1125.0	1054.7	1054.7	1125.0	—	—	—	—	1125.0
錬鉄	原本	12000斤/吋²	12000斤/吋²	12000斤/吋²	12000斤/吋²	12000斤/吋²	850瓲/糎²	850.0瓲/糎²	850.0瓲/糎²	12000斤/吋²
	lb/in²	12000	12000	12000	12000	12000	12089	12089	12100	12000
	kg/cm²	843.7	843.7	843.7	843.7	843.7	850.0	850.0	850.0	843.7
鋳鉄	原本	12000斤/吋²	12000斤/吋²	12000斤/吋²	12000斤/吋²	12000斤/吋²	850瓲/糎²	850.0瓲/糎²	850.0瓲/糎²	16000斤/吋²
	lb/in²	12000	12000	12000	12000	12000	12089	12089	12100	16000
	kg/cm²	843.7	843.7	843.7	843.7	843.7	850.0	850.0	850.0	1125.0

注：「&」は案によっては存在する材料名．②-1, 2欄 lb/in² の換算値は内田らが単位の表記の誤りを考慮して計算した値（ただし1.2%の誤差がある），kg/cm² 欄は1.2%の誤差に関係なく表記の誤りのみ考えて計算した値，同じく（ ）内は単位を表記通りに換算した値．「$」は（天然）セメント1:砂2:石4，「%」は（ポルトランド）セメント1:砂2:石4の値．コンクリートの調合割合は容積による．「セメント」は85斤で1立方尺とする．物法規則欄の換算値は，公布当時に示された値．

に「減率を取て計算を行ふ。」[64]と述べている。

水平風圧力規定は学会①案に存在し、②−1案で一度削除され、②−2案の書き込みにより復活し、警視庁案まで存在するが、物法規則B案で姿を消す。この②−1案は佐野が立案したものであり、佐野自身はすでに②−1案の段階で、この条文を削除する意図があったと推察される。この風圧力規定の削除により、物法規則において水平外力を考慮する規定が存在しなくなる。

しかし、物法規則で新設された「地方長官ハ建築物ノ構造強度ニ關シ土地ノ状況ニ依リ本節ニ定ムルモノ、外必要ナル規定ヲ設クルコトヲ得」（施行規則47条）という条文が、風圧力規定の代わりとなったと考えられる。まず規定中の風圧値自体が警視庁案に至ると、煙突のみ数値で規定され、それ以外は「實際ノ状況ニ應シテ之ヲ定ムルモノトス」というように変化する。この規定は、その後の物法規則B案で「強度計算ニ適用スル風圧及地盤ニ対スル許容荷重ハ地方長官ノ定ムル所ニ依ルヘシ」というものになるが、さらにこの条文は書き込みによって削除され、上記物法規則47条とほぼ同じ条文が追加される。物法規則条文の解説でも、「本節に規定されたもの、外風歴、地盤の耐重力、震度、基礎底面の深さ、積雪荷重等の構造強度に關する必要なる規定を設くる事が出來る」[60]と説明されている。後に一部の地域で風圧力が施行細則において規定されたが、風外力が本格的に見直されたのは、1934（昭和9）年の室戸台風で木造小学校に大きな被害が生じてからである[65]。

3 11 各法令における耐震性確保の流れ

以上から、各法令の構造規定における耐震性の確保方法を概括する。

まず学会案の構造規定全体は、今までの流れを汲んだというよりは、新たな思想のもとに作られたといった方がよく、後の法令の原点ともいえる

ものである。さらに、この案の構造規定には佐野がサンフランシスコ地震や台湾地震等から学んだ耐震思想が随所に生かされており、後の警視庁案や物法規則よりも厳しい耐震規定がいくつか存在する。時が経つにつれ、この思想が薄れた箇所があり、関東大震災によりその洗礼を受けることになった。

また学会案を受け継ぎ、そこにより詳細な規定をかなりの割合で加えたのが警視庁案である。ここでは既存の学会案規定における分類を新たに組み直している箇所もあり、学会案で検討中に削除された算出式を復活させている箇所もある。これらの新たな規定には、佐野らの研究成果が盛り込まれている。

この警視庁案をほとんど受け継いだのが物法規則（案）であり、警視庁案と物法規則（案）とは密接に関連している。ただし、警視庁案にはなく学会案にのみあるものを復活させた規定や、物法規則（案）から新設した規定がいくつか存在する。このことから、物法規則の立案に当たって、学会案をも含めた見直しがあったと推測できる。

このほか学会案立案に当たり、外国条例の詳細な翻訳編集作業が行われたが、この成果は同じく学会が立案した東京市倉庫建築取締規則案や、東京市病院建築取締規則案等の構造規定に活かされている。ここでは動荷重等に関する規定等がとり入れられている。同様にして、東京市臨時建築物取締規則案も1918（大正7）年に立案され、断面の最小二次率半径や動荷重、水平風圧力に関する規定等が存在している。構造規定からみたこれらの法令の関連性を前掲図1にまとめた。

各条文の内容に関する考察からは、これらの法令における耐震安全性の規定状況は、主に構法的に定められていたことと、算出式規定や数値規定によって構造設計が確立されつつあり、それは外国条例からの影響であったことを明らかにした。耐震安全性能に関わる水平力についての強度性

能、変形性能、安全率などは明確にされていなかった。

また、建築基準法第20条と同内容の条文、すなわち「建築物の構造はその建築物が負担すべきすべての荷重および外力に対して安全なものとする」という条文は、警視庁ウ案から誕生している。

物法は、当初東京・京都・大阪・横浜・神戸・名古屋の6大都市にだけ施行され、後に全国的に適用された法律である。したがって、1923（大正12）年の関東大地震の時に大きな被害を受けた関東近県の諸都市には、まだ物法の適用はなかった。

3 12 震度法の確立と耐震性能の確保

(1) 学会案から震度規定誕生までの各性能の制定状況

学会案から物法規則に至るまでの構造設計体系は、許容応力度法に立脚している。物法施行後、関東大震災を経て震度規定が取り入れられることになるが、荷重規定の最も初期の形は静的震度、いわゆる水平震度による規定となった。荷重としての水平震度は、物法公布時には上述のように地方ごとに定める形式をとっていたため、当初の適用都市である6都市ごとに扱いが異なることになるが、各地方でどのような値が用いられていたのかは不明であり、実際にはほとんど定められていなかった。

また強度性能に関連するものとして、材料安全率によって耐震性能の余裕を確保していることが特徴である。たとえば戦前の物法の規定では、鋼材の許容応力度を1,400kg/cm²と定めていたが、これは通常の鋼材の破壊応力度約4,200kg/cm²に対し約3、また弾性限界の約3,000kg/cm²に対して約2の材料安全率をもたせていた。コンクリートの許容圧縮応力度も破壊応力度に対して安全率は3程度である[66]。したがって強度性能は、

終局強度でみて3倍の安全率をもっていたが、設計では地震に対する強度そのものを評価することは不可能であり、弾性設計の範囲にとどまった。したがって、この設計法では荷重を実際の地震よりも小さく評価し、安全率は材料側にとられていた。

この方法の欠点は、構造部材または部分によって異なる強度耐力をもったものができてしまい、ある一部の部材が先に破壊応力度に達してしまうために、他の多くの部材には未だ充分な余力を残しながらも構造物全体としての安全性が保証されないことにあった[66]。

この震度規定には応答倍率の考え方はなく、建物を剛体とした時0.3Gの地震力がそのまま建物への入力となると考えられていた[1)67]。また佐野は柔剛論争の際に、長周期をもつ地震はいくらもあるが、「可及的に構造を剛にし周期を出来るだけ小にするの確實なるを信ずる」として、剛構造を主体として考える方向性を定めている[68]。

塑性変形能力については、当時の文献において構造体の粘り強さを確保するには鉄筋コンクリート構造が最良とされていた程度であった[69]。

(2) 当時の構造設計技術と耐震内規の誕生

震度規定誕生当時の構造設計技術では、水平震度に対する設計を厳密に行うことはできなかった。

まず物法施行当時の構造設計では、鉄筋コンクリート造に対して鉛直荷重のみによって構造設計を行っていた。そして建物全体の梁と柱をその張間、柱間荷重などに応じて数組に分類し、各組の代表的材に対してのみ断面計算が行われた。また当時の慣例として、柱に鉛直荷重による曲げモーメントが考慮されていなかったため、大梁の断面が相当大きいにも関わらず、柱の断面は非常に小さく、側柱は特にそれが顕著であった。当時の一般技術者は参考書として英米書およびアメリカ諸都市の建築条例を用いて計算していたが、断面計

算に不慣れでしばしば計算の間違いが発見されたという状態であった[70]。

一方、内藤多仲は水平震度法が条文になる以前に、すでに震度法を用いた耐震設計を行っている。彼は次のように述べている。「当時、大森博士は地震の神様という尊称を奉られていたが、博士から指導を受けたわれわれは、地震震度を1/15〜1/20考えて設計したものである。」[71] この考え方に基づき設計された建築物は、日本興業銀行（1921（大正10）年）、大阪高島屋呉服店（1921（大正10）年）、歌舞伎座（1922（大正11）年）等であり、興銀は地震震度1/15、高島屋と歌舞伎座は1/20とされている[72]。これらの構造計算にあたって、彼は自身で提案した横力分布係数を用いており、許容応力度はSTEEL 1,150kg/cm^2、CONCRETE（1：2：4）45kg/cm^{2}などとしている[72]。興銀や歌舞伎座は、関東大地震でも大した被害を受けなかった。

また、1922（大正11）年1月深川区において新築工事中の鉄筋コンクリート造2階建工場が、ほぼ完成の状態でわずかの積雪により倒壊したという事件をきっかけにして、当時の建築物の取締機関であった警視庁建築課が震度規定に先駆ける内規を作り、東京市内で耐震設計を推し進めた[70]。

この倒壊事件については、佐野利器や内田祥三、警視庁建築課が被害調査に当たったが、倒壊の原因は確認できなかった。この建物は「一般の慣例に従い柱に鉛直荷重による曲げモーメントが考慮されていなかった。したがって大ばりの断面が相当大なるにかかわらず柱の断面は非常に小さく、側柱において特に顕著であった。…室面積相当大なるにかかわらず、地震力が考慮されていなかった」[70] と述べられている。しかし、地震力も風圧力も受けずに、突如倒壊したことから、側柱断面が小さく、主筋が少ない（4－1/2"φ）ことが問題になったが、原因の特定には検討の余地を残していた。この他の原因として、その前年に

起こった竜ヶ崎を震源とするM7.1の強震によるかくれたひび割れの発生や、きわめて軟弱な地盤に短い摩擦ぐいを用いたことで若干の不同沈下を生じた可能性が指摘されている[70]。建築課では原因を特定できなかったが、「柱の断面がもっと丈夫であったら、この事件は起こらなかったであろう」[70] と考え、「規模小ならざる鉄筋コンクリート造建物…の強度計算方針において相当思い切った対策の樹立が必要であることを痛感した」[70]。その結果、次の2項目が内規として実行されることになった。

① 鉄筋コンクリート造建物の柱には鉛直荷重による曲げモーメントを考慮すること
② 鉄筋コンクリート造建物に対しては、これを構成するラーメンに対して震度0.05の地震力を考慮すること（勧奨の形で行われた）

①の項目は倒壊事件に基づくもので、最上階の側柱を強大化することにきわめて効果的であった[70]。しかし、当時は鉛直荷重時における重層ラーメンの柱の曲げモーメントを、材の剛比に基づく複雑な計算によってしか求められず、剛比の点をたな上げして簡単迅速に答の出る粗大な近似公式が要望されていた。そこで、警視庁では上記の目的に沿う柱の曲げモーメントに関する近似公式を、たわみ角法を用いて案出した[70]。

②の項目は、技術者が1921（大正10）年12月8日の強震と翌年1月の倒壊事件以来、大地震に対し相当の恐怖心と警戒心をもつようになっていたことが影響し、大部分の設計者により比較的素直に受け入れられたようだと述べられている[70]。当時の学説では、震度0.1が設計上の適当値であり、材料安全率を3として震度0.3に耐え得るとされていた[70]。また、鉄筋コンクリートスラブの場合には、横力分布係数の考え方のほうが合理的であることはすでに指摘されていたが、建物には壁量の多少があり、かつ各壁体は剛度が高くてもその強度および安定度が不十分で、大なる地震力

を負担し得ない場合もあり得るので、現実的には内部ラーメンを有力な耐震要素とみなした方が安全であるという結論に達した。そこで、「一般的には簡単な方法として内部ラーメンを耐震要素とし、その支配面積に震度0.05の地震力を加えてラーメン計算を行うことに統一した…そして壁の耐震力は不問とした」[70]のである。

これに基づき、地震力を建物の各耐震要素に分配する場合には、各要素に負担させるべき地震力は同要素の水平力に対する支配面積によって定まるものと仮定していた。この方法は支配面積法と名付けられている[70]。

具体的に横力を受けた重層ラーメンで柱の曲げモーメントを求めるには、フレミングにより1913（大正2）年にENGINEERING NEWSに発表された近似解法の1つであるポータル法を用いた式が使用された[70]。この式は著しく簡単なことが特徴であった。この警視庁内規によって耐震計算書の提出が求められたのは大規模建物のみであり、小規模建物は外壁の耐震力を期待して耐震計算が省略された。そして耐震計算を行う場合には、外壁架構および耐震壁の負担率および強度に関する検討は省略された[70]。

この震度規定に関する内規は、当時の物法を所管していた警視庁建築課で行われた。当時の状況を記した他の記録にはこの内規とその詳細について触れているものはないが、震度規定の成立を促す要因となりえた可能性はある。当時の警視庁建築課には震度規定の改正に関わった北澤五郎もいたからである。

(3) 震度規定の誕生

関東大地震後、復興院では佐野の提案により震度規定案が作成される（表16）。この根拠は、関東大地震の際の東京下町の地動強さが震度0.3と推定され、材料安全率が3倍あることから震度は0.1でよいということであると、今日一般に考えられている。当時を知っていた北沢五郎は「私は法規改正の係であり、（佐野）先生の御指示により震度0.1という条文を書き上げた。当時今村博士が地震学教室におられ、その調査の結果か、大地震の震度は東京下町で0.3であったということがいわれていたと記憶する。佐野先生がそれによられたか、どうかは知らぬが、法規には0.1と規定

表16　耐震技術の発展と市街地建築物法に関する年表

年 月 日	法令の制定・耐震にかかわる事項
明治13	日本地震学会設立
明治24. 10. 28	濃尾地震
明治25	日本地震学会に代って震災予防調査会文部省内に設立
明治27. 6. 20	東京強震，世界初の強震記録得らる
明治27. 10. 22	山形県酒田地方大地震（庄内地震）
明治37. 11. 6	台湾地震
明治39. 4. 18	サンフランシスコ地震
明治42	姉川地震，木造家屋構造注意書発表
大正 4. 3	佐野利器「家屋耐震構造論」で学位授与
大正 5,6	家屋耐震構造論（出版）
大正 8. 4. 5	市街地建築物法公布（大正9年11月1日施行）
大正 9. 9. 29	市街地建築物法施行令公布（大正9年11月1日施行）
大正 9. 11. 9	市街地建築物法施行規則公布
	（大正9年12月1日施行）
大正 9. 11. 9	市街地建築物法施行細則公布（各地方庁令）
	（大正9年12月1日施行）
大正11	架構建築耐震構造論（内藤多仲）発表
大正11. 4. 26	浦賀水道地震，丸ビル破壊，補強
大正11. 8. 24	市街地建築物法施行規則改正（い）公布
大正12. 8. 23	市街地建築物法施行規則改正（ろ）公布・施行
大正12. 9. 1	関東大地震
大正13. 6. 12	市街地建築物法施行規則改正（は）公布　震度規定創設
大正13. 12. 17	市街地建築物法施行規則改正（に）公布・施行
大正14. 1. 15	市街地建築物法施行規則改正（ほ）公布・施行
大正14	東大地震研究所設置
大正15. 10. 30	市街地建築物法施行規則改正（へ）公布・施行
昭和 2. 3. 7	丹後地震
昭和 4	地震学会設立
昭和 5. 4. 1	建築法規改正に関する建議（建築学会）発表
昭和 5. 11. 26	北伊豆地方地震，剛柔論争再発のきっかけとなる
昭和 6	末広恭二渡米，米国で強震計設置
	市街地建築物法施行規則改正（と）公布
昭和 8. 3. 3	三陸沖地震
昭和 8	ロングビーチ地震記録採取（0.23g）
昭和 8	市街地建築物法施行規則改正（ち）公布
昭和 9. 12. 26	建築法規改正に関する建議（建築学会）発表
昭和12. 5. 13	市街地建築物法施行規則改正（り）公布・施行
昭和12. 6. 21	市街地建築物法施行規則改正（ぬ）公布
昭和14. 1. 9	男鹿半島地震
昭和14. 5. 1	エルセントロ強震記録（0.33g）
昭和18. 9. 10	鳥取地震
昭和18	市街地建築物法戦時特例公布・戦時行政事務簡易化のため市街地建築物法令の大部分を停止

注：この後の物法規則改正は略す.

し許容強度をとり、そして震度0.3で計算をして、破壊強度以内で収るかどうかを調べろといわれた」[73]とその経緯を述べている。

この後、改正法規案は佐野により震災予防調査会に諮問される。各改正案とその根拠が、すべてここで説明された。震度規定の改正理由については、「今回ノ地震ニ於ケル被害建物ヲ見ルニ地震ニ對シ十分考慮シタル処無キモノ多キニ依リ此ノ点ヲ法規ニ定メ災害ニ備フル必要アルニ由ル」とされている[74]。そして、調査会では、「佐野委員ノ調査案ヲ基本トシテ本會ノ意見ヲ定メ提出スルコトトシ…特別調査委員ヲ選定シタ」。この特別委員は数回の審議後、「建築物耐震上ノ計算ニ於ケル地震力ノ震度ハ之ヲ〇・四トスルコト」という意見書を提出する。これは、「震度ヲ〇・一以上トスル點ニ異議アリ此程度ハ稍低キニ過グルノ嫌アルヲ以テ之ヲ高ムルコトトセリ但シ建築家慣用ノ標準ニテ之ヲ修正スルヨリモ寧ロ地震學上慣用ノ震度ニテ現ハシ之ヲ〇・四トスルコトニ改ムルヲ便利ト認メタリ」[75]という理由からであった。同じく「寺田寅彦博士は、日本に起る地震は世界に起る最大級の地震であるから0.4位とらねばなるまいと言われた」[54]とも記されている。北沢はこれを「震災予防調査会から復興院に対して意見書が出てきた。それは震度は0.3とし強度を破壊強度以内として計算するようにということであった。」[73]という震度が異なる記述をしている。しかし、結局は北沢らが「計算の手数を理由に原案で押しとおした」[73]ため、0.1に定まった。

こうして震度規定は誕生した。この震度の設定に対しては、今日いくつかの問題点が指摘されている[76]。なかでも、東京下町の震度0.3という値が、最強の地震動とはいいがたく、何らかの工学的判断が加わった結果と推察されること、また東京下町の震度0.3という値自体が計測されたものではなく、根拠があいまいであることなどがあげられている[76]。ここでは彼の行った工学的判断

と、根拠のあいまいさについて考察を加える。

佐野の著した論文から調査してみると、次のことが分かる。彼は論文「家屋耐震構造論」[69]に、静力学的震度法を著している。この論文は、佐野が1915（大正4）年に工学博士号の授与を受けた学位論文であり、水平震度をkW（鉛直荷重Wを係数k倍したもの）で考える、佐野の提唱した震度法もここで述べられている。実際には、この論文は「大正にならない中、先生が洋行される前にできていたものである。」[54]と内田が述べており、少なくとも明治44年2月からの佐野の洋行前にできていた。

さらに震度法の考え方が最初に示されたのは、1905（明治38）年の台湾地震の震害報告講演においてであり、佐野は震度法すなわち建物の自重に、ある係数をかけたもので地震力を考えるということをここで述べている。この時、彼は震度法の係数kを「震力の係数」と呼んでおり、地震動の激しさという定性的な意味で用い、定量的には加速度の大きさで表している[54]。したがって、佐野による震度法の学説は、関東大震災のはるか以前から提案されていたことになる。

しかしながら、佐野による震度法の提案は1905（明治38）年に明らかにされており、その後の地震被害での経験から設計で対象とすべき震度の大きさが彼の中で次第に固まっていったものと思われる。

たとえば「家屋耐震構造論」[69]において、佐野は予期すべき水平震度を**表17**のように考え、「其地若シクハ附近ノ似ヨリタル地ノ既往ニ於ケル最

表17　家屋耐震構造論における水平震度

地震名		地名	水平震度
東京地震	（明治27年）	本所，深川	0.1
同		本郷台	0.04
濃尾地震	（明治24年）	岐阜，大垣	0.25－0.3
同		名古屋	0.25－0.3
江州地震	（明治42年）	尊勝寺村	0.4
同		長浜	0.2
米国加州地震	（明治39年）	桑港下町	0.25
同		上ノ手	0.1

大震度以上ヲ豫期スベキヲ至當トナスベシ、即チ例ヘバ東京ノ本所、深川等ニ於テハ安政ノ地震ニ鑑ミテ少クモ0.3ノ水平震度ヲ豫期スベク山ノ手硬質ノ地ニ於テモ0.15以上ヲ豫期スベキ」[69] としている。つまり関東大震災以前に、佐野はすでに0.3という震度を明らかに提唱している。そして最大震度は少なくとも0.3と考えていたことが分かる。逆に関東大震災後の改正においても彼はその判断を覆さなかったことから、関東大震災級の地震も0.3以上でよいと考えたとみてよいであろう。震度の根拠となった地域は、東京が主にイメージされていた可能性があるが、他地域での地震震度をだいたい同程度とみているようである。

震度の値に関する佐野の見解は、「臺湾震災談」[59]（明治38）などにも示されている。「（濃尾地震で）名古屋あたりでは總ての物體は自分の重量の凡そ三分の一の破壊力で以て働いたと見て差支ないのです。」[69] という記述があり、材料安全率3倍とすれば震度0.1に相当する。また「家屋耐震構造要梗」[57]（大正4）でも、濃尾地震では岐阜や大垣の震度が約0.3、名古屋付近で0.25と震度が表せることを述べている。彼は将来起こる予期震度を東京の場合で示し、安政の大地震に鑑みて下町においては0.3の震度、山の手で0.15位の震度を予期しなければならないとしている。

また実際の設計でも震度が意識され始めており、いくつかの耐震設計が行われた。当時の技術者にも0.05という値が地方内規によって受け入れられつつあった。したがって、海外地震（台湾、カルフォルニア）の視察や過去の日本の地震などを通して佐野が培ってきた工学的判断により0.1という値が出てきた可能性が高く、関東大震災における東京下町の震度だけで震度の値が定まったわけではないと考えられる。佐野は0.3以上を予期震度とするように述べているだけであり、彼自身が関東大地震の震度と0.3という値の関係を直接的に論じた文献は見いだせないのである。

実際には震度法による水平震度k＝0.1を物法規則の条文として成立させたのは1924（大正13）年、関東大震災から1年後である。

また「家屋耐震構造論」中では木造家屋の耐震強度の限界を0.4、煉瓦造家屋で0.3と考えており[69]、予期震度ではその地で予想される震度の最大をとることから、震度0.3とは木造や煉瓦造家屋が破壊をどうにか免れる程度の震度を想定していると推測される。したがって当時の水平震度設定には、木造や煉瓦造の安全性レベルが意識された可能性がある。特に木造の強度の限度を0.4、煉瓦造0.3と佐野は幾度か述べており、煉瓦造よりも大きな強度が得られるのが木造であると考えていた。さらに当時の木造の地震被害からみて、木造の被害の多くが柱の折れによるものであり、これを改良すればより強度が高まると考えていた[58]。このことからは、木造の耐震化は柱および筋かいの規定強化による耐震化が有効とされた可能性があり、これと別に震度規定としては強度的に弱い煉瓦造が想定されて震度0.3が決定されたという工学的判断が行われたとみることも可能である。

したがって、震度規定は関東大震災の被害を直接的な契機として誕生したが、少なくとも彼なりの判断が従来からあり、その値は0.3程度と考えられていたことが推測できる。社会的にも少しずつ震度概念が用いられつつあった状況下で、その判断に基づいて震度規定が成立したと考えるのが自然であろう。またこの震度規定の考え方は、現在の時点で眺めると終局強度的思想に基づくとされている[77]。

次に、先述の北沢による法規改正の経緯からはもう1つの方向性が見いだせる。終局強度型設計法の可能性である。震度規定は材料安全率によって破壊を免れる方針であったが、当時震災予防調査会から出された「震度を実際の値として、終局強度に基づく設計を行うべき」という意見が出たことは終局強度型設計法の考え方が明確にされた

最初である。しかしこれは当時の設計技術からは困難であったと推察され、採用されることはなかった。

また当時は大地震の主要動で建物に最大の被害を与える地動の周期は1.0～1.5秒と考えられており、簡単にするため地動が永久に継続するものとして、強制振動曲線に対応する震度分布を用いて耐震計算を行うことが進歩的方法と考えられていた[71]。

さらに当時水平力に対する具体的な算出方法は、法令には何も規定されていなかった。そのためこの震度規定は、武藤清によって創案された耐震設計上の傑作とされる横力分布係数法（昭和8年）を生み出す原動力となった[78]。そして震度規定の誕生から、一般的に横力分布係数法が採用されるようになったのは、翌年の大正14年（立案は大正13年12月）に建築学会から耐震計算に関する規準が発表された後のことである[70]。法令は目標を示し、その技術基準は学会規準で定められるという典型的な例である。

また耐震規定導入時について武藤清が回顧しているが、鉛直荷重による応力と地震力による応力の割合により、ある部分は耐震強度が高く、ある部分は著しく低い事実を佐野利器から教示されていたと述べられている[79]。このことからみて、佐野は震度規定では各部の終局強度を均一にできないことを当時から気づいていた可能性があると考えられる。さらに佐野は、材料安全率がそのまま構造物の安全率とは言えないこと、また震度規定による構造物の不経済を指摘している。

こうした経緯に基づき創設された震度規定は、大地震というきわめて強力な社会的背景が影響して創られたもので

ある。そしてその方法は当時の設計技術に鑑み、震度を小さく見積もり材料安全率でカバーするという現実的な解決策が想定されていた。これは明快な考え方ではあるが、いくつかの欠点を有した形でのスタートであった。またその値の根拠は関東大震災級の地震を想定したものとなっているが、それよりも前に発生した地震の地震力を根拠とした可能性が高いと考えられる。

4　戦前までの構造規定における耐震安全性

震度規定の誕生した大正年間には水平方向の外力に対して、架構の応力を精密に計算することはなかなかの難問であり、まして建築全体の応力解析は不可能であった[40]。

このため建築学会の中に鉄筋コンクリートの耐震計算のための委員会が作られ、約10年後である1933（昭和8）年に鉄筋コンクリート構造計算規準・仕様書が発表され、武藤清による横力分布係数法の完成、二見秀雄の鉛直荷重に対する設計用応力の算定法、小野薫による断面設計図表、浜田稔によるコンクリート調合表など、当時の新鋭による日本独自の計算規準が生まれた[40]。これらが法規改正とどのような関係にあるかを、**図3**にまとめた。

関東大震災当時、なんらの耐震的考慮が設計当

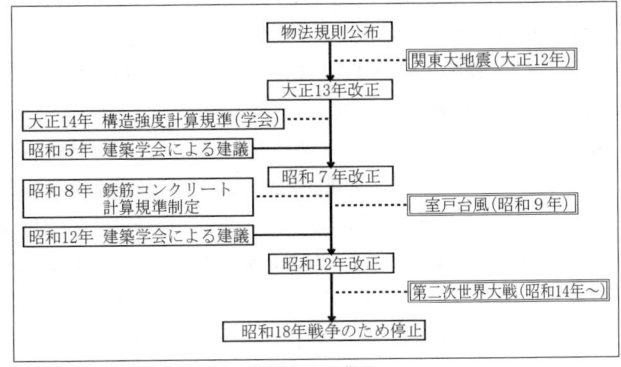

図3　物法規則公布時以降の変遷とその背景

時払われていない建築物で無被害または小被害の程度にとどまったものが多くあった。その大部分は非常に壁の多い建物であった。したがって剛構造にはこれらの壁を積極的に利用して、地震力の一部または大部分をこれに抵抗させることが有利であることから耐震壁という考え方が生まれ[80]、積極的な研究が行われた。そして坂静雄のゴム模型による実験を始めとして、耐震壁の性質に関する論文が多く発表された[80]。同じ頃、剛節架構そのものの性質に関する研究が盛んとなり、ラーメンの研究が建築構造研究の花形となった[80]。そして剛比の概念が確立され、耐震壁の研究と合わせて今日の計算法の基礎が築かれた。建築物の平面形も耐震の立場から注目されるようになった[81]。また耐震設計は地盤から切り離されたものとなっていたが、振動理論の展開によって次第に地盤の影響が考えられるようになる。

特に解析手法では、武藤清による横力分布係数法が構造解析上のエポックとなった。この方法は水平力抵抗要素である柱や壁の単位水平相対変位に対する水平抵抗力を基本にして建物全体の水平力分布を決めようとするものであった。その基本となっている水平抵抗力は、振動論と結びついた新しい耐震設計法の中で、そのまま振動方程式におけるバネ定数につながるものであった[78]。

一方市街地建築物法では一貫して剛構造の立場が貫かれていた。技術の進歩がそれを後押しし、1935（昭和10）年頃から本格化した溶接技術の発達が鉄骨架構の剛性の増大を果たしている[82]。

条文に書かれない耐震設計に対する理念は、当初技術者のレベルがそろっていたために条文がそれほど詳細でなくても大きな問題はなかったが、20世紀に入り大量に建築が行われると、法規によって一律にレベルを確保する傾向が形成された。

5・1　慣用設計手法の欠点に対する指摘と新設計手法の展開

昭和に入り、震度規定に基づく従来の計算法がもつ欠点が明らかにされてくるとともに、新しい設計法の提案が行われるようになった。

まず1936（昭和11）年頃から、耐震安全率の慣用計算法に関する欠点の指摘がなされるようになった[83]。その指摘の主旨は3点であった。荷重と許容応力度の取り方の曖昧なことに由来する構造物の安全率の不均一さ、およびそれによる材料の不経済、荷重と材料の安全率が錯綜して荷重に対する構造物の安全性が観念的にきわめて把握しづらいことである。さらに当時の日本は、関東大震災による支払猶予令に端を発した経済恐慌と、第一次世界大戦後の反動不況により、かつてなく苦しい状況に瀕しており、まもなく第二次世界大戦を迎えようとする極限状況の中にあった。したがって材料を極度に能率よく使用する必要性に直面し、そのために計算方法の抜本的な改革を迫られていた。

慣用計算法の欠点の中でも特に震度規定をみると、当時の物法や鉄筋コンクリート構造計算規準などにおいて地震力は静的外力として定められていたが、地盤の予期震度（震度0.2～0.5程度）よりも建物に関する震度は0.3と相当低く与えられ、積載荷重値の余裕と、材料安全率によって破壊に至らないという理念に基づいていた[78]。したがって、荷重と材料の安全率が錯綜して荷重に対する構造物の安全性が把握しづらいという不備があった。最大の欠点は、各部材ごとに終局強度に対する安全率が不均一となるため、構造物全体としての安全性が保証されないという点にあった。これを取り除くために、まともに予期震度をとって構造物の終局強度を考える設計法が必要で、耐震設計と

してはただ数式による計算にたよるだけでなく、強度と靱性の確保が重要だと述べられている[78]。この時期になって、初めて変形性能についても関心が払われるようになったといえる。

1938（昭和13）年武藤は新たに「紀元2600年記念日本万国博覧会木造建築物計算規準」を発表し、その中で震度を0.2とした。これは万博用の仮設的な建物規準であったためで、永久的な用途の建物は0.3程度としたいと述べられている[84]。ここで、終局強度型の構造設計体系が明らかにされた。

そして昭和初期の約十年間学界を巻き込んだ柔剛論争が起こると、地動の周期や建物の固有周期に目が向けられた。ここで柔構造論をとなえた棚橋諒は、重要な指摘を行っている。すなわち建築物の耐震性は、その建築物が蓄えることのできるポテンシャルエネルギーによりはかるべき、とする新しい考え方である[1]。ただし、これを具現化するにはまだ時を要した。

また1934（昭和9）年から1930年代までの研究成果を基に、建物が耐震的であるための注意事項を過去の震害経験からとりまとめた形で、日本学術振興会から「建築物耐震構造要項」[85]が発表された。これは、設計用荷重は起こりうる最大をとり、安全率は材料強度側から荷重側に移し、許容材料強度を考え得る最低限におさえる（すなわち部材の終局耐力で考える）という当時としては新しい構造設計思想に基づいている[86]。これによって設計対象を長期荷重を受ける場合と、地震のように短期荷重を受ける場合との2つに分け、双方に対してそれぞれ安全なように部材断面を決めようとするもので、設計としては二段になり、大きな方の断面が採用されることになる[78]。この根拠となったのはドイツ規格であった。1938（昭和13）年に武藤は、許容応力度を2種に分け、常時に遭遇する程度の荷重組み合わせに対する許容応力度に対し、非常時組み合わせに対する許容応

力度を15％程度上げているドイツの許容応力度の改正を取り上げ、終局強度の均一性を確保する方法を考えている[87]。これらの新しい設計手法に関する新たな試みが蓄積された結果が、戦時規格に結びついた。

5 2　臨時日本標準規格第532号・533号

戦争も末期にさしかかっていた1943（昭和18）年、内閣総理大臣から諮問された科学技術審議会の「諮問閣第1號」に関する建築学会の答申が発表された[88]。これが「木造建築物の耐久命数低下に対する方策」である。審議会の諮問に対し建築学会は、時局を鑑みて木造建築物の耐久命数を大幅に低下し、これによって主要資材並びに労力の節約を図った。この時、通常建物は約10年の耐久性、臨時建築物では約3年の耐久性に低下された。その具体策として、設計荷重は最小限度、材料の許容応力度は建築物に実質的破壊すなわち使用上支障を来すような大変形を起こす限界の応力度を採用し、安全率を低下し、予想される限度の荷重に対する安全率を1に近づけるものとした[88]。地震力も既往の大地震より相当低位のものとされた。

こうした主旨をもって立案された臨時日本標準規格第532号「建築物ノ荷重」は、戦争による物法の適用停止にともない、これに代わる戦時規格として昭和18年1月18日から検討され、8月12日にはほぼ案が読了、戦争末期の昭和19年533号規格「建築物強度計算ノ基本」とともに制定された。この戦時規格は、安全率を犠牲にしてでも生産性を向上するという戦争本意の主旨であったが、研究者・技術者はそれに屈することなく、従来の構造設計における不合理な点、矛盾を抜本的に改革し、これまでの慣習を一挙に改める動きとするべく、この規格の基本理念に新しい合理的な設計法である終局強度設計法を導入した。

こうして、従来から指摘されてきた震度規定の欠点をクリアするため、終局耐力をできるだけ均

等に確保しようとする耐震設計方針の大きな変更がなされ、耐震性能の確保方法は現在の形に一歩近づいている。規定では、震度の値が0.15（通常地盤）となり、許容応力度は物法の約２倍をとっているため、全体としての耐震安全性レベルは従来より下げられた形になった。耐震安全性レベルが引き下げられたのは、歴史上で唯一この時しかなかった。

また荷重効果規定では、積載荷重で現行と同じ床、大梁・柱・基礎、地震力計算用という部材ごとの規定方式や、現在と同じ荷重値が新設された。荷重を長期・短期に分け、応力の組み合わせが現行規定と類似した形式でなされた。許容応力度は長期・短期には分かれていない。地震力が標準より確実に小さい地域では、震力を低減してよいという規定も定められている。

こうして、固定荷重と積載荷重および地震力の組み合わせ応力に対しての耐震設計が行われることになった。これまで水平震度のみが規定され、具体的な耐震設計方法は規定に明示されていなかったが、応力組み合わせによって、規定の目的がより明確になった。この場合たとえば鉄筋の許容応力度は、規格に定める鉄筋の最低降伏点 $2,400kg/cm^2$ を採ることになっている。すなわち

```
┌─────────────────────────────────────────────┐
│ 武藤清提案  終局強度を対象とする方法           │
│ 1.荷重の扱い方：荷重──常時荷重（固定荷重または積載荷重等）│
│                    └非常時荷重（地震力，風圧力等）│
│ 2.荷重の採り方：予想する終局限度の荷重をとる     │
│         固定荷重：実況により，安全をみて1.2倍する │
│         積載荷重：載荷面積の大小による徹底的調節   │
│              床→現方法規による，梁・大梁・柱→逓減 │
│         風圧力，地震力，雪荷重：予想する最大限をとる│
│ 3.使用応力度：概ね材料の静的強度に近い値をとる（鋼材は降伏点）│
│ 4.この他の提案：応力の組合せ                    │
│ 竹山謙三郎提案                                 │
│ A案  最大荷重並びに降伏強度を対象とする方法      │
│ 1.荷重：通常起こり得る最大を採る，構造物の種類・重要性により差を付す│
│ 2.使用応力度：降伏点とし，断面算定は弾性範囲内で扱う│
│ 3.最大荷重を突破する極端な荷重：ある程度塑性変形に依存，使用上は荷│
│     制限，除雪雨風準備等の方法を講ずる          │
│ B案  荷重を逓減する方法                        │
│ 1.A案は従来の習慣に比して相当隔たりあり。計算操作を混乱させるため，│
│     臨時措置としてA案を変形                     │
│ 2.荷重：許容応力度等はそのままで，荷重値のみを変更する│
│         非常時荷重の主旨を取り入れる            │
└─────────────────────────────────────────────┘
```

図4　戦時規格の作成方針に関する提案の比較

設計震度に対し、建物は降伏の直前にあることを最低限認めており、塑性強度に期待していることになる。

立案時の資料より、規格における耐震設計方針については、武藤清と竹山謙三郎の二人の提案に基づくことが分かる[89]（**図4**参照）。武藤は終局強度を対象とする計算方針を提唱し、竹山はA、Bの２案を提案した。武藤案では終局強度を具体的には降伏点強度と考えていた。武藤はすでに昭和13年頃から当時の許容応力度設計法に対する批判を行っており[90]、これを取り入れたものと考えられる。また武藤が当時梅村魁とともに行っていた耐爆実験の成果から、RCのような建物の崩壊には、終局強度とそれ以後の塑性変形が重要なこと、また構造物のひずみによるエネルギー吸収ができればよいという設計方針が立てられることが次第に明らかになってきていた[91]。しかしながら武藤案は、当時の弾性理論に基づく設計では計算不可能であり[1]、結局は竹山案に基づいた形で戦時規格の立案が行われた。またその実際は強度を降伏点においたことなどから、弾性設計の範囲にとどまり、終局強度設計は理念だけに終わった。これが当時の技術力の限界であった。

地震力の値については、武藤案では当初0.3とされていたが、検討途中0.2に変更されており、これが規準値となった。数値の根拠については、立案時に積載荷重や風圧力等は詳細な資料が添付されているが、地震力についてはほとんど資料が残されておらず、その根拠はあいまいなまま値だけが決められた形となっている。

積載荷重では、上記の提案に沿った規定案のうち実際に検討されたのが、武藤案ではなく、竹山らを中心とする木工事委員会が提出した資料の荷重値であった。

この新しい計算体系は、荷重や外力の値を構造の耐えうる最大値まで上昇させるという理念であったため、従来のように荷重値を曖昧にしておくことができなくなった。したがって積載荷重・積雪荷重・風圧力等についての再検討が精力的に行われた[81]。同時に長期荷重による材料または接手の性能、クリープ性状などの研究が行われた[81]。

これと並行して、当時の各構造種別に対する学会規準もまた、戦時規格化が図られており、1944（昭和19）年の建築雑誌には「「鐵筋コンクリート構造計算規準」及「鐵骨構造計算規準（暫定案）」は再検討の上改訂を加へ又原案作成の過程にあつた「木造計算規準案」等に付ても夫れに合致せしめたが本委員會としては之等の規格化を圖る目的を以て一應の記述形式を執つた…戦時建築規格關係の當該委員會の議を經て將來規格として正式に決定を見た暁は今後の各種構造の建築物の強度計算は當然之れに據らねばならぬこととなる。」という記述や、「3種の構造計算規準は…従来指針書として公表する方法を執り來つたが、今回法的な性格を付與せしむる必要を感じ、臨時日本標準規格たらしむべく改めた」との記述がみられる[92]。

6 戦後から建築基準法における構造安全性の確保状況

市街地建築物法は第二次世界大戦により停止され、戦争末期に安全率の低下による資材の徹底的な節減を目的とした臨時日本標準規格532・533号が発表された。

しかしながらこの2規格は戦時中臨時の目的で定められたものであり、建物の安全性レベルは低く抑えられた。終戦後、安全性レベルを再び上昇させるために「日本建築規格　建築3001」が日本建築学会により作成され、1947（昭和22）年2月に審議決定、翌年（昭和23年）に公布された。この規格はJES3001とも呼ばれる。

その主旨は、「風圧力・地震力その他の外力・荷重は実際その構造物に耐えさせようとする最大の値を採り、これに対して材料の許容應力度は原則として事実上の破壊点（降伏点）を採るように考えている。」[93]というものであった。これは戦時規格から発展して、応力の組み合わせと許容応力度の両方に、長期・短期という考え方が導入されたのが特徴である[94]。こうした二本立て方式は、ドイツでは3001規格の制定より20数年前から、アメリカでも10数年前から行われていた方法であった[94]。

荷重効果に関わる規定としては、地震力規定では水平震度の値が引き上げられた。具体的には532号で0.15であったのが、3001規格では0.2以上とされた。ただしこれは、材料の許容応力度もまた2倍に上げられたため、実質的には物法と変わらなかった。震度規定の根拠については、原案立案者の間にも一致した見解はみられなかったため、「0.2以上とすること」という曖昧さを含んだ規定となっている[94]。設計震度がk＝0.2以上を標準として定められた当時にあっても、設計震度を0.3～0.4にすべきであるとの議論があった[78]。

このほか、高層建築物の上階または屋上突出物に関しては震度の値の増大を図ることが定められている。建物高さに応じた震度の割り増し規定はまだ出来ていないが、その前身となる内容は定められたことになる。3001規格の解説には、「震力が確実に弱い場合の條項は、地域的に地震の少ない地方の意味もあるが、…地盤と建物の関係で震力の小さいことが確実な場合または免震構造等による場合のように、研究によって震力を減じ得る餘地を残したものである。」[93]と述べられている。

この規格が耐震設計に及ぼした影響は大きく、現行規定の前身となったばかりでなく、安全率、すなわち耐震安全性レベルの見直しが行われたことが特筆される。安全率とは、荷重そのものの不確定さを補うためのものと、材料強度そのものの変動を補うためのものとの双方が含まれている[80]。

これらを曖昧に一緒にしていた物法のやり方は、制定当時には技術的限界をふまえたものであったが、安全率に関するさまざまな検討が行われ、その矛盾が指摘されたことによって、日本建築学会の担当委員会で詳細な検討がなされた。その結果がこの規格の主旨となっている。結果的には、材料側から荷重側へと安全率が移行されることになった。

この頃の耐震関連研究では、振動の問題も多く研究されていたが、大地震の地動の実体を解析的に究明し、弾塑性振動論が扱えなければ、耐震振動論を耐震構造論に結びつけることはできなかった。したがって当時の振動論は、当時の耐震構造の静的設計理念に何らの変革をももたらさなかったとされる[66]。

6・1 建築基準法の制定に向けて

市街地建築物法が戦争中停止したまま、終戦後の日本の建築状態はバラック等が無秩序に建ち並ぶなど、最悪の状態であった。そして一方では、1946（昭和21）年11月に新憲法が制定され、翌1947（昭和22）年5月から施行されることとなった。これにともなって、市街地建築物法も全面的に改正されなければならない情勢にあった。もはや、形式上も内容上も新憲法にはそぐわなくなっていたからである。

最初は、市街地建築物法の全面改正で始まった法の立案作業であったが、内容は変わっても名称が「市街地建築物法」では具合が悪いので、名称も考えられた。ちょうどその頃「労働基準法」という名称の法律が出て、STANDARD LAWという概念が、この法案の概念にふさわしいというので、「建築基準法」という名称になった[95]。

しかし、法の立案作業自体は約6か月、政令は約2か月の期間という時間的制約を受けたため、市街地建築物法と建築法草案から、その大部分を引き継ぎ、そして資料については、アメリカの法1つのみを参考として考えられた[96]。建築基準法の立案においては、「重要な制限内容は法律で定める」という、アメリカから影響を受けた新憲法の精神及び時間的制限という2つの条件から、市街地建築物法の規定の中の重要なものを抜き出して入れ、細目は政令に委ねることとなった。

一方政令は、日本建築学会に原案の作成が委託され、その特別委員会では、原案作成の期限が約2か月という短期間であったということも影響して、次の4つの方針が立てられた[97]。

① この政令に定める基準は多く全国の建築物を通じての最低基準であるから、真に必要であるものに限り、多少とも指導的な気持ちのある基準はとらない。（従って大都市においては条例で補足的規定を設ける必要がある）

② まだ学会の定説とはいえないものは新しく採用しない。

③ 旧法令にあるものは支障ない限り一応採用する。

④ 「〜等」、「適当な」、「有効な」、「必要と認める」といったような曖昧な自由裁量の余地のある表現は極力避ける（これは行政庁としては窮屈であるが、設計者のためにはこの方が便利だと考えたからである）。

こうして全国的に単一の建築基準が定められたが、このような例は、外国にもほとんど例のないことであった[97]。

耐震規定では、3001規格の内容を引き継ぐ形で全体が構成された。荷重効果では、震度0.2が採用された。これについて梅村魁は次のような意見を述べている。「1950（昭和25）年の基準法で震度0.2が採用されたが、それまでの震害観察による墓石の転倒や諸先輩の所見からも、被害が起こるのは0.3以上の入力地震で、0.2は小さい感じであったが設計で0.3まで上げてしまうと、今まで建っている建物よりも断面が大きくなりすぎる。それよりも建物の吸収エネルギーが問題だと考え

ていた。」[97]

また1948（昭和23）年の福井地震により建築物が数多く倒壊したことを受けて、それまでの耐震理論が地盤条件を切り離していたことに問題があったことを、技術者は痛烈に反省したといわれる[98]。福井地震での木造倒壊率は福井平野の沖積層の厚さと比例していたのであった。具体的に、構造強度に関する単体規定の技術的基準は、第20条と第36条の2である。そしてこの36条により構造計算の方法を政令に委任している。

また耐震規定には、昭和25年頃から大きな矛盾が生じ、建築学会で討議されたことが文献[80]に述べられている。その内容は、耐震規定のk＝0.2という規定改定当時はまだ本格的な建築が起こらなかったので、問題が表面化しなかった。ところが昭和25年頃になって盛んに事務所建築が起こってくると次第に矛盾が表面化してきた。1つには戦後経済のひっ迫から狭い土地を有効に利用しようとして、戦前に比べ細長い建築物が多くなったこと、次に建築様式が窓の大きい軽快さを要求するようになったために集中耐震壁の思想が出てきたことによる。この矛盾とは、強度と安定との関係が改定前の条文と改定後とで異なっており、ただでさえ安定条件が厳しくなったのに加えて、戦後建築のあり方が拍車をかけた形として現れたことである。構造部材そのものは、設計震度が2倍になっても、許容応力度も2倍になっているから影響はないが、安定の問題、すなわち転倒や復原させようとする力の方は重力が主であったため、k＝0.1の時は全然問題にならなかったはずのものが、新規定では問題になるということが頻々として起こってきた[80]。これは建築学会で討議され、戦後建築は1924（大正13）年当時の建築とは大いに異なり、到底剛体的な考え方では追いつかなくなっているから何らかの形で動的な考慮を加えてこの問題を解決する必要があることが原理的に認められた。しかし、その具体的方法に

はさまざまな意見が出た。そして結局多くの実際の設計者の希望に反して、高さ16mまでは一様にk＝0.2とされ、16m以上4mごとに0.05ずつ設計震度を増していくということが定められた。これは安定問題には何ら解決にならなかっただけでなく、さらに厳しさを加えた結果となった。しかし、この討論によって、静的な安定と、倒れるか倒れないかという動的な問題とは別であり、たとえ一部が浮き上がる傾向があっても、その周囲が十分強剛で破壊する恐れがなければ、浮き上がる傾向を生じること自体は何ら差し支えがないことが了解されたため、厳しくなったばかりではなかった。これが契機となって再び動的な設計法が盛んに研究されるに至った。

7 法令における耐震安全性能の構築過程に対するまとめ

市街地建築物法の成立までの経緯と物法から建築基準法へと向かうなかで、耐震安全性能に関わる規定を中心に概観した。自然の脅威に対して無抵抗の時代から出発したわが国の耐震設計は、大正・昭和に入ると、震度法や水平荷重に対する設計法の開発など、研究と設計諸基準の結びついた形で大きな発展を遂げる。

この歴史的な流れの中で、重要な役割を果たす震度規定の根拠は、関東大地震の最大震度をそのまま見込むのではなく、それ以前の被害などから推測される東京下町の震度を根拠にして材料安全率3で割った0.1という数値になった経緯がある。この値の設定には応答の概念は明示されていないが、当時行われていた弾性設計の範囲に落とし込むためであったと推測される。これが耐震性能の明示された最初の姿である。この頃の耐震設計の実状と合わせてみてみると、震度の値だけ定められ、壁を非耐震要素とするなど、ラーメンだけで単純に設計が行われていた。また震度規定導入後に、水平力に対する解析手法が「構造計算規準」

において公表された。

　昭和に入ると、震度規定の安全率に疑問が投げかけられ、その問題点が指摘されるようになった。これにともない、安全率が材料側から荷重側へと移し換えられた。風圧力・地震力その他の外力・荷重は実際その構造物に耐えさせようとする最大の値を採り、これに対して材料の許容応力度は原則として事実上の破壊点（降伏点）を採るように考える終局強度型設計法が模索された。それを具現化させたきっかけは第二次世界大戦であったが、この時に設計理念の合理化と、地震力と他の荷重との組み合わせを明示した荷重効果の明確化が行われた。ただし、震度を上げたと同時に許容応力度も上昇させたため、結果として安全率は変わらなかった。また地震力だけは根拠が不明確なまま値だけが変更され、受け継がれた。それまで安全率に積載荷重の余裕が間接的に反映されていたが、積載荷重規定値は532規格において低減された。変形性能である靱性の確保はすでに注目はされていたが、設計には直接結びついてはいなかった。

　このような過程を経た現行規定において、耐震安全性レベルが何を主体として確保されてきたかをみた場合、第一に行われた改革は、従来の計算法の欠点を改善することであった。最初にレベルが明示されたのは、1924（大正13）年の震度規定であり、確保するための具体的な設計方法は限定されなかった。欠点を克服していくことは、当時の設計精度と密接に関係し、おのずと安全性も当時の設計の限界程度におさまっていることが推察される。

　逆にこのレベルに対する社会の評価については、当時の記録にはほとんど残されておらず、専門家が意見を述べていたことだけがごく簡単に記述されている程度であった。世論調査が行われた記録も現時点では発見されていない。これはすなわち専門家が社会に耐震安全性能の目標理念や目標値そのものを問わなかったことを示唆している。特に震度規定の誕生時に規定に関わった者として今日知られているのは、立案者佐野利器と行政担当者、震災予防調査会の有識者である。行政担当者（北沢五郎）の発言[1][73]からは、「私は法規改正の係であり、（佐野）先生の御指示により震度0.1という条文を書き上げた。…法規には0.1と規定し許容強度をとり、そして震度0.3で計算をして、破壊強度以内で収るかどうかを調べろといわれた」とあるように、佐野利器の判断が大きく影響したことがうかがわれ、当時の社会的状況に照らして、広く社会で意見が述べられたことは考えにくい。

　さらに震度規定はこの後も引き継がれることになるが、震度の値の根拠については、専門家でも見解が分かれるなど、完全には理解していなかったことが述べられている[94]。したがって数値の根拠は、かなり曖昧さを内包したままで受け継がれたと推測される。社会が批判などの意見を表明したという記録はなく、専門家が中心となって意見を述べていた。

　こうした世論によるレベル評価がほとんど存在しなかった背景としては、震度規定の誕生が1924（大正13）年であり、その後日本の社会的情勢が緊迫し、1925（大正14）年治安維持法が公布されるなど、国民の表現の自由が制限される時代へと向かっていったことがあげられる。その間に1944（昭和19）年の東南海大地震、1945（昭和20）年の三河地震などが発生しているが、大地震の被害情報が国民にほとんど情報として伝えられないほど[99]、厳しい情報統制が敷かれていた。また1948（昭和23）年に福井地震が発生した後は、社会の安定とともに表現の自由も回復してきたが、死者100名を超すような大地震は1983（昭和58）年まで起こらなかったのである。

<補注・出典>

2-2

1） 建築学会は、1886（明治19）年造家学会として設立した。1897（明治30）年建築学会に改称、また1947（昭和22）年に日本建築学会に改称した。本節では三者を区別せず建築学会と記述したところがある。

2） 建築学会所蔵の妻木文庫に「東京建築規則（案）一式」として残されているが、様々なバージョンがあり提出されたものがどれか分かっていない。片倉健雄（1983.9）「明治期における建築法令諸案―新たに発見された資料を中心として―」『建築関係法令の研究・12』（日本建築学会建築計画委員会建築規準小委員会）で資料の整理が試みられている。写真は、（国研）建築研究所所蔵の北畠文庫に収録されているもの。

3） 『建築学会五十年略史』日本建築学会 1936

4） 「東京市建築条例案起稿顛末報告」（『建築雑誌』323号、1913.11）に市長への提出と市長からの報酬及び添書、提出目録と「東京市建築条例案起稿顛末」が収録されている。

5） 日本大学高等工学校建築科第一回卒業記念アルバム1922（大正11）年３月

6） 17か国とは、イギリス、フランス、ドイツ、オーストリア、イタリア、スペイン、ポルトガル、ベルギー、オランダ、スイス、スウェーデン、ロシア、アメリカ、カナダ、オーストラリア、英領シンガポール・香港、フィリピン

7） 市街地建築物法制定時には1920（大正９）年４月１日の施行が想定されていたようだが、実際の法の施行は、1920（大正９）年11月の勅令539号において同年12月１日に公布された。

8） 建築学会 建築雑誌409号「市街地建築物法特別講演会」p.31 1920.12

9） 建築学会 建築雑誌566号 「時報」P.201日本建築学会 1932.12

10） 建築学会 建築雑誌586号「函館大火延焼図」1934.6

11） 建築基準法令解説 表紙 2013（平成25）.11 日本建築学会

12） 1950（昭和25）年６月に設けられた「建築基準法に関する調査委員会」（笠原敏郎委員長）は1953（昭和28）年７月「建築法規調査委員会」（笠原敏郎委員長：初代）となり、さらに1968（昭和43）年12月改組改称により「建築法制委員会」（小宮賢一委員長：初代）となって常置委員会として研究委員会の系列に置かれ、今日に至っている。

2-3

1） 1950（昭和25）年時点、正式には日本建築学会と改称されていたが、本節では日本建築学会ないし学会と略して記述している。

2） 小宮賢一「建築基準法制定の過程」手稿、「座談会 建築基準法施行10周年を記念して」建築行政 No52 pp.2-17 1961年ほか。

3） 小宮賢一「建築基準法の成立経緯 建築基準法解説 改訂版」pp.595-614日本建築士会連

合会 1994.9

4） 日本建築学会北海道支部「建築基準法に基づく政令で定める事項に関する要望について」1950年７月における本部からの返答記述。

5） 日本建築学会「建築基準法に関する調査委員会記録（第一回）」1950.6

6） 建設省住宅局建築指導課「建築基準法中政令及び省令で定める事項」1950年６月15日、この資料は第一回本委員会開催の前日に作成されており、建設省と建築学会が調整を行いつつ、委員会構成を設定したものと考えられる。

7） 表１に示した検討項目に応じて、住宅局建築指導課、同建築防災課の技官が関連小委員会に参加している。

8） 構造小委員会「建築基準法政令（構造強度）案」1950年７月17日

9） 日本建築規格・建築3001号（JES3001）は1948年に整理されたもので、はじめて長期と短期という２本立ての許容応力度が提案された。詳細は日本建築学会『建築物の構造計算解説―日本建築規格・建築3001―』1948年を参照。

10） 小宮賢一「建築基準法施行令の大要」建設月報 第３巻、pp.225-226、1950年12月、碓井憲一「建築基準法の防火関係規定と規格について㈠」『防災』第20号、pp.16-18、1950年12月、当時の防火に関する基準の詳細は日本建築学会編『建築基準法に関係ある防火規定とその解説』1950年11月を参照。

11） 第二小委員会（防火）「建築基準法政令案（第三案）」1950年７月17日

12） 第三小委員会「高さに関する規定案（第三小委員会草案）」1950年７月17日

13） これは建設省都市局が建築技術者会議の際、整理した項目として、内藤指導課長及び都市局技官から説明されている。都市局「新法と旧法との制限差に伴う地域地区指定及び変更事項について」1950年６月23日

14） 建築局指導課「建築基準法による用途地域細分化別案並にその性格について」1950年６月19日

15） 「地域地区による制限」1950年６月30日

16） 別名称として純住居地区、環境住宅地区とした記述もある。建築局指導課「建築基準法第52条第１項による特別用途地区種別」1950年７月５日、なお、秀島乾からは平和記念地区など、地方都市の地域性に着目した区分提案がなされている。

17） 第四小委員会の施行令案は全体名称が記されておらず、煙突・換気設備については「政令案検討の骨子」のタイトルで資料化されている。

18） 建設省住宅局建築指導課「建築基準法中政令及び省令で定める事項」1950年６月15日においても参照条文がないことが示されている。

19） 第五小委員会「工事現場の危害防止政令案」1950年７月15日

20） 小宮賢一「建築基準法の成立経緯」『建築基準法解説』改訂版、日本建築士会連合会、pp.595-614、1994年９月においても建築基準法施行についての問題点として指摘されてい

る。なお、当時「市街地建築物法の適用に関する法律」が制定され、市街地建築物法の適用区域外においても特殊建築物については法を適用する特例法となっており、一次的に全国一律の基準を有する状態も見られていた。

21） 北海道支部や東北支部からは JES3001による構造計算に対して荷重緩和などを条例で示すこととしてほしいとの要望や、地域の実情にあった改正を行って欲しい等の要望が出されている。また、JES3001に基づいた設計方法をより明確にすべき部分もあるとの意見も出されている。

22） 防火については東海支部、中国支部など多くの支部から地方の実情に沿うように条例で規定できる範囲を作って欲しいとの意見が寄せられている。

23） 『建築基準法政令省令草案綴 建築指導課 福本技官』（前川文庫所蔵）内の建築基準法本委員会要望事項（第四委員会関係分）において支部からの意見が出されている。

24） 内田文庫等には福岡県から提出された「建築基準法政令案に対する要望意見」が資料として残されている。

25） 建築基準法政令案答申（其の一）とされたのもこうした理由とされている。小宮賢一「建築基準法解説」改訂版 pp.595-614 日本建築士会連合会1994.9

26） 小宮賢一「建築基準法の成立経緯」『建築基準法解説』改訂版、日本建築士会連合会、pp.595-614、1994年9月、設備については特に衛生設備と昇降機について見送られたとされている。

27） 小宮賢一「建築基準法の成立経緯」『建築基準法解説』改訂版、日本建築士会連合会、pp.595-614、1994年9月、小宮賢一「その後の建築基準法と建築士法」建築雑誌、765号、pp.1-5、1950年8月においても従来の基準が強く反映されたことが記されている。

28） 建設省住宅局「建築基準法政令局案」1950年9月9日

29） 建築基準法施行令については、日本建築学会編『建築基準法令解説』日本建築学会、1950年を参照。建築基準法と施行令の規定関係については、『建築関係法規』ダイヤモンド社、技術法令全書 第二巻、1953年等を参照。

30） 小宮賢一「建築基準法解説」改訂版 pp.595-614日本建築士会連合会 1994

31） 「建築基準法政令省令草案綴 建築指導課 福本技官」前川文庫所蔵

32） 日本建築学会編「建築基準法令解説」日本建築学会 1950

33） 土地住宅問題研究センター 土地住宅問題No.63 小宮賢一「建築基準法制定の前後（下）」pp.50-58 1979.11

34） 建築学会 建築雑誌765号 小宮賢一「その後の建築基準法と建築士法」pp.1-5 1950.8

2-4

1） 大橋雄二「日本建築構造基準変遷史」日本建築センター 1993

2） 村松貞次郎「新建築技術叢書—8日本近代建築技術史」彰国社 1976

3） 草案は日本建築学会図書室妻木文庫所蔵。東京都公文書館内田祥三資料中には、妻木案が2種類（**表1**中の初期案②と後期案⑤）所蔵されている。体裁はガリ版で妻木文庫と異なるが、内容は妻木文庫とほぼ同一である。

4） 片桐健雄「市区改正委員会による東京市建築条例諸案の系譜」日本都市計画学会学術研究論文集 pp.25-30 1985
石田頼房「日本建築学会図書室所蔵妻木文庫中の建築法規関係資料」総合都市研究 第19号 pp.169-188 1983 他

5） 建築学会 建築雑誌69号 曾禰達蔵「家屋ノ高ニ付テ」pp.255-269、1892.9

6） 日本建築学会「近代日本建築学発達史」丸善1972

7） 中村達太郎「建築學階梯卷之上；建築學階梯卷之中；建築學階梯卷之下」米倉屋書店 明治21年4月24日；明治21年9月2日；明治22年12月4日

8） ジョサイヤ、コンドル口述、松田周次「曾禰達蔵筆記：造家必携」續文舎

9） 建築学会 建築雑誌 第2巻 中村達太郎「杭打地形ノ話」pp.24-35 1887.2

10） 東京市區改正委員會議事録第三十七號、東京市區改正委員會議事録自第三十三號至第五十五號第参巻 p.41 1889（明治22）年10月9日

11） 建築学会 建築雑誌41号 横河民輔「建築條例ニ付キテ會員諸君ニ謀ル」pp.61-63 1890（明治23）年5月
建築学会 建築雑誌57号 横河民輔「建築條例ニ就キ再言 シ現行建築ノ制規ニ及ブ」pp.223-228 1891（明治24）年5月

12） ゼー、コンドル演説、瀧大吉口譯、市東謙吉速記：各種建物ニ關シ近來ノ地震ノ結果、建築雑誌、第63号、pp.63-67、明治25年3月。なお、同名の演説が建築雑誌第64号（1892（明治25年）4月）の pp.92-99と、第65号（1892（明治25年）5月）の pp.132-137にも掲載されている。

13） 建築学会 建築雑誌第44号 森正忠」建築條例ニ就キ横河君ノ説ヲ賛成シ併セテ卑見ヲ陳述ス」pp.131～132、1890.8

14） 森井健介「師と友—建築をめぐる人びと」鹿島研究所出版会 1967

15） 長谷川堯「日本の建築［明治大正昭和］4議事堂への系譜」三省堂 1981

16） 加藤仁美「市区改正委員会における東京市建築条例案の検討過程とその到達点—妻木文庫中の建築条例諸案の分析より—」日本建築学会計画系論文報告集 第376号 pp.95-105 1987.6

17） 石川孝重、平田京子、大塚和貴子「建築関連法令類に関する研究その4；その5、日本建築学会大会学術講演梗概集B（構造Ⅰ）」pp.5-8 1988.10

18） 石川孝重、平田京子「建築関連法令類に関する研究その3、その5」日本建築学会関東支部研究報告集 pp.9-16 昭和63年度

19） 渡邊讓「震災實地調査報告」工學會誌第122

巻　pp.60-72　1892.2

渡邊讓「震災地實況調査報告（承前）」工學會誌第124巻　pp.235-240 1892.4

20）　建築学会　建築雑誌第74号　瀧大吉「耐震構造」pp.45-61　1893.2

21）　建築学会　建築雑誌第59号　伊東忠太「地震ト煉瓦造家屋」pp.291-295　1891.11

22）　建築技術　建築技術第204号　菊池重郎「近代日本における鋳鉄柱の系譜(2)」pp.107-113、1968.8

23）　明治三十九年十一月調　東京市建築條例起稿委員會記録附特別委員會記録（建築学会所蔵）

24）　建築行政協会　建築行政第1号　内田祥三「市街地建築物法の回顧」pp.2-8、1951.5

25）　東京府建築取締規則案ニ就キテ（東京都公文書館内田祥三資料所蔵）

26）　石川孝重、平田京子「東京市建築條例学会案から市街地建築物法施行規則に至る構造計算にかかわる数値規定の変遷とその根拠―構造関連規定の成立過程に関する研究―」日本建築学会構造系論文報告集第412号　pp.19-29 1990.6

27）　片岡安「現代都市之研究」建築工藝協會 pp.356-390　1916（大正5）年12月28日

28）　建築学会　建築雑誌第323号「東京市建築條例案起稿顛末報告」pp.558-565、1913.11

29）　建築学会　建築雑誌第306号　Y、U、生 譯「倫敦市鐵筋混凝土建築取締規定草案」pp.261-277、1912.6

30）　建築学会　建築雑誌第200号　T、T、N、摘譯「紐克市建築條例拔萃（強弱計算上の部）」pp.385-390、1903（明治36）年8月。原本は、THE BUILDING CODE OF THE CITY OF NEW YORK, 1899（日本建築学会妻木文庫所蔵）

31）　建築学会　建築雑誌第303号　Y、U、生「鐵筋混凝土條例」pp.134-172 1912.3

32）　建築学会　建築雑誌第219号　佐野利器「建築構造強弱學」pp.158-166　1905.3…等

33）　建築学会　建築雑誌第231号　日比忠彦「鐵骨構造建築學」pp.148-155　1906.3…等

34）　建築学会　建築雑誌第250号　佐野利器「鐵筋コンクリート」pp.522-533　1907.10

35）　建築学会　建築雑誌第293号　三橋四郎「鐵網コンクリートに就て」pp.288-306　1911.5

36）　建築学会　建築雑誌第232号　日比忠彦「鐵骨構造建築學（二）」pp.193-202、1906.4等々

37）　建築学会　建築雑誌第214号　佐野遅飛「煉瓦壁の抗折力并に楣に及ぼす壓力に就て」pp.534-537、1904.10
建築学会　建築雑誌第104号　「材料強弱試驗第二回成績」pp.188-198 1895.8
建築学会　建築雑誌第268号　佐野利器「石材試驗成績」pp.151-165　1909.4等々

38）　建築学会　建築雑誌第290号　佐野利器「煉瓦壁の抗張強度（殊に疊積抗張強度に就て）」pp.73-84　1911.2

39）　三橋四郎「和洋改良大建築學上巻；中巻；下巻」大倉書店、1904

40）　新建築学大系編集委員会編集　矢野克巳他

4名「新建築学大系25　構造計画」pp.22-23 彰国社　1981

41）　藤本盛久「鉄骨の構造設計」技報堂1984

42）　建築学会　建築雑誌第229号　遅飛士「梁材強弱發達の經路」pp.59-61 1906.1

43）　八幡製鉄カラム刊行委員会　カラム第15号 藤本盛久「鋼構造学の発展」pp.23-34　1965

44）　鷹部屋福平「構造力学の歴史　建築文庫・5」彰国社　1957

45）　S.P. ティモシェンコ著、最上武雄監訳、川口昌宏訳「材料力学史」鹿島出版会　1987

46）　近藤洋逸「数学の歴史」毎日新聞社　改定新版　1970

47）　山口　広「解説・近代建築史年表　1750－1959」建築ジャーナリズム研究所　1968

48）　成岡昌夫「構造力学要論」丸善　1974

49）　石黒德衛「新建築学叢書　現代建築構造計画」オーム社　1985

50）　建築学会　建築雑誌第230号　佐野利器「建築構造強弱學（五）」pp.86-92 1906.2…等々

51）　大塚浩司他3名「鉄筋コンクリート工学　限界状態設計法へのアプローチ」技報堂 1989

52）　建築学会　建築雑誌第300号、Y、U、生「鋼筋混凝土スラップの算式」pp.603-606　1911.12

53）　建築学会　建築雑誌第259号　佐野利器「鋼筋コンクリート床計算上の新しき簡式及び表」pp.288-295 1908.7

54）　佐野博士追想録編集委員会編「佐野博士追想録」技報堂　1957

55）　石川孝重、平田京子「東京市建築條例学会案から市街地建築物法施行規則に至る立案過程とその特徴―構造関連規定の成立過程に関する研究―」日本建築学会構造系論文報告集第406号　pp.13-23　1989.12

56）　建築学会　建築雑誌第99号「木造耐震家屋構造要領」pp.51-53　1895.3

57）　建築学会　建築雑誌第341号　佐野利器「家屋耐震構造要梗」pp.350-355　1871.5…等

58）　建築学会　建築雑誌第357号　佐野利器「家屋耐震構造要梗（續きの三）」pp.499-514 1872.9

59）　建築学会　建築雑誌第220号　佐野利器「臺灣震災談」pp.197-215　1905.4

60）　建築学会　建築雑誌第412号「市街地建築物法及其の附帶命令の梗概」pp.39-84　1877.2

61）　建築学会　建築雑誌第344号　佐野利器「家屋耐震構造要梗（三）」pp.557-569　1871.8

62）　三橋四郎「和洋改良大建築學續篇」大倉書店 1911

63）　建築学会　建築雑誌第414号「市街地建築物法及其附帶命令の梗概（三）」pp.163-199 1877.4

64）　建築学会　建築雑誌第253号　佐野利器「木造床梁表」pp.18-22　1908.1

65）　建築学会　建築雑誌第1004号「座談会　建築構造の安全性の考え方」pp.849-857 1968.12

66）　建築構造設計シリーズ編集委員会編「建築構造設計シリーズ1　建築の構造計画」丸善 1973

67) 桑原由典、小谷俊介「佐野利器の震度概念に関する歴史的考察、日本建築学会大会学術講演梗概集（九州）（構造Ⅰ）」pp.61-62　1998

68) 建築学会　建築雑誌第491号　佐野利器「耐震構造上の諸説」pp.39-66　1927.1

69) 佐野利器「家屋耐震構造論上編・下編　震災豫防調査会報告、第83号甲・乙」震災豫防調査会　1873（明治6）年3月25日

70) 水原旭「関東大地震と耐震構造」鹿島出版会　1976

71) 内藤多仲「日本の耐震建築とともに」p.171　雪華社　1965

72) 『内藤多仲博士の業績』刊行委員会実行委員編「内藤多仲博士の業績」pp.27-31　鹿島研究所出版会　1967

73) 北沢五郎「震度談、建築学大系第19巻付録の月報」1957

74) 震災豫防調査會　東京都公文書館所蔵 -

75) 關東大地震ニ關スル本會ノ調査事業概要、震災豫防調査會報告第100号（甲）pp.1-20　1881（明治14）年3月31日

76) 日本建築学会「動的外乱に対する設計―現状と展望―」1999

77) 建築技術　建築技術　菅野忠「変形能力と耐震設計について」pp.192-193　2000.10

78) 建設省住宅局建築指導課監修　梅村魁編「新しい耐震設計」日本建築センター　1979

79) 建築学会　建築雑誌第635号　武藤清「木造小學校標準教室構造設計に就ての感想―終局強度を均一ならしむる計算法に就て―」pp.148-152、1938.2

80) 大築志夫、金井清「耐震設計」コロナ社　1962

81) 建築学大系編集委員会編「建築学大系37　建築学史・建築実務」彰国社　1962

82) 建築学会　建築雑誌第885号　村松貞次郎「耐震構造法の歴史」pp.319-322　1960.6

83) 建築学会　建築雑誌第699号　竹山謙三郎「構造物の安全性と荷重及び許容應力度の取扱ひに就いて」pp.464-471　1943.6

84) 建築学会　建築雑誌第644号　武藤清、長沼重「新形式の木構造計算法」pp.1191-1200、1938.11

85) 日本學術振興會編「建築物耐震構造要項」岩波書店　1943

86) 小倉弘一郎監修「既存RC建物の耐震補強と診断」技術書院　1988

87) 建築学会　建築雑誌第635号　武藤清「木造小學校標準教室構造設計に就ての感想―終局強度を均一ならしむる計算法に就て―」pp.148-152　1938.2

88) 建築学会　建築雑誌　Vol.57　No.703「科學技術審議會「諮問閣第1號」に關する答申」pp.732-734　1943.10

89) 臨時日本標準規格案　昭和18年1月～8月（建築学会委員会資料）

90) 建築学会　建築雑誌　第635号　武藤清「木造小學校標準教室構造設計に就ての感想―終局強度を均一ならしむる計算法に就て―」pp.148-152　1938.2

91) 梅村魁「震害に教えられて―耐震構造との日月」技報堂出版　1994

92) 建築学会　建築雑誌第712・3号　建築學會標準仕樣調査委員會「「各種建築物の強度計算」及び「建築用現場コンクリート試験方法」に關する成案報告」pp.267-277　1944（昭和19年）8・9月

93) 日本規格協會「日本建築規格解説　建築物の構造計算　JES建築3001解説」1948

94) 特許標準局「日本建築規格　建築物の構造計算　JES建築3001」1948（昭和23）年2月2日決定

95) 建築学会　建築雑誌 Vol.10第52号　座談会「建築基準法施行10周年を記念して」pp.2-17　1960.11

96) 建築学会　建築雑誌　内藤亮一「建築基準法建築士法の立法過程と背景」pp.575-578　1969.9

97) 建築学会　建築雑誌 Vol.65第769号　小宮賢一「その後の建築基準法と建築士法」pp.1-4　1950.12

98) 竹山謙三郎「物語　日本建築構造百年史」鹿島出版会　1982

99) 山下文男「戦時報道管制下　隠された大地震・津波」新日本出版社　1986

<参考文献>

2-1
1. 建設省五十年史編集委員会「建設省五十年史」建設広報協議会 1998
2. 建築學會編「建築學會五十年略史 昭和11年4月9日」1936
3. 日本建築学会編「日本建築学会100年略史」1990
4. 日本建築学会編「日本建築学会120年略史」2007
5. 建築学会 建築雑誌第66号 内田祥三、笠原敏郎、稗田治、太田泰男、前岡幹夫「建築法規調査委員会（委員会研究）」p.679 1967.3

2-2
○市街地建築物法に到る流れ
1. 建築学会「建築学会五十年略史」1936
2. 日本建築学会「日本建築学会70年略史」1956
3. 日本建築学会「日本建築学会80年略史」1966
4. 日本建築学会「近代日本建築学発達史」1972
5. 日本建築学会 建築雑誌1117号（臨時増刊号）「日本建築学会90年略史」1977.9
6. 日本建築学会「日本建築学会百年史」1990

○制定経緯に関する関係者の回顧録など
1. 日本建築学会 建築雑誌617号「(建築学会創立50周年) 回顧座談会の開催（第2回）」1936.10
2. 建築行政協会 建築行政1号 内田祥三「市街地建築物法の回顧」1951.5
3. 都市計画協会 新都市 笠原敏郎「市街地建築物法の制定について」1949.4
4. 都市計画協会 新都市 「市街地建築物法回顧座談会」1949.6
5. 日本建築学会 建築雑誌888号 内田祥三他「座談会・都市と建築とその法規をめぐる諸問題」1960.8
6. 建築行政協会 建築行政100号 建築行政協会東京都支部「内田祥三先生を囲む会・記録」1976.1
7. 佐野利器「述懐 佐野利器先生追想録(私家版)」1957.11

○制定経緯に関する論文・文献など（制度内容の詳細に関するものは割愛）
1. 渡辺俊一「大正2～7年における建築学会の建築法規の編纂と運動：(旧) 都市計画法・市街地建築物法の成立と展開に関する研究（2）」学術講演梗概集59号 日本建築学会1985.10
2. 渡辺俊一「「都市計画」の誕生：国際比較からみた日本近代都市計画」柏書房 1993.9
3. 石田頼房「日本近現代都市計画の展開：1868－2003」自治体研究社2004.4
4. 片倉健雄「市街地建築物法制定までの建築法制の系譜：建築関係法令の研究・10」日本建築学会建築計画委員会建築規準小委員会1981.9
5. 白石博三「明治以降の建築法令：建築関係法令の研究・11」 日本建築学会建築計画委員会建築規準小委員会1982.9
6. 片倉健雄「明治期における建築法令諸案—新たに発見された資料を中心として—：建築関係法令の研究・12」日本建築学会建築計画委員会建築規準小委員会 (1983.9)

○関連法令等の紹介等
1. 日本建築学会 建築雑誌1216号 「辰野文庫・妻木文庫を記念図書館に開設」1984.1
2. 日本建築学会関東支部建築計画委員会「『建築雑誌』における法制関係記事総目録（その1）創刊明治20年～昭和45年』『建築関係法令の研究・7』日本建築学会建築計画委員会建築規準小委員会1978.9

第3章

建築基準法の制定とその後の経緯

市街地建築物法の改正検討から新しい建築法草案へ

1945（昭和20）年に終戦を迎え、戦災都市の復興が政府の大きな課題となり、そのために昭和20年11月に戦災復興院が設置された。戦災復興院では戦災都市に大規模な復興計画をたて、これを実施する計画が定められ、建築行政としても、戦時中停止された市街地建築物法の一部を復活するとともに、市街地建築物法の全面的な改正の検討が行われた。それらの成果は、新しい「建築法草案」（**DVD**3-1-1、3-1-2）として外部の学識者からなる建築法規調査委員会での承認（昭和21年12月）を経て1947（昭和22）年1月に取りまとめられた。

建築法草案は、その直後にGHQの指令により建築統制の強化が急務となったことから、陽の目をみることはなかったが、後の建築基準法の制定において大いに役立った[1]とされている。

本節では、終戦直後から市街地建築物法改正の検討を経て、建築法草案に至る建築関係法制度について、いずれも法制化には至らなかったが、建築基準法の制定に向けての興味深いものがあることから、ここでその概略について紹介する。

1 戦災復興の取組みと市街地建築物法改正の検討

(1) 戦災の状況と戦災復興に向けた取組み

1941（昭和16）年12月の真珠湾攻撃から始まった大平洋戦争が、昭和20年8月15日に終戦を迎えた。

この間、我が国の主要な都市は米軍による空襲により灰燼に帰し、全国の115都市において約63,000haの消失、約970万人の人的被害を蒙った（**表1**）。

表1　罹災状況調（建設省計画局区画整理課）

区分	5大都市	その他都市	計
罹災面積(ha)	29,210	33,833	63,043
罹災人口(人)	5,465,447	4,233,780	9,699,227
罹災戸数(戸)	1,384,459	931,866	2,316,325

（注）　5大都市とは、東京、大阪市、名古屋市、横浜市、神戸市

（注）　数字は終戦後内務省国土計画課において照会調査したものを基としてその後戦災復興院の資料等に基づいて建設省計画局区画整理課が調査

（出典）　建設省、1959、「戦災復興誌第壱巻計画事業編」P18

これに対処し、罹災都市の計画的な復興のため、1945（昭和20）年11月5日に内閣に戦災復興院（総裁、国務大臣小林一三）が設置され、12月30日には「戦災地復興計画基本方針」が閣議決定された。

(2) 戦災地復興計画基本方針と建築指導の強化

「戦災地復興計画基本方針」では、全国の罹災都市において、将来を見据えた理想的な都市計画を策定し、戦災復興のための土地区画整理事業を実施して、道路、公園等を確保するとともに、復興計画に即応する建築の規制指導の強化の方針が示された。

その内容として、次のとおり土地利用計画の策定、建築監督の強化、防火建築の促進、建蔽率制限の強化が掲げられている。

> **戦災地復興計画基本方針（抄）**
> （昭和20年12月30日閣議決定）
> 3．土地利用計画
> (1) 都市、聚落ノ能率、保健及防災ニ対スル充分ナル考慮ノ下ニ工業、商業其ノ他ノ業務及住居ニ充テラルベキ<u>土地ノ配分ヲ計画的ニ決定スルコト</u>

(2) 土地利用ニ関スル計画ノ実現ヲ確保スル為地域及地区ニ関シテハ出来得ル限リ精密ニ指定シ且特ニ其ノ専用制ヲ高度化スルコト

(中略)

7．建築

(1) 市街地ノ不燃、保健及防災ヲ強化シ戦災地ニ関スル復興計画ニ即応シテ市街地建築物ノ構造設備ニ関スル監督ヲ強化シ併セテ之ガ指導ヲ行ウコト

(2) 都心部及防火帯ニ属スル地区ニ於テハ堅牢建築物以外ノ建築物ヲ禁止スルコト

(3) 其ノ他ノ地区ニ於テモ堅牢建築物以外ノ建築物ハ其ノ配置及構造ニ関スル条件ヲ厳格ニシ出来得ル限リ之ガ耐火性ヲ高ムルコト

(4) 建築物敷地内ノ空地ヲ確保スル為建蔽率ニ関スル制限ヲ強化スルコト

(以下略)

(注) 下線筆者

(3) 市街地建築物法中改正法案

このような状況下において戦災復興院では、まず、従来の市街地建築物法の部分的修正案が検討され、1946（昭和21）年2月15日付で市街地建築物法中改正法案が提示されている。この改正法案をはじめ、建築法要綱試案に至る検討経過については、藤賀雅人氏の論文「戦後『市街地建築物法改正』案の特徴と建築法要綱試案[2]」において詳しく解説されているので、主にその内容から引用する。

この改正案は市街地建築物法と同じ26の条項で構成されており、従来の市街地建築物法の部分的な修正を行うことを主旨としている。市街地建築物法中改正法案の最大の特徴は第一條及び第二十三條に表れる。それまで法の適用区域を「主務大臣ノ指定スル市街地」として市街地建築物法で独自に定めていたが、改正案では「都市計画法ニ依ル都市計画区域」と記し、法の役割を「都市

計画法ニ依ル地域又ハ地区ニ於ケル建築物ノ建築規制」と明確に提示している。

また、用途地域について見直しがなされ、住居地域、商業地域、工業地域に加えて緑地地域の設定と地区として店舗地区の設定が提案され、それまで工業地域と関連づけられていた特別地区は、形態、意匠の規定が設定できる地区として従来の意味合いから変更された。さらに、それまでの建築物の高さ、敷地内の空地に加えて「階数、敷地面積」の規制を提案している。

このような点から、戦災復興基本方針が閣議決定（1945（昭和20）年12月30日）されて間もない時期に取りまとめられた市街地建築物法中改正法案は、戦災復興計画に法的根拠をもたらすものであり、復興計画の実現を後押しする意味合いがあったほか、法の適用を都市計画区域と位置付けたことは、従来の都市計画法、市街地建築物法の枠組みの修正を試みた提案であったといえよう[2]（表2）。

表2　市街地建築物法と市街地建築物法中改正法案の比較表（抄）

	改正市街地建築物法（昭和13年法律29号）1938（昭13）3/26公布	市街地建築物法中改正法案 1946（昭21）2/15
1條	主務大臣ハ本法ヲ適用スル區域内ニ住居地域、商業地域又ハ工業地域ヲ指定スルコトヲ得	都市計画ニ依ル地域又ハ地区内ニ於ケル建築物ノ建築規制ハ本法ノ定ムル所ニ依ル
	（中略）	（中略）
4條	（1～3項略）	（1～3項略）緑地地域内ニ於テハ緑地ノ効用ヲ害スル虞無キ用途ニ供スル建築物ニ非ザレバ之ヲ建築スルコトヲ得ズ（以下略）
11條	建築物ヲ建築スル場合ニ於ケル其ノ高又ハ其ノ敷地内ニ存セシムヘキ空地ニ関シテハ地方ノ状況、地域及地區ノ種別、土地ノ情態、建築物ノ構造、前面道路ノ幅員等ヲ参酌シ勅令ヲ以テ必要ナル規定ヲ設クルコトヲ得（以下略）	建築物ノ高、階数、敷地面積又ハ其ノ敷地内ニ存セシムヘキ空地ニ関シテハ地方ノ状況、地域及地區ノ種別、土地ノ情態、建築物ノ構造、前面道路ノ幅員等ヲ参酌シ勅令ヲ以テ必要ナル規定ヲ設クルコトヲ得（以下略）
	（中略）	（中略）

14条	主務大臣ハ學校、集會場、劇場、旅館、工場、倉庫、病院、市場、屠場、火葬場其ノ他命令ヲ以テ指定スル特殊建築物ノ位置、構造、設備又ハ敷地ニ關シ必要ナル規定ヲ設クルコトヲ得	主務大臣ハ學校、集會場、劇場、旅館、工場、事業場、倉庫、病院、市場、屠場、火葬場其ノ他命令ヲ以テ指定スル特殊建築物ノ位置、構造、設備又ハ敷地ニ關シ必要ナル規定ヲ設クルコトヲ得
	(中略)	(中略)
23条	本法適用ノ區域ハ主務大臣ノ指定スル市街地トス 特別ノ必要アル場合ニ於テハ主務大臣ハ前項ノ市街地ノ外ニ亘リ本法適用ノ區域ヲ指定スルコトヲ得	本法適用ノ區域ハ都市計画法ニ依ル都市計画區域トス 主務大臣必要ト認メルトキハ第十四條ノ特殊建築物ニ付第前項ノ都市計画區域ノ外ニ亘リ本法ノ一部ヲ適用スルコトヲ得
	(以下略)	(以下略)

(注)下線筆者

(4) 市街地建築物法の地域制に関する規定の復活と戦災都市復興に向けた取組み

1946（昭和21）年3月20日には、戦災都市の復興に向けて、市街地建築物法施行令臨時特例が改正され、戦時中より停止中の市街地建築物法の規定中、地域制に関する規定が復活した。

一方、戦災復興院事務局は、当初、計画局（都市計画、建築行政）、業務局（住宅と官庁営繕）、土地局（土地行政と土地区画整理）の3局から構成されていた[3]が、同年3月28日には、業務局を建築局と改称、市街地建築物法を所掌する建築課を計画局より移して監督課（伊東五郎課長）とした。

戦時中の建築統制は終戦後廃止されたが、復興資材等の確保のため、GHQの指令により、「臨時建築制限令」が同年5月29日に公布施行された。この背景として、終戦後一般の建築に対する経済統制が空白となり、戦時体制からの解放感から享楽的、自由主義的風潮が増え大都市には料理店、映画館等が増加する反面、緊急を要する庶民住宅が一向に建築されなかったため、これら不要不急の建築物の建築を禁止し、住宅の建設に建築資材が向けられるように制限が課された[4]。

また、戦災都市における特別都市計画の事業の

実施を容易にするため、これらの実施の障害となる建築物の建築制限を目的として、「戦災都市における建築物の制限に関する勅令」が同年8月15日に公布された。これは戦災復興都市計画の計画施設内の建築制限の基準となるもので、当時、建築制限が道路敷地内は市街地建築物法、土地区画整理施行地区内や公園緑地内は都市計画法により制限され、統一的な具体的基準が求められていたことから、都市計画法、市街地建築物法の両方に基づく勅令として定められた[1]。

その内容は、都市計画として定められた道路、広場、公園の境域内及び区画整理区域内の建築について、

① 2階建以下で容易に移転除却できる構造

② 1棟の床面積が100m²以下

③ 建蔽率が商業地域内で50%その他の区域内では30%以下

のものしか仮設建築物として許可されなかった。しかし、区画整理事業も国力の疲弊から遅れがちであり、一方、庶民住宅の需要が強かったため、あまり効果がなかったとされている[4]。

一方、同年9月11日には戦災都市の区画整理、緑地地域制を規定する「特別都市計画法」が公布された。この法律は、主務大臣即ち内閣総理大臣[5]が指定する前述の(1)で述べた115の戦災都市における土地区画整理に関するものが主であるが、戦時中防空法によって指定された大都市の防火帯（防空空地帯）がそのまま緑地地域として引き継がれることとなった。

さらに、「戦災都市における土地利用計画の設定」（同年10月1日付復計第198号　戦災復興院計画局長、建築局長通牒）において「戦災都市土地利用計画設定標準」が示されるとともに、10月9日には、戦災都市115都市の指定がなされた。前述の通牒前文では、「①土地利用計画は戦災都市土地利用計画設定標準に基き特別都市計画法第一条第三項の市町村について立案し、本院と打ち

合わせの上速やかに内申すること。内申案は、内閣総理大臣が都市計画委員会に諮問して正式にこれを決定する。…⑤土地利用計画の設定と同時に別紙要領により市街地建築物法による地域地区指定案を作り内申すること。尚市街地建築物法の地域地区は土地利用計画設定標準に基いて改正を考慮中であること。」等が記載されている。

「戦災都市土地利用計畫設定標準」においては、①市街地配分計畫、②地域地區計畫、③主要營造物配置計畫の３点を枠組みに、地域地區計畫では、住居地域、商業地域、工業地域内の11地区と特別地区を設けることとしていた[6]（**表４左欄**参照）。

当時の経緯について、小宮賢一氏は講演の中で「土地利用計画をもってきた理由として、一つには、もろもろの計画の前提条件として、最初にマスタープランとしての土地利用計画を作らなければならないという大義名分がありました。…計画は理想的なものをたてる。そのためには市街地建築法の地域地区では足りない。専用制を強めたいといった案も練られていたわけですが、それには市街地建築物法の改正も必要となるのですぐにはやれない。そこで土地利用計画としてそうした案を決めてしまっておいて…。それと同時に市街地建築物法の改正を考えるという点から、土地利用計画が便宜的に使われた面もあります。[7]」と述べている。

(5) 市街地建築物法改正案要綱

先の「戦災地復興計画基本方針」に即した一連の戦災復興の取組みを推進していくため、戦災復興院計画局と建築局において、「戦災都市土地利用計画設定標準」の検討が進められるのと併行し、同院建築局監督課（伊東課長、小宮氏）において、地域地区制度の充実や、建築物の規制、指導の強化に対応した市街地建築物法の抜本的な見直しの検討が進められている。

当時の雰囲気を伝える小宮氏の手記によれば「私（小宮氏）が監督課に移ってすぐに市街地建築物法の改正の検討がはじまった。はじめは市街地建築物法の一部改正ということだった。ところが丁度そのころ新憲法の草案が発表され、私にはその口語体の法文がまことに新鮮にうつった。これをまねて口語体の建築物法を書いてみたりしているうち、課長（伊東氏）も全面改正でいこうということになった。当時のスタッフは伊東課長の下に３人、事務官が前田光嘉氏、技師が竹内佐与治氏と私、それに戦時中内務省に入ってすぐ戦場にいった若い人達が戦場から復員してきてこれに加わった。[3]」と記している。終戦直後の激動の時代にあって、戦地からの復員者のほか、内務省や国内出先機関において戦時統制下における建築統制事務等を担当していた人材が、新しい建築法制の作業に早速参画していったことが伺われる。

戦災復興院において1946（昭和21）年９月２日に作成された市街地建築物法改正案要綱（以下「物法改正案要綱」という）では、市街地建築物法の改正を銘打ちながらも、条文について大胆な整理、追加が行われ、40条まで増やすとともに、前文において「表題」を「建築物法」と改め、「全文を次の主旨によって改める」と大規模な改正を念頭に置いている[2]。

まず、物法改正案要綱では、地域地区の分類において、「都市計画区域内に用途地域及び用途地区を指定することができる」とし、地域については、住居地域、商業地域、工業地域、緑地地域の４地域を基本とし（第１條）、住居地域、商業地域、工業地域については地域内に専用地区が指定できることとしている。工業地域についてはこれに加えて軽工業地区、特別工業地区がある。また、特別地区として港湾地区、公館地区、文教地区、体育地区、慰楽地区、保健地区、その他の特別地区（第８條）が挙げられている。これらは前

述の「戦災都市土地利用計画設定標準」で示されている地域地区の名称と一致していない部分もあるが、ほぼ同様の内容となっている。これに加えて、都市計画区域内で用途地域・地区の指定がない区域内では、急激な市街化を促すおそれのある用途に供する建築物については、行政官庁の許可がなければ建築できない（第3條）こととしている。

また、建築物の高さ及び階数、建蔽率、容積率については、用途地域、地区の種別又はその指定の有無等により勅令をもって定める限度を超えることができない（第4條、第5條）こととしている。

建築線制度について物法改正案要綱においては、「行政官廳は都市計画区域内において建物の家並を整へるため必要があると認めるときは建築線を指定することができる。建物の壁面は建築線より突出してこれを建築することができない。」（第17條）と従来の市街地建築物法において後退建築線、壁面線が担った意味合いに留まった。

一方、道路の定義において、道路法の道路、区画整理によって築造された道路に加えて、行政庁が認定したもの（第27條）とされており、計画的な道路以外は事実上完成をみて、認定を受けない限り道路と認められないこととされ、後の道路位置指定の考え方が提案されている。これに接道条件を合わせ、道路認定を受けなければ建築できない仕組みが提案されている。

構造設備については、市街地建築物法において「主務大臣ハ建築物ノ構造、設備又ハ敷地ニ關シ衛生上、保安上又ハ防空上必要ナル規定ヲ設クルコトヲ得」（第12條）の1条のみで、具体の規定は全て施行規則において規定しているところ、物法改正案要綱では「建物はその環境、用途、規模、構造等に應じ適當なる衛生設備、採光、通風設備、火災予防及び消火設備並びに避難設備を具へるものとなさなければならない」とし、さらに、これらについて、「都市計画区域内外の別、建築物の用途の種別等によりその基準を示し且つ必要なる規定を設けることができる」（第22條）として、都市計画区域内外あるいは用途の種別に応じた単体規定の分離が提案されている。

このように物法改正案要綱においては、戦災復興都市計画における土地利用計画の設定標準を踏まえつつ、都市計画区域内の新しい地域地区制に基づく用途制限、形態制限に関する規定が提案されている。また建築線制度に代わる道路位置指定制度の提案のほか、構造、設備といった建築規制が都市計画区域の内外、用途に応じて規定することとし、集団規定、単体規定の概念が整理、強化されたことは建築法規として大きな変化であったといえよう（**表3、表4**）。

表3　市街地建築物法改正案要綱（抄）

1條	主務大臣は都市計画区域内に用途地域及び用途地区を指定することが出来る。 用途地域及び用途地区は次の如きものとし具体的には勅令をもって規定する。（以下略）
	（中略）
3條	用途地域の指定のある都市計画区域内における用途地域の指定のない区域内では、急激な市街化を促すおそれのある用途に供する建築物は勅令の定めるところにより、行政官廳の許可を受けなければ、これを建築することができない。
4條	都市計画区域内では、建築の高さ及び階数は、用途地域又は用途地区の種別又はその指定の有無及び建物の面する道路の幅員により、勅令をもって定める限度を超えることができない。（以下略）
5條	都市計画区域内では、建築の建築面積及び床面積の敷地面積に対する割合は、用途地域又は用途地区の種別又はその指定の有無により勅令をもって定める限度を超えることができない。
	（中略）
8條	主務大臣は都市計画区域内に港湾地区、公館地区、文教地区、体育地区、慰楽地区、保健地区、その他の特別地区を指定し、その地区内における建築物の用途、形態、構造、意匠又は敷地に関し必要な規定を設けることができる。
9條	主務大臣は都市計画区域内に防火地区を指定し、その地区内における防火設備又は建築物の防火構造に関し必要な規定を設けることができる。（以下略）
	（中略）
16條	都市計画区域内においては、建物の敷地は、命令の定めるところにより道路に接し且つ有効にこれを利用し得るものとしなければならない。

17條	行政官廳は都市計畫區域内において建物の家並を整へるため必要があると認めるときは建築線を指定することができる。建物の壁面は建築線より突出してこれを建築することができない。		
	(中略)		
22條	建物はその環境、用途、規模、構造等に應じ適當なる衛生設備、採光、通風設備、火災予防及び消火設備並びに避難設備を具へるものとなさなければならない。主務大臣は右に關して都市計畫區域の内外別、建築物の用途の種類別等によりその基準を示し、且つ必要な規定を設けることができる。		
	(中略)		
23條	建築物の構造は自身の荷重及び地震、風、積雪等による外力に對し安全なものとなさなければならない。主務大臣は右に關して基準を示し且つ必要なる規定を設けることができる。		
	(中略)		
26條	都市計畫區域内における土地區劃整理組合、商業組合、町内會、その他行政官廳が適當と認める團體は、その管轄區域内に建築する建築物に關し、この法律又はこの法律に基いて發する命令による制限の外に特別の規約を定め行政官廳の認可を受けることができる。(以下略)		
27條	この法律で道路と稱するのは復員四メートル以上のもので次の各号の何れかに該當するものをいふ。一、道路法にいふ道路　二、土地區劃整理によって築造した道路　三、前二号に該當しない道路で行政廳の認定したもの		
	(以下略)		

表4　戦災都市土地利用計畫設定標準と物法改正案要綱における地域地区の比較

戦災都市土地利用計畫設定標準		物法改正案要綱	
市街地域【用途地域】	商業地域、工業地域、住居地域	用途地域	商業地域、工業地域、住居地域、緑地地域
（専用性のある）地区	商業専用地区、工業専用地区（甲種工業地區、乙種工業地區）、住居専用地區、店舗地區、集合住宅地區、普通住宅地區、菜園住宅地區	（専用性のある）用途地区	商業専用地區、工業専用地區、軽工業地區、特別工業地區、住居専用地區、集合住宅地區、菜園住宅地區（注2）
特別地区	公館地區、慰樂地區、港湾地區、倉庫地區、體育地區、文教地區	特別地区	港湾地區、公館地區、文教地區、体育地區、慰樂地區、保健地區、その他特別地区
其の他の地区	防火地區、高度地區、風致地區	高度地区	
		防火地区	
		美観地区	
緑地地域		（注）	
留保区域		用途地域の指定のない区域	

（注）物法改正案要綱では、緑地地域は用途地域に分類されている。

（注2）集合住宅地区、菜園住宅地区は（専用性のある）用途地区とは別に住居地域内に指定できるものとされている。

2　建築法要綱試案の完成と建築法規調査委員会における審議、建築法草案の検討

(1)　理想とする建築法規案の作成へ

～建築法要綱試案の提案

　戦災都市の復興都市計画の検討が進められるのと併行して、戦災復興院建築局監督課（伊東課長、小宮氏）においては、物法改正案要綱からなる建築法規の抜本的な改正提案を基に、理想とする建築法規案の検討が進められている。その検討においては、①都市の建築的構成の整備、②新しい立場から復興計画を立てる場合に見た不足を改める、③行政面の建築統制を民主的にする、という3点から物法改正案要綱を拡充し、1946（昭和21）年10月7日に建築法要綱試案が取りまとめられた。

　建築法要綱試案は、これまでの改正案になかった章立てがなされ、全十三章で構成され、条項は省略された第十三章の罰則の規定を除き、72条にのぼっている。

　建築法要綱試案においては、初めて法の目的（第一章第一）として、「この法律は、文化、保健、能率、防火等の見地から都市の建築的構成の整備並びに住宅その他、建築物の質の向上及び環境の改善を図ることを目的とする。」とし、都市構築に向けた法の目的が高く掲げられている。小宮氏は同案を解説した講演の中で、復興計画に即応する建築統制として、公共建築物の積極的な建設促進とともに、私的な建築物を都市計画に合せていく都市計画統制の重要性も指摘している[8]。こうした点は、都市計画区域における集団規定と全国的な建築物への単体規定として法の適用範囲を明確に記述する（第一章第七～九）ことにも通じている[2]。

また、用語の定義として、「建築物」、「建築」、「道路」等10項目について規定（第一章第二、一～十）しており、例えば、建築物や建築の定義は、後の建築基準法の規定にほぼ引き継がれる表現となっている。

用途地域については、住居、商業、工業について、それぞれ甲種、乙種の２つの地域に分類し（第二章第二）、甲種は戦災復興を行う地域や今後の開発を行う地域を想定して用途の純化を図る地域、乙種は既存の市街地を想定して用途の一定の混在を許容する地域（第二章第三）としている。また、特別地区としては、公館地区、文教地区、慰楽地区、特別工業地区、倉庫地区、美観地区の６種類の地区とされ、それぞれ建築できる用途が限定され（第二章第五）、建築には地方長官の許可を受けなければならないこととされた。また、公館地区、文教地区、慰楽地区、美観地区の４種類の地区では、建築物の高さ、位置、形状又は意匠に関し美観の保持上必要な規定を設けることができる（第二章第六）とした。

建築法要綱試案ではそれまでなかった具体の形態規制が検討されている。まず高さの最高限度を全ての地区で40mとして統一して設け、建蔽率、容積率は住居地域を甲種、乙種ともに30％、60％、これに加え容積率を４段階で設定できることとし、住居系の用途地域について特に厳しい上限を設けている（第三章第二）。

道路、建築線については、物法改正案要綱の提案を引き継ぎ、建築線は従来の意味合いと異なり、「地方長官は、建築物の家並みを整へるため又は街区内に一団の空地を必要があると認めるときは、建築線を指定することができる」（第四章第六）とされた。また、接道義務は従来の２m以上を３m以上（第四章第一）に強化した。

防火地域については、甲乙丙の３種類に分類され、甲種防火地域を従来と同様の地域、乙種防火地域を木造であっても外周部を不燃材料で被覆す

る地域、丙種防火地域を屋根不燃材地域（第五章第二）とした。第五章第四以降は、防火地域内における共同化による防火建築事業の提案が盛り込まれ、市街地建築物法の規制法の性格に留まらない内容となっている。

その他、構造設備に関する基準の具体化や「建築規約」に関する制度、建築士及び建築工事管理者、建築委員会等の新しい提案が章ごとにまとめられている。

このように、建築法要綱試案においては、理想とする新しい建築法規の成立を目指して、法の目的を高く掲げ、戦災復興や新市街地と既存市街地のあり方を意識した用途地域、地区の類型化や形態制限の具体化の提案がなされた。さらに、防火地域における共同化による防火建築事業や建築規約等の今後の市街地のあり方を踏まえた新しい提案が盛り込まれ、新しい建築法規の原案として一応の完成をみたといえよう（**表5**）。

表5　建築法要綱試案（抄）

第一章総則	第一	この法律は、文化、保健、能率、防火等の見地から都市の建築的構成の整備並びに住宅その他、建築物の質の向上及び環境の改善を図ることを目的とする。
	第二	この法律における用語は左の例による。
		一、建築物とは土地に定着し、屋根及び柱又は壁体のある工作物及びこれに付随する門、塀、煙突、擁壁の類並びに野外観覧席、地下又は高架工作物内に設ける停車場、店舗、倉庫の類をいふ。
		二、建築とは建築物を新築、増築、改築、再築又は移転することをいふ。（中略）
		八、道路とは、左に掲げるもので幅員4メートル以上のものをいふ。
		イ、道路法にいふ道路
		ロ、土地区劃整理によって築造した道路
		ハ、前二号以外の道路で行政官庁の認定したもの
		（中略）
	第七	第二章乃至第五章、第六章第一及び第二の規定は都市計畫法第二条の規定による都市計画区域に限りこれを適用する。
	第八	用途地域、特別地区、容積地区及び防火地域の指定は都市計画法第三条の規定による都市計画の施設としてこれをなす。
		（以下略）

第二章 用途地域 及び特別 地区	第一	（中略）
	第二	用途地域は甲種住居地域、乙種住居地域、甲種商業地域、乙種商業地域、甲種工業地域、乙種工業地域、及び港湾地域の7種類とし、特別地区は、公館地区、文教地区、慰楽地区、特別工業地区、倉庫地区及び美観地区の六種類とする。
	第三	用途地域内においては、左の各号に掲げる建築物で勅令で定めるものは、これを建築することができない。 一、甲種住居地域内においては、住居の用に供する建築物以外の建築物 二、乙種住居地域内においては、住居の安寧を害するおそれのある用途に供する建築物 三、甲種商業地域内においては、商業の用に供する建築物以外の建築物 四、乙種商業地域内においては、商業の利便を害するおそれのある用途に供する建築物 五、甲種工業地域内においては、工場、事業場、倉庫その他これに準ずるもの以外の建築物 六、乙種工業地域内においては、工業の利便を害するおそれのある用途に供する建築物又は工場、事業場、倉庫その他これに準ずるもので規模の大きなもの又は衛生上有害若しくは保安上危険のおそれのある建築物 七、港湾地域内においては、港湾の機能を害するおそれのある用途に供する建築物
	第四	都市計画区域の一部に用途地域を指定した場合に用途地域又は特別地区の指定のない地域（以下、無指定地域といふ）内においては農業の用に供する建築物その他、勅令で指定する建築物で地方長官の許可を受けたものでなければ、これを建築することができない。
	第五	特別地区内においては、左の各号に掲げる建築物で主務大臣の指定するものでなければ、これを建築することができない。 一、公館地区内においては、官公衙、事務所の類及びこれらに関聯して必要な建築物 二、文教地区内においては、學校、図書館の類及びこれらに関聯して必要な建築物 三、慰楽地区内においては、劇場、映画館、遊戯場、料理店、飲食店、物品販賣業を営む店舗の類 四、特別工業地区内においては、特定の事業を営む工場、事業場の類及びこれらに関聯して必要な建築物 五、倉庫地区内においては、倉庫の類及びこれらに関聯して必要な建築物 特別地区内において、建築物を建築するときは地方長官の許可を受けなければならない。
	第六	主務大臣は、公館地区、文教地区、慰楽地区又は美観地区内に建築する建築物の高さ、位置、形状又は意匠に関し、美観の保持上必要な規定を設けることができる。
		（中略）

第三章 高さ、面 積及び敷 地内の空 地	第一	建築物はその軒高が四十メートルを超えるものは、これを建築することができない。
	第二	建築物は、建築面積又は延面積のその敷地面積に対する割合が、左表に掲げる限度を超えるものは、これを建築することができない。（以下略）
		（中略）
	第四	主務大臣は、甲種住居地域又は乙種住居地域内に容積地区を指定することができる。 容積地区は第一容積地区、第二容積地区、第三容積地区及び第四容積地区の四種類とする。 容積地区内においては、建築物は第二、第三の規定に拘らず、その建築面積若しくは延面積のその敷地面積に対する割合、敷地面積又は敷地境界線からの距離が、左表に掲げる制限内のものでなければ、これを建築することができない。（以下略）
		（中略）
第四章 道路、通 路及び建 築線	第一	建築物は、その敷地が長さ三メートル以上道路に接するものがなければ、これを建築することができない。（以下略）
		（中略）
	第六	地方長官は、建築物の家並みを整へるため区は街区内に一団の空地を設けるため必要があると認めるときは、建築線を指定することができる。（以下略）
		（中略）
第五章 防火地域	第一	主務大臣は市街地又は近く市街化の予想される区域につき、防火地域を指定することができる。 防火地域は甲種防火地域、乙種防火地域及び丙種防火地域の三種類とする。
	第二	防火地域内においては、左の各号に該当するものでなければ、これを建築することができない。 一、甲種防火地域内における建築物又は乙種防火地域内若しくは丙種防火地域内における規模の大きな建築物については、その外周部及び主要構造部を不燃材料で構成したもの 二、乙種防火地域内における建築については、その外周部を不燃材料で構成又は被覆したもの 三、丙種防火地域内における建築物については、その屋根を不燃材料で構成又は被覆したもの （以下略）
		（中略）
	第四	甲種防火地域又は乙種防火地域内において、数人共同して所有又は占有することを目的とする建築物で、主要構造部が不燃材料で構成されているものの建築につき、主務大臣の特許を受けた者は、その建築に必要な土地を収用又は使用することができる。
		（以下略）

⑵　建築法規調査委員会での審議

　1946（昭和21）年10月には、新しい建築法規案について調査審議するため、外部の学識者からなる建築法規調査委員会が設置された。委員長には市街地建築物法制定当時のスタッフの一人であり、内務省復興局（関東大震災の復興事業を帝都復興院廃止後に継承して推進）建築部長を務めた笠原敏郎　日本大学教授が就き、委員として浜田稔、高山英華といった学識者のほか、菱田厚介、中澤誠一郎といった内務省における先達の面々に加え、戦災復興院の課長クラスが名を連ねている。なお、内田祥三氏は、終戦の前後に東大総長の要職を務め[9]、公職追放中のため委員に入らなかった。10月9日に第一回が開かれ、11月25日までの短期間の間に計10回にわたり審議がなされた[10]。小宮氏は当時の思い出として、「委員会は約2カ月に亘って頻繁に開かれ、その間我々スタッフは、委員会の意見に従って原案を集成して再提出、といった具合に、休むひまもなく追い回された。[1]」と述懐している。

　建築法規調査委員会での討議内容をみると、用途地域の大きな変更点であった甲種、乙種の2分類を設けることで、被災市街地や新市街地で用途純化を図ろうとする点について、委員会において特段の異議はなく、主に無指定地域の扱いと特別地区の設定について議論がなされている。

　一方、形態規制については、戦前から課題であった容積制限について、その制限の厳しさから各種の議論がなされ、40mの高さの上限についても一律の高さ上限には否定的な見解が示された。また、構造別の規制設定や高層・低層を区分した上で用途地域（地域地区）を考慮した規制を考えるなど規制のあり方について根本から議論がなされた。

　また、建築線については、従前の建築線制度の重要性を指摘する意見が質疑・討議を通じて出され、事務方からは新しい私道認定と計画道路の方法を活用して対処するという説明が繰り返されている。

　さらに、防火地域と防火建築事業案については、防火地域について甲乙丙の3種に分類した設定基準について議論がなされ、防火の観点から、材料による対応と建築物間の距離の確保の観点から意見が交わされ、甲種防火地域は耐火構造を緩めたもの、乙種は防火改修を強め、丙種を削除して2種に分類することとされた。

　このような質疑・討議により、形態規制をはじめとした具体的な基準については再検討が求められたが、新たな用途地域区分、建築制限区域、防火建築事業や建築規約等の新しい提案の重要性について理解が示され、都市計画制度を先導する新しい時代の建築法規案として、議論が深められたことがうかがえる[11]。

　こうした討議を受け、特別委員会において各章の修正案作成が続けられ、建築法案要綱としてとりまとめられた。

⑶　建築法案要綱のとりまとめ

　委員会での意見を受け、特別地区が特別用途地域に変更の上、用途地域に併合され、その設定基準が用途にあることが鮮明にされた。このため、特別地区の1つであった美観地区については、新たに「第八章　景観」を設け、景観に配慮した形態について従来の美観地区に相当するものを景観地区として新たに設定できることとした。

　また、無指定地域の設定については、戦災復興計画において永続的に保存する区域（緑地）と、市街化の調整のため一次的な緩衝区域の設定が必要であることを明確にした。

　形態規制（面積、高さ及び空地）については、基準の見直しがなされ、建蔽率、容積率の規制が緩やかなものに、高さ規制については一部強化されている。

　防火地区の規定については、特別委員会での検

討が重ねられ、防火地区と防火建築事業の２章に分けられ、防火建築事業については内容、手順が追加され、事業法としてまとめられている。

また、建築規約は、建築協定とその名称を変更されたほか、建築士、建築工事管理者の２つの資格が位置づけられた。

3　新しい建築法草案の内容

「戦災地復興計画基本方針」の閣議決定を発端として、戦災復興院における市街地建築物法の部分的な改正検討から、その全面改正、さらには「建築法案要綱」の検討を経て、約半年かけて新たな時代の理想的な建築法規として「建築法草案」が1947（昭和22）年１月４日付で取りまとめられた（**DVD**3-1-1、3-1-2）。

その内容としては、用途地域（地域地区）制度等に進歩的な規定を設けたほか、防火建築事業、建築協定、建築士制度の規定まで盛り込んだ14章125条にわたる、かなり革新的な法案であった。

ここでは、その主要な内容について、新しい建築法草案としてどのようにまとめられたか紹介したい。

(1)　法の目的、用語の定義等

法の目的は、建築法要綱試案で提案された「保安、衛生、能率、文化等の見地から建築物の集団的構成の整備と建築物の質の向上を図ること」（第１条）としている。小宮氏によれば、「いわゆる集団規定と単体規定の両方の目的を並列して書きわけており、後の建築基準法の目的である『国民の生命、健康及び財産の保護』より具体的であり、また単に安全、衛生の範囲にとどまらないことを示している」としている[12]。また、「建築物」の定義を明確に定めており（第２条）、これはその後臨時建築等制限規則（昭和22年２月８日公布施行）に用いられ、建築基準法にほとんどそのま

ま採用された。「建築」その他の定義についても同様である。[12]

> **臨時建築等制限規則**
> （昭和二十二年二月八日閣令第六號）
> **第一條**　この閣令で建築物とは、土地に定着し屋根及び柱又は壁體を有する工作物、門、へい、塔、物干、物見臺、煙突、鳥居、彫像等の工作物、廣告、展覧、観覧等のための工作物及び地下又は高架工作物内に設ける事務所、店舗、倉庫の類をいい、…（以下略）

法律の適用範囲については、市街地建築物法においては、国、都道府県の建築物には事実上適用がなかったのを、政令で別個の定めをした場合を除き、原則としてこれらについて適用することを明確にした（第７条）。また、国宝などの適用除外は市街地建築物法にもあったが、さらに、これら建築物の再築の一部適用除外も定めている（第８条）。

(2)　用途地域の細分化

主務大臣は、都市計画区域内に用途地域を指定することができる（第10条）こととし、市街地建築物法に規定されている住居地域、商業地域、工業地域の３分類をそれぞれ甲種、乙種に分類し、６分類に細分化している。

甲種は、戦災跡地や新開発地を対象に指定することを想定し、各用途地域の利便に必要のない用途の建築物の建築を禁止して用途純化を図っている。一方、乙種では、既成市街地を対象に指定することを想定し、既成市街地における混合用途について、各用途地域に有害な用途の建築物の建築を禁止することとしている。

また、「市街の計画上特別の必要がある場合」に特別用途地域を指定する（第12条）こととし、例示的に公館地域、文教地域、娯楽地域、港湾地

域、特別工業地域、倉庫地域が挙げられている。小宮氏によれば「この制度は、戦時中（小宮氏が）青島（チンタオ）市の都市計画の立案に関与したとき考えた手法であり、都市の顔にあたるような特別に重要な地域に対して、特色のある開発を行おうという意図で、一般の用途地域とは別にその地域の目的に即した特殊な用途や形態の制限を課する代わりに、その土地の買取請求権を認めたり、この地域に特に集中させたい用途を他の地域で禁止したりできるようになっている。これは戦災復興都市計画の目玉の一つとして土地利用計画にうたわれていたが、その後退とともに必要性がうすれ、建築基準法では、特別用途地区として、かなり後退した形で入った。[1]」としている。

⑶ 用途地域の無指定地域の建築制限

都市計画区域内で、用途地域及び緑地地域の指定区域外（無指定地域）では、農業の用に供するもの以外は建築することができないこととされている。小宮氏によれば、「これは目立たないようにさりげなく書いているが、実は現都市計画法の開発規制制度を先取りしたようなスプロール防止のための規定で、都市施設の整備が不十分な未開発地には用途地域を指定せずにおき、都市開発が終わり、都市施設が整った後に、用途地域の指定をするというものである。これは伊東課長が戦争直前にドイツに出張して見分して来られたバウ・ゲビーテ（Baugebiete：建築地域）の制度のようなものをやろう、という話しがあり、たまたま私も前記の青島都市計画で似たようなことを考えたことがあるので、あまり目立たない形で入れることにしたのである。一方、建築基準法制定時には、都市計画に関する事項は、原則として後まわし、という方針だったので、この制度ははじめから考えなかった。[1]」と述べている。

⑷ 特殊建築物の許可制度

建築法草案においては、特殊建築物の許可制度について、後の建築基準法において制度化されたように、火葬場、屠場、塵芥、汚物処理場等は、都市計画においてその位置が決定していない場合は、地方長官の許可を受けなければならないこととしているのに加え、この草案では規模の大きな官公用建築物、学校、公会堂、集会場、劇場、映画館、百貨店等についても許可制度の対象としている（第16条）。小宮氏によれば「これらの大規模施設の立地は、都市の将来の発展に大きな影響を及ぼし、都市施設の計画との間の調和を図る必要があるからである。[1]」と述べている。

⑸ 建蔽率、容積率制限

市街地建築物法では、用途地域別に、ごく大まかに建蔽率を定めており、あとは空地地区（建蔽率、容積率）の制度があるだけであったが、建築法草案においては、「第3章　面積、高さ及び空地」において、各用途地域別に、建蔽率、容積率を定め（第20条）、住居地域ではさらに4種類の「面積地区」（容積率制限）が指定できる（第21条）ようになっている（表6、表7）。

表6　地域別建蔽率、容積率

地域別	建蔽率	容積率
甲種住居地域	3/10	6/10
乙種住居地域	4/10	12/10
甲種商業地域	7/10	42/10
乙種商業地域	6/10	24/10
甲種工業地域	5/10	－
乙種工業地域	4/10	12/10

表7　面積地区における容積率

地区別	容積率
第一種面積地区	2/10
第二種面積地区	3/10
第三種面積地区	6/10
第四種面積地区	12/10

小宮氏によれば、「これらの建蔽率、容積率と

も非常に厳しくなっているが、これは戦時中、空地を十分とった疎用的な市街地が都市計画の理想のようになっており、特に戦後早々の時点では、戦災の焼跡の未利用地がいくらでもあり、土地はそれほど貴重とは感じられなかったからである。そのために高層化を想定した甲種商業地域でも高さ40m容積率（地上階のみ）420%という低い値になっている。そして混合地域である乙種商業地域では、混在する住宅建築物への影響を考えて容積率はその1/2と低く抑えている。さらに面積地区の指定により、住居地域では容積率の制限を厳しくできるようになっており、第一種面積地区の容積率2/10は菜園付住宅地区、第二種面積地区の容積率3/10は庭付1戸建住宅地区を想定したもの[12]」と述べている。

(6) 高さ制限

建築物の高さ制限は、絶対高さ制限と道路斜線制限であることは、市街地建築物法と同様である。まず、絶対高さ制限は、市街地建築物法では、住居地域内20mその他の地域31mであったが、建築法草案においてその他の地域を40mとしている（第25条）。一方、道路斜線制限は、市街地建築物法では道路の反対側（路面）より15/10（住居地域では12.5/10）の斜線勾配で道路より後退すればさらに8mまで高さを増すことができたが、建築法草案では、道路の反対側の地上2mの位置より8/10の斜線勾配で後退した場合の高さは5mを超えない範囲（第26条）とされ、かなり厳しい制限となっている。

小宮氏によれば、「道路斜線制限の方は、戦災復興事業により道路幅が広がることを前提として、一般に市街地建築物法よりかなり厳しくなっている。一律に2mを加えたのは斜線勾配を厳しくした結果、幅の狭い道路での制限がきつくなりすぎるためで、また人間の高さなど考えるとその方が合理的と考えられることによる。しかし、一方既にビルの立ち並んだ商業地域（例えば銀座通）などでは、急に制限を強めるのはかえってまずいので、甲種商業地域又は乙種商業地域内の地方長官の指定する道路に面する建築物については、勾配を12/10としている（これで幅員27mほどの銀座通りにも31mの建物ができる）[12]」としている。

(7) 接道条件

市街地建築物法において接道条件については、幅員4m以上の道路に長さ2m以上接することとしていたが、建築法草案においては「建築物の敷地は、都市計画区域内においては、幅員4m以上の道路に長さ3m以上接し、かつその道路を有効に利用できるものとしなければならない。」（第31条）としており、建築法要綱試案の内容を引き継いでいる。

(8) 道路位置指定制度

市街地建築物法における建築線に代わるものとして、物法改正案要綱及び建築法要綱試案の提案を引き継いで道路位置指定制度が建築法草案に示されている。建築法草案においては、「都市計画区域内において、建築物の敷地の利用のため、他の法令によらないで道路を新設又は変更しようとする者は、地方長官に申請し、その位置の指定を受けなければならない」（第34条）としている。

小宮氏によれば、「市街地建築物法の建築線制度は、当時の立案者である笠原敏郎先生によると、プロシアの建築線法を参考にして立案されたそうであるが、現実の通路の境界線である『法定建築線』と、行政長官がどこでも自由に指定できる『指定建築線』とがあり、特に後者が、未開発地の道路整備に非常な効力を発揮した」とされ、「伊東課長は、当時警視庁でこの建築線係をやった経験があるので、この有効な制度を何とか残したいという考えであった。しかしこの制度は民権

尊重という点ではかなり問題があり、このままではGHQの審査をパスしそうもない。何か代案はないかということになって考え出したのがこの『道路位置指定』であった。[1]」と述べている。

また、建築法草案において、「地方長官は、街区内における建築物の位置を整えるため必要があると認めるときは、建築線を指定することができる。建築物は、地盤面下に建築するもの又は地方長官の指定する門、へい、軒、ひさしの類を除くの外、建築線から突出して、これを建築することができない。」(第37条)とされ、名称は建築線としているが、街区内の建築物の位置を整えるための規制で、市街地建築物法の壁面位置指定、後の建築基準法の壁面線と同じである。

(9) 防火地区

市街地建築物法では、施行規則において甲種防火地区、乙種防火地区の2種を規定し、甲種防火地区内では原則として耐火構造(小規模なものは外壁のみ)、乙種防火地区内では外壁を耐火構造又は準耐火構造(現在の防火木造のようなもの)とすることとしていた。建築法草案においては、第5章 防火地区の規定において、「主務大臣は、都市計画区域内に防火地区を指定することができることとし、防火地区は、甲種防火地区及び乙種防火地区とする(第39条)。」とし、甲種防火地区内の建築物の外壁及び屋根は耐火構造とすることとし、準耐火構造を主とする乙種防火地区内においても3階建て以上又は延べ面積2,000m²以上のものは耐火構造とする等、防火規定の強化がなされている。

小宮氏によれば、「これは、戦争で可燃都市の悲哀を痛感させられたことによるもので、戦災復興に当たっては、都市の不燃化のため、この規定の活用が必要なので、あわせて次章の防火建築事業によりその促進が考えられた[12]」と述べている。

(10) 防火建築事業

建築法草案の第6章 防火建築事業においては、これまでの章の規制法的な内容とは異なり、防火地区内に外壁及び屋根を耐火構造にした共同建築物の建築を促進する事業法となっている。小宮氏によれば、「この草案が建築物法ではなく建築法であるゆえんである。[12]」とのことであり、その要旨は次のとおり。

① 主務大臣は防火地区内に「防火建築事業区域」を指定することができる。

② 事業施行者は、土地の2/3以上に当たる権利者の承諾を得て、主務大臣より、事業の特許を受ける。(地方公共団体が施行する場合又は区域指定後5年経過した後に行う場合には権利者の承諾を必要としない)

③ 事業施行者は、土地建物の収用、一時収容施設用の施設の一時使用などができる。

④ 土地所有者、借地権者は、申出により、完成建築物の一部の譲渡又は賃借ができる。

これと同趣旨の規定は、後に耐火建築物促進法(1952(昭和27)年)、防災建築街区造成法(1961(昭和36)年)を経て、都市再開発法(1969(昭和44)年)に反映されている。

(11) 建築制限区域

建築法草案においては、道路その他の都市計画施設又は土地区画整理の境域内の建築制限(第67条)、災害後の市街地の復興計画の準備のための一時的(6箇月以内)な建築制限(第68条)、津波、高潮、出水、土砂崩壊等による危険のおそれの多い区域等につき住居禁止区域を指定することができる(第69条)こととされ、建築基準法における災害危険区域や被災市街地における建築制限の制度に反映されている。

(12) 景観

建築法規調査委員会での審議を経て、建築法案

要綱に盛り込まれた景観に関する規定が、建築法草案に反映されている。「主務大臣は、市街の体裁又は環境の風致をよくするため、特に必要があると認めるときは、景観地区を指定することができる。景観地区内において建築物を建築しようとするときは、その形態、色彩、照明その他意匠について地方長官の承認を受けなければならない。」（第73条）とし、その承認には、景観委員会の意見を聴くものとしている。

(13) 構造設備

市街地建築物法では、構造設備に関しては、全て施行規則に規定していたが、建築法草案においては、第9章において主要な項目について法で規定しており、その要旨は次のとおり。

① 住宅の用に供する建築物の居室の地階又は屋階の禁止（第76条）。採光、通風等の規定（第78条）。

② 高さ13m、軒高9m、階数2を超える建築物の外壁、床及び主要な柱はこれを煉瓦造、無筋コンクリート造、木造となすことができない（第79条）（市街地建築物法と同様）。

③ 高さ20m、軒高15m、階数4を超えるものは耐火構造としなければならない（第81条）。

④ 都市計画区域又は主務大臣の指定する区域内において建築する建築物の屋根及び規模の大きな屋上工作物は、不燃材料で構成又は被覆しなければならない（第83条）。

⑤ 主務大臣は、学校、共同住宅、寄宿舎、旅館、浴場、劇場、映画館、百貨店、事務所、市場、倉庫、自動車車庫等の特殊建築物につき、その位置、構造設備又は敷地に関して必要な規制を設けることができる（第85条）。

⑥ 建築物は命令の定めるところにより、その自重、積載荷重及び地震、風、積雪等による外力に対して安全な強度を有するものとしなければならない（第86条）。

これらの規定の相当部分は、後の建築基準法に反映されている。

(14) 建築協定

建築法要綱試案で提案された建築規約の制度が、建築法案要綱において建築協定に名称変更され、建築法草案の第10章に規定された。建築法草案では、都市計画区域内における一定区域内の土地所有者又は借地権者は、2/3以上の合意を得て、地方長官の認可を受け、区域内において建築する建築物の位置、形態、意匠、構造設備について建築協定をすることができる（第88条）とし、地方長官は建築協定の違反者に対して、建築協定に従うよう命ずることができる（第89条）こととしている。

小宮氏によれば、「この制度は、伊東課長が、戦前警視庁建築課において、民間宅地分譲団地の建築についてこの種の建築規約を指導した経験から、これを法制化したいということで、前田事務官が建築法草案にまとめたもの[12]」とのことである。これが現行の建築基準法に位置付けられた経緯については次節にゆずることにする。

(15) 建築士及び建築工事士

建築法要綱試案で提案された建築士及び建築工事管理者の制度が一部見直され、建築法草案の第11章に規定された。建築法草案では、「建築士」は「建築の設計及び建築工事の管理を掌り、建築物の機能と構造の適正を図り、造形文化の向上に寄与することを本分」（第90条）とし、主務大臣の免許を受けなければならない（第91条）こととしている。また、「建築工事士」は、「建築工事の施工と管理を掌り、建築物の機能と構造の適正を図ることを本分」（第93条）とし、地方長官の免許を受けなければならない（第94条）こととしている。

小宮氏によれば、これは「現在の建築士法（昭

和25年）に相当する内容の規定である。建築士法は戦前2度ほど議員提出法案として上程されたいきさつがあり、建築界からも要望されていたので、ここに入ったものである。建築工事士は現在の二級建築士と同様のものであるが、これは当時の事情として、木造建築の設計・施工を職分とする大工棟梁等を除外した建築士制度では、行政的意義が弱いと考えられたからである。一定範囲の建築物がこれらの者の設計・管理によらなければならないのは、建築士法とほぼ同様である。[12]」とのことである。

4 建築統制の強化と建築法草案法制化の見送り

　戦災復興院において新しい建築法草案が練られていたころ、未だ戦災復興の取り組みは緒についたばかりで、1の(4)で述べたとおり、罹災者や海外からの引揚者の応急住宅の整備が急務となっていたが、建設資材の不足が顕著であった。このため、復興資材等の確保のために「臨時建築制限令」が1946（昭和21）年5月に公布施行され、不要不急とされた建築物や大規模な建築物の建築を地方長官（都長官、北海道長官[13]、府県知事）が統制することとしていたが、戦時中と異なり、敗戦による社会秩序の混乱から、建築統制が十分に機能しない状況に陥っていた。

　このような状況下において、1946（昭和21）年8月に政府に経済安定本部（総裁、内閣総理大臣吉田茂）が設置され、9月には臨時物資需給調整法が制定され、GHQを後ろ盾とする経済統制のしくみができあがりつつあった。

　当時のことについて小宮氏によれば、「建築法草案の原案がほぼ出来上がった1946（昭和21）年11月半ば頃、この作業の推進者であった伊東五郎（監督）課長が住宅課に移り、その後任に鳥井捨蔵課長が来られた。鳥井さんは戦時中内務省で机を並べていた先輩なので、私（小宮氏）はま

すます張り切って建築法草案に没頭していた。そこへ突然──ではなかったかもしれないが、少なくとも私にとっては突然だった──GHQから、『建築統制を都道府県を通じてではなく、国が直接責任をもって実施せよ』、という指示がきた。[14]」と述懐している。

　GHQからのこの指示により、臨時物資需給調整法に基づく「臨時建築等制限規則」が1947（昭和22）年2月8日に公布施行された。また、この実施機関として、各都道府県に戦災復興院建築出張所を置き、2,000名の建築監督官が配置された。実際は都道府県の建築関係部課と一体の形で都道府県庁内に設けられた。

　このような状況下において、建築法草案の法制化は見送られたのである。

5 まとめ

　戦災復興の推進に対応すべく着手された市街地建築物法の改正の検討は、短期間のうちに新しい理想とする建築法規の草案としてとりまとめられた。その流れを振り返ると、次のように要約できる。

・「戦災地復興計画基本方針」の閣議決定に基づき、新たな都市像、復興計画が立案される中、戦前の課題を改正し、新たな都市像に対応するための建築規制・指導強化の必要性が認識され、市街地建築物法の部分的な改正（市街地建築物法中改正法案）から全面改正（市街地建築物法改正案要綱）へ、さらには新規制定（建築法要綱試案、建築法案要綱及び建築法草案）の検討に発展している。

・その検討過程において、法の適用区域と基準については、市街地建築物法で定める適用区域から都市計画区域内に適用する集団規定と都市計画区域外にも適用される単体規定の概念整理が進んだ。

- 集団規定については、用途地域（地域地区）の細分化の検討が進み、それぞれの市街地のあり方を意識した用途規制、形態規制の提案がなされた。
- 単体規定については、構造設備を中心に主要な規制項目について法で規定する方向で検討が進められた。
- 戦前戦後の建築行政における様々な実践を踏まえて、新しい用途地域区分や建築制限区域、防火建築事業、建築協定、建築士制度等の新しい提案がなされ、建築法規案に盛り込まれた。
- 学識者を中心とする建築法規調査委員会での審議においては、これらの新しい提案の重要性について理解が示され、都市計画制度を先導する新しい時代の建築法規案として、議論が深められた。

戦争からもたらされた災禍から、戦後の新しい時代への移行を契機として、また、民主憲法の制定や復興都市計画を推進していくための様々な取り組みが推進力となり、新たな考え方をもとに建築法制の再構築が検討され、建築法草案として実を結ぶこととなった。この成果の一部はやがて建築基準法の制定等に活かされることとなる。

本節の執筆に当たっては、冒頭に掲げた既往文献等を精読の上参考にしたが、著者の調査不足や理解不足等により、なお内容に不充分な点も多々あるかと思われる。読者諸賢のご指摘ご教示を頂けると幸いである。

謝辞

本節の執筆に当たり、工学院大学の藤賀雅人氏、早稲田大学の三宅博史氏に多くの有益なご助言を頂きました。また執筆のための資料閲覧に当たり、国立研究開発法人建築研究所の皆様に便宜を図って頂きました。ここに記して感謝の意を表します。

3-2 建築基準法の検討と制定

前節では、終戦直後において、戦災都市の復興が重要な課題となる中で、将来を見据えた理想的な建築法案として新しい建築法草案がまとめられたものの、経済事情が悪化したことや、建築統制強化を優先することとなり、法制化が見送られた経緯を記した。

その後、徐々に建築資材の需給環境が好転するにつれ、建築統制が緩和される一方、全国各地において地震や火災による建物被害が頻発するようになり、市街地建築物法に代わる全国を対象とする新しい建築法規の制定が求められるようになった。

このような情勢下において、内務省が解体され、建設院への改組を経て1948（昭和23）年7月に建設省が発足し、市街地建築物法に代わる新法案として、1949（昭和24）年春頃から建設省住宅局建築指導課において建築基準法案の検討が開始された。1950（昭和25）年3月には法案が閣議決定され、国会に上程、1950（昭和25）年5月に建築基準法が公布され、11月に施行されるとともに市街地建築物法が廃止された。本節では、この建築基準法案の検討からGHQ等との調整を経て建築基準法の成立に至る過程について振り返るとともに、市街地建築物法や前節で紹介した新しい建築法草案等から建築基準法にどのように反映されたのかについて紹介する。

1 建築統制の緩和と建築基準法の検討

(1) 建築統制の緩和、建物被害の頻発

終戦直後の建築物資の逼迫、復興資材の確保等のため、1947（昭和22）年2月8日に公布施行された「臨時建築等制限規則」による建築統制は、その後の資材の需給環境の好転により、1948（昭和23）年8月31日には、「臨時建築制限規則」が出され制限が緩和された[1]。その後も、1950（昭和25）年にかけて段階的に緩和がなされた。

一方、戦時特例以降、市街地建築物法の多くの規定が適用停止にされていた影響等により、建築物の質の低下、火災その他の災害の増加が目立つようになった。当時、建設省住宅局建築指導課長であった内藤亮一氏によると、建築物災害に関する統計は、消防庁、地方警察本部又は都道府県からの報告を集計したもので、地震、台風等の被害は相当の誤差もあるが、全般的な傾向として、「（終戦後）最近3カ年の建築災害は、終戦前10カ年の年間平均を相当上回っている（**表1**）。1948（昭和23）年中の建築災害を市郡別に見れば、市部郡部に普遍的にあり、人口1万人当たりでは市部より郡部の方が上廻っている（**表2**）。」とし、

表1　平均年間災害戸数（単位：戸）

災害種別	火災	風水害	震災	合計
昭和10年〜19年(A)	22,739	20,980	9,368	53,087
昭和21年〜23年(B)	33,902	23,848	23,135	80,884
(B)／(A)	1.49	1.14	2.46	1.52

（出典）　内藤亮一、1949、「建築物災害の現況とその防止対策」、「建設時報」1巻8号P3より作成

表2　市郡別災害戸数、床面積（昭和23年）

（単位：戸、坪）

	災害戸数	床面積	人口一万人当たり	
			災害戸数	床面積
市部 (229市)	29,635	561,936	10.6	202.6
郡部	66,895	1,169,744	12.7	222.9

（注）　人口は昭和23年8月1日常住人口調査による。
（出典）　内藤亮一、1949、「建築物災害の現況とその防止対策」、「建設時報」1巻8号P3より作成

表3　主な地震による建物被害（昭和21年～23年）

	名称	マグニチュード	住家被害(棟)
昭和21年	南海地震	8.0	14,189
昭和23年	福井地震	7.1	40,035

（出典）「消防白書」より作成

表4　主な大火による建物被害（昭和21年～22年）

	市町村名	建物焼失面積 (m²)	焼損棟数 (棟)
昭和21年	新潟県村松町	135,231	1,337
昭和22年	飯田市	481,985	3,742
	茨城県那珂湊町	80,451	1,508

（出典）「消防白書」より作成

建築物の災害増加の要因として、戦時中から終戦後にかけて建築された建築物の著しい質の低下や維持管理が殆ど行われていない点を挙げ、建築物災害防止の根本的方策として、新憲法に基づく建築法規の確立を提言している[2]。

このように、終戦直後から1948（昭和23）年にかけて、未だ市街地建築物法の適用のない地方や郡部においても建物被害が多く発生し、市街地建築物法の適用対象となる都市部の市街地のみならず、全国的に建築物の安全性を強化する必要が生じていた[3][4]。一方、復興を優先する観点から、全国的な建築規制をすることに慎重な意見もあった[5]。

(2)　市街地建築物法の規定の復活、特殊建築物の規定の全国適用

1948（昭和23）年1月に内務省が解体され、同省国土局と戦災復興院を合わせて建設院に改組された。建設院では改組されるのを機会に、従来の監督課から建築基準行政を分離独立させて指導課を新設し、監督課は建築統制規制関係、指導課は市街地建築物法関係を所管することとなった[6]。一方、「市街地建築物法の適用に関する法律」が1948（昭和23）年1月1日に施行され、戦時特例により停止されていた市街地建築物法の規定をほぼ復活させるとともに、「市街地建築物法の適用に関する法律」に基づき、「特殊建築物に関する東京都令、警視庁令、北海道庁令及び府県令の効力に関する命令」により、特殊建築物について、市街地建築物法の規定を全国的に適用することとなった。

小宮賢一氏によると、「それまで市街地建築物法は、その名のとおり『主務大臣（当初は勅令）の指定する市街地』のみ適用されていたので、これは（同法の規定を全国的に適用することは）大変画期的なことといえそうだが、実はこれは従来地方長官の単独命令として定められていた学校、旅館、浴場、興行場、車庫、危険物倉庫などの取締規則が、新憲法の施行によって、1948（昭和23）年1月以降失効するので、新たに立法措置がとられるまでの延命を図ったものである。…いずれにせよ、これが後の建築基準法制定にあたって、単体規定の全国適用実現の有力な足がかりになったことは確かである。」と述べている[6]。

(3)　建築基準法案の検討、関係機関の意見聴取

1948（昭和23）年7月10日に、建設院は建設省に昇格し、市街地建築物法に代わる新法案として、1949（昭和24）年春頃から建設省住宅局建築指導課（伊東五郎局長、内藤亮一課長、小宮賢一技官、川島博事務官、前川喜寛氏）において新法案の検討が始まった[4]。

新法とした理由について、当時建設省住宅局建築指導課長であった内藤氏は、

① 市街地建築物法の形式は、国民の権利、義務に関する重要事項である具体的な制限の内容が、ほとんど命令に委任されていて新憲法の精神にそぐわない

② 防火対策をはじめ改正を要する内容について法律に規定すべき

③ 新憲法に基づく地方自治の見地からして不備の点が多い

④ これまで法改正をはばんできた建築資材の需

給状況も好転し、建築統制も緩和され、戦災都市の応急的復興は大半終わり、ようやく本格的復興の緒につこうとしていること[6]

の4点を挙げている。

建設省住宅局建築指導課では、昭和24年の春から秋にかけて、新法の叩き台としての草案を作成し、地方庁の意見を聴いたり学協会等で説明会を開いたりして修正を重ね、同年末までに住宅局案を作成した[7]。

その経緯を、当時の関係者による回顧談と、残存する資料から追ってみる。残存する資料としては、東京都公文書館内田祥三資料に納められた1949（昭和24）年8月25日の手書きのある建築基準法要綱案（8月要綱案）から、（国研）建築研究所が所蔵する北畠文庫に納められた制定法に至る一連の建築基準法案要綱、草案、法案がある。

まず、現存する最も初期段階の建築基準法要綱案（8月要綱案）では、第一章の総則から十二章の罰則（罰則の内容は省略されている）まで、12章47項目からなる法案の要綱としてまとめられており、第一章の総則では、法の目的、定義のほか、都道府県知事の認可を要する行為として建築物の建築、指定建築物の大修繕、大変更等が掲げられ、建築士による設計、工事監理についても規定されている。また、第二章の構造設備では、衛生、防火、構造強度等の規定が列挙されている。さらに、第三章　道路、通路及び建築線において、都市計画区域内における敷地と道路の関係や都道府県知事による道路の位置の指定が規定されているほか、第五章　用途地域において、建設大臣は都市計画区域内に住居地域、商業地域、甲種工業地域及び乙種工業地域を指定できる旨規定し、第六章　面積、高さ及び空地において、用途地域毎の敷地に対する建築面積の上限等を規定している。また、第七章において防火地域、第九章において建築協定について規定され、ほぼ現行の建築基準法の体系が示されている。

建築基準法草案（9月14日案）では、10章87条からなる法草案としてまとめられており、初めて建築確認の手続きについて規定がなされ、都道府縣知事に計画を提出し、基準適合の確認を受けなければならない旨規定されている。また、第二章の構造設備では、環境衛生、構造、防火に係る単体規定が列挙されているほか、災害危険区域、大規模建築の構造計算、材料の規格に関して規定されている。さらに、集団規定としては、用途地域について、住居地域、商業地域、第一種工業地域及び第二種工業地域の区分とそれぞれの用途制限について規定されているほか、建築面積の制限、面積地区、道路斜線制限、防火地区の指定と地区内の構造制限に関して規定されている。

さらに建築基準法草案（10月案）では、10章92条からなる法草案としてまとめられており、適法であることについて建築監督主事の確認を受ける旨規定されるとともに、確認申請を受理してから21日以内に基準に適合するか否かの確認の通知をしなければならない旨が規定されている。また、単体規定としては、外壁、防火壁に関する規定や特殊建築物の耐火構造の規定のほか、新規の材料又は構法を想定した特例規定に関して規定されている。さらに、集団規定としては、工業系の用途地域について、軽工業地域、重工業地域の区分に変更されている。

この建築基準法案の検討過程について、当時、建設省住宅局指導課技官であった小宮氏は、建築基準法施行3周年を記念する座談会[8]において、「（昭和24年）の春頃からぽつぽつ始めて、夏ごろには毎日蚊に喰われながら夜遅くまでやりました。それで一応、建築指導課の案が9月末頃でき、それをもとにして10月初め各府県とか関係各省とか建築学会などの意見を聞いたりしました。それから伊東局長を中心に、師岡次長、村井さん等で局長室で案を練ったのが11月から12月にかけてでした。」と述べている。

その中で建設省から都道府県に対し、①法の適用区域、②建設大臣、知事、市町村長の権限、③国と地方の経費負担区分、④建築士公認制度、⑤都市計画地域地区制度、⑥高さ、面積、容積制限制度、⑦災害危険区域等の制度、⑧防火地区内の建築助成制度、⑨その他の項目について全国数か所のブロック会議において意見照会が行われている。小宮氏によれば、各項目に対する意見の集約結果とその後の経過は次のとおりである[4]。

①の法の適用区域については、全国適用とする22県に対し、市街地又は都市計画区域に限るとするものが10県と、ほぼ2対1の割合。

②の建設大臣、知事、市町村長の権限については、知事中心の現状維持とするものがほとんどであるが、中には市町村長に一部権限移譲も可とするものもあり。

③の国と地方の経費負担区分については、ほとんどの県が国の負担金、補助金を望んでおり、また手数料徴収については、2県を除き賛成している。

④の建築士公認制度については、賛成25県に対して、3県が反対や研究の余地ありとしている。建築士公認制度は、3年前に作られた新しい建築法草案に盛り込まれ、関係4団体が共同して委員会を設けて、資格制度の研究をはじめており、この後、民間4団体からの要請による建築士法の議員提出という形で、同じ第7国会で審議され可決成立した。

⑤と⑥のいわゆる集団規定については、様々な意見が出されたものの、当時1、2年後に予定されている都市計画法の全面改正の時期と合わせて検討することとし、建築基準法案には一部の反映にとどまった。

⑧の防火建築助成については、新しい建築法草案に盛り込まれていたが、時期尚早ということで見送りとなった。しかしながら、建築基準法案の審議に関連して、「都市建築物の不燃化の促進に関する決議案」が同じ国会で可決され、その2年後には耐火建築促進法となって実現した。

また、1949（昭和24）年10月下旬から11月にかけて、有識者との懇談会、日本建築学会、日本建築士会、全国建設業協会との三会連合協議会を開き、建築基準法案について建築士法案とあわせて説明、意見聴取が行われている。

その内容についても法施行3周年記念座談会[8]において紹介されており、当時、建設省住宅局建築指導課に在籍していた前川氏によれば「当時、（建築基準法案（10月案）では）一級、二級建築士のことを建築士、建築工務士という名称で立案していたのですが、佐野利器先生から、工務士という名称はやめて、一級、二級にせよと言われ、これが現在通用しているんですね。」と述べている。また、同じく建築指導課に在籍していた北畠照躬氏から「内田祥三先生の採光規定に関する反対意見もありましたね」との問いかけに対し前川氏は「10月案では、採光面積は原則として床面積の1／5となっていたんですが、先生はそれをみて、こんな大きな開口部で設計ができるか、近頃の若い人は研究が足りないと言って、物法を作られた当時の資料を出され、…詳しく説明というか教えられたというか、よい勉強になりましたね[8]」と述べている。

このように、各都道府県、日本建築学会等の関係団体からの意見聴取結果が反映され、昭和24年12月には建築基準法の住宅局案が取りまとめられた。当時、建築基準法案の取りまとめに当たった内藤氏は、次の5つの基本方針を掲げている[9]。

① 地方自治推進への志向

② 単体規定は全国適用とし、かつこれを重点的に整備し、集団規定の整備は都市計画法改正の機にゆずること

③ 安全と衛生に関する技術的基準のうち基本的

又は重要なものは法律に規定すること

④　建築主事による確認制度の採用

⑥　建築協定等の制度の採用

(4)　建築基準法案の閣議決定まで

　1950（昭和25）年1月には、住宅局内で取りまとめられた建築基準法案（12月案）に建設省官房文書課の修正が加えられ、建築基準法案（1月案）がまとめられている。そこでは、法の目的、用語の定義について、ほぼ現行の規定となったほか、「建築監督主事」の名称が「建築主事」に改められ、建築主事による完了検査が規定され、違反建築物に対する都道府県知事の是正命令が規定されている。また、単体規定としては、耐火構造、防火構造の定義がなされ、特殊建築物の耐火構造の規定がなされるとともに、二章に規定される単体規定の基準の細目が省令ではなく、政令に委任される旨規定されている。さらに集団規定としては、「建築線」の名称が「壁面線」に改められ、用途地域における建築物の用途制限に関する知事の許可の規定が盛り込まれた。

　1950（昭和25）年1月末には、法制審査のため法務府法制意見局に建築基準法案が提出された。当時、赤坂離宮におかれていた法務府法制意見第二局では、外務省出身の兼松参事官が建築基準法案の法制審査を担当し、約1か月間にわたり審査が行われた。

　法制審査においては、建築基準法における重要な法制上の枠組みについて検討、整理が行われている。例えば建築基準法の実体規定について条文上明確化がなされている。小宮氏によると、「『法で規制するのは、建築行為なのか、或は建築物の状態なのか』という点について議論があり、市街地建築物法では、『…ニ非ザレバ之ヲ建築スルコトヲ得ズ』という具合に、一応建築行為の制限の形になっているが、施行規則になると、かなり乱れて、『居室ハ其ノ室面積ノ十分ノ一以上ノ有効面積…ヲ有スベシ』と、状態規制ともとれるような表現が出てくる。私は前からこれが気になっていたので、ふと兼松参事官にそのことを話したら、彼は早速乗ってきて、結局状態規制で書き方を統一することとなった。それで、それまで『…としなければならない』であったのが、『…でなければならない』になったのである。また、状態規制の立場をとった結果、第3条のような既存建築物への適用除外が必要になり、維持保全規定（第8条）が残ってしまった。（これは是非必要という意見もあったので）…これに関連して罰則もややこしくなった。建築行為の規制なら、その行為をした者を罰することで足りるが、状態の規制となると、誰を処罰するのか、考えると色々の場合があって非常にややこしい。結局時間切れで、原則として設計者（場合により施工者）となったが、この罰則の書き方は『○○条に違反した場合における当該建築物の設計者…』というようになった[4]」と記している。

　また、法制審査において、建築主事制度と建築協定制度は最後まで保留された。小宮氏によると「この2つはいろいろ問題があるので、佐藤達夫長官が小林文書課長から直々話を聞いた上で決める、というのである。建築主事制度の問題点は、行政体系上、地方公共団体の長から独立して、独自の権限を行使する機関を置くことは適当でない、ということであった。これに対する小林課長の弁明は、『建築行政上の処分には、特に高度の総合行政的判断は必要とせず、むしろ必要なのは専門技術的な知識である。行政における事務処理の渋滞と判断の恣意性を改善するには、このような裁量的判断の入る余地のない制度こそ不可欠である。また行政の総合性を害するという心配は、地方公共団体の長が建築主事の任命権と指揮監督権をもっている限り、全くない。むしろこれこそ将来の行政運営の新しい合理的方式である。』というものであった。建築協定の問題点は、この制

度は、名前は協定でも、一度成立すれば将来にわたってその区域内の土地所有者等を拘束するのだから、一種の立法行為であって、これは市町村の条例制定権を侵害するのではないか、ということであった。これに対して小林課長は『だから、市町村が条例で建築協定を締結できる旨を定めた場合に限って出来るようにしてあるから、その心配はない』と反論した[4)」と記している。

建築基準法案の各省協議については、法施行3周年記念座談会において、様々なエピソードが紹介されており、小宮氏によると「当時の消防法に建築に関する許認可は消防の同意がなければしてはならないというような規定があって、どんな案件でもつけられる、いわばオールマイティだったんです。そこを、こちらは確認というのは許認可というようなことと全く異なる性格で、裁量行為ではなく判断の表示だから消防法の適用がないというようなことにして了った。消防では大騒ぎしてね。それで出てきたのが今の条文ですよ[8)」と述べている。

これは、当時の消防法（昭和23年法律第186号）では、「建築物の新築、増築、改築、移築、用途変更又は使用について許可又は認可をする権限を有する行政廳は、当該建築物の工事施行地を管轄する消防長又は消防署長の火災の予防上当該許可又は認可が支障ない旨の同意を得なければ、当該許可又は認可をすることができない。（第七条）」と規定されていた。この消防同意をめぐって全国でトラブルがあり、建築基準法の各省協議及びGHQとの協議において紛糾したことを述べたものである。これについて、小宮氏は、「そこでせめて同意権の無条件行使によるトラブルだけは防ぎたいと思って、その同意条項の次に、消防長は防火に関する規定に違反しない場合には速やかに同意しなければならないという一項を加えることを提案し、了解を得た[10)」と記している。

1950（昭和25）年に制定された建築基準法の規定では、許可又は確認に関する消防長等の同意等（第九十三条）が規定され、その第2項において、確認に係る建築物の防火に関する規定に違反しない場合には同意を与えて建築主事等に通知しなければならない旨規定され、同時に前述の消防法の規定についても、同様の内容に改正されている。

また、鉄道関係施設の適用除外について小宮氏は前述の座談会において、「あの時、閣議は3月1日に通ったんですが、その直前まで、鉄道関係の施設の適用除外のことで大分もめましたね。鉄道の方では、鉄道法、軌道法に監督規定があるから、基準法を適用すると二重監督になるというわけですが、こちらは、鉄道の建物だって、都市計画的な制限等から考えて見ても分かるように適用除外にするのはおかしいということで頑張ったんです[8)」と述べている。

1950（昭和25）年2月28日（火）付けの閣議案件の資料[11)では、法律案、政令案の項目の最後に建築基準法案（建設省）が掲げられ、「保留」、「運輸了ならば持回ること」との手書きのコメントが付されており、閣議決定当時の状況がうかがえる。

閣議決定された建築基準法案をみると、前述の建築基準法案（1月案）からの主な変更点として、用語の定義において、建築物から鉄道関連施設が除かれるとともに、主要構造部や延焼のおそれのある部分、大規模の修繕、大規模の模様替等の規定が追加されている。また、既存建築物の適用除外の規定が示されるとともに、違反建築物に対する措置の規定において、是正措置を求める対象者について、状態規制の観点から建築主、建築工事の請負人、現場管理者、所有者、占有者等具体的に規定されている。さらに、工業系の用途地域について、準工業地域、工業地域の区分に変更されるとともに、防火地域又は準防火地域の区分に変更されている。なお、建築基準法案（1月案）に

おいて規定されていた特殊建築物や一定の構造、規模の建築物に係る建築士の設計、工事監理の義務付けの規定については、閣議決定された建築基準法案では削除されている。これについては、同時期に建築士法案が議員立法で検討が進められており、両法案が政府提案と議員提案とに分かれていたことから、同時成立しないおそれがあり、それぞれ単独でも成立するよう、建築基準法案における建築士法に関する条項は削除されたとのことである[4) 12)]。

(5) GHQとの調整

建築基準法制定時の1950（昭和25）年は、日本はまだ連合国の統治下にあり、すべての法律は連合国最高司令官　総司令部(General Headquarters, Supreme Commander for the Allied Powers; GHQ/SCAP。以下、GHQと呼ぶ)の了解を得る必要があった。その経緯を、当時の関係者による回顧談と、残存する資料から追ってみる。残存する資料としては、北畠文庫[13)]と国会図書館の収蔵資料[14)]があり、収蔵文書のリストを **DVD**3-2-1、3-2-2に整理している。

北畠文庫には、「GHQ技術部の建築基準法案（10月案）に関する意見」という英文の文書と、その日本語訳[15)]が収録されている。それは、GHQ内部の、技術部から民生局宛の文書であり、内部文書である。前節の記述のとおり、1949年10月は法律の建築指導課案について、各府県、関係省、建築学会などの意見を聞いていた時期であり、その頃に既に建築基準法案をGHQの関係部局に提出し、それに対するGHQ内部のやりとり文書を入手して、日本語訳を行い、それへの対応を始めていたものと思われる。GHQの意見書には、建築基準を定める立法が必要であることに同意するという前提の下に、都道府県知事の権限、建築士等の資格制度及び罰則、工事途中の報告、建築物の道路への突出、非常災害時の緩和規定な

どについて、コメントしている。その中で、極端な制限的な建築法規は必要な建設を妨げ、公益を害するおそれがある、そのため建設業者、建築士会などの団体の協力を求めるのが望ましいとしている。また、これに対する回答と思われる文書が存在している。1950年1月10日付、建設省住宅局建築指導課長の内藤氏から、GHQ経済科学局工業生産・建設班のスタネック氏に宛てた「Replies to the comments and opinions of the Engineering Section, GHQ, FEC respect to Building Standard Law Bill」（**DVD**3-2-1文書5）である。そこには、前述の文書の個々の指摘事項に対応した形で、回答が記載されている。このやりとりは、回答文の宛先などから、法案の担当である経済科学局を窓口とした事前調整的なものと思われる。

その後、3月1日の閣議決定を受けて、改めて閣議決定法案について、GHQへの意見照会が行われている。国会図書館に所蔵されている文書は、それ以降のGHQの文書である。それらの概要は、

① 3月8日付で、民生局 (GS Government Section) から、関係する、民間運輸局 (CTS Civil Transportation Section)、経済科学局 (ESS Economic and Scientific Section)、公衆衛生福祉局 (PH&W Public Health and Welfare)、参謀第2部公安課 (G−2/PSD General Staff Section 2, Public Safety Division)、技術局 (Engineering Section)、法務局 (LS/LSJ Legal Section) に文書で意見照会がなされ、

② それぞれの機関から回答が出されている（回答の日付は、3月15日から4月1日の間。**DVD**3-2-2文書2から8。このうち、経済科学局（同文書4）と法務局（同文書8）からの回答は、北畠文庫にも収蔵されており、それぞれ日本語訳が作成されている。**DVD**3-2-1の文書6、7、8及び9。両者の文書の内容は、

一部、異なっている）。

③　これを受けて、4月5日午前に関係部局の7名が参加する会議が、郵船ビルの公共保安部会議室で開催されている。その議事録（国会図書館資料 **DVD**3-2-2文書10、北畠文庫に、これと同一文書（**DVD**3-2-1文書10）と日本語訳（同文書11、**DVD**3-2-3はオリジナル文章、**DVD**3-2-4は北畠文庫収蔵の手書き日本語文を筆者が書き起こしたものがある）には、鉄道施設の除外、関係者からの聴聞の手続き、法令不適合の場合の手続きなどについて記載されている。

④　その後、建設省から提出された改訂版に関して、再度、4月19日にGHQ内部で上記の6部局に対して、意見照会がなされ、その回答文が、上述の国会図書館の文書に収録されている。ほとんどが、何点かの比較的細部の修正の条件をつける程度で賛同している。（回答は、4月19日から5月2日の間）（**DVD**3-2-2文書11から16）

その後、建築主事の市町村への設置（建築主事の試験制度も同時に採用）、行政不服審査機関の設置などの重要な修正意見が寄せられ、それを受けた修正が行われている。それらの点については、4月3日付のGHQの内部文書（国会・政治部あての民生局N. Cottrell氏のメモ。**DVD**3-2-2文書9、**DVD**3-2-5はオリジナル文書、**DVD**3-2-6は、その日本語訳）に、述べられており、GHQ内部では重要な論点となっていたことが分かる。このうち、最も大きな課題は、都道府県に加えて、市町村にも建築行政を行わせるべきというものであった。これは、GHQの地方分権、市町村重視の基本方針から来ているものであるが、それまで建築行政の主体（都道府県）の範囲を拡大するもので、日本側に大きな摩擦を生ずるものであった。また、行政不服審査機関に関連する事項は、市民の権利保護を主な目的として、それまでの議論の中でも、いくつかの条文に関連して議論が行われ

てきたものであった。これらの詳細については次の2の(4)において詳述する。なお、それらの一連の動きについて、前川氏（法律制定時：建設省住宅局建築指導課）は座談会において、「特定行政庁とか建築審査会の問題が入ってきたのは、4月10日以降で、口頭折衝ですから記録には残っていないですね」と語っている[8]。

なお、建築行為に対して、許可ではなく、建築基準法令への適合を確認するとしたことについて、GHQの指示によるという説があるが、次の2の(3)建築主事の確認制度に詳述のとおり、日本側の発案であり今回、調査を行ったGHQ関連の文書の中にこの点に関するやり取りは見当たらない（今回調査したGHQ関係文書には、確認（confirmation）という用語がつかわれている）。また、回顧談において、違反建築物に対する措置に関連し、措置対象者からの公開聴聞などの手続きがGHQとの調整で入ったとされており、今回の文書調査では10月案から閣議決定案へ修正される中で追記が行われていることを確認した[16]。

(6)　国会の審議、建築基準法制定

建築基準法の国会審議に先行して、1950（昭和25）年4月4日には「建築士法案」が田中角栄参議院議員等により国会に提出された。同法案は、4月8日に衆議院において可決され、4月26日には参議院において可決、成立した。

一方、建築基準法案は、1950（昭和25）年4月27日に国会に上程され、直ちに衆議院建設委員会に付託された。4月28日には、衆議院建設委員会において建築基準法案の提案理由説明等がなされた。建設大臣からの提案理由説明の要旨によれば[18]、

①　現在の市街地建築物法は、保安、衛生又は都市計画上必要な建築の規制を主な内容としているが、その具体的な規制内容をほとんど命令に委任しているので、これを改めて国民の権利義務に関する重要事項はすべて法律で具

体的かつ詳細に規定することとした。

② 地方自治を促進する見地から、地方公共団体において条例で地方の実情に即して、この法律に規定する建築の制限を強化、または緩和できるようにすると共に、この法律の執行は地方公共団体の責任とし、特に能力のない市町村についてのみ知事の責任とした。

③ 建築物がこの法律に定める最低基準に適合することを確保する手続きについては、従来のような都道府県知事の認可制度を廃止して、建築行政に関する専門的知識、経験を有する市町村又は都道府県の建築主事の確認をもって足りること、かつ、その処理期間を決定して事務処理の責任を明らかにし、手続きの簡易迅速化を図った。

④ この法律を施行する手続きの適正、民主化を図るために、重要事項については公開による聴聞の制度を設けると共に、市町村及び都道府県に民主的な構成を有する建築審査会を設置して、建築主事の処分に対する異議申し立ての処理その他この法律の施行に関する重要事項について諮問すべきものとした。なお、住民の創意を尊重して、住宅地としての環境の維持または商業の利便の増進を図る等、建築物の利用を増進し、かつ、土地の環境を改善するために建築協定の制度を設け、自主的に建築に関する基準を設けることができることとした。

⑤ 建築物の質に関する実体的な規定については、現行の市街地建築物法令の施行の経験にかんがみ、全般的に改善を加えたが、特に最近の火災その他の災害頻発の状況にかんがみ、防火及び防災に関する規定を極力整備した。

続いて、建設省の伊東住宅局長から法案の逐条説明の前に法案作成の経過について概略説明があった。それによると「これは終戦後間もなく昭和21年に建設省に建築法規調査委員会というものをつくりまして、建築法案という一応の成案ができたのでありますが、その当時まだ資材状況が悪かったので一応見合わせておったのであります。最近資材状況も好転して参りましたので、昨年7月にそれをもととしまして、一応住宅局試案というものをつくりまして、それを建築に関する各団体に十分説明し、ご意見を承ったわけであります。…その他関係方面のGHQの専門係官等のご意見も十分伺いまして、結局この3月にこの案が閣議決定したわけであります[19]」と述べている。

衆議院建設委員会では与野党ともこの法案に対して好意的で、4月30日には本会議で可決された。一方、参議院建設委員会では、衆議院と併行して審議に入ったものの、参考人招致をする等やや慎重な審議ぶり[4]で、参考人招致では都道府県側の参考人が建蔽率が市街地建築物法に比べ厳しすぎる等の欠点を揚げて、再考の必要性の訴えがあったが修正は行われず、国会閉会当日の5月2日に各会派の討論を経て委員会採決が行われ、同日に参議院本会議に日程追加で建築基準法案の採決が提案され、可決成立した。

1950（昭和25）年5月24日に「建築基準法」（前述の消防法の一部改正を含む）が公布され、同日付けで、「建築士法」も公布、7月1日には「建築士法」が施行された。建築基準法の施行日は公布後6か月以内とされ、建築基準法施行令の原案作成が建設省住宅局から日本建築学会に委嘱されている。日本建築学会では建築基準法に関する調査委員会（委員長：笠原敏郎　日本大学教授）のもと、第一（構造）、第二（防火）、第三（都市計画）、第四（計画・設備）、第五（現場・危害防止）の小委員会に分かれて急ピッチで検討が進められ、8月10日には施行令原案の答申がなされた[20]（この内容、経緯については、第2章2-2において紹介されている）。建設省住宅局ではこれをもとに建築基準法施行令、施行規則の整備を急ぎ、1950（昭和25）年11月23日に「建築基準

法」が施行された。またこれに伴い「市街地建築物法」、「臨時建築制限規則」等は廃止された。

2　新しい建築法制としての建築基準法の構成

　新しい民主憲法の下で検討が進められた建築基準法は、市街地建築物法に定められた基準の多くを引き継ぐ一方、法律の名称、目的から、法の適用範囲、建築確認制度といった法律の基本的な構成において、全く新しいしくみが取り入れられている。

　ここでは、それらがどのような背景の下にどのように導入され、建築基準法を構成するに至ったかについて紹介する。

(1)　建築基準法の名称、目的

　新しい建築法制の名称については、小宮氏によれば、「法案要綱検討の始めは建築物法といっていたが、途中から建築基準法になった[21]」と記している。市街地建築物法の改正を検討していく過程において、まず、単体規定の全国適用を念頭に「市街地」の文言がはずれ「建築物法」となり、全国共通の最低限の建築基準を規定するため、「建築基準法」の名称に落ち着いたといえそうだが、内藤氏によれば、「新しい法律を建築基準法という名称にしたのは、法律で定める基準は一つの標準に過ぎないのであって、地方自治法の自主性によってこの基準を再検討する機会を与えることで、地方自治推進を指向する意味をもたせたものである[9]」と記している。

　これは、小宮氏によれば、「…内藤さん御自身も誰から入手したのか思い出せないそうだが、GHQからユニフォーム・ビルディング・コード（UBC）というアメリカの建築基準法規を一冊ももらってきて、この本と、前に私たちの作った建築法草案とが、今回の作業（建築基準法案作成）での唯一の参考資料になった。…アメリカでは2,000

以上の市町村が別々に建築基準条例を制定しているが、その統一が望まれており、いくつかの公益団体が、モデル建築基準を編纂して市町村の条例制定の参考としているということで、UBCはその一つであることがわかった。これを読んで、全国適用の基準法を作ろうとしている私たちは、我が意を得たりと思った[6]」と記しており、前述の内藤氏の記述はアメリカの建築法規におけるモデル建築基準を意識した発言とも解される。なお、小宮氏によれば、「私の記憶では、当時まだ目新らしかった労働基準法（昭和22年4月7日公布）の第1条――この法律の定める労働条件の基準は最低のものであるから、労働関係の当事者は、この基準を理由として労働条件を低下させてはならない――にすっかり感心して、建築物の基準も全く同じだと思った覚えがあるので、その影響もあったかと思う[4]」と記している。

　市街地建築物法においては、法の目的について規定されておらず、戦後、新しい建築法規の検討を進める中で、建築法要綱試案（昭和21年10月）において初めて法律の目的が示された。その後の新しい建築法草案では、「保安・衛生・能率・文化等の見地から、建築物の集団的構成の整備と建築物の質の向上とを図る…」とある。小宮氏によると「この文言は、建築基準法の目的を書くときも、候補の一つとなったが、あまり練れた文章でないのと、当時の立法の重点が集団規定よりも、防火・防災の単体規定の方におかれていたなどから現行のようになった。この（現行の建築基準法における）『国民の生命、健康及び財産の保護を図り…』の文言は、当時手に入った唯一の海外資料だったUBCにならったものである[3][22]」と記している。

(2)　建築基準法の全国適用

　市街地建築物法においては、法の適用区域について、1-4-2に記載のとおり「本法適用ノ区域ハ勅

令ヲ以テ指定スル市、區其ノ他ノ市街地トス」（第二十三條）と定め、都市計画区域とは別に、当初、東京市、京都市、大阪市、横濱市、神戸市、名古屋市の６市が指定され、その後順次拡大されたものの、都市部の市街地に限られていた。

しかしながら、終戦直後においては、本節の冒頭3-2-1の(1)で紹介したように、未だ市街地建築物法の適用のない地方や郡部においても建物被害が多く発生し、全国的に建築物の安全性を強化する必要性が生じていた。このため、建築基準法案の検討においては、都市計画区域内に適用する三章以降の集団規定に対し、二章に規定する単体規定については、全国に適用されるように規定された。

一方、市街地建築物法における都道府県知事の認可に相当時間がかかるケースがあったことや、戦時中から終戦直後において、建築資材の需給緩和のために行われた建築統制事務が市街地建築物法と同じ窓口で行われ、厳しい建築統制が行われ、その弊害が目立つケースもあり、建築基準法を広く全国に適用することについて異論があったことがうかがえる[5]。

小宮氏によると、建築基準法の全国適用について建設省の省議において、強い反対意見があったとのことである。それによると「（建築基準法の）全国適用については、特殊建築物等には認めるが、その他の一般建築物は都市計画区域内のみにしろ、ということであった。私は、せめて全国適用の名目だけでも残したいと思って、末席から発言して、田舎の住宅は災害に弱くていいとはいえないから、建築の安全基準はあくまでも全国適用とすべきだが、建築確認の手続きは不要にして、建築士などによって自主的に守ってもらうようにしたらどうか、と持ちかけたら、それならよろしい、ということになった[4]」と記している。

市街地建築物法においては、省令で都道府県知事の認可の対象となる建築物について、市街地建築物法の適用区域内の特殊建築物、防火地区及び美観地区内の建築物その他地方長官の指定する建築物（同施行規則第143條）が規定されていたが、建築基準法の全国適用に伴い、国民の権利義務に関する重要事項については法に規定するという趣旨から、同法第6条において確認の対象となる建築物について、特殊建築物のほか、木造、非木造のそれぞれ一定規模以上の建築物又は都市計画区域や都道府県知事が指定する区域内のその他の建築物が規定された。

(3) 建築主事の確認制度

市街地建築物法においては、前述のとおり特殊建築物等は地方長官の認可制（同施行規則第143條）、その他の一般建築物は届出制（同施行規則第144條）であった。一方、建築基準法案の検討過程においては、初期の認可制から建築主事の確認制に移行しており、この検討経過については、三宅博史氏の論文「建築基準法制定における建築手続きの成立過程[23]」において詳しく解説されているので、主にその内容から引用する。

建築基準法立案時の最初期の案である1949（昭和24）年8月要綱案では、全ての建築物に対し認可制としているが、9月14日草案で、「確認を受けなければならない」との条文に変更されている。このいきさつを小宮氏は「要綱を省議に諮った際、『住宅建設の促進が急務の今日、法を田舎の住宅にまで適用し、かつ、認可制にするのは、行政簡素化の趣旨からも適当でない』との意見が出て、否定されてしまった。それで（中略）建築認可を建築確認という新制度に切り替えて再提出した[23]」と記している。

この建築確認制度の発案については、UBCを模したとする内藤氏と川島博氏（当時、建築指導課事務官）の証言と、市街地建築物法の届出手続きをもとに建築確認制度を考案したとする小宮氏の証言とそれを裏付ける前川氏（当時建築指導課企

画第一係長）の証言がある。小宮氏は、『…従来知事への届出でよかったものを認可にするというと大げさになるが、実際は届出制といっても、建築監督主事等が一々書類を審査して適合の有無を確かめているのだから、その確認の段階で建築手続が完了することにすれば、建築手続はむしろ簡略化されたことになるし、同時に手数料もとれる』と考えた[23)25)]」としている。

前述の三宅氏の論文では、これらの証言を当時のUBCの原書の該当箇所の表現 "the Building Official is satisfied that" と「確認」との類似性が低いことや、市街地建築物法の届出規定や小宮氏が一時期赴任していた兵庫県の施行細則の表現等との類似性が認められることを検証した上で、「条文の類似性から、市街地建築物法の届出手続きをもとに建築確認を考案したという小宮氏の証言が裏付けられる[23)]」としている。なお、小宮氏は「アメリカの制度を真似たものとの説が信じられているようだが、当時の筆者達もその方が何かと好都合なのであえて否定しなかった[3)]」と記している。

建築基準法制定時に建設省官房文書課長であった小林興三次氏は、建築基準法制定の中で最も重要なものとして建築主事の確認制度を取り上げ、「許認可制度をやめて、建築行政から行政庁の裁量的処分を排除したことは、建築行政にとって革新的な意義を有するもの[24)]」と評している。その考え方として、「建築に関する法的規制は、第一に、その内容が客観的に確定したものであるべき…。第二に、そのはっきりした規制にもろもろの建築が適合するための最低限度の制度的保障を考えることであり、…許可するかしないとかの問題は始めからなく、裁量的判断の入り込む余地はない。法令通りか否かを照合するだけである。…建築基準法は、確認制度を採用するとともに、その確認事務を地方公共団体の長の権限とせずに、新たに（国家の資格検定を経た）建築主事の制度を

採用した[24)]」としている。

また、法制定時の「建築基準法令解説」においては、「確認とは、計画の内容と法令とを照合して、法令の規定に適合していることを公式に認定することである。従来（市街地建築物法）の許可、認可が裁量的且つ主観的な行政処分であるのに対して、確認は準則的かつ客観的な行政処分ということもできる[17)]」と記している。

なお、建築主事の建築確認の制度を導入することに伴い、確認の内容については、建築基準法のみならず他の建築関係法令をも含む[17)]こととなった。これについては、小宮氏は当時の回想の中で、建築基準関係法令が多岐にわたって複数になっているのをなんとか統一する方法はないかと考え、市街地建築物法の認可が建築基準法において確認になったので、建築基準関係法令に適合しているか建築主事の判断を示すこととした[22)]という趣旨のことを述べている。

⑷ 建築主事の市町村への設置、特定行政庁、建築主事の資格検定

本節の3-2-1の⑸において、GHQの修正指令により建築主事が市町村に設置できることとなった経緯を述べた。当時の経緯について、小宮氏によれば「首を長くして待っていたGHQからの回答がやっと来たのは、4月に入り国会の会期も残り少なくなった頃であった。それには次のようないくつかの項目の修正意見が示されていた。

・建築主事は、都道府県のみでなく、市町村にも置けるようにすること。

・Board of Appeal（行政不服審査機関）を設置すること。

・重要な行政処分には公開聴聞の制度を設けること。

・（以下略）

これらの修正勧告のうち、我々にとって特にショックだったのは、建築主事の市町村への設置

だった。…この修正作業の結果出来たのが『特定行政庁』と『建築主事の資格検定』である。前者は、市町村が建築主事を置いた場合には、同時に許可などの権限も都道府県知事から市町村長に移す必要があるので、『特定行政庁』として定義に入れることを思いついた[4]」と記している。また、「『建築主事の資格検定』の方は、これまで建築行政の経験のない市町村が、その職員を建築主事に任命する場合に備えて、その適格性を国がチェックする必要があるという理由で追加することになった[4]」と記している。

前述の「建築基準法解説」においては、「旧法令（市街地建築物法）では施行の大半を行政官庁としての都道府県知事に委任しているが、建築基準法では、地方自治の見地から、施行の主体を市町村においている。」とし、「従来は、都道府県には、地方自治法施行規程（昭和二十二年政令第十九号）第十八條の規定により建築監督主事が置かれているが、建築基準法ではこれを建築主事と改称している。従来の建築監督主事と異なるところは、法第六條第一項の規定による建築確認の事務については、その（都道府県知事又は市町村長）指揮監督は受けるが、独自の権限を行使する一つの附属行政機関であることである。…市町村が建築主事を置くのは、通常の場合は人口十万人以上の市が予想される。陣容の効率的な整備の上からである。ただ、観光地とか罹災地等の町村で積極的に建築主事を置くことを妨げてはいない[17]」と記している。

また、これに関連して、建築基準法第五条に建設大臣が行う建築主事の資格検定に関する規定が設けられた。前述の「建築基準法解説」においては、「建築主事は、専門技術に関する知識と経験を必要とし、且つ、一つの行政機関であるから行政に関する知識と経験を併せて必要とするものである。又全国的に見て法施行の水準を保つ必要もあり、建築主事は建設大臣の行う資格検定に合格

することを要件としている[17]」と記している。

(5) 市民の権利保護に関する規定の充実

前述のとおり、GHQ指令により市民の権利保護について規定を設けるよう要請があり、法9条の違反建築物に対する措置及び法10条の保安上危険であり又は衛生上有害である建築物に対する措置に関する公開による意見の聴取等の規定や、法78条において建築審査会（米国ではBoard of Appeal）に関する手続き規定を設けることとなった。

前述の「建築基準法解説」においては、法9条の違反建築物に対する措置に関する手続きにおいて留意すべき点として、「第一項に、（建築物の除却等の命令に際しての）相当の猶予期限、第二項に、（前項の措置を）命ずる前の通知書の交付、第三項から第六項までに、公開による聴聞の規定を設けて、それぞれ是正措置を命ずるに当たっての民主的な手続きの規定を設けている。事案によっては、緊急を要する場合もあるので、かかる場合には、第七項の規定によって右の手続きを経ることなく仮処分もできるが、第八項の規定によって、この場合でも、聴聞の結果、仮処分が不当であると認めたときは、直ちにその命令を取消さなければならないこととなっている。」点を挙げている。また、法第10条についても前述の「建築基準法解説」において「市街地建築物法第17条第一号、第二号に同様の規定がある。この条においては、『著しく』の言葉を添え、また前条同様に、措置を命ずるに際しての民主的な手続きの規定を設けている。」としている。

さらに、建築審査会の規定については、「建築審査会は建築基準法の行政を公正に行うために設置される重要な機関である。その任務は第一に法第94条による異議申立の裁定であり、第二に壁面線の指定及び用途地域や高さに関する但書の許可をする場合の同意の議決である。これは従来行

政処分が都道府県知事の一方的判断により行われていたのに比べて著しい改善である。」としている。また、法第79条に規定する建築審査会の組織については、「建築審査会はその任務の性質上、従来の審議会的な構成では不適当であるので、委員会式の少数委員制を採用したのである。審査会の委員は学識経験者から任命されるが、特定行政庁の処分に対する異議申立機関である以上、その行政庁の吏員が委員になることは不適当であると思う[17]」と記している。

3 制定当時の建築基準法（昭和25年法）と市街地建築物法等から反映されたもの

1950（昭和25）年に制定された建築基準法においては、前身の市街地建築物法に規定された実体規制が多く反映されているほか、前回紹介した建築法草案において提案された新しいしくみも取り入れられている。

ここでは、建築基準法の主要な項目別に、どのような規定が市街地建築物法や建築法草案から反映されたのか紹介する。

(1) 構造関係規定の明確化、詳細化

市街地建築物法においては、法第12条において「主務大臣ハ建築物ノ構造、設備又ハ敷地ニ関シ衞生上又ハ保安上必要ナ規定ヲ設クルコトヲ得」とのみ規定し、具体的な構造関係規定については施行規則において詳細に規定していたが、建築基準法においては、その制定趣旨に沿って、法律に構造関係規定の原則と構造種別毎の構造基準の枠組みを規定し、構造計算等の詳細については施行令等に規定している。

まず、建築基準法第二章において、建築物単体に対して全国的に適用される建築物の敷地、構造及び建築設備に関する規定がなされており、同法第20条には建築物の構造、高さ、規模毎の構造耐力上の原則が規定されている。

さらに、建築物が構造上安全であるための一般的な基準については、建築基準法施行令第三章第一節から第七節にかけて構造設計の原則から構造部材、構造の種別毎に規定がなされ、構造上安全であることを確かめるための構造計算の基準については、同法施行令第八節及び第九節に規定されている。

前述の「建築基準法令解説」においては、「施行令第三章第一節から第七節までに規定されている構造方法の技術的基準は、内容としては、市街地建築物法施行規則中の構造強度の規定と大きな差はないのであるが、唯従来の規定の漠然たる範囲を示して、後は地方長官の判断にまかせることは現在の法規としては不可能なので、出来る限り明確な規定に変え、特に木造の建築物の耐震、耐風の手法については、特に防災的な観点から具体的な数値を示すこととした[17]」と記している。

また、構造計算の方法については、「旧規（市街地建築物法施行規則）においては第二節構造強度第七に掲げられている旧来の規定が主であり、日本建築規格3001号（日本建築学会、昭和23年）の新しい計算方法でも良いこととなっていたが、最近における建築界全般の趨勢に鑑みて、3001号の方法による構造計算を原則として取り上げた[17]」としている。これにより、長期に加えて、地震時や暴風時等を想定した短期許容応力度の検定を行う現行の許容応力度設計の手法が適用されることとなった。

(2) 防火避難関係規定の強化

当時の火災による建物被害を踏まえ、防火避難に関する基準について強化がなされている。前述の「建築基準法令解説」においては、「建築物の防火については、直接個人に及ぼす影響も極めて大きく、少なくとも市街地にある建築物は、都市計画施設と相俟って都市全体の防火のために協力することが必要である。従って防火地域又は準防火

地域以外のところでも木造の建築物はその外面を従来より一層防火的にし、更に全国的に公衆と密接な関係のある用途に供する特殊建築物や大規模な木造の建築物については、防火上の制限が強化されたのである[17]」と記している。

法第22条（屋根）法第23条（外壁）の規定について、前述の「建築基準法令解説」においては、「法第63条による防火地域、準防火地域内の建築物の屋根の構造に準じ特定行政庁が市街地について指定する区域内では、延焼特に飛火について安全であるよう屋根及び外壁を防火上有効にしたのである。屋根については、市街地建築物法施行規則により施行されていたものであるが、外壁の土塗壁については、新たに規定したもの[17]」と記している。

さらに、防火地域について、前述の「建築基準法令解説」においては、「全国に亘り建築物の用途又は規模に応じて、その建築物を耐火構造又は防火構造とすべき規定の外、従来、甲種防火地区、乙種防火地区及び準防火区域（昭和23年11月施行の「臨時防火建築規則」において規定）の三種に分かれていた地区的な防火に関する制限を建築基準法においては、防火地域と準防火地域の二種とし、従来は甲種防火地域内で緩和された区域を認め、この区域内には防火構造の建築物を認めていたが今後は認められないこととなった[17]」と記している（**DVD**3-2-7）。

また、市街地建築物法に基づく特殊建築物規則において規定されていた学校や共同住宅、百貨店等の特殊建築物の避難に関する規定についても、建築基準法第35条に基づいて施行令に規定され、規制の強化がなされている。前述の「建築基準法令解説」においては、「法第35条によって学校、病院、劇場、百貨店、ホテル、共同住宅等の特殊建築物又は延べ面積が1,000m²を超える建築物について、廊下、階段、出入り口その他の避難施設及び敷地内の通路を政令で定める基準に従って、

避難上防火上支障がないようにしなければならないと規定[17]」している。

(3) 特殊の材料又は構造に関する規定

建築基準法及びこれに基づく命令、条例の規定は、その予想しない特殊な建築材料又は構造方法を用いる建築物について、建設大臣がそれらがその規定に基づくものと同等以上の効力があると認めるときは適用しないことが規定された（法第38条）。前述の「建築基準法令解説」においては、「建築物の材料や構造上又はその他の構法であって新しい考案発明等にかかるものでありこの法令の規定に抵触するようなものについては、建設大臣がそれを理論的又は実験的に検討した結果第二章中の規定によるものと同程度の効果があると認める場合は、差支えがないということになる。これらの効力の検討には、然るべき委員会の組織なり研究機関といったものを充分活用して行くこととなるであろう[17]」と記している。

小宮氏によれば、「これらの基準がともすれば建築技術の進歩に立ちおくれて、これを妨げる結果となることは前に（アメリカの市町村の建築条例の例で）述べたが、この法律ではこれを防ぐために、法律の予想しない特殊の建築材料や構造方法が現れた場合、建設大臣によって基準に定めるものと同等の効力ありと認定されたものにはその基準を適用しないこととしている[26]」と記している。

(4) 災害危険区域等に関する規定

新しい建築法草案において提案された建築制限区域について、建築基準法においては地方公共団体が災害危険区域を指定し、建築の制限又は禁止をできるように規定され（法第39条）、また、市街地に非常災害があった場合、特定行政庁が区域を限って建築の禁止をできるように規定された（法第84条）。前述の「建築基準法令解説」におい

ては、災害危険区域については「常に津波の脅威にさらされるところであるとか又は河川の流域で常に洪水の被害を受けるというような区域を対象とするものであって、実際問題としては、この指定はなかなか難しい問題で、しかもその地方自身の問題もあるので区域の指定も又区域内の災害防止上必要な建築物の制限等についても、すべて条例に委任している[17]」と記している。また、被災市街地における建築制限については「市街地に相当大きな火災があった後に、都市計画事業又は土地区劃整理事業としていわゆる復興計画が立てられることが多い。しかし計画が確定するまでにはいくら急いでも一週間や二週間はかかるのが普通であり、それまでに無統制に建築ができては、後の事業に支障を来すので一月以内に限って禁止又は制限を行い得ることとしたのである[17]」と記している。

(5) 建築線制度に代えて道路位置指定制度を導入

市街地建築物法における建築線制度に代わり、新しい建築法草案で提案された道路位置指定の制度について、道路の定義の一つとして規定（第三章第42条）された。前述の「建築基準法令解説」においては、「私道が土地所有者の意のままに乱雑に造られこれに接して自由に建築物が建てられることは、都市の保安、衛生上極めて危険であるので、市街地建築物法ではこれを「建築線の指定」によって統制してきた。しかしこの制度は多少新憲法による財産権尊重の趣旨にそわないので廃止し、これに代わって「道路の位置の指定」なる制度を設けたのである。…この指定が従来の建築線と異なる点は、これは築造のために指定を受けるのであるから、指定を受けた者は直ちに実際に築造しなければならないのである[17]」としている。

一方、壁面線の指定については、「壁面線は市街地建築物法第10条の『壁面の位置指定』に代わ

るものである。これは都市計画的な建築規制の一つであって道路から後退して家並みを整える為に指定される…、なお、従来行われていた劇場、映画館等の前面の壁面を後退させるための指定は、この規定によることは適当ではなく、法第43条第2項の条例によって規定すべきである[17]」と記している。

道路位置指定については、小宮氏によると「建築線制度への憲法上の疑義から、私は建築法草案のときに『道路位置指定制度』を案出した。…私道が勝手につくられないよう、行政庁は先回りして建築線指定を行う必要があった。そこで私は逆に私道の築造を勝手にできないように規制することを思いついた。私道の線形の規制なら建築の構造設備の規制と同類だから、憲法違反にはなりえないと思った。ただし、建築基準法に入れるときは、正面から私道の規制をすると少々越権になるので、敷地の接道条件を充たす道路の定義という形で逃げた結果、現行法のようになった[22]」と記している。

また、二項道路については、前述の「建築基準法令解説」において、「既存の4m未満の道の特例で、既存の道で巾が4m未満のものは将来4m以上に拡巾するのが原則であるが、既に相当沿道に建築物が立ち並んで居り、今直ちに道路の巾を広げることが困難な道は、事実上建築禁止になるので、緩和の道を開いたのである[17]」としている。

なお、第三章（道路及び壁面線）から第七章（美観地区）までの規定の適用については、法第3条（適用除外）の第4項において、都市計画区域外においては適用しないこととしている。

(6) 用途地域の見直し

市街地建築物法においては住居地域、商業地域、工業地域の3種類の用途地域のところ、建築基準法においては、準工業地域を加えて4種類の用途地域とし、専用地区としては市街地建築物法

と同様、住居専用地区と工業専用地区を指定することができるとしている。前述の「建築基準法令解説」においては、「第五章による用途地域・地区を旧法（市街地建築物法）によるものと対照すると次の表のようになる。なお、旧法によって指定された地域・地区は（**表5**に示す）（　）内のものを除き、そのままこの章の地域・地区とみなされる。用途地域制は都市計画の重要事項であるが、その都市計画の基本法規である都市計画法が近く全面的改正が行われる予定なので、建築基準法ではその際再検討することにして一応旧法に準ずることにしたのである[17]」としている。

表5　用途地域・地区の対照表

新（建築基準法）	旧（市街地建築物法）
住居地域	住居地域
住居専用地区	住居専用地区
商業地域	商業地域
準工業地域	（未指定地域）
工業地域	工業地域
工業専用地区	工業専用地区
特別用途地区（各種）	（特別工業地区）

各用途地域内の建築制限について、前述の「建築基準法令解説」においては、大体、旧法と同様であるが、特に異なる点として

① 卸売市場、火葬場、と畜場、汚物処理場、ごみ焼却場の類は旧法では住居地域及び商業地域には禁止され、その他は自由であったが、これらは法第51条によって、個々の位置について許可制として、地域制限からはずしたこと

② 準工業地域は、従来の未指定地域よりは工業地域らしいものとし、工場の規模の制限を撤廃したこと

③ 工業地域は、従来は事実上無制限であったが、工場の利便を害するものは禁止したこと

などが挙げられている[17]。

また、専用地区については、旧法とほとんど同様である。ただ住居専用地区においては従来は店舗等併用住宅は店舗部分の床面積10m²以下のものに限られていたが、この規模の規制がなくなった。

さらに、特別用途地区については、従来なかった新しい制度で特別工業地区、文教地区が想定され、これらの地区の制限内容は条例で定められるので、制限内容はその地区の特殊性に応じて異なることが予想されるとしている。

この章の規定による許可については、いずれも特定行政庁に広い裁量の余地を与えたものであるので、聴聞及び建築審査会の同意を要件としたのである。なお、条件の類似した許可が多数にのぼる場合は、審査会の議決によって事前に包括的に同意を得るようにすることも考えられる[17]としている。

(7) 形態規制の見直し

市街地建築物法の建蔽率制限、空地地区制、高さ制限、高度地区制を引き継いでいるが、建蔽率制限については、制限内容の強化が行われている。建蔽率の算定に当たり、住居地域内、準工業地域内又は工業地域内においては、敷地面積から30m²を引いたものの6/10を建築面積の上限としている（**DVD**3-2-8）。

建築基準法の形態規制について小宮氏は、防災上の観点や住居の環境保護の観点から、建蔽率と高さの制限のほか、空地地区の制限について、厳しめの制限が課されたとし、建蔽率算定における特例については、「これは住宅の大小にかかわらずその周囲に日照や消防上必要な一定の空地を確保するためには、この方が合理的だという考えによるもので、以前京大の西山夘三氏から、市街地の共同建築化を促進するためには、大敷地ほど有利なこの方式がよい、という意見が寄せられていたので、このアイディアを借用したのである[4]」と記している。この建蔽率算定における特例については、1952（昭和27）年の耐火建築促進法制定時における建築基準法の改正において防火地域又

は準防火地域内において緩和され、1959（昭和34）年の改正においてさらに緩和され、1970（昭和45）年の建築基準法の大改正に至って姿を消している。

(8) 建築協定

前節で紹介したとおり、新しい建築法草案において提案された建築協定制度が、建築基準法に位置づけられた。前述の「建築基準法令解説」においては、「従来から一団地の土地分譲等で、分譲の条件としてその建築についての一定の規約——例えば塀の様式を統一したり、前庭を設けたりといった——を設け、住宅地としての環境をよくしようとする試みが行われている。しかしこれらの単なる申し合わせ程度では不安定であり永続性がないので、これを公認する制度をとったのがこの章の規定である[17)]」と記している。

新しい建築法草案においては、2／3の同意でできることとしていたところ、建築基準法においては全員の合意が必要となった。これについて小宮氏によると「建築協定は、一旦決まると、後で（権利者が）入れ替わっても適用される一種の立法措置ではないか。立法措置であれば、憲法上からいってそう簡単には変えられないことから全員一致になった記憶がある[27)]」と記している。

4 まとめ

新憲法の下で新しい建築法制として建築基準法の検討が進められ、市街地建築物法の実体規定をベースに、新しい建築法草案やアメリカのUBCの民主的な手続き規定等も参考に修正が加えられ、建築士法とともに建築基準法が制定、施行された。その流れを振り返ると、次のように要約できる。

・終戦直後、全国各地において火災等の建物被害が頻発し、建築物の安全確保が必要となり、

1948（昭和23）年1月の「市街地建築物法の適用に関する法律」の施行により、市街地建築物法の規定が復活する一方、特殊建築物に関する規則の全国適用がなされた。

・1948（昭和23）年7月の建設省の発足後、昭和24年春頃から、新憲法に基づく新しい建築法規として、建築基準法案の検討が始まった。

・建築基準法案の検討時においては、当時の市街地建築物法や建築統制事務の運用における弊害から、建築基準法の全国適用について異論があったものの、全国的な建築物の安全性強化の必要性から、建築物の構造、設備に関する単体規定について全国適用されることとなった。

・建築基準の適合性判定については、行政庁の裁量の範囲を最小限とし、建築基準に基づく準則的な行政処分行為として、建築主事による建築確認制度を確立した。関連して、建築主事は建築基準法のみならず建築物に関連する建築基準関係法令の適合性についても確認することとなった。

・一方で、建築基準法令に規定する基準に加え、地方自治推進の観点から、地方公共団体が条例で制限を附加することを認めるとともに、条例に基づく建築協定による制限の附加を規定している。

・また、当初、都道府県に置くこととされていた建築主事について、GHQ指令によって市町村にも置けるように見直され、建築主事の資格検定制度が設けられるとともに、特定行政庁の規定が設けられた。さらに市民の権利保護の観点から、重要な行政処分に関して公開による意見の聴取や建築審査会の規定が追加された。

・国民の権利義務に関する重要事項については法律で具体的に規定するとの方針に基づき、従来は市街地建築物法施行規則等で規定されて

いた基準をベースに建築基準法及び同法施行令において規定されたが、法制定当時の災害対応等の要請から、特に防火及び防災に関する規定が強化された。

・新しい建築法草案で提案された建築協定制度や市街地建築物法における建築線制度に代わるものとして提案された道路位置指定制度について制度化された。

前節で紹介した新しい建築法草案の検討に始まる新しい建築法規の検討成果は、このようにして建築基準法の制定に活かされ、その直後からの我が国の高度経済成長期における建築指導行政の規範となった。

その後、新都市計画法の制定、十勝沖地震をはじめとする地震等による建物被害への対応、急速な都市化の進展、旺盛な民間建築活動と建築技術の飛躍的発展等の動きに対応し、数次にわたり建築基準法の大改正が行われるが、それらは今回紹介した建築基準法制定時の枠組みの上に構築されたものであり、制定時の法律が現行規定の礎になっているものとみてとれよう。

本節の執筆に当たっては、既往文献等を精読の上参考にしたが、著者の調査不足や理解不足等により、なお内容に不充分な点も多々あるかと思われる。読者諸賢のご指摘ご教示を頂けると幸いである。

謝辞

本節の執筆に当たり、早稲田大学の三宅博史氏に多くの有益なご助言を頂きました。

また、執筆のための資料閲覧に当たり、国立研究開発法人建築研究所の皆様に便宜を図って頂きました。ここに記して感謝の意を表します。

3-3 復興・成長時代における建築基準法（昭和編）

　前節までで、市街地建築物法制定から建築基準法制定に至る経緯を振り返ってきた。本節以降は建築基準法制定後の改正経緯について分けて紹介する。

　改正事項については、極力改正法文を直接確認することとした。また、規制内容の枢要な部分が単体規制を中心に政令以下の技術的基準に委任されており、政令以下の改正のうち、重要と思われるものについても触れることとした。改正当時の背景等の記載については、各種資料を参考とし、編集委員会においてご議論をいただいたが、筆者の私見を交えたものであることをお断りしておく。

　本節では建築基準法制定から昭和年代を通じた

動きについて振り返ってみたい。昭和年代は戦後の復興に始まり、高度成長期、石油ショック、安定成長期を経てバブル経済期に至る社会全体として成長拡大基調にある時代であった。

　まず、戦後、大規模な市街地火災が各地で発生し、また、昭和30年代後半以降には大きな人的被害を伴う建築物火災が多発したことから、建築・都市行政においては防火・防災対策が最重要な課題のひとつであった。建築基準法においても、都市不燃化のための耐火建築物建築促進や特殊建築物・高層建築物の防災対策強化を目的とした改正が数次にわたって実施されている。（**表1**、**表2**参照）

　構造分野では、建築構造技術の進展と宮城県沖

表1　戦後の主な大火

出火場所	出火年月日	死者（人）	焼失棟数（棟）	焼失面積（m²）
新潟県村松町	昭和21年5月6日	2	1,337	135,231
長野県飯田市	昭和22年4月20日	－	3,742	481,985
茨城県那珂湊町	昭和22年4月29日	－	1,508	80,451
秋田県能代市	昭和24年2月22日	3	2,238	210,411
北海道古平町	昭和24年5月10日	2	721	103,274
静岡県熱海市	昭和25年4月13日	－	1,461	141,900
三重県松坂市	昭和26年12月16日	－	1,155	52,315
鳥取県鳥取市	昭和27年4月17日	3	7,240	449,295
北海道岩内町	昭和29年9月26日	33	3,299	321,311
新潟県新潟市	昭和30年10月1日	1	892	214,447
鹿児島県名瀬市	昭和30年12月3日	－	1,361	65,997
秋田県能代市	昭和31年3月20日	－	1,475	178,933
秋田県大館市	昭和31年8月18日	－	1,344	156,984
富山県魚津市	昭和31年9月10日	5	1,677	175,956
鹿児島県瀬戸内町	昭和33年12月27日	－	1,628	66,314
岩手県新里町	昭和36年5月29日	5	1,062	53,047
山形県酒田市	昭和51年10月29日	1	1,774	152,105
（参考）新潟県糸魚川市	平成28年12月22日	－	147	30,213

注1）消防白書（平成29年版）より作成
注2）昭和21年から昭和63年までの間に発生した、焼損棟数1,000棟以上又は損面積100,000m²以上の火災

表2　戦後の主な建築物火災（用途別）

出火年月日	出火場所	事業所名	死者(人)	負傷者(人)
（百貨店）				
昭和38年8月22日	東京都豊島区	池袋西武百貨店	7	114
昭和48年9月25日	大阪府高槻市	西武高槻ショッピングセンター	6	14
昭和48年11月29日	熊本県熊本市	大洋デパート	100	124
（劇場・映画館）				
昭和26年5月19日	北海道浜中村	大原劇場	39	不明
昭和34年1月27日	北海道美幌町	銀映座	12	23
（旅館・ホテル）				
昭和41年3月11日	群馬県水上市	水上温泉菊富士ホテル	30	28
昭和43年11月2日	兵庫県神戸市	有馬温泉池之坊満月城	30	44
昭和44年2月5日	福島県郡山市	磐光ホテル	30	41
昭和46年1月2日	和歌山県和歌山市	寿司由楼	16	15
昭和48年10月11日	兵庫県神戸市	坂口荘	6	5
昭和53年6月15日	愛知県半田市	白馬	7	24
昭和55年11月20日	栃木県藤原町	川治プリンスホテル	45	22
昭和57年2月8日	東京都千代田区	ホテルニュージャパン	33	34
昭和58年2月21日	山形県山形市	蔵王観光ホテル	11	2
昭和61年2月11日	静岡県東伊豆町	大東館	24	—
（病院）				
昭和26年12月2日	北海道釧路市	私立釧路病院	14	9
昭和30年6月18日	千葉県市川市	式場精神病院火災	18	—
昭和35年1月6日	神奈川県横須賀市	日本医療伝道会衣笠病院	16	—
昭和35年3月19日	福岡県久留米市	国立療養院	11	—
昭和35年10月29日	愛知県守山市	精神科香流病院	5	5
昭和39年3月30日	兵庫県伊丹市	常岡病院	9	3
昭和44年11月19日	徳島県阿南市	阿南市精神病院	6	5
昭和45年6月29日	栃木県佐野市	秋山会両毛病院	17	1
昭和45年8月6日	北海道札幌市	手稲病院	5	1
昭和46年2月2日	宮城県岩沼町	小島病院	6	—
昭和48年3月8日	福岡県北九州市	福岡県済世会八幡病院	13	3
昭和52年5月13日	山口県岩国市	岩国病院	7	5
昭和59年2月19日	広島県尾道市	医療法人社団宏知会青山病院	6	1
（社会福祉施設）				
昭和30年2月17日	神奈川県横浜市	聖母の園養老院	99	9
昭和43年1月14日	大分県日出町	みのり学園小百合寮	6	—
昭和61年7月31日	兵庫県神戸市	陽気会陽気寮	8	—
昭和62年6月6日	東京都東村山市	昭青会松寿園	17	25
複合用途防火対象物（雑居ビル）				
昭和41年1月9日	神奈川県川崎市	金井ビル	12	—
昭和47年5月13日	大阪府大阪市	千日デパートビル	118	81
昭和50年3月1日	東京都豊島区	アサヒ会館	5	17
昭和51年12月4日	東京都墨田区	国松ビル（サロンうたまろ）	6	2
昭和51年12月26日	静岡県沼津市	三沢ビル（大衆サロンらくらく酒場）	15	8
昭和53年3月10日	新潟県新潟市	今町会館（エル・アドロ）	11	2
昭和55年8月16日	静岡県静岡市	ゴールデン街第一ビル	14	223
昭和59年11月15日	愛媛県松山市	三島ビル	8	13

出典）消防白書（平成29年版）、我が国の戦後の火災史概観（山田常圭、コンクリート工学第45巻）、消防防災博物館HP（（一財）消防防災科学センター）

注1）5名以上の死者が発生した建築物火災で、昭和63年までに発生したものを抜粋
注2）用途については、消防白書に記載のあるものはこれによることとし、消防白書に記載のないものは参考資料等から推定した

地震等の経験を受けて1980（昭和55）年に「新耐震基準」が導入された。

防災対策以外の分野についてみると、単体規定については、日米貿易摩擦と木造建築技術の進展を背景に木材利用への要請が高まり、1987（昭和62）年には大断面木造による大規模木造建築物を実現する改正が行われた。建築技術の進展を踏まえた規制の合理化については、その後の性能規定化の流れへとつながっていく。

集団規定については、戦後の都市への人口・産業の集中と都市周辺へのスプロール化を背景に1968（昭和43）年に新「都市計画法」が制定された。

建築基準法においても、この時期をはさみ、人口・産業の集中が進む都市の容量コントロール、土地利用の合理化、良好な市街地環境の形成等を目的として、特定街区制度、用途地域と連動した容積率規制、地区計画制度の創設とその拡充等、都市計画制度と連動した建築規制が順次整備されるとともに、空地地区等の制度が廃止され、現在の建築基準法につながる制度の大枠が整えられてきた。

具体的には1961（昭和36）年に特定街区制度の創設に伴い、従来の絶対高さ制限に代えて、都市計画による区域指定と連動して容積率規制、形態規制を行う仕組みが整備された。容積率規制については、市街地建築物法に防空対策と住宅地環境保全を目的として空地地区が創設され、建築基準法にも引き継がれているが、これを除けば特定街区制度で導入された後、1963（昭和38）年には容積地区を創設、さらに、1970（昭和45）年改正による用途地域と連動した容積率規制により都市計画区域内において全面的に適用されることとなり、現在の容積率規制と同様の枠組みが整備された。

1980（昭和55）年には地区計画制度が導入され、その後、再開発地区計画制度の創設（1988

（昭和63）年）をはじめとして、平成以降の制度の拡充・整備につながっていく。

また、日照問題への対応として、1970（昭和45）年に北側斜線が導入された後、1976（昭和51）年には日影規制が導入されている。

執行体制等については、1951（昭和26）年に建築士法の制定、改正を受けた改正が行われ、1959（昭和34）年に定期報告制度が導入された後、1970（昭和45）年改正を経て、建築士による設計・工事監理、建築主事による確認・検査、完成後の資格者による定期的な調査・検査及び報告という枠組みが整備された。

1970（昭和45）年改正により特定行政庁を一定規模の市町村に拡大するとともに、限定特定行政庁制度を創設し、その後多くの市町村が特定行政庁となるに至っている。

また、建築基準法の実効性を確保するための措置として違反是正等に係る規定が順次整備・強化されている。

1 1951（昭和26）年改正（建築士法制定、改正への対応）

「建築士法（昭和25年法律第202号）」においては、制定当初は建築士の業務独占について同法第3条で「建築物で、その用途、構造、規模等により、特に建築物としての質を確保する必要のあるものについては、建築士でなければ、その設計、工事監理をしてはならない」とのみ規定されており、一級建築士又は二級建築士でなければ設計、工事監理することができない建築物について具体的な規定は設けられていなかった。1951（昭和26）年の同法改正により、一級建築士及び二級建築士でなければその設計、工事監理を行うことができない建築物について一定の特殊建築物等が具体的に定められたことを受け、建築基準法においても、一定の建築物の工事は一級建築士又は二級建築士の設計によらなければならず、建築主は当

該建築物の工事をする場合は、当該工事に係る設計を行うことができる一級建築士又は二級建築士である工事監理者を定めなければならない旨の規定が置かれた。併せてこれに違反する工事の禁止規定等と「設計」、「工事監理者」の定義が置かれた。

これらの建築士に係る規定が建築基準法制定時に設けられなかった経緯については、3-2-1の(4)に詳しい。

2 1952(昭和27)年〜1957(昭和32)年(耐火建築促進法の制定等と耐火建築物の建築促進等)

(1) 耐火建築促進法の制定等と耐火建築物等の建築促進

1952(昭和27)年には「耐火建築促進法(昭和27年法律第160号)」が制定される。

これは、都市における耐火建築物の建築を促進し、防火建築帯(都市の枢要地帯にあり、3階建て以上の耐火建築物が帯状に建築された防火帯)の造成を図ることにより土地の合理的利用と木材消費の節約を目指すものであった。

本法に基づき行われた防火建築帯造成事業は、建設大臣が防火建築帯を指定し、区域内の耐火建築物の整備に対し補助金を交付するものであるが、敷地の集約化と併せ、建築物の高層化、不燃化を内容とする事業であり、後の防災建築街区造成事業(「防災建築街区造成法(昭和36年法律第110号)」)を経て、市街地改造事業(「公共施設の整備に関する市街地の改造に関する法律(昭和36年法律第109号)」)とともに、市街地再開発事業(「都市再開発法(昭和44年法律第38号)」)へと発展していく。

さらに、1957(昭和32)年には「住宅金融公庫法(昭和25年法律第156号)」が改正され、中高層建築物及び防火建築帯内の耐火建築物等である住宅等の建設に対して融資を行うこととなり、金融面からも都市の不燃化を促進する制度が整備された。

こうした動きに合わせ、耐火建築促進法の成立と同年、建築基準法においても、都市における耐火建築物[2]等の建築促進を目的とした改正が行われた。

具体的には、①商業地域内で、かつ、防火地域内の主要構造部が耐火構造である建築物について建蔽率制限の対象から除外すること、②商業地域以外の用途地域内で、かつ、防火地域、準防火地域内の建蔽率制限を緩和すること、③防火地域内の小規模な既存不適格建築物で一定の防火措置等を伴う増改築を行う場合に、防火地域内の建築物の構造制限を適用しないことの3点について改正が行われた。

さらに1957(昭和32)年改正において、①商業地域内で、かつ、準防火地域内の耐火建築物、②商業地域外で、かつ、防火地域内の耐火建築物について建蔽率が緩和された。

また、同年の改正においては、建築物の敷地が防火地域、準防火地域、その他の地域にわたる場合で当該建築物が、防火上の制限が最も厳しい区域の防火規定に適合しているときは、建蔽率の制限はその最も厳しい区域のものを適用する改正が行われた。平易にいうと防火上の性能が高い建築物の敷地については、建蔽率制限の緩和についてより有利な地域のものを適用できることされた。

(2) その他改正

1957(昭和32)年改正においては以下についても措置されている。

① 道路内建築制限関係

道路内建築制限の適用除外対象を拡大し、公共用歩廊等で政令で定めるものを追加し、これについて適用除外の手続きとして、用途制限、高さ制限の特例許可と同様に、建築審査会同意を経た特定行政庁による許可によることとされた。

政令においては、当初、学校等に設ける危険防

止のためのもの、5階以上に設ける避難施設等が定められ、その後の改正で、高架の道路の路面下に設けるもの、自動車専用道路上の休憩所等が追加されることとなる。

② 仮設建築物関係

特定行政庁の許可により建築することができる仮設建築物について、従来の仮設興行場、博覧会建築物等に加え、仮設店舗等を追加し、同建築物の設置許可の期間についても工事施工上必要な期間とされた。

③ 一団地の総合的設計関係等

第86条の見出しを「一街区内における総合的設計による建築物の取扱」から「総合的設計による一団地の建築物の取扱」に改める等の用語の変更とともに、一団地の住宅経営に関する都市計画を定める場合における容積率（ただし、この時点では容積率の規定は空地地区に限定して適用されていた）、建蔽率、外壁後退距離等について建築基準法の一般地域における規定と異なる制限を定めることができることとされた。これにより、一団

地の総合的設計、一団地の住宅施設に係る都市計画による制限の変更という現在の制度の枠組みが整えられた。

3 1959（昭和34）年〜1963（昭和38）年（防火地域、特殊建築物等に係る制限強化、容積率規制の導入）

(1) 耐火建築物等の定義の創設と防火地域等における構造制限強化

本節「はじめに」に記述したとおり、戦後、大規模な市街地火災が各地で発生し大きな被害をもたらした中で、都市の不燃化は都市行政、建築行政において、最重要課題のひとつであった。このため、防火地域、準防火地域等を中心に建築物の構造制限の強化が行われた。

まず、1959（昭和34）年改正により、建築物に係る構造制限の基本的な概念である「耐火建築物」、「簡易耐火建築物」の定義が定められた。

すなわち、①耐火建築物は主要構造部が耐火構造であり、外壁開口部の延焼のおそれのある部分に防火戸等を設けたもの、②簡易耐火建築物は、

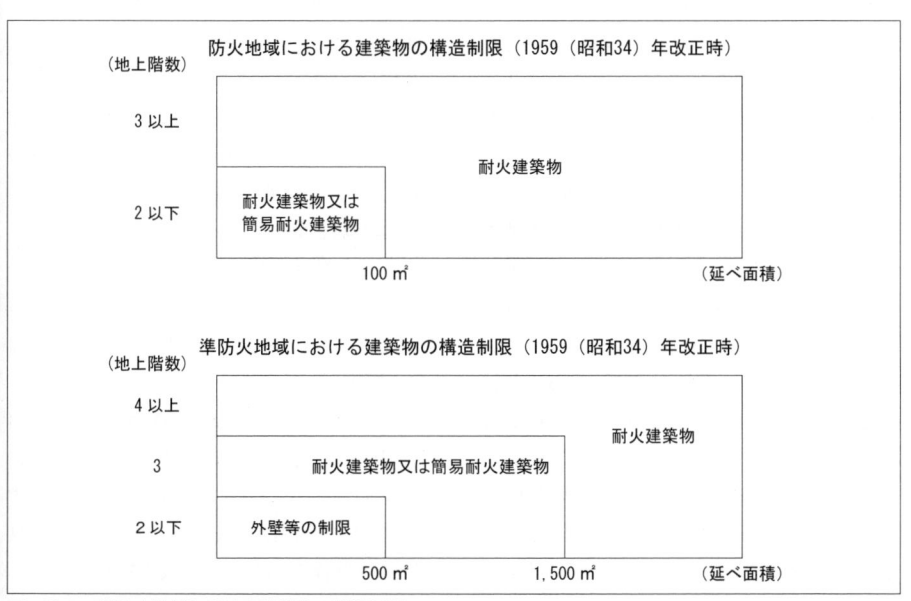

図　防火・準防火地域における建築物の構造制限

イ）外壁を耐火構造、屋根を不燃材料等とし、外壁開口部の延焼の恐れのある部分に防火戸等を設けたもの（イ簡耐、いわゆる外壁耐火建築物）、ロ）主要構造を部位に応じて不燃材料等、外壁の延焼のおそれのある部分を一定の防火性能を有するものとし、イ）と同様に防火戸等を設けたもの（ロ簡耐、いわゆる不燃構造建築物）のいずれかとした。この定義は、耐火建築物については、1998（平成10）年改正による性能規定化、簡易耐火建築物については、1992（平成4）年改正による準耐火建築物の創設まで継続することになる。

この耐火建築物、簡易耐火建築物の規定の整備を受け、防火地域、準防火地域における建築物の構造制限が以下のように強化されている。

防火地域においては、原則として3階建て以上又は100m²を超える建築物は耐火建築物、それ以外の建築物については耐火建築物又は簡易耐火建築物とすることとし、防火地域内の既存不適格建築物に係る制限緩和規定は削除された。

準防火地域においても、原則として4階建て以上又は1,500m²を超える建築物を耐火建築物、それ以外の建築物で3階建て以上又は500m²を超える建築物を耐火建築物又は簡易耐火建築物とすべきこととするとともに、建築物に付属する門、へいに係る構造制限が加えられた。

1961（昭和36）年改正において、防火地域等の関係規定について、特殊の建築材料又は構造方法を用いる建築物に係る大臣認定と適用除外規定が追加された。いわゆる38条認定を防火地域等における構造制限にも適用可能としたものである。本規定は1998（平成10）年改正による性能規定化により一度廃止されるが、2014（平成26）年改正により復活することとなる。

これらにより、防火地域等における構造制限の枠組みは、1987（昭和62）年改正による小規模な3階建て木造に係る規制緩和が行われ、概ね現在の制限に近いものに整備されていく（ただし、単体規制の制限強化、性能規定化等を通じて耐火建築物の制限強化と定義の拡大、準耐火建築物の創設による実質的な簡易耐火建築物の拡大等が行われている）。

(2) 特殊建築物等に係る制限強化

大規模市街地火災の多発に加え、戦後の復興の中で、耐火建築物、高層建築物の建築が進み、昭和30年代後半以降には大きな人的被害を伴う建築物火災が数多く発生し、建築物の防火安全性、避難安全性向上は都市の不燃化と並んで建築行政においても大きな課題となってきた。このため、不特定多数の利用に供される建築物や病院等の避難弱者を収容する特殊建築物、高層建築物等で発生する火災、いわゆるビル火災への対応として、特殊建築物、高層建築物等に係る制限強化がこの時期以降に数次にわたって行われた。

まず、1959（昭和34）年改正において、特殊建築物の構造制限については、規制対象となるものを用途の特性に応じて別表第一として再整理した上で、建築物の用途、当該用途に供する階又は床面積に応じて、耐火建築物とするべきもの、耐火建築物又は簡易耐火建築物とすべきものを規定した。これにより、従前の規定により耐火建築物相当とすべき建築物の範囲が拡大（例外的に一部縮小）されるとともに、新たに耐火建築物又は簡易耐火建築物とすべきものが追加された。

さらに、特殊建築物等の避難、消火に係る政令への技術的基準を委任する規定である第35条の対象に階数3以上の建築物、無窓居室を有する建築物等が加えられた。

また、新たに、第35条の2（特殊建築物等の内装）及び第35条の3（無窓の居室等の主要構造部）の規定を設け、特殊建築物、無窓居室を有する建築物に係る内装制限を導入するとともに、無窓居室の区画を原則として耐火構造等とすべきこととされた。さらに1963（昭和38）年改正では、

容積地区の導入に伴う高層建築物の出現に対応して、内装制限の対象に高さ31mを超える建築物が追加されている。

特殊建築物については上記の単体規制強化に加え、特定行政庁が指定するものに対して定期報告の義務を課すこととされた。

1961（昭和36）年改正においては、構造制限を受ける特殊建築物としてキャバレー、カフェ、バー等及び自動車修理工場が追加された。同改正において小規模な自動車車庫に係る外壁の構造制限が緩和された。

1963（昭和38）年改正において、内装制限の対象に高さが31mを超える建築物が追加された。

特殊建築物等に係る具体の規制の多くは政令に技術的基準として委任されており、1959（昭和34）年の法改正以降1969（昭和44）年までの間に行われた特殊建築物、高層建築物等に係る政令改正の内容のうち主要なものを以下に記す。

① 1959（昭和34）年改正

簡易耐火建築物が位置付けられたことを受け、同建築物の防火区画に係る規定を新設

防火区画貫通部に係る制限強化

3階以上の一定の鉄骨柱について防火被覆を義務化

避難階段設置対象の拡大

② 1961（昭和36）年改正

キャバレー等について内装制限の対象として追加

③ 1964（昭和39）年改正

耐火構造の耐火性能時間を部位ごとに規定

高層階の防火区画強化

特別避難階段の設置義務等15階以上の階の避難規定を強化

高さ31mを超える部分の内装制限強化

④ 1969（昭和44）年改正

防火区画の見直し（区画対象面積に消防設備設置部分の1/2算入（制限強化））

竪穴区画の導入

地下街の防火区画の制限強化

旅館・ホテルの内装制限強化

2以上の避難階段の設置義務及び重複距離の制限

(3) 容積率制度の整備

1961（昭和36）年改正において、特定街区制度を創設し、当該街区内では、従来の建蔽率制限、空地地区による制限、高さ制限に代えて、都市計画による高さ制限、壁面位置制限と容積率制限によることとされた。

具体的には市街地の整備改善を図るため必要な場合には、建設大臣は街区内における建築物の高さ制限、壁面位置の制限を定め、都市計画の施設として第一種から第六種の特定街区を指定することができることとされた。

同時に容積率の制限は、街区の種別ごとに法に定められた数値によることとされた。

前述のとおり、容積率規制については、市街地建築物法において定められた空地地区による規制が存在したが、当該規制は当初防空対策及び住宅地の環境保護を目的として創設され、建築基準法においても住宅地の環境保護を目的として住宅地域内に限定して引き継がれたものである。

これに対して特定街区制度は、都市計画の手続きにより、あらかじめ容積率が定められた区域を指定すると同時に区域内の形態規制を定めるものであり、容積規制については、後出の容積地区制度を経て容積率と連動した新用途地域制度に、都市計画による形態規制については、後の地区計画制度、さらには都市再生特別地区等につながる手法である。

1963（昭和38）年改正においては、特定街区制度に加えて、容積地区制度が導入される。

特定街区制度が、もともと、都市周辺の開発事業、都市部の再開発事業に合理的な規制を行うこ

とにより市街地の整備改善を図る目的で創設されたのに対し、容積地区は当時の建築技術の進展による高層建築物の一般化、土地利用の合理化の観点からの絶対高さ制限に代わる規制の必要性、都市施設との均衡を考慮した建築物の規模規制の必要性等を背景として創設されたものであり、より汎用的な容積率規制として導入されている。

容積地区制度においては、都市計画上又は土地利用上必要がある場合には、建設大臣は都市計画の施設として第一種から第十種の容積地区を定めることができることとされた。この際、前記の特定街区と同様に地区の種別ごとにあらかじめ定められた容積率制限が課されることとされた。また、従前の前面道路幅員による高さ制限との調整を図るため、前面道路幅員による制限強化を追加しており、用途地域による容積率制限にも引き継がれる。

この容積率制限については、建築審査会同意を経た特定行政庁の特例許可の規定が設けられ、特例許可を行える場合として、①機械室等が著しく大きい場合、②周囲に公園等の空地を有する場合、③条例で定める規模以上の敷地でかつ敷地内に条例で定める規模以上の空地を有する場合の3つが定められた。

上記①及び②については、現行法による容積率の特例許可に引き継がれ、③は現行法の総合設計制度に形を変えて引き継がれていく。

加えて、計画道路に接する場合等の前面道路幅員及び敷地面積の読み替え規定が整備された。

また、地区内においては、隣地斜線規制が導入され、絶対高さ制限、前面道路幅員による高さ制限に代えて隣地境界線からの距離に応じた高さ制限によることとされた。

この容積地区制度の導入に伴い、特定街区制度の改正も行われ、種別による容積規制を廃止し、街区内における容積率は都市計画において定めることとされ、特定街区においては、街区の指定の際、容積率、高さ制限、壁面位置の制限を都市計画において個別に定める制度となった（**表3**参照）。なお、改正後の制度に基づき、最初に行われた特定街区の指定は1964（昭和39）年8月26日に行われた霞が関3丁目（霞が関ビル、会計検

表3　特定街区と容積地区比較

昭和36年改正時	
名称	特定街区
都市計画上の位置付け	都市計画施設
種別	第一種から第六種
容積率	種別ごとに法別表で規定（100%〜600%）
高さ制限	都市計画で定める
壁面位置制限	都市計画で定める

昭和38年改正時		
名称	特定街区	容積地区
都市計画上の位置付け	都市計画施設	同左
種別	なし	第一種から第十種
容積率	都市計画で定める	種別ごとに法別表で規定（100%〜1000%）かつ、前面道路幅員（<12m）×0.6
計画道路との関係		前面道路幅員、敷地面積の読み替え
高さ制限	都市計画で定める	隣地斜線制限（住居系、非住居系）
壁面位置制限	都市計画で定める	なし

査院)、築地一丁目 (電通ビル) 及び常盤橋 (日本ビル、朝日生命ビル、大和証券ビル) に対するものである。特定街区制度の運用においては、当時建築技術の進展に伴って実現しつつあった超高層建築物について法第38条の規定に基づく建設大臣認定を活用することにより、新宿副都心におけるプロジェクトをはじめ、多くの超高層建築物が実現することとなる。

(4) 用途地域関係

1959 (昭和34) 年改正において、工業地域における用途制限を強化し、ホテルの建築を原則禁止とした。

また、特別用途地区内の用途制限について条例で緩和できることとしたとともに、用途地域、専用地区、特別用途地区内の敷地、構造、建築設備に係る制限を条例により行うことを可能とした。

1961 (昭和36) 年改正において、商業地域内で300m²以下の自動車修理工場を建築できることとした。

(5) 違反是正等執行体制の整備等

① 違反建築物関係

1959 (昭和34) 年改正において、違反是正の体制を強化するため、緊急の必要がある場合には事前の通知、聴聞を経ずに工事の施工停止命令を行えることとされた。さらに、昭和36年改正において、工事現場の作業者に対する作業停止命令の措置が加えられた。

また、違反建築物、保安上著しく危険である建築物について必要な措置を命ずる通知を行うことができず、違反等の放置が著しく公益に反する場合は特定行政庁が自ら必要な措置を行い、又は命令、委任により第三者に当該措置を行わせることができることとされた。行政代執行については、「行政代執行法」(昭和23年法律第43号) により、行政機関の一般的な権限として定められている

が、建築基準法において、一定の要件のもとでは、行政代執行法に定める事前の措置命令を行うことなく代執行を行う権限を特定行政庁に対して付与されたものである (いわゆる略式代執行)。

② 昇降機等関係

1959 (昭和34) 年改正において昇降機等の建築設備について、建築確認及び定期検査の対象とし、昇降機、飛行塔等の工作物について、建築物に係る構造関係規定等を準用することとされた。

③ 定期報告・検査制度の創設

特殊建築物等の制限強化の項及び上記のとおり、1959 (昭和34) 年改正において新たに定期検査・報告制度が導入された。

すなわち、特殊建築物で特定行政庁が指定するものの所有者は定期にその状況又は建築士による調査結果を特定行政庁に対し報告しなければならず、昇降機等の建築設備で特定行政庁が指定するものの所有者は定期に建築主事等の検査を受けなければならないこととされた。

(6) その他

1959 (昭和34) 年改正においては以下についても措置されている。

① 集団規定に係る適用地域の明確化等

従来の第三章から第七章の規定を「第三章 都市計画区域の建築物の敷地、構造及び建築設備」として統合し、併せて同章に「第一節 総則」を設け、同章の規定 (集団規定) について都市計画区域内に限り適用されることを明確化している (従前は第3条 (適用の除外) において第三章から第七章の規定について都市計画区域外において適用しない旨の規定が置かれていた)。

② 2項道路拡大

2項道路について、がけ地その他の土地の状況によりやむを得ない場合は幅員1.8m未満のものも建築審査会の同意を経て特定行政庁が指定できることとされるとともに、道路境界線の位置につ

いても中心線から1.35m以上又はがけ地等の境界線から2.7m以上の範囲で建築審査会の同意を得て別の定めができることとされた。

③　空地地区等における制限緩和

空地地区における外壁後退距離の規制について、公園、広場等に面する場合は適用しないこととした。

また、道路幅員による高さの制限についても周囲に公園、広場等の空地が存在する場合は特定行政庁の許可により緩和できることとされた。

過小宅地が多い土地等の区域でいわゆる屋根不燃区域内の建築物について建蔽率の緩和が行われた。

④　既存不適格関係等

既存不適格関係について、法第3条を改正し、建築物の敷地に対しても適用することとしたとともに、規定の制定・改正時に既に違反であった場合等、既存建築物で現行規定が適用される場合の詳細について定められた。また、国宝、文化財等の原型を再現する工事で審査会同意を経て特定行政庁が認めた工事を行う場合も不遡及の対象とされた。

建築基準法の規定が敷地、建築設備に対して適用されることを明確化し、設計図書の定義等必要な条文の整備が行われた。

確認を要しない場合として防火地域、準防火地域以外の地域にける小規模な建築物を建築、改築、増築する場合に加え、同地域外で移転する場合が加えられた。

4　1968（昭和43）年、1969（昭和44）年（都市計画法、都市再開発法制定に伴う基準整備）

1968（昭和43）年には新「都市計画法」（昭和43年法律第100号）が制定される。

当時の高度成長期から続く大都市への人口集中とそれに伴う都市周辺部へのスプロール的な市街地の拡大を背景として、同法においては、いわゆ

る線引き制度、開発許可制度が新たに導入された。建築基準法との関係においては、用途地域、特別用途地区、高度地区等について、従前は建築基準法に基づき建設大臣が都市計画の施設として指定することとしていたものを、都市計画の地域地区として都市計画権者が定める制度へと変更された。

併せて、高度地区内における高さ制限、特定街区、容積地区等における容積率等についても、都市計画法に基づく手続きにより定めることとし、建築基準法においては、都市計画手続きにより定められた制限に適合するべきことが規定された。

また、新たに開発許可制度が導入されたことに伴い、建築確認申請に当たって開発許可を証する書面の添付が義務付けられた。

続いて1969（昭和44）年には、前記のとおり、「公共施設の整備に関連する市街地の改造に関する法律」及び「防災建築街区造成法」が廃止され、「都市再開発法」が制定されるが、この法律の制定に伴い、都市計画法において高度利用地区が地域地区として創設された。

建築基準法においても、この法律の制定に伴い都市計画法において創設された高度利用地区における容積率及び建築面積に関する規定が整備された。

具体的には、高度利用地区内の建築物については、容積率、建築面積は都市計画において定められた内容に適合するものとすること、特定行政庁の許可により道路斜線による高さ制限を適用しないことが定められた。

5　1970（昭和45）年（執行体制強化、特殊建築物制限強化、用途地域整備と容積率全面適用）、1974（昭和49）年（工業専用地域の建蔽率見直し、準用工作物の追加）

(1)　建築審議会答申

1970（昭和45）年には、用途地域の全面的見直しと容積率規制の全面適用等を内容とする建築基準法の大改正が行われるが、これに先立って

1967（昭和42）年12月に建築審議会から建設大臣に対して「建築関係法制を整備するための方策等に関する第一次答申」が出されている。

当時の建築行政が抱える課題と問題意識が整理されているので以下に概要を紹介する。

審議会答申は以下の構成をとっている。

まえがき

第1部　建築法制を整備するための基本方針について

　第1　建築執行体制の整備の基本方針

　第2　適正な市街地形成のための基本方針

　第3　地域・地区制度の整備の基本方針

　第4　建築物の安全及び衛生の確保のための技術的基準を整備するための基本方針

第2部　建築士制度の改正について

「まえがき」においては、都市形成に果たす建築活動の役割が増大しつつあるという認識を示し、公共的施設の計画的整備、土地住宅対策の強力な推進とならんで、都市地域における建築物等による土地利用の誘導及び規制策が適切かつ効果的に実施されることが必要としている。

第1部では、その冒頭で基本的考え方を示しているが、その中で大都市への人口集中、市街地外周部の無秩序な市街化、既成市街地内の都市環境悪化、都市公害の深刻化という状況に対して、建築基準法が、「市街地の無秩序な拡大を抑止できず、また、環境保持のための防波堤たりえず、法違反建築物が累積し、法的規制力は実効をあげていない現状」と断じたうえで、規制基準の社会的妥当性とその執行の法的裏づけ等についての改善の必要性をあげている。

また、構造基準を経済的合理性に合致したものとすること、建築物における防火防煙対策の新しい配慮、超高層建築物、地下多層建築物等についてのより高度な安全基準の必要性を提案している。

さらに、建築技術水準の向上と民間建築技術者の能力上昇の中で一般建築物の安全衛生確保を民間建築技術者に委ねることにより行政運営の合理化能率化を図るべきことに触れている。

建築基準の整備改善のための具体策として挙げられたもののうち、主要なものを以下に記す。

執行体制関係として、①一定規模以上の市について建築規制事務を担当させること、②建築規制事務は知事、市長等の行政庁の事務であることを明確化すること、③小規模建築物の安全等の確保は建築士の活用等によること、④行政庁の事務を市街地の環境の整備及び特殊建築物の安全性確保に重点化すること、⑤違反是正手続きを簡素化すること、について改善を求め、①巡視・検査等を頻繁に実施するための措置、②司法警察権の付与を含め違反摘発上必要な捜査等を迅速化するための措置、③違反の速やかな把握を図るための措置、④執行罰の採用を含む是正命令等の遵守を確保するための措置、⑤台帳制度の創設等敷地の重複使用を防止するための措置について改善の検討を求めている。

さらに、違反建築物に対する電気、ガス、水道等の供給義務免除、建築士法、建設業法の規制強化等の可能性についても触れている。

市街地開発について、①土地区画整理事業、開発許可制度に併せて地区住民による開発協定を導入し奨励策等を講じるとともに、道路、排水施設整備を前提として建築を認めること、②私道の最低幅員の引き上げ等道路関係要件の整備を行うこと、③公共排水施設との接続等を義務化すること等を求めている。

地域・地区関係のうち、用途規制について、①地域地区の細分化、専用化、②行政庁の裁量による規制方式の導入、③工作物等についての規制の導入を求め、形態規制について、①地域地区を改善整理し理解しやすいものとすること、②日照の維持に寄与する形態制限等の生活環境確保のための規制強化、③総合的設計による建築物に対する

規制の合理化を求めている。

さらに、用途規制と形態規制を地域地区毎の一定の組み合わせを定めて行うことにより、実現を意図する街の姿が容易に想定されるものとすることを求めている。

建築物の安全衛生関係については、①不特定、多数の者が使用する建築物、地下部分に建築される建築物、超高層建築物についての重点的な基準整備、②構造耐力上の技術基準を用途、構造等の経済的社会的条件に応じて合理化すること、③防火避難関係基準を立地、用途、規模等に加え消防設備、消防活動等を勘案した合理的なものとし、火災時の安全と円滑な避難を確保すること、④技術の進歩に即応するため、極力、性能基準として規定し、試験、検査基準、認定指定制度の整備強化を行うこと、⑤維持管理責任の明確化等を求めている。

本答申では、建築基準のみならず、建築士試験制度にも触れており、①学科試験と設計製図試験の組み合わせとし、②学科試験合格者を設計製図試験の対象とし、③学科試験合格後一定期間は学科試験を免除すること等について提案している。

上記のようにこの答申は、建築基準、建築士制度等についての広範な内容を含むものとなっており、その後、建設省内での検討、改正に向けて基本方針の公表と関係者、関係団体との調整を経て国会審議に臨むが、第61回通常国会（昭和43年12月27日〜44年8月5日）において衆議院で修正の後、可決されながら、参議院における可決を見ることなく、第63回特別国会（昭和45年1月4日〜5月13日）において再度審議され、1970（昭和45）年の改正を迎えることになる。建築基準法に関連して、答申の中で触れられている司法警察権の付与、執行罰の導入など実現に至らなかったものや、建築士の活用による安全性の確保など、後の改正まで持ち越されたものも相当程度あるものの、答申において示された多くの事項に

ついて改正に結びついている。

次項以降に1970（昭和45）年改正の概要を紹介する。

(2) 執行体制の強化

上記審議会答申にもあるとおり、高度成長経済下で都市部を中心に建築基準法規の遵守は徹底されず、建築紛争が続発する中で建築基準法の執行体制を強化し、規制の実効性を確保していくことが求められていた。

このため、1970（昭和45）年改正においては、特定行政庁の拡大と違反是正を中心とする執行体制の強化が行われた。

従来、建築基準法の執行機関である特定行政庁は制度上、都道府県知事又は市町村長であるが、実態として、一部の市を除いては都道府県によりその事務が行われているに過ぎなかった[3]。

昭和45年改正においては、建築基準法の執行体制をより強化するため、政令で指定する人口25万以上の市については建築主事を置き、その長が特定行政庁となることが義務付けられた。併せて、上記以外の市については従来どおり知事と協議の上、建築主事を置くことができることとしているが、この場合に4号建築物等に係るものに限定してその事務を行うことを可能とする規定が置かれた（いわゆる限定特定行政庁の創設）。これらの措置によりその後多くの特定行政庁が設置されていく[4]。

違反建築物対策の強化としては、是正命令等を受けた者がその命令に従わない場合等に行政代執行法に基づく代執行を実施することを規定するとともに、是正命令等を行った場合の標識の設置について規定された。

また、建築監視員制度が創設された。すなわち、特定行政庁はその職員のうちから建築監視員を命じ、建築物の使用禁止命令、工事の施工停止命令等を行わせることができることとされた。

さらに特定行政庁が違反建築物について是正命令、施工停止命令等を行った場合に、当該建築物にかかわった設計者、工事監理者、施工者、宅地建物取引業者について、特定行政庁から監督官庁へ通知するべきこと、通知を受けた監督官庁は免許の取消し等の必要な処分等を行うこととされた。

(3) 特殊建築物等に係る防火・避難規定の強化

1963 (昭和38) 年の法改正に続き、1970 (昭和45) 年の法改正において以下の特殊建築物に係る制限強化が行われた。

① 特殊建築物の居室及び火気使用室等において換気設備を設けることを義務付け、政令への技術基準委任の規定が置かれた。

② 高さが31mを超える建築物について非常用の昇降機の設置が義務付けられた。

③ 法第35条を改正し、新たに排煙設備、非常用照明、非常用進入口について政令への技術委任の対象とし、一定の建築物にこれらの設備等の設置が義務付けられた。

④ 内装制限の対象となる建築物に3階建て以上の建築物、1,000m²を超える建築物、火気使用室を有する建築物が加えられた。

⑤ 敷地と道路との関係において地方公共団体が条例において制限の強化をすることができる対象を拡大し、特殊建築物、3階建て以上の建築物、無窓居室を有する建築物及び延べ面積が1,000m²を超える建築物とされた。

上記の法改正を受け、政令改正において以下の措置が行われた (法改正に伴う改正事項以外の改正事項も含む)。

① 居室の換気設備及び集会場、火気使用室等における換気設備について必要な技術基準が整備された。

② 排煙設備、非常用照明及び非常用進入口について、政令でそれぞれの設置基準及び構造基準が定められた。なお、排煙設備及び非常用照明については、その後、1972 (昭和47) 年に法第38条に基づく技術基準告示が定められ、一部緩和されている。

③ エレベーターの高速化に対応し、定格速度に応じた機械室の構造、安全装置に係る規定が整備された。

④ 高さが31mを超える建築物で、非常用のエレベーターの設置を要しない場合について定めるとともに、非常用昇降機の必要設置数、乗降ロビー、昇降路、かご等の構造について定められた。

⑤ 新たに内装制限の対象となった3階建て以上の建築物等、火気使用室等についての内装制限の規定が整備された。

⑥ 2以上の直通階段の設置対象を、従来の百貨店から1,500m²を超える物販店舗とし、物販店舗の避難階段の幅について制限が合理化された。

1973 (昭和48) 年にも政令改正により以下について特殊建築物に係る防火・避難上の制限が強化されている。

① 防火区画に設けられる防火戸に係る規定を整備し、必要な部位に応じて、火災感知器、煙感知器との連動による自動閉鎖、遮煙性能に係る制限が強化された。

② 6階以上の階に居室を有するキャバレー、カフェ、ナイトクラブ等について2以上の直通階段の設置が義務付けられた。

③ 避難階段、特別避難階段の出入り口に設ける防火戸について規定が整備され制限が強化された。

④ 3階以上の階に居室を有する特殊建築物の天井に係る内装制限を強化した。

(4) 用途地域制度の整備

用途地域について、従来の住居地域、商業地

表 4 用途地域等の変遷

	1919（大正8）年「市街地建築物法、都市計画法」制定	1938（昭和13）年改正	1950（昭和25）年「建築基準法」制定	1959（昭和34）年改正（政令改正）	1961（昭和36）年改正	1963（昭和38）年改正	1968・1969（昭和43・44）年改正「新都市計画法、都市再開発法」制定	1970（昭和45）年改正（政令改正を含む）	1992（平成4）年改正（政令改正を含む）	1998（平成10）年改正	2017（平成29）年改正
用途地域	住居地域／商業地域／工業地域		住居地域／商業地域／準工業地域／工業地域					第1種住居専用地域／第2種住居専用地域／住居地域／近隣商業地域／商業地域／準工業地域／工業地域／工業専用地域	第1種低層住居専用地域／第2種低層住居専用地域／第1種中高層住居専用地域／第2種中高層住居専用地域／第1種住居地域／第2種住居地域／準住居地域／近隣商業地域／商業地域／準工業地域／工業地域／工業専用地域		第1種低層住居専用地域／第2種低層住居専用地域／第1種中高層住居専用地域／第2種中高層住居専用地域／第1種住居地域／第2種住居地域／準住居地域／田園住居地域／近隣商業地域／商業地域／準工業地域／工業地域／工業専用地域
専用地区		住居専用地区／工業専用地区						（廃止）			
特別地区	特別地区		（廃止）								
特別用途地区			特別工業地区／文教地区	特別工業地区／文教地区／小売店舗地区／事務所地区／厚生地区／娯楽・観光地区				特別工業地区／文教地区／小売店舗地区／厚生地区／事務所地区／娯楽・レクリエーション地区／観光地区／特別業務地区	特別工業地区／文教地区／小売店舗地区／事務所地区／厚生地区／娯楽・レクリエーション地区／観光地区／特別業務地区／中高層住居専用地区／商業専用地区／研究開発地区	（類型の廃止）	
その他（昭和45年までに制定・改廃された主要なものを記載）		空地地区／高度地区			空地地区／高度地区／特定街区	空地地区／高度地区／容積地区／特定街区	空地地区／高度地区／容積地区／特定街区／高度利用地区（S44）	（廃止）／高度地区／（廃止）／特定街区／高度利用地区			
指定の根拠法	市街地建築物法		建築基準法				都市計画法				
指定権者	主務大臣（内務大臣）		主務大臣（建設大臣）				都市計画権者（原則市町村）				
都市計画上の位置付け	都市計画の施設（旧都市計画法）						地域地区				

域、準工業地域、工業地域及びそれぞれ、住居地域内、工業地域内に指定される住居専用地区、工業専用地区という4地域2専用地区という区分が再編され、第一種住居専用地域、第二種住居専用地域、住居地域、近隣商業地域、商業地域、準工業地域、工業地域及び工業専用地域の8用途地域へと改められた。用途地域の細分化の必要性については、建築基準法制定当時から繰り返し議論されてきたものであるが、1970（昭和45）年改正に至ってようやく実現することとなった。

　従前の用途地域・専用地区と新用途地域の関係を用途規制の視点から見ると、おおむね従前の住居専用地区に相当する地域として第一種住居専用地域が定められ、派出所、公衆電話所等の公益上必要な建築物が建築出来ることとされ、義務教育施設を除く学校施設の立地が新たに制限されている。第2種住居専用地域は中高層の住居の立地を許容する住居専用地域として、一般の住居地域の制限に加えて工場、遊技場、旅館等の立地を制限する地域としている。新たに近隣商業地域を創設し、商業地域での制限に加え、劇場、映画館、待合、キャバレー等の立地を制限する地域とした。さらに従前の工業専用地区に相当する地域として工業専用地域が位置付けられ、遊技場等の立地が新たに制限されるとともに、工業地域内の立地規制を強化し、新たに待合、キャバレー、観覧上等の立地が制限された

　個室付浴場に係る制限を導入し、商業地域、準工業地域以外の用途地域での立地を原則禁止した。

　この改正により、従来、それぞれ住居地域内、工業地域内に指定されていた住居専用地区及び工業専用地区の専用地区は廃止されている。（**表4**参照）

用途地域・専用地区の再編及び立地制限の緩和・強化（1970（昭和45）年改正）

改正前		改正後	
用途地域等	立地制限の概要	用途地域	改正による制限緩和・強化
住居専用地区	住宅、学校、宗教施設、生活利便施設等を許容	第1種住居専用地域	・派出所等を許容 ・義務教育以外の学校を制限 ・個室付浴場を制限
住居地域（住居専用地区以外）	下記用途＋一定の工場・危険物貯蔵場、劇場、待合、倉庫等を制限	第2種住居専用地域	・工場、遊技場、旅館等を制限 ・個室付浴場を制限
		住居地域	・制限を受ける工場を追加 ・個室付浴場を制限
商業地域	下記用途＋一定の工場・危険物貯蔵場等を制限	近隣商業地域	・劇場、映画館、キャバレー等を制限 ・個室付浴場を制限
		商業地域	
準工業地域	危険物製造工場、貯蔵場等を制限	準工業地域	
工業地域（工業専用地区以外）	学校、病院、劇場、料理店、ホテル等を制限	工業地域	・待合、キャバレー等を制限 ・個室付浴場を制限
工業専用地区	上記用途＋住宅、店舗等を制限	工業専用地域	・遊技場等を制限 ・個室付浴場を制限

(5) 用途地域における容積率規制の創設と容積率規制の全面適用

　用途地域等の再編と併せ、各用途地域及び用途地域の指定のない区域における容積率が規定された。これにより、用途地域外を含めた都市計画区域内全域に容積率規制が適用されることとなった。

　具体的には、建築基準法において、下表のとおり各地域等において選択可能な容積率制限がメニューとして定められ、都市計画において適用する容積率を定めることとされた。

　また、前面道路幅員による容積率制限が容積地区と同様に規定され、前面道路幅員（2以上の場合は最大のもの）が12m未満の場合は当該幅員に6/10を乗じたもの以下とされた。

用途地域等における容積率制限
(1970（昭和45）年改正時)

用途地域等	容積率
第1種住居専用地域	50%、60%、80%、100%、150%、200%
上欄及び下欄以外の用途地域	200%、300%、400%
商業地域	400 %、500 %、600 %、800 %、1000%
用途地域の指定のない区域	400%

(6)　建蔽率規制の整備等

①　建蔽率規制の整備

容積率規制と同様に、建蔽率規制についても、用途地域等ごとにメニューとして用意されたものから都市計画において定めた数値が適用されることとなった。

この改正に当たり、従来、狭小敷地を防止するため、建蔽率の適用に当たり、敷地面積から30m²を控除して建蔽率を計算し、適用する制度は廃止され、これに伴い過小宅地に係る制限の緩和も廃止された。また、防火地域等における建蔽率制限の緩和について用途地域の再編に併せて整理した。具体的には近隣商業地域及び商業地域外の建築物で、かつ、防火地域内の建築物について建蔽率を緩和する制度とし、準防火地域内にある建築物の建蔽率緩和は廃止された。

用途地域等における建蔽率制限
(1970（昭和45）年改正時)

用途地域等	建蔽率
第1種住居専用地域	30%、40%、50%、60%
上欄及び下欄以外の用途地域	60%
近隣商業地域及び商業地域	80%
用途地域の指定のない区域	70%

その後、1974（昭和49）年の改正により、工業専用地域における建蔽率の選択肢を拡充し、第1種住居専用地域と同様に30%、40%、50%、60%のうちから都市計画において定めることとされている。

②　外壁後退距離に係る規定の整備

第1種住居専用地域においては、都市計画において外壁の後退距離を1m又は1.5mのいずれかを定めることが出来ることとされた。

(7)　絶対高さ制限の廃止と北側斜線制限の創設

高さの制限についても、用途地域等と連動したものとなり、大幅な見直しが行われた。

まず、住居地域において20m、その他の地域において31mとされていた絶対高さ制限は廃止され、第1種住居専用地域においてのみ10mを高さの限度とする制限が行われることとなった。

絶対高さ制限に代わるものとして容積地区において創設された隣地斜線制限が、第一種住居専用地域以外の用途地域及び用途地域外の都市計画区域内全域に適用される規制として引き継がれるとともに、新たに住居専用地域における北側斜線制限が導入された。

前面道路による斜線制限は引き続き残されたが、道路幅員による高さ制限は容積率の規定に前道路幅員による制限が容積地区から引き継がれたことにより、廃止された。

隣地斜線制限については、それぞれ区域ごとに下表に掲げる式によって計算した高さ制限を適用することとされた。

用途地域等における隣地斜線制限
(1970（昭和45）年改正時)

用途地域等	建築物の各部分の高さの限度
第二種住居専用地域及び住居地域	20m+1.25×DA
商業系及び工業系用途地域	31m+2.5×DA
用途地域の指定のない区域	

DA：建築物の各部分における隣地境界線からの距離

また、住居専用地域において新たに北側斜線による高さ制限が以下のとおり導入された。

住居専用地域における北側斜線-制限
(1970（昭和45）年改正時)

用途地域	建築物の各部分の高さの限度
第一種住居専用地域	5m+1.25×DN
第二種住居専用地域	10m+1.5×DN

DN：建築物の各部分における隣地境界線又は前面道路の
反対側の境界線までの真北方向の距離

(8) 用途地域制度の整備に伴うその他の改正

　用途地域の再編整備と同地域指定と連動した都市計画による容積率制限、建蔽率制限、壁面位置制限、高さ制限の体系が整備されたことに伴い、市街地建築物法から引き継がれた空地地区制度及び1963（昭和38）年改正により導入された容積地区制度は廃止された。この後、地区計画制度の創設や、地域地区の再編と拡充整備、形態制限の詳細化・合理化等が順次実施されていくこととなるが、この時点で集団規定に関しては、現行制度につながる基本的な枠組みが整備されたといえる。（表4、表5参照）

　3-(3)の容積地区の創設の欄で触れた、一定規模以上の敷地で敷地内に一定規模以上の空地を有する場合の容積率の特例許可の要件について、空地の敷地に対する割合及び敷地の規模を政令で定め、さらに容積率の特例許可に加えて、高さ制限の特例許可の要件とした。この時点では、それぞれ、容積率、一種住専の高さ制限、前面道路斜線制限、隣地斜線制限、北側斜線制限の規定について特例許可を行う場合の要件として規定されているが、この措置をもって総合設計制度の創設としている。この後、1976（昭和51）年改正において、

表5　1970（昭和45）年改正による形態規制の改正

		改正前					改正後	
		一般地域（右欄以外の区域）	空地地区	容積地区	特定街区	高度利用地区	一般地域（右欄以外の区域）	特定街区及び高度利用地区
容積率		−	20%〜60%（第1種〜第5種の種別による、その他の区域は制限なし）	100%〜1,000%（第1種〜第10種の種別による）かつ前面道路幅員×0.6（幅員12m未満の場合）	都市計画で定める	都市計画で定める	地域等毎に定められた数値のうちから都市計画において定める数値かつ前面道路幅員×0.6（幅員12m未満の場合）	改正前と同じ
建蔽率		地域等により60%又は70%（敷地面積の30m²控除あり）	20%〜50%（第6種〜第9種の種別による、その他の区域は左欄と同じ（60%））	一般地域と同じ	適用しない	一般地域と同じ	地域等毎に定められた数値のうちから都市計画において定める	
壁面位置等		−	第1種、第2種、第6種、第7種：1.5m第3種：1m	−	都市計画で定める	−	一種住専地域において1m又は1.5mのうちから都市計画で定める	
高さ制限	絶対高さ	住居系：20mその他：31m	一般地域と同じ	適用しない	高さの制限は都市計画で定める（左欄制限は適用しない）	一般地域と同じ	1種住専：10m	
	前面道路斜線	住居系：D×1.25その他：D×1.5	一般地域と同じ	一般地域と同じ		許可により適用除外	住居系：D×1.25その他：D×1.5	
	前面道路幅員	住居系：D×1.25+8その他：D×1.5+8	一般地域と同じ	適用しない		一般地域と同じ	−（廃止）	
	隣地斜線	−	−	住居系：D×1.25+20その他：D×2.5+31		−	住居系（1種住専以外）：D×1.25+20その他：D×2.5+31	
	北側斜線	−	−	−		−	1種住専：D×1.25+52種住専：D×1.25+10	

これらの規定を統合し、総合設計制度は独立した条文として整備される。この当時、街区レベルの市街地開発事業に対して適用される容積率等の特例制度としては、1961 (昭和36) 年に創設された特定街区制度及び都市再開発法の制定に伴って創設された高度利用地区制度があるが、特定街区、高度利用地区が、建築基準法で定める一般地域における制限に代えて、区域ごとに都市計画により定められた制限を適用する制度であるのに対し、総合設計制度は容積地区を創設した際に特定行政庁による特例許可の要件を定めたことをルーツとし、特定行政庁の許可により特例を適用する制度としており、都市計画を前提としないものであることに違いがある。また、総合設計制度の創設と同時に絶対高さ制限が一部地域を除き全面的に廃止され、許可準則が整備されたこと等もあり、中高層の共同住宅をはじめとする中規模開発から超高層建築物を含む大規模開発まで、幅広く活用されている。

(9) 定期報告制度の整備

特殊建築物についての定期報告について、従前は所有者自らが行う状況報告又は建築士に行わせた調査結果の報告としていたものを、所有者が定期に建築士又は建設大臣が指定する資格者に調査を行わせ、その結果を報告する制度に改められた。

昇降機及び特殊建築物等の建築設備についての定期検査制度を改め、従前の、建築主事等による検査を受ける制度から、所有者が定期に建築士又は建設大臣が指定する資格者に検査を行わせその結果を報告する定期報告制度とされた。

この制度改正に併せ、資格者制度が創設され、特殊建築物調査資格者、昇降機検査資格者及び建築設備検査資格者が位置付けられた。

(10) その他

上記の他、1970 (昭和45) 年改正において以下の①から⑤まで、1974 (昭和49) 年改正においては⑥の項目について改正されている。

① 不燃材料についてその性能を政令において規定することとされた。この改正を受け、政令において、非燃焼性、非損傷性、煙・ガスが発生しないこと等の性能を定め、告示に定めた試験方法により性能を確かめたものを建設大臣が指定することとされた (従前より、準不燃材料、難燃材料については告示で試験方法を定め建設大臣の指定を行っていた)。

なお、この前年には準不燃材料、難燃材料の指定に係る試験方法についても改正されており、有害ガスの発生の有無を確認することとされている。

② 長屋及び共同住宅の界壁について遮音構造とするべきことを定め、政令において具体的な構造の仕様が定められた。

③ 法第37条の対象に基礎及び主要構造部に加えて安全上、防火上又は衛生上必要な部分を追加し、主要構造部以外の耐火構造の部分、防火戸、内外装の重要な部分、建築設備等が対象とされた。

④ 建築紛争への対応として、特定行政庁は、確認申請書について請求があった場合には必要な部分を省令の定めに従って、閲覧させなければならないことが規定された。

⑤ また、構造強度に関する規定について、同年の政令改正において、鉄筋コンクリート造の柱の帯筋の径及び間隔に係る制限と木造建築物の基礎についての布基礎とするべきこととされ基準が強化された。これは、十勝沖地震等の経験から、帯筋の不足によるせん断破壊を防止する必要性が明らかになったこと等に対応した措置である。

⑥ 建築基準法の規定が準用される工作物とし

て、新たに製造施設、貯蔵施設、遊戯施設等が加えられた。

6　1976（昭和51）年 （特殊建築物制限強化、日影規制の導入）

昭和51年改正においては、重大な人的被害を伴う建物火災のあいつぐ発生、日照権問題に起因して多発する近隣紛争への対応等のため、特殊建築物、工事中の建築物に係る規制強化、日影規制の導入等の改正が行われた。本改正については、第72回通常国会（昭和48年12月1日〜49年6月3日）において提案されながら、継続審議となり、以後数次の国会における審議と議員提案による修正を経て、第78回臨時国会（昭和51年9月16日〜11月4日）においてようやく成立したものである。特に当初提案された改正案においては、一定の既存特殊建築物に対して防火・避難関係規定を遡及適用する内容を含んでおり、衆議院建設委員で5回の現地視察の他、参考人聴取、業界からの陳情聴取等を繰り返し行うとともに、建築防災対策小委員会が設置され、多くの時間が議論に費やされた。最終的にこの既存特殊建築物に係る遡及適用規定を削除する形で法律は成立している。その後、建設省は、1979（昭和54）年3月に「建築物防災対策要綱（事務次官通知）」を発出し、3年から5年の間に特殊建築物の防災改修を進めるよう特定行政庁に対して指示を行っている。なお、消防法においては、従前から一部の規定について遡及適用されるものであったが、1974（昭和49）年改正により特定防火対象物における消防用設備の設置に係る遡及適用規定が強化されている。

以下に1976（昭和51）年改正の概要を記す。

(1)　確認を要する特殊建築物の用途拡大、類似用途変更

確認を要する特殊建築物について、キャバレー、ナイトクラブ、遊技場等が加えられた。

また、用途を変更する場合、類似の用途相互間の変更については確認を要しないこととされた。

(2)　工事中の建築物に係る制限強化

1972（昭和47）年に発生した千日デパートビル火災、翌1973年に発生した大洋デパート火災はいずれも100人以上の死者を出した日本のビル火災史上でも最悪なものに数えられるが、これらのビルがいずれも既存不適格建築物であり、改装工事中に発生した火災であることが共通点であった。このことから、建築基準法においても、既存不適格建築物への防火・避難関係規定の遡及適用と工事中の建築物に係る安全性確保を目的とした改正が検討された。

前記のとおり、特殊建築物についての防火避難関係規定の遡及適用については、当初の政府提案に含まれていたものの、国会審議の過程で修正され実現していない。

工事中の建築物の安全性確保については、特殊建築物、大規模建築物の廊下、階段等の避難施設、消火施設、排煙設備、非常用照明、防火区画等に係る一定の工事を行う場合には検査済証の交付を受けるまでの間、当該建築物の使用を禁止する規定が設けられた。併せて、特定行政庁が安全上、防火上、避難上支障がないと判断した場合には仮使用の承認ができることとされた。

また、特定行政庁は工事中の特殊建築物、大規模建築物で安全上、防火上、避難上支障があると認めた場合には使用制限命令等を行うことが出来ることとするとともに、不特定多数の者が利用する建築物、就寝用途に供する建築物等の特殊建築物の工事を行うときは、特定行政庁に工事中の安全措置等に関する計画書を提出することが建築主に対して義務付けられた。

⑶ 日影規制の導入

　戦後の復興、発展の中で都市化が進むにつれ、都市においてマンションをはじめとする中高層の建築物が数多く建築されるに至り、建築物に起因する近隣紛争が多発することになる。特に、建築物による日照の障害をめぐっては多くの係争が行われ社会問題化していた。

　この建築物による日照障害への対策としては、1970（昭和45）年改正において新たに住居専用地域での北側斜線による高さ制限が導入されているが、当時の日照権をめぐる社会問題は収まる気配を見せず、1972（昭和47）年の最高裁判決において、日照・通風が法的保護の対象となるという判断が示され、多くの地方公共団体が指導要綱を策定するなど、独自の規制を行う動きも見られた。

　また、日照に関する指導、規制に加えて、建築行為等に当たって事前の近隣調整を義務付ける紛争予防条例を制定する動きも見られた。1978（昭和53）年に東京都及び多くの区部で一斉に中高層建築物に係る紛争予防条例が制定されるなど、現在では多くの自治体において制定されている。

　こうした中、建築審議会に設置された日照問題専門委員会が、1972（昭和47）年10月に「日照問題に関する対策についての中間報告」を取りまとめ、さらに、これを受け日照基準専門委員会が1973（昭和48）年8月に「日照確保のための建築規制基準についての中間報告」を取りまとめ、日照確保のための建築規制の在り方を示している。

　この中間報告等を受け、1976（昭和51）年の改正においては、新たに日影規制が導入されることとなった。

　具体的には、住居系用途地域、近隣商業地域、準工業地域で地方公共団体が条例で指定する区域内に日影を生じさせる建築物で一定の高さのものについて、隣地の境界線から5mを超える範囲で一定の高さの場所における日影を生じさせる時間を制限する規制が導入された。その際、地域の実

情に応じた規制を可能とするため、制限を行う区域、制限の強度（日影時間）についてはあらかじめ法に定められた範囲で地方公共団体が条例により定めることとされた。

⑷ その他

　1976（昭和51）年改正においては以下についても措置されている。

①　総合設計制度についての規定の整備等

　総合設計制度については、前記のとおり、1970（昭和45）年改正の容積率制度等の改正と併せ、敷地内に一定規模以上の空地を持つ一定規模以上の敷地に対して、容積率、高さ制限の特例許可を可能とする制度として創設されたが、1976（昭和51）年の改正により、第59条の2（敷地内に広い空地を有する建築物の延べ面積の敷地面積に対する割合等の特例）として再整理された。これにより、形式的にも総合設計制度が独立した条文として整備され、特定行政庁が市街地の整備改善に資すると認めて許可するという制度の趣旨についても明確化された。

②　用途地域おける立地制限関係

　第2種住居専用地域における立地制限を強化し、第1種住居専用地域において建築が制限される用途を3階以上の階に設けるもの、同用途に供する部分が1,500m²を超えるものの建築が原則として制限された。用途地域による立地規制に初めて立体的な概念を導入したものである。

③　容積率、建蔽率、高さ制限等の整備

　前面道路幅員による容積率制限について、従前は地域によらず道路幅員に0.6を乗じたものとしていたが、住居系用途地域及び特定行政庁が都市計画審議会の議を経て指定する区域においては、道路幅員に乗ずる係数を0.4とすることとされた。

　第2種住居専用地域における容積率制限を強化し、100%から300%の間で都市計画で定める数値によることとされた。

第2種住居専用地域における建蔽率の選択肢が拡充され、第1種住居専用地域と同様のものとされた。なお、前記のとおり、これに先立って1974（昭和49）年の改正において、工業専用地域の建蔽率について選択肢を拡充する改正が行われている。

第1種住居専用地域における絶対高さ制限については、上記の総合設計制度による特例許可の場合に加え、特定行政庁による認定による特例規定が置かれ、敷地内に一定の空地を有する一定規模以上の敷地についての特定行政庁の認定により12mを限度として緩和できることとされた。

④ 区域をまたがる場合の容積率等の適用関係整理

容積率制限、建蔽率制限、高さ制限について建築物の敷地が2以上の異なる制限を受ける区域にまたがる場合の規定の適用関係について整理された。

⑤ 建築協定に関する規定の整備

建築協定について、借地権に係る土地の取扱い等の規定が整備されるとともに、いわゆる一人協定の制度が導入された。

7 1980（昭和55）年（沿道整備計画、地区計画制度創設）

(1) 沿道整備計画制度の創設

1980（昭和55）年に「幹線道路の沿道の整備に関する法律（昭和55年法律第34号）」が制定される。この法律は、道路交通騒音の著しい幹線道路の沿道について、道路交通騒音による障害の防止と適正かつ合理的な土地利用を図り、円滑な道路交通の確保と良好な市街地の形成に資することを目的として制定されたものである。建築基準法との関連から見ると、都道府県知事が指定する沿道整備道路に接続する土地で、一体的かつ総合的に市街地を整備するべき区域の「沿道整備計画」を都市計画に定めることができることが規定される

とともに、この計画において区域内の建築物が道路に接する長さの制限、建築物の高さ、構造、防音上等必要な構造、壁面位置、容積率等について定めることができることとされている。

この法律の制定を受け、建築基準法において、沿道整備計画の区域内において、都市計画に定められた内容のうち、建築物の敷地、構造、建築設備又は用途に関する制限を市町村が条例で定めることが出来ることとされた。

(2) 地区計画制度の創設

地区計画については、都市化の進展の中で、従来の用途地域による用途制限、形態規制、都市計画事業といった手法だけでは、解決が困難であった敷地の細分化、建築物用途の混在、細街路、小公園の未整備といった問題を解決する手法として導入されたものであり、地区の状況、特性に応じた道路、公園等の配置、建築物の敷地、用途、形態等に関するきめ細かな計画を一体的、総合的に定めることにより、これに基づいて適切な開発行為、建築行為を誘導・規制しようとするものであった。

具体的には、都市計画法において、都市計画区域について必要な地区計画を定めることを規定するとともに、地区計画を定める区域の要件、建築物の用途の制限等をはじめとする地区計画に定めるべき内容等を規定している。

地区計画には、区域の整備、開発、保全に関する方針等を定めた地区整備計画を定めることとし、当該整備計画には、道路、公園等の地区施設の配置、規模、土地利用の制限に関する事項とともに、建築物等の用途制限、容積率制限、建蔽率制限、敷地面積、建築面積の制限、壁面位置の制限、高さの制限等を定めることとされた。

建築基準法においては、前記の沿道整備計画の区域内と同様に、地区計画の区域内において都市計画に定められた内容のうち、建築物の敷地、構

造、建築設備又は用途に関する制限を市町村が条例で定めることが出来ることとされた。

また、地区計画及び沿道整備計画の導入に併せ、これらの計画に道の配置、規模が定められている場合は原則として道路位置指定はこれに即したものとするべきこととされ、さらに、土地権利者等の同意がある場合、既に事業により区画道路が整備され、これと一体的な道路網を形成する場合等は、建築審査会の同意を得て予定道路として指定できることとされた。この場合に予定道路の区域内は道路の区域として建築制限を受けることとされた。

本改正により、導入された地区計画はその後、集落地区計画（1987（昭和62）年）、再開発地区計画（1988（昭和63）年）等をはじめとして、市街地整備の目的に応じた各種の地区計画が整備されていくことになる。

8　1980（昭和55）年政令改正（新耐震設計法の導入）

我が国は世界的にも有数の地震国であり、有史以前から巨大地震に繰り返し襲われてきた。近代では、関東地震（関東大震災）（1923（大正12）年）、北丹後地震（1927（昭和2）年）、昭和三陸地震（1933（昭和8）年）等により多くの人命が失われ、戦後においても、福井地震（1948（昭和23）年）、十勝沖地震（1952（昭和27）年、1968（昭和43）年）、新潟地震（1964（昭和39）年）、伊豆半島沖地震（1974（昭和49）年）、伊豆大島近海の地震（1978（昭和53）年）、宮城県沖地震（1978（昭和53）年）等の地震により大きな人的被害を被っている。（**表6**）

関東地震、北丹後地震、昭和三陸地震にみられるように、小規模な木造建築物が中心の市街地に

表6　明治以降の主な地震災害

地震名（震災名）	発生日時	マグニチュード	最大震度	死者・行方不明者
浜田地震	明治5年3月14日	7.1	不明	死者：555
濃尾地震	明治24年10月28日	8.0	6	死者：7,273
庄内地震	明治27年10月22日	7.0	5	死者：726
明治三陸地震	明治29年6月15日	8.2	2〜3	死者：21,959
陸羽地震	明治29年8月31日	7.2	5	死者：209
関東地震（関東大震災）	大正12年9月1日	7.9	6	死者・不明者：10万5千余
北但馬地震	大正14年5月23日	6.8	6	死者：428
北丹後地震	昭和2年3月7日	7.3	6	死者：2,912
北伊豆地震	昭和5年11月26日	7.3	6	死者：272
昭和三陸地震	昭和8年3月3日	8.1	5	死者・不明者：3,064
鳥取地震	昭和18年9月10日	7.2	6	死者：1,083
東南海地震	昭和19年12月7日	7.9	6	死者・不明者：1,183
三河地震	昭和20年1月13日	6.8	5	死者：1,961
南海地震	昭和21年12月21日	8.0	5	死者・不明者：1,443
福井地震	昭和23年6月28日	7.1	6	死者：3,769
チリ地震津波	昭和35年5月23日	9.5（＊1）	－	死者・不明者：142
日本海中部地震	昭和58年5月26日	7.7	5	死者：104
北海道南西沖地震	平成5年7月12日	7.8	5	死者：202, 不明者：28
兵庫県南部地震（阪神・淡路大震災）	平成7年1月17日	7.3	7	死者：6,434, 不明者：3
新潟県中越地震	平成16年10月23日	6.8	7	死者：68, 負傷者4,805
新潟県中越沖地震	平成19年7月16日	6.8	6強	死者：15, 負傷者：2,346
岩手・宮城内陸地震	平成20年6月14日	7.2	6強	死者：17, 不明者：6, 負傷者：426
東北地方太平洋沖地震（東日本大震災）	平成23年3月11日	9.0（＊1）	7	死者：19,575, 不明者：2,577, 負傷者：6,230
熊本地震	平成28年4月14日	7.3	7	死者：255, 負傷者：2,702

明治以降、発生した地震のうち、死者・不明者が100名（平成8年以降については10名）以上のもの
気象庁HPから作成
（＊1）　モーメントマグニチュード

おいては、建物倒壊による人的被害以上に、地震に伴う市街地大火や津波により大きな人的被害が生じている事例が多いのに対し、1995（平成7）年に発生した兵庫県南部地震（阪神・淡路大震災）においては、死者発生の大部分が建物倒壊等に起因している。

都市が近代化するなかで、鉄筋コンクリート造、鉄骨造の近代的建築物が数多く建築され、また高層建築物が普及していくが、地震防災対策としても、建物倒壊等による人的被害を防止することの必要性が高まり、建築物の耐震性の向上はここまでで触れた都市の不燃化、建築物の防火・避難安全対策と並んで建築物の防災安全対策上重要なものとなってくる。

近代建築法制における最初の耐震規定は関東大震災発生の翌年1924（大正13）年に市街地建築物法に導入されたもので、水平震度法を用いて地震により部材に生じる単位面積当たりの応力が部材の許容応力度を超えないことを確かめるという、現在の許容応力度計算と同様のものであった。建築基準法制定時においても、この規定が引き継がれ、1980（昭和55）年の新耐震設計法導入に至るまで半世紀以上にわたって適用されてきたものである。この間には、外力である水平震度の見直しに加え、前記の鉄筋コンクリート造の柱のせん断破壊の問題など、構造上の弱点が明らかになり、仕様規定の見直しが何度か行われている。

我が国においては、数多くの地震での観測、建物被害調査等を通じて、地震時の建築物の挙動についての技術的知見も徐々に蓄積され、1965（昭和40）年前後から、地震時における建築物の動的特性を考慮した設計法の進展、コンピュータ利用による構造解析技術の発展等により高層建築物、超高層建築物が実現し、絶対高さ制限の廃止等制度的な整備も相まって高層建築物・超高層建築物が普及し始める。

また、1971（昭和46）年に米国ロサンゼルス郊外で発生したサンフェルナンド地震は、大都市において発生した地震であり、ダム、道路等の土木構造物、建築物を含めて近代的施設に大きな被害をもたらしたことから、我が国においても大きな関心を持って取り上げられ、地震対策、各種構造物の耐震安全性を再検証しようとする機運が高まった。

こうした中、建設省は、最新の耐震設計技術を設計法の体系としてとりまとめるべく、1972（昭和47）年に土木・建築を横断する総合技術開発プロジェクト「新耐震設計法の開発」をスタートし、5年間にわたる産学官が総力を挙げた調査研究を経て、1977（昭和52）年3月に「新耐震設計法（案）」として成果を得る。建築基準については、建設省建築研究所を中心に多くの委員会等が設置され産学官の関係者の参加を得て検討が進められた。1978（昭和53）年に発生した宮城県沖地震は地震対策への社会的関心を高め、新耐震設計法の制度化への動きが加速することとなる。

建設省及びその委託を受けた日本建築センターにおいて、法令改正案、新基準の適応性について検討を重ねた結果、1980（昭和55）年に建築基準法施行令の改正が行われ、新耐震設計法が導入された。

新耐震設計法では、地震時の安全性検討について、従来の許容応力度設計（一次設計）に加え、二次設計の概念を導入している。すなわち、①建築物がその存在期間中に数回程度遭遇する可能性が高い中規模な地震に対して使用上の支障がある損傷を生じないこと、②建築物がその存在期間中に遭遇する可能性のある大規模な地震に対して人命に危害を与える倒壊等を生じないこと、の二段階の設計目標を定め、それぞれの設計目標を検証するための手法を一次設計、二次設計として位置付けたものである。

具体的な検証方法としては、一次設計については、中規模地震によって部材に生ずる応力度が部

材の許容応力度（弾性限界[5]）を超えないことを検証すること、二次設計については、大規模地震により建築物の各層に発生する力が、各層の保有水平耐力（崩壊限界）を超えないことを検証することとされている。

法令の規定としては、高さが60m以下の建築物については、その構造、規模等に応じて、①許容応力度計算による安全性確認（ルート1）、②許容応力度計算＋層間変形角、剛性率、偏心率の確認（ルート2）、③許容応力度計算＋層間変形角、保有水平耐力計算による安全性の確認（ルート3）により地震に対する安全性の検証を行うべきことが定められるとともに、当時、霞が関ビルで初めて実現され、普及しつつあった高さが60mを超える超高層建築物については、コンピュータを用いた時刻歴応答解析による安全性検証を行うことを前提に建設大臣の認定に係らしめることとされた。

超高層建築物に対して行われる検証を動的解析とも呼ぶが、これに対してルート1からルート3の検証は、いずれも時間経過とともに変動する力である地震力を静的な力に置き換えて検証するものであり静的解析と呼称される。

また、前記の一次設計、二次設計とルート1、2、3の関係であるが、本来は、①一次設計で、中規模地震に対して許容応力度計算により安全性を確認、②二次設計で、大規模地震に対して、層間変形角＋保有水平耐力計算による安全性の確認を行うこと、を原則としつつ、建築物の構造、規模等によりこの検証の一部を省略あるいは他の検証に代えても本来の設計目標と同等の安全性が確保されているという考えからルート1、2、3が定められているものである。

また、新耐震設計法の導入と併せ、構造部材の評価及び外力の算定方法についての見直しが行われている。すなわち、それぞれの建築材料に固有の強度として、従来の許容応力度計算に用いる許容応力度に加えて、新たに保有水平耐力を計算するに当たり用いる材料強度の概念を導入し、材料ごとの基準値が定められた。外力の算定方法については、風圧力についての算定方法の一部変更を行い、地震力の算定方法については全面改定が行われた。改正後の規定では、地震力（層せん断力）は地域係数、地盤と構造物の特性を考慮した振動特性係数、高さ方向の地震力の分布係数（Ai分布）等を用いて算定されることとなった。

各種構造に係る基準についても見直しが行われているが、特に木造建築物については、構造計算を要しないものが大多数であり、木造建築物の軟弱地盤における基礎、壁量・筋交い規定、仕口の規定について見直しを行い強化している。また、鉄骨鉄筋コンクリート造、高力ボルト、プレキャストコンクリートに係る規定を整備する等技術革新に対応した改正が行われている。

さらに、建築物の耐震基準の強化に併せ、昇降機、配管設備等の耐震対策に関する規定が導入された。

この時期、技術開発に対応した技術基準の整備が行われ、1981（昭和56）年に特殊な構造のエスカレーター、1983（昭和58）年に壁式鉄筋コンクリート造及びプレストレストコンクリート造、1986（昭和61）年に丸太組構法に係る技術基準告示が整備され、一般化された。

9　1983（昭和58）年（執行体制の整備合理化）

1983（昭和58）年の改正においては、建築士法改正と建築基準法改正が併せて行われた。この改正は、建築物の適正な設計・工事監理の確保、行政事務の簡素化、合理化を図ることを目的として、建築士法改正により、木造建築士資格の創設と指定試験機関制度の導入を行い、建築基準法については、建築確認検査の合理化と維持管理体制の整備の観点からの改正が行われた。

建築基準法の制定と建築士制度の創設から30余年を経過し、建築技術及び建築士制度も一般に定着し、定型化した業務について資格者による確実な業務遂行が期待できるようになったこと、臨時行政調査会において行政改革が議論され、行政全体の簡素化・合理化が求められる一方、同調査会の第二次答申において、欠陥建築物対策のための中間検査制度導入、特殊建築物への防災対策強化等が要請される中、建築確認・検査に係る執行体制の合理化・効率化を図ったものである。

(1) 建築確認検査制度の合理化

建築材料、構造方法が規格化された住宅及び4号建築物で建築士の設計に係るものについて、単体規定の一部を確認審査の対象から除外することとされた。

併せて同様の建築物の完了検査においても、建築士である工事監理者によって設計図書どおりに施工されたことが確認された場合には、単体規定の一部について検査の対象外とすることとされた。

(2) 定期報告制度の充実 (維持保全計画、対象拡大)

定期報告の対象となる建築物の所有者、管理者は当該建築物を常時適法な状態に維持するため、当該建築物の維持保全に関する計画策定等を行わなければならないこととし、建設大臣は必要な指針を作成することとされた。

(3) 消防同意制度の合理化

防火地域、準防火地域以外の小規模戸建て住宅について消防同意の対象から除外し、消防長等に通知する制度とした。また、防火地域・準防火地域内の建築物、建築士の設計に係る建築物についても同意の対象となる規定について合理化が行われた。

10　1987(昭和62)年、1988(昭和63)年 (大断面木造と木造制限合理化、再開発地区計画区域内の制限合理化)

(1) 木造建築物に係る制限の合理化

戦後においては、永らく、都市の不燃化への要請と建築資材としての木材不足という環境の中、木造建築物を更新し、不燃化を促進することを目的とする事業制度や規制制度が整備されてきた。一方で経済水準、生活水準が向上する中で、木造建築物に対するニーズや愛着が改めて見直されるとともに、供給増が見込まれる国産材の有効活用への要請が高まってきた。また、北米等の諸外国においては、大規模木造建築物に係る技術開発が進展しており、当時の日米間の貿易摩擦問題も背景となって木造建築物に係る規制の合理化による大規模木造建築物の実現等が求められていた。日米間では、1986(昭和61)年から1年間にわたり、MOSS協議(市場指向分野選択型協議)において林産物の日本における市場開放が協議され、木材製品の関税引き下げ、JAS改正、建築基準の改正、合理化を行うこととなった。このため、建設省では1986(昭和61)年から5か年間をかけ、総合技術開発プロジェクト「新木造建築技術の開発」をスタートさせた。この成果は、1992(平成4)年改正による準耐火構造の創設等につながるものであるが、一部は1987(昭和62)年改正に反映され、以下の改正が行われた。

大断面木造建築物に係る技術基準を整備し、大断面木造建築物で一定の防火上の措置を行い、構造計算によりその安全性を確かめた場合は、従来、木造とすることが禁止されていた高さが13m又は軒の高さが9mを超える建築物について建築を可能とするとともに、大規模な木造建築物に係る防火壁の設置を要しないこととされた。

準防火地域における3階建て建築物について、外壁開口部、主要構造部等が一定の防火上の基準を満たす場合には、木造とすることが出来ること

とされた。

⑵　容積率制限及び高さ制限合理化

1987（昭和62）年改正においては、形態制限についても以下の合理化が行われている。

前面道路幅員による容積率制限について、敷地周辺における広幅員道路の存在などを総合的に評価した規制とするため、前面道路幅員が6m以上である場合は幅員15m以上の道路に接続する距離に応じて緩和することとされた。また、壁面線の指定がある場合における前面道路幅員の算定方法を整備し、容積率制限が緩和された。

第1種住居専用地域における高さ制限について、原則10m以下としていたものを、10m、12mのうちから都市計画で定める数値以下とすべきこととされた。この際、従来からあった一定の敷地内空地及び敷地規模を要件として特定行政庁の認定により高さ制限を12mまで緩和する制度については、都市計画において高さの限度が10mとされた区域において引き続き適用されることとされた。

都市における高度利用が進む中で、道路斜線制限により道路沿道の外部空間の確保が行われず、斜線制限による限界が建築計画となることにより設計の合理性を損ない、市街地景観上の問題が生じていること等が指摘される状況を踏まえ、道路斜線制限の適用範囲を敷地の一定の部分に限定するとともにセットバックをした場合に後退距離に応じた制限の合理化が行われた。

計画道路に接する場合、壁面線の指定がある場合等について、特定行政庁の許可により前面道路幅員による容積率制限を緩和出来ることとされた。

具体的には、都市計画道路に接する敷地等においては、特定行政庁が許可した場合には、当該計画道路を前面道路とみなして前面道路幅員による容積率制限を適用することとされた。この際に、

敷地のうち、計画道路の部分は容積率算定に用いる敷地面積に算入しないこととされた。

また、前面道路の境界線又はその反対側の境界線から後退して壁面線の指定がある場合で、敷地の後退部分が道路と一体的かつ連続的に有効な空地として確保等され、特定行政庁が許可する場合には、当該壁面線を道路境界とみなして、前面道路幅員による容積率制限を適用することとされた。この際に、計画道路に接する場合等と同様に壁面線と道路境界の間の敷地は容積率算定に用いる敷地面積に算入しないこととされた。

⑶　再開発地区計画制度の創設等

1987（昭和62）年には集落地域整備法の制定に伴い、集落地区計画制度が創設され、当該計画については、地区計画、沿道整備計画等と同様に条例により建築敷地、構造等の制限ができることについて規定された。

続いて1988（昭和63）年には、都市再開発法が改正され、再開発地区計画の制度が創設された。

すなわち、一体的かつ総合的な市街地の再開発をすることが適切な区域で、一定の要件に該当する区域について、都市計画に再開発地区計画を定めることが出来ることとし、この地区計画には土地利用の基本方針、道路、公園等の配置、規模に加えて、再開発地区整備計画を定めることとされた。

再開発地区整備計画においては、道路、公園等の地区施設の配置、規模、土地利用に関する事項とともに、建築物等の用途制限、容積率制限、建蔽率制限、敷地面積、建築面積の制限、壁面位置の制限、高さの制限等を定めることとされた。

建築基準法も都市再開発法と併せて改正を行い、地区計画及び沿道地区計画の場合と同様に区域内において都市計画に定められた内容のうち、建築物の敷地、構造等に関する制限を市町村が条

例で定めることが出来ることとするとともに、計画に道の配置、規模が定められている場合は原則として道路位置指定はこれに即したものとするべきこと、建築審査会の同意を得て予定道路として指定できること等が規定された。

さらに、再開発地区計画の内容に適合する建築物で、特定行政庁が建築審査会の同意を得て、交通上、安全上、防火上、衛生上支障がないと認めるものに対しては、容積率制限及び高さ制限（第1種住居専用地区における絶対高さ制限及び日影による高さ制限を除く）を適用しない規定が置かれた。

⑷　その他

総合的設計による一団地内の建築物については、一団地内の2以上の構えをなす建築物を総合的設計によって建築する場合で、特定行政庁が、防火上、安全上、衛生上支障がないと認めた場合には接道義務、容積率制限等の集団規定を同一敷地内にあるものとみなして適用するものであるが、この認定後に、当該団地内で建築物の建替え等が生じたときの取扱いが明確でないことが指摘されていたところであり、1987（昭和62）年の改正において規定の整備が行われた。

すなわち、特定行政庁は総合的設計による一団地の建築物に係る確認の通知を行った場合は公告を行うこととし、公告に係る一団地内で建築を行う場合には、安全上、防火上、衛生上支障がないことについて特定行政庁の認定を要することが定められた。また、この認定を受けた建築物に対しては、当該団地内の建築物と同一敷地内にあるものとみなして接道義務等の規定を適用すること等が定められた。

同年の政令改正により、防火上主要な間仕切壁の設置義務対象に、児童福祉施設等を追加し、一方で、200m²以下の共同住宅の住戸について、排煙設備、内装制限の規定について緩和し、スポーツ施設について、排煙設備、非常用照明、内装制限の規定について緩和する等の制限の合理化が行われた。

また、同政令改正で、法第38条の規定を活用して普及しつつあったホームエレベーターについて、将来一般的な技術基準を定めることが出来るよう所要の改正が行われた（2000（平成12）年に技術基準告示として整備された）。

成熟時代における建築基準法（平成編）

　平成に入るとバブル経済とその崩壊を経て、長期間の経済低迷、リーマンショックによる再度の経済低迷とその後の回復、その間の、1988（昭和63）年の消費税導入とその後の2度にわたる税率引き上げ等の影響も受け、景気の後退と回復を繰り返すが、戦後、昭和期が拡大成長を基調とする時代であったのに対し、低成長、安定成長の時代に入る。

　そのような中、建築行政、都市行政においても、行政の簡素・合理化、新技術を踏まえた規制の合理化、経済活動の国際化に対応した基準の国際的な整合性確保、少子高齢社会・地球環境問題に対応した建築・住宅の質の向上、産業転換に伴う土地利用転換、高度利用への要請、戦後の発展の中で無秩序に形成された景観や開発から取り残された密集市街地の整備改善、都市の国際競争力強化、長期的な人口減少と地方都市中心部の衰退といったさまざまな新たな課題への対応が求められることとなる。

　平成以降の建築基準法改正のうち、単体規定については、1992（平成4）年改正により、従来の簡易耐火建築物に代わり準耐火建築物（構造）が導入され、木造3階建て共同住宅に係る規制の合理化が行われた。その後、1998（平成10）年改正による本格的な性能規定化により大規模木造をはじめとした新技術の活用のための制度整備が行われた。性能規定化については、その後も天空率の導入、特殊建築物の構造制限、防火・準防火地域における構造制限の見直し等の流れにつながっている。

　また、建築材料に起因する健康被害への対応としてシックハウス規制、アスベスト規制が導入された。

　一方、集団規定関係については、1992（平成4）年には住宅系用途地域の再編を内容とする用途地域の抜本的な見直しが行われ、おおむね現在の立地規制の枠組みが整備された。1989（平成元）年、1990（平成2）年と道路法、都市計画法の改正に伴い立体道路制度の創設等地区計画制度の拡充が行われると、その後も都市計画制度と連動して、地区計画制度の充実、準都市計画区域、特定用途制限区域（地区）、特例容積率適用地区、田園住居地域の創設等が行われた。また、都市再生特別措置法制定（平成14年）、密集法制定・改正（平成9年、15年、19年）、景観法制定（平成16年）、いわゆる「まちづくり三法」改正（平成18年）等に伴い、都市再生特別地区、特定防災街区整備地区、景観地区、大規模集客施設規制など新たな制度が導入された。

　この間、2002（平成14）年改正をはじめとして、容積率、建蔽率等形態規制の見直しも数度にわたって行われている。

　また、建築規制の執行体制については、1998（平成10）年改正により、確認・検査等の民間開放が行われるとともに中間検査が導入された。その後、2005（平成17）年に発生したいわゆる「姉歯事件」を契機として、構造計算適合性判定制度の導入をはじめとする建築審査体制の強化とその後の見直しを経て現在の制度に至っている。

1　1989（平成元）年、1990（平成2）年（立体道路等地区計画の拡充）

(1)　立体道路制度（地区計画）の創設

　1989（平成元）年には道路法と都市計画法、都

市再開発法の改正が行われ、立体道路制度が創設される。

道路管理者は路線が指定等された場合には、道路の区域を定めることとされているが、道路区域が指定された土地の地上権は区域の地下及び上空におよぶものであり、道路上空及び路面下の建築物としての利用は例外的なものを除いて原則として制限されていた。

バブル経済期の地価高騰は、道路用地費の高騰、代替地の取得難等を生じさせ、道路整備の促進にも支障をきたした。こうした状況に対応するため、幹線道路の整備に併せた周辺地域も含めた一体的、総合的な整備を可能とする制度として立体道路制度が創設された。

具体的には、道路法において道路区域を地上又は地下の上下の範囲を定めた立体的な区域とすることを可能とし、同時に道路管理者は道路と一体的に整備される建築物の所有者と協定を締結して道路の管理を行うことができること等が定められた。一方で都市計画法及び都市再開発法においては、都市計画施設である自動車専用道及び沿道への出入りができない道路の整備と一体的に建築物の整備を行うことが適当なときは、地区計画又は再開発地区計画に定める地区整備計画に、道路管理者と協議の上、道路区域内に建築等の限界を定めて道路区域の一部を建築物の敷地として併せて利用すべき区域を指定することができることとされた。また、市街地再開発事業における道路一体建築物に係る権利変換手続きについて定められた。

建築基準法では、これらの改正と併せ、接道義務の対象となる道路から、沿道への出入りができない道路（特定高架道路等）で、地区計画等において建築物等の敷地として併せて利用すべきとされた区域内のものが除かれるとともに、道路内建築制限を受けない建築物として上記の地区計画等の内容に適合し、政令の基準に適合するものが定められた。政令において道路と隣地との高低差等に係る基準が定められた。

立体道路制度については、当初、新たに整備される都市計画施設である自動車専用道路及び特定高架道路に限定して制度化されたものであるが、この後、都市再生特別措置法等によってその適用範囲を拡充していくこととなる。

(2) 用途別容積型地区計画及び住宅地高度利用地区計画制度の創設

1990（平成2）年改正においては、地価高騰に起因する住宅不足、住宅取得難が社会問題化する中で、都市計画、建築規制を活用して住宅供給を促進すること等を目的に、住居と住居以外の用途を適正に配分するための地区計画（用途別容積型地区計画）及び住宅地高度利用地区計画の制度が創設された。

すなわち、都市計画法改正により、地区整備計画において、住居と住居以外の用途を適正に配分することが必要な場合には、容積率の最高限度を住宅（一部を住宅とする建築物を含む）と住宅以外の用途で区分し、住宅に係る容積率を住宅以外の用途に係る容積率以上とすることができることとされた（用途別容積型地区計画）。

また、新たに住宅地高度利用地区計画が創設され、住居専用地域で、一体的、総合的に良好な住宅市街地の開発整備を行うべき区域において、住宅地高度利用地区計画を定めることができることとし、地区計画と同様に当該地区計画に地区整備計画を定め、建築物の用途、容積率等の制限に関する事項を定めることとされた。

建築基準法において、これらの地区計画について、地区計画、再開発地区計画と同様に条例による建築物等の制限、道路位置指定、予定道路等について所要の整備が行われた。

また、用途別容積型地区計画の区域における容積率の緩和規定及び住宅地高度利用地区計画の区域における容積率、建蔽率、高さの制限について特

定行政庁の許可による適用除外規定が定められた。

住宅地高度利用地区計画は、1988（昭和63）年に創設された再開発地区計画とともに、2002（平成14）年改正において再開発等促進区に統合される。

<table>
<tr><td>2</td><td>1992（平成4）年（準耐火と木三共、用途地域見直しと地区計画、地域地区の拡充）</td></tr>
</table>

(1) 審議会答申と日米林産物協議

1992（平成4）年の改正においては、単体規定として、準耐火建築物・準耐火構造の創設と木造3階建て共同住宅に係る基準の整備、集団規定として1970（昭和45）年改正以来となる用途地域の見直し等が併せて行われた。

この改正に先立ち、1991（平成3）年12月20日に、建築審議会から建設大臣あてに、建築物の安全性等の確保と市街地環境整備の方策に関して2つの答申がなされるとともに、都市計画中央審議会からも都市計画制度のあり方について答申がなされている。

建築審議会からなされた第1の答申「経済社会の変化・技術開発の進展に対応した建築物の安全性等の確保のあり方に関する答申」では、木造建築物の範囲の拡大を求める声が高まる中で、総合技術開発プロジェクト等の成果、日米林産物協議の経緯等を踏まえ、一定の防火性能を持った木造建築物について、その性能にふさわしい法令上の位置付けを行い、制限の合理化を行うこと等を求めている。

また、伝統的建築物については、地方指定の文化財等の取扱いについて、従来の法第38条の運用による限界を踏まえ、建築基準法令の一部適用除外措置について対応・検討を求めている。

さらに、開放性の高い駐車場、テニスコート等、簡易な構法・開放的な形態等の建築物にふさわしい合理的な制限の導入を求めている。

同審議会からなされた第2の答申「国民生活・経済活動の高度化・多様化に対応した市街地環境整備の方策に関する第2次答申」では、我が国の土地利用の基本的な問題点として、①低未利用地を内在したままでの市街地の無秩序な拡大、②細街路をはじめとする公共施設の未整備、③用途の混在、④敷地の細分化等をあげ、依然として、都市の防災性低下、居住環境の悪化等の問題が生じていることを指摘している。さらに当時の地価高騰による土地利用の混乱、都心部の人口減少、職住の遠隔化、公共施設整備の遅れ等を指摘し、こうした問題に加え、様々な経済社会条件の変化に伴い多様化する市街地像、建築物用途の変化への対応を求めている。

その上で、現行制度の現状と問題点、制度見直しの理念、基本的方向、講ずべき具体的措置についてまとめているものであるが、制度見直しの理念として、①土地についての基本理念の尊重、②土地利用規制における都市居住の位置付けの強化、③市街地環境に対する国民ニーズの高まりへの対応を挙げ、具体的施策として、①用途地域等の見直し、②地区計画制度の拡充、③建築物と公共施設との関係強化、④都市計画区域外及び用途地域外の建築規制の充実について具体的提言が行われた。

都市計画中央審議会による答申「経済・社会の変化を踏まえた都市計画制度のあり方についての答申」では都市計画制度見直しの視点からのとりまとめが行われているが、①都市計画マスタープランの充実、②用途地域制度の見直し、③誘導容積制度の創設、④地区計画等の策定推進、⑤開発許可制度等の充実、⑥都市計画の決定手続きの5項目について具体的施策が提案されている。

また、1992（平成4）年改正に先立ち、米国は1989（平成元）年に包括通商法スーパー301条に基づき、貿易を阻害する不公平な慣行として、林産物の技術的障壁を認定した。日本の建築規制が米国で一般的に建築されている3、4階建ての共

同住宅等の実現を阻害し、米国木材製品の輸出障壁となっているとの米国側主張と、我が国の過去の災害からの教訓に基づき定められてきた防火上の安全水準を下げることはできないとの日本側の主張が対立する中、1989（平成元）年11月から1990（平成2）年4月にかけて日米林産物専門家会合において精力的な調整が行われた結果、日本政府は1991（平成3）年度までに、防火性の高い木造建築物を簡易耐火建築物として位置付けるとともに、3階建て共同住宅の建築を可能とする等の内容を含んだ合意がなされた。

以下に1992（平成4）年改正について記載する。

(2) 準耐火建築物・準耐火構造の創設と木造3階建て共同住宅

従前の建築基準法においては、前節の1959（昭和34）年の改正に記したように、建築物の防耐火性能に着目して、耐火建築物、簡易耐火建築物という区分を設け、特殊建築物の構造制限、防火・準防火地域における構造制限を行ってきた。この場合に耐火建築物は主要構造部を鉄筋コンクリート造等の耐火構造で構成する建築物であるのに対し、簡易耐火建築物は外壁を耐火構造とする等の建築物（イ簡耐）及び主要構造部を不燃材料で造る等の建築物（ロ簡耐）が位置付けられてきたものである。これらはいずれも鉄筋コンクリート造、鉄骨造等の不燃系の構造方法による建築物であり、木造の建築物はいずれにも該当しないものとして扱われていた。

また、簡易耐火建築物は、一定の防火性能を有する建築物として位置付けられていたが、その定義はごく仕様的に定められ、建築物あるいはその構成要素である主要構造部に求められる性能水準も明らかではなかった。

昭和編において記したように、建設省が1986（昭和61）年から5か年をかけて行った総合技術開発プロジェクト「新木造建築技術の開発」での検討の結果、当時の木造建築技術の進展により木造の建築物であっても、従来の簡易耐火建築物と同等の防火性能を実現することが可能であることが明らかにされた。

こうしたことから、1992（平成4）年改正においては、従来の簡易耐火建築物の概念に代えて、一定の防火性能を有する木造建築物を含む準耐火建築物の概念が導入された。

具体的には、準耐火建築物の定義について、①主要構造部を準耐火構造とし、外壁開口部の延焼のおそれのある部分に防火戸等を設けたもの、②これと同等以上の防火性能を有する建築物で政令で定める技術基準に適合するものとされた。準耐火構造についても定義が置かれ、部位に応じて一定の耐火時間を有する構造とされるとともに、石膏ボード等で被覆した木造等の構造が仕様として示された。また、上記②の主要構造部を準耐火構造とする等の建築物と同等の防火性能を有する建築物としては、従前の簡易耐火建築物が位置付けられた。

これらの措置により、準耐火建築物に係る性能の内容が明らかにされ、新たな技術による準耐火建築物の実現が可能となるとともに、従来木造とすることができなかった一定規模以上の特殊建築物、防火・準防火地域内の建築物が木造により実現可能となった。

準耐火建築物の創設に併せて、共同住宅に係る規制の合理化が行われた。

すなわち、準耐火建築物である共同住宅のうち、特に高い防耐火性能を有し、構造耐力上、避難安全上一定の措置がされたものについて、防火・準防火地域以外の区域で3階建てとすることができることとされた。

また、木造建築物に係る高さ制限についても、木造3階建て共同住宅と同等の防耐火性能を有し、防火区画を設ける等の措置をした場合適用しないこととされた。

(3) 伝統建築物に関する建築規制の見直し

国宝、重要文化財等である建築物の多くは近代建築法制以前に建築されたものであり、これらの建築物に現行の法に基づく規定を適用した場合、その解体修理等は事実上不可能となり、国民共有の貴重な財産を損なうこととなる。このため、建築基準法においては、国宝、重要文化財等については、その建築、修繕、模様替を行う場合、これらの原型の再現を行う建築物で特定行政庁が建築審査会の同意を得て認めたものについては、法の規定を適用しないこととされていた。

一方で、各地域において、地方公共団体が文化財として指定する伝統的建築物については、上記の適用除外規定はなく、その保存・活用に当たって同様の措置を求める声が高まっていた。このため、1992（平成4）年改正において、文化財保護法に基づく条例その他の条例で現状変更の規制及び保存措置が講じられている建築物で特定行政庁が指定したものについて、国宝、重要文化財と同様に法の適用を除外することとされた。

(4) 建築物に係る定義の明確化及び簡易な構造の建築物に対する規制の合理化

建築基準法では、建築物について定義を設け、①屋根及び柱若しくは壁を有するもの、②これに付属する門若しくはへい、③観覧のための工作物、④地下若しくは高架の工作物内の事務所等としていたが、構法の多様化に伴い、一部のものが建築物に該当するか否かについて訴えが起こされる等混乱を生じていた。

一方で構法が多様化するなかで、自走式の自動車車庫、膜材料を用いたテニスコート等の簡易な構造の建築物が普及し、これらの建築物について一般の建築物と同様の規制を適用すると過剰な制限になるという問題があった。

このため、1992（平成4）年改正において、建築物の定義に上記①に類するものを加えるとともに、開放的な自動車車庫、スポーツの練習場等の簡易な構造の建築物について防火規定の一部について適用しないこととされた。

(5) 用途地域の細分化と新たな特別用途地区の創設

昭和から平成初期にかけての地価高騰は、土地利用の混乱を生じさせ、事務所ビルの住宅地への進出による居住環境の悪化、都心部からの人口流出と空洞化等をもたらした。また、地価高騰は、住宅の価格上昇による取得難を生み、住宅地における住環境の保護と、住宅供給促進による住宅価格の低廉化が求められた。

国においては、「国土利用計画法（昭和42年法律第92号）」の改正（監視区域制度創設）、「大都市地域における優良宅地開発の促進に関する緊急措置法（昭和63年法律第47号）」（優良法）、「大都市地域における宅地開発及び鉄道整備の一体的推進に関する特別措置法（平成元年法律第61号）」（宅鉄法）、「土地基本法（平成元年法律第84号）」の制定、「大都市地域における住宅地等の供給の促進に関する特別措置法（昭和50年法律第67号）」（大都市法）の改正等の対策が次々と打ち出されたが、公共団体の建築行政においても都心部を中心に開発に当たって住宅附置を指導、義務付けする等の動きが広がった。

1992（平成4）年の改正では、住環境の保護と住宅の確保、新たな市街地形態に対応したよりきめ細かい用途規制等を可能とすることを目的として用途地域の見直し等が行われた。

具体的には、従前3つの用途地域が定められていた住居系用途地域が細分化され、7つの用途地域とされた。すなわち、第1種住居専用地域は第1種低層住居専用地域及び第2種低層住居専用地域とされ、第2種住居専用地域は第1種中高層住居専用地域及び第2種中高層住居専用地域に、住居地域は第1種住居地域、第2種住居地域及び準

住居地域に細分化された。

この用途地域の細分化に併せて、各用途地域における制限についても、以下のような見直しが行われた。

① カラオケボックスについて、住居専用地域と第1種住居地域で制限

② 第1種・第2種中高層住居専用地域及び第1種・第2種住居地域において自動車車庫の床面積の上限を500m²から300m²に引き下げ

③ 準住居地域における自動車車庫の制限を廃止

④ 準住居地域において、自動車修理工場の床面積の上限を50m²から150m²に引き上げ

⑤ 準住居地域及び近隣商業地域において、客席が200m²未満の劇場等を許容

⑥ 工場の規制について、対象の見直し

⑦ 危険物規制について、消防法による危険物規制との整合性確保

⑧ 第1種・第2種低層住居専用地域において有料老人ホーム、身体障害者福祉ホーム等の位置付けを明確化

住居系用途地域の細分化等（平成4年改正）

改正前	改正後	（地域の趣旨）規制の概要
第1種住居専用地域	第1種低層住居専用地域	（低層住宅の専用地域）住宅、小中学校、宗教施設、生活利便施設等を許容
	第2種低層住居専用地域	（小規模な店舗の立地を認める低層住宅の専用地域）上覧用途に加え、2階以下に設置する150m²以下の店舗を許容
第2種住居専用地域	第1種中高層住居専用地域	（中高層住宅の専用地域）上覧用途に加え、大学等、病院、児童厚生施設、500m²以下の店舗、300m²以下の自動車車庫等を許容
	第2種中高層住居専用地域	（必要な利便施設の立地を認める中高層住宅の専用地域）工場、危険物貯蔵場、300m²超又は3階以上の自動車車庫、ボーリング場、運動施設、ぱちんこ屋、ホテル、1,500m²超又は3階以上の事務所、店舗等を制限

住居地域	第1種住居地域	（大規模な店舗、事務所の立地を制限する住宅地のための地域）一定の工場、危険物貯蔵場、300m²超又は3階以上の自動車車庫、劇場、待合、倉庫、ぱちんこ屋、カラオケボックス、3,000m²超の事務所、店舗等を制限
	第2種住居地域	（住宅地のための地域）一定の工場、危険物貯蔵場、300m²超又は3階以上の自動車車庫、劇場、待合、倉庫等を制限
	準住居地域	（自動車関連施設等と住宅が調和して立地する地域）一定の工場、危険物貯蔵場、劇場、待合、倉庫等を制限（150m²以下の自動車修理工場は許容）

また、住居系用途地域の細分化と併せ、都市計画法施行令の改正により、特別用途地区についても見直しが行われ、新たに中高層階住居専用地区、商業専用地区、研究開発地区が追加され11類型となった。特別用途地区の類型については1998（平成10）年の都市計画法改正により廃止されることとなる。

(6) 用途地域見直し関連改正

① 用途規制の例外許可手続きの合理化

建築基準法では、用途地域ごとに立地可能な建築物の用途、立地が制限される建築物の用途を定めるとともに特定行政庁が許可を行った場合には、立地が制限される用途の建築物の立地を可能とする制度となっている。一度、許可を受けて建築された建築物であっても、その後の増築、改築等を行う場合には、改めて特定行政庁の許可を得る必要があり、この場合には利害関係者が出頭する公開聴聞、建築審査会同意という一連の手続きを要することとされていた。

しかしながら、すべての増改築行為に対して一連の手続きを義務付けることは、過剰な負担となるケースもあり、市街地環境への影響が限定的な一定の増改築を行う場合の許可に当たっ

ては公開聴聞及び建築審査会同意の手続きを不要とする改正が行われた。

② 商業地域における容積率の拡充

用途地域の細分化に当たっては、原則として従前の相当する用途地域における容積率、建蔽率の制限が引き継がれているが、商業地域については、地方都市における商業地の実態等を考慮して、従前の400%から1,000%の数値に加えて、200%、300%の容積率を定めることができることとされた。

③ 低層住居専用地域内における敷地面積の最低限度規制の導入

地価の高騰に伴い、いわゆるミニ開発が進行し、住宅地における環境悪化が懸念される中、無秩序なミニ開発を防止し、低層住宅市街地としての環境を保護する観点から、都市計画で200m²を上限として敷地の最低面積を定めて制限を行うことができることとされた。同時にこの制限が適用された際に制限を満たさない土地について敷地分割を行わない場合には制限を適用しない調整規定が置かれた。

(7) 誘導容積制度の創設

地価高騰による土地利用の混乱等を背景として、都市中心部における土地の有効利用、高度利用の必要性が叫ばれる中、一方で低密度な木造密集市街地が都市中心部に広く存在し、防災上著しく危険で、劣悪な市街地環境となっている状況は改善されるには至っていなかった。

こうした状況を踏まえ、公共施設の整備を伴った良好な市街地の整備を図りつつ、土地の有効利用を促進することを目的として誘導容積制度（誘導容積型地区計画、容積適正配分型地区計画）が創設された。

このうち、誘導容積型地区計画は、地区計画を定めるに当たり、目標容積率と暫定容積率という2つの容積率を同時に定め、公共施設が未整備の

段階では、暫定容積率を適用することにより、無秩序な開発行為を防止し、公共施設の整備の進捗に合わせて、特定行政庁の認定により目標容積率を適用することで、土地の高度利用・有効利用を実現するものである。

容積適正配分型地区計画は、良好な都市環境の形成に配慮し、区域を区分し容積率の最高限度を定めることにより、地区内の総容量の最大値を変更しない範囲において容積の適正な配分を行うものである。

(8) 用途地域外等における規制の整備

① 都市計画区域外における規制の拡充

建築基準法のうち、接道義務、用途規制、形態規制等のいわゆる集団規制については、都市計画区域内に限って適用されてきたが、バブル経済期には、都市計画区域外でのリゾートマンション建築など無秩序な開発を生み、都市計画区域外においても土地利用の混乱を生じさせた。

このため、1992（平成4）年の改正においては、都市計画区域外であっても地方公共団体が条例を定めて建築物・敷地と道路の関係、容積率、建蔽率、建築物の高さ（日影による制限を含む）等についての制限を行えることとされた。

制限を行うことができる区域については、建築基準法第6条第1項第4号に規定する都道府県知事が指定する区域（小規模な建築物の確認を要する区域）内に限定された。

② 用途地域外における規制の拡充

都市中心部における地価高騰は、郊外における開発行為、建築行為の活発化につながり、都市計画区域内で用途地域が定められていない区域（白地地域、市街化調整区域）においても、大規模な住宅開発等による市街地環境の低下が生じるなどの問題を発生させた。一方、用途地

域が定められていない区域はもともと、活発な開発行為、建築活動を想定しておらず、容積率は400%、建蔽率は70%とすることが一律に定められており、日影による高さの制限は適用されず、十分に開発行為等を規制誘導することができていなかった。このため、これらの区域における土地利用コントロールを強化する観点から、当該区域のうち、特定行政庁が都市計画地方審議会の議を経て指定する区域について、容積率制限を100%から300%の範囲で、建蔽率制限を50%から60%の範囲で、それぞれ強化することができることとするとともに、条例を定めて日影規制を行えることとされた。

③ 市街化調整区域における地区計画

地区計画制度は、1980（昭和55）年の都市計画法、建築基準法改正により創設され、その後再開発地区計画、立体道路制度等制度の整備・拡充が行われてきたが、区域区分が行われている都市計画区域においては、市街化区域に限って定めることができることとされてきた。制度創設後一定期間を経て制度が定着してきたことと、当時の開発・建築行為の郊外への拡大を受け、市街化調整区域においても地区計画を定めることができることとされた。

(9) その他

1992（平成4）年改正においては以下についても措置されている。

① 予定道路に関する容積率制限の特例

地区計画等に基づき指定された予定道路について、都市計画道路と同様に特定行政庁が許可した場合には、前面道路幅員による容積率制限の緩和の対象とされた。

② 道路幅員基準の特例の創設

建築基準法では、道路を定義し、接道義務、道路内建築制限等の対象としているが、原則として幅員4m以上のものを道路として取り扱っ

ている。特定行政庁が指定する区域においては幅員6m以上のものに限って道路として取り扱うこととされた。

③ 総合的設計における一団地の建築物の取扱いの拡充

総合的設計による建築物について、同一敷地とみなして建蔽率制限を適用することができる地域は住居専用地域及び工業専用地域に限定されていたが、住居専用地域等以外に存する木造密集市街地の整備に当たって、この制度の適用を可能とする等のため、従前適用可能であった住居専用地域等以外の地域でも同一敷地とみなして建蔽率制限を適用できることとされた。

3 1994（平成6）年〜1997（平成9）年（容積規制の合理化、地区計画、地域地区の拡充）

(1) 住宅の地下部分容積不算入等

1994（平成6）年の改正により、容積率を適用する際に用いられる建築物の延べ面積算定に当たり、住宅の用途に供する部分の床面積で地下部分の面積を住宅全体の床面積の1/3を限度として算入しないこととされた。この容積率算定は、容積率規制本則（第52条）の他、高度利用地区、総合設計、特定街区、地区計画等の規定の適用に当たっても同様に不算入措置の対象とされた。

用途別容積型地区計画の適用に当たり、床面積不算入部分を有する建築物についての容積率緩和の上限について、当該地域の都市計画で定められた容積率の1.5倍とする制限が設けられた。

1994（平成6）年改正においては、上記の他大規模な畜舎等で防火上、避難上支障がないものについて、制限を合理化し、防火壁の設置を要しないこととされた。

(2) 形態規制の合理化と街並み誘導型地区計画の創設等

1995（平成7）年には、都市再開発法及び都市

計画法の改正と併せた改正が行われ、前面道路との関係における形態制限の合理化、街並み誘導型地区計画制度の創設、建築協定制度の拡充について措置された。

① 前面道路幅員による容積率制限の合理化

前面道路幅員による容積率制限については、前稿に記したように、1963（昭和38）年改正において容積地区制度が創設された際に導入され、その後の用途地域による容積率規制においても引き継がれたものであるが、この制度はマクロ的な都市計画上の視点からの容積規制に加えて、道路の状況に応じた形態制限を行うことにより、交通、安全上の障害の防止、日照、採光、通風等といった道路の持つ環境空間としての機能の確保を図るものである。

一方で、現実の市街地においては狭隘な道路が多く存在し、またその解消は困難なケースも多く、道路と一体となった敷地を含めて市街地の環境空間を確保することが必要であった。

このため、1995（平成7）年改正において壁面線の制限等に従って建築された建築物に対しては、道路幅員による容積率制限を合理化することとされた。

具体的には前面道路幅員による容積率制限の係数が0.4である地域において、壁面線の指定又は壁面位置の制限がある場合で、当該壁面線等を越えない建築物についての前面道路幅員による容積率規制の適用に当たっては、当該壁面線等を道路境界とみなして道路幅員を算定し、これをもとに容積率制限を適用できることとされた（本制度の適用は建築主の選択によることとされた）。この際、本来の道路幅員に0.6を乗じた容積率を緩和の上限とし、敷地面積の算定に当たり、計画道路等と同様に壁面線等と道路境界の間の面積は算入しないこととされた。

1987（昭和62）年改正においても、壁面線の指定された場合の前面道路幅員による容積率制

限の合理化が行われているが、この改正が前面道路と一体となった空間が連続的に確保される等の場合に限定し、その適用の判断を特定行政庁の許可に係らしめたのに対し、1995（平成7）年改正での合理化は、個々の敷地での道路一体空間の確保を目的としており、特定行政庁の許可を要しない制度とされている（3-3-10.(2)）。

② 道路斜線制限の合理化

道路斜線制限については、道路上空の開放空間を確保し、市街地における通風、採光等の環境を確保するために市街地建築物法制定時から規定され、建築基準法においても引き継がれたものである。

この制限は、建築物の各部分の高さを、前面道路の反対側からの距離に一定の係数を乗じた数値を限度として制限するものであるが、住居系の用途地域においては、1.25、住居系用途地域以外の区域では1.5を係数としている。

1995（平成7）年改正においては、当時の社会的要請でもあった都心居住の推進を図りつつ、市街地の環境を確保するための措置として、この道路斜線制限についての合理化が行われた。

具体的には住居系用途地域で前面道路の幅員が12m以上である場合には、前面道路の反対側境界線から道路幅員の1.25倍以上の距離の部分においては、建築物高さは反対側境界線からの距離に1.5を乗じた数値以下とすべきことが規定された。また、この規定の適用の際も通常の場合と同様に、道路境界からセットバックした建築物について、後退距離に応じた制限の合理化が行われた。

③ 街並み誘導型地区計画制度の創設

地区計画制度について拡充が行われ、新たに街並み誘導型地区計画制度が創設された。

この街並み誘導型地区計画制度は、一定の環境確保を図りつつ、地区の特性に応じた規制の合理化を図ること、地区内の建築物の配列、高

さ等形態を一体的に誘導することにより、良好な居住環境の確保と個性的な街並みの形成を実現すること、地権者等による建替えを容易にすることにより、居住の維持、新規の住宅供給を図ること、建築規制の強化と緩和を組み合わせて地区の環境改善を図ること等を目的として創設されたものである。

具体的には、都市計画法の改正により、区域の特性に応じた高さ、配列、形態の建築物整備が必要な場合には、地区整備計画において壁面位置の制限、建築物の高さの制限等を定めることができることとし、建築基準法において、これらの制限と容積率、敷地の最低限度等を定めた地区計画の区域において、前面道路幅員による容積率制限及び斜線制限を特定行政庁が許可した場合には適用しないこととされた。

④ 建築協定制度の拡充

建築協定制度を拡充し、区画整理事業が実施される場合の適用関係を整理し、従前土地所有者が協定の締結を行えることとされた。

建築協定は土地の所有者等の全員合意によって締結されることを前提としており、このため、協定締結後に協定区域に隣接する区域の土地所有者等が協定へ参加しようとする場合には、改めてすべての土地所有者の合意と特定行政庁の許可を要することとなり、過大な負担が生じるため、協定締結地の隣接地の土地所有者等が協定への参加を希望する場合には書面による意思表示によって協定への参加を可能とする制度が創設された。

すなわち、当初の協定締結者の合意を担保するための措置として、協定締結の際、希望する隣接地の土地所有者等が簡易な手続きにより参加することを許容する区域（建築協定区域隣接地）をあらかじめ定めることができることとし、当該隣接地の土地所有者等は書面による意思表示により協定に参加することができること

とされた。

上記の他、一人協定の失効期間の延長が行われた。

(3) 防災街区整備地区計画及び高層住居誘導地区制度の創設、共同住宅に係る容積制限合理化

1997（平成9）年には、「密集市街地における防災街区の整備の促進に関する法律（平成9年法律第50号）」（密集法）の制定に伴い、防災街区整備地区計画制度が創設された。

また、都市計画法の改正に併せ、高層住居誘導地区制度が創設されたとともに、共同住宅の共用部分について容積不算入とする措置が行われた。

① 防災街区整備地区計画制度の創設

1995（平成7）年に発生した兵庫県南部地震（阪神・淡路大震災）では、木造密集市街地における建築物の倒壊と地震に伴い発生した火災延焼による被害が甚大なものであった。その被害を教訓として2年後に制定された密集法は、密集市街地の防災機能の確保と土地の合理的利用を図るため、計画的な再開発による防災街区の整備を促進するために必要な措置を定めたものであるが、防災再開発促進地区における建替え計画の認定制度、延焼危険等建築物に対する除却勧告等制度に加え、都市計画において防災街区整備地区計画を定め、同計画において、建築物の容積率、建蔽率、敷地面積等の制限に加え、防火上必要な構造の制限、特定の道路等に面する間口率の制限等を定めることができることとされた。これは、道路等の公共施設整備と併せて沿道の耐火建築物等整備を誘導し、延焼防止、避難路の確保等を目的としたものである。

建築基準法では、この法律の制定を受け、他の地区計画と同様に、都市計画で定められた内容に関して条例により必要な建築物に係る制限を行い得ること等、壁面位置の制限等を行った場合に総合的設計による建築を工区を分けて行

うことを可能とすること等必要な措置が講じられた。

② 高層住居誘導地区制度の創設

1997（平成9）年の都市計画法改正により、都心における人口確保、土地の有効利用、良好な都市環境の形成等を目的として、高層住居誘導地区が創設された。同地区は、住居専用地域以外の住居系用途地域、近隣商業地域及び準工業地域で容積率が400％である区域において指定される地区で、都市計画において容積率、建蔽率、最低敷地面積の制限を定めることとされた。用途別容積型地区計画と同様に住宅供給の促進を目的として住宅用途に係る容積率を割り増すことができる制度となっている。

建築基準法においては、同地区に存する建築物で、住宅部分の床面積が全体の2/3以上である建築物の容積率について、当該地区が存する用途地域における容積率の1.5倍までの範囲で、当該地区に係る都市計画で定められた数値とするべきことが定められた。併せて建蔽率、敷地面積についても、当該地区に係る都市計画で定められた数値によることが規定された。

また、同地区内の建築物について、隣地斜線、前面道路斜線による高さ制限、前面道路幅員による容積率制限についての適用関係について整理されるとともに、日影規制区域に影を生じる場合を除き、日影規制の対象区域から除外することとされた。

③ 共同住宅に係る容積率制限の合理化

建築物の容積率算定に当たり用いられる延べ面積には、屋外廊下、階段等の面積は算入されないこととされており、このため、特に共同住宅においては、定められた容積率の中でより多くの住戸面積を確保するため、屋外廊下、階段とすることが一般的であった。一方で、都心部における土地の有効利用、高齢化に対応した共用部分の環境確保等の観点から屋内廊下、階段

等とすることに対する実質的な障害となっているとの指摘があった。

このため、1997（平成9）年改正において、特に都心居住推進の観点から供給が求められ、高層化に伴って屋内共用部分の需要が拡大することが見込まれる共同住宅について、その共用部分の床面積を容積率算定の対象となる床面積から除くこととされた。地下部分の不算入措置と同様に、容積率規制本則（第52条）の他、高度利用地区、総合設計、特定街区、地区計画等の規定の適用に当たっても同様に不算入措置の対象とされた。

4 1998（平成10）年改正（性能規定化と民間開放、連担建築物）

(1) 審議会答申

1998（平成10）年には、建築基準法制定当時から続いた、建築主事による確認、検査という執行体制を抜本的に見直し、民間機関による建築確認・検査制度を導入するとともに、中間検査制度、型式適合認定制度を導入するという執行体制等の改正に併せ、単体規定を中心とする技術的基準全般について性能規定化という観点から見直し、再構築するという大改正が行われた。集団規定については、連担建築物制度が創設された。

この改正に先立ち、1997（平成9）年3月24日、建築審議会は建設大臣に対し、「21世紀を展望し、経済社会の変化に対応した新たな建築行政の在り方に関する答申」を提出した。

答申においては、建築行政の課題として、①技術革新の成果を積極的に採用した新技術や新材料の円滑な導入、海外の基準・規格との整合等を図ることが可能となる仕組みを再構築すること、②土地の有効高度利用を図り、良好な中高層住宅の整備を促進すること、③建築行政の執行について、地方公共団体が自らの責任において行うことを基本としつつ、建築物の安全性等を全国にわ

たって確保すべき国の責務や、運用の整合性を確保する要請を踏まえながら建築規制制度の枠組みを再構築すること、④建築物の安全性確保等のために中間検査、完了検査の確実な実施と違反建築物対策による抑止効果等が求められる中、地方公共団体のマンパワーの実態を踏まえた効果的な執行体制を整備すること等を挙げている。

さらに、①規制緩和による選択の自由の拡大、②新たな経済社会に対応した行政執行体制や市場の整備、③建築主の自主的努力を活かした建築規制の実効性の確保等の３つの視点から改革にあたっての基本的な考え方を示した上で、以下の講ずべき具体的施策を提案している。

まず、自由度の高い新たな建築基準体系の構築のため、①建築基準の性能規定化、②性能規定化に対応した審査制度の整備、③技術開発の進展等に対応した規制項目の見直しを挙げている。

具体的には、①単体規定については原則として建築物に要求される性能項目、性能水準及び検証方法を規定する「性能規定」へと見直し、その際に国際規格等との調和への配慮等を行うこと、②性能の検証を容易に行えるよう、性能を満たす例示仕様を整備すると同時に民間企業等が作成する仕様を認定する制度を創設する、建築主事による審査が困難な建築物については、高度な審査能力を有する機関を活用すること等の措置を行うこと、③室内居住環境に係る規制等について廃止を含めた見直しを行うとともに、高齢化社会への対応等の新たな社会的要請については誘導的施策や研究開発の推進等により対応すること等を求めている。

次に、民間企業・団体等を活用した執行体制の整備のため、①民間企業・団体等による建築確認・検査の実施、②地方公共団体の体制整備、③違反対策の充実を挙げている。

それぞれ、①確認・検査能力、事故等に対応した責任体制、第三者性等一定の要件を備えた民間企業・団体による建築確認、中間検査、完了検査等を実施する途を開くとともに、厳正的確な監査と不正に対する厳格な処分を実施すること、②外部の確認・検査機関の活用により地方公共団体の総合的な確認・検査能力の向上、違反対策等に係る体制整備等を図ること、③民間機関による確認・検査を通じ、行政においては、違反対策のための執行体制の充実を図り、規制の実効性の確保に努めること等を求めている。

また、実効性確保のための措置の充実にむけて、①工事監理制度及び中間検査の徹底を含めた検査制度の充実、②建築士等の業務責任の明確化、③維持保全に関する制度の充実、④敷地情報の管理の充実等を併せて求めている。

集団規定関係では、市街地空間の再構築を支える条件整備として、①複数建築物の一体的設計手法の導入、②道路空間と一体となった敷地内空地の形成、③質の高い建築計画実現に向けた敷地規模の拡大促進、④都市居住における共用空間の充実を挙げている。

それぞれについて、①既存建築物を含め、相互の関係を調整して設計される複数の建築物について地方公共団体の判断により全体を一体的なものとみなして規制を適用する手法の導入、②歩道と一体となった敷地内空地を環境道路として捉えその形成を促進すること、③敷地規模拡大のインセンティブとして総合設計制度において敷地規模に着目した容積率割増しの制度を導入すること、④共同住宅の共用部分について容積率制限の対象から除外すること等を求めた。

また、市街地の密度に対応した空間構成の実現のため、①都心地域等高密度市街地における居住空間の形成、②中程度の密度の市街地における土地の有効利用の促進、③低密度市街地にふさわしい環境の形成を実現するための、都市計画制度、既存事業の活用に加えて新たな仕組みの導入について検討を求めた。

さらに、地域特性に対応した多様な取り組みの展開のため、①総合設計制度の運用に当たり、設計者の創意工夫を積極的に評価する仕組みの導入や許可制度の積極的な活用と透明性等の確保、②特別用途地区制度の充実や歴史的街並み等の地区の特性に対応した建築ルールを定める等条例の活用による建築ルールの充実、③建築協定をはじめとして住民の参加と協働によるまちづくりのための施策の充実を求めた。

この答申においては、上記建築基準に係る内容の他、住宅市場の構造改革と住宅産業の新たな展開についても触れているが、この中では住宅性能表示制度の整備、長期耐用住宅ストックの形成に向けた消費者ニーズの形成、優良な住宅生産システムの公的位置付け等の具体的施策を挙げて実現を求めている。

この答申に基づき、建築基準法の改正に続き、1999（平成11）年には、「住宅の品質確保の促進等に関する法律（平成11年法律第81号）」が制定されることとなる。

以下に1998（平成10）年改正の概要を記す。

⑵ 確認・検査の民間開放

我が国の旺盛な建築行為の実態に比較して、建築行政を担う職員数は圧倒的に少なく、また、諸外国と比較しても、人口当たりの建築行政職員も著しく少ない状況の中で、完了検査率が低い水準にとどまるなど、確認・検査制度が十分な効果を挙げているとは言いがたい状況であった。

一方で、阪神・淡路大震災の経験は建築物の安全性に対する社会的な関心を高め、建築規制についても、違反建築物対策等を含め、その実効性の確保と充実が望まれていた。

また、建築行政全般についていうと、違反対策等に加え、まちづくりについてのニーズ等が多様化し、集団規定を中心とする各種の許可、認可等をより的確に運用することが求められていた。

こうした状況の中で、建築確認、完了検査といった行政の裁量性を排除して実施可能な業務については、民間の技術力を活用してより効率的に実施すると同時に、地方公共団体の建築行政部門の人的資源を、違反建築物対策、まちづくり等に係る許可、認可といった行政による判断、裁量が不可欠な業務に重点的に振り向けることにより、建築行政全体をより効率的、効果的に運営し、実効性を確保することをめざして改正が行われた。

具体的には、従来、自治体職員である建築主事によって行われてきた建築確認及び完了検査について、一定の技術力等を有する民間企業・団体が行うことを可能とする改正が行われた。

併せて、次項に記すとおり、改正と同時に導入された中間検査についても同様に民間企業・団体が行うことを可能とする規定の整備が行われた。

具体的に法律において整備された規定の概要を以下に記す。

① 民間確認検査機関による建築確認

建築物の計画で、建設大臣又は都道府県知事の指定を受けた者（指定確認検査機関）の確認を受け、確認済証の交付を受けたときは、当該建築計画について、建築主事により行われた確認及び建築主事により交付を受けた確認済証とみなすこと

指定確認検査機関の指定は、2以上の都道府県の区域で業務を行う場合は建設大臣が、それ以外の場合は都道府県知事が行うこと

指定確認検査機関は確認済証の交付を行ったときは特定行政庁に報告を行い、報告を受けた特定行政庁は当該建築計画が関係法令の規定に適合しないときは、確認を行った機関に通知すること、この場合に機関の発行した確認済証はその効力を失うこと

② 民間確認検査機関による完了検査

指定確認検査機関が完了検査を引き受けたときは、建築主は建築主事に対する完了検査の申

請を要しないこと

確認に係る機関と同様に業務区域に応じて、建設大臣又は都道府県知事が指定を行うこと

指定確認検査機関は工事完了又は引き受け日から7日以内に完了検査を行い、建築物等が関係法令に適合する場合は検査済証を交付しなければならず、当該検査済証は建築主事の交付する検査済証とみなすこと

確認と同様に、指定確認検査機関は検査結果を特定行政庁に報告すること、特定行政庁は検査結果が法令に不適合であった場合は命令等の必要な措置をとるべきこと

③ 民間確認検査機関による中間検査

完了検査と同様、指定確認検査機関が中間検査を引き受けたときは建築主事に対しての申請は要しないこと

指定確認検査機関は中間検査を行ったとき、建築物等が関係法令に適合する場合は中間検査合格証を交付しなければならず、当該合格証は、建築主事の交付する検査済証とみなすこと

完了検査と同様に、特定行政庁に対して報告すること、特定行政庁は必要な場合に措置を行うこと

④ 指定確認検査機関の指定

指定確認検査機関の指定は、省令で定める業務区分に従って行うものであること（省令において建築物の規模、建築設備、工作物等の種別及び確認・検査の別による区分を規定）

指定の要件として確認検査員の数、実施計画、経理的基礎、役職員構成等が適切であり、必要な規定類が整備されていること

指定確認検査機関は資格を有する確認検査員に確認検査を行わせなければならないこと

特定行政庁は指定確認検査機関に対し必要な指示を行うことができ、指定機関は特定行政庁に照会することができること

⑤ ただし書き例外規定の整理

冒頭に記したように、この改正では、行政の裁量性を有しない建築確認行為等について、一定の能力等を有する指定確認検査機関における実施を可能とするとともに、行政の判断・裁量性を有する行為については行政機関が自ら実施する体制を整備することを目的としていた。このため、従来、集団規定において、ただし書き等による例外が置かれた規定について見直しを行い、必要なものについては特定行政庁の許可等として整理を行った。

(3) 中間検査制度、型式認定制度の創設等

① 中間検査制度の導入

建築基準法においては、法制定時から、計画段階における計画の法適合性の審査（建築確認）と工事完了時点での建築物等の法適合性の検査（完了検査）という執行体制を整備するとともに、建築士法により、建築士による工事中の工事監理を義務付けることにより、建築物の法適合性、安全性等の確保を図ってきた。一方で、阪神・淡路大震災の経験から、新耐震設計法以前の建築物の安全性確保の問題に加えて不適切な施工により建築物の安全性に問題が生じていたケースが報告され、従前以上の適切な施工の確保の必要性が指摘されるところであった。また、それ以前にも、1970（昭和45）年改正に先立つ審議会答申等にも見られたように、建築規制の実効性確保等のため、建築基準制度としての工事の中間段階における検査の必要性はたびたび指摘されてきたところであった。

このため、1998（平成10）年改正において、従来の建築確認、完了検査に加えて、中間検査制度が導入されることとなった。

すなわち、特定行政庁は、建築工事中の工程について特定工程として指定することとし、当該工程に係る工事を終了したときは建築主は建築主事に申請を行い、建築主事による検査を受

けなければならないこととされた。

　また、建築主事から中間検査合格証の交付を受けなければ、当該工程後の工事を行うことができないこととされた。ただし、前記のとおり、指定確認検査機関による中間検査を受けた場合には建築主事による検査を要しないこととされた。

　この場合に、それぞれの地域における建築動向、工事に係る実態等を適切に反映するため、特定行政庁は、特定工程を指定するに当たり、区域、期間、建築物の構造、用途、規模を限定して指定することとされた。

② 型式適合認定制度の導入

　建築基準法においては、従前より、建築材料及び構法が規格化された住宅で建設大臣の指定を受けたものについては、建築確認及び完了検査の簡略化を行う措置がとられていたが、1998（平成10）年改正において、この制度を廃止するとともに、住宅以外の建築物を含めて型式適合認定制度として整備された。

　型式適合認定制度は、建築材料、主要構造部、建築設備等が一連の規定に適合するものであることについて建設大臣の認定を受ける「型式適合認定」と型式適合認定を受けた建築材料等の製造者が一定の水準の製造体制、品質管理体制等を有することについて建設大臣の認定を受ける「型式部材等製造者認証」の２つの認定制度により構成されている。

　このうち、「型式適合認定」は、建築材料等が型式適合認定を受けた場合には、当該材料等に係る確認・検査に当たっては、政令で定める規定についての審査に代えて、建築材料等と型式適合認定を受けた仕様との照合のみを行うというものである。

　一方「型式部材等製造者認証」は、型式適合認定を受けた建築材料等の製造について、認定を受けた者が行った場合には、当該建築材料等

について確認・検査を行う場合に政令で定める規定についての審査を不要とするものである。

　型式適合認定の対象となる建築材料等として、①建築物で、門、塀、屎尿浄化槽、給水タンク等以外のもの、②防火設備、屎尿浄化槽、給水タンク等、エレベーター等、③　準用工作物である観光用エレベーター、遊戯施設等を政令に定め、併せて型式適合部材等のうち、型式部材等製造者認証の対象となるものが定められた。

　こうした認定制度の創設に併せ、型式適合認定及び型式部材等製造者認証について、建設大臣が一定の技術審査能力及び公平中立な審査体制を有する国内外の機関（指定認定機関、承認認定機関）を指定、承認し、当該機関が認定等を行えることとされた。

(4) 技術的基準の性能規定化

　建築基準法では、建築物の安全性等を確保するため、単体規制を中心に構造耐力、防火・避難、建築設備等に係る技術基準を定め、規制を行っているが、それらの技術的基準の多くは、我が国における従来の技術、構法等を前提とし、また、過去の災害等の経験から蓄積されてきた技術的知見を背景として定められてきた。

　また、実際の建築物を建築する際には、建築士による設計と工事監理、建築主事による確認・検査という体制の下で、建築物の安全性等の確保と法規制への適合性を確保する制度であった。

　こうした体制の中では、法規制としての技術的基準が、建築士をはじめとする建築技術者、建築主事等が共通に持つ技術教育の経験、建築業界における技術の実態等に即したものであり、また、理解しやすい内容であることは、設計、工事監理、確認審査等を円滑に行ううえで一定の合理性を有するものであった。一方で、こうした観点から定められた技術的基準の多くは、仕様的な基準

となっており、従来の技術の範疇を超えた斬新的な技術、我が国建築業界の伝統と異なる技術的背景を持った海外の技術に適用することには困難な面もあった。

このため、建築基準法においては、第38条及び第67条の2に予想しない特殊の構造方法又は建築材料についての規定が置かれ、個別に建設大臣が認定した場合には、通常の技術的基準を適用しないこととされていた。

しかしながら、この大臣認定の規定には、認定の際に求められる技術的対応の内容と適用除外となる規定の関係は必ずしも事前に明示されておらず、新技術を開発、採用しようとする技術者にとっては原則として個別の計画ごとにその安全性等確保のための技術的対応を検討することが必要であった。

そこで、1998（平成10）年改正においては、単体規制を中心に、従来の技術的基準を再検証し、規制により本来確保しようとする建築物、建築部材等に必要な性能を明らかにし、この性能水準を満たす技術については、技術基準に適合するものとして実現可能とする規制方式（性能規定）を導入し、設計の自由度の確保、新技術、海外技術等の導入の円滑化等とそれらによる市場の活性化を図ろうとしたものである。その際に性能規定の方法として、建築物、建築物の部分、建築設備等に必要となる性能の項目と水準及び性能を満たすことについての検証方法を併せて規定することが基本とされた。

一方で、従来の技術を前提とした仕様的な基準は、通常の建築活動においては、設計者等にとっての負担軽減、確認審査の効率化等には有効であることから、必要な性能との関係を見直した上で、性能を満足する例示仕様として法令上位置付けることとされた。

また、技術的基準の性能規定化に伴い、それぞれの構造方法等が建築基準法の求める性能水準を満たすことを確かめる方法として、建築確認による場合に加えて、建設大臣による構造方法の認定を位置付けるとともに、認定審査に当たって必要となる技術的評価を一定の技術審査能力及び公平中立な審査体制を有する国内外の機関（指定性能評価機関、承認性能評価機関）に行わせることができることとされた。

以下に、各分野での技術的基準の性能規定化について政令での措置を含めて概要を記す。

① 構造関係基準の見直し

建築基準法の構造関係規定では、部材の寸法、接合方法等を定めた仕様規定に加え、一定規模以上の建築物には構造計算によって構造力学的に安全性を確認することを義務付けている。

1980（昭和55）年の新耐震設計法の導入に当たっても、これらの仕様規定に適合していることを前提として構造計算に係る規定が定められており、構造計算により安全性の確認を行った場合でも仕様規定への適合が求められていた。

一方で、構造関係の仕様規定には、構造に関する原則を定めたもの、耐久性、施工性の確保等の観点から定められたもの、力学的な強度確保の観点から定められたもの等があり、部材の変形等を考慮したより精細な構造計算を行った場合には、一部の仕様規定を適用する必要がないことが技術的明らかにされてきた。このため、1998（平成10）年改正においては、従来の構造計算をより精細化した構造計算である「限界耐力計算」を導入するとともに、同計算による安全性の確認を行った建築物については、同計算により代替可能な一部仕様規定を適用除外することとされた。具体的な改正事項について以下に記す。

構造関係規定については、まず、法第20条及び第20条の委任を受けた技術的基準として制定された政令第36条の規定により、建築物

の構造、規模による技術的基準の適用関係が整理された。

　具体的には、①高さが60mを超える建築物（超高層建築物）について耐久性等関係規定（構造耐力に係る仕様規定のうち、構造計算による安全性検証によって代替することができない規定）に適合し、時刻歴応答解析等の高度の構造計算を行い建設大臣の認定を受けること、②木造又は木造以外の建築物で一定規模以上の建築物について、ア）通常の仕様規定に適合し、許容応力度計算等により安全性を確認すること又はイ）耐久性等関係規定に適合し、限界耐力計算、時刻歴応答解析等によって安全性を確認すること等、③これら以外の建築物については、ア）仕様規定に適合するか、イ）耐久性等関係規定に適合し、限界耐力計算、時刻歴応答解析等によって安全性を確認すること等が定められた。

　構造関係基準の性能規定化においては、新たに限界耐力計算が導入された。政令において限界耐力計算は極めて大規模な積雪及び暴風に対する安全性を直接検証するとともに、地震時の変形を計算し、必要な耐力を計算することにより安全性を確認する手法であるが、超高層建築物以外の建築物について、当該計算により安全性の確認を行った場合には、構造耐力に係る仕様規定のうち、耐久性等関係規定以外の規定は適用しないこととされた。

　また、従来から超高層建築物の建設大臣認定に当たり用いられてきた時刻歴応答解析についても、建設大臣の認定を受けて、超高層建築物以外の建築物の安全性検証に用いることができること及びその場合には限界耐力計算による場合と同様に耐久性等関係規定以外の仕様規定を適用しないこととされた。

　この他、保有水平耐力計算の規定の明確化、積雪荷重、風圧力等についての見直し等が行われた。

② 防火関係基準の見直し

　防火関係規定については、1993（平成5）年から1997（平成9）年までの5か年をかけて建設省総合技術開発プロジェクト「防・耐火性能評価技術の開発」が行われ、この中で、火災特性に応じ、国際規格とも調和した、建築材料、構法等に係る試験方法の確立、海外試験機関との相互認証システムの開発、規格・認証制度の国際化に対応した防・耐火性能評価技術の開発等が行われた。

　1998（平成10）年の法改正及びこれを受けての政令改正においては、この総合技術開発プロジェクトの成果を受けて、不燃材料、耐火構造、防火戸等の材料、部材の性能規定化と建築物の耐火性能、避難安全に係る性能規定化が行われた。

　まず、不燃材料、準不燃材料等の材料については、法改正により不燃材料の定義を見直した上、政令において、各材料が備えるべき性能として、火災による火熱が材料ごとに定める時間加えられた場合に満たすべき要件（非燃焼性、非損傷性、発生ガス非有害性）が規定された。また、それぞれの材料の定義として、当該性能を有することについて建設大臣の定めたもの（例示仕様）又は建設大臣の認定を受けたものであることとされた。

　耐火構造、準耐火構造等の主要構造部及び防火戸等の防耐火性能についても、法改正により耐火構造等の定義について見直した上で、政令において従来の規定を整理し、各構造が耐えるべき通常火災の継続時間及びその際に満たすべき性能の判定基準（非損傷性、遮熱性、遮炎性）等が明らかにされた。不燃材料等と同様に各構造について、それぞれ必要な性能を有することについて建設大臣の定めた例示仕様又は建設大臣の認定を受けたものであることとされた。

耐火建築物については、1959（昭和34）年改正により定義が置かれたものであり、主要構造部を耐火構造とし、外壁の必要な部分に防火戸等を設けたものとされていた。

その後、建物火災についての研究開発が進み、いわゆる耐火設計による検証によって、耐火建築物と同等程度に火災時の安全性を確保する技術が徐々に確立していった。

こうした検証によって火災時の安全性が確認された建築物については、法第38条の規定による建設大臣認定により、木造建築による大規模空間が実現するなど一定の普及を見つつあったところである。

こうしたことから、1998（平成10）年改正においては、法改正により耐火建築物の定義を見直し、その主要構造部を「耐火構造」又は「火災が終了するまで耐えることについて政令で定める技術的基準に適合するもの」にするべきこととされた。

政令の技術的基準においては、火災が終了するまで耐えることを検証する方法として、火災の性状予測と火災時の主要構造部の性能確認等を内容とする「耐火性能検証法」を規定するとともに、耐火性能検証法以外の方法で主要構造部の性能を検証する場合は建設大臣の認定に係らしめることとされた。

耐火建築物の主要構造部の性能を検証する手法については、耐火建築物の構成要素である防火区画にも適用可能なものであり、併せて検証することが技術的にも合理性を有するものであることから、同様の手法（防火区画検証法又は建設大臣認定による高度な検証）が適用できることとされた。

防火関係規定には、火災時の建築物構造体の防耐火性能に関する規定、周辺火災による延焼防止のための規定、火災の発生・拡大を防止・抑制するための規定、火災発生時の在館者の安全な避難を確保するための規定、円滑な消防活動、救助活動等を確保するための規定等がある。

このうち、火災時の避難安全性を確保するための規定としては、廊下、階段等の幅や避難階段までの距離、排煙設備、内装の制限等が定められている。

これらの規定の一部については、火災時に在館者が安全に避難できることを直接検証することができれば当該検証により代替可能な規定である。

そこで、1998（平成10）年改正を受けた政令改正において、建築物の避難安全性の検証方法についての規定を設けるとともに、当該検証を行った場合には、避難安全性を確保するための仕様規定の一部について適用しないこととされた。一方で、円滑な消防活動、救助活動の確保のための規定や敷地内の避難安全性を確保するための規定については、当該検証のみによっては代替できないことから、適用除外の対象とされなかった。

この際に、避難安全性を検証する単位として、階ごとに検証する場合、及び建築物全体について検証する場合が位置付けられ、それぞれの検証を行った場合の適用除外規定が定められた。

この検証においても、耐火建築物に関する検証と同様に、建築主事、指定確認検査機関による確認を前提とした一般的な検証方法（階避難安全検証法、全館避難安全検証法）と、建設大臣認定に係らしめることを前提とした高度な検証法が位置付けられた。

前記の耐火建築物及び避難安全に係る規定の性能規定化に当たり、構造計算ルートの例に倣い、従来の仕様規定による場合をルートA、比較的簡便な検証を行い、建築主事等による建築確認による場合をルートB、高度な検証を行

い、建設大臣の認定を受ける場合をルートCと呼称することとされた。

上記の他、防火区画、避難施設、排煙設備等に係る基準について合理化が行われた。

③ 建築設備関係基準の見直し

建築設備についても法改正を受けて政令における技術的基準の性能規定化が行われた。

具体的には、換気設備、便所、屎尿浄化槽、煙突、給排水設備、非常用照明設備等についてそれぞれ必要となる性能を定めるとともに、当該性能を満たすことについて、それぞれの設備ごとに示された構造方法（例示仕様）とするか、建設大臣の認定を受けるべきことが定められた。

また、従前は設備ごとに規定が設けられていた建築設備の構造強度について、再整理して規定が整備された。また、屋上から突出する水槽、煙突等について構造計算によって安全性を検証することが新たに義務付けられた。

エレベーターについては、従来より、構造上主要な部分についてかごの落下防止を目的とした仕様規定に適合するとともに、構造計算によって安全性を確かめることとされてきた。

この1998（平成10）年改正を受けた政令改正では、構造上主要な部分に必要な性能を定めるとともに、当該性能を満たすことについて、仕様規定に適合するものとする他、「エレベーター強度検証法」により確かめることを規定し、これ以外の方法で当該性能を検証する場合には建設大臣の認定を受けることとされた。

また、制御器及び制動装置についてそれぞれに必要となる性能を定めるとともに、当該性能を満たすことについては、仕様規定に適合するものとするか、建設大臣の認定を受けることとされた。

その他エレベーターのかご等の内装についての制限、2以上の出入り口の制限の廃止等の見直しが行われた。2以上の出入り口を有するエレベーターはその後、公共動線に設けられるもの等を中心に普及が進んでいる。

エスカレーターについても、エレベーターと同様に、構造上主要な部分、制動装置等について必要な性能が定められるとともに、「エスカレーター強度検証法」が定められた。構造上主要な部分については、エレベーターと同様に、仕様規定に適合するもの、強度検証法により性能を確認したもの、性能を有することについて建設大臣の認定を受けたものとするべきこととされた。

④ その他

上記の他、一般構造関係基準についても見直しが行われた。

採光規定の適用を受ける居室について具体的に定めるとともに、採光に有効な面積の算定方法の合理化が行われた。また、居室の防湿方法、地階における居室に必要となる防水に係る性能を規定するとともに建設大臣の認定について定める等の改正が行われた。

技術的基準の性能規定化に当たっては、前記のように、建築物等に必要とされる性能の項目と水準を明らかにし、性能を満たすことについての検証方法を示すことが基本とされた。

その際、建築基準法第38条及び第67条の2の大臣認定に係る規定は、各種規定との同等性のみが定められており、性能規定化された建築基準法体系において併存することについて法制審査当局から否定的な見解が示され、1998（平成10）年改正において、第38条等の規定は廃止されたが、前記のとおり、2014（平成26）年改正においてこれらと同趣旨の規定が再び制定されることとなる。

第38条等の廃止に当たり、それまで、同条文を根拠として制定されていた各種技術基準、同条文に基づく認定により運用されていた各種

技術について再整理が行われ、多くは技術基準告示として一般化された。

(5) その他

① 木造3階建て共同住宅に係る制限の合理化

木造3階建て共同住宅については、前記のとおり、1992（平成4）年改正により準耐火建築物の創設と併せて措置され、その際には防火地域、準防火地域以外の区域に限って建築を可能とするものであった。

その後、実大火災実験が行われ市街地における延焼防止効果が確かめられ、またこの実験結果も踏まえた技術的検討が行われた結果、一定の措置を行えば準防火地域においても建築することが可能であるとの技術的知見が蓄積されてきた。

このため、従来の木造3階建て共同住宅に係る技術的基準に加えて、3階部分の宿泊室等に防火戸を設けたものについて準防火地域においても建築可能とする改正が行われた。

また、実大火災実験において、軒裏の性能が延焼防止に大きく影響することが確認されたことから、政令の技術的基準において防火地域、準防火地域以外の木造3階建て共同住宅を含めて、軒裏の防耐火性能に係る規制が強化された。

② 建築材料の品質に係る規定の見直し

法第37条の規定を見直し、基礎、主要構造部の他政令で定める安全上等重要な部分に使用する材料で建設大臣が指定するもの（指定建築材料）については、建設大臣が指定する日本工業規格（JIS）、日本農林規格（JAS）又は建設大臣の認定を受けたものとしなければならないこととされた。

政令において安全上等重要な部分を定めるとともに、技術基準告示においてJIS等に適合するべき建築材料と当該材料が適合するべきJIS

等の詳細が定められた。

③ 連担建築物制度の創設

我が国の都市においては、敷地が狭小で、基盤が十分に整っていない市街地も多く存在し、このような市街地において敷地単位の規制によっては、市街地環境を確保しつつ、土地を有効使用することに困難を伴うことも多くあった。

このため、1998（平成10）年改正において、土地の集約的利用による合理的な建築計画を可能にし、土地の有効利用を図るため、連担建築物制度が創設された。

具体的には、複数敷地において構成される一団の土地の区域内において、既存建築物の存在を前提とした合理的な設計により建築物を建築する場合に、特定行政庁が安全上、防火上、衛生上支障がないと認めたものについては、複数建築物が同一敷地にあるものとみなして、容積率、建蔽率、高さの制限等の規定を適用する制度である。

連担建築物制度の創設に当たり、土地所有者等の合意を義務付けるとともに、認定後の対象区域の公告、図書の縦覧等の手続きについても併せて定められた。

④ 日照規定の廃止

建築基準法制定時から置かれた居室の日照に係る規定が廃止された。

| 5 | 2000（平成12）年～2008（平成20）年（準都市計画区域、都市再生、密集、景観等諸制度との連携） |

(1) 準都市計画区域、特定用途制限地域及び特例容積率適用区域制度の創設等

2000（平成12）年には、線引き制度の見直し、準都市計画区域制度の創設をはじめとする都市計画法の大幅な改正が行われた。そのうち、建築規制に特にかかわりのある制度として、準都市計画制度、特定用途制限地域制度及び特例容積率適用

区域制度が創設された。

　まず、都市計画法において、都市計画区域外の区域で、今後建築行為、開発行為等が行われることが見込まれ、土地利用をコントロールすることなく放置することで、将来の都市としての整備、開発、保全に支障がある場合に、市町村は準都市計画区域を指定することができることとされ、準都市計画区域においては、都市計画に用途地域、特別用途地区、特定用途制限地域、高度地区等を定めることができることとされた。なお、準都市計画区域は当初市町村が定めることとされていたが、2006（平成18）年のいわゆる「まちづくり三法」改正により、より広域的な観点から都道府県知事が定めることとされた。

　また、都市計画区域内のいわゆる白地地域において地域の特性に応じた合理的な土地利用を可能とするため、特定用途制限地域を定め、建築物の用途に関する制限を行えることとされた。

　さらに、商業地域における都市計画に、関係者の合意により敷地間で容積移転を行うことにより、未利用の容積を活用できる区域である特定容積率適用区域を定めることができることとされた。

　地区計画について、従前は市街化区域及び市街化調整区域において定めることとされていたが、非線引きの都市計画区域においても定めることができることとされた。

　これらの改正を受け、建築基準法においては、以下の改正が行われた。

① 準都市計画区域の創設に伴う措置

　建築確認、中間検査及び完了検査の対象となる建築物に準都市計画区域内の小規模建築物（４号建築物）を追加するとともに、建築基準法第３章の規定（集団規定）の適用対象区域に準都市計画区域が加えられた。

② 特定用途制限地域内における建築物の用途制限

　特定用途制限地域内の建築物の用途の制限については、当該地域に関する都市計画に即して地方公共団体が条例で定めることとされた。

③ 特例容積率適用区域における容積率の特例

　商業地域に係る都市計画に特例容積率適用区域が定められた場合に、地区内の複数の敷地の所有権者、地上権者、借地権者は当該複数の敷地に適用する特別の容積率（特例容積率）を特定行政庁に対して申請できることとし、申請を受けた特定行政庁は申請内容が一定の要件に該当すると認めた場合にはそれぞれの敷地に申請に基づいた容積率を指定することとされた。

　この認定の際の要件として、特例容積率を適用した複数敷地の建築物の延べ面積の限度が、通常の容積率を適用した同敷地の建築物の延べ面積の限度を超えず、各敷地に現存する建築物の容積率は同敷地の特例容積率以下であり、交通上、安全上、防火上、衛生上支障がないこと等が定められた。

　また、申請に当たっての関係権利者の合意、特例容積率を指定した場合の公告、縦覧手続、特例容積率の廃止の際の手続等が併せて定められた。

　同区域については、2002（平成14）年6月28日に、大手町、丸の内、有楽町地区が都市計画決定され、その後、東京駅赤レンガ駅舎の保存・復元と駅舎の余剰容積を活用した周辺の超高層建築物整備が行われた。

　この特例容積率適用区域は、商業地域において定める計画事項として導入されたが、2004（平成16）年の都市計画法改正において都市計画の地域地区である特例容積率適用地区として位置付けられた。

④ 用途地域外の容積率、建蔽率の拡充等[2]

　用途地域の指定がない区域の容積率、建蔽率、斜線制限について選択肢が拡充された。

　容積率については、100%から400%の間で特

定行政庁が定めることとされていたが、この選択肢を拡充し、50％から400％の間で特定行政庁が定めることとされた。

この場合に、従来は400％以外の数値を定める場合に、都道府県都市計画審議会の議を経ることとされていたが、全ての場合において都道府県都市計画審議会の議を経ることとされた。

建蔽率についても、50％から70％の間で特定行政庁が定める（70％以外の数値を定める場合は都道府県都市計画審議会の議を経て定める）こととされていたが、この選択肢を拡充し、30％から70％の間で特定行政庁が都市計画審議会の議を経て定めることとされた。

前面道路斜線制限及び隣地斜線制限に用いる係数について、それぞれ1.5及び2.5とされていたが、これを前面道路斜線については、1.25又は1.5、隣地斜線については、1.25又は2.5のうちから、特定行政庁が都道府県都市計画審議会の議を経て定めた数値とすることとされた。

さらに用途地域外の日影規制についても選択肢が拡充された。

(2) 形態規制の合理化、地区計画制度の整理統合、シックハウス対策の導入

2002（平成14）年には、都市計画法の改正と併せて改正が行われ、居住環境の改善、適正な土地利用の促進等を図るため、まちづくりに関する都市計画提案制度の創設（都市計画法）、建築物に係る形態規制の合理化、地区計画等の見直しが行われるとともに、建築材料に使用される化学物質に起因する健康への影響が問題となる中、いわゆる「シックハウス」、「シックビルディング」対策のための改正が行われた。

① 用途地域における容積率等の選択肢の拡充

用途地域と連動した容積率、建蔽率、高さに係る制限等については、1970（昭和45）年改正において全面的に導入された後、順次その適用

に当たって規制内容の選択肢を拡充する改正が行われてきたが、2002（平成14）年改正においては、土地の高度利用への要請や市街地環境の保全といったそれぞれの地域の特性に応じて、よりきめ細かく対応することを可能とするため、用途地域内の規制内容について全面的に選択肢の拡充が行われた。

以下に改正前後の内容を示す（＿は変更部分）。

指定容積率の数値

用途地域	改正前	改正後
低層住居専用地域	50、60、80、100、150、200％	50、60、80、100、150、200％
中高層住居専用地域	100、150、200、300％	100、150、200、300、400、500％
第1種・第2種・準住居地域、近隣商業地域、準工業地域	200、300、400％	100、150、200、300、400、500％
工業系用途地域	200、300、400％	100、150、200、300、400％
商業地域	200、300、400、500、600、700、800、900、1000％	200、300、400、500、600、700、800、900、1000、1100、1200、1300％

前面道路幅員よる容積率制限に係る係数

用途地域	改正前	改正後
住居系用途地域	0.4	0.4（0.6）
その他の用途地域	0.6（0.4）	0.6（0.4、0.8）

（　）内の数値は特定行政庁が都道府県都市計画審議会の議を経て指定した区域内の場合

指定建蔽率の数値

用途地域	改正前	改正後
住居専用地域、工業専用地域	30、40、50、60％	30、40、50、60％
第1種・第2種・準住居地域、準工業地域	60％	50、60、80％
近隣商業地域	80％	60、80％
商業地域	80％	80％
工業地域	60％	50、60％

建蔽率制限の適用除外

用途地域	改正前	改正後
第1種・第2種・準住居地域、準工業地域	－	指定建蔽率が80%、かつ、防火地域内の耐火建築物
商業系用途地域	防火地域内の耐火建築物	

敷地の規模制限

用途地域	改正前	改正後
低層住居専用地域	指定可（200m²以下）	指定可（200m²以下）
その他の用途地域	指定不可	指定可（200m²以下）

道路斜線制限に係る勾配

用途地域	改正前	改正後
低層住居専用地域	1.25	1.25
上記以外の住居系用途地域	1.25	1.25（1.5）
その他の用途地域	1.5	1.5

（　）内の数値は特定行政庁が都道府県都市計画審議会の議を経て指定した区域内＊の場合
＊中高層住居専用地域においては、指定容積率が400%以上の区域に限る

隣地斜線制限に係る勾配、立ち上げ高さ

用途地域	改正前	改正後
低層住居専用地域	－	－
上記以外の住居系用途地域	1.25、20m	1.25、20m（2.5、31m）
その他の用途地域	2.5、31m	2.5、31m（適用除外）

（　）内の数値又は適用除外は特定行政庁が都道府県都市計画審議会の議を経て指定した区域内＊の場合
＊中高層住居専用地域においては、指定容積率が400%以上の区域に限る

日影制限に係る測定面の高さ

用途地域	改正前	改正後
低層住居専用地域	1.5m	1.5m
上記以外の住居系用途地域、近隣商業地域、準工業地域	4m	4m、6.5m

上記の他、指定建蔽率の見直しに伴い、防火地域内の耐火建築物に係る建蔽率緩和について、指定建蔽率が80%以外の区域を対象とするとともに、道路高さ制限の適用距離について

法別表第3の見直しにより選択肢の拡充等が行われた。

② 用途混在地域内の住宅に係る容積率の緩和

建築物の用途のうち、住宅の用途については、発生交通量が他の用途に比較して相対的に小さいことが知られており、従来から、都市計画において住居と住居以外の用途を適正に配分するための地区計画（用途別容積型地区計画）を定めた場合、高層住居誘導地区を定めた場合には住宅に係る容積率について緩和する制度が設けられてきた。また、1970（昭和45）年に創設された総合設計制度は、敷地規模、敷地内空地の規模等に応じて特定行政庁の許可により容積率等の緩和を行う制度であるが、制度創設以来多くの実績を有するに至り、許可の内容についても相当程度に定型化が進んできた状況にあった。

2002（平成14）年改正においては、これらの実績も踏まえ、住居とその他の用途が混在する用途地域において、敷地内空地と敷地の規模が一定の要件を満たす住宅の用途に供する建築物について、都市計画手続、特定行政庁の許可手続を経ることなく建築確認手続により容積率の割増を行う制度が創設された。

具体的には、住居専用地域以外の住居系用途地域、商業系用途地域、準工業地域等にある建築物で一定規模以上の敷地内空地を有する一定規模以上の敷地内の住宅（一部を住宅とするものを含む）については、当該用途地域の指定容積率の1.5倍以内の範囲で住宅の比率に応じて算出した数値を容積率制限の数値とするものである。敷地内空地及び敷地の規模、容積率の上限とする数値の算定方法等は政令において定められた。

③ 天空率による高さ制限の合理化

建築基準法においては、市街地における採光、通風、日照等を確保することを目的とし

て、前面道路斜線、隣地斜線及び北側斜線により敷地周辺との関係で建築物の高さを制限している。一方でこうした制限は、狭小な敷地等では不自然な外観の建築物を出現させ、設計の自由度を損なうとの指摘もあり、1998（平成10）年に行われた性能規定化の考え方に沿った新たな規制のあり方が求められていた。

2002（平成14）年改正においては、建築物の形態により確保される採光、通風等の程度を表現する指標として天空率の概念を導入し、この天空率の数値が、それぞれの斜線制限を通常どおり適用した場合以上に確保される場合には、当該斜線制限を適用しないこととされた。

政令において天空率の定義が置かれるとともに、斜線制限の種類に対応して天空率の算定を行う位置及び具体的な算定方法等が定められた。

④　地区計画制度の整理、合理化

地区計画等については、1980（昭和55）年に沿道地区計画制度及び地区計画制度が創設されて以来、再開発地区計画等の創設、誘導容積型地区計画等の地区計画の類型の追加・拡充が行われてきた。2002（平成14）年改正においては、より分かりやすく、使いやすい制度とする趣旨から、地区計画等に係る特例制度の種類ごとにまとめて規制の適用関係を明らかにする等の整理、合理化が行われた。その際に、従前の再開発地区計画及び住宅地高度利用型地区計画は統合され、再開発等促進区を定める地区計画として地区計画の一類型とされた。また、高度利用地区において適用されてきた制限の特例を適用できる地区計画として高度利用地区計画が位置付けられた。

さらに、従来の地区計画では建築物の用途による立地規制については、地方公共団体の条例による制限の強化が可能であったが、国土交通大臣の承認を得た場合には条例による制限の緩和を行えることとされた。

⑤　シックハウス対策のための規制の導入

我が国の住宅の高気密化や化学物質を放散する建材、内装材の使用等により、新築や改修後の住宅や建築物において居住者、利用者が深刻な体調不良を訴える事例が数多く報告され、シックハウス症候群と呼ばれる社会問題にまで広がった。厚生労働省はこうした症候群の原因物質とされたホルムアルデヒド等について指針値を設定したが、国土交通省が研究会を設置し、全国の住宅について実態調査を行った結果、約27.3%の住宅においてホルムアルデヒドの指針値を超えていることが明らかとなった。こうした状況を踏まえ、2002（平成14）年の法改正において居室内の化学物質の発散に対する衛生上の措置に係る規定が新設され、シックハウス等に対する規制が導入された。

具体的には法第28条の2に居室における化学物質の発散防止等に関する政令への技術基準委任の規定が置かれ、政令において対象となる化学物質（クロルピリホス及びホルムアルデヒド）を指定するとともに同物質を添加した建築材料の使用制限等の措置が定められた。

⑥　その他

総合設計、一団地の総合的設計及び連担建築物について一連の手続をワンストップで行うことを可能とするため所要の手続規定が整備された。

具体的には、総合設計制度と一団地認定制度を併用する建築行為に対し、一の許可手続により実施できることとされ、総合設計制度と連担建築物設計制度を併用する建築行為についても一の許可により実施できることとされた。

また、地区計画等に地区施設として位置付けられた人工地盤については特定行政庁が認めた場合には建蔽率制限の対象となる建築面積に算入しないこととされた。

⑶　都市再生特別措置法の制定と関連改正

　2002(平成14)年には「都市再生特別措置法(平成14年法律第22号)」が制定される。

　この法律はバブル経済崩壊後低迷が続く経済環境の中で、民間事業者の有する資金力とノウハウを最大限活用して都市の再生を図り、我が国都市が抱える様々な問題の解決を図るとともに都市の国際競争力を取り戻すこと等を目的として制定された。

　同法では、政令により都市再生緊急整備地域を指定し、当該地域内で行われる民間都市再生事業に対して、金融支援を重点的に行うとともに、都市再生特別地区を創設し、当該地区内では既存の土地利用規制等を前提としない自由度の高い計画を迅速に実現するための措置等が定められた。また、関連して、株式会社による市街地再開発事業の実施(都市再開発法)、土地区画整理事業における高度利用のための集約換地(土地区画整理法)などの制度改正が行われた。

　都市再生特別措置法において、都市再生緊急整備地域内に都市計画の地域地区として都市再生特別地区を定めることができることとされ、当該地区に係る都市計画には建築物等の誘導すべき用途、容積率、建蔽率、建築面積、高さ、壁面位置の制限等を定めることとされた。また、都市再生事業を行おうとする者は、都市計画決定権者に対して、都市再生特別地区、高度利用地区、再開発地区計画等に関する都市計画の決定・変更について提案できることとされた(都市計画提案制度)。前記のとおり、都市計画提案制度については、同年の都市計画法改正において一般的な制度として創設されているが、この制度が土地所有者、まちづくりNPO法人等を提案権者としているのに対し、都市再生特別措置法においては、一定の事業者に対して、提案内容を都市再生事業に必要な範囲に限定した上で提案権を付与したものである。

　建築基準法においては、これを受け、①都市再生特別地区内の建築物の敷地、構造等に関して必要な制限を条例において定めること、②当該地区内においては同地区に関する都市計画で定められた容積率、建蔽率、建築面積、高さ、壁面位置の制限に適合するべきこと、③同地区に関する都市計画で定められた誘導用途の建築物については、用途地域等による立地制限を適用しないこと、④同地区内の建築物については、日影による制限を除き、高さに関する一般的な制限を適用しないこと等が定められた。

⑷　密集法の改正と関連改正

　2003(平成15)年には密集法の改正が行われ、これに伴い建築基準法が改正された。

　密集法では、防災再開発方針を防災街区整備方針に改め内容の充実を図るとともに、新たに都市計画の地域地区として特定防災街区整備地区を創設し、防災街区整備事業を創設する等の措置が行われた。

　防災街区整備事業は、老朽化した建築物を除却して防災性能を備えた建築物に更新するため、新築される建築物への権利変換による土地・建物の共同化を基本としつつ、例外的に個別の土地への権利変換を認めるという柔軟かつ強力な事業手法として創設されたものである。

　特定防災街区整備地区については、防火地域又は準防火地域内において、都市計画に地域地区として定め、当該地区に係る都市計画には、建築物の敷地面積、壁面の位置、特定の道路等に面する間口率、高さの制限等を定めることとされた。

　この改正を受け、建築基準法においては、特定防災街区整備地区内の建築物で水平距離が指定された道路(3項道路)にのみ2m以上接する建築物について、条例で敷地、構造、用途等について必要な制限を行えることが定められた。

　また、特定防災街区整備地区内の建築物は耐火建築物又は準耐火建築物とすべきこと、当該地区

に係る都市計画で定められた敷地、壁面位置、間口率、高さの制限に適合するべきことが定められた。

密集法については、2007（平成19）年にも都市再生特別措置法と併せて改正が行われた。

この改正においては、防災街区整備事業に係る地区要件の緩和、地区内の避難路協定制度の創設等に加え、密集市街地において、道路等の公共施設と一体的に整備される受け皿住宅等への未利用容積の事前の移転を可能とするため、防災街区整備地区計画において、容積適正配分型地区計画を定めることができることとされた。

建築基準法においても、この改正を受け、同地区計画において容積適正配分型地区計画が定められた場合の容積率の特例について規定の整備が行われた。

(5) 既存不適格制限合理化、是正勧告制度等

2004（平成16）年改正においては、既存建築物に係る措置を中心にした改正が行われた。

この改正に先立ち社会資本整備審議会から国土交通大臣に対して行われた答申においては、新規供給を中心としたフローの時代から、既存建築物の活用等を中心とするストックの時代へと転換期を迎える時代に、既存建築物の改修、用途変更等による再生と有効利用の必要性に加えて、地震災害、火災、事故等への切迫性が高まる状況において、安全・衛生面で不十分な性能の既存建築物の存在を解消するための対策の必要性をあげている。その際に、従来の既存不適格建築物に係る制度が既存建築物に対して「凍結効果」を生じ、結果としてストックの更新による安全・衛生面の性能確保を阻害しているという認識のもと、既存建築物の増改築時の遡及適用のあり方等について具体的な提言を行っている。

2004（平成16）年の改正においてはこの提言に基づいて既存建築物に係る以下の改正が行わ

れた。

① 勧告・是正命令制度の創設

従前から規定されている著しく保安上危険又は衛生上有害な建築物に対する措置命令等が現実に運用されず、実効性を確保し得ない実態を踏まえ、既存不適格建築物に対する勧告・是正命令制度が創設された。

具体的には一定規模の建築物で、劣化が進み、放置すると保安上危険となる等と認められる既存建築物について特定行政庁が所有者等に対して、必要な措置についての勧告と勧告に係る措置命令を行えることとされた。

② 建築物に係る報告・検査制度の充実・強化

建築物に係る報告・検査制度についての充実・強化対策として、①国、都道府県等の建築物について定期点検を行う、②定期調査等を行った建築士に対し特定行政庁が報告を求めることを可能とする、③建築主事等による立入り検査権限を拡大する、④特定行政庁に対する書類閲覧請求の対象に定期報告に係る事項を追加する、等の措置が行われた。

③ 既存不適格建築物に関する規制の合理化

既存不適格建築物については、増築、改築等を行った場合には、建築物全体にわたり不適格部分について法の規定が遡及適用されることとされていたが、政令の規定を改正し、増築等に係る部分が従前の延べ面積の1/2を超えず一定の要件を満たす場合、エキスパンションジョイント等を用いる一定の増築を行う場合等については構造耐力規定の遡及適用を行わないこととされた。

また、集団規定に係る既存不適格建築物の大規模修繕、模様替えを行う場合についても接道義務等を除き、遡及適用しないこととされた。

従来、増築等を行った場合には、建築物全体にわたり既存不適格部分について遡及適用されていたが、構造耐力規定及び避難関係規定につ

いて、これらの規定の適用にあたり別の建築物とみなして適用可能な部分がある場合、増築等に係る部分以外の部分について遡及適用しないこととするとともに、建築基準法の規定のうち、建築物の部分に対して適用される規定については、当該増築等を行う部分以外の部分について遡及適用しないこととされた。

増改築に係る工事を2以上の工事に分けて行う場合には、特定行政庁の全体計画認定を受けることにより最終的な工事が終了した時点で法に適合させることで工事を行えることとされた。

さらに、公共事業の実施により敷地面積が減少した場合には、法改正等による制限強化が行われた場合と同様に既存不適格として扱うこととされた。

2004（平成16）年改正においては、上記の他、以下の改正が行われている。

④　特例容積率適用地区内の容積率の特例

都市計画法の改正により、商業地域に関する都市計画として定めることとされていた「特例容積率適用区域」が廃止され、新たな地域地区として「特例容積率適用地区」が創設された。同地区は低層住居専用地域及び工業専用地域以外の用途地域において定めることができ、必要な場合には建築物の高さの制限を都市計画に定めることができることとされた。

建築基準法において、従前の規定について所要の措置を行うとともに、特定容積率適用地区内の建築物の高さは、同地区の都市計画において定められた制限に適合すべきこと及び特定行政庁の許可による例外について定められた。

⑤　一団地の建築物に対する制限の特例

防災空間を確保しつつ、未利用容積を隣接する敷地において活用することを可能とすることで、市街地の防災機能の向上を図るため、一団地の総合的設計制度及び連担建築物設計制度に

おいて、一の建築物敷地と防災空地からなる一団の土地の区域について特定行政庁の認定を受けることにより建築物の敷地としてみなしてこれらの制度を適用できることとされた。

⑥　住宅地下室の容積不算入特例に係る規制の見直し

傾斜地に建築されるマンションの多くは、従前の建築基準法上の規定を適用した場合、多くの階が地下階として扱われ、住宅の地下部分に係る容積不算入措置により、その実情と乖離した容積算定による大規模な建築物が建築可能であった。この結果、低層住居専用地域においても、大規模な傾斜地マンションが建設され、市街地環境の悪化につながる例が各地で発生し、紛争に発展するなど、社会問題となった。

このような事態を受け、地方公共団体の判断により傾斜地マンションの建設に適切な規制を行うことを可能とするため、地方公共団体が土地の状況等により必要と認める場合には、条例で区域を限って建築基準法本則の規定と別に地盤面を定めることができることとされた。

(6)　景観法の制定と関連改正

2004（平成16）年には、「景観法（平成16年法律第110号）」が制定された。

同法は、都市、農山漁村等における良好な景観の形成を促進し、美しく風格のある国土の形成、潤いのある豊かな生活環境の創造及び個性的で活力のある地域社会の実現を図るものである。

同法では、地方公共団体が区域を限って景観計画を定め、区域内の建築物の新築等について届出、勧告を基本とする緩やかな規制誘導と景観保全等の取組みに対する支援を行うとともに、区域内で景観重要建造物等を指定し、増築等の行為について許可に係らしめる他、都市計画の地域地区として景観地区を定め、建築物、工作物のデザイン、色彩、形態等について総合的な規制を行う等

の措置が定められた。

具体的には、景観法において、都市計画区域及び準都市計画区域内では、市町村が都市計画の地域地区として景観地区を定めることができることとされ、当該地区に係る都市計画には、建築物の形態意匠の制限を定める他、建築物の高さの制限、壁面位置の制限、敷地面積の制限を定めることができることとされた。

また、都市計画区域又は準都市計画区域以外の区域においては、景観行政団体は準景観地区を定めることができることとされ、市町村は条例で必要な規制（建築基準法に基づき定める建築物等に係る規制を除く）を行えることとされた。

建築基準法においては、まず、小規模な建築物（4号建築物）の確認・検査を要する区域として景観法に基づき指定された準景観地区が追加された。

また、景観地区内の建築物の高さ、壁面位置、敷地面積等について同地区の都市計画に定められた内容に適合すべきこと、及びこれらの事項が定められた場合に特定行政庁の認定により、前面道路斜線、隣地斜線、北側斜線による高さの制限を適用しないことが定められた。

さらに、準景観地区内の建築物の高さ、壁面位置等について市町村は条例で必要な制限を定めることができることとされた。

(7) まちづくり三法の改正と大規模集客施設の立地制限等

地方都市を中心に、市街地の郊外への拡大、モータリゼーションの進展、人口増加から長期的な人口減少への転換等を背景として、大規模集客施設の郊外立地、公共公益施設の郊外移転と都市中心部における居住人口、就業人口の減少、商業機能をはじめとする都市機能の低下が同時に進展し、中心市街地の衰退に歯止めがかからない状況は深刻化していた。

1998（平成10）年には、こうした状況に対し、中心市街地の活性化を図るため、都市計画法の改正、「大規模小売店舗立地法（平成10年法律第91号）」（大店立地法）及び「中心市街地における市街地の整備改善及び商業等の活性化の一体的推進に関する法律（平成10年法律第92号）」（中心市街地活性化法）の制定が行われた。

一般に、この改正都市計画法、大店立地法及び中心市街地活性化法を総称して「まちづくり三法」と呼称されている。

しかしながら、この措置によっても中心市街地の空洞化、衰退の進展はとどまることなく2006（平成18）年には再度の改正を行うこととなる。

2006（平成18）年改正では、中心市街地活性化法の改正により、市町村による中心市街地活性化基本計画の策定、内閣総理大臣を本部長とする中心市街地活性化本部の設置、各種支援措置の拡充に加えて、土地利用規制の面から都市計画法及び建築基準法改正による対応が行われた。

すなわち、従前の土地利用規制では、都市計画区域外においては、用途制限は原則として行われず、開発許可については、公共施設の配置等の技術的な審査のみを要件としていたこと、都市計画区域内においても、用途地域による立地制限では幅の広い用途が立地可能であるとともに、いわゆる白地地域においては原則として用途制限が行われていないこと等が、大規模な集客施設が都市計画区域外、白地地域等を含めた都市郊外部等に立地することの背景となっているとの認識のもとに、都市計画法及び建築基準法の改正による大規模集客施設に対する立地制限の強化が行われた。

具体的には、都市計画法の改正を行い、より広域的な観点から都市計画区域外の土地利用をコントロールするため、準都市計画区域の定義を見直すとともに、その指定について都道府県知事によることとされた。

また、建築基準法の改正により、10,000m²を超

える、劇場、映画館、店舗等の大規模集客施設については、都市計画区域及び準都市計画区域で、商業地域、近隣商業地域又は準工業地域以外の用途地域及び非線引き白地地域（以下単に「白地地域」）において立地を制限することとされた。

一方で、こうした大規模集客施設の建設を伴う開発を行う場合には、地区計画に開発整備促進区を定めることができることとし、当該計画の内容に即した建築物については特定行政庁の認定により用途制限を適用除外することにより、都市計画手続きを経て大規模集客施設の立地を可能とすることとされた。

従前は、白地地域おける建築物の用途については、原則として自由であり、都市計画で特定用途制限地域等を定めることにより制限が行われる制度であったが、この改正により、大規模集客施設の立地については、原則として禁止されることとなった。都市計画により定められた区域内に限定して適用される用途規制である特定用途制限地域、地区計画によるものを除けば、建築基準法において初めて白地地域全域に及ぶ用途規制が位置付けられたものである。

この改正は、広域的な都市構造に大きな影響を及ぼす建築物等については、予め都市計画により立地を許容することを予定した区域以外では立地を制限した上で、都市計画による手続きを経ることで初めて立地が許容されるという考え方に基づいている。従前の、建築物等の立地は原則として自由であり、目指すべき市街地像を実現するために必要な範囲で用途を制限するという規制の原則のもとで、都市計画により用途地域、特定用途制限地域、地区計画が定められた区域に限って用途を制限するという制度の考え方とは異なったものである。

(8) 歴史まちづくり法の制定と関連改正

2008（平成20）年には、「地域における歴史的風致の維持及び向上に関する法律（平成20年法律第40号）」（歴史まちづくり法）が制定された。

この法律においては、地域の歴史的風致の維持、向上を図るための、関係大臣による基本計画の策定、市町村による歴史的風致維持向上計画の策定、歴史的風致形成建造物に係る届出・勧告制度等を定めるとともに、歴史的風致維持向上地区計画に関する都市計画の定め等について規定している。

すなわち、同法において、都市計画に歴史的風致維持向上地区計画を定めることができることとし、当該地区計画には建築物の用途、容積率、建蔽率、敷地面積等について必要な制限を定めることができることとされた。

建築基準法においては、他の地区計画同様に地方公共団体の条例による建築物に係る制限、街並み誘導型地区計画に係る定め、規定の特例等について所要の措置が行われた。

(9) 土砂災害防止法の制定と関連改正（政令改正）

2000（平成12）年には、当時、相次いだ土砂災害への対応を図るため、「土砂災害警戒区域等における土砂災害防止対策の推進に関する法律（平成12年法律第57号）」（土砂災害防止法）が制定され、土砂災害防止のため、警戒避難体制の整備、開発行為の制限等が行われることとなったが、これらの措置に加えて同法に基づく特別警戒区域（いわゆる「レッドゾーン」）においては、建築基準法に基づく政令で、居室を有する建築物について、土砂災害に対して安全な構造基準を定めることとされた。

これを受け、2001（平成13）年に建築基準法施行令の改正が行われ、急傾斜地崩壊、土石流及び地滑りにより想定される外力に対して安全な建築物の基準が定められた。

他法令による区域指定等と連動して、建築基準

法による建築物の構造制限が強化される代表的なものとしては、防火・準防火地域、特定防災街区整備地区等によるものがあるが、いずれも都市計画制度と連動した集団規制における制限強化であり、単体規制としては浄化槽に係る技術基準に地域による制限の違いがあるものの、他法令による区域指定に連動して、構造関係規定が強化される初めての措置となった。

6 2006(平成18)年及び2014(平成26)年(建築審査体制の強化と見直し、アスベスト規制の導入等)

(1) 建築分科会中間報告

2005（平成17）年11月に明らかになった一級建築士による構造計算書の偽装事件（耐震偽装事件、姉歯事件）は、その偽装の対象となった建築物の多くが分譲マンションであり、購入者に大きな経済的損失を与えるとともに居住の安定を損ない、また、周辺住民の不安をかきたてる未曽有の事件であり、社会に大きな衝撃を与えた。この事件により、直接の被害者、関係者のみならず、国民の間に建築物の安全性に対する不安と建築界全体への不信感を抱かせる結果となった。国民が安心して住宅の取得や建築物の利用をできるよう、建築物の安全性に対する信頼回復を図ることは一刻の猶予もない緊急課題であり、同年12月12日に国土交通大臣は社会資本整備審議会に対し緊急の諮問を行い、建築物の安全性確保のための建築行政のあり方について検討を求めた。これを受けて同審議会の建築分科会に基本制度部会が設置され、精力的な検討が行われた結果、翌2006（平成18）年2月24日には、建築分科会は、早急に講ずべき措置を中心とした中間報告「建築物の安全性確保のための建築行政のあり方について」を取りまとめた。この中間報告をもとに建築基準法改正が行われるが、その後もさらに検討が行われ、同年8月31日には、より長期的な課題への対応も含めて、社会資本整備審議会による答申

「建築物の安全性確保のための建築行政のあり方」が取りまとめられた。

ここでは、2006（平成18）年改正に先立って、建築分科会により取りまとめられた中間報告の概要について紹介する。

中間報告では、まず、建築確認・検査制度の課題として、建築士の能力と業務の適正さについて一定の信頼を前提とした制度であり、悪意による偽装等は想定していないこと、構造計算過程についての厳格な審査は時間的制約の中で現実的に困難であること、中間検査制度が十分に機能しなかったこと等を挙げている。

また、指定確認検査機関制度の課題として、一部審査機関においては、審査内容の不備等が見られたこと、特定行政庁による指定機関への監督権限が不十分であること等を挙げている。

上記の他、建築士制度、瑕疵担保保険制度、住宅性能表示制度等についてもそれぞれ課題を整理している。

その上で、施策の基本的な考えをまとめたうえ、早急に講ずべき施策として以下についてまとめている。

① 構造設計図書の審査方法の見直し

一定規模以上の建築物については、審査に当たって第三者機関の専門家による詳細な構造計算の適合性審査を義務付けること、建築確認に係る法定期間の見直し、構造計算プログラムに係る大臣認定制度の見直し等を求めた。

② 中間検査の義務付けと検査の厳格化

多数の者が利用する建築物の特定工程については、一律に中間検査の対象とするとともに、検査の厳格化と迅速な是正措置の実施を求めた。

③ 指定確認検査機関に対する監督の強化等

指定確認検査機関の公平中立性を確保するための要件強化、財務体制、審査体制に係る要件強化、機関の指定に係る審査方法等の見直しを

求めた。

④ 建築士に対する処分の強化等

設計図書等への関与した建築士氏名等の記載の徹底、行政処分の強化、事務所登録に係る欠格事由の強化等を求めた

⑤ 建築士、建築士事務所等に対する罰則の強化

建築基準法及び建築士法に対する新たな罰則の創設を含めた強化を求めた。

⑥ 住宅の売主等の瑕疵担保責任の充実等

売主の瑕疵担保保険への加入とともに、建築士事務所による損害賠償保険への加入等の措置を求めた。

⑦ 住宅性能表示制度の充実、強化

住宅性能表示制度の充実・強化と指定住宅性能評価機関における評価方法等の改善を求めた。

⑧ 建築士及び建築士事務所、指定確認検査機関に関する情報開示制度の充実、強化

⑨ 図書保存期間の延長

指定確認検査機関における図書保存期間の延長と特定行政庁における保存の義務付けを求めた。

上記の早急に講ずべき措置の他、引き続き検討すべき課題として、専門分野別の建築士制度の導入等建築士制度の見直し、国、都道府県等による監督、審査体制の強化、建築ストック情報の充実等を挙げた。

以下に構造計算書偽装事件に対応した2006（平成18）年改正の内容を記載する。

⑵ 構造適判制度の創設、中間検査義務化、建築確認・検査業務の厳格等

① 構造計算適合性判定制度の導入

建築確認による審査において、構造計算適合性判定制度が導入された。

構造計算書に係る偽装事件を受けて、直後に国土交通省は全国調査を行っているが、その調査結果によれば、偽装と認められる案件の中には構造計算書の単純な差替え以外に、コンピュータ計算途中の出力結果の一部を修正したもの等多岐に渡る偽装内容を含んでおり、従来の建築主事や指定確認検査機関による審査だけではこうした偽装を発見することは極めて困難であることが明らかとなった。このため、従前の建築主事等による審査に加えて、構造計算の法適合性を確保するため、第三者である構造の専門家による構造計算過程の審査、再計算等を行うこととし、構造計算適合性判定制度が導入されることとなった。

具体的には、一定規模以上の建築物、構造計算ルート1以外の構造計算を行った建築物、大臣認定プログラムを用いて構造計算を行った建築物等について、建築確認を行う場合は、建築主事、指定確認検査機関は都道府県知事又は指定構造計算適合性判定機関に対し構造計算適合性判定を求めなければならず、知事又は判定機関により構造計算の適合性が判定された場合に限って確認を行うことができることとされた。

併せて、構造計算適合性判定機関は都道府県知事が指定すること、都道府県知事は機関を指定したときは自ら構造計算適合性判定業務を実施しないことが定められた。

また、構造計算適合性判定を求められた機関等は、原則として建築主事等の求めから14日以内に結果通知書を建築主事等に交付すべきこと、一定の要件を満たす場合には35日以内の範囲で交付期限を延長できること等が定められた。

さらに構造計算適合性判定機関の指定基準、手続、監督処分等について必要な規定が整備された。

指定確認検査機関に係る規定に準じている部分が多いが、構造計算適合性判定が建築主等の申請に基づいて行われる行為ではなく、建築主

事等の求めに応じて行われる建築確認の一部を成す行為（行政の内部行為）として位置付けられたこと、指定確認検査機関が業務区域に応じて国土交通大臣又は都道府県知事が指定を行うのに対し、構造計算適合性判定については都道府県知事の事務として位置付け、当該事務を都道府県知事に代わって行う機関として、都道府県ごとに知事が個別に指定する制度となっている点で異なっている。

② 建築確認・検査の厳格化と中間検査の義務付け

　構造計算書の偽装事件では、建築主事、指定確認検査機関のいずれについても、審査過程において偽装が見過ごされ、中間検査、完了検査の過程においても発見に至ることはなかった。このため、前記のとおり、確認審査過程における専門家である第三者による二重チェックとしての構造計算適合性判定の導入に加えて、建築確認、中間検査、完了検査及び構造計算適合性判定の一連の審査・検査について、一律かつ厳密な指針を国が定めることとされた。

　このため、従前は省令において指定確認検査機関による確認・検査の方法を定めていたものを廃止し、建築主事、指定確認検査機関、指定構造計算適合性判定機関のいずれに対しても効力を有する確認・検査等に係る指針を国土交通大臣が定めることが法において明記された。

　指針においては、確認・検査において使用する図書、審査事項等の審査内容について詳細に規定するとともに、法への適合性が確認できない場合の手続についても厳格化が行われた。

　指針が定められたことに伴い、建築主事を含めた建築基準適合判定資格者に係る規定が見直され、指針に反する確認・検査を行った場合の処分規定が定められた。

　確認・検査の厳格化に伴い、従来申請から21日以内（４号建築物以外）とされていた確認済証の交付期限を35日に延長するとともに、合理的な理由がある場合にはさらに延長できることとされた。

　1998（平成10）年改正において導入された中間検査は、特定行政庁が、区域、期間、建築物を限って検査対象の工程を指定する制度であったが、マンション等の共同住宅については、法不適合が発生した場合の人的被害、社会的影響が甚大であること、居住者、購入者、利用者等は通常専門的知識を有しないこと等から、中間検査による事前の法適合性審査は極めて重要であり必要性が高いとして、階数が３以上の共同住宅について、２階の床及びはりの配筋工事後の中間検査が全国一律に義務付けられた。

③ 指定確認検査機関の業務の適正化

　建築確認制度等の運用の厳格化と併せ、指定確認検査機関の業務の適正化を目的とした改正が行われた。

　まず、指定要件における欠格事項が追加され、過去の指定取消処分から５年を経過しない者等を追加するとともに、機関に対して特定支配関係を有する者として「親会社等」が定義され、親会社等の欠格が当該機関の欠格に該当することとされた。

　さらに省令を含めた指定基準においても、損害賠償等を想定して財政的基盤に係る要件が強化されるとともに、検査員数等の検査体制、親会社等との関係における業務の引き受け制限、建築確認検査業務と構造計算適合性判定業務の兼業に係る制限規定、役員に係る制限等が強化、整備された。

④ その他の改正事項

　上記の制度改正と併せ、構造関係規定についてその適用関係を整理するとともに、構造計算を要する建築物の安全性の確認方法についても整理が行われた。

すなわち、建築物の規模及び構造計算の難易度の区別ごとに構造規定を再編するとともに、時刻歴応答解析を用いた構造計算等を行い、国土交通大臣の認定を受ける場合を除き、構造計算は国土交通大臣の定めた方法によるか、国土交通大臣の認定を受けたプログラムを用いることとされた（従前は、構造計算については、外力、部材の強度及び判定基準のみが定められ、計算方法については制限されていなかった）。

建築確認申請時や指定確認検査機関が確認を行った際に特定行政庁に提出される図書等の保存期間は地方公共団体の規則に委ねられていたが、全国一律の期間を定めることとし、15年の保存期間が定められた。同様に指定確認検査機関及び建築士事務所における図書の保存期間についても5年から15年に延長された。

構造計算偽装が一級建築士により行われたこと、元請となった建築士事務所においてもこの偽装を看過していたこと等から建築士制度そのものに対する国民の信用失墜は著しく、社会的信頼回復を図るためには、建築士、建築士事務所に係る業務の適正化のための措置は必要不可欠であり、建築基準法改正と併せて行われた建築士法改正により、建築士の職責規定の創設、業務に係る規制強化、処分の厳格化等の措置が行われた。建築基準法においても建築士等を含めた関係者に対する罰則が全面的に強化された。

⑶　アスベスト規制の導入

石綿（アスベスト）による健康被害が社会問題となるなか、2006（平成18）年に「石綿による健康等に係る被害の防止のための大気汚染防止法等の一部を改正する法律（平成18年法律第5号）」により、石綿による健康被害を防止するための関係法令の改正が行われ、建築基準法においても、建築物における石綿の使用を制限する改正が行わ

れた。

具体的には、従前、シックハウス対策として規定された居室における化学物質の発散による健康被害の防止対策に加えて、石綿等の著しく衛生上有害な物質を建築材料に添加せず、また添加された材料を用いないことが規定された。

⑷　構造適判制度の見直し、仮使用認定制度の創設等

前記のとおり、2006（平成18）年に、構造計算図書の偽装事件を受けた建築基準法改正が行われ、翌2007（平成19）年6月20日から施行されたが、2008（平成20）年に発生したリーマン・ショックの影響による経済停滞の中、建築確認の手続の迅速化を求める声は強く、国土交通省では2010（平成22）年、2011（平成23）年と2度にわたる建築確認手続等の運用改善を実施するとともに、建築確認・検査制度のあり方について、社会資本整備審議会における検討が進められた。2014（平成26）年2月25日に社会資本整備審議会は、「今後の建築基準制度のあり方について「木造建築関連基準等の合理化及び効率的かつ実効性ある確認検査制度等の構築に向けて」（第2次答申）」を国土交通大臣に対して提出した。

この答申を受け、2014（平成26）年改正では、構造計算適合性判定制度の見直しを含めた確認・検査制度等の合理化が行われた。

①　構造計算適合性判定制度の見直し

構造計算適合性判定に係る手続きの柔軟化、効率化を目的として、従前は建築主事等が確認審査に当たり、判定機関等に対して判定を求める制度であったものを、建築主事等による確認審査と独立した審査に改め、建築主が直接、判定機関等に対して判定を求めることとされた。これにより、申請者は判定機関や申請時期について自ら選択することが可能となった。構造計算適合性判定が建築確認と独立した処分として

位置付けられたことに伴い、当該処分等が都道府県建築審査会に対する審査請求の対象とされた。

また、構造計算適合性判定の対象となる建築物についても見直しが行われた。従前、判定を要した建築物のうち、ルート2による構造計算を行うもので、構造計算に関する高度の専門知識、技術を持った建築主事等により確認審査が行われるものについて、対象から除外された。一方で、従来、構造計算適合性判定が不要であった増改築のうち高度な構造計算によるものについては、判定を要することとされた。また、法第20条を見直し、エキスパンションジョイント等により構造上独立した部分については当該部分ごとに構造耐力に係る規定を適用することとされた。

構造計算適合性判定が、建築主の申請により行われる独立した行政処分となったことに伴い、構造計算適合判定資格者の検定・登録制度が創設されるとともに、資格者検定を行う機関の指定に係る規定の整備等所要の措置が行われた。また、判定機関の指定についても指定確認検査機関と同様にそれぞれの判定機関の業務区域に応じて、国土交通大臣又は都道府県知事が指定することとし、指定権者に対して監督権限が付与された。

② 指定確認検査機関等による仮使用認定事務の創設

検査済証を受ける前の建築物については、原則としてその使用は禁止され、特定行政庁が安全上、防火上、避難上の支障を個別に判断して承認した場合には、その一部を使用することができる制度であった。

この仮使用について、指定確認検査機関の活用を図り、より迅速に運用するため、国土交通大臣が安全上、防火上、避難上支障がない基準を定め、当該基準への適合性について、建築主事又は指定確認検査機関が認定することにより完了検査前であっても建築物の使用をできることとされた。

(5) 特殊建築物に係る構造制限の見直し、容積率制限の合理化、定期調査・検査制度の強化等

前項で触れた答申においては、木造建築関連基準等の合理化、定期調査、検査制度のあり方等についても取りまとめられており、2014（平成26）年改正においては、確認手続の見直し等に加えて以下の改正が行われた。

① 特殊建築物に係る構造制限の合理化等

3階建て以上の多数の者が利用する一定規模以上の特殊建築物については、耐火建築物とすることが義務付けられていたが、木造建築物、避難安全性に関する技術的知見の蓄積を踏まえ、これらの建築物について、外壁開口部に一定の措置を行うとともに、主要構造部を火災時に在館者全員が安全に避難するまでの間、倒壊、延焼を防止できるものとすることとされた。また、この主要構造部の性能については国土交通大臣が定める構造方法とするか、国土交通大臣の認定を受けたものとすることとされた。

また、3,000m²を超える大規模建築物については、その主要構造部を耐火構造等とすることが義務付けられていたが、これについても延焼を防止するために必要な性能を有する壁、床等で3,000m²以内ごとに区画することで主要構造部を耐火構造等とすることを要しないこととされた。

2014（平成26）年改正においては、上記の特殊建築物等に係る制限の合理化に加えて、新技術の円滑な導入に向けた制度の整備が行われた。

具体的には、1998（平成10）年の性能規定化に伴って、予想しない特殊な材料、構造方法に関する建設大臣（当時）による認定規定である

法第38条及び第67条の2は廃止されたが、性能規定化されなかった技術基準の多くは、技術的な知見の蓄積が十分でないなど、検証方法が十分に確立していない等の実態があり、こうした技術的基準の適用について、新たな技術に対応するため、実質的に法第38条等の規定を復活するとともに、必要な手続規定が整備された。

② 容積率制限の合理化

容積率の算定に当たっては、各階の床面積の合計を延べ面積として算定し、敷地面積に対する割合を求めることとされているが、従前は、エレベーターの昇降路部分については、すべての停止階において床面積に算入することとなっていたが、これについて合理化を図り、容積率算定の対象となる床面積に算入しないこととする措置が行われた。

また、住宅については、その床面積の3分の1を限度として地下階の床面積を容積率算定の床面積に算入しないこととされていたが、公共施設への負荷について実質的に住宅と同様の利用形態である老人ホーム等についても同様の措置をとることとされた。

③ 定期調査・検査制度の強化等

2014（平成26）年改正においては、前年10月に福岡市において発生した診療所火災を踏まえた定期調査・検査制度の強化、昇降機等に係る重大事故の発生を踏まえた事故調査体制の強化についての措置が行われた。

定期調査、検査制度においては、その対象について特定行政庁が指定する制度であったが、就寝用途に供する建築物、不特定多数が利用する建築物や防火設備等で一定のものについては法令において一律に義務付けることとされた。また調査資格者、検査資格者に関する処分について明確化した。

エレベーター、遊戯施設等に係る重大事故に

ついては、その原因究明と防止対策を講ずるため、社会資本整備審議会に昇降機等事故調査部会が設置されるなどその取組みが進められてきたが、従前の建築基準法の規定では、主として建築物やその敷地に係る違反対策、事故対策等を中心に必要となる特定行政庁の権限、執行手続等が定められており、エレベーター、遊戯施設等に係る事故状況の把握、原因究明、再発防止対策等を講ずるためには必ずしも十分なものではなかったため、これらをより円滑に実施するための体制強化が行われた。

エレベーター、遊戯施設等による事故が発生した際、従前は特定行政庁による法第12条5項に基づく報告等を活用することにより事故状況の把握、原因究明等を行っていたが、製造者、維持保全担当者、設備等の製造者に対する報告徴収等の権限が定められていなかった。事故、災害等に対する対策の実効性を確保する観点から、建築設備等の製造者、定期調査、維持保全を行った者に対する報告徴収、物件提出、立入検査等を行えることとされた。

さらに、必要な場合には、国土交通大臣自らが事故原因の究明、災害への対応等を行うことを想定し、建築、建築敷地の所有者等をはじめとする関係者からの報告聴取、建築材料等の製造工場、営業所、事業所等への立入調査等、特定行政庁と同様の権限について法定化された。

7　2014（平成26）年〜2017（平成29）年（特定用途誘導地区、風営法改正、田園住居地域の創設）

(1)　特定用途誘導地区制度の創設

2014（平成26）年には都市再生特別措置法が改正され、都市計画の地域地区として特定用途誘導地区制度が創設された。この改正では、コンパクトシティの実現と地域交通の再編に向けて市町村が都市機能の立地と公共交通の充実等に関する包括的なマスタープランとして立地適正化計画を

定めることとされた。この立地適正化計画において、居住誘導区域及び都市機能誘導区域を定めることとされ、さらに、都市計画の地域地区として居住調整地域及び特定用途誘導地区を定めることができることとされた。

特定用途誘導地区は、福祉、医療、商業等の都市機能の誘導・集約を図る区域である都市機能誘導区域内において定めるもので、当該地区に関する都市計画においては、建築物等の誘導すべき用途、当該用途に供する建築物の容積率、高さの制限等を定めることとされた。

建築基準法においては、当該地区内の建築物の容積率及び高さの制限について都市計画に定められた内容に適合するべきこと、市町村が必要な場合には条例で用途地域による立地規制を緩和できること等が規定された。

本地区については、2016（平成28）年の都市再生特別措置法改正により、上記に加え、都市計画で容積率の最低限度及び敷地面積に係る制限を定めることができることとされ、建築基準法においても所要の規定の整備が行われた。

(2)　風営法の改正に伴う用途制限の緩和

2015（平成27）年には、「風俗営業等の規制及び業務の適正化等に関する法律（昭和23年法律第122号）」（風営法）が改正され、ダンスホール等に係る規制の見直しが行われた。

すなわち、風営法制定当時より、ダンスホール、ナイトクラブが客にダンスを行わせる営業形態であり、その営業の行われ方によっては、男女間の享楽的雰囲気が過度にわたり、善良の風俗と清浄な風俗環境を害し、又は少年の健全な育成に障害を及ぼすおそれがあるとの理由から、風俗営業として同法による営業許可等の対象とされていた。しかし、近年のダンスホール、ダンス教室等の実態との乖離、国民のダンスに対する意識の変化等を背景にこうした規制の改正を求める声が高

まったことから、客にダンスをさせるという行為のみを根拠とする規制を廃止し、ダンスホール、ナイトクラブについては一部を除き、風営法の規制対象から除外することとなった。

建築基準法においては、従前はこれらの施設が風営法の対象とする営業形態であることから、その立地について、原則として商業地域及び準工業地域に限って許容されてきたが、この風営法の改正を受け、改めて立地規制の視点から見直すこととなった。

すなわち、ダンスホールについては近隣あるいは生活圏を中心とした集客と一定の騒音等を伴う用途としてカラオケボックス等と同様の規制を、ナイトクラブについては比較的広域からの集客と一定の騒音等を伴う用途として劇場、映画館等と同様の規制を行うこととされた。具体的にはダンスホールについては、第2種住居地域、準住居地域、商業系用途地域、準工業地域及び用途地域外において立地が可能とされ、ナイトクラブについては、準住居地域、商業系用途地域、準工業地域及び用途地域外においてそれぞれ立地が可能とされた。

(3)　田園住居地域の創設

2017（平成29）年には、都市計画法が改正され、新たな用途地域として田園住居地域が創設された。

この改正は、都市農地の保全・活用を図る観点から、都市緑地法、生産緑地法等の改正と併せて行われたものであるが、都市計画法において、農業の利便の増進を図りつつ、これと調和した低層住宅に係る良好な住居の環境を保護するため定める地域として田園住居地域が位置付けられ、地域内の農地に係る開発について市町村長の許可に係らしめることとされた。

建築基準法においては、同地域における用途規制について、低層住居専用地域において立地可能な用途に加えて、農産物の生産、処理、貯蔵、農

業生産資材の貯蔵等に供する建築物、小規模店舗、農産物直販所、農家レストラン等農業の利便増進に必要な店舗、飲食店等の立地ができることとされた。

また、容積率、建蔽率、外壁の後退距離、高さの制限等について、低層住居専用地域と同様の内容が定められた。

8 2018(平成30)年(建築物・市街地の安全性確保、用途変更に係る規制の合理化、構造制限の合理化)

2018（平成30）年改正においては、建築物・市街地の安全性の確保、既存建築ストックの活用、木造建築の推進の観点等から改正が行われた。

(1) 建築物・市街地の安全性の確保

まず、建築物の安全性の確保の観点からは、前年発生した大規模な倉庫火災の経験を踏まえ、維持保全計画の作成を義務付ける建築物の対象に、政令で定める安全上、防火上又は衛生上特に重要な建築物、政令で定める基準に基づき特定行政庁が指定する建築物が加えられるとともに、既存不適格建築物の所有者等に対する指導・助言制度が創設された。市街地の安全性確保の観点からは、酒田大火以来の大規模市街地火災となった糸魚川市大規模火災において、準防火地域内の建築物の多くが建替えられないままに市街地を形成していたことが、大規模市街地火災に至った要因と考えられたことから、準防火地域等における防耐火性能の高い建築物への更新を促進するため、現行の構造制限に適合する建築物、壁面線の指定を受けた敷地における建築物について建蔽率の緩和制度が導入された。さらに袋路状の道路にのみ接する建築物において条例による接道強化が可能とされた。

(2) 既存建築ストックの活用

既存建築ストック活用に関しては、従来100m²を超える特殊建築物の建築行為や用途変更の際、建築確認・検査を要していたものを、200m²を超えるものに改め、200m²以下の特殊建築物の建築、用途変更等については建築確認を要さないこととされた（6条1項2号から4号に該当するものは除く）。また、小規模な3階建て特殊建築物について、耐火建築物等とすることを要しないこととする制限の合理化が行われ、住宅等から飲食店等の特殊建築物への用途変更を容易に行えるよう措置された。さらに、用途変更を行う場合、従来は原則として、建築物全体を適法な状態に改修することが求められたが、改修計画について特定行政庁の認定を受けることにより、段階的な改修工事をおこなうことが可能とされた。また、既存建築物を一時的に他用途に活用にする場合の制限を仮設建築物と同様に緩和できることとした。

(3) 木造建築の推進

木造建築物の建築を推進する観点から防火規制を中心とした合理化が行われた。まず、建築基準法では「延焼のおそれのある部分」について、当該部分の外壁、開口部に対して一定の防火上の措置を求めているが、この「延焼のおそれのある部分」について、従来一律に隣地境界線等から一定の距離（1階部分3m、2階以上の部分5m）内の部分が定められていたものを、外壁の隣地境界線等との角度に応じて算定される距離内の部分に改め、隣地火災等による外壁の受熱量を反映した規制とされた。

また、既に触れたとおり、建築基準法では、「耐火建築物」、「準耐火建築物」を定義し、建築物の規模、用途、立地等に応じてこれらの建築物とすることを求めている（いわゆる「構造制限」）。

今回、これらの建築物に係る構造制限規定を見

直し、それぞれの規定ごとに、建築物に対して求める性能を明らかにし、建築物の構造制限とすることとされた。すなわち、大規模建築物に係る制限である法第21条においては、一定規模以上の建築物について、通常の消火活動が行われた場合の火災終了まで倒壊等しない性能を要求し、防火地域、準防火地域等における制限である法第61条（法第61条と第62条を統合）、第67条第１項においては、立地、規模に応じて通常の火災に対する延焼防止性能を求めることとされた。

そのほか、防火関係規制の改正として、大規模建築物に係る構造制限の対象となる建築物の規模の見直し、特殊建築物の外壁に係る規制の見直し、大規模木造建築物に係る区画制限の見直し等が行われた。

⑷　その他

上記の他、集団規制について、接道規制、用途規制及び日影規制に係る特例規制について柔軟な運用を可能とする観点から手続き等の合理化が行われた。また、従来共同住宅について容積率算定の対象から除かれていた廊下等の共有部分について、老人ホーム等に対しても同様の取扱いとすることとされ、共同住宅から老人ホーム等への用途変更がより容易となった。

ラグビーワールドカップ、東京オリンピック・パラリンピックを控えるなか、仮設興行場の設置期間について、建築審査会の同意を経て特定行政庁が認定することにより、１年を超えて柔軟に設定できることとされた。

9　まとめ

以上で、建築基準法制定以降の主要な改正内容について、昭和編、平成編として振り返った。改正時の背景、意図等については、原則として公開された資料を基に記載し、編集委員会でご議論い

ただいたものであるが、一部筆者の私見も含まれている。改正当時の担当諸兄に直接お聞きしたものではないので、誤解等があればお詫びするとともにお許しを願いたい。

最後に筆者が直接かかわり、建築基準法の改正に至らなかった最近の関連する動きについて触れて本節を終わりとする。

⑴　団地型マンションの建替え等促進と一団地認定

マンション（分譲マンション）は昭和40年代以降都市部を中心に数多く供給され、すでにそのストック数は600万戸を超え、都市における主要な居住形態の一つとなるに至っている。

一方で、一般的に多数の個人等で敷地を共有し、建物を区分所有するという特有の所有形態を持つマンションは合意形成の困難さから建替え、改修等による更新が進みづらい実態がある。特にニュータウンをはじめとして都市部への人口集中期に多く建設された団地型マンションについては、その更新に多くの課題を抱えていた。

国土交通省では、「マンションの建替えの円滑化等に関する法律（平成14年法律第78号）」（平成26年改正により「マンション建替え等の円滑化に関する法律」に改称、マンション建替え円滑化法）の制定、改正等制度の整備を行ってきたが、さらに、2014（平成26）年より、「住宅団地の再生のあり方に関する検討会」をスタートさせ、住宅団地再生に関わる様々な問題について検討を行った。

この中で、一団地の総合的設計制度を活用して供給されたマンションについて、この一団地認定の解消が区分所有者等権利者の全員合意による申請を要するため、建替え等を進めるに当たって大きな障害となっているとの指摘があった。

このため、2016（平成28）年に行われた都市再生特別措置法の改正に併せ、建築基準法の改正を

行うことにより、建替事業の実施が確実に見込まれる場合等における特定行政庁の職権による一団地認定の取消規定を整備することについて検討し、法制審査当局との調整を行った。この改正事項の審査において審査当局の判断は、「一団地に係る認定行為は特定行政庁の裁量による処分行為であり、特定行政庁による処分の取消権限が存在することは自明であることから、あらためての法定化は不要かつ不適切」というものであった。この判断に基づき、同年10月に建築基準法施行規則を改正し、関係権利者による申請を前提としない認定、許可の取消しに係る規定を整備し、公告によって取消しの効力を生ずる旨の規定を置いた。

なお、同年の都市再生特別措置法の改正に併せ、都市再開発法の改正を行い、敷地を共有する団地等における市街地再開発事業を関係権利者3分の2の合意により進めることを可能とする改正を行った。

(2) 住宅宿泊事業法の制定

個人等の所有する住宅を旅行者等に対して宿泊場所として提供する、いわゆる「民泊」については既に欧米等では相当程度普及しており、日本においても徐々に広まりつつあった。その際に、宿泊場所の提供行為についての旅館業法の適用関係、宿泊場所の斡旋行為についての旅行業法の適用関係等、制度的なグレーゾーンも存在するなど民泊については確定したルールが存在しない状態であった。

民泊については、ITを活用したシェアリングエコノミーの一形態ととらえ、発展の可能性を持つ新たな経済活動として、また、既存ストックの有効活用の観点から推進する立場、消費者、既存事業者等の安全確保と保護、治安維持、地域環境の保全等の観点から旅館業法等の厳格な適用や規制の強化を求める立場等様々な主張が存在した。

建築・住宅行政の立場から見ると、その用途をどのようにとらえて建築規制を適用するのか、マンション管理における問題にどう対処するのかという課題があった。

民泊に係る制度については、新法の制定を含めて、新たなルールを整備する方針が政府内で決定され、検討が行われたが、制度設計の過程において建築基準法との関係についても議論が行われた。

すなわち、新たな制度における「民泊」の用途は住宅等か、旅館等か、あるいはいずれにも該当しない新用途か、その場合に安全に係る単体規制、用途による立地規制、容積率規制等についての適用関係をどうするのかという問題があり、建築基準法の改正を含めた様々な選択肢について検討を行った。

結果としては、「住宅宿泊事業法（平成29年法律第65号）」において、同法に基づく事業が、現に人の生活の本拠として使用されている家屋等を用いて行う事業であり、宿泊日数が180日以内であること等が定められ、宿泊事業者、管理業者、仲介業者に係る業務規定、所管官庁による監督規定等が整備されたことから、建築基準法上は住宅等として扱うこととし、その旨を住宅宿泊事業法において規定した。一方で、火災時における宿泊者等の安全を確保するため、非常用照明器具の設置等を義務付ける規定を同法に置いた。

<補注・出典>

3-1

1）　土地住宅問題研究センター　土地住宅問題60号　小宮賢一「建築基準法制定の前後（上）」1979

2）　藤賀雅人「戦後『市街地建築物法改正』案の特徴と建築法規要綱試案」日本建築学会計画系論文集第80巻第711号　pp.1147-1157　2015

3）　小宮賢一「建築基準法制定の経過」小宮文庫、（国研）建築研究所所蔵

4）　大河原秀雄「建築法規の変遷とその背景〜明治から現代まで〜」1982

5）　戦災復興院は内閣総理大臣の管理に属し、戦災復興を担当（「戦災復興院官制」（勅令第六百二十一号））したことから、「特別都市計画法」の主務大臣として内閣総理大臣が戦災都市の指定（昭和21年内閣告示第30号他）を行った。

6）　建設省「戦災復興誌　第壱巻　計画事業編」p.85　1958

7）　小宮賢一「特別用途地区制度について（小宮賢一先生講演記録）」1980小宮文庫、（国研）建築研究所所蔵

8）　小宮賢一「建築法規の改正に就て」日本損害補償協会火災技術部　1946

9）　内田祥三氏は、昭和18年に東大総長に就任、終戦直後米軍の接収要請を断り、昭和20年に東大総長を退官、昭和22年に公職追放、昭和25年に公職追放を解除。

10）　建築法規調査委員会の議事録は、戦災復興院、1947、「建築物法改正資料」前川文庫、（国研）建築研究所所蔵に収録されている。

11）　藤賀雅人「建築法規調査委員会の見解と建築法案要綱」日本建築学会計画系論文集第81巻第723号 pp.1153-1163　日本建築学会2016

12）　小宮賢一「建築法草案の内容」小宮文庫、（国研）建築研究所所蔵

13）　昭和18年に東京府と東京市が統合され、東京都となり東京都長官を設置。昭和27年の地方自治法施行により都知事に変更。北海道庁については明治19年に函館県、札幌県、根室県の3県を廃止し北海道庁、北海道長官を設置。昭和27年の地方自治法施行により北海道知事に変更。

14）　土地住宅問題研究センター　土地住宅問題62号　小宮賢一「建築基準法制定の前後（中）」1979

3-2

1）　それまで臨時建築等制限規則（昭和22年2月8日公布、閣令）により、戦災復興院建築出張所が直接建築統制を行い、建築資材の割当切符制の裏付けのない建築は許可されなかったが、臨時建築制限規則（昭和23年8月31日公布、建設省令）により、建設大臣の許可を要する建築物は料理店、旅館等の特定の用途のもの、延べ面積330㎡以上のもの、木材、セメント、鋼材を一定量以上使用するものに限られ、その他は都道府県知事の許可に改められ、建築統制の緩和がなされた。

2）　建設時報1巻8号　帝国地方行政学会　内藤

亮一「建築物災害の現況とその防止対策」1949

3）　土地住宅問題研究センター　土地住宅問題60号　小宮賢一「建築基準法制定の前後（上）」1979

4）　土地住宅問題研究センター　土地住宅問題63号　小宮賢一「建築基準法制定の前後（下）」1979

5）　建築基準法の制定時において、新しい建築法規を全国適用とするかどうかについて慎重な意見もあり、これについては、小宮賢一、1979、「建築基準法制定の前後（中）」の中の記述のほか、北畠文庫に収蔵されている「GHQ技術部の建築基準法案（10月案）に関する意見」（前述の3-2-1の(5)で紹介）や、**DVD** 3-2-1：北畠文庫収蔵のGHQ建築基準法関係資料リストの4の記載内容からうかがわれる。

6）　土地住宅問題研究センター　土地住宅問題62号　小宮賢一「建築基準法制定の前後（中）」1979

7）　小宮賢一「建築基準法解説」pp.518-519建築士会連合会　1990

8）　建築行政協会　建築行政1953.12.Vol.3.No.6「座談会　建築基準法制定当時を語る」1953

9）　建築学会　建築雑誌84号　内藤亮一「建築基準法建築士法の立法過程と背景」1969

10）　日本建築学会　建築雑誌 Vol.98.No.1215　小宮賢一「建築基準法の生い立ち」1983

11）　第3次吉田内閣閣議資料綴（昭和25年2月28日案件表）国立公文書館所蔵　1950

12）　荒秀、関哲夫、1984、「建築基準法の諸問題」、勁草書房、pp.56-58、昭和26年6月の建築士法の改正に伴い、建築基準法第5条の2（現行法では同法第5条の6）において、建築士の設計、工事監理について規定された。

13）　建築基準法策定当時、建設省住宅局建築指導課勤務の北畠照躬氏が所蔵されていた文書類で、現在は、（国研）建築研究所が保管している。北畠文庫には、GHQ作成の英文、その日本語訳、日本からのGHQへの回答文やそれらの草稿などが含まれている。草稿や重複を除いた主要な文書のリストが、**DVD** 3-2-1である。

14）　GHQの了解を得るために日本政府から提出された法案に関する資料集で、建設省関係の一連の法令に関する文書を取りまとめたものの中に収録されている。（「GHW/SCAP Records（RG331）」（第7回国会における建設省関係資料）の、2. Building Standard Bill）建築基準法に関するものは、全部で42枚であり、内容は**DVD** 3-2-2のとおりである。なお、その最初のページ（3‐4文書1）には、1950年3月8日に、民生局（GS Government Section）の了解のために、建設省から提出された建築基準法案（1950年3月1日閣議了解（approval））であり、担当部局は、経済科学局工業生産・建設班、住宅・都市計画担当（Housing and City Panning, Industrial Production and Construction Unit, ESS（オリジナルのミスタイプのまま））の

E.F.Stanek である旨の記載がある。

15) 清書された日本語訳（**DVD** 3-2-1文書２）とともに、その英訳の作業ペーパーと思われる、英語のタイプ文に、びっしりと日本語の書き込みがされている文書（口絵、**DVD** 3-2-1文書１）が収録されている。

16) 「座談会」建築基準法制定当時を語る、建築行政1953年９月、小宮賢一、1979、「建築基準法制定の前後（下）」、（「土地住宅問題」63号）などに記述されている。建築基準法案（10月案）には聴聞の記述は無く、３月閣議決定案には記述されており、その間にGHQから働きかけがあったと思われる。

17) 内藤亮一ほか「建築基準法令解説」日本建築学会　1950

18) 大河原春雄「建築法規の変遷とその背景」鹿島出版会　1982

19) 第七回国会衆議院建設委員会議録第三十三号　日本法令索引　1950国立国会図書館

20) 建築行政協会　建築行政120号　小宮賢一「建築基準法制定30周年にあたって」　1980.11

21) 小宮賢一「建築基準法まで」小宮文庫、(国研)建築研究所所蔵

22) 小宮賢一「建研ヒアリングメモ」小宮文庫(国研)建築研究所所蔵

23) 三宅博史「建築基準法制定における建築手続きの成立過程」日本建築学会計画系論文集　第79巻　第697号959-964　日本建築学会　2014

24) 建築行政協会　建築行政昭和26年５月号　小林興三次「建築主事の確認制度について」1951

25) 小宮賢一「建築基準法制定の経過」小宮文庫(国研)建築研究所所蔵

26) 小宮賢一「建築基準法について」「自治時報」７月号、帝国地方行政学会　1979

27) 小宮賢一「『町並み形成と都市住宅の条件』連続シンポジウム　第３回建築の形態容積規制と町並み形成、速記録」日本建築学会市街地住宅小委員会1982.7

3-3
1) 本節において、法律改正、政令改正の年次については、特にことわりのある場合を除き、公布時の年次を記載した。

2) 建築基準法における「耐火建築物」の定義自体は1959（昭和34）年改正により創設される。ここでは主要構造部が耐火構造である建築物（耐火建築促進法における耐火建築物の定義）の意味で使用している。

3) 第61回国会衆議院建設委員会議事録に記載された建設大臣答弁によると、1969（昭和44）年６月時点の特定行政庁は46都道府県知事、35市長、23特別区長。

4) 2017（平成29）年４月１日における特定行政庁数：47都道府県知事、381市町長（うち限定特定行政庁：148）、23特別区長（全国建築審査会協議会資料)

5) 実際には、建築基準法における（短期）許容応力度には安全率の概念を包含しており、材料の力学的な弾性限界とは必ずしも一致しない

（参考）第72回通常国会（1973（昭和48）年12月１日〜1974（昭和49）年６月３日）において、提案された建築基準法改正案のうち、既存の特殊建築物の遡及適用に係る条文（抜粋）

（既存の建築物に対する制限の特例）
第86条の２　この法律又はこれに基づく命令若しくは条例の規定の施行又は適用の際現に存する建築物又は現に建築、修繕若しくは模様替の工事中の建築物で次の各号の一に該当するもの（一部省略）については、第３条第２項の規定にかかわらず、避難施設、非常用の照明装置、非常用の進入口又は防火区画に関するこの法律及びこれに基づく命令の規定（政令で定めるものを除く）並びにこれらの規定に係る第40条の規定に基づく条例の規定で条例で定めるもの（一部省略）の適用があるものとみなす。
一〜三　（省略）

3-4
1) 本節において、法律改正、政令改正の年次については、特にことわりのある場合を除き、公布時の年次を記載した。

2) 建蔽率については、2000（平成12）年改正において建築基準法に「建蔽率」として規定が置かれ、2017（平成29）年の都市緑地法改正に伴う改正までの間この表記が用いられたが、本書においては現行法の表記に基づき「建蔽率」と統一して表記した。

＜参考文献＞

3-1
1. 建設省編「戦災復興誌第壱巻計画事業編」都市計画協会1959
2. 建設省編「戦災復興誌第参巻法制編」都市計画協会1958
3. 戦災復興院「建築物法改正資料」前川文庫（国研）建築研究所所蔵　1947（「建築法規調査委員会開催記録1946.12」、「市街地建築物法中改正法案1946.2」、「市街地建築物法改正案要綱（1946.9.2監督課）」、「建築法要綱試案（1946.10.7）」、建築法規調査委員會の会議録（第四回以降）、「建築法案要綱（1946.12.8建築法規調査委員会）」を収録）
4. 「昭和23年建築基準法草案記録」（建築法規調査委員會の会議録（第一回～第十回）を収録）前川文庫（国研）建築研究所所蔵
5. 建築法規調査委員会「建築法案要綱」日本損害補償協会火災技術部1946.12.8　内田祥三資料東京都公文書館所蔵1946
6. DVD 3-1-1、3-1-2「建築法草案」、戦災復興院、1947.1.4、小宮文庫、（国研）建築研究所所蔵1947
7. 「臨時建築等制限規則」小宮文庫（国研）建築研究所所蔵　1947

3-2
1. 建設省住宅局建築指導課編「市街地建築物法関係法令集」瞽眼社　前川文庫（国研）建築研究所所蔵1949
2. 「建築基準法要綱案（1949.8.25）」内田祥三資料東京都公文書館所蔵　1949
3. 「建築基準法案」北畠文庫（国研）建築研究所所蔵、（「建築基準法草案1949.9.14」、「建築基準法草案1949.10」、「建築基準法文書課案印刷物1950.01.11」、「建築基準法要綱1950.02.05」、「建築基準法案（閣議決定）1950.03.01」等を収録）
4. DVD 3-2-1「GHQ建築関係資料」北畠文庫、（国研）建築研究所所蔵、（「建築基準法草案1949.10に対するGHQ意見」、「内藤建築指導課長からの回答書簡1950.01」、「建築基準法案（閣議決定）1950.03.01に対するGHQ内部の書簡」等（詳細はDVD収録のリストを参照）を収録）
5. DVD 3-2-2「GHQ建築基準法関係資料」、国立国会図書館所蔵、（「建築基準法案（閣議決定）1950.03.01に対するGHQ内部の書簡」等（詳細はDVD収録のリストを参照）を収録）
6. 内藤亮一ほか「建築基準法令解説」日本建築学会　1950
7. 笠原敏郎、市川清志「建築物法規概説」小宮文庫（国研）建築研究所所蔵　1954

3-3
1. 建築基準法解説　建築法令研究会
2. 建築行政協会　建築行政　1957年 VOL. 7 NO. 34
3. 建築行政協会　建築行政　1959年 VOL. 8 NO. 43
4. 建築行政協会　建築行政　1959年 VOL. 9 NO. 46

5. 建築行政協会　建築行政　1960年 VOL. 10 NO. 50
6. 建築行政協会　建築行政　1964年 VOL. 12 NO. 65
7. 建築行政協会　建築行政　1968年 VOL. 16 NO. 80
8. 建築行政協会　建築行政　1969年 VOL. 17 NO. 82
9. 建築行政協会　建築行政「30周年記念号」1980 NO. 120
10. 建築行政協会　建築行政「40周年記念号」1990 NO. 145
11. 建築関係法制を整備するための方策等に関する第一次答申（昭和42年12月13日建築審議会答申）
12. 市街地環境の整備の促進のための方策に関する答申　　―法制の整備等について（第一次）―（昭和49年1月28日建築審議会答申）
13. 「都市不燃化」1960　2号、1960　4号
14. 「ビルデイングレター1980年7月号、1980年9月号、1984年3月号」日本建築センター
15. 和田文庫資料（国研）建築研究所所蔵
16. 消防白書（平成29年版他）
17. 「防火建築帯の話」セメント協会、1957
18. 都市計画協会　新都市2009年2月号　越澤明「都市計画法制90周年と地域地区制度、集団規定の歩み」
19. 大澤昭彦「日本における容積率制度の制定経緯に関する考察」　土地総合研究2011年冬号・夏号
20. 浅見泰司「地区計画等の変遷と展望」都市住宅学77号　2012
21. 諸星智章、加藤仁美、「建築基準法・都市計画法における絶対高さ規制の変遷に関する研究」都市計画論文集 No.40-3　日本都市計画学会2005.10
22. 桑田仁、加藤仁美、中西正彦、杉田早苗、大澤昭彦「日影規制の制度成立の経緯と運用をめぐる展開」都市計画論文集 Vol.49-3　日本都市計画学会2014.10
23. 山田常圭「わが国の戦後の火災史概観」コンクリート工学45巻　2007
24. 石山祐二「耐震規定と耐震動力学」三和書房2008
25. 国土交通省 HP
26. 気象庁 HP
27. 衆議院 HP
28. 参議院 HP
29. 裁判所 HP
30. 東京都 HP
31. 消防防災博物館 HP　消防防災科学研究所

3-4
1. 「平成4年　建築基準法改正の解説」日本建築センター、建築技術教育普及センター、日本建築士会連合会　1992
2. 「平成5年6月25日施行　改正建築基準法・施行令の解説」日本建築センター、建築技術教育普及センター、日本建築士会連合会　1993
3. 「平成7年建築基準法改正の解説」日本建築セ

ンター　1995

4．「平成9年建築基準法改正の解説」日本建築セ
ンター　1997

5．「平成10年6月12日公布　付改正建築基準法」
新日本法規出版　1998

6．「平成11年5月1日施行　改正建築基準法（1
年目施行）の解説」新日本法規出版

7．「平成12年6月1日施行　改正建築基準法（2
年目施行）の解説」新日本法規出版

8．「2001年版　耐火性能検証法の解説及び計算例
とその解説」日本建築センター　2001

9．内海麻利「日本の地区計画の実態と課題」土地
総合研究2014秋号

10．「ビルデイングレター1989年8月号、1990年8
月号、1997年10月号、2000年5月号、2000年6
月号」日本建築センター

11．「経済社会の変化・技術開発の進展に対応した
建築物の安全性等の確保のあり方に関する答
申」平成3年12月20日建築審議会答申　1991

12．「国民生活・経済活動の高度化・多様化に対応
した市街地環境整備の方策に関する第2次答
申」平成3年12月20日建築審議会答申　1991
都市計画中央審議会答申「経済・社会の変化
を踏まえた都市計画制度のあり方についての答
申」平成3年12月20日都市計画中央審議会答申
1991

13．「21世紀を展望し、経済社会の変化に対応した
新たな建築行政の在り方に関する答申」平成9
年3月24日建築審議会答申　1997

14．国土交通省HP

15．消防庁HP

16．衆議院HP

17．参議院HP

18．東京都HP

19．「平成14年建築基準法改正の解説」工学図書出
版社

20．「平成16年6月2日公布　建築基準法改正の解
説」　ぎょうせい

21．「平成16年　景観法等の解説」　ぎょうせい

22．「景観法・施行令・運用指針及び関連法令集」
ぎょうせい

23．「平成17年6月1日施行　改正建築基準法・同
施行令等の解説」　ぎょうせい

24．「平成18年改正　建築基準法・中心市街地活性
化法等の解説」　ぎょうせい

25．「平成19年6月20日施行　建築基準法・建築士
法及び関係政省令等の解説」サンパートナーズ

26．「構造計算適合性判定の運用解説」建築行政情
報センター

27．「新・建築防災設計指針」日本建築センター

28．「建築物の総合防火設計法」（第1巻〜第4巻）
日本建築センター

29．「逐条解説建築基準法」ぎょうせい

30．「建築基準法　集団規定関係法令通達集」新日
本法規出版

31．「建築基準法　構造関係法令通達集」新日本法
規出版

32．「建築基準法　防火避難関係法令通達集」新日
本法規出版

33．「構造計算適合性判定の運用解説」、建築基準・
指針等施行対応連絡会

34．「ビルデイングレター2000年4月、2002年7月、
2003年6月、2004年3月、6月、8月、2007年
6月」日本建築センター

35．「高齢化対策、環境対策、都市再生、21世紀に
おける新たな課題に対応するための建築行政の
あり方に関する第一次答申」(平成14年1月30日、
社会資本整備審議会建築分科会)「国際化、情
報化、高齢化、人口減少等21世紀の新しい潮流
に対応した都市再生のあり方はいかにあるべき
か〜中間とりまとめ〜」平成14年2月7日社会
資本整備審議会都市計画分科会

36．「既存建築物の改善と有効活用のための建築行
政のあり方に関する答申」平成16年2月2日社
会資本整備審議会

37．「建築物の安全性確保のための建築行政のあり
方について」平成18年2月24日社会資本整備審
議会建築分科会中間報告

38．「建築物の安全性確保のための建築行政のあり
方」平成18年8月31日社会資本整備審議会答申

39．社会資本整備審議会「木造建築関連基準等の
合理化及び効率的かつ実効性ある確認検査制
度等の構築に向けて」（第2次答申）」平成26年
2月25日

第4章

建築基準法の展開

4-1 地震と建築行政

　建築基準法の基準は国民の生命、健康、財産を守るためのものであり、自然災害、火災、事故等から建築物の所有者、利用者の安全を確保することが最大の目的の一つである。

　こうした安全を守るための対策のうち、ここでは主に、我が国において極めて大規模な被害をもたらしてきた地震災害に対して建築行政においてどのような対策が講じられてきたかを解説したい。

　図1はこの百年間に我が国で発生した3つの巨大地震の死者の死亡原因を分析したものである。関東大震災では火災が、阪神・淡路大震災では建物倒壊が、東日本大震災では津波が主たる死亡原因となっている。このため、建築分野の地震対策としては次のような考え方で施策が講じられてきている。

・建築物を地震に対して安全な構造とする。
・古い木造住宅等が密集した市街地では大火が発生しないよう市街地全体の防災性の向上を図る。
・津波の被害を受けるおそれのある地域では津波に強いまちづくりを進める。

　以下では地震の対策の歴史を振り返ることとする。

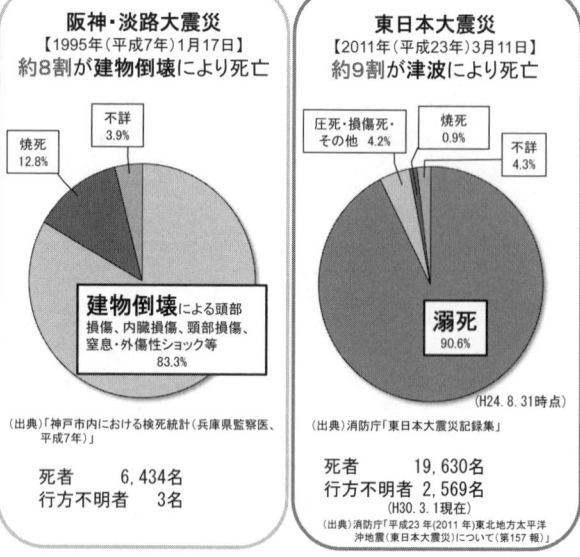

図1　過去の大震災の被害の状況
・出典：国土交通省HP

建築構造基準の整備

⑴ 市街地建築物法における構造基準

　地震等の災害に強い建築物を整備するために
は、建築基準として安全性を確保するための基準
を整備することが基本である。

　1919（大正8）年4月に都市計画法とともに市
街地建築物法が公布され、翌1920（大正9）年
11月に公布された市街地建築物法施行規則におい
て構造安全性を確保するための構造規定が初め
て規定された。内容としては、木構造、石構造、
煉瓦構造、鉄構造、鉄筋コンクリート造、独立煙
突などの構造基準いわゆる仕様規定と構造計算の
規定が定められた。しかし、構造計算で考慮する
荷重、外力は固定荷重、積載荷重の鉛直力のみで
あり、また、仕様規定も水平力に対する安全性を
確保する上では不十分なものであった。

　規則の制定から3年後の1923（大正12）年9
月1日に関東大震災が発生した。死者・行方不明
者105,385人、全壊家屋約11万棟、全焼家屋約
21.2万棟と甚大な被害となった。この地震で耐震
対策の重要性が認識され、翌1924（大正13）年
6月に市街地建築物法施行規則の構造規定が大改
正された。具体的な内容としては、木構造、鉄筋
コンクリート造における柱の小径の強化、鉄構造
における方杖、ブレース、壁の設置義務付け、木
構造における筋かい等の設置義務付けの対象拡大
（3階建への義務付けから平家建、2階建に対象
拡大）等の水平力に抵抗する構造部材の強化や接
合部の強化等の仕様規定の見直しが行われた。ま
た、構造計算の外力として地震力が初めて規定さ
れ、水平震度0.1以上とすることとされた。これ
は関東大震災の東京における最大地動加速度が水
平震度で0.3程度であったことから、当時の許容
応力度の材料安全率が2程度であったことなどを
考慮したものとされている。

　関東大震災の後、建築物の耐震性について柔剛
論争が活発に行われる一方、コンクリートに関す
る研究が進み、溶接技術も進歩してきていた。そ
の結果、1932（昭和7）年に施行規則の構造規定
について、コンクリートの強度、許容応力度の見
直し、鉄骨の接合方法に特例規定を置き溶接を認
める等の改正が行われた。

　その後様々な用途の建築物の建設や生産技術の
進歩による建築材料の品質の向上等の社会状況の
変化に対応し、1937（昭和12）年に施行規則の改
正が行われ、積載荷重の用途の細分化及び荷重値
の低減、木材に関する樹種区分の細分化及び許容
応力度の上昇等の見直し、鋼材の許容応力度の上
昇等が行われた。

　第2次世界大戦が始まり、1943（昭和18）年に
市街地建築物法及同法施行令戦時特例が出された
ことで、構造規定などの一部の規定の適用が停止
される。適用が停止された構造計算規定に代わり
戦時規格として臨時日本標準規格「建築物の荷
重」、「建築物強度計算の基本」が制定される。こ
の中で設計荷重として積雪荷重、風圧力が規定さ
れ、また、応力の組合せに長期、短期の概念が導
入された。

　終戦後の1947（昭和22）年に戦時規格に代わ
り、日本建築規格建築3001「建築物の構造計算」
が制定された。応力組合せと許容応力度の両者に
長期・短期の採用、風圧力の速度圧は$q = 60\sqrt{h}$、
地震力の水平震度は0.2以上等の内容で、これが
後の建築基準法の構造計算規定にほぼ踏襲され
た。なお、この年の12月31日に市街地建築物法
臨時特例（市街地建築物法及同法施行令戦時特例
から題名を改正）が廃止され、市街地建築物法の
規定はほとんど復活するが、この日本建築規格建
築3001も計算の特例として同法上に位置付けら
れた。

(2) 建築基準法における構造基準

1950（昭和25）年に建築基準法が制定され、同法第20条に構造耐力の規定が、同法施行令の第3章に構造強度に関する具体的な基準が定められた。このうち第3章第1節から第7節までの構造規定は、市街地建築物法施行規則の構造規定をより定量的な規定に見直して引き継いだものであり、第8節の構造計算の規定は日本建築規格建築3001の内容を一部修正し盛り込んだものである。

その後、1959（昭和34）年の改正では、木造建築物の必要壁量の強化、補強コンクリートブロック造の規定の新設等が行われた。昭和30年代、40年代は建築技術の進展には目を見張るものがあり、構造分野においても応答解析技術、強震観測などの研究開発が進み、1968（昭和43）年には我が国初の超高層建築である霞が関ビルディングが竣工する。

こうした中、1964（昭和39）年には新潟地震（M7.5）が、1968（昭和43）年には1968年十勝沖地震（M7.9）が発生し、建築物に大きな被害が発生した。特に、十勝沖地震では学校、庁舎等の鉄筋コンクリート造建築物で柱のせん断破壊等の被害が多数発生し、原因として「じん性」不足が指摘された。

このことを踏まえ、1971（昭和46）年に施行令の改正が行われ、鉄筋コンクリート造の柱のせん断強度の強化（帯筋間隔の強化）、木造建築の風圧力に対する必要壁量規定の導入等が行われた。

(3) 新耐震基準の制定

昭和40年代にかけての応答解析技術等の進歩や十勝沖地震等の被害の教訓から、構造計算規定の抜本的な見直しが求められるようになり、1972（昭和47）年から5か年計画で建設省総合技術開発プロジェクト「新耐震設計法の開発」が実施され、その成果が「新耐震設計法（案）」として1977（昭和52）年に発表された。翌1978（昭和

53）年の6月に宮城県沖地震（M7.4）が発生しピロティー形式の建築物や偏心の大きい建築物で被害が大きかったことから、この新耐震設計法（案）の構造規定への導入が必要との認識が高まり、行政指導の期間を経て1980（昭和55）年7月に建築基準法施行令改正（1981（昭和56）年6月施行）で構造計算規定等が改正された。その主な内容は次のとおりであり、構造計算規定を抜本的に見直すなど画期的な内容であった。

ア　構造計算関係
- 構造計算の適用範囲を高さ60m以下とし、60mを超える建築物は時刻歴応答解析による安全性の確認と建設大臣認定の義務付け（この改正以前は、鉄骨造で30m超、その他の構造で45m超の建築物については法第38条に基づく建設大臣の認定が必要であった。）
- 耐震計算について、保有水平耐力計算、層間変形角、剛性率・偏心率の制限等の二次設計の導入
- 地震力について、水平震度から層せん断力係数への変更、二次設計の導入に対応した2段階の地震力の設定（0.2、1.0）、地盤種別や固有周期との連動、地域係数の導入（1978（昭和53）年に先行して導入）等

イ　構造規定関係
　　木造の必要壁量の強化、鉄骨造の高力ボルト接合規定の新設、鉄筋コンクリート造に関する柱の帯筋比、耐震壁の規定の新設、鉄骨鉄筋コンクリート造の規定の新設、組積造及び補強コンクリートブロック造の塀の基準の強化、屋上突出物の規定の新設等

(4) 阪神・淡路大震災及び東日本大震災の被害を踏まえた耐震基準の見直し

1995（平成7）年1月の阪神・淡路大震災では建築物の倒壊による甚大な人的被害が発生した。しかし、被害調査の結果、倒壊した建築物の大部

分は1981（昭和56）年の新耐震基準の施行以前に建築されたもので、新耐震基準の施行以降に建てられた建築物は施工不良、不適切な設計等によるもの以外は倒壊等の大規模な被害を受けたものは少ないことが明らかとなった。このため、耐震基準については不適切な設計を防止するための一部規定の見直し（ピロティー形式の建築物等で柱が先行破壊しないことを義務付ける等）以外、大きな見直しは行われなかった。

その後、1998（平成10）年の建築基準法の改正による性能規定の導入（2000（平成12）年施行）の際には、構造規定についても耐久性等関係規定以外の構造規定（仕様規定）が適用されない限界耐力計算規定が導入された。また、指定確認検査機関による確認・検査制度の導入に伴い、構造規定の定量化、明確化が行われた。（例えば、木造の壁のつり合い良い配置の基準、継手、仕口等の接合部の基準の明確化等）この時の改正内容は2016（平成28）年4月の熊本地震の際にその有効性が確認された。

また、2005（平成17）年11月に発覚した構造計算書偽装事件を受け、建築物の構造安全性のチェックを確実なものとするため、2006（平成18）年6月の建築基準法等の改正により構造計算適合性判定制度の導入等及び2006（平成18）年12月の建築士法等の改正により構造設計一級建築士制度の導入等が行われた。

2011（平成23）年3月の東日本大震災では津波の被害が甚大であったことから、津波対策として津波に対する建築物の構造設計法等の検討（4 津波に対する防災対策　参照）が行われるが、構造計算規定等の耐震基準については大きな見直しは行われなかった。天井脱落や昇降機の被害が大きかったことから、6m超の高さにある面積200m²超の一定の吊り天井の脱落防止の基準の新設、昇降機の耐震基準の強化等が行われた。

また、東日本大震災において長周期地震動による超高層建築物の大きな揺れが観測され長周期地震動に対する建築物の安全性に対する関心が高まった。こうした中、2012（平成24）年9月から内閣府の南海トラフの巨大地震モデル検討会において南海トラフの巨大地震による長周期地震動の推計及び対策の検討が行われ、2015（平成27）年12月にその推計結果（震源、規模等）がとりまとめられた。国土交通省においても長周期地震動対策について建築基準整備促進事業を活用した検討が平成20年度、21年度に行われ、内閣府の検討が開始されてからはこれと連携しつつ並行して検討が進められた。その結果、2016（平成28）年6月に超高層建築物や免震建築物に係る新たな設計用長周期地震動の作成手法が策定され、2017（平成29）年4月以降性能評価の申請が行われる新築の超高層建築物等についてこの新しい長周期地震動に基づく安全性の検証が行われることとなった。

過去の大地震において、倒壊、崩壊には至らないまでも、構造体の部分的な損傷や非構造部材の脱落等により、地震後の機能継続が困難となった建築物が多数発生した。防災拠点等となる庁舎、避難所、病院等において機能継続ができなくなると地震後の災害対策に支障をきたすこととなるため、こうした建築物においては大地震時の安全性確保に加え機能継続を図るためのより高い性能が必要である。このため、国土交通省において「防災拠点等となる建築物に係る機能継続ガイドライン」がとりまとめられ、2018（平成30）年5月18日に地方公共団体や建築関係団体等あて通知された。

2　耐震診断・耐震改修の推進

(1)　耐震診断基準・改修設計指針の整備

1968（昭和43）年の十勝沖地震等において当時の耐震基準により建設された建築物の中にも地震に対して脆弱なものがあることが明らかになっ

てきたことから、既存建築物の耐震性を診断し、耐震性に問題があるものを補強し改修する必要があることが認識されるようになった。このため、建設省では1976（昭和51）年に当時の日本特殊建築安全センター（現日本建築防災協会）に調査を委託し既存建築物の耐震診断基準及び改修設計指針の策定を行った。この内容を踏まえ、1977（昭和52）年から1983（昭和58）年にかけて、各構造別の耐震診断基準・耐震改修設計指針の解説書が日本特殊建築安全センター（現日本建築防災協会）から発行され、普及活動が行われた。しかし、東海地震への対策が急務とされた静岡県等を除いて、耐震診断・耐震改修は広く認識されている状況ではなかった。

(2) 耐震改修促進法の制定

1995（平成7）年1月に阪神・淡路大震災が発生し、6,434人の尊い命が失われた。犠牲者のほとんどが住宅等の建築物の倒壊による圧死によるものであったことから、建築物の耐震化の推進が喫緊の行政課題と認識されることとなった。このため、その年の10月に「建築物の耐震改修の促進に関する法律（耐震改修促進法）」が制定され、12月から施行された。

この法律では、学校、老人ホーム、病院、百貨店、ホテル等の多数の者が利用する建築物について耐震診断・耐震改修の努力義務を課し、行政庁が必要に応じて指導・助言、指示等を行う、耐震改修計画の認定を受けて耐震改修を行う建築物については不適格となっている建築基準法令の規定を不遡及とする等の特例を認めるといった内容が盛り込まれた。

この法律の制定を受けて、1995（平成7）年度第二次補正予算で多数の者に危害のおそれのある建築物等に対する耐震改修費の補助制度が創設された。また、戸建て住宅については1998（平成10）年度に耐震診断に対する補助制度が創設さ

れ、2002（平成14）年度に密集住宅地において倒壊による道路閉塞のおそれのある住宅について耐震改修の補助制度が創設された。

この結果、耐震診断・耐震改修の必要性が認識されるようになり、公共建築物を中心に実施されるようになってきた。

(3) 耐震改修促進法の第一次改正

2004（平成16）年10月に新潟県中越地震（M6.8）が、2005（平成17）年3月に福岡県西方沖地震（M7.0）が発生し、大地震はいつどこで起きてもおかしくないという認識が広まった。また、2005（平成17）年3月の中央防災会議において東海地震及び東南海・南海地震の想定死者数等を10年間で半減させるという減災目標達成のため住宅、建築物の耐震化率を2015（平成27）年までに9割とする目標が設定された。こうした状況を踏まえ、2005（平成17）年11月に耐震改修促進法が改正され、2006（平成18）年1月から施行された。

改正の内容は、国が定める基本方針に基づき都道府県及び市町村による耐震改修促進計画の策定、指導・助言等の対象拡大（道路閉塞の可能性のある住宅等）、指示に従わない建築物の公表、耐震改修支援センターの指定等であり、大幅な施策の充実が図られた。

また、補助制度についても2005（平成17）年度から既存の補助制度が「住宅・建築物耐震改修等促進事業」として再編され、さらに、2005（平成17）年度補正予算で緊急輸送道路沿道建築物等の耐震改修等に対する補助制度の拡充が図られた。

この結果、全国的に支援策の充実が図られ耐震診断・改修が広く認識されるようになった。

その後、住宅の耐震化目標については新成長戦略（2010（平成22）年6月閣議決定）、住生活基本計画（2011（平成23）年3月閣議決定）、日本

再生戦略（2012（平成24）年7月閣議決定）において2020（平成32）年までに耐震化率を95％とすることされている。

⑷ 耐震改修促進法の第二次改正

2011（平成23）年3月に東日本大震災においては津波による被害が甚大であったが、既存建築物の地震による被害も決して小さいものではな

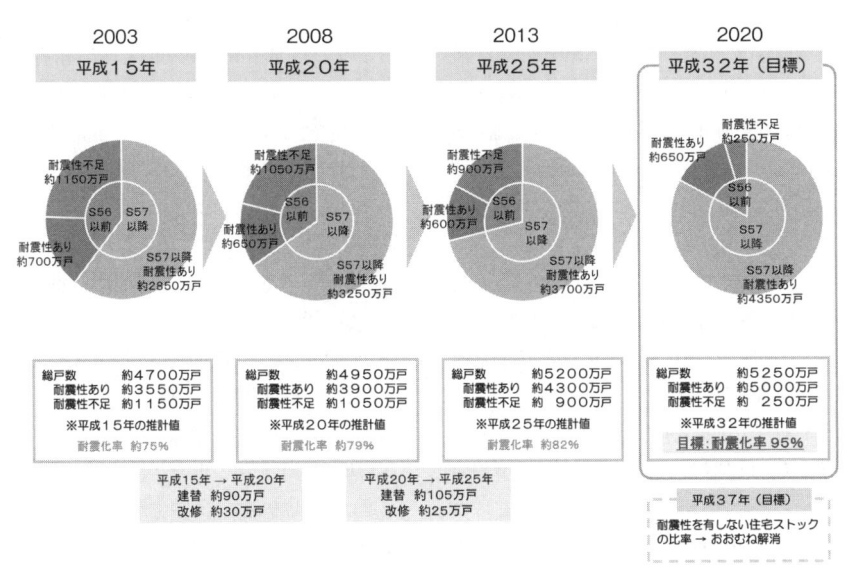

図2 住宅の耐震化の進捗状況
出典：国土交通省HP

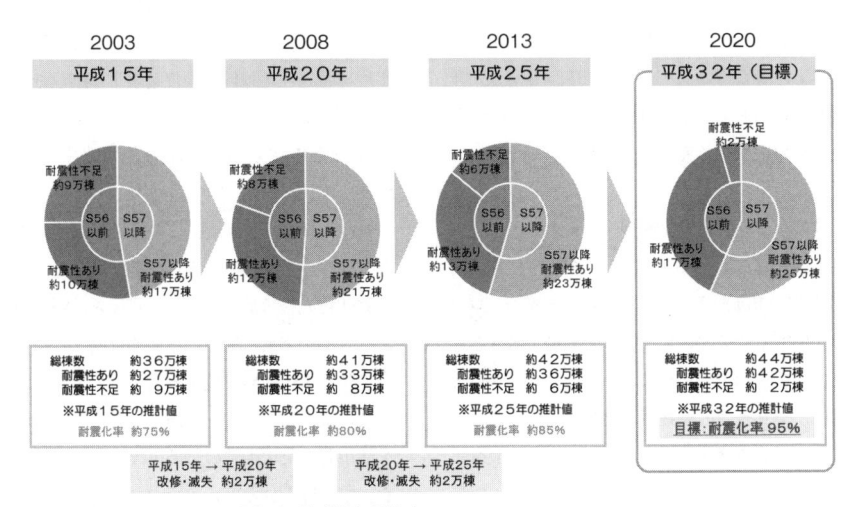

図3 多数の者が利用する建築物の耐震化の進捗状況
出典：国土交通省HP

かった。改めて耐震改修の重要性が認識されたが、耐震化の目標に向けた進捗状況は順調とは言えなかった。このため、更なる施策の強化を図ることを目的に2013（平成25）年5月に耐震改修促進法が改正され11月から施行された。

改正の内容は、病院、百貨店、ホテル等の不特定多数の者が利用する建築物、学校、老人ホーム等の避難弱者が利用する建築物、緊急輸送道路等の避難路沿いの建築物及び防災拠点建築物で1981（昭和56）年以前に建築されたものについて耐震診断の義務付けと結果の公表、耐震性に係る表示制度の創設等である。不特定多数の者が利用する建築物、避難弱者が利用する建築物については、2018（平成30）年12月末現在、47の都道府県で耐震診断結果の公表（ただし、東京都では一部の所管行政庁で未公表）が行われている。一方、沿道建築物に耐震診断の義務付けを行う避難路の指定については2018（平成30）年12月現在17の都府県と68の市町村で指定されているが、必ずしも十分とは言えない状況にある。

この改正に併せて、2013（平成25）年度より耐震診断の義務付け対象となる建築物について補助率の引上げが行われ、また、2013（平成25）年度税制改正において耐震改修を実施する場合の所得税控除の限度額拡充等が行われた。

⑸　ブロック塀等の安全確保

2018（平成30）年6月18日に発生した大阪府北部地震（M6.1）では、高槻市の小学校のブロック塀が倒壊し登校途中の小学生がその下敷きとなり死亡した。過去の地震においてもブロック塀等の倒壊により多数の犠牲者が発生していたことも踏まえ、耐震改修法施行令が改正され、2019（平成31）年1月より、一定の高さ・長さ以上の塀について、地方公共団体が指定する避難路沿道において建築物本体と同様に、耐震診断を義務付けるとともに、診断結果の公表が行われることとなっ

た。また、2019（平成31）年度より、現行基準に適合しない塀を耐震診断、除却、改修等する事業が防災・安全交付金等の基幹事業の対象となり、塀単独の耐震診断、除却、改修等に対しても支援の対象とするなど助成制度の拡充が行われた。

このように既存建築物の耐震診断・耐震改修については、法制度、予算、税制等制度面では様々な措置が講じられてきているが、耐震化の進捗状況は目標に対して十分とは言えない状況にある。今後更なる施策の充実が求められている。

3　密集住宅市街地の整備

⑴　補助事業による密集住宅市街地整備の推進

住宅地区改良事業等の対象とならない住環境が悪化している地区を対象に、部分的な整備により住環境の向上を図る事業として1978（昭和53）年度に住環境整備モデル事業が創設され、その後この事業は拡充・発展し、1994（平成6）年度に総合住環境整備事業が創設される。

一方、大都市部の木造賃貸住宅等が密集する市街地の改善に関する事業として、1974（昭和49）年度に特定住宅地区整備促進事業が創設され、その後、事業の拡充・発展を経て、1994（平成6）年度に密集住宅市街地整備促進事業が創設される。

1995（平成7）年度にこの総合住環境整備事業と密集住宅市街地整備促進事業が統合され、地方公共団体の整備計画に基づき官民の役割分担による総合的な密集市街地の整備を目的とした新たな密集住宅市街地整備促進事業として再編される。

このように、阪神・淡路大震災以前は補助事業を活用し密集市街地の整備・改善が行われてきたが、成果は十分とは言えなかった。この事業は現在、住宅市街地総合整備事業（密集住宅市街地整備型）として社会資本整備総合交付金制度の基幹事業に位置付けられ活用されている。また、2015

（平成27）年度には、交付金とは別に防災対策とあわせて高齢者、子育て等多様な世帯の居住促進を図る総合的な環境整備を進める密集市街地総合防災事業が創設された。

(2) 密集法の制定、改正

1995（平成7）年1月の阪神・淡路大震災において密集市街地において大規模な市街地火災が発生したこと、全国に同様の市街地が広く存在することが再認識されたことを踏まえ、防災上危険な密集市街地の整備・改善を総合的に推進するため、1997（平成9）年5月に「密集市街地における防災街区の整備の促進に関する法律（密集法）」が制定された。

この法律において、防災上危険な密集市街地を都市計画において防災再開発促進地区として位置付け、危険建築物の除却勧告や建替え計画の認定等により地区の防災性を向上させるとともに、新たな地区計画制度（防災街区整備地区計画）の創設、地域住民による市街地整備の取り組みを支援する仕組みの構築等の措置が講じられた。なお、この法律に基づく国庫補助については密集住宅市街地整備促進事業により補助が行われることとなった。

2001（平成13）年12月、都市再生本部による都市再生プロジェクト第三次決定において全国約8,000haを特に大火の可能性が高い重点密集市街地と位置付け2011（平成23）年度までに最低限の安全性を確保することとされたことを受け、2003（平成15）年6月に密集法が改正された。改正法では、都市計画の地域地区として建築物に関する防火上の制限等を定めることができる特定防災街区整備地区制度の創設、柔軟かつ強力な事業手法により防災性能を備えた建築物と公共施設を一体的に整備する防災街区整備事業の創設等の措置が講じられた。

さらに、2007（平成19）年1月の都市再生プロジェクト第十二次決定において密集市街地整備・改善の取り組みの加速化が決定されたことを踏まえ、2007（平成19）年3月に密集法の改正が行われ、防災街区整備地区計画制度の拡充、第二種市街地再開発事業や防災街区整備事業の要件緩和等の措置が講じられた。

(3) 密集市街地の整備改善に係る目標と進捗状況

2001（平成13）年12月の都市再生プロジェクト第三次決定を受けて法制度の整備や補助事業の拡充が図られ、密集市街地の整備改善が進められた。2010（平成22）年度調査では、約8,000haの重点密集市街地がほぼ半減する。

その後、地方公共団体の意見等を踏まえ、従来の延焼危険性に加え避難困難性も考慮して区域の見直しと新たな目標の検討が行われ、2011（平成23）年3月の住生活基本計画（閣議決定）において、「地震時等に著しく危険な密集市街地」約6,000haについて2020（平成32）年度に最低限の安全性を確保する目標が設定された。しかし、2017（平成29）年度末の時点で約3,400haが残っており、更なる整備・改善の加速化が求められている。

4 津波に対する防災対策

(1) 津波に対する構造安全性の研究

東日本大震災以前、津波により大きな被害をもたらした地震は、1933（昭和8）年の三陸地震（M8.1）、1960（昭和35）年のチリ地震（M9.5）、1993（平成5）年の北海道南西沖地震（M7.8）等があったが、津波に対する防災対策の検討は十分に行われていなかった。2003（平成15）年5月に中央防災会議で決定された東南海地震対策大綱において「堅固な民間ビル等の活用により避難場所を確保する」とされ、また、同年12月に決定された東南海・南海地震対策大綱においても「堅固な高

層建物の中・高層階を避難場所に利用する津波避難ビルの活用等を進める」とされたが、当時、津波避難ビルの津波に対する安全性の検証方法等は整備されていなかった。

こうした状況の中、日本建築センターに設置された「津波荷重研究会」において津波により建築物に作用する荷重の検討が行われ、2004（平成16）年に「津波に対する建築物の構造設計法（案）」としてとりまとめられた。ちなみにここで提案された設計荷重については、最大波圧となる建築物最下部で静水圧の3倍とし波圧分布は三角形分布とする等であった。この構造設計法は2005（平成17）年6月に内閣府がとりまとめた「津波避難ビル等に係るガイドライン」に反映された。（内閣府は、津波防災地域づくり法が制定されたことを受け、2017（平成29）年7月にこのガイドラインを廃止した）。

(2) 東日本大震災の被害を踏まえた津波対策の検討

2011（平成23）年3月の東日本大震災では津波により15,000人を超える犠牲者が発生し、津波対策の緊急性が再認識される。国土交通省において地震後速やかに被害調査と津波に対する構造安全性の検証が開始され、2011（平成23）年11月に「津波に対し構造耐力上安全な建築物の設計法等に係る追加的知見について」がまとめられ、都道府県あて通知された。その内容としては、津波避難ビルの構造設計法の見直し（最大波圧を静水圧の1.5倍、2倍とできる場合の設定など津波波圧算定式の合理化等）、避難場所の高さの考え方の提示（浸水深の高さの階の2以上の階とする等）、災害危険区域の制限の考え方等である。

(3) 津波防災地域づくり法の制定

東日本大震災の教訓を踏まえ、2011（平成23）年12月に「津波防災地域づくりに関する法律」が制定された。この法律では、国による基本方針の策定、都道府県による津波浸水想定（浸水区域、水深）の設定・公表、市町村による津波防災地域づくりの推進計画の作成、都道府県知事による津波災害警戒区域及び津波災害特別警戒区域の指定等が定められた。

このうち、津波災害警戒区域では、市町村長が指定避難施設を指定することができることとされており、その施設の安全上の基準は前述の国土交通省が通知で示した構造設計法の考え方を基にしている。また、津波災害特別警戒区域における特定建築行為の制限（社会福祉施設、学校、医療施設等の建築には許可が必要となる。）に係る許可の基準にも同じく構造設計法が活用されている。

2018（平成30）年11月現在、津波の影響が想定される40都道府県のうち35道府県で津波浸水想定が設定され、10市町で推進計画が策定されている。また、10道府県において津波災害警戒区域が指定されている。

5 被災建築物の応急危険度判定及び被災度区分判定

(1) 判定基準等の整備

1980（昭和55）年に相次いで発生したアルジェリア地震や南イタリア地震の際に余震による二次的被害の発生や復旧の遅れによる間接的被害の拡大等がみられ、余震への対策や震後の復旧対策の重要性が認識された。1981（昭和56）年度から60年度にかけて建設省総合技術開発プロジェクト「震災構造物の復旧技術の開発」が実施され、その成果として「建築物の震災復旧技術マニュアル（案）」がとりまとめられた。ちなみに、この研究成果の方法はプロジェクトの実施中の1985（昭和60）年9月に発生したメキシコ地震で適用が試みられ、応急危険度判定と被災度区分判定の有用性が確認された。

その後、1991（平成3）年度に一般技術者向けの普及版として「震災建築物等の被災度判定基準

及び復旧技術指針」が日本建築防災協会から発行され、講習会等を通じて普及活動が行われた。

(2) 応急危険度判定の実施

1995（平成7）年の阪神・淡路大震災において、我が国で初めて組織的に応急危険度判定が実施され、延約6,500名の判定士により約47,000棟の建築物の判定が行われた。その後、その社会的有用性が認識され、これまでに阪神・淡路大震災を含め25の地震において、延約34,200名の判定士により約328,600棟の被災建築物について応急危険度判定が実施されている（2018（平成30）年12月末現在）。

(3) 応急危険度判定の実施体制の整備

応急危険度判定の実施体制については、阪神・淡路大震災以前も静岡県と神奈川県で体制作りが行われていたが、震災後の1996（平成8）年4月に、建設省、都道府県及び建築関係団体により全国被災建築物応急危険度判定協議会が設立され、本格化する。

この協議会では、応急危険度判定要綱・マニュアルの整備、全国的な支援体制の構築、全国連絡訓練、判定士に対する補償制度の整備等の活動が行われている。また、この協議会との連携のもと、都道府県において、応急危険度判定士の養成、判定の実施・支援体制の整備が行われている。

なお、応急危険度判定マニュアルにより講習を受けた建築士等が応急危険度判定士として登録されることとなっており、2018（平成30）年3月末現在109,296名の判定士が登録されている。

6　まとめ

以上のように、建築物の地震防災対策はこれまで様々な法制度の整備や補助制度等の拡充により施策の充実が図られてきた。しかしながら、防災対策の目標は一朝一夕には達成できるものではなく、現状においても減災の目標が達成されたとは言えない状況にある。一方で、南海トラフ沿いの巨大地震や首都直下地震等の切迫性が指摘されており、被害軽減のためには目標達成に向けて防災対策の更なる加速が求められている。

最後に、本節をまとめるに当たり、資料提供等ご協力いただいた国土交通省住宅局の担当者、日本建築センター及び日本建築防災協会に感謝申し上げる。

4-2 木造建築物と建築基準

　1950（昭和25）年制定時の建築基準法の単体
規定は、ほぼ半分が木造建築物の防火規定であっ
た[1]。この節では、建築基準法制定以降の木造建
築物の建築基準の変遷とその背景について、防火
規定を中心に概観する。

1　建築基準法制定まで

　建築基準法制定時の木造の建築基準を考察する
に当たって、まず、それまでの前史的な流れを大
まかに掴んでおきたい。

1　1　江戸時代

　そもそも我が国の建築規制は、建築基準法のよ
うな最低基準という意味では、都市火災対策が源
流となっている。江戸時代には、都市で木造稠密
市街地が形成され、江戸だけでも計100回近くの
大火が発生したと言われており、幕府は様々な防
火対策を講じた。

　江戸城天守閣が焼け落ち江戸時代最大の大火と
いわれる明暦の大火（いわゆる振袖火事、1657
年）の後、幕府は御三家屋敷、大名屋敷や寺社の
移転、火除地の新設、広小路の整備等の都市計画
的対策を講じた[2]。

　また、8代将軍吉宗治世の享保年間（1716年
～）には、人口の増大等から都心地を空地のまま
空けておくことは次第に困難となり、相次ぐ大火
への対策として、それまで倹約の見地から抑制し
ていた土蔵造、塗屋、瓦屋根等の防火建築を奨励
することとし、旗本に金を貸与した上で瓦葺、塗
屋、蛎殻葺とすることを命じ、町家についても特
定地域で防火家作を命じた[3]。これは後世の防火

地域制による建築規制や都市不燃化助成につなが
るものである。

　ただし、不燃建築は当時の人々にとって経済的
負担が大きすぎるため厳格には実施されず、その
後も江戸は災害に脆弱な木造都市のまま残ること
になった。

1　2　明治時代

(1)　不燃街の建設

　1872（明治5）年、銀座一帯約95haを焼失す
る大火が発生し、その復興対策として、有名な銀
座煉瓦街の建設が行われた。事業に当たっては東
京府により煉化石建築規則が定められて建設基準
的な役割を果たした。当初東京全市を不燃化する
方針で始められたこの事業は銀座の大通り付近の
街区を不燃化したが、資金面や市民の反発で次第
に継続困難となり、1877（明治10）年に当初計画
は断念された[4]。

　なお、1890（明治23）年以降、丸の内一帯にも
煉瓦造の不燃街が建設されたが、これは建築規則
によるものではなく、用地取得した三菱の木造禁
止の方針により実現したもので、現在の丸の内の
オフィス街の基となっている[5]。

(2)　建築規則の制定（東京防火令等）

　建築規制による防火対策としては、1881（明治
14）年、東京府布達として東京防火令が定められ
た。これは、都心部に防火路線を指定し煉瓦石
造、土蔵、石造に限るとともに、都心の一定地域
内のすべての家屋の屋根を不燃材料で葺くことと
したもので、近代的な防火地域制の始まりであ
る。この種の防火規則は、明治期において各地の

府県で定められた。さらに、1909（明治42）年には、衛生、市街地環境等も含め広く一般的な建築規則である大阪府建築取締規則が制定された。

1 3 大正時代～建築基準法制定まで

(1) 市街地建築物法の制定

その後、各府県で定められた建築規則の蓄積や、建築学会における検討を踏まえて、総合的な建築規制制度制定の機運が高まり、1919（大正8）年、市街地建築物法が制定された。1920（大正9）年には同法施行令及び施行規則が定められて同法が施行され、1923（大正12）年には同法に基づく特殊建築物耐火構造規則が定められた。当時の主な木造建築物の規定としては、次のものがある。

① 木造の高さ制限（市街地建築物法施行令第5条）

　　木造建築物は、高さ50尺（約15m）以下、軒高38尺（約11.5m）以下、階数3以下とすること。

② 屋根の不燃化（同法施行規則第27条）

　　屋根は原則として不燃材料で覆葺すること。

③ 防火壁の設置（同法施行規則第29条～第32条）

　　建築面積200坪（約660m²）以上の建築物は、防火壁で200坪以内ごとに区画すること。ここで、防火壁とは、耐火構造で外壁に達し屋上に突出する等の基準に適合するものをいう。

④ 防火地区（甲種、乙種）内の建築制限（同法施行規則第118条～第135条）

　　甲種防火地区内では外壁を（一定規模以上の建物は内部構造も）耐火構造、乙種防火地区内では外壁を耐火構造又は準耐火構造とすること。

ここで、耐火構造とは鉄筋コンクリート造等の

仕様が列挙され現在の耐火構造の概念とほぼ同じだが、準耐火構造とは木造で1寸2分（3.6cm）以上のセメント、モルタル塗等の仕様が列挙され、現在の防火構造（木造で鉄網モルタル塗2cm以上＋屋内防火被覆）よりは耐火構造寄りの概念と思われる。従って、甲種防火地区は現在の防火地域に近いが、乙種防火地区は現在の準防火地域よりも制限が厳しく甲種防火地区をやや緩和した性格の地区と言えよう。

1922（大正11）年から1923年にかけては、東京市、大阪市、名古屋市、京都市、横浜市、神戸市の6大都市において防火地区の指定が行われた[6]。

⑤ 特殊建築物の構造制限（市街地建築物法第14条ノ規定ニ依ル特殊建築物耐火構造規則第1条～第3条）

　　劇場、集会場、旅館、百貨店、自動車車庫、倉庫等の特殊建築物は、その用途、階数、規模に応じ、a）主要構造部を耐火構造、b）外壁を耐火構造、c）外壁を耐火構造又は準耐火構造　とすること。

なお、共同住宅及び学校については、この時点では規制対象となっていなかった。

(2) 関東大震災

市街地建築物法施行からわずか2年9か月後の1923（大正12）年9月、関東大震災が発生し、死者・行方不明者約10万5,000人、全半焼全半壊等約55万8,000棟という未曽有の被害が生じた[7]。折からの強風にあおられて広範囲に市街地火災が起こり、本所被服廠跡（現・墨田区横網町公園）では、多くの人々が大八車に家財道具を満載して避難したところに大規模な火災旋風が発生し、約6万7,000m²の広場で約3万8,000人が犠牲になった[8]。

これを受けて、1924（大正13）年、市街地建築

物法の技術基準が改正された。木造については延焼防止の観点から高さ制限が高さ42尺（約13m）以下、軒高30尺（約9m）以下に強化された。この規制値は2018（平成30）年の建築基準法改正により改正されるまで同じ数値で94年続いたことになる。なお、震災被害は構造規定に大きな影響を及ぼし、世界的にみてもきわめて早い時期に水平震度法により地震力を法令に規定した耐震基準が定められ[9]、また、それまで奨励されてきた煉瓦造はこの後急速に廃れることになった。

また、東京市では、震災被害を踏まえて、1925（大正14）年、防火地区の指定が強化された。この結果、甲種防火地区として集団式指定約115万坪（約380ha）、路線式指定42区間約43万坪（約143ha）、乙種防火地区として集団指定約6万坪（約20ha）、路線式指定12区間約11万坪（約37ha）が指定された（図1）。これは東京市の7.4%に相当する。後の建築学会会長佐野利器をはじめ専門家からはさらに広範な防火地区指定の必要性を指摘する声があったものの[10]、不燃建築は経済負担が大きく、都市火災対策の観点から本来望まれる地区指定は容易に進まなかった。なお、東京、横浜では、防火地区指定と併せて、防

火地区建築補助規則に基づき復興建築物に対する補助が行われ[5]、これは戦後の防火建築帯造成事業の補助につながる。

一方、全国の各都市では、防火地区の指定自体がほとんど進まなかった。6大都市から始まった市街地建築物法の適用都市は制定以降拡大を続け、1938（昭和13）年時点では146市374町村まで増加したが、このうち防火地区が指定されたのは、制定当時の6大都市に1934（昭和9）年の函館大火を受けて指定した函館市を加えた7都市にとどまった[6]。

(3) 木造家屋の火災実験

関東大震災から10年後の1933（昭和8）年から1938年にかけて3回にわたり、後の東大総長内田祥三の発意により東大で木造家屋の実大火災実験が行われた（写真1）。その結果、当時一般的であった木造家屋（特段の防火措置のないいわゆる裸木造）の火災性状について、火事温度は比較的高いが、継続時間は極めて短く、約30分で全焼倒壊する、と定式化された[12]。火災実験はその後も数多く行われ、これらの研究の成果は、建築学会により木造平屋建て及び二階建ての火事温

図1　大正14年の東京市の防火地区指定[11]

写真1　第1回東大実大火災実験[13]

度標準曲線としてまとめられた[13]。

　なお、これらの火事温度標準曲線は、後のJIS A1301（建築物の木造部分の防火試験方法）による標準加熱曲線の基礎となり、2000（平成12）年建築基準法の性能規定化の施行に伴い、国際標準であるISO 834（Fire-resistance tests）[14]による標準加熱曲線に統一されるまで、防火構造等の認定に利用された。

(4)　特殊建築物規則

　1932（昭和7）年、日本橋白木屋百貨店で、当時の高層建築物としては初めての火災が発生した（**口絵4**）。これを契機として、1936（昭和11）年、市街地建築物法に基づき特殊建築物規則が制定された。この規則は、基本的には特殊建築物の避難規定を詳細に規定したものであったが、主要構造部の構造制限についても特殊建築物耐火構造規則より一部規制を強化しており、例えば、従来規定されていなかった3階建て共同住宅及び学校についても主要構造部を耐火構造とすることとされた。後年、規制緩和要望の中心となった木造3階建て共同住宅及び学校の規制の起源は、ここにある。

(5)　防空規制

　防空とは、戦時の航空機の来襲による危害防止等のため軍以外が行う灯火管制、消防、避難等を

いう[15]。1937（昭和12）年、防空法が制定され、1938（昭和13）年には市街地建築物法の改正により防空上の技術基準を定める根拠規定が整備され、1939（昭和14）年、防空建築規則が制定された。

　防空建築規則では、木造建築物に対する防火規定のほか、対弾構造や爆弾に対する防護室の設置、空襲に対する偽装等が定められたが、木造防火で特に重要な規定として、次のものがある。

○　隣地等から一定距離内の防火構造化（防空建築規則第4条）

　隣地境界線又は道路中心線から3m（地盤面より高さ4mを超える部分は5m）未満の部分を防火構造とすること。法令上は防火構造という用語は用いられていなかったが、木造で2cm以上の鉄網モルタル塗等の仕様が列挙されており、現在の防火構造に近い概念である。この規定は、現在の延焼のおそれのある部分の外壁等の防火制限に相当するもので、それまでの防火地区内の耐火構造化の手法よりも幅広い木造建築物を対象としており、敵機の空襲による焼夷弾攻撃で同時多発火災が発生した場合への対策と説明されている[16]。規制根拠となる木造家屋の火災性状や防火構造等の仕様については、東大火災実験以降防空建築規則下の時代まで数多く行われた研究成果が反映された[13]。

　また、既存の木造建築物に対しては防火改修が進められ、国庫補助が行われた[16]。

　しかしながら、これらの対策が十分な成果を上げる間もなく我が国は本格的な戦時体制に突入し、建築統制も次第に強まり、主要都市の多くは火災に脆弱な都市構造のまま、太平洋戦争を迎えることになった。

(6)　太平洋戦争による空襲被害

　太平洋戦争が始まり、戦局の悪化に伴って各都市が空襲を受けた。その被害は、被災都市160以

上、全半壊戸数12万戸、全半焼戸数227万戸、焼失区域14,700万坪（約485km²）という想像を絶する規模に及んだ。最大の被害を受けた1945（昭和20）年3月10日の東京江東方面の攻撃（いわゆる東京大空襲）では、一夜にして東京35区のほぼ3分の1が焼失し、8万3,793人が死亡した[5]。

我が国の空襲被害の特徴は、都市のほとんどが防火措置の不十分な木造で占められていたため、欧州の被災都市と比べて焼夷弾攻撃で容易に延焼した点にある[17]。日本家屋が燃えやすいよう開発された粘性のある油脂（ナパーム）を用いた焼夷弾が低空から大量に投下され、広範囲に炎上し激しい大火災となった[18]。上記の戦災による全半焼戸数が全半壊戸数の約20倍に及んでいることは、このことを如実に示している。

2　建築基準法の制定

戦後、新憲法の下で、1950（昭和25）年に建築基準法が制定されたわけであるが、制定時の木造建築物の基準には、ここまで述べた歴史的な流れなどの背景が色濃く反映している。ここでは、その背景と制定時の基準の概要について述べる。

2　1　木造建築物の基準整備の背景

⑴　戦災の教訓を踏まえた都市不燃化

文字通り焦土と化した戦争の惨禍を踏まえ、都市不燃化の必要性が強く叫ばれた。さらに、戦後も建築物の大半は木造で、材料事情が悪化しバ

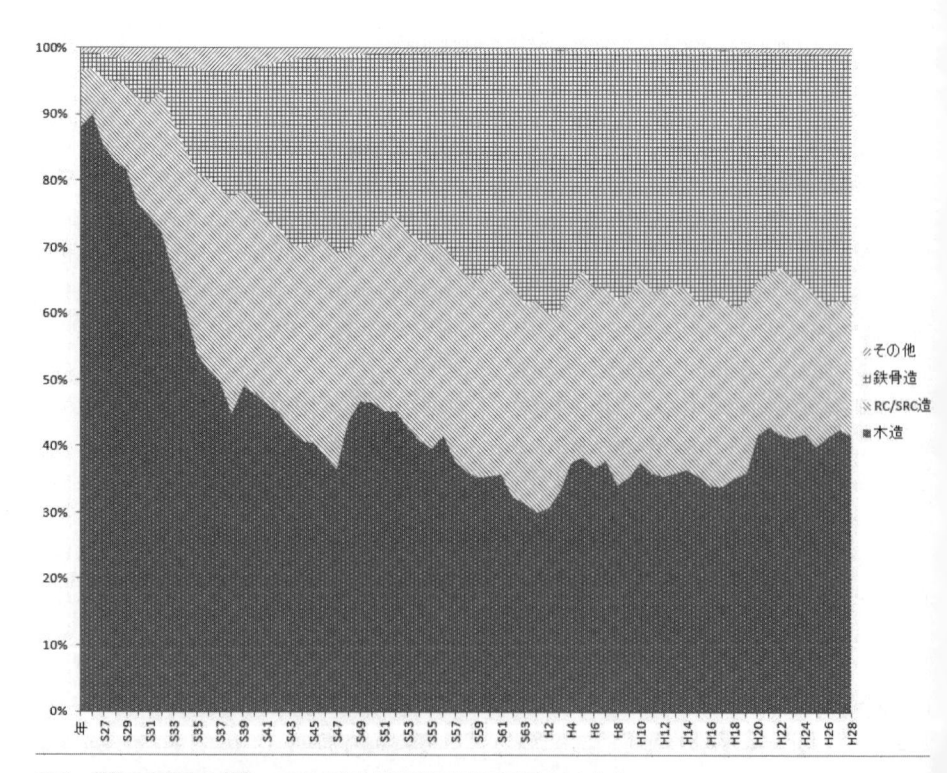

図2　戦後の木造率の推移　※国土交通省「建築着工統計調査報告」より作成

表1 1950年代及び1960年代初頭の主な大規模
木造建築物火災[19]

出火年月日	出火建築物	焼損規模	死者数
昭和26年5月19日 (1951年)	大原劇場 (北海道)	－	39
昭和26年12月2日 (1951年)	市立釧路病院	－	18
昭和26年12月16日 (1951年)	松阪市立 第二小学校	－	0
昭和28年4月5日 (1953年)	民衆映画劇場 (宇都宮市)	1,359m²	6
昭和28年6月25日 (1953年)	加茂中学校 倉見分校 (岡山県)	－	14
昭和29年1月16日 (1954年)	映画館富士館 (小樽市)	666m²	7
昭和29年4月5日 (1954年)	国立 肥前療養所 (佐賀県)	1,200m²	12
昭和30年2月17日 (1955年)	聖母の園 養老院 (横浜市)	3,036m²	99
昭和30年6月18日 (1955年)	式場精神病院 (千葉県)	947m²	18
昭和30年10月1日 (1955年)	新潟県教育庁	－	1
昭和31年5月3日 (1956年)	小樽市立色内 小学校	－	0
昭和31年8月18日 (1956年)	大館市某旅館	－	0
昭和33年12月27日 (1958年)	鹿児島県 瀬戸内町 某マーケット	－	0
昭和34年1月27日 (1959年)	美幌銀英座 (北海道)	673m²	12
昭和34年1月28日 (1959年)	多良木病院 (熊本県)	－	12
昭和35年1月6日 (1960年)	衣笠病院 (横須賀市)	2,566m²	16
昭和35年3月19日 (1960年)	国立療養所 久留米病院	1,223m²	11

注)死者数は、出火建築物のみで延焼先を含まない。

ラック街の形成など不良建築が多数存在する状況にあり、また、大規模木造建築物の火災や大火が頻発していた（**表1、表2**）。

このような状況の下で、1948（昭和23）年には日本建築学会をはじめ消防、損害保険、建設等の有志団体が建設省等の省庁の支援を受けて（社）都市不燃化同盟が設立され、1949（昭和24）年には都市不燃化促進議員連盟が設立され、1950（昭和

25）年には防火地域内に建設する不燃建築物への国庫補助などの措置を求める「都市建築物の不燃化促進に関する決議」（**DVD**4-2-1）が衆議院でされるなど、都市不燃化促進のための運動が活発に展開された[5]。当時、同同盟の設立を含め都市不燃化運動を強力に牽引した東工大の田邊平学は、海外の諸都市も元来は我が国と同様の木造都市だったものを不燃都市の建設へと転換した歴史を示し、不燃化なくして都市復興なし、と説いた[20]。

当時の文献によれば、ロンドンでは、一般の民家は大部分が木造であったが、1666年の大火で市域の東半分が焼失し、復興に当たって国王チャールズ二世の改革方針の下で建物の外壁には木造を厳禁するなど断固たる対策をとった結果、ロンドンは不燃都市として更生し、ヨーロッパ諸都市に影響を及ぼしたこと、また、サンフランシスコでは、1906年の大震災による大火を教訓に不燃都市建設が進められ、ドイツの諸都市では既に15世紀に木造禁止令を発した例があること、などが紹介されている[21]。

このような時代の雰囲気の中では、都市不燃化の理念が当然のこととして受け入れられたことは想像に難くない。当時の木造防火の技術的知見は東大火災実験の延長にあり、木造＝燃える、という図式が成立していた。

また、関東大震災以降煉瓦造は廃れ、不燃建築と言えば鉄筋コンクリート造やコンクリートブロック造を指していた。従って、都市不燃化の最大の隘路は、不燃建築のコスト高にあった。

このため、建築規制と併せて、防火地域内で耐火建築と木造建築の差額の補助を行う防火建築帯造成事業が行われ、1952（昭和27）年には耐火建築促進法が制定された。当時、不燃建築の建築コストは木造の5割高程度であり、戦前（木造の2倍以上）よりは低下したものの、不燃建築の普及は経済的に厳しいとみられていた。不燃建築は高層化が可能であるので高地価の地区で高層化すれ

表2　1946（昭和21）年以降の大火記録　※総務省消防庁「平成29年度版　消防白書」付属資料より作成

出火場所	出火年月日及び時刻	死者数	負傷者数	焼損棟数	焼損面積（㎡）	気象状況 天気	風向	平均風速(m/s)	最大風速(m/s)	相対湿度(%)
新潟県村松町	昭和21年（1946年）5月8日 18時30分	2	59	1,337	135,231	晴	SE	8.0	15.0	50
福島県田島町	21年 5月20日 1時30分	—	31	515	44,781	晴後小雨	WNW	3.3	11.3	77
長野県飯田町	21年 7月15日 12時15分	—	4	198	33,500	晴	SE	4.0	12.0	39
青森県五所川原町	21年 11月23日 19時40分	—	9	594	76,303	曇後晴	NW	10.0	15.0	49
新潟県両津町	22年（1947年）4月17日 15時40分	—	—	315	57,806	晴	SW	14.0	15.0	—
長野県飯田市	22年 4月20日 11時48分	—	—	3,742	481,985	晴	W	5.5	13.0	33
茨城県那珂湊町	22年 4月29日 17時20分	—	6	1,508	80,451	晴	NW	4.3	11.7	64
北海道三笠町	22年 5月16日 10時00分	2	4	488	40,260	晴	SW	13.0	20.0	42
宮崎県宮崎市	22年 12月7日 5時10分	—	—	65	33,000	晴	NW	1.8	4.3	59
北海道喜茂別村	23年（1948年）5月11日 2時05分	1	2	180	35,805	晴	ESE	3.0	12.0	64
秋田県能代市	24年（1949年）2月20日 0時30分	3	874	2,238	210,411	晴	NW	15.7	15.9	59
北海道古平町	24年 5月10日 11時30分	2	52	721	103,274	・・・	SW	15.0	30.0	30
山梨県谷村町	24年 5月13日 2時00分	—	17	334	60,222	薄曇	WSW	13.0	14.3	54
静岡県熱海市	25年（1950年）4月13日 17時23分	—	3,277	1,461	141,900	曇	SE	15.0	30.3	55
長野県上松村	25年 5月13日 23時50分	18	153	615	85,000	晴	NW	10.0	15.0	26
秋田県鷹巣町	25年 6月1日 21時40分	—	242	599	61,727	晴	NE	10.0	10.0	74
山形県温海町	26年（1951年）4月24日 23時頃	—	225	376	45,124	晴	W	13.0	15.0	66
三重県松阪市	26年 12月16日 23時40分	—	195	1,155	52,315	晴	WNW	7.1	12.0	48
鳥取県鳥取市	27年（1952年）4月17日 15時頃	3	3,963	7,240	449,295	薄曇	SSW	10.8	22.5	28
北海道岩内町	29年（1954年）9月26日 20時20分	33	551	3,299	321,311	曇	SSE	21.7	33.0	82
秋田県大館市	30年（1955年）5月3日 13時25分	1	20	345	38,211	晴	ENE	13.0	13.0	39
新潟県新潟市	30年 10月1日 2時50分	1	275	892	214,447	曇	WSW	20.2	33.6	59
鹿児島県名瀬市	30年 12月3日 4時00分	—	—	1,361	65,997	晴	N	5.4	8.0	52
秋田県能代市	31年（1956年）3月20日 22時50分	—	19	1,475	178,933	曇	NNE	14.5	21.7	61
福井県芦原市	31年 4月23日 6時40分	1	349	737	建物 72,498 / 林野 32ha	曇	SSE	14.8	25.0	50
秋田県大館市	31年 8月18日 23時45分	—	16	1,344	156,984	曇	SE	8.7	12.2	87
富山県魚津市	31年 9月10日 19時45分	5	170	1,677	175,966	晴	SSW	9.3	17.0	53
新潟県分水町	32年（1957年）4月2日 1時00分	—	176	378	36,274	曇小雪	SW	7.4	—	60
鹿児島県瀬戸内町	33年（1958年）12月27日 23時30分	—	48	1,628	建物 66,314 / 林野 600ha	晴	NNW	10.0	15.0	47
岩手県新里町（三陸大火）	36年（1961年）5月29日 13時39分	5	97	1,062	建物 53,047 / 林野 40,366ha	晴	WSW	30.0	—	60
青森県八戸市	36年 5月29日 23時40分	—	—	720	51,752	晴	SW	14.2	—	60
北海道森町	36年 10月23日 23時30分	—	80	554	44,664	晴	W	5.5	—	72
長崎県福江市	37年（1962年）9月26日 2時10分	—	28	486	64,698	晴	NNE	7.5	15.0	66
新潟県新潟市（昭和石油KK）	39年（1964年）6月16日 18時00分	—	—	346	57,282	晴	W	5.2	—	60
岐阜県各務原市（川崎航空KK工場火災）	39年 10月11日 18時00分	—	1	6	34,116	晴	NE	1.0	—	96
東京都大島町	40年（1965年）1月11日 23時10分	—	—	585	37,453	晴	WSW	22.0	—	40
青森県三沢市	41年（1966年）1月11日 14時15分	—	26	282	53,537	晴	W	22.0	25.0	53
秋田県大館市	43年（1968年）10月12日 11時40分	—	1	281	37,790	曇	WSW	5.7	—	52
石川県加賀市	44年（1969年）5月18日 13時10分	—	16	68	33,846	晴	S	8.0	—	44
山形県酒田市	51年（1976年）10月29日 17時40分	1	1,003	1,774	152,105	雨	WSW	12.2	26.3	68
滋賀県甲西町（東洋ガラスKK倉庫火災）	55年（1980年）1月12日 20時50分	—	—	2	47,871	曇	E	0.0	—	83
兵庫県神戸市長田区	平成7年（1995年）1月17日 5時47分	8	—	441	75,840	曇	NW	5.0	—	54
兵庫県神戸市長田区	7年 1月17日 5時47分	60	—	750	57,459	曇	NNE	5.0	—	70
兵庫県神戸市長田区	7年 1月17日 5時47分	73	—	996	89,099	曇	NE	5.0	—	54
兵庫県神戸市兵庫区	7年 1月17日 5時50分	40	—	699	94,787	曇	NE	5.0	—	54
兵庫県神戸市長田区	7年 1月17日 9時頃	48	—	1,130	142,945	曇	NNE	1.0	—	70
兵庫県神戸市長田区	7年 1月17日 10時頃	5	—	404	72,295	晴	NNE	4.0	—	58
栃木県黒磯市	15年（2003年）9月8日 12時頃	—	—	1	39,581	曇	S	3.0	—	81
岩手県山田町	23年（2011年）3月11日 15時頃	—	—	270	35,910	曇	SSW	1.0	—	38
岩手県山田町	23年 3月11日 15時30分	—	—	223	33,082	曇	SSW	1.0	—	38

（備考）　1　「火災報告」により作成
　　　　　2　大火とは、建物の焼損面積が3万3,000㎡（1万坪）以上の火災をいう。

ば経済的に成立するとの試算はあったが、建築当局は、当時の生産力や所得水準の実態を踏まえるとこれにも限界があり、不燃建築を経済的基盤に乗せ得るのは公共投資以外にない、と考えていたようである[22]。

周知のとおり、その後の我が国の高度経済成長と都市化の進展により当時のこの予測は覆され、結果的に都心部を中心に高層化と不燃化が民間ベースで進むことになる。法制度としても、耐火建築促進法はその後防災建築街区造成法（1961（昭和36）年）に引き継がれ、土地区画整理法の流れを汲む市街地改造法（「公共施設の整備に関連する市街地の改造に関する法律」、1961（昭和36）年）と合わせて、1969（昭和44）年、都市再開発法へと発展していくことになる。

(2) 木材消費の抑制

もう一つの背景として、森林資源の擁護の観点からの木材使用の抑制方針があった。当時、戦時中は軍需物資として、戦後は復興用の建築資材や紙原料として木材需要がひっ迫していたため、戦中戦後を通じて濫伐が続き、森林資源は荒廃し、保水力を失った山地で水害が多発するなど問題が生じていた。このため、木材消費の抑制策として、1951（昭和26）年には「木材需給対策」（**DVD** 4-2-2）、1955（昭和30）年には「木材資源利用合理化方策」（**DVD** 4-2-3）がそれぞれ閣議決定され、都市建築物の耐火構造化、国・地方公共団体が率先垂範しての耐火建築の普及奨励、防火地域の拡大、用途規模により建築物の木造禁止の範囲の拡大等が定められた。

2 2 制定時の木造の基準の概要

(1) 防火規定の概要

このような背景を踏まえ、建築基準法制定に当たっては、木造建築物の防火対策が非常に重要視された。制定時の木造の防火規定を要約すると、

次のとおり。なお、これらの他、法第20条に木造以外も含めた構造規定が、その他衛生、材料品質等の一般規定があるが、省略する。

① 大規模木造建築物の高さ制限等（建築基準法第21条）
　　木造建築物は、高さ13m、軒高9m、延べ面積3,000m²以下とすること。

② 22条区域内の建築物の屋根・外壁（同法第22条、第23条）
　　22条区域（特定行政庁が防火地域及び準防火地域以外の市街地について指定する区域）内の木造建築物は、屋根を不燃化し、外壁の延焼のおそれのある部分を土塗り壁等とすること。

③ 22条区域内の木造の特殊建築物の外壁等（同法第24条）
　　22条区域内の木造の特殊建築物は、外壁等の延焼のおそれのある部分を防火構造とすること。

④ 大規模木造建築物の屋根・外壁（同法第25条）
　　延べ面積が1,000m²を超える木造建築物は、屋根を不燃化し、外壁の延焼のおそれのある部分を防火構造とすること。

⑤ 防火壁の設置（同法第26条）
　　延べ面積が1,000m²を超える木造建築物は、防火壁で床面積1,000m²以内ごとに区画すること。

⑥ 特殊建築物の構造制限（同法第27条）
　　特殊建築物は、その用途、階数、規模に応じ、主要構造部を耐火構造とすること。

⑦ 防火地域内の構造制限（同法第61条）
　　防火地域内の延べ面積100m²を超える建築物は主要構造部を耐火構造とし、その他の建築物は外壁を耐火構造とすること。

⑧ 準防火地域内の構造制限（同法第62条）
　　準防火地域内の階数3以上又は延べ面積

500m²を超える建築物は主要構造部を耐火構造とし、木造の建築物は外壁・軒裏の延焼のおそれのある部分を防火構造とすること。

⑨　界壁、隔壁の設置（同法施行令第114条）

共同住宅、長屋の各戸の界壁は防火構造等とすること。建築面積300m²を超える建築物の木造小屋組みには桁行12mごとに防火構造等の小屋裏隔壁を設けること。

⑩　大規模木造建築物の敷地内通路（同法施行令第129条）

延べ面積1,000m²を超える木造建築物は、周囲に幅員3m以上の通路を設けること。

(2)　市街地建築物法と建築基準法との対応関係

以上をみると、制定当時、既にほぼ現行の建築基準法と同様の木造の防火規定の骨格ができ上がっていることが分かる。新旧法令の対応関係について、制定当時の「建築基準法令解説」では、「防火地域又は準防火地域以外のところでも木造の建築物はその外面を従来より一層防火的にし、更に全国的に公衆と密接な関係のある用途に供する建築物又は大規模な木造の建築物については、防火上の制限が強化されたのである」と述べている[23]。

具体的にみてみよう。①〜⑤は全国又は一般的な市街地における延焼防止（一部は避難安全確保も含む）のための規定である。①の高さ制限は関東大震災後に強化された規定を、②の屋根不燃は市街地建築物法制定時の規定を、それぞれ引き継いだと考えられるが、①は旧法と比べて延べ面積3,000m²制限が新設され、②は旧法と比べて外壁の制限が強化されている。③は直近の規制である1948（昭和23）年の臨時防火建築規則[24]で新設されたものを引き継いでいる。なお、④は防空建築規則で戦時中の1942（昭和17）年に追加された類似の規制よりも対象となる規模が600m²から1,000m²に引き上げられる等、緩和されてい

る。⑤の防火壁についても、区画すべき規模が旧法の200坪（直近の規制である臨時防火建築規則では600m²）から1,000m²に緩和されている。

⑥の特殊建築物の構造制限については、市街地建築物法の特殊建築物耐火構造規則及び特殊建築物規則とおおむね同じ用途を対象としているが、旧法の準耐火構造は新法では姿を消し、耐火構造に制限内容が一本化されている。なお、準耐火構造は、1992（平成4）年の建築基準法改正により、全く別の定義で再登場することになる。

⑦、⑧の防火地域制については、防火地域は市街地建築物法の甲種防火地区がやや強化されて引き継がれている。一方、準防火地域は、市街地建築物法の乙種防火地区とはかなり異なっており、直近の規制である臨時防火建築規則で規定された準防火区域（防空建築規則以来の木造の防火構造化を制限内容とする）を基本として、乙種防火地区よりもかなり対象建築物の規模を限定した構造制限を組み合わせたものである。⑥と同様に準耐火構造はなくなり、耐火構造と防火構造の二本立ての制限内容となっている。このため、現行規定よりも耐火構造とすべき範囲が広く厳しい制限となっていたことが注目される。なお、法律上は、附則により原則として甲種防火地区は防火地域に、乙種防火地区及び準防火区域は準防火地域に指定されたものとみなされた。

⑨は、直近の規制である臨時防火建築規則で規定されたものが強化された。

⑩は、市街地建築物法施行規則上の知事の権限として行われていたものを具体化し規定した[25]。

3　建築基準法制定以後の"空白"の時代

建築基準法制定以降、木造の建築基準は、1987（昭和62）年の建築基準法改正を皮切りに規制緩和の時代が始まるまで、ほとんど顧みられることのない空白の時期が続いた。以下では、この間の

単体規定全体の動向を概観した上で、数少ない木造に関係する改正や次の時代への萌芽ともみられる動きについて述べる。

3 1 この間の単体規定全体の動向

(1) 防火規定

防火規定全体としては、この間、建築物の大規模化、高層化といった社会の変化や数々の火災の教訓などを踏まえて逐次改正が行われており、むしろ激動の時代であった。

1959 (昭和34) 年には劇場火災の続発などを契機に内装制限が導入された。昭和40年代に入って金井ビル火災 (1966 (昭和41) 年、死者12名)、菊富士ホテル火災 (同年、死者30名)、池之坊満月城火災 (1968 (昭和43) 年、死者30名) 等の大火災が続発し[26]、1969 (昭和44) 年には竪穴区画や避難経路の内装制限等の対策が強化され、さらに翌1970 (昭和45) 年の建築基準法の大改正で、排煙設備、非常用エレベーター等の防災設備の設置を義務付けるとともに、内装制限を大幅に強化するなど、今日の防火規定の骨格がほぼ固められた。

なお、この後も千日デパート火災 (1972 (昭和47) 年、死者118名)、大洋デパート火災 (1973 (昭和48) 年、死者103名) のような空前の大火災が起こり[26]、1974 (昭和49) 年、既存不適格建築物にも防火規定を遡及適用させる建築基準法の改正案が国会に提出されたが、継続審査の上、1976 (昭和51) 年、議院修正により関係条項が削除され、成案はならなかった。

これらの改正経緯を概観して指摘できることは、制定以降一貫して建築物単体の避難対策について重点的に改正が行われてきたこと、及び改正の大半が規制強化であったことである。一方、市街地大火については、昭和40年代前半まではほぼ毎年のように発生していたが、それ以降の昭和時代には酒田の大火 (1976 (昭和51) 年) を除い

て発生しなくなった (**表2**参照)。これは、防火地域制等による制限の実効があがってきたこと、及び消防力が整備されてきたことによるものと言えよう。

(2) 構造規定

構造規定についても、建築物の大規模化、高層化といった社会の変化や数々の地震の教訓などを踏まえて様々な見直しが行われた。

1961 (昭和36) 年、特定街区制度の創設に伴い高さ31m制限が緩和され、地震応答解析による超高層ビルの建設が38条認定を取得することで可能となった。

1964 (昭和39) 年の新潟地震、1968 (昭和43) 年の十勝沖地震の被害を踏まえて、1971 (昭和46) 年には鉄筋コンクリート造のじん性確保等を内容とする建築基準法施行令の改正が行われた。

また、後述する建設省総合技術開発プロジェクト「新耐震設計法の開発」(1972 (昭和47) ～1976年度) の成果や1978 (昭和53) 年の宮城県沖地震の被害を踏まえて、耐震基準に保有水平耐力計算等の二次設計を本格的に導入する同施行令の改正が行われ (いわゆる新耐震基準)、1981 (昭和56) 年から施行された。

木造建築物についても、必要壁量の強化等が逐次行われ、新耐震基準導入時の必要壁量は制定当初と比べて2階建ての1階で2倍以上となった[27]。

3 2 昭和34年建築基準法改正

このような中で、一般的な木造建築物の建築可能な範囲が変わったわけではないが、構造制限という意味で木造に関係する重要な改正として、制定後初めての本格的な改正である1959 (昭和34) 年の建築基準法改正による簡易耐火建築物の創設がある。

制定時の防火地域制による構造制限は、前述の

とおり耐火構造と防火構造の二本立てとなってお り、木造を防火構造とすることと比べて耐火構造 とする経済的負担は相当大きかった。また、当時 耐火的な新工法が考案されたが、実状では耐火構 造が多少緩和的に解釈され各種の耐火度のものが この枠で取り扱われ、いろいろの無理が起こって いた。さらに、軽量架構構造の発達が著しく普及 もしてきたが、法的な取扱いは木造と同列であっ た。このため、耐火構造と防火構造（もしくは木 造）との中間的構造が求められるようになり、次 の改正が行われた[28]。

○　簡易耐火建築物の創設（建築基準法第2条等）

　簡易耐火建築物を創設し、従来は耐火構造を要 求されていた建築物の一部は簡易耐火建築物で足 りることとされた。具体的には、防火地域内の2 階以下かつ100m²以下の建築物、準防火地域内 の3階かつ500m²〜1,500m²の建築物、2階を病 院、共同住宅等の用途に供する建築物でその部分 が400m²以上のもの等である。

　この改正の趣旨について、当時の稗田住宅局長 は、「新に簡易耐火建築物の規定を設けて、部分 的には、若干緩和された面もあるけれど、これと ても、都市の全体としての不燃化を容易ならしめ んとする意に他ならない。」「要は厳にすべきは厳 にし、緩にすべきは緩にして、守りやすく、守ら せやすい法律とし、建築行政の指導の下に、全体 の実体的質的向上を目指したものに他ならない。」 と述べている[29]。

　簡易耐火建築物としては、2種類の仕様が定め られた。一つ目は外壁耐火構造建築物、又は「イ 簡耐」と呼ばれたもので、外壁が耐火構造、屋根 が不燃材料、内部は木造も可能な仕様である。コ ンクリートブロック造等を想定したものである。 2つ目は、不燃構造建築物、又は「ロ簡耐」と呼 ばれたもので、柱、はりが鉄骨等の不燃材料で、 壁、床、屋根、階段が不燃材料又は準不燃材料で 造られている仕様である。鉄骨造でスレート葺き

等を想定したものである。これら2つの仕様規定 は、現在も準耐火建築物の一部として引き継がれ ている。

　なお、この改正時に、上記に加えて内装制限も 導入されたため、従来からあった不燃材料に加え て準不燃材料、難燃材料が規定されるとともに、 それぞれ防火試験方法が定められた。

3 3　伊勢湾台風による被害

　1959（昭和34）年9月、伊勢湾台風が紀伊半 島潮岬付近に上陸した後本州を縦断し、愛知、三 重、岐阜の3県を始めとして全国に大きな被害を 及ぼした。上陸時気圧929hPa、25m/s以上の暴 風域直径700kmと超大型の台風であり、豪雨に 加えて高潮を発生させ、伊勢湾沿岸に大被害を起 こした。名古屋市南部では20km²に及ぶ広範囲 の浸水を生じ、名古屋港内にあった貯木場から大 量の原木が流出して木造住宅等を破壊し、建物被 害は甚大であった。全国で死者・行方不明者は 5,000人以上、全半壊・流失建物は約14万棟に及 んだ[30]。

　この被害を受け、日本建築学会では、同年10 月、大会において「建築防災に関する決議」（**DVD** 4-2-4）を決議し、総理大臣他関係閣僚あて提出 した。この決議の4項目の中で、「防災地域の設 定」「防火、台風水害のための木造禁止」が列挙さ れている。

　また、同学会は伊勢湾台風災害調査特別委員会 等によるその後の研究成果を、1960（昭和35）年 5月に「建築物の台風災害防止に関する意見書」 （**DVD**4-2-5）としてとりまとめた。この中で、高 潮出水のおそれがある区域は、建築基準法第39 条の災害危険区域の指定を早急に行い、名古屋市 を対象とした場合の例として、建築制限内容は、 「臨海部の埋立地や河川沿岸では、じゅう分に敷 地地盤面を地上げし、かつ木造建築物や居住用建 築物を全面的に禁止する」方法が適当と考えられ

る、としている。

これが世にいう日本建築学会の木造禁止決議の経緯であり、現在、同学会では「1959年の「木造禁止」は、木造建築全般の禁止を一律に求めたものではなく、危険の著しい地域を防災地域として設定し、防災地域に対する建築制限のひとつとして「木造禁止」を提起したものです。」と説明している[31]。

3 4 枠組壁工法の導入

枠組壁工法（ツーバイフォー工法）は、北米における木造の在来工法である。昭和40年代以降、我が国にも枠組壁工法を導入しようとする動きが強まり、もともと基準がなかった構造規定について建築基準法第38条に基づく大臣認定を取得することにより建築が行われるようになった。1974（昭和49）年には、構造方法に関する補則を定める告示として枠組壁工法に関する技術基準が定められ、構造規定についていわゆるオープン化がされた。なお、防火面では、一般の木造建築物に対する規定がそのまま適用された。

当時から、北米では、近年の枠組壁工法による木造建築物は緩慢な火災性状を示すことが知られ、建築基準においても可燃構造の1時間耐火建築物として位置付けられているなど、その防耐火性能は高く評価されていた。このため、建設省では総合技術開発プロジェクト「小規模住宅の新施工法の開発」（1974（昭和49）～1975年度）を行い、構造設計、防火設計の両面で枠組壁工法を適切に定着させ、合理的に発展させるための研究開発を行った。

特に防火面においては、1976（昭和51）年に2階建て枠組壁工法住宅の実大火災実験が行われ、各室が区画されているため各室への延焼の遅延効果が大きく、床枠組が燃焼し脱落に到るまで耐火構造の火災性状を示し、さらに壁枠組の大部分が消失するまで外壁不燃材料を保持し、外部への延焼

の遅延効果も大きいものであることが判明した[32]。

上記の研究成果は、構造面では枠組壁工法に関する技術基準の告示改正に反映された。防火面では、建築基準法上の位置付けには直ちに結びつかなかったが、1977（昭和52）年、住宅金融公庫が融資に当たって融資上限額等について一般の木造より優遇する「不燃構造」の区分に枠組壁工法が追加された。

3 5 在来工法木造住宅等の合理化、近代化

木造住宅のための施策について、最初に体系化されたのは、1976（昭和51）年の建築審議会答申「建築生産近代化のための方策に関する答申－住宅等小規模建築工事の合理化方策について－」によってである。答申では、背景として、国民の木造住宅へのニーズには根強いものがあること、全住宅に占める木造住宅比率は低下しつつあること、戦後に計画植林された森林資源が今後大量に主伐期を迎え、林業振興の観点から木材利用促進が必要であること等を指摘した上で、在来工法木造住宅の生産供給の合理化、近代化を図るよう求めている。この趣旨に沿って、この後各種の木造住宅振興施策が講じられるようになった。1977（昭和52）年には、日本住宅・木材技術センターが設立され、研究開発の拠点となった。

また、生産供給の合理化のため、新建材が次々に開発され、木造住宅の工法も変化した。真壁については、せっこうラスボードがプラスター塗り用に開発され、伝統的な小舞下地の塗壁は昭和30年代頃から使われなくなった。また、大壁についても、昭和50年代からせっこうボード下地クロス仕上げが代表的な工法となり、この頃から和室以外にもよく使われるようになった。住宅の中で真壁よりも大壁を用いる部分が多くなり、オイルショック前後にはせっこうボードの生産量がせっこうラスボードを上回った。アルミサッシは、昭和40年代初め頃に急速に普及した[33]。

さらに、1962（昭和37）年に登場した木質系プレハブ工法についても、当初から工業化住宅として性能評価を受けて様々な製品が開発されたが、次第に接着パネル工法が主流になっていった[33]。接着パネル工法は、簡単に言えば、枠組壁工法で枠組材と面材を接合するのに釘を用いる代わりに接着剤を用いる工法である。

4 規制緩和の時代から現在まで

制定後ほとんど顧みられることなく推移した木造の建築基準を取り巻く環境は、昭和60年代に本格化した民活・規制緩和路線の下で一変し、急速な展開を見せた。ここでは、今日に至るまでの流れと木造の規制緩和の概要について述べる。

4 1 規制緩和時代の幕開け

(1) 民活・規制緩和

建築基準法が突如規制緩和の荒波に飲まれることとなった最大の理由は、当時の中曽根民活・規制緩和路線が国政の重要方針となったことにある。

① 臨調・行革審

1981（昭和56）年、臨時行政調査会（会長は土光敏夫経団連名誉会長、いわゆる「土光臨調」）が発足し、中曽根康弘行政管理庁長官の下で行財政改革が強力に推進されることになった。1982（昭和57）年には中曽根内閣が発足し、第二臨調第二次答申で許認可の整理合理化についてまとめられ、これを受けて1983（昭和58）年の建築基準法の改正による建築確認検査の合理化（いわゆる4号特例の創設等）が行われた。

臨調答申の対応状況の監視等のため、1983（昭和58）年、臨時行政改革推進審議会（行革審）が設置され、この臨調・行革審の流れに、次に述べる日米経済摩擦の激化も相まって、

民間活力の活用や規制緩和が国政の重要課題となり、1985（昭和60）年の「行政改革の推進に関する答申」では、容積規制の緩和等について提言された。

② 日米経済摩擦

当時我が国の経常収支黒字が大幅に増大する一方で、アメリカは双子の赤字（財政赤字と貿易赤字）に苦しんでおり、日米経済摩擦が激化した。1985（昭和60）年の中曽根・レーガン会談に基づき、電気通信、医薬品・医療機器、エレクトロニクス、林産物の4分野の日本における市場開放について話し合うMOSS（Market Oriented Sectors Selected：市場指向分野選択型）協議が約1年にわたって行われた。これを受けて、1987（昭和62）年の建築基準法改正を始めとする様々な施策が講じられた。

また、1985（昭和60）年には政府・与党対外経済対策推進本部において「市場アクセス改善のためのアクション・プログラムの骨格」が決定され、建築基準法に基づく38条認定、防火材料の指定等が「原則自由・例外制限」の観点から総点検の対象となり、制度廃止や自己認証への移行も含めた厳しい議論がされた。

（参考）サミットハウス'86

「サミットハウス'86」とは、1985（昭和60）年のMOSS協議でアメリカ側から提案され、アメリカの政府及び林産物業界が日本での木材需要の拡大を意図して、東京都世田谷区二子玉川の準防火地域内に建設した3階建ての展示用建築物である。1986（昭和61）年5月の東京サミットまでにオープンさせるべく建設されたためこの名があり、落成式にはマンスフィールド駐日大使、羽田農水大臣他が出席した。枠組壁工法によるこの建築物の各部には、当時海外資材の受入れで検討課題とされていたOSB、LVL、Iジョイスト等の新材料が使われ、構造規定については法第38条認定、防火規

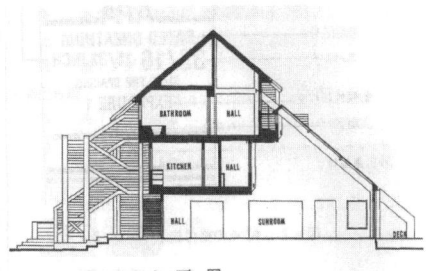

立 面 図

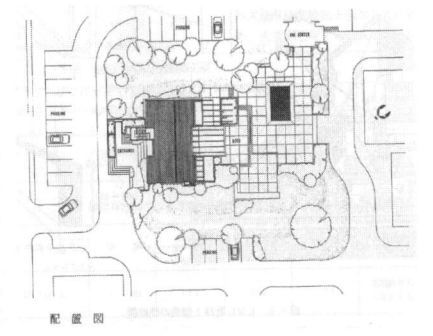

配 置 図

図3 サミットハウス'86[34]

定については仮設建築物の許可を取得している[34]。

③ 前川リポート

1985（昭和60）年、ニューヨークのプラザホテルに集まった先進5か国の蔵相、中央銀行総裁がドル安円高に協調介入することで合意した（いわゆるプラザ合意）。この結果、ドル円レートは1ドル240円から1年後に150円台へと急速な円高が進んだ。このような状況の下で、日本政府は、我が国の輸出指向等の経済構造を国際協調型へと変革するための構造調整に取り組むこととし、1986（昭和61）年、「国際協調のための経済構造調整研究会報告書」（座長は前川春雄元日銀総裁、いわゆる前川リポート）が総理大臣あて提出された。この中でも、市場アクセスの一層の改善のための方策として、基準認証分野を含むアクション・プログラムの完全実施の促進が盛り込まれた。

(2) 木造建築技術の進展

このような内外の圧力が背景にあったにせよ、必要な安全性を確保することは当然求められたわけであり、建築基準法の規制緩和を可能とした重要な背景として、これまでに蓄積されていた木造建築の技術的知見の進歩や技術開発の進展がある。

① 大断面木造建築物

大断面木造建築物とは、構造用集成材等の大断面部材を用いて架構を形成するもので、鉄骨造等と同様に構造計算により合理的な設計が可能な工法である。また、太い部材は火災時に深部まで燃え進むのに時間がかかるため、防火性能にも優れている。

集成材については、20世紀初め頃スイスで開発され、諸外国では数十年前から体育館、教会、学校、工場等種々の用途で集成材を用いた大断面木造建築物が建設されてきた。

我が国では、戦後に入ってから集成材の製造が始まり、本格的に建築物に利用されるようになった。本改正の頃には、建築基準法第38条の認定を取得して木造の高さ制限を超えたドームが建設されるなど、大断面木造による大規模建築物の建設実績も相次ぎ、"木造ブーム"が到来していた（**写真2**）。

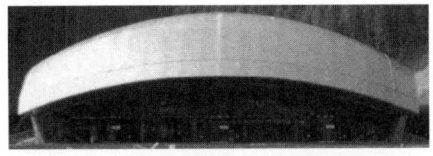

外観

内部

天井ジョイント

写真2 小国ドーム（熊本県阿蘇郡小国町）[35]

② 木造住宅の防火工法

4-2-3で述べたように、昭和50年代に入って、壁、床等が火災時に燃え抜けにくく、気密性も高い防火的な工法が徐々に一般化してきた。このような状況の変化の中で、戦後久しく行われていなかった木造家屋の火災実験が行われるようになった。この動きは前述のとおり枠組壁工法が先行したが、在来工法についても、1979（昭和54）年、日本住宅・木材技術センターにより木造住宅の実大火災実験が行われた。この実験は、当時の一般的な外壁不燃化・内装可燃（外壁スレート張り、壁はラスボード下地プラスター塗り（繊維壁）、天井は主としてプリント合板内装）の２階建て戸建住宅について行われ、その結果は、火災温度、継続時間等については大筋戦前の火災実験と同様であったが、外壁の不燃化、個室化等の要件を反映して相対的に火災性状の進展はやや緩慢、というものであった。

その後も在来工法木造住宅の防火性能向上のための研究開発は続き、内外装を不燃化しドアの防火性能を向上させれば、火災の成長や区画の燃え抜けを遅らせたり防止できることが判明した。1986（昭和61）年には、日本住宅・木材技術センターにより防火改良した２階建て在来工法木造住宅（真壁造、大壁造の２棟）の実大火災実験が行われ、２棟とも区画防火性の形成が良好で時間差をおいて各室が順次火盛りになる、という結果が得られた[36]。

さらに、木質系プレハブ住宅についても、（社）プレハブ建築協会において防耐火性に関する一連の研究が進められ、1981（昭和56）年には、小屋裏利用の３階建てタウンハウスの実大火災実験が行われ、各室防火の性能検証等が行われた[37]。

一般に、燃焼には燃料、空気（酸素）とエネルギーの３要素が必要であり、建物火災には、燃料が完全燃焼するのに必要な空気量が流入し燃料である可燃物に支配される燃料支配型と、開口部での換気によって室内への空気量が制限され燃焼に必要な空気量が不足する換気支配型がある[36]。戦前の東大火災実験で定式化された裸木造は燃料支配型の激しい火災性状を示したが、この頃普及してきた防火的な木造住宅は、これらの火災実験等の研究によって、換気支配型の緩慢な火災性状を示すことが明らかにされてきた。

③ 建設省総合技術開発プロジェクト

建築基準法の技術基準の見直しに大きな役割を果たしたのが、建設省が大学、民間との密接な協力の下に総合的かつ組織的に研究を実施する建設省総合技術開発プロジェクト（通称「総プロ」）である。

木造の建築基準に関連するものとしては、4-2-3で触れた「小規模住宅の新施工法の開発」（1974（昭和49）～1975年度）のほか、個々の建築物の火災性状を計算により予測し防火対策の性能を評価する防火設計法を開発し、大規模木造建築物の38条認定にも活用された「建築物の防火設計法の開発」（1982（昭和57）～1986年度）がある[38]。

なお、この研究開発の流れはその後も引き継がれ、木造の建築基準に関連するものとして、「新木造建築技術の開発」（1986（昭和61）～1990年度）、「防・耐火性能評価技術の開発」（1993（平成５）～1997年度）、「木質複合建築構造技術の開発」（1999（平成11）～2003年度）、が行われ、現在も「防火・避難規定等の合理化による既存建物活用に資する技術開発」（2016（平成28）年度～）が進行中である。

４　２　昭和62年建築基準法改正

このような急速な情勢変化の中で、1987（昭和62）年、建築基準法改正が行われた。

木造関係の主な内容は、次のとおり。

(1) 木造建築物の高さ制限の緩和（建築基準法第21条）

① 大断面木造建築物の基準の整備

高さ制限を緩和する前提として、まず、大断面木造建築物について新たに構造規定が整備された。大断面木造建築物は従来法令上特に位置付けがなく、在来工法と同様の仕様規定、具体的には壁量計算（同法施行令第46条）が求められていたが、本改正で新たに大断面木造建築物の基準が定められ、壁量計算によらず構造計算をすることにより建築が可能とされた。

② 木造建築物の高さ制限の緩和

2階以下の大断面木造建築物で、燃えしろ設計をし、外壁、軒裏、床を防火構造とする等の防火措置を講じたものは、高さ13m、軒高9mの制限を適用しないこととされた。部材断面の十分大きな木材について火災時の炭化しろを見込んで許容応力度設計を行ういわゆる燃えしろ設計は、本改正で基準が整備され、①の構造規定の整備と合わせて大断面木造建築物が本格的に普及する仕組みが整った。

(2) 防火壁の設置義務の緩和（同法第26条）

スポーツ施設等の用途で単一大空間の大断面木造建築物は、一定の防火措置を講じれば、1,000m²以内ごとの防火壁の設置を要しないこととされた。

(3) 準防火地域内の木造3階建て一戸建て住宅等の緩和（同法第62条）

準防火地域内の3階建て建築物は、従来は簡易耐火建築物以上とすることが求められていたが、一定の防火措置を講じた一戸建て住宅等については、延べ面積500m²まで建築が可能とされた。

写真3　木造3階建て住宅の実大火災実験、74分経過時（日本住宅・木材技術センター提供）

ここでの防火措置とは、要約すれば、外壁・軒裏を防火構造とし屋根を不燃化した防火木造に、壁の屋内側や床、屋根の下面にも石こうボード等の防火被覆を設けて、区画部材の燃え抜け防止を図った仕様である。1987（昭和62）年1月には、日本住宅・木材技術センターにより準防火地域の木造3階建て長屋を想定した仕様の住宅の実大火災実験が行われ、必要な安全性の検証が行われた（写真3）。

なお、当時、木造の延焼防止については受害防止の観点から屋外側からの火災しか考慮していない基準体系となっており、この体系のまま屋内火災に対する区画性能を強化しようとしたため、現在でいえば防火構造と準耐火構造の中間の汎用性に乏しい仕様規定となっている。また、延焼加害防止のため、カナダの建築基準で採用されていた開口部の面積制限を本改正で導入したが、敷地の狭い日本の実情に合わなかったため、その後この規制方式は広まらなかった。規制緩和の要請に速やかに応えるための過渡的な基準であった、と言えよう。

4　3　日米林産物協議

昭和62年改正後も日米経済摩擦は一向に沈静化せず、1989（平成元）年、アメリカは米国包括通商法スーパー301条に基づき、不公正な貿易慣

行として、スーパーコンピューター、人工衛星とともに林産物を取り上げ、日米林産物協議が始まった。この問題は、日米林産物専門家会合で議論されることとなり、日本側は、我が国は度重なる災害による教訓を経ながら、稠密な国土の状況に即して建築物に必要な構造上、防火上の安全水準を確保するための基準を定めているのであり、この安全水準を下げることはできないこと、技術開発によりその安全水準が確保された新材料、新工法については、これまでもその利用が可能となるよう法令等の整備を行ってきており、今後とも技術開発の進展に応じ建築基準の必要な見直しを行うこと等の基本的な考えの下で協議に臨んだ。

この結果、1990（平成2）年合意文書が取り交わされ、日本政府が講じる措置として、1991（平成3）年度中に防火・準防火地域以外において1,000m²以内の規模で、1993（平成5）年度中に防火・準防火地域以外において3,000m²以内の規模で、木造3階建て共同住宅等の建設を可能とする基準を整備することが盛り込まれた。

（参考）スーパーハウス

1990（平成2）年の日米林産物小委員会において、アメリカ側から延べ面積約3,000m²の木造3階建て共同住宅をデモンストレーション・プロジェクトとしてアメリカ合板協会（APA）の企画により建設したい、との提案がされた。これを受けて、1992（平成4）年横浜市泉区の防火無指定

図4　スーパーハウス[39)]

区域内に建設されたのが「スーパーハウス」である。落成式にはアマコスト駐日大使、山崎建設大臣他が出席した。サミットハウスとは異なり仮設建築物ではなく、用途は共同住宅（社宅）である。建設に当たっては日米の専門家が耐震実験、耐火実験を含めた安全性の検証を行い、法第38条認定を取得している[39)]。

4　4　平成4年建築基準法改正

このような一連の流れの中で、1986（昭和61）年から始まった総プロ「新木造建築技術の開発」を中心として木造防火に関する研究開発が進展し、様々な技術的知見が集積されてきたため、日米林産物協議の合意を踏まえた木造3階建て共同住宅の規制緩和に当たっては、北米の建築基準でみられるような可燃構造の耐火建築物に相当するものを我が国でも準耐火建築物として法令上位置付け、これを基礎として関係規定を抜本的に見直すこととされた。

平成4年建築基準法改正による木造関係の主な内容は、次のとおり。

⑴　準耐火建築物の創設（建築基準法第2条等）

① 耐火建築物・簡易耐火建築物の義務付けの趣旨と改正の概要

個別の改正事項に入る前に、従来の耐火建築物・簡易耐火建築物の義務付けの趣旨をあらためて整理しておこう。

まず、共同住宅等の特殊建築物に対しては、在館者の避難安全の確保の観点[40)]から耐火建築物又は簡易耐火建築物とすることが義務付けられている。

一方、防火地域制では、一定規模以上の建築物に対して、市街地火災による危険防止の観点から耐火建築物又は簡易耐火建築物とすることが義務付けられている。ここで市街地火災とは、基本的に強風時又は大地震の後に同時多発

火災が発生しこれらが成長して起こるもので、特に地震火災については通常の消防力が期待できない放任火災となる場合を想定する必要がある。防火地域は、その地域内の建築物をほぼ完全に不燃化することによって火災からその地域を守り抜き、又は帯状に耐火建築物を並べることによって火災の拡大をせき止めようとするものである。また、準防火地域は、市街地の建築物について全体的に防火性能を高めることによって火災の際の延焼や飛び火を防ぎ、あるいは消防活動を助けて大規模な市街地火災の発生を防止するとともに、万一このような火災が発生した場合でも、その延焼速度を抑制することにより広域的な避難の安全性を確保しようとするものである[41]。

これらの趣旨を踏まえた上で、平成4年改正では、準耐火構造で構成される建築物は、従来の簡易耐火建築物と同等以上の防火性能と評価するとともに、3階建て共同住宅については、一定条件下であれば耐火建築物とするのと同様の避難安全性が確保されるものとして、見直しが行われた。ただし、防火地域、準防火地域内については市街地火災を助長する可能性が否定できないことから、3階建て共同住宅は引き続き耐火建築物とすることとされた。

② 準耐火構造の創設

木造に石こうボード等の防火被覆を設けたもの等で、耐火構造に準ずるものとして30分～1時間の耐火時間を有するものを、準耐火構造として位置付けた。

これにより、耐火構造、準耐火構造、防火構造の三本立てとなったわけであるが、防火構造との違いは、防火構造が主として外壁を対象として屋外火災による延焼を防止するものであるのに対し、準耐火構造は、耐火構造と同様に、柱、耐力壁等の耐力部材については火災時に荷重支持能力を保持し、壁、床等の区画部材につ

いては屋外火災による延焼に加え屋内火災による区画の燃え抜けも含めて防止する点にあった。

また、耐火構造との違いは、準耐火構造が可燃構造でも許容されるのに対し、耐火構造は不燃構造に限られる点にあった[42]。可燃構造の建築物は、耐火性があっても火災時に燃え止まらず、大規模な特殊建築物で避難安全性の確保等に支障を生じたり、防火地域、準防火地域内で市街地火災を助長したり延焼遮断機能を損なうおそれがあるため、この区分が設けられていた。

③ 準耐火建築物の創設

準耐火建築物として、主要構造部を準耐火構造とし、開口部で延焼のおそれのある部分に防火戸等を設けたものを位置付け、従来の簡易耐火建築物に置き換えた。なお、従来の簡易耐火建築物についても引き続き準耐火建築物の一部として位置付けた。

この結果、準耐火建築物とすることにより、木造建築物の建築可能な範囲が拡大した。具体的には、防火地域内の2階以下かつ100m²以下の建築物、準防火地域内の3階かつ500m²～1,500m²の建築物、2階を病院、共同住宅等の用途に供する建築物でその部分が300m²以上のもの等である。

⑵ 防火地域、準防火地域以外の木造3階建て共同住宅の規制緩和（同法第27条）

従来、3階を共同住宅等の特殊建築物の用途に供する建築物は耐火建築物とすることが求められていたが、共同住宅等については、在館者が避難経路を十分理解しており円滑な避難が期待できること、住戸ごとに小規模に区画されており火災の拡大が比較的遅いこと等の有利な条件を有していることから、防火地域、準防火地域以外に限り、一定の防火措置を講じた1時間準耐火建築物は建

築可能とされた。

改正に先立って、1991（平成3）年には、建築研究所等により木造3階建て共同住宅の実大火災実験が行われ、必要な安全性の検証が行われた。

(3) 木造建築物の高さ制限の緩和（同法第21条）

木造3階建て共同住宅は、高さ13m、軒高9mの制限を超える計画も想定されることから、昭和62年改正で緩和した木造の高さ制限についても、最新の木造防耐火性能向上技術の進展を踏まえ、あらためて見直した。

具体的には、従来の燃えしろ設計をした一定の2階以下の大断面木造建築物に加えて、3階以下の1時間準耐火建築物で一定の防火措置を講じたものについても、木造の高さ制限を適用しないこととされた。

4　5　阪神・淡路大震災

1995（平成7）年の阪神・淡路大震災では、老朽化した木造家屋の倒壊により多数の犠牲者が出て既存不適格建築物の耐震性不足が問題となり、同年、建築物の耐震改修の促進に関する法律が制定されたが、新築の耐震基準そのものは、最低基準としての現行の建築基準法の地震力のレベルは概ね妥当なものとされ[43]、若干の手直しはあったものの大きな見直しは行われなかった。防火規定についても特段の強化は行われていない。

しかし、この地震で神戸市長田区、兵庫区において6件の市街地大火が発生し（**表2**）、衝撃的な映像が生中継されたことは、地震火災の恐ろしさを社会に再認識させた。規制緩和の真っ只中の当時、酒田の大火以降19年近く市街地大火が発生していない中で、大地震後の大火を心配する専門家の声に耳を傾ける者はほとんどいなかった。この地震を契機に、1997（平成9）年には密集市街地における防災街区の整備の促進に関する法律が制定され、大都市における密集市街地対策が重

要視されるようになった。

なお、阪神・淡路大震災における市街地大火の延焼速度は20～30m/hとゆっくりしたものであった。風速がおおむね3～4m/s程度とそれほど速くなかったこともあるが、同程度の風速の1948（昭和23）年の福井地震における延焼速度100～400m/hや、風速10～15m/s程度だった関東大震災における延焼速度300m/hと比べてはるかに遅くなっている[44]。

4　6　平成10年建築基準法改正

平成10年改正は、建築確認検査の民間開放と建築基準の性能規定化を二本柱とする大改正であった。ここでその全貌を示すことはできないが、要約すれば、継続的な規制緩和の潮流の中で、官民の役割分担の抜本的見直し、経済活動の自由度の拡大と行政の透明性の確保、貿易摩擦に端を発する国際調和への要請といった外的な要因だけでなく、阪神・淡路大震災の教訓を踏まえた一層の安全性と規制の実効性の確保や、38条認定、総プロ等に先導された新技術の開発促進や性能評価技術の発展に対応しようという建築当局の主体的な意思も渾然一体となって、当時としてできる限りの改革を目指した取り組みであったと思う。

日米関係に関しては、1996（平成8）年の橋本・クリントン会談で住宅の規制緩和に言及があり、1997（平成9）年、アメリカ側からの年次改革要望で、準防火地域における3階建て多世帯、商業用、多目的の木造建築物の建設と建築基準法の性能規定化について明記された。

ここでは、まず、防火規定の性能規定化について概説した上で、木造3階建て共同住宅の規制緩和についても述べる。木造3階建て共同住宅の規制緩和は建築確認検査の民間開放とともに1999（平成11）年から、防火を含む性能規定化は2000（平成12）年から、それぞれ施行された。

(1) 防火規定の性能規定化（建築基準法第2条、第27条等）

① 性能規定化の考え方

　性能規定とは、仕様規定と対比される考え方で、必要な性能を明示し、これを満たせば個別の材料、寸法等の仕様は問わない、というものである。元来は、第二次大戦後の欧州において各国間で貿易上の技術的障壁を乗り越えるため（さらに言えば、二度と欧州を戦場としないため）の取組みを起源として生まれてきたものと言われる。

　建築基準法の防火規定に関しても、総プロ「建築物の防火設計法の開発」(1982（昭和57）〜1986年度)、「防・耐火性能評価技術の開発」(1993（平成5）〜1997年度)等を始めとして脈々と研究が進められ、法第38条認定の技術的基礎としても活用されてきた。

　平成10年改正では、原則として、法律で性能項目を、施行令で性能基準を明示し、その下で性能基準を満たすための検証方法と例示仕様を示す、というパターンに法令体系を再編する方針で見直しが行われた。この結果、木造でも耐火建築物とすることや、木材でも不燃材料とすることが可能になった。

　建築基準の性能規定化には、様々なレベルがある。工学的観点から最も理想的なのは、全ての建築物に対して目的ないし機能要件を示し、それぞれについて原則として定量的な性能要求を示し、それらの性能要求を満たすための検証方法と例示仕様を示す、という、きれいな3〜5層の階層構造の体系である（図5）。もともと1970年代から北欧諸国が構成したノルディック建築規制委員会で検討が進められた方式であることから、ノルディック・モデルと呼ばれている。この場合、規制対象は全ての建築物となる。例えば、建築基準法の構造規定の根拠条文である法第20条は、こ

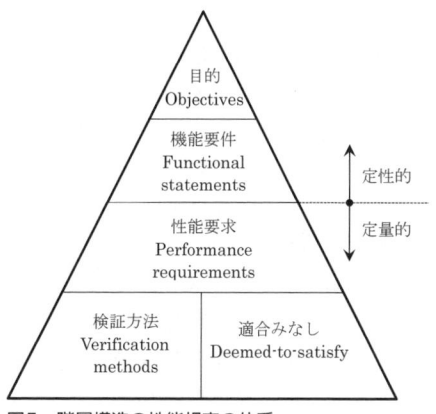

図5　階層構造の性能規定の体系

の形になっている[45]。

　しかしながら、防火規定は構造規定ほど工学的な技術的知見の蓄積がなく、また、人間の避難行動など人為的な要素が複雑に絡んでくる。法律的観点からは、権利制限のルールとしての客観性、事前予見性も求められる。現実には、建築規制の単体規定全体を階層構造の法体系に再編した国は、今のところオーストラリア、ニュージーランド等少数にとどまっている。

　平成10年改正では、防火規定については、このような階層構造は導入せず、規制対象建築物は従来と不変のまま、建築物レベル、又は部材レベルでの性能規定化が行われた。形式よりも、実質的に工学的なツールを使いやすくすることに主眼が置かれたのである。

② 性能規定化と木造との関係（建築物レベル）

　建築物レベルでの性能規定化の代表例は、耐火建築物である。耐火建築物には火災が終了するまで建築物の倒壊及び延焼が防止できる性能が求められることを、法律上初めて明記した[46]。これは、大地震後に消防力が期待できない放任火災となった場合を想定し、火災が鎮火するまで残り火から再燃焼することなく倒壊及び延焼を防止できる性能を求める趣

旨である。この考え方に基づき、例えば大規模空間で天井に火災が拡大しないこと等を火災シミュレーションにより確認する耐火設計法が位置付けられた。これは、木造ドーム等について従来から法第38条認定の実績が積み重ねられてきたものの延長上にあるが、性能が明示された上で特例ではなく本則に位置付けられたことに意義がある。

なお、準耐火建築物についても、火災による延焼を抑制する性能が求められることを法律上明記したが[47]、耐火建築物における耐火設計法のような建築物レベルの性能規定ルートは規定されていない。準耐火建築物は、通常の消防活動が期待できる火災を想定し、各部材が原則として45分以上火災に耐える性能を有すれば建築物の延焼を防止できる、という半ば仕様的な考え方で基準が定められており、建築物レベルで直接この性能を検証することができなかったためである。

③　性能規定化と木造の関係（部材レベル）

部材レベルでの性能規定化は、耐火構造、準耐火構造、防火構造等の構造部材、防火設備や不燃材料、準不燃材料、難燃材料等の建築材料について、幅広く行われた。これらについては、従来から防耐火性能試験に基づき性能を評価した上で認定が行われていたが、性能規定化に当たっては、判定基準から仕様的な要素を排除するほか、国内独自の試験方法によっていたものはほぼ等価の国際標準の試験方法に置き換えた。

例えば、耐火構造については、鎮火まで再燃焼しないことを担保するため不燃構造に限定してきた[48]が、改正後はこれを撤廃し、要求耐火時間の標準加熱曲線による加熱終了後、再燃焼せずに燃え止まることを確かめるために必要な一定の時間炉内に放置し、判定基準を満たすかどうかで合否を決定するルールに

変更された。

また、防火構造については、戦前の防空規制以来、隣地の裸木造の火災から延焼を受けることを防止する観点から我が国独自の方法で認定を行っていたが、加熱曲線を国際標準であるISO 834（Fire-resistance tests）[14]による標準加熱曲線に改め、外壁の屋外側の防火被覆だけでなく屋内側の内装材も考慮して部材全体で性能評価する方法に変更された。

部材レベルの性能規定化により木材の使用範囲が拡大したものとしては、耐火構造と不燃材料が代表的である。耐火構造については、上述の評価方法の変更により、例えば木材と鉄骨を組み合わせた木質ハイブリッド部材や、木造下地を分厚い不燃系ボードで防火被覆した木質系パネル等が可能となった。

また、不燃材料についても、木材を薬剤で処理し外見上も木材に見える不燃木材が認められるようになった。

なお、準耐火構造、防火構造、難燃材料等は、従来から木造を想定したものであったので、木材の使用範囲が特段拡大したわけではない。

(2)　準防火地域内の木造3階建て共同住宅の規制緩和（同法第27条）

平成4年改正における木造3階建て共同住宅の規制緩和の段階では、市街地火災を助長する可能性が否定できない、とされていた。そこで、1996（平成8）年、建築研究所により市街地火災シミュレーターによる大規模な火源を用いた木造3階建て住宅の延焼性状に関する実大火災実験が行われた（**口絵7、写真4**）。この結果を踏まえて、準防火地域内で建築可能な木造3階建て共同住宅の仕様が定められた。

防火地域、準防火地域以外の場合と比べて追加された基準は、原則として3階の各住戸に防火戸

写真4　木造3階建て共同住宅の火災実験、2時間26分経過時
（日本住宅・木材技術センター提供）

を設けることとしたことである。

4.7　性能規定化のその後と公共建築物等木材利用促進法

　平成10年改正以降、木造に関する技術開発や性能向上技術は引き続き進展したが、関係する法改正はしばらく行われなかった。この背景には、性能規定化により一層規制緩和が進み性能評価の仕組みが整ったこと、北米との経済摩擦もようやく鎮静化に向かったことなどがあげられるが、2005（平成17）年に起こった構造計算書偽装事件の影響も大きいと思われる。大きな社会問題となったこの事件に対応するため、建築基準法、建築士法等が矢継ぎ早に改正され、規制の実効性は大きく向上したものの、一時建築確認が停滞し、運用改善により事態の沈静化が図られるまで数年を要することとなった。

　このような中で、国内では、戦後造成された人工林が本格的な利用期を迎える一方、木材価格の下落等により林業活動は停滞し、木材自給率の向上を図り林業を再生することが求められるようになった。木材利用の促進は国政でも大きな課題として取り上げられるようになり、2010（平成22）年、内閣提出法案として「公共建築物等における木材の利用の促進に関する法律案」が、自民党議員による提出法案として「地球温暖化の防止等に貢献する木材利用の推進に関する法律案」が、それぞれ衆議院に提出され、議員提案の法案の内容を一部盛り込む形で内閣提出法案が修正の上可決され、参議院でそのまま可決・成立した。この議院修正によって、公共建築物等木材利用促進法第3条に、国の責務として、木造の建築物に係る建築基準法の規制の在り方について木材の耐火性等に関する研究の成果等を踏まえて検討を加え、規制の撤廃又は緩和のために必要な法制上の措置等を講ずる旨規定された[49]。これを踏まえて、2010（平成22）年、「規制・制度改革に係る対処方針」が閣議決定され、「耐火構造が義務付けられる延べ面積基準、及び学校などの特殊建築物に係る階数基準については、木材の耐火性等に関する研究の成果等を踏まえて、必要な見直しを行う」こととされた。

4.8　東日本大震災

　2011（平成23）年の東日本大震災では甚大な津波被害が生じたが、これに伴い津波火災が起こり、岩手県大槌町、山田町、宮城県気仙沼市、石巻市等で大規模な市街地火災が発生した[50]。

　なお、木造建築物は重量が軽いため作用する地震力も相対的に小さくなるが、津波波力は一律に作用するため、十分な水平耐力を確保し構造体を強固に基礎に緊結していないと、津波で流されやすい。東日本大震災では、多数の木造家屋が津波によって流失した。

4.9　平成26年建築基準法改正

　公共建築物等木材利用促進法等を踏まえて、2014（平成26）年、建築基準法が改正された。この改正では、平成10年改正の性能規定化の考え

方をさらに進め、木造3階建て学校等の特殊建築物の構造制限及び延べ面積3,000m²を超える木造建築物の制限について規制を緩和した。

(1) 木造3階建て学校等の特殊建築物の構造制限の緩和（建築基準法第27条）

① 特殊建築物の構造制限の性能規定化の趣旨

多数の者が利用する特殊建築物（劇場、映画館、病院、ホテル、共同住宅、学校、体育館、百貨店、展示場等）については、在館者の避難安全の確保の観点から、耐火建築物の義務付け等の構造制限が行われている。

火災時に在館者が地上まで安全に避難するためには、構造体が安定に保たれ、防火区画、避難施設、防災設備等の各種の防火対策が有効に機能することが必要である。このためには、主要構造部の性能として、在館者の避難が終了するまで建築物の倒壊や内部火災の延焼拡大を防止することが求められる。

従来は、多数の者が利用する特殊建築物が3階建て以上になると、在館者が避難するまでに時間を要するため、耐火建築物の義務付けにより、主要構造部について火災が終了するまで倒壊及び延焼しないことを求めていた。

しかしながら、性能規定化の考え方を敷衍すれば、少なくとも避難安全の確保の観点からは、公設消防による検索・救助を含めて在館者の全てが地上まで安全に避難できれば、必ずしも火災の終了まで倒壊及び延焼を防止する必要はない。

平成26年改正は、この考え方に基づき、建築基準法第27条の特殊建築物の構造制限の規定を全面的に書き改め、建築物レベルでの性能規定化をさらに推し進めたものである。

② 特殊建築物の構造制限の性能規定化の内容

多数の者が利用する特殊建築物（劇場、映画館、病院、ホテル、共同住宅、学校、体育館、百貨店、展示場等）のうち法第27条の構造制限の対象となるものには、在館者の全てが地上までの避難を終了するまでの間（特定避難時間）、火災による建築物の倒壊及び延焼を防止できる性能が求められることを法律上明記した[51]。ここで、法律レベルで性能規定化の対象となっているのは、3階建て学校等に限らず多数の者が利用する特殊建築物一般であることに注意が必要である。

これらの特殊建築物は、従来は、用途、階数、規模に応じて耐火建築物又は準耐火建築物とすることが義務付けられていたが、改正後は、新設された「特定避難時間倒壊等防止建築物」（特定避難時間倒壊及び延焼を防止する構造の建築物）とすることも認められた[52]。ここで、特定避難時間とは、特殊建築物の構造、建築設備及び用途に応じて特殊建築物に存する者の全てが地上までの避難を終了するまでに要する時間で、当該建築物の在館者密度や歩行速度等をもとにして、在館者が自力で避難する場合だけでなく逃げ遅れた者が他者の援助により避難する場合も含め算定される。

それでは、特定避難時間倒壊等防止建築物とは具体的に何か、ということになるが、これは、構造方法を定めた告示の仕様に適合するものか、又は大臣認定を受けたもの[53]のいずれかである。現在、告示に定められた仕様としては、次の2つがある。

a）3階建て共同住宅、下宿、寄宿舎で一定の防火措置を講じた1時間準耐火建築物

b）3階建て学校、体育館等で一定の防火措置を講じた1時間準耐火建築物

a）は、平成4年改正及び平成10年改正で認められた木造3階建て共同住宅等について若干の見直しを加えたものであり、b）が本改正で新たに認められた木造3階建て学校等である。木造3階建て学校については、2011（平

写真5　木造3階建て学校の実大火災実験　34分経
過時（日本住宅・木材技術センター提供）

成23）年から3か年にわたり国土技術政策総合
研究所、建築研究所、早稲田大学等が3回の
実大火災実験を含む研究を行っており、この
結果を踏まえて、木造3階建て学校等の仕様
が定められた（**写真5**）。

なお、大臣認定については、2018（平成30）
年末現在において、まだ実績はない。

このように、平成26年改正では、法律レベ
ルでは多数の者が利用する特殊建築物につい
て階数、規模の上限なく性能規定化されたの
で、今後研究開発が進めば、告示改正又は大
臣認定により木造の特殊建築物の範囲が拡大
する途が開かれた。

(2)　**延べ面積3,000m²を超える木造建築物の制
　　限の緩和（同法第21条）**

従来、延べ面積3,000m²を超える木造建築物
は、その柱、はり等の主要構造部を耐火構造又は
耐火設計法により検証した構造とすることが義務
付けられていた。これは、木造建築物で3,000m²
を超える延焼が生じた場合、大規模な火災による
大量の放射熱により周囲に著しい危険を及ぼすと
ともに、通常の消防力では火災の制御が困難とな
り、近隣への延焼防止も困難となるためである。

先に述べた2011（平成23）年から3か年にわ
たり実施した大規模な木造建築物の火災に関する

研究により、一定の防火対策を講じた壁等を設け
ることで3,000m²を超えた延焼を防止できること
が明らかとなった。このため、火災が終了するま
で延焼を防止できる性能を有する壁、柱、床等の
建築物の部分又は防火設備（「壁等」）で床面積
3,000m²以内ごとに有効に区画した場合には、木
造建築物であっても延べ面積3,000m²を超えて建
築できることとされた。

この「壁等」とは、構造方法を定めた告示の仕
様に適合するものか、又は大臣認定を受けたもの
のいずれかである。「壁等」の構造方法を定める告
示では、倉庫等の用途を除く建築物の収納可燃物
の燃焼及び主要構造部を準耐火構造や裸木造等と
した木造建築物の構造躯体の燃焼を想定し、火災
継続予測時間を90分として、「壁等」の仕様が定
められた。また、「壁等」のタイプとして、耐力壁
である壁及び防火設備で区画する場合又は間仕切
壁、柱、はり及び防火設備で区画する場合の「壁
タイプ」と、火災の発生の少ない室を構成する
「壁等」で区画する「コアタイプ」の2つが定めら
れた。

なお、大臣認定については、2018（平成30）年
末現在において、まだ実績はない。

5　まとめ

以上、防火規定を中心に木造建築物の建築基準
の歴史を振り返ってきたが、建築基準法の技術基
準は、その時代の政策に対応して時計の針が進
み、あるいは止まり、また、振り子が左右に振れ
ることはあったが、基本的には安全性の確保と技
術の進歩を拠り所として変遷してきた、と言えよ
う。大まかに、昭和50年代までの規制強化から
昭和60年代以降の規制緩和へ、という見取り図
が描けるが、この背景には、地震、火災等に対す
る最低限の安全性確保すら覚束なかった戦前の状
況がようやく克服されて一定水準に達し、新技術

の開発や性能評価技術の発展に向けて恒常的に合理化を行うプロセスに入った、という構造的な変化がある。この流れは、今後も変わらないであろう。

　最後に、防火規定を含めた建築基準法の技術基準の課題を2点あげる。

　一点目は、基準の複雑化、詳細化である。建築基準法の技術基準はこれまで数々の改正を繰り返してきたため、パッチワークとも揶揄されるように複雑化、詳細化し、専門家にとっても分かりにくいものとなっている。かつて、構造計算書偽装事件後の規制強化と確認停滞の一連の動きの中で建築界に建築基本法の議論が起こり、法令で定めるルールは最小限にして技術的細目は専門家に委ねるべき、との主張がされたことがある。しかし、その後の東日本大震災で夥しい数の天井が落下し、多数の死傷者が発生した。天井等の非構造部材の基準こそ、定性的な性能要求のみが法令で規定され、技術的細目は国のガイドラインと設計者の設計に委ねられていた稀有な例であったが、震災被害を踏まえた社会的要請はこれを許さず、震災後、詳細な技術基準が法令で定められた。こうした経緯にかんがみれば、基準の詳細化については、ある程度はやむを得ないであろう。問題は基準の複雑化である。ノルディック・モデルのような階層構造の体系は分かりやすい。既に述べたように建築基準法第20条（構造耐力）はこのような形になっているが、これは、地震、台風等で建築物が倒壊、崩壊し人命が失われることは法令で規制すべきであり、建築計画の可否は専ら構造計算のような技術的問題で決まる、ということについて、技術的な裏付けと社会的コンセンサスがあるから成立しているものと思われる。防火規定など他の規定についても将来このような段階に達すれば、抜本的な再編に向かう途が開かれるはずである。ただし、そのためには相当の技術的検討と

リスク・コミュニケーションの積上げを要する。当面は、将来的に目標とすべき全体像を意識しつつ、これに少しでも近づけられるよう、できるところから性能規定化の成果を取り入れていくことが重要であろう。

　2点目は、リスク評価における定量評価と総合判断のバランスである。性能規定化は、ともすれば定量的な工学ツールを駆使することに関心が集中しがちであるが、では、その工学ツールが正しく使われているか、定量評価しやすい部分だけ見て安全性を評価していないか、複雑な現象の全体を正しくモデル化できているか、といったことについて、総合的な判断が十分に行われる必要がある。防火規定で言えば、特に、市街地火災に対する安全性の評価は、実大実験が不可能なこともあり、単体の建物火災や部材実験で得られた知見を基に性能評価の論拠が組み立てられやすい。建築基準法の防火規定は、極言すれば、大都市で地震火災が発生し壊滅的な被害が生じることを阻止することが最大の使命の一つである。特定条件下の試験炉内で燃え止まることと大火で延焼遮断帯が有効に機能することの間には、技術的に大きな距離がある。今後、性能規定化をさらに進めていくに当たっては、絶えず規制の原点に立ち返って十分な総合的判断を加えた上で、定量評価を充実させていくことが望まれる。

謝辞

　本節の執筆に当たり、国土交通省国土技術政策総合研究所の成瀬友宏氏、公益財団法人日本住宅・木材技術センターの山田誠氏に多くの有益な助言と資料の提供をいただいた。また、執筆のための資料収集に当たり、建築研究所、日本建築センターの皆様に便宜を図っていただいた。ここに記して感謝申し上げる。

DVD 4-2-6「戦後行われた主な実大火災実験」

4-3 土地利用の高度化、そして建築紛争と日影規制

建築基準法の一部改正による日影規制の導入は、1976（昭和51）年11月1日に第78回国会において法律案が可決成立し、同月15日に公布されたことによる。法律案そのものは1974（昭和49）年3月第72回国会において提案されたもので、以来2年8か月を経てようやく成立したものである（その遅れの主たる原因は、法案のもう一つの柱「一定の既存建築物に対して防火・避難関係規定を遡及適用」の部分の審議が難航し当該部分は結局削除されたという経緯による）。

1 時代の背景（戦後の経済成長と土地利用高度化のニーズ、それに対応する制度の流れ）

我が国は戦後の復興期や朝鮮戦争特需の時代を経て次第に大きく経済を成長させ、併せて大都市への人口流入が急激に進展し、住宅の不足、地価の高騰により土地の有効高度利用が是非にも必要になったことがその背景にある。

戦後日本の経済成長

	1955年	1960	1965	1970	1975年
期末名目 GDP/GNP（実額、兆円）	8.63	16.66	33.67	75.15	152.21

（出典）経済企画庁編「戦後日本経済の軌跡 経済企画庁50年史」

大都市圏の人口の推移（単位：千人、％）

年	1950	1960	1970
全国	84,115	94,302	104,665
（例）東京圏	13,051	17,864	24,113
	15.5%	18.9%	23.0%

（出典）「国勢調査」

もともと大都市の都心部等一定部分では特に高度利用を促進すべきという思想は市街地建築物法時代から有り、施行令第11条（1920（大正9）年）で、高さの最低限度を定めることができるという積極的な規定があった（実際に当時大阪駅前と新宿西口で指定された）。その後、1931（昭和6）年に最高限度も定められるという規定となったが、1938（昭和13）年に「高度地区」という名称であらためて法律に定められた。

戦後になって、建築基準法において住居地域では高さの最高限度20m（約70尺）、商業地域等では31m（約100尺）という制限がかかることとなったが、土地の高度利用そして高層、超高層という建築新時代の幕開けが期待されて、1961（昭和36）年にはこれらの一律規制を突破できるスポットエリアの制度として「特定街区」が創設されたがその時は法律で最高限度が別表で600％とされていた。

昭和36年改正法
別表第5　特定街区の種別及び特定街区内の建築物の制限

（い）	（ろ）
特定街区の種別	延べ面積の敷地面積に対する割合
第1種特定街区	10分の10以下
第2種特定街区	10分の20以下
第3種特定街区	10分の30以下
第4種特定街区	10分の40以下
第5種特定街区	10分の50以下
第6種特定街区	10分の60以下

さらに容積地区制度創設時（1963（昭和38）年）にはこの法別表は廃止され、通達の計画標準によって最高限度を定めることができるようになった。なお、特定街区の第1号はこの特定街区計画標準により指定された霞が関3丁目（いわゆ

る霞が関ビル地区）、築地1丁目（電通ビル）、常盤橋（日本ビル、朝日生命ビル、大和証券ビル）の3地区である。（いずれも1964（昭和39）年8月26日に告示）

1964（昭和39）年の「特定街区計画標準」参照

特定街区計画標準

S39.4.7

第1　指定方針

　　特定街区は、良好な環境と健全な形態を有する建築物を建設し、あわせて有効な空地を確保することにより、都市機能に適応した適正な街区を形成し、もって市街地の整備改善を図ることを目的として指定する。

　　特定街区の指定は、第2の基準の各項に適合した地区又は街区について行なうことを原則とするが、総合的な判断に基づいて弾力的に運用するものとする。

第2　指定基準

1　容積地区又は第1種空地々区、第2種空地々区、第3種空地々区、第4種空地々区若しくは第5種空地々区として指定された地区内の特定街区

（1）　地域

　　特定街区は、用途地域内において指定する。

（2）　規模

　　特定街区は、街区として形の整ったものとするものであり、かつ、次の表に掲げる規模以上の街区について指定する。

地　　　　　区	（ヘクタール）
第1種空地々区、第2種空地々区、第3種空地々区、第4種空地々区、又は第5種空地々区	1.0

地　　　　　区	（ヘクタール）
第1種容積地区、第2種容積地区又は第3種容積地区	0.4
第4種容積地区、第5種容積地区、第6種容積地区、第7種容積地区、又は第8種容積地区	0.2
第9種容積地区又は第10種容積地区	0.3

（3）　道路

　　特定街区は、次の表に掲げる道路によって囲まれ、かつ、これらの道路のうちの主要道路に接する街区の部分の延長が20メートル以上の街区について指定する。ただし、当該街区が次の表に掲げる2以上の道路に接する場合において、交通上及び消防活動上支障のないときは、特定街区として指定することができる。この場合においては、道路、河川、軌道、その他これらに類するものの敷地に接する部分を除き、通路を確保するため壁面の位置の制限を定めるものとする。

地　　　　　区	幅　　員	
	主要道路	主要道路以上の道路
第1種空地々区、第2種空地々区、第3種空地々区、第4種空地々区、若しくは第5種空地々区又は第1種容積地区、第2種容積地区若しくは第3種容積地区	8メートル以上	6メートル以上
第4種容積地区、第5種容積地区又は第6種容積地区	12メートル以上	6メートル以上
第7種容積地区又は第8種容積地区	15メートル以上	8メートル以上
第9種容積地区又は第10種容積地区	20メートル以上	8メートル以上

（4）　建築物及びその敷地

　　特定街区において整備される建築物及びその敷地は、次の各項に掲げるところに従ったものとすること。

イ．総合的設計により、有効な敷地を確保し、環境の保全向上を図るものである

こと。

ロ．設計は、自動車及び人の交通がそれぞれ円滑に行なわれるように、交通の処理について十分配慮し、かつ、建築物の用途に応じた所要の駐車場施設が適正に配置されるように定めること。

ハ．建築物の位置及び形態は、隣地との相隣関係を十分考慮したものであり、かつ、都市環境を損わないものであって、次の各号に掲げるところに従ったものであること。

　(イ)　建築物により、当該建築物の敷地に接する道路の反対側の境界線又は隣地境界線上において、冬至に終日日影ができないようにすること。街区が公園等に隣接しているときは、隣地の日照を特に考慮すること。

　(ロ)　建築物の各部分の高さは、当該部分から道路中心線又は隣地境界線までの水平距離の5倍をこえてはならないこと。ただし、塔状建築物等については、周囲の建築物又は空地の状況を考慮して採光上支障がないと認められるときは、5倍をこえることができる。

　(ハ)　建築物の各部分から敷地境界線までの水平距離は、当該部分の高さの平方根の1／2以上とすること。ただし、高さ12メートル以下の部分については、この限りでない。

(5)　建築物の容積率

　街区内の建築物の容積率は、当該街区の存する地域について指定されている容積率（以下「基準容積率」という。）を基準として定めるものとする。この場合において、地区の環境の整備に有効な空地を設けたときは、その面積の街区面積に対する割合に応じて、基準容積率に次の表に定める数値（以下「割増率」

という。）を乗じた容積率を指定するものとする。割増率の限度は、第1種空地々区、第2種空地々区、第3種空地々区、第4種空地々区又は第5種空地々区にあっては1.7、第1種容積地区、第2種容積地区又は第3種容積地区にあっては1.4、第4種容積地区、第5種容積地区、第6種容積地区、第7種容積地区又は第8種容積地区にあっては1.3、第9種容積地区又は第10種容積地区にあっては1.2とする。また、第1種容積地区、第2種容積地区又は第3種容積地区以外の地区にある建築物で相当部分を住宅の用に供するものに係る割増率については、第1種容積地区、第2種容積地区又は第3種容積地区に係る割増率の例による。ただし、この割増率を乗じて得た容積率は80/10を超えることができない。

2　容積地区又は第1種空地々区、第2種空地々区、第3種空地々区、第4種空地々区若しくは第5種空地々区として指定された地区外の特定街区

　都市の土地利用及び当該街区の周辺の公共施設の整備の現況及び計画等を考慮して、当該街区の適正な容積率を想定し、その想定容積率と同一の数値の基準容積率に係る空地々区又は容積地区とみなし、1の各項によるものとする。

第3　建築物の高さの最高限度及び壁面の位置の制限

　建築物の高さの最高限度及び壁面の位置の制限は、第2指定基準の各項に掲げる事項が確保されるよう定めるものとする。

第4　表示、図面及び添付図書

（略）

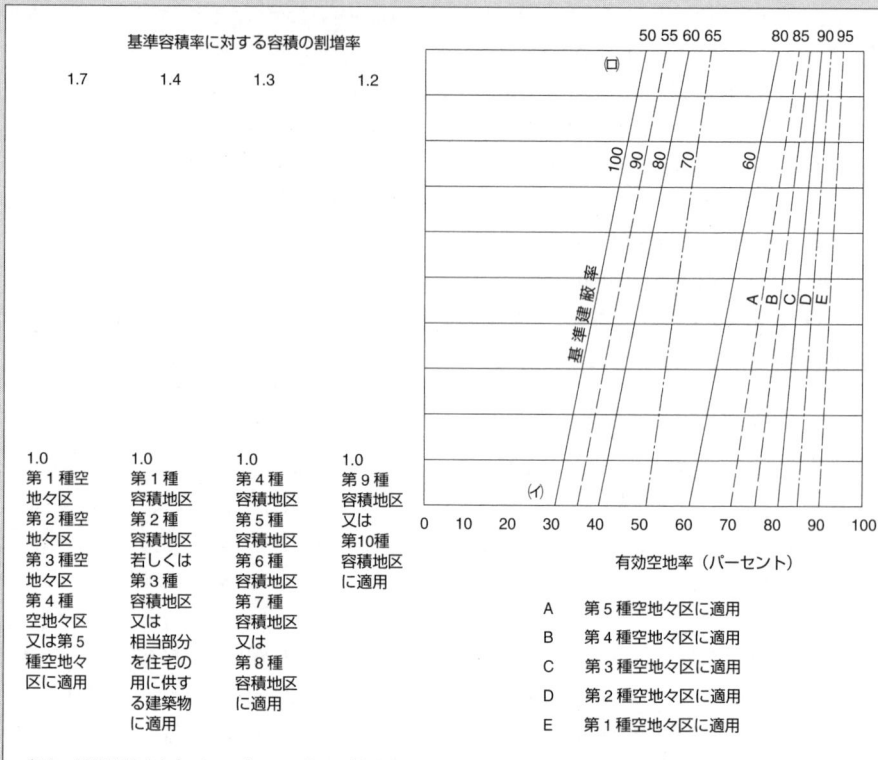

(注) 基準建蔽率（パーセント）：その街区が特定街区の指定を受けない場合の建蔽率
　　　有　効　空　地　率：有効な空地の街区面積に対する割合
　　　　　　　　　　　　　　なお、有効な空地とは、地区の環境の整備に有効な空地で、公衆の使用できるものを
　　　　　　　　　　　　　　いう。
　　　　　　　　　　　　　　屋上広場等で地区の環境の整備に有効なものは、その程度に応じて、有効な空地と
　　　　　　　　　　　　　　みなすことができる。
　　　(イ)〜(ロ)の線は、基準建蔽率が100パーセントのとき、有効な空地率を30パーセントとすれば、容積の割増しはな
　　　いが、30パーセントをこえる場合には、有効空地率に比例して容積の割増しを行い、有効空地率が50パーセン
　　　トのとき、容積の割増しの限度（容積の種別に応じ、1.2、1.3又は1.4）に達することを示す。

　前述のように、特定街区創設のわずか2年後の1963（昭和38）年には、もう少し一般的な容積率規制の地区制度として「容積地区」制度が設けられ、この際20m、31mの高さ制限は廃止された。容積地区制度は、第1種（100％以下）から第10種（1,000％以下）までの区分があったが、導入されたのは東京都（区部）、大阪市の2大都市のみであった。

　例えば東京では先ず環状6号線と荒川に囲まれた地域で導入され、後に23区に拡大されたが、第1種（100％以下）は指定されず、第2種（200％以下）から第10種（1,000％以下）までの地区が指定され、結果として住宅地では容積率としてはそれほど厳しくない規制となったが、かわりに東京都は良好な環境の低層住宅地には高さ制限10mの高度地区を指定した。従って、それ以外の地域では敷地の条件次第で、指定容積率のほか、道路幅員による容積率制限、道路斜線制限、隣地斜線制限などの範囲内で中高層建築物は比較的容易に建てられる場合があったと思われる。

昭和38年改正法
別表第5　容積地区の種別及び容積地区内の建築物の制限

(い)	(ろ)
容積地区の種別	延べ面積の敷地面積に対する割合
第1種容積地区	10分の10以下
第2種容積地区	10分の20以下
第3種容積地区	10分の30以下
第4種容積地区	10分の40以下
第5種容積地区	10分の50以下
第6種容積地区	10分の60以下
第7種容積地区	10分の70以下
第8種容積地区	10分の80以下
第9種容積地区	10分の90以下
第10種容積地区	10分の100以下

その後、新都市計画法と1970（昭和45）年の建築基準法改正による新たな用途地域制が誕生したが、これによる容積率規制や北側斜線では場合によって、従来よりも規制強化となる場合もあり、都市計画の新用途地域決定までの（例えば東京都では新用途地域は1973（昭和48）年にようやく指定された）駆け込み着工のようなことも起こり、日照紛争に拍車をかけることにもなった。

このようなことから、昭和40年代半ば以降には従来の低層住宅を基本とした高密度の住宅市街地において十分な計画性もないまま中高層建築物のラッシュが進展していったので、隣地の日照が阻害され併せて通風障害、プライバシーの侵害等

の諸障害を引き起こし、（今ではあまり騒ぎとはならないが当時はテレビの電波障害という問題もあり、）建築主と地域住民とのトラブルが絶えないという事態に至ったのである。

なお、都市再開発法の制定（1969（昭和44）年）により「高度利用地区」が創設され、また1970（昭和45）年の建築基準法改正で総合設計制度が創設され、容積率の割り増しの可能な制度が新たに誕生したが、まだ多くは活用されてはおらずこの当時の日照紛争の主たる原因となったというわけではない。

2　法案に至るまでの各方面の議論と建築審議会の動き

戦後の国会での議論を「日照」というキーワードで検索してみると、昭和20年代では農業問題としてその不足つまり「日照不足」による凶作問題が多くみられるが、1954（昭和29）年に唯一建築界の問題として捉えられるのは住宅金融公庫法改正の審議において、公庫融資による団地の建設で高層住宅の林立する場合は、団地住民の日照確保に問題があるのではないかとして、隣棟間隔のような建設基準が必要という議論があった。一般住宅地への日照障害という観点ではないというのが興味深い。

＊　＊　＊

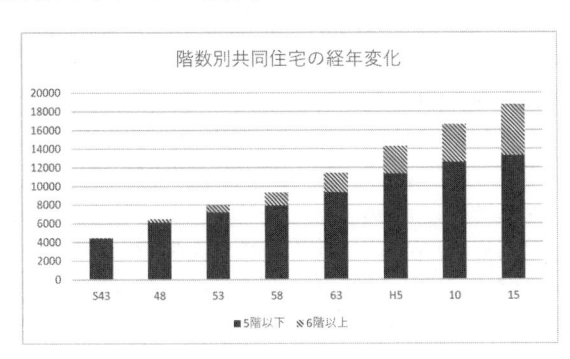

各年住宅・土地統計調査

図　階数別共同住宅の経年変化

1954（昭和29）年4月1日　参議院建設委員会の議事録

1954（昭和29）年4月1日　参議院建設委員会

日照と隣棟間隔

○**石井桂君**　建築費と違いまして、2階とか3階とか、5階では日照問題には差がないのですよ。建物の構造配置には、建築構造なり……、建築費なりについては5階以上は、例えばビルディングを作るときには5階以上は建築費は非常にかかる、こういう事実はあるのですが、日照とか建物の配置とかいうのは高さ如何によらないのです。1階ならば1階の高さの何割ぐらい空ければいいということで、これは余り研究の余地は本当にないのです。ですからたまたま鮎川さんがそれを知らなかつただけで、むしろそこにいる金融公庫の方なら大概知つていらつしやると思うのですが、併しそれは強いてお伺いしないでもよろしいと思います。ただ私が問題にしているのは、戸山ケ原に建つような公営住宅並みにやるのかどうか。あれは最小限度なんですよ。理想的な配置なんじやないのです。あれは暖房設備や何かない建物の、つまり附属設備が整わないところの高層建築の最小限度の距離なんですね。だから公庫の多層家屋を建てるときもあのくらいの標準をとるのか、もつとあれの半分くらいのものでいいのか、その程度のことを聞けばいいのです。

○**政府委員（石破二朗君）**　今度の法律案に書いてあります通り、「家屋の敷地は、安全上及び衛生上良好な土地で」、この衛生上良好な土地と言いますのは、これはまあ余り湿地帯じやいかんとか、そういう意味も勿論ありますけれども、仮に普通ならば非常に衛生上良好な土地であつても、そこに密集して多層家屋を建ててしまうということになりますと、これは衛生上良好な土地とは言えなくなつてしま

うわけでもありますし、その次にもなお「健康的で文化的な生活を営むに足る居住環境を有する土地」というような方面も、これも又家の建て方如何によつてその土地がまるで妙な土地にもなつてしまうわけでございまして、只今石井委員のお話になりましたように、この法律に従いまして、でき得る限り多層家屋の相互間の間隔は延長いたしますとか考えて参りたいと思います。お話にありました戸山ケ原の公営住宅、あれは公営住宅だと思います。あれなどもよく参考にいたしまして御趣旨に副うように努力いたしたいと思います。

○**石井桂君**　只今の官房長のお話で私も安心しているのですが、ただここにあるお読みになつた条文は、そういうことが書いてあるのじやないと思うのです。官房長も言つておられたようですが、土地柄として湿地であるとか埋立地でないとかいうことなんで、それで建物の配置等の規則或いは基準というものは別にやつぱり公庫法から出ることができるかどうかわかりませんが、私は余り研究していませんのでわかりませんが、別にやはり必要じやないかと思うので、この条文を無理にこじ付けるのは少し無理のように思うのですが……。

＊　＊　＊

その後昭和30年代にはほとんど日照問題は取り上げられることはなかったが、昭和40年代に至って国会でも日照問題が時折取り上げられるようになっていった。

昭和40年代前半では、当時都市の新市街地の乱開発や市街地内での様々な用途の混在による問題に対処するため新都市計画法が1968（昭和43）年に制定されていたが、その新用途地域に対応するものとして建築基準法の改正が1969（昭和44）年5月に審議開始された。その当時はすでに低層住宅どうしの日照紛争だけでなく中高層住宅による日照阻害が新聞にも報道されるような事態に

なっていた。

その時の建築基準法改正の内容としては、提案理由の説明の中で、低層住宅地などの良好な環境を保護するための用途の純化とともに住居専用地域における制限として北側斜線を新設し日照問題に対応する趣旨の発言がみられる。当時はそれでかなりの解決策になるものと何度も答弁がなされている。

＊　＊　＊

1969（昭和44）年5月7日の坪川大臣の提案理由説明抜粋

○始関委員長　まず、提案理由の説明を求めます。坪川建設大臣。

○坪川国務大臣　ただいま議題となりました建築基準法の一部を改正する法律案につきまして、提案の理由及びその要旨を御説明申し上げます。

建築基準法は、建築物の敷地、構造、設備及び用途に関する基準を定めたものでありますが、法制定以来二十年近くを経過し、その間の社会情勢の変化、建築技術の進歩等により実情に沿わない点も生じてまいりましたので、次のような事項について改正を行なおうとするものであります。

第一に、都市における建築物の用途の純化と土地の高度利用の促進に関することであります。

建築物の用途の規制につきましては、都市の秩序ある発展に資するため、住環境の保護の強化を主眼として用途地域の純化をはかることといたしました。すなわち、低層住宅地としての良好な環境を維持するための第一種住居専用地域、中高層住宅地としての良好な環境を維持するための第二種住居専用地域、近隣住宅地のための日用品店舗が立地する地域としての近隣商業地域等を新たに設けることといたしました。また、住居地域においては、特殊浴場を排除するとともに、公害を伴う工場の制限を強化することといたしました。

建築物の形態の規制につきましては、土地の合理的な高度利用をはかるため、建築物の高さの制限を原則として廃止し、これにかえてそれぞれの用途地域の特性に応じた容積率による制限とすることといたしました。さらに、第一種住居専用地域及び第二種住居専用地域においては、新たに北側隣地の建築物の日照、採光、通風等を考慮した高さに関する斜線制限を設けることといたしております。また、都市における建築物の敷地が狭小化している実情にかんがみ、現行の建蔽率の制限を緩和することといたしました。

＊　＊　＊

当時、新聞などで「日照権」という言葉が多く使われ始め、また「建築公害」という言われ方もした。そして、全国各地の紛争の現場では地方公共団体が対応を迫られることになり特に建築担当部局が主としてその役割を担うこととならざるを得なかった。そのため、事前に建築計画の住民説明を求めるなどの指導要綱行政や北側斜線型の高度地区で高さを規制するなどの対応を行う例が多かった。

この頃は、国会でもやはり「日照権」という言葉での審議が頻繁に行われたが、初期の段階では、前述のように建築基準法改正による北側斜線の創設で対処できるという期待もあったが、北側斜線のみでは根本的な解決にもならず（また、そもそも東京都などでは新用途地域の指定が1973（昭和48）年まで遅れた）、次第に大きな社会問題として捉えられるようになり結局は建築法規による公法規制を検討するという答弁に傾いていった（なお、後に法案が国会に提出されたあとの1974（昭和49）年5月24日の衆議院建設委員会において村田敬次郎委員の質問で建設省の調査データが引用され「1970（昭和45）年がたとえば東京都の日照の問題になりました案件が219件、1971（昭

和46）年が380件、1972（昭和47）年が1,148件で、1973（昭和48）年、昨年には実に3,382件にのぼっていますね。」と紛争の激化していった様子が語られている）。

そして、すでに1971（昭和46）年7月建築審議会に「市街地環境の整備のための方策」について大臣より諮問なされていたが、日照問題について集中審議するため1972（昭和47）年2月に「日照問題専門委員会」を設置し検討を開始した。

＊ ＊ ＊

1972（昭和47）年3月8日　衆議院建設委員会

○**浦井委員**　そうすると、そういういま言われたような措置が時間的に——用途地域の指定の問題はあとで尋ねますけれども、これはまだ完了しておらない。こういうものが完了すれば、ほぼ所期の目的は達成されるだろうというのがお考えの基本ですか。

○**沢田説明員**　先生おっしゃいますように、所期の目的の程度でございますが、相当程度いまの日照トラブルは減少するだろう、相当の効果をおさめるだろうと思います。ただし宅地が非常に狭小であるという事実がどんどん進行いたしますれば、幾らそういう規制をいたしましても、宅地が小さければもともと日が当たりませんからそういう問題が出てくるということで、紛争は残ろうかと思います。

○**浦井委員**　それで、建築審議会の中に生活環境、住居環境分科会ですかを置かれて、そしてそこに日照問題を諮問されておるということを聞いたわけですけれども、これは事実なんですね。なぜそういうものを置かれたのか。この辺の事情を聞きたいのです。

○**西村国務大臣**　日照問題は非常に大事でございますので、もうこれは大事なことはあたりまえでございますするが、しかし、法律でも北側斜線をつくったとかというようなことがありますが、なおそれ以上に、やはりどういう限

度までいいか。これは非常にトラブルがたくさんありまして、これは後ほどいまのトラブルの件数も当局から申し上げるでしょうけれども、正式なトラブルも相当にあり、また正式なトラブルでないほう、これが相当にある。これはあたりまえなことでございますけれども、その程度はやむを得ないじゃないかとか、あるいはもっと進んでこうすればいいじゃないかといういろいろなのを、日照の点でそれぞれ学識経験者の方々からひとつ知恵を出してもらいたいということで先般私が諮問いたしたのでございまして、それもやはりなるべく早く答申を得たい。かように考えて、先般答申を得るようにお願いをいたした、諮問をいたしたような次第でございます。

○**浦井委員**　その辺の具体的なことをお聞きしたいのですが、その審議会の分科会はいつ発足をしたわけですか。

○**沢田説明員**　3月21日——間違いました。2月25日に第1回をやっております。

○**浦井委員**　それ以後は聞いておらない。第1回をやっただけですね。

○**沢田説明員**　そのとおりでございます。先ほど言いました日にちにその次回ぐらいをやろうかということでございます。3月に……。

○**浦井委員**　分科会を発足させた。しかしやはり分科会だけでもまだ——どういいますか、どういう表現が適当なのか知りませんが、十分でないので、専門委員会もつくられたというふうに聞いておるのですが、事実なんですか。

○**沢田説明員**　お答えいたします。

　いま先生が言いましたのは、市街地環境分科会というものの中に日照問題専門委員会を設けた。その専門委員会を設けて第1回をやりましたのが、2月25日でございます。こういうことでございます。

○**浦井委員**　そうすると、分科会では専門委員会

を発足させるということをきめて、日照の問題についての具体的なことはあまり討議はされていない、こういうふうに理解していいわけですか。

○沢田説明員　専門委員会を設けるに際しまして、日照問題についての一般的なフリートーキングを1回やりました。その席で、こういう分科会を設けてやるということで設けられた次第でございます。

＊　＊　＊

その後さらに1972（昭和47）年10月には日照問題専門委員会の答申を受け、日照基準専門委員会を設置し具体的な建築基準の検討に入った（一連の審議会答申（**DVD**4-3-1））。

そしてこれらの答申を踏まえて基準法改正法案が作成され、1974（昭和49）年3月第72回国会に提出された。

その後、防火・避難規定の遡及適用の問題で審議が大幅に遅れた中で、日影規制についても参考人聴取も含め様々な意見が出た。

その結果、規制を全国一律に適用することには問題があるとされ地域の自主性を尊重する内容に修正すべきであるとの結論に達した。

最終的に修正案では規制対象区域を条例で指定すること、そして日影時間のメニューを定めその選択も地方公共団体の条例に委ねることとなった。

3　最終的な改正法の考え方（国会での修正後のもの）

この項では改正法成立直後（1976（昭和51）年12月号）に全国市長会の機関紙「市政」に掲載された「建築基準法改正による日影規制について：和田友一（建設省市街地建築課長）」（実際は筆者が執筆を担当したもの）が当時の考え方を最も忠実に表現しているのでそれをベースに加筆修正し

たものを紹介する。

(1)　規制対象区域

建築基準法という公法によって日影規制を行い、財産権の規制をするためには規制目的としての公共性が必要であるが（憲法第29条第2項）、住宅地の環境を保護することは都市計画上および建築行政上重要な公共的目的であり、そのために日照を確保することが必要であるとの観点に立ち、規制対象としうる地域としては住宅地として良好な環境を保護すべき市街地、すなわち都市計画で定められた用途地域のうち第一種住居専用地域、第二種住居専用地域および住居地域ならびにこれらの地域に隣接し住宅の立地が十分考えられる近隣商業地域、準工業地域とするが、これらの地域のうち規制対象となる区域は地方公共団体の条例で定めることとした。

(2)　規制対象建築物

高密度化した都市における住宅地の日照阻害はそもそも零細な宅地規模にもその一因があり、低層建築物相互に係る日照阻害も無視し得ない問題ではあるが、これらは基本的には私法上の相隣関係の問題である。これに比し、中高層建築物による環境阻害はその影響範囲が大きく、周辺の地域全体にとっての問題として捉える必要性があり、公法による規制を行うべきであるとの考えから、中高層建築物をその対象としたものである。

具体的には、規制対象となる建築物は高さが10mを超えるものとし、第一種住居専用地域では建築物の高さが10m以下に制限されていることから、規制対象としては地上階数が3以上のもの、または軒の高さが7mを超えるものとした。

(3)　規制の方法

日照確保のための技術的な方法としては、建築物の日影を一定限度以内に制限する方法をとるこ

ととしたが、これ以外の方法としては

(イ)　建築物の高さ、配置等について画一的に形態を制限する方法、例えば北側斜線制限方式の類はときとしてその制限が必要以上に厳しくなるにもかかわらず、日照確保を図る上でその効果が十分でないほか、この方法では市街地環境の向上に寄与するような建築物の高層立体化をも抑制してしまうという問題もある。

(ロ)　直接、関係住民の同意のみによる方法は長期的・客観的視点に立った合理的かつ健全な都市づくりを困難にさせるおそれがある。

(ハ)　日照阻害を受けるおそれのある建築物に一定の日照の量を確保するため建築を規制する方法は、日照阻害が規制対象建築物のみではなく阻害を受ける建築物の位置、その敷地の規模、周辺の建築物の状況等によっても左右され、また先に建築する方が後から建築するよりも有利となる不公平を生ずるおそれがあり公法による公平な規制になじみにくい

等のことから種々の難点があり、日影の規制による方法がより優れた規制方法であるのでこれを採用することとしたものである（ここで「日影」という言葉は、それまでこのような使用例はあまり無く、太陽光が建物のために遮られて出来る「日陰」（shade）という空間でもなく、「月影のナポリ」のような月の光に照らされた「月影」というようなものでもなく、ある平面上に太陽光によって（投影されて）生ずる建物の影（shadow）という意味で使用されたものである。なお、日本建築センター発行による「英訳建築基準法令集」でも「日影規制」はshadow restrictionと訳されている）。

(4)　規制の基準

　建築物の日影の規制にあたっては、日照条件の最も悪い冬至の日における日影を規制することが最も妥当であり、また理解しやすいことから冬至日を基準として日影の制限を行うこととした。

　建築物の日影は一定の高さの水平面上を**図1**のように移動する。この場合、日影の落ちる水平面上の各点について午前8時から午後4時までの8時間に建物の日影となっている時間を測定したとし（たとえば**図1**の点Pは午前8時に建物の日影に入り午前10時に日影の中から出るわけである）、同じ時間だけ日影となっている点を結んでみると、一定時間だけ日影になっている部分はどこであるかが明らかになる（**図2**）。

　日影規制はこのような一定時間以上日影になる部分を一定の範囲に収めなければならないとした

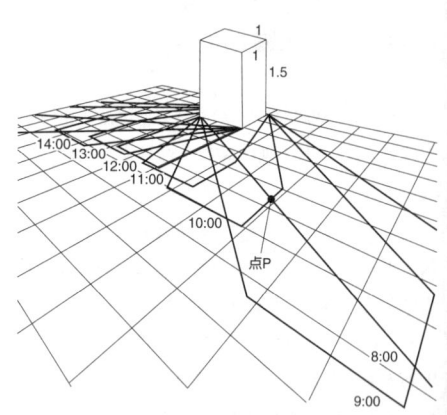

図1　冬至日における建築物の日影の移動図（時刻別）

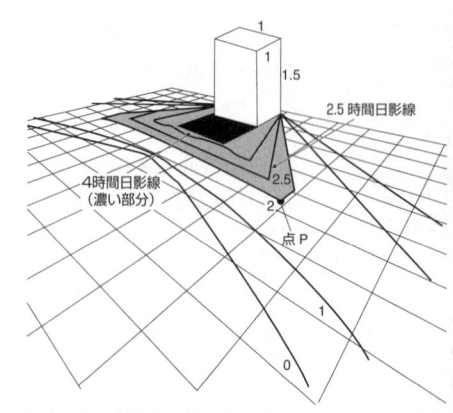

図2　同じ時間だけ日影になっている点を結んで作成する等時間日影線図

表1 対象地域と日影時間

(修正後)別表第3 日影による中高層の建築物の制限

(い)地域	(ろ)制限を受ける建築物	(は)平均地盤面からの高さ	(に)敷地境界線からの水平距離が10メートル以内の範囲における日影時間	敷地境界線からの水平距離が10メートルを超える範囲における日影時間
1 第一種住居専用地域	軒の高さが7メートルを超える建築物又は地階を除く階数が3以上の建築物	1.5メートル	(1) 3時間(道の区域内にあっては、2時間)	2時間(道の区域内にあっては、1.5時間)
			(2) 4時間(道の区域内にあっては、3時間)	2.5時間(道の区域内にあっては、2時間)
			(3) 5時間(道の区域内にあっては、4時間)	3時間(道の区域内にあっては、2.5時間)
2 第二種住居専用地域	高さが10メートルを超える建築物	4メートル	(1) 3時間(道の区域内にあっては、2時間)	2時間(道の区域内にあっては、1.5時間)
			(2) 4時間(道の区域内にあっては、3時間)	2.5時間(道の区域内にあっては、2時間)
			(3) 5時間(道の区域内にあっては、4時間)	3時間(道の区域内にあっては、2.5時間)
3 住居地域、近隣商業地域又は準工業地域	高さが10メートルを超える建築物	4メートル	(1) 4時間(道の区域内にあっては、3時間)	2.5時間(道の区域内にあっては、2時間)
			(2) 5時間(道の区域内にあっては、4時間)	3時間(道の区域内にあっては、2.5時間)

この表において、平均地盤面からの高さとは、当該建築物が周囲の地面と接する位置の平均の高さにおける水平面からの高さをいうものとする。

(筆者注) 上記(に)欄については「敷地境界線から水平距離が5メートルを超える範囲において」と法律本文に規定されて

(修正前の原案)別表第3 日影による中高層の建築物の制限

	(い)地域又は区域	(ろ)制限を受ける建築物	(は)平均地盤面からの高さ	(に)日影時間	(ほ)日影時間
(1)	第一種住居専用地域	軒の高さが7メートルを超える建築物又は階数が3以上の建築物	1.5メートル	4時間(道の区域内にあっては、3時間)	2.5時間(道の区域内にあっては、2時間)
(2)	第二種住居専用地域	高さが10メートルを超える建築物	4メートル	4時間(道の区域内にあっては、3時間)	2.5時間(道の区域内にあっては、2時間)
(3)	住居地域又は近隣商業地域若しくは準工業地域のうち特定行政庁が都市計画地方審議会の議を経て指定する区域	高さが10メートルを超える建築物	4メートル	5時間(道の区域内にあっては、4時間)	3時間(道の区域内にあっては、2.5時間)

この表において、平均地盤面からの高さとは、当該建築物が周囲の地面と接する位置の平均の高さにおける水平面からの高さをいうものとする。

ものである。この場合に日影は二段階の規制を受け、まず制限を受ける建築物の敷地の境界線から外側に水平距離で5mを超え10m以内の水平面上の部分には、一定時間（たとえば4時間）以上日影となる部分を生じさせないこと、かつまた敷地境界線から外側に水平距離で10mを超える水平面上の部分には一定時間（たとえば2.5時間）以上日影を生じさせないこととしている（この場合に、日影を測定する水平面の高さは、第一種住居専用地域では制限を受ける建築物の平均地盤面から1.5m、その他の地域では4mとなっている）。

この制限すべき日影時間は、それぞれの用途地域ごとに三段階のメニューが定められており（住居地域、近隣商業地域、または準工業地域の場合は二段階のメニュー）、各地方公共団体がその区域の土地の利用状況等を勘案し、制限すべき日影時間をそのメニューの中から選ぶことができるようになっている（表1）。

これらの日影時間数は、目標日照時間から逆算されたものであり、敷地外5mおよび10mの二段階においてチェックする方法もその目標日照時間を確保するために考えられたものである。

まず、敷地境界線の外に5mを超え10m以内の部分の規制は、制限を受ける中高層建築物の日影だけでなく隣接する低層建築物の影響も考慮にしている。例えば日影測定時間が8時間（8時から16時）として目標日照時間が3時間ならば中高層建築物の日影時間は5時間未満で良いのではなく、低層建築物による日影を考慮して1時間厳しくしており、4時間未満としなければならない。

また、敷地境界線の外側10mを超える範囲については影の長い建築物による日影の影響の大きい部分であり、隣接する低層建築物による日影よ

りもむしろ、制限を受ける中高層建築物とその周囲の中高層建築物との複合日影の可能性をすべきであることから、たとえば目標日照時間が3時間ならば日影となってよい時間は5時間（＝8時間－3時間）未満であるが、複合日影の場合を考慮して制限を受ける建築物による日影は2.5時間（＝5時間の1/2）未満としなければならないとした（複合日影の場合には、ある土地の部分が建築物Aによって午前中に2.5時間だけ日影になり、また他の建築物により午後に2.5時間だけ日影となって合計5時間日影となる様な場合がありうる）。

また、日影時間の測定地点の高さが第一種住居専用地域については1.5m（おおむね1階の窓の中心の高さ）であり、その他の地域については4m（おおむね2階の窓の中心の高さ）としているが、これは第一種住居専用地域が良好な低層住宅の環境を保護すべき地域である一方、他の地域においては、1階の部分が住宅以外の用途に供されることが十分に考えられることによるが、測定地点が4mであるという場合は、1階部分に陽が当たらなくなるというわけではなく、多くの場合2階部分に比し若干日影時間が長くなるにすぎない。

以上のような規制の結果、たとえば規制対象区域となっている第1種住居専用地域において3階建ての建築物を建築しようとした場合（この場合、条例で定められた日影規制時間は**表1**(に)の欄の(2)の時間であるとする）、地上1.5mの高さの水平面上にできる冬至日の日影図（**図2**参照）の4時間日影線を敷地の外5mの範囲内に、また2.5時間日影線を敷地の外10mの範囲内にそれぞれおさめなければならないこととなり、**図3**のよ

うにその周辺の住宅では通常1階の窓で3時間以上（冬至の日）の日照が得られることになる。

また、たとえば、規制対象区域となっている第二種住居専用地域において高さ10mを超える中高層建築物を建築しようとする場合（この場合、条例で定められた日影規制時間は**表1**(に)欄の(2)の時間であるとする）、地上4mの高さの水平面上にできる冬至の日影図（**図2**参照）の4時間日影線を敷地の外5mの範囲内に、また2.5時間日影線を敷地の外10mの範囲内にそれぞれおさめなければならないこととなり**図4**のようにその周辺の住宅では通常2階の窓で3時間以上（冬至の日）の日照が得られることになる。

なお、北海道では緯度が高いため、冬季の太陽高度が著しく低く、内地と同じ規制を適用させることには無理があるので、規制の内容を一部手直ししてある。

4　法施行後の動き（全国的な日影条例制定の動きなど）

日影規制は公布後1年以内に施行することとさ

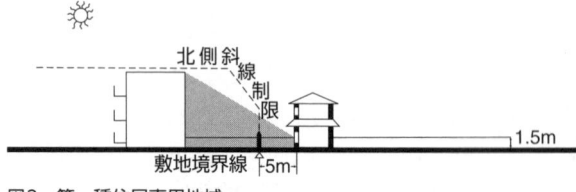

図3　第一種住居専用地域

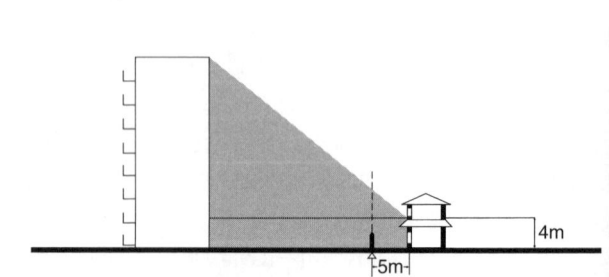

図4　第二種住居専用地域等

れтеおり、ほぼ1年後の1977（昭和52）年11月1日に施行された。その間、施行に向けて実務の準備を急ぎ、日影チャート（**図5**参照）を使用した日影図の作成方法の講習会を全国各地で実施すべく行脚した（また、法務省より日影チャートによる日影図の作成について講習の依頼があり、全国から招集された裁判官の方々にレクチュアしたこともある）。当時は日影チャートの使用を想定していたが、実際にはコンピューターによる図の作成が急速に浸透したため、短期間でチャートの使用は見られなくなった（なお、1975（昭和50）年12月5日に行われた基準法改正の参考人意見聴取では、横浜市の田村明技監が「かなり日影規制という問題にはやり方のむずかしさがございます。（中略）私自身もなかなかこの日影図がうまくかけるかどうか非常に疑問です。（中略）自治体の職員に非常に過度な要求をすることになります。（以下略）」）と懸念を表明していた）。

また、当然のことながら、この種の規制が各地域で施行される直前まで、いわゆる駆け込み着工の動きがあり、担当していた筆者は、多い時には一日に何十件ものクレームや相談の電話などがあったことを鮮明に記憶している。

大都市以外の地方では次々に条例を制定していったが、大都市では必ずしも直ちに条例が施行されたわけではない。

東京都では、日影規制以前に1971（昭和46）年の武蔵野市の中高層建築物の指導要綱などが先行していたことや市民団体による日照確保の条例制定直接請求などの経緯があり、直ちに基準法に基づく日影条例を導入したわけではなく、新用途地域を1973（昭和48）年に指定した際に導入した高度地区と併用するかたちで1978（昭和53）年7月に日影条例を公布した。

大阪府でも日照紛争が社会問題となっていたため、多くの自治体で指導要綱が制定されていたとともに、1973（昭和48）年に新用途地域が指定された際に高度地区を一部強化するなどの措置で日照問題に対処していた。日影条例については1978（昭和53）年に、容積率200％以下の住宅地に絞り込んで導入されることとなったが、東京都と同様に高度地区との併用で実施された。

横浜市では、日照紛争頻発した頃より任意の行政指導を行っていたが、1973（昭和48）年1月以来正式に「横浜市日照等指導要綱」を定め強力に実施していた。横浜市では東京都や大阪府が日影規制を導入した後もこれに追随するわけではなく1973（昭和48）年に導入した新用途地域と同時に北側斜線型の高度地区を指定し指導要綱とあわせて日照問題に対処した。これは、日照確保という観点からは、日影規制や法に基づく北側斜線制限だけでは十分ではないとの判断から、市独自の北側斜線型高度地区のようなハードな規制と柔軟な要綱行政との組み合わせによるものが効果的との立場をとったものである。しかしその後国全体として規制改革の進む中で、要綱行政による行政の過剰な介入が批判されるようになり、行政手続法の制定とともに横浜市も日照指導要綱を廃止し、高度地区を併用しつつ日影条例の導入に踏み切ることとなった（1993（平成5）年）。

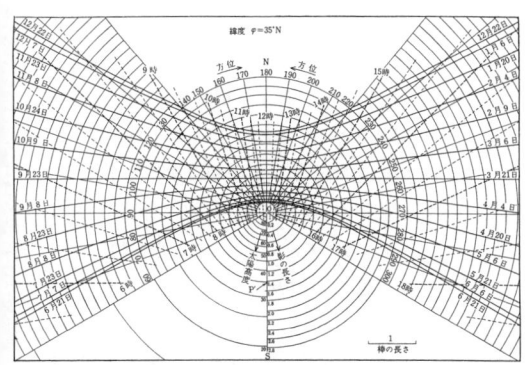

図5　北緯35°における日影曲線図
（出典：「建築環境工学 I」　㈱朝倉書店）

5　まとめ

　以上のような各自治体の対応の結果、全国的に日影条例が導入され、日照紛争が頻発することはなくなり公法による規制としては一定の効果を上げ、歴史的な使命を果たしてなお現在も有効に機能していると評価できる。

余談：よく言われる「日照権」という言葉は諸外国ではあまり聞きなれないらしく、当時担当していた筆者のところへ英国からある人物（英国大使館からの紹介だったと思われる）が訪ねてきたが、そもそも何のための規制なのか、なぜ必要なのかは最後まで合点がいかないという風な表情だったのを記憶している。

日影規制検討当時を語る／立石真氏にインタビュー

　日影規制の政策形成過程については、本節の論考に整理されているとおりである。建築審議会の日照問題専門委員会の中間報告が1972（昭和47）年10月にとりまとめられ、それを受ける形で、同日照基準専門委員会が設置され、その中間報告が1973（昭和48）年8月にまとめられた。

　制度の骨格の原案が検討された当時、建設省の市街地建築課に在籍し、検討の中心的役割を果たしたメンバーであった立石真氏（元建設省住宅局長）にインタビューを行った。

日影規制の発案

── 市街地建築課に在籍されていたのはいつ頃ですか。

立石　昭和47年4月から48年8月1日までです。

── その当時は、補佐だったころですか。

立石　ええ。

── そうすると、市街地建築課においでになったときは、日影規制をやるんだという流れは既にあったということでしょうか。

立石　日照問題に関する対策について検討されていたが、日影規制という考え方はな

かったと思う。当時、市街地建築課の法規担当補佐であった真島一男氏（後に参議院議員）が、中間報告案をまとめなくてはと頑張っていた。

　田上穰治さん（当時、一橋大学法学部名誉教授）、石原舜介さん（当時、東京工業大学教授）などが出る建築審議会の専門委員会があって、ここで中間報告を作成しようとしていたわけです。その後、10月に審議会の中間報告が提出されました。

── それが昭和47年10月ですね。

立石　真島さんと、好美清光さん（当時、一橋大学法学部教授）が中心となって、中間報告案をまとめられました。そこでは、日照問題防止のためには、「都市計画的手法では一種住専の高さ制限と北側斜線という規制」があり、「根本的には市街地再開発によって対応すべき問題」である。日照問題は、「私法上の相隣関係であって、裁判所が私法上の問題として判断すべきもの」との考え方で、公法的な規制については迷っていたわけです。

　このような中間報告案を出そうとしたら、澤田局長（澤田光英氏。当時、建設省住宅局長）から待ったがかかりました。そ

して、47年10月の中間報告の最後のところに、「何らかの公法上の規制に係らしめ、現行建築基準法による建築規制基準とは別に日照に関する基準を定め、その基準に従って必要な規制等を行う」という文章が加えられました。

私は担当補佐でありながら、この文章をぼうっと見ていたわけです。そうしたら澤田さんから、「立石君、これについてどんな基準ができるか考えてこい。きょうは金曜日だから、土日と2日あるから月曜日に見る」と言うのです。(笑)

―― 恐ろしい局長ですね。

立石 恐ろしい局長ですね。そこで、2日で出来ることは何があるかと考えると、「規制に当たっての論点整理」だと思いました。その場合、自分の生活体験から考えるしかないと思いました。

論点の第一が「日照保護」なのか、「日影規制」なのかです。「日照保護」のほうで考えると、「基準、規制」に行き着くのが大変難しい。日照は言うまでもなく限られた資源だし、かつ、誰かが使ったら他の人は使えない、またその人は北側の宅地の日照を食っているという種類のものだから、どこで線を引くのか、4時間の日照時間を確保するといっても、規制するのは隣接する南側の建物の影だけなのか、あっちから来る影もなのか、さらに最後の4時間になるときの影なのか。そう考えていくと結局、「日影規制」しか出来ないのです。そもそも日照問題は、市街地が変化していくときの摩擦だよね。それが日照阻害という形で一番典型的に出るわけだけど、風害や圧迫感などいろいろな社会的摩擦を含んでいます。

第二に、町場の住宅なら、自分の家を南

側の境界線にくっつけて建てれば日照を得られなくなるのは自明ですよね。ある程度バックしなければ無理です。

第三に、広い庭がある場合でも一階の縁側に十分日が当たるかなと考えてみると難しそうに思える。そこで窓、昔は腰窓というものがあった。腰窓のイメージとして、竹久夢二の絵に窓台に美人が座っているのがあるでしょ。時間が限られるなか、思案をめぐらせ、腰窓の高さの日照を考えました。

それが1.5mなんです。二階も同様な感じです。

―― そこから出てきたわけですか。

立石 第四に、どのような日影を規制するかです。日照確保の目標については、実際の市街地では大きな差があるでしょう。そこで目標値のメニューを数種類用意することとしました。4時間、3時間、2時間ですね。次にこれを確保するには隣接する建物の日影をどのように規制したらいいかです。ここで考えたのが濃い影と薄い影[1]をそれぞれ規制するという考え方です。

日影図面を見ているとその考えが出てきます。南側の建物による濃い影に入ったら、それだけで何時間か取られてしまう。加えて周辺の建物による薄い影の複合によっても濃い影が出来てしまう。だから、濃い影と薄い影を規制しよう。濃い影は5m以内におさめる。薄い影は10m以内におさめる。4時間の日照を確保するには、濃い影は3時間とし、薄い影は1時間にしたらうまくいきそうだと考えたわけです。

なお、1.5mについては、今は窓の中心の高さと解説していますね。先日、建築学

会に2時間半こもって勉強してきたらそうなっていました。

—— 原案を土日で考えられたんですか。2日間で出来上がったというのは、すごいですね。

立石 こういうものは逆に時間がたっぷりあったらできないかも。「ほんとに？」とか考えて迷ってしまう。

—— 今のお話は、その後の日照基準専門委員会の中間報告にほぼそのままの形で載っていますね[2]。

立石 2日間のアイディアだから、皆でつつきまわして必ず修正してくれるだろうと思っていました。

—— そもそも日影の時間で規制するというのは、それよりも前からある程度考えがあったということですか。

立石 はっきりとは記憶がないけど、あまりなかったのではないか。ともかく、濃い影と薄い影を分けて規制するという感覚はなかったと思います。

—— 日照を確保しようという議論のときに影に着目して仕組みをつくるというのは、今から見るとすごい発想のように思えます。

立石 当時はそれほどとも思わなかったけど。よく考えたら、基準法では敷地の外に対する影響をコントロールするような考え方はなかったですね。

—— だから画期的だと思うんです。

立石 そうね。でも、学者的能力はないからそう思わなかったけど、実務的に考えてみたらこれ以外にないなと。そのころ公害基本法ができて、公害問題の排出基準の考え方が出始めていた時期ですね。そういうものはあったけど。

—— そうすると、その考え方を基準法の世界に持ち込んだような形ですね。

立石 「日照権」を唱えた人たちは、みんなきれいごとばかり言っていたように思います。だけど、みんなが受益者であり加害者なわけですから、社会的にどの程度で折り合うかということを決めなければならないと考えました。

当時は日照紛争が頻発し、社会的にも、行政的にも大変な問題になっていました。都政相談室や市政相談室などで建築職員が中心的な存在になっていたほどです。ともかく、みんなあたふたしていた。

立石 原案からなくなったことが一つあります。①濃い影②薄い影のほか、③市街地全体に流す影の総量を規制したいと思ったのですが、これは全然指数化出来ませんでした。

—— 月曜日になって、澤田局長に、こんな案はどうですかと。

立石 本当にこれで実効性、妥当性があるのか、多くの実例に当てはめてみなさいと。

また、いろいろな複雑な形態建物の影を図面化できるのか心配しました。こうした技術的問題や地方行政庁をはじめ関連団体との調整、調査検討を当時私の下にいた柳沢厚係長が精力的に進めてくれました。その一つは、設計事務所が電算機を使って敷地周辺の各ポイントの日影の時間を計算して図面に落とすことが出来るのを見つけてきました。チェックする方法はそれでできるけど、設計するほうはどうするんだろうと思ったら、基準案が出る昭和48（1973）年の8月ごろには、今のように電算機を使って日影図が描けるようになっていました。世の中の進歩はすごいと思った。

—— 昭和40年代後半はそういう時代だっ

たということですね。

立石 コンピュータとは言わないね。電算機がだいぶ使われ始めていたころ。

なお、当時の日照問題に関する意見の支配的な論調だった「日照権」について触れておきたい。「日照権」「環境権」「景観権」などと出てきます。裁判のほうも、どう裁いていいか迷っている状態でした。「景観権」では、今まで富士山が見えるからと高いお金で買ったのに、あっちのほうにマンションが建って見えなくなる、これは景観権の侵害だとか。また、「日照権」という権利だったら、いわゆる受忍の限度という言葉が当時は流行したけど、金銭の授受によって左右される場合が多いとすれば、権利とはそういうものではないのではないかと思ったりしました。そのころ周辺の人たちの反対を退け建設されたマンションの住民が、その南側に建設されることになったマンションへの反対運動をするとか笑えない事象が頻発しました。

基準原案をまとめた紙はこの大きさ（A4）1枚で、紙の真ん中に線を引いて、10ぐらい項目を立てた。「1　日照確保か日影規制か」、「2　測定点をどうするか」、さらに表があって、その中に4～2時間日照の目標に応じて、濃い影、薄い影を規制する仕方を書いた。最後のところに、日照問題、日照権や何かがみんなの頭の中にあるものだから、これはさすがに許可制にしないと対応できないだろうとの想いを書いた。

—— その紙がどこかにいってしまって見つからないということですか。

立石 見つからない。（笑）今思うともったいない。

それから、各特定行政庁にも基準案を照会しながら、いろいろな市街地ごとに検証してもらっていくわけです、これでどのくらいもつかなと。そうしたら、かなりもったわけです、結果として。

それで、これ（日照基準専門委員会中間報告）になるでしょ。これが昭和48（1973）年8月31日です。

日照基準専門委員会中間報告について

立石 入沢恒さん（当時、横浜国立大学工学部教授）が主査になってまとめていただきました。入沢さんにはいろいろ面倒なお願い事もしていて、住環境整備施策などについても相談にのっていただいたりしていました。

—— 中間報告の案文はほとんど起草されたということですか。

立石 今回これを見直したら、文章がそっけないですよね。もう少し丁寧に書けなかったろうかと悔やまれます。

昭和48年8月に異動

立石 中間報告が出る前の8月1日に鳥取県の課長に、もう仕上がったからと出ちゃった。本当は4月には、てんぱっていたのですが、澤田局長から、「まだ終わっていない」と待たされていました。

何が終わっていないかというと、田中角栄総理大臣から宿題が出ていて、一種住専の高さ10m制限は見直すべきではと、田中総理直筆のメモが届きました。あの人は建築士だから。

総理の宿題があるなかで、（日影規制という）マンションを規制するがごときものを説明にくるとは何だという感覚だったのでしょう。澤田局長は大変だったと思います。でもそうはいってもいられないと、澤田局長は、日影規制の話と、一種

住専でも12mまでの建築物が可能となるような制度改正をする話を合わせて、再度説明に行き、了承をしていただいてきました。

私が異動した後も、延々と検討は続き市街地建築課長も補佐も変わったけど、建築基準法の規制に持ち込むためには、相当な苦労があったろうと察します。

日影規制は、昭和51（1976）年にできて、それ以降ほとんど改正されていないですね。現行規定を見ると測定面に6.5mというのが入っただけ[3]。

そして、私が残念なことは、日照紛争の頻発に伴い地方公共団体の建築職員の地位が、市政室とか市政相談室とかの室長になったりで、各地域ですごく上がってきたのに、それが一気に冷めてしまったことです。

—— 日影規制が導入されて、紛争が相当おさまったという面があるんですね、ルールが決まったから。

立石 僕は、紛争があるから仕事ができると思っているわけです。その解決を買ってでないと。

—— 社会の政策ニーズを積極的にキャッチしていくということですね。

地方公共団体、建築学会等との議論

—— 先ほど、地方公共団体でやったときに大丈夫かどうかのチェックをされていたという話がありましたね。

立石 いろいろ検討してもらっています。

—— 当時は既に公共団体も困っていて、要綱のようなもので結構やっていたんですね。

立石 中高層建築指導要綱のようなものが増えてきたころです。

—— そうすると、自前でやっていたもの

と、国が今度新しくその制度をつくったときにうまくいくかどうか、そういう話ですか。

立石 それはあまり関係なかったと思う。指導要綱は建築主と周辺住民との摩擦を調整しようとするものです。その面でもルールがなかったので苦労していたろうと思います。

そんな状況の中での調査検討のお願いでした。

—— それで大体大丈夫そうだという押さえをしてということですね。

立石 ええ。昔は地域ごとに建築行政会議の地域ブロック会議というものがあって、そこで、国からの施策で理解できないところをお互いによく議論して調整していた。米国の建築主事会議のような活動があったのですね。今は、相当な部分を、こまかな事項まで、政令で定める、告示で定めるとか、つまり、制度基準になってしまったのかな。

事前の質問のなかで、日影規制が建物高さを規制するとありますが、建物高さを画一的に規制するものではありません。当時建築学会に持っていった時に議論になったけど、一つは、高さ規制をしていないから、ろうそくビルがたくさん建つと薄い影だけで濃くなってしまうじゃないかと。つまり、ろうそくビルというのは、個々の濃い影の範囲は小さいが、これがそこらじゅうに建つと、薄い影が重なって真っ暗になってしまうというのです。これに対しては、この基準案で完全に防止できるものじゃないけど、8〜9割のみなさんが妥当として認めれば、あとは許可制や何かの付加的な基準をつくったらどうかなと思っている。学会で

は、この問題について実に観念的で、一辺10メートルのろうそくビルといったら階段だけで住戸が何戸も入らないようなろうそくになりますよ（笑）なんて反駁した記憶があります。

―― 今のお話を伺っていると、建設省（当時）で考え方をつくって、学会にその案を持って相談していたという感じですね。学会等が提案してきたということではなくて。

立石 ええ。対策を提起するような提案はありませんでした。また、建築業協会やビル協などにも説明に回りました。

都市計画との関係

―― 日照問題について、都市計画ではどのように考えられていたのですか。

立石 中間報告案にその雰囲気が描いてあります。用途地域や高度地区の指定など「都市計画的手法を適切に駆使することによって」かなり緩和されるはずであると。世の中で日照紛争が頻発しそれへの対応が喫緊の課題となっているのに。そして、建築協定は基準法の中だしあまり動かないから、根本的には再開発の推進によって解決するとか、そんなようなものでした。

都市計画の問題として捉える前に、これは相隣関係だと。相隣関係の問題は、建築にかかわる民民の話であって、まず公法化することだって議論があるけど、まずは都市計画の問題ではないという感覚が強かったのでしょうか。

―― これは建築審議会の報告ですね。理想は都市計画だけど、目の前の問題を解決するためには別の新しい仕組みが要るのだと。

立石 ええ。都市計画審議会では、日照問題というか、日影問題というか、市街地のそういう環境問題は議論されていなかったと思います。

建築基準法のなかでユニークな規定

―― 昔の先輩方というのは、今日のお話もそうですけど、みなさんご自身で考えておられて、役所の人自身が学識経験者でもあったような感じがします。

立石 私は全然学識経験者じゃない。行政官です。実務的な解決策をまとめたらこうなると思っただけです。（笑）でも考えてみると、確かに、基準法では環境阻害を数値化して測るというのはないですね。

宅造規制法の類推

立石 ヒントになった法律があります。宅造規制法というものがあるでしょう。昭和37（1962）年だったか、神戸周辺に大雨が降って、造成した崖が幾つも崩れるという大災害がありました。その時に、基準法では擁壁に関する基準があるのだから、宅造の擁壁関係について何らかの規制をすべきではないかと。ところが、基準法では、「自分を守れ」しか書かないから宅造の規制措置を盛り込めない。

―― そのころどこの部署にいらしたんですか。

立石 （宅造規制法の直接の担当でなく）宅地課の住宅改良事業に係員で。

宅造規制法は、そんな経緯で立法されたと思います。自分の敷地が外に被害を与えてはいけないという考え方ですね。宅造規制法担当の先輩が苦労していたことを類推で思い出しました。

（2018（平成30）年7月27日。聞き手は、日本近代建築法制100年史編集委員・坂真哉と事務局・井手幸人）

4-4 地区計画とその後の展開

地区計画制度は、1980（昭和55）年に沿道整備計画制度とともに創設され、約40年になろうとしている。その間、1987（昭和62）年の集落地区計画から2008（平成20）年の歴史的風致維持向上地区計画の創設、直近では2018（平成30）年の立体道路制度の拡充に至るまで、経済や社会状況の変化に対応しつつ、数次の法律の制定・改正等を経て、制度の進化を続けている。

本節では、制度創設時の資料をもとに、創設の経緯等についてまとめるとともに、その後の進化の過程について法改正等の資料を基に整理した。なお、本節は、主として建築基準法に規定する規制誘導措置に係る制度を中心として整理したもので、都市計画法等に規定する計画事項や手続き、あるいは計画論などについては、必ずしも網羅できていないことについてはご承知いただきたい。

1 制度創設までの動き

地区詳細計画については、スウェーデンの詳細計画（Detailed Plan）や旧西ドイツの地区詳細計画（Bebauungsplan）制度があることが、当時、識者の間で知られており、イギリスでも1968（昭和43）年に地区計画（Local Plan）が導入された。これらの制度について、日笠端氏（当時:建設省建築研究所）は1962（昭和37）年頃から北欧を中心とした諸外国の制度を精力的に紹介されてきた。また、旧西ドイツでBプランを定めた連邦建設法の制定（1960年）の翌年には、国宗正義（当時:建設省住宅局日本住宅公団主席監理官）、北畠照躬（当時:建設省住宅局宅地課）両氏によりその翻訳が完成し具体的に日本に紹介されるとともに、建築基準法の改正により特定街区[1]が創設された。ただ当時は社会的な要求が少なく、我が国ではあまり問題とされなかった。

その後の我が国の急激な経済成長と都市化の圧力の中で、1968（昭和43）年の新都市計画法の制定や1970（昭和45）年の建築基準法の改正により線引き制度や8種類の用途地域による土地利用規制が導入されたが、これらの制度のみでは当時の都市化の著しいわが国では十分に機能を果たすことができなかった。具体的には、市街化区域面積が過大であり多くの農地を取り込んだことに伴う郊外部のスプロールによる劣悪な市街地の拡大や、比較的良好な住宅地が地価の高騰と相続時の細分化により劣悪な市街地に転換してしまうことなどが大きな課題として浮上しつつあったが、地区詳細計画の制度的検討は、下記のように1970年代半ばまで待つことになる（主な経緯は表1のとおり）。

(1) 建築審議会第一次答申（1974（昭和49）年1月28日）とその後の動き

1971（昭和46）年7月28日に建設大臣から建築審議会に諮問された「市街地環境の整備の促進のための方策」について同審議会建築行政部会市街地環境分科会で審議が行われ、1974（昭和49）年1月28日「市街地環境の整備の促進のための方策に関する答申 —法制の整備等について（第一次）—」が答申された。この答申は、大都市でのマンション建設等に伴う日照紛争が増加する中で、日影規制の導入等を中心に市街地環境の整備のための施策のあり方について答申されたものであるが、「今後検討する必要のある事項」として

表1　地区計画制度創設時の主な経緯

年月日	事　項
1971年7月28日	建築審議会への諮問「市街地環境の整備の促進のための方策」
1974年1月28日	建築審議会答申「市街地環境の整備の促進のための方策に関する答申―法制の整備等について（第一次）―」
1975年5月12日	B-Plan委員会とりまとめ
1976年7月21日	*都市計画中央審議会への諮問「長期的視点に立った都市整備の基本方向は如何にあるべきか」*
1978年4月	*都市計画中央審議会中間とりまとめ*
1978年9月	河中自治振興財団研究会「新しい街づくりの計画手法に関する研究」とりまとめ
1979年6月15日	**建築審議会市街地環境分科会専門委員会の中間報告（案）**
1979年7月6日	建設省住宅・都市政策推進員会第一次報告「住宅・都市政策の方向と施策―明日の居住環境の創造のために―」
1979年8月28日	*都市計画中央審議会総合部会へ総合的市街地整備方策分科会から報告*
1979年10月24日	***都市計画中央審議会・建築審議会合同会議報告「地区建設計画(仮称)制度についての報告」***
1979年11月28日	**建築審議会答申「市街地環境の整備の促進のための方策に関する答申―地区建設計画制度等について（第二次）―」**
1979年12月5日	*都市計画中央審議会答申「長期的視点に立った都市整備の基本的方向」*
1980年3月14日	都市計画法及び建築基準法の一部を改正する法律案閣議決定
1980年5月1日	同法公布
1981年4月24日	都市計画法施行令及び建築基準法施行令の一部を改正する政令公布
〃	都市計画法施行規則の一部を改正する省令公布
1981年4月25日	都市計画法及び建築基準法の一部を改正する法律施行
	都市計画法施行令及び建築基準法施行令の一部を改正する政令施行
	都市計画法施行規則の一部を改正する省令施行

(注)**太字は建築審議会**に、*斜体は都市計画中央審議会*に、***太字斜体は両審議会***に関係するもの。

「建築計画制度の導入」が取り上げられ「建築計画制度たとえば西欧諸国にみられる詳細計画のごとき手法を導入することが必要である」と位置付けられた。これが、地区計画制度の創設に至る出発点であった。

　このような位置付けがなされた背景としては、旧西ドイツを中心とした西欧諸国の都市計画・建築規制制度に対する審議会関係者等の有識者や旧建設省の担当者の継続的な関心と、土地利用の高度化・多様化に対応して個々の建築物に対する単発的な規制を超えた地区を単位とした全体的な建築計画の策定とそれに基づく規制誘導の必要性の認識があったものと考えられる。

　さらに、この答申とほぼ同時期（1974（昭和49）年1月30日〜）に、旧建設省、旧日本住宅公団の協力のもと、日本建築センターにB-Plan委員会（委員長：日笠端（当時：東京大学教授））が設けられた。この委員会は、旧西ドイツの地区詳細計画制度の位置付け、内容、運用の実態等について、旧西ドイツから専門家を招いて検討され、

1975（昭和50）年5月12日に取りまとめが行われ、その内容は「西ドイツの都市計画制度の運用―地区詳細計画を中心として―」（日本建築センター）としてまとめられている。その後、1977（昭和52）年7月から翌年9月にかけて、日笠端氏を中心に河中自治振興財団に研究会が設置され、国内の市町村が独自に進めてきた地区詳細計画に類する施策の事例を通じ地区計画制度を我が国に導入するにあたっての問題点等を検討し、「新しい街づくりの計画手法に関する研究―西ドイツの地区詳細計画とわが国への導入―」としてまとめられた。

　第一次答申の内容のうち、日影規制等当面講じる必要のある措置については、1976（昭和51）年の建築基準法の改正で法制化が図られたが、「今後検討する必要のある事項」についての制度的な議論は、上記の検討を経た後、1978（昭和53）年11月からの同審議会市街地環境分科会の再開まで待つことになる。

(2) 都市計画中央審議会中間とりまとめ (1978 (昭和53) 年4月)

1976 (昭和51) 年7月21日に建設大臣から都市計画中央審議会に諮問された「長期的視点に立った都市整備の基本的方向は如何にあるべきか」について同審議会総合部会で審議が行われ、1978 (昭和53) 年4月に中間とりまとめがなされた。このとりまとめは、「都市の基本的諸問題に関する検討」、「都市の理念及び都市のビジョン」、「都市の整備方策」の3つの検討テーマのうち、主として第1のテーマについてとりまとめたものであるが、今後の「主要検討課題」とされた「都市の整備方策」において「市街地整備における計画体系のあり方 (都市に必要な施設は総合的、一体的に都市計画に位置付けること、広域化に対応した計画、コミュニティレベルの計画導入等)」等について引き続き検討されることとなった。

(3) 建築審議会市街地環境分科会専門委員会中間報告案 (1979 (昭和54) 年6月15日)

1978 (昭和53) 年11月6日に建築審議会市街地環境分科会が開催され、この中で、専門的な調査審議を行うため専門委員会 (委員長：日笠端) が設置された。この専門委員会では、同年11月24日から8回の討議が行われ、1979 (昭和54) 年6月15日の第8回専門委員会で中間報告 (案) がまとめられた。この中で、講ずべき施策として、最低敷地規模規制と併せて「地区建築計画」が提案された。その概要は (「建築審議会市街地環境分科会専門委員会中間報告案 (1979 (昭和54) 年6月15日) の概要」**DVD**4-4-1) のとおり。

建築審議会の中で、地区詳細計画が制度の形としてはじめて示されたものである。

(4) 住宅・都市政策推進委員会第一次報告 (1979 (昭和54) 年7月6日)

経済情勢が激変しつつある中、国民的課題である住宅問題と都市問題の打開のため、旧建設省として総合的視野で体系的に施策を展開する見地から、1978 (昭和53) 年12月21日に省内に住宅・都市政策推進委員会が設けられ、1979 (昭和54) 年7月6日「住宅・都市政策の方向と施策—明日の居住環境の創造のために—」として第一次報告が取りまとめられた。この中で、「緊急な対策を要する施策」の一つとして「地区建設計画 (仮称) 制度の導入」が位置付けられ、「地区の特性に応じて良好な環境を備えた市街地の形成と保全を図るため、地区レベルにおいて公共施設の配置、建築物の用途、形態、配置等に関する計画を定め、これを実現するために必要な規制や誘導を行う地区建設計画 (仮称) 制度を導入する」とされた。

(5) 都市計画中央審議会総合部会・建築審議会建築行政部会市街地環境分科会合同会議報告 (1979 (昭和54) 年10月24日)

建築審議会の専門委員会で建築計画制度の導入について一定の方向が示される一方、都市計画中央審議会においても、根幹的な都市施設の配置やマクロな用途地域による従来の都市計画の規制誘導では良好な市街地環境の形成には不十分であるとの認識から、同審議会総合部会に総合的市街地整備方策分科会を設け、同じく地区レベルでの計画制度の導入が検討され、1979 (昭和54) 年8月28日に総合部会に報告された (「総合的市街地整備方策分科会報告」**DVD**4-4-2)。

こうした経緯をもとに、1979 (昭和54) 年9月26日より両審議会の合同会議を行い、制度の概要や公共施設の整備・負担等について4回にわたって議論が行われ、同年10月24日に都市計画中央審議会総合部会・建築審議会建築行政部会市街地環境分科会合同会議において「地区建設計画 (仮称) 制度についての報告」(**DVD**4-4-3) がまとめられた。これらの報告等と当初の制度との比較は**表2**のとおり。

表2　地区計画制度の創設に至る報告等の比較

	建築審議会 市街地環境分科会専門委員会 中間報告案 (1979(昭和54)年6月15日)	都市計画中央審議会総合部会 総合的市街地整備方策 分科会報告 (1979年(昭和54)8月28日)	都市計画中央審議会総合部会 建築審議会建築行政部会 市街地環境分科会 合同会議報告 (1979(昭和54)年10月24日)	都市計画法及び建築基準法の一部を改正する法律 (1980年3月14日 法案閣議決定) (昭和55年法律第35号)
制度の導入、位置付け	建築計画を作成し、それを実現するために必要な規制を行う地区建築計画制度を導入。都市計画と現行の建築規制の中間をなすものとして法的措置を講じ、制度化を図ることが望ましい。	現行の都市計画制度と整合性を保ちつつ、その連続的発展のうえに、建築行為や開発行為が個別に進んだとしても将来の望ましい市街地の形態が実現できるような制度的枠組みを設定する必要。	地区を対象として地区内の公共施設の配置と建築物の形態等について一体的、総合的な計画を策定し、これに基づき建築、開発行為の誘導、規制を行う地区建設計画を創設する必要がある。	都市計画法、建築基準法の改正により、区域の特性にふさわしい態様を備えた良好な環境の各街区を整備し、保全するための計画として地区計画を創設。
計画決定主体、手続き	市町村が定める	市町村が定める新たな都市計画	市町村が都市計画として定める	市町村が都市計画として定める
	都道府県知事の承認			都道府県知事の承認
	住民参加手続に配慮		できるだけ早い時期から住民の意見を反映	条例で定める意見の提出方法等により、利害関係者の意見を求めて地区計画の案を作成
対象区域	都市計画区域内で適用するが、全区域で直ちに計画策定を義務づけるものではなく、次のように、地方公共団体が必要に応じ、必要な地域で活用。	市街化区域を対象とする計画単位地区(小学校区程度の住戸等を想定して設定)ごとに定める。基本的には市街化区域の全域について定められるべきであるが、当面、未だ開発行為、建築行為が十分に行われていない地域から順次策定されることが適当。	原則、市街化区域又は用途地域が定められた地域について定める。その全域で策定することが望ましいが、当面次のような地域で必要に応じて活用。	市街化区域内で、次に該当する区域で定めることができる。
	既成市街地で、計画の実現を容易ならしめるため、土地の合理的高度利用等の各種助成策を整備しつつ段階的に活用		既成市街地で都市の再開発を積極的に図るべき地域	市街地開発事業その他相当規模の建築物、その敷地の整備、これらと併せて行う公共施設の整備に関する事業が行われる、又は行われた区域
	土地区画整理事業等公共投資を行った地域で積極的に活用		土地区画整理事業等や民間の計画開発が実現された地域で適切な建築活動を誘導すべき地域	
	民間開発の住宅団地等で、開発者の申請に基づき活用			
	乱開発を防止しつつ適切な市街化を誘導すべき地域で随時活用		既成市街地周辺で、乱開発を防止しつつ今後の市街化を適切に誘導すべき地域	現に市街化しつつあり、又は市街化することが確実と見込まれる区域で、公共施設の整備の状況、土地利用の動向等からみて不良な街区の環境が形成されるおそれがあるもの
		【検討事項】現に存する良好な市街地を今後とも保全していくような地区計画を定めるための制度的枠組みについても検討が必要。	優良な市街地の環境を保全すべき地域	健全な住宅市街地における良好な居住環境その他優れた街区の環境が形成されている区域
計画内容	建築物の用途・形態・配置・密度、敷地の規模・形状、道路等公共公益施設の配置等で必要なものを選択・組み合わせ。	道路、公園その他の地区計画施設の位置・規模を定める。【検討事項】地区計画施設の整備にとどまらず、市街地を形成する大きな要素である建築物に関して、より詳細な計画を定めるような地区計画の制度的枠組みについても検討が必要。	地区の整備に関する方針(整備の方向や詳細計画に基づく規制誘導の必要性)、地区計画(建築・開発行為の基準として公共施設、建築物の敷地、形態等の詳細計画)(全域について地区計画を定められない場合は定めることができる区域で定めれば足りる)	計画の目標、整備・開発・保全に関する方針、地区整備計画(地区計画の区域の全部・一部について地区整備計画を定めることができない場合は、これを定めることを要しない)
			地区の整備に関する方針：地区整備の基本方針、土地利用・公共公益施設整備・建築物整備の方針	計画の目標、整備・開発・保全に関する方針
			地区計画：地区計画施設の配置・規模、建築物の敷地・位置・構造・用途・形態・意匠・建築設備、工作物の設置、樹木の植栽等のうち必要なもの	地区整備計画：地区施設の配置・規模、建築物等の用途、容積率の最高・最低限度、建蔽率の最高限度、敷地面積・建築面積の最低限度、壁面の位置の制限、高さの最高・最低限度、土地利用の制限　等

建築、開発行為の制限	計画に適しない建築物の建築はできないこととし、建築確認で担保。ただし、計画不適合建築物を不許可とする制度(第一種地区建築計画制度)と併せて公共施設等に関するもの以外の計画不適合建築物への勧告を行い得るにとどめる制度(第二種地区建築計画制度)を設けることも可能。【検討事項】建築確認制度に関し、裁量性がある許可制度の導入、開発許可制度との関連	建築物の建築、開発行為は地区計画に適合しなければならないものとすることが最も望ましいが、地区計画の性格を非拘束的なものとし、開発を誘導するためのガイドラインとすることも考えられる。同時に開発許可のスソ切りの廃止の実施、単発的開発に対応して開発行為の地区計画適合、道路の配置の適正化等開発許可基準の整備を図る必要。地区計画が市街化区域の全域について定められるまでの措置として、小規模開発をできるだけ抑制し、一定規模以上のまとまりをもった開発行為へと誘導するような方向で開発許可基準の整備を図る。	計画事項の性格や地区の実情に応じた措置を講ずる。・建築・開発行為の届出・勧告を行う。／・届出・勧告とともに、これに代えて規制措置を講ずることができる。これは、市町村長の是正命令制度、都市計画又は条例で定める事項について新たな許可制度を設けること、建築確認・開発許可の基準とすること等が考えられる。	開発、建築等の行為を行おうとする者は、その場所、設計等を市町村長に届出、市町村長は地区計画に適合しないと認めるときは、設計の変更等の措置を勧告。／市町村は、建築物の敷地、構造、建築設備、用途に関する事項で地区計画の内容として定められたものを、条例で、これらに関する制限として定めることができる。(用途地域等による規制の上乗せ規制)／予定建築物等の用途、開発行為の設計が地区計画の内容に即して定められていることを、開発許可の基準とする。
(土地の買取り等)	建築物の建築が不許可となることで土地利用に著しい支障をきたす場合は、土地の買取りを市町村に請求。勧告で当初計画の建築物の建築が中止された場合、計画適合利用を図ろうとする第三者への斡旋等の措置。		規制により土地利用に著しい支障をきたすときは、土地の買い取り・処分のあっせんの申し出ができる。	市町村長は、勧告をした場合、必要があると認めるときは、土地の処分のあっせん等の措置を講ずるよう努力。
(建築・除却命令)	計画適合建築物の建築を命ずる制度、不適合建築物の取り壊しを命ずる制度について、国民意識や制度定着具合等を見極めて検討。		地区計画区域外の建築・開発行為の規制の見直し、地区建設計画に適合した建築物の建築や不適合建築物の取り壊しを命ずる制度の導入について、制度の運用実態を踏まえて検討。	市町村条例で制限として定められたものについては、建築基準法による違反建築物に対する措置等を適用。
地区施設の整備	計画区域内の公共施設等(都市計画施設を除く)は住民負担で整備。市町村は、この負担について関係権利者の公平を保つため、土地の交換分合、公共施設等の区域の土地の買取り、開発者負担金の徴収を行う。／【検討事項】道路位置指定を特定行政庁が能動的に行えるかつての建築線制度の復活、道路位置指定基準の強化	宅地まわりの施設である地区計画施設は開発者の負担において整備すべきものとするが、その間の負担の公平化を図る必要。	地区施設は建築、開発行為を行う者又は市町村が整備。／道路位置指定は地区計画で定められた道路に準拠。	地区計画に道の配置・規模が定めた場合は、計画に定められた道の配置に即して道路位置指定。／特定行政庁は、地区計画に道の配置・規模が定めた場合、これに即して、予定道路として指定、予定道路は道路内建築制限を適用。
助成措置	公共施設等の用地の買取り、土地の交換分合等について税制上の優遇措置。	地区計画の策定に積極的な市町村については、根幹的公共施設の整備について財政上特別な配慮。	国、地方公共団体は、区域内の都市計画施設の整備促進に努めるとともに、民間の建築、開発行為に対する各種助成制度の改善等財政、金融、税制上の優遇措置を講ずる。	
その他	市町村は、地区建築計画の変更、廃止等により損失を受けた者があるときは損失を補償。			

この段階で、両審議会としても旧建設省としても新制度創設の意思が確立したとみることができ、あとは法制上の調整と仕上げが残されることとなった。

(6) 建築審議会第二次答申（1979（昭和54）年11月28日）、都市計画中央審議会答申（1979（昭和54）年12月5日）

上記のような合同審議を経て、1979（昭和54）年11月28日建築審議会において「市街地環境の整備の促進のための方策に関する答申—地区建設計画制度等について（第二次）—」がまとめられ、「地区建設計画制度」が提案された。答申では、上記の合同会議報告を別紙として添付した上で、「現行都市計画法及び建築基準法では十分に対応されていない街区から住区にいたる地区のレベルにおいて、一定水準の環境を備えた市街地の形成を図るための計画規制、即ち、宅地回りの公共施設の配置と建築物の形態等を一体的、総合的に扱う計画を作成し、この計画に基づいて建築又は開発行為に関して必要な誘導及び規制を行う制度が必要になってきており、…現行都市計画法と建築基準法の中間領域としての地区建設計画制度の導入を図る必要がある」とされた。

都市計画中央審議会においても、1979（昭和54）年12月5日「長期的視点に立った都市整備の基本的方向についての答申」がなされ、「当面講ずべき都市計画制度上の施策」として「地区建設計画制度の創設」が位置付けられた。

(7) 法案閣議決定（1980（昭和55）年3月14日）まで

このような審議会等での議論を経た後（一部並行して）、立法化に向けた法制上の検討が行われた。

建築審議会答申によれば、「現行都市計画法と建築基準法との中間領域としての地区建設計画制度の導入を図る必要がある」としており、立法化に向けて単独法か両法の一部改正かが検討された。両者が計画策定と建築規制に関し連携しつつ分担していること、本制度の導入について両審議会で別々に検討が進められた経緯などを踏まえ、制度化に最適なのは両法の一部改正であるとされ、地区計画制度が都市計画法と建築基準法にまたがる新たな制度として発足するとともに、両法体系の諸制度（開発許可、道路位置指定など）とも連携が取られることとなった。

また、その決定手続きも検討課題となった。地区レベルのきめ細かな土地利用規制を目的とするものであることから、特定街区と同様かそれ以上の手続きが必要となるが、特定街区と同様の利害関係者の全員同意を要件とすると、制度の広範な利用が困難になる。このため、①地区計画の案はあらかじめ土地所有者等の意見を求めて作成する、②地区計画の区域内で建築行為等を行う場合の届出・勧告、すなわち勧告止まりであり、勧告に従わなくても罰則はないことから規制ではない、③市町村は、建築物に関する事項で地区計画の内容として定められたものを条例で制限として定めることができる、すなわち、地区計画の内容を市町村議会の議決を経て罰則付きの規制ができることとするとともに、その範囲を政令で定めることとした。これにより、特定街区の利害関係者の全員同意を代替した。

なお、法令審査途中の案文では、市町村条例で容積率、高さの制限が定められている場合において、総合設計の条文の読み替えでこれらの制限を緩和する条文、及び、市町村条例で壁面の位置の制限と建蔽率の最高限度（政令要件あり）が定められ、道路に接して有効な空地が確保されている場合において（空地、敷地規模の政令要件なし）、特定行政庁の許可により、容積率、第一種住居専用地域内の高さ、斜線の制限のほか、市町村条例による容積率、高さの制限を緩和することができ

る条文が設けられていた。その後の法令審査の後、総合設計で対応可能とのことで断念したようである。

このような立法化の検討を経て、地区計画を市町村が主体となって住民の意見を求めて案を作成する新しいタイプの都市計画として位置付けたこと、地区計画実現のための担保手段が届出・勧告制（弱い規制）と市町村の建築規制条例による規制（強い規制）の二つが用意されるなど、専門委員会中間報告案に沿った内容とされた一方で、事業制度を含めた都市計画全体の体系や規制の強弱とのバランスで、地区施設の整備や負担の公平の確保に関する事項、規制に伴う補償等の部分は立法化されていない。なお、その後の法改正等による地区計画制度の拡充の過程で、様々な誘導措置について充実していくこととなる。

以上見てきたように、建築審議会市街地環境分科会専門委員会中間報告案で制度の原案が示され、住宅局、都市局の調整のもと都市計画中央審議会総合部会・建築審議会建築行政部会市街地環境分科会合同会議報告（同年10月24日）がまとめられ、法制局審査や関係者との調整を経て法案の閣議決定等に至った。

なお、幹線道路の沿道の整備に関する法律（昭和55年法律第34号）により沿道整備計画が地区計画に先行して創設されているが、同法については予算関連法案として先行したものであり、上記のように地区詳細計画の経緯及び建築基準法に規定する規制誘導措置に係る制度を中心として整理する趣旨から、本節においては取り上げていない。

2 地区計画制度のその後の展開

地区計画制度は1980（昭和55）年に沿道整備計画とともに創設されたが、その後、1987（昭和62）年の集落地区計画の創設をはじめ、社会経済環境の変化や潮流を踏まえて、多様な進化を遂げている。

その過程を大きく分けると、一つは、密集市街地など市街地環境上の課題を抱え、地区の整備や保全を強力に実施すべき地区において、その地区の特性に応じた計画事項や規制の強化・緩和の措置を備えたものであり、防災街区整備地区計画など『新たな類型の地区計画』として創設されている。特に地区の整備を推進すべき地区計画等については、防災街区整備事業や市街地再開発事業などの事業制度と法令上連携するとともに、助成制度ともリンクし、又は、特定行政庁の許可、認定による建築物の規制誘導措置により、建築物等の整備のみならず地区施設等の整備に伴う地区計画の実現についてより実効性を上げていることも特色である。

二つめは、一定の政策目的に特化した計画事項の追加や規制誘導措置の拡充による『型』等の創設である。道路内建築制限を認める立体道路型や容積移転を行う容積適正配分型などが典型であり、上記の市街地の特性に応じ地区計画の各類型への実装も行われている。

三つめは、地区計画制度全体をより使い勝手の良いものとするための『制度改善』で、予定道路における前面道路幅員容積率や道路斜線制限の適用により地区施設等の整備を促すほか、壁面の位置の制限による道路斜線制限や建蔽率の緩和などがこれに当たる。地区計画等が詳細計画であることから、より合理的な規制の適用が可能となることに伴うものも多い。

そのほか、地区計画等の適用地域の拡大や住民参加手続きの拡充、規制措置の充実（都市緑地法による緑化率の規制など）など他法による制度の拡充も行われている。**表3**、「地区計画等の改正経緯の概要」 **DVD**4-4-4、「地区計画等に係る建築基準法による規制誘導措置の概要」 **DVD**4-4-5において、建築基準法の規制誘導措置を中心に制度

拡充の経緯と概要についてまとめた。他法による制度改正についても主なものについてまとめた。

　以下、創設年度（法令公布）順に、制度改正の背景と概要について記す。

(1)　**集落地区計画の創設（1987年：昭和62年法律第63号集落地域整備法）**

　集落や周辺の農用地において、混住化、兼業化が進展し、虫食い的な農地転用による農業生産機能の低下と無秩序な建築活動による居住環境の悪化等の問題が生じている。このような中、集落地域において農業の生産条件と都市環境との調和のとれた地域の整備を実現するため、集落地域整備法が制定され、地区計画の一類型として集落地区計画を創設した。建築基準法においては、集落地区計画について地区計画の関係規定を適用することとした。

(2)　**再開発地区計画の創設（1988年：昭和63年法律第49号都市再開発法及び建築基準法の一部を改正する法律）**

　産業構造の転換、物流・交通体系の変化等に伴い都市内に大規模空閑地が大量に発生しており、このような地区の一体的・総合的な再開発・土地利用転換を誘導するため、都市再開発法及び建築基準法の一部を改正する法律より、市街地再開発事業の施行区域要件の緩和、権利変換手続きの特則の拡充等と併せて、地区計画の一類型として再開発地区計画を創設した。

　具体的には、都市再開発法で、土地の利用状況の変化が顕著で十分な公共施設がなく、一体的・総合的な土地利用転換を行うべき区域において、都市計画に再開発地区計画を定めることができることとし、この中で、転換後の土地利用にふさわしい容積率や二号施設（都市計画施設と地区施設の中間的な公共施設）を定めることができることとした。

　建築基準法では、再開発地区計画について地区計画の関係規定を適用するとともに、工場跡地等の大規模空閑地において、従前の土地利用規制を課したまま段階的な土地利用転換を誘導するため、特定行政庁の認定により容積率を再開発地区計画の範囲内とすることができることとするとともに、特定行政庁の許可による斜線制限の緩和措置、用途制限の例外許可の特例を設けた。これにより、地区計画制度においてはじめて用途地域等による規制の緩和措置が設けられた。

　なお、関係権利者による建築物や公共施設等の整備を誘導するため、都市再開発法において、関係権利者は、建築物や公共施設等の整備に関する協定を締結の上、再開発地区整備計画の策定を要請できることとした。

(3)　**立体道路制度の創設（1989年：平成元年法律第56号道路法等の一部を改正する法律）**

　幹線道路の整備について、地価高騰に伴い用地取得が困難な地域が生じてきており、このような状況を打開し事業の進捗を図ることが必要となっている。また、市街地の適正・合理的な土地利用を図るため、幹線道路の整備と併せてその上下空間を含めた周辺地域の一体的・総合的な整備を行う必要性も高まっている。

　このような状況に鑑み、市街地における道路整備の促進と適正・合理的な土地利用を図るため、道路法等の一部を改正する法律により、道路と建築物等とを一体的に整備する立体道路制度を創設した。

　具体的には、都市計画法等で、地区計画、再開発地区計画の計画事項として、道路と建築物等との一体的な整備に関する事項（重複利用区域）及び建築限界を定めることができることとした。建築基準法では、自動車専用道路に準じた構造のもの（特定高架道路等）で重複利用区域内のものについて、自動車専用道路と同様に接道義務の対象

表3 地区計画等の類型等の経緯

改正年	1980年	1987年	1988年	1989年	1990年	1992年	1995年
関係法	昭和55年法律第34号幹線道路の沿道の整備に関する法律、法律第35号都市計画法及び建築基準法の一部を改正する法律	昭和62年法律第63号集落地域整備法	昭和63年法律第49号都市再開発法及び建築基準法の一部を改正する法律	平成元年法律第56号道路法等の一部を改正する法律	平成2年法律第61号都市計画法及び建築基準法の一部を改正する法律	平成4年法律第82号都市計画法及び建築基準法の一部を改正する法律	平成7年法律第13号都市再開発法等の一部を改正する法律
	沿道整備計画	沿道整備計画	沿道整備計画	沿道整備計画	沿道整備計画	沿道整備計画	沿道整備計画
	地区計画	地区計画	地区計画	地区計画	地区計画	地区計画	地区計画
				立体道路型	立体道路型	立体道路型	立体道路型
					用途別容積型	用途別容積型	用途別容積型
					誘導容積型	誘導容積型	誘導容積型
					容積適正配分型	容積適正配分型	容積適正配分型
					一団地工区分け	一団地工区分け	一団地工区分け
							街並み誘導型
		集落地区計画	集落地区計画	集落地区計画	集落地区計画	集落地区計画	集落地区計画
		再開発地区計画	再開発地区計画	再開発地区計画	再開発地区計画	再開発地区計画	再開発地区計画
				立体道路型	立体道路型	立体道路型	立体道路型
					住宅地高度利用地区計画	住宅地高度利用地区計画	住宅地高度利用地区計画

(注)
・建築基準法による規制誘導措置について整理したもので、市町村の条例による制限、予定道路等すべての地区計画等に適用されるものは省略。
・**太字**は創設または改正。

1996年	1997年	2002年	2006年	2007年	2008年	2018年	2018年
平成8年法律第48号幹線道路の沿道の整備に関する法律等の一部を改正する法律	平成9年法律第49号密集市街地における防災街区の整備の促進に関する法律	平成14年法律第85号建築基準法等の一部を改正する法律	平成18年法律第46号都市の秩序ある整備を図るための都市計画法等の一部を改正する法律	平成19年法律第19号都市再生特別措置法等の一部を改正する法律	平成20年法律第40号地域における歴史的風致の維持及び向上に関する法律	平成30年法律第22号都市再生特別措置法等の一部を改正する法律	平成30年法律第67号建築基準法の一部を改正する法律
沿道地区計画	**沿道地区計画**	**沿道地区計画**	**沿道地区計画**	**沿道地区計画**	**沿道地区計画**	**沿道地区計画**	**沿道地区計画**
		用途別容積型	用途別容積型	用途別容積型	用途別容積型	用途別容積型	用途別容積型
		誘導容積型	誘導容積型	誘導容積型	誘導容積型	誘導容積型	誘導容積型
容積適正配分型	容積適正配分型	容積適正配分型	容積適正配分型	容積適正配分型	容積適正配分型	容積適正配分型	容積適正配分型
		一団地工区分け	一団地工区分け	一団地工区分け	一団地工区分け	一団地工区分け	一団地工区分け
		街並み誘導型	街並み誘導型	街並み誘導型	街並み誘導型	街並み誘導型	街並み誘導型
		高度利用型	高度利用型	高度利用型	高度利用型	高度利用型	高度利用型
		用途緩和	用途緩和	用途緩和	用途緩和	用途緩和	用途緩和
		人工地盤等建蔽率緩和	人工地盤等建蔽率緩和	人工地盤等建蔽率緩和	人工地盤等建蔽率緩和	人工地盤等建蔽率緩和	人工地盤等建蔽率緩和
		沿道再開発等促進区型	沿道再開発等促進区型	沿道再開発等促進区型	沿道再開発等促進区型	沿道再開発等促進区型	沿道再開発等促進区型
地区計画	**地区計画**	**地区計画**	**地区計画**	**地区計画**	**地区計画**	**地区計画**	**地区計画**
立体道路型	立体道路型	立体道路型	立体道路型	立体道路型	立体道路型	**立体道路型（対象道路の拡充）**	立体道路型
用途別容積型	用途別容積型	用途別容積型	用途別容積型	用途別容積型	用途別容積型	用途別容積型	用途別容積型
誘導容積型	誘導容積型	誘導容積型	誘導容積型	誘導容積型	誘導容積型	誘導容積型	誘導容積型
容積適正配分型	容積適正配分型	容積適正配分型	容積適正配分型	容積適正配分型	容積適正配分型	容積適正配分型	容積適正配分型
一団地工区分け	一団地工区分け	一団地工区分け	一団地工区分け	一団地工区分け	一団地工区分け	一団地工区分け	一団地工区分け
街並み誘導型	街並み誘導型	街並み誘導型	街並み誘導型	街並み誘導型	街並み誘導型	街並み誘導型	街並み誘導型
		高度利用型	高度利用型	高度利用型	高度利用型	高度利用型	高度利用型
		用途緩和	用途緩和	用途緩和	用途緩和	用途緩和	用途緩和
		人工地盤等建蔽率緩和	人工地盤等建蔽率緩和	人工地盤等建蔽率緩和	人工地盤等建蔽率緩和	人工地盤等建蔽率緩和	人工地盤等建蔽率緩和
		再開発等促進区型	再開発等促進区型	再開発等促進区型	再開発等促進区型	再開発等促進区型	再開発等促進区型
			開発整備促進区型	開発整備促進区型	開発整備促進区型	開発整備促進区型	開発整備促進区型
集落地区計画	**集落地区計画**	**集落地区計画**	**集落地区計画**	**集落地区計画**	**集落地区計画**	**集落地区計画**	**集落地区計画**
再開発地区計画	**再開発地区計画**	（廃止：再開発等促進区型等へ再編）					
立体道路型	立体道路型						
住宅地高度利用地区計画		（廃止：再開発等促進区型等へ再編）					
	防災街区整備地区計画	**防災街区整備地区計画**	**防災街区整備地区計画**	**防災街区整備地区計画**	**防災街区整備地区計画**	**防災街区整備地区計画**	**防災街区整備地区計画**
		用途別容積型	用途別容積型	用途別容積型	用途別容積型	用途別容積型	用途別容積型
		誘導容積型	誘導容積型	誘導容積型	誘導容積型	誘導容積型	誘導容積型
				容積適正配分型	容積適正配分型	容積適正配分型	容積適正配分型
	一団地工区分け	一団地工区分け	一団地工区分け	一団地工区分け	一団地工区分け	一団地工区分け	一団地工区分け
		街並み誘導型	街並み誘導型	街並み誘導型	街並み誘導型	街並み誘導型	街並み誘導型
		用途緩和	用途緩和	用途緩和	用途緩和	用途緩和	用途緩和
		人工地盤等建蔽率緩和	人工地盤等建蔽率緩和	人工地盤等建蔽率緩和	人工地盤等建蔽率緩和	人工地盤等建蔽率緩和	人工地盤等建蔽率緩和
							特定防災機能確保型
					歴史的風致維持向上地区計画	**歴史的風致維持向上地区計画**	**歴史的風致維持向上地区計画**
					一団地工区分け	一団地工区分け	一団地工区分け
					街並み誘導型	街並み誘導型	街並み誘導型
					用途緩和	用途緩和	用途緩和
					人工地盤等建蔽率緩和	人工地盤等建蔽率緩和	人工地盤等建蔽率緩和

となる道路から除外した。また、市町村条例による建築限界の制限を行うことができることとするとともに、重複利用区域内の自動車専用道路、特定高架道路等内において特定行政庁の認定により道路内建築を認めることとし、道路の上下空間に建築物を建築することができることとした。

なお、道路法において、道路の立体的区域を定めること等により、道路の上下空間を建物の利用に供するとともに、道路と建物とを一体的に建築、管理することができることとした。

(4) 住宅地高度利用地区計画の創設、用途別容積型の追加（1990年：平成２年法律第61号都市計画法及び建築基準法の一部を改正する法律）

大都市地域等の住宅宅地需給の逼迫した状況を踏まえ、市街化区域内農地等での中高層住宅の供給や都心周辺部等での住宅供給を促進することが必要となっていた。このような状況に鑑み、都市計画法及び建築基準法の一部を改正する法律により、良好な中高層住宅市街地の開発整備を行うため住宅地高度利用地区計画を創設するとともに、地区計画制度を拡充して住居と住居以外の用途別に容積率の最高限度を定めることができる（用途別容積型）こととした。

具体的には、都市計画法で、第一種・第二種住居専用地域で良好な中高層の住宅市街地として開発整備を行うことが適切であるものについて、都市計画に住宅地高度利用地区計画を定めることができることとし、計画事項として、再開発地区計画と同様に二号施設や容積率等を定めることができることとした。併せて、関係権利者による協定・住宅地高度利用地区整備計画の策定要請制度を設けた。建築基準法では、住宅地高度利用地区計画について地区計画の関係規定を適用することとしたほか、特定行政庁の認定により容積率、建蔽率、第一種住居専用地域内の高さについて住宅地高度利用地区計画の範囲内のものとすることが

できることとするとともに、特定行政庁の許可による斜線制限措置、用途制限の例外許可の特例を設けた。

また、都市計画法で、地区計画に住宅建築物とそれ以外のものとに区分した容積率を定めることができる（用途別容積型）こととした。建築基準法では、住宅建築物について用途別容積型の容積率の数値に読み替えて容積率制限を適用することとした。

(5) 誘導容積型、容積適正配分型の追加（1992年：平成４年法律第82号都市計画法及び建築基準法の一部を改正する法律、1993年：平成５年政令第170号都市計画法施行令及び建築基準法施行令の一部を改正する政令）

地価高騰に対応した金融、税制等の総合的な土地政策の一環として土地利用計画制度の充実を図るとともに、都市化の進展に対応した良好な市街地の環境を整備し、都市の秩序ある発展を図ることが必要となっていた。

このような状況に鑑み、都市計画法及び建築基準法の一部を改正する法律により、用途地域の拡充等と併せて、誘導容積型、容積適正配分型の追加等地区計画制度の拡充を行った。

具体的には、都市計画法で、地区計画において、容積率の最高限度を区域の特性に応じたものと公共施設の整備の状況に応じたものを定めることができる（誘導容積型）こととするとともに、区域内の総容積の範囲内で区域を区分して容積率を定めることができる（容積適正配分型）こととした。また、市街化調整区域内でも地区計画を定めることができることとするとともに、地区計画においても地区整備計画の策定要請制度を設けた。

建築基準法では、誘導容積型の地区計画内で、特定行政庁の認定により公共施設の整備の状況に応じた容積率に係る市町村の条例による制限は適

用しないこととした。容積適正配分型の地区計画内では、その地区計画で定められた容積率を適用することとした。また、道路幅員基準の特例（6m）が適用される場合において地区計画等に従って築造される6m未満の道に係る4項道路指定の特例、特定行政庁の許可により予定道路を前面道路みなして容積率制限を適用する特例、地区計画の区域内の一団地の総合的設計の工区分けの特例を設けた。さらに、同法改正に係る政令改正により、特定行政庁の認定により予定道路を前面道路とみなして道路斜線制限を適用する等の特例を追加した。

これら一連の改正により、地区施設整備の誘導措置の充実を図った。

⑹ 街並み誘導型の追加（1995年：平成7年法律第13号都市再開発法等の一部を改正する法律、平成7年政令第214号都市計画法施行令及び建築基準法施行令の一部を改正する政令）

大都市地域等において居住環境の良好な住宅市街地を整備し、都市の健全な発展を図る必要性が高まっている状況に鑑み、さらに阪神・淡路大震災の経験を踏まえた都市における防災性の向上を図るため、都市再開発法等の一部を改正する法律により、市街地再開発事業の施行区域要件の緩和、再開発地区計画等を定める場合の要件緩和と併せて、建築物の形態を適切に誘導し良好なまちなみを実現する地区計画制度の拡充等を行った。

具体的には、都市再開発法で、市街地再開発事業の施行区域要件に再開発地区計画の区域を追加するとともに、再開発地区計画の二号施設について直ちに定めなくてよいこととした。都市計画法では、住宅地高度利用地区計画の用途地域の要件を弾力化するとともに、住宅地高度利用地区計画の二号施設について直ちに定めなくてよいこととした。また、区域の特性に応じた高さ・配列・形態を備えた建築物を整備することが合理的な場合

には、地区計画に壁面の位置の制限、建築物の高さの最高限度、工作物の設置の制限を定めることができる（街並み誘導型）こととした。建築基準法では、街並み誘導型の地区計画の区域内では、特定行政庁の認定により前面道路幅員容積率、斜線制限を適用除外できることとした。また、前面道路から後退して壁面の位置の制限等がある場合の前面道路幅員容積率制限の特例を定めた。

さらに、同法改正に係る政令改正により、前面道路から後退して壁面の位置の制限等がある場合、特定行政庁の認定によりその位置を前面道路とみなして道路斜線制限を適用する等の特例を追加した。

⑺ 沿道整備計画の拡充（容積適正配分型の追加）（1996年：平成8年律第48号幹線道路の沿道の整備に関する法律等の一部を改正する法律）

モータリゼーションの急速な発達や急激な都市化の進展等に伴い、都市部の幹線道路の道路交通騒音対策が大きな課題となっており、さらに平成7年7月の国道43号及び阪神高速道路の騒音等の訴訟に係る最高裁判所判決を踏まえ、幹線道路の沿道の整備に関する法律等が改正され、道路交通騒音の著しい幹線道路の道路構造の改善等と併せて、まちづくりと一体となった沿道環境の整備を図り、道路交通騒音により生ずる障害の防止と沿道にふさわしい土地利用を実現することとした。

具体的には、沿道整備法で、沿道整備計画を沿道地区計画とし、沿道の整備に関する方針と沿道地区整備計画を定めることとするとともに、容積適正配分型の容積率を定めることができることとした。併せて、沿道地区整備計画を直ちに定めなくてもよいこととするとともに、関係権利者による協定・沿道地区整備計画の策定要請、緩衝建築物の建築等を促進するための沿道地区計画内の土

地の権利の移転等を一体的に行う制度の創設等を行った。建築基準法では、沿道地区計画の区域内において容積適正配分型の容積率の特例を適用することとした。

なお、都市再開発法で、高度利用地区と同等の建築規制が行われる地区計画、沿道地区整備計画の区域を市街地再開発事業の施行区域に追加した。

(8) 防災街区整備地区計画の創設（1997年:平成9年法律第49号密集市街地における防災街区の整備の促進に関する法律）

阪神・淡路大震災の経験に鑑み、大規模地震時に市街地大火を起こすなど防災上危険な密集市街地について、関連する防災対策との連携を図りつつ、その防災機能の確保と土地の合理的・健全な利用を図るため、密集市街地における防災街区の整備の促進に関する法律（密集市街地整備法）が制定された。この法律は、防災再開発促進地区を創設するとともに、耐火性能の高い建築物への建て替えの促進、延焼等危険建築物の除却、防災街区整備地区計画制度の創設、土地に関する権利の移転等の促進、防災街区整備組合制度の創設等を行うものである。

地区計画制度に関連する事項としては、密集市街地整備法で、密集市街地の区域において都市計画に防災街区整備地区計画を定め、建築物の防火上必要な制限等を定めることができることとした。併せて、防災街区整備地区計画の区域内で、市町村が防災街区整備権利移転等促進計画を策定し、所有権の移転等を一体的に行うことができることとするとともに、地権者が協同して防災街区整備地区計画を実現する事業を行うための防災街区整備組合を設立できることとした。また、特定地区防災施設の道が予定道路とされた場合、特定行政庁の許可によりこれを建築基準法の道路とみなして接道義務を適用できることとした。建築基

準法では、防災街区整備地区計画について地区計画の関係規定を適用するとともに、一団地の総合的設計に係る工区分けの規定に追加した。

なお、併せて、都市再開発法で、高度利用地区と同等の建築制限が行われている防災街区整備地区計画の区域を市街地再開発事業の施行区域に追加した。

(9) 壁面の位置の制限がある場合の建蔽率特例の追加（2000年：平成12年法律第73号都市計画法及び建築基準法の一部を改正する法律）

都市計画法が施行されて30年が経過し、その間に都市への人口集中の鎮静化、モータリゼーションの進展等都市をめぐる経済社会環境は大きく変化した。このような状況を踏まえ、都市計画法及び建築基準法の一部を改正する法律により、整備・開発・保全の方針の充実、準都市計画区域制度の創設、開発許可制度等都市計画制度全般にわたる大幅な見直しを行った。

地区計画制度に関連する事項としては、都市計画法で、用途地域内の地区計画について3類型の区域要件を廃止するとともに、用途地域外においても地区計画を策定することができることとした。建築基準法では、地区計画等で隣地境界線から後退した壁面の位置の制限がある場合に特定行政庁の許可により建蔽率制限を緩和することができることとした。

(10) 地区計画等の整理統合（2002年：平成14年法律第85号建築基準法等の一部を改正する法律）

我が国の都市を豊かで快適な経済活力に満ちあふれたものへと再生することが喫緊の課題となっており、地域住民等が行うまちづくりの取組を促進すること等による都市再生の推進を図るため、建築基準法等の一部を改正する法律により、都市計画の提案制度の創設、容積率等の選択肢の

拡充等と併せて、地区計画制度の整理統合等を行った。

具体的には、都市計画法等で、住宅地高度利用地区計画、再開発地区計画を廃止し、これらに相当する区域として地区計画に再開発等促進区を定めることができることとした。また、合理的・健全な高度利用と都市機能の更新を図るため容積率の緩和が可能となる地区整備計画を定めることができる（高度利用型）こととした。併せて、土地所有者、まちづくりNPO等による都市計画の提案制度を創設した。沿道整備法では、沿道地区計画について、用途別容積型、誘導容積型、街並み誘導型、高度利用型、沿道再開発等促進区の計画事項を定めることができることとした。密集市街地整備法で、防災街区整備地区計画について、用途別容積型、誘導容積型、街並み誘導型の計画事項を定めることができることとした。

建築基準法においては、再開発等促進区、沿道再開発等促進内で、特定行政庁の認定により容積率、建蔽率、低層住居専用地域内の高さ制限を地区計画等で定められた範囲内のものとすることができることとするとともに、特定行政庁の許可による斜線制限の緩和措置、用途制限の例外許可の特例を設けた。高度利用型の地区計画等では、高度利用型の容積率を用途地域等で定められた数値とみなして容積率制限を適用するとともに、特定行政庁の許可により道路斜線制限を緩和できることとした。また、用途別容積型、誘導容積型、街並み誘導型の計画事項が定められた地区計画等を規制の特例の対象に追加した。さらに、地区計画等（集落地区計画を除く）の区域内で、大臣承認による条例での用途制限の緩和、地盤面上に通路等の地区施設を定めた場合の建蔽率制限の緩和を行うことができることとするとともに、沿道地区計画内で一団地の総合的設計に係る工区分けの規定を適用できることとした。

⑾ **開発整備促進区の追加（2006年：平成18年法律第46号都市の秩序ある整備を図るための都市計画法等の一部を改正する法律）**

モータリゼーションの進展等を背景として都市の無秩序な拡散が進み、中心市街地の空洞化、公共投資の非効率性、環境負荷の増大などの問題が生じる中で、既存の社会資本のストックを有効に活用しつつ都市機能を集約したコンパクトなまちづくりを進めることが求められている。この様な状況を踏まえ、都市構造に広域的に大きな影響を与える大規模集客施設について、都市計画の手続きによる地域の判断を反映した適切な立地が確保されるよう、都市の秩序ある整備を図るための都市計画法等の一部を改正する法律が制定された。

この法律において、準都市計画区域の拡充、一定の用途地域や用途地域指定のない区域内での大規模集客施設の建築の禁止、市街化調整区域内での大規模開発許可の基準の廃止等と併せて、都市計画法で、大規模集客施設のための開発整備を実施すべき区域を地区計画に開発整備促進区として定めることができることとした。建築基準法では、商業・近隣商業・準工業地域以外の用途地域、用途地域の指定のない区域（市街化調整区域を除く）内で10,000m²超の店舗等は特定行政庁の許可を受けなければ建築してはならないものとするとともに、開発整備促進区の区域内において、地区計画の内容に適合する建築物で特定行政庁が認定したものについて用途の緩和を行うことができることとし、併せて用途制限の例外許可の特例を設けた。

⑿ **防災街区整備地区計画の拡充（容積適正配分型の追加）（2007年：平成19年法律第19号都市再生特別措置法等の一部を改正する法律）**

我が国の活力の源泉となる都市の魅力と国際競争力を高め、都市機能の高度化、都市の居住環境の向上を図るとともに、地震等が発生すれば被害

が甚大となるおそれのある密集市街地について、その安全性を早急に確保するため、都市再生特別措置法等の一部を改正する法律により、都市再生緊急整備地域における民間都市再生事業計画の認定申請期限の延長や第二種市街地再開発事業の面積要件の緩和、防災街区整備事業の地区要件の緩和等と併せて、防災街区整備地区計画の拡充等を行った。

　具体的には、密集市街地整備法で、防災街区整備地区計画に容積適正配分型の計画事項を追加するとともに、建築基準法で容積適正配分型の容積率の適用を行うこととした。

⒀　歴史的風致維持向上地区計画の創設（2008年：平成20年法律第40号地域における歴史的風致の維持及び向上に関する法律）

　我が国には歴史上価値の高い建造物を核として地域に固有の歴史・伝統を反映した活動が行われることにより形成される良好な市街地環境（歴史的風致）を有する地域が各地に存在しているが、近年、この様な歴史的風致が、急速に失われつつある状況にある。こうした状況を踏まえ、我が国や地域にとって貴重な資産である歴史的風致について、その維持・向上を図るためのまちづくりの取り組みを支援するため、地域における歴史的風致の維持及び向上に関する法律（歴史まちづくり法）を制定した。この法律において、主務大臣による基本方針の策定、市町村の歴史的風致維持向上計画の認定制度、計画に基づく開発行為等関係法による特例措置と併せて、歴史的風致維持向上地区計画の創設を行った。

　具体的には、歴史まちづくり法で、歴史的風致にふさわしい用途の建築物等の整備や市街地の保全を行う必要がある区域について、都市計画に歴史的風致維持向上地区計画を定めることができることとし、地域の歴史・伝統を生かした物品の販売や料理の提供などを行う歴史的風致にふさわし

い建築物等の用途等や街並み誘導型の計画事項を定めることができることとした。建築基準法では、歴史的風致維持向上地区計画について地区計画の関係規定を適用するほか、用途制限の例外許可の特例を設けるとともに、街並み誘導型の特例措置、一団地の総合的設計に係る工区分けの規定、大臣承認による条例での用途制限の緩和、地盤面上に通路等の地区施設を定めた場合の建蔽率制限の緩和の特例を適用することとした。

⒁　立体道路制度の拡充（2018年：平成30年法律第22号都市再生特別措置法等の一部を改正する法律）

　人口減少社会を迎えた我が国では、地方都市をはじめとした多くの都市において、空き地・空き家等の低未利用地が時間的・空間的にランダムに発生する「都市のスポンジ化」が進行しており、生活利便性の低下、治安・景観の悪化、地域の魅力が失われる等の支障が生じている。このような状況に対応するため、都市再生特別措置法等の一部を改正する法律により、低未利用地の集約等による利用の促進、地域コミュニティによる身の回りの公共空間の創出、都市機能のマネジメント等の施策と併せて、立体道路制度の拡充を行った。

　具体的には、都市計画法で、自動車専用道路、特定高架道路等以外の道路についても、地区計画に重複利用区域を定めることができることとした。建築基準法では、当該区域内の道路について、接道義務の対象道路から除くとともに、特定行政庁の認定により道路内建築を行えることとした。

⒂　壁面の位置の制限がある場合の建蔽率特例の追加（2018年：平成30年法律第67号建築基準法の一部を改正する法律）

　最近の大規模火災を踏まえ、老朽化した木造建築物の建て替え等による市街地の安全性の向上や、建築物の適切な維持管理による建築物の安全

性の確保が課題となっている。また、増加する空き家を用途変更して活用することが求められており、安全性の確保と既存建築ストックの有効活用を両立しつつ建築規制を合理化していく必要がある。

このため、木造建築物の耐火性能に係る制限の合理化、建築物の用途の制限に係る特例許可手続の簡素化、維持保全に関する計画等を作成すべき建築物の範囲の拡大等と併せて、老朽木造建築物の建て替え等によって市街地の安全性を向上させるため、防火地域、準防火地域内における延焼防止性能の高い建築物等に対して建蔽率を緩和することとした。具体的には、建築基準法において、建蔽率の限度が80%以外の地域の防火地域内の耐火建築物と同等以上の延焼防止性能を有する建築物、準防火地域内の耐火建築物、準耐火建築物等についても10%の建蔽率緩和を行うとともに、建蔽率の限度が80%の地域の防火地域内の耐火建築物と同等以上の延焼防止性能を有する建築物

についても建蔽率規制を適用しないこととした。また、延焼防止上、避難上必要な機能を確保するため前面道路から後退した壁面線の指定のほか、特定防災街区整備地区による壁面の位置の制限、防災街区整備地区計画による壁面の位置の制限が定められた場合に、これを越えない建築物について、特定行政庁の許可により建蔽率制限を緩和できることとした。

3 　まとめ

地区計画制度は進化を続けている。それは、市街地環境上の課題の解決の際、地区計画制度は制度上、将来の市街地像を描きやすく、また、詳細計画であるが故に市街地像やその課題が明確になり、その対策に必要な規制の強化や緩和など適切な措置がしやすいことなどがある。今後の更なる進化と活用を期待するものである。

4-5 規制緩和・民間活力の活用と建築基準法（1980年代の経済・社会）

　建築基準法は、1950（昭和25）年の制定以来多くの改正や運用の改善を経てきたが、1980年代までの多くは地震や火災などの災害を契機とした基準の強化や大都市の過密問題、住環境に関する意識の変化などに対処するための新たな規制の導入、そして建築基準法の的確な執行のための体制や手続きの強化など、どちらかと言えば規定の整備や強化の方向にあったということができる。これに対し、1980年代からは規制緩和を明確に意図した法令改正や運用の改善の流れが現れることとなった。特に容積率制限については、敷地における建築物の規模を直接制限するものであるだけに、都市における床需要の増大、さらには地価の急上昇などに伴って緩和を求める声が強くなった。また、日米経済摩擦を踏まえて内需主導の経済への転換が課題とされる中、民間建築投資の経済的側面に着目しての規制緩和が求められるようにもなり、その後は経済対策の一つの項目として取り上げられることも多くなった。

　ここでは、現在までつながるこれらの議論について、1980年代の経緯と当時の建設省（現国土交通省。以下同じ）における議論の状況を振り返ることとしたい（本節の執筆に当たり全国市街地再開発協会発行の機関誌「市街地再開発」に掲載された当時の資料を多数引用、参照させていただいた。ここに記して感謝したい）。

1 市街地住宅総合設計制度の創設

　総合設計制度は、1970（昭和45）年の建築基準法改正において容積率制限が全地域に適用される際にその特例許可制度が設けられるとともに、第一種住居専用地域の絶対高さ制限、道路斜線制限及び隣地斜線制限のそれぞれの特例として設けられたのをもって始まりとされている[1]。その後、1976（昭和51）年改正においてこれら各条に置かれていた特例許可制度が同法第59条の2としてまとめられ、また、その際に許可の要件として「その建築面積の敷地面積に対する割合、延べ面積の敷地面積に対する割合及び各部分の高さについて総合的な配慮がなされていることにより市街地の環境の整備改善に資する」ものであることが定められたことから総合設計制度の名称の由来となったものである。この制度の運用については、1971（昭和46）年9月1日、建設省住宅局長通達による許可準則及び同市街地建築課長通達による技術基準が定められ大都市を中心に累次運用がなされてきたが、その実際における運用は、経済的、社会的な地盤沈下が指摘され人口や都市機能の集積に資する制度として積極的に運用していた大阪市、都心部の大規模オフィスビル等を中心に高さ制限の緩和を適用し、容積率の特例については過密問題を背景に消極的であった東京都[2]など、特定行政庁によって様々であった。そのような中、大都市中心部の人口減少（いわゆる空洞化現象）に対する対策が各大都市において求められるようになったことから、住宅用途の建築物について特別の容積率割り増しを認める制度として新たな許可準則及び技術基準による市街地住宅総合設計制度が1983（昭和58）年2月7日創設されることとなった。また、これに先立って1982（昭和57）年11月制度の対象となる敷地面積の下限（特定行政庁の規則により引き下げられる下限、施行令第136条）が引き下げられた。この制

度は検討の段階では空洞化現象に対する効果に期待の中心があったが、次項で述べるような状況の中で規制緩和の事例として注目を集めることともなり、その後の一連の規制緩和策の嚆矢として位置づけられることとなった。

総合設計制度による容積率の緩和は特定行政庁の判断で行われるものであるが、この点について都市計画によって定められた容積率の上限を緩和できるとする根拠が議論の対象となることが多くあった。この点については、実際の建築物の容積率は市街地全体としては都市計画で定められた上限よりもはるかに低いことがあげられ（当時「歩留まり」論と呼ばれていた）、また住宅については発生交通量など公共施設に対する負荷が他の用途に比べて少ない（概ね8割程度とされていた）ことが住宅に対する割増の引き上げの論拠とされた。

この制度は、創設以来好評を以て迎えられ、容積率の緩和には否定的であった東京都においても都心部の人口空洞化への対応として積極活用に転ずることとなる[3] など、多くの実績を上げることとなった（**図1**）。また、公開空地のあり方についても特定行政庁が積極的に指導を行うなど、良好な市街地環境を目指す誘導的役割を示すものともなり、市街地において貴重なオープンスペースを量的にも質的にも生み出す源泉となっていくこととなった。

2　規制緩和をめぐる政治・経済・社会的背景

ここで1980年代に規制緩和に関する議論が広く行われた政治的・経済的・社会的背景について振り返っておきたい。

当時、規制緩和に関する議論は行政改革さらには経済構造改革の一環として取り上げられてきたが、その背景には国内の景気低迷と財政赤字の拡大、そして一方には対外収支の大幅な黒字があった。1979（昭和54）年のイラン革命を契機として始まった第二次オイルショックの影響で日本経済は1980（昭和55）年2月以降3年に及ぶ景気の

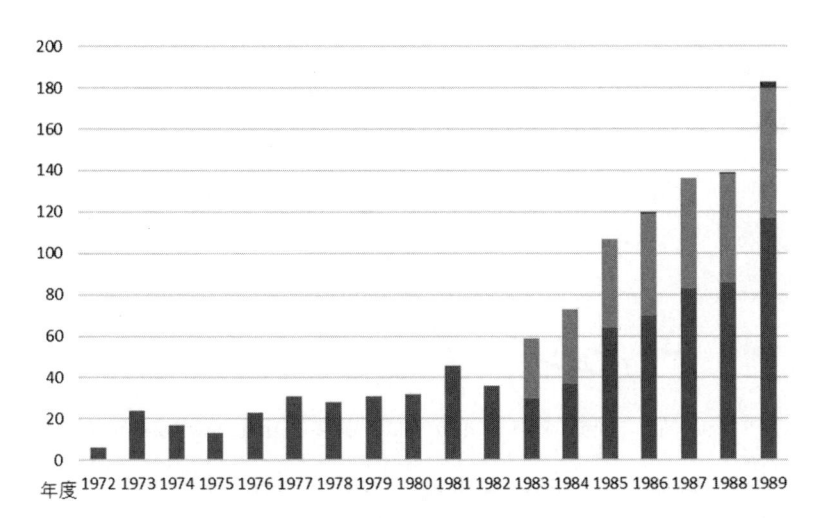

■総合設計　■市街地住宅総合設計　■再開発方針型総合設計

図1　総合設計制度の許可件数の推移（工事中止を含む）
出典：四訂　建築基準法集団規定法令通達集（1993）

後退局面に入ることとなった。この中で政府の財政収支も悪化をたどり、一般会計の赤字（税収と歳出の差）は1981（昭和56）年度には17.9兆円（1981年度一般会計歳出額は46.9兆円）と過去最大となった。このような状況のもとで1981（昭和56）年3月16日、第二次臨時行政調査会（会長：土光敏夫　経団連名誉会長、会長にちなんで土光臨調と呼ばれた）が発足した。臨調においては第一に財政再建についての議論が行われ、同年7月1日の第一次答申を承けて1982年度予算編成に向けてゼロシーリングが導入されることとなった。これに続いて1983（昭和58）年3月の最終（第五次）答申までにおいては三公社の民営化などとともに許認可の簡素合理化が取り上げられ、建築基準法についても建築確認の簡素化が挙げられ、1983（昭和58）年の建築基準法、建築士法の改正へとつながっていった。臨調が終了した

のちは1983（昭和58）年7月、中曽根内閣の下で臨時行政改革推進審議会（行革審）が発足したが、ここでは民間活力の活用が主要な課題の一つとされ、都市開発に関する諸規制の緩和が国有地の活用と並んで大きく取り上げられることとなった。

　これは厳しい財政のもとで「増税なき財政再建」が標榜される一方、経済活性化のための方策としての側面が強く、これ以後の数次にわたる総合経済対策の取りまとめに当たっては、規制緩和による都市再開発の促進が主要な項目として掲げられるのが通例となった[4]（**DVD**4-5-1〜4-5-3)。

　一方、1970年代後半以降我が国の対米貿易黒字が急激に拡大（**図2**）したことから日米間の貿易摩擦が激化し、輸入促進のための市場開放政策とともに、経済成長の原動力を輸出から内需へと移していくことが求められるようになった。そして

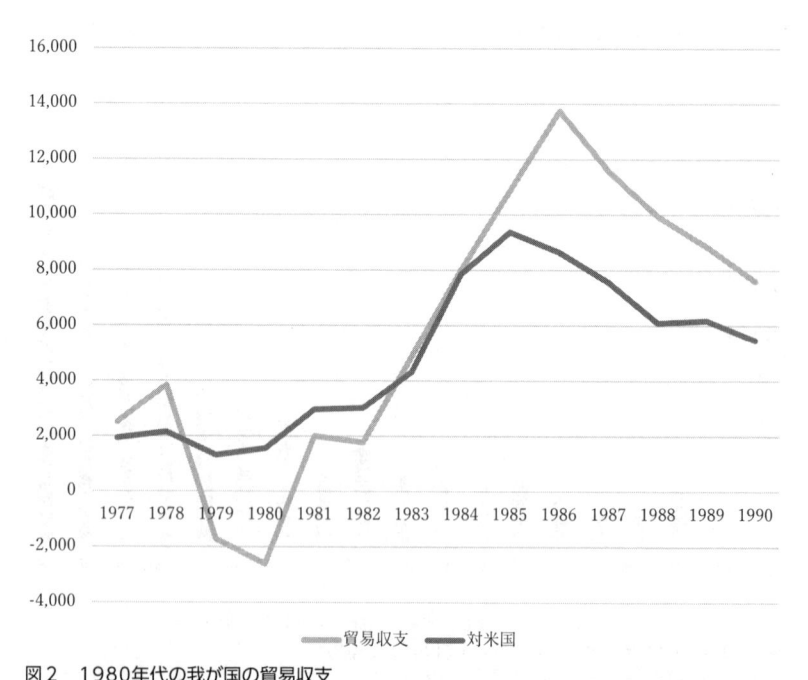

図2　1980年代の我が国の貿易収支
出典：日本関税協会「外国貿易概況」に基づく総務省統計局

この中においても重要な項目として都市開発のための規制緩和が掲げられるようになった。これを明確に示したものがいわゆる「前川リポート」(1986（昭和61）年4月）である。これは総理大臣の諮問機関として1985（昭和60）年10月に設けられた「国際協調のための経済構造調整研究会」の報告書であり、座長であった前川春雄日銀総裁の名前をとって「前川リポート」と通称されている。この中では「一　基本認識」において「今や我が国は、従来の経済政策及び国民生活のあり方を歴史的に転換させるべき時期を迎えている。かかる転換なくして、我が国の発展はありえない。」と述べたうえで、「二　提言」では冒頭に「国際協調型経済を実現し、国際国家日本を志向していくためには、内需主導型の経済成長を図るとともに、輸出入・産業構造の抜本的な転換を推進していくことが不可欠である。」とし、具体的な提言の先頭には「内需拡大」が、そしてその先頭には「住宅対策及び都市再開発事業の推進」が掲げられた（これに続く内需拡大の項目は「消費生活の充実」、「地方における社会資本整備の推進」である）。そこでは次のように述べられている。

(1) 住宅対策及び都市再開発事業の推進

　住宅政策の抜本的改革を図り、住宅対策を充実・強化する。特に、大都市圏を中心に、既成市街地の再開発による職住近接の居住スペースの創出や新住宅都市の建設を促進する。併せて都市機能の充実を図る。

　その際留意すべき事項は以下のとおりである。

　1. 民間活力の活用を中心に事業規模の拡大を図る。

　　そのためには、規制緩和の推進、呼び水効果としての財政上のインセンティブが必要である。

　2. 住宅減税の拡充・強化

　3. 地価の上昇を抑制するための措置を講ずる。例えば、線引きの見直し、地方公共団体による宅地開発要綱の緩和、用途地域、容積率の見直し等。

　4. 地権者調整の迅速化を図る。

　このようにして建築規制、特に容積率を中心とする集団規定がマクロ経済政策との関係の下で議論されるようになったのであるが、このテーマがこれほど大きな位置づけを与えられた背景には政治的な状況や産業界の期待があったことも否定できない。政治的にはちょうどこの時期は1982（昭和57）年11月27日に発足した中曽根内閣と重なり、行政改革、そして民間活力の活用は中曽根内閣の大きな看板政策であった。総理大臣が国会において建築規制に関する具体的発言をすることも多く、また、建設省に対して対策取りまとめの指示も行われた。

　一方、これに加えて述べるならば、我が国の都市空間の貧しさや住宅水準の低さが広く認識されるようになってきたことがあるようにも思われる。1970年代に入ると円高の進行もあって海外旅行を経験する日本人が急激に増え（1971（昭和46）年、海外に渡航する日本人が初めて年間百万人を超えた）、特に欧米諸国の都市における社会基盤の豊かさや建築ストックの厚みを目の当たりにする機会が多くなった。また、住宅については1968（昭和43）年総住宅数が総世帯数を上回ったものの豊かな住生活には程遠く、1976（昭和51）年からの第三期住宅建設五ヶ年計画以後、政策面で「量から質へ」の転換が課題とされるようになった[5]。即ち、経済発展に比べて社会基盤としての豊かな都市空間や住宅ストックの形成が立ち遅れており、そこに経済投資を振り向けるべきであるという意識も底流にあったと考えられる。

建設省における議論

1983（昭和58）年2月、中曽根総理大臣から建設省に対し都市開発促進のための規制緩和策について検討するよう指示が行われ、これを承けて1983（昭和58）年4月8日、省内に「都市対策推進委員会」を設置し検討が行われた。その結果は、「規制の緩和等による都市開発の促進方策」として7月14日に下記のとおり取りまとめられ、中曽根総理大臣に報告された。そこでは厳しい時間的制約の中で最大限の内容とすることが求められることとなったが、新たな法律制度にまで議論が及ぶことはなく、そのため、建築基準法集団規定に既に用意されていた容積率の緩和規定等の運用を促進すること（具体的には公共団体の運用の指針となる許可準則などを制定・改正すること。なお、他の項目としては用途地域等の見直しや地方公共団体の指導要綱の行き過ぎ是正）が大きな役割を負うこととなった。また、ここで個別的規制緩和は良好な市街地環境の形成に寄与するプロジェクトに対して行うこと、既成市街地の高度利用を阻んでいるのは敷地の狭小さと道路状況の悪さであると指摘されていることは、その後の一連の議論の基本に置かれることとなった。その関係項目は次のとおりである。

* * *

「規制の緩和等による都市開発の促進方策」

I　都市計画・建築規制の緩和等による都市再開発の促進

1　基本的考え方

都市の再開発を促進する方策としては、

① 土地の高度利用を促進すべき地域について、地域地区指定等を高度利用に適する方向へ変更する一般的規制緩和を行うとともに、都市再開発方針を策定し、幅広い再開発推進を促すこと

② 環境改善、住宅供給に寄与する任意の民間建築活動を含む広義の再開発が計画される区域について、事業内容に即した個別的な規制緩和を積極的に行い、事業意欲の高揚と事業の円滑な推進を図ること

③ 大都市の既成市街地においては、狭小宅地が密集し、また道路整備が遅れている地域が多く、これが高度利用を困難にしている基本的な要因であることに鑑み、道路の整備を推進し、あわせて広義の再開発と道路整備が一体的に行われる方策を講ずるとともに、再開発事業制度についても民間活用の見地から改善・拡充を行い、また広義の再開発の推進に必要な税制上の特例措置等を講ずること

④ 中高層建築物指導要綱の行き過ぎの是正を図ること

等が必要であると考えられる。

2　都市計画・建築規制の緩和等の実施方策

(1) 高度利用を促進すべき地域についての一般的規制緩和

① 第一種住居専用地域の見直し（略）

② 最高限高度地区の見直し等（略）

③ 第一種住居専用地域における高さ制限の緩和

良好な市街地環境の形成を図りつつ、良質な3階建て住宅等の普及による居住水準の向上等を進めるため、第一種住居専用地域の高さ制限の緩和について検討を行う。

(2) 広義の再開発についての個別的規制緩和

① 市街地住宅総合設計制度の活用

敷地内に公開された緑地等を確保した良好な建築計画に対して容積率の大幅な割増しを認める市街地住宅総合設計制度について、積極的に普及・活用を推進する。

② 特定街区制度の活用・改善

都市計画により個別の開発計画に即して容積率、高さ等を定めることのできる特定街区

制度に関し、適用要件の見直し等を行うとともに、土地利用目的に応じた容積率の割増率の改善を検討して、同制度の広範な活用を推進する。

③ 一団地の建築物に対する特例制度の活用

街区内の複数敷地（表宅地と裏宅地等）を一体的に計画・利用することにより、法定容積を有効に利用するため、一団地の建築物に対する特例制度を活用する。

④ 計画道路の沿道における土地利用の高度化のための措置等

都市計画に定められた計画道路に接する敷地について、民間再開発により前面道路の用地が確保される場合、一定の基準に従い計画道路の幅員を前面道路幅員とみなすこと等により、容積率を緩和するための所要の許可準則の整備等を行う。

また、一定の基準による道路の整備に関し、地権者等の合意がある等の場合における当該道路の建築規制上の位置付けについて検討を行うこととする。

(3) 再開発事業等への重点的公共投資及び再開発事業制度の改善・拡充

（以下略）

* * *

建設省ではこれに続いて省内に「民間活力検討委員会」を設置し、さらに議論を続けることとなった。この委員会では1984（昭和59）年4月第一次報告を、1985（昭和60）年4月17日第二次報告を取りまとめたが、その内容は民間活力を活用したプロジェクトや予算・税制にまでわたる総合的なものに広がり、都市開発についての規制緩和の議論はようやく落ち着いていくこととなったのである（以上の経過について第二次報告に付されていた年譜を**図3**に掲げる）。

ここで、このような過程の中で容積率制限をめぐって行われたいくつかの議論を紹介していくこととする。

第一は容積率の割り増しの上限をめぐる議論である。当時、我が国で実現された最大の容積率は新宿副都心のいくつかの街区について特定街区として指定された1,090％であった。建築基準法に列挙される基準容積率の最大は1,000％であったが、これが指定されていたのも東京都心部など極めて限定されていた。即ち我が国の大都市においてイメージされた中心業務地域の姿は容積率1,000％程度であり、それは容積率制限導入以前の高さ制限の下で実現されていた中心業務地域の姿が前提とされていたと思われる。これに対し、アメリカ、特にニューヨークの中心部（マンハッタン）をイメージしてより一層の高度利用を図れるようにすべきであるとの主張が強く出された。また、当然ながらそれ以外の地域一般においても容積率制限の緩和を求める声が強かった。これについて前述のように特定街区制度及び総合設計制度による個別的な規制緩和で対応するとの方針の下で検討が行われたわけであるが、これに伴って総合設計制度と特定街区制度との関係あるいは分担についての議論も提起されることとなった。即ち、都市計画に基づく特定街区制度と都市計画で定められる容積率に対して特定行政庁の判断で行われる総合設計制度では許容範囲が自ずと異なるべきとの意見も強かった（総合設計制度については許可準則（1971（昭和46）年）、特定街区については計画標準（1964（昭和39）年、1986（昭和61）年に指定標準と変更）として通達により運用の方針が示されており、その中で容積率の上限も示されていた。容積率の割り増しは、当初はいずれの制度においても基準容積率の1.5倍以内かつ＋200％以内とされ、1983（昭和58）年度に創設された前述の市街地住宅総合設計においてはこれが1.75倍以内かつ＋300％以内に引き上げられていた（総合設計制度による容積率緩和は、実際には敷地内の公開空地の割合に応じて行われ、一律

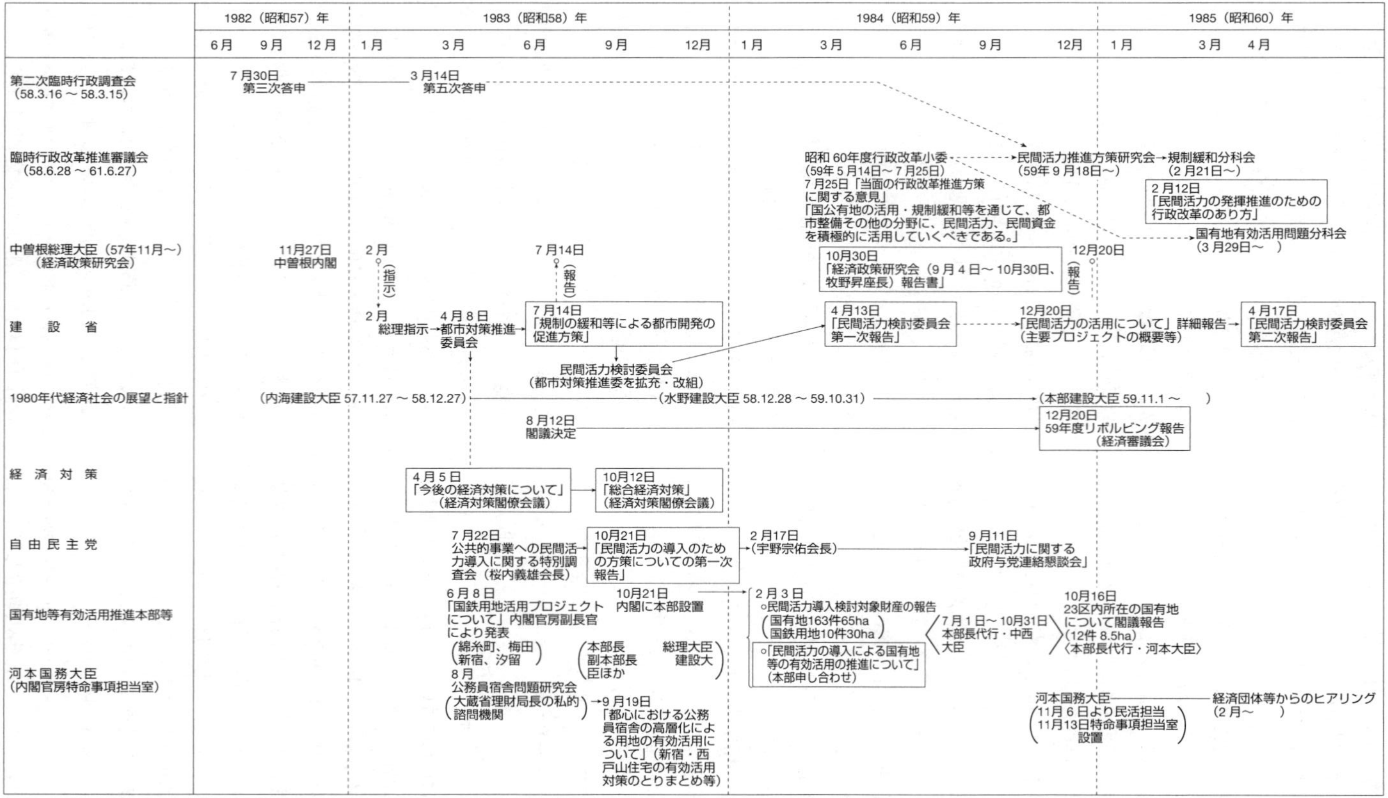

	1982（昭和57）年		1983（昭和58）年				1984（昭和59）年				1985（昭和60）年	
	6月　9月　12月	1月	3月	6月	9月　12月	1月	3月	6月	9月　12月	1月	3月	4月

第二次臨時行政調査会（58.3.16～58.3.15）
7月30日 第三次答申 ——— 3月14日 第五次答申

臨時行政改革推進審議会（58.6.28～61.6.27）
昭和60年度行政改革小委（59年5月14日～7月25日）→民間活力推進方策研究会→規制緩和分科会（59年9月18日～）（2月21日～）
7月25日「当面の行政改革推進方策に関する意見」「国公有地の活用・規制緩和等を通じて、都市整備その他の分野に、民間活力、民間資金を積極的に活用していくべきである。」
2月12日「民間活力の発揮推進のための行政改革のあり方」
→国有地有効活用問題分科会（3月29日～　）

中曽根総理大臣（57年11月～）（経済政策研究会）
11月27日 中曽根内閣
2月↓（指示）
7月14日（報告）
10月30日「経済政策研究会（9月4日～10月30日、牧野昇座長）報告書」
12月20日（報告）

建　設　省
2月 総理指示→都市対策推進委員会
4月8日
7月14日「規制の緩和等による都市開発の促進方策」
4月13日「民間活力検討委員会 第一次報告」
12月20日「民間活力の活用について」詳細報告（主要プロジェクトの概要等）
4月17日「民間活力検討委員会 第二次報告」
7月14日 民間活力検討委員会（都市対策推進委を拡充・改組）

1980年代経済社会の展望と指針
（内海建設大臣 57.11.27～58.12.27）（水野建設大臣 58.12.28～59.10.31）（本部建設大臣 59.11.1～　）
8月12日 閣議決定
12月20日 59年度リボルビング報告（経済審議会）

経　済　対　策
4月5日「今後の経済対策について」（経済対策閣僚会議）
10月12日「総合経済対策」（経済対策閣僚会議）

自　由　民　主　党
7月22日 公共事業への民間活力導入に関する特別調査会（桜内義雄会長）
10月21日「民間活力の導入のための方策についての第一次報告」
2月17日（宇野宗佑会長）
9月11日「民間活力に関する政府与党連絡懇談会」

国有地等有効活用推進本部等
6月8日「国鉄用地活用プロジェクトについて」内閣官房副長官により発表
10月21日 内閣に本部設置
（綿糸町、梅田 新宿、汐留）
（本部長 副本部長臣ほか　総理大臣 建設大）
2月3日 ◦民間活力導入検討対象財産の報告（国有地163件65ha 国鉄用地10件30ha）◦「民間活力の導入による国有地等の有効活用の推進について」（本部申し合わせ）
7月1日～10月31日 本部長代行・中西大臣
10月16日 23区内所在の国有地について閣議報告（12件8.5ha）（本部長代行・河本大臣）

河本国務大臣（内閣官房特命事項担当室）
8月 公務員宿舎問題研究会（大蔵省理財局長の私的諮問機関）
9月19日「都心における公務員宿舎の高層化による用地の有効活用について」（新宿・西戸山住宅の有効活用対策のとりまとめ等）
河本国務大臣（11月6日より民活担当 11月13日特命事項担当室設置）
→経済団体等からのヒアリング（2月～　）

図 3　民間活力活用関係年譜（主体別）

この上限が認められるわけではない））。これについては1986（昭和61）年12月27日、総合設計許可準則及び特定街区指定標準が改正され、特定街区については高度利用を図るべき地区の特例として基準容積率の1.5倍以内かつ＋300％以内、さらに大規模一体開発の場合の特例として基準容積率の1.5倍以内（最高1,500％）に、また総合設計については再開発法に基づく再開発方針の2号地区等のうち地区計画等で高度利用を図るべきとされた区域では基準容積率の1.5倍以内かつ＋250％に引き上げられた（再開発方針適合型総合設計。なお、特別に高度利用を図る必要があるとされた区域ではさらに特別の割増が可能とされた）。また、総合設計許可準則のこの改正では、歩道状公開空地や大規模な公開空地など市街地環境改善効果がより高いと考えられる公開空地については評価を引き上げるなどし、結果的に実際の容積率割り増しが大きくなるようにすることにより、実効性がより高くなった。

第二点として「空中権」についての議論があげられる。これは都市計画で定められた容積率と実際の容積率とに差があることに着目し、この未利用容積を他の敷地における建築において利用できるようにする制度が、アメリカにおける実例も引き合いにしつつ民間から提案されたことに始まる。これについては、政治的にも注目され、また、前述の行革審などでも課題として取り上げられた。この議論においては民法上の権原の問題と容積率制限という公法上の規制とが混乱していたこともあったが、一方、既に同一特定街区の中で複数の敷地間で容積率が移転している実例もあることなどが紹介され、結果的に特定街区制度や一団地の建築物に対する建築基準法の特例制度（第86条）により対応することとなった。これについては前記の特定街区指定標準において定められたところであるが、その後の文化財建築物保存のための容積率移転などにおける積極的活用につなが

ることとなった。また、一団地の建築物に対する特例制度については1985（昭和60）年2月8日「敷地共同利用のための建築基準法第86条第1項の認定準則」が定められ、広幅員道路に面する表敷地とこれに隣接する裏敷地とにおける建築物を一体的に計画することにより、裏敷地についての容積率が引き上げられ、またその容積率を表敷地に移転できるものとされた。

これら二つの議論は、現行の諸制度やその運用から見ると隔世の感を禁じ得ないが、その後の関係諸制度やそれによって実現されてきた市街地の姿への第一歩となったものと考えられる。

4　1987（昭和62）年建築基準法改正

これまで述べてきたような動きと並行して、建設省では建築基準法改正の準備が進められた。1984（昭和59）年3に月、建築審議会に対し「経済社会の変化に対応した市街地環境整備の方策」について諮問され、1986（昭和61）年12月10日これに対する答申が出された。この中では、次に述べるようないくつかの法律改正が提案されたが、その基本的な考え方として、我が国の市街地空間を豊かなものにするためには建築計画の側から道路を軸として豊かな空間を形成するよう指向する必要があるとし、「道路を軸とする開放空間」という概念が示された。

これを承けた建築基準法の改正は1987（昭和62）年6月5日公布され、同年11月16日に施行された。この改正の内容は、大きく木造建築物に関するものと集団規定に関するものからなるが、初めて全体として緩和の方向を示す改正となった。

以下、集団規定に関する改正項目についてその背景を中心に紹介する。

容積率制限については前面道路幅員による容積率制限について、広幅員道路から一定の範囲にあ

る敷地については、当該広幅員道路からの距離に応じて割り増すこととするとともに、壁面線指定によるセットバックを道路幅員に算入できるとする特例許可制度を設けた。一点目は、我が国の既成市街地では一部の都市計画道路などを除いて細街路の整備が進んでいないことから都市計画による指定容積率と前面道路幅員による容積率制限との乖離が大きく、そのために広幅員道路に面する敷地とそれに面しない街区内の敷地との土地利用に大きな差が生じていることを背景に、広幅員道路から一定の範囲にはその効果が及ぶとして前面道路幅員による容積率制限を割り増すこととしたものである。二点目は、細街路に沿って空間形成を積極的に図る手法として壁面線制度を活用することを想定したものであり、市街地建築物法の建築線をも意識したものであるが、残念ながら活用には至らなかった。

道路斜線制限及び隣地斜線制限については、制限の及ぶ範囲を限定するとともに、道路境界又は隣地境界からセットバックした場合は、斜線制限の起点を反対側に移動させることとするものである。これらの背景には、建築計画において容積率の実現が大きな目標となるとともに、斜線制限が建築物の形状に直接現れる傾向が強くなり、建築物として或いは景観上も問題視されることが多くなってきたことがある。このような状況に対処するためこれらの改正が行われたものであるが、制限によって確保される道路上及び周辺建築物の壁面における天空率を既往の制限によるものと同程度以上とすることを前提にして検討が行われ、これら二点の改正案が作成された。また、特にセットバックによる道路斜線の後退は、建築計画と制限が相対的になることにより、セットバックを誘導する機能を制限にもたらすものとして「誘導機能内在型規制」とでも呼ぶものとして立案されたものである。

次に第一種住居専用地域の絶対高さ制限については、従来の10m制限に加えて都市計画により12m制限の地域を指定できることとした。10mの絶対高さ制限については1970（昭和45）年の第一種住居専用地域の創設以来政治的にも取り上げられることが多かった。このため、1976（昭和51）年改正において特定行政庁の認定により12mまで緩和できる簡易型総合設計制度とでも呼ぶべき制度が取り入れられた。しかし、10m制限の緩和を求める議論は上述の規制緩和の議論の中でも当初から強く、東京中心部（山手線内）に第一種住居専用地域が広く指定されていることとともに盛んに議論が続いていた。また、利便性の高い第一種住居専用地域においては無理な建築計画により4階建てとする例も多くなってもいた。このため、1984（昭和59）年4月には上記12m緩和規定の運用の促進を図るためその許可準則を定めたが、法律改正の機会に制度的な対応を行うこととしたものである。この12m制限の対象として想定された地域は、低層住宅地としての良好環境を維持しつつ高度利用を図るべき住宅地や一体的・計画的に整備される低層集合住宅地があげられている。

この他、総合的設計による一団地の建築物についての特例を受けた建築物の建て替えに対応するための規定の整備が行われた。

ここでは、1980年代における規制緩和、民間活力活用をめぐる議論を振り返ってきたが、それまでどちらかと言えば建築の枠内で議論されてきた建築基準が、初めて社会・経済の大きな枠組みの中で取り上げられることとなったのがこの時代であった。そして、建築投資を通じての建築基準と経済・社会の関わりは、重要な観点の一つとされていくのである。

4-6 建築確認・検査の民間開放

1998（平成10）年6月12日に公布された「建築基準法の一部を改正する法律」により、従来行政で行われてきた建築物の建築確認及び完了検査業務について民間機関でも受けられることとする建築確認・検査の民間開放が行われることとなり、翌1999（平成11）年5月1日から施行された。本節ではその背景、内容、効果について解説する。

本題に入る前に、簡単に改正の経緯をまとめると次のようになる。

・建築審議会に対する諮問及び答申

　1995（平成7）年11月8日に建設大臣から建築審議会に対し「二十一世紀を展望し、経済社会の変化に対応した新たな建築行政の在り方について」諮問が行われた。

　その後、諮問事項について、建築審議会建築行政部会の下、基本問題分科会、市街地環境分科会、建築生産分科会により調査審議が行われ、1997（平成9）年3月24日、建築審議会において「二十一世紀を展望し、経済社会の変化に対応した新たな建築行政の在り方に関する答申」がとりまとめられ、建設大臣あて提出された。

・法律案の閣議決定、国会審議

　この答申を踏まえ、建設省において法制化の検討が行われ、1998（平成10）年3月17日に「建築基準法の一部を改正する法律案」が閣議決定され、同日第142回国会に提出された。法律案は4月24日に衆議院本会議において趣旨説明が行われ、建設委員会に付託された。5月6日に提案理由の説明の後、審議が行われ5月20日に同委員会で可決、翌21日に衆議院

本会議で賛成多数をもって議決された。また、5月21日に参議院国土環境委員会において提案理由の説明の後、審議が行われ6月4日に同委員会で可決され、翌5日に参議院本会議で賛成多数をもって議決され成立した。なお、この法律案については、衆議院及び参議院において附帯決議がなされた。

1 指定確認検査機関制度導入の背景

死者6,434人、一部破損以上の被害を受けた建築物が約68万棟（住家約64万棟、非住家約4万棟）という極めて甚大な被害をもたらした阪神・淡路大震災では、1981（昭和56）年6月に導入された新耐震基準施行以前に建てられた古い建築物が倒壊・崩壊し多数の死傷者が発生したが、新耐震基準施行以降に建てられた建築物においても、鉄骨造の溶接部の施工不良、鉄筋コンクリート造の配筋の施工不良、コンクリート強度の不足、木造の接合部の不良、筋かいの不足等の施工上の問題により倒壊等の大きな被害を受けた建築物も多数見られた。

このような建築物の倒壊等の原因となった施工上の問題の多くは、施工段階において的確な検査さえ行えば十分に防止できることから、建築物の安全性を確保するためには、建築確認だけでなく、実際の施工が建築基準に適合し行われていることの検査を的確に実施し、違反建築物に対する是正措置や違反行為を行った者への罰則の適用・行政処分等を行うことが重要であることが再認識された（**表1**）。

しかし、当時、建築物の大規模化、複雑化によ

表1 阪神・淡路大震災における鉄骨造建築物被害の緊急調査結果（神戸市）

		被災度ランク	溶接破断	ボルト破断	破断なし	計
大破以上	倒壊	S56年以前	5(83%)	0(0%)	1(17%)	6
		S57年以降	7(78%)	1(11%)	1(11%)	9
		小 計	12(80%)	1(7%)	2(13%)	15
	大破	S56年以前	11(39%)	6(22%)	11(39%)	28
		S57年以降	3(43%)	0(0%)	4(57%)	7
		小 計	14(40%)	6(17%)	15(43%)	35
	計	S56年以前	16(47%)	6(18%)	12(35%)	34
		S57年以降	10(63%)	1(6%)	5(31%)	16
		小 計	26(52%)	7(14%)	17(34%)	50
中破以下	中破	S56年以前	2(18%)	0(0%)	9(82%)	11
		S57年以降	1(50%)	0(0%)	1(50%)	2
		小 計	3(23%)	0(0%)	10(77%)	13
	小破	S56年以前	1(4%)	1(4%)	26(92%)	28
		S57年以降	0(0%)	0(0%)	4(100%)	4
		小 計	1(3%)	1(3%)	30(94%)	32
	計	S56年以前	3(8%)	1(3%)	35(90%)	39
		S57年以降	1(17%)	0(0%)	5(83%)	6
		小 計	4(9%)	1(2%)	40(89%)	45
総 計		S56年以前	19(26%)	7(10%)	47(64%)	73
		S57年以降	11(50%)	1(5%)	10(45%)	22
		計	30(32%)	8(8%)	57(60%)	95

被災度ランク、接合部の状況及び建築年が不明なものを除く。（建設省「平成7年阪神・淡路大震災建築震災調査委員会中間報告の調査結果から作成）

　建築年が現行耐震基準の前後にかかわらず、大きな被害を受けた鉄骨造建築物の主な被害原因は、溶接部の破断と考えられる（倒壊した鉄骨造建築物の約80%程度、大破した鉄骨造建築物の約40%は、溶接部が破断したものと推定される）。

　これらの被害事例では、溶接が不適切であった等の原因で、柱やはりが変形してエネルギーを吸収する前に、溶接部が脆く破断したものと考えられる。

り建築確認申請一件当たりの審査時間が長時間化することにより建築確認の負担が増大しているほか、建築紛争の調整といったまちづくり施策や省エネルギー対策、高齢者対策、耐震改修等の新たな業務が増大する一方で、厳しい財政事情を背景に行財政改革が強く求められ、建築規制を実施する地方公共団体においては増大する事務負担に対応した執行体制を確保することが困難な状況となっていた。

　このため、人手を特に必要とする完了検査や違反是正の実施が必ずしも十分に行われず、着工前に建築計画の確認は行われても、実際の施工が建築基準に適合しているかどうかが十分にチェックされていない、違反建築物が十分に是正されないままに放置されるといったことが見られ、建築規制の実効性の確保という観点からは大きな問題となっていた。ちなみに、当時完了検査の実施率は3割程度で推移しており、着工される建築物の約7割は完了検査が実施されずに竣工して使用されていた（**図1**）。

　1996（平成8）年度の建築主事は全国で1,821

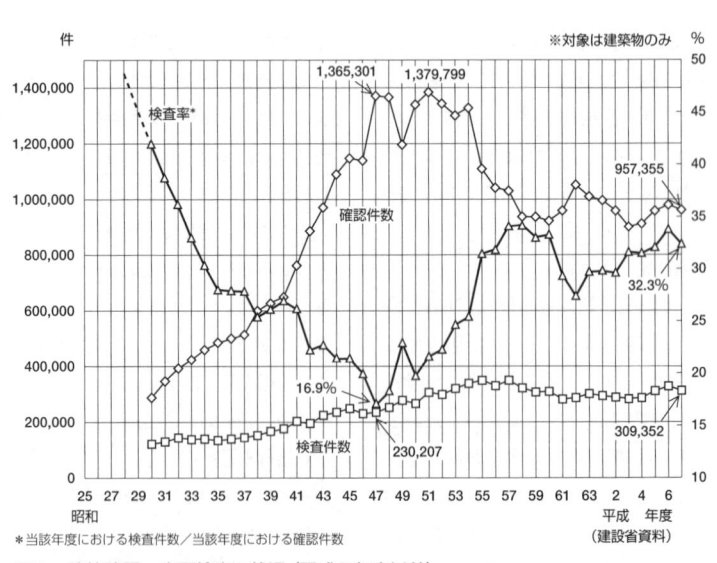

図1　建築確認・完了検査の状況（平成7年度以前）

＊当該年度における検査件数／当該年度における確認件数

名任命されており、この人数で約110万件の建築確認（準用工作物、計画通知を含む）を担当し、建築主事一人当たり年間約600件を処理していた。建築主事以外の職員も含めると建築行政担当職員は約7,700名で、職員一人当たりの処理件数は約140件となり、この人員で全ての建築物の完了検査までをこなすことは困難な状況にあった。全ての建築物について建築確認及び完了検査を実施するための人員を試算したところ当時の担当職員を2倍強にする必要があるとの結果であった。

また、この1998（平成10）年の建築基準法改正では、設計の自由度を拡大し新技術・新材料の導入を容易にすることを目的に、建築基準の性能規定化等の基準体系の見直しが行われた。性能規定においては計算等により性能の検証が行われることとなり、その性能検証の内容審査を行うことができる人員を確保し審査体制を整備する必要があったが、行政だけでその体制を十分に確保することは困難な状況であった。

このような状況において執行体制の強化を図るためには、必要な技術審査能力を備え、公正な審査を行う体制が確保された民間事業者を育成しその能力を活用することにより、必要な執行体制の整備充実に資することが有効であると判断され、建築確認・検査の民間開放が行われることとなった。

この当時、建築規制における民間活用が進んだ英国やオーストラリアにおいては、民間会社である検査機関が建築計画の審査や施工時の検査を行っており、新築住宅の約5割を担当するなどかなりの実績を上げており、米国においても民間検査官が相当な頻度で施工時の検査を行うなど、民間活用の審査・検査の導入により建築規制の執行体制の充実に効果を上げていた。

2 指定確認検査機関制度導入の際の論点

(1) 業務委託方式か民間参入方式か

指定確認検査機関をどのような方式で位置付けるかについては、従来の指定機関制度では業務委託方式とすることが一般的であった。すなわち、特定行政庁（建築主事）の行政事務のうち、民間機関による実施になじむ確認・検査の事務を公益法人等の外部機関へ委託するという方式で、この方式も検討過程では議論に上がったが、事務の外部機関への委託自体は行政機関の組織の簡素合理化に資するものの必ずしも執行体制の拡充を目的にするものではないため、執行体制の拡充を図るためには、事務の委託先となる公益法人等の執行体制が行政機関よりも拡充されたものとならなければならない。的確に建築確認・検査を実施するためには前述のとおり従来の2倍程度の審査能力を有する執行体制が必要であったが、当時、地方公共団体においては厳しい行財政事情を背景に外郭団体についても統廃合を進めているような状況であり、十分な執行体制を確保することには限界があると考えられた。

このため、業務委託方式ではなく、行政における建築確認・検査の業務は残しつつ、行政機関と同等の有資格者を備え必要な技術審査力を有し公正な業務執行体制を備える民間事業者（公益法人だけでなくそれ以外の営利法人も含む）が建築確認・検査業務を行う途を開く民間参入方式とすることで、建築規制における民間の役割を積極的に拡大し、建築規制の執行体制の充実強化を図ることとされた。

(2) 集団規定の確認を指定確認検査機関に認めるかどうか

集団規定の審査を民間開放することについては検討段階において地方公共団体等から反対意見が

数多く寄せられた。それまで建築確認の際に近隣紛争の調整のため建築基準法令に関する事項の審査以外に様々な行政指導が行われるケースがあった。本来近隣紛争を防止するためには、事前に都市計画の見直しや建築協定の策定などのまちづくりのルール作りを通じて行う必要があるが、こうした対応が後手に回り、建築確認の段階で紛争調整のための行政指導が行われることが多く見られた。仮に、指定確認検査機関が集団規定の審査も行うようになった場合このような行政指導が行えなくなり、近隣紛争が激化するのではないかとの懸念から反対の意見が寄せられた。

しかし、指定確認検査機関の審査対象を単体規定に限定した場合、建築主に二度の申請行為を求めることとなり、制度を導入しても指定確認検査機関を利用する者は少なくなることが予想され、本来の目的である執行体制の充実強化につながらないと考えられた。このため、地方公共団体に対して、行政手続きの透明性が求められる中で従来のように建築確認の際に近隣紛争の調整等の行政指導を行うことには限界があり、指定確認検査機関に確認・検査業務の一部を委ね、行政は本来の都市計画等のまちづくりのルール作りに努めるという官民の役割分担の見直しで対応すべきであると理解を求め、最終的には集団規定も指定確認検査機関の審査対象とすることとされた。

3　指定確認検査機関制度の概要

(1)　機関の指定

指定確認検査機関は建築主事が担う建築確認・検査業務を行うこととなるため、特定行政庁が指定することも考えられたが、指定機関が広域に業務を行う場合の指定に係る事務の煩雑さや指定機関の監督業務を適切に実施できる事務能力等を考慮して、指定機関が一の都道府県内で業務を行う場合には都道府県知事が、複数の都道府県にまた

がって業務を行う場合には建設大臣が指定することとされた。指定確認検査機関は行政の建築主事と同等の審査能力、公正中立性を有するだけでなく、業務を継続するための経理的基礎や万一の審査ミス等に備えた損害賠償能力も必要である。このため、次のような指定基準に適合することが要件とされた。

① 確認検査員の数が確認検査対象の建築物の種類、規模及び数に応じて建設省令で定める必要数以上であること。また、確認検査の補助を行う補助員も含めた担当職員の合計人数も要件に適合すること。なお、確認検査員は建築主事同様、一級建築士試験に合格し2年以上の建築行政または確認検査業務等の実務経験を有する者で、建設大臣が行う建築基準適合判定資格者検定に合格し建設大臣の登録を受けた者の中から選任されることとされた。

② 職員、確認検査業務の実施方法等の業務の実施計画が、確認検査業務を適確に実施するために適切なものであること。具体的には、確認検査業務は他の業務と独立した部署で行い担当役員を置くこと、確認検査員は必要人員以上を常時雇用職員とし制限業種を兼業してはならないこと、代表者や担当役員の関係者が設計、工事監理等を行う建築物の確認検査を行わないこと、確認検査員及び補助員の関係者が設計、工事監理等を行う建築物の確認検査に従事しないこと等の要件に適合すること。

③ 確認検査業務の実施計画を適確に実施するに足りる経理的基礎を有すること。具体的には、予算規模が適切で事業と予算のバランスがとれていること、確認検査業務に係る年間支出総額の概ね1割以上の基本財産、資本金等を有していること、取り扱う建築物の規模に応じて最大で1億円以上の基本財産等を有しているまたはこれに代わる損害賠償保険に加入していること等の要件に適合すること。

④ 役員等の構成が確認検査業務の公正な実施に支障を及ぼすおそれがないこと。具体的には、制限業種に従事または制限業種を営む法人等に所属する役員の数が原則として全役員の2分の1未満であること、株式会社や有限会社の場合は制限業種に従事する者または制限業種を営む法人の保有する株式が発行済株式総数の原則として2分の1未満であること等の要件に適合すること。

　なお、制限業種とは、設計・工事監理業、建設業、不動産業、建築材料・設備の製造、供給及び流通業である。

⑤ 確認検査業務以外の業務を行う場合、その業務により確認検査業務の公正な実施に支障を及ぼすおそれがないこと。具体的には、機関として制限業種を行ってはならないこと。

⑥ その他、建築確認業務を行うにつき十分な適確性を有すること。

　これらの要件を満たし欠格条項（指定を取り消されて2年経過しない等）に該当しない民間事業者等は、建築物の規模に応じて定められた指定の区分に従い確認検査を行う業務区域を定めて建設大臣または都道府県知事に申請を行い、指定を受けることとなる。なお、指定の有効期限は5年とされており引き続き業務を行う場合には更新手続きが必要である。指定が行われると建設大臣等により指定の公示が行われ、指定機関には確認検査の義務、指定区分等の掲示、帳簿の備付け等の義務、役職員の秘密保持義務等が課される。また、建設大臣等の認可を受けた確認検査業務規程に従って業務を行うことが必要となる。

(2) 指定機関が行う建築確認等の効果

　指定機関が確認を行った場合、その建築計画は建築主事から確認を受けたものとみなされ、指定機関が交付した確認済証は建築主事が交付した確認済証とみなされる。同様に指定機関が交付した完了検査の検査済証及び中間検査の中間検査合格証も建築主事が交付した検査済証及び中間検査合格証とみなされることとなる。

　指定機関は確認済証を交付したときは、関係書類を添えてその旨を特定行政庁に報告することが義務付けられている。この報告を受けた特定行政庁が報告内容からその建築計画が建築基準関係規定に適合しないと認めて建築主及び指定機関に通知した場合には、指定機関の交付した確認済証は効力を失い、建築主は建築計画を見直し改めて建築確認を受けなければならないこととなる。仮に既に工事が着工している場合には特定行政庁から工事停止命令等が行われる。また、指定機関が完了検査、中間検査を行った場合にも、検査結果を特定行政庁に報告することが義務付けられており、特定行政庁は建築基準関係規定に適合しない旨の報告を受けた場合には、遅滞なく、是正命令等を行うこととなっている。

(3) 指定機関に対する監督等

　指定権者である建設大臣等は指定機関に対して報告徴収、立ち入り検査等を行うことができ、確認検査業務に関し監督命令を行うことができることとなっている。さらに、指定機関が欠格条項に該当することになった場合には必ず指定を取消し、確認検査業務規程によらずに業務を行うなど不適切な行為があった場合には指定の取消しや業務停止命令を出すことができることとなっている。また、特定行政庁も管轄する区域内の建築物について確認検査の適正な実施のため必要な措置をとるよう指定機関に指示できることとされている。なお、指定機関は確認検査に必要な事項について特定行政庁に照会することができることとされており、特定行政庁は照会事項への回答等の必要な措置を講じる必要がある（**図2、図3**）。

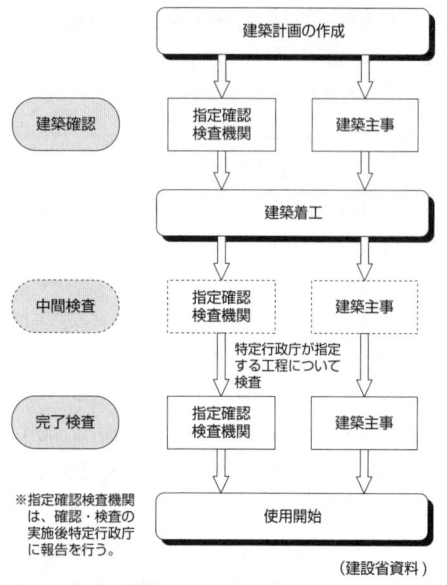

図2　民間開放後の建築確認・検査の流れ

指定確認検査機関の設立を促し執行体制の充実強化を図るとともに、建築規制の実効性を向上させるため、法施行に向けた政省令・告示の改正、法令の運用段階で次のような措置、対策が講じられた。

(1)　建築基準法令の規定の明確化

この建築基準法改正では、確認検査の民間開放に併せて建築基準の性能規定化が行われた。性能規定化とは建築物の安全性等の必要な性能項目、性能基準及び性能検証のための試験方法、計算方法等を明確にし、必要な性能を検証すれば従来の仕様規定に適合しない新たな構造方法や建築材料

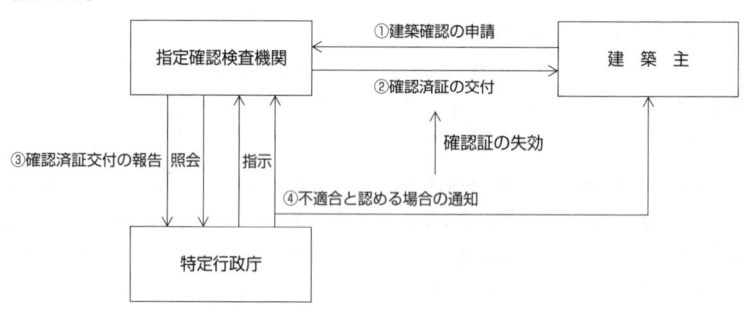

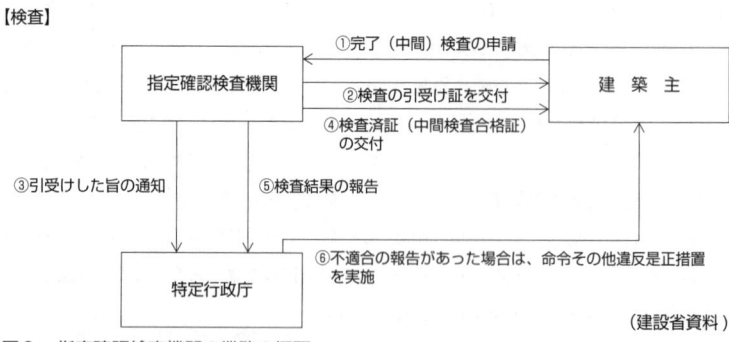

（建設省資料）

図3　指定確認検査機関の業務の概要

を使用できるようにするものであり、このため、法令上に性能項目、性能基準等を明確に規定する改正が行われた。しかし、すべての建築物について試験や計算で性能検証を行うことは時間やコストを考えると現実的ではないことから、性能検証を簡易に行えるよう性能基準に適合しているとみなす具体的な材料、工法、寸法等を定めた例示仕様も法令上に規定することとされ、従来の建築基準法令に定められた仕様規定を基本として性能規定を満たす例示仕様が定められることとなった。しかし、この仕様規定の中には定性的な表現のまま具体的、定量的な基準となっておらず、解釈通知等がなく個別物件ごとに建築主事が判断しているものも多く含まれていた。このような状況で指定機関が参入した場合、指定機関ごとに解釈が異なるなど大きな混乱が生じることが予想された。このため、性能規定化のための政令、告示等の改正の際には、性能基準、試験方法、計算方法等について明確に定めるだけではなく、仕様規定についても可能な限り、具体的、定量的な規定となるよう見直しが行われた（**図4**）。

(2) 確認検査手数料（行政）の見直し

指定機関の建築確認、完了検査、中間検査の手数料はそれぞれの機関の判断で定めることができることとされたが、建築主事への申請手数料を考慮して定められることが予想された。従来の確認検査手数料は建築確認と完了検査の手数料が一体で定められていたが、的確に確認及び検査を実施するための業務量よりも低く設定されていたことから、これを考慮して手数料を設定すると指定機関の適正な業務の執行に支障が生じる恐れがあり、指定機関としての民間事業者の参入の妨げとなることが予想された。このため、建築主事への申請手数料について再度業務量の調査等が行われ見直しが行われた。例えば、従来、床面積100m²超200m²以下の建築物では、確認検査手数料が一体で1.7万円であったものが、見直し後は建築確認1.4万円、完了検査1.6万円、中間検査（1回）1.5万円となり、床面積50,000m²超の大規模建築物の場合、確認検査手数料71万円であったものが、建築確認46万円、完了検査38万円、中間検査（1回）30万円と見直された。

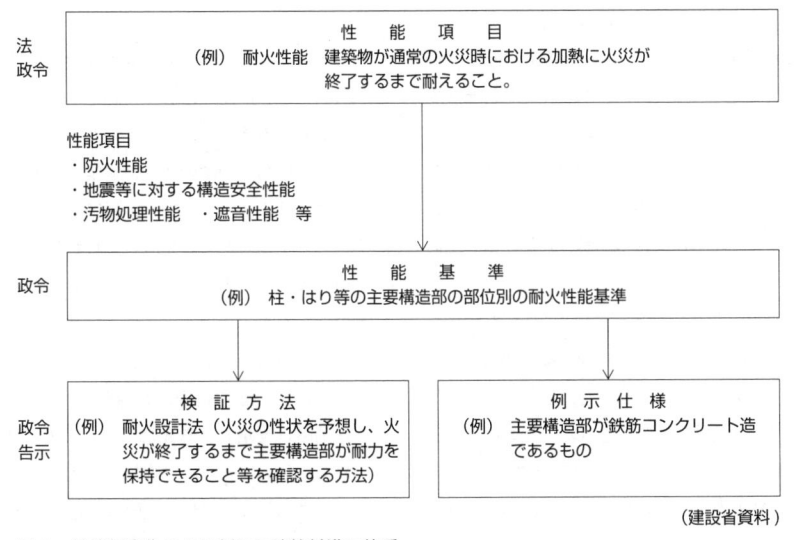

図4　性能規定化による新たな建築基準の体系

⑶　建築物安全安心推進計画の実施

　建築確認・検査の民間開放に係る改正建築基準法が1999（平成11）年5月1日から施行されることを踏まえ、1999（平成11）年4月6日付で「建築物安全安心推進計画について」建設省住宅局長から全国の都道府県知事あて通知された。この計画は、建築物の適法性が確保されるよう、工事監理、中間検査、完了検査及び違反建築物の是正が徹底されることを目標として、1999（平成11）年度から2001（平成13）年度までの3か年を重点実施期間として次のような施策を実施するために策定された。

① 　工事監理業務の適正化とその徹底

　　設計、工事監理の委託内容の書面交付義務及び工事監理報告書の提出義務の徹底、中間検査、完了検査段階での建築主事または指定確認検査機関による工事監理状況の確認等の実施。

② 　中間検査、完了検査の的確な実施

　　全都道府県において指定確認検査機関が業務実施する体制の迅速な整備、住宅金融公庫融資制度や住宅関連税制等と完了検査との連携等の実施。

③ 　違反建築物対策の総合的な推進

　　処分基準の強化等による建築士の処分の強化、不適正な業務を行った建築士のデータ整備、違反建築摘発の強化等。

④ 　消費者に対する積極的な情報提供、普及啓発

　　書類閲覧制度の活用により消費者に対する確認検査等に関する情報の開示、建築手続き等の広報等の実施。

　この通知を受けて、各都道府県に学識経験者、行政及び関係団体の代表者等からなる建築物安全安心推進協議会が設置され、都道府県ごとの建築物安全安心推進計画が策定された。その中では重点実施期間中の検査率や違反是正件数等の目標、推進する施策内容等が定められた。計画の進捗状況は年度ごとに公表された。

　こうした施策の推進の結果、指定確認検査機関は3年間で57機関が設立され、確認検査を担当する建築主事も制度発足前の1998（平成10）年度1,866人であったものが、2001（平成13）年度には建築主事（行政）1,915人、確認検査員（民間）481人と大幅に増加した。また、1998（平成10）年度に約38％であった完了検査率が2001（平成13）年度には約64％に向上し、中間検査も制度創設から約3年で8.5万件の建築物で実施されることとなった。

5　構造計算書偽装事件を踏まえた指定確認検査機関制度の見直し

　2005（平成17）年11月に発覚した構造計算書偽装事件では、その後の一連の調査において、事件発覚のきっかけとなった建築士がかかわった建築物以外でも多くの建築物で構造計算書の誤りや図書との不整合等が見つかり、建築主事や指定確認検査機関の審査においてこうした偽装や誤り等が見過ごされてきたことが明らかとなった。また、偽装案件を審査した指定確認検査機関の損害賠償能力が不十分であることが指摘された。

　こうした状況を踏まえ、2006（平成18）年6月に建築基準法等の一部改正が行われ、翌2007（平成19）年6月から施行された。この改正では、構造計算書の審査を確実なものとするための構造計算適合性判定制度の導入、建築士の業務の適正化及び罰則の強化等に加え、指定確認検査機関の業務の適正化のための見直しが行われた。指定確認検査機関に関する見直しの具体的な内容は次のとおりである。

① 　欠格条項の厳格化

　　例えば、指定権者により指定機関の指定を取り消された場合、5年間（従来は2年間）は欠格条項に該当し改めて指定を受けることができないことなどとされた。同様に建築基準適合判定資格者の登録を消除された場合にも、5年間

（従来は２年間）登録を受けられず確認検査員として業務を行えないこととなった。

② 指定基準の厳格化

確認検査員及び補助員の必要人数要件の強化、指定機関が確認検査を行ってはならない建築物の要件の強化（利害関係者の要件の強化等）、賠償資力の要件の強化（従来１億円上限であったものを３億円または件数に応じて算出した額の大きい方とする等）、指定機関の役職員及び株主の構成の厳格化（制限業種の関係者の割合が原則２分の１未満を原則３分の１以下にする等）、制限業種対象業種の厳格化、機関の代表者や担当役員の制限業種兼職禁止、機関の親会社等の制限業種兼業禁止等。

③ 機関指定の際の特定行政庁からの意見聴取及び特定行政庁による立入検査等の実施

2005（平成17）年６月に「指定確認検査機関が行った建築確認に違法があり損害賠償が提起された場合、指定機関だけでなく特定行政庁も被告となりうる」との最高裁決定が出され、その年の11月に偽装事件が発覚したことから、全国の特定行政庁から損害賠償の対象にならないよう制度の見直しを求める声が上がり、これを踏まえ、特定行政庁の指定機関に対する関与の在り方について検討が行われた。仮に特定行政庁を損害賠償の対象とならないようにするためには、少なくとも特定行政庁に対する報告義務や不適合通知等の制度を廃止する必要があり、指定機関の業務の適正化に逆行するだけでなく、建築確認・検査の情報が把握できなくなるなど特定行政庁としての業務の執行に支障が生じる恐れがあった。このため、むしろ特定行政庁による関与を強め、指定機関の業務の適正な執行を通じてこうした事件の再発を防止することが重要であるとの結論を得て、制度の見直しが行われた。具体的には、機関指定の際に特定行政庁からの意見聴取が義務付けられるとと

もに、従来、指定権者である国土交通大臣または都道府県知事に認められていた指定機関への立入検査について特定行政庁も行えることとなった。特定行政庁は立入検査の結果、業務規程に違反する行為や不適切な行為を認めた場合には、その旨を指定権者に報告し、指定権者は必要に応じ業務停止命令等の措置を講じることとなった（図５）。

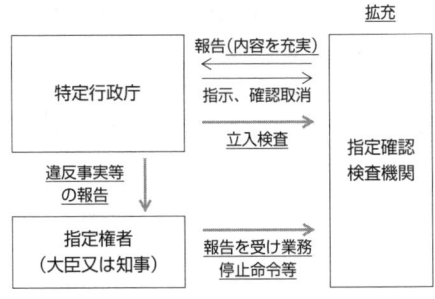

（国土交通省資料）

図５　特定行政庁による指導監督の強化

④ その他

確認検査物件に関する特定行政庁に対する報告内容の充実、指定機関の業務、財務に関する情報開示等の措置が講じられた。

6 指定確認検査機関制度導入による効果と今後の課題

制度導入から約20年が経過し、指定確認検査機関の果たす役割は大きなものとなっている。2018（平成30）年７月現在132の指定確認検査機関（うち国土交通大臣指定が64、都道府県知事指定が68）が業務を行っており、建築確認・検査の約９割（建築確認89％、完了検査89％、中間検査97％）を指定確認検査機関が担当している。

実施体制も1998（平成10）年度末時点で建築主事1,866名であったものが、2016（平成28）年度末には建築主事1,465名、確認検査員3,271名、合計で4,736名と約2.5倍に増加するなど充実したものとなっている。その結果、1998（平成10）年

度末約38%であった完了検査の実施率が2016（平成28）年度末には約92%まで向上するなど、建築規制の実効性確保という制度導入の目標はほぼ達成されたと考えられる。

その一方で、特定行政庁の建築主事が実際の建築確認・検査に携わる件数が激減した結果、建築行政に携わる職員が減少するとともに、個々の職員についても現場を通じて得られる知識、経験の不足につながり、特定行政庁における建築技術者の人員及び質の確保に支障が生じているとの指摘がある。建築物の省エネルギー対策、バリアフリー対策、耐震改修、まちづくりなど様々な分野

で建築住宅行政の果たすべき役割は今後ますます大きくなっていくものと予想される。こうした面でも、行政における建築技術者の人員及び質の確保は重要であり、優秀な人材を積極的に採用するとともに、民間との人事交流、研修の充実等を通じて専門知識やスキルを学ぶ機会を確保するなど総合的な人材育成策を推進する必要があると考えられる（図6、図7、図8）。

最後に、本節をまとめるに当たり、資料提供等ご協力いただいた国土交通省住宅局の担当者に感謝申し上げる。

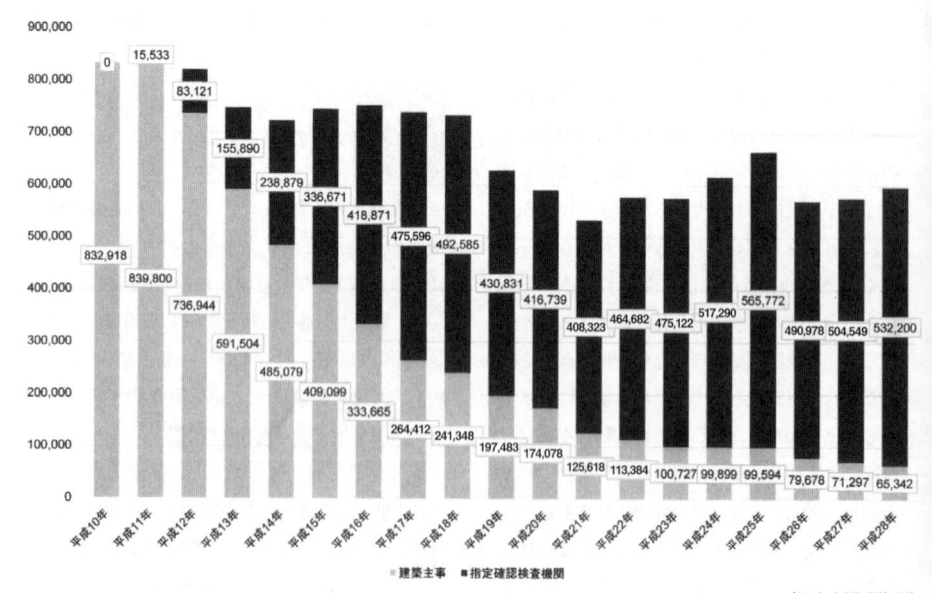

（国土交通省資料）

図6　建築確認件数の推移

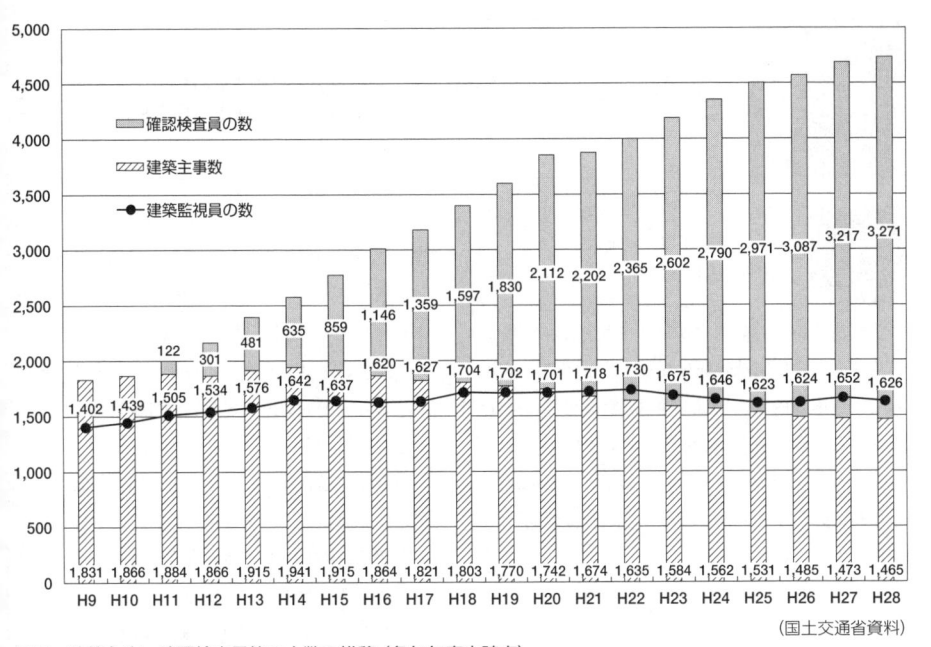

（国土交通省資料）

図7　建築主事、確認検査員等の人数の推移（各年年度末時点）

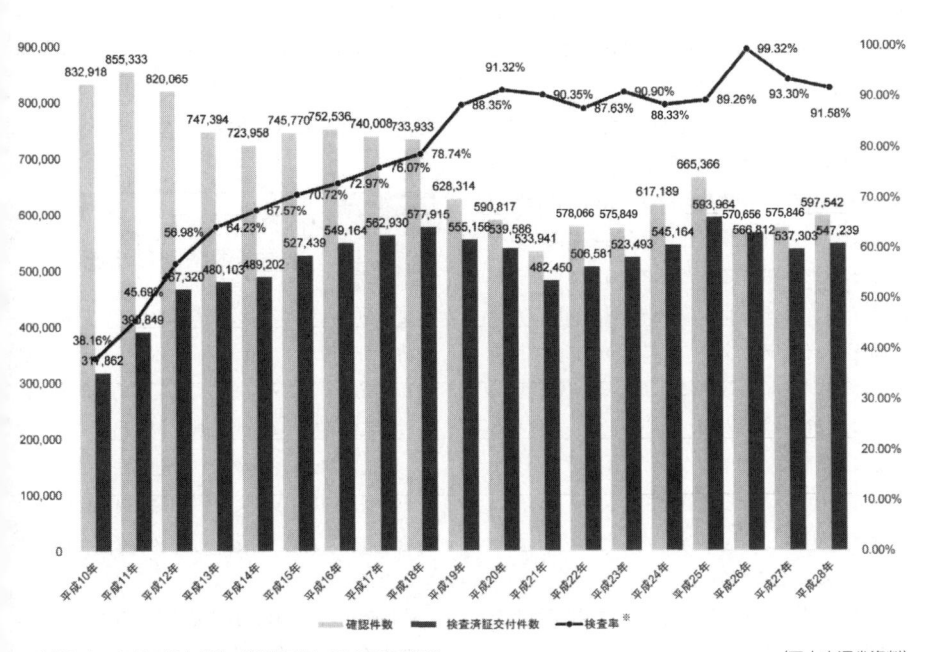

※当該年度における検査件数／当該年度における確認件数　　　（国土交通省資料）

図8　建築確認・完了検査の状況（平成10年度以降　各年年度末時点）

4-7 建築基準の適正な執行体制の整備

1 行政執行から見た建築基準法

法制度、特に行政法では行うべき手続きやあるべき状態について法規範を提示すると同時に届出の受理、申請内容の登録や開示、許認可等の通知等様々な行政手続きによって法規範が守られているかどうかをチェックする。このような法規範が守られているかどうかを検証する過程は法適合性管理とも呼ばれている。

民法などの私法の分野では、当然ながら、法適合性管理は紛争当事者からの訴訟等の提起を受けて司法の場で行われる。行政法についても、不服審査等行政プロセスに組み込まれているものもあるが、三権分立の考え方の下、最終的には訴訟によって判断されることになっている。

しかしながら、行政法自体が社会紛争を未然に防止し社会活動の安全や安定を図るために制定される側面を有していることから、法適合性管理が適切に行われうる機構・仕組みを自らに内在させ的確な執行を担保することが求められている。端的に言えば、行政法は行政機構や資格制度などで構成される仕組みがあることによって初めて機能することになる。行政法における法適合性管理の面では、法律の執行が偏りなく公正に、無理なく適切に、無駄なく効率良く、行われているかどうかが議論の中心となる。執行される見込みの薄い法令は精神規定、訓示規定とか「ザル」法とかと揶揄されることになる。

戦前の市街地建築物法を萌芽として建築物の安全性等を律することで国民の生命、健康及び財産の保護を図り公共の福祉の増進に資するとする建築法制は、戦後、日本国憲法のもとで財産権の保護と建築自由の原則を出発点として建築基準法として構築された。その後、戦後復興から急激な都市化にいたる高度経済成長の波にのまれながらも、技術の進歩で高度化する建築物の実態に応じて法の守備範囲を既存建築物の維持管理まで広げてきた。

高度経済成長が一段落すると、20世紀末には基準の性能規定化、地方分権への対応、確認検査の民間開放を中心として法適合性管理の改革を行ってきた。本節では、その流れを概観するとともに、21世紀に入って見えてきた課題を提起する。一つ目は、地方分権と確認検査の将来像である。二つ目は、我が国の経済社会条件下では抜本的手直しが必要となる建築ストック活用についてであり、三つ目は、資格者を中心とした市場が持続可能であるような人材育成、業の育成についてである。

2 行政執行から見た建築基準法制の変遷

建築物と社会とのかかわりについては、特に社会活動が市街地、都市を形成するようになると建築物が密集することになるため必然的に求められることになる。ハムラビ法典を例に出すまでもなく、有史以前から各地の文明で建築法制は認められる。我が国においても、徳川幕府時代には火除け地の設定、瓦葺・土蔵造りの採用などが行われてきた。

明治時代以降、地方各地では警察令などで建築に関する取締規則が断片的に実施されてきたが、大正時代に入ると都市計画法の制定機運と軌を一

にして建築法制の立法化がすすめられ、市街地建築物法として結実する。その後、戦後1950年に建築基準法が制定され、多数の改正を伴いながら今日に至っている。ここでは、法適合性管理の側面に注目して高度経済成長期までの流れを検証したい。

2　1　市街地建築物法と建築行政制度

2019（平成31）年は、都市計画法100周年と言われている。1919（大正8）年の都市計画法制定と併せて建築基準法の前身である市街地建築物法が制定され翌年施行されている。当時の市街地建築物法は都市計画の対象となる東京、横浜、名古屋、京都、大阪、神戸の6大都市の市街地に建築される建築物のみが対象であり、文字通りの市街地建築物を対象とする法律であった。なお、都市計画法の適用区域はその後拡大され1926（大正15）年には札幌市など41都市が適用区域に加えられ、その後も順次適用区域の拡大が続いた。

市街地建築物法における法適合性管理の実務は都市計画対象都市を含む都道府県の警察署建築係において処理されてきた。建築禁止が原則であり、市街地建築物法で示された基準を踏まえての裁量的判断によって建築行為が許可されるという建付けとなっていた。このような行政における私権介入の度合いが高い建築行政の仕組みは、昭和に入って戦時色が濃くなると防空法の制定でさらに強化されたが、太平洋戦争の敗戦と連合軍による占領統治、そして日本国憲法の制定で大きく変更されることになる。

2　2　建築基準法の制定とその法適合性管理

新たに名前を変えて建築基準法として再出発した時点（1950（昭和25）年）での法適合性管理における原則は、建築物の建築時（新築、増改築等を含む）の設計・工事監理を資格者である建築士に委ね、確認検査手続きにより法適合性を管理す

るという形である。市街地建築物法との変更点は以下のようになる。

(1)　対象が、建築物全般となったこと。都市計画区域内の建築物を対象とする集団規定とは別に防火や構造などの単体規定は建築物全般が対象となった。

(2)　日本国憲法で保障された財産権の行使として建築自由の原則が掲げられ、設計図書で基準との適合性を判断する行為を建築確認と名付け、建築基準法令での基準（状態規定）との比較判断については裁量性のない羈束（きそく）行為として整理され、専門性の高い者の判断は一義的に定まるものとされた。なお、それでも審査に疑義がある場合、当時のGHQの指示により、特定行政庁に対して不服審査請求が可能となるよう措置された。

(3)　行政執行は特定行政庁と定義された地方自治体（都道府県、人口25万人以上の都市等）に移管され、法適合管理での審査を行う人材である建築主事は、当時行われていた建築資材統制の人材を活用することで確保された。なお、この時点での特定行政庁、建築主事が行う業務は国から委任されて国の業務としておこなう機関委任事務として整理された。

(4)　建築設計・工事監理を支える業務独占資格として建築士法が定められ、併せて建築士による設計・工事監理が建築行政の基盤とされた。専門資格者である建築士の設計・工事監理の上に立って建築行政の建築確認・検査が実施される形で建築基準法と建築士法が建築行政の両輪であるとされた。なお建築士と建築主事との関係では、資格者の創設時点でもあり確認・検査の人材については建築主事の資格検定に合格することは求めたものの建築士であることは求めなかった。

　建築物・建築設備を適法な状態で維持保全することは、建築基準法制定時は第８条で「建築物の所有者、管理者又は占有者は、その建築物の敷地、構造及び建築設備を常時適法な状態に維持するように努めなければならない。」という努力義務を課しているにすぎず、建築法制としては建築時点に着目しての法適合性管理が中心であった。

　しかし、高度成長期に建築物が高度化複雑化すること、とりわけ昇降機等の設備が重要な要素となってくるに伴い維持保全の重要性が増すことになった。これについては1959（昭和34）年の建築基準法改正により、建築物の所有者等から報告を求めることができるとする法第12条の規定を発展させ、多数の者が利用する建築物等について一級建築士等の技術者に定期に調査・検査をさせ、その結果を特定行政庁に報告する定期調査・検査報告制度が導入された。さらに1970（昭和45）年には建築士に加えて建設大臣が定める資格者にも調査・検査を認める検査資格者制度が導入された。また、1983（昭和58）年改正では第８条第２項に定期調査・検査報告制度対象建築物の維持保全計画の作成規定が加えられた。これらは建築基準法令の基準が状態規定であることを根拠としたものと考えられるが、建築ストックの法適合性管理システムとして制定され、以降展開してきている。

２　４　高度成長・急激な都市化での行政執行

　1950（昭和25）年の建築基準法制定で再出発した建築行政であるが、すぐ直後から戦災復興、高度経済成長による急激な都市化の波をかぶることになる。戦災市街地の復旧はバラ建ちのバラック建築物の出現と不良住宅市街地の発生、高度成長期には大規模化、高層化する建築物への防災規定の強化や構造規定の合理化が求められるとともに、急激な都市化による市街地の拡大、日影をめ

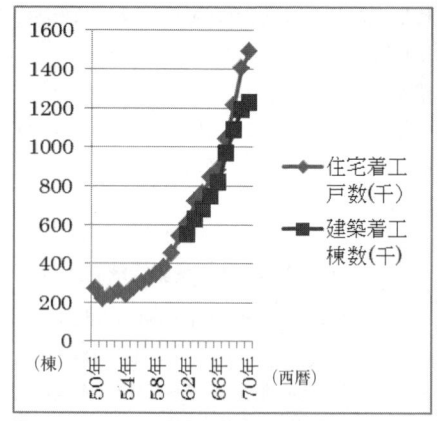

図１　1950〜70年度の着工数の推移
出典：建築・住宅着工統計（棟数の統計は1961年度まで存在しない）

ぐる近隣紛争の激化など非常な激変の時期を経ることになった。このなかで、建築行政における法適合性管理については、残念ながら実効性のある実施とは程遠い形で推移することになる。

　建築確認をもとにした建築・住宅着工統計によると、**図１**のように法施行の1951年度から1960年度までの10年間の新設住宅着工件数は20〜40万戸／年程度でしかない。逆読みをすると、建築確認申請が行われない形で相当量の建築活動が行われていたのではないかとの推測も可能である。

　2007（平成19）年に行われた当時の建築行政担当者に対するインタビューによれば、昭和20年代から30年代までの建築行政については以下のような述懐が残されている[1]。

　「基準法の歴史を見ると、結局、昭和20年代は耐火構造規定の防火地域の違反が一番多かったんですよ。というのは、当時は木造と鉄筋コンクリートの工事費の値段が倍以上あったんですよ。だから、防火地域にみんな木造で違反建築をやる。取り締まりようがないぐらい違反が出ちゃってね。その対策がとにかく昭和20年代は大変だった。だから。防火建築帯の補助制度とか、そういうのを作り上げて、その対策がいっぱいだっ

たんですよね。それと同時に、地方都市の大火が、年に一遍は大火事が起こってね。だから、集団防火の規定を整備せんといかんというので。

それから30年代に入ると、経済復興と同時に今度は建蔽率違反が。だんだんこのころになると鉄筋と木造の価格差がなくなっていって、土地の価格が上がって、そして有効利用せんといかんから、むしろ鉄筋は三階、四階を自発的に作るようになって、その違反は少なくなって、その代わり地価が上がると同時に今度は建蔽率違反が。」

このように、防火地域での違反建築物出現を防止するのが精一杯で、到底準防火地域やその他の地域にまで手が回らなかったのが実態であった。上述の行政担当者は、建築活動の実態については無届建築も相当あり、大都市でもおそらく半分は違反だったのではないかと推測しており、かなりの数の建築物が法適合性管理の網の目をくぐって建設されていたのではないかと疑われる。

昭和30年代になっても、上記の述懐では「グリーンベルトの緑地地域（注：東京の都市膨張を抑えるために防空空地帯を継承する形で都市計画決定された18000haの緑地地域。違反建築が相次ぎ新都市計画法の施行時に廃止された）なんかで、とてもじゃないけど、建蔽率一割なんて、そんなものできませんという。結局、このころになると、建築行政の担当者もザル法だって笑われながらもとにかくお手上げ。現場に行くとみんな違反なんだから、建蔽率は。だから、できるだけ現場に行かんようになる。」「確認だけ判を押しておけばいいというような無力感に問われちゃってね。」という状況であった。すさまじい都市膨張の実態を前にしてなすすべもなく立ちすくんでしまうといった当時の建築行政の状況がうかがえる貴重な証言である。

ただ、市街地内での建築活動は必然的に近隣紛争を招くので、昭和40年代に入ると建築確認表示の有無が適法性のメルクマールとして普及し、

日照問題などで状況が変化してくる。担当者の述懐を続けると、「40年代に入って日照問題が起こって、どっちかというとこの辺でやっと建築行政が少し、いい悪いは別にして日の目を見るようになる。」「40年代になって世間の風向きが変わったので、役所も本腰を入れて無届の取締に入った」となっていく。統計数値もそのころから旺盛な建設需要の実態を正確に表すようになってきていると考えられる。

だが、このような弱い建築行政は急速な都市化に対応するには都合が良かった。つまり、いくら都市計画や建築行政の担当者が法に基づく「正論」を掲げていたとしても、当時の我が国の社会経済が置かれた状況から見ると、東京の都市膨張を抑えるためのグリーンベルトが雲散霧消したように、その正論が理解されるような状況でもなかったのも事実である。確認図書だけを審査するというほどほどの規制で済ませることで、ザル法と揶揄されることはあっても、無理な適用で旺盛な建設需要の足を引っ張るようなことはしなかったのである。

3 法適合性管理における改革

建築基準法においては、建築確認は違反建築物出現防止のための事前審査という位置づけで、出現した建築物が適法性を持っているかどうかは建築物と基準との適合性を判断する完了検査によって担保されることになっている。上記の述懐によれば、当時「建築基準法をつくった時の通達の中にも現場主義という、これは小宮さんとか内藤さんあたりに徹底して僕なんか聞かされたんだけどね。確認というのは、重大な、あとで現場へ行って取り返しのつかんような問題が起こらないように確認という行為があるので、実際に取締というのは現場なんだという思想なんですよ。だから、確認というのは全条文を見る必要はないんだと。」

「例えば木造の戸建てだと、図面に表示すべき事項というのは決まっているんですよ。だから、極端に言うと、それさえチェックしておけば、後は現場でチェックすればいいんだという思想だったんですよね。」という考えにもとづいて現場主義が標榜されていたという。

しかしながら、高度経済成長と急激な都市化の進展の下での旺盛な建設需要の前で建築行政の窓口は繁忙を極め、現地を見たり現場に赴いたりという対応は難しく、事前審査としての書類審査だけを行うのが精一杯だった。実際の法適合性管理は建築確認中心の書類審査で行われ、上述の述懐では「現場へ行くと違反だらけで、手の施しようがないという無力感からそれがどんどん崩れていって、当初の陣容が理想としておった体系とは全然違った現実の行政になっちゃった」という結果を招き、完了検査率は低いまま推移していった。その結果、昭和40年代には、完了検査率（当該年度の確認件数に対する検査済み証の交付件数の割合）は25％を割り込み、20％を切る年も出るようになってしまった。

高度経済成長は、1970年代の二度の石油ショックを経て巡航モードに入るが、1980年代に入ると貿易摩擦が激化し、その結果、土地を中心としたバブルが発生しその結末として1991（平成3）年にはバブル経済が破たんし、そこから我が国はデフレ経済の長いトンネルに入ることになった。1990年代は、引き続く貿易摩擦、災害、さらには国のあり方を巡る構造改革の議論の中で、建築基準法でも法適合性管理の基本オペレーティングシステムが議論され、改正が行われる時代となった。検査の充実が法適合性管理の課題として顕在化するのは、高度経済成長がバブル経済の崩壊とともに消え去った平成の時代に入ってからで、具体的には阪神淡路大震災が発生した後である。高度経済成長期以降の建築行政の検査率向上の努力がある程度実ったものの、この前後では全国の完了検査率は4割程度でしかなかった。

3 1 阪神淡路大震災と検査の強化

バブル経済崩壊のさなか、6,000名超という当時戦後最大の死者を出し大都市の市街地が壊滅的に被災した阪神・淡路大震災（1995（平成7）年）が発生した。建築物被害実態から検査の強化が叫ばれることになった。被害実態の内容では当時検査が義務付けられていた住宅金融公庫融資住宅と通常の住宅の間では被災度に大きな違いがみられたほか、1981（昭和56）年以降の新耐震基準適合建築物でも施工不良が原因とみられる被災が相当数存在し改めて現場での検査の重要性が指摘された。だが、現実の完了検査率が4割程度では、中間検査の実施までを建築主事など特定行政庁の吏員に強いることは非常に難しい。これに対して、1980年代英国のいわゆるサッチャー革命を参考に確認検査業務の民間開放が模索されることになった。建築行政のうち違反は正や許認可といった裁量性のある業務を特定行政庁が司り、日常的な建築生産活動の法適合性管理はもっぱら建築主事という異なる行政機関により裁量性のない羈束（きそく）行為として実施されているという構成に着目し、特定行政庁には一層の違反建築物対策や許認可等の充実を求めるとともに、一般的な建築確認検査については建築士資格を前提に建築主事の資格要件として建築基準適合判定資格者が制定され、同資格者を置く組織が確認・検査業務を行うことを可能とする指定確認検査機関制度の導入（確認・検査の民間開放）が行われた。これにより、中間検査の導入等検査の強化を可能とする建築基準法の大改正（1998（平成10）年改正、指定確認検査機関制度は1999（平成11）年施行）が行われた。

3 2 性能規定の導入

このときの大改正のもう一つの大きな柱が性能

規定の導入（2000（平成12）年施行）であり、これも法適合性管理における基準の考え方の大転換として大きな意味を持っている。性能規定導入の背景には日米貿易摩擦に代表される通商問題があり、1980年代末には日米加の林産物協議を踏まえて建築基準法の防耐火基準の見直しなどが行われた。当時は自由貿易を標榜するGATT体制がWTO体制に移行する途中であり各国が独自に行っている規制などでの非関税障壁の撤廃も大きな議論となっていた。

法令の適合の原則は、対象条文を特定し、当該条文と設計図書等で示された内容あるいは実際の建築物との比較とで判断される。法令上は、比較のしやすい仕様的な記述をした規定の方が扱いやすい。しかし、規定の本質が規制である以上、規制の目的、要求内容が特定の仕様に置き換えられているという点が規制の合理性に欠け、資機材の流通などの自由貿易を阻害するという考えのもと、性能規定では、基準の記述方法については性能要求を示す性能規定とし、検証方法やみなし適合仕様の組み合わせで表現するように変更された。試験、モデル化、数値分析などの判断方法の多様化が行われるとともに型式認定や構造方法の認定など大臣認定による性能認定の道筋が多様化した、また併せて指定性能評価機関制度が整えられた。

3　3　国と地方の役割分担の見直し

法適合性管理を考えるうえで、もう一つの構造的変革が1990年代に国を挙げて議論され、21世紀の扉を開いたことを忘れてはならない。それは地方分権一括法の制定（1999（平成11）年）である。1990年代における構造改革議論の一つが地方分権改革である。住民に身近な政策決定は、それにより影響を受ける市民、コミュニティにより近いレベルで行われるべきだという補完性の原理に基づき「地方政府でできることは地方政府で」と

の考え方で地方分権が推し進められた。これと並行して中央省庁の再編、公共事業の見直しなどが行われた。そのなかで旧来の機関委任事務は自治事務へと変更移管され建築行政の執行機関は特定行政庁であることが明確にされ国の関与は限定的なものに制限された。建築行政は地域の安全、環境を守るために地方行政が主体的に行うものとされた[2]。

3　4　構造計算書偽装事件

これらの構造改革が施行された後、法適合性管理状況の変化等を背景にして2005（平成17）年11月に発生した構造計算書偽装事件は、構造改革の是非を問う深刻な内容を含むものであった。事件の概要は、元請設計事務所から構造設計を請け負ったある建築士が建築基準関係規定を満たさない建築物を設計し、規定を満足していると見せかけるために構造計算書の偽装をしたというもので、偽装した構造計算書は、確認申請書を作成する元請設計事務所でチェックされることもなく申請され、建築確認の審査の過程でも29の特定行政庁の建築主事と6の指定確認検査機関で不正を見抜けないまま建築確認が下ろされた。事件が発覚し、全国の特定行政庁を通じて調査が行われた結果、2006（平成18）年3月時点で事件の発端となった当該建築士によるもの98件を含め偽装の件数は106件、構造計算書の誤りとされたものが4件の合計110件が報告された[3]。このうち工事中・未着工のもの、精査中のものなどを除く88件のうち、建築基準法が定める構造安全性の最低基準を満たさないものが75件という結果がまとめられた。偽装は各地で拡大の様相を見せたため、国民の不安が広がり、検証調査も関係書類が保存されていないことで長期化するなど、国民が建築物の安全性を確保する「最後の砦」として建築確認制度に持っていた強い期待感に対して実際の運用がその期待に応えられていない実態が明ら

かになった。

構造に関する基準は、大別すると構造部材の品質や接合部などに関する仕様的な規定と構造計算方法を中心とする性能規定的な規定からなり、このうち構造計算方法は建築物の構造安全性を検証する方法として構造設計上重要な位置を占めている。構造計算方法については1981（昭和56）年にそれまでの許容応力度計算に加え、さらに強度の地震に対する二次設計として保有水平耐力計算、層間変形角、剛性率・偏心率の検証といった建物の変形状況の解析を求めるという工学的に高度な内容を含む新耐震基準が導入された。

ところが並行して1980年代からパソコンやコンピュータープログラムと言ったハード、ソフトの解析機材が長足の進歩を見せた。これにより工学的に高度な処理についても比較的簡易で短時間に行うことが可能となった。だが、このような数値の入力と結果の出力だけがすべてで計算式や計算過程が可視化されていない作業については構造設計を専門とする者以外では理解が難しく、設計業務での専門分化と相まってブラックボックス的な作業となっていった。こうした変化を背景に構造計算書を偽装して、脆弱な建築物を出現させたのが本件事案であった。審査現場で偽装を見破れなかった原因としては、新耐震基準に対応した審査側の能力の向上が遅れ、その結果、大臣認定という形で構造計算プログラムに対する信頼性を保証する仕組みに対して過度の依存があったこと、民間確認検査機関が営利企業であることから「建築主に好まれる低料金で早く」という経済原理を強く追求する傾向をもちやややもすると安易で形式的な審査に流れたことにより偽装者に付け入るスキを与えたこと、などがあげられた。また事件の後処理をめぐっては消費者保護の問題がクローズアップされたほか、専門分化した建築設計のあり方、特定行政庁の責任のあり方などについても論議を呼んだ。結果として、これまでの改革の方向

性は是認したうえで構造計算適合性判定の導入、中間検査の強化、特定行政庁に対する指定確認検査機関への立入検査権限の付与、建築士の資格要件の厳格化や継続教育の義務付け、構造設計一級建築士、設備設計一級建築士制度の創設、住宅瑕疵担保履行法の制定などこれまでの改革を補完する改正が行われた。なお、改正後の新制度の施行時に確認検査業務の停滞を招いたことで法適合性管理のもつバランスの重要性に改めて光が当てられ、その後随時改善が行われてきている。

4　行政執行から見た法制度の現在

法適合性管理に関する改革において最も特筆すべきは検査率の向上と検査済証の重要性の向上であろう。現在の完了検査率については、詳細な資料が公表されていないが確認件数と完了検査件数との単純比較では確認件数の9割以上が完了検査に至っていることになる。なお、中間検査があった場合は、行わないと完了検査に至らないので、当然、中間検査の実施率も高いものと思われる。建築基準法制定時の担当者たちが思い描いていた、建築確認は事前審査であって本当の審査は現場での検査によって行われるべきで着工での確認済み証より竣工での完了検査済み証の方が重要だとの思いはようやく実現に至っている。

そのほかの法制度の現在について、いくつか特徴的な事態が観察されることを指摘したい。

4　1　特定行政庁の建築行政と民間確認検査機関業務とのバランス状況

確認検査業務は、2016（平成28）年度末で全国451の特定行政庁に置かれた建築主事と国土交通大臣及び都道府県知事の合計131の指定確認検査機関で担われているが、後者を通じた確認検査が増加し、現在では8割以上を占めている一方で特定行政庁傘下の建築主事確認検査が激減してい

る。極端なアンバランスが生ずることで、特に特定行政庁での建築主事資格者の確保が課題となっている。

　一方、民間の指定確認検査機関が処理した案件について不服審査請求と建築審査会・特定行政庁による確認等の取消し事案が散見されるようになってきている。これは、地域の状況と確認検査をめぐり一定の緊張的環境が生み出され運用についても適切な方向に誘導されていく機縁となる可能性がある。

　他方、このような紛争の場合、長時間を要する行政訴訟から、確認検査を取り消されてことで生じた損害賠償をめぐる民事訴訟へと移行しているとの指摘もある。基準の解釈をはじめ法制度に対する判断が判決で示されるという形ではなく和解を中心とした金銭的解決へと移ることで司法としての判断が判例としても残らないことになり、結果として、かつて市街地における日影紛争が法制度を変えたような司法から建築行政・法制度へのフィードバックが減少し問題の顕在化がなされず解決のための法改正が推進されないようになるのではないかという課題を指摘する声もある。

　また、民間の確認検査機関が業務を遂行する上でのリスク除去として基準については「確認が『羈束（きそく）行為』であり、民間が行ったとしても行政と同じ判断が下されることを前提として……裁量の余地のある規定の適否の判断のブレを最小限とするため」解釈の幅を狭める方向の圧力を生み基準の詳細化・複雑化を進める原因の一つとなっているとも指摘されている[4]。

4-2　建築ストックへの対応

　高度経済成長時に書類審査だけでの確認という軽審査で旺盛な建築需要に応える膨大な建築ストックの創出を可能ならしめた建築行政ではあるが、皮肉なことにその反動を建築ストックの抱える不確実性という形で受け、改修・用途変更をめ

ぐる建築ストックの課題が顕在化している。建築確認を受けて建築されていたとしても完了検査済み証がない、設計図書が保管されていない、設計図書があってもそのとおりに建築されていない、その後の改修や増改築などの履歴情報が欠落している、といった建築ストックに関する情報の欠落が改修や用途変更による有効活用や不動産としての流通を妨げている。これについては耐震改修促進法の制定や建築基準法での改修計画認定制度の導入などで改善が行われているものの法適合性管理との合理的な折り合いはまだ十分にはついていないように思われる。

　既存建築物の改変については、用途変更、増改築、大規模な修繕模様替えが建築確認検査対象となっているが、用途変更、増改築での基準の遡及適用が建築物の履歴情報の欠落に起因して困難となっている一方でリフォーム、修理修繕などについては対象部位が全体の二分の一を超えて確認対象に至るというケースはまれで小刻みに変更を加えていけば、確認検査を経ることなく、建築物の大規模な更新が可能となっている。新築等で建築行政の法適合性管理の手続きを経る場合は、手続きが充実することで検査済み証の発行が不動産取引の安定性に寄与している実態に鑑みると、現状のようなストック改変への対応方法が適切であるかどうかは建築行政の在り方として議論の余地があるところである。

　また、ストックについては常時建築物が維持保全によって適法な状態に置かれていることが必要であり、定期調査・検査報告制度がそのためには重要な役割を担っている。一方、その報告率（図2）を見ると昇降機については長らく90％を超す報告率となっている以外は、特殊建築物等や昇降機を除く建築設備では40〜60％台の低位で推移してきた。

　最近、ようやく全体では70％を超えるようにはなってきているものの対象建築物の用途等に

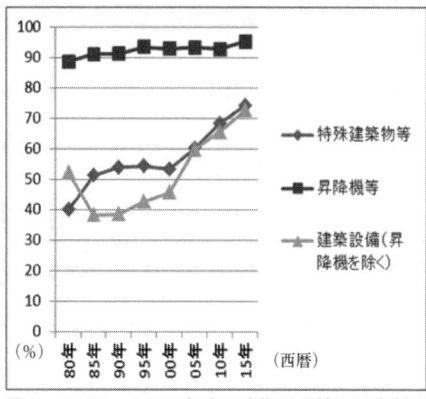

図2 1980〜2015年度の定期調査検査報告制度
の報告率の推移
出典：国土交通省建築指導課

よって相当偏りがあり建築基準法のザル法時代を引きずっているようなところがある。今後は法第8条の維持保全計画の運用などと関連して、建築ストックが不動産として健全な形で運用されるための法適合性管理の方法論の発展が望まれるところである。

4 3 人材確保

　構造設計、設備設計を含む建築の設計、工事監理、確認・検査、といった建築生産に関する主要過程は、建築士とそれから派生した各資格者が関与することで適法性が保たれる建付けになっていて建築士を中心とした制度構築が進んでいる。これが、日進月歩する実際の建築生産の主要過程、すなわち受発注のプロセス、設計・監理、施工等とどれほど合致しているかは議論の分かれるところではあるが、法適合性管理の改革が進むことにより建築士資格者が建築生産において少なくとも建築の「あり様」を規定するうえでは欠かせない基本的な資格となってきている。これに伴い人材育成、人材確保の重要性が増している。

　一級建築士の資格を付与できる教育課程を有する学科は多く、その卒業生は年間1万人を超える

と言われている。工業高校等の卒業資格から参入できる二級建築士資格取得者からの取得も合わせると相当な受験者が目指している。一方、建築士、特に一級建築士の資格試験が厳格化され、合格率が落ち10％を切っている。粗製乱造ではもちろんよくないが、合格するためには、別途受験勉強のための教育が必要とされていると巷間言われ、さらに若い建築士が不足し建築士全体が高齢化していることを鑑みると建築教育と資格試験のための実務要件のあり方、資格試験の内容、実務能力の維持向上策等との連携が必要であり、働き方の面からもニーズに応じた適切な建築士の確保が図られることで生産性の向上が総合的に考えられる必要がある。長期的な視点に立って、建築ストック全体の健全性の確保と建築士といった専門資格者とのバランスが良好な関係を維持できるように産業政策的視点に立ち教育・研修から契約・報酬等の業務のあり方にまで目を配ることが求められる。

　また、建築士制度が建築基準法での法適合性管理において重要な役割を担っていることから、忘れてはならないのが工事監理の重要性である。これは法制定時の制度設計者が理想としていた現場主義の根幹をなすもので、検査と工事監理は対をなしている。立法当時の担当者は、後年次のように書き残している。「工事監理は、建築士法制定によって出来た新しい概念である。書類審査より現場検査に重点を置いて組み立てられた建築基準法の執行上も極めて重要な役割を占める。両法が成立したときに内藤亮一建築指導課長から課題が出された。この新しい業務の基準を作ることである。現場を碌に知らない連中に、しかも当時軽視され参考書も数少ない施工（施工は大学の最終学年で週一時間であった。）についてそのチェック基準はと逡巡すると、『原案だから難しく考えなくてよい。大体、新しい概念だから白紙で臨め。対象は絞って、数多い木造の、それも公庫融資住

宅位のものを種にシステムとして検討せよ』と指示された。基法の制度、公庫融資制度といった執行側のチェックではなく、建築主の立場に立った基準という視点から、このときの課長の言は今でも頭にこびりついている。(中略) 両法の施行の直接の業務に追いまくられて、この作業が立ち消えになってしまったことをいまさらながら残念に思う。」[6] その後、前述のように工事監理と対となる検査が機能しない激動の時代を迎えたため、工事監理の重要さは忘却されていた感があるが、ようやく検査の充実がなされたことを契機に最後に残されたミッシングリンクとして浮かび上がっている。

もとより、建築教育では「あり様」すなわち、どんなものを作るのかという設計には熱心でも、「やり様」すなわち、どんなふうにして作るのかという点については熱心でないのが伝統というか長年の慣習である。この部分にメスを入れないと製造物としての建築物が長期にわたって安定的に維持管理されストックとして利活用することに大きな妨げがいつまでも生ずることになるのではと危惧する次第である。

5 まとめ

冒頭に述べたように、行政法においては、行うべき手続きやあるべき状態について法規範を提示すると同時に届出の受理、申請内容の登録や開示、許認可等の通知、審査検査の実施等様々な行政手続きによって法規範が守られているかどうかをチェックする。行政法は、紛争や事故等の事前予防を図るという目的上、行政機関や資格者・免許事業者などの関係者が能動的に手続きを行うことで機能する仕組みを持っていなければならない。このような法規範が守られているかどうかを検証する過程を法適合性管理と呼び、そのパフォーマンスを常時検証することは法を制定運用

するにあたって最も重要な課題の一つである。

建築基準法は、国民生活の場として国民の福祉に重要な影響を持つ建築物について司り、建築行政の主軸をなす法律である。建築物は住宅から事務所、店舗、工場と多様で国民生活と幅広くかつ密接にかかわっており、建築基準法は成立から今日に至るまで、我が国社会経済の発展、技術の進展、政治の流れに敏感に対応してきている。行政法の中でも頻繁に改正が行われている法律であり、それだけ国民生活に身近な法律である。その運用の状況を法適合性管理というオペレーティングシステムの変遷を軸に概観したのが本節である。

あえてまとめるとすると建築行政は、戦後制定された日本国憲法を踏まえ建築基準法と建築士法を車の両輪として運用されてきたが、立法直後からの高度経済成長や急激な都市化の荒波にもまれてなんとか社会ニーズに対応してきたのが1970年代までであろう。その後、経済的に成熟し都市の時代を迎えることで国際的視野も広がる一方、大都市での地震災害にも見舞われたことなどを背景に法適合性管理の観点から法制度としての充実が議論されるようになったのが80、90年代、そして21世紀になって建築ストックにまで視野を広げて車の両輪の改善を進めているのが現在までの状況といえるであろうか。今後とも工事監理や検査を中心とした建築生産と建築士制度との関連、特定行政庁と指定確認検査機関制度との間の均衡ある運用の実現など状況の変化に応じた対応が求められている。

なお、建築基準法においては特殊材料や新技術については各種の大臣認定制度を中心とした法適合性管理が行われている。これは、技術の進展に柔軟に即応することための例外的措置という位置づけとして出発したものである。しかしながら、この分野については超高層建築物を代表として様々な分野の建築物において適用されるように

なってきており、制度面でも進展が著しい。法適合性管理の面では量的にも建築行政の中で一定の役割をはたすようになって来ている。その制度的変遷と運用の実態、建築生産における意味などについては、紙数の関係上本節で触れることが少なかったが今後の課題とさせていただきたい。

　最後に、本節をまとめるにあたり、お忙しい中にもかかわらず資料提供等のご協力をいただいた国土交通省住宅局建築指導課の皆様と建築基準法における法適合性管理に関して長年議論をともにさせていただき数々のご示唆をいただいた日本建築学会法制委員会の皆様に感謝申し上げます。

4-8 新技術と建築基準

本節では、1950（昭和25）年の建築基準法の制定以降、同法第2章のいわゆる単体規定の技術基準及び関連する制度規定において、新技術（新たに開発された技術、既往の技術基準では想定されていない技術等）がどのように扱われ、それが新技術の実現にどのような影響を与えてきたかについて記述する。

まず、第1項では、制度関係の規定を中心に、建築基準法の新技術に関連する規定とその運用について、法制定から現在までの沿革や海外と比較した場合の特徴等を述べるとともに、構造関係規定を中心に、どのような新技術が、どのように実現してきたかの経緯を、関連する技術基準と制度規定とを関係付けながら、具体例を交えて解説することとする。続く第2項では、防火関係規定について、同様の解説を行う。

| 1 | 新技術と建築基準
（総論・構造基準） |

1 1 建築基準法の制定と法第38条

(1) 建築基準法の技術基準の特徴と法第38条

建築基準法（以下、本節の条文の記載等においては単に「法」という。）制定までの経緯と、制定時の基準・制度の概要や特徴については、本書の「3-2 建築基準法の検討と制定」において解説されている。市街地建築物法に基づく技術基準と比較して、構造関係規定については、「明確化、詳細化」がなされ、防火避難関係規定については「強化」がなされたが、いずれについても、規定をできるだけ具体的、定量的に定めるような配慮がなされている。この理由としては、国民に対す

る制限としてできるだけそのようにすべきこと、及び、裁量を排除した確認制度が採用されたため建築主事の客観的審査が可能となるようにすべきことがあったと考えられる[1]。

この際に、市街地建築物法令には存在しなかった「特殊の材料又は構法」という規定が、法第38条として定められた。条文は、以下のとおりである。

> 法第38条　この章の規定又はこれに基く命令若しくは条例の規定は、その予想しない特殊の建築材料又は構造方法を用いる建築物については、建設大臣がその建築材料又は構造方法がこれらの規定によるものと同等以上の効力があると認める場合においては、適用しない。

この規定が新たに設けられた理由は、上述のようにできるだけ具体的、定量的に定められた基準が、技術の進展に伴い陳腐化することを懸念し、その弊害を防ぐための対策が必要との認識があったためであろう。

前述の「建築基準法の検討と制定」にも掲げられているが、建築基準法制定時の「建築基準法解説」[2]には、法第38条について、「建築物の材料や構造上又はその他の構法であって新しい考案発明等にかかるものであり、この法令の規定に抵触するようなものについては、建設大臣がそれを理論的又は実験的に検討した結果第2章の規定によるものと同程度の効果があると認める場合は、差支がないということになる。これらの効力の検討には、然るべき委員会の組織なり研究機関といったものを充分活用していくこととなるであろう」

と解説されている。建築基準法制定時の国会審議においても、政府委員は、「新しい考案の材料、構造方法というようなものが将来出て来ました場合に、この法令にそのまま当てはまらぬ場合があることが予想されますので、これについては特別の取扱いをするということを規定いたしました」と述べ[3]、また、証人として出席した前川國男氏は、「建築の最低基準というようなものを定めておりますところのこの基準法が予測し得なかったところの新しい構造技術なり、或いは材料なりというようなものの使用の可能性の道を拓いておるというような点において、非常に私共設計者の立場から、これを進歩的な法案と考えまして、全面的にこの点賛成の意を表する次第でございます」と発言している[4]。

なお、建築主事制度及び確認制度について、アメリカのUBC（ユニフォーム・ビルディング・コード）を原型としたとの説については、大橋雄二氏らが否定的見解を示しているが、同氏は、法第38条については、類似した規定がUBCの第105条に存在することを指摘している[1]。ただし、認定の主体が、日本では大臣であるのに対し、UBCでは裁量権を有するBuilding Officialである点が異なっている。

(2) 初期の法第38条の運用

法第38条に基づく大臣認定については、特に手続きの規定は定められておらず、いわば行政当局によって様々な手段により適用することが可能な状況だったが、当初は、大臣告示、あるいは個別建物に限定しない一般的に使用しうる認定とそれを周知する通達によって、いわば一般基準の形で適用される例が多かった。法第38条に基づく主要告示と、一般基準に係る通達の例を次の**表1、表2**に示す。

また、法制定時から1965（昭和40）年の「200号通達」（p430）までの間は、基準に抵触する規定があれば法第38条に基づく認定を要し、抵触する規定がなければ、日本建築学会の規準類等、他の適切な技術的根拠によって、法令の規定（構造関係でいえば法第20条）が求める性能を有するものとなるよう、設計及び建築確認審査を行うという運用がなされていた[5][6]。従って、法令の改正はなされていないが、この通達の前後により、法第38条の法的な位置付け、効果というものが、相当程度変化したと捉えるべきであろう。

(3) 法第38条以外の新技術への対応

建築基準法の単体規定には、法第38条のほかにも、新たな、あるいは法令の基準では想定されていない材料、工法等の使用を可能とする法令の運用がなされたり、それに配慮した規定が設けられたりしていた。それらには、法制定時から存在するものもあるが、その後の改正により追加されたものも多い。

その類型の一つに、各規定に設けられた「ただし書き」がある。ただし書きは、法令の規定によらなくても安全上支障ないと考えられる場合等に、対象とする規定を適用除外とするために設けられる。単なる規定の緩和のために定められている場合もあるが、新たな技術等への適用を念頭にそのための条件が定められている場合も少なくない。また、ただし書きの形を取っていないが、同等の効力を有するものを対象とする例外規定が設けられている場合がある。これらの規定の運用の仕方としては、法第38条のように大臣あるいは特定行政庁の認定を要するとしたもののほか、判断の根拠として計算法や試験法を提示したものや、とくにそうした基準を示さず単に「同等以上」等としたものがある。法制定時におけるこれらの具体的な例について、運用の仕方の類型別に整理したものを次の**表3**に、鉄筋コンクリート造の構造方法関係規定を例に、法制定以降にそうした対応として行われた基準改正等を時系列でまと

表 1　旧法第38条に基づく[*1]主要告示

公布年・番号[*2]	表題・対象物	適用除外規定
昭26建告第992号	日本標準規格等に適合する炭素鋼軌条を再圧延して製造した棒鋼を鉄筋として使用する場合の許容応力度	令第90条第1項
昭28建告第1084号	ピアノ線の引張り力によりコンクリートにプレストレスを与えて造るはり及び床版に使用するピアノ線及びコンクリートの許容応力度	令第90条第1項、第91条
昭28建告第1467号	異形丸鋼並びに異形丸鋼を使用する部分におけるコンクリート及び構造	令第73条、第90条第1項、第91条
昭30建告第1514号	難燃性の合成樹脂による建築材料を屋根の天窓の部分に用いる場合においてその部分については不燃材料と同等以上の効力があるものと認める件	法第22条
昭35建告第221号	日本工業規格G3101（一般構造用圧縮延鋼材）に想定するSS49又はこれと同等以上の品質を有する鉄材等の許容応力度	令第90条、第92条
昭35建告第222号	高張力ボルト摩擦接合及びその場合におけるボルト	令第67条、第90条第1項
昭35建告第223号[*3]	プレストレストコンクリート造の柱、はり、屋根版、床版、筋かい及び耐力壁	令第82条第二号・第三号、第90条第1項、第91条
昭36建告第277号	難燃性のガラス繊維強化ポリエステル板又は網入り硬質塩化ビニル板で造り、又はふいた屋根	法第22条第1項、第25条
昭39建告第1986号	建築基準法施行令第1条第六号に規定する難燃材料である強化ポリエステル板又は網入硬質塩化ビニル板で造り、又はふいた屋根で次の第1又は第2に掲げるもの	法第22条第1項、第25条
昭44建告第3224号	階段室型共同住宅の階段の部分に通ずる出入口に設ける甲種防火戸の構造の効力があると認める件	令第112条第14項第一号・第二号
昭45建告第101号	防火性能を有する強化ポリエステル板等に関する件	法第22条第1項本文、第25条
昭45建告第1308号	日本工業規格に規定するSS41等又はこれらと同等以上の品質を有する鋼材の許容応力度の数値等に関する件	令第90条、第92条
昭45建告第1309号	高力ボルト等を用いた摩擦接合等に関する件	令第67条第1項、第68条第3項、第90条第1項
昭46建告第617号	エレベーター昇降路の戸	令第110条第4項
昭46建告第2055号	JISG3112に規定するSR30、SD30、SD35、SD40及びSDC40並びにJISG3117に規定するSRR40並びにJISG3551に規定する溶接金網又はこれと同等以上の品質を有する鉄材の許容応力度	令第90条
昭46建告第2056号	鉄筋コンクリート造の柱の構造が、建築基準法施行令に規定する構造と同等以上の効力があると認める件	令第77条第二号
昭47建告第30号	排煙設備について建築基準法施行令の規定によるものと同等以上の効力があると認める件	令第126条の3第四号・第五号・第六号・第十一号
昭47建告第31号	排煙機を設けた建築物の部分と同等以上の効力があると認める件	令第126条の3第一号・第九号
昭47建告第32号	排煙口の壁における位置に関する規定によるものと同等以上の効力があると認める件	令第126条の3第三号
昭47建告第33号	排煙設備を設けた建築物又は建築物の部分と同等以上の効力があると認める件	令第126条の3
昭47建告第34号	非常用の照明装置を設けた居室等と同等以上の効力があると認める件	令第126条の5
昭47建告第75号	集成材の許容応力度が、建築基準法施行令の規定によるものと同等以上の効力があるものと認める件	令第89条第1項・第4項
昭47建告第163号	階数が2以上は延べ面積が50m²をこえる木造の建築物において、建築基準法施行令の規定によって配置する壁を設け又は筋かいを入れた軸組がこの告示の規定に適合する場合は、同令の規定と同等以上の効力があると認める件	令第46条第3項
昭49建告第1019号	地階を除く階数が2以下の建築物の構造耐力上主要な部分に用いる枠組壁工法	令第41条〜第47条、第49条
昭49建告第1580号	階段室型共同住宅の階段部分に面する小開口部に設ける防火戸の構造基準	令第112条第14項第四号
昭52建告第1017号	地階を除く階数が2以下の建築物の構造耐力上主要な部分に用いる枠組壁工法	令第41条〜第47条、第49条
昭56建告第1111号	エレベーターの昇降路の戸等	令第110条第4項、第112条第14項
昭61建告第859号	丸太組構法における材料・土台・耐力壁等	令第41条〜第43条、第45条〜第47条、第49条
平6建告第1059号	建築基準法第21条第2項及び第27条第2項第一号の規定による建築物と同等以上の効力があると認める件（防火壁により区画された建築物）	法第21条第2項、第27条第2項第一号

*1：法第67条の2も根拠規定としている（集団規定も除外対象としている）ものもあるが、それについての記載は省略している。
*2：以下、次の例による略称を用いる「昭和○年」→「昭○」、「平成○年」→「平○」、「建設省告示」→「建告」、「国土交通省告示」→「国交告」
*3：令第81条ただし書きも根拠規定としている。

表2　旧法第38条に基づく一般基準に係る通達の例

年・番号	表題・対象	適用除外規定
昭46住指発第309号	ニューマチック構造の仮設建築物の取扱いについて	法第20条、第35条、第36条
昭57東住指発第316−3号	主要構造部である柱及びはりを構造用集成材で造った建築物	法第21条第1項、令第3章第3節（第49条を除く）
昭62東住指発第362号−3	特定膜構造建築物	法第22条、第25条〜第27条、令第3章〜第5章の2
昭62住指発第393号	中小規模膜構造建築物	法第22条、第25条〜第27条、令第3章〜第5章の2
平4建設省住指発第104号	木造3階建共同住宅等の技術基準	法第23条、第24条、第25条、第27条、令第70条、第112条、第114条、第119条〜第121条の2、第125条第1項、第126条の2、第128条の4、第129条、条例
平4建設省住指発第105号	簡易耐火建築物と同等の防火性能を有する木造建築物等の技術基準	法第23条、第24条、第25条、第26条、第27条第2項、令第70条、第112条〜第114条、第120条〜第121条の2、第125条第1項、第126条の2、第128条の4、第129条、条例
平4年建設省住指発第106号	高さ制限の見直しに係る木造建築物の技術基準	法第21条第1項、令第70条
平9建設省住指発第87号	「畜舎設計基準」に基づく設計による木造又は鉄骨造の畜舎建築物	法第25条、第26条、令第46条、第3章第8節、第114条第3項

表3　建築基準法制定時のただし書き等の例

分類	規定	規定の内容	ただし書き等の条件
大臣が認める	令第81条	構造計算の適用	建設大臣がこの節に規定する構造計算と同等以上の正確さがあると認める構造計算による場合
	令第107条第七号	耐火構造の耐火性能	建設大臣が国家消防庁長官の意見を聞いて、各号の規定によるものと同等以上の耐火性能を有すると認めて指定するもの
	令第108条第七号	防火構造の防火性能	建設大臣が国家消防庁長官の意見を聞いて、各号の規定によるものと同等以上の防火性能を有すると認めて指定するもの
	令第110条第1項第五号、第2項第七号	防火戸の構造	建設大臣が国家消防庁長官の意見を聞いて、各号の規定によるものと同等以上の防火性能を有すると認めて指定するもの
特定行政庁が認める	令第31条	改良便槽の構造	特殊な構造によるもので、特定行政庁が同等以上に衛生上の効果があると認めるもの
	令第32条	水洗便所の汚物処理槽の構造	特殊な構造によるもので、特定行政庁が同等以上に衛生上の効果があると認めるもの
	令第48条	小中学校の木造の校舎	特殊な構造方法による校舎又は教室その他の室の規模が小さい校舎で、特定行政庁が、所定の規格又は各号の規定による場合と同等以上の耐力を有すると認めるもの
計算・試験による	法第21条第2項	大規模な建築物の構造制限	特別の補強をし、構造計算によって安全であることを確かめた場合
	令第51条	組積造の構造方法の適用範囲	鉄筋又は鉄骨によって補強された部分で、構造計算又は実験によって同等以上の耐力を有することが確かめられたもの
	令第74条第2項	コンクリートの水セメント比	JIS A1108による強度試験によって定める場合
「同等以上」等	法第23条	法第22条区域内の木造の延焼のおそれのある部分の外壁の構造	延焼防止について土塗壁と同等以上の効力を有する構造
	令第37条	木材の防腐措置	防腐塗料の塗布と同等以上の効果を有する防腐のための措置
	令第39条第2項	屋根瓦の下地への緊結方法	所定の間隔の銅線等による緊結と同等の効力を有する方法
	令第43条第4項	階数2以上の木造建築物のすみ柱等の構造	接合部を通し柱と同等以上の耐力を有するように補強した場合
	令第45条、第46条第5項	筋かいの構造	所定の断面の木材又は鉄筋と同等の強度を有するその他の鉄材
	令第52条第3項	組積造のモルタルの調合	所定の調合によるものと同等以上の強度を有するもの
	令第66条	鉄骨造の柱の脚部の緊結	特別な構造によって基礎に緊結する場合又は滑節構造である場合

めたものを**表4**に、それぞれ示す。

　構造関係規定については、1964（昭和39）年の改正により、建築基準法施行令（以下、本節の条文の記載等においては単に「令」という。）第3章第7節の2（構造方法に関する補則）が新設され、第80条の2が設けられた。条文は、以下のとおりである。

> 令第80条の2　前6節に定めるものの外、建設大臣が、次の各号に掲げる建築物又は建築物の構造部分の構造方法に関し、安全上必要な技術的基準を定めた場合においては、それらの建築物又は建築物の構造部分は、その技術的基準に従った構造としなければならない。
> 一　木造、組積造、補強コンクリートブロック造、鉄骨造、鉄筋コンクリート造又は無筋コンクリート造の建築物又は建築物の構造部分で、特殊の構造方法によるもの
> 二　木造、組積造、補強コンクリートブロック造、鉄骨造、鉄筋コンクリート造及び無筋コンクリート造以外の建築物又は建築物の構造部分

　第一号は、木造等令第3章にすでに基準が設けられている構造方法に該当するもので特殊のもの、第二号は、それら以外の特殊な構造方法について、大臣が構造方法基準を定めた場合には、それに従うことを要求するものである。この規定に基づき制定された主な告示を**表5**に示す。これによって、閣議決定等の手続きを要する施行令の改正によらず、大臣告示によって、新技術等を含む構造方法基準の追加・改正を行うことが可能となった。なお、構造計算の規定に関しては、法制定当初から、令第81条に「建設大臣がこの節に規定する構造計算と同等以上の正確さがあると認める構造計算による場合においては、この限りでない」とのただし書きが規定されており、特殊な構

表4　鉄筋コンクリート造構造方法関係の採用しうる選択肢の多様化の改正（2000（平成12）年まで）

改正年	規定の区分	改正内容
1951（昭和26）	構造材料品質（鉄筋）	・再生棒鋼の許容応力度の告示（法第38条に基づく特例）を規定
1953（昭和28）	構造材料品質（鉄筋）	・異形鉄筋の許容応力度の告示（法第38条に基づく特例）を規定
1959（昭和34）	構造材料品質（コンクリート）	・軽量骨材を用いた場合の規定を追加
	鉄筋の継手・定着	・異形鉄筋・軽量骨材を用いた場合の規定を追加
		・実験・構造計算による安全確認による適用除外規定を追加
	工事施工（型枠・支柱の除去）	・強度試験による構造耐力上の支障防止確認による適用除外規定を追加
1971（昭和46）	構造材料品質（コンクリート）	・強度試験の方法にJIS A1107（コアの強度試験方法）を追加
1981（昭和56）	鉄筋の継手・定着	・フック設置の規定に、実験・構造計算による安全確認による適用除外規定を追加
	構造部材（柱）	・主筋の本数・帯筋との緊結の規定を除くすべての規定に、構造計算・実験による安全確認による適用除外規定を追加
	構造部材（はり）	・プレキャストコンクリート造のはりの接合部について、構造計算・実験による安全確認による適用除外規定を追加
	工事施工（コンクリート打込み）	・特別な措置による適用除外規定を追加

造計算方法について、政令改正を行わず、告示により追加することが可能となっている。

　この改正については、1964（昭和39）年に「特殊な建築材料、構造方法の取扱いについて」という通達（住指発第45号）において「現在、これらの構造基準については慎重検討中であるが、成果を得次第逐次告示する予定である」との方針が示されているが、法第38条の規定の対象となる特殊な構造方法・建築材料を用いるものであれば、同条に基づく大臣認定として、構造方法基準と同様の内容の告示を出すことは可能であったし、本改正以降もそれは同様であった（実際に、現在は令第80条の2に基づいて規定されている枠組壁

表5 令第80条の2に基づく主要告示（各告示制定時）

号	公布年月・番号	構造方法
第一号	昭57建告第56号	枠組壁工法（法第38条に基づく告示から根拠規定を変更）
	昭58建告第1319号	壁式鉄筋コンクリート造
	昭62建告第1598号	壁式ラーメン鉄筋コンクリート（HFW）造
	平13国交告第1641号	薄板軽量形鋼造
	平14国交告第326号	デッキプレート版を用いる床版又は屋根版
	平14国交告第411号	丸太組構法（法第38条に基づく告示から根拠規定を変更）
	平14国交告第463号	システムトラス（鋼材を用いるもの）
	平14国交告第464号	コンクリート充填鋼管（CFT）造
	平14国交告第474号	特定畜舎等建築物
	平15国交告第463号	鉄筋コンクリート組積（RM）造
	平19国交告第599号	軽量気泡コンクリートパネル（ALC）を用いる床版又は屋根版
	平28国交告第611号	CLTパネル工法
第二号	昭48建告第949号	プレストレストコンクリート造（法第38条に基づく告示から根拠規定を変更）
	平12建告第2009号	免震建築物
	平14国交告第410号	アルミニウム合金造
	平14国交告第463号	システムトラス（アルミニウム合金材を用いるもの）
	平14国交告第666号	膜構造の建築物
	平14国交告第667号	テント倉庫建築物

工法及び丸太組構法の構造方法の基準は、それぞれ1974（昭和49）年及び1986（昭和61）年に法第38条に基づく告示として制定されている）。結果的に、2000（平成12）年施行の改正により法第38条が廃止されるまでの間、令第80条の2に基づく大臣告示の件数は少数にとどまり、特殊な構造方法等については、主として、法第38条に基づく認定、あるいは同条に基づき制定された大臣告示への適合を要するものとして運用がなされることとなった。

1 2 「200号通達」／「特殊な建築材料、構造方法の取扱いについて」と新技術の普及促進

⑴ 「200号通達」による新たな運用の開始

1965（昭和40）年に、建設省住指発第200号「特殊な建築材料、構造方法の取扱いについて」が建設省住宅局より各特定行政庁に通知された。

本文を以下に示す。

昭和40年12月16日
建設省住宅局建築指導課長
全国特定行政庁建築主務部長宛

標記については、昭和39年3月28日付住指発第45号[7]によって通達したところであるが、別記のように、財団法人日本建築センターの諸審査機関が整備されたことにともない、特殊な建築材料、構造方法についての取扱いを下記のとおり定めたので今後はこれによって処理されたい。

記

1 次の各号に該当する建築材料又は構造方法については、建築基準法第38条の規定に基づく建設大臣の認定を受けるものとする。
　一 現行の規定に適合しない特殊な材料又は構造方法
　二 現行の規定によっては、性能もしくは安全性についての判断ができない特殊な材料又は構造方法、すなわちプラスチックス等の新材料、もしくはプラスチックスによる建築物等の特殊な構造方法で現行規定には性能、安全性等についての基準が定められていないもの、あるいは純鉄骨造で高さが31mを超える建築物もしくは高さが45mを超える高層建築物等現行の規定の予想する範疇を超えたもの。

2 前項に該当する特殊な建築材料又は構造方法については、できるだけ事前に財団法人日本建築センター諸審査機関の技術的審査を受けるよう指導すること。

3 建築基準法第38条の規定に基づく認定手続きについては、建築確認に関連した個別のものにあっては特定行政庁を経由して行なうことを原則とするが、その適用範囲又は使用範囲が一般にわたるものにあっては建設大臣あて直接申請されたものも受理することができることとする。

4 耐火構造、防火構造等及び不燃材料、準不燃

材料等についての指定又は認定についても、できるだけ財団法人日本建築センターの審査機関において事前に技術的審査を受けるよう指導すること。

5　指定、認定にあたっては、設計、製造、施工等の各項にわたって責任の所在、適用の範囲を明確化することとしたのでこの点を留意して指導すること。

なお、申請書類については従前の慣行に従って行なわれたい。

別記

財団法人日本建築センター審査機関

1．高層建築物構造審査会
2．建築構造審査会
　　コンクリート系委員会、金属系委員会、木質系委員会、基礎委員会
3．防火性能審査会
　　防火構造委員会、防火材料委員会
4．建築設備審査会
備考：基礎委員会、建築設備審査会は近く発足予定のもの

本通達は、法第38条に基づく認定について、その対象及び手続きについての新たな運用方針を通知したものであり、前述のとおり、従来の、「現行の規定に抵触するものを第38条認定の対象とする」という取扱いを転換し、「現行の規定によっては、性能もしくは安全性についての判断ができない特殊な材料及び構造方法（中略）で現行規定には性能、安全性等についての基準が定められていないもの」を認定の対象とすることとなった。

その例示としては、新材料としてはプラスチックス、特殊な構造方法としてはプラスチックスによる建築物とともに、「純鉄骨造で高さが31mを超える建築物もしくは高さが45mを超える高層建築物」があげられている。これは、1963（昭和38）年に、建築基準法の「31m以下」という絶対

高さ制限に代わり、容積率の制限の制度（容積地区制度）が導入されたことに伴い、超高層ビルの建設が盛んに行われるようになることを背景とした措置である。

(2)　日本建築センターの発足と法第38条認定の積極的活用

この通達の数か月前の同年8月に、「建築生産技術の開発とその普及交流を図り、もって建築生産の近代化を促進すること」を目的として、日本建築センターが設立された[8]。同センターには、当初、建築構造審査会、高層建築物構造審査会及び防火性能審査会が設置され、200号通達に基づく「技術的審査」業務が開始された。その後、委員会・部会の増設等審査体制の充実が順次図られた。1971（昭和46）年に、建設省に、法第38条に基づく認定等に関する住宅局長の諮問機関として「建築技術審査委員会」が設けられたのを契機に、同センターの関係委員会は、11の評定委員会による体制に充実・改組された。その当時の法第38条の認定手続きは、**図1**[9]に示すとおりである。

法第38条の構造関係の認定を対象技術等により分類し、代表的なものの内容、当時の認定実績等を以下に述べる。

① 高層建築物

前述のとおり、高さ31mを超える鉄骨造と、45mを超える鉄筋コンクリート造や鉄骨鉄筋コンクリート造等の構造の高層建築物が法第38条の認定対象となった。第1号は、1965（昭和40）年8月の地上16階、軒高66.7mの「富士銀行ビル」、高さ100mを超えるものの第1号は、1966（昭和41）年3月の地上36階、軒高147mの「三井霞が関ビル」であった。高層建築物の法第38条認定は、1981（昭和56）年の施行令改正による新耐震設計法の導入の際に、高さ60mを超える建築物を対象とする「令第81条の2に基づく認定」に移行するが、それまでの認定状況は**表6**[10]に

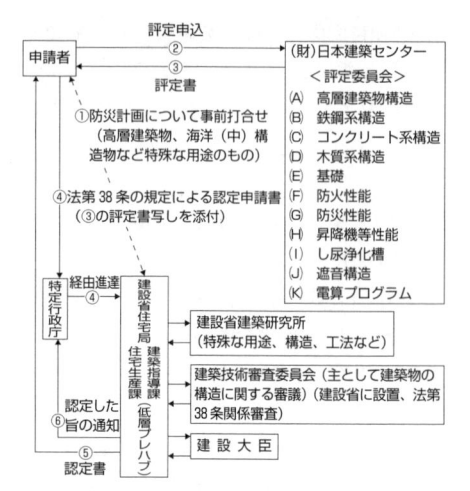

注1) 低層プレハブ住宅等の量産住宅は、一般認定の前に個別認定により4戸以上の建設を行う。
2) 低層プレハブ住宅等の一般設定は、特定行政庁を経由しなくてもよい。
3) 申請者は認定書を添付して、特定行政庁に確認申請をする。

図1　法第38条に基づく認定手続き

示すとおりである。

② プレハブ（工業化）住宅

当時は、1973（昭和48）年に開始された工業化住宅性能認定制度を利用したプレハブ住宅の開発と供給が盛んに行われていたが、建築基準法上の手続きとしては、多数のプレハブ住宅が、法第38条認定を取得して建設された。

1980（昭和55）年時点のプレハブ住宅の一般認定の件数は、以下のとおりである。

a）木質系：低層住宅70件、その他9件

b）鉄鋼系：低層住宅42件、その他7件

c）コンクリート系：低層住宅27件、その他13件

d）その他：11件

③ その他

法第38条認定のうち、一般認定のその他の事例で多数の実績があるものとして以下がある（件数は、1980（昭和55）年末現在の数値）。

a）壁式鉄筋コンクリート造及び壁式プレキャ

表6　旧法第38条に基づく高層建築物の認定状況

年	件（棟）数	うち軒高100m超	軒高120m以上の建築物名（軒高）（同一建築物が複数ある場合は新しい方に記載）
1965	1	0	
1966	12	1	三井霞が関ビル（147.0m）
1967	6	0	
1968	13	3	世界貿易センター（152.0m）
1969	21	0	
1970	38（41）	5	京王プラザホテル（169.7m）、東京海上ビル本館（130.6m）、大阪データ通信専用局舎（120.0m）、大阪国際ビルディング（121.6m）
1971	30（31）	3	国際電々新宿社舎（151.2m）
1972	38（39）	6	ホテルニューオータニ新館（127.1m）、東邦生命本社ビル（131.0m）、新宿三井ビル（211.2m）、中之島センタービル（122.1m）
1973	54（58）	6	新宿住友ビル（200.0m）
1974	32	5	梅田阪急ビル（第9期）（120.8m）、安田火災海上保険新本社ビル（193.0m）
1975	13（14）	0	
1976	19（21）	4	南海難波駅ターミナルビル（134.0m）、大阪駅前市街地改造事業施設建築物第3棟（131.6m）、フコク生命本社ビル（120.0m）、第一勧業銀行本店（132.0m）
1977	23（24*）	4	新宿センタービル（216.0m）、新宿野村ビル（203.2m）、池袋副都心再開発事業（239.7m）
1978	23	4	新宿新都心7号地ビル（仮SS-7）（174.5m）、京王プラザホテル南館（132.1m）、港建物ビル（仮称）（165.1m）
1979	29（30）	7	日比谷国際ビルディング（127.9m）、赤坂プリンスホテル新館（138.9m）、新宿NSビル（仮称）（121.5m）
1980	27（28）	1	
1981	14	0	

＊芦屋浜高層住宅プロジェクトは1棟と計算

スト鉄筋コンクリート造（一般認定）：17件

b）ボックス車庫（一般認定）：12件

c）部材・材料（一般認定）：継手工法8件、ネイルプレート8件、基礎ぐい12件、その他15件

個別認定については様々なケースがあり、超高層建築物以外は集計された資料が存在しないため、詳細は不明である。革新的な新技術を複数採用した大規模プロジェクトに適用された事例として、（財）日本建築センターが行った大規模空気膜構造に関する技術開発の成果を法第38条を活用

して実現した東京ドームがある。

(3) その他の新技術を対象とした認定制度等

法制定当時から2000年改正に至るまでの期間、法第38条以外にも新技術等を対象とする認定制度が複数存在し運用されていた。構造関係の主な例を以下に示す。

① 大臣指定による確認申請添付図書の図書省略制度

1971（昭和46）年に建築基準法施行規則第1条が改正され、「建設大臣があらかじめ安全であると認めた構造の建築物又はその部分」について、構造計算書等の確認申請添付図書のうち「建設大臣の指定したもの」の添付を省略できる制度が創設された。

これに基づき、上述の工業化住宅認定制度によるプレハブ住宅が多数指定されたほか、1977（昭和52）年には、建設省の通達（建設省住指発第349号）により「コンピューターにより構造計算を行う建築物の確認申請書の添付図書の省略」制度がスタートし、これについても、日本建築センターによる評定を受けたプログラムを大臣認定・図書省略指定の対象とするという運用がなされた。制度の対象として、1981（昭和56）年に新耐震設計法の二次設計の部分が追加されたことにより、翌1982（昭和57）年には、パブリックプログラム7社、プライベートプログラム13社が指定を受けるに至った。その後も、同年に小型コンピューターを用いたものが追加される等、大臣指定プログラムは構造計算をサポートするためのツールとして、幅広く普及した。

② その他の認定制度

これまで述べたもの以外にも、個別の規定を根拠とする大臣認定制度や、大臣認定以外の建設省が実施する新技術等を対象とする認定制度もそれぞれ複数存在し、運営・活用されていた。それらの概要と実績を**表7**及び**表8**に示す。

表7　その他の新技術等を対象とする大臣認定制度（1982（昭和57）年1月現在）

根拠規定	対象技術等	実績
昭52建告第1017号	枠組壁工法に用いる材料	5件
	枠組壁工法に用いる自動釘打機	18件
昭55建告第1790号第7	二次設計免除	9件
昭56建告第1100号第1・第2	木造の構造耐力上主要な軸組とその倍率	2件

表8　その他の新技術等を対象とする大臣以外の認定制度（1982（昭和57）年1月現在）

認定主体	根拠規定	対象技術等	実績
住宅局建築指導課長	昭44建設省住指発第246号「高温高圧蒸気養生されたくいの取扱について」	プレテンション方式遠心カプレストレス高強度コンクリートくい	59社
		外殻鋼管付コンクリートくい	25社
	昭45建設省住指発第344号「建築基準法第38条に基づく告示について」	高力ボルト*	27社
	昭48建設省住指発第769号「人工軽量骨材を用いる軽量コンクリートの使用基準について」	人工軽量骨材	8社
	昭53住指発第488号「高炉スラグ砕石の取扱いについて」	コンクリート用高炉スラグ骨材	7社15工場
	昭52住指発第759号「コンクリートに使用される細骨材中に塩分が含まれる場合の取扱いについて」	鉄筋コンクリート用防錆材	6種

＊1978（昭和53年）年4月現在

(4) この時代の関連制度の考察

法第38条と日本建築センターの技術審査（評定）制度を中心とした仕組みによって、この時期の日本では、建築関係の新技術が数多く開発され、実用化されていた。特に、個々の建築物を単位とするいわゆる個別認定のほか、特定の団体や企業が開発した材料・工法や、設計要領等を対象とする一般認定も積極的に行われた。これらは、基本的には、製造者、設計者、工事施工者等を限

定して適用されたが、一部は、そうした制約がない、いわば一般基準として認定され、それが通達により周知・活用された。法第38条のみならず、構造計算プログラム等を対象とした施行規則に基づく図書省略指定や、課長レベルの認定も制度として運用され、法令の一般的な規定では運用が難しい材料・工法の採用へのニーズへの対応がなされた。

　一方で、認定等の手続きによらずに新技術の採用を可能とする手段として、法第38条、令第80条の2、第81条ただし書き等を根拠とする告示が制定され、かつ、通常の建築確認手続きにおいて新技術に対して柔軟な適用を行うため、個々の基準にただし書き等を設けるという対応もなされた。

1　3　2000年改正と新技術

⑴　海外の「性能規定化」に向けての動き

　1970年代に北欧諸国をメンバーとするノルディック建築規制委員会 (Nordic Committee on Building Regulation: NKB) が、**表9**に示す5レベルシステム (「NKBモデル」等とも呼ばれる。) という性能規定の階層モデルを作成・公表した[11]。この頃から、ヨーロッパを中心に、従来の「仕様書型」の建築基準から、性能規定化、すなわち要求を「性能」で記述する性能指向型の基準への転換に向けての検討が行われるようになった。1984 (昭和59) 年には、英国 (イングランド及びウェールズ) において、法的な要求を、仕様書型規定から「目的又は機能項目毎にごく定性的に示された機能的要求のみ」に変更する新たな体系への転換が行われた[12]。続いて、ニュージーランドで1992 (平成4) 年に、オーストラリアで1996 (平成8) 年に、それぞれ5レベルシステムに近い階層構造による建築基準の性能規定化が行われた。

　この頃、建築基準の性能規定化の促進を目的

表9　NKB 5レベルシステム[13]

レベル	名称	内容
レベル1	Overall Goals	社会及びその構成員の観点から重要と考えられる建築物のあり方の全体的な記述
レベル2	Functional Areas	レベル1で規定された全体的な目標を、特定の目的・意図を明らかにするために機能項目及び原則毎に分類したもの
レベル3	Operative Requirements	レベル2で規定した各々の機能項目毎の目的に実現のための原則についての、特定された要求。これは建築物の設計や工事に適用されうるもの
レベル4	Verification	上記要求への適合性を実証するためのガイドライン又は指示事項
レベル5	Examples of Acceptable Solutions	基準に適合するとみなすことができる(deemed-to-satisfy)承認可能な技術的解(手法)による、基準に対する補足

として、国際的な調査研究や情報交換も盛んに行われるようになった。1993 (平成5) 年には、国際的な建築研究組織であるCIB (建築研究国際協議会: International Council for Building Research Studies and Documentation) にTG11 (性能指向の建築基準・規格) が設置され、1997 (平成9) 年には、性能規定化に取り組む各国の基準策定機関等を構成員とするIRCC (国際建築規制協力委員会: Inter-jurisdictional Regulatory Collaboration Committee) が創設された。日本は、前者には建築研究所等の研究者が参加し、後者には建設省住宅局及び建築研究所がメンバーとなり、いずれの活動にも積極的に参加している。

　こうした「性能規定化」の目的には、建築規制の目的を明確化したり、規制や基準を「わかりやすく」するという意図もあるが、中心的な狙いは、従来の仕様書型の基準を満足しない新技術や外国の技術の採用を可能とし、材料・製品の国境を超えた流通を促進することにあった。

⑵ 2000年改正による「性能規定化」の実現の経緯

こうした国際的な情勢を背景として、1998（平成10）年公布、2000（平成12）年施行の建築基準法改正（以下「2000年改正」という。）によって、「性能規定化」が行われた。改正に向けての行政面での具体的な動きは、1995（平成7）年11月に、建設大臣より建築審議会に対して行われた諮問「21世紀を展望し、経済社会の変化に対応した新たな建築行政の在り方について」に始まる。この諮問は、国内外からの規制緩和や国際協調を求める声が、いわば「時代の要請」となったことを受けて、建築基準行政の「全体的な枠組みを再編成する」ことを視野に入れて行われたものである。諮問理由として、「より透明性・客観性の高い建築基準体系の在り方を検討する必要がある」と述べているが、実質的には、建築基準の性能規定化の具体的な方法や内容についての検討を求めるものであった。

その後、1996（平成8）年2月に、日米首脳会談において橋本首相がクリントン大統領に住宅分野の規制緩和と建築基準の性能規定化を表明し、さらに翌3月の「住宅建設コスト低減のための緊急重点計画」においても建築基準の性能規定化が盛り込まれた。これらの、建築基準の性能規定化が政府の方針として確立される動きと並行して建築審議会における審議は進められた。

1997（平成9）年3月になされた答申では、講ずべき具体的施策の第一の項目として「建築基準の性能規定化」が挙げられている。具体的には、「新製品・新技術の開発の促進や、海外製品・資材の日本市場への参入の円滑化が図られる」ことをねらいとして「設計の自由度を高めた新たな建築基準体系へと抜本的見直し」を行うこととし、「デザインや構造方法、材料・部品の選択の自由を拡大するため、工法、材料、寸法等の仕様を詳細に定める現行の建築基準を抜本的に見直し、建築物に求められる性能を規定する方式へと再構築する」ことが打ち出された。

こうした一連の動きを経て法律の改正案策定の作業が急ピッチで進められ、約1年後に当たる1998（平成10）年3月に、性能規定化を盛り込んだ建築基準法の改正案の閣議決定がなされている（その後国会の審議・可決を経て、6月に公布）。

これらの経緯と「性能規定化」の改正の内容については、本書の「3-3 復興・成長時代における建築基準法（昭和編）」、「3-4 成熟時代における建築基準法（平成編）」及び「4-2 木造建築物と建築基準」において詳細に述べられているので、参照されたい。

これに関する建築研究所を中心とした研究面の動きにも触れておく。上述のとおり、欧州においては、かなり以前から建築基準の要求内容を性能により記述すべきであるという考え方が存在し、1980年代以降、実際に建築基準の性能規定化が行われるようになっている。そのような性能型の建築基準体系のあり方については、当時の建築研究所の研究対象となっており、関連する海外の情報や知見の蓄積がなされていた。

建築研究所は、性能型の技術基準の内容に関連する研究にも積極的に取り組んでおり、上述の建築審議会への諮問の際には、既に、構造及び防火の分野における性能型の技術体系の確立を目指して、「防・耐火性能評価技術の開発」及び「新建築構造体系の開発」という2本の総合技術開発プロジェクト（総プロ）に着手していた（前者は1993（平成5）年度、後者は1995（平成7）年度開始）。この2つのプロジェクトは、いずれも1998（平成10）年3月に終了予定とされ、当初は、その後、成果を活用しつつ、建築基準の性能規定化の検討に着手することが意図されていた。

しかし、上述の建築審議会への諮問等の行政面での動きが予想より早く具体化したため、1996（平成8）年6月に、建築研究所内に、「建築規制

性能規定化支援小委員会」（後に「建築基準法改正対応委員会」に改称）を設け、法改正に対応するための技術的検討をスタートすることとなった。

これによって、総プロにおける、学識経験者や民間実務者との協同により行う研究開発と並行して、その中間的な成果を活用しつつ、行政当局の法改正の検討作業の支援を行うための体制が整えられたこととなる。構造分野では、さらに、建築研究振興協会に「性能規定技術検討委員会」が設けられ、学識経験者及び実務者の協力を得て、検討に必要な技術的資料の作成等が行われた。また、日本建築学会や日本建築構造技術者協会等に対し、数度にわたって検討状況の説明を行い、各方面からの意見を参考としつつ、検討が進められた。

構造分野の性能規定化の内容の多くは、こうした建築研究所における検討の結果をベースとして、行政当局において取りまとめられたものである。

(3) 2000年改正による「性能規定化」の内容

2000年改正における「建築基準の性能規定化」とは、「一定の性能さえ満たせば、多様な材料、設備、構造方法を採用できる」規制方式の導入を図るため、

① 性能項目、性能基準を明示するとともに、それを検証するための試験方法や計算方法を提示し、

② 従来の仕様規定は、性能基準を満たす例示仕様として政令・告示で位置づける

ことを基本としている。

すなわち、まず、法律において火災時の耐火性能、地震に対する構造安全性等の「性能項目」を定め、それぞれに対応した要求を定める「性能基準」を政令におき、さらに、その性能基準への適合性を判断するための「検証方法」及び「例示仕様」を、政令及び告示の中で規定することが方針とされた（**図2**参照）。

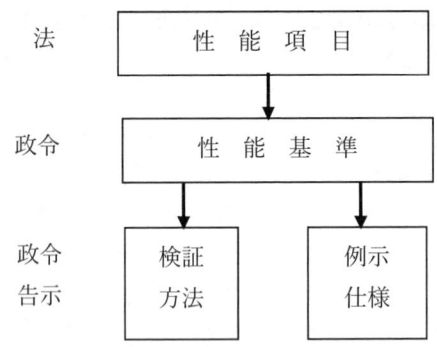

図2　2000年改正で導入された新たな建築基準の体系

従来は仕様による規定が中心だった防火避難関係規定や、設備・一般構造関係規定の一部については、この原則に基づく再構成が行われ、法律、政令の関係条文が大幅に改正された。防火避難関係の性能規定化の内容については第2章を参照されたい。その他の規定については、詳しい説明は省略するが、改正された主要規定の一覧を**表10**に示す。

一方、構造関係規定については、従来より、主として仕様による規定からなる構造方法規定（仕様規定）と、性能基準に基づく検証方法としての性格を有する構造計算規定の2本立ての構成となっていたため、その従来の枠組を大きく変えることなく、主として政令以下のレベルでの改正が行われた（具体的な改正内容については、後述する）。

なお、以上のほか、各分野に共通して関係する主要な改正として、法第38条の廃止が行われている（経過措置により、改正後2年間は、従来の認定が有効とされた）。これは、性能規定化に伴うもので、旧法第38条認定対象の建築物等のうち一定のものは、新たに定められた「検証方法」を用いて法への適合性を確認することが可能となったり、仕様規定の見直しや新たな告示の制定等により一般の規定に適合することで、認定なしで採用することが可能となった。その他のもの

表10 性能規定が導入された設備・一般構造関係規定

項目	条文	改正内容
換気設備	令第20条の2第一号、第20条の3第2項第一号	・居室の換気、火気使用室の換気について、従来の仕様規定の一部を改正したほか、仕様規定によらず、新たに規定された要求性能に適合することについて大臣認定を受けることを可能とした。
居室の床の防湿方法	令第22条	・従来の仕様規定によらず、新たに規定された要求性能に適合することについて大臣認定を受けることを可能とした。
地階における住宅等の居室の技術的基準	法第29条、令第22条の2第二号	・改正された法第29条の委任により、防湿の措置及び外壁等の防水の措置に関する基準を定めた。防湿の措置は仕様規定とし、防水の措置については仕様規定に適合するか、または所要の性能を有することについて大臣認定を受けることとした。
長屋又は共同住宅の各戸の界壁の遮音構造	法第30条、令第22条の3	・改正された法第30条の委任により、要求性能を規定することとし（実質的には変更なし）、その性能を有することについての判断は、告示で定められる仕様への適合性によるか、または大臣の認定を受けることとした（従来の政令の仕様規定は削除）。
便所	令第29条、法第31条第2項、令第35条	・くみ取り便所及び特種建築物等の便所について、要求性能を規定し、その性能を有することについての判断は、告示で定められる仕様への適合性によるか、または大臣の認定を受けることとした。 ・屎尿浄化槽について、改正された法第31条第2項の委任により、要求性能を規定することとした（その性能を有することについての判断は、告示で定められる仕様への適合性によるか、または大臣の認定を受けることとした）。
給水、排水その他の配管設備	令第129条の2の5第2項第三号、第129条の2の7第三号	・飲料水の配管設備の材質について、要求性能を規定し、その性能を有することについての判断は、告示で定められる仕様への適合性によるか、または大臣の認定を受けることとした（従来の仕様規定は削除）。 ・冷却塔の防火性能について、従来の仕様規定の一部を改正したほか、仕様規定によらず、新たに規定された要求性能に適合することについて大臣認定を受けることを可能とした。
昇降機	令第129条の4第三号、第129条の8第2項、第129条の10第2項、第129条の12第5項	・エレベーターの構造上主要な部分について、要求性能を規定し、その性能を有することについての判断は、告示で定められる仕様への適合性もしくは新たに規定するエレベーター強度検証法によるか、または大臣の認定を受けることとした。その他、屋外に設けられるエレベーターの風圧に対する構造計算の規定の新設等を行った。 ・エレベーターの制御器及び制動装置について、要求性能を規定し、その性能を有することについての判断は、告示で定められる仕様への適合性によるか、または大臣の認定を受けることとした。 ・エスカレーターについて、構造上主要な部分及び制動装置に関しエレベーターと同趣旨の改正を行った。
避雷設備	令第129条の15第一号	・従来、指定JISへの適合を求めていたのをやめ、要求性能を規定し、その性能を有することについての判断は、告示で定められる仕様への適合性によるか、または大臣の認定を受けることとした。
遊戯施設	令第144条第四号、第144条第六号	・構造上主要な部分については、材料の制限をやめ、告示で仕様及び構造計算規定を設けることとしたほか、エレベーターと同趣旨の規定を設けた。 ・客席部分の落下防止及び非常止め装置について、要求性能を規定し、その性能を有することについての判断は、告示で定められる仕様への適合性によるか、または大臣の認定を受けることとした。
建築材料の品質	法第37条第二号	・従来は、政令で定める部分に使用される一定の材料について、大臣が指定するJISまたはJAS規格への適合を義務付けていたが、改正により、対象材料が告示で指定されるとともに、JIS又はJAS規格に適合するもののほか、告示で規定する技術的基準に適合することについて大臣認定を受けたものも認められることとなった。

は、個別に各規定単位におかれた根拠規定に基づく大臣認定（法第68条の26（現在は法第68条の25）に基づく「構造方法等の認定」）の対象となった。

構造分野における改正内容をやや詳しく見てみることとする。従来の構造関係規定は、基本的には、一定の小規模建築物については仕様規定のみ、その他の建築物については仕様規定及び構造計算規定が適用されることとなっていた。すなわち、構造計算規定は、「仕様規定への適合」という条件を前提としたものであり、それのみでは「性能を検証する方法」として完全なものとはいえなかった。

そこで、2000年改正では、仕様規定を前提としない新たな検証方法を位置づけるための改正が行われた。具体的には、構造方法規定（仕様規定）

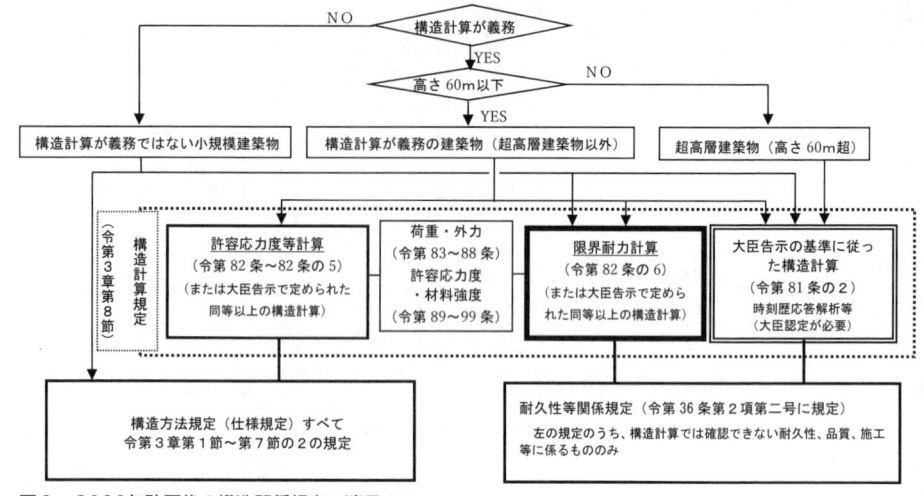

図3　2000年改正後の構造関係規定の適用のフロー

が、「耐久性等関係規定」と「その他の規定」に、構造計算規定が、「許容応力度等計算（従来のルート1から3までの構造計算の総称。現在のルート2を意味する許容応力度等計算とは異なることに注意）」、「限界耐力計算」、「令第81条の2の計算」の3ルートにそれぞれ区分され、構造計算として、限界耐力計算、又は令第81条の2の計算によった場合には、仕様規定のほとんどが適用除外され、耐久性等関係規定のみが適用されることとなった。すなわち、「限界耐力計算」と「令第81条の2の計算」が、性能型の検証方法として位置づけられたわけである（図3参照）。

耐久性等関係規定とは、構造方法規定（仕様規定）のうち、例外的に構造計算では代替できないもの、すなわち、「構造設計に関する基本原則」、「建築物の品質の確保」、「耐久性」、「施工性」及び「防火性」に関する規定である。

令第81条の2の計算方法としては、時刻歴応答解析を基本とする方法が告示で定められているが、これによる場合は、高度な技術的判断が必要なことから、大臣の「構造方法等の認定」が必要とされている。

性能型検証方法として新たに定められたのが限界耐力計算であり、その規定の内容は、以下のとおりである。

イ）地震時以外の荷重外力についての許容応力度計算

ロ）最大級（再現期間500年級）の積雪・暴風に対し、生ずる力が耐力（材料強度から算定）を超えないことを確認

ハ）加速度応答スペクトルをベースとして設定された地震力に対し、各階の水平力・層間変位が、それぞれ損傷限界耐力・1/200を超えないことを確認

ニ）地下部分の地震力について、従来と同様の許容応力度計算

ホ）加速度応答スペクトルをベースとして設定された最大級の地震力に対し、各階の水平力が、保有水平耐力を超えないことを確認

ヘ）変形等による使用上の支障防止を確認（許容応力度等計算と同じ）

ト）屋根ふき材等について風圧及び地震等に対する安全を確認

これは、前述の総プロ「新建築構造体系の開

発」の成果をベースとして建築研究所において検討・立案された「新たな検証方法」について、さらに、設計や建築確認等の実務上使用可能なものとするための検討、行政部局を中心とした法令上の基準としての適切性の見地からの検討が加えられ採用されたものである。なお、法令の規定上の表現としては、層の水平力・耐力が応答値・限界値の指標として採用されたため「限界耐力計算」という名称となっているが、「等価線形化法」と呼ばれる解析方法によるものであり、本質的には、むしろ、変形に着目した検証方法といえる。また、限界耐力計算以外の性能型の検証方法も、令第81条第1項ただし書きに基づく大臣告示で規定しうることとなっており、その後、「免震建築物の構造方法に関する安全上必要な技術的基準」（平12建告第2009号）の構造計算や「エネルギーの釣合いに基づく耐震計算」（平17国交告第631号）等の検証方法が同等の位置づけを持つものとして開発され告示化されている。

⑷ 「構造方法等の認定」

前述のとおり、2000年改正において、法第38条が削除され、大臣の認定については、法令の個々の基準の中に必要に応じて個別に設置された認定規定に基づき構造方法等の認定として行われることとなった。また、認定に際しては、大臣に指定された複数の性能評価機関のうち、いずれかの事前評価を受けてから申請を行うこととされ、その手続きは法令で詳細に定められ、評価方法については、各機関の業務方法書に基づいて行われる等の透明化・合理化が図られている。

構造関係の「構造方法等の認定」としては、2000年改正直後は、令第46条第4項に基づく認定（木造軸組と壁倍率）及び令第70条に基づく認定（鉄骨の柱の耐火被覆）の規定があった。そのほか、本改正以前より、高さ60mを超える建築物については、令第81条の2に基づき大臣認定

を受けることとされていたが、改正後は、その他の建築物も、この認定を受けることが可能となった。この場合、前述のとおり、耐久性等関係規定以外の仕様規定は適用が免除される。

構造関係規定の認定は以上であるが、関連するものとして法第37条第二号に基づく材料の品質の認定の規定がある。この法第37条は、法制定時から存在する規定であり、当初は「建築物の基礎及び主要構造部」に使用する「鋼材、セメントその他の建築材料」の品質について、「建設大臣の指定する日本工業規格（JIS）」に適合することを求める規定だった。その後、1970（昭和45）年の法改正で、対象部位に「その他安全上、防火上又は衛生上重要である政令で定める部分」が、適合すべき規格に「日本農林規格（JAS）」が追加された、さらに、2000年改正において、対象とする材料が「国土交通大臣が定めるもの」とされるとともに、性能規定化がなされ、品質について、JIS又はJASへの適合のほか、「指定建築材料ごとに国土交通大臣が定める安全上、防火上又は衛生上必要な品質に関する技術的基準に適合するものであることについて国土交通大臣の認定を受けたもの」も認められることとなった。この改正に合わせて、従前は、構造関係の材料としては、セメントのJISが指定されているのみであったものが、対象が8項目（①構造用鋼材及び鋳鋼、②高力ボルト及びボルト、③構造用ケーブル、ワイヤロープその他これらに類するもの、④鉄筋、⑤溶接材料（炭素鋼及びステンレス鋼の溶接）、⑥ターンバックル、⑦コンクリート、⑧コンクリートブロック）に拡大された。これは、従来は、構造耐力上主要な部分の材料について、構造計算に用いる許容応力度・材料強度の規定の中で、JIS等に適合するものであることを定めるという方法をとっていたものを、その品質を法第37条に基づき確保することとしたためである。その後もさらに多数の材料が追加指定され、現在は、指定材料は

23項目となっているが、そのうち8項目については、JIS・JASが指定されておらず、それらを基礎、主要構造部又は政令（令第144条の3）で定める部分に使用する場合には、大臣認定を取得することが必須となっている。

このほか、前述の施行規則に基づく構造計算プログラム等の図書省略制度も構造方法等の認定として位置づけられた。構造方法等の認定の状況について

ついては、施行規則（第10条の5の22）の規定に基づき、国土交通大臣が帳簿を作成して公開することとされている。現在公開されている[13]構造関係の認定状況を**表11**に示す。

以上の新たな認定制度と旧法第38条認定との相違点をまとめると、以下のとおりとなる。

① 対象の違い：従来は単体規定に抵触等するものすべてが対象だったが、新制度はそれぞれ

表11 構造方法等の認定の帳簿による構造関係の認定状況（2018（平成30）年11月現在）

区分		明細区分	件数*	
			2013（平成25）年度以降	2013（平成25）年度より前
建築物／工作物	建築物（時刻歴等）	超高層建築物（認定番号H---）	1711	2882
		超高層以外の建築物（認定番号M---）	2105	2490
	工作物（認定番号SNNN）		228	737
指定建築材料等	壁倍率	軸組壁倍率（認定番号FRM）	206	421
		枠組壁倍率（認定番号TBFC）	50	142
	鋼材の接合部	鋼材の接合（認定番号JM）	9	23
		継手又は仕口の構造（認定番号JC）	16	32
		高力ボルト接合（認定番号HSB）	9	8
	指定建築材料	構造用鋼材及び鋳鋼（認定番号MSTL）	113	415
		高力ボルト及びボルト（認定番号MBLT）	71	162
		構造用ケーブル（認定番号MCBL）	9	29
		鉄筋（認定番号MSRB）	40	105
		溶接材料（認定番号MWLD）	0	15
		ターンバックル（認定番号MTRN）	10	42
		免震材料（認定番号MVBR）	131	438
		木質接着成形軸材料（認定番号MWGM）	0	6
		木質複合軸材料（認定番号MWCM）	32	26
		木質断熱複合パネル（認定番号MWTP）	0	8
		木質接着複合パネル（認定番号MWGP）	28	14
		タッピングねじその他これに類するもの（認定番号MTPS）	0	3
		打込み鋲（認定番号MPIN）	0	3
		アルミニウム合金材（認定番号MALA）	2	2
		トラス用機械式継手（認定番号MMJT）	0	18
		膜材料及びテント倉庫膜材料（認定番号MMEM）	31	84
		緊張材（認定番号MTDN）	8	28
		軽量気泡コンクリート（認定番号MALC）	18	16
		コンクリート（認定番号MCON）	1177	2954
図書省略	構造計算プログラム	新法（認定番号SPRG）	8	24
		旧法（認定番号TPRG）	0	106
	プレハブ駐車場（認定番号TPPG）		0	0
	基礎ぐいの許容支持力（認定番号TACP）		95	380
	建築物等の図書省略	鉄骨造（認定番号TSTB）	29	274
		木造（認定番号TWDB）	2	133
		RC造（認定番号TRCB）	0	78

＊同一物件で変更等により複数回認定を取得しているものが含まれている場合は、建築物等の実数はこれよりも少ない。

の根拠規定で対象が限定されている。

② 手続きの違い：根拠が通達から法令の規定となった。また、事前評価を行う機関が日本建築センター1機関から複数の指定機関となり、その手続きの透明化・合理化が図られた。

③ 運用の違い：従来は、物件単位の「個別認定」のほか、「一般認定」「一般基準化」が可能だったが、新たな認定では、材料を対象とするものを別とすれば、原則として個別認定のみとなった（一部に例外あり）。

(5) 2000年改正と新技術

2000年改正においては、新技術の採用の促進を目的とした「建築基準の性能規定化」が行われ、その後多数の「構造方法等の認定」が行われているが、むしろ逆に新技術が使いにくくなったケースもあるとの指摘もなされた。その主な理由としては、以下の2つがある。

① 各規定内容の具体化・詳細化

ほぼ同時に（1998（平成10）年公布、1999（平成11）年施行）確認・検査の民間開放が行われたことに伴い、適否の判断基準の明確化のため、各規定の表現の具体化や詳細化が行われた。構造関係規定においても、ただし書き等の条件で、従来「構造計算又は実験により構造耐力上安全であることが確かめられた場合」等とされていたものが、すべて告示で規定する構造計算による場合に変更され、同様に、従来、「同等以上」及び「存在応力を伝える」と表現されていたものが、具体的寸法、又は告示の基準によることとされる等の改正がなされた。これにより、規定の表現上は、従来よりも、適用可能な技術の幅が狭められたこととなる。

これは、そもそも、性能規定化が、諸外国では、建築主事に相当する審査担当者が裁量権を有する許可制の下で進められていたのに対し、羈束行為である建築確認制度を採用している日本の建築基準法では基本的に避けることができない問題であるといえる。これに対しては、告示等の技術基準を常にアップデートし、内容の陳腐化を防ぐとともに、令第80条の2に基づく特殊な構造方法の告示、及び令第81条[14]に基づく構造計算の特例の告示を、技術的なニーズに即して制定・改正するにより対応することが有効であるといえる。

このため、建築基準法と、新たに制定された住宅の品質確保の促進等に関する法律（品確法）に基づく住宅性能表示制度の技術基準について、「民間の新しい技術開発等に対応し、両法の技術基準について経常的な見直しを進めていく」ため、民間等からの技術基準見直し提案を受け付ける常設の窓口を設けるとともに、建築研究所を母体として2001（平成13）年に発足した2つの研究機関（国土交通省国土技術政策総合研究所（国総研）と独立行政法人建築研究所）が原案作成の主たる役割を担う仕組みが新たに構築された[15]。

前者の「窓口」は、新技術等に対応した基準の整備、見直しに係る民間等の提案を電子メールにより受け付けるもので、「コンタクトポイント」と呼ばれ、運営は、建築基準法及び品確法の技術評価を行う公益法人7機関が設立した「建築住宅性能基準運用協議会」が担うこととされた。

後者の体制としては、まず、コンタクトポイントから国土交通省に送付された提案等に的確、円滑に対応し、必要な技術基準の見直し等を進めるため、住宅局長の諮問機関として、学識経験者から構成される「建築住宅性能基準検討委員会」が設置され、その下に分野別の小委員会が設けられた。また、国総研の中に、分野別の検討体制が整備され、建築研究所と連携してコンタクトポイントの技術提案を踏まえた基準原案の検討を行う体制が整えられた。

② 大臣認定の対象範囲の限定

また、法第38条が廃止され個別の認定規定に

移行したことに伴い、構造関係規定においては、構造関係の仕様規定に抵触する箇所があり、その規定に認定規定が用意されていない場合、建築物全体について限界耐力計算を行うか、時刻歴応答解析を行って令第81条の2に基づく認定をとる必要がある（部分的に仕様規定との同等性について証明し、認定をとることができない）という指摘や、複数の新技術を用いたプロジェクト等の場合、従来は法第38条の認定のみで対応できたのに対し、複数の認定を取る必要があるため、結果的に新技術の採用が困難になっているケースがある、という声があがっていた。

この問題に対しては、ニーズに応じて構造方法規定に大臣認定規定を増やすという対応が行われ、令第46条第4項と令第70条の2種類だった

表12　建築基準法施行令の構造方法規定における大臣認定の根拠規定

条文	制定（施行）年月	認定対象
第46条第4項	2000（平成12）年6月	木造の表に掲げるものと同等以上の耐力を有する軸組
第70条	2000（平成12）年6月	鉄骨造で通常の火災による火熱が加えられた場合に、加熱開始後30分構造耐力上支障のある変形、溶融、破壊その他の損傷を生じない柱の構造
第67条第1項	2003（平成15）年7月	鉄骨造の構造耐力上主要な部分である鋼材の接合方法で所定のものと同等以上の効力を有するもの
第67条第2項	2003（平成15）年7月	鉄骨造の構造耐力上主要な部分である継手又は仕口の構造方法で存在応力を伝えることができるもの
第68条第3項	2003（平成15）年7月	鉄骨造の所定の高力ボルト孔の径を有するものと同等以上の効力を有する高力ボルト接合
第79条第2項	2005（平成17）年6月	鉄筋コンクリート造の所定のかぶり厚さとした場合と同等以上の耐久性及び強度を有する部材
第79条の3第2項	2005（平成17）年6月	鉄骨鉄筋コンクリート造の所定のかぶり厚さとした場合と同等以上の耐久性及び強度を有する部材
第39条第3項	2014（平成26）年4月	構造耐力上安全な特定天井の構造

認定規定に、その後6種類が加わった（**表12**）。さらに、その後、2014（平成26）年公布、2015（平成27）年施行の建築基準法改正によって、法第38条が、廃止前とほぼ同じ条文として復活している。

また、特に新材料を用いた建築物については、令第81条の2に基づく認定を取得する際の構造計算方法を定めた平成12年建設省告示第1461号について、2007（平成19）年に改正が行われ、法第37条の適用を受ける指定建築材料以外の新材料を用いた建築物の認定を可能とするための規定が設けられ、さらに、2008（平成20）年には、法第37条の指定建築材料についても、本認定を取得することによって、法第37条の認定を別途取得することなく利用することを可能とする改正が行われている。

同告示の2007（平成19）年改正においては、新技術を用いた建築物の認定取得の合理化のため、技術的に不要な検討を省略・簡略化するための見直しも行われている。具体的には、膜構造の建築物等地震力以外に明らかに支配的な荷重が存在する場合の地震力に対する検討の除外規定の新設と、低層の建築物等高次モードによる影響が極めて小さく時刻歴応答解析以外の方法により耐震安全性を確認できる場合の地震力に対する検証方法の特例規定の新設が行われた。

1　4　構造計算書偽装問題と新技術

(1)　構造計算書偽装問題

2005（平成17）年11月に明らかになった構造計算書偽装問題は、本来法令を遵守すべき建築士が構造計算書の偽装を行い、それを、設計・建築確認・工事施工のそれぞれの段階で、設計者（元請けの建築士）・指定確認検査機関・建築主事のいずれもが見抜くことができず、安全性の上で問題のあるマンション等が建築されたものである。これにより、建築確認・検査制度及び建築士制度

等への国民の信頼が失墜する事態となった。また、その際に行われた調査により、構造計算において不適切なモデル化等が行われている実態が明らかとなった。

その再発防止のため、建築基準法を中心とした関連制度について、建築確認・検査の厳格化、指定確認検査機関の業務の適正化、建築士等に対する罰則の強化等を内容とする大幅な改正が2006（平成18）年（施行は2007（平成19）年）に行われた。また、引き続いて、同年（施行は2008（平成20）年）に、建築士制度の改善のため建築士法が改正された。これらの改正の主な内容について、**表13**に示す（詳しくは、本書の「3-4 成熟時代における建築基準法（平成編）」において述べられているので、参照されたい）。

(2) 構造計算書偽装問題を踏まえた制度・基準改正と新技術

表13に示した項目のうち、構造関係基準の見直しの内容を、新たに定められた構造計算の方法と、既往の基準の見直し事項とに分けて、それぞれ**表14**及び**表15**に示す。また、新たに定められた「確認審査等に関する指針」の主要な内容を**表16**に示す。

この改正では、**表14**と**表15**に示すとおり、2000年改正で確認・検査の民間開放に伴い行われた構造基準の具体化・詳細化がさらに進められることとなった。これにより、構造設計において採用しうる技術的選択肢の幅が狭められることが懸念されたため、そういった弊害を解消・軽減するための対応として、基準中の具体的な要求の記

表13 構造計算書偽装問題への対策として行われた建築基準法・建築士法の主な改正

区分	改正前の課題	改正内容
構造関係基準の見直し	○主事等による審査が困難な裁量的判断を要する規定の存在 →羈束行為を前提とした建築確認制度と矛盾 →不適切な判断が可能（不適合扱い、罰則適用等が困難） ○技術的多様性の確保が基準の増加・詳細化に依存	① 構造関係規定の再編（法第20条等） ・手続き規定に合わせ、法で建築物を4区分し、それぞれの適用基準を規定 ② 構造計算の基準の見直し（令第3章第8節等） ・モデル化・保証設計等の基準化【表14参照】 ・その他「不適切な判断」防止のための基準見直し【表15参照】 ・ただし書き等（特別な調査研究）の積極的採用 ・仕様規定のただし書き等一部廃止（構造計算適合性判定の対象とするため保有耐力計算による適用免除化）
建築確認等基準適合性審査制度の見直し	○建築確認・検査制度の機能不全 ・建築主事等の技術的能力の不足 ・指定確認検査機関の市場競争による審査形骸化 ・主事等の役割・責任範囲の不明確さ、審査期間・手数料等の実態とのかい離 ○日本の慣習や実態への対応 ・偽装設計の「発見」の要請 ・裁量の余地のある基準を「羈束行為」として運用 ・不完全・設計未了の申請の処理	① 構造計算適合性判定制度の導入（法第6条等） ・考え方は「ピア・レビュー」導入だが、制度としては建築確認の一部（建築主事等のサポート） ・「高度な判断を要する審査」と「認定プログラム使用時の再計算（偽装発見）」を担当 ② 確認審査等の厳格化（指針の策定）（法第18条の3等）【表16参照】 ・図書の整合性などを確認 ・原則として差替え・訂正は不可 ③ 確認申請図書の充実・詳細化（規則第1条の3等） ・基本的に全規定の審査が可能となるよう図書・明示事項を詳細に規定 ・「構造計算概要書」を新たに義務化
設計者（建築士）関連制度の見直し	○建築士制度の機能不全 ・専門分化の実態との不整合 ・構造設計者の役割・位置づけ・責任等が不明確 →労働過重、地位低下、不十分な報酬 →悪意による偽装のほか、都合よい（不適切な）基準解釈による設計、不完全（未完成）な設計が横行	① 建築士の業務の適正化 ・構造計算による安全証明書交付義務化（士法第20条）、確認申請時に添付義務化（規則第1条の3） ② 構造設計一級建築士制度の導入（士法第20条の2等） ・建築基準法の1号・2号建築物について、構造設計一級建築士の関与（設計又は法適合性確認）を義務化 ③ 罰則・監督の強化（法第98条等・士法第35条等） ・罰則の大幅な強化
その他の補助的な制度の見直し	○構造計算プログラムの不適切な使用事例が多く、審査での発見は困難	① 構造計算プログラムの大臣認定制度の創設（法第20条等） ・規則に基づく図書省略認定から法に基づく認定に転換 ・認定（性能評価）基準を厳格化。審査のしやすさを改善 ・認定プログラム使用時は、確認期間や手数料を優遇

表14 保有水平耐力計算などに関し新たに定められた構造計算の方法の基準

根拠規定	項目	新たな基準の内容 （平19国交告第594号）
共通	共通事項	第1：構造計算の数値および仮定（モデル化）の実況に応じた設定、壁に開口部を設ける場合の剛性・耐力の低減方法など
令第82条第一号	応力算定の方法	第2：弾性状態の仮定、非構造部材の考慮、RC造などの耐力壁の負担せん断力に応じた柱せん断力の割増し、大きな鉛直荷重を負担する端部柱の斜め方向水平力の考慮（応力割増し）、屋上・外壁突出部分の水平・鉛直震度などの扱い
令第82条の2	層間変位の計算方法	第3：層間変位の計算方法（定義）、剛性率算定時の層間変位の扱い
令第82条の3第一号	保有水平耐力の計算方法	第4：保有耐力時の崩壊形の種類、増分解析時の外力分布、架構（接合部を含む）の急激な耐力低下の防止（S造の冷間成形角型鋼管使用時の計算方法、RC造のせん断破壊防止の確認など）、仕様規定不適合の場合の耐力確認、塔状比が4を超える場合の転倒の検討
令第82条の6第二号ロ	ねじり剛性の計算方法	第5：ねじり剛性の算定式

表15 構造計算方法のその他の主な基準見直し事項

根拠規定	項目	基準改正の内容
令第82条の6第三号	ルート2の計算基準	昭55建告第1791号：塔状比の制限（4以下）の追加。S造について冷間成形角型鋼管使用時の計算方法および幅厚比（従来の解説書の「当面の緩和値」を除く）の規定追加、RC造について設計用せん断力の割増しの規定追加など
令第82条の3第二号	Dsの算出方法	昭55建告第1792号：従来通達に示されていたDs算定基準を告示化。RC造については崩壊メカニズム時の応力に基づく判定、接合部を含むせん断破壊など防止の確認（FD部材を除く）などを規定
令第88条第2項・第3項	RtのおよびAiの算出方法	昭55建告第1793号：Rt及びAiの算出方法のただし書きの改正（基礎の変形の考慮禁止、初期剛性採用の義務化）
令第82条の5第三号など	安全限界変位、Gsなどの計算方法	平12建告第1457号：限界耐力計算において、安全限界変位の制限の導入、地盤増幅係数の算出方法の見直しなど

表16 確認審査などに関する指針の主な規定項目

区分		指針（平19国交告第835号）の規定項目（制定時）
共通事項		・関係図書の記載事項についての相互の整合を確認すること
		・建築士法の規定への適合や、設計者の記名押印などを確認すること
		・必要な各種図書の添付を確認すること
		・施行規則で規定された「明示すべき事項」に基づき、規定への適合性を審査すること
		・審査期間中の計画変更による申請書などの差替え・訂正は原則として認めないこと
		・「軽微な不備」がある場合、期限を付して申請書などの補正を求めること
		・申請書などの記載事項に不明確な点がある場合、期限を付して追加説明書の提出を求めること
構造計算関係事項	確認審査	・適合性判定が必要な場合、判定において留意すべき事項があれば、それを記載した図書を添えて判定を求めること
		・指針告示別表に規定する「審査すべき事項」について審査すること
		・適合性判定の結果通知書の交付を受けたら、判定結果に基づき、指針告示別表に規定する「判定すべき事項」について審査すること
	適合性判定	・指針告示別表に規定する「判定すべき事項」について審査すること
		・大臣認定プログラムによるものについては、その使用条件への適合を確かめ、同一のプログラムによる構造計算結果と審査された計算結果が一致することを確かめ、かつ、注意喚起表示に対する検証が適切であることを確かめること
		・原則として2名以上の判定員によって審査を行うこと

述には、性能又は定性的記述によるただし書き等を設け、規定されているもの以外の特別な調査・研究等による方法の採用を可能としておくことが行われた。また、構造計算適合性判定制度が導入され、構造設計に関し高度な知識を有する者が、構造計算基準の審査に関与することとなったため、ただし書き等一般の建築主事等ではその適否判断が困難な規定について適切な審査がなされ、設計の自由度の確保と適否判断のばらつきの防止という2つの目的が達成されることが期待された。

しかし、実際には、構造計算適合性判定も建築確認と同様に、裁量的判断を伴わない「羈束行為」として位置付けられているため、「特別な調査研究」の運用は基本的に技術的助言や解説書で示された範囲内で行われている。また、1999（平成

11) 年の確認・検査の民間開放以降、確認の審査の迅速化への要請が高まる中で、構造計算適合性判定の対象となることによる審査期間の長期化等を避けるため、確認のみで審査が終わる構造計算ルートの選択がなされるケースが増える等の影響も現れている。

2　新技術と防火基準

　建築基準法の制定時、防火基準は仕様書的に規定されていた。火災に関する知識や防火設計の考え方や技術が不十分であったため、防火基準としては大規模の木造は禁止、特殊建築物は主要構造部を耐火構造とすること、直通階段の構造方法や設置など、具体的な材料や寸法などがこまごまと示され、この基準に従う以外には火災に対して安全に建物をつくる方法が無かった。

　防火基準の具体的な仕様は、当時建てられていた建築物の大半が満足するように基準を定めたと推測される。別な言い方をすれば、当時の火災被害を許容した安全水準に対応していると言える。その後、建築物が高層化、大規模化して、火災による被害が増大すると、防火基準の強化が行われ、被害を低減するための技術開発が進められてきた。

　また、膜構造やアトリウムなどの新たな空間を実現する時にも、新たな火災危険に備えるための技術開発が行われてきた。ここでは火災安全に関する技術開発と防火基準の変遷について概要を述べる。

2　1　霞が関ビルにおける防災計画のはじまり

　建築物の高さ制限が一部撤廃（1961（昭和36）年）された後に建設された日本最初の高層建築物である霞が関ビル（1968（昭和43）年竣工）は、31mを超える建築物の構造設計の技術開発として有名であるが、火災安全、特に避難安全の考え方を確立したことでも重要である。つまり、火災安全の技術開発が本格的に行われた最初の例と言えるだろう。ここでまとめられた防災計画の内容は現在でも基本的には同じであり、後の法令改正にも反映されている。

⑴　避難計画の概要

　火災を防火区画や階の中に閉じ込め、火災が発生した区画や階から避難すれば安全と判断できるように対策を行う。もちろん、最終的には地上を避難場所として避難することを計画するが、少なくとも保護された避難階段に入った時点で火災からの熱や煙による影響がほとんどない状態で避難することができるため、時間的な余裕は十分に確保されている。

　避難は、火災により危険な状態となる場所から安全な場所へと移動する行為である。避難経路は、移動に利用する動線と一時的に留まることが可能な拠点から構成され、最終的な避難場所（地上）へ通じるものである。避難経路の配置は、2方向の避難が可能となるように計画することが重要である。具体的には、以下の原則が示されている。

・どこで火災が発生しても、2つ以上の避難経路が確保されていること。
・居室や区画からの2つの出口や2つの階段は、できる限り離し、互いに反対方向へ避難できること。
・経路の端部は袋小路としないこと。

⑵　避難施設の設計

　避難計画に基づいて、出火のおそれがある場所で火災を想定し、避難経路に従って避難者の移動や滞留などの問題が生じないように避難施設の設計を行う。具体的には以下に示すように、避難に要する時間が許容避難時間より短いこと、通路の幅や滞留部分の面積が十分に広いことなど、避難

安全上の問題が生じないことを確かめる。

　なお、許容避難時間については、当時、火災性状予測を正確に行うことができなかったため、実験結果などから、火災室は面積に応じて30〜60秒、火災階は420秒以内（フラッシュオーバーに至る時間を約20分として、その1／3）に設定することを提案している。

① 通路及び出口幅

　　群集流動の計算式を元に、許容避難時間に見合う通路および出口の幅を計算で求める。

② 安全区画の面積

　　階の避難者を全員収容するための最小面積を確保する。試算により階の床面積の６％の安全区画を（２か所に分けて）設置することが提案されている。その後、建築基準法では、階段室及びこれと屋内とを連絡するバルコニー又は付室の必要面積を定めている。

③ 階段の配置

　　階段までの歩行距離が短い方が避難時間は短いが、距離の大小よりも階段の位置や階段までの経路の明快さが重要である。建築基準法でも直通階段までの最大歩行距離を制限している。また、避難が均等に行われるように２つの階段相互の距離を定め、できるだけ離れて設置することを求めている。しかし、建築基準法では重複歩行距離を制限しているものの、階段相互の距離には制限が設けられていない。

④ 階段幅

　　通路幅と同様に許容避難時間に見合う幅を計算で求める。階段は火災階から避難する者の一時的な避難場所としても考える。建築基準法では、物販店舗について想定される避難者全員を収容できる階段幅を要求している。

⑤ 階段付室（前室）

　　階段内に煙が侵入すると、火災階より上の階からの避難が困難になるため、煙の拡大防止は極めて重要である。建築基準法では、当初から階段の防煙対策を要求しているが、その後、より高い防煙性能を要求するようになる。また、階段室の付室に侵入した少量の煙を排出するためスモークタワーによる排煙方式が提案されている。その後、建築基準法では機械排煙設備の設置や加圧防排煙など多様な方法を認めるようになる。

２　２　日本建築センターによる防災評定・評価

⑴　火災被害を軽減するための法令改正

　霞が関ビルの建設により建築物の高層化が進む一方、1960年代には多数の死者を伴うビル火災が多発し、煙対策の必要性が高まった。当時、建設省は建築基準法の改正に向けて、関係する分野の研究者、学識経験者をはじめ、建築関係団体等による研究委員会を構成し、技術基準の検討を行い、以下の報告書が作成されている。即ち、火災被害を軽減するための技術開発と基準作成が並行して進められていた。

① 防煙基準原案作成報告書、1967（昭和42）年度

② 避難階段設置原案作成報告書、1968（昭和43）年度

③ 開口部設置基準原案作成報告書、1968（昭和43）年度

　これらの検討結果を踏まえる形で、1969（昭和44）年の施行令の改正では、大規模建築物の防火区画の設置基準の強化、避難階段等の設置基準の強化、内装制限の強化などが行われた。さらに1970（昭和45）年の法・施行令の改正では、排煙設備、非常用エレベータ、非常用進入口、非常用照明の設置基準と構造基準を新たに定めるなど、現在の防火・避難に関する仕様書的な基準が整備された。

　しかし、1972（昭和47）年には大阪千日デパート火災（死者118人）が発生し、翌年には熊本大洋デパート火災（死者100人）が発生するなど、

さらなる防火避難対策の必要性が高まった。1973（昭和48）年の施行令の改正では、火災による煙の拡大を防止するため、竪穴区画の防火戸に遮煙性能を求めることなどが追加された。

(2) 防災計画書の作成指導

防火基準が強化されても、機械的に適合させるだけでは火災に対する安全を確保することは難しい。基準の目的に立ち返り、防火対策や避難施設を総合的に考えた防災計画を作成することが重要である。1972（昭和47）年の住宅局建築指導課から特定行政庁へ出された通達では、高層建築物、大規模建築物等に対して防災計画書の作成を指導することが示された。

その後、1981（昭和56）年には、「高層建築物等に係る防災計画の指導について」の通達が出され、高さ31mを超える高層建築物、または31m以下でも大規模建築物、複合用途建築物に対しては、防災計画書の作成が事実上義務付けられた。この防災計画書の内容を審査する組織として、1981（昭和56）年には日本建築センター内に防災計画評定委員会が設置された。防災計画書が作成された代表的なものとしては、新潟県行政庁舎、新国技館、東京都江戸東京博物館などがある。

この委員会では、法令に適合していることを前提に、例えば、避難施設の配置や容量のバランスなどについて、避難計算によるチェックを中心に審査を行っていた。当時はまだ防火技術が普及しておらず、防災計画の審査が防火技術の教育の場として機能していたと言える。防災計画書の作成方法は「新・建築防災計画指針　1985年版」（日本建築センター発行）にまとめられており、これが防火技術の教科書であった。

(3) 新技術の評価

1960年代に多発したビル火災の被害を軽減する新しい技術を評価するため、1969（昭和44）年

に防災性能評定委員会が設置された。防災機器専門委員会では、大臣認定には関わらない評定を実施した。例えば、煙感知器連動式防火戸、非常用照明、耐熱電線である。

区画貫通部工法等専門委員会では、主に大臣認定に関わる評定を実施した。代表的なものとしては、ケーブル配線の防火区画貫通部の防火措置工法がある。ちなみに評定第1号は「非常口扉錠」であった。

また、以下で紹介する建設省総合技術開発プロ

表17　代表的な防災性能の評定・評価案件[16]

1969年	非常口扉錠
1970年	防火・防煙戸用シャッター等に使用する煙検出器連動SS式閉鎖機構
1971年	日本照明器具工業会規格による非常用照明器具
1972年	耐熱電線
1973年	ぶらじる丸
1974年	煙感知器、熱感知器連動防火ダンパー
1975年	札幌地下街排煙設備改修
1976年	新宿センタービル防排煙システム
1977年	煙逆流防止装置
1978年	ケーブル配線の防火区画貫通部の防火措置工法
1979年	新宿NSビル(吹抜け)
1980年	耐火二層管
1981年	AN計画
1982年	耐火被覆FRP製阻集器
1983年	阿賀沖プラットフォーム
1984年	千葉港ボートタワー
1985年	龍神村林業者等健康増進施設(体育館)
1986年	小国町民体育館
1987年	三井倉庫箱崎3ビル(防排煙計画)
1988年	センチュリータワー
1989年	第二国立劇場
1990年	関西国際空港旅客ターミナルビル
1991年	東京国際フォーラム
1992年	JR東海名古屋ビル
1993年	京都駅ビル
1994年	飛騨高山屋台洞計画
1995年	(仮称)熊本市総合屋内プール
1996年	(仮称)中突堤西旅客ターミナルビル
1997年	(仮称)大阪海洋博物館
1998年	国営吉野ヶ里歴史公園復元建物
1999年	(仮称)汐留C街区開発事業日本テレビ放送網㈱新社屋
2000年	六本木六丁目地区第一種市街地再開発事業B街区事務所棟A・ホテル棟・劇場棟
2001年	プラダ　ブティック青山店
2002年	(仮称)丸の内1丁目1街区(東京駅丸の内北口)開発計画
2003年	(仮称)神宮前四丁目地区第1種市街地再開発事業
2004年	(仮称)東京駅八重洲開発計画
2005年	東京ミッドタウンプロジェクト

▨　は、法改正後の審査案件

ジェクト「建築物の総合防火設計法」の成果を踏まえた新しい技術を適用した建築物の大臣認定に関わる評定を実施した。代表的なものとしては、特別避難階段の付室加圧システムを採用した新宿センタービル、大規模のアトリウムを実現したNSビル、内装の木材を利用した新国立劇場などがある（**表17**）。

(4) 新しい材料・構造方法の指定

　建築基準法制定当時より防火材料や耐火構造等は、法令の中に具体的に示すだけでなく「建設大臣が国家消防庁長官の意見を聞いて、これらと同等以上の○○性能を有すると認めて指定するもの」という規定があり、新しい材料や構造を受け入れる仕組みが存在した。1959（昭和34）年４月の法令改正により具体的な試験方法等が定められ、防火材料や耐火構造等の大臣認定の制度が始まった。しかし、1969（昭和44）年に防耐火構造及び防火材料の指定に関わる試験方法の告示が制定されるまでは、仕様規定を中心に運用されていた。当初は建設省住宅局内に設置された防火材料試験機関連絡協議会で作業が行われていたが、1965（昭和40）年12月に試験方法が整備されたことにより、日本建築センター内に設置された防火性能審査会で技術的審査を受けることが必要になった。

　1969（昭和44）年４月には受託試験業務の窓口として、建築研究所に建築試験室が設置され、防耐火構造等の指定に関する試験方法も定められた。他にも適切に試験を実施できる試験機関として、日本建築総合試験所や建材試験センターなどが指定されている（**図4**）。

　さらに2000（平成12）年の建築基準法の改正により、防火材料の性能規定化が行われ、従来は不燃材料と準不燃材料等で試験方法が異なっていたが、要求性能を統一し、水準に差を設けることで基本的には同じ試験方法で確かめることが可能となった。防耐火構造についても同様に性能規定

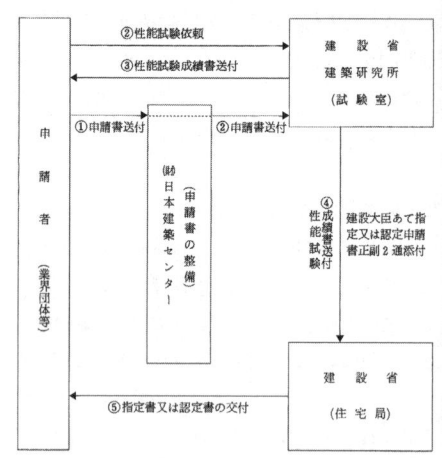

図4　業界団体等による通則的指定または認定の場合の大臣認定のフロー

化が行われ、部材に求める要求性能が明確化された。また、防火材料と防耐火構造の試験方法には、国際規格で定められた試験方法を採用することにより、基準の透明性を高めることも行われた。

　要求性能の明確化、試験方法の透明性を確保したことで、新しい材料や構造方法の開発が容易になったと言える。

2　3　「建築物の総合防火設計法」の開発

　冒頭にも述べたように、建築物の火災安全は仕様書的に書かれた法規を守ることで実現されてきた。しかし、法規だけをベースにした防火設計では問題がある。例えば、設計の手法が画一的になる、新しい技術を適用することが困難、個々の建築物で実現される安全の水準が不明確、設計者が法規を頼り安全をつくることを考えなくなるなどの問題が指摘された。

　そこで建設省総合技術開発プロジェクト「建築物の総合防火設計法」（1982−86）では、防火対策を総合的に進めるための設計法の開発が行われた。火災安全の達成を１つのシステムとして考え、出火防止から覚知・発見、初期転炎防止・初

期火災、拡大防止、煙制御、避難安全、倒壊防止、本格消火・救助などサブシステムで構成する。

総合防火設計法の目的は、工学的な手法により防火設計を合理化することである。そのためには建築物の火災安全の目的を定量的・定性的に明らかにし、様々な防火対策が火災安全にどのように寄与するのかを明らかにすることにある。そのため、それぞれのサブシステムに対応して建築物の安全の水準が確保されているか否かを工学的に評価する手法が開発され、以下のように設計法としてまとめられた。

① 出火からフラッシュオーバーに至る初期火災性状の予測法及びその結果に基づく内装防火設計法

② 建築物内の煙流動・避難行動の性状予測法及びその予測結果に基づく避難設計法

③ 盛期火災時の構造部材の熱的・力学的性状の予測法及びその予測結果に基づく耐火設計法

この結果、法令で定められた火災安全の目的が明確化され、仕様書的規定に従わなくても同等の安全を確保するための手法が用意されたことになる。その結果、新しい技術を適用した建築物の火災安全性を検証することが比較的容易になり、総プロ終了後には建築基準法第38条に基づく大臣認定の件数が飛躍的に増加した（**図5**）。

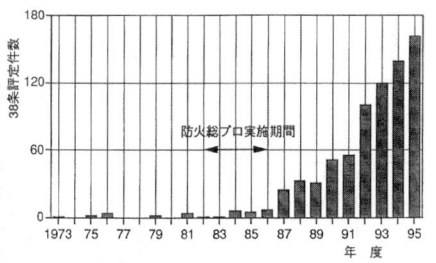

図5　建築基準法第38条による大臣認定に関わる
　　　防災性能評定の件数の推移

２　４　建築基準法第38条による大臣認定

防火材料や耐火構造等のように、法令の中で必要とされる性能が明示されていない場合、法第38条に基づく建設省告示を作成し、新しい材料や技術の利用を可能としていた。例えば、難燃性の合成樹脂による建築材料を天窓に設ける場合に不燃材料と同等であることを認める告示（昭和30年建設省告示第1514号）が出されている。

1980年代は好景気に支えられて新しい建築物が数多く建てられた。延べ面積10,000m²を超えるような大規模プロジェクトも少なくなく、様々な用途・機能が複合された建築物が建てられた。その中にはアトリウムを持つものが多くあり、仕様規定には適合しない計画や新しい防災技術が取り入れられた。以下に建築基準法第38条を適用した代表的な防火技術を紹介する。

(1) 膜構造

1960年代頃から博覧会のパビリオンや体育館などにサスペンション膜構造が利用され、1970年代からは空気膜構造も登場した。膜構造の防火上の課題は、本来は耐火構造あるいは不燃材料が要求される屋根の代わりに膜材料の屋根とした場合、屋内の火災に対しての安全性と、屋外の火災に対しての安全性に支障が生じないことである。大臣認定を受けた空気膜構造では東京ドーム（1989（平成元）年）が有名である（**図6**）。

一般に利用される膜材料はガラス繊維布に四フッ化エチレン樹脂をコーティングしたものではほぼ不燃材料に相当する。材料自体は800℃位まで燃え抜けないが、溶着による膜材間の接合部分は280℃ではがれてしまうため、高温にさらされな

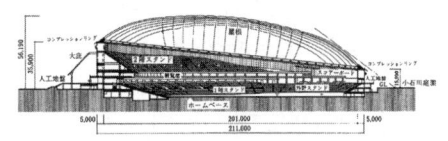

図6　膜材料を使用した東京ドーム[17]

いような対策が必要である。

　当初は個別に評定をしていたが、実績が増えてきた段階で大規模でない建築物に対しては1987（昭和62）年に一般基準化が図られた。膜材料を用いた建築物は、用途、規模・使用部位等と材料種別（A種、B種、C種）を仕様書的に定め、特定行政庁の建築確認のみで済むようになった。これらに該当しない場合は、大臣認定が必要とされた。

・中小規模膜構造建築物（骨組膜構造で膜構造部分が500m²以内の建築物）（建設省住指発第393号）
・特定膜構造建築物（骨組膜構造で膜構造部分が500m²を超え3.000m²以内の建築物）（建設省東住指発第362号）

(2) 木造建築物・木質内装

　木造の建築物については、高さ制限や区画面積、規模制限を超えたものを建てたいという需要があり、大断面木造や2×4工法の部材実験、実大火災実験などを通じて技術開発が進められる一方、防火基準の改正が進められてきた。この経緯については、「4－2　木造建築物と建築基準」に詳しく書かれているため、ここでは省略する。

　木質材料を内装に使用したいというニーズは高い。新国立劇場（1997（平成9）年）の内装には大胆に木材が利用されているが、本来、内装制限が適用されるため内装の仕上げは難燃材料とする必要がある。先に述べた防火総プロで開発された内装防火設計法の成果に基づき、安全性を確保することが可能となった。1992（平成4）年に告示（平成4年建設省告示第548号）が制定され、天井を不燃材料または準不燃材料でつくることを条件に、壁を木質材料で仕上げることが認められた（図7）。

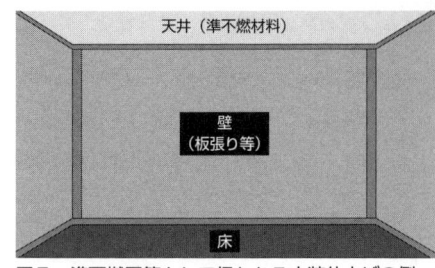

図7　準不燃同等として扱われる内装仕上げの例

(3) 煙制御システム

　建築基準法第38条による大臣認定が最も多いものは煙制御システムである。1995（平成7）年から2000（平成12）年までの5年間に防排煙に関する認定は約240件もある。最も多いのは加圧防排煙システム、次いで空調兼用システム、天井蓄煙システムがある。

① 加圧防排煙システム

　当初は特別避難階段の付室の排煙方式を機械給気方式に変更するものであったが、その後、様々な方式が提案・実施されてきた。その結果、特別避難階段の付室や非常用エレベータの乗降ロビーに新鮮空気を供給し、火災室などから煙や熱を排出する方式が普及した（図8）。

　階段に近い空間ほど圧力を高めることで、階段への煙の流入防止をする。しかし、火災室の窓が早く破れないと廊下に漏れた煙を他の居室に煙を押し込むことになるため、様々な工夫が必要とされた。外壁面に圧力ダンパーを有した避圧口を設けて煙を押し出す方法や、給気量に見合う排煙量を機械排煙で行う方法などがある。後者の場合、

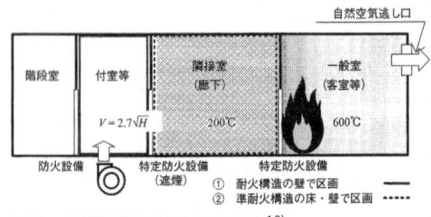

図8　加圧防排煙システムの例[18]

通常の法令で定められた排煙量の半分程度で良いため、後述する空調設備と兼用する例が少なくない。

なお、初期には火災による煙が竪穴を通じて建物全体に拡大することを防止するため、エレベータシャフトや階段室に直接給気する方式や、非火災階に給気して安全区画を確保する方式などもあった。

② 空調兼用システム

一般的な広さの事務室では、排煙に頼らなくても安全に避難できる場合がある。加圧防排煙システムでは、火災室から廊下への煙の流出を防止することを前提としているため、法令で定める排煙量より少ない排煙量で済む場合が多い。そうすると一般的な空調設備の排気風量とほぼ同じ程度になることから、空調設備を排煙設備としても利用する技術が開発された。

兼用の方法としては、枝ダクトだけを兼用するもの、ファンと主ダクトを兼用するもの、ダクトもファンもすべて兼用するものがある。

③ 天井蓄煙システム

体育館やアトリウムなどの天井が高く大規模の空間では、火災の規模が十分に小さければ、排煙を設けなくても避難安全上の問題が生じない場合がある。防火総プロで開発された煙流動性状予測法により、大空間における煙流動性状を正確に予測できるようになった結果、排煙設備のない計画でも安全と認められるようになった。

(4) アトリウム

新宿NSビルは建物の中央にアトリウムを有し、事務室の廊下との間にはガラス間仕切り（外壁相当）で区画されていることについて、大臣認定を受けている。このような吹き抜けの大空間を有する建築物が増えている。アトリウムはできるだけ開放的にしたいことから、面積区画の上限を超える、竪穴区画がされていない、煙制御システムの構造方法が仕様規定に適合しない、屋根架構の耐火被覆がされていないなどが課題となる。

大臣認定のための性能評価では、アトリウムの底部や周辺の居室に火災を想定した場合について、火災からの熱の影響、煙の流動性状を予測して、在館者の避難や延焼拡大、消防活動に支障が無いことを確認する。防火総プロで開発された様々な予測手法を利用して、例えば以下の項目について安全であることを検証する。

構造部材：想定した火災からの火熱の影響を予測し、部材の構造強度に影響が生じないこと。

防火区画：想定した火災の長さ、火炎からの放射熱、煙層の温度などの影響を予測し、上階および対向面の同一階への延焼が生じないこと。

煙・避難：想定した火災からの煙がアトリウムの上部から溜まっていく性状を予測し、全ての在館者が煙にさらされずに避難できること。

(5) 防火区画

① 面積区画の拡大

体育館や展示場、空港ターミナルビルなどの大空間は防火区画をすることが難しく、用途上やむを得ないものとして面積区画が免除される場合もある。しかし、火災を一定の範囲に閉じ込める防火区画を緩和することは慎重でなくてはならない。

大臣認定のための性能評価では、可燃物が少なく、置かれる場所が制限されていることや、大空間であるため熱のフィードバックがなく、フラッシュオーバーが発生しないことなどを確認し、延焼拡大の危険性が著しく小さいことを確かめている。

② 新しい防火戸

防火区画を構成する壁の開口部には防火戸を設置しなければならない。従来は防火戸の構造方法は仕様書的に規定されていたが、1990年に告示で試験方法が定められたことにより、技術開発が進んだ。木製のもの、表面を可燃材で覆い芯を不燃

材料としたもの、断熱性を向上させるために高分子系材料で覆った鋼製戸などが認められている。

　また、ガラスクロス等のロール状の不燃織布を使用した耐火クロススクリーンも開発された。鋼製の防火シャッターに比べ軽量で小型化されていることで、使用範囲が拡大している。その中には避難経路にも使えるように避難口を設けているものもある（**図9**）。

図9　避難口付きの耐火クロススクリーンの例
写真提供　文化シヤッター株式会社

(6)　避難施設

　大臣認定のための性能評価では、避難階の設定、歩行距離の超過、直通ではない避難階段、階段幅の不足などを認めている場合がある。防火総プロで開発された煙性状予測、避難性状予測手法を利用して、煙にさらされず安全に避難できることを評価することが基本となる。

　歩行距離については、地上階でない人工地盤を避難階に準じた階と見なす、または、アトリウムを屋外と同等と見なすことにより、制限を満たしていると判断できる場合もある。

　また、超高層ビルでは地上へ避難することが困難であるため、中間階に外気に開放された一時待機場所を計画することが有効な計画であると評価される場合もある。

(7)　耐火設計

　建築基準法では、建築物の用途や規模に応じて耐火建築物とすることを要求しており、耐火構造は建築物の階及び部位に応じて定められた時間以上の耐火性能を有するものとしなければならない。告示では耐火時間に応じて部位ごとに具体的な仕様が定められている。また、告示に適合しない場合でも、耐火性能試験により必要な耐火性能を有することを確かめることで耐火構造として大臣認定を受けることができる。

　一方、火災安全工学の研究により、建築物内の火災性状や構造体の挙動が明らかになり、個別の建築物の条件から個々の部材に必要な耐火性能を確かめることが可能となった。ここでは、工学的な手法により大臣認定を取得している例を紹介する。

①　無耐火被覆

　柱、梁などの架構部材を外壁の外側に露出させた建築物の場合、屋内で発生した火災による噴出火炎や放射から受ける熱の影響は、区画内部にある場合に比べて小さくなる。そのため、耐火被覆の軽減や省略することが可能となる。

　また、高温時の降伏点低下等が従来の鋼材より比べて小さな耐火鋼（FR鋼）が開発されている。高温時の機械的特性が優れているため、従来の鋼材許容温度より高い温度において、必要な耐火性能を有していることから耐火被覆の低減が可能である。

　実際、自走式立体駐車場に耐火鋼を使用している例が多い。駐車場部分は開放性が高く、自動車の火災が発生しても盛期火災には至らない。火災による鋼材温度は最高でも600℃を超えず、耐火鋼部材でつくられた架構は予測された鋼材温度において倒壊防止に十分な耐力があることが確かめられている。そのため、耐火被覆を大幅に低減、または無被覆としている。

　2000（平成12）年にはFR鋼を用いた自走式駐

車場の無耐火被覆設計法の一般認定が認められている。(適用範囲：最上階から数えた階が14以下で、車室と車路の延べ面積が5万m²以下)。

② 鋼管コンクリート構造 (CFT構造)

CFT構造は、円形または角形鋼管の柱にコンクリートを充填した構造のことである。鋼管にコンクリートを充填することにより、構造的に優れているだけでなく、火災に対しては内部のコンクリートが鋼管に加わった熱を奪うことで耐火性を発揮するため、耐火被覆の削減や無被覆とすることが可能である。

新都市ハウジング協会は、1996年に「CFT (充填型鋼管コンクリート) 柱を用いた建築物」の大臣認定を取得し、構造設計・耐火設計・施工計画について審査を行ってきた。その後、2004年には告示によりCFT造が一般化されたが、協会の耐火設計指針に適合することが必要である。

| 3 | 日本の関連制度、構造基準・防火基準と新技術についての考察 |

これまで見てきたとおり、日本においては、1965 (昭和40) 年の「200号通達」以降の、法第38条認定を中心に活発に新技術の採用が行われた時代を経て、2000 (平成12) 年に、新技術の採用のより一層の円滑化を意図して「性能規定化」が行われた。これにより、構造基準に関しては、大臣認定を取得せずに使用できる新技術が増えたり、大臣認定の取得手続きが合理化される等の改善が図られ、防火基準に関しては、新しく定められた耐火性能検証法と避難安全検証法を利用することにより自由な設計が可能となり、新しい技術を利用した多様な空間が実現できることが期待された。しかし、一方で、包括的な認定規定であり、様々な手段で運用されていた法第38条が廃止されたことで、防火基準の面積区画の制限などの性能基準の導入が困難な規定について事実上解決の道が閉ざされることとなった[19]ほか、羈束

行為である建築確認制度下における基準の的確な運用への要請からなされた基準の具体化・詳細化の流れ、審査の厳格化等から、必ずしもそのような方向に向かっているとは言い難い状況も現れている。

今後、新技術の採用を拡大するためには、確認審査において裁量的な判断を可能としたり、設計者が自己責任で法適合性を証明することを認めたりすることによるシステムの抜本的な見直しを図るとの考え方もあるが、性能規定化がなされ、そうした仕組みが採用されている海外諸国においても、革新的な新技術の採用は、高度な技術的審査を行う体制の構築や、賠償責任能力の確保などクリアすべき困難な課題があり、必ずしも盛んに行われているわけではない。

一方で、2000年改正で整えられた技術基準の改正提案を受け付けるコンタクトポイントや、基準見直しのための検討体制は基本的に現在も維持されている。構造基準については、第1章で述べてきたような、さまざまな基準や制度の改善が図られており、防火基準に関しては、木造建築物に関する基準の合理化への強い要請などを踏まえ、「性能規定化」の考え方をより一層推進するための調査研究や、法令の基準の見直しが継続的に行われている。2008 (平成20) 年度からは、調査検討に民間の能力を活用し基準の整備・見直しを促進するための「建築基準整備促進事業」[20]が開始され、その成果を活用した基準の制定・見直しも多数行われている (**表18**参照)。

一方で、開発の促進や採用の円滑化が求められる新技術へのニーズは、建築物に要求される性能・機能の多面化、建築ストックの活用促進への強い要請、建築生産のあり方の変革、IT技術の著しい進展等を背景に、多様化・高度化を続けている。また、経済的な観点から、規制の合理化や、関連する手続きの迅速化・効率化等への配慮が極めて強く要請されるようになっている。それらの

表18 建築基準整備促進事業の成果を踏まえて整備された構造関係の基準等の事例

課題番号	年度	課題名	整備された基準等
41	平成23 (2011)	地震被害を踏まえた非構造部材の基準の整備に資する検討	平25国告第771号「特定天井及び特定天井の構造耐力上安全な構造方法を定める件」 平28国交告第791号(上記告示の改正)
50、 S4	平成24 ～25 (2012 ～2013)	吊り天井の耐震設計に係る基準の高度化に資する検討	
42	平成23 ～24 (2011 ～2012)	超高層建築物等への長周期地震動の影響に関する検討	平28国住指第1111号「超高層建築物等における南海トラフ沿いの巨大地震による長周期地震動対策について」
45	平成23 (2011)	昇降機に係る地震安全対策に関する検討	平25国交告第1046号「地震その他の震動によってエスカレーターが脱落するおそれがない構造方法を定める件」
S7	平成25 (2013)	CLTを用いた木構造の設計法に関する検討	平28国交告第611号「CLTパネル工法を用いた建築物又は建築物の構造部分の構造方法に関する安全上必要な技術的基準を定める等の件」他
S13	平成26 ～27 (2014 ～2015)	垂れ壁付き独立柱、だぼ入れにより水平方向のみ拘束した柱脚等で構成された木造建築物の設計基準に関する検討	平28国交告第690号「柱と基礎とを接合する構造方法等を定める件」他
S14	平成26 (2014)	コンクリートの強度管理の基準に関する検討	平28国交告第503号(昭46建告第110号「現場打コンクリートの型わくの取りはずしに係る基準」の改正) 平28国交告第502号(昭和56建告第1102号「コンクリートの設計基準強度と実強度との関係に関する基準」の改正)
S15	平成26 ～27 (2014 ～2015)	木造建築物における壁倍率の仕様の追加に関する検討	平30国交告第490号(昭56建告第1100号「建築基準法施行令第46条第4項表一(一)項から(七)項までに掲げる軸組と同等以上の耐力を有する軸組及び当該軸組に係る倍率の数値」の改正)他
S17	平成26 ～27 (2014 ～2015)	積雪の降雨の影響を考慮した積雪荷重の設定に資する検討	平30国交告第80号(平19国交告第594号「保有水平耐力計算及び許容応力度等計算の方法を定める件」の改正)

様々な要請に的確に対応し、基準・制度を新技術の円滑な採用が可能なものとして整備・運営していくため、これまでと同様の方向性による基準の見直しや制度面での運用方法の改善をより一層進めるほか、そうした対症療法的な対応のみではなく、中長期的な視点に立った制度・基準の改善のための調査・検討にも力を注いでいく必要があろう。

　最後に、不正等の問題の発覚が繰り返されている材料・製品関係の大臣認定の問題について触れておくこととする。2015（平成27）年3月に、法第37条に基づく大臣認定を取得していた免震材料（積層ゴム支承）について、大臣認定の内容に適合しない製品が販売されていたことと、不正な申請書を提出し性能評価・大臣認定を受けていたことが発覚した[21]。また、続く2018年10月にも、免震材料（オイルダンパー）について、検査データ書き換えによる大臣認定等に不適合な製品の出荷と、大臣認定仕様と異なる材質の部品等の使用があったことが明らかとなった[22]。これら以前にも、防耐火関係の大臣認定について、性能評価試験の不正や、認定と異なる製品の出荷等の事案が繰り返し明らかとなっており、それらの再発防止のための対策が講じられているのにもかかわらず、こうした事案が後を絶たない現状がある。こうした問題の背景には様々な要因があり、かつ、意図的な不正を完全に防止することは極めて困難であるが、今後、新材料の開発・使用を促進していくために、こうした事案の再発を、より的確かつ効率的に防止できるための対策の確立が重要な課題となっている。

4-9 建築行政のウィングの広がり

建築基準法においては、建築基準法令に定められた各種の建築基準に加え、建築基準法以外の法令で規定された建築基準関係規定についても適合性が求められ、建築確認検査において、その適合性が担保されている。さらに、地域の気候、風土等の特性又は特殊建築物に応じて地方公共団体が条例に基づき制限の附加、強化等を行い、建築基準への適合性を担保する仕組みが設けられている。

これにより、建築基準法は全国共通に適用される最低限の建築基準に加え、他の建築関係法令に規定された建築基準関係規定のほか、地域の特性に応じて地方公共団体の委任条例による建築基準の追加を可能とし、建築主事等の建築確認検査の仕組みによって、建築行政の一元化を可能とした制度になっているとみることができよう。

一方、建築基準法の制定以降、経済、社会の大きな変化と建築をめぐる多様な行政課題への対応の中で、様々な建築関係法令が制定、改正され、建築基準関係規定や建築確認みなし、容積率の特例制度等が充実されるとともに、地方公共団体において委任条例に基づく地域の特性に応じた様々な取組みが展開されている。

本節では、建築基準法を中心に、各種の建築関係法令がどのように制定、改正により充実がなされ、社会のニーズに合わせて建築行政のウィングが大きく広がってきたのか紹介したい。

まず、建築基準法制定以降の建築法制の広がりを俯瞰する上で、その出発点と考えられる建築基準関係規定について、建築基準法制定時に遡って、当初の建築確認対象法令の考え方とその明確化に至る経緯を紹介するとともに、その後のハー

トビル法、建築物省エネ法等の建築関係法令の制定、改正に伴い、建築基準関係規定がどのように充実されてきたかについて紹介する。

次に、建築をめぐる経済、社会の変化と多様な行政課題に対応していくため、建築基準法の規制対象領域が拡大されるとともに、様々な建築関係法令の制定、改正がなされ、充実されてきている。ここでは、未だ十分に触れられていない重要な政策領域として、

① 高齢社会、バリアフリー対応に向けた建築関係法令の制定、充実

② 建築物の省エネルギー、低炭素化のための建築関係法令の制定、充実

③ 保存建築物、景観形成のための建築関係法令の制定、充実

④ シックハウスや石綿対策、土砂災害防止に係る建築基準法上の規制措置の新設

の4つの分野における建築関係法令制定等の近年に至る取組みについて、時系列で辿ってみたい。

さらに、これらの建築関係法令においては、建築基準法の確認手続きと連動して、新築、増改築等における技術基準の適合性の担保や、事務手続きの簡素化のための仕組みが設けられている。また、建築物のバリアフリー化や耐震改修の促進を目的として、その制約となる建築基準法の単体規定や容積率制度等について、一定の緩和を行う特例措置が講じられており、それらの広がりについて分類し、紹介したい。

1 建築基準関係規定の明確化、充実

(1) 建築基準法制定時における建築確認対象法令の考え方

建築基準法制定時において、建築主事による建築確認の制度を導入する際に、その確認対象については、建築基準法のみならず、他の建築確認対象法令をも含むこととなった。

法制定時の「建築基準法令解説」によれば、建築主事の確認について、「建築工事の計画が建築物の敷地、構造及び建築設備に関する<u>法律並びにこれに基づく命令及び条例</u>の規定に適合するものであることについて、建築主事の確認を受けることを要件」とし、確認とは、「計画の内容と<u>法令</u>とを照合して、<u>法令</u>の規定に適合していることを公式に認定することである。」[1]と解説している。

これにより、建築主事の建築確認の対象については、建築基準法のみならず他の関係法令の規定（後の「建築基準関係規定」）をも含むこととなり、建築主事による建築確認、完了検査において、建築物の建築や大規模な修繕、模様替の計画や施工の内容が、これらの建築基準関係規定に適合していることが担保されることとなった。

この経緯について、建築基準法制定時、建設省住宅局建築指導課で担当していた小宮賢一氏は、法制審査における担当の兼松参事官とのやりとりを記した手記[2]の中で次のように述懐している。「…それは、法案の仕上げの段階でのことだったが、私（小宮氏）が『建築基準を定めた法令が沢山あり、その所管官も運用もバラバラなので、建築関係者は大変困っているが、もし建築主事がこれらの規定も全部確認することにすれば、彼等は非常に助かると思う。確認処分は、ただ建築主事の判断を示すだけのことだから、別に処分庁の権限を侵すことにはならないし…』と話しかけたら、彼（兼松参事官）はしばらく熟考した後で、

確認の条文中の『この法律…』とある中の『この』をグイと鉛筆で消して、私（小宮氏）の顔をみてニヤリと笑った」…「私（小宮氏）はこの他法令の確認によって、建築関係にとって事実上の建築行政一元化が達成されることを期待した…」と記している。この建築基準法制定時の経緯については、3－2に紹介している。

また、制定時の建築基準法第6条の建築確認に関する規定では、「建築主は、第一号から第三号までに掲げる建築物を建築しようとする場合、その計画が当該建築物の敷地、構造及び建築設備に関する<u>法律並びにこれに基づく命令及び条例</u>の規定に適合するものであることについて、…建築主事の確認を受けなければならない。」とのみ定められ、建築基準法以外の関係法令のどの規定に適合する必要があるかについては、具体的には規定されていない（下線部は、筆者が記す）。

(2) 建築確認対象法令の明確化

昭和50年代以降、建築物の大規模化、複雑化が進み、周辺住民との紛争が多く発生し、建築確認の手続きに時間を要する例が見られるようになった。このような中で、1985（昭和60）年7月22日に臨時行政改革推進審議会からの「行政改革の推進方策に関する答申」において、建築確認手続きの迅速化について「確認時の審査対象法令・事項の明確化など、審査手続きの効率化、迅速化の措置を講じ、…[3]」との指摘がなされている。

これに対応して翌年には、「建築確認事務の迅速化について」（昭和61年3月28日付け建設省住指発第79号　特定行政庁あて建設省住宅局長通知）、「建築確認対象法令について」（昭和61年3月28日付け建設省住指発第80号　特定行政庁建築主務部長あて建設省住宅局建築指導課長通知）が発出され、建築確認対象法令として、消防法等の17の法令が示されている。

その中で、次のような建築確認対象法令の基準

が示されている。

- 制度の趣旨及び目的が建築基準法の趣旨及び目的と異ならないこと
- 具体的な技術的基準であること
- 裁量性の少ないものであること
- 原則として、営業許可、公物管理上の許可等に係るものでないこと

(3) 建築基準法施行令や他法令における建築基準関係規定の明示

その後、1998（平成10）年の改正建築基準法による建築確認、検査の民間開放に伴い、審査対象となる規定が法令上明確化されることとなり、建築基準法施行令第9条において、建築基準関係規定が具体的に定められた。

当初は、消防法、屋外広告物法、都市計画法等の建築物の敷地、構造及び建築設備に直接関わる技術基準を定めた14の法令が規定されていたが、その後浄化槽法、「特定都市河川浸水被害対策法」の規定が追加された。さらに2002（平成14）年に改正された「高齢者、身体障害者等が円滑に利用できる特定建築物の建築の促進に関する法律」（ハートビル法）において特別特定建築物への利用円滑化基準の適合義務付けをはじめとして、他法令の規定の一部を建築基準関係規定とみなす旨定める例も増え、近年では、2015（平成27）年の建築物省エネ法の制定により、20の法令の規定が建築基準関係規定とされるに至っている。

他法令においてその規定の一部を建築基準関係規定とみなす規定としたことについては、2002（平成14）年のハートビル法の改正時における法制局審査において議論があったとのことである。その中で、従来のように建築基準法施行令で規定してもよいが、他法令で規定することも可能との見解を得、規制としての実効性を担保するため、建築確認手続きの一環として基準の適合性審査を行うことを国会で明確に定める趣旨から、他法令

にみなし規定として定めることとしたとしている。

（「建築基準関係規定一覧」 **DVD** 4-9-1及び「建築基準関係規定とみなす他の法律の規定一覧」 **DVD** 4-9-2）

2 高齢社会、バリアフリー対応に向けた建築関係法令の制定、充実

建築基準法の制定以降、我が国の高度経済成長期、社会経済の成熟期を経て現在に至るまで、経済、社会の大きな変化と建築をめぐる多様な行政課題に対応するため、様々な建築関係法令が制定、改正されてきた。

ここでは、まず、高齢社会、バリアフリー対応に向けた様々な建築関係法令の制定、改正の経緯のほか、建築基準法といかに連携して制度化がなされているかについて紹介したい。

（「高齢者、身体障害者等の福祉施策とバリアフリー化の取組み年表」 **DVD** 4-9-3）

(1) ハートビル法の制定

1994（平成6）年に、「高齢者、身体障害者等が円滑に利用できる特定建築物の建築の促進に関する法律（いわゆるハートビル法）」が制定された。これに先立ち、高齢社会の到来を見据え、国では高齢者、障害者に対する福祉制度の充実とともに、バリアフリー化のための設計指針等が示されるとともに、先進的な地方公共団体において、要綱、条例により建築物のバリアフリー化の取組みが進められていた。

一方、高齢者、身体障害者等の利用に配慮した建築物の整備は、全国において共通した課題であり、条例等をもたない地方公共団体においてもバリアフリー化の取組みが必要となり、また、建築物のバリアフリー化について国が統一的な基準を示すことが必要となっていた。

このような状況において、1987（昭和62）年に

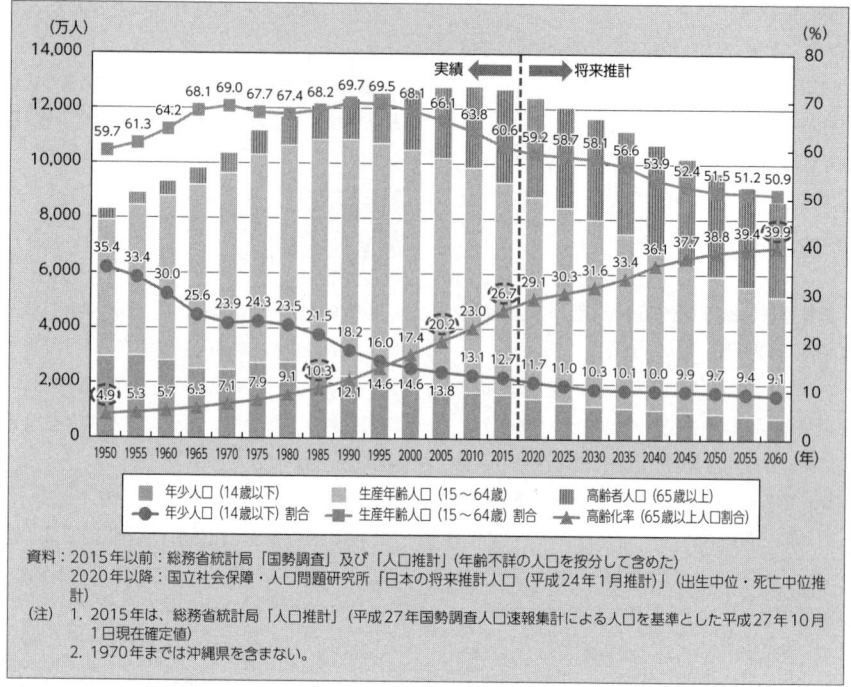

図1　年齢3区分別人口推移（1950〜2055年） 出典：平成28年版厚生労働白書

は厚生省人口問題研究所（当時）から、今後の急速な高齢化により、2020年には国民の4人に1人が65歳以上の高齢者となる予測[4]（その後、2015（平成27）年現在の高齢化率は当時の予測を上回る26.7％[5]となっている（**図1**））が示された。これを踏まえ、1993（平成5）年10月、建設省（当時）から建築審議会に対して、「高齢社会の到来及び障害者の社会参加の促進に配慮した優良な建築物の在り方について」の諮問が行われ、1994（平成6）年1月には、バリアフリーに関する最低限のレベルである基礎基準と、社会全体として目指すべき誘導基準のほか、不特定多数の人が利用する建築物について優先して取組むこと等の提案を含む答申が行われた。

この答申を踏まえ、「21世紀の本格的な高齢社会の到来に備え、高齢者や身体障害者等の自立と積極的な社会参加に資するよう、これらのものが円滑に利用できる特定建築物の建築の促進を図ること」を目的としてハートビル法が1994（平成6）年6月29日に公布され、同年9月28日に施行された。

以下にハートビル法の概要を記す。

① 特定建築主の努力義務

　　デパート、ホテル等の不特定多数の者が利用する特定建築物を建築しようとする者（特定建築主）に対し、出入口、廊下、階段、便所等を高齢者、身体障害者等が円滑に利用できるようにするための措置を講ずるよう努めなければならないこととされた。

② 特定建築主の判断基準

　　建設大臣は、高齢者、身体障害者等が円滑に利用できるようにするための措置に関し、特定建築主の判断の基準となる基礎的基準及び誘導的基準を定め、公表し、あわせて都道府県知事

等は、特定建築主に対して、判断基準（基礎的基準）を勘案して必要な指導、助言を行うこととされた。

③　計画の認定

特定建築主は、建築及び維持保全の計画を策定し、都道府県知事の認定を申請でき、都道府県知事は、当該計画が建設大臣が定める判断の基準となるべき事項に適合する等適切なものであると認めるときは、認定を行うことができることとした。認定に際しては、建築基準法の建築確認の手続を簡素化するための特例措置として建築基準法の確認を受けたものとみなすとともに、国及び地方公共団体は、認定建築物における廊下、階段等の施設の整備に必要な資金の確保を図ることとし、補助、融資及び税制上の支援措置が講じられた。

④　建築基準法の特例

高齢者、身体障害者等が建築物を円滑に利用できるよう廊下、階段等の施設を大きくした特定建築物については、特定行政庁の許可の範囲で容積率緩和の特例が認められる建築物とみなすこととし、さらに、既存の不特定多数の者が利用する建築物に専ら車いすを使用している者の利用に供する昇降機を設置する場合、当該昇降機について建築基準法の防火関係規定の緩和の特例を設けることとした。

(2)　ハートビル法の改正

2002（平成14）年には、建築基準法の改正に合わせてハートビル法の改正が行われ、1994（平成6）年の法制定時に4章19条で構成されていた条文が5章22条に再構成されている。

この改正においては、高齢者、身体障害者等が円滑に利用できる特定建築物の建築を一層促進するため、不特定でなくとも多数の者が利用する建築物を特定建築物とする範囲の拡大が行われた。また、併せて、前述のとおり建築基準関係規定の

みなし規定により、特別特定建築物の建築等について利用円滑化基準に適合することを義務付ける（**表1**）とともに、認定を受けた特定建築物について容積率の算定の特例等の支援措置の拡大が行われた。

この改正ハートビル法は、2002（平成14）年7月12日に公布され、2003（平成15）年4月1日に施行された。

以下に改正ハートビル法の概要を記す。

①　特定建築物の範囲の拡大

不特定でなくとも多数の者が利用する学校、事務所及び共同住宅等を特定建築物として範囲の拡大を行うこととされた。

②　特別特定建築物のバリアフリー対応の義務付け

特定建築物のうち、不特定かつ多数の者が利用し、又は主として高齢者、身体障害者等が利用する特別特定建築物について、バリアフリー化の基礎的な基準である利用円滑化基準に適合することを義務付け強化するとともに、それを建築基準法第6条第1項に規定する建築基準関係規定とみなすこととされた。

③　容積率の特例、表示制度の導入

バリアフリーの誘導基準を満たすとの認定を受けた特定建築物について、容積率の特例、表示制度の導入等の支援措置の拡大を行うこととされた。

④　権限の委譲

当該法律の権限を、都道府県知事から所管行政庁（建築主事を置く市町村又は特別区）に委譲することとされた。

(3)　交通バリアフリー法の制定

2000（平成12）年には、駅・鉄道車両・バス等の公共交通機関と、駅などの旅客施設周辺の歩行空間のバリアフリー化を進めるための「高齢者、身体障害者等の公共交通機関を利用した移動

表1　特定建築物等の用途、規模要件の推移

	特定建築物	特別特定建築物 （枠内は基準の適合義務付けの内容を示す）
H6ハートビル法制定時	不特定かつ多数の者が利用する一定規模以上の建築物 （用途）病院、劇場、観覧場、集会場、展示場、百貨店、ホテル等 （規模）床面積2,000m²以上	―
H14改正時	多数の者が利用する一定規模以上の建築物 （用途）学校、病院、劇場、観覧場、集会場、展示場、百貨店、ホテル、事務所、共同住宅、老人ホーム等	不特定かつ多数の者が利用し、又は主として高齢者、身体障害者等が利用する特定建築物で一定規模以上のもの （用途）特別支援学校、病院、劇場、観覧場、集会場、展示場、百貨店、ホテル、老人ホーム等 床面積2,000m²以上の建築等は利用円滑化基準への適合を義務付け 地方公共団体は、条例により、用途の追加、規模を引き下げることができる
H18バリアフリー新法	多数の者が利用する一定規模以上の建築物で建築物特定施設（敷地内の通路、駐車場等）を含む （用途）学校、病院、劇場、観覧場、集会場、展示場、百貨店、ホテル、事務所、共同住宅、老人ホーム等	不特定かつ多数の者が利用し、又は主として高齢者、障害者等が利用する特定建築物で一定規模以上のもの （用途）特別支援学校、病院、劇場、観覧場、集会場、展示場、百貨店、ホテル、老人ホーム等 床面積2,000m²以上の建築等は利用円滑化基準への適合を義務付け（既存の特別特定建築物についての基準適合努力義務を新設） 地方公共団体は、条例により、用途の追加、規模を引き下げることができる

（注）　対比しやすいように条文の表記について、筆者が一部加筆するとともに、下線を付している。

の円滑化の促進に関する法律（交通バリアフリー法）が制定された。

　このような立法措置と、補助・税制等の様々な助成措置を併せて講じることで、建築物や公共交通機関、公共施設などにおいて、段差の解消や点字ブロックの設置等バリアフリー化が進められた。

　これらの取組みが進む中で、2005（平成17）年には国土交通省から「ユニバーサルデザイン政策大綱」がとりまとめられ、その施策の一つとして、「一体的・総合的なバリアフリー施策の推進」のため、ハートビル法と交通バリアフリー法の一体化に向けた法制度の検討が進められた。

⑷　バリアフリー新法への一体化

　2006（平成18）年には、このハートビル法と交通バリアフリー法を統合、一体化して、「高齢者、障害者等の移動等の円滑化の促進に関する法律」（バリアフリー新法）が制定された。

　これは、より総合的、一体的な法制度を構築することにより、高齢者、障害者等の日常生活及び社会生活における移動上及び施設の利用上の利便性及び安全性の向上を図ることが必要となったためである。

　このバリアフリー新法は、2006（平成18）年6月21日に公布され、同年12月20日に施行された。

　以下にバリアフリー新法の概要を記す。

①　国の基本方針

　主務大臣（国家公安委員会委員長、総務大臣及び国土交通大臣）は、移動等の円滑化を総合的かつ計画的に推進するため、移動等の円滑化の促進に関する基本方針を定めることとされた。

②　移動等円滑化のために施設管理者等が講ずべき措置

　建築物、公共交通機関の旅客施設及び車両並びに一定の道路等について、新築又は改良時に移動等の円滑化のために必要な一定の基準に適合しなければならないこととされた。また、既

存のこれらの施設についても、当該基準に適合させるために必要な措置を講ずるよう努めなければならないこととされた。

なお、既存の特別特定建築物についての基準適合努力義務を新設したほか、建築基準法上の特例措置等のハートビル法に関する規定はそのまま反映された。

③ 重点整備地区における移動等円滑化に係る事業の重点的かつ一体的な実施

市町村は、移動等の円滑化を図ることが必要な一定の地区について、基本方針に基づき、移動等の円滑化に係る事業の重点的かつ一体的な推進に関する基本構想を作成することができることとされた。この際、高齢者、障害者等の計画段階からの参加の促進を図るため、基本構想の作成に関する協議等を行うための協議会制度、基本構想の作成を高齢者、障害者等が市町村に対し提案することができる制度等を設けることとされた。

<table>
<tr><td>3</td><td>建築物の省エネルギー、低炭素化のための建築関係法令の制定、充実</td></tr>
</table>

建築物の省エネルギー、低炭素化を推進していくために、石油危機を契機に誘導法として制度化された省エネ法をはじめ、その後、省エネ基準の段階的な強化、エコまち法、建築物省エネ法が制定されている。

ここでは、省エネ法の対策以降、地球温暖化対策の枠組みの中で、建築物の省エネルギーの取り組みがいかに強化され、建築物の省エネルギーに関する性能向上の担保を目的に規制法として新たに制度化された建築物省エネ法の制定に至る経緯を中心に紹介したい。

（「省エネルギー、低炭素化の取組み年表」 **DVD** 4-9-4）

(1) 石油危機と省エネ法の制定

1979（昭和54）年に、「エネルギーの使用の合理化に関する法律（省エネ法）」が制定された。これは、1973（昭和48）年に発生した第一次石油

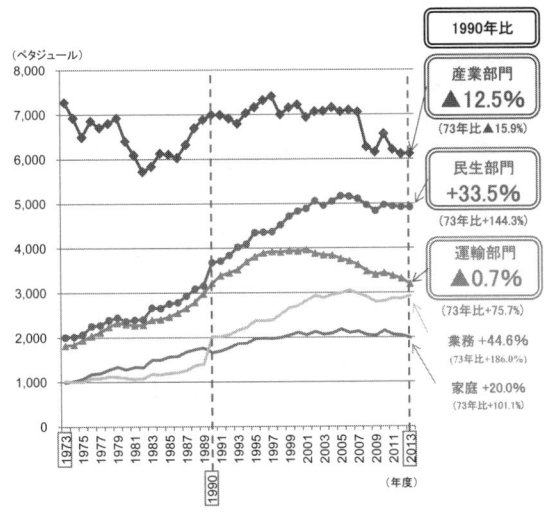

図2　最終エネルギー消費の推移
出典：平成25年度エネルギー需給実績（速報）　　　　（資源エネルギー庁）

危機に対応し、我が国の燃料資源の有効な利用の確保に資するため、工場、建築物等についてエネルギー使用の合理化に関する各種の対策を講じることを定めた法律で、建築物に関してもエネルギー使用の合理化を図るため、建築物の外壁、窓等を通しての熱の損失の防止のための措置に関する判断の基準を定め、建築主に努力義務を課す誘導法として制度化されたものである。

なお、この制度がスタートする前に、1969（昭和44）年の北海道防寒住宅建設等促進法の改正において、所定の防火性能及び防寒性能を有する木造の「防寒住宅」を住宅金融公庫融資の対象に追加するため、「防寒住宅」の技術基準として、木造住宅の熱還流率算定基準が定められている。

(2) 京都議定書目標達成計画と省エネ法の改正

1997（平成9）年に気候変動枠組条約第3回締約国会議（COP3）で採択された京都議定書において、我が国は二酸化炭素等の温室効果ガス排出量を、2008（平成20）年度から平成24年度の第1約束期間に1990（平成2）年度の基準年から6％削減することとなった。その達成に向けた京都議定書目標達成計画（平成20年3月28日閣議において全部改定）は、建築物部門（民生部門）、産業部門等の部門ごとに目標値を定め、各種の対策を講じて削減目標を達成することとされた。

当時の全エネルギー消費量のうち建築物部門の消費量は約3割を占め、増加傾向にあり、住宅・建築物の省エネルギー性能の向上は喫緊の課題となっていた。2005（平成17）年の省エネ法の改正により、2,000m²以上の住宅、建築物の新築・増改築、外壁等の大規模修繕・模様替え等の際に省エネ措置の届出が義務付けられた。また、2008（平成20）年5月の省エネ法の改正では、大規模な建築物の省エネ措置が著しく不充分である場合の担保措置の強化、住宅を建築し販売する事業者にその建築する住宅の省エネルギー性能の向上を促す措置の導入（平成21年4月施行）、一定の中小規模以上の建築物に係る省エネ装置の届出の義務付け（平成22年4月施行）が実施された。さらに住宅版エコポイント制度の創設により、さらなる省エネの普及を図るとともに、住宅

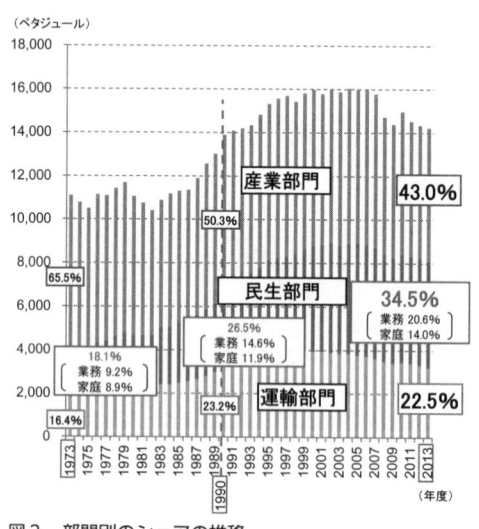

図3　部門別のシェアの推移
出典：平成25年度エネルギー需給実績（速報）　　（資源エネルギー庁）

性能表示制度や、建築環境総合性能評価システム（CASBEE）の開発、普及がなされた。

一方、2010（平成22）年には、経済産業省、国土交通省及び環境省が連携し、有識者や実務者等からなる「低炭素社会に向けた住まいと住まい方推進会議」の検討が開始され、新築住宅・建築物の省エネ基準への適合義務化について、義務化の対象、時期及び支援策等についての方向性（骨子案）及び工程表（案）が公表されている（中間とりまとめ（2012（平成24）年7月））。

(3) 低炭素建築物認定制度、一次エネルギー消費量基準の導入

2011（平成23）年3月11日に発生した東日本大震災は未曽有の被害をもたらすとともに、電力供給力の低下による電力需給の逼迫リスクが顕在化し、省エネルギー化の推進や低炭素化の取組みが急務とされた。このような中で、都市機能の集約やそれと連携した公共交通機関の利用促進、建築物の低炭素化の促進を目的とした「都市の低炭素化の促進に関する法律」が2012（平成24）年9月5日に公布、同年12月4日に施行された。

この法律では、低炭素化のための措置が講じられた建築物の新築等をしようとする者は、低炭素建築物新築等計画を作成し、所管行政庁の認定を受けることができ、認定を受けた建築物については、低炭素化に資する措置（後述の一次エネルギー消費量基準の先取り導入）をとることにより、通常の建築物の床面積を超えることとなる一定の床面積について容積率の緩和が受けられることとされた。

一方、省エネ基準について、外皮基準に加えて、設備性能や創エネ分も含めて総合的に評価する一次エネルギー消費量基準への見直し（建築物については2014（平成26）年度から、住宅については2015（平成27）年度から施行）が行われた。

(4) 建築物省エネルギー法の制定

2014（平成26）年度には、エネルギー基本計画（平成26年4月閣議決定）において2020年までに新築住宅・建築物について段階的に省エネルギー基準の適合を義務化することとされた等を踏まえ、2014（平成26）年10月に国土交通大臣より社会資本整備審議会長へ「今後の住宅・建築物の省エネルギー対策のあり方について」諮問がなされ、2015（平成27）年1月に第一次答申が取りまとめられた。その中で、建築物部門（民生部門）の省エネルギー化に向けた規制的手法のあり方や、新築時の高度な省エネルギー対応、既存建築物の省エネルギー性能向上、エネルギーの使用の合理化を誘導する方策のあり方等について、講ずべき具体的な方向性が示された。また、添付の工程表において、①大規模非住宅建築物、②大規模住宅と中規模建築物、③小規模建築物の順で省エネ基準への適合義務化を進めることが示された。

この答申を踏まえ、「社会経済情勢の変化に伴い建築物におけるエネルギーの消費量が著しく増加していることに鑑み、…一定規模以上の建築物のエネルギー消費性能基準への適合性を確保する等」を目的として、「建築物のエネルギー消費性能の向上に関する法律」（建築物省エネ法）が2015（平成27）年7月8日に公布された。後述の誘導措置（任意）について2016（平成28）年4月1日、規制措置（義務）については2017（平成29）年4月1日に順次施行された。

なお、建築物省エネ法が省エネ法とは別の新法として制定された背景について、同時の解説書[6]によると、エネルギー供給者側に加えて需要側についても改善が急務となり、需要側のメインとなる建築物部門の省エネ対策の抜本的強化が必要となったことが挙げられている。さらに、省エネ法の制定時とは異なり、建築物の省エネ性能を定量的かつ的確に測ることができるようになり、建築工事の時点で個々の建築物が一定の性能を満たす

かどうかを客観的な基準に基づき判断する規制手法が効果的とされ、誘導法としての省エネ法の性格を考慮して、新たに建築物を対象とした規制法として、建築物省エネ法が制定されることとなったとしている。

以下に建築物省エネ法の概要を記す。

① 規制措置

　ア　基準適合義務・適合性判定制度の創設

　　　2,000m²以上の非住宅建築物（特定建築物）について、新築、増築、改築時において、エネルギー消費性能基準（省エネ基準）への適合義務を課すとともに、基準への適合性を担保するため、所管行政庁又は登録建築物エネルギー消費性能判定機関による適合性判定制度を創設し、省エネ基準に適合しなければ建築確認済証の交付が受けられないこととされた。

　イ　届出制度

　　　特定建築物以外の300m²以上の建築物について、新築、増築、改築時における建築物の省エネ性能確保のための計画の届出義務を課し、これが省エネ基準に適合しないときは、必要に応じ、所管行政庁が指示等を行うことができることとされた。

　ウ　新技術の評価のための大臣認定制度の創設

　　　基準化に至らないものの省エネ性能、効果の高い新技術についても評価を可能とするため、特殊の構造又は設備を用いる建築物について、基準に適合する建築物と同等以上の性能を有する旨の大臣認定制度を設けることとされた。

　エ　住宅トップランナー制度

　　　国土交通大臣は、一定以上の建売戸建住宅を新築する事業者が、最も優れている新築戸建住宅の省エネ性能等を勘案して定める住宅トップランナー基準に照らして住宅の省エネ性能の向上を相当程度行う必要がある場合に、勧告等をすることができることとされた。

② 誘導措置

　ア　容積率特例

　　　省エネ性能の優れた建築物について、所管行政庁による建築物エネルギー消費性能向上計画の認定を受けて容積率の特例を受けることができることとされた。

　イ　表示制度

　　　省エネ基準に適合している建築物について、所管行政庁の認定を受けてその旨を表示することができることとされた。

③ その他

　　　国土交通大臣による建築物エネルギー消費性能の向上に関する基本方針の策定、国及び地方公共団体の責務、建築主及び建築物の所有者等の省エネ性能向上の努力義務等について定められた。

　　　省エネ法の維持保全状況に係る定期報告制度及び修繕・模様替え等の届出制度は、手続きの合理化の観点から廃止された。

4 保存建築物、景観形成のための建築関係法令の制定、充実

重要な建築物の保存や美しい都市の景観形成に向けて、市街地建築物法の美観地区制度を端緒として、建築基準法の美観地区への移行、建築基準法の改正による保存建築物制度の創設、近年の景観法、歴史まちづくり法の制定等、建築関係法令の制定、充実がなされてきた。

ここでは、美観地区の指定にみられるように、当初国の制度として限定的に始まった取組みが、建築基準法における委任条例の導入を経て、その後の各地の景観条例やまちづくりの機運の高まりを受けて、全国の様々な地域において、建築関係法令に委任された多様な条例の制定による取組みへとどのように発展してきたのかについて紹介し

たい。

（「保存建築物、景観形成に係る取組み年表」**DVD**
4-9-5）

(1) 市街地建築物法による旧美観地区の指定

1919（大正8）年に制定された市街地建築物法
及び旧都市計画法において、美観地区の制度が導
入された。立法段階で想定された美観地区は、市
内の枢要地区、公館集合地などの街区、社寺、公
園その他景勝地であり、環境の風致を害している
建築物等について、地方長官がその除去や改修、
設計変更を命じることができるほか、建築物の高
さ、軒高又は外壁の材料と主色を指定できるとさ
れた。当時の建築法規の解説書[7]によると、「美
観地區制は主として市街地に施行して都市景観の
整美のため建築物の形態、意匠等に對する取締を
規定するものである。…、かゝる方面に對する一
般社會の理解欲求が現状の如き程度である場合に
於いては、せめては宮城、神域の附近や公館地區
や主要なる商業中心地等については、建築物其の
他の工作物の配列、形態、意匠等に相當の統制を
行って、街衢の美観を保持したいと云ふのが美観
地區設定の趣旨である。」としている。なお、当
時、建築規制を担当していた警視庁の資料[8]とし
て、プロシア及びベルリン市、フランス、英国、
シカゴ市及びセントルイス市の美観地区及び広告
物規制に関する法令の日本語訳が（国研）建築研
究所所蔵の小宮文庫に収録されており、美観地区
の検討の際の参考にされたことが伺われる。

1933（昭和8）年には、前述の美観地区の指定
の考え方に基づき、宮城（皇居）外郭一帯
（294.6ha）が指定（5-1-1　**図10**宮城外郭一帯美観
地区指定図を参照）されたのをはじめ、大阪中之
島を中心とする重要幹線沿道、難波、上本町、阿
部野橋等の主要駅前、大阪駅前区画整理地区（計
134ha）、伊勢神宮周辺（3.2ha）が指定された。

(2) 新しい建築法草案における景観地区の規定

終戦後、戦災復興と新たな都市像に対応するた
めの建築法制の検討が戦災復興院において着手さ
れ、新しい建築法草案が1947（昭和22）年1月
に取りまとめられた。この新しい建築法草案の検
討経緯については、3-1に紹介している。

この新しい建築法草案においては、「第8章
景観」の一章が設けられ、建築法草案第71条から
第75条にわたって景観地区の指定、景観地区内
における建築物に係る形態・色彩・照明その他意
匠に関する規制、景観委員会等に関して規定され
ている（当該条文は**DVD**3-1-1）。特に第73条で
は、「主務大臣は、市街の体裁又は環境の風致を
よくするため、特に必要があると認めるときは、
景観地区を指定することができる。」と規定され
ている。これは、市内の枢要地区の整った美観を
守ること目的とした「美観地区」から、積極的に
景観を形成していく目的で「景観地区」の指定を
推進していく姿勢が表れている。この建築法草案
は、その後のGHQ指令により、建築統制の強化
が優先され、結局陽の目をみることはなかった
が、市街地建築物法の枠にとらわれず、終戦直後
において理想的な建築法規を追い求めた取組み[9]
の一つの到達点といえよう。

(3)建築基準法による美観地区制度の継承

1950（昭和25）年の建築基準法制定時におい
ては、「第七章　美観地区」の項目が設けられ、同
法第68条において美観地区について規定されて
いる。同条では、「建設大臣は、市街地の美観を
維持するために必要と認める場合に…都市計画の
施設として…美観地区を指定することができる。」
とし、「美観地区内における建築物の敷地、構造
又は建築設備に関する制限で美観の保持のために
必要なものは、地方公共団体の条例で定める」と
している。これについて法制定時の「建築基準法
令解説」では、美観地区内の建築制限について

は、その性質上都市の性格その他の特殊性によって異なるべきであるので、この項ではすべて條例（通常は市町村條例）に委ねられた。[1]」と解説している。

建築基準法の制定時においては、1、2年後には姉妹法である都市計画法の改正が見込まれていた[2][10]ことから、前述の新しい建築法草案の検討において、当時としては先進的な集団規定に関する様々な規定が取りまとめられたものの、それらの建築基準法への採用は基本的に見送られた。このような経緯で、新しい建築法草案で示された「景観地区」の規定についても、前述のような「美観地区」の規定に後退している。

この建築基準法に基づく美観地区として、1953（昭和28）年に沼津市アーケード街（0.7ha）が指定され、戦災復興事業の一環として1952（昭和27）年に施行された耐火建築促進法に基づき防火建築帯の整備がなされた。また、1969（昭和44）年に倉敷市倉敷川畔地区（21ha）、1972（昭和47）年には京都市御所をはじめとする7か所932.2haが指定されている。沼津市、倉敷市、京都市とも美観地区の条例による建築の制限が行われている。

(4) 文化財保護法の制定

第二次世界大戦を経て、戦災による経済的基盤の破壊等、文化財を取り巻く環境の悪化が懸念され、法隆寺金堂の火災（1949（昭和24）年1月26日）が大きな動因となり、新しい文化財保護制度の検討がなされ、1950（昭和25）年に文化財保護法が議員立法により成立した。この法律により、国宝保存法、重要美術品等ノ保存ニ関スル法律、史跡名勝天然記念物保存法等の従来の法律が統合された。さらに、1975（昭和50）年の同法の改正により伝統的建造物群保存地区制度が新設され、市町村は伝統的建造物群及びこれと一体をなしてその価値を形成している環境を保存するため、市町村が伝統的建造物群保存地区を定めることがで

きることとなった。これに合わせて建築基準法が改正され、市町村の条例によって伝統的建造物群保存地区内の制限の緩和について建設大臣の承認を得て大規模な建築物の主要構造部や屋根、外壁の防火措置、接道条件、容積率、建蔽率、高さ、防火地域及び準防火地域内の制限等を適用せず又は緩和することができることとされた。

(5) 地方指定の保存建築物等に関する適用除外

1992（平成4）年の建築基準法の改正において、地方指定の文化財等の取り扱いについて、従来の法第38条の運用による限界を踏まえ、建築基準法の一部適用除外措置について規定された。

これに先立ち、「国と地方の関係等に関する答申」臨時行政改革推進審議会答申（平成元年12月20日）を踏まえ、建設省から「地方公共団体が文化財として指定した伝統建築物に対する防火及び構造安定性評価指針」（平成3年3月30日付け建設省住宅局建築指導課長通達）が発出されている。この指針の中で、地方公共団体が文化財として指定した伝統建築物の保存、修理等において建築基準法の規定に抵触することとなるものについて、出火防止、避難安全の確保、近隣への延焼防止、消防活動の確保、構造安全性の確保の各項目に関する評価の考え方が示され、その安全性が確認されたものについては、建築基準法第38条の規定に基づく大臣認定を行う道が示された。

さらに、1991（平成3）年12月20日に、建築審議会から建設大臣あてに、「経済社会の変化・技術開発の進展に対応した建築物の安全性等の確保のあり方に関する答申」がなされた。その中で、伝統建築物に関する建築基準のあり方として、「地方公共団体が指定した文化財については、国が指定した文化財等に準ずるものとして、歴史的・文化的価値を損なわない形で解体修理、再現等が可能となるよう、その文化的価値と安全性とを衡量した上で、建築基準法令の全部又は一部の

適用を除外する等の措置を行うことが適切である。また、文化財としての指定を受けていない建築物についても、特に歴史的・文化的価値が高いと判断されるものについては、地方公共団体が指定した文化財と同様な措置を行うことについて、併せて検討する必要がある。」とされた。

これを受けて、1992（平成4）年の建築基準法の改正において、建築基準法第3条第1項第三号の適用除外の規定が拡充され、国指定の国宝、重要文化財と並びで条例の定めるところにより保存のための措置等が講じられている保存建築物やそれらの原形を再現する建築物で特定行政庁が建築審査会の同意を得たものについては、建築基準法令の規定が適用されないこととなった。

この建築基準法の保存建築物に関する委任条例として、2012（平成24）年4月に「京都市伝統的な木造建築物の保存及び活用に関する条例」が制定され、平成25年11月には対象を近代建築物等に拡大するとともに、名称を「京都市歴史的建築物の保存及び活用に関する条例」に改正されている。

さらに2018（平成30）年3月には、魅力ある観光まちづくりのため、現行の建築基準への適合が難しい古民家等の歴史的建築物も活用することが重要となっていることから、国土交通省において「歴史的建築物の活用に向けた条例整備ガイドライン」が示された。これは、条例により、現状変更の規制及び保存のための措置が講じられた歴史的建築物については、前述の建築基準法第3条第1項第三号の規定が設けられているものの、内容の自由度が高い独自条例の制定などの取組みは限定的なことから、独自条例の制定を促進するため、ガイドラインが示されたものである。

このガイドラインでは、条例制定のプロセスや留意点、建築基準法の適用を除外する代わりに、安全上、防火上及び衛生上の支障が生じないよう、必要な代替措置を講じるとともに、適切に管理することについて、事例集を用いて示されている。

図4　歴史的建築物の活用に向けた条例整備ガイドライン（パンフレット）[27]

(6) 景観緑三法の制定

2004（平成16）年には景観に関する総合的な法律である景観法の制定や、都市緑地法の改正等からなるいわゆる景観緑三法が制定された。この景観形成の取組みについては、1972（昭和47）年に京都市、高山市、萩市における「景観」を名称に冠した条例の制定に遡ることができよう。この後、歴史的な美しい街並みなどの良好な景観に関する関心が全国的に高まり、景観法制定時の2004（平成16）年には景観に関する自主条例が450市町村494条例、27都道府県30条例が制定[11]されている。このため、景観法案提出の背景として、「国として、これまでの地方公共団体の取組みに法的な位置づけを与えるとともに、強制力を含めた、良好な景観を形成するための法律的な効果を有する様々な仕組みを創設することにより地方公共団体の取組みを一層促進させる必要があった。」[12]としている。

また、国土交通省から、2003（平成15）年7月に公表された「美しい国づくり政策大綱」において、良好な景観の形成が国政上の重要課題として

位置づけられ、さらに同年12月の社会資本整備審議会「都市再生ビジョン」においても、「良好な景観形成と豊かな緑の創出に向けた制度の構築」が「都市再生への10のアクションプラン」の一つとして挙げられている。

このような景観形成を推進するための法的な枠組みとして、「景観法」、「景観法の施行に伴う関係法律の整備等に関する法律」及び「都市緑地保全法の一部を改正する法律」が2004（平成16）年6月18日に公布され、2005（平成17）年6月1日に全面施行された。

景観についての総合的な法律である景観法のうち、建築基準法に関連の深い分野に限定すると、まず、景観行政団体の長（市町村長）が景観計画区域内の良好な景観の形成に重要な建造物を景観重要建造物として指定することができ、建築基準法において、景観重要建造物のうち良好な景観の保全のためその位置又は構造をその状態において保存すべきものについては、市町村は国土交通大臣の承認を得て、条例で大規模な建築物の主要構造部や屋根、外壁の防火措置、接道条件、容積率、建蔽率、高さ、防火地域及び準防火地域内の制限等を適用せず又は緩和することができることとされた。さらに、市町村が都市計画区域又は準都市計画区域内で市街地の良好な景観の形成を図るため、都市計画に景観地区を定めることができ、建築物の形態意匠の制限、高さの限度、壁面の位置の制限等を定めることとされた。従前の美観地区は、「市街地の美観を維持するために定める地区」（都市計画法第9条第二十号）で、新たに、市街地において良好な景観形成を図る地区に適用できないという限界があったが、景観地区制度の創設により市町村による市街地における良好な景観の形成のための多様な取り組み支援が行えるようになった。これにより、美観地区は廃止され、既に定められていた美観地区のうち、美観地区に関する条例で建築物の形態意匠の制限を定め

ていた地区（沼津市1地区、倉敷市1地区、京都市8地区の計10地区）については、関連整備法の附則に定める経過規定により景観地区に移行している。

一方、建築基準法においては、まず、小規模な建築物（4号建築物）の確認・検査を要する区域として景観法に基づき指定された準景観地区が追加された。また、従前の美観地区の規定に代わり、同法第68条に景観地区の規定が設けられ、景観地区に関する都市計画に定められた建築物の高さ、壁面位置、敷地面積等の制限に適合すべきこととされた。さらに、これらの制限が定められている景観地区内の建築物で、敷地内に有効な空地が確保されていること等により、特定行政庁が交通上、安全上、防火上及び衛生上支障がないと認めるものについては、前面道路斜線、隣地斜線、北側斜線による高さの制限を適用しないこととされた。

また、「景観法」の制定とあわせて緑地保全地域における緑地の保全のための規制及び緑化地域における緑化率規制の導入を目的として「都市緑地保全法」の一部改正が行われた。まず、法律の題名が「都市緑地法」に改正され、緑化地域等における緑化率規制の導入として、市町村は、都市計画に緑化地域を定めることができることとし、当該地域内の敷地が大規模な建築物の緑化率は、当該地域に関する都市計画に定められた緑化率の最低限度以上でなければならないこととされた。さらに、市町村は、地区整備計画等に定められた緑化率の最低限度を、条例で建築物に関する制限として定めることができることとされた。

都市緑地法第41条において、これらの緑化地域等における緑化率の制限や地区整備計画等の条例に基づく緑化率の制限について、建築基準法に規定する建築基準関係規定とみなすこととされ、建築確認検査により担保されることとなった。

⑺ 歴史まちづくり法の制定

　2008（平成20）年には、「地域における歴史的風致の維持及び向上に関する法律（歴史まちづくり法）」が制定された。これに先立って社会資本整備審議会（旧歴史的風土審議会）における歴史的風土の保存・継承に関する審議が進められ、2008（平成20）年1月には歴史的風土の保存・継承小委員会報告として、「地域の伝統や文化を生かした総合的・一体的な計画に基づいたトータルなまちづくりを進める必要」、「より多くの都市と市街地を対象とした歴史的風致の維持向上によるまちづくりを支援する新たな枠組みの構築」等がまとめられた。

　このような議論を経て、文部科学省、農林水産省、国土交通省共管の法律である「地域における歴史的風致の維持及び向上に関する法律」（歴史まちづくり法）が2008（平成20）年5月23日に公布、11月4日に施行された。

　歴史まちづくり法においては、地域の歴史的風致の維持、向上を図るための、主務大臣による基本方針の策定、市町村による歴史的風致維持向上計画の策定と主務大臣による認定、重要文化財等と一体となって歴史的風致を形成している歴史的風致形成建造物に係る増築等の届出、勧告制度が設けられた。また、地域の歴史及び伝統を活かした物品の販売や料理の提供等を行う歴史的風致にふさわしい用途の建築物について、用途制限の特例によりその立地を可能とする歴史的風致維持向上地区計画が設けられた。この地区整備計画においては、建築物等の用途の制限、容積率、建蔽率、敷地面積、建築面積、壁面の位置の制限、建築物の高さ、意匠の制限、緑化率等を定めることができることとされた。

　一方、建築基準法においては、歴史的風致維持向上地区計画の区域においては、他の地区計画制度と同様に地方公共団体の条例による建築物に係る制限のほか、建築物の用途の制限等の緩和に関する特例措置が規定されている。

　なお、平成29年度末現在では、全国66都市において、歴史的風致維持向上地区計画が定められている。

5 シックハウスや石綿対策、土砂災害防止に係る建築基準法上の規制措置の新設

⑴ シックハウス対策の推進

　平成初期の頃から、新築や改築後の住宅やビルの居住者が、めまい、吐き気、頭痛、喉や鼻の痛み等を訴える例が増え、いわゆる「シックハウス症候群」、「シックビルディング症候群」といわれる社会問題が顕在化するようになった。その原因の一つとして、建材や家具、日用品等から発散された微量な化学物質を体内に取り込むことにより居住者の体調の不調が引き起こされたもので、その原因としては、住宅に使用されている建材等の化学物質の発散のほか、住宅の気密性が高くなったこと等が指摘[13]されている。

　これに対応して、1996（平成8）年7月に（財）住宅・建築省エネルギー機構を事務局として、建設省、厚生省、通商産業省、林野庁（当時）の協力の下に健康住宅研究会が設置され、「内装・実験分科会」（事務局：壁装材料協会）、「木質建材分科会」（事務局：日本住宅・木材技術センター）及び「設計・施工分科会」（事務局：住宅・建築省エネルギー機構）が組織された。その一環として、内装材、木質建材による室内空気汚染の状況についてホルムアルデヒド放散実大実験をはじめとする実証的実験研究が日本住宅・木材技術センター等において行われた。実証的実験研究では、ホルムアルデヒド気中濃度の理論式と実大実験による気中濃度測定値の対比による気中濃度推定方法の開発や保存処理木質建材に係るクロルピリホス等の揮発性、安全性の評価が行われた[14]。また、健康影響を低減していくための住宅設計・施工の基本的考え方、手法及び入居者の住まい方等につい

て検討が行われ、「室内空気汚染低減のための設計・施工ガイドライン」及び「ユーザーズ・マニュアル」が1998（平成10）年4月に公開された。

写真1　ホルムアルデヒド放散実大実験[14]

　一方、厚生省（当時）において、化学物質の室内濃度指針値[15]について検討が進められ、2000（平成12）年には厚生労働省から「化学物質の室内濃度の指針値」として、合板、パーティクルボード、壁紙用接着剤に用いられるユリア系、メラミン系、フェノール系等の合成樹脂、接着剤等から発散するホルムアルデヒドについて0.08ppm、2002（平成14）年には、しろあり駆除剤から発散するクロルピリホスについて0.07ppb（子児の場合0.007ppb）等の指針値（25℃の場合、ppm：百万分の一の濃度、ppb：10億分の一の濃度）が示された。

　このような中で、2000（平成12）年度に国土交通省主導の室内空気対策研究会において、全国で約4600戸の住宅について実態調査が行われ、約27.3％の住宅においてホルムアルデヒドの指針値を超えていることが明らかになり、シックハウス対策の確実な実施が急務となった。

⑵　建築基準法の改正によるホルムアルデヒド等の規制

　このような状況に対応して、2001（平成13）年10月11日には、社会資本整備審議会建築分科会に対して、「高齢化対策、環境対策、都市再生等、21世紀における新たな課題に対応するための建築行政のあり方について」諮問がなされた。これに対して、室内化学物質対策部会が設置、審議がなされ、2002（平成14）年1月30日に国土交通大臣に対して室内化学物質対策を含む答申（第一次）がなされた。

　この答申を踏まえ、従来からの各種対策に加え、室内空気汚染の原因となる化学物質の室内濃度を厚生労働省の指針値以下に抑制するため、新たに有害な化学物質を発散するおそれのある建築材料の使用を制限するとともに、換気設備の設置を義務付ける建築基準法等の一部を改正する法律が、2002（平成14）年7月12日に公布され、2003（平成15）年7月1日に施行された。

　この建築基準法改正により、今までにない新たな規制対象領域として、ホルムアルデヒドを発散するおそれのある建築材料の使用の制限が行われ、気密性の低い在来木造住宅等を除き、換気設備の設置が義務付けられるとともに、クロルピリホスを発散するおそれのある建築材料の使用が禁止された。

　具体的には、建築基準法第28条の2に居室における化学物質の発散防止に関する政令への技術基準を委任する規定を設け、建築基準法施行令において、規制対象となるクロルピリホス及びホルムアルデヒドが指定された。クロルピリホスについては、建築材料にクロルピリホスを添加しないことや、クロルピリホスをあらかじめ添加した建築材料については、クロルピリホスを発散させるおそれがないものとして国土交通大臣が定めたものを除き使用しないこととされた。また、ホルムアルデヒドについては、ホルムアルデヒドの発散量により第一種から第三種に3区分されたホルムアルデヒド発散建築材料について、居室の種類に応じ、居室の内装に用いることができる面積比率の上限値がそれぞれ示された。また、居室を有す

る建築物の換気設備について、気密性の低い在来木造住宅等を除き、一定の必要有効換気量以上を換気することができる機械換気設備等を設けることとする基準が示された。

一方、建築材料を供給する側にある農林水産省及び経済産業省と国土交通省との間で、それぞれが主管する日本農林規格（JAS）及び日本工業規格（JIS）に定められたホルムアルデヒド放散量基準と規制の方法について検討が進められた。その結果、規制対象から除外する建築材料は既往の基準値では十分ではなく、新たにより放散量の少ない基準値を制定するとともに、その表示方法について統一した方法（F☆☆☆☆等）が2003（平成15）年2月及び3月に告示され、格付製品への表示が義務付けられた[16]。

⑶　建築基準法の改正による石綿の使用制限

アスベスト（石綿）は、天然に産する繊維状ケイ酸塩鉱物であり、高抗張力性、耐熱性、耐摩耗性等に優れた性質を有していることから、鉄骨造の耐火被覆や天井等の吸音・結露防止を目的とした吹付け材、配管等の保温・断熱材、屋根材・外装材・内装材等の建材において使用されてきた。

一方、繊維として空気中に浮遊した状態にある石綿の粉塵を吸引することにより肺がんや中皮腫といった致死率の高い健康被害を生じることが明らかになり大きな社会問題となった。

このため、2005（平成17）年9月から建築基準法における石綿に関する規制の在り方について、社会資本整備審議会建築分科会アスベスト部会で検討が行われ、同年12月12日に「アスベスト繊維を飛散させるおそれがないものを除き、全てのアスベスト含有建材の使用を禁止することとすべき」との建議がなされた。さらに、アスベスト関係閣僚会合が開催され、健康被害者の救済から今後の被害の未然防止措置からなる「アスベスト問題に係る総合対策」（平成17年12月27日）が取り

まとめられた。

これらを踏まえ、アスベスト対策強化のため、大気汚染防止法、建築基準法等の四法を一括して改正する「石綿による健康等に係る被害の防止のための大気汚染防止法等の一部を改正する法律」が2006（平成18）年2月10日に公布され、同年10月1日に施行された。

これにより、建築基準法において、石綿の飛散性の高いものとして、建築材料への新たな石綿の吹付け及び石綿が吹き付けられている建築材料の使用が禁止され、石綿を含有する成形品等で劣化した状態にあるものの使用があわせて禁止された。

具体的には、建築基準法第28条の2の条文の見出しを「居室内における化学物質の発散に対する衛生上の措置」から「石綿その他の物質の飛散又は発散に対する衛生上の措置」に組み替え、その第一号に建築材料に石綿その他の著しく衛生上有害な物質を添加しないこととし、二号に石綿等をあらかじめ添加した建築材料については、石綿等を飛散させるおそれのないものとして国土交通大臣が定めたものを除き使用しないこととされた。前述のホルムアルデヒド等の化学物質については、三号に居室を有する建築物の制限として規定された。

⑷　土砂災害防止のための構造基準の強化

1999（平成11）年6月の梅雨前線豪雨により、広島市等を中心に土石流災害、がけ崩れ災害が多発し、家屋、人命に甚大な被害が生じたことから、土砂災害防止のための各種対策強化が必要となった。

このため、ハード対策である土砂災害防止工事の推進と併せて、土砂災害の危険性のある区域を明らかにし、その区域内での宅地開発の制限や、建築物の安全確保のための構造に関する規制措置の強化といったソフト対策の充実が求められた。

1999（平成11）年7月に建設省防災国土管理推進本部会議が開催され、「総合的な土砂災害対策に関するプロジェクトチーム」において検討が進められ、2000（平成12）年2月には河川審議会から「総合的な土砂災害対策のための法制度のあり方について」の答申がなされた。

これを受けて、土砂災害の防止のための対策の推進を図り、もって公共の福祉の確保に資することを目的とした「土砂災害警戒区域等における土砂災害防止対策の推進に関する法律」（以下、「土砂災害防止法」という。）が2000（平成12）年5月8日に公布され、2001（平成13）年4月1日に施行された。

これにより、土砂災害により住民等に著しい危害が生じるおそれがある区域を、都道府県知事が関係市町村等の意見を聴いて、土砂災害特別警戒区域として指定し、当該区域においては、住宅宅地分譲等について都道府県知事の許可制にするとともに、居室を有する建築物の構造基準については建築基準法令に規定することとし、当該土砂災害の発生原因となる自然現象により建築物に作用すると想定される衝撃に対して安全なものとなるよう、建築物の構造耐力に対する特別な基準を建築基準法令において定めることとした。

具体的には、土砂災害防止法第23条において特別警戒区域内における居室を有する建築物の構造耐力に関する基準として、建築基準法第20条に基づく政令において当該区域における建築物の構造耐力に関する基準を定める旨規定し、建築基準法施行令第80条の3の規定により、当該自然現象により想定される衝撃が作用した場合においても破壊を生じないものとして、外壁や構造耐力上主要な部分を鉄筋コンクリート造とする等、国土交通大臣が定めた構造方法を用いるものとしなければならないこととされた。

さらに、建築基準法の確認検査によって、基準の適合性を確実に担保するため、土砂災害防止法

第24条において、特別警戒区域内において居室を有する建築物については、建築確認検査の対象とならない小規模な建築物（4号建築物）についても建築確認検査の対象となるよう規定がなされた。

6 建築関係法令による建築基準法の多様な特例措置の充実

次にここでは、建築関係法令において設けられている建築基準法に関する多様な特例措置について、制度化に至る背景と考え方、特例措置の内容の広がりについて、紹介したい。

(1) 他法令の各種計画の認定等による建築確認みなしの特例措置の充実

1）ハートビル法の計画認定による建築確認みなしの特例措置

1994（平成6）年に制定された「高齢者及び身体障害者等が円滑に利用できる特定建築物の建築の促進に関する法律（ハートビル法）においては、多数の者が利用するデパート、ホテル等の一定の特定建築物の建築主に、バリアフリー化の努力義務を課すとともに、同法第6条において、所管行政庁による特定建築物の建築等の計画に関する認定制度が設けられた。この認定制度においては、建築確認に関する事務手続きの簡素化を目的として、同条第7項において、所管行政庁が、適合通知を受けて計画の認定をしたときは、建築基準法の確認済証の交付があったものとみなす特例制度が設けられた。

この建築確認みなしの特例措置については、2006（平成18）年に制定されたバリアフリー新法においてそのまま継承されている。

2）その他法令の計画認定等による建築確認みなしの特例措置

この後、1995（平成7）年に制定された建築物の耐震改修の促進に関する法律（耐震改修促進

法）の耐震改修計画の認定や、1997（平成9）年の密集市街地における防災街区の整備の促進に関する法律における建替計画の認定等においても建築確認みなしの特例措置が設けられた。

さらに、2011（平成23）年3月に発生した東日本大震災における避難困難者の問題等に対応して、2012（平成24）年の都市再生特別措置法の改正により、地域の滞在者等の安全の確保を図るための退避施設や、備蓄倉庫、非常用電気等供給施設を整備する都市再生安全確保計画の制度が設けられた。この都市再生安全確保計画において、前述の施設を含む建築物の建築等について、予め建築主事の同意を得て記載し公表された場合には、当該建築等の計画について建築確認済証の交付があったものとみなす特例措置が設けられた。

最近では2015（平成27）年に制定された建築物のエネルギー消費性能の向上に関する法律（建築物省エネ法）第30条に規定する建築物エネルギー消費性能向上計画の認定等の8の法令について建築確認みなしの特例措置が設けられている。

いずれの制度においても、所管行政庁とは、建築主事を置く市町村、特別区、都道府県の長をいい、建築主事が行う建築基準法の審査と所管行政庁の担当職員が行う関連建築法令の審査を一体的に受けることができる制度となっている。
（「建築確認みなし規定一覧」 **DVD**4-9-6）

(2) 建築基準法の単体規定を他法令で緩和、強化する特例制度の充実

1）建築基準法の単体規定を他法令で緩和、強化する背景と考え方

建築基準法制定時において、建築基準への適合性に関しては、市街地建築物法に散見される行為規制ととられる規定ぶりを見直し、状態規制となるように規定されている。なお、この経緯については、3－2「建築基準法の制定」に紹介している。これにより、建築基準法の改正において基準

が強化された場合には、その前に建築がなされた既存建築物については、建築基準法第3条第2項において一旦適用除外となり、その後、既存不適格建築物の場合には、その増築、改築、大規模な修繕・模様替えにおいて、その時点の建築基準へ適合させることとなった。

一方、既存不適格建築物の増改築等を行う際には、建築物全体についてその時点の建築基準への適合が必要となることから、増改築等の範囲や内容が広がり、経済的な負担が過大なものとなり、たとえ安全性向上を図るための改修を行う意思があっても当該改修を断念あるいは見送るいわゆる「凍結効果」が生じ、既存不適格建築物の増改築等による機能、性能の向上、活用の隘路となっている面がある。

このため、既存不適格建築物のバリアフリー化や耐震改修の促進といった喫緊の政策課題に対応するため、一定の安全性の確保を前提に必要度の高い箇所の改修を許容し、一部の不適合となる単体規定について緩和する仕組みが1994（平成6）年のハートビル法、1995（平成7）年の耐震改修促進法において設けられている。

また、2004（平成16）年の建築基準法の改正において、既存不適格建築物に対する勧告・是正命令制度の創設、報告・検査制度の充実、強化とともに、二以上の工事に分けて段階的に改修を行う際に建築基準の段階的な適用を認める全体計画認定制度のほか、構造耐力規定の適用の合理化や別棟とみなせる建築物の部分について建築基準の部分適用の仕組みが設けられている。

さらに近年、空き家が増加傾向にある中で、住宅をそれ以外の用途に変更して活用することが求められており、建築行政においても、安全性の確保と既存建築ストックの有効活用の両立を図りつつ、建築規制を合理化していくことが必要とされている。このような政策課題に対応していくため、2018（平成30）年の建築基準法の改正におい

ては、既存建築ストックの活用を図るため、用途変更に伴って建築確認が必要となる規模が見直されるとともに、延べ面積200m²未満かつ３階建て以下の戸建住宅等を他の用途の特殊建築物とする場合に、在館者が迅速に避難できる措置が講じられることを前提に、耐火建築物等としなくてもよいこととされた。さらに、既存建築物の用途変更の円滑化を図るため、最終的に不適合状態が解消されることを前提に、段階的・計画的な改修による対応を認める制度として、用途変更に係る全体計画認定制度が導入された。

一方、建築基準法で想定している一般的な建築物の他に、政策課題としてグレードを高めていく必要性の高い建築物については、建築物の用途、規模でその範囲を特定した上で、他の法令において建築基準法の単体規定の上乗せ、横出し強化が行われている。

次に、このような他法令による建築基準法の単体規定の緩和、強化の特例措置の広がりについて紹介したい。

2）ハートビル法における昇降機についての建築基準法の特例措置

1994（平成６）年に制定されたハートビル法において、既存建築物のバリアフリー化を促進するため、専ら車いすを使用している者の利用に供する昇降機を設置する場合、防火関係規定の適用を受けないこととした。

これは、低層の建築物にはエレベータが設けられていないことが多く、建築基準法の防火関係規定をそのまま適用しようとすると、昇降機の設置が困難となることから、例えば２階建て程度の既存の特定建築物の吹抜け空間等を活用した簡易な構造の昇降機を設置できるようにしたもので、一定の基準に適合し、防火上及び避難上支障がないと所管行政庁が認めた場合には、建築基準法の防火関係規定を適用しないこととしたものである。

なお、この建築基準法の特例措置については、

2006（平成18）年に制定されたバリアフリー新法においても継承されている。

3）耐震改修促進法による建築基準法の防火関係規定の緩和

1995（平成７）年１月に発生した阪神淡路大震災において、1981（昭和56）年に施行された新耐震基準を満たさない既存不適格建築物の被害が顕著となったことから、これらの建築物の耐震改修の促進が急務となった。このため、1995（平成７）年10月に建築物の耐震改修の促進に関する法律（耐震改修促進法）が公布され、耐震改修を促進するため、耐震改修の計画認定を受けた既存不適格建築物に対する制限の緩和のほか、耐火建築物に係る制限の緩和がなされている。

これは、1）で述べたとおり、耐震改修を行おうとすると耐震関係以外の他の不適格事項を全て適法にしなければならず、結果として耐震改修を中止したり、改修を縮小して行うことになり、地震に対する安全性を確保するための措置が十分に講じられないおそれがあるので、耐震性の向上を目的とする一定の耐震改修を行う場合に既存不適格建築物の制限の緩和を行う[17]こととしたものである。また、耐震改修の方法として耐力壁の増設、柱の靱性補強等があり、例えば鉄骨のブレース補強や、柱に鉄板や新工法として炭素繊維を巻きつける工法の耐震改修では、その部分の耐火被覆が必要となる場合があることから、耐火被覆による重量の増大や利用スペースの減少、改修費用の増大等により耐震改修が進まないおそれがあったためである。この場合、補強以前の状態でも火災時における一定の耐力を有しており、防火上の安全性の確保は可能なことから、一定の防火上の基準を満たした上で、建築基準法上の防火関係規定を適用しないものとする特例措置が講じられた。

これらの建築基準法に規定する制限を緩和する理由として、当時の解説書[18]によれば、「①地震

に対する安全性確保の重要性、②耐震改修に係る技術の確立、③他の不適格事項の改善の期待可能性があること」が例示されており、建築基準法に規定しない理由として、「当該制限緩和は、地震に対する建築物の安全性を確保するために特例的に認めるものであり、建築基準法に定める一般的な基準として位置付けられるものではない。」としている。

4）ハートビル法、バリアフリー新法における特別特定建築物についての基準の強化

2002（平成14）年のハートビル法の改正において、不特定かつ多数の者が利用し、又は主として高齢者、身体障害者等が利用する病院、百貨店、ホテル、老人ホーム、身体障害者福祉ホーム等の特別特定建築物について、バリアフリー化のための利用円滑化基準の適合義務化がなされ、これについては建築基準関係規定とみなされることとなった。

これにより、特別特定建築物の出入口、廊下、階段、昇降機、便所、敷地内通路等の特定施設について、例えば、廊下、階段等の滑りにくい材料による仕上げ、点字ブロックの配置等、高齢者や身体障害者等の円滑な利用に資するよう基準の強化がなされている。

⑶ 建築基準法の容積率規制等を他法令で緩和する制度の充実

1）他法令で容積率を緩和する背景、考え方

建築基準法の1963（昭和38）年改正において、特定街区制度とともに導入された容積地区制度は、その後の用途地域による容積率制限に引き継がれたもので、この容積率制限の特例措置の要件の一つとして、機械室等が著しく大きい場合における特定行政庁の特例許可について、現行の建築基準法第52条第14項第一号に反映されている。

一方、近年において、建築物のバリアフリー化のほか、防災上や環境等の面から必要とされる施設整備を促進するため、通常よりも広い床面積を確保する必要があるものの、床面積の増加により収容人員が増えることはなく、交通や下水道等の都市施設への負荷が増大するおそれがないと考えられる場合について、特定行政庁の許可により容積率を緩和する仕組みや、一定の範囲内で特定行政庁の許可によらず容積率を緩和する仕組みが設けられている。

次に、このような他法令による建築基準法の容積率緩和のための制度の広がりについて紹介したい。

2）ハートビル法等における容積率の特例

高齢者や身体障害者等の自立と社会参加を促していくためのバリアフリー化の推進を目的としたハートビル法の趣旨を踏まえ、廊下、階段、便所等の特定施設が、通常の床面積よりも著しく大きい建築物の建築を可能とするため、ハートビル法では2種類の容積率を緩和する特例措置が設けられている。

まず、1994（平成6）年の法制定時において、特定建築物に限らず、廊下、階段、便所等の特定施設について、建築基準法第52条第14項第一号に規定する「機械室」等とみなすことにより、特定行政庁の許可により容積率の制限を超えることができることとしている。

さらに、2002（平成14）年の法改正時において、所管行政庁による特定建築物の計画認定の際には、特定施設の床面積のうち、利用円滑化基準に適合させるため、通常の建築物における特定施設の床面積を超えることとなる面積については、認定建築物の延べ面積の十分の一を限度として、容積率の算定の基礎となる延べ面積に算入しないこととされた。

その後、この延べ面積不算入の仕組みについては、2012（平成24）年に制定された都市の低炭素化の促進に関する法律における低炭素建築物の容積率の特例制度のほか、2015（平成27）年に制定

された建築物のエネルギー消費性能の向上に関する法律における認定建築物エネルギー消費性能向上計画に係る建築物の容積率の特例制度において同様の仕組みが用いられている。

3）その他の容積率等の特例制度の充実、広がり

2011（平成23）年には、東日本大震災による甚大な津波被害を教訓として、津波による災害を防止、軽減する津波防災地域づくりを総合的に推進するため、「津波防災地域づくり法」が制定された。「津波防災地域づくり法」では、津波災害警戒区域内において、市町村が作成する推進計画区域内の指定避難施設の備蓄倉庫等については、特定行政庁が交通上、安全上、防火上及び衛生上支障がないと認めるものの床面積は、容積率の算定の基礎となる延べ面積に算入しないこととされた。

これに類似する容積率緩和制度として、2012（平成24）年に改正された都市再生特別措置法において備蓄倉庫等の容積率の特例制度が設けられた。この制度では、都市再生安全確保計画に記載された都市再生安全確保施設である備蓄倉庫等で特定行政庁が交通上、安全上、防火上及び衛生上支障がないと認めるものの床面積は、容積率の算定の基礎となる延べ面積に算入しないこととされた。

また、2013（平成25）年に改正された「建築物の耐震改修の促進に関する法律」において容積率及び建蔽率の緩和の特例制度が設けられた。この制度では、建築物の耐震化の円滑な促進のための措置として、既存耐震不適格建築物について、耐震改修工事が地震に対する安全性の向上を図るために必要と認められるもので、容積率及び建蔽率に関する規定に適合しないこととなることがやむを得ないと認められ、所管行政庁が交通上、安全上、防火上及び衛生上支障がないと認めるものについては、容積率関係規定や建蔽率関係規定を適用しないこととされた。

さらに、2014（平成26）年に改正された「マンションの建替え等の円滑化に関する法律」において、容積率の特例制度が設けられた。この制度では、耐震性不足の認定を受けたマンションの建替えにより新たに建設されるマンションについて、危険な耐震性不足のマンションが除却・建替えされることの公益性を評価しつつ、総合設計の考え方に基づいて、一定の敷地面積を有し、特定行政庁が交通上、安全上、防火上及び衛生上支障がなく、かつ、その建蔽率、容積率及び各部分の高さについて総合的な配慮がなされていることにより市街地の環境の整備改善に資すると認めて許可したものの容積率は、容積率の限度を超えることができることとされた。これにより、主な特定行政庁において、総合設計制度許可準則に「マンションの建替え等の円滑化に関する法律」に係る容積率の緩和特例に関する規定が設けられ、マンションの建替えを促す措置が講じられた。

一方、2013（平成25）年に制定された国家戦略特別区域法においては、国家戦略特別区域内の特定事業として整備される拠点的な施設の建築について、用途制限の緩和に関する特例措置のほか、国家戦略として整備される住宅について容積率制限の緩和に関する特例制度が設けられた。

7　まとめ

本節では、建築基準法における建築基準関係規定をはじめとして、近年に至る各種の政策課題に対応した様々な建築関係法令の制定、改正の動き、建築基準法との関係について解説を加え、建築行政のウィングの広がりについて紹介してきた。

その流れを振り返ると、次のように要約できる。
・建築に関する最低限の基準として制定された建築基準法においては、建築基準関係規定を設けることにより、建築基準法のみならず関連する各種法令の建築物に関する基準への適合性を求

める一元的な仕組みが確立された。

- これにより、建築基準法では規定しにくい他の法令上の建築に関する基準についても、建築基準法の施行令で建築基準関係規定と規定するか、他法令で建築基準関係規定とみなすことで、建築基準法の建築確認検査の仕組みにおいて基準への適合性が実質的に担保されることとなった。
- 高齢社会の深刻化とバリアフリー対応の取組みや、建築物部門の省エネルギー対策の強化、歴史的に重要な建築物の保全や景観形成の推進、更には、シックハウスや石綿対策、土砂災害防止等、昨今の建築をめぐる多様な政策ニーズの展開に対応して、様々な取組みが展開された。
- まず、ハートビル法においては、高齢者、身体障害者等が建築物を円滑に利用できるよう廊下、階段等の施設を大きくした建築物について容積率緩和の特例措置のほか、既存の建築物に車椅子用の昇降機を設置する場合の防火関係規定の特例措置や建築確認みなしの特例措置が初めて設けられ、その後の耐震改修促進法等においても同様の特例措置が講じられた。
- 一方、石油危機に始まった省エネ法の取組みの進展に合わせ、建築物の省エネルギー基準の高度化、対象建築物の拡大が進められ、京都議定書締結で強化された地球温暖化対策の実効性を高めるため、新たに建築物省エネ法の制定において建築基準関係規定とすることで、対象建築物のエネルギー消費性能の向上が担保された。
- 国の制度として始まった市街地建築物法の「美観地区」については、当初は皇居周辺等の極めて限定された区域の美観保全を目的としていた

が、終戦直後に理想的な建築法制として取りまとめられた建築法草案において、景観形成の推進を目的とした「景観地区」が盛り込まれた。

- その後、建築基準法の「美観地区」において地域の特殊性を反映した委任条例に基づく建築制限に引き継がれ、その後、伝統的建造物群保存地区や建築基準法の保存建築物、景観法や歴史まちづくり法等に基づく条例による各種の特例措置が設けられた。
- これにより、地域の特性を活かした景観形成やまちづくり等の機運の高まりとともに、全国の地方公共団体において、これらの条例に基づく地域に根ざした多様な取組みが展開されるに至っている。
- 建築物に関する多様な政策ニーズに対応していくため、ホルムアルデヒドや石綿、土砂災害防止といった全く新しい分野に関する規制内容が追加されるとともに、ストックの性能、機能向上の観点から既存不適格建築物に関する制度の充実、合理化の取組みがなされてきている。

　本節を執筆するに当たり、建築関係規定や建築関係法令の制定、改正の背景、概要については、原則として公開された資料をもとにとりまとめ、編集委員会にてご議論頂いたものであるが、それぞれ制度を直接担当された諸兄に確認したものではないため、記載内容に至らぬ点があればご容赦願いたい。読者諸賢のご指摘ご教示を頂けると幸いである。

謝辞

　本節の執筆のための資料閲覧に当たり、国立研究開発法人建築研究所の皆様に便宜を図って頂きました。ここに記して感謝の意を表します。

1）　実態的な単体規定は第19条～第36条の18か条であり、そのうち木造建築物の防火に関係する規定は第21条～第27条、第36条の8か条である。また、集団規定中第60条～第67条は防火地域制の規定である。

2）　内藤昌「江戸と江戸城」鹿島出版会　1966.1

3）　太田博太郎「日本建築の特質」岩波書店　1983.7

4）　日本建築学会「近代日本建築学発達史」丸善　1972.10

5）　都市不燃化同盟「都市不燃化運動史」1957.11

6）　東京市政調査会「日本都市年鑑（昭和15年用）」1939.12他

7）　内務省社会局「大正震災志　内篇」1926.2

8）　東京都復興記念館（横網町公園内）資料

9）　大橋雄二「日本建築構造基準変遷史」日本建築センター　1993

10）　建築学会　建築雑誌　佐野利器「防空と建築」1933.8　我が国の耐震構造学の基礎を築いた佐野利器は、関東大震災後帝都復興院理事建築局長に迎え入れられ、その後も戦災復興に至るまで生涯都市不燃化にも尽力した。

11）　日本統計普及会「帝都復興事業大観」1930.4

12）　建築学会　建築雑誌　内田祥三他「木造家屋の火災実験に就て」1933.10／建築雑誌　内田祥三「木造家屋の火災実験に就て」1935.4／日本火災学会「火災便覧　第3版」共立出版　1997.5

13）　内田祥文「建築と火災」相模書房　1942.10

14）　現在は、これと整合化した JIS A1304（建築構造部分の耐火試験方法）による。

15）　防空法第1条の定義による。

16）　建築学会　建築雑誌　菱田厚介「建築法令改正に就て」1939.5

17）　ヨーロッパについては、ロンドンやハンブルグでは壁は煉瓦又は石造であるが屋根や床には木造が多かったため、我が国ほどではないものの焼夷弾による同時多発火災が発生したが、ベルリンを始めドイツの多くの市街地の建物は煉瓦の間仕切りが永く屋根に達していたため、室ごとに焼夷弾を命中させない限り全焼しなかった（日本建築学会　建築雑誌　藤田金一郎「欧米の防火研究と防火対策の近況」1953.8）。

18）　東京都慰霊協会「東京大空襲の記録」2014.1

19）　長谷見雄二「20世紀の災害と建築防災の技術」日本建築防災協会　2002.7

20）　田邊平学「不燃建築の話」日本セメント技術協会1950.9

21）　都市不燃化同盟「都市不燃化運動史」1957.11／日本建築学会　建築雑誌　東京工業大学内防火研究会「ロンドン大火後の復興」1953.8

22）　日本建築学会　建築雑誌　谷重雄「不燃建築の経済性について」1953.8

23）　内藤亮一他「建築基準法令解説」日本建築学会1950.11

24）　臨時防火建築規則は、戦時特例により1943（昭和18）年末から停止されていた市街地建築物法が1948（昭和23）年初に復活したが、当時の資料難等の中では同法をそのまま適用し得ない状態だったので、許される範囲内で防火上必要な事項を臨時に定めたものである（都市不燃化同盟「都市不燃化運動史」1957.11）。

25）　「建築基準法施行令と市街地建築物法令との比較表」小宮文庫　建築研究所所蔵

26）　消防防災博物館 HP「特異火災事例」

27）　建築基準法施行令第46条に規定する2階建ての1階の軸組長さ（m）／各階床面積（m²）は、重い屋根・壁の場合で16→33（約2.1倍）、軽い屋根・壁の場合で12→29（約2.4倍）となった。

28）　日本建築学会　建築雑誌　都市不燃化委員会「防火に関する建築基準法関係規定の改正案と解説」1955.10

29）　建築行政協会　建築行政　稗田治「建築基準法改正と建築行政の今後の運営について」1959.4

30）　日本建築学会　建築雑誌　亀井勇「伊勢湾台風の被害状況」1959.12／内閣府 HP「災害教訓の継承に関する専門調査会報告書1959伊勢湾台風」

31）　日本建築学会 HP「「木造禁止」を含む日本建築学会の「建築防災に関する決議」(1959年)について」

32）　「総合技術開発プロジェクト「小規模住宅の新施工法の開発」昭和50年度研究開発概要報告書」建設省　1976.8

33）　日本木造住宅産業協会「日本の木造住宅の100年」2001.3

34）　日本建築センター　ビルデイングレター　山中保教「サミットハウスの建設をめぐって」1986.4

35）　熊本県阿蘇郡小国町 HP

36）　日本火災学会「火災便覧　第3版」共立出版1997.5

37）　山田誠「木造建築物の防火研究の経緯と防火法規の変遷」住宅と木材　日本住宅・木材技術センター　2016.4

38）　建築研究所「建築研究所50年」1996.10

39）　日本建築センター　ビルデイングレター　建設省住宅局建築指導課「スーパーハウスプロジェクトに係る建築基準法第38条の建設大臣の認定について」1991.11

40）　自動車車庫、倉庫等可燃物量の多い用途については、周囲への延焼防止の観点も含まれる。

41）　逐条解説建築基準法編集委員会「逐条解説建築基準法」ぎょうせい　2012.12

42）　その後平成10年改正で、耐火構造の不燃構造への限定は撤廃され、耐火性能試験で加熱終了後再燃焼せずに燃え止まることを確かめることとされた。

43）　建築震災調査委員会「平成7年阪神・淡路大震災建築震災調査委員会最終報告書」1995.12

44）　日本建築学会「阪神・淡路大震災調査報告総集編」丸善　2000.3

45）　建築基準法第20条第1項は、「建築物は、自重、積載荷重、積雪荷重、風圧、土圧及び水圧並びに地震その他の震動及び衝撃に対して安全な構造のものとして、次の各号に掲げる建

築物の区分に応じ、それぞれ当該各号に定める基準に適合するものでなければならない。」と規定し、全ての建築物を対象として機能要件を示し、性能要求等について施行令以下で規定する体系となっている。ただし、施行令以下まできれいな階層構造になっているわけではない。

46) 正確には、「耐火構造」の定義（建築基準法第2条第7号）で耐火構造に求められる性能（耐火性能）を「通常の火災が終了するまでの間当該火災による建築物の倒壊及び延焼を防止するために当該建築物の部分に必要とされる性能」と規定し、「耐火建築物」の定義（同法第2条第9号の2）で耐火建築物の主要構造部について、耐火構造であるか、「〜発生が予測される火災による火熱に当該火災が終了するまで耐える」性能を求めている。

47) 正確には、「準耐火構造」の定義（建築基準法第2条第7号の2）で準耐火構造に求められる性能（準耐火性能）を「通常の火災による延焼を抑制するために当該建築物の部分に必要とされる性能」と規定し、「準耐火建築物」の定義（同法第2条第9号の3）で準耐火建築物の主要構造部について、準耐火構造であること等を求めている。

48) 従来は、耐火性能試験の判定基準に、国際標準にはない加熱終了後10分以上の火気の残存等の基準を設け、不燃構造に限定して運用されていた。

49) 公共建築物等における木材の利用の促進に関する法律第3条第5項「国は、建築物における建築材料としての木材の利用を促進するため、木造の建築物に係る建築基準法の規制の在り方について、木材の耐火性等に関する研究の成果、建築の専門家等の専門的な知見に基づく意見、諸外国における規制の状況等を踏まえて検討を加え、その結果に基づき、規制の撤廃又は緩和のために必要な法制上の措置その他の措置を講ずるものとする。」

50) 総務省消防庁「東日本大震災記録集」消防庁2013.3

51) 正確には「次の各号のいずれかに該当する特殊建築物は、その主要構造部を当該特殊建築物に存する者の全てが当該特殊建築物から地上までの避難を終了するまでの間通常の火災による建築物の倒壊及び延焼を防止するために主要構造部に必要とされる性能に関して政令で定める技術的基準に適合するもので、国土交通大臣が定めた構造方法を用いるもの又は国土交通大臣の認定を受けたものとし、かつ、〜」と規定している。

52) 正確には、「特定避難時間倒壊等防止建築物」の定義上は、耐火建築物は除かれるが、準耐火建築物は含まれる。また、今回、外壁の開口部に設ける防火設備の基準も見直されており、これら以外に「耐火構造建築物」（主要構造部を耐火構造又は耐火設計法により検証した構造とし、外壁の開口部に見直し後の基準による防火設備を設けたもの）も認められた。

53) 正確には、主要構造部について大臣認定を受

け、かつ、外壁の開口部に見直し後の基準による防火設備を設けたものである。

4-3
1) 薄い影は、短時間の日影。濃い影は、長時間の日影で、薄い影の複合を含む。
2) 日照確保のための建築規制基準についての中間報告（昭和48年8月31日）（抄）**DVD** 4-3-1
3) 平成14年の建築基準法改正で、地盤面からの高さに6.5メートルが追加された。

4-4
1) 特定街区は、改良地区、防災建築街区等で建築物とその敷地の整備が行われる地区で、高さの最高限度、壁面の位置の制限のほか100〜600％の容積率の種別を都市計画で定め、絶対高さ制限等一般的な制限に代えて都市計画で定めた制限を行うもの。旧西ドイツでBプランを定めた連邦建設法の制定（1960年）の翌年に、日本において地区詳細計画を建築物の形態規制に導入することを当初意図して創設されたもの。

4-5
1) 容積率制限の全域適用に先立つ制度であった容積地区制度（1963（昭和38年））においては、敷地内における空地の規模及び敷地規模が条例で定める一定以上の場合における特例許可制度が設けられており、1970（昭和45）年改正における容積率制限の特例許可制度はこれを引き継いだものである。しかし、1970（昭和45）年以前には斜線制限に係る同様の特例許可制度は置かれておらず、容積率制限と高さ制限について同様の特例制度とした点で1970（昭和45）年改正をもって総合設計制度の創設とすることが適切であろう。
2) 1983（昭和58）年までの許可件数346件のうち大阪市が3分の1の120件を占めていた。これらの敷地総面積は66.8ヘクタール、創出された公開空地は24.6ヘクタール、住宅戸数は18,800戸とされている。
一方、東京都においては同期間に27件の許可がなされ、敷地面積の合計57.0ヘクタール、公開空地の合計16.0ヘクタールであった。またこのうち19件が都心三区内であり、特に高層のオフィスビルやホテルなどを中心に斜線制限の緩和が行われるとともに、中水道や地域冷暖房プラントの設置に対して容積率緩和が行われていた。また、許可требでは高さ制限の緩和のみの場合は公開空地を要件としていなかったが、東京都ではその場合でも公開空地を要件としており、都心オフィス街等における多様なオープンスペースの創出に貢献していた。
3) 東京都では、建設省による市街地住宅総合設計制度創設を承けて1983（昭和58）年10月都独自の運用基準を定めた。その内容は、建設省の準則では全床面積の2/3以上が住宅であるものを対象としていたのに対し、都の基準では容積率の割り増し部分以上が住宅であるものを対象とするなど、都心部における実

態に対応した運用基準であった。

4） 例えば、1985（昭和60）年7月22日行革審答申「行政改革の推進方策に関する答申」とこれを受けての「当面の行政改革の具体化方策について」（同年9月24日閣議決定）、「内需拡大に関する対策」（同年10月15日経済対策閣僚会議決定）の関係部分を示すと次のとおりである。
「行政改革の推進方策に関する答申」（昭和60年7月22日臨時行政改革推進審議会答申）**DVD** 4-5-1
「当面の行政改革の具体化方策について」（昭和60年9月24日閣議決定）**DVD** 4-5-2
「内需拡大に関する対策」（昭和60年10月15日経済対策閣僚会議決定）**DVD** 4-5-3

4-7

1） 救仁郷斉「住宅・建築行政オーラル・ヒストリー」国土交通省国土交通政策研究所2007.6
2） 建築学会編「建築生産と法制度 ―建築主、設計・監理者、施工者のためのQ&A―」Q9 技報堂出版 2018
3） 国土交通省「構造計算書偽装問題に関する緊急調査委員会報告書」、国土交通省 2006.4
4） 国土交通省社会資本整備審議会「建築物の安全性確保のための建築行政のあり方について・答申」2006.8
5） 建築学会編「建築生産と法制度 ―建築主、設計・監理者、施工者のためのQ&A―」Q8 技報堂出版 2018
6） 日本建築防災協会 建築防災1997年10月号 前川喜寛「建築基準法・建築士法こぼれ話157 立ち消えになった工事監理基準」

4-8

1） 大橋雄二：日本建築構造基準変遷史 第14章 建築基準法と構造規定、日本建築センター、1993
2） 日本建築学会編「建築基準法解説」1950
3） 第7回国会衆議院建設委員会会議事録 1950
4） 第7回国会参議院建設委員会会議事録 1950
5） 五條渉「建築研究報告第146号」第4章 2010
6） 例えば、東京都からの「ショットクリート造」に関する法第38条の適用の可否についての照会に対する昭和28年住防発99号による回答において「法第38条の規定は、本構造が法令の規定に適合しない場合に限り運用されるものと解されるから本構造については、（中略）同条は発動し得ないものと解する。」としている。
7） 昭和39年住指発第45号。特殊な構造方法に関する補則規定（令第80条の2）が設けられたことに伴い、それについて逐次告示を制定予定であること、それまでの当面の間は、特殊な材料・構造方法について特定行政庁からの個別協議に応じて建設省住宅局が建築研究所の検討等を踏まえて安全性について通知すること、高さ31m（純鉄骨造以外は45m）を超える建築物のうち現行規定に抵触するものには法第38条・令第81条を適用し、そうでない場合は報告を求める、等を通知している。

8） 日本建築センター「50年の歩み」 2015
9） 日本建築センター編集「建築基準法構造関係通達集」1975
10） 日本建築センター編集「三訂建築基準法構造関係通達集」1982
11） Programme of Work for the NKB, Report No. 28, Nordic Committee on Building Regulations（NKB）, 1976
12） 平野吉信「建築確認に関する海外諸国のしくみ」建築学会大会建築法制部門研究懇談会資料 2004
13） 国土交通省「構造方法等の認定に係る帳簿について」
（http://www.mlit.go.jp/jutakukentiku/build/jutakukentiku_house_tk_000042.html）
14） 1981（昭和56）年の改正において「第2項」が設けられたため、「第1項ただし書き」となった。
15） 国土交通省記者発表資料「建築基準法・住宅品質確保法の技術基準の見直し体制の整備について」2003.1
16） 日本建築センター らぴど「防災評定・評価のあゆみ」2006
17） 国土開発技術研究センター「建築物の総合防火設計法 第1巻 総合防火設計法」1989
18） 「加圧防排煙設計マニュアル」日本建築センター 2011
19） 2015（平成27）年に法第38条が従前とほぼ同内容の条文として復活したため、制度上は、これらの規定についても、大臣認定により適用除外することが可能となっている（「構造方法等の認定」とは別の位置付けのため、個別の手続きが必要）。
20） 国土交通省「建築基準整備促進事業について」
（http://www.mlit.go.jp/jutakukentiku/house/jutakukentiku_house_fr_000016.html）
21） 国土交通省「東洋ゴム工業㈱が製造した免震材料の大臣認定不適合等について」
（http://www.mlit.go.jp/jutakukentiku/build/jutakukentiku_house_tk_000062.html）
22） 国土交通省「免震・制振オイルダンパーの大臣認定不適合等について」
（http://www.mlit.go.jp/jutakukentiku/build/jutakukentiku_house_tk_000101.html）

4-9

1） 内藤亮一ほか「建築基準法令解説」 日本建築学会1950
2） 土地住宅問題研究センター 土地住宅問題63号 小宮賢一「建築基準法制定の前後（下）」1979
3） 臨時行政改革推進審議会「行政改革の推進方策に関する答申」1985
4） 「日本の将来推計人口（昭和61年12月推計）」厚生省人口問題研究所1986
5） 「高齢社会白書 平成28年版」内閣府 2016
6） 建築物省エネ法研究会編「逐条解説 建築物のエネルギー消費性能の向上に関する法律」第一法規 2018
7） 笠原敏郎「改訂建築法規」岩波書店 1935

8） 警視庁の罫紙にタイプされた外国の美観地区、広告物規制に関する次のような法律、条例の翻訳が（国研）建築研究所所蔵の小宮文庫に収録されている。
　・「『プロシア』地方及景勝地汚損ニ對スル法律」1907.7.15
　・「美観保護ニ関スル伯林市條例」1913.11.14
　・「伯林市廣告物設置取締條例」1921.10.26
　・「佛國景勝地保護法（ウイリアムス抄譯）」1905.4.21
　・「英國廣告物法抄譯」1907
　・「英國衛生省都市計画標準條例抜萃」
　・「米國ニ於ケル廣告物及看板ニ關スル建築規定
　　一、セントルイス市建築條例
　　二、シカゴ市條例　」

9） 小宮賢一「建築基準法制定の前後（上）」土地住宅問題60号　土地住宅問題研究センター 1979

10） 小宮賢一「『街並み形成と都市住宅の条件』連続シンポジウム、第3回建築の形態容積規制と町並み形成、速記録、日本建築学会市街地住宅小委員会

11） 景観法制研究会「逐条解説　景観法」ぎょうせい　2004

12） 参議院国土交通委員会調査室「景観法案（閣法第38号）に関する資料」第159回国会（常会）2004

13） 「快適で健康的な住宅で暮らすために　改正建築基準法に基づくシックハウス対策」国土交通省HP

14） 牧勉「木質建材の健康住宅への取り組み」住宅と木材 No.245　日本住宅・木材技術センター　1998

15） 化学物質の室内濃度指針値とは、「現状において入手可能な科学的知見に基づき、人がその化学物質の示された濃度以下の暴露を一生涯受けたとしても、健康への有害な影響を受けないであろうとの判断により設定された値」としている。「シックハウス（室内空気汚染）問題に関する検討会中間報告書—第1回〜第3回のまとめ（平成12年6月26日）」厚生省 2000

16） 日本合板検査会HP

17） 日本住宅協会　住宅1996年3月号　金子弘「『建築物の耐震改修の促進に関する法律』の制定について」1996

18） 建築行政研究会編「建築物の耐震改修の促進に関する法律の解説」1996

＜参考文献＞

4-1

1. 大橋雄二「日本建築構造基準変遷史」日本建築センター　1993
2. 今泉晋「既存建築物の耐震診断・改修のあゆみと実績」建築防災2000年1月号　日本建築防災協会
3. 岡田恒男「既存建築物の耐震診断・耐震改修に携わって（設立40周年記念誌）」日本建築防災協会　2014
4. 「平成18年1月26日施行　改正建築物の耐震改修の促進に関する法律・同施行令等の解説」ぎょうせい　2006
5. 「平成25年11月25日施行　改正建築物の耐震改修の促進に関する法律・同施行令等の解説」ぎょうせい　2013
6. 「市街地住宅整備ハンドブック'96」全国市街地再開発協会　1996
7. 「市街地住宅整備ハンドブック2017」全国市街地再開発協会　2017
8. 「住環境整備'95」全国市街地再開発協会
9. 「密集市街地整備法詳解」第一法規
10. 日本建築センター　ビルディングレター2004年10月号、11月号　岡田恒男、菅野忠、石川忠志、扇丈朗、髙井茂光、浜辺千佐子「津波に対する建築物の構造設計法について」
11. 「建築防災必携（平成29年度版）」日本建築防災協会　2017
12. 国土交通省HP

4-3

1. 和田友一「建築基準法改正による日影規制」「市政」昭和51年12月号全国市長会　1976
2. 大澤昭彦「日本における容積率制度の制定経緯に関する考察　その1」土地総合研究　2011冬号　土地総合研究所　2011
3. 桑田仁、加藤仁美、中西正彦、杉田早苗、大澤昭彦「日影規制の成立の経緯と運用をめぐる課題—市街地コントロール手法としての現代的意義と課題」都市計画論文集　VOL. 49 No. 3　2014年10月　日本都市計画学会　2014
4. 大方潤一郎「容積率規制の理念と展開の方向性」都市住宅学第17号　1997
5. 東京都「東京都首都整備局都市計画第一部　容積地区制関係法令及び解説」1964.10

4-4

1. 訳者：国宗正義・北畠照躬「西ドイツ連邦建築法（都市建設基本法）」日本住宅協会・都市計画協会　1961
2. 日笠端「都市計画としての地区計画の法制化」新都市　1962.1
3. 建設省住宅局内建築行政研究会編著「建築行政における地区計画」第一法規出版　1981
4. 日笠端、成田頼明　他「西ドイツの地区計画制度と運用—地区詳細計画を中心として—」日本建築センター　1980
5. 日笠端「地区計画—都市計画の新しい展開—」共立出版1981
6. 日端康雄「地区計画制度の導入」2010.12新都市

7. 増田優一「地区計画制度創設時の論点とその後の展開」新都市　都市計画協会　2017.7
8. 和泉洋人「容積緩和型都市計画論」信山社2002
9. 大澤昭彦、桑田仁、加藤仁美、室田昌子、中西正彦「地区計画制度の成立経緯に関する研究」日本都市計画学会都市計画論文集 Vol.52 No.3 2017.10
10. 「法律案審議録（都市計画法及び建築基準法の一部改正）昭和55年第91回国会　建設省関係3」国立公文書館
11. 国立国会図書館 HP

4-6
1. 建設省住宅局建築指導課、市街地建築課監修「平成10年6月12日公布　改正建築基準法」新日本法規出版　1998
2. 建設省住宅局建築指導課、市街地建築課監修「平成11年5月1日施行　改正建築基準法（1年目施行）の解説」新日本法規出版　1999

4-9
1. 建設省五十年史編集委員会編「建設省五十年史」　建設広報協議会　1998
2. 大谷悟、岡井有佳「バリアフリー化の社会経済的評価の確立へ向けて　―バリアフリー化の社会経済的評価に関する研究（Phase II）」　国土交通省国土交通政策研究所2001
3. 「ハートビル法逐条解説2003年」日本建築行政会議　2004
4. 「バリアフリー法逐条解説2006年（建築物）」日本建築行政会議　2007
5. バリアフリー新法研究会編「Q&A バリアフリー新法」ぎょうせい　2007
6. 「『低炭素社会に向けた住まいと住まい方』の推進方策について　中間とりまとめ」経済産業省、国土交通省、環境省　2012
7. 社会資本整備審議会「今後の住宅・建築物の省エネルギー対策のあり方について（第一次答申）」国土交通省　2015
8. 参議院　立法と調査 No368「建築物の段階的な省エネ基準適合義務化始まる―建築物のエネルギー消費性能の向上に関する法律の成立―」2015
9. 「建築物のエネルギー消費性能の向上に関する法律」法令解説資料総覧406号　第一法規出版2015
10. 建築物省エネ法研究会編「Q&A　建築物省エネ法のポイント」2017
11. 建築物省エネ法研究会編「逐条解説　建築物のエネルギー消費性能の向上に関する法律」新日本法規出版　2018
12. 「平成4年　建築基準法改正の解説」日本建築センター、建築技術教育普及センター、日本建築士会連合会　1992
13. 「経済社会の変化・技術開発の進展に対応した建築物の安全性等の確保のあり方に関する答申」（平成3年12月20日、建築審議会答申）　1991
14. 景観法制研究会編「逐条解説　景観法」ぎょうせい　2004
15. 内海麻利「景観条例と景観法」自治総研2004.11　通巻313号　2004

16. 公園緑地行政研究会編「概説　新しい都市緑地法・都市公園法」ぎょうせい　2005
17. 歴史まちづくり法研究会編「歴史まちづくり法ハンドブック」ぎょうせい2009
18. 「歴史的建築物の活用に向けた条例整備ガイドライン」国土交通省　2018
19. 「快適で健康的な住宅で暮らすために　改正建築基準法に基づくシックハウス対策」国土交通省 HP
20. 建築・都市法制研究会編「Q&A 平成14年改正建築基準法等の解説」新日本法規出版　2002
21. 時の法令　No.1767「アスベストによる被害を未然に防止するための大気汚染防止法・廃棄物処理法・地方財政法・建築基準法の改正」朝陽会　2006
22. 時の法令 No.1635　藤原健朗「土砂災害防止のためのソフト対策」朝陽会　2001
23. 津波防災地域づくりに関する法律研究会編、「津波防災地域づくりに関する法律の解説」大成出版　2014
24. 法令解説資料総覧 No.376「都市再生特別措置法の一部を改正する法律」第一法規　2013
25. マンション建替法研究会編「改訂　マンション建替法の解説」大成出版2015
26. 法令解説資料総覧 No.370「国家戦略特別区域法」第一法規2014
27. 国土交通省 HP
28. 厚生労働省 HP
29. 経済産業省 HP
30. 超高層建築の総合的経済性研究委員会「超高層建築計画の総合的研究　防災編」建築業協会1966
31. 戸川喜久二「超高層建築物の計画標準に関する研究　［1］計画　§5避難計画」建築業協会1964
32. 池田武邦「霞ヶ関超高層ビルにおける防災計画」火災 No.63　日本火災学会1963
33. 大河原春雄「建築法規の変遷とその背景」鹿島出版会　1982
34. 日本建築センター「新・建築防災計画指針」1985
35. 「新・建築防災計画指針　新技術編」日本建築センター　1991
36. 「建築新技術レポート」日本建築センター　1996
37. 「建築新技術レポート」日本建築センター　2002

第5章

建築行政の現場から

5-1 東京における建築法制執行の足跡

近代建築法制として、都市計画法と市街地建築物法が1919年に公布され、今年（2019年）で100年になる。この間、東京は震災や戦災などの大災害に遭遇、またオリンピックの実施など社会経済活動等の進展に伴い、建築物の新設や滅失が繰り返されてきている。その結果、東京都内の建築物数は、2017（平成29）年時点で、約280万棟に達している。昨今の状況としては、同年における着工建築物が、48,052棟（床面積15,630千m²、工事予定額4兆9,062億円）であることから、ストック数の2%ほどが、新規に着工されていることになる。

なお、都内における建築物高層化の状況は、容積率制が導入された、1964（昭和39）年～2018（平成30）年の間で、建築確認済のものを対象とすると、高さ45mを超えるものは3,273棟、内60m超は1,288棟、100m超は494棟、200m超は29棟である。

それでは全国統一基準としての、近代建築法制が導入された、ここ100年間ほどの東京都の建築行政をめぐる主な動きを、戦前は防火、衛生など単体規定、戦後は用途、密度、形態など集団規定に重点を置き、人口や市街化の状況また都市づくりの動きなど、その背景も含め紹介しよう。

1 産業革命、経済の興隆と人口・工業の都市集積

(1) 用途混在・市街の膨脹と市街地建築物法等の制定

市街地建築物法が制定された頃、第一次世界大戦（1914（大正3）年～1918（大正7）年）を挟み、日本の産業革命が成り、東京市街の南部と北

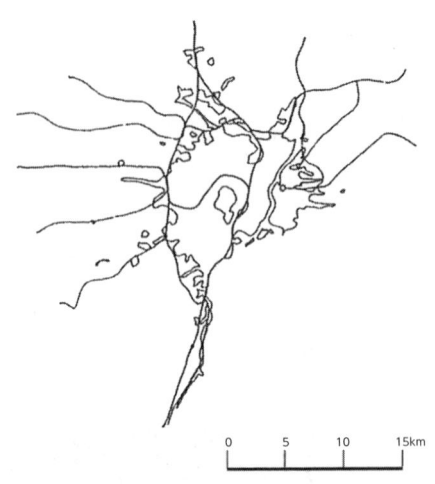

```
0    5    10    15km
```

図1　明治後期～大正の市街化状況（産業興隆期、東京市の膨脹）[1]

部に重工業が興った。そしてこの大戦により落ち込んだ、世界の工業生産を補完するように工業が急成長、軽工業から次第に重化学工業へと産業構造が転換していった。こうして明治維新により空地の目立った東京市街も、これを充填するようにして人口・工業が集積、都心・下町は住工が混在する形で、市街の密度を高めていった。

東京市（15区）は、明治末に飽和状態となり、人口は周辺へと滲み出す。京浜工業地帯も大正期の臨海部埋立により、昭和の初めには形成され、日本経済は隆盛をみる。市街地建築物法と都市計画法が、制定（1919（大正8）年）された時期である、1915（大正4）年～1920（大正9）年は、東京市街の膨脹初期にあたり、明治期からの路面電車の敷設により職住分離が進み、都心部では人口が減少、路面電車が延びる市街外周の山手線沿線部（千駄ヶ谷、渋谷、大崎など近郊の既存集

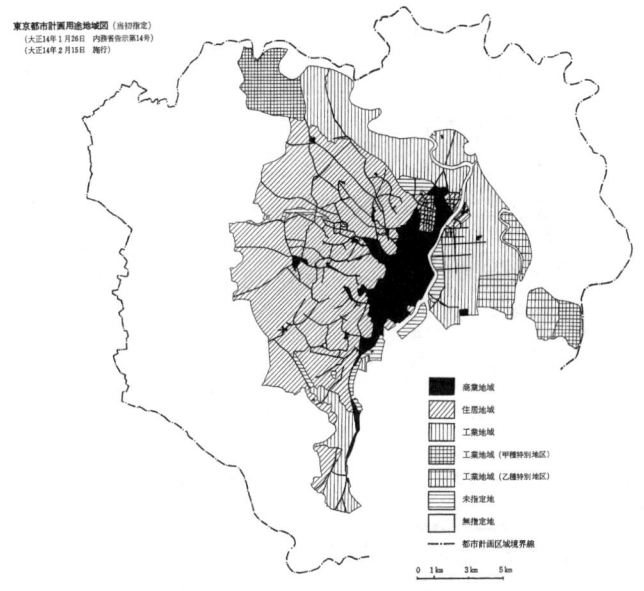

図2 東京都市計画用途地域図（1925年当初指定）[2]

表1 市街地建築物法時代の東京都市計画用途地域
面積表 単位 万坪

	住居地域	商業地域	工業地域	未指定地	計
1925年 （大正14） 1月	2,960 (44.6%)	980 (14.8%)	2,470 (37.2%)	230 (3.5%)	6,640 (100%)

落）で、急激に人口が増加、計画的な都市施設の
整備もないまま、市街化が進展していた（図1）。

(2) 初の用途地域指定と関東大震災

　そうした状況をふまえ、工場立地に伴う煙害、
騒音、悪臭等の危害を抑制するとともに、建築活
動と都市施設整備との均衡を図るため、用途地域
制度が導入される。当時、東京市街は都心の一部
を除けば、木造平屋建が広がっており、建物用途
と建蔽率、それに高さを把握すれば、交通など地
域毎の都市施設整備需要は算出でき、施設計画に
反映させることができた。

　さて、初の用途地域計画であるが、1923（大正
12）年8月10日に都市計画東京地方委員会で原
案を可決するも、9月1日に関東大震災が発生し

たため、道路計画変更に伴う修正などがあり、決
定告示は1925（大正14）年1月に延びる。

　指定区域は、西は環状6号線の外側、東は隅田
川及び荒川放水路で囲まれた区域である。この時
代、都市計画区域（1922（大正11）年公告）は、
現在の区部を対象としていたが、用途地域は、市
街地建築物法の適用範囲内（東京市15区）とされ
ていたため、この範囲での指定となった（図2、
表1）。

　指定状況をみると、標高が高く土地が乾燥し、
安静快適な山手台地は、全般的に住居地域で、赤
坂、九段、神楽坂等の盛り場と、幹線道路沿いが
商業地域、また土地が平坦で繁栄し交通便利な都
心・下町は、全体として商業地域で、浅草公園西
側と隅田川河口の明石町、浜離宮が住居地域、さ
らに生産能率に寄与する水運の便のよい、江東地
区と隅田川沿岸など水辺の低地は、住居地域に指
定された本所区北部を除き、全域が工業地域に指
定された。

　しかし、実際、指定作業を進めてみると、家内

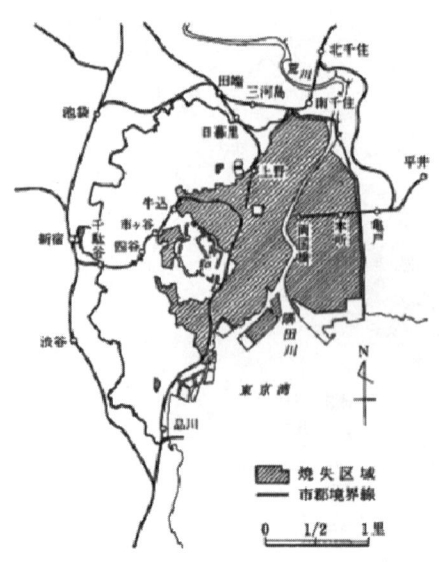

図3　関東大震災における都区部の焼失区域[3]

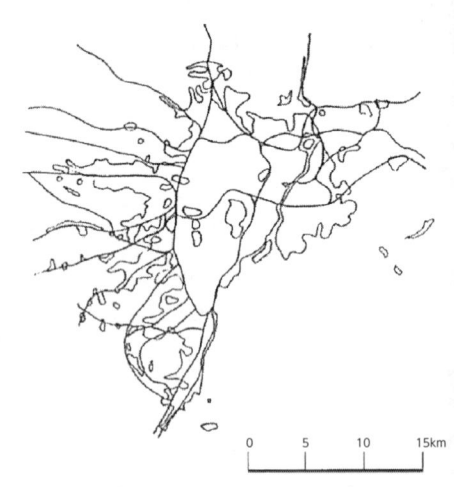

図4　昭和初期の市街化状況（経済隆盛期、大東京市の形成）[1]

工業地や倉庫業地などは、これにあった用途地域がないことから、「未指定地（工業地域でなければ建築できない工場を除き全て建てられる。）」となった。この用途地域指定パターンは、経済の高度成長期まで続く。また、東京は全般的に用途混在型の市街であったことから、地域指定は町単位の大まかなものとなった。

　関東大震災後に安全な住まいを求め、住宅地の郊外化が一気に進む（図4）。この動きを促進したのが、新宿・渋谷・池袋等の、山手線ターミナル駅から延びる私鉄で、大正から昭和初期にかけ整備が急速に進んだ。また市内では、震災前、延

写真1　神田小川町の被害状況[4]

焼防止に留意し、枢要地区や主要道路沿いに防火地区が指定されていたが、震災後、これを拡大するとともに、特殊用途として鉄筋コンクリート造のアパート建設や、官公庁による不燃造の学校、病院等の公共建築物の建設も進められるようになった。

(3)　法施行当時の建築行政の現場

　1925（大正14）年～1930（昭和5）年は、戦前における東京市街の外縁的拡大期である。東京市は1932（昭和7）年に、隣接5郡82町村を編入する形で、市域を拡張し「大東京市（35区）」を形成、また1936（昭和11）年に再度拡張し、都市計画区域と重なる。これに伴い用途地域指定も拡大、現在の23区の範囲をカバーするようになる。そして1943（昭和18）年に東京府と東京市が廃止され、東京都制が施行される。

　当時の建築行政の執行状況を紹介しよう。東京の場合、行政事務は警視庁（保安部建築課）が担っており、1920（大正9）年の発足時、職員は125名体制であった。法を施行してみると、これまで家を建てるのは、各人に任されていたが、今

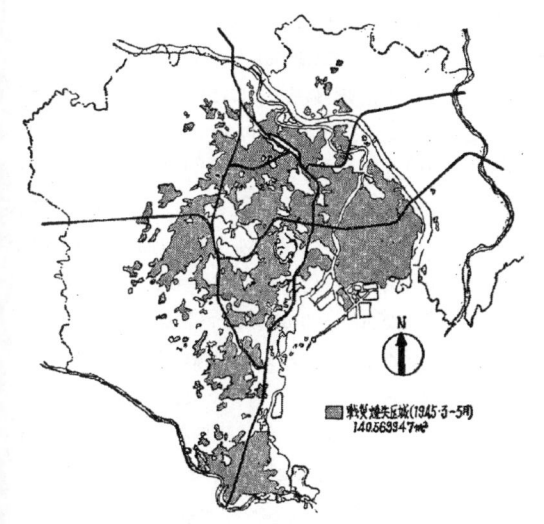

図5　戦災による都区部の焼失区域[5]

後は手続きが必要ということで、市民から苦情が相次いだ。そこで市民サービスを考え、警察署に建築係を設け、専門の技術職員を配置、建築相談や申請書類の作成（訂正）、また検査などの対応にあたった。

　職員は巻き尺を片手に、巡査同行で現場検査にいき、井戸（共同が多かった）と便所（汲取式）の間の距離や、汲取口の地盤面からの高さなどを測って回った。当時は、水道普及率もまだ低く（20％程度）、コレラなど感染症対策として公衆衛生の確保が重視されていた。

(4)　白木屋大火と百貨店建築規制の強化

　1932（昭和7）年12月16日午前9時18分、前年に竣工し、まだ日も浅い、日本橋の白木屋百貨店（延べ面積34,300m²、基準階面積3,400m²）の、4階玩具売場から出火、紅蓮の炎と黒煙が店内いっぱいに広がり、窓からもうもうと吹き出した（口絵4）。開店（当時は9時開店）早々であったが、数百人のお客さんが死の危険に直面、バルコニーや屋上をめがけ殺到した。この火災による

死者は14人と少なかったが、これはたまたま2週間前に「防災デー」として、人命救助の訓練が行われていたことが大きい。

　関係者の多くは、このビルの主要な部分が、不燃材料で造られた耐火建築物であることから、火災が発生しても燃え広がることはない、と考えていた。しかし、室内にはクリスマスシーズンを控え、可燃性の商品が山のように積まれていたことから、火災はこれらを介し拡大した。この火災を機に、国に先行する形で警視庁令として、防火区画（面積区画や竪穴区画等）の概念が導入される。吹抜も1階売場以外は禁止となった。

(5)　空地地区指定と戦災、建基法及び都条例の制定

　第二次世界大戦時の1940（昭和15）年～1943（昭和18）年にかけ、防空空地を確保する観点から、区部周辺から多摩地区に、広く空地地区が指定されたが、米軍は焼夷弾を空地地区の指定がない、区部中心部の木造密集市街に投下、未曾有の空襲災害がもたらされた（図5）。

　そうして終戦、1946（昭和21）年に戦災復興計画が策定されるが、その内容（区部周辺は、グリーンベルトの形成を図るため、用途地域は無指定、工業分散に向け工業地域を縮小、商業地は分散し、道路と土地区画の整備を図る）が理想的に過ぎたため、実現困難とされた。

　そしてようやく復旧の目途がついた、1950（昭和25）年5月、市街地建築物法は廃止され、新たに建築基準法が制定される。この中で、従前60％以下であった住居地域の建蔽率が、過小画地を抑制する狙いで「（敷地面積 − 30m²）× 60％」以下とされる。これに伴い浅草地区などでは、職住近接政策の下、戦後にいったん商業地域

から住居地域に変更されていたが、違反建築が続出するのを憂慮し、再度、商業地域（建蔽率70%）への変更を余儀なくされる。

また、これまで東京都が行政指導として実施してきた、「公館地区」「文教地区」「消費歓興地区」などの特別地区が、その趣旨をふまえ、一部名称を変えるなどして、特別用途地区として法制化される。このほか特殊建築物に絡む規定や、防災面から危惧される地下街、また、これまで内規的に扱ってきた、「路地状敷地」や「大規模な建築物敷地の接道長さ」などの規定が、法令に付加される形で、東京都建築安全条例として規定される。なお、都市計画の面から配慮すべき、特別用途地区については、東京都特別工業地区建築条例（保安上危険ないし衛生上有害な工場を禁止）、また東京都文教地区建築条例（ラブホテル等の風俗関係施設の立地を禁止）として、別途対応することになった。

この時期、東京都の建築行政の担当組織は、都制度が導入された1943（昭和18）年の防衛局（建築課）から、戦後の建設局（建築課→指導課）を経て、建築局（指導課）へと移っていた。その後、所管部局は1960（昭和35）年首都整備局（建築指導部）、1976（昭和51）年都市計画局（建築指導部）、2002（平成14）年都市計画局（市街地建築部）、2004（平成16）年都市整備局（市街地建築部）と変遷する。

(6) 違反建築の取締

戦後から高度成長期にかけて、建築行政の大きな課題の一つに、違反取締があった。法令違反は数々あれど、よく見かけるのは建蔽率違反である。戦後間もない1948（昭和23）年、市街の連担を防止し都市の過大化を抑制するため、区部周辺を対象に、区部面積の約1/3にあたる地域に、緑地地域が指定される。この地域に建築できるものは、第一次産業用施設と住宅等で、建蔽率も

10%以下に制限された。当時は地価も安く、地主等のさしたる抵抗もなかった。

だが、朝鮮動乱を機に経済が復興、用地需要が高まると、地価は上昇、価格統制が失効し、農地が建売住宅用地として供出されると、事業者は一団の土地の真ん中に私道を入れ、その両脇に住宅を建てていった。建築確認申請上は、隣接地を借用する形で、建蔽率制限をクリアーしていたが、実態は90%余りが違反であった。また、住居地域、準工業地域又は工業地域の建蔽率制限が、敷地面積から30m²を引いた数値に、60%掛けとなったこともあり（1951（昭和26）年の改正で防火地域・準防火地域は「30m²の控除」を除外）、違反が続出した。

違反取締のエポックは、高度成長期の1967（昭和42）年にやってきた。隣地に、建蔽率等の違反建築を建てられた、被害者から新聞に投書があり、これが契機となって、違反建築防止の市民運動が起こり、行政管理庁の行政監察、警視庁の違反一斉取締へ、とつながり社会問題化した。こうして法と現実との間の落差が、白日の下に晒されると、建築基準法はザル法、とまで呼ばれるようになる。しかし、マイホーム志向の高まり、地価高騰の動きの中で、有効な対策を打ち出すことはなかなか難しく、職員は対応に苦慮する。

2 経済の高度成長と人口・産業・諸機能の都市集中

1956（昭和31）年に、経済白書が「もはや戦後ではない。」と述べ、首都圏整備法が制定されると、これ以降、経済の高度成長が始まる。東京の都心部が、戦後初めて人口減少傾向をみせる中、都市の外縁的拡大は、行政区域を超え相当な勢いで進んでいった。

(1) 首都圏整備と多心型都市構造の形成

東京の都市化前線が、40km圏にとどまってい

た、1955（昭和30）年〜1965（昭和40）年（昭和中期）を高度成長前期、40km圏そして50km圏を超えて広がった、1965（昭和40）年〜1975（昭和50）年（昭和後期）を高度成長後期とすると、前期の1955（昭和30）年に、南関東一都三県の人口は、約1,550万人（東京都804万人）であったが、1965（昭和40）年には約2,100万人（東京都1,087万人）、1975（昭和50）年には約2,700万人（東京都1,167万人）に増加した（図6）。

戦前の1920（大正9）年〜40（昭和15）年における、人口増加350万人に対し、1955（昭和30）年〜75（昭和50）年は1,160万人と、この時期、先進国一国の人口に匹敵する規模の人口が増加した。圏域内での人口増加の動きは、南西部から始まり北西部、北東部の順に巡った。この間、既成市街地では、建築需要の拡大に伴い、ビル建設だけでなく、地価高騰により、住宅敷地の細分化と住宅地の高密度利用（戸建て住宅の2階化、木賃アパートやマンションの建築）が進んだ。また、人口・産業の都市集中をふまえ、1959（昭和34）年から43年間、工業等制限法により都区部など既成市街地への、一定規模以上の工場、大学等の新・増設が抑制される。

高度成長前期、東京は都心部でビル需要が増大、絶対高さ制限により頭を押さえられたビルは、敷地いっぱいに広がり地下深く潜り込み、これでも足りず今度は階高を縮め、高さ31mの範囲内に幾層もの床を生み出すようになっていた。こうして市街地環境の面だけでなく、防火避難面でも危惧され、室内環境面からも不健全な建物が、市街に広がっていった（図7）。

一方、絶対高さ制限は、この時期、モータリゼーションの進展と相まって、敷地内に駐車スペースを確保できないビルは、車を道路上に置いため、交通が阻害され都市活動の停滞を招くとともに、交通渋滞が大気汚染等の都市公害を深刻化させ、人々の健康にも悪影響を及ぼしていた。

(2) 絶対高さ制限から容積率制限へ

これまで我が国は地震国ということもあり、建築物の絶対高さを規制してきたが、耐震理論の発展や建築技術の革新もあり、一律に高層化を規制する理由もなくなっていた。そこで都市機能の維持・増進（都市計画を活用し建築行為と道路や公園、下水道等の整備との均衡を図り、機能的な都市活動を確保）、市街地環境の改善（敷地内に車

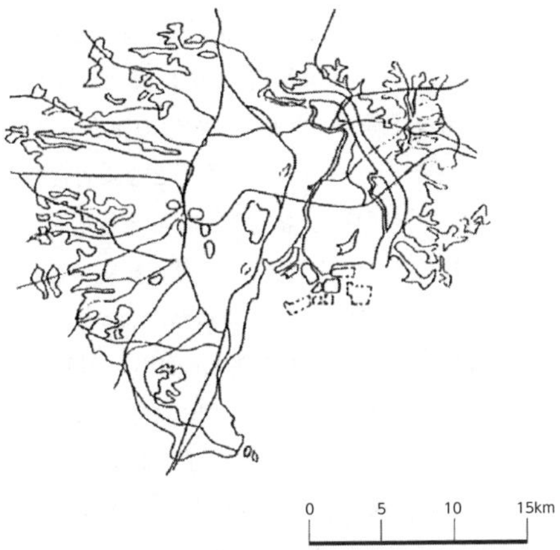

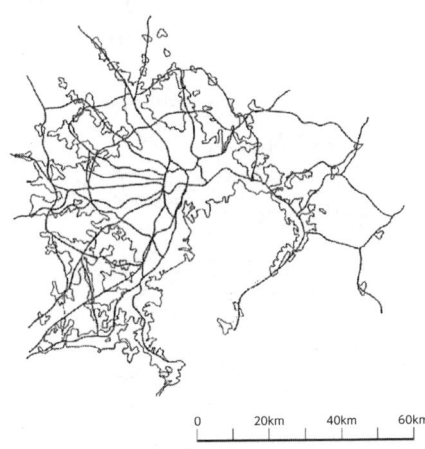

図6　昭和中期の市街化状況（高度成長前期、東京都市圏の形成）[1]

図7　昭和後期の市街化状況（高度成長後期、東京大都市圏の形成）[1]

図8　東京都市計画容積地区（1964年）[6]

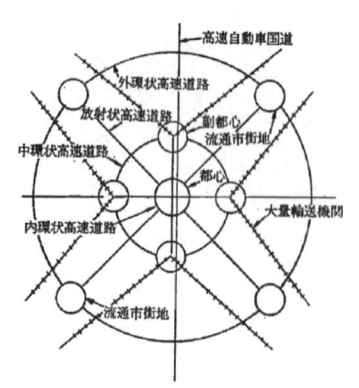

図9　大都市再開発問題懇談会「多心型都市構造イメージ」[7]

寄せや駐車場、通路・広場・緑地など、地区の環境整備に有効な空地を確保）、そして健全なビルの建築（防災上危惧される過度な地下化を抑制、採光や換気に有効な一定の階高等を確保）をめざし、建築計画の自由度を上げるべく、絶対高さ制限に代え容積率制限を導入、土地利用の密度を直接コントロールすることになった。

都区部の容積地区計画は、都市計画街路網の再検討にあわせ、環状6号線の内側は1964（昭和39）年（図8）、外側は1968（昭和43）年に行われた。この時、商業業務地においては道路自動車交通と建物容積との均衡、住宅地においては建物容積と大量輸送機関の通勤輸送能力との均衡、に配慮がなされた。

具体の容積率指定にあたっては、学術理論的には、最高限度を600％とする考えもあったが、都心部建物の現状や過密都市の再生に向け、大都市再開発問題懇談会中間報告（1963（昭和38）年）、「多心型都市構造の形成（後背地の発展により、新宿、渋谷、池袋などが副都心となる可能性があった。）」（図9）に留意し、都心と新宿副都心超高層街区には、1,000％の容積率指定が行われた。なお、市街内部は前面道路が狭いこと（当時、容積率規制は前面道路幅員に6/10掛け）などもあり、目標年次までに、指定容積率が全て利用されることはないので、周辺低密度住宅地（0.3）から、都心高密度商業地（1.0）まで、地域毎に歩止まりをみて設定された。

(3) 美観論争「超高層・東京海上ビル計画」

東京オリンピック翌年の1965（昭和40）年8月、都市空間の再編過程に入った東京都心、その皇居お濠端に丸の内初となる、超高層・東京海上ビルの建替計画（高さ約127m、地上30階地下4階（敷地の2/3は公開空地））が発表されると、いわゆる「美観論争」がおこり、建築行政史に残る一大事件に発展していく。事件の背景には、この地に美観地区（計画高さ31m、しかし規制条例は未制定）が、指定されていたことがある。

○皇居周辺美観地区、指定の経緯

美観地区は「市街地の美観を維持するために定める地区」で、東京においては「帝都の中心として都市整美の実をあげる」べく、1933（昭和8）年4月皇居を中心に、これを取り囲む形で丸の内の事務所街、霞ヶ関の中央官庁街などを含んで指定された。この地区の場合、制限内容は高さで、区域内を6種に分け用途地域より厳しい15m～31mまでの最高高さ制限が立案された。

都市計画東京地方委員会では、指定にあたり異論が出たため慎重に対応するべく、同地方委員会の内に特別委員会を設け審議を付託した。この中で宮内省の担当は「宮城（皇居）の方を窺うことのできるような高さは、なるべく避けたい」とし、この計画は中央気象台のアンテナの上にまで昇って実地調査を行い、その結果もふまえ「宮城（皇居）との距離や位置関係、地形の高低などにも留意しまとめられた」と述べている。

この指定の経緯に接すると、わが国初の法令として制定された大宝律令（701年）に、建築に関する規定として「近所の家の中を覗き見るような建て方を禁じる」という、いわゆるプライバシー保護の規定が置かれていたことが想起される。

しかし、結果的に制限内容が定められるには到らなかった。

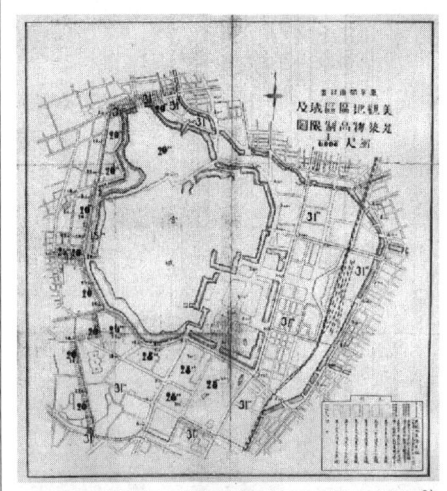

図10　宮城外郭一帯美観地区指定図（1933年）[8]

写真2　現在のお濠端（2019年、高さ31mを表情線として継承）（筆者撮影）

論争のきっかけは前年（1964年）10月に、東京中心部に容積地区が施行され、それまで東京の中心市街を覆っていた、31mの絶対高さ制限が撤廃され、密度規制が絶対高さ制限と建蔽率制限の組み合わせによる間接規制から、容積率制限による直接規制へと移行したことにある。

これをうけて1966（昭和41）年10月、所有者は高さ127mの超高層建築物に建て替える建築計画について建築確認申請を東京都に申請した。この計画の設計者は、「日本における超高層ビル建設は、現代都市により破壊された自然を回復し、

緑と太陽の空間を人間の手に取り戻すものである。」と、計画の意義を述べている。この計画では、旧館を取り壊し、隣り合う既存の事務所と渡り廊下で接続し、一体化した高さ127mの超高層建築物（用途上不可分な関係にある一の建築物（これにより新設された隣地斜線制限の適用を受けないため高層化できる））とすることとなっていた。

写真3　2019年の東京海上ビル（中央手前）（筆者撮影）

ところが東京都の建築主事は、この新しい建築物と既存の建築物とは、「用途上不可分な関係にある一の建築物」、とは認められないとして、1967（昭和42）年4月に申請を却下する。するとマスコミは、「東京都が丸の内の高層化を阻んだ」として、「美観論争」へと発展した。マスコミは、この論争をロンドンやパリのような、欧風の統一された街並みの維持を願う人々と、ニューヨークの摩天楼のような、スカイスクレーパーが林立する、躍動感ある都市景観の創出をめざす人々との戦いととらえた。当時、丸の内一帯にはスカイラインの整った、統一感ある欧風のまち並みが形成されていた。

事業者は、建築主事の申請却下をふまえ、建築審査会に行政不服の審査請求を行った。そして、1967（昭和42）年9月、7人中3人の委員の辞任騒動がある中、東京都建築審査会で、建築主事の却下に対する審査請求が通ると、騒動はさらに大きくなった。新聞では、「皇居前に超高層は相応しくない。」「皇居を見下ろすのは畏れ多い。」「高層化は世界の趨勢。」「高さが揃っていればよいのか。」等々、賛成反対の意見が乱れ飛んだ。

そうして建築確認の再審査に入るが、以上のように都市景観のあり方についての議論、皇居との関係についての議論、そして「用途上不可分な一の建築物」をめぐる解釈の議論と複雑な要素が絡まり、政治、行政、建築界そして世論を巻き込んだ大きな論争が続いた。

そして、ようやく決着に向け、関係者間で調整が行われ、足かけ4年、丸3年にわたった騒動は、ようやく落着となる。

○その後の都市整備への影響

東京海上ビルは、その後、高さ99.7mへの計画変更に伴う必要な手続きを経て、1970（昭和45）年12月に工事着工、そして1974（昭和49）年3月にようやく完成する。

また、それ以後は当時、工事中であった皇居新宮殿のお立ち台（視点場）から、この東京海上ビルを眺める際の仰角を、今後は行政指導の基準とすることとなった。

その後、大手町・丸の内・有楽町地区の大手町をはじめ各地で、敷地内に空地そして建物内に駐車場を備えた、100m級の建築物が建ち並ぶようになり、街には緑とオープンスペースが増え、市街地環境が順次改善、路上駐車も減少し道路交通が円滑化、大気汚染等の都市公害現象の緩和だけでなく、機能的な都市活動の実現にも寄与していく。こうして東京の中心部は、文字通り広場と青空の活力ある東京へと変わっていった。東京海上ビルの超高層化に端を発した、高さ規制の善し悪し≒美観論争は、経済発展に見合った都市空間の再編、都市環境の改善において、東京のみならず全国の都市において、ターニングポイントとなった事件である。

写真4　1971年東京のスモッグ[9]

写真5　ビルの足元に創出された大手町の森（筆者撮影）

写真6　仰角による眺望景観の形成（筆者撮影）

⑷　建築確認等に係る都区事務移管など

　1943（昭和18）年に施行された都制度だが、社会情勢の変化を受け、都と区の間で何度か相互の守備範囲が見直された。1965（昭和40）年の事務移管では、市行政事務の増大に伴い、都の行財政機能に停滞がみられることから、行政サービス向上の観点から、都から区へ権限が大幅に移譲さ

れた。この時、建築行政においても、「昇降機が設置されていない建築物に係る建築主事の事務等」が、区へと移管される。

　また、1975（昭和50）年には、自治意識の高まりを受け、区長公選が実現、これに伴い市並みの権限を区に付与するため、「延べ面積5,000m²以下の建築物に係る建築主事の事務等」が移管される。この時、併せて都から区への配属職員制度も廃止され、区は固有の建築行政事務職員を抱えることになった。さらに、2000（平成12）年には、地方分権一括法の施行に伴い、区の建築主事の扱う事務は、「延べ面積10,000m²以下」となる。23区のほか、建築主事を置く都内の市の数は、2018（平成30）年４月現在、10市となっている。その他の市町村（島しょも含む）については、東京都が規模にかかわらず、建築行政事務を担っている。

⑸　建築基準法改正　－新用途地域制への移行－

　戦後の用途地域の基本理念は、「土地利用の純化」と「きめ細かな地域指定」にあった。前者については、1970（昭和45）年の法改正で、用途地域区分が４から８へと細分化された。また、後者については、新しく施行された公害規制が、用途地域制と連動するようになったが、建築規制と公害規制との間で、既得権に対する取扱いが異なる（建築規制の方は、増築等に対し一定の緩和規定があるが、公害規制にはそれがない。）ことから、不適合となる建築物の出現を少なくするため、用途地域をきめ細かく指定せざるを得なくなった。

　なお、土地利用純化の思想は、この後も続き1992（平成４）年に、住環境の保護と住宅の確保、新たな市街地形態への対応に留意し、住居系用途地域が３種別から７種別へ、また2017（平成29）年には農業との調和をめざし、田園住居地域が追加され８種別へ、全体でも13種別に細分化される。

○新たな用途地域の指定　−都市問題への対応−

東京都では、新たな用途地域の指定（1973（昭和48）年（**表2**、**図11**））にあたり、多心型都市構造イメージの下に、「生活環境の保護改善」「都市公害の防止」「都市防災の強化」「都市機能の蘇り」、という4つのテーマを掲げ臨んだ。具体には、①用途混在の解消と居住環境の整備（専用地域化による住工混在の抑制、高度地区の活用によるマンション高さ規制）、②工場公害防止（工業地域・工業専用地域で広域公害防止が必要な地区に第1種（危険有害な工場規制）、準工業地域で局地的な公害防止が必要な地区に第2種（家内工業的工場の保護）、の特別工業地区を重ねて指定）、③地震・火災に強い燃えないまちづくり（地域危険度調査に基づき、荒川・隅田川沿いなどを再開発すべく、高度利用地区を指定し防災拠

点を建設、また環状6号から7号線にかけての、木賃アパート等住宅密集地区は、放射・環状の幹線道路等の沿道に、防火地域＋最低限度高度地区を指定し、延焼遮断帯を形成、市街を防火ブロック化）、④多心型都市構造の実現（特定街区等を活用し、新宿、池袋等副都心の建設・整備）と、職住の近接（高度利用地区を活用、再開発等を通じ計画的に住宅を中高層化）を図ることになった。

なお、東京都における用途地域の一斉見直しは、この後ほぼ8年に一度の周期で実施される。この時、地域から容積率緩和の要望も出てくるが、住宅地では指定基準に基づき、高度地区等の規制がセットでかけられることから、道路条件や敷地規模などの要件を満たしていないと、高い容積率に変更されても、それを活用することは実質的に難しかった。

(6)　集合住宅のマンション化と日照問題

1962（昭和37）年に、区分所有法が制定されると、マンションという新しい居住形態が、市民のニーズを受け止め人気を集める。そして1964（昭和39）年に絶対高さ制限が廃止され、1972（昭和47）年に住宅金融公庫でマンション融資が始まると、ブームが起き、マンション居住が普及す

表2　新用途地域の指定一覧1973（昭和48）年

単位ha

用途地域	区部	多摩地区
第一種住居専用地域	14,700（26.5%）	35,700（68.4%）
第二種住居専用地域	11,000（19.8%）	7,900（15.1%）
住居地域	9,700（17.5%）	2,100（4.0%）
近隣商業地域	2,900（5.2%）	1,200（2.3%）
商業地域	5,700（10.3%）	600（1.1%）
準工業地域	8,800（15.9%）	2,900（5.6%）
工業地域	2,100（3.8%）	1,500（2.9%）
工業専用地域	600（1.0%）	300（0.6%）
計	55,500（100%）	52,200（100%）

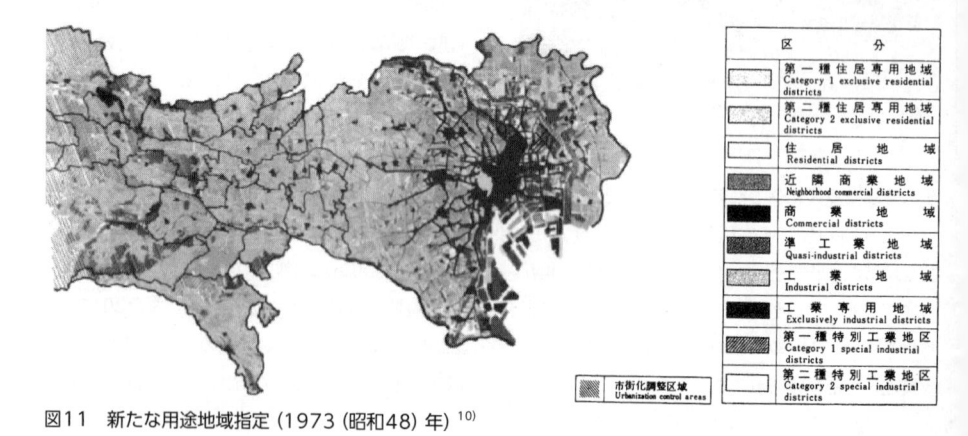

図11　新たな用途地域指定（1973（昭和48）年）[10]

る。こうして集合住宅の高層化・大型化が進むと、近隣の日照確保が問題となり、1970（昭和45）年の建築基準法改正をうけ、住居専用地域を対象に北側斜線制限の制度が創設される。しかし、この制限、日照の確保ということでみると、住宅の密集した既成市街では十分といえなかった。そこで東京都は高度地区を活用し、この北側斜線制限をさらに厳しくする（**図12**）。

だが、それでも建築主と近隣住民との紛争が頻発することから、行政庁によっては指導要綱を設け、建築確認申請に関係住民等の同意書の添付を求め、従わない場合は、上水の供給や下水道の利用を拒否するところも出てきた。

そうした中、住民から東京都に対し、日当たり条例の直接請求が行われる状況をふまえ、1976（昭和51）年に建築基準法が改正され、住居系用途地域を対象に、前面道路幅員による容積率の低減措置が強化（4/10掛け）されるとともに、住宅地の日照確保を目的に、新たに日影規制が導入される。

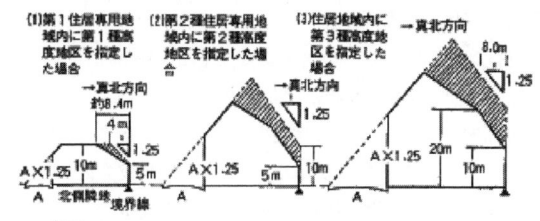

図12　用途地域に高度地区を重ね北側斜線制限を強化[11]

3 成長から成熟へ —規制緩和、都市の再生・活性化—

中曽根民活から小泉都市再生へと続く規制緩和政策、東京都では、都市開発諸制度（再開発等促進区を定める地区計画、特定街区、高度利用地区、総合設計）を活用し、プロジェクト単位に容積割増や高さ規制の緩和を行い、市街に緑や空地を創出する、優良プロジェクトを誘導していった。これまでに（2018（平成30）年3月現在）累計で、再開発等促進区は79、特定街区64、高度利用地区166、総合設計737件の実績を上げている。地区計画も最近は規制強化だけでなく、用途地域の変更も絡め規制緩和タイプのものの策定が進んでおり、2018（平成30）年3月現在、総計で

941地区（18,976ha）の実績をあげている。区部についてみると、用途地域の約14％で、地区計画等（特定街区、高度利用地区、都市再生特別地区を含む。）の策定が進んでいる。

このほかに制度導入から2/3世紀が過ぎた建築協定があるが、これまでの締結地区数は、累計で286地区、期限切れ失効のものなどを除き、2018（平成30）年3月現在有効なものは、104地区（118.47ha）ある。地域的分布をみると、区部周辺から多摩地区の住居系用途地域で、多く活用されている。締結態様をみると、全員合意型と一人協定型とが、概ね1：2の割合である。なお、有効期限を迎え、地区計画に移行した地区も、2割ほど存在する。

(1) 都心居住促進に向けた規制誘導

かねてより人口減少傾向にあった都心区だが、1980年代後半（昭和60年代）、バブル経済の興隆に伴い都心部の地価が異常に高騰すると、住宅が周辺へと追いやられ業務地化が進行、人口減少が急激に進み、自治体の存続が危ぶまれる事態となった。

そこで都心区は緊急措置として、大規模なオフィスビルの建設などを対象に、住宅の付置を指導することになり、そのインセンティブとして総合設計制度を活用し、住宅整備に容積割増を行う措置を設け、事業者の協力を求める。この動きが東京都心7区と大阪市に広がり、社会的な支持を

得ると、国も誘導措置として、用途別容積型地区計画（1990（平成2）年）や機能更新型高度利用地区（1990（平成2）年）、都心居住型総合設計（1996（平成8）年）、また強制力をもった規制措置として、中高層階住居専用地区（1997（平成9）年）の導入など、法制度面からこれを支援した。

一方、事業者側も土地神話が崩れ、下落した地価の下で、不動産開発を採算ベースに乗せようと、住宅容積の割増を得るべく、ミクストユース型の再開発やビル建設に取り組む。近年では、人口の都心回帰も進み、住宅ストックの量的充足もあることから、今後は、住宅の質の向上に向けた新たな施策展開が、課題となってきている。

(2)　一団地認定等を活用、魅力的な都市空間の創出

そのような中、東京市街では、建築基準法上の諸制度を活用し、時代を先導するまちづくりが進められる。一つは、修復型のまちづくりとしての、代官山ヒルサイドテラス（**写真7**）の整備である。この地では、一団地認定の手法を用い、まちづくりの進展に併せ、区域の変更拡大を繰り返すとともに、用途許可の制度も活用し、第一種住居専用地域内に居住施設に併せ、商業・文化施設を整備、1960年代後半（昭和40年代）から21世紀

前後まで、時代の変化と向き合いながら、アーバナイズされた優れたデザイン力で、地区の魅力を向上させていった。この地は現在、地区計画（2004年）を用い、これまでに創出された良質な環境・景観を維持している。

二つに、再開発型まちづくりとしての、恵比寿ガーデンプレイス（1994（平成6）年）の整備である。この地では今日につながる複合再開発の先駆けとして、工場跡地の大規模な土地利用転換に向け、用途地域変更（準工業地域（200％）から商業地域（400％）及び第1種住居地域（300％））にあわせ、総合設計許可と一団地認定の手法を活用し、商業・業務・居住等の機能をミクストユース、都会的で魅力的な都市空間の創出を図っている。

(3)　狭隘道路整備と建築物の不燃化・耐震化の促進

ア　法第42条第2項道路（狭隘道路）の整備

道路基盤が十分に整っていない中、なんとか住宅を建てさせようと、幅員が4mなくとも道路中心から2m後退することで、その線を道路境界とみて、法を適用する規定（法第42条第2項）がある。この規定では、皆が道路に沿って外壁後退していけば、将来的には、4m道路が整備されるようになる、とイメージされた。しかし、ある時期

写真7　代官山ヒルサイドテラス（筆者撮影）

写真8　2項道路（狭隘道路）の整備（新宿区内）[12]

写真9　高度地区と地区計画等（手前の建築物群）とが調和したまちづくり
（新宿区戸山公園周辺）[13]

まで建築行政が確認行政といわれ、出口部分（完了検査）で十分に対応できていないこともあり、幅員4mの道路はいっこうに、その姿を現さなかった。

しかし、20世紀も終わりを迎え、建築の確認検査業務が民営化され、体制が強化されると、行政も身軽になったこともあり、補助等の助成措置も絡め、拡幅整備に向け行政指導を強めていくと、徐々に4m道路の体裁が整うようになってきた（写真8）。

イ　木造住宅密集地など市街の安全性向上

このほか市街地の防火安全性の向上を目的に、原則として容積率400％以上の区域に防火地域を、また建蔽率50％以上の区域に準防火地域を指定するとともに、市街の防火ブロック化に向け、防火地域と最低限高度地区を組み合わせて規制、併せて助成事業を施し、延焼遮断帯の形成を進めている。さらに、地震対策として、緊急時の物資輸送等を目的に、緊急輸送道路を指定し、旧耐震基準で建築された沿道建築物のうち、倒壊により道路閉塞の恐れのあるものを対象に、耐震性の確保を促している。なお、特に必要性が高い特定の道路については、期限を設け耐震診断の実施と結果の報告、状況に応じた改修等を求めている。

一方、地区レベルの施策として、災害危険性の高い木造住宅密集地域を対象に、延焼遮断帯に囲まれた内側の防災生活圏を基本単位に、地域の災害脆弱性（地域危険度4以上、不燃領域率60％未満）に応じ、不燃化特区（不燃化推進特定整備地区）を位置づけ、道路等の整備とあわせ、2015（平成27）年現在、18区1市を対象に、建築安全条例で「新たな防火規制区域（2003年創設）」を指定、原則、全ての建築物を準耐火構造以上（延べ面積500m²超又は4階以上は耐火構造）に制限するとともに、建蔽率や斜線制限の緩和、不燃化助成等を実施している。

(4) 天空率方式の導入と絶対高さ制限の運用

経済の活性化をめざし進められる規制緩和施策、しかし、容積率を高めても高さ制限が効いて、土地の有効高度利用が進展しにくいということで、高さ制限において天空率方式が導入される。これに伴い事務所やタワーマンションなどが、都心商業業務地や周辺住宅地など地域の別、また敷地の大小を問わず高層化が進み、各地で日照の確保や圧迫感からの解放、街並みの維持などをめぐり、建築紛争が激化、地域住民などからは高さ制限を求める声が高まった。

しかし、居住環境の維持や街並み景観の形成は、地域性や敷地規模などに応じ、対応方法が異なること、また一般市街の多くは、中小規模の敷地で構成されていることから、東京都は緊急を要する場合、まず高度地区を活用し、既定の都市計画（用途地域、容積率、建蔽率、道路整備の状況など）に留意し、相応しい制限値を定め一律的に

写真10　保存・復原された東京駅(筆者撮影)

高さを制限、その上で大規模な敷地の場合は、敷地規模の持つ設計の自由度を活かし、良質な環境・景観(ランドマーク等)の創出に向け、特例措置として別途、誘導基準を設け、首長の認定という形で運用することが望ましいとした。また、将来的には、まちづくりの一環として高さ制限を行うよう誘導する必要から、地区計画等の特例措置(地区計画等に定める値を高度地区の制限値と読み替え適用)を設ける、とした。なお、将来像が明確な都心区は、最初から地区計画で対応している。区部では今日、半数以上の区で絶対高さ制限の導入が進んでいる。

⑸　容積の活用による歴史的建築物の保存・復元

　社会の成熟化とともに高まった、歴史的建築物の保存を求める声を受け、東京都は1999(平成11)年に特定街区の運用基準を改定、容積割増のメニューの一つとして、「重要文化財特別型」を設ける。これは歴史的建築物が存する部分を、アトリウム等と同様に有効空地と見なし、容積の割増を付与する措置である。こうして2004(平成16)年に明治生命館(1934(昭和9)年完成)が全面保存される。その延長線上で、1968(昭和43)年に撤去された、明治の一丁倫敦・三菱一号館が、2009(平成21)年に、都市再生特別地区を活用し復元される。

　そのような中、保存の声が市民運動にまで高まったのが、東京駅丸の内駅舎の保存・復原(**写真10**)である。1999(平成11)年10月に丸の内駅舎の保存・復原について、東京都知事とJR東日本社長との間で合意するが、事業資金(約500億円ともいわれた)の確保が課題となる。そこで出てきたアイディアが、駅舎敷地の未利用建築容積(駅舎は指定容積率900%の1/5ほどしか使っていなかった)の活用(売却)である。しかし、保存・復原資金に匹敵する容積の売却となると、その引き受けては複数、またその時期もまちまちとなる。

　当時、隣接地ならともかく、離れた場所に時期を違え、容積を移転する仕組みはなかった。そこで関係者が知恵を絞った結果、出てきたのが一定の区域内であれば、飛び地であっても、また何度でも容積を移転できる、特例容積率適用地区の創設である。2002(平成14)年、都は東京駅周辺の約120haの地区計画区域に、特例容積率適用地区を指定(これをうけ特定行政庁は、近隣街区6か所ほどに順次、特例敷地として特例容積率の限度を指定)、また翌年には丸の内駅舎が、文化庁より重要文化財の指定を受けることで、建築基準法第3条により構造・避難等の単体既定を適用除外、安全性を別途確保した上で、2012(平成24)年に保存・復原がなる。

⑹　都市再生緊急整備地域の指定と超高層ビル化

　21世紀に入ると、経済活性化などをめざし、都区部には都市再生緊急整備地域(8地域)が指定される。これら地域の整備方針を受け、都市再生特別地区(45地区)などを活用、街区統合による再開発などに対し、容積率制限など建築規制の緩和措置がとられた結果、バブル崩壊により不良債権と化した土地の再生や、機能(情報化、アメニティ対応)面、防災(耐震性)・環境(省エネ・低炭素化等)面などの対応が十分でない、老朽化

したビルの更新が進み、土地の有効高度利用が図られ、都心部ビルの超高層化が進展していった。

4　まとめ

　近代社会も成熟期を迎え、様々な分野で社会変化が起きている。建築法制の面では、建築基準法が目的とする、規制としての最低基準を超え、高度化・多様化する社会ニーズに対応し、耐震性の向上やバリアフリー化、省エネルギー化、景観形成、住宅の長寿命化等々、良質な建築の誘導に向けた動きが加速している。

　東京は、島国、山岳型の国土の下で、最も広い関東平野にあり、全国に延びる交通・輸送網の要に位置、情報通信の発達をうけ、時代とともに、その中心性が強まってきている。また、2020年東京オリンピック開催を契機に、中心部に蓄積された膨大な建築ストックの、質的向上と使用面からの合理化をめざし、大規模に改築やリニューアルが進展している。

　そこで東京都は、この機を逃さず成熟社会、国際化に対応し、都市の再生・活性化を図るため、これらの動きに目標と方向を与えるべく、2040年代を目標時期に設定し、2017年東京のグランドデザインを策定した。

　ここに示された東京のめざすべき都市の姿は、セーフ（安全な）シティ、ダイバー（多様性に富む）シティ、スマート（環境先進型）シティで、その実現に向け世界をリードする国際ビジネス拠点の育成、3環状道路や鉄道などのさらなる充実と活用、燃えない・倒れないまちづくりの加速化、美しい緑と水に彩られた都市空間の創出、多様なライフスタイルを受け入れる暮らしの場の提供など、新しい東京の礎となる都市づくりを進めていく、としている。

　このように東京都では、各種計画の策定や条例の制定などを通じ、国際的地位向上を図るべく、国や関係自治体、民間とも連携・協力し、目標の実現に向け、建築の規制・誘導に総力を挙げ取り組んでいる。

神奈川における建築法制執行の足跡

神奈川の建築行政は、明治期に遡れば、開港都市横浜を対象とした県布達や規則を嚆矢とする。市街地建築物法についても、1920（大正9）年12月、県内のトップを切って適用されている（二番手の川崎、横須賀は1928（昭和3）年4月適用）。一方、横浜市における近代建築法制の執行主体は、市街地建築物法の30年間は県、建築基準法施行から今日に至る約70年間は市、と変遷した。

この100年間、劇的な変貌を遂げた県内各市町村の建築や街並みの中でも、横浜の比重は一貫して大きい。このため建築基準法時代の横浜の軌跡についても多くの論考が存在するが、本節では、比較的言及されることの少ない県所管時代の30年間を中心に、横浜における建築行政の足跡を、特に制度を担った「人」に着目して振り返ってみたい。（文中敬称略）

1 市街地建築物法時代の全般的な動向

市街地建築物法の施行から戦時規定による効力の停止までの二十数年間、横浜市内の申請件数動向は図1のとおりである。

景気の波はあったものの、この時期の神奈川は、全国的な工業化の進展と大都市圏への人口流入により、戦後の高度成長期ほどではないにせよ、活発な建築活動が展開され1929（昭和4）年には9,800件に達した。その後は1928（昭和3）年の世界恐慌の影響から件数の落ち込みが激しいが、1933（昭和8）年以降上昇に転じ、日中戦争の始まる1937（昭和12）年まで続く。しかし、それ以降、鉄鋼や木材等の資材統制が開始されてからは、軍需生産にあたる工場の増加は例外として、住宅建築は大きく減少した。

こうした社会経済の全体的な流れのほか、県内の建築行政に大きな影響を与えたのは、様々な自然災害・人的災害であった。その第一は、法施行後まもない1923（大正12）年の関東大震災、第二は太平洋戦争に伴う空襲被害だが、その他にも神奈川の地域性を反映した災害に見舞われている。法施行に先立つ1919（大正8）年の横浜中心市街地での大火（被災家屋3,248戸）や県内で65人の死者を出した1920（大正9）年東日本風水害、そして神奈川だけで45人が犠牲となった1938（昭和13）年6月山静南関東風水害（その後の7月阪神大水害とあわせて翌1939（昭和14）年の市街地建築物法施行規則改正（崖地建築の規制）の契機となったとされる）が発生した。

神奈川では、1874（明治7）年の禁令を皮切りに、県規則による崖地建築の規制が行われてきたが[2]、市街

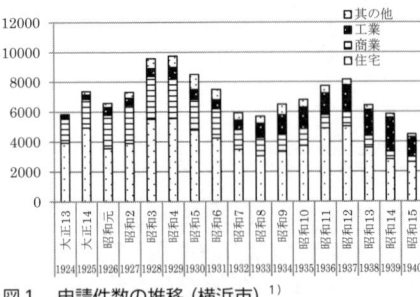

図1　申請件数の推移（横浜市）[1]

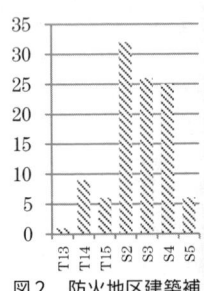

図2　防火地区建築補助件数（横浜市）[3]
　　　T：大正　S：昭和

地建築物法の時代になっても土砂災害を完全に防止するには至らない状態が続いた。

2　法施行と関連した特定課題への対応

(1)　関東大震災からの復興－防火地区建築補助

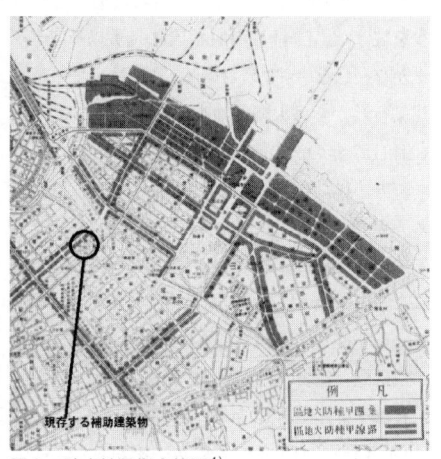

図3　防火地区指定状況[4]

現存する補助建築物

凡例
臨時火災保険甲区域
築地大防柵甲線部

　関東大震災の被害は、首都東京のみならず神奈川でも甚大であり、建築物の再建にあたっては「防火地区建築補助」を活用した不燃化や共同化が強く求められたが、補助制度の審査・検査事務を担ったのが、市街地建築物法の所管課であった。当該制度の実績は**図2**のとおり1927（昭和2）年をピークに計105件である。

　同一期間における、東京での件数884に比べれば少数であるが、1929（昭和4）年に復興局長官あて県知事が提出した復興事業功労者表彰の推薦調書では、県施設の再建に尽力した営繕部門とともに、防火地区建築補助事業が対象となり、警察部保安課員の36名が推薦されている。

　単なる補助金交付事務にも見えるが、推薦理由によれば一般建築の申請処理も繁忙を極める中、補助建築物の構造計算等の設計審査や現場の臨検検査に邁進したとされている。防火地区建築補助

は、震災復旧の困難さを理由に市街地建築物法の緩和を求める世論に対抗して建築行政が用意した目玉施策であり、公共建築物の直営工事のような力の入れ方であったと思われる。

　この補助制度と合わせて、東京市と横浜市が設立した復興建築助成株式会社が政府資金の融資や割賦販売によって建築促進を図ったが、同社の技術部門は建築主の要望に応じて、建築計画の相談や業者の紹介などの業務も行っていたとされる。こうした官民を挙げた復興建築の一部は、100年近く経過した現在でも横浜市内に現存している[5]（図3）。

(2)　積極的指定建築線－色濃い都市計画との連携

　神奈川における建築線制度の運用実態については、池田孝之による詳細な研究[6]があるが、地主が新規宅地開発のために行う申請建築線とは異なって、行政庁が計画意図をもって指定する積極的指定建築線の多さを神奈川の特徴としている。総件数265件の年度別推移は**図4**のとおりである。

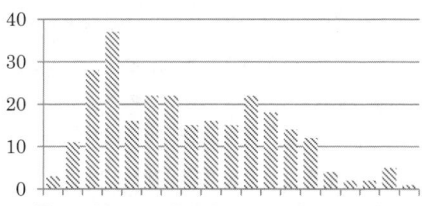

図4　積極的指定建築線件数（池田論文）

　東京の899件よりは少ないが、既成市街地における道路拡幅のための指定が41件にのぼっており、郊外地開発の手段としての建築線が多かった他都府県との違いが指摘されている。

　県が、震災復興において、焼失地域での建築線の指定を積極的に行ったことは、後述の水野源三郎の発言にも表れている。当時、横浜市の震災焼失地390万坪（1290ha）に対して復興区画整理が

実施できたのは財政上の制約等から200万坪（660ha）にとどまった[7]。

このため、震災前の既存不良住宅地は、いったんは火災で一掃されたものの、仮設建築物への法適用除外措置のため、劣悪な住環境が再現しつつあった。そこで「不衛生状態を漸次改善する」ことを目的にこうした地区への建築線指定を行ったところ「予期以上の効果を見た」としている[8]。

また、復興が進むにつれて鶴見、保土ヶ谷では市街地縁辺部の宅地化が始まったが、区画整理はもとより都市計画道路の計画決定や測量実施も間に合わない状況となっていた。このため宅地開発の予定されている地区に対しては区画道路だけでなく、都市計画道路の用地を確保するため市当局に当該部分の測量実施を促しながら指定を行った。

1926（大正15）年から1933（昭和8）年までの横浜市における建築線指定件数は119件、約200万坪（650ha）となっており[9]、すべてが震災復興関係ではないとしても、復興区画整理に並ぶ規模の実績となっている。

震災復興に、誕生したばかりの市街地建築物法の建築線制度を活用することは、必ずしも被災自治体側の発意とはいえず、中央政府が強く促した面がうかがえる。復興局は、震災翌年の1924（大正13）年6月に警視総監・神奈川県知事あて「焼失地域内に於ける建築線指定」の照会、同年9月には「新建築敷地に於ける建築線指定」の長官名依命通牒で活用を促した[10]。

焼失地域内での活用に係る県知事回答は、国が求めた建築線指定幅の一律2間（3.6m）への拡幅には、334路線、延長49kmが対象となり3.3haの用地が必要となることから地権者の負担が大きすぎる。「特に必要あり」と認められる路線に絞り込みたいとした。いずれにしても、復興局の姿勢の背景には、東京・横浜は焼失地域内の区画整理に没頭して、それ以外の地域や郊外地開発への対応

が後手に回っているとの批判が感じられる。地方側はやれる範囲のことは頑張って実施しているとの立場であろうし、神奈川の指定実績もそのように解することができる。

(3) 戦時下の建築行政－特に建物疎開について

1937（昭和12）年以降、県内の建築活動は減少を続けた。1941（昭和16）年の開戦以降はデータが存在しないが、資材統制もあいまって平時の建築行政からは大幅に縮小し、最終的には1943（昭和18）年の法の施行停止により中断する。

一方、新たな課題として建築行政にも役割が求められたのは防空行政、特に1944（昭和19）年に始まった建物疎開であった。建物疎開は、空襲による市街地火災の延焼を防止するため、あらかじめ防空空地帯や小空地を生み出すものであり、手法は既存建物の居住者等の転出とセットになった移築や解体である。

1944（昭和19）年2月の第一次から1945（昭和20）年6月の第十次まで少なくとも170ha以上の土地に存在した2万2千戸以上の住宅が取り壊された[11]。取り壊し作業には、学生生徒も動員されている。

県には「都市疎開実行本部」が設置され、警察部に新設された臨時疎開課が事務局にあたる一方、空地帯等の計画は土木部の都市計画課が担当した。警察部建築課の所掌事務は、「資材労力の斡旋」「建築規制」「除却古材の利用統制」[12]とされており、一見すると疎開事業の本体というよりは、そこから派生する関連事業のように見える。

しかし現存する決裁文書には、疎開対象地区の指定に係るもの以外に、疎開建物の譲渡に関する文書が大量に存在する。解体した建物を、廃棄物として処分するのではなく、有用な建築資材として売却する手続きである。

具体的には、県が移築者から上物の建物を買い取り、資材の譲受希望者に対して取得額の3割程

度まで減額して売り払うものであるが、こうした措置は売買の成立した物件に限ってスポット的に講じられたのではなく、防火帯や疎開小空地毎に悉皆的に実施されている。その中では、周辺建物の疎開によって延焼リスクを低減できる官公署や軍需関係工場が、受益者ということで譲受者にリストアップされているが、譲受者側の申し出に応じてというよりは、疎開本部がトップダウンで指定したものと考えられる。この資材売買仲介事務については、疎開本部の事務分担には明記されていないが、警察部建築課が実質的な窓口を担っていたことは間違いない。

建物疎開については、低額の移転奨励金で追い立てられた、いわば「強制疎開」との指摘があるが、移転者に対して奨励金に加えて資材売却代金を提供する一方、「受益者」から資材取得代金を徴収し、移転者への支払原資の一部にあてる仕組みは、戦争末期の混乱の中でも、何とか移転者の反発を和らげて事業を進めたいとする当局の苦肉の策だったものと思う。

2万2,000戸以上という膨大な解体建物について、個別に譲渡先の振り分けや調整事務を行うのは、確かに大量の申請を扱う建築行政の体制や経験が有用であったため、所管業務とされたものであろう。

1945（昭和20）年5月の横浜大空襲は、死者数こそ3,650人と関東大震災の3万3千人を下回ったものの、焼失地域は震災を上回る2,300haに達し、終戦後の米軍による土地接収と合わせて戦災復興の足枷となった。そして、市街地建築物法の施行再開から、建築基準法の施行に至る戦後初期の建築行政は、他の自治体同様、戦争の余波ともいえる業務、例えば物資統制や進駐軍住宅等の施設建設などに追われることになる。

3　制度を支えた人々

⑴　職員数の推移

表1は、残存している戦前の神奈川県職員録等から推定した所管課の職員数推移である。事務職は多い時でも概ね10名程度であり、残りは筆頭の高等官である地方技師から実働部隊の技手・雇員まで、すべて技術職で構成されていた。

法施行直後の10名体制は、1925（大正14）年、震災復興のため30名まで大幅増員され、さらに件数ピークの1929（昭和4）年の翌年度には51名まで、2段階目の増員が行われた。その後は、申請件数の減少にもかかわらず、戦時体制に関連する新たな業務発生のためか、ほとんど増減はない。また、出先機関が設けられ、ピークの1932（昭和7）年には、職員総数の1/3以上が1～3

表1　建築行政関係職員数の推移[13]

		神奈川建築行政	うち警察署詰	神奈川営繕部門	警視庁建築課
1920	大正9	5	0	17	63
1921	大正10	12	0		156
1922	大正11	10	0	18	267
1923	大正12	12	0	31	229
1924	大正13	10	0	61	268
1925	大正14	30	2	65	291
1926	大正15	29	5	79	292
1927	昭和2	32	5	132	284
1928	昭和3	37	5	76	279
1929	昭和4	51	11	25	135
1930	昭和5	48	11	22	120
1931	昭和6	33	10	10	114
1932	昭和7	39	14		115
1933	昭和8	33	12		110
1934	昭和9	38	13		105
1935	昭和10	33	10		105
1936	昭和11	31	5		116
1937	昭和12	34	3	19	121
1938	昭和13	38	5		
1939	昭和14	30	8		
1940	昭和15	40	4		
1941	昭和16	37	4		
1942	昭和17	39	6		

名体制で主要警察署に配置されていたのも見逃せない。

安定した職員数は、同じ県庁の営繕部門が、県庁舎新設をはじめ、震災後の県有施設復旧のため極端な人員増を行ったものの、事業終了後は急激に縮小したことと、対照的である。なお、東京の警視庁建築課でも、神奈川よりは早い時期に大幅に増員されたが、復興が一段落した後は1／3程度まで減少している。

⑵ リーダーたち

建築技術職員のトップとして、神奈川の市街地建築物法行政を体現した人物は、1920（大正9）年から1925（大正14）年の田中大作、そして1927（昭和2）年から1939（昭和14）年までの長期にわたって在籍した水野源三郎、1941（昭和16）年から1947（昭和22）年に建設省に転出するまで建築課長を務めた内藤亮一があげられる。

田中大作－建築構造家から台湾建築史研究者へ

田中大作[14]

田中大作は、1915（大正4）年東京帝大建築学科卒、文部省技師を経て31歳の時、神奈川に転入した。それまでの県には建築行政を担当する高等官は存在せず、市街地建築物法の施行を契機に、初めて採用された幹部であり、警視庁技師に転出するまで、黎明期の法施行を担った。

帝大時代に師事したのは中村達太郎、佐野利器、内田祥三の諸教授であり[15]、田中は建築構造、とりわけRC造のエキスパートであった。ところが、前述の県内の許可申請件数動向のとおり、申請の大部分は木造の住宅であり、RC造・S造は、全体の2割弱（面積ベース、昭和13年時点[16]）に留まっており、日常の審査事務の中で、高度な構造審査に腕をふるう余地は少なかったと思われる。

ただ、田中は師佐野利器らが主導する「地震予防調査会」のメンバーとして、既に大震災の前年1922（大正11）年4月26日に発生した地震（通称浦賀水道地震）の被害報告を調査会報告に寄稿している[17]。煉瓦造を主体とする被災建物を全数調査し、詳細な被災状況スケッチを残すなど、旺盛な好奇心をうかがわせる内容であった。

そうした中、着任後3年目に発生した関東大震災は田中の活躍の機会を提供した。震災復興のための「防火地区建築補助」業務では、RC造による不燃化・共同化のため、構造の審査が重要な役割を果たしたが、田中のリードのもと、それらの業務にあたったのは、建築の高等教育を受けた4名の職員であった。田中以外の3名は東京帝大建築学科卒の若手、また残る1名は新設の横浜高等工業学校を卒業したばかりの松原襄である。こうした幹部職員に期待されたのは、幅広い学識というより建築構造学の実務処理能力だったといえる。

田中は1925（大正14）年4月、神奈川県最初代の建築課長に就任するが、同年11月には警視庁技師に転出する。それ以降の軌跡は、行政官というよりは学究色が濃い。同年12月「市街地建築物法に準拠せる鉄筋コンクリート計算論」を丸善から出版。1926（大正15）年、地震予防調査会の100号報告[18]に「横浜に於ける被害建築物調査報告」を寄稿。浦賀水道地震の報告と同様、横浜中心部の被害建物の悉皆調査データをもとに、煉瓦造の脆弱性とRC造の優位性を訴えている。木造についても筋交の必要性等をコメントしているが、主たる関心はRC造に向けられている。

その後1931（昭和6）年に台湾総督府営繕課、さらに1939（昭和14）年には台北工業学校の教員となる。そこで田中が選んだ研究テーマは、一転して建築構造学ではなく原住民時代も含めた台湾の建築史であった。終戦で日本に引き上げた田中は1953（昭和28）年「台湾島の建築に関する研究」をまとめ、教え子の郭茂林（霞が関ビル建設

で著名) に託したが、出版の機会を得なかったところ、近年その業績が台湾で再評価され公刊されたとのエピソードがある[19]。

水野源三郎－都市計画と市街地建築物法のスポークスマン

水野源三郎は、田中と同じく1915 (大正4) 年東京帝大建築学科卒、1920 (大正9) 年に31歳で神奈川県に着任した時の配属は、内務部の都市計画地方委員会であった。市街地建築物法と同

水野源三郎[14]

時に施行された都市計画法の実務を担うため、帝大の佐野利器や内田祥三によって全国に送り込まれた高等官の一人だった[20]。

以降、復興局横浜出張所への出向を挟んで1927 (昭和2) 年、建築工場監督課 (建築課と建築職課長は2年間の短命に終わり、再び他業務との兼務課・事務職課長となっていた) の筆頭建築職である建築監督官に転入する。この時代、内務省人事で全国を異動する建築職の幹部には、同一所属で5年以上も珍しくはなかったが、水野はそれから少なくとも12年間、都市計画地方委員会時代を通算すれば、19年間、49歳になるまで神奈川県に在籍した。その後の経歴は不明であるが、戦前の官吏の退官年齢は50歳あるいは55歳との通説に従えば、水野は職歴のほぼすべてを神奈川の地に捧げたことになる。

神奈川の建築線指定に都市計画との連携色が濃いことについては、1926 (大正15) 年～1929 (昭和4) 年の間、神奈川県知事であった池田宏の影響が推測されている[21]。池田は、都市計画法・市街地建築物法の生みの親であり、ドイツの建築線制度にも詳しかったから、初期の制度運用に知事の意向が反映された可能性はある。ただ、個別の指定実務においては、水野のような人物の存在が

あってはじめて、両法の具体的な連携が可能になったのではないか。なお、在籍期間の末期、1936 (昭和11) 年と1938 (昭和13) 年の2回にわたって、建築工場監督課の中堅職員各1名が都市計画課との兼務を命じられているが、これも水野の関与をうかがわせる。

水野の名前は、1931 (昭和6) 年頃から、県の建築行政のPRの場に頻出するようになる。最初は1931 (昭和6) 年3月横浜土地協会 (市内の土地所有者の団体) が主催した建築線制度に関する講習会である。水野と県都市計画課の技師荘原信一 (1923 (大正12) 年東京帝大建築学科卒) の講演に加えて、会場の市民との質疑応答の詳細が、協会機関誌「横浜土地時報」に記録されているが、そのやりとりは法施行後8年を経ても一般市民と行政官の制度理解のギャップが大きかったことを示しており、実に興味深い。

例えば、法や施行令には明記されていないが、都市計画道路境界を建築線とした場合、現道との間の民地が、建蔽率算定の際の敷地に参入できるか否かの質問が出た。答えはできるであり、法施行前の1921 (大正10) 年時点で内務省や警視庁は通達でその運用を指示していたが[22]、神奈川では特に公開の定めを行っていなかったため、口頭で説明した。また、二面接道の場合の道路斜線のかかり方についての質問も出る。これらの問いに対して、水野らが大汗をかきながらわかりやすく説明しようとする姿が伺える記録だ。

1933 (昭和8) 年には、雑誌「都市公論」に「横浜川崎其の他の都市に於ける建築線の指定に就て」を寄稿。前述のとおり、神奈川の建築線が、焼失地域の再生をはじめ様々な計画意図に沿って指定されたことを、実例とともに紹介した。また、この年の8月、建築学会が主催した関東防空演習見学座談会に、神奈川の代表として参加している[23]。

1935 (昭和10) 年暮、神奈川県建築協会なる

組織が、設立された。建築行政職員の全国組織としては1936（昭和11）年11月に設立された建築行政協会が著名であるが、それ以前にも県単位でいくつかの建築協会が組織されており、神奈川もその一つであった。会長には県庁の警察部長が就任し事務局は建築行政所管課が担当したが、建築行政協会神奈川支部の38名に対し、建築協会は279名の会員[24]とされていることから、行政官だけではなく県内の建築関係者も参加した団体であったようだ。

建築協会の主な活動は出版であり、他県同様、法令集や啓発リーフレットを作成したが、ユニークなのは2冊の書籍 - 「住宅読本」（1937（昭和12）年）、「市街地建築物法の効果」（1938（昭和13）年） - の刊行である。

前者の著者は水野、後者は建築協会編とされているが、やはり水野の著作と思われる。いずれも、市街地建築物法の条文解説というよりは、その趣旨や背景にある建築・都市計画の考え方までさかのぼり、かつ実例の写真や図を多用した内容である。制度運用の不十分な部分も率直に述べられており、法施行後18年を経た時点の中間総括としても読むことができる。

両書に共通する視点の一つが、神奈川における土砂災害への対応を強く主張していることである。横浜・横須賀等の傾斜地では、前述のとおり過去の台風や豪雨で幾度も建物被害を生じた。水野が神奈川県技師の肩書で最後にメディアに登場するのは、1939（昭和14）年の建築学会誌「建築雑誌」に寄稿した「昭和13年7月及び9月の風水害に就て」[25]であった。豪雨に伴う崖崩れや台風の強風による倒壊被害の事例を挙げながら自然災害への備えを訴えているが、水野の指摘は今日の神奈川にも通じる課題である。

なお、水野の在籍期間の末期、1935（昭和10）年以降の4年間は、吉田安三郎（1929（昭和4）年東京帝大卒）を上席の地方技師に戴くことにな

る。吉田の著述に神奈川に触れたものが見受けられないのは、対外的な発信を先輩に委ねたものであろう。

内藤亮一――「無駄だった10年」とその後の飛躍

内藤亮一は、東京帝大建築学科を1930（昭和5）年に卒業し、大阪府技手を振り出しに、兵庫県を経て1941（昭和16）年、神奈川県建築課長に着任した。その履歴については速水清孝[27]の著書に詳しい。

内藤亮一[26]

課長を務めた期間、平時の建築行政とはまったく異なった状況にあったことから、建築課が制定・施行した県規則は戦時体制に係るものが大部分であったが、1942（昭和17）年12月の県令第116号は、内藤の持論であった民間建築士の認知と建築行政における活用を目指したものであった。市街地建築物法施行細則に「主任建築技術者」が設計監督を行う建物については設計書・建築図面を省略できるとの条文を追加するもので、現行建築基準法の「4号特例」に相当する手続簡素化の規定である。

この背景には、戦時下で住宅の建設が落ち込む中、工場の建築申請が相当数に上っていた状況で、「軍需生産を拡充しなければならないとき、法規をたてにとって軍需工場の建築にむずかしいことをいう県庁員がいる」として全職員の前で知事から批判されるという事件があったが、速水はこうした外圧も利用しながら建築士制度の改善を地方レベルで取り組んだ内藤の戦略を指摘している。

内藤課長の下での神奈川の建築行政について、県OBは「特に戦時中は時代に即応した神奈川県独特の型破りの行政」が展開されたと回想している[28]。県が防空法等の上位法律を受けてという形

ではなく、戦時下に独自に制定した規則としては、この他に「戦災地臨時利用並びに仮設建築規則」（1945（昭和20）年6月）、「堅牢建築物利用統制規則」（同年）が存在する。空襲での焼失地におけるバラック建築に最低限の秩序が保てるよう統制をかけたり、焼け残った堅牢な建物を届出させて活用を図るといった、戦争末期の世情にあわせた施策だが、これが「型破り」なものであったかは判然としない。むしろ、前述の都市疎開における疎開建物の譲渡システムを指すものとも思われる。

いずれにしても、内藤は、戦時から戦後にかけての10年間を「無駄と言えば無駄な仕事」だったと回顧している[29]。確かに、戦争という異常な状況の中での諸施策の工夫は、例えば庶民の住宅事情の改善といった大きな目標には貢献しなかっただろう。ただ、1947（昭和22）年に戦災復興院炭鉱住宅課長に転出する前に、内藤は戦後の神奈川の建築界を復興していくための小さな改革を置き土産として残している。

1936（昭和11）年に設立された神奈川県建築協会が、県庁の警察部長を会長に戴いていたことは既に述べた。内藤は役人がトップの組織はおかしいとして、会長を横浜市内の民間設計事務所の草分けである宮内初太郎（1914（大正3）年東京高等工業卒、東京市技手を経て1920（大正9）年開業）に交代してもらう[30]。官民のバランスのとれた組織を目指したものであろう。この組織は、後に、内藤が成立に尽力した建築基準法・建築士法に則して、各都道府県で建築士会が設立されたとき、神奈川における創立に寄与することになる。

すなわち、設立の発起人を募るにあたって、神奈川県建築協会は、建築士会の発足に全面的に賛同する趣旨から、大量の発起人を送り込み、一気に機運が盛り上がったという[31]。

内藤は1952（昭和27）年、建設省を退職し、横浜市建築局長に転出した。1962（昭和37）年に退任するまで、建築基準法行政はもとより、防火帯建築の強力な推進により横浜中心市街地の復興に寄与するなど、「無駄だった10年」を補って余りある活躍をした。建築法制の執行業務をキャリアの前半の主題としながら、後半ではウイングを広げて、住宅やまちづくりにも関連するテーマでも活発に発言し、実践を試みた姿勢は、今でも神奈川の建築行政のDNAとして受け継がれているように思う。

(3) 実務を支えた人々ー県立工業学校と横浜高工

前述の復興事業功労者表彰の推薦調書には、高等官の課長から雇員の女性職員まで、すべての建築行政職員の履歴書が添付されているため、1929（昭和4）年時点での断面になるが、実務に携わった人々のプロフィールを知ることができる。

警察部建築工場監督課のうち、市街地建築物法の施行を担当していたのは31名。内訳は、地方技師水野源三郎・奥戸大蔵（1925（大正14）年東京帝大卒）の2名に加え技手17名、事務職である「属」「雇」12名の構成である。年齢構成は、20歳代が45％、30代が29％をしめ、技手に限れば20代53％、30代29％とさらに若い。工業学校を卒業後、直ちに入庁した20歳前後の若者も4名いるが、20代後半では既に職歴を重ねている者も少なくない。

前歴は多様であるが、元東京府職員が5名おり、うち3名は土木技手であった。その他の技手の出身校における専攻はすべて建築であるが、法施行後10年を経ていない時点では、即戦力となる建築行政経験者の採用は望めず、むしろ道路や下水に詳しい土木技術者の方が、建築線指定などの業務に必要だったかもしれない。出身校別（土木及び不詳を除く）人数は

県立工業学校　　6名（現県立神奈川工業高校）
日大高等工学校　2名（現日本大学理工学部）

仙台工業学校　　　2名（現市立仙台工業高校）
築地工手学校　　　2名（現工学院大学）
横浜高等工業学校　1名（現横浜国立大学）
中央工学校　　　　1名

となっており、県立工業学校が半数近くを占める。同校は1911（明治44）年開校、地元で働く中堅技術者育成の期待に応える進出状態だ。

　一方、地元の念願であった幹部技術者の養成を担う高等工業学校の設立は、震災後に至ってようやく実現した。この横浜高等工業学校から建築行政に進んだ者は、1928（昭和3）年第1回卒業生の松原裏を皮切りに、1936（昭和11）年卒の長野尚友・太田喜孝、1940（昭和15）年卒の小岩井直和と続いた。

　なお、事務職員のうち「属」については、市街地建築物法以前から建築行政に従事した経験を持つ警察官もいたが通算しても3名と少数である。逆に、一般事務職でも法律知識に優れたものは「建築書記」の職名を与えられ、特に1933（昭和8）年から始まった建築代理士制度の試験事務等を担当している。

　ところで、戦前の神奈川県庁では、一般職員に関して他課への人事異動はほとんどなかったと考えられる。前述のとおり、県施設の震災復旧が一段落した昭和2年から昭和4年にかけて営繕部門の職員数は132名から25名と激減しているが、建築行政に異動した技術職はわずか2名で残りは退職。事務職についても異動は見受けられず、建築行政一筋である。

　それでは戦争末期の混乱を経て、戦後建築行政が再始動したときの陣容はどうか。1948（昭和23）年の建築課は課長鈴木和夫（1932（昭和7）年東京帝大卒）以下14名。戦前から働き続けている職員は10名。昭和17年時点の38名は、県庁内の他課や特別調達庁に転じた7名を加えた17名を除けば、21名が県庁を去ったことになる。とはいえ、臨時建築等制限規則に基づく資材統制のため、戦災復興院出張所が神奈川にも設けられ、大量の兼務職員が採用されたことから、新たな陣容で建築基準法の施行を迎えることになる。

4　建築基準法時代の概要

　建築基準法の約70年間、神奈川・横浜の建築確認件数は**図5**のとおり、社会経済情勢を反映した推移をたどっている。戦後復興から高度経済成長を経て1973（昭和48）年のオイルショックまで、右肩上がりの増加が続いたことは他の大都市圏と同様であり、その後の安定成長期では年間2〜3万棟のペースにダウンしたものの、バブル崩壊後の20年間においても1万5,000棟を底とした横ばい状態が継続している。

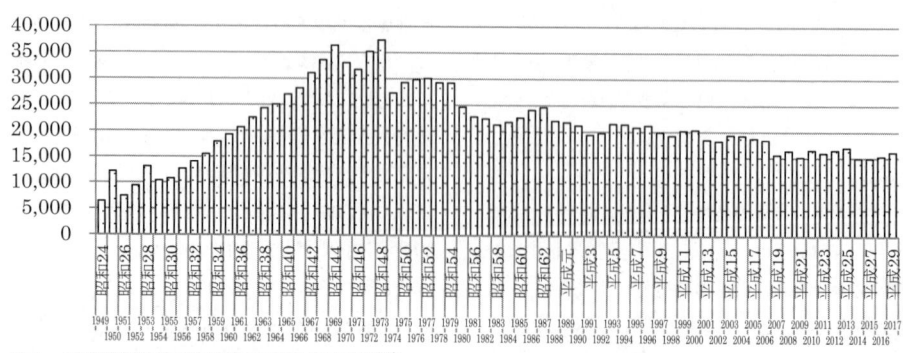

図5　建築確認申請受理件数の推移（横浜市）[32]

時の経過とともに、申請される建築物の内容も変化し、建築行政上の課題もまた移り変わっていく一方、建築基準法違反や狭隘道路への対策のように不変のテーマも存在するが、単体規定については、法制度の性格上、他地域と同様の展開を歩んできた。

市民にも関心の高い構造上の安全性に関しては、法制度本体の執行に格別の問題はなかったと言える。しかし、2005（平成17）年に発生した耐震計算偽造事件は、事後処理もまた建築行政から派生した問題として担当部局に委ねられた。東京都の35件に次ぐ17件の案件を抱えた3行政庁（川崎・横浜・藤沢）が、当該建物の改修や建替の支援に忙殺されたことは、特異な事例だったとはいえ、神奈川の建築行政にとっては長く記憶されるべき出来事であった。

一方、集団規定の運用に関しても、この70年間には様々な節目やトピックが生じたが、広義の建築行政という観点から、廣瀬良一は横浜市の建築基準法行政の歩みを次のように総括している[33]。すなわち、

第一に、線引きにおける市街化区域設定や、用途地域の指定における抑制基調を建築行政のベースにおき、政策・計画上の必要に応じて個別に緩和措置を講じるという、単なる覊束裁量ではない建築許可色の強い運用を行ったこと

第二に、建築基準法に基づく条例の活用、たとえば建築基準条例に「用途別容積率制限」を盛り込み、商業業務地区への住宅建設抑制を図ったこと

第三に、法令では限界のある事項について、独自の様々な指導基準を制定し、法令に基づく行政処分と一体となった総合的な指導を行ったこと

こうした考え方は、ナショナルスタンダードとしての建築基準法体系の中で、どこまで個々の地方自治体の自主性を発揮できるかという微妙な問題をはらんでおり、事実、「用途別容積率規制」を

めぐっても建設省との間でやりとりが行われている[34]。

いずれにしても、年間数万件に及ぶ建築確認申請の集積が、結果として街並みの形成につながることから、横浜をはじめ県内の各特定行政庁は、それぞれの地域性に即した建築行政を進めてきた。そして、今後もその取り組みは続けられるだろう。

5 まとめ

建築基準法の施行権限を市町村に移譲することについて、神奈川では先行した5市に続き、昭和50年代、一気に7市への移譲が行われて13特定行政庁体制となった。昭和50年代の移譲は、各市とも確認申請の経由事務や指導要綱行政を通じ、建築行政の環境をある程度体験している中で実施された。このため、制度を担う人材の育成についても、2年程度の相互出向で対応できている。

しかし、建築基準法の当初施行時、横浜・川崎・横須賀の3市に、それまでの30年間、県が独占していた建築行政事務を移行するには相当の苦労があったに違いない。移管から既に70年近く経過し「県職員が何人か各市職員に転じた」程度の情報しか後世には伝えられていないが、本節の機会に改めて確認したところ、横浜市については10名の職員が県を退職し、1951（昭和26）年11月、市職員に転じている[35]。

当時の横浜市建築課の職員総数36名に対し、ほぼ1/3に達する規模である。課長には長野尚友、特殊建築係長に小岩井直和、指導係長に城井保光（1923（大正12）年県立工業高校・1925（大正14）年蔵前工業専修学校（後の東工大附属高校）卒）といった建築行政歴の長い、しかも30〜40代の働き盛りを送り込んだ。一般職員も、二上丈右衛門（1941（昭和16）年日大高等工学校

卒）のような10年の実務経験を持つ者を筆頭に7
名が移籍している。

　同時期、川崎市も横浜市と並び全国の大都市の
先頭を切って特定行政庁化を果たし、2年後の
1953（昭和28）年、横須賀市が続く。県は、川崎
に中島嘉臣（県監察係長）、渡邉治助（同係員）、
横須賀には川村保平（県統計係長）らを転出させ
ているが、特筆すべきは城井保光である。城井は
横須賀の特定行政庁化を支援するためか、横浜市

には2年在籍しただけで、昭和28年、特定行政
庁化と同時に横須賀市に移籍した。

　建設省建築指導課長であった内藤亮一が横浜市
建築局長に転じたこととあわせると、概して粛々
と進められる建築法制の執行にあたっても、時に
ダイナミックな人の動きが生じるものと感じる。

　最後に貴重な資料の提供とご教示をいただいた
速水清孝先生（日本大学工学部教授）及び県・横
浜市OBの皆様に紙面を借りてお礼申し上げたい。

5-3 愛知における建築法制執行の足跡

1 名古屋市の建築指導行政業務と組織の沿革

名古屋市の建築指導行政は、1920（大正9）年に5大都市とともに市街地建築物法が施行され、愛知県庁の警察部に組織をつくり本格的に始まった。戦争を挟み1950（昭和25）年に建築基準法が施行された後も、愛知県庁において業務は行われてきた。

その後1956（昭和31）年、地方自治法の一部を改正する法律により、指定都市に大幅な事務移譲が行われる中で、建築指導行政は、愛知県庁から名古屋市役所に事務移管が行われ、建築局指導課1課7係39名でスタートした。指導課で建築主事と特定行政庁の全ての業務を行っていた。

1968（昭和43）年には、審査部門を独立させ、構造及び設備に関して係を新設した。高度経済成長期の1966（昭和41）年頃から1972（昭和47）年頃にかけて建築確認件数が大幅に増加し、2万件を超えるピークを迎えた。その後のバブル期には、大規模な建築物が増加し、専門に審査する特定審査課を設け、1990（平成2）年には3課体制となった。

2000（平成12）年に、名古屋市役所組織全体の統廃合を進める中で、審査部門の課統合を行うとともに、1999（平成11）年に建築確認・検査が指定確認検査機関でも行える法改正がされたことを受けて完了検査と違反建築物対策を主な業務

とする検査監察課を設置した。あわせて、都市計画法の開発行為や宅地造成規制を担当する課を加えたことにより、現在の建築指導部の母体ができた。2018（平成30）年4月現在、建築指導部は、建築指導課、開発指導課、建築審査課、監察課の4課13係89名の組織になっている。

名古屋市役所の建築指導行政は、2016（平成28）年11月に60年を迎え、建築確認業務から、総合設計制度等を活用した市街地環境の整備・誘導、省エネ等環境にやさしい建築物の誘導、建築紛争への対応、人にやさしい建築物の誘導、地下街等の防災性向上、アスベスト対策等幅広い業務を行っている。これらの業務は、主に災害・紛争等に伴った建築基準法の改正等に対応して、その範囲を拡大してきた。

そこで、名古屋市の建築指導行政において特徴的な「名古屋市臨海部防災区域建築条例」、「名古屋市中高層建築物の建築に係る紛争の予防及び調整等に関する条例」と、大きな変革となった建築確認・検査の民間開放後の建築指導行政について、以下に災害・紛争等、関係法令等、名古屋市役所の対応の関係を一覧にして掲載する。

災害・紛争等	関係法令等	名古屋市役所の対応
〈昭和34年〉 伊勢湾台風	建築基準法 第39条　災害危険区域	昭和36年6月 「名古屋市災害危険区域に関する条例」の施行
〈昭和40年代〉 マンション建設に伴う 建築紛争	昭和52年11月1日 建築基準法 第56条の2 日影による中高層の建築 物の高さ制限	昭和49年3月 「日照等指導要綱」の施行 昭和53年6月 「中高層建築物日影規制条例」の施行 平成12年4月 「名古屋市中高層建築物の建築に係る紛争の 予防及び調整等に関する条例」の施行
〈平成11年〉 指定確認検査機関の 確認・検査制度開始	平成11年5月1日施行 建築基準法 第6条の2 国土交通大臣等の指定を 受けた者による確認	平成12年4月 検査監察課の設置

<table>
<tr><th></th><th colspan="2"></th></tr>
</table>

2	昭和30年代のトピック

【名古屋市臨海部防災区域建築条例】

建築基準法第39条の規定による災害危険区域として、臨海部防災区域を指定している。指定区域内は、区分に応じて災害防止上必要な建築物の敷地・構造に関する制限を定めている。

(1) 条例制定の背景：伊勢湾台風による被害

1959（昭和34）年9月26日午後6時すぎに潮岬に上陸した台風は、伊勢湾周辺地域、とりわけ湾奥部の名古屋市を中心とする臨海低平地に未曾有の大災害を引き起こした。伊良湖岬での最大風速45.4m/s、最大瞬間風速55.3m/s、上陸時の中心気圧は929.6hPaで台風による死者、行方不明の数は5,098名となった。浸水被害状況は下表のとおりである。犠牲者の83%が愛知、三重両県に集中し、主に高潮を原因としている。この台風による高潮偏差（平常の潮位と実際の潮位差）は、3.55mであり、当時の高潮対策の前提としていた既往最高潮位を1m程度上回っていた。加えて川の決壊による急激な濁水のため、浸水水位3m前後、局地的には5〜6mという箇所もあった。また、名古屋港は原木の輸入とその製品の輸出が盛んであったことから、貯木場に大量の木材が集まり、この木材が高潮により貯木場から流出して家屋に直撃し、被害が拡大したといわれている。

伊勢湾台風による被害状況

		全国	名古屋市
人的被害（人）	死者	4,697	1,793
	行方不明	401	58
住家被害（棟）	全壊・流失	40,838	7,723
	半壊	113,052	43,249
	床上浸水	157,858	34,883
	床下浸水	205,753	32,469

全国のデータは平成20年度「消防白書」、名古屋市のデータは「伊勢湾台風災害誌」から。

(2) 条例化の動き

このような被害を二度と起こさないよう、建築基準法第39条に基づく災害危険区域（高潮対策）としての「名古屋市災害危険区域に関する条例」（後に「名古屋市臨海部防災区域建築条例」と名称変更）を制定し、1961（昭和36）年6月1日から施行した。

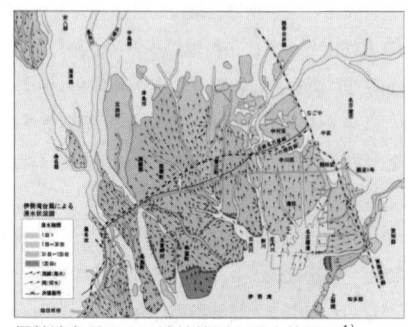

伊勢湾台風による決壊箇所と浸水状況図[1]

港区大手町[2]（出典：名古屋市港防災センター）

港区惟信町付近[2]（出典：名古屋市港防災センター）

(3) 現行条例の概要

区域は、以下の第1種から第4種の4区分とし、6,501.8haに及んでおり、**図1**に示すとおりである。

第1種区域：防潮壁よりも海側の臨海埋立工業地

第2種区域：台風以前から市街化されていた区域と、台風以降に土地区画整理事業等で市街化が進展した区域

第3種区域：台風以前から市街化されており、他の区域に比べ強い強制は必要としない区域

第4種区域：市街化調整区域

区域ごとの規制概要を以下の概要表に示す。

実施件数は把握できていないが、施行後60年近くが経過していることから、建築物の多くはこの規制のとおりに更新されているものと考えられる。

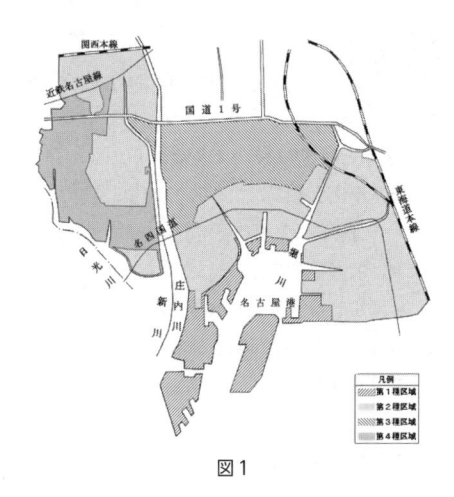

図1

名古屋市臨海部防災区域建築条例の概要表

	1階の床の高さ	構 造 制 限	図 解
第1種区域	N・P（＋）4m以上	木 造 禁 止	
第2種区域	N・P（＋）1m以上	2階建以上とすること （2階以上に1以上の居室設置） 　ただし、以下の①から③のいずれかの場合は、平屋建てとすることができる ①　1階の1以上の居室の床の高さがN・P（＋）3.5m以上 ②　同一敷地内に2階建以上の建築物あり ③　100m²以内のものは避難室、避難設備の設置	
第3種区域	N・P（＋）1m以上		
第4種区域	N・P（＋）1m以上	2階建以上とすること （2階以上に1以上の居室設置） 　ただし、以下の①、②のいずれかの場合は、平屋建てとすることができる ①　1階の1以上の居室の床の高さがN・P（＋）3.5m以上 ②　同一敷地内に2階建以上の建築物あり	

※公共建築物等の制限：第2種〜第4種区域
　範囲…避難及び救助・救援の拠点となる可能性がある学校（各種学校を除く）、病院、集会場、官公署、及び2階以上に容易に避難が難しい児童福祉施設等その他これらに類する公共建築物で延べ面積が100m²を超えるもの
　制限…(1)(2)(3)を全てみたすこと
　　(1)1階の床の高さN・P（＋）2m以上、(2)N・P（＋）3.5m以上に1以上の居室設置、(3)木造禁止

※建築物の建築禁止：第1種区域
　範囲……海岸線・河岸線から50m以内で市長が指定する区域
　制限…居住室を有する建築物、病院及び児童福祉施設等の建築禁止
　　（木造以外の構造で、居住室等の床の高さをN・P（＋）5.5m以上としたものについては建築可能）

3 昭和40・50年代のトピック

【建築紛争と教育施設等への配慮】

建築基準法改正により、1977（昭和52）年11月1日から日影による中高層建築物の高さが規制されたが、名古屋市ではこれに先立ち、1974（昭和49）年に建築紛争防止の指導要綱をつくり、"教育施設等に対する日照時間については、特に配慮をしなければならない"とした。

⑴ 高度経済成長期における先進的取り組みとその後の経過

1973（昭和48）年に、本山政雄市長（当時）の重点施策として、「建築紛争防止のための指導要綱」を施行した。その背景には、市立保育園の隣にマンションが建設され建築紛争になった際の、園児が原告となったマンション取り壊し訴訟があったと言われている。

1978（昭和53）年には、建築基準法に基づく日影規制条例施行に伴い、教育施設等に対する日照時間の配慮の規定は一度指導要綱から削除された。その後、建築基準法に基づく日影規制の適用の無い商業地域における小中学校等の日照阻害が懸念されたことから、1981（昭和56）年には、日影規制の無い都心区域に限定し、教育施設等への配慮を求めることとした。1989（平成元）年には、児童等の健康面や日照阻害による苦情・紛争が増えてきたことから、配慮規定の対象区域を市内全域に拡大し、日影の影響について教育施設等設置者と協議することを義務付けることとした。

⑵ 2000（平成12）年に指導要綱を条例化

2000（平成12）年に地方分権改革の流れの中で、指導要綱を条例化した。「名古屋市中高層建築物の建築に係る紛争の予防及び調整等に関する条例」の第7条（教育施設等の日照）で、"中高層

建築物の建築主等は、冬至日の午前8時から午後4時までの間に、保育所又は幼稚園、小学校、中学校などに日影を生じさせる場合には、日影の影響について特に配慮し、施設の設置者と協議しなければならない。"としている。

近年他都市の条例を照会・調査したところ、本市と同様な配慮や協議を条例化している自治体は少なかった。全国的な取り組みには至っていないようである。

⑶ 協議の効果と限界

教育施設の関係者の中には、建築主は保育園や学校が日影にならないように配慮すべきであり、日影にならないようにするための「協議」と考える人たちもいる。一方、建築主側の関係者の中には、日影になることを説明することで「協議済み」と解釈する人たちもいて、このような「配慮」や「協議」といった努力義務の規定の運用には当事者双方の気持ちに相当な温度差が生じることがある。

名古屋市では、条例に定める手続きが確実に実施されるように、建築主等が教育施設等に生じさせる日影の影響について配慮した事項及び当該教育施設等との協議の状況を報告することを義務付けており、建築物の配置・形状などによる日影の影響への配慮や、教育施設等からの意見・要望とそれに対する回答を確認するとともに、必要な相談や指導・助言を行っている。

条例を施行した2000（平成12）年直後における建築主等と教育施設等との建築紛争件数は、6年間で15件（平均2.5件／年）であり、このうち建築を取りやめたのは2件であった。近年3年間では、約170件の教育施設等への協議のうち4件が建築紛争になっており、年平均で1件強となっている。

以上のように、「名古屋市中高層建築物の建築に係る紛争の予防及び調整等に関する条例」にお

名古屋駅周辺の高層ビル群

ける「配慮」と「協議」は、建築主等と教育施設等の紛争予防に一定の効果を上げているものと認識している。それでも激しい建築紛争となると、「協議」に同意を得ることを条件とすることや、教育施設等周辺には厳しい建築制限をすべきとの意見が要望として出てくる。建築基準法などの関係法令に適合している建築計画に、教育施設等の同意を得ることを義務付けることや、部分的に規制強化することは、教育施設等周辺の土地所有者等の権利を制限することになることから、「協議」に同意までは求めていない。依然として、教育施設等周辺に激しい建築紛争が起こるたびに、条例に定める「協議」のあり方について限界を指摘する教育施設等の関係者がいるのは事実である。

4 平成のトピック

【指定確認検査機関での確認・検査実施】

1999（平成11）年に、指定確認検査機関でも建築確認・検査が行うことができるように法改正がなされた。この制度がスタートした当初は、一定の審査技術能力を必要としていることや、建築主事の資格保有者の多くが行政職員であったこともあり、県や市の外郭団体が、指定確認検査機関として業務にあたった。今では、25に及ぶ民間機関が名古屋市を業務エリアとして確認検査等の業務を行っている。

(1) 官民役割分担の見直しの効果と課題

2000（平成12）年に名古屋市役所は組織再編を行い、違反建築物対策を主な業務とする検査監察課を設置した。官民での役割分担の見直しや、新築パトロール強化をはじめとした種々の努力の結果、新築の検査済率は向上し、設置前の60%程度から現在は99.9%になっている。

民間機関に審査業務が移行した結果、制度施行後15年程度で市での民間建築物の確認件数はわずか1%となった。（図2）その一方で、特殊な物件や困難な内容のものについての解釈等の相談が増加しており、年間1万件程度の相談を受けている。

こうした建築確認・検査業務の変化は、業務量のみならず職員の質的側面にも影響を与えることとなった。審査件数が減少し、案件にも偏りがある中で、種々の相談への対応や、確認審査や検査の技術力を維持することが難しくなっている。

(2) 時代の変化に応じた建築行政へ

名古屋市は、2027年にリニア中央新幹線開業（東京－名古屋間）が予定されており、大都市圏の中心都市にふさわしいまちづくりに取り組んでいる。その中で、名古屋駅や栄辺の都心では活発に民間再開発事業が進んでいる。名古屋駅周辺では高層ビル群が林立し、久屋大通公園（栄地区）では再整備を進めている。

100m道路内にある久屋大通公園では、今回Park－PFIを活用して公園内に飲食・物販等の収益施設を建設する予定である。また、名古屋のシンボル的施設である「テレビ塔」もあわせてリノベーションされる予定である。

さらに、都心における都市機能を集積するため、都市計画法や建築基準法の容積緩和手法を用いつつ、「用途誘導」などを進めている。

また、少子高齢化の進展や人口減少期を見据え、「なごや集約連携型まちづくりプラン」を策定

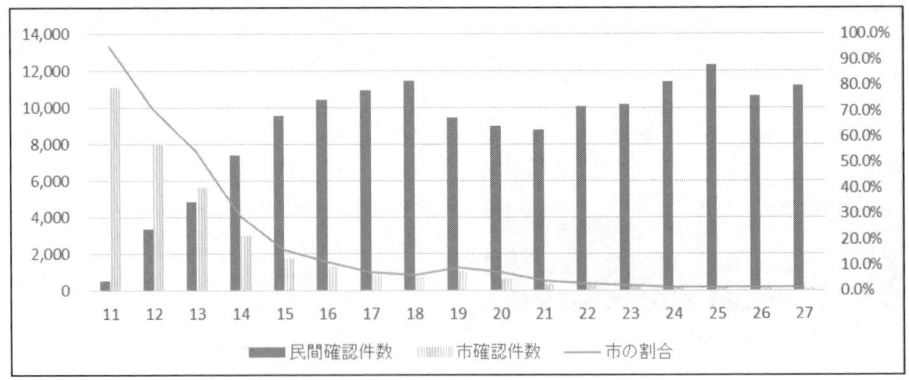

図2　民間−市確認件数の推移

した。建築物の建設の鈍化や、空き家件数の増加傾向を踏まえ、「プラン」を実現していくには、都心や駅そばへの集約化のほか、建築ストックの利活用の促進が求められる。2018（平成30）年の建築基準法改正のひとつに、「既存建築ストックの活用」があり、既存建築ストック活用の誘導に向け、組織体制の見直しを含め検討を進めている。

　確認検査制度の民間開放や都市の成熟化に伴い、建築行政の役割は変化している。今後もこういった時代の変化や建築基準法の改正に応じ、組織体制の見直しを行いつつ、これまでの「審査」・「指導」行政から「誘導」行政の視点に立った建築行政を進めていくこととなる。

久屋大通公園（北エリア・テレビ塔エリア）
整備イメージ（2020年供用開始予定）

5-4 京都における建築法制執行の足跡

都市は生きている。そして、千年の都・京都において、この100年の道筋は長く、平坦なものではなかった。

大政奉還の遷都で迎えた衰退の危機を、番組小学校建設をはじめとする市井の人々の努力と、琵琶湖疏水事業や京都市三大事業（第二疏水の開削、上水道整備、道路改築及び市電敷設）等の先を見据えた基盤整備事業によって乗り越えようとし、また、その後の世界恐慌から始まる2つの世界大戦の経験、戦後には高度経済成長とバブル経済の崩壊などの激動の時代──。まさに100年の間には、人口・世帯数や年齢構成の変化、産業構造、生活に関わる技術や文化の移り変わりなど、建築技術の進展もさることながら、建築に関わる環境はどんどん変容を遂げた。

こうした時代のうねりの中、平安京から続く大路小路の都市のインフラと、この格子状の街路に囲まれた中での特徴的な土地利用と建築活動、通りを中心としたコミュニティの形成は、京都の建築文化を特色あるものに育んできた。

一方、都市化の波にさらされる中で、郊外での無秩序な市街地形成や敷地の狭小化など、京都市も他都市と同様の課題を持ち続けてきた。

北山、東山、西山の三山に囲まれ、市街地の中央に鴨川、桂川が流れる山紫水明の盆地景を持つ京都市は、景観を都市づくりの骨格としながら、木造を中心とした低層高密な非戦災都市としての建築ストックの課題に常に向き合ってきた。

本文の構成は、建築行政の側面からのアプローチとしての「景観・町並み対策」、そして、その時代時代に適応させるための「建築法規を駆使した運用の足跡」を基軸として、4期に分け、社会背景と建築に関わる行政課題を当時のトピックスに光を当てながら、全てではないが、京都市建築行政の特徴が浮かび上がるよう、取りまとめた。

1 京都における近代建築法制100年の始まり（大正〜昭和初期）

1914（大正3）年の第一次世界大戦勃発以来、資本主義経済が急速に進展し、産業と人口の都市集中に対応するための都市計画の法定化の機運の高まりなどを受け、1919（大正8）年に都市計画法及び市街地建築物法が制定され、1920（大正9）年に京都市に適用された。これを受け、1922（大正11）年に都市計画区域を指定し、同年に防火地区（甲種防火地区、乙種防火地区）、1924（大正13）年に用途地域（住居地域、商業地域、工業地域、未指定地域）を指定した。当時の京都市域の建築行政は1956（昭和31）年の地方自治法改正まで、京都府が担っていた。

法施行当時の府民は法意識が低く、「自分の土地に自分の金で自分の家を建てるのにお上は難しいことをいう」などと思われていたようだが、先達が、法の普及徹底、組織・人事等の体制整備に

写真1　京都市北部を望む

鋭意努力されるなど、後年の京都における建築行政の基盤が作られた時代であった。

(1) 歴史的景観に対する高い意識

府民の建築に関する法意識は低かったようだが、景観への意識は違ったようだ。市中心部にあり、西に高瀬川が流れ旅館や貸座敷、料理店などが並ぶ木屋町通において、1919（大正8）年に道路拡幅のため川を暗渠にする計画が持ち上がった際、風情ある町並みが破壊されると市民の反対運動がおこり、約2年半に及ぶ激しい論争を経て最終的に計画が見直されている。

一説によれば、都市改造に関して歴史的景観を保存すべきという議論がされたのは、この件が日本初で、この時代では世界的にも珍しいとも考えられており、当時から府民の景観に対する意識が相当高かったことがうかがわれる。

後年、市街地の景観について度々繰り広げられることになる論争は、この頃からすでに始まっていた。

(2) 警察部による厳格な違反指導、積極的な啓発活動

ア 不心得者も恐れをなす違反指導

当時の建築行政は京都府の警察部によるものであり、厳格な違反指導が行われていた。法律に慣れていないことによる止むを得ない違反や、認可証とは似てもつかない違反もあったらしいが、これらの是正措置については、威厳のある警察の指導として措置したため、是正も確実に行われていたという。「工事中止を命じた現場には所轄警察署や派出所のお巡りさんがきてサーベルをガチャつかせ、大工が道具を道具箱に納め帰るまで口髭をひねりながらにらみつけた。」とのエピソードが残るほどのもので、不心得者も恐れをなしたという。

イ 京都の夏の風物詩「川床（ゆか）」まで取り締まる

京都府警察部は「市内鴨川沿岸における宿屋、料理屋、貸座敷営業は旧来夏季中に官有河川敷地を借用して顧客用納涼台を建築する習慣あり」として、先斗町や木屋町界隈の川床を建築物として規制することとし、京都の夏の風物詩にも厳格な姿勢をみせていた。この川床の取締りは市街地建築物法が廃止になる1950（昭和25）年まで続いた。

ウ 一般民家各戸に啓発ビラを配布

違反指導だけでなく、府民の低い法意識を改善するための啓発活動も行っていた。京都府警察部のその積極的な活動の一つを紹介する。1930（昭和5）年に、法の適用区域拡大があり、それを一般に周知するために、18,000枚の啓発ビラを用意して、一般民家各戸にまで配布

写真2　昭和初期における見下ろしの眺め（昭和14年）

写真3　同方向を望む現在の眺め（平成28年）

を行っている。当時これほどまで周到に法適用の拡大を周知するのは、大変力が入っていることであったらしい。そのビラは、現在の我々でも読みやすい内容となっているため、参考に記載する。

建築には先づ願届の手続を済ませてから！！

昭和5年12月15日から紀伊郡竹田村、上鳥羽村、(中略)に、市街地建築物法が適用せられることになりました。それで建築物の新築、改築、増築は勿論大修繕、移転、大変更、用途変更するときは、定められた書式による願届書に図面を添えて、所轄警察署を経て知事に差出し、その認可又は承認を受けて然る後に工事に着手せねばなりませぬ。

其の工事が竣工した時は、竣工届を差出して、竣工検査を受け、使用認可証を得て始めて使用することができます。

右の手続を履まないと処罰されることがありますから、お互に注意せねばなりませぬ。

手続について詳細なことは、所轄警察署、巡査駐在所又は府庁の建築工場課でお尋ねになればよく解ります。

昭和5年12月　京都府

啓発ビラ

⑶　都市計画上重要な風致行政

ア　風致地区の指定～古来山紫水明の地、永遠に保持するは都市計画上最も重要～

京都府は1930（昭和5）年に、市内の山間部、平安神宮、武徳殿、下鴨神社境内、智積院、嵐山渡月橋下流周辺等において初めて風致地区の指定を行っている。その面積は7,998haであり、都市計画区域の全般にわたって広範囲に指定を行ったのは京都市が初めてとされている。その指定理由を見ると、当時から京都市の景観の重要性が強く認識されていたことが分かるため、以下に一部分を示す。

「京都市ハ古来山紫水明ノ地トシテ知ラレ而モ古キ歴史ヲ有シ他ニ比類ヲ見ザル優雅ナル都市トシテ其ノ美ヲ誇リ以テ今日ニ至リタルモノナルヲ以テ其ノ特色ヲシテ永遠ニ保持スルハ京都都市計画上最モ重要ナルモノトス。（後略）」

イ　建築許可と風致許可は併願申請

京都府は前述の風致地区の指定に伴い、風致地区規則を公布した。その規則は全文8箇条からなるもので、風致地区内での許可や違反者への罰金等も示された。建築認可又は許可申請を伴うものはその申請書に「追而京都府風致地区規則第2条ニ依リ許可相成度及併願候也」として、併願申請が認められていた。

ウ　京都風とは在来鴨川沿岸にある和風の住宅

昭和初期における風致地区の規制内容としては、主に以下のようなものがあった。

・京都風の建築（在来鴨川沿岸にある和風の住宅）とすること。（区域によっては、制限はないが、極端なものは避けること）

・建物の配色は、瓦は普通の黒瓦とし、壁の色は、赤や青の極端なものは避けること。

・区域ごとに異なる高さの制限

その他にも、護岸石垣、広告物、屋上看板及びネオンサインなども規制されていた。京都風の建築を「在来鴨川沿岸にある和風の住宅」と定義していることも興味深い。

⑷　急速に行われた戦時下の建物疎開

戦時下は建築行政に関わる文献・資料等が乏しいが、空襲の爆撃による市街地大火から都市を防護する目的で、内務省が最も重視し、積極的に推進したのは、建物疎開であった。

京都の工業は繊維・織物業などの軽工業が中心であったため、東京や大阪から半年以上遅れて、1944（昭和19）年7月から建物疎開が実施され

写真4　疎開で建物が撤去された堀川通り（昭和20年）

た。京都府疎開実行本部により実施され、小さな疎開空地の造成が主であったが、1945（昭和20）年3月、大阪、神戸が大空襲によって被災したことを受け、疎開が早いか爆撃が早いかという強い危機感が広まり、急速に大規模な空地帯を設ける建物疎開が実施された。結果的に、低層高密の非戦災都市である京都は、この建物疎開によって大きくまちの形と町並みが変容することとなった。

空地帯は、市内を縦横に貫通するように、御池通、五条通、堀川通、京都駅周辺の八条通が選定され、疎開の対象家屋は約10,500戸に及んでいる。

当時、建物疎開実施においては、警防団や隣組、学徒の大規模な動員、軍による戦車の動員もあり、京都で初めて、破壊消防の手法（建物を破壊して延焼を防ぐ手法）が採られたという。また、戦争遂行上、重要な都市施設（変電所等）を重視し、その周辺の建物疎開も行われたようである。

建物疎開による市民生活への影響は計り知れないものであり、戦後の補償問題へ持ち越されたが、この時の空地帯が、いわゆる「田の字」といわれる都心部の大動脈、幅50mの広幅員の主要幹線道路基盤として整備され、その沿道における都心機能を有する土地利用が進んだことにより、京都の発展を支えてきたのは事実である。

2　都市の急成長と生活環境保全のはざま、紛争と規制の攻防（昭和30年〜50年代）

京都府から京都市に建築行政事務が移管されたのは、建築物の不燃化や中高層化が進み、ビルや建売り住宅の建築が盛んになっていた昭和30年代初めのことである。

この時代の建築と社会を顧みると、昭和30年代前半から昭和40年代後半までの高度経済成長を背景に建築活動がますます盛んになる中、経済活動と建築法規制の乖離が顕著になるとともに、住環境を阻害するような建築行為を巡る紛争が相次いでいた。そして、それらに対応するため、法令が整備され、併せて京都市も体制を整えていった。まさに今日の京都市の建築行政の土台づくりがされた時代であった。

この当時、京都市における確認申請件数は毎年1万件を超えており、ピークは1972（昭和47）年の16,958件である。昭和50年代に入り、高度経済成長が終焉を迎えると、戸建て住宅の確認申請件数は年々減少し、1981（昭和56）年に確認申請の総件数は1万件を割った。

一方で、昭和40年代以降、職住近接による人口の都心集中により、マンション建設が盛んになった。それに伴いマンション建設に係る紛争が増えたことも相まって、1979（昭和54）年に「京都市中高層建築物に関する指導要綱」を制定するなど、建築行政がまちづくりの一部を担うようになっていった。

(1)　論争・紛争と、規制・調整
ア　論争から、古都を守る規制へ

1964（昭和39）年、仁和寺の南、妙心寺の西に位置し吉田兼好が西麓に住んだと言われる双ヶ岡（昭和16年に国の名勝に指定された小高い丘）が売却されホテルの建設用地とする開発構想が持ち上がり、議論を呼んだ。地元住民の

「双ヶ岡を守れ」との建設反対の声は次第に高まったが、当時の建築法規制では、開発行為を禁止することはできなかった。京都市は、市民の声を大きな原動力として、強力な罰則と国の買上げ制度を含む特別立法の必要性を訴えた。

同時期に、同様の開発問題が鎌倉市でも起きており、これらを受け、京都市、奈良市、鎌倉市の協力の下、1966（昭和41）年に「古都における歴史的風土の保存に関する特別措置法（古都保存法）」が制定され、翌年、歴史的風土保存地区が指定された。

また、同じころ、高さ31mの建物の上に100mの工作物（タワー）を乗せる京都タワー建設計画が持ち上がった。当初は、31mのビルが建つことだけが発表されていたが、しばらく後に「電波塔を乗せる」と発表された。この計画に対し、古都京都にふさわしくないといった反対意見があった一方、新しいものや考えを採りいれて京都は発展してきたのだといった賛成意見があり、大規模な景観論争に発展した。当時、工作物の高さについて規制はなかったため、昭和39年に京都タワーは完成を迎え、今日に至っている。さらに、その後1968（昭和43）年ごろ、東寺の五重塔近くで電波塔を建設したいとの相談が市に寄せられた。これを受け市役所内では、「今のままでは京都タワーと同じく建設が可能であり、市街地の景観に大きな影響を与えるのではないか」、「建設地を変更できないのか」など、大きな議論となった。最終的には、当時の市長自らが相談者を訪ね建設断念を要請し、相談者の理解もあってか計画は白紙になった。そして、これらの論争を受け、1972（昭和47）年に「京都市市街地景観整備条例」を制定し、全市的に建築物の高さ・意匠形態に制限を加えるとともに、工作物についても巨大工作物規制区域を指定することとなった。

イ　都市の急成長下、住環境の悪化を防ぐ

昭和40年代初め、時代は高度経済成長の最盛期であり、職住近接を旗印に、都心に人口が集中し、マンションや工場等の建設が盛んになっていた。その頃、市民の生活環境や公害に対する意識が高まり、中高層建築物は日照やプライバシーを阻害し、工場の騒音は住環境を悪化させるなどとして、それらの建築をめぐる紛争が多発した。これらを受け、京都市では、工場や作業場を建築する際には、確認申請前に公害課（当時）の指導を受けなければならないこととし、その後、「京都市日照等に関する指導要綱」を制定し、建築環境課を新設している。さらに、1977（昭和52）年施行の建築基準法改正で日影規制が創設されたことに伴い、日照等に関する指導要綱を「京都市中高層建築物に関する指導要綱」に改めた。

また、自分たちの住環境を自分たちの手で守ろうという市民の声が大きくなってきたのもこの時期であり、1972（昭和47）年に、「京都市建築協定条例」を施行している。施行後間もなく、下鴨神社に程近い閑静な住宅街で、一戸の住宅を取り壊して、数戸の住宅を建設する計画があった。周辺住民から「自分たちの良好な住環境が壊される」と相談を受けた京都市は、建築協定の検討を勧め、周辺住民と議論を重ねた。その結果、1973（昭和48）年に、左京区下鴨第1住宅地区において、京都市で初めて、建築協定を認可している。

表1　京都市における高度地区の主な変遷

	高さ制限の内容	
昭和45年以前※	住居地域　　　　20m 住居地域以外　　31m	
昭和45年（1970）	10m	
昭和48年（1973）	10m、20m、31m、45m	
平成8年（1996）	10m、15m、20m、31m、45m	
平成19年（2007）	10m、12m、15m、20m、25m、31m	

※昭和45年以前は建築基準法による制限

ウ　京都の建築物の最適な高さとは…

　昭和40年代中ごろ、京都市初のマンション紛争といわれるマンション建設が計画された。これは、木造の低層建築物が立ち並ぶ銀閣寺の参道付近の住居専用地区における、高さ20mの7階建て高層マンションの建設計画である。当該地は、住居専用地区であり用途上の問題はなく、風致地区に近接するものの風致地区外であり、当時の住居地域における高さの制限は20mであった。建設業者は「20mという高さ制限がある以上、その中で建築するのに何が悪いのか。」と、話を聞き入れなかった。周辺住民は、高層マンションにより日照や景観が阻害されると訴えるものの、計画は適法であったことから、建築は実行された。

　同様の高層マンションの建設ラッシュが続けば、より多くの紛争を招きかねず、また、三山を背景とする京都の町並みを損ないかねないため、それを未然に防ぐ必要があるとして、京都市は1971（昭和46）年の建築基準法改正の容積制導入後も全市的な高度地区による絶対高さ制限を継続するという方針を、改正前年の1970（昭和45）年に示し、「京都都市計画高度地区」を指定した（**表1**）。これに対し建設省は「商業地域に高さ制限をするのは時代に逆行するものだ。」として指定に反対したが、京都市は「京都は都心といえども景観対策が必要である。」と訴えた。そこで、建設省の専門官に京都市を案内したところ、視察した専門官は、三山を背景にすると高さ20mは極めて高く見えるということが分かり、考えを変えた。京都は三方を山に囲まれているので、あまり高い建物を建ててはならない、京都の景観を守るためには高さ制限が必要であると認識したのである。

　用途地域や建蔽率などを変更したとしても、高度地区制限がある以上は、原則、高い建物は建築できないことから、当時、高度地区を指定

したことは、その後の京都のまちづくりを方向づけたと言える。

エ　将来を見据えたまちづくりの視点

　1969（昭和44）年、高度経済成長に伴う様々な歪みを指摘し、ひとを大切にする住みよいまちづくりを進めることを目標として、戦後初の長期計画である「まちづくり構想－20年後の京都」を策定した。構想では、保存と開発の調和の問題に対応するため、三山の山並みや歴史的な町並みの残る北部を保存し、南部を開発するという「北部保存・南部開発」の方針を打ち出した。また、三山の山並みや河川沿いなどの自然を保全する地域を景観保全地帯、住宅地の環境保護、眺望の確保や新しい都市機能に対応した市街地景観を整備する地域を景観整備地帯として、全市域に設定し、景観を保全、整備するものとした。これにより、京都市の市街地景観対策が明確に位置付けられた。

(2)　徹底した違反指導による強い意志

ア　告発から行政代執行、全国の範を示す違反指導

　この時代は、都市の急成長により建築行為が盛んで、違反建築が多い時代でもあった。1956（昭和31）年に京都府から京都市に建築行政事務が移譲され、1957（昭和32）年に京都市で初めて違反建築物を告発して以降、昭和30年代から50年代にかけて、146件の違反建築物を告発している。これは、1年間に約5件のペースで告発していることになり、京都府警が建築物の違反指導に非常に協力的であり、また当時の京都市職員が京都府警への協力依頼に尽力した賜物であることを物語っている。

　また、昭和40年代から、行政指導として京都市独自で「工事停止」の"赤紙"の使用を始めている。赤紙を建物の表側に貼ると名誉毀損罪に当たるのではないかという意見はあったもの

の、表側に貼らなければ意味がないとして、当時は、建物の表側に貼り付けていた。結果的には、これが新聞等に大きく報道され、違反建築物の是正の徹底につながっていった。

昭和50年代の年間違反件数は800件前後であり、1980（昭和55）年には、用途地域違反の生コンプラントへの行政代執行を実施している（実際には代執行当日に建築主が自主的に撤去した。）。一般的に、用途地域違反では行政代執行は困難であるとされていたところ、現状用途が生コンプラントであり、住宅等の他の用途に変えられるものではないということから行政代執行に踏み切ったものであり、京都市の違反指導に対する強い意志を示した。

イ　市民へのメッセージ、金属製の証票を交付

一方で、違反を予防する取組も様々実施しており、1958（昭和33）年に建築基準法に馴染みが薄い市民のために「建築のしおり」「建築の手引き」というリーフレットを作成し、啓発を行い、昭和40年代後半からは一斉公開パトロールと建築防災パトロールを開始し、1961（昭和36）年から1976（昭和51）年までは検査済証と併せて「検査済之証」という金属製の証票を交付していた。

京都市の違反指導には、伝統と歴史に培われた美しい自分たちの町を壊されたくないという市民の強い願いに対し、そこに土足で踏み込んでくる悪質な業者に対しては法に基づき厳しく対処するという、行政の役割を認識した強い姿勢があった。

違反建築を見過ごすことは、違反を知らずにその建物を使用される市民、その建物によって不利益を受ける周辺の住民に対して、行政も消極的ではあるがそれに加担していることになる。それが引いては、建築基準法の手続きの根幹である、建築確認・検査をも無視することとなり、建築基準法はザル法であるとして、市民の信頼をなくすこととなる。

（昭和50年代の違反指導係会議での議論より）

3　開発圧力に揺れる京都、バブル経済がもたらしたもの（昭和60年〜平成初期）

1985（昭和60）年頃から1991（平成3）年頃にかけては、いわゆるバブル経済の真っただ中であり、京都市においても、地価高騰により不動産取引が活発化し、取得した土地の高度利用を求める事業者の要望が相次いでいた。特に容積率上乗せが可能となる総合設計制度については、国からも活用を促進するよう通達が出るなど、規制緩和圧力が強まっていた。そのような時代背景のもと、総合設計制度を活用した、京都初となる高さ60mのホテルが計画され、市民や財界等を巻き込んだ景観論争に発展した。

また、バブル経済崩壊以後も、既存の町並みからスケールアウトした大型マンションが計画されるなど、景観とまちづくりの課題は続き、2007（平成19）年に始動する新景観政策へと繋がっていくことになる。

これらの流れの中で、主に個々の建築物を取扱っていた建築行政が、まちづくりにおける課題への対応策を求められていくことになる。

(1)　総合設計制度から始まった景観論争

ア　古都・京都に次々と押し寄せる開発の波

バブル経済の中、地上げや日照権等、マンション建設にかかる紛争が多発する。当時、中高層指導要綱の対象建築物は年間1,000件を超え、市会への請願や建築審査会への審査請求も激増。建築審査会は、通常月1回の開催を最大月3回行うほどであった。1985（昭和60）年には、マンション建設に反対し、工事現場前で座り込みをしていた市民2人が逮捕されるという

事件も起こっている。

当時は行政指導により京都の町並みや周辺地域のまちづくりへの配慮を求めていたが、指導には限界があり、現場の職員は「全国一律の法律では、小東京しかできへん」と嘆いていたようである。

そのような中、総合設計制度について「国の準則に沿った他都市と同様の取扱要領がなぜないのか」という声が毎日のように届いていたが、町並みとの調和を考えたときに「国の準則そのままを適用できない」と担当者は頭を悩ませていた。当時の記録には「この制度を今後のまちづくりの中心に」といった、積極的活用を促す意見もあり、行政内部でも様々な思いが交錯していたと思われる。

イ 悩み、考え抜いた総合設計制度

悩み抜いた結果、1988（昭和63）年に「京都市総合設計制度取扱要領」を制定するとともに、それに合わせ、高度地区計画書において、同制度による許可を受けた建築物については、高さ規制を適用除外とした。そのため、この要領では、総合設計制度の中で高さの上限を設け、市内の20、31、45mの高度地区について、それぞれ建築物の高さは最大31、45、60mと1ランク上までしか認めないこととするなど「京都方式」とも呼べるほど独自色の強いものとしていた。

このように、理屈上は高さの限度を規定したとも言えるが、メディアや市民の受け取り方は異なり、全国から「高さの上限」に関して多くの要望、批判が寄せられたほか、市内で行った報告会には市民のみならず多数の報道陣も詰めかけた。

ウ 60mホテル計画による大論争

そのような中、1990（平成2）年に総合設計制度を活用した初の高さ60mのホテル計画が京都市に提出されることとなる。この計画に対し

ては、同年秋までに、様々な団体が反対の声明を出すなど、かつてない激しい景観論争が繰り広げられたが、市としては市民の意見を参考にしながらも要領に則り手続を進め、確認済証交付から3年後の1994（平成6）年にホテルが完成している。

⑵ バブル経済の崩壊とまちづくり議論のスタート

ア まちづくり議論、その機が熟す

実はこれらの論争の間に、バブル経済は崩壊しており、京都市においても他の都市同様、都心部では人口減少などの空洞化が進行していたため、それらの課題や全市的な景観も含めた今後のまちづくりの議論を始めるにはまさに好機であった。

そのため、1990（平成2）年から「京都市土地利用及び景観対策についてのまちづくり審議会」を設置し検討が進められ、1991（平成3）年に第一次答申、翌1992（平成4）年に第二次答申が示されている。60mホテルの景観論争を生んだ理由の一つに、要領制定にあたっての市民への説明、合意が十分でなかった点が挙げられることがあったが、この審議会では市民委員の参加があったほか、シンポジウムなどを通じて多くの市民の意見を取り入れた。

イ 将来を見据えたメリハリのあるまちづくりへ

答申では、これまでの「北部保全・南部開発」から発展させ、京都の将来を見据えて、都心部周辺から市街を囲む三山の山裾にかけては「保全」、都心部については「再生」、南部の地域は「創造」エリアとする方針が示された（図1）。

京都市では都心の幹線街路沿道の市街地を、その形状から「田の字地区」と呼んでおり、百貨店やオフィスが建ち並ぶ京都経済の中心である。一方で、その内側は旧来からの職住共存の

生活様式や歴史的な町並みが多く残っている。1988（昭和63）年制定の旧要領では、この田の字地区の高さは60mまで、内側の地域は45mまでとされていた。

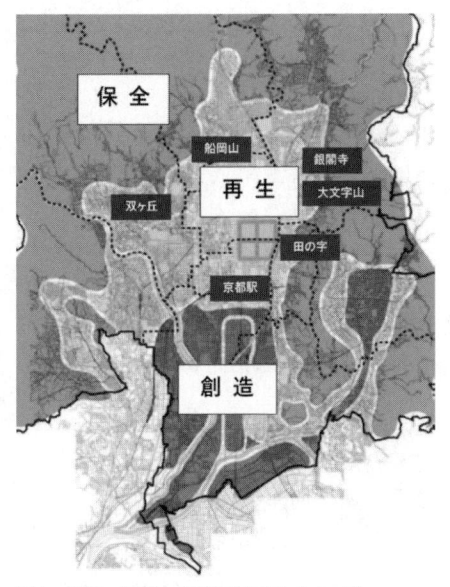

図1　保全、再生、創造エリアのイメージ

　答申を受け、1993（平成5）年に改正された同制度の新要領では、内側の地域は、歴史的な町並みとの調和等の観点から、高さの上限を31mに引き下げる一方で、「創造」する地域とされた市の南部の一部地域については上限を撤廃しメリハリのある規制とした。

　また、新要領では、ホテルが建設された田の字地区の高さの上限は変わらず60mのままとした上で、「良好な景観を創出する」ことが明文化され、屋上設置機器のデザイン配慮、景観シミュレーションの実施等が定められた。

ウ　京都の都心に超高層建築物がない理由
　まちづくり審議会答申以降、田の字地区で高さ60m級の建築物の計画が出てくることはなくなった。要因を簡単に分析することはできない

が、メディアも大きく報じた大論争により「京都に高い建物は建てられない」というイメージが全国的に根付いたことは間違いない。バブル経済崩壊以降、他都市では超高層建築物（60m超）が林立していった状況の中、京都市の都心部では、現在でも超高層建築物が一つも建っていない事実の背景には、数年に渡り繰り広げられた活発な景観論争があったと言える。
※　同時期にメディアを賑わした京都駅ビルは、特定街区制度を利用したもので、高さは59.8mとなっている。

(3)　バブル経済崩壊後も続くまちづくりの課題
ア　止まらない大型マンションの開発
　バブル経済崩壊以降も、着物離れに加え、外国製商品の国内流入の加速による、さらなる繊維不況も相まって、西陣織や京友禅をはじめとする伝統産業の問屋、生産の場等が都心から減少していくなど、大規模宅地の動きが活発になり、それらの用地を活用したマンション建設が次々に計画され、近隣住民との紛争が多発することとなる。1987（昭和62）年に規定された道路セットバックによる道路斜線の緩和や1997（平成9）年に規定された共同住宅の共用部容積率不算入等の制度を利用し、木造の軒が連なった町並みの中に、大型マンションが突然出現するインパクトは、住民にとって相当なものであった。しかし、それらの計画について建築基準法上は問題がなく、景観に配慮を求める指導も限界であり、2002（平成14）年には、これまで行政指導により高さ31mで建築物のスカイラインを形成していた街路沿いにおいて、高さ45mの巨大なマンションが建設されることになる。

イ　市民の思いを代弁する審査会の「付言」
　そのような中、2000（平成12）年には、京都市建築審査会が住民から出された審査請求に対

し、請求自体は棄却するものの、裁決書に市民の思いを代弁するような「付言」をつけた。その中では、建築確認処分自体に「違法な点は見当たらない」としつつも「景観・町並みにとって極めて残念」であり、計画について、「（京都市のまちづくりの努力を）ほとんど無意味にするほど、その場にふさわしくない規模と形態」とし、事業者に対し「指導を十分くみ取り、住民の意向に耳を傾け」計画することを求めた。また、京都市のまちづくりについて「根底から破壊される危機」であり、「京都市民の叡智を結集して的確な対応、対策を打ち出すべき時期に至っていると考え、これを希望したい」と締めくくくられている。

⑷ 「新景観政策」への道程

ア 15年に渡る苦悩と議論

以上のように、1992（平成4）年のまちづくり審議会の答申の後も景観とまちづくりの問題は続いていくことになる。しかし、市民、行政双方がこれらを解決しようと共に苦悩し、議論し、より良いまちづくりを考えたその思いが、最終的に答申から15年後に始まる「新景観政策」へ繋がっていくことになる。

イ まちづくりの手法としての建築行政

60mホテル計画や大型マンションにかかる論争以降、それまで主に既存の制度の活用や行政指導によって建築行為をコントロールしてきた建築行政が、地方分権による権限委譲、ストック活用や景観保全の機運の高まり等も追い風に、問題解決のための施策を次々と繰り出していくことになる。そういった意味でこれらの論争はまさに、京都市の建築行政がまちづくりの手法・仕組みとしての領域に本格的に足を踏み入れていくきっかけとなった出来事であった。

⑸ 狭小な敷地が生んだ違反

この時代の違反指導に目を向けると、木造3階建ての違反の増加が特筆される。これは、1987（昭和62）年の法改正により、準防火地域内で木造3階建ての建築が可能となったことによるもので、当時の確認申請の3割程度が木造3階建てとなるなど、都心部で大量に供給されたものの、準防火地域に指定された市街地内で、間口の狭い狭小な敷地の1階に車庫を設けた木造3階建てを建築したことで、北側斜線や防火規定、構造規定に違反した建築物が数多く見られた。

京都市における厳しい違反指導も追いつかず、法に適合しない木造3階建てが続々と生まれてしまうことになり、この状況は1998（平成10）年の法改正で中間検査制度が導入されるまで、続いていくことになる。

4 「保全・再生・創造」の方針と建築行政（平成初期～現在）

先述の高度経済成長期及びバブル経済期の急速な都市化を経て、京都市は多くの都市課題を抱えていた。例として①京都の誇るべき歴史的風土や景観を保全すべき周辺三山での違法開発等による自然的景観の喪失　②京都らしい町並みの既成市街地での建築物のボリューム感や色彩のばらつきによる景観の混乱　③都心部における地価高騰、ペンシルビルの建設や木造住宅の老朽化等による住環境の悪化等に伴う人口流出、企業環境の悪化等による商工業の沈滞　④交通渋滞や違法駐車などが挙げられ、これらの解消が急務であった。

また、バブル経済崩壊とともに開発圧力が減衰したことは良い面と悪い面があるが、魅力的な京都であり続けるためには、少なくとも「来るものを整頓する」だけでなく、「良いものを次世代に継承する」「良いものを呼び込む」といった誘導施策によって都市を再生することが以前にも増して求められていた。

こういった時代背景や、地方自治推進の流れを受け、建築行政の役割も「規制・指導」に加えて「誘導・まちづくり」の比重が高まり、様々な施策が講じられた。これらの都市課題の解消には、産業政策、交通政策、都市計画等も大きな役割を担うものであるが、ここでは建築行政や景観行政による施策を中心に記載する。

写真5　祇園町南側の町並み

(1) 歴史都市・京都の景観づくりの骨格

ア　北部保全、都心再生の景観規制の拡充

先述のまちづくり審議会の答申を受け、1995（平成7）年に、山並みの自然風景の継承を目的とした条例の策定等によって、五山の送り火を含む京都盆地の山裾部のほぼ全てを規制の範囲とするとともに、旧市街地では高度地区や景観条例による規制の種別をきめ細かにし、従来巨大工作物の規制のみであった地域についても建築物のデザイン規制を定めるなど、市域の広範囲にわたってきめ細かに建築物のデザイン規制を定めるといった、景観規制の大幅な拡充が行われた。

イ　歴史的町並みを守る方策～景観行政と建築行政の協調～

法制度を駆使した歴史的町並みの保全のための取組の先鞭として挙げられるのが、祇園町南側地区の取組である。当地区は、京都五花街の一つであり、花街文化とともに伝統的な様式の木造建築物が建ち並ぶ、歴史都市京都の代表的な町並みを有する地区の一つである。過去には伝統的建築物群保存地区に指定することも検討されたが、住民主体で町並みの維持・更新をすべしとして住民はそれを望まず、指定はされていない。

一方で、当地区は都心部にあり、準防火地域に指定されていたため、建物更新の際には、伝統的様式や町並みを継承して建築基準法へ適合させることが困難という課題を抱えていた。

そのような状況下、地域のまちづくり組織である「祇園町南側地区協議会」が1996（平成8）年に発足し、地域主体のまちづくりとともに、法的な課題に関しては行政も協働して、解決手法の検討がスタートした。

まず1999（平成11）年には地域特性を踏まえた独自のデザイン基準を策定し、その後の2002（平成14）年には、「祇園の風情・情緒」を大切にした良質な商業・サービスを誘導するため、お茶屋や料理店を除く風俗営業を制限する地区計画を策定している。

そして、平成14～15年にかけては、先述の課題を解決するため、「伝統的景観保全に係る防火上の措置に関する条例」いわゆる防火条例の制定とともに、当地区の準防火地域の解除を実施している。

この仕組みは、準防火地域を解除するが、防火安全性についてはそのマイナス分を建築基準法第40条に基づく条例で階数や内装等を規制し代替するといった、地域特性に合った防火対策を法的に認めるものである。これによって、準防火地域の規制から開放され、安全性を確保

した上で、伝統的様式での更新が可能となった。条例の策定にあたっては、「法第40条の委任条例ではできない内容である」との市の法制部局の意見も強かったが、国土交通省から「法第40条で出来る、やるべき」との強い後押しもあり、制定に至っている。

また、当地区では建物更新時の法第42条第2項の規定による道路からの後退によって建ち並びが維持できない課題もあったが、2004（平成16）年の技術的助言を受けて、歴史的な建築物が建ち並ぶ幅員4m未満の細街路9路線において、法第42条第3項の規定に基づき道路中心線から2m未満の水平距離の指定を行うとともに、街並み誘導型地区計画を策定して道路斜線を適用除外とすることにより、課題を解消した。併せて、3項道路のみに面する建築物に対して、法第43条の2に基づく条例で階数や内装制限を強化した。

このように多くの制度を組み合わせることによって、歴史的な建ち並びを確保して建物更新を行うことが可能となったのだが、ここまで思い切った制度の構築が可能であった背景として、地元組織の高い組織力と精力的な活動、当地区の景観保全という目的に対する地元・行政・市民の幅広い意識の共有、地区のほぼ全ての土地の所有が同一、従来からハード・ソフトの防災の取組が充実しているなど、好条件が揃っていたことがある。ここまで好条件が揃う地区は他に無く、ある意味では特殊解かもしれないが、現行法の下での伝統的町並みの保全・再生の可能性を示した、全国的にも有名な事例である。

ウ 住民主体のまちづくりモデル「職住共存地区」

都心再生のモデル地区として、課題が特に顕著であり、バブル経済崩壊以後の旺盛なマンション建設による紛争が多発していた中心市街地を、1998（平成10）年に「職住共存地区」と銘打ち、住民・企業・行政が連携するパートナーシップ型のまちづくりを基軸とした地区計画の策定など、都心再生に向けた様々な取組が実施された。しかし、取組は着実に進められたものの、まちづくりをベースに成果を出すことには時間がかかる一方で、それを上回るペースでマンション建設等の課題は大きくなっていた。そのため、早急に有効な方策を講じる必要があるとして、2001（平成13）年に「京都市都心部のまちなみ保全・再生に係る審議会」を設置し、同審議会提言を受け、2003（平成15）年に、職住共存地区において、高さ規制の強化、美観地区の拡大、特別用途地区（一定の容積率を超える共同住宅の下層階に賑わい用途の設置を求めるもの）の指定を実施した。この即効性のある規制策と着実なまちづくりの両輪で、職と住の共存する、歴史的な町並みと調和した、京都独自の魅力ある都心再生の基盤づくりが行われていった。そして、これらの一連の取組をモデルに、その後の新景観政策、細街路対策、京町家保全の取組など、全市的な取組へと展開していくのである。

写真6　高層マンションに挟まれるように建つ京町家

エ 景観政策の集大成「新景観政策」

　これまでの京都市の景観政策の集大成と言えるのが2007（平成19）年の「新景観政策」である。検討は、以下の3つのコンセプトの下に行われた。

「50年後、100年後の京都の将来を見据えた歴史都市・京都の景観づくりであること」

「建物等は『私有財産』であっても景観は「公共の財産」であること」

「京都の景観を守り、未来の世代に継承することは、現代に生きる私たち一人ひとりの使命であり責務であること」

　このコンセプトの下に、これまでの景観政策を抜本的に見直し、①広範囲での高さ規制の強化　②きめ細やかなデザイン基準や規制区域の拡大　③眺望景観（**図2**）や借景保全の取組　④屋外広告物対策の強化　⑤京町家などの歴史的建築物の保全・再生の5つの柱とその支援策を軸とした総合的な政策として整備した。

　この新景観政策案については、高さ規制の引き下げ等の大規模な規制強化が含まれていたため、市会や行政内部はもちろんのこと、不動産価値の下落などを懸念する業界や市民を巻き込んだ大論争となり、最終的には、多くの市民の賛成を背景に、市会の全会一致での可決となった。この論争を経て京都市の高さ規制や景観づくりの考え方が市民・事業者レベルの共通理解となり、これを機に、町並みに関する紛争は減少し、混乱した町並みも、50年後、100年後の京都の将来を見据え、徐々に再生している。

　新景観政策はその後も、「進化」を続け、常にフィードバックを行い、基準の改正や、市民とともに創造する景観づくりの仕組みの導入などが行われている。

　集大成とは言ったが、都市の景観は絶えず時代とともに変化するものであり、それに対応し景観政策も絶えず「進化」し続けることが必要である。

(2) 路地空間の魅力を活かす細街路対策

ア　再建築不可の路地空間～防災上の不安と再生による可能性～

　大きな戦災を受けていない京都市では、多くの狭小な行き止まり通路が存在し、そこには多くの古い木造建築物がある。それらの通路はいずれも建築基準法第42条の道路に該当せず、通路にのみ面する建築物は建て替えはおろか、大規模修繕すらできない状況に置かれている。その結果、それらの通路沿いの建物更新は進まず、都市防災上も大きな課題となっている。

　一方で、そのような通路「路地」の空間は、京都らしい風情や濃密なコミュニティを有する場でもあり、歴史都市京都の魅力の一つでもある。

イ　連担建築物設計制度の活用による路地再生

　このような背景から、再開発型ではない、路地空間を活かした建物更新の手法が望まれていたところ、1998（平成10）年の建築基準法改正によって連担建築物設計制度が創設されたこと

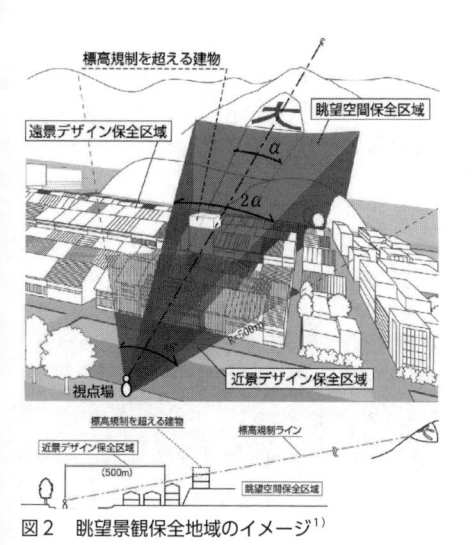

図2　眺望景観保全地域のイメージ[1]

を契機として、1999（平成11）年に京都市では路地再生の制度を構築した。路地及び路地沿いの敷地を一団地とし、路地空間の環境向上を行いつつ個別の建物の更新ができる制度である。しかし、幅員2mに満たない路地では接道規定の関係からも喉元敷地を含めた全員合意などのハードルが高く、現在に至るまで制度の活用件数は伸びていない。これについては、基準の柔軟化や、合意のあり方など、路地空間の良さを残したまま建替えが可能となるよう、今後の運用の再構築が必要である。

ウ 「歴史細街路」、「一般細街路」、「特定防災細街路」〜総合的な細街路対策へ〜

2011（平成23）年には、京都市建築審査会から、京都市の細街路対策をさらに積極的かつ総合的・体系的に推進することを求める「密集細街路対策の推進に関する建議」が提出されたことをきっかけに、密集市街地及び細街路の対策の方針を策定し、細街路を「歴史細街路」「一般細街路」「特定防災細街路」に分類したうえで、接道許可や法第42条第3項の規定による道路指定、連担建築物設計制度、防災まちづくり活動の支援や、通り抜けや防災広場の確保に対する補助など、様々なメニューを駆使して、総合的な細街路対策を行っている。

京都市には古い木造建築物や狭小な路地が多く存在する。防災的な観点からも、引き継ぐべき景観や文化という観点からも、「細街路対策」は今後の建築行政の最優先課題の一つである。

⑶ 京町家などの価値ある歴史的建築物の保存・活用

ア 法第3条第1項第3号の活用による建築基準法からの解放

京都市には伝統的な木造建築物や、法制定前の鉄筋コンクリート造やレンガ造の建築物が多数存在する。町並みの継承だけでなく、歴史的、文化的に価値の高いものは、内部の価値も含めて、きめ細やかに後世に引き継いでいくことが重要である。

建築基準法制定以前に建築されたそれらの建築物は、「既存不適格建築物」であるため、増築や用途変更を行おうとする場合に一定の現行法適合が求められ、価値のある意匠や形態等を保存しながらの活用が困難な場合がある。1992（平成4）年の法改正で、特定行政庁の指定によって法の適用除外を可能とする法第3条第1項第三号の規定が設けられていたが、活用は少数であった（一地方行政の判断のみで建築物を法の外に置くことについて、特に安全性の観点で踏み切ることは容易ではない）。

しかし、歴史都市京都として、建築基準法への適合が困難であるとの理由のみで、価値ある歴史的建築物が滅失していくことをこれ以上放置できず、2012（平成24）年に「京都市伝統的な木造建築物の保存及び活用に関する条例（後に「京都市歴史的建築物の保存及び活用に関する条例」に改正）」を策定し、その価値を残しながら、安全かつ適法に保存活用する道を拡大したのである。

指定建築物については、建築基準法は適用除外とするものの、価値を残したまま安全性の水準は低下させないために、ソフト面も含めた対策を求め、またその状態を維持していくための

写真7 深草町家キャンパス

詳細を定めた「保存活用計画」の立案を必須とし、その内容について、建築審査会も含めて厳密に妥当性を判断したうえで、指定を行うこととした。

この条例により、京町家を大学のサテライトキャンパスとしたり、昭和初期の学校建築をホテルとして活用するなど、その価値を存分に活かし、後世に引き継ぐことが可能となった。

しかしまだ課題は残されていた。建築物の状態や保存活用計画は個別性が高く、立案には相当の労力・期間・費用を見込む必要があり、多数存在する価値ある建築物の救済というにはハードルが高い。

そこで京都市では、レベルを下げずに手続きを簡素化し、汎用的な利用が可能な包括的な基準を策定することとした。対象は、京都の伝統的木造建築物の代表格、京町家である。江戸時代以降に建築された都市住宅であり、規模・構造・間取り等の様式が比較的統一されていることも手伝った。2017（平成29）年には、建築審査会が包括的に同意する具体的基準を策定し、手続きを明確化・簡素化したのである。

現在は、安全性を確保したうえで、さらに伝統的仕様が可能となるよう、京町家の意匠に調和する木製防火戸の実証実験を行うなど、さらなるチャレンジを続けている。

イ　京町家の解体に「待った」、法適用除外からさらなる展開へ

京町家は、先人から受け継いできた京都市固有の景観や文化を象徴するものであるとともに、今日においても、まちの暮らしの基盤として、また、様々な社会的・創造的活動の拠点として、京都の魅力あるまちづくりの貴重な資源である。

近年は町家暮らしの再評価や京都らしい商業利用など、その価値が見直されているものの、依然として京町家の現状は厳しく、2009（平成

21）年で約4万7,000件存在した京町家が、2016（平成28）年で約4万件と、急速に滅失が進んでいる。

そのような状況に歯止めをかけるべく、2017（平成29）年に、京町家の継承に関する総合的な条例である「京都市京町家の保全及び継承に関する条例」を策定した。基本理念や支援など様々な内容が盛り込まれたものであるが、特筆すべき内容として、解体の事前届出制度が挙げられる。この制度は、取壊しの危機を事前に把握し、保全・継承につなげる仕組みとして、全ての京町家を、解体の事前届出の努力義務対象とし、さらに、地区又は建物が重要であるとして指定された京町家については、解体の1年前までに届出を行うことを義務付けたのである。その間に、支援制度や活用事例の情報提供などを行い、事業者団体等と連携して、改修や活用方法の提案や活用希望者とのマッチングを行うことで、継承につなげていくことが狙いである。

この条例は策定されて間もないため、具体的効果はこれからであるが、京都が京都らしくあり続けるためにも、一つでも多くの京町家が後世に引き継がれていくことを願う。

⑷　時々の景観紛争とその処方箋としての建築行政の対応策

本来、都市の脅威については、予防の観点で事前に規制をすることが理想であるが、現実としては、想定できなかった事態での紛争等を契機として規制を策定することも多い。近年の代表事例として挙げられるのが、「京都市斜面地等における建築物等の制限に関する条例」である。

本条例の策定契機は、2004（平成16）年に、北区の船岡山（平安京の大内裏の北にあって国の史跡に指定されている）の南斜面の住宅地において大規模なマンション建設が計画されたことによ

る、周辺の住環境や景観に及ぼす影響を危惧した住民の大規模な建設反対運動であった。

斜面地に建築されるマンションは、見かけは地面の下でなくても、建築基準法の平均地盤面の考え方によって地階となることによる容積率不算入措置の恩恵が大きく、また建築物高さも平均地盤面から算定するため、斜面を駆け上がるように建築することが可能であり、見かけの高さや規模が、周囲の町並みと比較して過大で不調和となることがある。

京都市では、この計画が地域に与える影響の大きさを鑑み、事業者に対して高さや規模を縮小するように強く指導を行い、事業者の理解もあって、当初計画より2層下げた建築物となった。

それと同時に斜面地条例の制定を進め、斜面地においては、建築物の設置位置の高低差は6m以下、道路に面する外壁から3m内側までの高さ制限、容積算定における地階判定の地盤面は最も低い設置位置とすること等を盛り込んだものとした。

この条例の策定後、三山の裾野等の斜面地での大規模建築物に関するトラブルは起きておらず、周辺の市街地環境と不調和な大規模建築物を防止し、斜面地の安全性の確保に寄与していると考えている。

(5) 空き家はまちの資産である

少子高齢化、人口減少の著しい中、近年の全国共通の課題としてあるのが「空き家」である。京都市においても、空き家率は2013（平成25）年時点で14.0%と、全国平均を上回っていた。空き家には様々な要因があり、解決も容易でない。それもあってか、空き家に対する対策としては、管理不全で老朽化した保安上危険な空き家に対する危険建築物対策としての対応が主であった。

しかし、空き家率が高く、今後も増加する見込みであったことから、危険建築物対策だけでなく

総合的な対策を行うとして、2013（平成25）年7月に「総合的な空き家対策の取組方針」を策定し、「京都の活力の維持向上」を目的として、市民・事業者・大学やNPO、行政が連携し、空き家化の予防、空き家の活用や流通の促進、管理不全状態の解消、跡地利用の誘導と、空き家の各段階における対策を行うこととした。そして同年12月には、「京都市空き家等の活用、適正管理等に関する条例」を制定し、理念やそれぞれの主体の責務を定めるとともに、管理不全状態解消の命令、所有者特定のための税情報の利用、緊急安全措置の実施など、それまで法的根拠に乏しく困難であったものを実施可能とした。

他にも、空き家を「活用する」観点で、地域のまちづくりと連携した空き家流通の促進事業、不動産事業者などによる相談員制度や専門家派遣制度、まちづくりに資する空き家活用に対する補助制度などを実施している。

このように、京都市では、古来、培われた地域まちづくりの力や知恵を活かし、空き家は単なる負の遺産ではなく、活用すればプラスに転換する「まちの資産」であるとして、空き家対策に取り組んでいる。

(6) 市民・事業者・行政の協同の仕組みの確立、成し遂げた検査済証交付率99%

京都市にはかつて建築基準法に基づく違反指導を行う部署として「監察課」があり、「建築基準法の最後の砦」とも呼ばれていた。10年ほど前に違反指導だけではなく、既存建築物対策を総合的に行うようになり「建築安全推進課」となったが、今でも「あまりこの部屋には入りたくないな」と窓口でこぼす人がいるほど、違反指導の厳しさは業界で定評があったようだ。実際に、全国平均から見ると突出した数の命令や告発、果ては行政代執行まで行ってきた歴史がある。この要因として、戦災による被害が少なかったことで、建築基

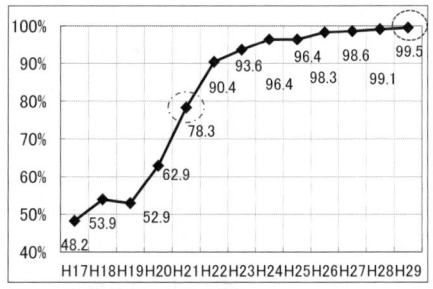

図3　検査済証交付率の推移

準法上道路になり得ない道が多数存在し、それら
の道沿いの建築物の建築行為の多くが違反となっ
てしまったこと等も考えられるが、単に違反が多
かったという事実以上に、先に述べたとおり「自
分たちの町を壊されたくないという市民の強い願
い」があり、それに行政が応えてきた結果である
ともいえる。

　これらの要因もあり、昭和30年代から他都市
よりも厳しい違反指導を40年以上も続け、市民
からは一定の評価を得ていた。しかし、平成に
入って全国的に検査済証交付率が向上する中で、
なぜか京都市だけ取り残されることとなってし
まった。監察課の職員は朝から晩まで違反処理に
追われているのに、その成果が数字として現れな
い状況であった。

　京都市ではこれまで述べてきたように悪質な業
者に対しては厳しい指導を行う一方で、まちづく
りについては市民や事業者と共に常に協力しなが
ら進めてきた伝統がある。そこで、違反の根本的
な原因を解決するため、行政、建築団体、不動産
団体等で構成する「京都市建築物安心安全実施計
画推進会議」を2009（平成21）年度に組織し、計
画を策定した上で、建築物にかかる問題を、市民
とともに総合的に解決することとした。この計画
は後年、国土交通省が策定を呼びかけた「建築行
政マネジメント計画」に位置付けられることにな
るが、京都市では、会議の構成団体が実際に建物
を利用する消費者団体、建物に融資をする金融機
関など他都市にはない顔ぶれとなっているほか、
検査済証交付率向上、既存建築物対策等の7つの
分科会を設置して少人数で具体的に議論を交わす
ことのできる体制として、実際に分科会で決定さ
れた様々な施策を実施し、その結果を広報する会
報の発行までを行ってきた。

　これらの取組によって懸案であった検査済証交
付率は、かつての50%未満から99%台まで上昇
し（図3）、定期報告の対象件数も8倍近くにな
るなど多くの成果を出すことができた。もちろん
検査済証交付率の向上の決め手になったのは、主
には全国的な金融機関の融資の取扱い変更による
ものであるが、この会議や分科会において行政、
構成団体双方の理解が深まった意義は大きい。今
では、建築基準法に関する勉強会を開催したり、
施策の検討にあたってまずはこの会議の参加者に
意見を伺ったりといった関係性も生まれており、
検査済証交付率99%達成はまさにこういった市
民と行政の一体感の賜物であると言えるだろう。

5　まとめ

　この地に平安京が築かれてから千年以上、常に
だれかが京都のまちづくりを担ってきた。それ
は、公家であり武家であり、何よりも市井の人々
であり、そしてこの100年間については、建築行
政も大きな役割を担ってきた。脈々と引き継がれ
てきたまちづくりの「たすき」を確実に次の世代
に渡すために、守らなければならないものは多い
が、守るだけではまちは成長しない。そんな葛藤
の中、バランスを取りながら、市民と共に挑戦を
続けてきたのだ。

　先達の奮闘もあり、激しい紛争や悪質な違反は
激減し、景観についても新景観政策により今後の
方向性が決まった。また、かつてのような行政指
導中心ではなく、多くのことが条例等で明確に規
定され、公平に公開されるようにもなった。

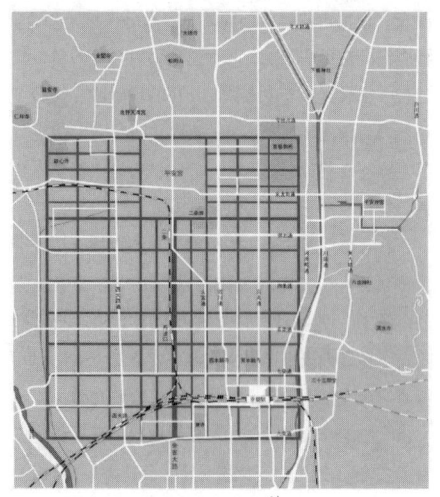

図4　平安京と現在の京都市街[1]

しかし一方で、効率やスピードが重視される現代において、市民や事業者が建物を計画する上で、景観、歴史、文化、安全など、法の枠を超え、その建物やまちづくりに強い思いを持ち、行政がその思いを読み解き、より良いまちの姿に誘っていくためには、市民、事業者、行政が共にまちの将来を考え、その思いを実現していくための取組みをこれからも絶えず続けていく必要がある。

そもそも、京都のまちづくりは、市井の人々の力により進められてきた。このまちでは、まちづくりの中心は昔から「お上」ではないのだ。

都市は生きている、そしてその都市がどのように生きていくのかを決めるのは、私たち一人ひとりなのである。

DVD 5-4-1

5-5 大阪における建築法制執行の足跡

1 市街地建築物法の施行

(1) 市街地建築物法制定以前の大阪における建築行政の取り組み

大阪では大阪府、大阪市、社団法人大阪府建築士会が主催した「大阪建築法制100周年記念事業」の一環として「建築法規やまちづくり制度の変遷を集大成し、これからのまちづくりにおいて、建築法制度が果たすべき役割を探るとともに、これらを活用した良好なまちづくりの方向を展望する」との主旨から「建築のルール・大阪100年の歩み」が1987（昭和62）年3月末に発行された。

この企画（記念誌）は本格的な建築規則として1886（明治19）年「長屋建築規則」を大阪府が全国に先駆けて布達されたことからスタートしている。

市街地建築物法は1919（大正8）年に公布されており、「長屋建築規則」から30数年後からとなる。

1886（明治19）年の「長屋建築規則」に引き続いて1909（明治42）年には長屋の規制から建造物として建築物の他、陸橋、塔、煙突、門戸などを含めた大阪府令「建築取締規則」として対応している[1]。

当時の規制は後を絶たない大火災やコレラ、ペストなどの伝染病など災害や衛生面が大きな要因になった。当時規制を執行する所管は大阪府警察部であるが、類似の規則は全国的にも徐々に広まっていた[2]。

なお、長屋建築の規制で敷地内道路の幅員は「長屋建築規則[3]」、「建築取締規則[4]」でそれぞれ6尺、9尺以上と決められていたが、なんと今でも「大阪府建築基準法施行条例」で長屋規定は残されたままになっており、幅員3メートル以上と引き継がれている。

(2) 市街地建築物法、都市計画法の公布

1919（大正8）年4月5日「市街地建築物法[5]」と「都市計画法」が公布され、我が国で初めて都市計画と建築規制がリンクされることになった。そのためか市街地建築物法では建築線制度、地域制の導入、形態規制などが大きな柱となっている。

明治末期から大正にかけて都市縁辺部から郊外に市街化が急速に進むなか、1920（大正9）年には市街地建築物法の適用区域として全国で東京市、京都市、大阪市、横浜市、神戸市、名古屋市の6大都市が指定された。

その後、市街地建築物法の適用区域は次第に広がって、1924（大正13）年には大阪市周辺部、三島郡吹田町他、1926（大正15）年堺市他[6]、1928（昭和3）年岸和田市[7]などとなっていった。

なお、法律の施行体制は大阪府警察部保安課建築係から、建築課新設となり強化が図られた。

大正10年代には課員も増加し大正末期には100名を超え、建築線係、強度計算、電気機械類を担当する特務係が出来ている。1929（昭和4）年頃には地域を担当する方面係が13になり課員も130名と強化されている[8]。

(3) 市街地建築物法と建築取締規則の経過措置

大阪府の「建築取締規則」は市街地建築物法制定より10年前から適用されていたため、市街地

表1　建築基準法の変遷

西暦	年号	大阪府	法律	社会情勢
一八八六	明治一九	長屋建築規則公布（五月一四日）		
一九一九	大正八		都市計画法・市街地建築物法公布	
一九二〇	大正九	建築取締規則公布（八月一八日）	市街地建築物法公布	
一九二三	大正一二	船場後退建築線指定の告示		関東大震災
		市街地建築物法施行細則公布		
		市街地建築物法の所管が警察から土木部へ		
一九四一	昭和一六			太平洋戦争
一九四五	昭和二〇			終戦
一九四七	昭和二二		日本国憲法	
一九四八	昭和二三	大阪府建築物部発足		
一九五〇	昭和二五	大阪府建築基準法施行条例（一二月二三日）　大阪府建築基準法施行細則（一二月二二日）	建築基準法・建築士法公布	
一九六一	昭和三六			千里ニュータウン着工
一九六二	昭和三七	大阪市が特定行政庁となる		㈳大阪建築士会発足
一九六三	昭和三八			㈶日本建築総合試験所創立
一九六四	昭和三九			東京オリンピック
一九六八	昭和四三		新都市計画法公布	
一九六九	昭和四四	大阪府建築基準法全部改正（三月一一日）		
一九七〇	昭和四五	豊中市が特定行政庁となる		日本万国博覧会
一九七一	昭和四六	堺市が特定行政庁となる		
一九七二	昭和四七	東大阪市が特定行政庁となる		
一九七三	昭和四八	吹田市・枚方市が特定行政庁となる		㈶大阪建築防災センター設立
一九七五	昭和五〇	守口市・高槻市が特定行政庁となる		
一九七六	昭和五一	大阪府開発許可制度		㈳大阪建築士事務所協会発足
一九八五	昭和六〇	法令建築事務所制度　八尾市特定行政庁となる		
一九九二	平成四	寝屋川市が特定行政庁となる		
一九九四	平成六	岸和田市が特定行政庁となる	高齢者身体障害者等が円滑に利用できる特定建築物の促進に関する法律	
一九九五	平成七	大阪府福祉のまちづくり条例制定	建築物の耐震改修の促進に関する法律	阪神淡路大震災
一九九七	平成九	大阪府景観条例制定	密集市街地における防災街区の整備の促進に関する法律	
一九九八	平成一〇	指定確認検査機関を知事指定	建築基準法改正（民間開放）	
二〇〇一	平成一三	門真市・箕面市が特定行政庁となる		
二〇〇三	平成一五	池田市・和泉市が特定行政庁となる		
二〇〇四	平成一六	大阪・優良工事監理建築事務所制度	景観法	
二〇〇五	平成一七	羽曳野市が特定行政庁となる		構造偽装事件
二〇〇六	平成一八	住宅建築物耐震10ヶ年戦略・大阪	建築基準法改正（手続厳格化）	大阪建築確認検査協会発足
二〇一三	平成二五	大阪府密集市街地整備方針		
二〇一四	平成二六			

建築物法が適用されない区域や建築物に関しては、内容の改正を行い規則はそのまま存続、大阪府内では市街地建築物法と建築取締規則が並行して適用された。

これは1950（昭和25）年の「建築基準法」の制定まで続き異色の方式であった[9]。

(4) 市街地建築物法の適用区域の増加

市街地建築物法の適用区域は昭和10年代に豊中市、布施市、池田市、泉大津市、高槻市、貝塚市などが追加されている[10]。

1937（昭和12）年当時の職員数は127名で1941（昭和16）年頃までほぼ同じで推移するが、戦時特例で市街地建築物法の効力停止に伴い組織も縮小され1944（昭和19）年には70名程度になっている[11]。

(5) 大阪の道路及び建築線

大阪における市街地建築物法の運用のなかでも特筆すべきものとして道路、建築線がある。

1934（昭和9）年の市街地建築物法の改正を機会に大阪府令（市街地建築物法施行細則）の改正において、道路に関して4メートルの幅員を確保することが強く打ち出された（細則第6条）が、この規定は大阪府が全国に先駆けて実施するもので、市街地建築物法にいう前面道路の幅員が4メートルになったのは1938（昭和13）年の法改正からである。やがてその方式は中心線から2メートル後退して建築敷地とする取り扱いとして建築基準法に引き継がれ規定されている[12]。

また、市街地建築物法の特徴の一つの市街地の混乱を防止し建築物の配列を整えるための建築線の規定であるが、代表的な事例として大阪市では1939（昭和14）年に船場後退建築線指定の告示がされた（**図1**）。現行法で附則5項道路として今でも引き継がれている。

当時この発想は道路拡幅という意味合いより、むしろ後退することで斜線制限の関係で高い軒高が得られ、中心商業地区として建築容積を増すためであるとされている[13]。

船場壁面線

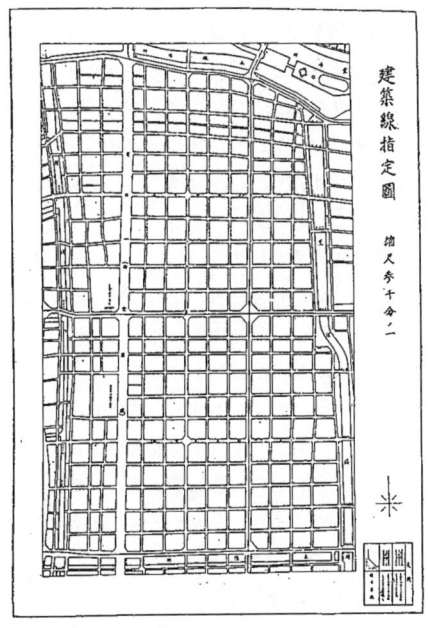

図1　建築線指定図[1]

(6) 戦後直後の施行体制

1943（昭和18）年から都市への空襲が始まり1945（昭和20）年には大阪市、堺市では壊滅的な被害を受け市街地のほとんどが焼失した[14]。

戦後1946（昭和21）年には市街地建築物法の

所管が警察部から土木部に移管し、長屋建築規則以来60数年の建築規制に関する警察行政は幕を閉じることになった。

1947（昭和22）年には戦災復興院大阪出張所が併設され、大阪府の建築課長が併任されたが翌1948（昭和23）年に大阪府建築部が発足と同時に指導課ができ7係と大阪市駐屯所があった[15]。

2 建築基準法の施行

(1) 建築基準法と建築士法

1950（昭和25）年に「建築基準法」、「建築士法」が同時に成立した。そのため約30年間近代建築法として効力を発揮した市街地建築物法は終焉を迎えた。建築基準法は建築物という「もの」、建築士法は建築士という「人」が一体となって建築行政が構成されることになった。

法を施行する機関として確認申請を受け付けることは、行政が建築にかかわる第一歩であり非常に重要なことである。

建築基準法では建築士法の成立と同時に、市街地建築物法の手続きであった「許可」制から「確認」制に移行し、当時は制度の違いによる戸惑いが10年間にも及んだといわれる。

警察行政部門による「許可」と違って建築行政部門による「確認」という概念があいまいなところもあり、法律遵守の気概が薄れ違反建築の増加にシフトしたためか、大阪で法施行直後は年間2万件あったものが、1955（昭和30）年頃には1万5、6千件と減少している[16]。

建築基準法と同時に成立した建築士法では建築士は国あるいは都道府県知事の免許を受け建築物に関し設計、工事監理その他の業務を独占する法体系となって、一定の建築物の設計又は工事監理業務は建築士の資格がなければできない。

建築基準法と建築士法は車の両輪であり、「確認」という概念は建築士による業務独占が背負う責務を併せ持って成立している。

建築生産の過程で建築士が建築主と関わる期間は設計の初期から工事監理が終了する工事完了時点と長い。大阪府では早くから建築基準法の適正な執行には、建築士や建築士事務所の役割が極めて重要であるとの認識から、後述する大阪府の「法令建築士事務所制度」につながっている。

1952（昭和27）年には大阪府建築士会が発足し建築士の団体としての活動がはじまった[17]。

大阪府では「大阪府建築コンクール」を1954（昭和29）年から実施し、優秀な作品を設計した建築士などを表彰することにより建築士の育成に向けた施策を展開していたが、1978（昭和53）年からは大阪府建築士会が主催団体として引き継いだ。また、1981（昭和56）年には大阪府、大阪市、大阪府建築士会等が共同で「大阪都市景観建築賞」（大阪まちなみ賞）を創設し、よりよい都市景観の形成を推進している。

(2) 大阪市が特定行政庁に

1956（昭和31）年それまでは大阪府が府内一円を管轄していたが、この年大阪市が特定行政庁に移行し、大阪府の職員20名が大阪市に移籍し府内の建築指導行政の主力が移行することになった。その結果、大阪府の確認件数は3割以下になった[18]。

(3)スプロールによる市街地の形成

一方、1958（昭和33）年から4年頃になると大阪への人口集中が急速に始まるとともに豊中市庄内地区などでは急激な開発が進み木賃アパート、文化住宅ラッシュで違反建築が増大した[19]。

違反建築の主なものは接道違反や無確認で、その後次第に大阪から郊外に向かって伸びる鉄道沿いに広がり、門真市や寝屋川市へと広がっていった。

これが、府内の密集市街地の形成の一因となり

狭隘道路、建蔽率違反など防災面で後に大きな行政課題となっていった。

　そんな中にあって住宅金融公庫の特定行政庁への審査、検査の業務委託は、確認申請審査はもとより検査済証の取得が融資の条件となっていたため指導行政の好ましい方向に大いに貢献した。

(4)　建築基準法が既存建築物の維持管理に関与

　1959（昭和34）年建築基準法の改正で特殊建築物の定期報告及び建築設備の定期検査を所有者、管理者に義務付けられ、新築物件のみならず既存建築物の維持管理に関して行政が関与することとなり、大阪では1960（昭和35）年に施行細則の改正を行い定期報告の対象を位置づけした。

　その後、国から1971（昭和46）年「建築基準法12条第1項および第2項に規定するに特殊建築物の定期調査報告および昇降機その他の建築設備の定期検査報告の推進について」通達が出され、国においては中央法人、地方においては地域法人の設立の方向性が示された。

　1973（昭和48）年1月に中央法人として日本特殊建築安全センター（その後日本建築防災協会）、大阪も同年12月にいち早く府から設立認可を受け、府内の特定行政庁や建築関係団体等の出損により大阪建築防災センターを設立。業務の執行体制を整え地域法人として全国をリードすることになった[20]。

(5)　千里ニュータウン開発や地下街の建設

　1961（昭和36）年には我が国最初のニュータウン千里丘陵開発が着工された。

　この時期、大阪市内では1957（昭和32）年の難波、1963（昭和38）年の梅田、昭和40年代の堂島、阿倍野、ミナミなどで地下街が建設されていった。

　建築指導行政も新たな対応を迫られることとなった[21]。

千里ニュータウン（最初に着工された高野台、佐竹台）

(6)　日本建築総合試験所創立

　1964（昭和39）年には建築に関する試験、評価、審査など建築の質の向上を図るための第3者機関として公正中立な立場の日本建築総合試験所が設立され[22]、それまで大阪府庁舎の地下で行われていたコンクリートの圧縮試験は廃止された。

　現在、建築物の試験研究、建築確認評定、構造判定、製品認定センターなどの業務を行い建築行政に大いに貢献している。

(7)　建築確認事務の市町村との連携

　1966（昭和41）年には建築確認申請書を市町村経由とし、府から市町村に手数料の15％を交付金とし市町村の都市計画部門との連携を図り、道路や用途地域など土地利用計画情報等の厳格化を図っている。この制度は全国でも特筆するもので現在でも大きな役割をはたしており、大阪府内の確認申請の正確性に大いに貢献している。

　この方式は府内で業務を行う指定確認検査機関でも市町村と協定を締結して引き継がれている。

(8)　開発許可制度のスタート

　1967（昭和42）年には大阪府建築部に開発指導行政の先駆けとなる市街地建築課が発足した。

　その頃の建築指導行政は審査をすることは勿論、建築確認申請の提出に関して次第に定着してきていたが、まだまだ啓蒙することも必要な時期

であった。申請書の構造計算などは一般的に計算尺で行われていたので概算であったが、当時はまだまだ構造計算ができる事務所も不安なところが多く、行政の技術者が指導するようなことが多くあった。それが次第に電卓になりコンピューターの時代に移り変わっていった。

1998（平成10）年の建築基準法の改正から導入された中間検査制度であるが、当時から大阪では工事に際しすでに中間検査としてRC造の場合は配筋検査、鉄骨造の場合は建て方検査等を実施し検査済証の条件にしていた。

1969（昭和44）年には都市計画法の大改正が施行され、当時もスプロール現象が大都市およびその周辺で蔓延して、劣悪な市街地環境が形成されていく傾向が出ていた。それを食い止め市街化を計画的に誘導するため、市街化区域や市街化調整区域の線引き、開発許可制度の創設が組み込まれた。

大阪府内では都市計画法の改正による線引き制度がほぼ完了したのは1972（昭和47）年で、開発許可制度が本格的にスタートした[23]。

1970（昭和45）年大阪府では以前から道路位置指定の基準を作成し指導していたが、国の基準として主旨がほぼ取り入れられたことから、国の基準に整合する道路位置指定基準として公表施行し開発基準として大いに効果を発揮している[24]。

その後、全国各地で市町村による宅地開発指導要綱が定められたが、大阪府内においても例外ではなかった。指導要綱はさまざまな課題も多く含んでいため、1982（昭和57）年には国から通達が出され行き過ぎの運用が指摘された。一方、市が積極的に開発やまちづくりに関わりを持つということで違反建築防止など建築指導行政には良い面を多くもたらしている。

⑼　建築基準法の改正　違反建築物対策

1970（昭和45）年建築基準法が改正され、執行体制の整備充実（人口25万以上の市は建築主事を置く）、違反建築の是正措置の強化として、施工の停止や権限を有する建築監視員制度、火災時の人命の安全確保に向けた防災規定の整備充実、住環境保護のための土地利用の純化などが規定された[25]。

大阪府では違反建築物対策として、パトロールの実施、水道、電気、ガスの供給保留、確認時の市町村による事前調査などを実施する[26]。

建築指導行政をきめ細かく施行するためには、その地域に密着した市町村が重要な役割を果たすことが有効で、この改正は違反建築対策としては非常に大きな効果をもたらすこととなる。

別添年表に示すとおり1968（昭和43）年の豊中市を皮切りに多くの市が特定行政庁になっている。

大阪府は市が特定行政庁になるために、当該市の中に府の分室を設け市の職員とともに確認事務の実施を行うとともに、府に市から研修生を派遣して事務手続きの取得をしていった。

⑽　万博博覧会の仮設建築物

1970（昭和45）年開催された大阪万国博覧会では長期にわたる大規模な仮設建築物の審査は施行条例を一部改正し仮設建築物の特例を設けるとともに、現地に職員が常駐し審査は個別に対応した[27]。

大阪万博（1970年）

(11) 大阪建築士事務所協会発足と法令建築士事務所制度

1973（昭和48）年大阪府建築士会建築士事務所部会、大阪設計協会、日本建築家協会関西支部の3者で「大阪建築士事務所団体協議会」を設立（1976（昭和51）年「大阪建築士事務所協会」発足と同時に解散）。

「法令建築事務所制度規定[28]」を定め、建築士の質の向上、検査済証の徹底を目指し、その年大阪府では民間建築士の協力を導入するユニークな建築行政として法令建築士事務所制度を立ち上げた。

登録を認められた法令建築事務所は特定行政庁の定める範囲内で確認審査の簡素化を受ける、確認申請書に法令建築事務所の明示による審査の迅速化、工事の中間検査や竣工検査事務の一部委任などの特典が与えられた。

また、大阪府では建築工事に際し建築士による工事監理の重要性の周知徹底を図るため、1981（昭和56）年には確認申請書に工事監理者選定届を添付させ工事監理の充実を図った。これに合わせて法令建築士事務所制度の中で工事監理認定法令事務所を認定し業務を開始した。

これらの制度は毎年定期的な法令有資格者実務研修を義務付け、建築基準法と一方の車輪である建築士法による建築士、建築士事務所に対してタイムリーな情報提供を行い資質の向上に努めた[29]。

この法令建築士事務所制度の発想は1983（昭和58）年の建築基準法第6条第1項第4号の特例措置の先駆けでもあったといえる。

1999（平成11）年建築基準法の審査の民間開放の実施もあり、1973（昭和48）年から30年間続いてきた法令建築事務所制度を終了し、その後を引き継ぐ制度として大阪・優良工事監理事務所制度[31]（大阪・工事監理の星）を立ち上げ、この制度も毎年大阪府知事指定講習会を受講させ、建築士の工事監理の意識向上及び工事監理業務の普及

促進を図っている。

工事監理は建築生産過程において品質管理面で重要な位置を占めるものであるが、なかなか建築主に理解が得られない面も多く、建築士事務所に工事監理の重要性の理解を促し、啓蒙する施策である。

(12) 大阪府福祉のまちづくり条例

1992（平成4）年には大阪府では全国に先駆けて、すべての人が自らの意思で自由に移動でき、その個性と能力を発揮して社会に参加できるための「大阪府福祉のまちづくり条例」を制定した。のちに「高齢者、身体障害者等が円滑に利用できる特定建築物の建築の促進に関する法律」いわゆるハートビル法（1994（平成6）年）が制定され、現在はバリアフリー新法（2006（平成18）年）になった。

3 阪神・淡路大震災後の建築基準法の執行

(1) 阪神・淡路大震災

1995（平成7）年1月阪神・淡路大震災が発生し、死者6,400余名、建物倒壊10万余棟という甚大な被害が発生した。

神戸市を中心に被害が発生したが、大阪でも大阪市北部や北大阪を中心に被害があった。かねてから災害が懸念されていた府内の密集市街地も例外でなく、豊中市庄内地区においても多くの被害が発生した。

度重なる余震の恐怖に襲われながら、多くの人が建築物の耐震性の重要性を身にしみて体験することになった。

(2) 耐震改修の促進

阪神・淡路大震災の教訓を受け1995（平成7）年12月には「建築物の耐震改修の促進に関する法律」（以下「耐震改修促進法」という）が施行され、

日本建築総合試験所や大阪建築防災センターなどで耐震関係の専門家からなる委員会を設立し既存建築物の耐震強化策が講じられた。

しかしながら文科省管轄の学校建築などは対策が進められたが、一般の建築物では対策が努力義務であったためか遅々として進む状況ではなかった。

府民が耐震性のある住宅や建築物に住み、利用できるよう新たな耐震改修促進計画として「住宅建築物耐震10ヶ年戦略・大阪」（大阪府耐震改修計画）を2015（平成27）年に改定し、現在新たな対応に鋭意取り組んでいる。

(3) 建築基準法の抜本的な大改正

1998（平成10）年は建築基準法の抜本的改正が行われた。

この改正は規制緩和が叫ばれる中で検討されたが、大きな争点は確認業務の民間開放、建築基準法の性能規定化、法律の実効性の確保だった。確認業務の民間開放に関しては大阪ではすでに法令建築士事務所制度が運用されており、意味合いは違うものの民間の活力にゆだねるという主旨では同じことであり違和感はなかった。

ただ、改正で指定確認検査機関制度は出来たものの、この制度は建築確認申請を特定行政庁と指定確認検査機関のいずれに提出してもよいという条件であったことから、経費的に行政の手数料条例と指定確認検査機関が価格競合を強いられ品質低下につながりかねない。

その為、府としては制度運用がうまくいくか否か相当の懸念があった。そのため確認申請手数料の値上げを国に要望する一方、地方分権一括法により府内の特定行政庁とともに手数料の値上げをはかった。

また、大阪でいち早く制度の活用を図るため、様々な苦労を重ねながら財団法人大阪建築防災センターに知事指定の指定確認検査機関の第1号を立ち上げた。

法律の実効性の確保については違反建築物の横行で建築基準法は不幸にしてザル法と呼ばれることがあった。

そのための方策として建築基準法の改正により位置づけられた中間検査の指定工程を定め、検査を受けなければ次の工程に進めない中間検査制度を大阪府として積極的に導入した。

その他、完了検査率の向上に大阪府では金融公庫の委託による貢献度が大きかったことから、機会あるたびに金融機関に働きかけをしてきたものの、建築基準法は独立した法律であり、インフラ供給保留や金融機関の融資などは他事考慮ということで難しい面はあったが、2003（平成15）年に国の方から全国銀行協会等に融資の際、検査済証の活用の協力要請をしていることも大きな効果をもたらした。

図2に示すとおり新しい制度運用により完了検査率は1999（平成11）年で38％だったものが現在は約95％まで飛躍的に向上し、法律改正の効果を象徴するものとなった。

(4) 大阪府景観条例制定

1998（平成10）年かねて美しい景観づくりを

都市景観ビジョン・大阪

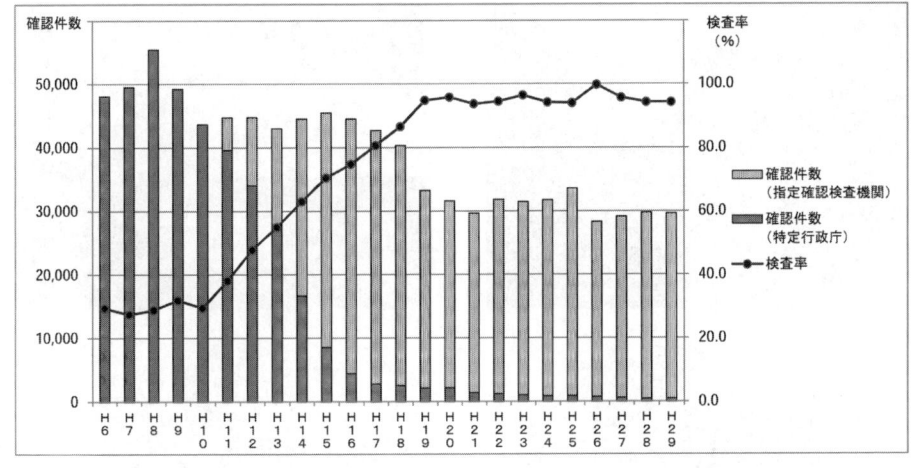

図2

めざし、さまざまな検討が進められていた大阪府では建築指導課主導により大阪府景観条例が制定された。この条例は大阪府内全域を対象とするもので、すでに同様な条例が存在していた大阪市や堺市の調整も必要であった。

この条例はのちに制定された景観法（2004（平成16）年6月18日制定）に先駆けたものである。

(5) 建築確認業務の適正な運用を図るための施策

大阪では1973（昭和48）年から府内の特定行政庁間の建築基準法の取り扱いの統一化を図るため大阪府下特定行政庁連絡協議会（特連協）を設け法律の適正な運用を定期的に協議していた。新たに指定確認検査機関が出来たことを受けて、早速2002（平成14）年大阪府内建築行政連絡協議会発足（現在、行政機関18、指定確認検査機関等30社）を立ち上げた。

一方、以前からあった近畿地区の特定行政庁からなる近畿建築行政会議（現在、行政機関48、指定確認検査機関37社）も指定確認検査機関の参画を促し情報の交換を通して、近畿地区の法の適正な運用を図っている。

(6) 密集市街地整備の推進

大阪は先述したとおり昭和30年代から進んだ都市のスプロール現象で多くの密集市街地が出来た。その実態として道路は狭く建物は密集し、いったん災害が発生すれば甚大な被害が想定される。そのため「災害に強いすまいとまちづくり」を推進することが大阪府の緊急かつ重要な課題であることから、鋭意検討を進めていた。

そういった中、1997（平成9）年には「密集市街地における防災街区の整備の促進に関する法律」が公布された。2014（平成26）年には大阪府内に存在する「地震時等に著しく危険な密集市街地」の安全性を確保するための方向性を示すものとして、「大阪府密集市街地整備方針」を策定した。

2018（平成30）年3月には同整備方針を改定し、安全性の確保に加え、密集市街地を魅力あるまちへ再生させる取り組みが進められている。

(7) 耐震偽装事件の発覚

2005（平成17）年に発覚した耐震偽装事件発覚は大きな衝撃を与えた。

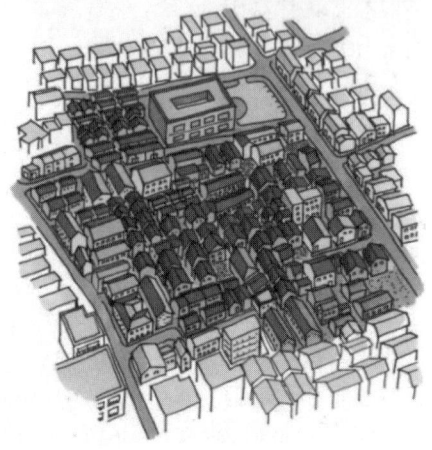
密集市街地整備前

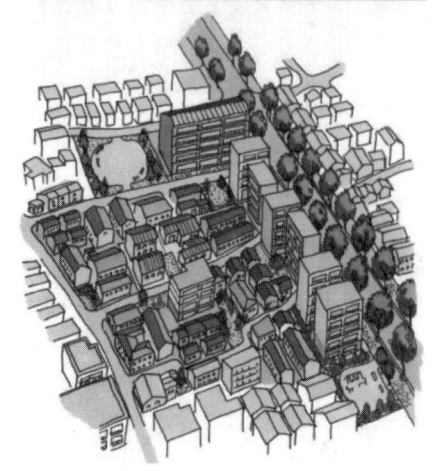
密集市街地整備後

　先述したとおり建築士法では建築物の設計は建築士の独占業務であり、建築士が信頼されていることが前提であり、その当事者が設計を偽装することはあってはならない出来事である。

　偽装が確認時に見落されたことは確認業務の在り方を改めて考えさせられることとなった。

　先述したように建築基準法と建築士法は車の両輪であるはずの車の片方の車輪が外れかけたようなものである。

　国の方では確認検査の厳格化として指定構造計算適合性判定制度がスタートする。また、構造、設備設計一級建築士の関与による法適合確認などと強化が図られた。一方、建築士には定期的な講習の受講や、建築士事務所の管理建築士の資格審査などを義務付けられた。

　また、これとは別に1983（昭和58）年の建築基準法改正でできた4号特例はいわゆる確認申請にかかる、4号建築物に該当するものについて建築士の設計によるものは一部審査省略するものであるが、適用された建売住宅約1,800棟について構造強度不足が発覚した。

　こうした問題は建築士法の根幹にかかわる憂慮されるべき問題である。

(8)　近畿確認検査協会の設立

　大阪では耐震偽装問題の重大性に注目し建築確

認申請業務の適正化を確保するため、大阪建築防災センターが呼びかけ人となり大阪府内で業務を行う指定確認検査機関に働きかけ、2006（平成18）年に大阪建築確認検査協会が発足した（2010（平成22）年から名称を近畿確認検査協会に変更し守備範囲を近畿に拡大した）。

確認申請が民間開放されたのち、このような業界団体を設立するのは大阪が初めてで、今では近畿行政連絡協議会から委託を受け行政に協力できるまでになった。

発足当初から建築確認を取り巻く様々な課題について、会員全体で情報を共有するとともに課題項目に合わせて解決のための検討を試みている。

なかでも一例としてあげれば特定行政庁でも実施していた建築確認の事前審査について、国の方から民間確認機関のコンサルタント業務に当たるのではないかとの指摘がなされた。

この件について協会としては確認事務の円滑化を図るうえから是非とも必要なサービス業務でありコンサルタント業務には当たらないとの見解で一致していた。

もともと大阪府では昭和30年代から確認審査の下見制度があり申請受付前に申請書の不備を指摘していたが、これは法で確認期間が決まっているため期間を超える場合には、申請者に「期限内に確認できない旨」のはがきを出す必要があること、同時に申請者が訂正に訪れる手間暇を省く行政サービスでもあった。

後日、この件は2007（平成19）年8月9日に国から事前審査につき「改正建築基準法の施行に伴う建築確認の手続きの円滑化について」が示され解消された。

なお、協会では行政機関は指定確認検査機関の確認を監督する立場にあるが、一般消費者から見れば行政と指定確認検査機関が行う確認事務全般の適正な運用は一体なもので評価され、適正な建築指導行政は両者お互いにパートナーシップを構築しながら進めていく必要があると考えている。

4　まとめ

市街地建築物法から建築基準法制定後の大阪における執行について、法律そのものではなく執行機関としてどのように対応してきたか主なものについて時系列的に述べてきた。

大阪においては市街地建築物法施行後、その適用区域内は当該法律で、それ以外の区域は従来からあった大阪府の「建築取締規則」を適用し、並行して警察の管轄行政として進められた。

1946（昭和21）年になり所管が警察部から土木部に移管され1948（昭和23）年建築部が発足し指導課として引き継がれた。

1950（昭和25）年の建築基準法の施行は荒廃した国土の復興に向けて時期を得た大変有効な法律であったと言える。

建築基準法はそれまでの市街地建築物法の許可制から建築確認制度となり建築行政部門で所管することになったが、敗戦後間もなく国民は生活そのものが最優先されるような状況からのスタートで、執行機関は当初から確認申請を提出することを促すための取り組みや、無確認建築や違反建築物対策への取り組みが大きな行政課題で、確認申請の審査はもとよりこの課題に対して多くの労力を費やす必要があった。

1956（昭和31）年に府内で大阪市が初めて特定行政庁となったが、その後大阪では人口の都市流入が急速に進み、その受け皿としての住宅建設がスプロール現象というかたちで町並みの防災面から課題を残すことになった。（現在「大阪府密集市街地整備方針」が策定され課題解決に向け鋭意取り組まれている）

大阪府では建築基準法執行の適正化のためには建設地であるより身近な府内市町村の都市計画部門との連携を図ることが有効であるとの考えか

ら、確認申請の市町村経由制度を発足させたが、この制度は確認事務の正確性や消防法をはじめ建築関連法令の面からも多くの有効性を発揮している。

　また、建築基準法と同時に成立した建築士法の位置付けは重く、建築士は建築主からの依頼に対し建築計画や設計を行い、特定行政庁や指定確認検査機関の確認審査や検査を受ける。工事段階では工事監理者として品質管理を左右する重責を担う。

　建築生産過程において建築士の関わる期間は建設関係者のなかでもとりわけ長く、建築主から最も信頼される立場でなければならない。

　建築生産の過程において確認審査や検査は品質管理には欠かせないものであるが、建築士の果たす役割はことのほか重要であると言える。

　大阪では在阪建築士団体を母体として「法令建築事務所制度」（確認審査の民間開放後は工事監理に注目した「大阪・優良工事監理建築事務所制度」に変更）を立ち上げ、毎年「大阪知事指定講習会」を開催するなど建築士及び建築士事務所の資質向上を図る施策を行っている。

　こうして大阪では建築行政のなかでも建築士、建築士事務所の役割を最大限に発揮できる環境づくりに努めてきたが、平成10年の確認事務の民間開放を契機として完了検査率が大幅に改善されたことは何よりも喜ばしい事である。

　今後、建築基準法に基づく確認業務が特定行政庁や指定確認検査機関による適正な執行と同時に、建築士による設計やとりわけ適正な工事監理による建物完成までの責任ある対応で、建築主からも社会からも信頼される業界になることを期待したい。

5-6 兵庫における建築法制執行の足跡

1 市街地建築物法制定前の状況及び制定準備、執行体制

市街地建築物法制定から100年を迎える2019年の前年である2018年、兵庫県は県生誕から150年の節目を迎えた。兵庫県は旧五国（摂津、播磨、但馬、丹波、淡路）から成り立っているが、ほぼ現在の形になったのは、廃藩置県を経た後の1876（明治9）年である。

市街地建築物法が制定される以前の明治の頃の、建物に対する規制はどうだったか。1886（明治19）年から1890（明治23）年にかけて、全国に「長屋家屋規制」が制定されているが、兵庫県においても、「長屋裏屋建築取締規則」が1886（明治19）年8月21日に制定・施行されている。施行都市は、当時の主要都市である3都（東京・京都・大阪）5港（横浜・神戸・長崎・新潟・函館）に含まれる神戸市である。兵庫県「長屋裏屋建築取締規則」の特徴は、規則執行権限が、県警察から神戸市役所へ移管（1890（明治23）年）されたことである。このことにより、神戸市は都市自治体として、本格的な建築規制を導入した最初の都市とされている。その後、1912（明治45）年の「建築取締規則」（県令第2号）を経て、市街地建築物法の制定へと向かうことになる。

市街地建築物法施行前の1920（大正9）年10月、内務部に営繕課、都市計画課が設置され、法施行の準備を進めていた。都市計画神戸地方委員会は、第15代県知事・有吉忠一以下委員36名で、1920（大正9）年8月に第1回を開催している。

委員のひとり、池田宏（明治14年生、昭和14年没（1881〜1939））は、内務省大臣官房都市計画課の初代都市計画課長であり、都市計画法起草のメンバーでもある。

また、置塩章（明治14年生、昭和43年没（1881〜1968））は、陸軍技師として陸軍に入り、都市計画法施行のための技師増強のため兵庫県庁に移った。初代の兵庫県内務部営繕課長を務め、県徽章のデザインをしたことで知られる。県退職後は、初代の兵庫県建築士会会長のほか、建築会会長などを務めた。

こうして、市街地建築物法が警察による執行体制のもと、施行されることとなるが、警察によることを如実に表したものが、市街地建築物法施行細則（1920（大正9）年12月17日兵庫県令101号）に見られる。法を定義づけた第1条に次ぐ、第2条（届出）に、「法、施行令、施行規則及び本則により当庁に提出すべき申請書又は届出書は所轄警察署を経由すること」と明示されているのである。

その後、大戦中の市街地建築物法の執行停止、GHQによる占領期等を経て、1950（昭和25）年、建築基準法が制定施行され、市街地建築物法は、その役割を終えることとなった。

2 建築基準法施行における兵庫県内の体制

(1) 神戸市の特定行政庁化とその後の建築行政

建築基準法の兵庫県における執行体制はどうだったか。2018（平成30）年現在、県内には12市の特定行政庁があるが、その先鞭となったのは、前述の兵庫県「長屋裏屋建築取締規則」の執行権限を有していた神戸市である。建築基準法が施行された1950（昭和25）年11月23日から5年足ら

ずの1955（昭和30）年7月1日に、特定行政庁となっている。これは、1956（昭和31）年9月の政令指定都市化を睨んでの動きであるが、かつて「長屋裏屋建築取締規則」を執行していたため、体制整備が容易だったことがうかがえる。

① 事務移管時の体制

神戸市が特定行政庁となった際、兵庫県から18人の職員が神戸市に移った。職制としては、4月に建築調査課をおき、受入れ準備を担当したが、7月以降は建築課とした。当初は主査制（庶務、企画、東部、中部、西部の各担当）だったが、1958（昭和33）年度から係長制（庶務、指導、東部、中部、西部、防災）になり、現在の構造審査にあたる「防災係」を設置した。この頃から、構造審査を必要とする耐火建築物が増加したため、専門のセクションを置いたものである。さらに1962（昭和37）年には、指導係から監督事務を分離し、「監督係」を新設した。この頃の事務は、建築確認や違反の取締りを中心としたものであり、新制度を定着させるため、努力した時代といえる。

事務の移管とともに、「建築審査会条例」を制定したほか、「建築基準法施行細則」の制定、2項道路の告示等を行った。また、「文教地区建築条例」を制定した。

② 神戸市における総合行政の一環としての建築行政（昭和40年代）

1967（昭和42）年には建築局から住宅局になり、審査課と指導課の2課体制で建築部となった。市内の建築活動の活発化に伴い、確認件数も増え、建築主事と特定行政庁の事務を担当する部署を分離したものである。また、建築物の大規模化に伴い、設備審査の充実が求められ、1969（昭和44）年度に主査を配置し、1970（昭和45）年度には、「設備係」を新設した。

主な出来事としては、1972（昭和47）年度に、「建築協定条例」を制定・施行した。

加えて、同年度、公害問題に対処するため、市の環境行政の基本条例として、「神戸市民の環境をまもる条例」が制定され、翌年から「日照障害の防止」の事務を建築部で行うこととなった。同条例は、建築主等の日照障害防止義務、日照の基準、指定建築物の届出、計画変更の勧告、利害関係の調整等を定めており、1973（昭和48）年度の新用途地域の指定とあわせて、日照問題を中心とするマンション紛争問題の調整を大きく前進させた。

1973（昭和48）年度には、この「神戸市民の環境をまもる条例」の事務を行うため、「住宅環境課」を新設し、「調整係」と「規制係」の2係体制で、条例の事務や建築紛争を担当した。

建築基準法の事務は、建築主事と特定行政庁が行う事務であるが、この条例の事務は自治体の長としての市長の事務である。この条例によって、従来の建築行政から、市の「総合行政」の一環としての建築行政になったといえる。

市政においては、この他にも次々と行政事務条例を制定し、先取り行政をすすめた。その一つが1976（昭和51）年に制定された全国初の「自動車公害防止条例」であり、沿道保全区域内に建築される共同住宅等の建築主が、あらかじめ、自動車公害の防止措置を講じ、市に届出を行うことになり、建築部においてもその事務を担当することになった。

③ 神戸市における誘導的建築行政の展開（昭和50年代）

1977（昭和52）年に施行された改正建築基準法により、日影規制が導入されたが、神戸市では既に条例で先行していたため、その調整を図り、「日影条例」を制定、1978（昭和53）年に施行した。

また、市政においては、全国に先駆けて1978（昭和53）年に「都市景観条例」を、また1981（昭和56）年に「地区計画及びまちづくり協定等

に関する条例」を制定し、景観行政や住民参加の
まちづくりを進めてきた。

この頃から、「誘導的建築行政」が重要視される
ようになった。「誘導的建築行政」とは、従来の最
低基準を超えた、よりよい建築物やまちづくりの
ため、許可・認定といった裁量性のある行政手段
で誘導していく建築行政のことで、総合設計、建
築協定、地区計画等がそれにあたる。

1985（昭和60）年には「ワンルームマンション
指導要綱」を策定し、1986（昭和61）年には「地区
計画建築条例」を制定して、地区計画の条例化を
行った。1990（平成2）年度には、建築協定地区
連絡協議会を発足させた。1992（平成4）年には、
斜面地の建築物の安全性を確保するため、「斜面
地建築物技術指針」を策定した。

また、この頃、駐車場問題が市政の課題となっ
ていたことから、「集合住宅駐車場整備基準」を策
定するとともに、「駐車場整備型総合設計制度」を
創設した。総合設計制度は、より良い建築物を誘
導するための容積ボーナス制度として活用され、
この後も「文化・福祉施設整備型総合設計制度」
を創設し、文化都市・福祉都市づくりに貢献
した。

一方、この時期、既成市街地から郊外へ人口が
流出する、いわゆるインナーシティ問題が課題と
なっていた。そこで、インナーシティにおける長
屋等の老朽家屋の建替えを建築基準法の面から支
援する「インナーシティ長屋街区改善誘導制度」
を1993（平成5）年に創設した。この制度は、阪
神淡路大震災の後、建築物の再建を支援する上
で、非常に役に立つこととなった。

1993（平成5）年度には、「神戸市民の環境を
まもる条例」の建築行政の部分と、「文教地区建築
条例」「建築協定条例」「中高層建築物日影条例」
「地区計画建築条例」の4条例と、「ワンルームマ
ンション指導要綱」「集合住宅駐車場整備基準」の
2要綱を統合し、新たに「神戸市民の住環境等を

まもりそだてる条例」を制定した。

(2) 神戸市以外の県内特定行政庁

県内におけるその他の特定行政庁化の動きとし
ては、県内で2番目となる尼崎市の特定行政庁化
が、神戸市から10年後の1965（昭和40）年であ
り、さらにその6年後の1971（昭和46）年に姫
路市、西宮市、伊丹市が特定行政庁となってい
る。なお、1971（昭和46）年の伊丹市は県内初の
建築基準法第4条第2項に基づく特定行政庁であ
り、現在、県内の12特定行政庁は、第1項、第
2項に基づくものが、各々6市ずつとなって
いる。

3 阪神・淡路大震災

(1) 大震災の発生直後の対応

建築基準法が施行されてから、まもなく70年
になろうとしているが、この間に兵庫県に起こっ
た特徴的な出来事は、何と言っても、阪神・淡路
大震災であろう。1995（平成7）年1月17日に発
生し、6,434名の犠牲者を出した大震災は、都市型
震災としては、1944（昭和19）年の昭和東南海地
震以来であり、建築基準法施行の下では初とな
る。また、震度階区分に「7」が設定されて以降、
初めて「7」を記録した地震でもある。

この日以降、兵庫県では、復旧復興の道を歩む
こととなるが、ここでは、建築基準法に関連する
事柄について記したい。

まず、行われたことが、二次被害を防止するた
めの被災建築物応急危険度判定である。今でこ
そ、全国各地で地震が起こった際、これらのこと
が既にマニュアル化されており、全国からの支援
体制も構築されていることから、スムーズに運ぶ
が、当時は、そうではなく、試行錯誤しながらで
あった。例えば、応急危険度判定士は、先進県で
ある神奈川県と静岡県にしか登録されておらず、

応援のために全国から兵庫県に入った建築技術者も、両県の判定士に習いながら判定を進めていくような状況であった。

「阪神・淡路大震災と建築行政等の記録　〜被災地において建築技術者は何をしたか〜」（編集：建築行政協会兵庫支部、監修：兵庫県都市住宅部建築指導課）に、兵庫県職員や、被災直後、全国から様々な業務の応援に駆けつけていただいた建築職員の手記が取りまとめられている。県内は、交通網が寸断し、宿泊施設もままならないことから、徳島県に宿泊し、海路、神戸に入ったり、大鳴門橋を使って淡路島に入ったりして、日帰りで判定活動に従事する。食事も飲料も、徳島のホテルを出発する際に、リュックに詰めた物だけが頼りだ。焼け野原となり、ガレキの上を、自転車で移動しながら、判定活動を実施してくれた全国の建築行政職員には、言葉では言い表せない感謝の思いがある。

応急危険度判定と並行して、建築基準法における緊急的措置を実施している。

一つは、建築基準法第84条に基づく建築制限区域の指定で、市街地再開発事業や土地区画整理事業など震災復興事業としての都市計画を円滑に進めるために、建築物の建築を制限した。制限地区は、神戸市6地区、西宮市2地区、宝塚市3地区、芦屋市2地区、北淡町（現在の淡路市）1地区の計14地区である。制限を実施した期間は、第84条第2項による延長も活用し、発災後2か月目となる1995（平成7）年3月17日までとなっている。この間に、都市計画決定の手続きを矢継ぎ早に実施した。

もう一つは、緊急に復旧工事を行うことが可能なようにする、建築基準法第85条に基づく建築基準法を適用しない区域の指定である。災害により破損した建築物の応急の修繕や、応急仮設建築物の建築で、災害発生日から1か月以内に着手するものについて、建築基準法並びにこれに基づく命令及び条例の規定を適用しない区域の指定である。これは、県内広範囲に及び、13市13町（当時の兵庫県内の市町数は、21市70町）で指定がされた。

建築基準法の適用を受けない応急仮設建築物の一つに、被災者自らが使用するために建築する延べ面積が30m²以内のものがあるが、当時、北淡町で被災した寿司店が、30m²では商売にならないと、別棟で約29m²の建物2棟を建築し、両方を行き来しながら、寿司店を再開したことが、当時のテレビニュースで報道された。インタビューを受けた町の担当者は、被災した町民の気持ちを慮り、「実質、倍の面積になるが、別棟であることから法的には問題なく、やむを得ない」と苦悩の表情を浮かべていたことを思い出す。

(2)　震災からの復興　〜神戸市の取組み〜

震災からの復興を進めるため、神戸市では、建築行政の分野でも様々な取り組みが行われた。その詳細については、「阪神・淡路大震災　神戸復興誌」等に記載されているが、ここでは主な内容を取り上げる。

①　建築基準法第84条に基づく規制と震災復興緊急整備条例

1995（平成7）年1月31日に発表した「震災復興市街地・住宅整備の基本方針」を受け、建築基準法第84条に基づき、都心機能の再生や災害に強い市街地としての整備が特に必要な地域について、土地区画整理事業等の面的な事業等を行うために、一定の建築制限を行った。（2月1日に指定、約233ha）

つづいて、「神戸市震災復興緊急整備条例」を制定し、被災市街地の大半について、市街地整備の充実及び良質な市街地の形成を図るために、震災復興促進区域（約5,887ha）の指定を、また面的な市街地整備事業の導入や良好な建築物の誘導等を積極的に進める地域として、重点復興地域（当

初指定：約1,225ha、最終：約1,259ha）を定めた。これらの地域は、それぞれの整備目標に応じた事業が適用され、すまいとまちの復興への取り組みが進んでいくこととなった。

② すまいの復興支援

建築物の再建が進むとともに、確認申請の件数が増加し、1995（平成7）年度には確認申請の受理件数が23,832件となり前年度の約3倍となった。また、窓口では多数の市民が自宅の再建相談に訪れ、職員はこれらの対応に追われることとなった。このため、建築確認審査業務について、全国の政令指定都市から延べ28人の職員の応援を受けた。

また、すまいの復興を支援するため、接道規定や仮設建築物の取扱い、日影規制や用途不適格建築物の建替えの取扱い等について、建築基準法等

の運用に関する緩和措置を行った。さらに、神戸市独自の緩和措置としては、下記のような制度も実施した。

ア　インナーシティ長屋街区改善誘導制度……地域の住民の合意により、建替えのルールを決めた区域内では、建築規制の合理化を図り、街区としての良好な建替えを建築基準法の運用により支援する制度である。制度の創設は震災前であったが、震災復興支援のために当制度を活用し、震災復興土地区画整理事業の区域等で、道路等の公共施設が整備された区域では、角地に準ずる敷地として建蔽率を緩和するなどの緩和を行った。

イ　震災復興総合設計制度……被災建築物の再建を行う際に、容積率等の既存不適格建築物については、従前の規模での再建が困難な場

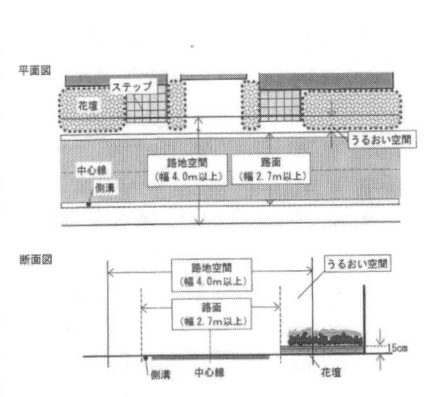

図　「近隣住環境計画制度」イメージ

合があることから、再建する既存不適格建築物で、従前より市街地環境が改善される場合に、敷地面積や前面道路幅員等の要件の緩和や、容積率割増しの拡充を行う総合設計制度を設け、20件のマンション再建等において適用された。

③ 安全・安心なすまい・まちづくり

市街地の復興は次第に進んでいったが、震災の教訓を踏まえ、「誘導的建築行政」の観点から、より安全で安心なすまい・まちづくりのための取組みを進めていった。

ア. 近隣住環境計画制度（図）……前述のインナー長屋制度を拡充し、1999（平成11）年に制度化。「向こう三軒両隣り」など、市民に身近な単位から、建替えのルール等の計画を策定することにより、建築規制の弾力的運用を行い、地域の特性を踏まえたすまい・まちづくりを支援する制度である。一定のルールのもとで、壁面線の指定や2項道路の水平距離指定など、基準法上の規制・誘導制度を適用するもので、現在5地区で計画を策定している。

イ. 街並み誘導型地区計画（野田北部地区）……当地区は、震災前から住民によるまちづくりの活動が積極的に行われてきた。震災後、地元のまちづくり提案を受けて、街並み誘導型地区計画を定め、壁面の後退等のルールを定めることにより、建蔽率・道路斜線等の緩和を行った。あわせて街なみ環境整備事業により、細街路の美装化と再建に伴う修景支援を行った。

ウ. 密集地域での2項道路の整備促進

密集市街地の再生に向けて、2項道路の中心線確定に対する権利調整・合意形成などのため、コンサルタント派遣を行い、道路舗装等も行う細街路整備事業を行っている。

(3) 大震災の残した教訓

大震災の発生と、震災からの復旧・復興は、我々建築技術者に何を残したか。前述の「阪神・淡路大震災と建築行政等の記録　〜被災地において建築技術者は何をしたか〜」には、阪神・淡路都市復興基本計画における教訓を以下のとおり記している。

① 都市防災からの教訓

・自然との共生

・水と緑の大切さ

・都市機能の分散配置

・バランスのとれた交通体系に

・都市基盤施設の重要性

・建築物の耐震・不燃化

・地域コミュニティを育むまちに

・体系的な防災拠点を

・通信手段確保の重要性

・都市生活を支えるライフラインの重要性

② 建築防災からの教訓

・応急危険度判定基準等の全国的標準化の必要性

・応急危険度判定士の創設と防災ボランティア活動の保証等

・防災拠点及び避難拠点等建築物の耐震強化

・建築物耐震・不燃化の促進

・被災建築物の被災度判定から耐震診断へ

・建物管理者による建物の定期的診断のすすめ

・震災復旧・復興にむけた各種の相談体制

大震災からすでに20年以上が経過し、これらの教訓が活かされ、すでに制度化されているものもあるが、まちづくりや建築に関わる技術者としては、常に心に刻み続けなければならない大切な教訓もある。決して忘れ去られることのないよう、後世に伝え続けることが我々に課された使命でもある。

今も、兵庫県まちづくり部長室に掛かっているこの時計には、

「阪神・淡路大震災
発生の瞬間を
永遠に刻し生き証人
ゆめ忘れまじ、この
時を」
と記され、その時の
ことを伝えている。

4　震災復興を経た人口減少時代における神戸市のまちづくりと建築行政

神戸市の人口は、2004（平成16）年には震災前の水準まで回復し、震災復興は進んでいったが、少子化等の社会情勢を背景として、人口は2011（平成23）年をピークに減少しつつあり、環境問題や空家問題などが新たな課題となっている。建築行政の立場からも、これらの課題に対応した施策を行っている。

(1) 環境に配慮した建築物の誘導

建築物総合環境評価制度「CASBEE神戸」の運用を2006（平成18）年から開始し、2012（平成24）年には「建築物等における環境配慮の推進に関する条例」を制定して、CASBEE神戸の評価結果の広告等への表示を義務付ける「神戸市すまいの環境性能表示制度」も開始した。

(2) 歴史的建築物の保存活用

神戸市内には近代洋風建築や茅葺民家など、多くの歴史的建築物が残っている。これらの貴重な文化遺産を保存・活用していくため、文化財保護条例や都市景観条例で位置づけられた建築物について、建築基準法第3条第1項第三号に基づく保存建築物の指定を5件行っている。また、2017（平成29）年度には、北野町山本通伝統的建造物群保存地区で、建築基準法第85条の3に基づく緩和条例を制定した。

(3) 老朽危険家屋対策から総合的な空家空地対策へ

管理不適切で危険な状態にある建築物に対し、2001（平成13）年度頃より建築基準法第10条第3項に基づく改善命令及び代執行による除却等を実施してきたが、法を補完し所有者等に対する改善指導の実効性を高めるため、2013（平成25）年度に建築物の安全性の確保等に関する条例を改正し老朽危険家屋に対する措置の規定を付加した。また、空家等対策の推進に関する特別措置法の施行を受け、2016（平成28）年度に「空家空地対策の推進に関する条例」を制定し、同法が対象としない長屋の空住戸部分や空地までも改善指導の対象を広げ、総合的な空家空地対策を推進している。

5　今後の建築指導執行体制のあり方

建築行政の歴史は単に法の運用にとどまらず、それぞれの時代の要請にこたえるまちづくりの一環として、建築行政の立場からも施策を進めていくという姿勢が欠かせない。特に、これは、住民参加のまちづくりを全国に先駆けて進めてきた神戸市ならではの特徴である。今後も、この「誘導的建築行政」のDNAを次代に引継ぎ、神戸のよりよいまちづくりに貢献する建築行政を進めていくことが期待される。

一方、全国都道府県はじめ特定行政庁として共通の悩みであろうと思うが、建築確認審査検査制度が民間開放されて以降、行政庁に申請される件数は相当数減少しており、審査等の技術継承が困難になるとともに、審査に関わる職員数も削減され、建築主事となりうる建築基準適合判定資格者が減少の一途をたどっている。兵庫県では86名、神戸市にも63名の資格者がいるが、県内特定行政庁の中には、一桁数しか資格者がいない行政庁もある。審査技術については、県内特定行政庁連

絡会議を立ち上げ、各部会において意見交換・情報共有を行うとともに、研修会も実施し、県内建築行政職員の審査技術向上に取り組んでいるところであるが、特定行政庁としての組織存続にあっては、市域を越えたブロック制度、つまり一部事務組合の設立を検討するなど、将来の建築基準法執行体制について準備を進めて行かなければならない時期にあると考えている。

<補注・出典>

5-1
1） 岡本養生「東京の都市交通」都市交通研究会 p.3-4　1994.3
2） 堀内亨一「都市計画と用途地域制—東京におけるその沿革と展望—」付図（別添）西田書店 1978
3） 中村英夫「東京のインフラストラクチャー—巨大都市を支える—」p.84　技報堂出版 1997
4） 絵葉書　東京都立中央図書館
5） 笠原敏郎・市川清志「建築物法規概説」相模書房1970
6） 笠原敏郎・市川清志「建築物法規概説」相模書房1970
7） 堀内亨一「都市計画と用途地域制—東京におけるその沿革と展望—」p.131 西田書店 1978
8） 「東京都市計画美観地区決定ノ件」国立国会図書館デジタルアーカイブ
9） 「図で見る環境白書　昭和57年」1982
10） 「東京の都市計画百年」東京都都市計画局 1989
11） 堀内亨一「都市計画と用途地域制—東京におけるその沿革と展望—」西田書店　1978
12） 新宿区 HP　http://www.city.shinjuku.lg.jp/
13） 住友不動産新宿ガーデンタワー、住友不動産 HP　http://office.sumitomo-rd.co.jp/

5-2
1） 件数の出典は、
・1924〜25「吾等の神奈川県」神奈川県1928（昭和3）年　p.472（竣工棟数）国会図書館 DC
・1926〜37　参考文献5　p7（出願数）
・1938〜40「建築年鑑昭和14・16年版」建築学会1939（昭和14）年　p.99（竣工棟数）国会図書館 DC
2） 1874（明治7）年8月6日禁令「崖下へ家屋建築心得方の事」（参考文献3資料編 p54）、1888（明治21）2月22日久良岐警察署長通知「崖地府取心得書」（「神奈川県警察規則」県警察部1893（明治26）年　p.1029 国会図書館 DC）、1899（明治32）年8月15日県令第60号「崖地取締規則」。なお、神奈川の宅地造成規制の先進性については、田中祥夫が夙に指摘している（「明治前期における建築法制に関する研究—長屋・家屋建築規制の成立過程」1991（平成3）年）。
3） 防火地区建築補助件数の出典は、「帝都復興事業誌　建築編・公園編」復興事務局　1931（昭和6）年　p.202の「交付指令済件数表」国会図書館 DC。
4） 当時の防火地区指定状況図の出典は、上記文献3）p.123次葉の横浜都市計画図。
5） 栃木まどか他「復興建築助成株式会社による関東大震災復興期の「共同建築」の計画プロセスと空間構成に関する研究」日本建築学会計画系論文集　2006（平成18）年、において伊勢佐木町共同建築ビルが詳述されている。
6） 参考文献2。昭和26年の特定行政庁化に伴う引き継ぎの際、県の建築課は建築線指定台帳

等のまとまったデータの写しを残さなかったため、池田は県の公報20数年分を悉皆的に閲覧してデータを収集した。県公報は指定図面も掲載していたため、精度の高い研究になっている。
7） 参考文献4　p.119の数値による
8） 参考文献4　p.121における水野の記述
9） 参考文献4　p.126の数値による
10） 焼失地域での活用照会・回答は「復興建築叢書第8号—建築線指定による都市計画の実行」（復興局建築　1924（大正13）年）のpp.11-16、新建築敷地での活用に関する通牒は pp.5-7に掲載
11） 伊藤亮他「横浜市における建物疎開の実態に関する研究」日本都市計画学会論文集 Vol.49 No.3, 2014（平成26）年の表3による。
12） 中根賢「アーカイブズを使ってみませんか—戦時下の建物を調べる」講座資料に都市疎開本部の構成と各課分担表が掲載　神奈川県立公文書館
http://www.pref.kanagawa.jp/docs/kt7/cnt/f1040/documents/452274.pdf
13） 出典は「神奈川県職員録」神奈川県総務部（県立公文書館所蔵の原本及び国会図書館 DC 所収分）を基本とし、欠落年度分は「大蔵省印刷局版職員録」（国会図書館 DC 所収分）で補充。ただし、印刷局職員録は、課別の配属が示されず、雇員や警察署詰の技手が記載されていないため、直近の県職員録に照らした推定値を用いている。
比較のために掲載した県営繕部門の職員数は参考文献11、警視庁建築課職員数は参考文献1（p.94）による。
14） 内田祥三先生眉寿祝賀記念作品集刊行会「内田祥三先生作品集」鹿島研究所出版会 1969
15） 田中は著書「市街地建築物法に準拠せる鉄筋コンクリート計算論」の序文で、「恩師中村佐野内田の諸博士」の学恩と作図作表を手伝った県建築課の若手職員への謝意を表している。
16） 「建築統計表昭和13年」商工大臣官房統計課1939（昭和14）年　国会図書館 DC のデータによる。
17） 「震災予防調査会第99号報告—大正11年4月26日の地震に由る神奈川県下に於ける被害状況」震災予防調査会（執筆者名　神奈川県警察部）1922（大正11）年　国会図書館 DC（館内）
18） 「震災予防調査会第100号報告（内）下・関東大地震調査報文　建築編　下」1926（大正15）年の p279以降に「嘱託員　田中大作」の名で掲載。
19） 出版の経緯については、次の台湾建築関係者ブログで簡潔に紹介されている。
https://blog.kaishao.idv.tw/?p=131
20） 1-7「市街地建築物法施行の体制とその歴史」の記述のとおり、6大都市の建築監督官には後輩・弟子たちが配されたことは、**口絵3**の集合写真にもうかがえる。水野は最後列の右端に、田中大作から一人おいて写っている。

なお、この集合写真については、1968（昭和43）年に村松貞次郎が内田祥三に対して行った聞き取り記録「内田祥三談話筆記録」で言及されている。「6大都市の建築課長の他、都市計画地方委員会の技師も集めた。第1回の建築監督官会議の時だったと思う？」との内田の回想は、撮影日時（大正9年10月26日）場所（新橋東洋軒）（速水教授のご教示による）と照らしあわせると、なぜ、当時都市計画地方委員会技師であった水野が、建築監督官であった田中とともに会合に同席していたのか納得させる。法施行の時点でも、都市計画との連携が強く意識されていたものであろう。出典は http://www.u-tokyo.ac.jp/content/400005639.pdf

21) 参考文献2 pp.149-150
22) 1921（大正10）年10月19日第15号内務省都市計画課長通牒、1921（大正10）年9月9日保第223号警視庁保安部長通牒。出典は「解説 市街地建築物法 改訂11版」蔵前工務所編工学書院刊 1924（大正13）年 pp.124-125国会図書館デジタルコレクション
23) 建築学会 建築雑誌第576号「関東防空演習見学座談会」pp.243-313 1933.10
24) 建築協会の会員数は「昭和16年版建築年鑑」建築学会1941（昭和16）年の「団体一覧」p165 建築行政協会支部会員数は参考文献1（p.92）による。
25) 建築学会 建築雑誌第646号「昭和13年及び7月の風水害に就て」pp.31-46 1939.1
26) 伊藤紀久子氏所蔵資料
27) 参考文献1 第4章「内藤亮一と建築士法と住宅」pp.201-300
28) 氏家愛治の回想（神奈川県旧建築部等OB会機関誌「銀杏」第4号1987（昭和62）年）。氏家は1927（昭和2）年東京工業専修学校（現東工大附属高校）卒業後、翌年入庁。住宅公団への出向を挟み1963（昭和38）年まで在籍。警察署詰も重ねながら、戦後は建築課長・住宅課長等を歴任した叩上げ職員。
29) 参考文献1 p.232
30) 神奈川県建築士会機関誌 1958（昭和33）年3月宮内初代会長追悼号「峰弥太郎の回想」
31) 神奈川県建築士会機関誌 創刊号 松島俊之「神奈川県建築士会の創立まで」1952
32) データの出典は「横浜市統計書」（第35回〜96回、横浜市立図書館所蔵）、1951（昭和26）年以降の建築確認申請受理件数が、現在に至るまで継続して記載されている。ただし、棟数単位での集計数値のため、実申請件数よりは1割程度大きい。
33) 参考文献3 本編 p.24「建築基準法施行50周年を振り返って」廣瀬良一（元横浜市助役）
34) NPO法人「田村明記念・まちづくり研究会」HP参照。https://www.machi-initiative.com/「研究会開催記録」の第2回「横浜の用途別容積制度の誕生、緩和、廃止、そして今」での内藤惇之（元横浜市建築局長）講演や「研究資料・情報開示」に所収されている内藤論文に詳しい。また「シンポジウム田村明からの

メッセージ」の記録では、蓑原敬・廣瀬良一による関連発言がある。

35) 1951（昭和26）年11月の特定行政庁化を挟んだ、1950（昭和25）年3月31日付県職員録と1952（昭和27）年3月31日付横浜市職員録を突き合わせし移動状況を確認（県立公文書館及び横浜市立図書館所蔵）。

5-3
1) 「伊勢湾台風復旧工事誌 上巻」国土交通省中部地方整備局木曽川下流河川事務所HP防災テキスト「堤防はこわれることもある」p16 http://www.cbr.mlit.go.jp/kisokaryu/bousai_text/data/bousai_text_shidou3.pdf
2) 「伊勢湾台風ライブラリー」名古屋市港防災センターHP https://www.minato-bousai.jp/album/isewan/

5-4
1) 京都市都市計画局都市企画部都市計画課「京都の都市計画」 京都市都市計画局都市企画部都市計画課 2013.3

5-5
1) から27）、30）まで「建築のルール・大阪100年の歩み」大阪府建築士会
1) p.34、2) p.30、31、3) p.21、4) pp.34-40、5) p.51-54、6) p.6、7) p.61、8) p.84、9) p.50、10) p.77、11) p.84、12) p.65、13) p.75、14) p.87、15) p.85、16) p.96、17) p.97、18) p.107、19) p.101、20) p.101、21) p.102、22) p.103、23) p.104、24) p.114、25) p.105、26) p.106、27) p.102、30) p.135
28) 「法令建築事務所」制度案内 大阪府建築士事務所協会
29) 「大阪・工事監理の星」大阪・優良工事監理事務所制度 大阪府建築士事務所協会 写真提供 大阪府

<参考文献>

5-1
1. 東京都総務局「東京都統計年鑑平成28年版」東京都　2018.4
2. 東京都都市整備局「建築統計年報2018年版」東京都　2018.12
3. 東京都首都整備局：新しい東京の用途地域　東京都　1975.3
4. 堀内寧一「都市計画と用途地域制―東京におけるその沿革と展望―」西田書店　1978.10
5. 東京都立大学都市研究センター　総合都市研究第10号　渡辺良雄・武内和彦・中林一樹・小林昭「東京大都市地域の土地利用変化からみた居住地の形成過程と多摩ニュータウン開発」pp.7-28　1980
6. 東京都都市計画局「東京の都市計画百年」東京都　1989.9
7. 東京都建築士事務所協会　コア東京　飯塚正三「建築行政よもやまばなし」1989.10～1989.12
8. 飯塚正三「建築行政のあゆみ」建築行政（審査・指導）研修テキスト pp.19-69　特別区研修所　1990
9. 大河原春雄「都市発展に対応する建築法令―改正の理由とその根拠」東洋書店　1991
10. 岡本養生「東京の都市交通」ぎょうせい　1994
11. 日端康雄「建築空間の容積移転とその活用」容積率研究会　清文社　2002
12. 日本都市計画学会　都市計画論文集 No.40-3　中西正彦・長嵐陽子・中井検裕「東京都における建築協定の失効要因と継続可能性に関する研究」pp.439-444　2005
13. 日本都市計画学会　都市計画論文集 No.42-2　河村茂「高度地区絶対高さ制限導入にあたり事前に留意すべき事項に関する研究―東京都新宿区の事例―」pp.42-47　2007
14. 日本都市計画学会　都市計画論文集 No.42-3　河村茂「高度地区絶対高さ制限導入における制度設計上の課題に関する研究」pp.277-282　2007
15. 土地総合研究所　土地総合研究 16（1）　大澤昭彦「市街地建築物法における絶対高さ制限の成立と変遷に関する考察―用途地域の100尺（31m）規制の設定根拠について―」pp.51-61　2008
16. 宇都宮共和大学論叢第11号　山島哲夫「東京海上ビルと美観論争」2010
17. 大澤昭彦「高層建築物の世界史・講談社現代新書」講談社　2015
18. 東京都「都市づくりのグランドデザイン」2017
19. 東京都 HP　http://www.toshiseibi.metro.tokyo.jp/

5-2
1. 速水清孝「建築家と建築士―法と住宅をめぐる百年」東京大学出版会　2011
2. 東京都立大学　総合都市研究18号　池田孝之「建築線制度に関する研究その6―東京以外における指定建築線運用の実態」1983　http://www.ues.tmu.ac.jp/cus/archives/cn17/pdf/18-09.pdf
3. 建築行政協会神奈川県支部、事務局神奈川県建築指導課「神奈川の建築行政50周年誌」2001
4. 水野源三郎「横浜川崎其の他の都市に於ける建築線の指定に就て」都市公論　16巻6号　1933（昭和8）　国会図書館デジタルコレクション
5. 「市街地建築物法の効果」神奈川県建築協会　1938　神奈川県立図書館所蔵
6. 「建築線に就て―建築線問答」横浜土地情報　3巻4号1931　横浜市立図書館デジタルアーカイブ「都市横浜の記憶」所収　https://www.lib.city.yokohama.lg.jp/Archive/DTRP0320
7. 「昭和4年復興事業功労者調」神奈川県人事課　1929　神奈川県立公文書館所蔵（資料 ID 1199404867）
8. 「昭和19・20年疎開関係書類（除却建築物譲渡関係）」神奈川県臨時疎開課　1944　神奈川県立公文書館所蔵　（資料 ID 1199409393他多数）
9. 「神奈川県職員録」神奈川県、「職員録」大蔵省印刷局　1920-1950　神奈川県立公文書館所蔵及び国会図書館デジタルコレクション
10. 「役員履歴書綴」神奈川県建築士会所蔵1954
11. 佐藤嘉明「大正・昭和初期における神奈川県営繕技術者について」日本建築学会計画系論文集　2005

5-3
1. 「新都市」都市計画協会、2009.7
2. 「1959伊勢湾台風報告書」中央防災会議、災害教訓の継承に関する専門調査会、2008.3
3. 武藤康正「建築確認申請【条文改正経過】スーパーチェックシート」エクスナレッジ

5-4
1. 京都府建築士会　京都府建築士会会報　藤内久登「京都府建築行政小史」1960
2. 日本建築学会計画系論文集第76巻第666号　川口朋子「戦時下建物疎開の執行目的と経過の変容　―京都の疎開事業に関する考察―」pp.1505-1515　2011.8
3. 京都市住宅局建築指導部「建築行政30年のあゆみ」1987.3
4. 京都市都市計画局建築指導部建築指導課「京都市建築行政50年のあゆみ」2009.9
5. 京都市都市計画局都市景観部景観政策課「京（みやこ）の景観ガイドライン建築物の高さ編」2013.3
6. 都市計画協会　新都市 Vol.72　NO.8京都市都市計画局都市企画部都市計画課「京都市の都市計画史」2018
7. 京都市都市計画局都市景観部景観政策課「京都の景観」2014.3
8. 地域計画建築研究所（アルパック）　アルパックプラネット12　望月秀祐「京都市における都市計画制度の変遷」2005.1
9. 土地住宅問題研究センター　土地総合研究2010年夏号　大澤昭彦「京都市における高度地区を用いた絶対高さ制限の変遷～1970～年当初決定から2007年新景観政策による高さ規制の再構築まで～」2010
10. 伊藤之雄「「大京都」の誕生　都市改造と公共性の時代1895～1931年」ミネルヴァ書房　2018

11. 京都市建築物安心安全実施計画推進会議「あん
    あん通信」VOL 1 (2011.10)～6 (2017.3)
12. 京都日出新聞　1922年6月8日～11日（木屋町
    通拡幅）
13. 京都新聞　1985年5月9日（マンション紛争）
14. 京都新聞　1988年4月1日（総合設計制度取扱
    要領制定）
15. 京都新聞　1990年4月26日（60m ホテル計画公
    表）
16. 地域計画建築研究所（アルパック）　アルパック
    プラネット12　大西　國太郎「20世紀後半の京
    都市景観行政—昭和40年代を中心に—」2005.1
17. 京都市都市計画局都市企画部都市計画課「京都
    市都市計画マスタープラン」 2012.3

参考資料

DVD目次

執筆者一覧

索引

　市街地建築物法は大正8年制定公布され、その後昭和9年、13年、22年の3回の改正が行われた。ここでは条文毎にそれぞれの改正の年、改正の項目と改正後の条文を掲げ、改正の経過を追えるようにした。また、同法について各条の内容と改正の内容を1-4表(p.69)に掲げた。

　なお、条文は当時の旧仮名遣い、片仮名書きによる原文のままとし、字体も可能な範囲で旧字体のままとした。(大正時代の条文では濁点を用いないのもそのままとした。)また、当時は条文に項番号を付けなかったが、参照の便のため2項以上ある条文には丸数字による項番号を付した。

市街地建築物法　大正八年　法律第三十七號

第一條　主務大臣ハ本法ヲ適用スル區域内ニ住居地域、商業地域又ハ工業地域ヲ指定スルコトヲ得

第二條　①建築物ニシテ住居ノ安寧ヲ害スル虞アル用途ニ供スルモノハ住居地域内ニ之ヲ建築スルコトヲ得ス

(昭和十三年法律第二十九號により第二項追加)

②主務大臣必要ト認ムルトキハ住居地域内ニ住居専用地區ヲ指定シ其ノ地區内ニ於ケル住宅以外ノ建築物ノ建築ノ禁止又ハ制限ニ關シ必要ナル規定ヲ設クルコトヲ得

第三條　建築物ニシテ商業ノ利便ヲ害スル虞アル用途ニ供スルモノハ商業地域内ニ之ヲ建築スルコトヲ得ス

第四條　①工場、倉庫其ノ他之ニ準スヘキ建築物ニシテ規模大ナルモノ又ハ衛生上有害若ハ保安上危険ノ虞アル用途ニ供スルモノハ工業地域内ニ非サレハ之ヲ建築スルコトヲ得ス

②主務大臣必要ト認ムルトキハ前項ノ建築物ニシテ著シク衛生上有害又ハ保安上危険ノ虞アル用途ニ供スルモノニ付テハ工業地域内ニ於テ其ノ建築ニ付特別地區ヲ指定スルコトヲ得

(昭和十三年法律第二十九號)により第三項追加)

③主務大臣必要ト認ムルトキハ工業地域内ニ工業専用地區ヲ指定シ其ノ地區内ニ於ケル工場、倉庫其ノ他之ニ準ズベキモノ以外ノ建築物ノ禁止又ハ制限ニ關シ必要ナル規定ヲ設クルコトヲ得

第五條　前三條ニ規定スル建築物ノ種類ハ勅令ヲ以テ之ヲ定ム

(昭和十三年法律第二十九號により改正)

第五條　第二條第一項、第三條及前條第一項ニ規定スル建築物ノ種類ハ勅令ヲ以テ之ヲ定ム

第六条　前四條ノ規定ノ適用ニ付テハ新ニ建築物ノ用途ヲ定メ又ハ建築物ヲ他ノ用途ニ供スルトキハ其ノ用途ニ供スル建築物ヲ建築スルモノト看做ス

第七條　道路敷地ノ境界線ヲ以テ建築線トス但シ特別ノ事由アルトキハ行政官廳ハ別ニ建築線ヲ指定スルコトヲ得

(昭和九年法律第四十六號により改正)

第七條　道路幅ノ境界線ヲ以テ建築線トス但シ特別ノ事由アルトキハ行政官廳ハ別ニ建築線ヲ指定スルコトヲ得

第八條　建築物ノ敷地ハ建築線ニ接セシムルコトヲ要ス但シ特別ノ事由アル場合ニ於テ行政官廳ノ許可ヲ受ケタルトキハ此ノ限ニ在ラス

(昭和九年法律第四十六號により改正)

第八條　建築物ハ其ノ敷地ガ命令ノ定ムル所ニ依リ道路敷地ニ接スルニ非ザレバ之ヲ建築スルコトヲ得ズ但シ特別ノ事由アル場合ニ於テ行

政官廳ノ許可ヲ受ケタルトキハ此ノ限ニ在ラズ

第九條 建築物ハ建築線ヨリ突出セシムルコトヲ得ス但シ建築線カ道路幅ノ境界線ヨリ後退シテ指定セラレタルモノナルトキハ命令ノ定ムル所ニ依リ建築物ノ前面突出部又ハ基礎ハ道路幅ノ境界線ヲ超エサル範圍内ニ於テ建築線ヨリ之ヲ突出セシムルコトヲ得

(昭和九年法律第四十六號により改正)

第九條 建築物ハ建築線ヨリ突出シテ之ヲ建築スルコトヲ得ズ但シ建築物ノ地盤面下ニ在ル部分ハ此ノ限ニ在ラズ

第十條 行政官廳ハ市街ノ體裁上必要ト認ムルトキハ建築線ニ面シテ建築スル建築物ノ壁面ノ位置ヲ指定スルコトヲ得

(昭和九年法律第四十六號により改正)

第十條 行政官廳ハ市街ノ計畫上必要ト認ムルトキハ建築線ニ面シテ建築スル建築物ノ壁面ノ位置ヲ指定スルコトヲ得

第十一條 ①建築物ヲ建築スル場合ニ於ケル其ノ高又ハ其ノ敷地内ニ存セシムヘキ空地ニ關シテハ地方ノ状況、地域及地區ノ種別、土地ノ情態、建築物ノ構造、前面道路ノ幅員等ヲ參酌シ勅令ヲ以テ必要ナル規定ヲ設クルコトヲ得

(昭和十三年法律第二十九號により第二項追加)

②主務大臣必要ト認ムルトキハ高度地區ヲ指定シ其ノ地區内ニ於ケル建築物ニ付高ノ最低限度若ハ最高限度ヲ定メ又ハ空地地區ヲ指定シ其ノ地區内ニ於ケル建築物ニ付床面積ノ敷地面積ニ對スル割合及敷地ノ疆界線ヨリノ距離ノ限度ヲ定ムルコトヲ得

第十二條 主務大臣ハ建築物ノ構造、設備又ハ敷地ニ關シ衛生上又ハ保安上必要ナル規定ヲ設

クルコトヲ得

(昭和十三年法律第二十九號により改正)

第十二條 主務大臣ハ建築物ノ構造、設備又ハ敷地ニ關シ衛生上、保安上又ハ防空上必要ナル規定ヲ設クルコトヲ得

第十三條 ①主務大臣ハ火災豫防上必要ト認ムルトキハ防火地區ヲ指定シ其ノ地區内ニ於ケル防火設備又ハ建築物ノ防火構造ニ關シ必要ナル規定ヲ設クルコトヲ得

②防火地區内ニ於テハ建物ノ部分ヲ爲ス防火壁ハ土地ノ疆界線ニ接シ之ヲ設クルコトヲ得

第十四條 主務大臣ハ學校、集會場、劇場、旅館、工場、倉庫、病院、市場、屠場、火葬場其ノ他命令ヲ以テ指定スル特殊建築物ノ位置、構造、設備又ハ敷地ニ關シ必要ナル規定ヲ設クルコトヲ得

第十五條 主務大臣ハ美觀地區ヲ指定シ其ノ地區内ニ於ケル建築物ノ構造、設備又ハ敷地ニ關シ美觀上必要ナル規定ヲ設クルコトヲ得

第十六條 主務大臣ハ建築物ノ工事執行ニ關シ必要ナル規定ヲ設クルコトヲ得

第十七條 行政官廳ハ建築物左ノ各號ノ一ニ該當スル場合ニ於テハ其ノ除却、改築、修繕、使用禁止、使用停止其ノ他ノ必要ナル措置ヲ命スルコトヲ得

一 保安上危險ト認ムルトキ

二 衛生上有害ト認ムルトキ

三 本法又ハ本法ニ基キテ發スル命令ニ違反シテ建築物ヲ建築シタルトキ

第十八條 ①本法適用區域ノ設定若ハ變更、地域若ハ地區ノ指定若ハ變更其ノ他ノ場合ニ於テ

従来存在スル建築物カ其ノ後新ニ建築セラレタリトセハ本法又ハ本法ニ基キテ發スル命令ニ違反スヘキモノナルトキハ行政官廳ハ相當ノ期間ヲ指定シ其ノ建築物ニ付前條ニ掲クル必要ナル措置ヲ命スルコトヲ得

②前項ノ規定ニ依ル措置ヲ命スルトキハ勅令ノ定ムル所ニ依リ建築物所在地ノ公共團體ヲシテ損失ヲ補償セシム

③前項ノ規定ニ依リ補償ヲ受クヘキ者補償金額ニ付不服アルトキハ其ノ金額決定ノ通知ヲ受ケタル日ヨリ三月内ニ通常裁判所ニ出訴スルコトヲ得此ノ場合ニ於テハ訴願シ又ハ行政裁判所ニ出訴スルコトヲ得ス

第十九條 建築主、建築工事請負人、建築工事管理者又ハ建築物ノ所有者若ハ占有者本法若ハ本法ニ基キテ發スル命令又ハ之ニ基キテ爲ス處分ニ違反シタルトキハ二千圓以下ノ罰金又ハ科料ニ處ス

第二十條 ①前條ノ規定ハ前條ニ掲クル者未成年者又ハ禁治産者ナルトキハ其ノ法定代理人ニ之ヲ適用ス但シ營業ニ關シ成年者ト同一ノ能力ヲ有スル未成年者其ノ營業ニ關シ前條ニ規定スル違反ヲ爲シタルトキハ此ノ限ニ在ラス

②前條ニ掲クル者ハ其ノ代理人、戸主、家族、同居者、雇人其ノ他ノ從業者其ノ營業ニ關シ前條ニ規定スル違反ヲ爲シタルトキハ自己ノ指揮ニ出テサルノ故ヲ以テ處罰ヲ免ルルコトヲ得ス

③前條ニ掲クル者法人ナルトキハ明治三十三年法律第五十二號ヲ準用ス

（昭和二十二年法律第二百二十三号「民法の改正に伴う関係法律の整理に関する法律」により第二項改正）

②前條ニ掲クル者ハ其ノ代理人、同居者、雇人其ノ他ノ從業者其ノ營業ニ關シ前條ニ規定スル

違反ヲ爲シタルトキハ自己ノ指揮ニ出テサルノ故ヲ以テ處罰ヲ免ルルコトヲ得ス

第二十一條 ①本法又ハ本法ニ基キテ發スル命令ニ規定シタル事項ニ付行政官廳ノ爲シタル處分ニ不服アル者ハ訴願スルコトヲ得

②本法ニ依リ行政裁判所ニ出訴スルコトヲ得ル場合ニ於テハ主務大臣ニ訴願スルコトヲ得ス

第二十二條 本法又ハ本法ニ基キテ發スル命令ニ規定シタル事項ニ付行政官廳ノ爲シタル違法處分ニ因リ權利ヲ毀損セラレタリトスル者ハ行政裁判所ニ出訴スルコトヲ得

第二十三條 ①本法適用ノ區域ハ勅令ヲ以テ指定スル市、區其ノ他ノ市街地トス

②特別ノ必要アル場合ニ於テハ勅令ヲ以テ其ノ定ムル所ニ依リ前項ノ市街地ノ外ニ亙リ本法適用ノ區域ヲ定ムルコトヲ得

（昭和九年法律第四十六號により第一項、第二項改正）

第二十三條 ①本法適用ノ區域ハ主務大臣ノ指定スル市街地トス

②特別ノ必要アル場合ニ於テハ主務大臣ハ前項ノ市街地ノ外ニ亙リ本法適用ノ區域ヲ指定スルコトヲ得

第二十四條 本法ハ勅令ノ定ムル所ニ依リ建築工事中ノ建築物、建築工事ニ着手セサルモ設計アル建築物又ハ建築物ニ非サル工作物ニ之ヲ準用スルコトヲ得

第二十五條 本法ノ全部又ハ一部ノ適用ヲ必要トセサル建築物ハ勅令ヲ以テ之ヲ定ム

第二十六條 ①本法ニ於テ道路ト稱スルハ幅員九尺以上ノモノヲ謂フ

②道路ノ新設又ハ變更ノ計畫アルトキハ勅令ノ定ムル所ニ依リ其ノ計畫ノ道路ハ之ヲ道路ト看做ス

（昭和十三年法律第二十九號により第一項、第二項改正）

第二十六條 ①本法ニ於テ道路ト稱スルハ幅員四メートル以上ノモノヲ謂フ

②幅員四メートル未満二・七メートル以上ノ道路及道路ノ新設又ハ變更ノ計畫アル場合ニ於ケル其ノ計畫ノ道路ハ勅令ノ定ムル所ニ依リ之ヲ道路ト看做ス

　　附則

本令施行ノ期日ハ勅令ヲ以テ之ヲ定ム

　（大正九年十一月十七日勅令第五百三十九號により大正九年十二月一日施行）

（昭和九年法律第四十六號）

　　附則

①本法施行ノ期日ハ勅令ヲ以テ之ヲ定ム

②從前ノ第二十三條ノ規定ニ基キ指定セラレタル區域ハ同條ノ改正規定ニ依リ指定セラレタルモノト看做ス

　（昭和九年十二月二十二日勅令第三百三十九號により昭和十年二月一日施行）

（昭和十三年法律第二十九號）

　　附則

①本法施行ノ期日ハ勅令ヲ以テ之ヲ定ム

②本法施行前市街地建築物法施行令第十一條ノ規定ニ依リ指定シタル區域及其ノ區域内ニ於ケル建築物ニ付定メタル高ノ最低限度ハ各之ヲ本法第十一條第二項ノ規定ニ依リ指定シタル高度地區及其ノ地區内ニ於ケル建築物ニ付定メタル高ノ最低限度ト看做ス

　（昭和十四年一月七日勅令第十号により昭和十四年二月一日より施行）

（昭和二十二年法律第二百二十三号「民法の改正に伴う関係法律の整理に関する法律」）

　　附則

第二十九條　この法律は、昭和二十三年一月一日から、これを施行する。

市街地建築物法施行令　大正九年勅令第四百三十八號

（参照の便宜のため項番号を補った。）

第一條　建築物左ノ各號ノ一ニ該當スルトキハ住居地域内ニ之ヲ建築スルコトヲ得ス

一　常時十五人以上ノ職工ヲ使用スル工場、常時使用スル原動機馬力數ノ合計二ヲ超過スル工場又ハ汽罐ヲ使用スル工場但シ行政官廳住居ノ安寧ヲ害スル虞ナシト認ムルモノ又ハ公益上已ムヲ得スト認ムルモノハ此ノ限ニ在ラス

二　五臺以上ノ自動車ヲ常時収容スル車庫

三　劇場、活動寫眞館、寄席又ハ觀物場

四　待合又ハ貸座敷

五　倉庫業ヲ營ム倉庫

六　火葬場

七　屠場

八　塵埃焼却場

九　前各號ニ掲クルモノヲ除クノ外行政官廳住居ノ安寧ヲ害スル虞アリト認メ命令ヲ以テ指定スルモノ

（昭和六年勅令第二百九十四號により改正）

第一條　建築物左ノ各號ノ一ニ該當スルトキハ住居地域内ニ之ヲ建築スルコトヲ得ズ但シ第一號乃至第四號ニ該当スル建築物ニシテ行政官廳住居ノ安寧ヲ害スル虞ナシト認ムルモノ又ハ公益上已ムヲ得ズト認ムルモノハ此ノ限ニ在ラズ

一　常時使用スル原動機馬力数ノ合計三ヲ超過スル工場

二　左ニ掲グル事業ヲ營ム工場

イ　玩具用普通火工品ノ製造

ロ　「アセチレンガス」ヲ用フル金屬ノ工作

（單ニ修繕スルモノヲ除ク）

ハ　「ドライクリーニング」（單ニ拂拭スルモノヲ除ク）又ハ「ドライダイング」

ニ　「セルロイド」ノ加熱加工又ハ鋸機ヲ用フル加工

ホ　塗料ノ吹付

ヘ　亞硫酸「ガス」ヲ用フル物品ノ漂白

ト　骨炭其他動物質炭ノ製造

チ　羽又ハ毛ノ洗滌、染色又ハ漂白

リ　襤褸、屑綿、屑紙、屑絲、屑毛ノ類ノ消毒、選別、洗滌又ハ漂白

ヌ　製綿、古綿ノ再製、起毛、反毛又ハ「フェルト」ノ製造ニシテ原動機ヲ用フルモノ

ル　骨、角、牙、蹄、貝殼ノ挽割若ハ乾燥研磨又ハ金屬ノ乾燥研磨ニシテ原動機ヲ用フルモノ

ヲ　鑛物、岩石、土砂、硫黄、金屬、硝子、煉瓦、陶磁器、骨又ハ貝殼ノ粉碎ニシテ原動機ヲ用フルモノ

ワ　墨、懷爐灰又ハ煉炭ノ製造

カ　煉瓦、土器類、陶磁器、人造砥石又ハ坩堝ノ製造

ヨ　硝子製造又ハ砂吹

タ　動力槌ヲ用フル鍛冶

三　室面積ノ合計五十平方メートルヲ超過スル自動車ノ車庫

四　劇場、活動寫眞館、演藝場又ハ觀物場

五　待合又ハ貸座敷

六　倉庫業ヲ營ム倉庫

七　火葬場又ハ産穢物處理場

八　屠場又ハ死畜處理場

九　塵芥又ハ汚物ノ處理場

十　前各號ニ掲グルモノヲ除クノ外行政官廳住居ノ安寧ヲ害スル虞アリト認メ命令ヲ以テ指定スルモノ

　　二　左ニ掲グル事業ヲ營ム工場
　　　イ　玩具用普通火工品ノ製造
　　　ロ　「アセチレンガス」ヲ用フル金屬ノ工作
　　　　（溶解「アセチレンガス」ヲ用フルモノヲ
　　　　除ク）
　　　ハ　引火性溶劑ヲ用フル「ドライクリーニン
　　　　グ」又ハ「ドライダイング」
　　　ニ　「セルロイド」ノ加熱加工又ハ鋸機ヲ用
　　　　フル加工
　　　ホ　印刷用「インキ」又ハ繪具ノ製造
　　　ヘ　塗料ノ吹付
　　　ト　亞硫酸「ガス」ヲ用フル物品ノ漂白
　　　チ　骨炭其ノ他動物質炭ノ製造
　　　リ　羽又ハ毛ノ洗滌、染色又ハ漂白
　　　ヌ　襤褸、屑綿、屑紙、屑絲、屑毛ノ類ノ
　　　　消毒、選別、洗滌又ハ漂白
　　　ル　製綿、古綿ノ再製、起毛、反毛又ハ
　　　　「フェルト」ノ製造ニシテ原動機ヲ用フル
　　　　モノ
　　　ヲ　骨、角、牙、蹄、貝殼ノ挽割若ハ乾燥
　　　　研磨又ハ金屬ノ乾燥研磨ニシテ原動機ヲ
　　　　用フルモノ
　　　ワ　鑛物、岩石、土砂、硫黄、金屬、硝子、
　　　　煉瓦、陶磁器、骨又ハ貝殼ノ粉碎ニシテ
　　　　原動機ヲ用フルモノ
　　　カ　墨、懷爐灰又ハ煉炭ノ製造
　　　ヨ　活字又ハ金屬工藝品ノ鑄造
　　　タ　瓦、煉瓦、土器類、陶磁器、人造砥石、
　　　　坩堝又ハ琺瑯鐵器ノ製造
　　　レ　硝子ノ製造又ハ砂吹
　　　ソ　動力槌ヲ用フル鍛冶

第二條　建築物左ノ各號ノ一ニ該當スルトキハ商
業地域内ニ之ヲ建築スルコトヲ得ス
　　一　常時五十人以上ノ職工ヲ使用スル工場又
　　　ハ常時使用スル原動機馬力數ノ合計十ヲ超

過スル工場但シ日刊新聞印刷所及行政官廳
　　　商業ノ利便ヲ害スル虞ナシト認ムルモノ又
　　　ハ公益上已ムヲ得スト認ムルモノハ此ノ限
　　　ニ在ラス
　　二　前條第六號乃至第八號ニ該當スルモノ
　　三　前各號ニ掲クルモノヲ除クノ外行政官廳
　　　商業ノ利便ヲ害スル虞アリト認メ命令ヲ以
　　　テ指定スルモノ

第二條　建築物左ノ各號ノ一ニ該當スルトキハ商
業地域内ニ之ヲ建築スルコトヲ得ズ但シ第一
號又ハ第二號ニ該當スル建築物ニシテ行政官
廳商業ノ利便ヲ害スル虞ナシト認ムルモノ又
ハ公益上已ムヲ得ズト認ムルモノハ此ノ限ニ
在ラズ
　　一　常時使用スル原動機馬力數ノ合計十五ヲ
　　　超過スル工場但シ日刊新聞印刷所ヲ除ク
　　二　前條第二號ニ該當スルモノ
　　三　前條第七號乃至第九號ニ該當スルモノ
　　四　前各號ニ掲グルモノヲ除クノ外行政官廳
　　　商業ノ利便ヲ害スル虞アリト認メ命令ヲ以
　　　テ指定スルモノ

　　二　前條第二號ニ該當スルモノ但シ左ノ各號
　　　ノ一ニ該當スル事業ヲ營ムモノヲ除ク
　　　イ　容量三十リットル以下ノ「アセチレンガ
　　　　ス」發生器ヲ用フル金屬ノ工作
　　　ロ　馬力數ノ合計〇・二五以下ノ原動機ヲ
　　　　用フル塗料ノ吹付
　　　ハ　原動機ヲ使用スル二臺以下ノ研磨機ニ
　　　　依ル金屬ノ乾燥研磨

第三條　建築物左ノ各號ノ一ニ該當スルトキハ工
業地域内ニ非サレハ之ヲ建築スルコトヲ得ス
　　一　常時百人以上ノ職工ヲ使用スル工場又ハ

常時使用スル原動機馬力數ノ合計三十ヲ超過スル工場但シ第一條第一號但書又ハ前條第一號但書ニ該當スルモノハ此ノ限ニ在ラス

二　左ニ掲クル事業ヲ營ム工場但シ行政官廳衛生上有害ノ又ハ保安上危險ノ虞ナシト認ムルモノハ此ノ限ニ在ラス

イ　銃砲火藥類取締法ノ火藥類ノ製造

ロ　鹽素酸鹽類、過鹽素酸鹽類、「ピクリン」酸、「ピクリン」酸鹽類、黄燐、赤燐、硫化燐、「カリウム」、「ナトリウム」、「マグネシウム」、過酸化水素、過酸化「カリウム」、過酸化「ナトリウム」、過酸化「バリウム」、硫化炭素、「エーテル」、「コロヂウム」、「アルコホール」、木精、「アセトン」、「ベンゾール」、「キシロール」、「トルオール」、「テレビン」油、硝化繊維素、「セルロイド」、石油類其ノ他之ニ類スル引火性又ハ發火性物品ノ製造

ハ　硫黄、沃度、「ブローム」、四鹽化炭素、鹽化硫黄、鹽酸、硫酸、硝酸、燐酸、弗化水素、醋酸、無水醋酸、石炭酸、安息香酸、苛性加里、苛性曹達、「アムモニア」水、炭酸加里、炭酸曹達、「クロール」石灰、次硝酸蒼鉛、「チアン」化合物、砒素化合物、「バリウム」化合物、水銀化合物、鉛化合物、銅化合物、亜硫酸鹽類、「フォルマリン」、「クロロホルム」、「イヒチオール」、「ズルフォナール」、「グリセリン」、「アンチフェブリン」、「アスピリン」、「クレオソート」、「グアヤコール」等其ノ製造ニ際シ有臭又ハ有害ノ瓦斯又ハ廢液ヲ生スル物品ノ製造

ニ　水銀ヲ用キル計器ノ製造

ホ　燐寸ノ製造

ヘ　金屬ノ熔融又ハ精煉

ト　乾燥油又ハ溶劑ヲ用キル擬革紙布又ハ防水紙布ノ製造

チ　肥料ノ製造

リ　動物質原料ノ化製

ヌ　製革又ハ毛皮ノ精製

ル　骨、角又ハ貝殼ノ乾燥研磨

ヲ　製油又ハ製蠟

ワ　染料、顔料又ハ塗料ノ製造

カ　煉瓦又ハ坩堝ノ製造

ヨ　「アスファルト」ノ製造

タ　「セメント」、石膏、石灰、煆製石灰、炭化石灰又ハ石灰窒素ノ製造

レ　古綿又ハ襤褸類ノ精製

ソ　礦石類、黒鉛、硝子、煉瓦、陶磁器等ノ粉碎

ツ　石炭瓦斯又ハ壓縮瓦斯ノ製造

ネ　「コークス」ノ製造

ナ　石炭「タール」、木「タール」、石油蒸餾産物又ハ其ノ残渣ヲ原料トスル製造

ラ　石鹸ノ製造

ム　製紙

ウ　溶劑ヲ用キル護謨製品ノ製造

キ　鋼釘又ハ鋼球ノ製造

ノ　汽罐ノ製造

オ　金屬ノ壓延又ハ伸線

ク　炭素製品ノ製造

三　前號ニ掲クルモノヲ除クノ外行政官廳衛生上有害ノ又ハ保安上危險ノ虞アリト認メ命令ヲ以テ指定スル事業ヲ營ム工場

四　第二號イ、ロ、ホ、リ及レノ物品ノ貯藏又ハ處理ニ供スルモノ但シ行政官廳衛生上有害ノ又ハ保安上危險ノ虞ナシト認ムルモノハ此ノ限ニ在ラス

五　前號ニ掲クルモノヲ除クノ外行政官廳衛生上有害ノ又ハ保安上危險ノ虞アリト認メ命令ヲ以テ指定スル物品ノ貯藏又ハ處理ニ供スルモノ

（昭和六年勅令第二百九十四號により改正）

第三條 建築物左ノ各號ノ一ニ該當スルトキハ工業地域内ニ非ザレバ之ヲ建築スルコトヲ得ズ但シ第一號、第二號又ハ第四號ニ該當スル建築物ニシテ行政官廳衛生上有害ノ若ハ保安上危險ノ虞ナシト認ムルモノ又ハ公益上已ムヲ得ズト認ムルモノハ此ノ限リニ在ラズ

一　常時使用スル原動機馬力數ノ合計五十ヲ超過スル工場但シ日刊新聞印刷所ヲ除ク

二　左ニ掲グル事業ヲ營ム工場

　イ　銃砲火藥類取締法ノ火藥類ノ製造

　ロ　鹽素酸鹽類、過鹽素酸鹽類、硝酸鹽類、黄燐、赤燐、硫化燐、金屬「カリウム」、金屬「ナトリウム」、「マグネシウム」、過酸化水素水、過酸化「カリ」、過酸化「ソーダ」、過酸化「バリウム」、二硫化炭素、「メタノール」、「アルコール」、「エーテル」、「アセトン」、錯酸「エステル」類、「ニトロセルロース」、「ベンゾール」、「トルオール」、「キシロール」、「ピクリン」酸、「ピクリン」酸鹽類、「テレビン」油又ハ石油類ノ製造

　ハ　燐寸ノ製造

　ニ　「セルロイド」ノ製造

　ホ　「ニトロセルロース」製品ノ製造

　ヘ　「ビスコース」製品ノ製造

　ト　合成染料若ハ其ノ中間物、顏料、塗料（漆ヲ除ク）、印刷用「インキ」又ハ繪具ノ製造

　チ　溶劑ヲ用フル「ゴム」製品又ハ芳香油ノ製造

　リ　乾燥油又ハ溶劑ヲ用フル擬革紙布又ハ防水紙布ノ製造

　ヌ　溶劑ヲ用フル塗料ノ加熱乾燥又ハ燒付

　ル　石炭「ガス」類又ハ「コークス」ノ製造

　ヲ　壓縮「ガス」又ハ液體「ガス」ノ製造

　ワ　鹽素、「ブロム」、「ヨード」、硫黄、鹽化硫黄、弗化水素酸、鹽酸、硝酸、硫酸、燐酸、苛性「カリ」、苛性「ソーダ」、「アンモニア」水、炭酸「カリ」、洗濯「ソーダ」、「ソーダ」灰、晒粉、次硝酸蒼鉛、亞硫酸鹽類、「チオ」硫酸鹽類、砒素化合物、「バリウム」化合物、鉛化合物、銅化合物、水銀化合物、「シアン」化合物、「クロロホルム」、四鹽化炭素、「ホルマリン」、「ズルホナール」、「グリセリン」、「イヒチオールスルホン」酸、「アンモン」、錯酸、石炭酸、安息香酸、「タンニン」酸、「アセトアニリド」、「アスピリン」又ハ「グアヤコール」ノ製造

　カ　蛋白質ノ加水分解ニ依ル製品ノ製造

　ヨ　油脂ノ採取又ハ加熱加工

　タ　石鹼、「ファクチス」又ハ「ベークライト」ノ製造

　レ　肥料ノ製造

　ソ　製紙

　ツ　製革、製膠又ハ毛皮若ハ骨ノ精製

　ネ　「アスファルト」ノ精製

　ナ　「アスファルト」、「コールタール」、木「タール」、石油蒸溜産物又ハ其ノ殘渣ヲ原料トスル製造

　ラ　「セメント」、石膏、消石灰、生石灰又ハ「カーバイド」ノ製造

　ム　金屬ノ溶融又ハ精錬

　ウ　電氣用「カーボン」ノ製造

　ヰ　金屬厚板又ハ形鋼ノ工作ニシテ鋲打又ハ塡隙作業ヲ伴フモノ

　ノ　鐵釘類又ハ鋼球ノ製造

　オ　伸線、伸管又ハ「ロール」ヲ用フル金屬ノ壓延

三　前號ニ掲グルモノヲ除クノ外行政官廳衛生上有害ノ又ハ保安上危險ノ虞アリト認メ命令ヲ以テ指定スル事業ヲ營ム工場

四　第二號イ、ロ、ハ、ニ及ヲノ物品、可燃

性「ガス」又ハ「カーバイド」ノ貯藏又ハ處理ニ供スルモノ

五　前號ニ掲グルモノヲ除クノ外行政官廳衛生上有害ノ又ハ保安上危險ノ虞アリト認メ命令ヲ以テ指定スル物品ノ貯藏又ハ處理ニ供スルモノ

（昭和十四年勅令第十一號により第一號但し書き、第二號ト、ヲ、ム改正）

一　常時使用スル原動機馬力數ノ合計五十ヲ超過スル工場但シ印刷工場、精密機器製作工場、製氷工場及冷凍工場ヲ除ク

二　左ニ掲グル事業ヲ營ム工場

イ　銃砲火藥類取締法ノ火藥類ノ製造

ロ　鹽素酸鹽類、過鹽素酸鹽類、硝酸鹽類、黄燐、赤燐、硫化燐、金屬「カリウム」、金屬「ナトリウム」、「マグネシウム」、過酸化水素水、過酸化「カリ」、過酸化「ソーダ」、過酸化「バリウム」、二硫化炭素、「メタノール」、「アルコール」、「エーテル」、「アセトン」、錯酸「エステル」類、「ニトロセルロース」、「ベンゾール」、「トルオール」、「キシロール」、「ピクリン」酸、「ピクリン」酸鹽類、「テレビン」油又ハ石油類ノ製造

ハ　燐寸ノ製造

ニ　「セルロイド」ノ製造

ホ　「ニトロセルロース」製品ノ製造

ヘ　「ビスコース」製品ノ製造

ト　合成染料若ハ其ノ中間物、顔料又ハ塗料ノ製造（漆又ハ水性塗料ノ製造ヲ除ク）

チ　溶剤ヲ用フル「ゴム」製品又ハ芳香油ノ製造

リ　乾燥油又ハ溶剤ヲ用フル擬革紙布又ハ防水紙布ノ製造

ヌ　溶剤ヲ用フル塗料ノ加熱乾燥又ハ燒付

ル　石炭「ガス」類又ハ「コークス」ノ製造

ヲ　壓縮「ガス」又ハ液體「ガス」ノ製造（製氷又ハ冷凍ヲ目的トスルモノヲ除ク）

ワ　鹽素、「ブロム」、「ヨード」、硫黄、鹽化硫黄、弗化水素酸、鹽酸、硝酸、硫酸、燐酸、苛性「カリ」、苛性「ソーダ」、「アンモニア」水、炭酸「カリ」、洗濯「ソーダ」、「ソーダ」灰、晒粉、次硝酸蒼鉛、亞硫酸鹽類、「チオ」硫酸鹽類、砒素化合物、「バリウム」化合物、鉛化合物、銅化合物、水銀化合物、「シアン」化合物、「クロロホルム」、四鹽化炭素、「ホルマリン」、「ズルホナール」、「グリセリン」、「イヒチオールスルホン」酸、「アンモン」、錯酸、石炭酸、安息香酸、「タンニン」酸、「アセトアニリド」、「アスピリン」又ハ「グアヤコール」ノ製造

カ　蛋白質ノ加水分解ニ依ル製品ノ製造

ヨ　油脂ノ採取又ハ加熱加工

タ　石鹼、「ファクチス」又ハ「ベークライト」ノ製造

レ　肥料ノ製造

ソ　製紙

ツ　製革、製膠又ハ毛皮若ハ骨ノ精製

ネ　「アスファルト」ノ精製

ナ　「アスファルト」、「コールタール」、木「タール」、石油蒸溜産物又ハ其ノ残渣ヲ原料トスル製造

ラ　「セメント」、石膏、消石灰、生石灰又ハ「カーバイド」ノ製造

ム　金屬ノ溶融又ハ精錬（活字又ハ金屬工藝品ノ製造ヲ目的トスルモノヲ除ク）

ウ　電氣用「カーボン」ノ製造

ヰ　金屬厚板又ハ形鋼ノ工作ニシテ鋲打又ハ填隙作業ヲ伴フモノ

ノ　鐵釘類又ハ鋼球ノ製造

オ　伸線、伸管又ハ「ロール」ヲ用フル金屬ノ壓延

（大正十二年勅令第三百九十五號により追加）

第三條ノ二　①地域又ハ工業地域内特別地區ノ指定又ハ變更ノ際現ニ存在スル建築物ニシテ前三條ノ規定ニ依リ現在地ニ建築スルコトヲ得サル種類ニ屬スルモノハ其ノ指定又ハ變更ノ日ヨリ十年間ヲ限リ行政官廳ノ許可ヲ受ケ左記各號ニ規定スル制限内ニ於テ增築、改築又ハ用途ノ變更ヲ爲スコトヲ妨ケス

　一　地域又ハ地區ノ指定又ハ變更ノ際現ニ存在スル建築物ノ敷地ヲ超エテ增築又ハ改築セサルコト

　二　建築物ノ增築又ハ改築ニ因リ增加スヘキ建築面積ハ地域又ハ地區ノ指定又ハ變更ノ際現ニ存在スル建築物ノ建築面積ノ二分ノ一ヲ超過セサルコト

　三　建築物ノ增築又ハ改築ニ因リ增加スヘキ床面積ハ地域又ハ地區ノ指定又ハ變更ノ際現ニ存在スル建築物ノ床面積ヲ超過セサルコト

②第二十六條ノ規定ニ依リ建築ノ許可ヲ受ケタル建築物ハ前項ノ規定ノ適用ニ付テハ之ヲ地域又ハ地區ノ指定又ハ變更ノ際現ニ存在スル建築物ト看做ス

（昭和六年勅令第二百九十四號により改正）

第三條ノ二　①前三條ノ規定又ハ市街地建築物法第四條第二項ノ規定ニ依リ現在地ニ建築スルコトヲ得ザル種類ニ屬スル建築物ハ現在地ニ建築スルコトヲ得ザルニ至リタル日ヨリ十年間ヲ限リ行政官廳ノ許可ヲ受ケ左記各號ニ規定スル制限内ニ於テ增築、改築、再築又ハ用途ノ變更ヲ爲スコトヲ妨ゲズ

　一　現在地ニ建築スルコトヲ得ザルニ至リタル際現ニ存在スル建築物ノ敷地及之ト一團ヲ成ス土地ヲ超エテ增築、改築、再築又ハ用途ノ變更ヲ爲サザルコト

　二　建築物ノ增築、改築、再築又ハ用途ノ變更ニ因リ增加スベキ建築面積ハ現在地ニ建築スルコトヲ得ザルニ至リタル際現ニ存在スル建築物ノ建築面積ノ二分ノ一ヲ超過セザルコト

　三　建築物ノ增築、改築、再築又ハ用途ノ變更ニ因リ增加スベキ床面積ハ現在地ニ建築スルコトヲ得ザルニ至リタル際現ニ存在スル建築物ノ床面積ヲ超過セザルコト

　四　工場ノ常時使用スル原動機馬力數ヲ增加スル場合ニ於テ增加スベキ馬力數ハ現在地ニ建築スルコトヲ得ザルニ至リタル際常時使用スル馬力合計數ヲ超過セザルコト但シ行政官廳土地ノ狀況、事業ノ種類、作業方法又ハ建築物ノ構造設備ニ依リ特ニ支障ナシト認ムルモノハ此ノ限ニ在ラズ

　五　前號ニ揭グルモノヲ除クノ他用途ノ變更ニ付テハ現在地ニ建築スルコトヲ得ザルニ至リタル際現ニ存在スル建築物ノ用途ニ類似スル用途又ハ設備ヲ變更セズ若ハ之ニ些少ノ變更ヲ加フルニ依リ營ムコトヲ得ル用途ニ限ルコト

②第二十六條ノ規定ニ依リ建築ノ許可ヲ受ケタル建築物ハ前項ノ規定ノ適用ニ付テハ之ヲ現在地ニ建築スルコトヲ得ザルニ至リタル際現ニ存在スル建築物ト看做ス

（昭和八年勅令第三百三十七號により第一項改正）

①前三條ノ規定又ハ市街地建築物法第四條第二項ノ規定ニ依リ現在地ニ建築スルコトヲ得ザル種類ニ屬スル建築物ハ現在地ニ建築スルコトヲ得ザルニ至リタル日ヨリ十五年間ヲ限リ行政官廳ノ許可ヲ受ケ左記各號ニ規定スル制限内ニ於テ增築、改築、再築又ハ用途ノ變更ヲ爲スコトヲ妨ゲズ

　一　現在地ニ建築スルコトヲ得ザルニ至リタル際現ニ存在スル建築物ノ敷地及之ト一團

ヲ成ス土地ヲ超エテ増築、改築、再築又ハ用途ノ變更ヲ爲ササルコト

二　建築物ノ増築、改築、再築又ハ用途ノ變更ニ因リ増加スベキ建築面積ハ現在地ニ建築スルコトヲ得ザルニ至リタル際現ニ存在スル建築物ノ建築面積ノ二分ノ一ヲ超過セザルコト

三　建築物ノ増築、改築、再築又ハ用途ノ變更ニ因リ増加スベキ床面積ハ現在地ニ建築スルコトヲ得ザルニ至リタル際現ニ存在スル建築物ノ床面積ヲ超過セザルコト

四　工場ノ常時使用スル原動機馬力數ヲ増加スル場合ニ於テ増加スベキ馬力數ハ現在地ニ建築スルコトヲ得ザルニ至リタル際常時使用スル馬力合計數ヲ超過セザルコト但シ行政官廳土地ノ狀況、事業ノ種類、作業方法又ハ建築物ノ構造設備ニ依リ特ニ支障ナシト認ムルモノハ此ノ限ニ在ラズ

五　前號ニ掲グルモノヲ除クノ他用途ノ變更ニ付テハ現在地ニ建築スルコトヲ得ザルニ至リタル際現ニ存在スル建築物ノ用途ニ類似スル用途又ハ設備ヲ變更セズ若ハ之ニ些少ノ變更ヲ加フルニ依リ營ムコトヲ得ル用途ニ限ルコト

（昭和十四年勅令第十一號により改正）

第三條ノ二　①前三條ノ規定ニ依リ現在地ニ建築スルコトヲ得ザル種類ニ屬スル建築物ハ行政官廳ノ許可ヲ受ケ左記各號ニ規定スル制限内ニ於テ増築、改築、再築又ハ用途ノ變更ヲ爲スコトヲ妨ゲズ

一　建築物ノ敷地ヲ擴張セザルコト

二　建築物ノ増築、改築、再築又ハ用途ノ變更ニ因リ増加スベキ建築面積ハ現在地ニ建築スルコトヲ得ザルニ至リタル際現ニ存在スル建築物ノ建築面積ノ二分ノ一ヲ超過セザルコト

三　建築物ノ増築、改築、再築又ハ用途ノ變更ニ因リ増加スベキ床面積ハ現在地ニ建築スルコトヲ得ザルニ至リタル際現ニ存在スル建築物ノ床面積ヲ超過セザルコト

四　工場ノ常時使用スル原動機馬力數ヲ増加スル場合ニ於テ増加スベキ馬力數ハ現在地ニ建築スルコトヲ得ザルニ至リタル際常時使用スル馬力合計數ヲ超過セザルコト

五　前號ニ掲グルモノヲ除クノ他用途ノ變更ニ付テハ現在地ニ建築スルコトヲ得ザルニ至リタル際現ニ存在スル建築物ノ用途ニ類似スル用途又ハ設備ヲ變更セズ若ハ之ニ些少ノ變更ヲ加フルニ依リ營ムコトヲ得ル用途ニ限ルコト

②行政官廳地域ノ種別、土地ノ狀況、事業ノ種類、作業ノ方法、建築物ノ構造設備、除害ノ設備又ハ装置等ヲ參酌シ特ニ支障ナシト認ムルモノニ付テハ前項第二號乃至第四號ノ制限ヲ輕減スルコトヲ得

③第二十六條ノ規定ニ依リ建築ノ許可ヲ受ケタル建築物ハ前二項ノ規定ノ適用ニ付テハ之ヲ現在地ニ建築スルコトヲ得ザルニ至リタル際現ニ存在スル建築物ト看做ス

第四條　建築物ノ高ハ住居地域内ニ於テハ六十五尺ヲ、住居地域外ニ於テハ百尺ヲ超過スルコトヲ得ス但シ建築物ノ周圍ニ廣潤ナル公園、廣場、道路其ノ他ノ空地アル場合ニ於テ行政官廳交通上、衛生上及保安上支障ナシト認ムルトキハ此ノ限ニ在ラス

（昭和六年勅令第二百九十四號により改正）

第四條　建築物ノ高ハ住居地域内ニ於テハ二十メートルヲ、住居地域外ニ於テハ三十一メートルヲ超過スルコトヲ得ス但シ建築物ノ周圍ニ廣潤ナル公園、廣場、道路其ノ他ノ空地アル場合ニ於テ行政官廳交通上、衛生上及保安

上支障ナシト認ムルトキハ此ノ限ニ在ラス

第五條　①煉瓦造建築物及石造建築物ハ高六十五尺軒高五十尺ヲ、木造建築物ハ高五十尺軒高三十八尺階数三ヲ、木骨煉瓦造建築物及木骨石造建築物ハ高三十六尺軒高二十六尺ヲ超過スルコトヲ得ス

②前項ノ石造ニハ人造石造及「コンクリート」造ヲ、木造ニハ土藏造ヲ包含ス

③第一項ノ木骨煉瓦造建築物トハ厚三寸以上ノ煉瓦積ヲ以テ木骨ヲ被覆又ハ填充シテ外壁ヲ構成スルモノヲ謂ヒ木骨石造建築物トハ厚三寸以上ノ石、人造石又ハ「コンクリート」ヲ以テ木骨ヲ被覆又ハ填充シテ外壁ヲ構成スルモノヲ謂フ

④一建築物ニシテ外壁二種以上ノ構造ヨリ成ルモノニ付テハ第一項ノ規定ノ適用ニ關シ制限ノ最嚴ナルモノニ依ル

⑤第一項ノ階数ニハ屋階及地階ヲ包含セス

（大正十三年勅令第百五十二號により第一項改正）
①煉瓦造建築物、石造建築物及木造建築物ハ四十二尺軒高三十尺ヲ、木骨煉瓦造建築物及木骨石造建築物ハ高二十五尺軒高十五尺ヲ超過スルコトヲ得ス

（昭和六年勅令第二百九十四號により第一項、第三項改正）
①煉瓦造建築物、石造建築物及木造建築物ハ高十三メートル軒高九メートルヲ、木骨煉瓦造建築物及木骨石造建築物ハ高八メートル軒高五メートルヲ超過スルコトヲ得ス

③第一項ノ木骨煉瓦造建築物トハ厚十センチメートル以上ノ煉瓦積ヲ以テ木骨ヲ被覆又ハ填充シテ外壁ヲ構成スルモノヲ謂ヒ木骨石造建築物トハ厚十センチメートル以上ノ石、人造石又ハ「コンクリート」ヲ以テ木骨ヲ被覆又ハ填

充シテ外壁ヲ構成スルモノヲ謂フ

（大正十三年勅令第百五十二號により第五項削除）
⑤（削除）

第六條　①前二條ニ規定スル建築物ノ高トハ地盤面ヨリ建築物ノ最高部迄ノ高ヲ謂フ

②前條第一項ノ軒高トハ地盤面ヨリ建築物ノ外壁上端迄ノ高、外壁上端ニ扶欄、扶壁又ハ軒蛇腹アルトキハ其ノ最高部迄ノ高、出軒ノ場合ニハ軒桁上端迄ノ高ヲ謂フ但シ切妻ノ部分ハ軒高ニ之ヲ算入セス

③前二項ノ地盤面ニ高低アルトキハ行政官廳其ノ地盤面ヲ認定ス

第七條　①建築物各部分ノ高ハ其ノ部分ヨリ建築物ノ敷地ノ前面道路ノ對側境界線迄ノ水平距離ノ一倍四分ノ一ヲ超過スルコトヲ得ス且其ノ前面道路幅員ノ一倍四分ノ一ニ二十五尺ヲ加ヘタルモノヲ限度トス但シ住居地域外ニ在ル建築物ニ付テハ一倍四分ノ一ヲ一倍二分ノ一トス

②前項ノ高トハ前面道路ノ中央ヨリノ高ヲ謂フ

（昭和六年勅令第二百九十四號により第一項改正）
①建築物各部分ノ高ハ其ノ部分ヨリ建築物ノ敷地ノ前面道路ノ對側境界線迄ノ水平距離ノ一倍四分ノ一ヲ超過スルコトヲ得ス且其ノ前面道路幅員ノ一倍四分ノ一ニ八メートルヲ加ヘタルモノヲ限度トス但シ住居地域外ニ在ル建築物ニ付テハ一倍四分ノ一ヲ一倍二分ノ一トス

第八條　①建築物ノ敷地力幅員同シカラサル二以上ノ道路ニ接スル場合ニ於テ一ノ道路ノ境界線迄ノ水平距離力其ノ道路幅員ノ一倍二分ノ一以内ニシテ且八十尺以内ノ區域ノ内ニ在ル建築物各部分ノ高ニ付テハ前條ノ規定ノ適用

二関シ其ノ道路ヲ前面道路ト看做ス

②前項ノ規定ニ依ル前面道路二以上アル場合ニ於テ其ノ幅員同シカラサルトキハ幅員小ナル前面道路ハ幅員大ナル前面道路ト同一ノ幅員ヲ有スルモノト看做ス

③第一項ノ場合ニ於テ同項ニ規定スル區域ノ外ニ在ル建築物各部分ニ付テハ幅員最大ナル道路ヲ前面道路ト看做ス

（昭和六年勅令第二百九十四號により第一項改正）

①建築物ノ敷地カ幅員同シカラサル二以上ノ道路ニ接スル場合ニ於テ一ノ道路ノ境界線迄ノ水平距離カ其ノ道路幅員ノ一倍二分ノ一以内ニシテ且二十五メートル以内ノ區域ノ内ニ在ル建築物各部分ノ高ニ付テハ前條ノ規定ノ適用ニ關シ其ノ道路ヲ前面道路ト看做ス

第九條　道路境界線カ建築線ト一致セサル場合ニ於テハ道路境界線又ハ道路幅員ニ關スル前二條ノ規定ノ適用ニ關シ建築線ヲ其ノ道路境界線ト看做ス

第十條　建築物ノ敷地左ノ各號ノ一ニ該當スルトキハ前三條ノ規定ニ拘ラス行政官廳別段ノ定ヲ爲スコトヲ得

一　公園、廣場、河、海ノ類ニ接スルトキ

二　前面道路ノ對側ニ公園、廣場、河、海ノ類アルトキ

三　其ノ地盤面ト前面道路ノ路面トノ高低ノ差著シキトキ

四　高低ノ差著シキ二以上ノ道路ニ接スルトキ

五　道路ノ終端ニ位スルトキ

第十一條　行政官廳ハ命令ヲ以テ特ニ道路ヲ指定シ之ニ面スル建築物ノ高ノ最低限度ヲ定ムルコトヲ得

（昭和六年勅令第二百九十四號により改正）

第十一條　行政官廳ハ土地ノ狀況ニ依リ特ニ必要ト認ムルトキハ區域ヲ指定シ其ノ區域内ニ於ケル建築物ノ高ノ最低限度又ハ最高限度ヲ定ムルコトヲ得

（昭和十四年勅令第十一號により削除）

第十一條　（削除）

第十二條　①煙突、棟飾、避雷針、旗竿、風見竿等建築物ノ屋上ニ突出スルモノノ高ハ建築物ノ高ニ之ヲ參入セス

②裝飾塔、物見塔、屋窻、昇降機塔、水槽等建築物ノ屋上突出部ノ高ハ行政官廳命令ノ定ムル所ニ依リ建築物ノ高ニ之ヲ算入セサルコトヲ得

第十三條　①本令中高ニ關スル規定ハ煙突、物見塔、扛重機、水槽、氣槽、無線電信用電柱ノ類及工業用建築物ニシテ行政官廳其ノ用途ニ依リ已ムヲ得スト認メ許可シタルモノニ付之ヲ適用セス

②本令中高ニ關スル規定ハ社寺建築物ニシテ行政官廳ノ許可ヲ受ケタルモノニ付之ヲ適用セス

第十四條　①建築物ノ建築面積ハ建築物ノ敷地ノ面積ニ對シ住居地域内ニ於テハ十分ノ六、商業地域内ニ於テハ十分ノ八、住居地域及商業地域外ニ於テハ十分ノ七ヲ超過スルコトヲ得ス但シ商業地域内ニ於テ行政官廳特ニ指定シタル角地其ノ他ノ地區ニ於ケル建築物ノ第一階及地階ニ付テハ此ノ限ニ在ラス

②主トシテ住居ノ用ニ供スル建築物ハ住居地域外ニ在ルモノト雖前項ノ規定ノ適用ニ關シ住居地域内ニ在ルモノト看做ス

（大正十三年勅令第百五十二號により第一項改正、

第二項削除）

第十四條　建築物ノ建築面積ハ建築物ノ敷地ノ面積ニ對シ住居地域内ニ於テハ十分の六、商業地域内ニ於テハ十分の八、住居地域及商業地域外ニ於テハ十分の七ヲ超過スルコトヲ得ス但シ行政官廳特ニ指定シタル角地其ノ他ノ地區ニ於ケル建築物ニ付テハ此ノ限ニ在ラス

②（削除）

（昭和十四年勅令第十一號により改正）

第十四條　建築物ノ建築面積ハ建築物ノ敷地ノ面積ニ對シ商業地域内ニ於テハ十分の八、商業地域外ニ於テハ十分の六ヲ超過スルコトヲ得ス但シ行政官廳特ニ指定シタル角地其ノ他ノ區域ニ於ケル建築物ニ付テハ此ノ限ニ在ラス

―――――――

（昭和六年勅令第二百九十四號により追加）

第十四條ノ二　行政官廳ハ土地ノ状況ニ依リ特ニ必要ト認ムルトキハ區域ヲ指定シ其ノ區域内ニ於ケル建築物ノ敷地内ニ存セシムベキ空地ノ最小限度ヲ定ムルコトヲ得

（昭和十四年勅令第十一號により削除）

第十四条ノ二　（削除）

―――――――

（昭和六年勅令第二百九十四號により追加）

第十四條ノ三　都市計畫區域内ニ於テ第十一條ノ規定ニ依リ建築物ノ最低限度若ハ最高限度ヲ定ムル場合又ハ前條ノ規定ニ依リ建築物ノ敷地内ニ存セシムベキ空地ノ最小限度ヲ定ムル場合ニ於テハ行政官廳ハ之ヲ都市計畫委員會ノ議ニ付スベシ

（昭和十四年勅令第十一號により削除）

第十四条ノ三　（削除）

―――――――

第十五條　①前條第一項ノ建築面積トハ建築物ノ

水平斷面ニ於ケル外壁ノ又ハ之ニ代ヘキ柱ノ中心線内面積中最大ナルモノヲ謂フ但シ地階ニシテ其ノ外壁ノ高地盤面上六尺以下ノモノノノ部分ノ面積ハ之ヲ建築面積ト看做サス

②軒、庇、桔出縁ノ類カ前項ノ中心線ヨリ突出スルコト三尺ヲ超ユル場合ニ於テハ其ノ外端ヨリ三尺ヲ後退スル線ヲ以テ前項ノ中心線ト看做ス

③前條第一項ノ建築物ノ敷地ノ面積トハ建築物ノ敷地ノ水平斷面ノ面積中最大ナルモノヲ謂フ

（大正十三年勅令第百五十二號により第一項、第三項改正）

①前條ノ建築面積トハ建築物ノ水平斷面ニ於ケル外壁ノ又ハ之ニ代ルヘキ柱ノ中心線内面積中最大ナルモノヲ謂フ但シ地階ニシテ其ノ外壁ノ高地盤面上六尺以下ノモノノ部分ノ面積ハ之ヲ建築面積ト看做サス

③前條ノ建築物ノ敷地ノ面積トハ建築物ノ敷地ノ水平斷面ノ面積中最大ナルモノヲ謂フ

（昭和六年勅令第二百九十四號により第一項、第二項、第三項改正）

①本令ニ於イテ建築面積トハ建築物ノ水平斷面ニ於ケル外壁ノ又ハ之ニ代ルヘキ柱ノ中心線内面積中最大ナルモノヲ謂フ但シ地階ニシテ其ノ外壁ノ高地盤面上二メートル以下ノモノノ部分ノ面積ハ之ヲ建築面積ト看做サス

②軒、庇、桔出縁ノ類カ前項ノ中心線ヨリ突出スルコト一メートルヲ超ユル場合ニ於イテハ其ノ外端ヨリ一メートルヲ後退スル線ヲ以テ前項ノ中心線ト看做ス

③第十四條ノ建築物ノ敷地ノ面積トハ建築物ノ敷地ノ水平斷面ノ面積中最大ナルモノヲ謂フ

―――――――

第十六條　第七條、第八條、第十條、第十四條、前條及第十七條ノ建築物ノ敷地トハ一構ノ建

築物ニ屬スル一團ノ土地ヲ謂フ

（昭和六年勅令第二百九十四號により改正）

第十六條 本令ニ於テ建築物ノ敷地トハ一構ノ建築物ニ屬スル一團ノ土地ヲ謂フ

（昭和六年勅令第二百九十四號により追加）

第十六條ノ二 建築物ノ敷地ガ二以上ノ地域、地區又ハ第十四條ノ二ノ規定ニ依リ指定セラレタル區域ニ跨ル場合ニ於テ第一條乃至第三條、第十四條又ハ第十四條ノ二ノ規定ノ適用ニ關シテハ制限ノ最厳ナルモノニ依ル但シ特別ノ事由アル場合ニ於テ行政官廳ノ許可ヲ受ケタルトキハ此ノ限ニ在ラズ

（昭和十四年勅令第十一號により改正）

第十六條ノ二 建築物ノ敷地ガ二以上ノ地域又ハ地區ニ跨ル場合ニ於テ第一條乃至第三條若ハ第十四條ノ規定又ハ住居專用地區、工業地域内特別地區、工業專用地區若ハ空地地區ニ關スル制限ノ適用ニ關シテハ制限ノ最厳ナルモノニ依ル但シ特別ノ事由アル場合ニ於テ行政官廳ノ許可ヲ受ケタルトキハ此ノ限ニ在ラズ

第十七條 市街地建築物法第十八條第二項ノ規定ニ依リ損失ヲ補償スヘキ場合ハ左ノ各號ノ一ニ該當スル場合ニ限ル

一 地域ノ又ハ工業地域内特別地區ノ指定又ハ變更ニ基キ建築物ノ使用禁止又ハ建築物主要構造部ノ除却ヲ命シタル場合

二 美觀地區ノ指定又ハ變更ニ基キ建築物主要構造部ノ除却ヲ命シタル場合

三 建築線ノ指定又ハ變更ニ基キ建築物ノ主要構造部ノ除却ヲ命シタル場合

四 建築線ニ面スル建築物ノ壁面ノ位置ノ指定ニ基キ建築物主要構造部ノ變更又ハ除却ヲ命シタル場合

五 建築物ノ高又ハ建築物ノ敷地内ニ存セシムヘキ空地ニ關スル規定ニ基キ建築物主要構造部ノ除却ヲ命シタル場合

（昭和十四年勅令第十一號により第一號改正）

一 地域、住居專用地區、工業地域内特別地區又ハ工業專用地區ノ指定又ハ變更ニ基キ建築物ノ使用禁止又ハ建築物主要構造部ノ除却ヲ命シタル場合

第十八條 市街地建築物法第十八條第二項ノ規定ニ依リ補償スヘキ損失ハ通常生スヘキ損失ニ限ル

第十九條 前二條ノ規定ニ依ル損失補償ノ請求ハ市街地建築物法第十八條第一項ノ措置ヲ命セラレタル者之ヲ命セラレタル日ヨリ起算シ三月内ニ之ヲ爲スコトヲ得

第二十條 市街地建築物法第十八條第二項ノ公共團體トハ同法第二十三條ノ規定ニ依ル同法適用區域ノ屬スル市區町村トス

（昭和九年勅令第三百四十號により改正）

第二十條 市街地建築物法第十八條第二項ノ公共團體トハ同法第二十三條ノ規定ニ依ル同法適用區域ノ屬スル市町村トス

第二十一條 補償義務ノ有無及補償ノ金額ハ補償審査會之ヲ裁定ス

第二十二條 ①補償審査會ハ第二十條ニ規定スル市街地建築物法第十八條第二項ノ公共團體毎ニ之ヲ置ク

②補償審査會ハ會長一人及委員十二人ヲ以テ之ヲ組織ス

第二十三條　①會長ハ地方長官ヲ以テ之ニ充ツ

②委員ハ左ニ掲クル者ヲ以テ之ニ充ツ

　一　關係各廳高等官　四人

　二　前條第一項ノ公共團體ノ吏員　二人

　三　前號ノ公共團體ノ議會ノ議員　四人

　四　學識經驗アル者　二人

③前項第一號、第二號及第四號ノ委員ハ主務大臣
　之ヲ命シ第三號ノ委員ハ其ノ議會ニ於テ之ヲ
　選擧ス

第二十四條　①補償審査會ニ關シテハ土地收用法
　第二十七條乃至第三十一條、第三十七條、第
　三十九條、第四十條第一項第二項、第四十二
　條乃至第四十五條、第六十九條、第七十二條
　及第八十三條ノ規定ヲ準用ス

②第二十二條第一項ノ公共團體ノ二以上ニ亙ル建
　築物ニ關シテハ關係補償審査會合同シテ會議
　ヲ開クヘシ

第二十五條　市街地建築物法第十八條ノ規定ハ建
　築工事中ノ建築物及建築工事ニ着手セサルモ
　設計アル建築物ニ之ヲ準用ス

第二十六條　行政官廳ハ建築工事中ノ建築物又ハ
　建築工事ニ着手セサルモ設計アル建築物ニシ
　テ其ノ建築竣成ノ後ニ於テ市街地建築物法第
　十八條第一項ノ規定ニ依ル措置ヲ命スル必要
　ナシト認ムルモノニ付テハ其ノ建築ヲ許可ス
　ルコトヲ得

（昭和六年勅令第二百九十四號により追加）

第二十六條ノ二　建築物ノ敷地ヲ造成スル爲ニス
　ル擁壁ニ對シテハ市街地建築物法第九條、第
　十二條、第十五條乃至第二十二條及第二十五
　條ノ規定ヲ準用ス

第二十七條　市街地建築物法ハ古社寺保存法又ハ

史蹟名勝天然記念物保存法ノ適用又ハ準用ヲ
　受クル建築物ニ付之ヲ適用セス

（昭和四年勅令第二百十三號により改正）

第二十七條　市街地建築物法ハ国寶保存法又ハ史
　蹟名勝天然記念物保存法ノ適用又ハ準用ヲ受
　クル建築物ニ付之ヲ適用セス

（昭和六年勅令第二百九十四號により改正）

第二十七條　市街地建築物法ハ国寶保存法又ハ史
　蹟名勝天然記念物保存法ノ適用ヲ受クル建築
　物ニ付之ヲ適用セス

第二十八條　鳥居、形像、紀念門、紀念塔其ノ他
　ノ建築物ニシテ道路ヲ占用シテ施設スルモノ
　ニ對シテハ市街地建築物法第八條、第九條及
　第十一條ノ規定ヲ適用セス

（昭和六年勅令第二百九十四號により改正）

第二十八條　左ノ各號ノ一ニ該當スル建築物ニシ
　テ行政官廳支障ナシト認ムルモノニ對シテハ
　市街地建築物法第八條、第九條乃第十一條ノ
　規定ヲ適用セザルコトヲ得

　一　鳥居、形像、紀念門、紀念塔ノ類

　二　交通信號塔、公共便所ノ類

　三　陸橋ノ類

　四　地下停車場ノ類

　五　高架工作物内ニ設クル倉庫、店舗ノ類

（昭和六年勅令第二百九十四號により追加）

第二十八条ノ二　地階ヲ有スル建築物ノ地盤面下
　ニ在ル部分ニ對シテハ市街地建築物法第九條
　ノ規定ヲ適用セザルコトヲ得第二十六條ノ二
　ノ擁壁ノ地盤面下ニ在ル部分ニ付亦同ジ

（昭和九年勅令第三百四十號により削除）

第二十八条ノ二　　（削除）

第二十九條 博覧會建築物、觀覽場、飾門、飾塔、足代及棧橋ノ類ニシテ假設ノモノニ對シテハ市街地建築物法第二條乃至第六條、第九條及第十一條ノ規定ヲ適用セサルコトヲ得

（昭和六年勅令第二百九十四號により改正）

第二十九條 博覧會建築物、觀覽場、飾門、飾塔、足代、棧橋其ノ他ノ假設建築物ニシテ行政官廳支障ナシト認ムルモノニ對シテハ市街地建築物法第二條乃至第六條、第九條及第十一條ノ規定ヲ適用セサルコトヲ得

（大正十三年勅令第百五十二號により追加）

第二十九條ノ二 市街地建築物法第二十六條第二項ノ道路ノ境域内ニ於テ行政官廳支障ナシト認ムルトキハ同法第八條、第九條及第十一條ノ規定ニ拘ラス存續期限ヲ附シ假設建築物ノ建築ヲ許可スルコトヲ得

（昭和十四年勅令第十一號により改正）

第二十九條ノ二 市街地建築物法第二十六條第二項ノ規定ニ依リ道路ト看做サレタル計畫ノ道路ノ境域内ニ於テ行政官廳支障ナシト認ムルトキハ同法第八條、第九條及第十一條ノ規定ニ拘ラス存續期限ヲ附シ假設建築物ノ建築ヲ許可スルコトヲ得

第三十條 市街地建築物法第二十六條第一項ノ道路ノ新設又ハ變更ノ計畫アル場合ニ於テ行政廳其ノ計畫ヲ告示シタルトキハ其ノ計畫ノ道路ハ之ヲ道路ト看做ス

（昭和十四年勅令第十一號により改正）

第三十條 ①幅員四メートル未満二・七メートル以上ノ道路ニシテ左ノ各號ノ一ニ該當スルモノハ之ヲ市街地建築物法ノ道路ト看做ス

一　行政官廳市街地ノ状況ニ依リ特ニ指定シタルモノ

二　土地區劃整理設計又ハ行政官廳ノ指定シタル建築線ニ基キ築造セラレタルモノ

②幅員四メートル以上ノ道路ノ新設又ハ變更ノ計畫アル場合ニ於テ行政廳其ノ計畫ヲ告示シタルトキハ其ノ計畫ノ道路ハ之ヲ市街地建築物法ノ道路ト看做ス

（大正十三年勅令第三百四號により追加）

第三十一條 第四條乃至第十六條ノ規定ハ市街地建築物法適用區域ニシテ内務大臣ノ指定スルモノニ之ヲ適用セス

（昭和六年勅令第二百九十四號により改正）

第三十一條 第四條乃至第十四條ノ三ノ規定ハ市街地建築物法適用區域ニシテ内務大臣ノ指定スルモノニ之ヲ適用セス

（昭和十四年勅令第十一號により削除）

第三十一條（削除）

附則

本令ハ市街地建築物法施行ノ日ヨリ之ヲ施行ス
（大正九年十二月一日）

（大正十二年勅令第三百九十五號）

附則

本令ハ公布ノ日リ之ヲ施行ス
（大正十二年八月二十九日）

（大正十三年勅令第百五十二號）

附則

本令ハ大正十三年七月一日ヨリ之ヲ施行ス

（大正十三年勅令第三百四號）

附則

本令ハ公布ノ日リ之ヲ施行ス

（大正十三年十二月十三日）

（昭和四年勅令第二百十三號）

附則

本令ハ国寶保存法施行の日ヨリ之ヲ施行ス

（昭和四年七月一日）

（昭和六年勅令第二百九十四號）

附則

本令ハ昭和七年二月一日ヨリ之ヲ施行ス

（昭和八年勅令三百三十七號は公布日（昭和八年
十二月二十七日）施行）

（昭和九年勅令第三百四十號）

附則

本令ハ昭和九年法律第四十六號施行ノ日ヨリ之ヲ
施行ス

（昭和十年二月一日）

（昭和十四年勅令第十一號）

附則

本令ハ昭和十三年法律第二十九號施行ノ日ヨリ之
ヲ施行ス

（昭和十四年二月一日）

本文掲載順 DVD 目次

市街地建築物法等関係法令 DVD 目次

市街地建築物法関係法令改正経過

市街地建築物法関係法令改正経過 (関東大震災関連)

市街地建築物法関係法令改正経過 (戦時関連)

市街地建築物法関係官報掲載事項索引

執筆者一覧

（所属は2019年5月1日現在）

日本近代建築法制100年史編集委員会

委員長

佐々木　宏　　公益財団法人住宅リフォーム・紛争処理支援センター　理事長

委　員

青木　伊知郎　株式会社長谷工総合研究所　主席研究員
安藤　尚一　　近畿大学建築学部　教授
大竹　亮　　　株式会社日本建築住宅センター　常務取締役
金子　弘　　　公益財団法人日本住宅・木材技術センター　専務理事
香山　幹　　　一般財団法人日本建築センター　専務理事
坂　真哉　　　森ビル株式会社　都市政策企画室　顧問
楢府　龍雄　　独立行政法人国際協力機構　テクニカルアドバイザー
山下　浩一　　一般社団法人建築設備技術者協会　専務理事

オブザーバー

加藤　仁美　　日本建築学会建築法制委員会　委員長
　　　　　　　（東海大学工学部建築学科　教授）
有田　智一　　日本建築学会建築法制委員会
　　　　　　　日本近代建築法制100周年記念活動支援小委員会　主査
　　　　　　　（筑波大学システム情報系社会工学域　教授）
国土交通省住宅局建築指導課
国土交通省住宅局市街地建築課

執筆者

1-1　大竹　亮　　　　　　　　　　　前　掲
1-2　山下　浩一　　　　　　　　　　前　掲
1-3　佐々木　宏、青木　伊知郎　　　前　掲
1-4　佐々木　宏、青木　伊知郎　　　前　掲
1-5　佐々木　宏　　　　　　　　　　前　掲
1-6　楢府　龍雄　　　　　　　　　　前　掲
1-7　坂　真哉　　　　　　　　　　　前　掲
1-8　青木　伊知郎　　　　　　　　　前　掲
1-9　山下　浩一　　　　　　　　　　前　掲

2-1	加藤　仁美、有田　智一	前　掲	
2-2	岡辺　重雄*	福山市立大学都市経営学部都市経営学科　教授	
2-3	藤賀　雅人*	工学院大学建築学部まちづくり学科　准教授	
	三宅　博史*	早稲田大学総合研究機構都市・地域研究所　招聘研究員	
2-4	石川　孝重*	日本女子大学家政学部住居学科　教授	
	平田　京子*	日本女子大学家政学部住居学科　教授	
3-1	金子　弘、楢府　龍雄	前　掲	
3-2	金子　弘、楢府　龍雄	前　掲	
3-3	香山　幹	前　掲	
3-4	香山　幹	前　掲	
4-1	井上　勝徳	公益財団法人建築技術教育普及センター　専務理事	
4-2	杉藤　崇	三井住友海上火災保険株式会社　顧問	
4-3	松野　仁	株式会社日本建築住宅センター　取締役会長	
4-4	木下　一也	一般財団法人建築行政情報センター　専務理事	
4-5	佐々木　宏	前　掲	
4-6	那珂　正	一般財団法人高齢者住宅財団　理事長	
	井上　勝徳	前　掲	
4-7	小川　富由*	住宅保証機構株式会社　代表取締役社長	
4-8	五條　渉*	一般財団法人日本建築防災協会　参与	
	萩原　一郎	東京理科大学総合研究院　教授	
4-9	金子　弘	前　掲	
5-1	河村　茂	一般財団法人日本建築設備・昇降機センター　常務理事	
5-2	長田　喜樹	一般社団法人神奈川県建築士会　副会長	
5-3	名古屋市住宅都市局建築指導部		
5-4	髙木　勝英、岡田　耕介、太田　滋子、山口　耕平、岡根　正豊、横川　祥一 京都市都市計画局建築指導部		
5-5	結城　恭昌	近畿建築確認検査協会　相談役	
5-6	柴田　和弘	兵庫県県土整備部住宅建築局建築指導課長	
	山田　章子	神戸市住宅都市局建築指導部建築安全課長	

*日本建築学会　建築法制委員会日本近代建築法制100周年記念活動支援小委員会　委員

人名索引

事項索引

本書は、「都市計画法・建築基準法制定100周年記念事業」の一環として出版されたものです。

　本書の制作にあたっては、一般財団法人日本建築センターに「日本近代建築法制100年史編集委員会」を設置し、企画、執筆、編集作業を行いました。出版に先立ち、一般財団法人日本建築センター機関紙「ビルデイングレター」の2017年4月号から2018年12月号にかけて連載し、書籍「日本近代建築法制の100年　市街地建築物法から建築基準法まで」として再編集し一冊にまとめたものです。

　同じ記念事業出版物として、「日本の近代・現代を支えた建築　建築技術100選」を出版しております。

都市計画法・建築基準法制定100周年記念事業

日本近代建築法制の100年
市街地建築物法から建築基準法まで

2019年6月19日　第1版第1刷　発行

編　集
日本近代建築法制100年史編集委員会

発　行
一般財団法人　日本建築センター
〒101-8986 東京都千代田区神田錦町1-9
TEL 03-5283-0478　FAX 03-5281-2828
https://www.bcj.or.jp/

編集協力
株式会社出版文化社

表紙デザイン
株式会社コイグラフィー

印刷・製本
昭和情報プロセス株式会社

定　価
本体4,500円＋税